Two-in-One
BYZANTINE ALEXANDRIAN GREEK NEW TESTAMENT

C.W. STEINLE

Two-in-One Byzantine Alexandrian Greek New Testament

by
C.W. Steinle

MEMORIAL
CROWN
PRESS

2019

Two-in-One: Byzantine Alexandrian Greek New Testament
by C.W. Steinle

Copyright © 2019 by Memorial Crown Press

All rights reserved. This book or any portion thereof may not be reproduced or used in any manner whatsoever without the express written permission of the publisher except for the use of brief quotations in a book review or scholarly journal.

First Printing: 2015, under the title, *Ancient Words Greek New Testament*

ISBN: 978-0-9992048-5-6

Memorial Crown Press
Phoenix, AZ
www.memorialcrownpress.com

Ordering Information:

Special discounts are available on quantity purchases by corporations, associations, educators, and others. Contact the distibutor or publisher for details.

info@memorialcrownpress.com

Introduction

The *Two-in-One Byzantine Alexandrian Greek New Testament* provides a merged text of the Alexandrian and Byzantine textual classics: *Stephanus 1550*, and, *Nestle 1904*. Over 4,000 textual variants between the two text-types are clearly documented, providing a one-source solution for identifying the Greek variants behind the translation of most classic and modern English New Testaments.

The Alexandrian and Byzantine texts, represented by *Stephanus 1550* and *Nestle 1904*, where in agreement, form a common base-text for the *Two-in-One Byzantine Alexandrian Greek New Testament*.

Variants between the Alexandrian and Byzantine texts are presented in-line without bias using square brackets [Alexandrian] and parentheses (Byzantine). Thus, both text-types are honored without prejudice, allowing the reader equal and objective access to two of the most respected ancient Greek New Testament base-texts in one convenient document.

The variants among most modern English Bible translations are addressed in the *Two-in-One Byzantine Alexandrian Greek New Testament* so the Greek reader can quickly identify and follow the source texts during live teachings or while listening to prerecorded audio.

Stephanus 1550 and *Nestle 1904* represent two of the most respected and broad-based Greek source-texts for the English New Testament. The modern version of the *Authorized King James Bible* draws its New Testament portions primarily from *Stephanus 1550*. Stephanus standardized the chapter-and-verse numbering system used today and *Stephanus IV* was the chief base-text of the *Geneva Bible*, making the Stephanus texts the official New Testament Greek source of the Protestant Movement for more than 300 years. The Alexandrian text-type is represented by Eberhard Nestle's, *The New Testament: Text with Critical Apparatus*, published by The British And Foreign Bible Society.

Images of ancient papyri and parchments are displayed on the first page of each New Testament book. The digital images of these priceless treasures have been graphically enhanced to make the Greek text more legible.

Introduction

Public domain Greek source texts:

Stephanus 1550, Robertus Stephanus – *Novum Testamentum*, Publisher: Paris, 1550, Third Edition, Author: Robertus Stephanus. Robert Estienne (a.k.a. Stephanus) published four Greek New Testaments in the sixteenth century (1546, 1549, 1550, and 1551). The first three editions of his *Novum Testamentum* were published in Paris, the fourth in Geneva. His third edition of 1550 was affectionately known as *Editio Regia*, because of the magnificent Greek font and large folio size of the codex. Not only the most handsome, the 1550 Stephanus is also the most important of his texts. This was the first published Greek New Testament to have a textual apparatus. Stephanus examined 15 manuscripts and listed several of their readings in the margins of his *Editio Regia*. Stephanus' fourth edition was the first to have verse divisions in it, a feature that Stephanus invented to help the reader more easily compare the two Latin translations and the Greek that are found in the fourth edition. Though the text of the third and fourth editions was virtually identical, the fourth became the basis for the *Geneva Bible*, the first Bible translation to have verse divisions. The 1550 Stephanus also became the standard text to be used as a collating base for countless collations of Greek New Testament manuscripts. Source: <http://www.csntm.org/printedbook/viewbook/RobertusStephanusNovumTestamentum1550>

The New Testament: Text with Critical Apparatus was published by The British And Foreign Bible Society (aka. *Nestle 1904*). The British And Foreign Bible Society, 146 Queen Victoria Street, London, E.C., 1904; now in the public domain. Eberhard Nestle, May 1, 1851, Stuttgart – March 9, 1913, Stuttgart. Nestle's text of the *Greek New Testament* was first published by the Bible Society of Wurttemberg at Stuttgart in 1898. "The text is the resultant of a collation of three of the principal resensions of the Greek New Testament which appeared in the latter half of the 19th century, viz. those of Tischendorf, editio octava 1869-72 (as reproduced in the 4th edition by Oskar von Gebhardt, 1898); of Westcott and Hort, 1881 (impression of 1895); and of D. Bernhard Weiss, 1894-1900 (second edition 1902).

Introduction

The readings adopted in the text are those in which at least two of these editions agree. An exception to this rule has been made in the case of St. John v. 3, 4, and vii. 53.-viii. 11. These passages have been retained in the text, but they are placed within special marks." - from the Advertisement of Nestle's *Greek New Testament*, p. v.

The 2012 edition of the *Dodson Greek-English Lexicon* by John Jeffrey Dodson is included in the appendix to provide concise English definitions for most of the words found in this compilation.

<u>*Two-in-One Byzantine Alexandrian Greek New Testament* in-line source text identification conventions</u>

Square brackets [ ] indicate the enclosed variant is contained in *Nestle 1904*. Curved brackets ( ) indicate the enclosed variant is contained in *Stephanus 1550*.

Example: Matthew 1:19, Ἰωσὴφ δὲ ὁ ἀνὴρ αὐτῆς, δίκαιος ὢν καὶ μὴ θέλων αὐτὴν [δειγματίσαι] (παραδειγματίσαι), ἐβουλήθη λάθρᾳ ἀπολῦσαι αὐτήν.

Where only one type of bracket occurs in a verse, the bracketed word, or phrase, is contained only in the source indicated by the type of bracket used.

Example: Δαυεὶδ δὲ (ὁ βασιλεὺς) ἐγέννησεν τὸν Σολομῶνα ἐκ τῆς τοῦ Οὐρίου.

"ὁ βασιλεὺς" occurs in the above verse only in Stephanus 1550.

Asterisks * immediately inside of a bracket indicates that the text was included in the text of either, Nestle 1904 or Stephanus 1550, with reservations, or as a concession to popular demand for the inclusion of such verses. The asterisks are not meant to indicate any degree of judgment by the editors of the *Two-in-One Byzantine Alexandrian Greek New Testament*.

Example: Luke 24:40, [*(καὶ τοῦτο εἰπὼν [ἔδειξεν] (ἐπέδειξεν) αὐτοῖς τὰς χεῖρας καὶ τοὺς πόδας.)*] This verse is contained in both source-texts with the variants indicated within the verse. However, the asterisk inside the square bracket indicates that verse 40 was presented in *Nestle 1904* as a concession. Because no asterisk appears inside the parentheses, *Stephanus 1550* accepts the validity of the verse.

Introduction

<u>Criteria for the recognition of variants in the *Two-in-One Byzantine Alexandrian Greek New Testament*</u>:

Variants in Greek word order, although rarely changing the English meaning, have generally been noted as variants. These notations have been included to aid the reader in identifying emphatic phrases and to make the text easier to follow when listening to audio presentations. Once the simple conventions for identifying the texts by their brackets becomes natural, the eye quickly recognizes and follows the particular source-text of interest.

Minor variants such as spelling differences are generally not addressed. Examples: [Μωϋσεῖ] (Μωσῆ), [Ἠλείας] (Ἠλίας), [Δαυείδ](Δαβίδ).

Common contractions have also not been noted as variants. Example: [Διὰ τί] (Διατί).

Capitalization of deific nouns has been honored. Most early New Testament manuscripts incorporate *nomina sacra*, making it inappropriate to dishonor the intention of the scribes of the ancient texts, who set the names for the Father, Son, and Holy Spirit apart from the common text.

For the sake of audible transcription most variants that cause disruption to the syllable count, and conspicuous variations in hard consonants, have been noted. Movable ending ν's and ς's have generally not been included as variants. A primary consideration in this compilation was to avoid interruption in the natural flow of the text.

The decision to include instances of word-order was made out of a determination that the reader deserves the privilege of making the final selection. Prosaic and poetic Greek nuances are often observable in each base-text based on the structure of the sentences.

Introduction

Although reasonable diligence was applied in the production of this combined presentation of the two source-texts, no warranty is made by the editors or publisher that every variant between the two base-texts has been recognized. *Nestle 1904* was selected as the working base-text because variants between the two sources frequently consist of clarifying proper names and pronouns found in the Byzantine texts. Thus, undocumented variants in this compilation are, by default, represented by *Nestle 1904*.

Chapter images were selected primarily based on their antiquity and not on their authority to support any particular text-type. Unless otherwise noted, base images used to create the text-enhanced illustrations have been classified in the public domain. Most of the base images are accessible online at:

<http://en.wikipedia.org/wiki/List_of_New_Testament_papyri>.

Image descriptions marked CSNTM are derived from base images courtesy of *The Center for the Study of New Testament Manuscripts*, <http://www.csntm.org/>.

Contents

Introduction v
ΚΑΤΑ ΜΑΘΘΑΙΟΝ 1
ΚΑΤΑ ΜΑΡΚΟΝ 65
ΚΑΤΑ ΛΟΥΚΑΝ 107
ΚΑΤΑ ΙΩΑΝΗΝ 175
ΠΡΑΞΕΙΣ ΑΠΟΣΤΟΛΩΝ 225
ΠΡΟΣ ΡΩΜΑΙΟΥΣ 291
ΠΡΟΣ ΚΟΡΙΝΘΙΟΥΣ Α 317
ΠΡΟΣ ΚΟΡΙΝΘΙΟΥΣ Β 341
ΠΡΟΣ ΓΑΛΑΤΑΣ 357
ΠΡΟΣ ΕΦΕΣΙΟΥΣ 367
ΠΡΟΣ ΦΙΛΙΠΠΗΣΙΟΥΣ 377
ΠΡΟΣ ΚΟΛΟΣΣΑΕΙΣ 385
ΠΡΟΣ ΘΕΣΣΑΛΟΝΙΚΕΙΣ Α 393
ΠΡΟΣ ΘΕΣΣΑΛΟΝΙΚΕΙΣ Β 401
ΠΡΟΣ ΤΙΜΟΘΕΟΝ Α 405
ΠΡΟΣ ΤΙΜΟΘΕΟΝ Β 413
ΠΡΟΣ ΤΙΤΟΝ 419
ΠΡΟΣ ΦΙΛΗΜΟΝΑ 423
ΠΡΟΣ ΕΒΡΑΙΟΥΣ 427
ΙΑΚΩΒΟΥ ΕΠΙΣΤΟΛΗ 449
ΠΕΤΡΟΥ Α 457
ΠΕΤΡΟΥ Β 465
ΙΩΑΝΟΥ Α 471
ΙΩΑΝΟΥ Β 479
ΙΩΑΝΟΥ Γ 481
ΙΟΥΔΑ 483
ΑΠΟΚΑΛΥΨΙΣ ΙΩΑΝΟΥ 487
Dodson Greek-English Lexicon 521

ΚΑΤΑ ΜΑΘΘΑΙΟΝ

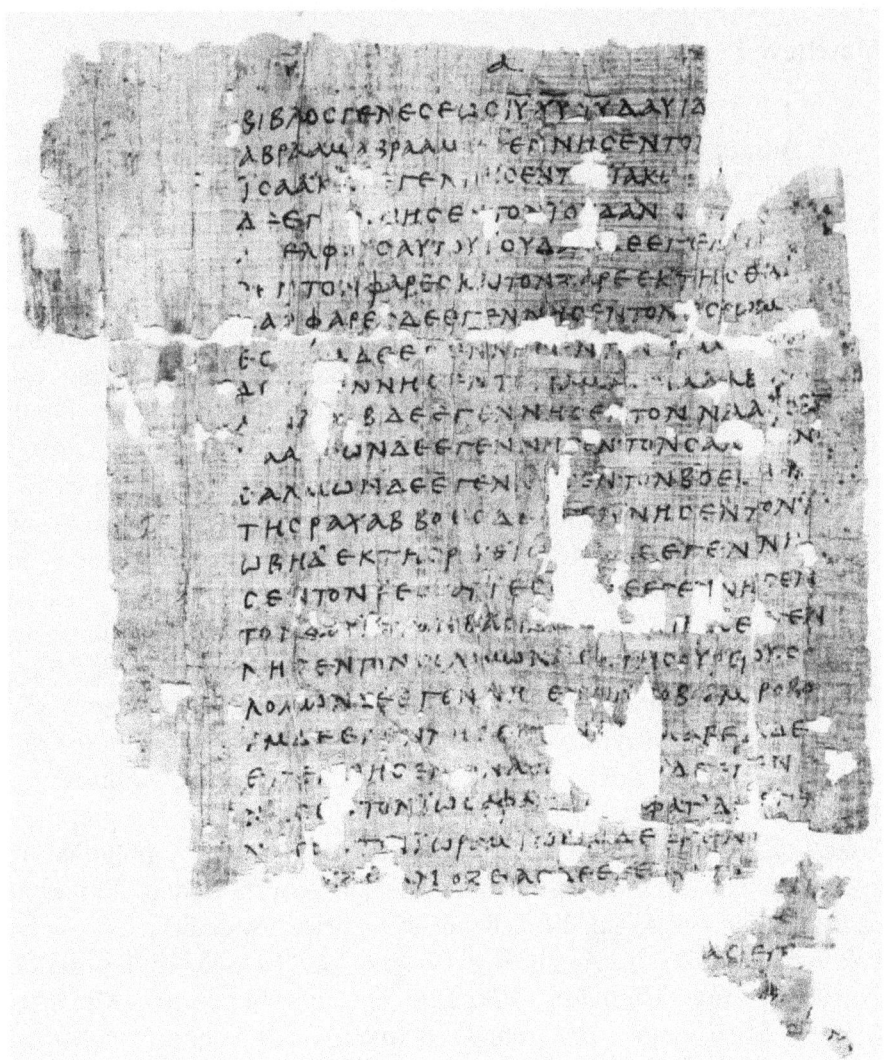

Papyrus 1, P. Oxy. 2; E 2746
Date: c. 250
University of Pennsylvania Library
The front side (*recto*) of the Gospel of Matthew 1:1-9,12
Discovered by Grenfell and Hunt, Oxyrhynchus, Egypt, 1896

ΚΑΤΑ ΜΑΘΘΑΙΟΝ

Matthew 1

The Genealogy of Jesus Christ

1 Βίβλος γενέσεως Ἰησοῦ Χριστοῦ υἱοῦ Δαυεὶδ υἱοῦ Ἀβραάμ. 2 Ἀβραὰμ ἐγέννησεν τὸν Ἰσαάκ, Ἰσαὰκ δὲ ἐγέννησεν τὸν Ἰακώβ, Ἰακὼβ δὲ ἐγέννησεν τὸν Ἰούδαν καὶ τοὺς ἀδελφοὺς αὐτοῦ, 3 Ἰούδας δὲ ἐγέννησεν τὸν Φαρὲς καὶ τὸν Ζαρὰ ἐκ τῆς Θάμαρ, Φαρὲς δὲ ἐγέννησεν τὸν Ἐσρώμ, Ἐσρὼμ δὲ ἐγέννησεν τὸν Ἀράμ, 4 Ἀρὰμ δὲ ἐγέννησεν τὸν Ἀμιναδάβ, Ἀμιναδὰβ δὲ ἐγέννησεν τὸν Ναασσών, Ναασσὼν δὲ ἐγέννησεν τὸν Σαλμών, 5 Σαλμὼν δὲ ἐγέννησεν τὸν Βόες ἐκ τῆς Ῥαχάβ, Βόες δὲ ἐγέννησεν τὸν Ἰωβὴδ ἐκ τῆς Ῥούθ, Ἰωβὴδ δὲ ἐγέννησεν τὸν Ἰεσσαί, 6 Ἰεσσαὶ δὲ ἐγέννησεν τὸν Δαυεὶδ τὸν βασιλέα. Δαυεὶδ δὲ (ὁ βασιλεὺς) ἐγέννησεν τὸν Σολομῶνα ἐκ τῆς τοῦ Οὐρίου, 7 Σολομὼν δὲ ἐγέννησεν τὸν Ῥοβοάμ, Ῥοβοὰμ δὲ ἐγέννησεν τὸν Ἀβιά, Ἀβιὰ δὲ ἐγέννησεν τὸν Ἀσάφ, 8 Ἀσὰφ δὲ ἐγέννησεν τὸν Ἰωσαφάτ, Ἰωσαφὰτ δὲ ἐγέννησεν τὸν Ἰωράμ, Ἰωρὰμ δὲ ἐγέννησεν τὸν Ὀζείαν, 9 Ὀζείας δὲ ἐγέννησεν τὸν Ἰωαθάμ, Ἰωαθὰμ δὲ ἐγέννησεν τὸν Ἄχαζ, Ἄχαζ δὲ ἐγέννησεν τὸν Ἐζεκίαν, 10 Ἐζεκίας δὲ ἐγέννησεν τὸν Μανασσῆ, Μανασσῆς δὲ ἐγέννησεν τὸν Ἀμώς, Ἀμὼς δὲ ἐγέννησεν τὸν Ἰωσείαν, 11 Ἰωσείας δὲ ἐγέννησεν τὸν Ἰεχονίαν καὶ τοὺς ἀδελφοὺς αὐτοῦ ἐπὶ τῆς μετοικεσίας Βαβυλῶνος. 12 Μετὰ δὲ τὴν μετοικεσίαν Βαβυλῶνος Ἰεχονίας ἐγέννησεν τὸν Σαλαθιήλ, Σαλαθιὴλ δὲ ἐγέννησεν τὸν Ζοροβαβέλ, 13 Ζοροβαβὲλ δὲ ἐγέννησεν τὸν Ἀβιούδ, Ἀβιοὺδ δὲ ἐγέννησεν τὸν Ἐλιακείμ, Ἐλιακεὶμ δὲ ἐγέννησεν τὸν Ἀζώρ, 14 Ἀζὼρ δὲ ἐγέννησεν τὸν Σαδώκ, Σαδὼκ δὲ ἐγέννησεν τὸν Ἀχείμ, Ἀχεὶμ δὲ ἐγέννησεν τὸν Ἐλιούδ, 15 Ἐλιοὺδ δὲ ἐγέννησεν τὸν Ἐλεάζαρ, Ἐλεάζαρ δὲ ἐγέννησεν τὸν Μαθθάν, Μαθθὰν δὲ ἐγέννησεν τὸν Ἰακώβ, 16 Ἰακὼβ δὲ ἐγέννησεν τὸν Ἰωσὴφ τὸν ἄνδρα Μαρίας, ἐξ ἧς ἐγεννήθη Ἰησοῦς ὁ λεγόμενος Χριστός.

17 Πᾶσαι οὖν αἱ γενεαὶ ἀπὸ Ἀβραὰμ ἕως Δαυεὶδ γενεαὶ δεκατέσσαρες, καὶ ἀπὸ Δαυεὶδ ἕως τῆς μετοικεσίας Βαβυλῶνος γενεαὶ δεκατέσσαρες, καὶ ἀπὸ τῆς μετοικεσίας Βαβυλῶνος ἕως τοῦ Χριστοῦ γενεαὶ δεκατέσσαρες.

ΚΑΤΑ ΜΑΘΘΑΙΟΝ

The Birth of Jesus Christ

18 Τοῦ δὲ Ἰησοῦ Χριστοῦ ἡ γένεσις οὕτως ἦν. μνηστευθείσης (γὰρ) τῆς μητρὸς αὐτοῦ Μαρίας τῷ Ἰωσήφ, πρὶν ἢ συνελθεῖν αὐτοὺς εὑρέθη ἐν γαστρὶ ἔχουσα ἐκ Πνεύματος Ἁγίου. 19 Ἰωσὴφ δὲ ὁ ἀνὴρ αὐτῆς, δίκαιος ὢν καὶ μὴ θέλων αὐτὴν [δειγματίσαι] (παραδειγματίσαι), ἐβουλήθη λάθρα ἀπολῦσαι αὐτήν. 20 ταῦτα δὲ αὐτοῦ ἐνθυμηθέντος ἰδοὺ ἄγγελος Κυρίου κατ' ὄναρ ἐφάνη αὐτῷ λέγων Ἰωσὴφ υἱὸς Δαυείδ, μὴ φοβηθῇς παραλαβεῖν Μαρίαν τὴν γυναῖκά σου, τὸ γὰρ ἐν αὐτῇ γεννηθὲν ἐκ Πνεύματός ἐστιν Ἁγίου· 21 τέξεται δὲ υἱὸν καὶ καλέσεις τὸ ὄνομα αὐτοῦ Ἰησοῦν· αὐτὸς γὰρ σώσει τὸν λαὸν αὐτοῦ ἀπὸ τῶν ἁμαρτιῶν αὐτῶν. 22 Τοῦτο δὲ ὅλον γέγονεν ἵνα πληρωθῇ τὸ ῥηθὲν ὑπὸ Κυρίου διὰ τοῦ προφήτου λέγοντος

23 Ἰδοὺ ἡ παρθένος ἐν γαστρὶ ἕξει καὶ τέξεται υἱόν,
καὶ καλέσουσιν τὸ ὄνομα αὐτοῦ Ἐμμανουήλ,

ὅ ἐστιν μεθερμηνευόμενον Μεθ' ἡμῶν ὁ Θεός. 24 [ἐγερθεὶς] (διεγερθεὶς) δὲ ὁ Ἰωσὴφ ἀπὸ τοῦ ὕπνου ἐποίησεν ὡς προσέταξεν αὐτῷ ὁ ἄγγελος Κυρίου, καὶ παρέλαβεν τὴν γυναῖκα αὐτοῦ· 25 καὶ οὐκ ἐγίνωσκεν αὐτὴν ἕως οὗ ἔτεκεν [υἱόν·] (τὸν υἱὸν αὐτῆς τὸν πρωτότοκον·) καὶ ἐκάλεσεν τὸ ὄνομα αὐτοῦ Ἰησοῦν.

Matthew 2

The Magi Come to Worship Christ

1 Τοῦ δὲ Ἰησοῦ γεννηθέντος ἐν Βηθλέεμ τῆς Ἰουδαίας ἐν ἡμέραις Ἡρῴδου τοῦ βασιλέως, ἰδοὺ μάγοι ἀπὸ ἀνατολῶν παρεγένοντο εἰς Ἱεροσόλυμα 2 λέγοντες Ποῦ ἐστιν ὁ τεχθεὶς βασιλεὺς τῶν Ἰουδαίων; εἴδομεν γὰρ αὐτοῦ τὸν ἀστέρα ἐν τῇ ἀνατολῇ καὶ ἤλθομεν προσκυνῆσαι αὐτῷ. 3 ἀκούσας δὲ ὁ βασιλεὺς Ἡρῴδης ἐταράχθη, καὶ πᾶσα Ἱεροσόλυμα μετ' αὐτοῦ, 4 καὶ συναγαγὼν πάντας τοὺς ἀρχιερεῖς καὶ γραμματεῖς τοῦ λαοῦ ἐπυνθάνετο παρ' αὐτῶν ποῦ ὁ Χριστὸς γεννᾶται. 5 οἱ δὲ εἶπαν αὐτῷ· Ἐν Βηθλέεμ τῆς Ἰουδαίας· οὕτως γὰρ γέγραπται διὰ τοῦ προφήτου·

6 Καὶ σύ, Βηθλέεμ γῆ Ἰούδα,
οὐδαμῶς ἐλαχίστη εἶ ἐν τοῖς ἡγεμόσιν Ἰούδα·
ἐκ σοῦ γὰρ ἐξελεύσεται ἡγούμενος,
ὅστις ποιμανεῖ τὸν λαόν μου τὸν Ἰσραήλ

ΚΑΤΑ ΜΑΘΘΑΙΟΝ

7 Τότε Ἡρῴδης λάθρᾳ καλέσας τοὺς μάγους ἠκρίβωσεν παρ' αὐτῶν τὸν χρόνον τοῦ φαινομένου ἀστέρος, 8 καὶ πέμψας αὐτοὺς εἰς Βηθλέεμ εἶπεν· Πορευθέντες ἐξετάσατε ἀκριβῶς περὶ τοῦ παιδίου· ἐπὰν δὲ εὕρητε, ἀπαγγείλατέ μοι, ὅπως κἀγὼ ἐλθὼν προσκυνήσω αὐτῷ. 9 οἱ δὲ ἀκούσαντες τοῦ βασιλέως ἐπορεύθησαν· καὶ ἰδοὺ ὁ ἀστὴρ, ὃν εἶδον ἐν τῇ ἀνατολῇ, προῆγεν αὐτούς ἕως ἐλθὼν ἐστάθη ἐπάνω οὗ ἦν τὸ παιδίον. 10 ἰδόντες δὲ τὸν ἀστέρα ἐχάρησαν χαρὰν μεγάλην σφόδρα. 11 καὶ ἐλθόντες εἰς τὴν οἰκίαν [εἶδον] (εὗρον) τὸ παιδίον μετὰ Μαρίας τῆς μητρὸς αὐτοῦ, καὶ πεσόντες προσεκύνησαν αὐτῷ, καὶ ἀνοίξαντες τοὺς θησαυροὺς αὐτῶν προσήνεγκαν αὐτῷ δῶρα, χρυσὸν καὶ λίβανον καὶ σμύρναν. 12 καὶ χρηματισθέντες κατ' ὄναρ μὴ ἀνακάμψαι πρὸς Ἡρῴδην, δι' ἄλλης ὁδοῦ ἀνεχώρησαν εἰς τὴν χώραν αὐτῶν.

Herod's Order of Infanticide

13 Ἀναχωρησάντων δὲ αὐτῶν, ἰδοὺ ἄγγελος κυρίου φαίνεται κατ' ὄναρ τῷ Ἰωσὴφ λέγων Ἐγερθεὶς παράλαβε τὸ παιδίον καὶ τὴν μητέρα αὐτοῦ καὶ φεῦγε εἰς Αἴγυπτον, καὶ ἴσθι ἐκεῖ ἕως ἂν εἴπω σοι· μέλλει γὰρ Ἡρῴδης ζητεῖν τὸ παιδίον τοῦ ἀπολέσαι αὐτό. 14 ὁ δὲ ἐγερθεὶς παρέλαβεν τὸ παιδίον καὶ τὴν μητέρα αὐτοῦ νυκτὸς καὶ ἀνεχώρησεν εἰς Αἴγυπτον, 15 καὶ ἦν ἐκεῖ ἕως τῆς τελευτῆς Ἡρῴδου· ἵνα πληρωθῇ τὸ ῥηθὲν ὑπὸ κυρίου διὰ τοῦ προφήτου λέγοντος Ἐξ Αἰγύπτου ἐκάλεσα τὸν υἱόν μου.

16 Τότε Ἡρῴδης ἰδὼν ὅτι ἐνεπαίχθη ὑπὸ τῶν μάγων ἐθυμώθη λίαν, καὶ ἀποστείλας ἀνεῖλεν πάντας τοὺς παῖδας τοὺς ἐν Βηθλέεμ καὶ ἐν πᾶσι τοῖς ὁρίοις αὐτῆς ἀπὸ διετοῦς καὶ κατωτέρω, κατὰ τὸν χρόνον ὃν ἠκρίβωσεν παρὰ τῶν μάγων. 17 τότε ἐπληρώθη τὸ ῥηθὲν [διὰ] (ὑπὸ) Ἰερεμίου τοῦ προφήτου λέγοντος

18 Φωνὴ ἐν Ῥαμὰ ἠκούσθη,
(θρῆνος καὶ) κλαυθμὸς καὶ ὀδυρμὸς πολύς·
Ῥαχὴλ κλαίουσα τὰ τέκνα αὐτῆς,
καὶ οὐκ ἤθελεν παρακληθῆναι ὅτι οὐκ εἰσίν.

19 Τελευτήσαντος δὲ τοῦ Ἡρῴδου, ἰδοὺ ἄγγελος Κυρίου φαίνεται κατ' ὄναρ τῷ Ἰωσὴφ ἐν Αἰγύπτῳ 20 λέγων Ἐγερθεὶς παράλαβε τὸ παιδίον καὶ τὴν μητέρα αὐτοῦ καὶ πορεύου εἰς γῆν Ἰσραήλ· τεθνήκασιν γὰρ οἱ ζητοῦντες τὴν ψυχὴν τοῦ παιδίου. 21 ὁ δὲ ἐγερθεὶς παρέλαβεν τὸ παιδίον καὶ τὴν μητέρα αὐτοῦ καὶ [εἰσῆλθεν] (ἦλθεν) εἰς γῆν Ἰσραήλ. 22 ἀκούσας δὲ ὅτι Ἀρχέλαος βασιλεύει τῆς

ΚΑΤΑ ΜΑΘΘΑΙΟΝ

Ἰουδαίας ἀντὶ τοῦ πατρὸς αὐτοῦ Ἡρῴδου ἐφοβήθη ἐκεῖ ἀπελθεῖν· χρηματισθεὶς δὲ κατ' ὄναρ ἀνεχώρησεν εἰς τὰ μέρη τῆς Γαλιλαίας, 23 καὶ ἐλθὼν κατῴκησεν εἰς πόλιν λεγομένην Ναζαρέτ· ὅπως πληρωθῇ τὸ ῥηθὲν διὰ τῶν προφητῶν ὅτι Ναζωραῖος κληθήσεται.

Matthew 3

The Ministry of John the Baptist

1 Ἐν δὲ ταῖς ἡμέραις ἐκείναις παραγίνεται Ἰωάνης ὁ βαπτιστὴς κηρύσσων ἐν τῇ ἐρήμῳ τῆς Ἰουδαίας, 2 λέγων Μετανοεῖτε· ἤγγικεν γὰρ ἡ βασιλεία τῶν οὐρανῶν. 3 οὗτος γάρ ἐστιν ὁ ῥηθεὶς διὰ Ἡσαΐου τοῦ προφήτου λέγοντος

Φωνὴ βοῶντος ἐν τῇ ἐρήμῳ
Ἑτοιμάσατε τὴν ὁδὸν Κυρίου,
εὐθείας ποιεῖτε τὰς τρίβους αὐτοῦ.

4 Αὐτὸς δὲ ὁ Ἰωάνης εἶχεν τὸ ἔνδυμα αὐτοῦ ἀπὸ τριχῶν καμήλου καὶ ζώνην δερματίνην περὶ τὴν ὀσφὺν αὐτοῦ· ἡ δὲ τροφὴ ἦν αὐτοῦ ἀκρίδες καὶ μέλι ἄγριον. 5 Τότε ἐξεπορεύετο πρὸς αὐτὸν Ἱεροσόλυμα καὶ πᾶσα ἡ Ἰουδαία καὶ πᾶσα ἡ περίχωρος τοῦ Ἰορδάνου, 6 καὶ ἐβαπτίζοντο ἐν τῷ Ἰορδάνῃ [ποταμῷ] ὑπ' αὐτοῦ ἐξομολογούμενοι τὰς ἁμαρτίας αὐτῶν. 7 Ἰδὼν δὲ πολλοὺς τῶν Φαρισαίων καὶ Σαδδουκαίων ἐρχομένους ἐπὶ τὸ βάπτισμα εἶπεν αὐτοῖς Γεννήματα ἐχιδνῶν, τίς ὑπέδειξεν ὑμῖν φυγεῖν ἀπὸ τῆς μελλούσης ὀργῆς; 8 ποιήσατε οὖν καρπὸν ἄξιον τῆς μετανοίας· 9 καὶ μὴ δόξητε λέγειν ἐν ἑαυτοῖς Πατέρα ἔχομεν τὸν Ἀβραάμ· λέγω γὰρ ὑμῖν ὅτι δύναται ὁ Θεὸς ἐκ τῶν λίθων τούτων ἐγεῖραι τέκνα τῷ Ἀβραάμ. 10 ἤδη δὲ ἡ ἀξίνη πρὸς τὴν ῥίζαν τῶν δένδρων κεῖται· πᾶν οὖν δένδρον μὴ ποιοῦν καρπὸν καλὸν ἐκκόπτεται καὶ εἰς πῦρ βάλλεται. 11 ἐγὼ μὲν ὑμᾶς βαπτίζω ἐν ὕδατι εἰς μετάνοιαν· ὁ δὲ ὀπίσω μου ἐρχόμενος ἰσχυρότερός μού ἐστιν, οὗ οὐκ εἰμὶ ἱκανὸς τὰ ὑποδήματα βαστάσαι· αὐτὸς ὑμᾶς βαπτίσει ἐν Πνεύματι Ἁγίῳ καὶ πυρί· 12 οὗ τὸ πτύον ἐν τῇ χειρὶ αὐτοῦ, καὶ διακαθαριεῖ τὴν ἅλωνα αὐτοῦ, καὶ συνάξει τὸν σῖτον αὐτοῦ εἰς τὴν ἀποθήκην, τὸ δὲ ἄχυρον κατακαύσει πυρὶ ἀσβέστῳ.

ΚΑΤΑ ΜΑΘΘΑΙΟΝ

The Baptism of Jesus Christ

13 Τότε παραγίνεται ὁ Ἰησοῦς ἀπὸ τῆς Γαλιλαίας ἐπὶ τὸν Ἰορδάνην πρὸς τὸν Ἰωάνην τοῦ βαπτισθῆναι ὑπ' αὐτοῦ. 14 ὁ δὲ (Ἰωάννης) διεκώλυεν αὐτὸν λέγων Ἐγὼ χρείαν ἔχω ὑπὸ σοῦ βαπτισθῆναι, καὶ σὺ ἔρχῃ πρός με; 15 ἀποκριθεὶς δὲ ὁ Ἰησοῦς εἶπεν αὐτῷ Ἄφες ἄρτι· οὕτως γὰρ πρέπον ἐστὶν ἡμῖν πληρῶσαι πᾶσαν δικαιοσύνην. τότε ἀφίησιν αὐτόν. 16 βαπτισθεὶς δὲ ὁ Ἰησοῦς εὐθὺς ἀνέβη ἀπὸ τοῦ ὕδατος· καὶ ἰδοὺ ἠνεῴχθησαν οἱ οὐρανοί, καὶ εἶδεν Πνεῦμα Θεοῦ καταβαῖνον ὡσεὶ περιστερὰν ἐρχόμενον ἐπ' αὐτόν· 17 καὶ ἰδοὺ φωνὴ ἐκ τῶν οὐρανῶν λέγουσα Οὗτός ἐστιν ὁ Υἱός μου ὁ ἀγαπητός, ἐν ᾧ εὐδόκησα.

Matthew 4

Jesus is Tempted in the Wilderness

1 Τότε ὁ Ἰησοῦς ἀνήχθη εἰς τὴν ἔρημον ὑπὸ τοῦ Πνεύματος, πειρασθῆναι ὑπὸ τοῦ διαβόλου. 2 καὶ νηστεύσας ἡμέρας τεσσεράκοντα καὶ τεσσεράκοντα νύκτας ὕστερον ἐπείνασεν. 3 καὶ προσελθὼν ὁ πειράζων εἶπεν αὐτῷ Εἰ Υἱὸς εἶ τοῦ Θεοῦ, εἰπὲ ἵνα οἱ λίθοι οὗτοι ἄρτοι γένωνται. 4 ὁ δὲ ἀποκριθεὶς εἶπεν Γέγραπται Οὐκ ἐπ' ἄρτῳ μόνῳ ζήσεται ὁ ἄνθρωπος, ἀλλ' ἐπὶ παντὶ ῥήματι ἐκπορευομένῳ διὰ στόματος Θεοῦ. 5 Τότε παραλαμβάνει αὐτὸν ὁ διάβολος εἰς τὴν ἁγίαν πόλιν, καὶ ἔστησεν αὐτὸν ἐπὶ τὸ πτερύγιον τοῦ ἱεροῦ, 6 καὶ λέγει αὐτῷ Εἰ Υἱὸς εἶ τοῦ Θεοῦ, βάλε σεαυτὸν κάτω· γέγραπται γὰρ ὅτι

Τοῖς ἀγγέλοις αὐτοῦ ἐντελεῖται περὶ σοῦ
καὶ ἐπὶ χειρῶν ἀροῦσίν σε,
μή ποτε προσκόψῃς πρὸς λίθον τὸν πόδα σου.

7 ἔφη αὐτῷ ὁ Ἰησοῦς Πάλιν γέγραπται Οὐκ ἐκπειράσεις Κύριον τὸν Θεόν σου. 8 Πάλιν παραλαμβάνει αὐτὸν ὁ διάβολος εἰς ὄρος ὑψηλὸν λίαν, καὶ δείκνυσιν αὐτῷ πάσας τὰς βασιλείας τοῦ κόσμου καὶ τὴν δόξαν αὐτῶν, 9 καὶ [εἶπεν] (λέγει) αὐτῷ Ταῦτά [σοι πάντα] (πάντα σοι) δώσω, ἐὰν πεσὼν προσκυνήσῃς μοι. 10 τότε λέγει αὐτῷ ὁ Ἰησοῦς Ὕπαγε, Σατανᾶ· γέγραπται γὰρ Κύριον τὸν θεόν σου προσκυνήσεις καὶ αὐτῷ μόνῳ λατρεύσεις. 11 Τότε ἀφίησιν αὐτὸν ὁ διάβολος, καὶ ἰδοὺ ἄγγελοι προσῆλθον καὶ διηκόνουν αὐτῷ.

ΚΑΤΑ ΜΑΘΘΑΙΟΝ

The Kingdom of Heaven Proclaimed in Galilee

12 Ἀκούσας δὲ (ὁ Ἰησοῦς) ὅτι Ἰωάνης παρεδόθη ἀνεχώρησεν εἰς τὴν Γαλιλαίαν. 13 καὶ καταλιπὼν τὴν Ναζαρὰ ἐλθὼν κατῴκησεν εἰς Καφαρναοὺμ τὴν παραθαλασσίαν ἐν ὁρίοις Ζαβουλὼν καὶ Νεφθαλείμ· 14 ἵνα πληρωθῇ τὸ ῥηθὲν διὰ Ἡσαΐου τοῦ προφήτου λέγοντος

15 Γῆ Ζαβουλὼν καὶ γῆ Νεφθαλείμ,
ὁδὸν θαλάσσης, πέραν τοῦ Ἰορδάνου,
Γαλιλαία τῶν ἐθνῶν,
16 ὁ λαὸς ὁ καθήμενος ἐν [σκοτίᾳ
φῶς εἶδεν μέγα] (σκότει εἶδε φῶς μέγα),
καὶ τοῖς καθημένοις ἐν χώρᾳ καὶ σκιᾷ θανάτου
φῶς ἀνέτειλεν αὐτοῖς.

17 Ἀπὸ τότε ἤρξατο ὁ Ἰησοῦς κηρύσσειν καὶ λέγειν Μετανοεῖτε, ἤγγικεν γὰρ ἡ βασιλεία τῶν οὐρανῶν.

Jesus Calls the First Disciples

18 Περιπατῶν δὲ παρὰ τὴν θάλασσαν τῆς Γαλιλαίας εἶδεν δύο ἀδελφούς, Σίμωνα τὸν λεγόμενον Πέτρον καὶ Ἀνδρέαν τὸν ἀδελφὸν αὐτοῦ, βάλλοντας ἀμφίβληστρον εἰς τὴν θάλασσαν· ἦσαν γὰρ ἁλεεῖς. 19 καὶ λέγει αὐτοῖς Δεῦτε ὀπίσω μου, καὶ ποιήσω ὑμᾶς ἁλεεῖς ἀνθρώπων. 20 οἱ δὲ εὐθέως ἀφέντες τὰ δίκτυα ἠκολούθησαν αὐτῷ. 21 Καὶ προβὰς ἐκεῖθεν εἶδεν ἄλλους δύο ἀδελφούς, Ἰάκωβον τὸν τοῦ Ζεβεδαίου καὶ Ἰωάνην τὸν ἀδελφὸν αὐτοῦ, ἐν τῷ πλοίῳ μετὰ Ζεβεδαίου τοῦ πατρὸς αὐτῶν καταρτίζοντας τὰ δίκτυα αὐτῶν· καὶ ἐκάλεσεν αὐτούς. 22 οἱ δὲ εὐθέως ἀφέντες τὸ πλοῖον καὶ τὸν πατέρα αὐτῶν ἠκολούθησαν αὐτῷ.

Jesus Ministers Throughout Israel

23 Καὶ περιῆγεν ἐν ὅλῃ τῇ Γαλιλαίᾳ (ὁ Ἰησοῦς), διδάσκων ἐν ταῖς συναγωγαῖς αὐτῶν καὶ κηρύσσων τὸ εὐαγγέλιον τῆς βασιλείας καὶ θεραπεύων πᾶσαν νόσον καὶ πᾶσαν μαλακίαν ἐν τῷ λαῷ. 24 καὶ ἀπῆλθεν ἡ ἀκοὴ αὐτοῦ εἰς ὅλην τὴν Συρίαν· καὶ προσήνεγκαν αὐτῷ πάντας τοὺς κακῶς ἔχοντας ποικίλαις νόσοις καὶ βασάνοις συνεχομένους, δαιμονιζομένους καὶ σεληνιαζομένους καὶ παραλυτικούς, καὶ ἐθεράπευσεν αὐτούς. 25 καὶ ἠκολούθησαν αὐτῷ ὄχλοι πολλοὶ ἀπὸ τῆς Γαλιλαίας καὶ Δεκαπόλεως καὶ Ἱεροσολύμων καὶ Ἰουδαίας καὶ πέραν τοῦ Ἰορδάνου.

ΚΑΤΑ ΜΑΘΘΑΙΟΝ

Matthew 5

The Sermon on the Mount

The Beatitudes

1 Ἰδὼν δὲ τοὺς ὄχλους ἀνέβη εἰς τὸ ὄρος· καὶ καθίσαντος αὐτοῦ προσῆλθαν αὐτῷ οἱ μαθηταὶ αὐτοῦ· 2 καὶ ἀνοίξας τὸ στόμα αὐτοῦ ἐδίδασκεν αὐτοὺς λέγων.

3 Μακάριοι οἱ πτωχοὶ τῷ πνεύματι, ὅτι αὐτῶν ἐστιν ἡ βασιλεία τῶν οὐρανῶν.
4 μακάριοι οἱ πενθοῦντες, ὅτι αὐτοὶ παρακληθήσονται.
5 μακάριοι οἱ πραεῖς, ὅτι αὐτοὶ κληρονομήσουσιν τὴν γῆν.
6 μακάριοι οἱ πεινῶντες καὶ διψῶντες τὴν δικαιοσύνην, ὅτι αὐτοὶ χορτασθήσονται.
7 μακάριοι οἱ ἐλεήμονες, ὅτι αὐτοὶ ἐλεηθήσονται.
8 μακάριοι οἱ καθαροὶ τῇ καρδίᾳ, ὅτι αὐτοὶ τὸν Θεὸν ὄψονται.
9 μακάριοι οἱ εἰρηνοποιοί, ὅτι αὐτοὶ υἱοὶ Θεοῦ κληθήσονται.
10 μακάριοι οἱ δεδιωγμένοι ἕνεκεν δικαιοσύνης, ὅτι αὐτῶν ἐστιν ἡ βασιλεία τῶν οὐρανῶν.
11 μακάριοί ἐστε ὅταν ὀνειδίσωσιν ὑμᾶς καὶ διώξωσιν καὶ εἴπωσιν πᾶν πονηρὸν (ῥῆμα) καθ' ὑμῶν ψευδόμενοι ἕνεκεν ἐμοῦ. 12 χαίρετε καὶ ἀγαλλιᾶσθε, ὅτι ὁ μισθὸς ὑμῶν πολὺς ἐν τοῖς οὐρανοῖς· οὕτως γὰρ ἐδίωξαν τοὺς προφήτας τοὺς πρὸ ὑμῶν.

Analogies of Salt and Light

13 Ὑμεῖς ἐστε τὸ ἅλας τῆς γῆς· ἐὰν δὲ τὸ ἅλας μωρανθῇ, ἐν τίνι ἁλισθήσεται; εἰς οὐδὲν ἰσχύει ἔτι εἰ μὴ βληθὲν ἔξω καταπατεῖσθαι ὑπὸ τῶν ἀνθρώπων. 14 Ὑμεῖς ἐστε τὸ φῶς τοῦ κόσμου. οὐ δύναται πόλις κρυβῆναι ἐπάνω ὄρους κειμένη· 15 οὐδὲ καίουσιν λύχνον καὶ τιθέασιν αὐτὸν ὑπὸ τὸν μόδιον, ἀλλ' ἐπὶ τὴν λυχνίαν, καὶ λάμπει πᾶσιν τοῖς ἐν τῇ οἰκίᾳ. 16 οὕτως λαμψάτω τὸ φῶς ὑμῶν ἔμπροσθεν τῶν ἀνθρώπων, ὅπως ἴδωσιν ὑμῶν τὰ καλὰ ἔργα καὶ δοξάσωσιν τὸν πατέρα ὑμῶν τὸν ἐν τοῖς οὐρανοῖς.

The Immutability of the Law

17 Μὴ νομίσητε ὅτι ἦλθον καταλῦσαι τὸν νόμον ἢ τοὺς προφήτας· οὐκ ἦλθον καταλῦσαι ἀλλὰ πληρῶσαι· 18 ἀμὴν γὰρ λέγω ὑμῖν, ἕως ἂν παρέλθῃ ὁ οὐρανὸς καὶ ἡ γῆ, ἰῶτα ἓν ἢ μία κεραία οὐ μὴ παρέλθῃ ἀπὸ τοῦ νόμου, ἕως ἂν πάντα γένηται.

ΚΑΤΑ ΜΑΘΘΑΙΟΝ

19 ὃς ἐὰν οὖν λύσῃ μίαν τῶν ἐντολῶν τούτων τῶν ἐλαχίστων καὶ διδάξῃ οὕτως τοὺς ἀνθρώπους, ἐλάχιστος κληθήσεται ἐν τῇ βασιλείᾳ τῶν οὐρανῶν· ὃς δ᾽ ἂν ποιήσῃ καὶ διδάξῃ, οὗτος μέγας κληθήσεται ἐν τῇ βασιλείᾳ τῶν οὐρανῶν. 20 λέγω γὰρ ὑμῖν ὅτι ἐὰν μὴ περισσεύσῃ ὑμῶν ἡ δικαιοσύνη πλεῖον τῶν γραμματέων καὶ Φαρισαίων, οὐ μὴ εἰσέλθητε εἰς τὴν βασιλείαν τῶν οὐρανῶν.

Keeping the Law in the Heart

Murder

21 Ἠκούσατε ὅτι ἐρρέθη τοῖς ἀρχαίοις Οὐ φονεύσεις· ὃς δ᾽ ἂν φονεύσῃ, ἔνοχος ἔσται τῇ κρίσει. 22 ἐγὼ δὲ λέγω ὑμῖν ὅτι πᾶς ὁ ὀργιζόμενος τῷ ἀδελφῷ αὐτοῦ (εἰκῇ) ἔνοχος ἔσται τῇ κρίσει· ὃς δ᾽ ἂν εἴπῃ τῷ ἀδελφῷ αὐτοῦ Ῥακά, ἔνοχος ἔσται τῷ συνεδρίῳ· ὃς δ᾽ ἂν εἴπῃ Μωρέ, ἔνοχος ἔσται εἰς τὴν γέενναν τοῦ πυρός. 23 ἐὰν οὖν προσφέρῃς τὸ δῶρόν σου ἐπὶ τὸ θυσιαστήριον κἀκεῖ μνησθῇς ὅτι ὁ ἀδελφός σου ἔχει τι κατὰ σοῦ, 24 ἄφες ἐκεῖ τὸ δῶρόν σου ἔμπροσθεν τοῦ θυσιαστηρίου καὶ ὕπαγε πρῶτον διαλλάγηθι τῷ ἀδελφῷ σου, καὶ τότε ἐλθὼν πρόσφερε τὸ δῶρόν σου. 25 ἴσθι εὐνοῶν τῷ ἀντιδίκῳ σου ταχὺ ἕως ὅτου [εἶ μετ᾽ αὐτοῦ ἐν τῇ ὁδῷ] (εἶ ἐν τῇ ὁδῷ μετ᾽ αὐτοῦ)· μή ποτέ σε παραδῷ ὁ ἀντίδικος τῷ κριτῇ, καὶ ὁ κριτὴς (σε παραδῷ) τῷ ὑπηρέτῃ, καὶ εἰς φυλακὴν βληθήσῃ· 26 ἀμὴν λέγω σοι, οὐ μὴ ἐξέλθῃς ἐκεῖθεν ἕως ἂν ἀποδῷς τὸν ἔσχατον κοδράντην.

Adultery and Divorce

27 Ἠκούσατε ὅτι ἐρρέθη (τοῖς ἀρχαίοις,) Οὐ μοιχεύσεις. 28 ἐγὼ δὲ λέγω ὑμῖν ὅτι πᾶς ὁ βλέπων γυναῖκα πρὸς τὸ ἐπιθυμῆσαι αὐτὴν ἤδη ἐμοίχευσεν αὐτὴν ἐν τῇ καρδίᾳ αὐτοῦ. 29 εἰ δὲ ὁ ὀφθαλμός σου ὁ δεξιὸς σκανδαλίζει σε, ἔξελε αὐτὸν καὶ βάλε ἀπὸ σοῦ· συμφέρει γάρ σοι ἵνα ἀπόληται ἓν τῶν μελῶν σου καὶ μὴ ὅλον τὸ σῶμά σου βληθῇ εἰς γέενναν. 30 καὶ εἰ ἡ δεξιά σου χεὶρ σκανδαλίζει σε, ἔκκοψον αὐτὴν καὶ βάλε ἀπὸ σοῦ· συμφέρει γάρ σοι ἵνα ἀπόληται ἓν τῶν μελῶν σου καὶ μὴ ὅλον τὸ σῶμά σου [εἰς γέενναν ἀπέλθῃ] (βληθῇ εἰς γέενναν). 31 Ἐρρέθη δέ (ὅτι) Ὃς ἂν ἀπολύσῃ τὴν γυναῖκα αὐτοῦ, δότω αὐτῇ ἀποστάσιον. 32 ἐγὼ δὲ λέγω ὑμῖν ὅτι [πᾶς ὁ ἀπολύων] (ὃς ἂν ἀπολύσῃ) τὴν γυναῖκα αὐτοῦ παρεκτὸς λόγου πορνείας ποιεῖ αὐτὴν [μοιχευθῆναι] (μοιχᾶσθαι), καὶ ὃς ἐὰν ἀπολελυμένην γαμήσῃ μοιχᾶται.

ΚΑΤΑ ΜΑΘΘΑΙΟΝ

Making Oaths

33 Πάλιν ἠκούσατε ὅτι ἐρρέθη τοῖς ἀρχαίοις Οὐκ ἐπιορκήσεις, ἀποδώσεις δὲ τῷ Κυρίῳ τοὺς ὅρκους σου. 34 ἐγὼ δὲ λέγω ὑμῖν μὴ ὀμόσαι ὅλως· μήτε ἐν τῷ οὐρανῷ, ὅτι θρόνος ἐστὶν τοῦ Θεοῦ· 35 μήτε ἐν τῇ γῇ, ὅτι ὑποπόδιόν ἐστιν τῶν ποδῶν αὐτοῦ· μήτε εἰς Ἱεροσόλυμα, ὅτι πόλις ἐστὶν τοῦ μεγάλου Βασιλέως· 36 μήτε ἐν τῇ κεφαλῇ σου ὀμόσῃς, ὅτι οὐ δύνασαι μίαν τρίχα λευκὴν ποιῆσαι ἢ μέλαιναν. 37 ἔστω δὲ ὁ λόγος ὑμῶν ναὶ ναί, οὒ οὔ· τὸ δὲ περισσὸν τούτων ἐκ τοῦ πονηροῦ ἐστιν.

Returning Good for Evil

38 Ἠκούσατε ὅτι ἐρρέθη Ὀφθαλμὸν ἀντὶ ὀφθαλμοῦ καὶ ὀδόντα ἀντὶ ὀδόντος. 39 ἐγὼ δὲ λέγω ὑμῖν μὴ ἀντιστῆναι τῷ πονηρῷ· ἀλλ' ὅστις σε [ῥαπίζει] (ῥαπίσει) εἰς τὴν δεξιὰν σιαγόνα σου, στρέψον αὐτῷ καὶ τὴν ἄλλην· 40 καὶ τῷ θέλοντί σοι κριθῆναι καὶ τὸν χιτῶνά σου λαβεῖν, ἄφες αὐτῷ καὶ τὸ ἱμάτιον· 41 καὶ ὅστις σε ἀγγαρεύσει μίλιον ἕν, ὕπαγε μετ' αὐτοῦ δύο. 42 τῷ αἰτοῦντί σε [δός] (δίδου), καὶ τὸν θέλοντα ἀπὸ σοῦ δανίσασθαι μὴ ἀποστραφῇς.

43 Ἠκούσατε ὅτι ἐρρέθη Ἀγαπήσεις τὸν πλησίον σου καὶ μισήσεις τὸν ἐχθρόν σου. 44 ἐγὼ δὲ λέγω ὑμῖν, ἀγαπᾶτε τοὺς ἐχθροὺς ὑμῶν [καὶ προσεύχεσθε ὑπὲρ τῶν διωκόντων ὑμᾶς] (εὐλογειτε τοὺς καταρωμένους ὑμᾶς καλῶς ποιεῖτε τοὺς μισοῦντας ὑμᾶς, καὶ προσεύχεσθε ὑπὲρ τῶν ἐπηρεαζόντων ὑμᾶς, καὶ διωκόντων ὑμᾶς)· 45 ὅπως γένησθε υἱοὶ τοῦ Πατρὸς ὑμῶν τοῦ ἐν οὐρανοῖς, ὅτι τὸν ἥλιον αὐτοῦ ἀνατέλλει ἐπὶ πονηροὺς καὶ ἀγαθοὺς καὶ βρέχει ἐπὶ δικαίους καὶ ἀδίκους. 46 ἐὰν γὰρ ἀγαπήσητε τοὺς ἀγαπῶντας ὑμᾶς, τίνα μισθὸν ἔχετε; οὐχὶ καὶ οἱ τελῶναι τὸ αὐτὸ ποιοῦσιν; 47 καὶ ἐὰν ἀσπάσησθε τοὺς ἀδελφοὺς ὑμῶν μόνον, τί περισσὸν ποιεῖτε; οὐχὶ καὶ οἱ [ἐθνικοὶ τὸ] (τελῶναι) αὐτὸ ποιοῦσιν; 48 Ἔσεσθε οὖν ὑμεῖς τέλειοι ὡς ὁ Πατὴρ ὑμῶν ὁ οὐράνιος τέλειός ἐστιν.

Matthew 6

Giving Alms in Humility

1 Προσέχετε δὲ τὴν [δικαιοσύνην] (ἐλεημοσύνην) ὑμῶν μὴ ποιεῖν ἔμπροσθεν τῶν ἀνθρώπων πρὸς τὸ θεαθῆναι αὐτοῖς· εἰ δὲ μήγε, μισθὸν οὐκ ἔχετε παρὰ τῷ Πατρὶ ὑμῶν τῷ ἐν τοῖς οὐρανοῖς. 2 Ὅταν οὖν ποιῇς ἐλεημοσύνην, μὴ σαλπίσῃς ἔμπροσθέν σου, ὥσπερ οἱ ὑποκριταὶ ποιοῦσιν ἐν ταῖς συναγωγαῖς καὶ ἐν ταῖς ῥύμαις, ὅπως δοξασθῶσιν ὑπὸ τῶν ἀνθρώπων· ἀμὴν λέγω ὑμῖν, ἀπέχουσιν τὸν μισθὸν αὐτῶν.

ΚΑΤΑ ΜΑΘΘΑΙΟΝ

3 σοῦ δὲ ποιοῦντος ἐλεημοσύνην μὴ γνώτω ἡ ἀριστερά σου τί ποιεῖ ἡ δεξιά σου, 4 ὅπως ᾖ σου ἡ ἐλεημοσύνη ἐν τῷ κρυπτῷ· καὶ ὁ Πατήρ σου ὁ βλέπων ἐν τῷ κρυπτῷ (αὐτὸς) ἀποδώσει σοι (ἐν τῷ φανερῷ).

How to Pray

5 Καὶ ὅταν προσεύχησθε, οὐκ [ἔσεσθε ὡς] (ἔσῃ ὥσπερ) οἱ ὑποκριταί· ὅτι φιλοῦσιν ἐν ταῖς συναγωγαῖς καὶ ἐν ταῖς γωνίαις τῶν πλατειῶν ἑστῶτες προσεύχεσθαι, ὅπως φανῶσιν τοῖς ἀνθρώποις· ἀμὴν λέγω ὑμῖν, (ὅτι) ἀπέχουσιν τὸν μισθὸν αὐτῶν. 6 σὺ δὲ ὅταν προσεύχῃ, εἴσελθε εἰς τὸ ταμεῖόν σου καὶ κλείσας τὴν θύραν σου πρόσευξαι τῷ Πατρί σου τῷ ἐν τῷ κρυπτῷ· καὶ ὁ Πατήρ σου ὁ βλέπων ἐν τῷ κρυπτῷ ἀποδώσει σοι (ἐν τῷ φανερῷ). 7 Προσευχόμενοι δὲ μὴ βατταλογήσητε ὥσπερ οἱ ἐθνικοί· δοκοῦσιν γὰρ ὅτι ἐν τῇ πολυλογίᾳ αὐτῶν εἰσακουσθήσονται. 8 μὴ οὖν ὁμοιωθῆτε αὐτοῖς· οἶδεν γὰρ ὁ Πατὴρ ὑμῶν ὧν χρείαν ἔχετε πρὸ τοῦ ὑμᾶς αἰτῆσαι αὐτόν. 9 οὕτως οὖν προσεύχεσθε ὑμεῖς

Πάτερ ἡμῶν ὁ ἐν τοῖς οὐρανοῖς·
Ἁγιασθήτω τὸ ὄνομά σου·
10 ἐλθάτω ἡ βασιλεία σου·
γενηθήτω τὸ θέλημά σου,
ὡς ἐν οὐρανῷ καὶ ἐπὶ γῆς·
11 Τὸν ἄρτον ἡμῶν τὸν ἐπιούσιον δὸς ἡμῖν σήμερον·
12 καὶ ἄφες ἡμῖν τὰ ὀφειλήματα ἡμῶν,
ὡς καὶ ἡμεῖς ἀφήκαμεν τοῖς ὀφειλέταις ἡμῶν·
13 καὶ μὴ εἰσενέγκῃς ἡμᾶς εἰς πειρασμόν,
ἀλλὰ ῥῦσαι ἡμᾶς ἀπὸ τοῦ πονηροῦ
(ὅτι σοῦ ἐστιν ἡ βασιλεία καὶ ἡ δύναμις καὶ ἡ δόξα εἰς τοὺς αἰῶνας ἀμήν).

14 Ἐὰν γὰρ ἀφῆτε τοῖς ἀνθρώποις τὰ παραπτώματα αὐτῶν, ἀφήσει καὶ ὑμῖν ὁ Πατὴρ ὑμῶν ὁ οὐράνιος· 15 ἐὰν δὲ μὴ ἀφῆτε τοῖς ἀνθρώποις (τὰ παραπτώματα αὐτῶν), οὐδὲ ὁ Πατὴρ ὑμῶν ἀφήσει τὰ παραπτώματα ὑμῶν.

ΚΑΤΑ ΜΑΘΘΑΙΟΝ

Instruction on Fasting

16 Ὅταν δὲ νηστεύητε, μὴ γίνεσθε ὡς οἱ ὑποκριταὶ σκυθρωποί· ἀφανίζουσιν γὰρ τὰ πρόσωπα αὐτῶν ὅπως φανῶσιν τοῖς ἀνθρώποις νηστεύοντες· ἀμὴν λέγω ὑμῖν, ἀπέχουσιν τὸν μισθὸν αὐτῶν. 17 σὺ δὲ νηστεύων ἄλειψαί σου τὴν κεφαλὴν καὶ τὸ πρόσωπόν σου νίψαι, 18 ὅπως μὴ φανῇς τοῖς ἀνθρώποις νηστεύων ἀλλὰ τῷ Πατρί σου τῷ ἐν τῷ [κρυφαίῳ] (κρυπτῷ)· καὶ ὁ Πατήρ σου ὁ βλέπων ἐν τῷ [κρυφαίῳ] (κρυπτῷ) ἀποδώσει σοι (ἐν τῷ φανερῷ).

Treasure in Heaven

19 Μὴ θησαυρίζετε ὑμῖν θησαυροὺς ἐπὶ τῆς γῆς, ὅπου σὴς καὶ βρῶσις ἀφανίζει, καὶ ὅπου κλέπται διορύσσουσιν καὶ κλέπτουσιν· 20 θησαυρίζετε δὲ ὑμῖν θησαυροὺς ἐν οὐρανῷ, ὅπου οὔτε σὴς οὔτε βρῶσις ἀφανίζει, καὶ ὅπου κλέπται οὐ διορύσσουσιν οὐδὲ κλέπτουσιν· 21 ὅπου γάρ ἐστιν ὁ θησαυρός [σου] (ὑμῶν), ἐκεῖ ἔσται καὶ ἡ καρδία σου.

The Lamp of the Body

22 Ὁ λύχνος τοῦ σώματός ἐστιν ὁ ὀφθαλμός. ἐὰν οὖν ᾖ ὁ ὀφθαλμός σου ἁπλοῦς, ὅλον τὸ σῶμά σου φωτεινὸν ἔσται· 23 ἐὰν δὲ ὁ ὀφθαλμός σου πονηρὸς ᾖ, ὅλον τὸ σῶμά σου σκοτεινὸν ἔσται. εἰ οὖν τὸ φῶς τὸ ἐν σοὶ σκότος ἐστίν, τὸ σκότος πόσον.

Serving Two Masters

24 Οὐδεὶς δύναται δυσὶ κυρίοις δουλεύειν· ἢ γὰρ τὸν ἕνα μισήσει καὶ τὸν ἕτερον ἀγαπήσει, ἢ ἑνὸς ἀνθέξεται καὶ τοῦ ἑτέρου καταφρονήσει· οὐ δύνασθε Θεῷ δουλεύειν καὶ μαμωνᾷ.

Trusting God for Necessities

25 Διὰ τοῦτο λέγω ὑμῖν, μὴ μεριμνᾶτε τῇ ψυχῇ ὑμῶν τί φάγητε, [ἢ] (καὶ) τί πίητε μηδὲ τῷ σώματι ὑμῶν τί ἐνδύσησθε· οὐχὶ ἡ ψυχὴ πλεῖόν ἐστιν τῆς τροφῆς καὶ τὸ σῶμα τοῦ ἐνδύματος; 26 ἐμβλέψατε εἰς τὰ πετεινὰ τοῦ οὐρανοῦ, ὅτι οὐ σπείρουσιν οὐδὲ θερίζουσιν οὐδὲ συνάγουσιν εἰς ἀποθήκας, καὶ ὁ Πατὴρ ὑμῶν ὁ οὐράνιος τρέφει αὐτά· οὐχ ὑμεῖς μᾶλλον διαφέρετε αὐτῶν; 27 τίς δὲ ἐξ ὑμῶν μεριμνῶν δύναται προσθεῖναι ἐπὶ τὴν ἡλικίαν αὐτοῦ πῆχυν ἕνα; 28 καὶ περὶ ἐνδύματος τί μεριμνᾶτε; καταμάθετε τὰ κρίνα τοῦ ἀγροῦ πῶς [αὐξάνουσιν· οὐ κοπιῶσιν οὐδὲ νήθουσιν·] (αὐξάνει· οὐ κοπιᾷ, οὐδὲ νήθει·) 29 λέγω δὲ ὑμῖν ὅτι οὐδὲ Σολομὼν ἐν πάσῃ τῇ δόξῃ αὐτοῦ περιεβάλετο ὡς ἓν τούτων.

ΚΑΤΑ ΜΑΘΘΑΙΟΝ

30 εἰ δὲ τὸν χόρτον τοῦ ἀγροῦ σήμερον ὄντα καὶ αὔριον εἰς κλίβανον βαλλόμενον ὁ Θεὸς οὕτως ἀμφιέννυσιν, οὐ πολλῷ μᾶλλον ὑμᾶς, ὀλιγόπιστοι; 31 μὴ οὖν μεριμνήσητε λέγοντες· Τί φάγωμεν; ἤ· Τί πίωμεν; ἤ· Τί περιβαλώμεθα; 32 πάντα γὰρ ταῦτα τὰ ἔθνη [ἐπιζητοῦσιν] (ἐπιζητεῖ)· οἶδεν γὰρ ὁ Πατὴρ ὑμῶν ὁ οὐράνιος ὅτι χρῄζετε τούτων ἁπάντων. 33 ζητεῖτε δὲ πρῶτον τὴν βασιλείαν (τοῦ θεοῦ) καὶ τὴν δικαιοσύνην αὐτοῦ, καὶ ταῦτα πάντα προστεθήσεται ὑμῖν. 34 μὴ οὖν μεριμνήσητε εἰς τὴν αὔριον, ἡ γὰρ αὔριον μεριμνήσει (τὰ) ἑαυτῆς· ἀρκετὸν τῇ ἡμέρᾳ ἡ κακία αὐτῆς.

Matthew 7

Judging Others

1 Μὴ κρίνετε, ἵνα μὴ κριθῆτε· 2 ἐν ᾧ γὰρ κρίματι κρίνετε κριθήσεσθε, καὶ ἐν ᾧ μέτρῳ μετρεῖτε μετρηθήσεται ὑμῖν. 3 τί δὲ βλέπεις τὸ κάρφος τὸ ἐν τῷ ὀφθαλμῷ τοῦ ἀδελφοῦ σου, τὴν δὲ ἐν τῷ σῷ ὀφθαλμῷ δοκὸν οὐ κατανοεῖς; 4 ἢ πῶς ἐρεῖς τῷ ἀδελφῷ σου· Ἄφες ἐκβάλω τὸ κάρφος ἐκ τοῦ ὀφθαλμοῦ σου, καὶ ἰδοὺ ἡ δοκὸς ἐν τῷ ὀφθαλμῷ σοῦ; 5 ὑποκριτά, ἔκβαλε πρῶτον [ἐκ τοῦ ὀφθαλμοῦ σοῦ τὴν δοκόν] (τὴν δοκὸν ἐκ τοῦ ὀφθαλμοῦ σοῦ), καὶ τότε διαβλέψεις ἐκβαλεῖν τὸ κάρφος ἐκ τοῦ ὀφθαλμοῦ τοῦ ἀδελφοῦ σου. 6 Μὴ δῶτε τὸ ἅγιον τοῖς κυσίν, μηδὲ βάλητε τοὺς μαργαρίτας ὑμῶν ἔμπροσθεν τῶν χοίρων, μή ποτε καταπατήσουσιν αὐτοὺς ἐν τοῖς ποσὶν αὐτῶν καὶ στραφέντες ῥήξωσιν ὑμᾶς.

Ask, Seek, and Knock

7 Αἰτεῖτε, καὶ δοθήσεται ὑμῖν· ζητεῖτε, καὶ εὑρήσετε· κρούετε, καὶ ἀνοιγήσεται ὑμῖν. 8 πᾶς γὰρ ὁ αἰτῶν λαμβάνει καὶ ὁ ζητῶν εὑρίσκει καὶ τῷ κρούοντι ἀνοιγήσεται. 9 ἢ τίς ἐστιν ἐξ ὑμῶν ἄνθρωπος, ὃν (ἐὰν) αἰτήσει ὁ υἱὸς αὐτοῦ ἄρτον, μὴ λίθον ἐπιδώσει αὐτῷ; 10 [ἢ] καὶ (ἐὰν) ἰχθὺν αἰτήσει, μὴ ὄφιν ἐπιδώσει αὐτῷ; 11 εἰ οὖν ὑμεῖς πονηροὶ ὄντες οἴδατε δόματα ἀγαθὰ διδόναι τοῖς τέκνοις ὑμῶν, πόσῳ μᾶλλον ὁ Πατὴρ ὑμῶν ὁ ἐν τοῖς οὐρανοῖς δώσει ἀγαθὰ τοῖς αἰτοῦσιν αὐτόν.

The Golden Rule

12 Πάντα οὖν ὅσα [ἐὰν] (ἂν) θέλητε ἵνα ποιῶσιν ὑμῖν οἱ ἄνθρωποι, οὕτως καὶ ὑμεῖς ποιεῖτε αὐτοῖς· οὗτος γάρ ἐστιν ὁ νόμος καὶ οἱ προφῆται.

ΚΑΤΑ ΜΑΘΘΑΙΟΝ

The Narrow Gate

13 Εἰσέλθατε διὰ τῆς στενῆς πύλης· ὅτι πλατεῖα ἡ πύλη καὶ εὐρύχωρος ἡ ὁδὸς ἡ ἀπάγουσα εἰς τὴν ἀπώλειαν, καὶ πολλοί εἰσιν οἱ εἰσερχόμενοι δι' αὐτῆς· 14 ὅτι στενὴ ἡ πύλη καὶ τεθλιμμένη ἡ ὁδὸς ἡ ἀπάγουσα εἰς τὴν ζωήν, καὶ ὀλίγοι εἰσὶν οἱ εὑρίσκοντες αὐτήν.

Identifying False Prophets

15 Προσέχετε ἀπὸ τῶν ψευδοπροφητῶν, οἵτινες ἔρχονται πρὸς ὑμᾶς ἐν ἐνδύμασιν προβάτων ἔσωθεν δέ εἰσιν λύκοι ἅρπαγες. 16 ἀπὸ τῶν καρπῶν αὐτῶν ἐπιγνώσεσθε αὐτούς. μήτι συλλέγουσιν ἀπὸ ἀκανθῶν σταφυλὰς ἢ ἀπὸ τριβόλων σῦκα; 17 οὕτως πᾶν δένδρον ἀγαθὸν καρποὺς καλοὺς ποιεῖ, τὸ δὲ σαπρὸν δένδρον καρποὺς πονηροὺς ποιεῖ· 18 οὐ δύναται δένδρον ἀγαθὸν καρποὺς πονηροὺς ἐνεγκεῖν, οὐδὲ δένδρον σαπρὸν καρποὺς καλοὺς ἐνεγκεῖν. 19 πᾶν δένδρον μὴ ποιοῦν καρπὸν καλὸν ἐκκόπτεται καὶ εἰς πῦρ βάλλεται. 20 ἄραγε ἀπὸ τῶν καρπῶν αὐτῶν ἐπιγνώσεσθε αὐτούς.

The Futility of Works without Relationship

21 Οὐ πᾶς ὁ λέγων μοι Κύριε Κύριε, εἰσελεύσεται εἰς τὴν βασιλείαν τῶν οὐρανῶν, ἀλλ' ὁ ποιῶν τὸ θέλημα τοῦ Πατρός μου τοῦ ἐν τοῖς οὐρανοῖς. 22 πολλοὶ ἐροῦσίν μοι ἐν ἐκείνῃ τῇ ἡμέρᾳ Κύριε Κύριε, οὐ τῷ σῷ ὀνόματι [ἐπροφητεύσαμεν] (προεφητεύσαμεν), καὶ τῷ σῷ ὀνόματι δαιμόνια ἐξεβάλομεν, καὶ τῷ σῷ ὀνόματι δυνάμεις πολλὰς ἐποιήσαμεν; 23 καὶ τότε ὁμολογήσω αὐτοῖς ὅτι Οὐδέποτε ἔγνων ὑμᾶς· ἀποχωρεῖτε ἀπ' ἐμοῦ οἱ ἐργαζόμενοι τὴν ἀνομίαν.

Building on the Rock by Obeying Christ's Words

24 Πᾶς οὖν ὅστις ἀκούει μου τοὺς λόγους τούτους καὶ ποιεῖ αὐτούς, [ὁμοιωθήσεται] (ὁμοιώσω αὐτὸν) ἀνδρὶ φρονίμῳ, ὅστις ᾠκοδόμησεν αὐτοῦ τὴν οἰκίαν ἐπὶ τὴν πέτραν. 25 καὶ κατέβη ἡ βροχὴ καὶ ἦλθον οἱ ποταμοὶ καὶ ἔπνευσαν οἱ ἄνεμοι καὶ προσέπεσαν τῇ οἰκίᾳ ἐκείνῃ, καὶ οὐκ ἔπεσεν· τεθεμελίωτο γὰρ ἐπὶ τὴν πέτραν. 26 καὶ πᾶς ὁ ἀκούων μου τοὺς λόγους τούτους καὶ μὴ ποιῶν αὐτοὺς ὁμοιωθήσεται ἀνδρὶ μωρῷ, ὅστις ᾠκοδόμησεν αὐτοῦ τὴν οἰκίαν ἐπὶ τὴν ἄμμον. 27 καὶ κατέβη ἡ βροχὴ καὶ ἦλθον οἱ ποταμοὶ καὶ ἔπνευσαν οἱ ἄνεμοι καὶ προσέκοψαν τῇ οἰκίᾳ ἐκείνῃ, καὶ ἔπεσεν, καὶ ἦν ἡ πτῶσις αὐτῆς μεγάλη.

ΚΑΤΑ ΜΑΘΘΑΙΟΝ

28 Καὶ ἐγένετο ὅτε [ἐτέλεσεν] (συνετέλεσεν) ὁ Ἰησοῦς τοὺς λόγους τούτους, ἐξεπλήσσοντο οἱ ὄχλοι ἐπὶ τῇ διδαχῇ αὐτοῦ· 29 ἦν γὰρ διδάσκων αὐτοὺς ὡς ἐξουσίαν ἔχων, καὶ οὐχ ὡς οἱ γραμματεῖς [αὐτῶν].

Matthew 8

A Leper is Healed

1 Καταβάντος δὲ αὐτοῦ ἀπὸ τοῦ ὄρους ἠκολούθησαν αὐτῷ ὄχλοι πολλοί. 2 καὶ ἰδοὺ λεπρὸς προσελθὼν προσεκύνει αὐτῷ λέγων Κύριε, ἐὰν θέλῃς δύνασαί με καθαρίσαι. 3 καὶ ἐκτείνας τὴν χεῖρα ἥψατο αὐτοῦ (ὁ Ἰησοῦς) λέγων Θέλω, καθαρίσθητι. καὶ εὐθέως ἐκαθερίσθη αὐτοῦ ἡ λέπρα. 4 καὶ λέγει αὐτῷ ὁ Ἰησοῦς Ὅρα μηδενὶ εἴπῃς, ἀλλὰ ὕπαγε σεαυτὸν δεῖξον τῷ ἱερεῖ, καὶ προσένεγκον τὸ δῶρον ὃ προσέταξεν Μωϋσῆς εἰς μαρτύριον αὐτοῖς.

Jesus Heals a Centurions's Servant

5 [Εἰσελθόντος δὲ αὐτοῦ] (Εἰσελθόντι δὲ τῷ Ἰησοῦ) εἰς Καφαρναοὺμ προσῆλθεν αὐτῷ ἑκατόνταρχος παρακαλῶν αὐτὸν 6 καὶ λέγων Κύριε, ὁ παῖς μου βέβληται ἐν τῇ οἰκίᾳ παραλυτικός, δεινῶς βασανιζόμενος. 7 [λέγει αὐτῷ] (καὶ λέγει αὐτῷ ὁ Ἰησοῦς), Ἐγὼ ἐλθὼν θεραπεύσω αὐτόν. 8 (Καὶ) ἀποκριθεὶς δὲ ὁ ἑκατόνταρχος ἔφη Κύριε, οὐκ εἰμὶ ἱκανὸς ἵνα μου ὑπὸ τὴν στέγην εἰσέλθῃς· ἀλλὰ μόνον εἰπὲ λόγῳ, καὶ ἰαθήσεται ὁ παῖς μου. 9 καὶ γὰρ ἐγὼ ἄνθρωπός εἰμι ὑπὸ ἐξουσίαν, ἔχων ὑπ' ἐμαυτὸν στρατιώτας, καὶ λέγω τούτῳ Πορεύθητι, καὶ πορεύεται, καὶ ἄλλῳ Ἔρχου, καὶ ἔρχεται, καὶ τῷ δούλῳ μου Ποίησον τοῦτο, καὶ ποιεῖ. 10 ἀκούσας δὲ ὁ Ἰησοῦς ἐθαύμασεν καὶ εἶπεν τοῖς ἀκολουθοῦσιν Ἀμὴν λέγω ὑμῖν, [παρ' οὐδενὶ τοσαύτην πίστιν ἐν τῷ Ἰσραὴλ εὗρον] (οὐδὲ ἐν τῷ Ἰσραὴλ τοσαύτην πίστιν εὗρον). 11 λέγω δὲ ὑμῖν ὅτι πολλοὶ ἀπὸ ἀνατολῶν καὶ δυσμῶν ἥξουσιν καὶ ἀνακλιθήσονται μετὰ Ἀβραὰμ καὶ Ἰσαὰκ καὶ Ἰακὼβ ἐν τῇ βασιλείᾳ τῶν οὐρανῶν· 12 οἱ δὲ υἱοὶ τῆς βασιλείας ἐκβληθήσονται εἰς τὸ σκότος τὸ ἐξώτερον· ἐκεῖ ἔσται ὁ κλαυθμὸς καὶ ὁ βρυγμὸς τῶν ὀδόντων. 13 καὶ εἶπεν ὁ Ἰησοῦς τῷ ἑκατοντάρχῃ Ὕπαγε, (καὶ) ὡς ἐπίστευσας γενηθήτω σοι. καὶ ἰάθη ὁ παῖς (αὐτοῦ) ἐν τῇ ὥρᾳ ἐκείνῃ.

Jesus Heals Many at Peter's House

14 Καὶ ἐλθὼν ὁ Ἰησοῦς εἰς τὴν οἰκίαν Πέτρου εἶδεν τὴν πενθερὰν αὐτοῦ βεβλημένην καὶ πυρέσσουσαν· 15 καὶ ἥψατο τῆς χειρὸς αὐτῆς, καὶ ἀφῆκεν αὐτὴν ὁ πυρετός· καὶ ἠγέρθη, καὶ διηκόνει [αὐτῷ] (αὐτοῖς).

16 Ὀψίας δὲ γενομένης προσήνεγκαν αὐτῷ δαιμονιζομένους πολλούς· καὶ ἐξέβαλεν τὰ πνεύματα λόγῳ, καὶ πάντας τοὺς κακῶς ἔχοντας ἐθεράπευσεν· 17 ὅπως πληρωθῇ τὸ ῥηθὲν διὰ Ἠσαΐου τοῦ προφήτου λέγοντος Αὐτὸς τὰς ἀσθενείας ἡμῶν ἔλαβεν καὶ τὰς νόσους ἐβάστασεν.

The Cost of Discipleship

18 Ἰδὼν δὲ ὁ Ἰησοῦς [ὄχλον] (πολλοὺς ὄχλους) περὶ αὐτὸν ἐκέλευσεν ἀπελθεῖν εἰς τὸ πέραν. 19 Καὶ προσελθὼν εἷς γραμματεὺς εἶπεν αὐτῷ Διδάσκαλε, ἀκολουθήσω σοι ὅπου ἐὰν ἀπέρχῃ. 20 καὶ λέγει αὐτῷ ὁ Ἰησοῦς Αἱ ἀλώπεκες φωλεοὺς ἔχουσιν καὶ τὰ πετεινὰ τοῦ οὐρανοῦ κατασκηνώσεις, ὁ δὲ Υἱὸς τοῦ ἀνθρώπου οὐκ ἔχει ποῦ τὴν κεφαλὴν κλίνῃ. 21 ἕτερος δὲ τῶν μαθητῶν (αὐτοῦ) εἶπεν αὐτῷ Κύριε, ἐπίτρεψόν μοι πρῶτον ἀπελθεῖν καὶ θάψαι τὸν πατέρα μου. 22 ὁ δὲ Ἰησοῦς λέγει αὐτῷ Ἀκολούθει μοι, καὶ ἄφες τοὺς νεκροὺς θάψαι τοὺς ἑαυτῶν νεκρούς.

Jesus Calms a Storm

23 Καὶ ἐμβάντι αὐτῷ εἰς τὸ πλοῖον ἠκολούθησαν αὐτῷ οἱ μαθηταὶ αὐτοῦ. 24 καὶ ἰδοὺ σεισμὸς μέγας ἐγένετο ἐν τῇ θαλάσσῃ, ὥστε τὸ πλοῖον καλύπτεσθαι ὑπὸ τῶν κυμάτων· αὐτὸς δὲ ἐκάθευδεν. 25 καὶ προσελθόντες (οἱ μαθηταὶ αὐτοῦ) ἤγειραν αὐτὸν λέγοντες Κύριε, σῶσον (ἡμᾶς), ἀπολλύμεθα. 26 καὶ λέγει αὐτοῖς Τί δειλοί ἐστε, ὀλιγόπιστοι; τότε ἐγερθεὶς ἐπετίμησεν τοῖς ἀνέμοις καὶ τῇ θαλάσσῃ, καὶ ἐγένετο γαλήνη μεγάλη. 27 οἱ δὲ ἄνθρωποι ἐθαύμασαν λέγοντες Ποταπός ἐστιν οὗτος ὅτι καὶ οἱ ἄνεμοι καὶ ἡ θάλασσα [αὐτῷ ὑπακούουσιν] (ὑπακούουσιν αὐτῷ);

Deliverance from Demons

28 Καὶ ἐλθόντος αὐτοῦ εἰς τὸ πέραν εἰς τὴν χώραν τῶν [Γαδαρηνῶν] (Γεργεσηνῶν) ὑπήντησαν αὐτῷ δύο δαιμονιζόμενοι ἐκ τῶν μνημείων ἐξερχόμενοι, χαλεποὶ λίαν ὥστε μὴ ἰσχύειν τινὰ παρελθεῖν διὰ τῆς ὁδοῦ ἐκείνης. 29 καὶ ἰδοὺ ἔκραξαν λέγοντες Τί ἡμῖν καὶ σοί, (Ἰησοῦ) Υἱὲ τοῦ Θεοῦ; ἦλθες ὧδε πρὸ καιροῦ βασανίσαι ἡμᾶς; 30 ἦν δὲ μακρὰν ἀπ' αὐτῶν ἀγέλη χοίρων πολλῶν βοσκομένη. 31 οἱ δὲ δαίμονες παρεκάλουν αὐτὸν λέγοντες Εἰ ἐκβάλλεις ἡμᾶς, [ἀπόστειλον ἡμᾶς] (ἐπίτρεψον ἡμῖν ἀπελθεῖν) εἰς τὴν ἀγέλην τῶν χοίρων. 32 καὶ εἶπεν αὐτοῖς Ὑπάγετε. οἱ δὲ ἐξελθόντες ἀπῆλθον [εἰς τοὺς χοίρους·] (εἰς τὴν ἀγέλην τῶν χοίρων·) καὶ ἰδοὺ ὥρμησεν πᾶσα ἡ ἀγέλη (τῶν χοίρων) κατὰ τοῦ κρημνοῦ εἰς τὴν θάλασσαν, καὶ ἀπέθανον ἐν τοῖς ὕδασιν.

ΚΑΤΑ ΜΑΘΘΑΙΟΝ

33 οἱ δὲ βόσκοντες ἔφυγον, καὶ ἀπελθόντες εἰς τὴν πόλιν ἀπήγγειλαν πάντα καὶ τὰ τῶν δαιμονιζομένων. 34 καὶ ἰδοὺ πᾶσα ἡ πόλις ἐξῆλθεν εἰς ὑπάντησιν τῷ Ἰησοῦ, καὶ ἰδόντες αὐτὸν παρεκάλεσαν ὅπως μεταβῇ ἀπὸ τῶν ὁρίων αὐτῶν.

Matthew 9

Jesus Heals a Paralyzed Man

1 Καὶ ἐμβὰς εἰς πλοῖον διεπέρασεν, καὶ ἦλθεν εἰς τὴν ἰδίαν πόλιν. 2 Καὶ ἰδοὺ προσέφερον αὐτῷ παραλυτικὸν ἐπὶ κλίνης βεβλημένον. καὶ ἰδὼν ὁ Ἰησοῦς τὴν πίστιν αὐτῶν εἶπεν τῷ παραλυτικῷ Θάρσει, τέκνον, ἀφίενταί [σου αἱ ἁμαρτίαι] (σοί αἱ ἁμαρτίαι σου). 3 καὶ ἰδού τινες τῶν γραμματέων εἶπαν ἐν ἑαυτοῖς Οὗτος βλασφημεῖ. 4 καὶ [εἰδὼς] (ἰδὼν) ὁ Ἰησοῦς τὰς ἐνθυμήσεις αὐτῶν εἶπεν Ἵνα τί ἐνθυμεῖσθε πονηρὰ ἐν ταῖς καρδίαις ὑμῶν; 5 τί γάρ ἐστιν εὐκοπώτερον, εἰπεῖν Ἀφίενταί σου αἱ ἁμαρτίαι, ἢ εἰπεῖν [Ἔγειρε] (Ἔγειραι) καὶ περιπάτει; 6 ἵνα δὲ εἰδῆτε ὅτι ἐξουσίαν ἔχει ὁ Υἱὸς τοῦ ἀνθρώπου ἐπὶ τῆς γῆς ἀφιέναι ἁμαρτίας— τότε λέγει τῷ παραλυτικῷ [Ἔγειρε] (Ἐγερθείς) ἆρόν σου τὴν κλίνην καὶ ὕπαγε εἰς τὸν οἶκόν σου. 7 καὶ ἐγερθεὶς ἀπῆλθεν εἰς τὸν οἶκον αὐτοῦ. 8 ἰδόντες δὲ οἱ ὄχλοι [ἐφοβήθησαν] (ἐθαύμασαν) καὶ ἐδόξασαν τὸν Θεὸν τὸν δόντα ἐξουσίαν τοιαύτην τοῖς ἀνθρώποις.

Matthew Called to Discipleship

9 Καὶ παράγων ὁ Ἰησοῦς ἐκεῖθεν εἶδεν ἄνθρωπον καθήμενον ἐπὶ τὸ τελώνιον, Μαθθαῖον λεγόμενον, καὶ λέγει αὐτῷ Ἀκολούθει μοι. καὶ ἀναστὰς ἠκολούθησεν αὐτῷ. 10 Καὶ ἐγένετο αὐτοῦ ἀνακειμένου ἐν τῇ οἰκίᾳ, καὶ ἰδοὺ πολλοὶ τελῶναι καὶ ἁμαρτωλοὶ ἐλθόντες συνανέκειντο τῷ Ἰησοῦ καὶ τοῖς μαθηταῖς αὐτοῦ. 11 καὶ ἰδόντες οἱ Φαρισαῖοι [ἔλεγον] (εἶπον) τοῖς μαθηταῖς αὐτοῦ Διὰ τί μετὰ τῶν τελωνῶν καὶ ἁμαρτωλῶν ἐσθίει ὁ διδάσκαλος ὑμῶν; 12 ὁ δὲ (Ἰησοῦς) ἀκούσας εἶπεν (αὐτοῖς) Οὐ χρείαν ἔχουσιν οἱ ἰσχύοντες ἰατροῦ ἀλλ' οἱ κακῶς ἔχοντες. 13 πορευθέντες δὲ μάθετε τί ἐστιν Ἔλεος θέλω καὶ οὐ θυσίαν· οὐ γὰρ ἦλθον καλέσαι δικαίους ἀλλὰ ἁμαρτωλούς (εἰς μετάνοιαν).

John's Disciples Question Jesus about Fasting

14 Τότε προσέρχονται αὐτῷ οἱ μαθηταὶ Ἰωάνου λέγοντες Διὰ τί ἡμεῖς καὶ οἱ Φαρισαῖοι νηστεύομεν (πολλά), οἱ δὲ μαθηταί σου οὐ νηστεύουσιν; 15 καὶ εἶπεν αὐτοῖς ὁ Ἰησοῦς Μὴ δύνανται οἱ υἱοὶ τοῦ νυμφῶνος πενθεῖν ἐφ' ὅσον μετ' αὐτῶν ἐστιν ὁ νυμφίος; ἐλεύσονται δὲ ἡμέραι ὅταν ἀπαρθῇ ἀπ' αὐτῶν ὁ νυμφίος, καὶ τότε νηστεύσουσιν.

ΚΑΤΑ ΜΑΘΘΑΙΟΝ

6 οὐδεὶς δὲ ἐπιβάλλει ἐπίβλημα ῥάκους ἀγνάφου ἐπὶ ἱματίῳ παλαιῷ· αἴρει γὰρ τὸ πλήρωμα αὐτοῦ ἀπὸ τοῦ ἱματίου, καὶ χεῖρον σχίσμα γίνεται. 17 οὐδὲ βάλλουσιν οἶνον νέον εἰς ἀσκοὺς παλαιούς· εἰ δὲ μήγε, ῥήγνυνται οἱ ἀσκοί, καὶ ὁ οἶνος ἐκχεῖται καὶ οἱ ἀσκοὶ ἀπόλλυνται· ἀλλὰ βάλλουσιν οἶνον νέον εἰς ἀσκοὺς καινούς, καὶ ἀμφότεροι συντηροῦνται.

A Daughter Revived and a Woman's Issue Healed

18 Ταῦτα αὐτοῦ λαλοῦντος αὐτοῖς ἰδοὺ ἄρχων [εἷς προσελθὼν] (ἐλθὼν) προσεκύνει αὐτῷ λέγων ὅτι Ἡ θυγάτηρ μου ἄρτι ἐτελεύτησεν· ἀλλὰ ἐλθὼν ἐπίθες τὴν χεῖρά σου ἐπ' αὐτήν, καὶ ζήσεται. 19 καὶ ἐγερθεὶς ὁ Ἰησοῦς [ἠκολούθει] (ἠκολούθησεν) αὐτῷ καὶ οἱ μαθηταὶ αὐτοῦ. 20 Καὶ ἰδοὺ γυνὴ αἱμορροοῦσα δώδεκα ἔτη προσελθοῦσα ὄπισθεν ἥψατο τοῦ κρασπέδου τοῦ ἱματίου αὐτοῦ· 21 ἔλεγεν γὰρ ἐν ἑαυτῇ Ἐὰν μόνον ἅψωμαι τοῦ ἱματίου αὐτοῦ σωθήσομαι. 22 ὁ δὲ Ἰησοῦς [στραφεὶς] (ἐπιστραφεὶς) καὶ ἰδὼν αὐτὴν εἶπεν Θάρσει, θύγατερ· ἡ πίστις σου σέσωκέν σε. καὶ ἐσώθη ἡ γυνὴ ἀπὸ τῆς ὥρας ἐκείνης. 23 καὶ ἐλθὼν ὁ Ἰησοῦς εἰς τὴν οἰκίαν τοῦ ἄρχοντος καὶ ἰδὼν τοὺς αὐλητὰς καὶ τὸν ὄχλον θορυβούμενον 24 [ἔλεγεν] (λέγει αὐτοῖς)· Ἀναχωρεῖτε· οὐ γὰρ ἀπέθανεν τὸ κοράσιον ἀλλὰ καθεύδει. καὶ κατεγέλων αὐτοῦ. 25 ὅτε δὲ ἐξεβλήθη ὁ ὄχλος, εἰσελθὼν ἐκράτησεν τῆς χειρὸς αὐτῆς, καὶ ἠγέρθη τὸ κοράσιον. 26 καὶ ἐξῆλθεν ἡ φήμη αὕτη εἰς ὅλην τὴν γῆν ἐκείνην.

Jesus Heals the Blind and Mute

27 Καὶ παράγοντι ἐκεῖθεν τῷ Ἰησοῦ ἠκολούθησαν δύο τυφλοὶ κράζοντες καὶ λέγοντες Ἐλέησον ἡμᾶς, υἱὸς Δαυείδ. 28 ἐλθόντι δὲ εἰς τὴν οἰκίαν προσῆλθον αὐτῷ οἱ τυφλοί, καὶ λέγει αὐτοῖς ὁ Ἰησοῦς Πιστεύετε ὅτι δύναμαι τοῦτο ποιῆσαι; λέγουσιν αὐτῷ Ναί, Κύριε. 29 τότε ἥψατο τῶν ὀφθαλμῶν αὐτῶν λέγων Κατὰ τὴν πίστιν ὑμῶν γενηθήτω ὑμῖν. 30 καὶ ἠνεῴχθησαν αὐτῶν οἱ ὀφθαλμοί. καὶ ἐνεβριμήθη αὐτοῖς ὁ Ἰησοῦς λέγων Ὁρᾶτε, μηδεὶς γινωσκέτω. 31 οἱ δὲ ἐξελθόντες διεφήμισαν αὐτὸν ἐν ὅλῃ τῇ γῇ ἐκείνῃ. 32 Αὐτῶν δὲ ἐξερχομένων, ἰδοὺ προσήνεγκαν αὐτῷ (ἄνθρωπον) κωφὸν δαιμονιζόμενον. 33 καὶ ἐκβληθέντος τοῦ δαιμονίου ἐλάλησεν ὁ κωφός. καὶ ἐθαύμασαν οἱ ὄχλοι λέγοντες Οὐδέποτε ἐφάνη οὕτως ἐν τῷ Ἰσραήλ. 34 οἱ δὲ Φαρισαῖοι ἔλεγον Ἐν τῷ ἄρχοντι τῶν δαιμονίων ἐκβάλλει τὰ δαιμόνια.

ΚΑΤΑ ΜΑΘΘΑΙΟΝ

The Compassion of Christ

35 Καὶ περιῆγεν ὁ Ἰησοῦς τὰς πόλεις πάσας καὶ τὰς κώμας, διδάσκων ἐν ταῖς συναγωγαῖς αὐτῶν καὶ κηρύσσων τὸ εὐαγγέλιον τῆς βασιλείας καὶ θεραπεύων πᾶσαν νόσον καὶ πᾶσαν μαλακίαν (ἐν τῷ λαῷ). 36 Ἰδὼν δὲ τοὺς ὄχλους ἐσπλαγχνίσθη περὶ αὐτῶν, ὅτι ἦσαν [ἐσκυλμένοι] (ἐκλελυμένοι) καὶ ἐρριμμένοι ὡσεὶ πρόβατα μὴ ἔχοντα ποιμένα. 37 τότε λέγει τοῖς μαθηταῖς αὐτοῦ Ὁ μὲν θερισμὸς πολύς, οἱ δὲ ἐργάται ὀλίγοι· 38 δεήθητε οὖν τοῦ Κυρίου τοῦ θερισμοῦ ὅπως ἐκβάλῃ ἐργάτας εἰς τὸν θερισμὸν αὐτοῦ.

Matthew 10

Jesus Empowers and Sends Out the Twelve

1 Καὶ προσκαλεσάμενος τοὺς δώδεκα μαθητὰς αὐτοῦ ἔδωκεν αὐτοῖς ἐξουσίαν πνευμάτων ἀκαθάρτων ὥστε ἐκβάλλειν αὐτὰ καὶ θεραπεύειν πᾶσαν νόσον καὶ πᾶσαν μαλακίαν. 2 Τῶν δὲ δώδεκα ἀποστόλων τὰ ὀνόματά ἐστιν ταῦτα· πρῶτος Σίμων ὁ λεγόμενος Πέτρος καὶ Ἀνδρέας ὁ ἀδελφὸς αὐτοῦ, καὶ Ἰάκωβος ὁ τοῦ Ζεβεδαίου καὶ Ἰωάνης ὁ ἀδελφὸς αὐτοῦ, 3 Φίλιππος καὶ Βαρθολομαῖος, Θωμᾶς καὶ Μαθθαῖος ὁ τελώνης, Ἰάκωβος ὁ τοῦ Ἀλφαίου καὶ [Θαδδαῖος] (Λεββαῖος ὁ ἐπικληθεὶς Θαδδαῖος), 4 Σίμων ὁ Καναναῖος καὶ Ἰούδας ὁ Ἰσκαριώτης ὁ καὶ παραδοὺς αὐτόν. 5 Τούτους τοὺς δώδεκα ἀπέστειλεν ὁ Ἰησοῦς παραγγείλας αὐτοῖς λέγων Εἰς ὁδὸν ἐθνῶν μὴ ἀπέλθητε καὶ εἰς πόλιν Σαμαρειτῶν μὴ εἰσέλθητε· 6 πορεύεσθε δὲ μᾶλλον πρὸς τὰ πρόβατα τὰ ἀπολωλότα οἴκου Ἰσραήλ. 7 πορευόμενοι δὲ κηρύσσετε λέγοντες ὅτι Ἤγγικεν ἡ βασιλεία τῶν οὐρανῶν. 8 ἀσθενοῦντας θεραπεύετε, [νεκροὺς ἐγείρετε, λεπροὺς καθαρίζετε] (λεπροὺς καθαρίζετε, νεκροὺς ἐγείρετε), δαιμόνια ἐκβάλλετε· δωρεὰν ἐλάβετε, δωρεὰν δότε. 9 Μὴ κτήσησθε χρυσὸν μηδὲ ἄργυρον μηδὲ χαλκὸν εἰς τὰς ζώνας ὑμῶν, 10 μὴ πήραν εἰς ὁδὸν μηδὲ δύο χιτῶνας μηδὲ ὑποδήματα μηδὲ ῥάβδον· ἄξιος γὰρ ὁ ἐργάτης τῆς τροφῆς αὐτοῦ (ἐστιν). 11 εἰς ἣν δ' ἂν πόλιν ἢ κώμην εἰσέλθητε, ἐξετάσατε τίς ἐν αὐτῇ ἄξιός ἐστιν· κἀκεῖ μείνατε ἕως ἂν ἐξέλθητε. 12 εἰσερχόμενοι δὲ εἰς τὴν οἰκίαν ἀσπάσασθε αὐτήν· 13 καὶ ἐὰν μὲν ᾖ ἡ οἰκία ἀξία, ἐλθάτω ἡ εἰρήνη ὑμῶν ἐπ' αὐτήν· ἐὰν δὲ μὴ ᾖ ἀξία, ἡ εἰρήνη ὑμῶν πρὸς ὑμᾶς ἐπιστραφήτω. 14 καὶ ὃς [ἂν] (ἐὰν) μὴ δέξηται ὑμᾶς μηδὲ ἀκούσῃ τοὺς λόγους ὑμῶν, ἐξερχόμενοι [ἔξω] τῆς οἰκίας ἢ τῆς πόλεως ἐκείνης ἐκτινάξατε τὸν κονιορτὸν τῶν ποδῶν ὑμῶν. 15 ἀμὴν λέγω ὑμῖν, ἀνεκτότερον ἔσται γῇ Σοδόμων καὶ Γομόρρων ἐν ἡμέρᾳ κρίσεως ἢ τῇ πόλει ἐκείνῃ.

ΚΑΤΑ ΜΑΘΘΑΙΟΝ

Jesus Warns of Persecution

16 Ἰδοὺ ἐγὼ ἀποστέλλω ὑμᾶς ὡς πρόβατα ἐν μέσῳ λύκων· γίνεσθε οὖν φρόνιμοι ὡς οἱ ὄφεις καὶ ἀκέραιοι ὡς αἱ περιστεραί. 17 Προσέχετε δὲ ἀπὸ τῶν ἀνθρώπων· παραδώσουσιν γὰρ ὑμᾶς εἰς συνέδρια, καὶ ἐν ταῖς συναγωγαῖς αὐτῶν μαστιγώσουσιν ὑμᾶς· 18 καὶ ἐπὶ ἡγεμόνας δὲ καὶ βασιλεῖς ἀχθήσεσθε ἕνεκεν ἐμοῦ, εἰς μαρτύριον αὐτοῖς καὶ τοῖς ἔθνεσιν. 19 ὅταν δὲ παραδῶσιν ὑμᾶς, μὴ μεριμνήσητε πῶς ἢ τί λαλήσητε· δοθήσεται γὰρ ὑμῖν ἐν ἐκείνῃ τῇ ὥρᾳ τί λαλήσητε· 20 οὐ γὰρ ὑμεῖς ἐστε οἱ λαλοῦντες ἀλλὰ τὸ Πνεῦμα τοῦ Πατρὸς ὑμῶν τὸ λαλοῦν ἐν ὑμῖν. 21 παραδώσει δὲ ἀδελφὸς ἀδελφὸν εἰς θάνατον καὶ πατὴρ τέκνον, καὶ ἐπαναστήσονται τέκνα ἐπὶ γονεῖς καὶ θανατώσουσιν αὐτούς. 22 καὶ ἔσεσθε μισούμενοι ὑπὸ πάντων διὰ τὸ ὄνομά μου· ὁ δὲ ὑπομείνας εἰς τέλος, οὗτος σωθήσεται. 23 ὅταν δὲ διώκωσιν ὑμᾶς ἐν τῇ πόλει ταύτῃ, φεύγετε εἰς τὴν [ἑτέραν] (ἄλλην)· ἀμὴν γὰρ λέγω ὑμῖν, οὐ μὴ τελέσητε τὰς πόλεις τοῦ Ἰσραὴλ ἕως (ἂν) ἔλθῃ ὁ Υἱὸς τοῦ ἀνθρώπου. 24 Οὐκ ἔστιν μαθητὴς ὑπὲρ τὸν διδάσκαλον οὐδὲ δοῦλος ὑπὲρ τὸν κύριον αὐτοῦ. 25 ἀρκετὸν τῷ μαθητῇ ἵνα γένηται ὡς ὁ διδάσκαλος αὐτοῦ, καὶ ὁ δοῦλος ὡς ὁ κύριος αὐτοῦ. εἰ τὸν οἰκοδεσπότην Βεελζεβοὺλ ἐπεκάλεσαν, πόσῳ μᾶλλον τοὺς οἰκιακοὺς αὐτοῦ. 26 μὴ οὖν φοβηθῆτε αὐτούς· οὐδὲν γάρ ἐστιν κεκαλυμμένον ὃ οὐκ ἀποκαλυφθήσεται, καὶ κρυπτὸν ὃ οὐ γνωσθήσεται. 27 ὃ λέγω ὑμῖν ἐν τῇ σκοτίᾳ, εἴπατε ἐν τῷ φωτί· καὶ ὃ εἰς τὸ οὖς ἀκούετε, κηρύξατε ἐπὶ τῶν δωμάτων. 28 καὶ μὴ [φοβεῖσθε] (φοβηθῆτε) ἀπὸ τῶν ἀποκτεννόντων τὸ σῶμα, τὴν δὲ ψυχὴν μὴ δυναμένων ἀποκτεῖναι· [φοβεῖσθε] (φοβηθῆτε) δὲ μᾶλλον τὸν δυνάμενον καὶ ψυχὴν καὶ σῶμα ἀπολέσαι ἐν γεέννῃ. 29 οὐχὶ δύο στρουθία ἀσσαρίου πωλεῖται; καὶ ἓν ἐξ αὐτῶν οὐ πεσεῖται ἐπὶ τὴν γῆν ἄνευ τοῦ Πατρὸς ὑμῶν. 30 ὑμῶν δὲ καὶ αἱ τρίχες τῆς κεφαλῆς πᾶσαι ἠριθμημέναι εἰσίν. 31 μὴ οὖν [φοβεῖσθε] (φοβηθῆτε)· πολλῶν στρουθίων διαφέρετε ὑμεῖς.

The Importance of Confessing Christ

32 Πᾶς οὖν ὅστις ὁμολογήσει ἐν ἐμοὶ ἔμπροσθεν τῶν ἀνθρώπων, ὁμολογήσω κἀγὼ ἐν αὐτῷ ἔμπροσθεν τοῦ Πατρός μου τοῦ ἐν τοῖς οὐρανοῖς· 33 ὅστις δ' ἂν ἀρνήσηταί με ἔμπροσθεν τῶν ἀνθρώπων, ἀρνήσομαι κἀγὼ αὐτὸν ἔμπροσθεν τοῦ Πατρός μου τοῦ ἐν τοῖς οὐρανοῖς.

ΚΑΤΑ ΜΑΘΘΑΙΟΝ

The Cost of Confessing Christ

34 Μὴ νομίσητε ὅτι ἦλθον βαλεῖν εἰρήνην ἐπὶ τὴν γῆν· οὐκ ἦλθον βαλεῖν εἰρήνην ἀλλὰ μάχαιραν. 35 ἦλθον γὰρ διχάσαι ἄνθρωπον κατὰ τοῦ πατρὸς αὐτοῦ καὶ θυγατέρα κατὰ τῆς μητρὸς αὐτῆς καὶ νύμφην κατὰ τῆς πενθερᾶς αὐτῆς, 36 καὶ ἐχθροὶ τοῦ ἀνθρώπου οἱ οἰκιακοὶ αὐτοῦ. 37 Ὁ φιλῶν πατέρα ἢ μητέρα ὑπὲρ ἐμὲ οὐκ ἔστιν μου ἄξιος· καὶ ὁ φιλῶν υἱὸν ἢ θυγατέρα ὑπὲρ ἐμὲ οὐκ ἔστιν μου ἄξιος· 38 καὶ ὃς οὐ λαμβάνει τὸν σταυρὸν αὐτοῦ καὶ ἀκολουθεῖ ὀπίσω μου, οὐκ ἔστιν μου ἄξιος. 39 ὁ εὑρὼν τὴν ψυχὴν αὐτοῦ ἀπολέσει αὐτήν, καὶ ὁ ἀπολέσας τὴν ψυχὴν αὐτοῦ ἕνεκεν ἐμοῦ εὑρήσει αὐτήν.

The Prophet's Reward for Confessing Christ

40 Ὁ δεχόμενος ὑμᾶς ἐμὲ δέχεται, καὶ ὁ ἐμὲ δεχόμενος δέχεται τὸν ἀποστείλαντά με. 41 ὁ δεχόμενος προφήτην εἰς ὄνομα προφήτου μισθὸν προφήτου λήμψεται, καὶ ὁ δεχόμενος δίκαιον εἰς ὄνομα δικαίου μισθὸν δικαίου λήμψεται. 42 καὶ ὃς ἐὰν ποτίσῃ ἕνα τῶν μικρῶν τούτων ποτήριον ψυχροῦ μόνον εἰς ὄνομα μαθητοῦ, ἀμὴν λέγω ὑμῖν, οὐ μὴ ἀπολέσῃ τὸν μισθὸν αὐτοῦ.

Matthew 11

John Seeks Assurance from Prison

1 Καὶ ἐγένετο ὅτε ἐτέλεσεν ὁ Ἰησοῦς διατάσσων τοῖς δώδεκα μαθηταῖς αὐτοῦ, μετέβη ἐκεῖθεν τοῦ διδάσκειν καὶ κηρύσσειν ἐν ταῖς πόλεσιν αὐτῶν.
2 Ὁ δὲ Ἰωάνης ἀκούσας ἐν τῷ δεσμωτηρίῳ τὰ ἔργα τοῦ Χριστοῦ, πέμψας [διὰ] (δύο) τῶν μαθητῶν αὐτοῦ 3 εἶπεν αὐτῷ Σὺ εἶ ὁ ἐρχόμενος, ἢ ἕτερον προσδοκῶμεν; 4 καὶ ἀποκριθεὶς ὁ Ἰησοῦς εἶπεν αὐτοῖς Πορευθέντες ἀπαγγείλατε Ἰωάνει ἃ ἀκούετε καὶ βλέπετε· 5 τυφλοὶ ἀναβλέπουσιν καὶ χωλοὶ περιπατοῦσιν, λεπροὶ καθαρίζονται καὶ κωφοὶ ἀκούουσιν, καὶ νεκροὶ ἐγείρονται καὶ πτωχοὶ εὐαγγελίζονται· 6 καὶ μακάριός ἐστιν ὃς ἐὰν μὴ σκανδαλισθῇ ἐν ἐμοί.

ΚΑΤΑ ΜΑΘΘΑΙΟΝ

John - The Greatest among the Prophets

7 Τούτων δὲ πορευομένων ἤρξατο ὁ Ἰησοῦς λέγειν τοῖς ὄχλοις περὶ Ἰωάνου Τί ἐξήλθατε εἰς τὴν ἔρημον θεάσασθαι; κάλαμον ὑπὸ ἀνέμου σαλευόμενον; 8 ἀλλὰ τί ἐξήλθατε ἰδεῖν; ἄνθρωπον ἐν μαλακοῖς (ἱματίοις) ἠμφιεσμένον; ἰδοὺ οἱ τὰ μαλακὰ φοροῦντες ἐν τοῖς οἴκοις τῶν βασιλέων (εἰσίν). 9 ἀλλὰ τί ἐξήλθατε; [προφήτην ἰδεῖν] (ἰδεῖν προφήτην); ναί, λέγω ὑμῖν, καὶ περισσότερον προφήτου. 10 οὗτός ἐστιν περὶ οὗ γέγραπται

Ἰδοὺ ἐγὼ ἀποστέλλω τὸν ἄγγελόν μου πρὸ
προσώπου σου,
ὃς κατασκευάσει τὴν ὁδόν σου ἔμπροσθέν σου.

11 ἀμὴν λέγω ὑμῖν, οὐκ ἐγήγερται ἐν γεννητοῖς γυναικῶν μείζων Ἰωάνου τοῦ Βαπτιστοῦ· ὁ δὲ μικρότερος ἐν τῇ βασιλείᾳ τῶν οὐρανῶν μείζων αὐτοῦ ἐστιν. 12 ἀπὸ δὲ τῶν ἡμερῶν Ἰωάνου τοῦ Βαπτιστοῦ ἕως ἄρτι ἡ βασιλεία τῶν οὐρανῶν βιάζεται, καὶ βιασταὶ ἁρπάζουσιν αὐτήν. 13 πάντες γὰρ οἱ προφῆται καὶ ὁ νόμος ἕως Ἰωάνου ἐπροφήτευσαν· 14 καὶ εἰ θέλετε δέξασθαι, αὐτός ἐστιν Ἠλείας ὁ μέλλων ἔρχεσθαι. 15 ὁ ἔχων ὦτα (ἀκούειν) ἀκουέτω.

Jesus Rebukes the Unbelievers

16 Τίνι δὲ ὁμοιώσω τὴν γενεὰν ταύτην; ὁμοία ἐστὶν παιδίοις [καθημένοις ἐν ταῖς ἀγοραῖς ἃ προσφωνοῦντα] (ἐν ἀγοραῖς καθημένοις καὶ προσφωνοῦσιν) τοῖς ἑτέροις (αὐτῶν) 17 λέγουσιν Ηὐλήσαμεν ὑμῖν καὶ οὐκ ὠρχήσασθε· ἐθρηνήσαμεν (ὑμῖν) καὶ οὐκ ἐκόψασθε· 18 ἦλθεν γὰρ Ἰωάνης μήτε ἐσθίων μήτε πίνων, καὶ λέγουσιν Δαιμόνιον ἔχει. 19 ἦλθεν ὁ Υἱὸς τοῦ ἀνθρώπου ἐσθίων καὶ πίνων, καὶ λέγουσιν Ἰδοὺ ἄνθρωπος φάγος καὶ οἰνοπότης, τελωνῶν φίλος καὶ ἁμαρτωλῶν. καὶ ἐδικαιώθη ἡ σοφία ἀπὸ τῶν [ἔργων] (τέκνων) αὐτῆς. 20 Τότε ἤρξατο ὀνειδίζειν τὰς πόλεις ἐν αἷς ἐγένοντο αἱ πλεῖσται δυνάμεις αὐτοῦ, ὅτι οὐ μετενόησαν· 21 Οὐαί σοι, Χοραζείν· οὐαί σοι, Βηθσαϊδάν· ὅτι εἰ ἐν Τύρῳ καὶ Σιδῶνι ἐγένοντο αἱ δυνάμεις αἱ γενόμεναι ἐν ὑμῖν, πάλαι ἂν ἐν σάκκῳ καὶ σποδῷ μετενόησαν. 22 πλὴν λέγω ὑμῖν, Τύρῳ καὶ Σιδῶνι ἀνεκτότερον ἔσται ἐν ἡμέρᾳ κρίσεως ἢ ὑμῖν. 23 καὶ σύ, Καφαρναούμ, [μὴ] ἕως οὐρανοῦ ὑψωθήσῃ; ἕως [Ἅιδου καταβήσῃ] (ᾅδου καταβιβασθήσῃ)· ὅτι εἰ ἐν Σοδόμοις [ἐγενήθησαν] (ἐγένοντο) αἱ δυνάμεις αἱ γενόμεναι ἐν σοί, ἔμεινεν ἂν μέχρι τῆς σήμερον. 24 πλὴν λέγω ὑμῖν ὅτι γῇ Σοδόμων ἀνεκτότερον ἔσται ἐν ἡμέρᾳ κρίσεως ἢ σοί.

ΚΑΤΑ ΜΑΘΘΑΙΟΝ

Christ's Authority Hidden from the Wise

25 Ἐν ἐκείνῳ τῷ καιρῷ ἀποκριθεὶς ὁ Ἰησοῦς εἶπεν Ἐξομολογοῦμαί σοι, Πάτερ, Κύριε τοῦ οὐρανοῦ καὶ τῆς γῆς, ὅτι [ἔκρυψας] (ἀπέκρυψας) ταῦτα ἀπὸ σοφῶν καὶ συνετῶν, καὶ ἀπεκάλυψας αὐτὰ νηπίοις· 26 ναί, ὁ Πατήρ, ὅτι οὕτως [εὐδοκία ἐγένετο] (ἐγένετο εὐδοκία) ἔμπροσθέν σου. 27 Πάντα μοι παρεδόθη ὑπὸ τοῦ Πατρός μου, καὶ οὐδεὶς ἐπιγινώσκει τὸν Υἱὸν εἰ μὴ ὁ Πατήρ, οὐδὲ τὸν Πατέρα τις ἐπιγινώσκει εἰ μὴ ὁ Υἱὸς καὶ ᾧ ἐὰν βούληται ὁ Υἱὸς ἀποκαλύψαι.

Finding Rest in Christ

28 Δεῦτε πρός με πάντες οἱ κοπιῶντες καὶ πεφορτισμένοι, κἀγὼ ἀναπαύσω ὑμᾶς. 29 ἄρατε τὸν ζυγόν μου ἐφ᾽ ὑμᾶς καὶ μάθετε ἀπ᾽ ἐμοῦ, ὅτι πραΰς εἰμι καὶ ταπεινὸς τῇ καρδίᾳ, καὶ εὑρήσετε ἀνάπαυσιν ταῖς ψυχαῖς ὑμῶν· 30 ὁ γὰρ ζυγός μου χρηστὸς καὶ τὸ φορτίον μου ἐλαφρόν ἐστιν.

Matthew 12

Jesus Questioned about the Sabbath

1 Ἐν ἐκείνῳ τῷ καιρῷ ἐπορεύθη ὁ Ἰησοῦς τοῖς σάββασιν διὰ τῶν σπορίμων· οἱ δὲ μαθηταὶ αὐτοῦ ἐπείνασαν καὶ ἤρξαντο τίλλειν στάχυας καὶ ἐσθίειν. 2 οἱ δὲ Φαρισαῖοι ἰδόντες εἶπαν αὐτῷ Ἰδοὺ οἱ μαθηταί σου ποιοῦσιν ὃ οὐκ ἔξεστιν ποιεῖν ἐν σαββάτῳ. 3 ὁ δὲ εἶπεν αὐτοῖς Οὐκ ἀνέγνωτε τί ἐποίησεν Δαυεὶδ ὅτε ἐπείνασεν καὶ οἱ μετ᾽ αὐτοῦ; 4 πῶς εἰσῆλθεν εἰς τὸν οἶκον τοῦ Θεοῦ καὶ τοὺς ἄρτους τῆς προθέσεως [ἔφαγον] (ἔφαγεν), [ὃ] (οὓς) οὐκ ἐξὸν ἦν αὐτῷ φαγεῖν οὐδὲ τοῖς μετ᾽ αὐτοῦ, εἰ μὴ τοῖς ἱερεῦσιν μόνοις; 5 ἢ οὐκ ἀνέγνωτε ἐν τῷ νόμῳ ὅτι τοῖς σάββασιν οἱ ἱερεῖς ἐν τῷ ἱερῷ τὸ σάββατον βεβηλοῦσιν καὶ ἀναίτιοί εἰσιν; 6 λέγω δὲ ὑμῖν ὅτι τοῦ ἱεροῦ μεῖζόν ἐστιν ὧδε. 7 εἰ δὲ ἐγνώκειτε τί ἐστιν Ἔλεος θέλω καὶ οὐ θυσίαν, οὐκ ἂν κατεδικάσατε τοὺς ἀναιτίους. 8 κύριος γάρ ἐστιν τοῦ σαββάτου ὁ Υἱὸς τοῦ ἀνθρώπου.

A Withered Hand Healed on the Sabbath

9 Καὶ μεταβὰς ἐκεῖθεν ἦλθεν εἰς τὴν συναγωγὴν αὐτῶν. 10 καὶ ἰδοὺ ἄνθρωπος (ἦν τὴν) χεῖρα ἔχων ξηράν· καὶ ἐπηρώτησαν αὐτὸν λέγοντες Εἰ ἔξεστιν τοῖς σάββασιν [θεραπεῦσαι] (θεραπεύειν); ἵνα κατηγορήσωσιν αὐτοῦ. 11 ὁ δὲ εἶπεν αὐτοῖς Τίς ἔσται ἐξ ὑμῶν ἄνθρωπος ὃς ἕξει πρόβατον ἕν, καὶ ἐὰν ἐμπέσῃ τοῦτο τοῖς σάββασιν εἰς βόθυνον, οὐχὶ κρατήσει αὐτὸ καὶ ἐγερεῖ;

12 πόσῳ οὖν διαφέρει ἄνθρωπος προβάτου. ὥστε ἔξεστιν τοῖς σάββασιν καλῶς ποιεῖν. 13 τότε λέγει τῷ ἀνθρώπῳ Ἔκτεινόν σου τὴν χεῖρα. καὶ ἐξέτεινεν, καὶ ἀπεκατεστάθη ὑγιὴς ὡς ἡ ἄλλη. 14 [ἐξελθόντες δὲ οἱ Φαρισαῖοι] (οἱ δὲ Φαρισαῖοι) συμβούλιον ἔλαβον κατ' αὐτοῦ (ἐξελθόντες) ὅπως αὐτὸν ἀπολέσωσιν.

Jesus Avoids the Fanfare of Men

15 Ὁ δὲ Ἰησοῦς γνοὺς ἀνεχώρησεν ἐκεῖθεν. καὶ ἠκολούθησαν αὐτῷ (ὄχλοι) πολλοί, καὶ ἐθεράπευσεν αὐτοὺς πάντας, 16 καὶ ἐπετίμησεν αὐτοῖς ἵνα μὴ φανερὸν αὐτὸν ποιήσωσιν· 17 [ἵνα] (ὅπως) πληρωθῇ τὸ ῥηθὲν διὰ Ἡσαΐου τοῦ προφήτου λέγοντος

18 Ἰδοὺ ὁ παῖς μου ὃν ᾑρέτισα,
ὁ ἀγαπητός μου ὃν εὐδόκησεν ἡ ψυχή μου·
θήσω τὸ Πνεῦμά μου ἐπ' αὐτόν,
καὶ κρίσιν τοῖς ἔθνεσιν ἀπαγγελεῖ.
19 οὐκ ἐρίσει οὐδὲ κραυγάσει,
οὐδὲ ἀκούσει τις ἐν ταῖς πλατείαις τὴν φωνὴν αὐτοῦ.
20 κάλαμον συντετριμμένον οὐ κατεάξει
καὶ λίνον τυφόμενον οὐ σβέσει,
ἕως ἂν ἐκβάλῃ εἰς νῖκος τὴν κρίσιν.
21 καὶ τῷ ὀνόματι αὐτοῦ ἔθνη ἐλπιοῦσιν.

Jesus Heals a Blind and Mute Man

22 Τότε προσηνέχθη αὐτῷ δαιμονιζόμενος τυφλὸς καὶ κωφός· καὶ ἐθεράπευσεν αὐτόν, ὥστε τὸν [κωφὸν λαλεῖν καὶ βλέπειν] (τυφλὸν καὶ κωφὸν καὶ λαλεῖν καὶ βλέπειν). 23 καὶ ἐξίσταντο πάντες οἱ ὄχλοι καὶ ἔλεγον Μήτι οὗτός ἐστιν ὁ υἱὸς Δαυείδ;

Jesus Declares the Spirit of God

24 οἱ δὲ Φαρισαῖοι ἀκούσαντες εἶπον Οὗτος οὐκ ἐκβάλλει τὰ δαιμόνια εἰ μὴ ἐν τῷ Βεελζεβοὺλ ἄρχοντι τῶν δαιμονίων. 25 εἰδὼς δὲ (ὁ Ἰησοῦς) τὰς ἐνθυμήσεις αὐτῶν εἶπεν αὐτοῖς Πᾶσα βασιλεία μερισθεῖσα καθ' ἑαυτῆς ἐρημοῦται, καὶ πᾶσα πόλις ἢ οἰκία μερισθεῖσα καθ' ἑαυτῆς οὐ σταθήσεται. 26 καὶ εἰ ὁ Σατανᾶς τὸν Σατανᾶν ἐκβάλλει, ἐφ' ἑαυτὸν ἐμερίσθη· πῶς οὖν σταθήσεται ἡ βασιλεία αὐτοῦ; 27 καὶ εἰ ἐγὼ ἐν Βεελζεβοὺλ ἐκβάλλω τὰ δαιμόνια, οἱ υἱοὶ ὑμῶν ἐν τίνι ἐκβάλλουσιν; διὰ τοῦτο αὐτοὶ [κριταὶ ἔσονται ὑμῶν] (ὑμῶν ἔσονται κριταὶ). 28 εἰ δὲ ἐν Πνεύματι Θεοῦ ἐγὼ ἐκβάλλω τὰ δαιμόνια, ἄρα ἔφθασεν ἐφ' ὑμᾶς ἡ βασιλεία τοῦ Θεοῦ.

ΚΑΤΑ ΜΑΘΘΑΙΟΝ

29 ἢ πῶς δύναταί τις εἰσελθεῖν εἰς τὴν οἰκίαν τοῦ ἰσχυροῦ καὶ τὰ σκεύη αὐτοῦ [ἁρπάσαι] (διαρπάσαι), ἐὰν μὴ πρῶτον δήσῃ τὸν ἰσχυρόν, καὶ τότε τὴν οἰκίαν αὐτοῦ διαρπάσει; 30 ὁ μὴ ὢν μετ' ἐμοῦ κατ' ἐμοῦ ἐστιν, καὶ ὁ μὴ συνάγων μετ' ἐμοῦ σκορπίζει.

A Warning about Speaking Against the Holy Spirit

31 Διὰ τοῦτο λέγω ὑμῖν, πᾶσα ἁμαρτία καὶ βλασφημία ἀφεθήσεται τοῖς ἀνθρώποις, ἡ δὲ τοῦ Πνεύματος βλασφημία οὐκ ἀφεθήσεται (τοῖς ἀνθρώποις). 32 καὶ ὃς [ἐὰν] (ἂν) εἴπῃ λόγον κατὰ τοῦ Υἱοῦ τοῦ ἀνθρώπου, ἀφεθήσεται αὐτῷ· ὃς δ' ἂν εἴπῃ κατὰ τοῦ Πνεύματος τοῦ Ἁγίου, οὐκ ἀφεθήσεται αὐτῷ οὔτε ἐν τούτῳ τῷ αἰῶνι οὔτε ἐν τῷ μέλλοντι. 33 Ἢ ποιήσατε τὸ δένδρον καλὸν καὶ τὸν καρπὸν αὐτοῦ καλόν, ἢ ποιήσατε τὸ δένδρον σαπρὸν καὶ τὸν καρπὸν αὐτοῦ σαπρόν· ἐκ γὰρ τοῦ καρποῦ τὸ δένδρον γινώσκεται. 34 γεννήματα ἐχιδνῶν, πῶς δύνασθε ἀγαθὰ λαλεῖν πονηροὶ ὄντες; ἐκ γὰρ τοῦ περισσεύματος τῆς καρδίας τὸ στόμα λαλεῖ. 35 ὁ ἀγαθὸς ἄνθρωπος ἐκ τοῦ ἀγαθοῦ θησαυροῦ ἐκβάλλει ἀγαθά, καὶ ὁ πονηρὸς ἄνθρωπος ἐκ τοῦ πονηροῦ θησαυροῦ (τῆς καρδίας) ἐκβάλλει πονηρά. 36 λέγω δὲ ὑμῖν ὅτι πᾶν ῥῆμα ἀργὸν ὃ λαλήσουσιν οἱ ἄνθρωποι, ἀποδώσουσιν περὶ αὐτοῦ λόγον ἐν ἡμέρᾳ κρίσεως· 37 ἐκ γὰρ τῶν λόγων σου δικαιωθήσῃ, καὶ ἐκ τῶν λόγων σου καταδικασθήσῃ.

The Sign of Jonah

38 Τότε ἀπεκρίθησαν αὐτῷ τινες τῶν γραμματέων καὶ Φαρισαίων λέγοντες Διδάσκαλε, θέλομεν ἀπὸ σοῦ σημεῖον ἰδεῖν. 39 ὁ δὲ ἀποκριθεὶς εἶπεν αὐτοῖς Γενεὰ πονηρὰ καὶ μοιχαλὶς σημεῖον ἐπιζητεῖ, καὶ σημεῖον οὐ δοθήσεται αὐτῇ εἰ μὴ τὸ σημεῖον Ἰωνᾶ τοῦ προφήτου. 40 ὥσπερ γὰρ ἦν Ἰωνᾶς ἐν τῇ κοιλίᾳ τοῦ κήτους τρεῖς ἡμέρας καὶ τρεῖς νύκτας, οὕτως ἔσται ὁ Υἱὸς τοῦ ἀνθρώπου ἐν τῇ καρδίᾳ τῆς γῆς τρεῖς ἡμέρας καὶ τρεῖς νύκτας. 41 ἄνδρες Νινευεῖται ἀναστήσονται ἐν τῇ κρίσει μετὰ τῆς γενεᾶς ταύτης καὶ κατακρινοῦσιν αὐτήν· ὅτι μετενόησαν εἰς τὸ κήρυγμα Ἰωνᾶ, καὶ ἰδοὺ πλεῖον Ἰωνᾶ ὧδε. 42 βασίλισσα νότου ἐγερθήσεται ἐν τῇ κρίσει μετὰ τῆς γενεᾶς ταύτης καὶ κατακρινεῖ αὐτήν· ὅτι ἦλθεν ἐκ τῶν περάτων τῆς γῆς ἀκοῦσαι τὴν σοφίαν Σολομῶνος, καὶ ἰδοὺ πλεῖον Σολομῶνος ὧδε.

ΚΑΤΑ ΜΑΘΘΑΙΟΝ

The Behavior of Unclean Spirits

43 Ὅταν δὲ τὸ ἀκάθαρτον πνεῦμα ἐξέλθῃ ἀπὸ τοῦ ἀνθρώπου, διέρχεται δι' ἀνύδρων τόπων ζητοῦν ἀνάπαυσιν, καὶ οὐχ εὑρίσκει. 44 τότε λέγει [Εἰς τὸν οἶκόν μου ἐπιστρέψω] (ἐπιστρέψω Εἰς τὸν οἶκόν μου) ὅθεν ἐξῆλθον· καὶ ἐλθὸν εὑρίσκει σχολάζοντα καὶ σεσαρωμένον καὶ κεκοσμημένον. 45 τότε πορεύεται καὶ παραλαμβάνει μεθ' ἑαυτοῦ ἑπτὰ ἕτερα πνεύματα πονηρότερα ἑαυτοῦ, καὶ εἰσελθόντα κατοικεῖ ἐκεῖ· καὶ γίνεται τὰ ἔσχατα τοῦ ἀνθρώπου ἐκείνου χείρονα τῶν πρώτων. οὕτως ἔσται καὶ τῇ γενεᾷ ταύτῃ τῇ πονηρᾷ.

The Eternal Family of Jesus

46 Ἔτι αὐτοῦ λαλοῦντος τοῖς ὄχλοις ἰδοὺ ἡ μήτηρ καὶ οἱ ἀδελφοὶ αὐτοῦ εἱστήκεισαν ἔξω ζητοῦντες αὐτῷ λαλῆσαι. 47 εἶπεν δέ τις αὐτῷ Ἰδοὺ ἡ μήτηρ σου καὶ οἱ ἀδελφοί σου ἔξω ἑστήκασιν ζητοῦντές σοι λαλῆσαι. 48 ὁ δὲ ἀποκριθεὶς εἶπεν τῷ λέγοντι αὐτῷ Τίς ἐστιν ἡ μήτηρ μου, καὶ τίνες εἰσὶν οἱ ἀδελφοί μου; 49 καὶ ἐκτείνας τὴν χεῖρα αὐτοῦ ἐπὶ τοὺς μαθητὰς αὐτοῦ εἶπεν Ἰδοὺ ἡ μήτηρ μου καὶ οἱ ἀδελφοί μου· 50 ὅστις γὰρ ἂν ποιήσῃ τὸ θέλημα τοῦ Πατρός μου τοῦ ἐν οὐρανοῖς, αὐτός μου ἀδελφὸς καὶ ἀδελφὴ καὶ μήτηρ ἐστίν.

Matthew 13

The Parable of the Sower

1 Ἐν (δὲ) τῇ ἡμέρᾳ ἐκείνῃ ἐξελθὼν ὁ Ἰησοῦς (ἀπὸ) τῆς οἰκίας ἐκάθητο παρὰ τὴν θάλασσαν· 2 καὶ συνήχθησαν πρὸς αὐτὸν ὄχλοι πολλοί, ὥστε αὐτὸν εἰς πλοῖον ἐμβάντα καθῆσθαι, καὶ πᾶς ὁ ὄχλος ἐπὶ τὸν αἰγιαλὸν εἱστήκει. 3 καὶ ἐλάλησεν αὐτοῖς πολλὰ ἐν παραβολαῖς λέγων Ἰδοὺ ἐξῆλθεν ὁ σπείρων τοῦ σπείρειν. 4 καὶ ἐν τῷ σπείρειν αὐτὸν ἃ μὲν ἔπεσεν παρὰ τὴν ὁδόν, καὶ ἐλθόντα τὰ πετεινὰ κατέφαγεν αὐτά. 5 ἄλλα δὲ ἔπεσεν ἐπὶ τὰ πετρώδη ὅπου οὐκ εἶχεν γῆν πολλήν, καὶ εὐθέως ἐξανέτειλεν διὰ τὸ μὴ ἔχειν βάθος γῆς, 6 ἡλίου δὲ ἀνατείλαντος ἐκαυματίσθη καὶ διὰ τὸ μὴ ἔχειν ῥίζαν ἐξηράνθη. 7 ἄλλα δὲ ἔπεσεν ἐπὶ τὰς ἀκάνθας, καὶ ἀνέβησαν αἱ ἄκανθαι καὶ ἀπέπνιξαν αὐτά. 8 ἄλλα δὲ ἔπεσεν ἐπὶ τὴν γῆν τὴν καλὴν καὶ ἐδίδου καρπόν, ὃ μὲν ἑκατὸν ὃ δὲ ἑξήκοντα ὃ δὲ τριάκοντα.

ΚΑΤΑ ΜΑΘΘΑΙΟΝ

The Purpose of Parables

9 ὁ ἔχων ὦτα (ἀκούειν) ἀκουέτω. 10 Καὶ προσελθόντες οἱ μαθηταὶ εἶπαν αὐτῷ Διὰ τί ἐν παραβολαῖς λαλεῖς αὐτοῖς; 11 ὁ δὲ ἀποκριθεὶς εἶπεν ὅτι Ὑμῖν δέδοται γνῶναι τὰ μυστήρια τῆς βασιλείας τῶν οὐρανῶν, ἐκείνοις δὲ οὐ δέδοται. 12 ὅστις γὰρ ἔχει, δοθήσεται αὐτῷ καὶ περισσευθήσεται· ὅστις δὲ οὐκ ἔχει, καὶ ὃ ἔχει ἀρθήσεται ἀπ' αὐτοῦ. 13 διὰ τοῦτο ἐν παραβολαῖς αὐτοῖς λαλῶ, ὅτι βλέποντες οὐ βλέπουσιν καὶ ἀκούοντες οὐκ ἀκούουσιν οὐδὲ συνίουσιν. 14 καὶ ἀναπληροῦται αὐτοῖς ἡ προφητεία Ἡσαΐου ἡ λέγουσα

Ἀκοῇ ἀκούσετε καὶ οὐ μὴ συνῆτε,
καὶ βλέποντες βλέψετε καὶ οὐ μὴ ἴδητε.
15 ἐπαχύνθη γὰρ ἡ καρδία τοῦ λαοῦ τούτου,
καὶ τοῖς ὠσὶν βαρέως ἤκουσαν,
καὶ τοὺς ὀφθαλμοὺς αὐτῶν ἐκάμμυσαν·
μή ποτε ἴδωσιν τοῖς ὀφθαλμοῖς
καὶ τοῖς ὠσὶν ἀκούσωσιν
καὶ τῇ καρδίᾳ συνῶσιν καὶ ἐπιστρέψωσιν,
καὶ ἰάσομαι αὐτούς.

16 ὑμῶν δὲ μακάριοι οἱ ὀφθαλμοὶ ὅτι βλέπουσιν, καὶ τὰ ὦτα ὑμῶν ὅτι [ἀκούουσιν] (ἀκούει). 17 ἀμὴν γὰρ λέγω ὑμῖν ὅτι πολλοὶ προφῆται καὶ δίκαιοι ἐπεθύμησαν ἰδεῖν ἃ βλέπετε καὶ οὐκ εἶδαν, καὶ ἀκοῦσαι ἃ ἀκούετε καὶ οὐκ ἤκουσαν.

Jesus Explains the Parable of the Sower

18 Ὑμεῖς οὖν ἀκούσατε τὴν παραβολὴν τοῦ σπείραντος. 19 Παντὸς ἀκούοντος τὸν λόγον τῆς βασιλείας καὶ μὴ συνιέντος, ἔρχεται ὁ πονηρὸς καὶ ἁρπάζει τὸ ἐσπαρμένον ἐν τῇ καρδίᾳ αὐτοῦ· οὗτός ἐστιν ὁ παρὰ τὴν ὁδὸν σπαρείς. 20 ὁ δὲ ἐπὶ τὰ πετρώδη σπαρείς, οὗτός ἐστιν ὁ τὸν λόγον ἀκούων καὶ εὐθὺς μετὰ χαρᾶς λαμβάνων αὐτόν· 21 οὐκ ἔχει δὲ ῥίζαν ἐν ἑαυτῷ ἀλλὰ πρόσκαιρός ἐστιν, γενομένης δὲ θλίψεως ἢ διωγμοῦ διὰ τὸν λόγον εὐθὺς σκανδαλίζεται. 22 ὁ δὲ εἰς τὰς ἀκάνθας σπαρείς, οὗτός ἐστιν ὁ τὸν λόγον ἀκούων, καὶ ἡ μέριμνα τοῦ αἰῶνος καὶ ἡ ἀπάτη τοῦ πλούτου συμπνίγει τὸν λόγον, καὶ ἄκαρπος γίνεται. 23 ὁ δὲ ἐπὶ τὴν καλὴν γῆν σπαρείς, οὗτός ἐστιν ὁ τὸν λόγον ἀκούων καὶ συνιείς, ὃς δὴ καρποφορεῖ καὶ ποιεῖ ὃ μὲν ἑκατὸν ὃ δὲ ἑξήκοντα ὃ δὲ τριάκοντα.

ΚΑΤΑ ΜΑΘΘΑΙΟΝ

The Parable of the Tares

24 Ἄλλην παραβολὴν παρέθηκεν αὐτοῖς λέγων Ὡμοιώθη ἡ βασιλεία τῶν οὐρανῶν ἀνθρώπῳ σπείραντι καλὸν σπέρμα ἐν τῷ ἀγρῷ αὐτοῦ. 25 ἐν δὲ τῷ καθεύδειν τοὺς ἀνθρώπους ἦλθεν αὐτοῦ ὁ ἐχθρὸς καὶ ἐπέσπειρεν ζιζάνια ἀνὰ μέσον τοῦ σίτου καὶ ἀπῆλθεν. 26 ὅτε δὲ ἐβλάστησεν ὁ χόρτος καὶ καρπὸν ἐποίησεν, τότε ἐφάνη καὶ τὰ ζιζάνια. 27 προσελθόντες δὲ οἱ δοῦλοι τοῦ οἰκοδεσπότου εἶπον αὐτῷ Κύριε, οὐχὶ καλὸν σπέρμα ἔσπειρας ἐν τῷ σῷ ἀγρῷ; πόθεν οὖν ἔχει ζιζάνια; 28 ὁ δὲ ἔφη αὐτοῖς Ἐχθρὸς ἄνθρωπος τοῦτο ἐποίησεν. οἱ δὲ δοῦλοι αὐτῷ λέγουσιν Θέλεις οὖν ἀπελθόντες συλλέξωμεν αὐτά; 29 ὁ δέ φησιν Οὔ, μή ποτε συλλέγοντες τὰ ζιζάνια ἐκριζώσητε ἅμα αὐτοῖς τὸν σῖτον· 30 ἄφετε συναυξάνεσθαι ἀμφότερα [ἕως] (μέχρι) τοῦ θερισμοῦ· καὶ ἐν (τῷ) καιρῷ τοῦ θερισμοῦ ἐρῶ τοῖς θερισταῖς Συλλέξατε πρῶτον τὰ ζιζάνια καὶ δήσατε αὐτὰ εἰς δέσμας πρὸς τὸ κατακαῦσαι αὐτά, τὸν δὲ σῖτον συναγάγετε εἰς τὴν ἀποθήκην μου.

The Parables of the Mustard Seed and the Leaven

31 Ἄλλην παραβολὴν παρέθηκεν αὐτοῖς λέγων Ὁμοία ἐστὶν ἡ βασιλεία τῶν οὐρανῶν κόκκῳ σινάπεως, ὃν λαβὼν ἄνθρωπος ἔσπειρεν ἐν τῷ ἀγρῷ αὐτοῦ· 32 ὃ μικρότερον μέν ἐστιν πάντων τῶν σπερμάτων, ὅταν δὲ αὐξηθῇ, μεῖζον τῶν λαχάνων ἐστὶν καὶ γίνεται δένδρον, ὥστε ἐλθεῖν τὰ πετεινὰ τοῦ οὐρανοῦ καὶ κατασκηνοῖν ἐν τοῖς κλάδοις αὐτοῦ.

33 Ἄλλην παραβολὴν ἐλάλησεν αὐτοῖς Ὁμοία ἐστὶν ἡ βασιλεία τῶν οὐρανῶν ζύμῃ, ἣν λαβοῦσα γυνὴ ἐνέκρυψεν εἰς ἀλεύρου σάτα τρία, ἕως οὗ ἐζυμώθη ὅλον.

34 Ταῦτα πάντα ἐλάλησεν ὁ Ἰησοῦς ἐν παραβολαῖς τοῖς ὄχλοις, καὶ χωρὶς παραβολῆς [οὐδὲν] (οὐκ) ἐλάλει αὐτοῖς· 35 ὅπως πληρωθῇ τὸ ῥηθὲν διὰ τοῦ προφήτου λέγοντος Ἀνοίξω ἐν παραβολαῖς τὸ στόμα μου, ἐρεύξομαι κεκρυμμένα ἀπὸ καταβολῆς (κόσμου).

Jesus Explains the Parable of the Tares

36 Τότε ἀφεὶς τοὺς ὄχλους ἦλθεν εἰς τὴν οἰκίαν (ὁ Ἰησοῦς). Καὶ προσῆλθον αὐτῷ οἱ μαθηταὶ αὐτοῦ λέγοντες [Διασάφησον] (Φράσον) ἡμῖν τὴν παραβολὴν τῶν ζιζανίων τοῦ ἀγροῦ. 37 ὁ δὲ ἀποκριθεὶς εἶπεν (αὐτοῖς) Ὁ σπείρων τὸ καλὸν σπέρμα ἐστὶν ὁ Υἱὸς τοῦ ἀνθρώπου· 38 ὁ δὲ ἀγρός ἐστιν ὁ κόσμος· τὸ δὲ καλὸν σπέρμα, οὗτοί εἰσιν οἱ υἱοὶ τῆς βασιλείας· τὰ δὲ ζιζάνιά εἰσιν οἱ υἱοὶ τοῦ πονηροῦ, 39 ὁ δὲ ἐχθρὸς ὁ σπείρας αὐτά ἐστιν ὁ διάβολος· ὁ δὲ θερισμὸς συντέλεια αἰῶνός ἐστιν, οἱ δὲ θερισταὶ ἄγγελοί εἰσιν.

ΚΑΤΑ ΜΑΘΘΑΙΟΝ

40 ὥσπερ οὖν συλλέγεται τὰ ζιζάνια καὶ πυρὶ κατακαίεται, οὕτως ἔσται ἐν τῇ συντελείᾳ τοῦ αἰῶνος. 41 ἀποστελεῖ ὁ Υἱὸς τοῦ ἀνθρώπου τοὺς ἀγγέλους αὐτοῦ, καὶ συλλέξουσιν ἐκ τῆς βασιλείας αὐτοῦ πάντα τὰ σκάνδαλα καὶ τοὺς ποιοῦντας τὴν ἀνομίαν, 42 καὶ βαλοῦσιν αὐτοὺς εἰς τὴν κάμινον τοῦ πυρός· ἐκεῖ ἔσται ὁ κλαυθμὸς καὶ ὁ βρυγμὸς τῶν ὀδόντων. 43 τότε οἱ δίκαιοι ἐκλάμψουσιν ὡς ὁ ἥλιος ἐν τῇ βασιλείᾳ τοῦ Πατρὸς αὐτῶν. ὁ ἔχων ὦτα (ἀκούειν) ἀκουέτω.

The Parable of the Hidden Treasure

44 (Πάλιν) Ὁμοία ἐστὶν ἡ βασιλεία τῶν οὐρανῶν θησαυρῷ κεκρυμμένῳ ἐν τῷ ἀγρῷ, ὃν εὑρὼν ἄνθρωπος ἔκρυψεν, καὶ ἀπὸ τῆς χαρᾶς αὐτοῦ ὑπάγει καὶ [πωλεῖ] (πάντα) ὅσα ἔχει (πωλεῖ) καὶ ἀγοράζει τὸν ἀγρὸν ἐκεῖνον.

The Parable of the Pearl of Great Price

45 Πάλιν ὁμοία ἐστὶν ἡ βασιλεία τῶν οὐρανῶν (ἀνθρώπῳ) ἐμπόρῳ ζητοῦντι καλοὺς μαργαρίτας· 46 (ὃς) εὑρὼν [δὲ] ἕνα πολύτιμον μαργαρίτην ἀπελθὼν πέπρακεν πάντα ὅσα εἶχεν καὶ ἠγόρασεν αὐτόν.

The Parable of the Dragnet

47 Πάλιν ὁμοία ἐστὶν ἡ βασιλεία τῶν οὐρανῶν σαγήνῃ βληθείσῃ εἰς τὴν θάλασσαν καὶ ἐκ παντὸς γένους συναγαγούσῃ· 48 ἣν ὅτε ἐπληρώθη ἀναβιβάσαντες ἐπὶ τὸν αἰγιαλὸν καὶ καθίσαντες συνέλεξαν τὰ καλὰ εἰς ἄγγη, τὰ δὲ σαπρὰ ἔξω ἔβαλον. 49 οὕτως ἔσται ἐν τῇ συντελείᾳ τοῦ αἰῶνος· ἐξελεύσονται οἱ ἄγγελοι καὶ ἀφοριοῦσιν τοὺς πονηροὺς ἐκ μέσου τῶν δικαίων, 50 καὶ βαλοῦσιν αὐτοὺς εἰς τὴν κάμινον τοῦ πυρός· ἐκεῖ ἔσται ὁ κλαυθμὸς καὶ ὁ βρυγμὸς τῶν ὀδόντων.

Bringing out Treasures New and Old

51 (Λέγει αὐτοῖς ὁ Ἰησοῦς,) Συνήκατε ταῦτα πάντα; λέγουσιν αὐτῷ Ναί (Κύριε). 52 ὁ δὲ εἶπεν αὐτοῖς Διὰ τοῦτο πᾶς γραμματεὺς μαθητευθεὶς τῇ βασιλείᾳ τῶν οὐρανῶν ὅμοιός ἐστιν ἀνθρώπῳ οἰκοδεσπότῃ ὅστις ἐκβάλλει ἐκ τοῦ θησαυροῦ αὐτοῦ καινὰ καὶ παλαιά.

ΚΑΤΑ ΜΑΘΘΑΙΟΝ

Jesus Rejected by His Hometown

53 Καὶ ἐγένετο ὅτε ἐτέλεσεν ὁ Ἰησοῦς τὰς παραβολὰς ταύτας, μετῆρεν ἐκεῖθεν. 54 καὶ ἐλθὼν εἰς τὴν πατρίδα αὐτοῦ ἐδίδασκεν αὐτοὺς ἐν τῇ συναγωγῇ αὐτῶν, ὥστε ἐκπλήσσεσθαι αὐτοὺς καὶ λέγειν Πόθεν τούτῳ ἡ σοφία αὕτη καὶ αἱ δυνάμεις; 55 οὐχ οὗτός ἐστιν ὁ τοῦ τέκτονος υἱός; [οὐχ] (οὐχί) ἡ μήτηρ αὐτοῦ λέγεται Μαριὰμ καὶ οἱ ἀδελφοὶ αὐτοῦ Ἰάκωβος καὶ Ἰωσὴφ καὶ Σίμων καὶ Ἰούδας; 56 καὶ αἱ ἀδελφαὶ αὐτοῦ οὐχὶ πᾶσαι πρὸς ἡμᾶς εἰσιν; πόθεν οὖν τούτῳ ταῦτα πάντα; 57 καὶ ἐσκανδαλίζοντο ἐν αὐτῷ. ὁ δὲ Ἰησοῦς εἶπεν αὐτοῖς Οὐκ ἔστιν προφήτης ἄτιμος εἰ μὴ ἐν τῇ πατρίδι (αὐτοῦ) καὶ ἐν τῇ οἰκίᾳ αὐτοῦ. 58 καὶ οὐκ ἐποίησεν ἐκεῖ δυνάμεις πολλὰς διὰ τὴν ἀπιστίαν αὐτῶν.

Matthew 14

John the Baptist Beheaded

1 Ἐν ἐκείνῳ τῷ καιρῷ ἤκουσεν Ἡρῴδης ὁ τετραάρχης τὴν ἀκοὴν Ἰησοῦ, 2 καὶ εἶπεν τοῖς παισὶν αὐτοῦ Οὗτός ἐστιν Ἰωάνης ὁ Βαπτιστής· αὐτὸς ἠγέρθη ἀπὸ τῶν νεκρῶν, καὶ διὰ τοῦτο αἱ δυνάμεις ἐνεργοῦσιν ἐν αὐτῷ. 3 Ὁ γὰρ Ἡρῴδης κρατήσας τὸν Ἰωάνην ἔδησεν [καὶ] (αὐτὸν καὶ ἔθετο) ἐν φυλακῇ [ἀπέθετο] διὰ Ἡρῳδιάδα τὴν γυναῖκα Φιλίππου τοῦ ἀδελφοῦ αὐτοῦ· 4 ἔλεγεν γὰρ [ὁ Ἰωάνης αὐτῷ] (αὐτῷ ὁ Ἰωάννης) Οὐκ ἔξεστίν σοι ἔχειν αὐτήν. 5 καὶ θέλων αὐτὸν ἀποκτεῖναι ἐφοβήθη τὸν ὄχλον, ὅτι ὡς προφήτην αὐτὸν εἶχον. 6 γενεσίοις δὲ γενομένοις τοῦ Ἡρῴδου ὠρχήσατο ἡ θυγάτηρ τῆς Ἡρῳδιάδος ἐν τῷ μέσῳ καὶ ἤρεσεν τῷ Ἡρῴδῃ, 7 ὅθεν μεθ' ὅρκου ὡμολόγησεν αὐτῇ δοῦναι ὃ ἐὰν αἰτήσηται. 8 ἡ δὲ προβιβασθεῖσα ὑπὸ τῆς μητρὸς αὐτῆς Δός μοι, φησίν, ὧδε ἐπὶ πίνακι τὴν κεφαλὴν Ἰωάνου τοῦ Βαπτιστοῦ. 9 καὶ λυπηθεὶς ὁ βασιλεὺς διὰ τοὺς ὅρκους καὶ τοὺς συνανακειμένους ἐκέλευσεν δοθῆναι, 10 καὶ πέμψας ἀπεκεφάλισεν Ἰωάνην ἐν τῇ φυλακῇ. 11 καὶ ἠνέχθη ἡ κεφαλὴ αὐτοῦ ἐπὶ πίνακι καὶ ἐδόθη τῷ κορασίῳ, καὶ ἤνεγκεν τῇ μητρὶ αὐτῆς. 12 καὶ προσελθόντες οἱ μαθηταὶ αὐτοῦ ἦραν τὸ [πτῶμα] (σῶμα) καὶ ἔθαψαν αὐτόν, καὶ ἐλθόντες ἀπήγγειλαν τῷ Ἰησοῦ.

The Feeding of the Five Thousand

13 (Καὶ) Ἀκούσας δὲ ὁ Ἰησοῦς ἀνεχώρησεν ἐκεῖθεν ἐν πλοίῳ εἰς ἔρημον τόπον κατ' ἰδίαν· καὶ ἀκούσαντες οἱ ὄχλοι ἠκολούθησαν αὐτῷ πεζῇ ἀπὸ τῶν πόλεων. 14 Καὶ ἐξελθὼν (ὁ Ἰησοῦς) εἶδεν πολὺν ὄχλον,

ΚΑΤΑ ΜΑΘΘΑΙΟΝ

καὶ ἐσπλαγχνίσθη ἐπ᾽ [αὐτοῖς] (αὐτούς) καὶ ἐθεράπευσεν τοὺς ἀρρώστους αὐτῶν. 15 ὀψίας δὲ γενομένης προσῆλθον αὐτῷ οἱ μαθηταὶ λέγοντες Ἔρημός ἐστιν ὁ τόπος καὶ ἡ ὥρα ἤδη παρῆλθεν· ἀπόλυσον [οὖν] τοὺς ὄχλους, ἵνα ἀπελθόντες εἰς τὰς κώμας ἀγοράσωσιν ἑαυτοῖς βρώματα. 16 ὁ δὲ Ἰησοῦς εἶπεν αὐτοῖς Οὐ χρείαν ἔχουσιν ἀπελθεῖν· δότε αὐτοῖς ὑμεῖς φαγεῖν. 17 οἱ δὲ λέγουσιν αὐτῷ Οὐκ ἔχομεν ὧδε εἰ μὴ πέντε ἄρτους καὶ δύο ἰχθύας. 18 ὁ δὲ εἶπεν· Φέρετέ μοι [ὧδε αὐτούς] (αὐτοὺς ὧδε). 19 καὶ κελεύσας τοὺς ὄχλους ἀνακλιθῆναι ἐπὶ τοῦ [χόρτου] (χόρτους καὶ), λαβὼν τοὺς πέντε ἄρτους καὶ τοὺς δύο ἰχθύας, ἀναβλέψας εἰς τὸν οὐρανὸν εὐλόγησεν, καὶ κλάσας ἔδωκεν τοῖς μαθηταῖς τοὺς ἄρτους, οἱ δὲ μαθηταὶ τοῖς ὄχλοις. 20 καὶ ἔφαγον πάντες καὶ ἐχορτάσθησαν, καὶ ἦραν τὸ περισσεῦον τῶν κλασμάτων δώδεκα κοφίνους πλήρεις. 21 οἱ δὲ ἐσθίοντες ἦσαν ἄνδρες ὡσεὶ πεντακισχίλιοι χωρὶς γυναικῶν καὶ παιδίων.

Jesus Walks on the Water

22 Καὶ εὐθέως ἠνάγκασεν (ὁ Ἰησοῦς) τοὺς μαθητὰς (αὐτοῦ) ἐμβῆναι εἰς τὸ πλοῖον καὶ προάγειν αὐτὸν εἰς τὸ πέραν, ἕως οὗ ἀπολύσῃ τοὺς ὄχλους. 23 καὶ ἀπολύσας τοὺς ὄχλους ἀνέβη εἰς τὸ ὄρος κατ᾽ ἰδίαν προσεύξασθαι. ὀψίας δὲ γενομένης μόνος ἦν ἐκεῖ. 24 τὸ δὲ πλοῖον ἤδη [σταδίους πολλοὺς ἀπὸ τῆς γῆς ἀπεῖχεν] (μέσον τῆς θαλάσσης ἦν), βασανιζόμενον ὑπὸ τῶν κυμάτων, ἦν γὰρ ἐναντίος ὁ ἄνεμος. 25 τετάρτῃ δὲ φυλακῇ τῆς νυκτὸς ἦλθεν πρὸς αὐτοὺς (ὁ Ἰησοῦς) περιπατῶν ἐπὶ τὴν θάλασσαν. 26 [οἱ δὲ μαθηταὶ ἰδόντες αὐτὸν] (καὶ ἰδόντες αὐτὸν οἱ μαθηταὶ) ἐπὶ τῆς θαλάσσης περιπατοῦντα ἐταράχθησαν λέγοντες ὅτι Φάντασμά ἐστιν, καὶ ἀπὸ τοῦ φόβου ἔκραξαν. 27 εὐθὺς δὲ ἐλάλησεν ὁ Ἰησοῦς αὐτοῖς λέγων Θαρσεῖτε, ἐγώ εἰμι· μὴ φοβεῖσθε. 28 ἀποκριθεὶς δὲ αὐτῷ ὁ Πέτρος εἶπεν Κύριε, εἰ σὺ εἶ, κέλευσόν με [ἐλθεῖν πρὸς σὲ] (πρὸς σὲ ἐλθεῖν) ἐπὶ τὰ ὕδατα. 29 ὁ δὲ εἶπεν Ἐλθέ. καὶ καταβὰς ἀπὸ τοῦ πλοίου Πέτρος περιεπάτησεν ἐπὶ τὰ ὕδατα καὶ ἦλθεν πρὸς τὸν Ἰησοῦν. 30 βλέπων δὲ τὸν ἄνεμον (ἰσχυρὸν) ἐφοβήθη, καὶ ἀρξάμενος καταποντίζεσθαι ἔκραξεν λέγων Κύριε, σῶσόν με. 31 εὐθέως δὲ ὁ Ἰησοῦς ἐκτείνας τὴν χεῖρα ἐπελάβετο αὐτοῦ καὶ λέγει αὐτῷ Ὀλιγόπιστε, εἰς τί ἐδίστασας; 32 καὶ ἀναβάντων αὐτῶν εἰς τὸ πλοῖον ἐκόπασεν ὁ ἄνεμος. 33 οἱ δὲ ἐν τῷ πλοίῳ (ἐλθόντες) προσεκύνησαν αὐτῷ λέγοντες Ἀληθῶς Θεοῦ Υἱὸς εἶ.

ΚΑΤΑ ΜΑΘΘΑΙΟΝ

Miraculous Healings at Gennesaret

34 Καὶ διαπεράσαντες ἦλθον [ἐπὶ τὴν γῆν εἰς] (εἰς τὴν γῆν) Γεννησαρέτ. 35 καὶ ἐπιγνόντες αὐτὸν οἱ ἄνδρες τοῦ τόπου ἐκείνου ἀπέστειλαν εἰς ὅλην τὴν περίχωρον ἐκείνην, καὶ προσήνεγκαν αὐτῷ πάντας τοὺς κακῶς ἔχοντας, 36 καὶ παρεκάλουν αὐτὸν ἵνα μόνον ἅψωνται τοῦ κρασπέδου τοῦ ἱματίου αὐτοῦ· καὶ ὅσοι ἥψαντο διεσώθησαν.

Matthew 15

Jesus Questioned about Cleanliness

1 Τότε προσέρχονται τῷ Ἰησοῦ ἀπὸ Ἱεροσολύμων [Φαρισαῖοι καὶ γραμματεῖς] (γραμματεῖς καὶ Φαρισαῖοι) λέγοντες 2 Διὰ τί οἱ μαθηταί σου παραβαίνουσιν τὴν παράδοσιν τῶν πρεσβυτέρων; οὐ γὰρ νίπτονται τὰς χεῖρας ὅταν ἄρτον ἐσθίωσιν. 3 ὁ δὲ ἀποκριθεὶς εἶπεν αὐτοῖς Διὰ τί καὶ ὑμεῖς παραβαίνετε τὴν ἐντολὴν τοῦ Θεοῦ διὰ τὴν παράδοσιν ὑμῶν; 4 ὁ γὰρ Θεὸς εἶπεν Τίμα τὸν πατέρα καὶ τὴν μητέρα, καί, Ὁ κακολογῶν πατέρα ἢ μητέρα θανάτῳ τελευτάτω· 5 ὑμεῖς δὲ λέγετε Ὃς ἂν εἴπῃ τῷ πατρὶ ἢ τῇ μητρί Δῶρον ὃ ἐὰν ἐξ ἐμοῦ ὠφεληθῇς, 6 (Καὶ) οὐ μὴ τιμήσει τὸν πατέρα αὐτοῦ ἢ τὴν μητέρα αὐτοῦ· καὶ ἠκυρώσατε [τὸν λόγον] (τὴν ἐντολὴν) τοῦ Θεοῦ διὰ τὴν παράδοσιν ὑμῶν. 7 ὑποκριταί, καλῶς ἐπροφήτευσεν περὶ ὑμῶν Ἠσαΐας λέγων

8 [Ὁ λαὸς οὗτος] (Ἐγγίζει μοι Ὁ λαὸς οὗτος τῷ στόματι αὐτῶν καὶ) τοῖς χείλεσίν με τιμᾷ,
ἡ δὲ καρδία αὐτῶν πόρρω ἀπέχει ἀπ' ἐμοῦ·
9 μάτην δὲ σέβονταί με,
διδάσκοντες διδασκαλίας ἐντάλματα ἀνθρώπων.

10 Καὶ προσκαλεσάμενος τὸν ὄχλον εἶπεν αὐτοῖς Ἀκούετε καὶ συνίετε· 11 οὐ τὸ εἰσερχόμενον εἰς τὸ στόμα κοινοῖ τὸν ἄνθρωπον, ἀλλὰ τὸ ἐκπορευόμενον ἐκ τοῦ στόματος τοῦτο κοινοῖ τὸν ἄνθρωπον. 12 Τότε προσελθόντες οἱ μαθηταὶ [λέγουσιν αὐτῷ] (αὐτοῦ εἶπον αὐτῷ) Οἶδας ὅτι οἱ Φαρισαῖοι ἀκούσαντες τὸν λόγον ἐσκανδαλίσθησαν; 13 ὁ δὲ ἀποκριθεὶς εἶπεν Πᾶσα φυτεία ἣν οὐκ ἐφύτευσεν ὁ Πατήρ μου ὁ οὐράνιος ἐκριζωθήσεται. 14 ἄφετε αὐτούς· [τυφλοί εἰσιν ὁδηγοὶ τυφλῶν] (ὁδηγοί εἰσιν τυφλοὶ τυφλῶν)· τυφλὸς δὲ τυφλὸν ἐὰν ὁδηγῇ, ἀμφότεροι εἰς βόθυνον πεσοῦνται.

ΚΑΤΑ ΜΑΘΘΑΙΟΝ

Uncleanliness Comes from Within

15 Ἀποκριθεὶς δὲ ὁ Πέτρος εἶπεν αὐτῷ Φράσον ἡμῖν τὴν παραβολήν (ταύτην). 16 ὁ δὲ (Ἰησοῦς) εἶπεν Ἀκμὴν καὶ ὑμεῖς ἀσύνετοί ἐστε; 17 [οὐ] (οὔπω) νοεῖτε ὅτι πᾶν τὸ εἰσπορευόμενον εἰς τὸ στόμα εἰς τὴν κοιλίαν χωρεῖ καὶ εἰς ἀφεδρῶνα ἐκβάλλεται; 18 τὰ δὲ ἐκπορευόμενα ἐκ τοῦ στόματος ἐκ τῆς καρδίας ἐξέρχεται, κἀκεῖνα κοινοῖ τὸν ἄνθρωπον. 19 ἐκ γὰρ τῆς καρδίας ἐξέρχονται διαλογισμοὶ πονηροί, φόνοι, μοιχεῖαι, πορνεῖαι, κλοπαί, ψευδομαρτυρίαι, βλασφημίαι. 20 ταῦτά ἐστιν τὰ κοινοῦντα τὸν ἄνθρωπον· τὸ δὲ ἀνίπτοις χερσὶν φαγεῖν οὐ κοινοῖ τὸν ἄνθρωπον.

A Sidonian Woman's Daughter is Healed

21 Καὶ ἐξελθὼν ἐκεῖθεν ὁ Ἰησοῦς ἀνεχώρησεν εἰς τὰ μέρη Τύρου καὶ Σιδῶνος. 22 καὶ ἰδοὺ γυνὴ Χαναναία ἀπὸ τῶν ὁρίων ἐκείνων ἐξελθοῦσα ἔκραζεν λέγουσα Ἐλέησόν με, Κύριε υἱὸς Δαυείδ· ἡ θυγάτηρ μου κακῶς δαιμονίζεται. 23 ὁ δὲ οὐκ ἀπεκρίθη αὐτῇ λόγον. καὶ προσελθόντες οἱ μαθηταὶ αὐτοῦ ἠρώτουν αὐτὸν λέγοντες Ἀπόλυσον αὐτήν, ὅτι κράζει ὄπισθεν ἡμῶν. 24 ὁ δὲ ἀποκριθεὶς εἶπεν Οὐκ ἀπεστάλην εἰ μὴ εἰς τὰ πρόβατα τὰ ἀπολωλότα οἴκου Ἰσραήλ. 25 ἡ δὲ ἐλθοῦσα προσεκύνει αὐτῷ λέγουσα Κύριε, βοήθει μοι. 26 ὁ δὲ ἀποκριθεὶς εἶπεν Οὐκ ἔστιν καλὸν λαβεῖν τὸν ἄρτον τῶν τέκνων καὶ βαλεῖν τοῖς κυναρίοις. 27 ἡ δὲ εἶπεν Ναί, κύριε· καὶ γὰρ τὰ κυνάρια ἐσθίει ἀπὸ τῶν ψιχίων τῶν πιπτόντων ἀπὸ τῆς τραπέζης τῶν κυρίων αὐτῶν. 28 τότε ἀποκριθεὶς ὁ Ἰησοῦς εἶπεν αὐτῇ Ὦ γύναι, μεγάλη σου ἡ πίστις· γενηθήτω σοι ὡς θέλεις. καὶ ἰάθη ἡ θυγάτηρ αὐτῆς ἀπὸ τῆς ὥρας ἐκείνης.

Jesus Heals Various Diseases

29 Καὶ μεταβὰς ἐκεῖθεν ὁ Ἰησοῦς ἦλθεν παρὰ τὴν θάλασσαν τῆς Γαλιλαίας, καὶ ἀναβὰς εἰς τὸ ὄρος ἐκάθητο ἐκεῖ. 30 καὶ προσῆλθον αὐτῷ ὄχλοι πολλοὶ ἔχοντες μεθ' ἑαυτῶν [χωλούς, κυλλούς, τυφλούς, κωφούς] (χωλούς, τυφλούς, κωφούς, κυλλούς), καὶ ἑτέρους πολλούς, καὶ ἔριψαν αὐτοὺς παρὰ τοὺς πόδας [αὐτοῦ] (τοῦ Ἰησοῦ)· καὶ ἐθεράπευσεν αὐτούς· 31 ὥστε τὸν ὄχλον θαυμάσαι βλέποντας κωφοὺς λαλοῦντας κυλλοὺς ὑγιεῖς [καὶ] χωλοὺς περιπατοῦντας καὶ τυφλοὺς βλέποντας· καὶ ἐδόξασαν τὸν Θεὸν Ἰσραήλ.

ΚΑΤΑ ΜΑΘΘΑΙΟΝ

Jesus Feeds the Four Thousand

32 Ὁ δὲ Ἰησοῦς προσκαλεσάμενος τοὺς μαθητὰς αὐτοῦ εἶπεν Σπλαγχνίζομαι ἐπὶ τὸν ὄχλον, ὅτι ἤδη ἡμέραι τρεῖς προσμένουσίν μοι καὶ οὐκ ἔχουσιν τί φάγωσιν· καὶ ἀπολῦσαι αὐτοὺς νήστεις οὐ θέλω, μή ποτε ἐκλυθῶσιν ἐν τῇ ὁδῷ. 33 καὶ λέγουσιν αὐτῷ οἱ μαθηταί Πόθεν ἡμῖν ἐν ἐρημίᾳ ἄρτοι τοσοῦτοι ὥστε χορτάσαι ὄχλον τοσοῦτον; 34 καὶ λέγει αὐτοῖς ὁ Ἰησοῦς Πόσους ἄρτους ἔχετε; οἱ δὲ εἶπαν Ἑπτά, καὶ ὀλίγα ἰχθύδια. 35 καὶ παραγγείλας τῷ ὄχλῳ ἀναπεσεῖν ἐπὶ τὴν γῆν 36 [ἔλαβεν] (καὶ λαβὼν) τοὺς ἑπτὰ ἄρτους καὶ τοὺς ἰχθύας καὶ εὐχαριστήσας ἔκλασεν καὶ [ἐδίδου] (ἔδωκεν) τοῖς μαθηταῖς (αὐτοῦ), οἱ δὲ μαθηταὶ [τοῖς ὄχλοις] (τῷ ὄχλῳ). 37 καὶ ἔφαγον πάντες καὶ ἐχορτάσθησαν, καὶ [τὸ περισσεῦον τῶν κλασμάτων ἦραν] (ἦραν τὸ περισσεῦον τῶν κλασμάτων) ἑπτὰ σπυρίδας πλήρεις. 38 οἱ δὲ ἐσθίοντες ἦσαν τετρακισχίλιοι ἄνδρες χωρὶς γυναικῶν καὶ παιδίων. 39 Καὶ ἀπολύσας τοὺς ὄχλους ἐνέβη εἰς τὸ πλοῖον, καὶ ἦλθεν εἰς τὰ ὅρια [Μαγαδάν] (Μαγδαλά).

Matthew 16

The Pharisees and Sadducees Ask for a Sign

1 Καὶ προσελθόντες οἱ Φαρισαῖοι καὶ Σαδδουκαῖοι πειράζοντες ἐπηρώτησαν αὐτὸν σημεῖον ἐκ τοῦ οὐρανοῦ ἐπιδεῖξαι αὐτοῖς. 2 ὁ δὲ ἀποκριθεὶς εἶπεν αὐτοῖς Ὀψίας γενομένης λέγετε Εὐδία, πυρράζει γὰρ ὁ οὐρανός· 3 καὶ πρωΐ Σήμερον χειμών, πυρράζει γὰρ στυγνάζων ὁ οὐρανός. (ὑποκριταί,) τὸ μὲν πρόσωπον τοῦ οὐρανοῦ γινώσκετε διακρίνειν, τὰ δὲ σημεῖα τῶν καιρῶν οὐ δύνασθε; 4 γενεὰ πονηρὰ καὶ μοιχαλὶς σημεῖον ἐπιζητεῖ, καὶ σημεῖον οὐ δοθήσεται αὐτῇ εἰ μὴ τὸ σημεῖον Ἰωνᾶ (τοῦ προφήτου). καὶ καταλιπὼν αὐτοὺς ἀπῆλθεν.

Beware of the Yeast of the Pharisees

5 Καὶ ἐλθόντες οἱ μαθηταὶ (αὐτοῦ) εἰς τὸ πέραν ἐπελάθοντο ἄρτους λαβεῖν. 6 ὁ δὲ Ἰησοῦς εἶπεν αὐτοῖς Ὁρᾶτε καὶ προσέχετε ἀπὸ τῆς ζύμης τῶν Φαρισαίων καὶ Σαδδουκαίων. 7 οἱ δὲ διελογίζοντο ἐν ἑαυτοῖς λέγοντες ὅτι Ἄρτους οὐκ ἐλάβομεν. 8 γνοὺς δὲ ὁ Ἰησοῦς εἶπεν (αὐτοῖς) Τί διαλογίζεσθε ἐν ἑαυτοῖς, ὀλιγόπιστοι, ὅτι ἄρτους οὐκ [ἔχετε] (ἐλάβετε); 9 οὔπω νοεῖτε, οὐδὲ μνημονεύετε τοὺς πέντε ἄρτους τῶν πεντακισχιλίων καὶ πόσους κοφίνους ἐλάβετε; 10 οὐδὲ τοὺς ἑπτὰ ἄρτους τῶν τετρακισχιλίων καὶ πόσας σπυρίδας ἐλάβετε;

11 πῶς οὐ νοεῖτε ὅτι οὐ περὶ ἄρτων εἶπον ὑμῖν; προσέχετε δὲ ἀπὸ τῆς ζύμης τῶν Φαρισαίων καὶ Σαδδουκαίων. 12 τότε συνῆκαν ὅτι οὐκ εἶπεν προσέχειν ἀπὸ τῆς ζύμης τῶν ἄρτων, ἀλλὰ ἀπὸ τῆς διδαχῆς τῶν Φαρισαίων καὶ Σαδδουκαίων.

Peter's Confession of Christ

13 Ἐλθὼν δὲ ὁ Ἰησοῦς εἰς τὰ μέρη Καισαρίας τῆς Φιλίππου ἠρώτα τοὺς μαθητὰς αὐτοῦ λέγων Τίνα (με) λέγουσιν οἱ ἄνθρωποι εἶναι τὸν Υἱὸν τοῦ ἀνθρώπου; 14 οἱ δὲ εἶπαν Οἱ μὲν Ἰωάνην τὸν Βαπτιστήν, ἄλλοι δὲ Ἠλείαν, ἕτεροι δὲ Ἰερεμίαν ἢ ἕνα τῶν προφητῶν. 15 λέγει αὐτοῖς Ὑμεῖς δὲ τίνα με λέγετε εἶναι; 16 ἀποκριθεὶς δὲ Σίμων Πέτρος εἶπεν Σὺ εἶ ὁ Χριστὸς ὁ Υἱὸς τοῦ Θεοῦ τοῦ ζῶντος. 17 (καὶ) ἀποκριθεὶς δὲ ὁ Ἰησοῦς εἶπεν αὐτῷ Μακάριος εἶ, Σίμων Βαριωνᾶ, ὅτι σὰρξ καὶ αἷμα οὐκ ἀπεκάλυψέν σοι ἀλλ᾽ ὁ Πατήρ μου ὁ ἐν τοῖς οὐρανοῖς. 18 κἀγὼ δέ σοι λέγω ὅτι σὺ εἶ Πέτρος, καὶ ἐπὶ ταύτῃ τῇ πέτρᾳ οἰκοδομήσω μου τὴν ἐκκλησίαν, καὶ πύλαι Ἅιδου οὐ κατισχύσουσιν αὐτῆς. 19 (καὶ) δώσω σοι τὰς κλεῖδας τῆς βασιλείας τῶν οὐρανῶν, καὶ ὃ ἐὰν δήσῃς ἐπὶ τῆς γῆς ἔσται δεδεμένον ἐν τοῖς οὐρανοῖς, καὶ ὃ ἐὰν λύσῃς ἐπὶ τῆς γῆς ἔσται λελυμένον ἐν τοῖς οὐρανοῖς. 20 τότε ἐπετίμησεν τοῖς μαθηταῖς (αὐτοῦ) ἵνα μηδενὶ εἴπωσιν ὅτι αὐτός ἐστιν (Ἰησοῦς) ὁ Χριστός.

Jesus Foretells His Suffering, Death, and Resurrection

21 Ἀπὸ τότε ἤρξατο Ἰησοῦς [Χριστὸς] δεικνύειν τοῖς μαθηταῖς αὐτοῦ ὅτι δεῖ αὐτὸν [εἰς Ἱεροσόλυμα ἀπελθεῖν] (ἀπελθεῖν εἰς Ἱεροσόλυμα) καὶ πολλὰ παθεῖν ἀπὸ τῶν πρεσβυτέρων καὶ ἀρχιερέων καὶ γραμματέων καὶ ἀποκτανθῆναι καὶ τῇ τρίτῃ ἡμέρᾳ ἐγερθῆναι. 22 καὶ προσλαβόμενος αὐτὸν ὁ Πέτρος ἤρξατο ἐπιτιμᾶν αὐτῷ λέγων Ἵλεώς σοι, Κύριε· οὐ μὴ ἔσται σοι τοῦτο. 23 ὁ δὲ στραφεὶς εἶπεν τῷ Πέτρῳ Ὕπαγε ὀπίσω μου, Σατανᾶ· σκάνδαλον εἶ ἐμοῦ, ὅτι οὐ φρονεῖς τὰ τοῦ Θεοῦ ἀλλὰ τὰ τῶν ἀνθρώπων.

Denying Self to Gain Life in Christ

24 Τότε ὁ Ἰησοῦς εἶπεν τοῖς μαθηταῖς αὐτοῦ Εἴ τις θέλει ὀπίσω μου ἐλθεῖν, ἀπαρνησάσθω ἑαυτὸν καὶ ἀράτω τὸν σταυρὸν αὐτοῦ, καὶ ἀκολουθείτω μοι. 25 ὃς γὰρ ἐὰν θέλῃ τὴν ψυχὴν αὐτοῦ σῶσαι, ἀπολέσει αὐτήν· ὃς δ᾽ ἂν ἀπολέσῃ τὴν ψυχὴν αὐτοῦ ἕνεκεν ἐμοῦ, εὑρήσει αὐτήν. 26 τί γὰρ ὠφεληθήσεται ἄνθρωπος ἐὰν τὸν κόσμον ὅλον κερδήσῃ, τὴν δὲ ψυχὴν αὐτοῦ ζημιωθῇ; ἢ τί δώσει ἄνθρωπος ἀντάλλαγμα τῆς ψυχῆς αὐτοῦ;

ΚΑΤΑ ΜΑΘΘΑΙΟΝ

27 μέλλει γὰρ ὁ Υἱὸς τοῦ ἀνθρώπου ἔρχεσθαι ἐν τῇ δόξῃ τοῦ Πατρὸς αὐτοῦ μετὰ τῶν ἀγγέλων αὐτοῦ, καὶ τότε ἀποδώσει ἑκάστῳ κατὰ τὴν πρᾶξιν αὐτοῦ. 28 ἀμὴν λέγω ὑμῖν [ὅτι] εἰσίν τινες τῶν ὧδε [ἑστώτων] (ἑστηκότων) οἵτινες οὐ μὴ γεύσωνται θανάτου ἕως ἂν ἴδωσιν τὸν Υἱὸν τοῦ ἀνθρώπου ἐρχόμενον ἐν τῇ βασιλείᾳ αὐτοῦ.

Matthew 17

The Tranfiguration of Jesus

1 Καὶ μεθ' ἡμέρας ἓξ παραλαμβάνει ὁ Ἰησοῦς τὸν Πέτρον καὶ Ἰάκωβον καὶ Ἰωάνην τὸν ἀδελφὸν αὐτοῦ, καὶ ἀναφέρει αὐτοὺς εἰς ὄρος ὑψηλὸν κατ' ἰδίαν. 2 καὶ μετεμορφώθη ἔμπροσθεν αὐτῶν, καὶ ἔλαμψεν τὸ πρόσωπον αὐτοῦ ὡς ὁ ἥλιος, τὰ δὲ ἱμάτια αὐτοῦ ἐγένετο λευκὰ ὡς τὸ φῶς. 3 καὶ ἰδοὺ [ὤφθη] (ὤφθησαν) αὐτοῖς Μωϋσῆς καὶ Ἡλείας [συλλαλοῦντες μετ' αὐτοῦ] (μετ' αὐτοῦ συλλαλοῦντες). 4 ἀποκριθεὶς δὲ ὁ Πέτρος εἶπεν τῷ Ἰησοῦ Κύριε, καλόν ἐστιν ἡμᾶς ὧδε εἶναι· εἰ θέλεις, ποιήσω ὧδε τρεῖς σκηνάς, σοὶ μίαν καὶ Μωϋσεῖ μίαν καὶ [Ἡλείᾳ μίαν] (μίαν Ἠλίᾳ). 5 ἔτι αὐτοῦ λαλοῦντος, ἰδοὺ νεφέλη φωτεινὴ ἐπεσκίασεν αὐτούς, καὶ ἰδοὺ φωνὴ ἐκ τῆς νεφέλης λέγουσα Οὗτός ἐστιν ὁ Υἱός μου ὁ ἀγαπητός, ἐν ᾧ εὐδόκησα· ἀκούετε αὐτοῦ. 6 καὶ ἀκούσαντες οἱ μαθηταὶ ἔπεσαν ἐπὶ πρόσωπον αὐτῶν καὶ ἐφοβήθησαν σφόδρα. 7 καὶ προσῆλθεν ὁ Ἰησοῦς [καὶ ἁψάμενος αὐτῶν] (ἥψατο αὐτῶν καὶ) εἶπεν Ἐγέρθητε καὶ μὴ φοβεῖσθε. 8 ἐπάραντες δὲ τοὺς ὀφθαλμοὺς αὐτῶν οὐδένα εἶδον εἰ μὴ αὐτὸν Ἰησοῦν μόνον. 9 Καὶ καταβαινόντων αὐτῶν [ἐκ] (ἀπὸ) τοῦ ὄρους ἐνετείλατο αὐτοῖς ὁ Ἰησοῦς λέγων Μηδενὶ εἴπητε τὸ ὅραμα ἕως οὗ ὁ Υἱὸς τοῦ ἀνθρώπου ἐκ νεκρῶν [ἐγερθῇ] (ἀναστῇ). 10 Καὶ ἐπηρώτησαν αὐτὸν οἱ μαθηταὶ λέγοντες Τί οὖν οἱ γραμματεῖς λέγουσιν ὅτι Ἡλείαν δεῖ ἐλθεῖν πρῶτον; 11 ὁ δὲ (Ἰησοῦς) ἀποκριθεὶς εἶπεν (αὐτοῖς) Ἡλείας μὲν ἔρχεται καὶ ἀποκαταστήσει πάντα· 12 λέγω δὲ ὑμῖν ὅτι Ἡλείας ἤδη ἦλθεν, καὶ οὐκ ἐπέγνωσαν αὐτόν, ἀλλ' ἐποίησαν ἐν αὐτῷ ὅσα ἠθέλησαν· οὕτως καὶ ὁ Υἱὸς τοῦ ἀνθρώπου μέλλει πάσχειν ὑπ' αὐτῶν. 13 τότε συνῆκαν οἱ μαθηταὶ ὅτι περὶ Ἰωάνου τοῦ Βαπτιστοῦ εἶπεν αὐτοῖς.

A Father's Epileptic Son is Healed

14 Καὶ ἐλθόντων πρὸς τὸν ὄχλον προσῆλθεν αὐτῷ ἄνθρωπος γονυπετῶν αὐτὸν 15 καὶ λέγων Κύριε, ἐλέησόν μου τὸν υἱόν, ὅτι σεληνιάζεται καὶ κακῶς [ἔχει] (πάσχει)· πολλάκις γὰρ πίπτει εἰς τὸ πῦρ καὶ πολλάκις εἰς τὸ ὕδωρ. 16 καὶ προσήνεγκα αὐτὸν τοῖς μαθηταῖς σου, καὶ οὐκ ἠδυνήθησαν αὐτὸν θεραπεῦσαι.

ΚΑΤΑ ΜΑΘΘΑΙΟΝ

17 ἀποκριθεὶς δὲ ὁ Ἰησοῦς εἶπεν Ὦ γενεὰ ἄπιστος καὶ διεστραμμένη, ἕως πότε [μεθ' ὑμῶν ἔσομαι] (ἔσομαι μεθ' ὑμῶν); ἕως πότε ἀνέξομαι ὑμῶν; φέρετέ μοι αὐτὸν ὧδε. 18 καὶ ἐπετίμησεν αὐτῷ ὁ Ἰησοῦς, καὶ ἐξῆλθεν ἀπ' αὐτοῦ τὸ δαιμόνιον, καὶ ἐθεραπεύθη ὁ παῖς ἀπὸ τῆς ὥρας ἐκείνης. 19 Τότε προσελθόντες οἱ μαθηταὶ τῷ Ἰησοῦ κατ' ἰδίαν εἶπον Διὰ τί ἡμεῖς οὐκ ἠδυνήθημεν ἐκβαλεῖν αὐτό; 20 ὁ δὲ [λέγει] (Ἰησοῦς εἶπεν) αὐτοῖς Διὰ τὴν [ὀλιγοπιστίαν] (ἀπιστίαν) ὑμῶν· ἀμὴν γὰρ λέγω ὑμῖν, ἐὰν ἔχητε πίστιν ὡς κόκκον σινάπεως, ἐρεῖτε τῷ ὄρει τούτῳ Μετάβα ἔνθεν ἐκεῖ, καὶ μεταβήσεται, καὶ οὐδὲν ἀδυνατήσει ὑμῖν. (21 τοῦτο δὲ τὸ γένος οὐκ ἐκπορεύεται εἰ μὴ ἐν προσευχῇ καὶ νηστείᾳ.)

Jesus Speaks Again of His Death and Resurrection

22 [Συστρεφομένων] (Ἀναστρεφομένων) δὲ αὐτῶν ἐν τῇ Γαλιλαίᾳ εἶπεν αὐτοῖς ὁ Ἰησοῦς Μέλλει ὁ Υἱὸς τοῦ ἀνθρώπου παραδίδοσθαι εἰς χεῖρας ἀνθρώπων, 23 καὶ ἀποκτενοῦσιν αὐτόν, καὶ τῇ τρίτῃ ἡμέρᾳ ἐγερθήσεται. καὶ ἐλυπήθησαν σφόδρα.

Paying the Temple Tax

24 Ἐλθόντων δὲ αὐτῶν εἰς Καφαρναοὺμ προσῆλθον οἱ τὰ δίδραχμα λαμβάνοντες τῷ Πέτρῳ καὶ εἶπαν Ὁ διδάσκαλος ὑμῶν οὐ τελεῖ δίδραχμα; 25 λέγει Ναί. καὶ ἐλθόντα εἰς τὴν οἰκίαν προέφθασεν αὐτὸν ὁ Ἰησοῦς λέγων Τί σοι δοκεῖ, Σίμων; οἱ βασιλεῖς τῆς γῆς ἀπὸ τίνων λαμβάνουσιν τέλη ἢ κῆνσον; ἀπὸ τῶν υἱῶν αὐτῶν ἢ ἀπὸ τῶν ἀλλοτρίων; 26 [εἰπόντος δέ] (λέγει αὐτῷ ὁ Πέτρος) Ἀπὸ τῶν ἀλλοτρίων, ἔφη αὐτῷ ὁ Ἰησοῦς Ἄραγε ἐλεύθεροί εἰσιν οἱ υἱοί. 27 ἵνα δὲ μὴ σκανδαλίσωμεν αὐτούς, πορευθεὶς εἰς θάλασσαν βάλε ἄγκιστρον καὶ τὸν ἀναβάντα πρῶτον ἰχθὺν ἆρον, καὶ ἀνοίξας τὸ στόμα αὐτοῦ εὑρήσεις στατῆρα· ἐκεῖνον λαβὼν δὸς αὐτοῖς ἀντὶ ἐμοῦ καὶ σοῦ.

Matthew 18

Greatness through Humility

1 Ἐν ἐκείνῃ τῇ ὥρᾳ προσῆλθον οἱ μαθηταὶ τῷ Ἰησοῦ λέγοντες Τίς ἄρα μείζων ἐστὶν ἐν τῇ βασιλείᾳ τῶν οὐρανῶν; 2 καὶ προσκαλεσάμενος (ὁ Ἰησοῦς) παιδίον ἔστησεν αὐτὸ ἐν μέσῳ αὐτῶν 3 καὶ εἶπεν Ἀμὴν λέγω ὑμῖν, ἐὰν μὴ στραφῆτε καὶ γένησθε ὡς τὰ παιδία, οὐ μὴ εἰσέλθητε εἰς τὴν βασιλείαν τῶν οὐρανῶν.

ΚΑΤΑ ΜΑΘΘΑΙΟΝ

4 ὅστις οὖν ταπεινώσει ἑαυτὸν ὡς τὸ παιδίον τοῦτο, οὗτός ἐστιν ὁ μείζων ἐν τῇ βασιλείᾳ τῶν οὐρανῶν. 5 καὶ ὃς ἐὰν δέξηται [ἓν] παιδίον [τοιοῦτο] (τοιοῦτον ἓν) ἐπὶ τῷ ὀνόματί μου, ἐμὲ δέχεται·

Woe because of Offenses

6 ὃς δ' ἂν σκανδαλίσῃ ἕνα τῶν μικρῶν τούτων τῶν πιστευόντων εἰς ἐμέ, συμφέρει αὐτῷ ἵνα κρεμασθῇ μύλος ὀνικὸς [περὶ] (ἐπὶ) τὸν τράχηλον αὐτοῦ καὶ καταποντισθῇ ἐν τῷ πελάγει τῆς θαλάσσης. 7 Οὐαὶ τῷ κόσμῳ ἀπὸ τῶν σκανδάλων· ἀνάγκη γὰρ (ἐστιν) ἐλθεῖν τὰ σκάνδαλα, πλὴν οὐαὶ τῷ ἀνθρώπῳ (ἐκείνῳ) δι' οὗ τὸ σκάνδαλον ἔρχεται. 8 Εἰ δὲ ἡ χείρ σου ἢ ὁ πούς σου σκανδαλίζει σε, ἔκκοψον αὐτὸν καὶ βάλε ἀπὸ σοῦ· καλόν σοί ἐστιν εἰσελθεῖν εἰς τὴν ζωὴν κυλλὸν ἢ χωλόν, ἢ δύο χεῖρας ἢ δύο πόδας ἔχοντα βληθῆναι εἰς τὸ πῦρ τὸ αἰώνιον. 9 καὶ εἰ ὁ ὀφθαλμός σου σκανδαλίζει σε, ἔξελε αὐτὸν καὶ βάλε ἀπὸ σοῦ· καλόν σοί ἐστιν μονόφθαλμον εἰς τὴν ζωὴν εἰσελθεῖν, ἢ δύο ὀφθαλμοὺς ἔχοντα βληθῆναι εἰς τὴν γέενναν τοῦ πυρός.

The Parable of the Lost Sheep

10 Ὁρᾶτε μὴ καταφρονήσητε ἑνὸς τῶν μικρῶν τούτων· λέγω γὰρ ὑμῖν ὅτι οἱ ἄγγελοι αὐτῶν ἐν οὐρανοῖς διὰ παντὸς βλέπουσι τὸ πρόσωπον τοῦ Πατρός μου τοῦ ἐν οὐρανοῖς. (11 ἦλθεν γὰρ ὁ υἱὸς τοῦ ἀνθρώπου σῶσαι τὸ ἀπολωλός.) 12 Τί ὑμῖν δοκεῖ; ἐὰν γένηταί τινι ἀνθρώπῳ ἑκατὸν πρόβατα καὶ πλανηθῇ ἓν ἐξ αὐτῶν, οὐχὶ [ἀφήσει] (ἀφεὶς) τὰ ἐνενήκοντα ἐννέα ἐπὶ τὰ ὄρη καὶ πορευθεὶς ζητεῖ τὸ πλανώμενον; 13 καὶ ἐὰν γένηται εὑρεῖν αὐτό, ἀμὴν λέγω ὑμῖν ὅτι χαίρει ἐπ' αὐτῷ μᾶλλον ἢ ἐπὶ τοῖς ἐνενήκοντα ἐννέα τοῖς μὴ πεπλανημένοις. 14 οὕτως οὐκ ἔστιν θέλημα ἔμπροσθεν τοῦ Πατρὸς ὑμῶν τοῦ ἐν οὐρανοῖς ἵνα ἀπόληται [ἓν] (εἷς) τῶν μικρῶν τούτων.

Four Levels of Accountability when Resolving Offenses

15 Ἐὰν δὲ ἁμαρτήσῃ (εἰς σὲ) ὁ ἀδελφός σου, ὕπαγε ἔλεγξον αὐτὸν μεταξὺ σοῦ καὶ αὐτοῦ μόνου. ἐάν σου ἀκούσῃ, ἐκέρδησας τὸν ἀδελφόν σου· 16 ἐὰν δὲ μὴ ἀκούσῃ, παράλαβε μετὰ σοῦ ἔτι ἕνα ἢ δύο, ἵνα ἐπὶ στόματος δύο μαρτύρων ἢ τριῶν σταθῇ πᾶν ῥῆμα· 17 ἐὰν δὲ παρακούσῃ αὐτῶν, εἰπὸν τῇ ἐκκλησίᾳ· ἐὰν δὲ καὶ τῆς ἐκκλησίας παρακούσῃ, ἔστω σοι ὥσπερ ὁ ἐθνικὸς καὶ ὁ τελώνης.

ΚΑΤΑ ΜΑΘΘΑΙΟΝ

Gathering in the Name of Jesus

18 Ἀμὴν λέγω ὑμῖν, ὅσα ἐὰν δήσητε ἐπὶ τῆς γῆς ἔσται δεδεμένα ἐν οὐρανῷ, καὶ ὅσα ἐὰν λύσητε ἐπὶ τῆς γῆς ἔσται λελυμένα ἐν οὐρανῷ. 19 Πάλιν ἀμὴν λέγω ὑμῖν ὅτι ἐὰν δύο συμφωνήσωσιν ἐξ ὑμῶν ἐπὶ τῆς γῆς περὶ παντὸς πράγματος οὗ ἐὰν αἰτήσωνται, γενήσεται αὐτοῖς παρὰ τοῦ Πατρός μου τοῦ ἐν οὐρανοῖς. 20 οὗ γάρ εἰσιν δύο ἢ τρεῖς συνηγμένοι εἰς τὸ ἐμὸν ὄνομα, ἐκεῖ εἰμι ἐν μέσῳ αὐτῶν.

The Parable of the Unforgiving Servant

21 Τότε προσελθὼν (αὐτῷ) ὁ Πέτρος εἶπεν αὐτῷ Κύριε, ποσάκις ἁμαρτήσει εἰς ἐμὲ ὁ ἀδελφός μου καὶ ἀφήσω αὐτῷ; ἕως ἑπτάκις; 22 λέγει αὐτῷ ὁ Ἰησοῦς Οὐ λέγω σοι ἕως ἑπτάκις, ἀλλὰ ἕως ἑβδομηκοντάκις ἑπτά. 23 Διὰ τοῦτο ὡμοιώθη ἡ βασιλεία τῶν οὐρανῶν ἀνθρώπῳ βασιλεῖ ὃς ἠθέλησεν συνᾶραι λόγον μετὰ τῶν δούλων αὐτοῦ. 24 ἀρξαμένου δὲ αὐτοῦ συναίρειν προσήχθη εἷς αὐτῷ ὀφειλέτης μυρίων ταλάντων. 25 μὴ ἔχοντος δὲ αὐτοῦ ἀποδοῦναι ἐκέλευσεν αὐτὸν ὁ κύριος (αὐτοῦ) πραθῆναι καὶ τὴν γυναῖκα (αὐτοῦ) καὶ τὰ τέκνα καὶ πάντα ὅσα ἔχει, καὶ ἀποδοθῆναι. 26 πεσὼν οὖν ὁ δοῦλος προσεκύνει αὐτῷ λέγων (Κύριε) Μακροθύμησον ἐπ' ἐμοί, καὶ πάντα [ἀποδώσω σοι] (σοι ἀποδώσω). 27 σπλαγχνισθεὶς δὲ ὁ κύριος τοῦ δούλου ἐκείνου ἀπέλυσεν αὐτόν, καὶ τὸ δάνειον ἀφῆκεν αὐτῷ. 28 ἐξελθὼν δὲ ὁ δοῦλος ἐκεῖνος εὗρεν ἕνα τῶν συνδούλων αὐτοῦ, ὃς ὤφειλεν αὐτῷ ἑκατὸν δηνάρια, καὶ κρατήσας αὐτὸν ἔπνιγεν λέγων Ἀπόδος εἴ τι ὀφείλεις. 29 πεσὼν οὖν ὁ σύνδουλος αὐτοῦ (εἰς τοὺς πόδας αὐτοῦ) παρεκάλει αὐτὸν λέγων Μακροθύμησον ἐπ' ἐμοί, καὶ ἀποδώσω σοι. 30 ὁ δὲ οὐκ ἤθελεν, ἀλλὰ ἀπελθὼν ἔβαλεν αὐτὸν εἰς φυλακὴν ἕως (οὗ) ἀποδῷ τὸ ὀφειλόμενον. 31 ἰδόντες (δὲ) οὖν οἱ σύνδουλοι αὐτοῦ τὰ γενόμενα ἐλυπήθησαν σφόδρα, καὶ ἐλθόντες διεσάφησαν τῷ κυρίῳ ἑαυτῶν πάντα τὰ γενόμενα. 32 τότε προσκαλεσάμενος αὐτὸν ὁ κύριος αὐτοῦ λέγει αὐτῷ Δοῦλε πονηρέ, πᾶσαν τὴν ὀφειλὴν ἐκείνην ἀφῆκά σοι, ἐπεὶ παρεκάλεσάς με· 33 οὐκ ἔδει καὶ σὲ ἐλεῆσαι τὸν σύνδουλόν σου, ὡς κἀγὼ σὲ ἠλέησα; 34 καὶ ὀργισθεὶς ὁ κύριος αὐτοῦ παρέδωκεν αὐτὸν τοῖς βασανισταῖς ἕως οὗ ἀποδῷ πᾶν τὸ ὀφειλόμενον αὐτῷ. 35 Οὕτως καὶ ὁ Πατήρ μου ὁ οὐράνιος ποιήσει ὑμῖν, ἐὰν μὴ ἀφῆτε ἕκαστος τῷ ἀδελφῷ αὐτοῦ ἀπὸ τῶν καρδιῶν ὑμῶν (τὰ παραπτώματα αὐτῶν).

ΚΑΤΑ ΜΑΘΘΑΙΟΝ

Matthew 19

Mariage and Divorce

1 Καὶ ἐγένετο ὅτε ἐτέλεσεν ὁ Ἰησοῦς τοὺς λόγους τούτους, μετῆρεν ἀπὸ τῆς Γαλιλαίας καὶ ἦλθεν εἰς τὰ ὅρια τῆς Ἰουδαίας πέραν τοῦ Ἰορδάνου. 2 καὶ ἠκολούθησαν αὐτῷ ὄχλοι πολλοί, καὶ ἐθεράπευσεν αὐτοὺς ἐκεῖ.

3 Καὶ προσῆλθον αὐτῷ Φαρισαῖοι πειράζοντες αὐτὸν καὶ λέγοντες (αὐτῷ) Εἰ ἔξεστιν ἀπολῦσαι τὴν γυναῖκα αὐτοῦ κατὰ πᾶσαν αἰτίαν; 4 ὁ δὲ ἀποκριθεὶς εἶπεν (αὐτοῖς) Οὐκ ἀνέγνωτε ὅτι ὁ [κτίσας] (ποιήσας) ἀπ' ἀρχῆς ἄρσεν καὶ θῆλυ ἐποίησεν αὐτοὺς 5 καὶ εἶπεν [Ἕνεκα] (ἕνεκεν) τούτου καταλείψει ἄνθρωπος τὸν πατέρα καὶ τὴν μητέρα καὶ κολληθήσεται τῇ γυναικὶ αὐτοῦ, καὶ ἔσονται οἱ δύο εἰς σάρκα μίαν; 6 ὥστε οὐκέτι εἰσὶν δύο ἀλλὰ σὰρξ μία. ὃ οὖν ὁ Θεὸς συνέζευξεν, ἄνθρωπος μὴ χωριζέτω. 7 λέγουσιν αὐτῷ Τί οὖν Μωϋσῆς ἐνετείλατο δοῦναι βιβλίον ἀποστασίου καὶ ἀπολῦσαι (αὐτήν); 8 λέγει αὐτοῖς Ὅτι Μωϋσῆς πρὸς τὴν σκληροκαρδίαν ὑμῶν ἐπέτρεψεν ὑμῖν ἀπολῦσαι τὰς γυναῖκας ὑμῶν· ἀπ' ἀρχῆς δὲ οὐ γέγονεν οὕτως. 9 λέγω δὲ ὑμῖν ὅτι ὃς ἂν ἀπολύσῃ τὴν γυναῖκα αὐτοῦ μὴ ἐπὶ πορνείᾳ καὶ γαμήσῃ ἄλλην, μοιχᾶται (καὶ ὁ ἀπολελυμένην γαμήσας μοιχᾶται). 10 λέγουσιν αὐτῷ οἱ μαθηταί Εἰ οὕτως ἐστὶν ἡ αἰτία τοῦ ἀνθρώπου μετὰ τῆς γυναικός, οὐ συμφέρει γαμῆσαι. 11 ὁ δὲ εἶπεν αὐτοῖς Οὐ πάντες χωροῦσιν τὸν λόγον τοῦτον ἀλλ' οἷς δέδοται. 12 εἰσὶν γὰρ εὐνοῦχοι οἵτινες ἐκ κοιλίας μητρὸς ἐγεννήθησαν οὕτως, καὶ εἰσὶν εὐνοῦχοι οἵτινες εὐνουχίσθησαν ὑπὸ τῶν ἀνθρώπων, καὶ εἰσὶν εὐνοῦχοι οἵτινες εὐνούχισαν ἑαυτοὺς διὰ τὴν βασιλείαν τῶν οὐρανῶν. ὁ δυνάμενος χωρεῖν χωρείτω.

Little Children Brought to Jesus

13 Τότε προσηνέχθησαν αὐτῷ παιδία, ἵνα τὰς χεῖρας ἐπιθῇ αὐτοῖς καὶ προσεύξηται· οἱ δὲ μαθηταὶ ἐπετίμησαν αὐτοῖς. 14 ὁ δὲ Ἰησοῦς εἶπεν Ἄφετε τὰ παιδία καὶ μὴ κωλύετε αὐτὰ ἐλθεῖν πρός με· τῶν γὰρ τοιούτων ἐστὶν ἡ βασιλεία τῶν οὐρανῶν. 15 καὶ ἐπιθεὶς (αὐτοῖς) τὰς χεῖρας αὐτοῖς ἐπορεύθη ἐκεῖθεν.

The Young Rich Man

16 Καὶ ἰδοὺ εἷς προσελθὼν [αὐτῷ εἶπεν Διδάσκαλε] (εἶπεν αὐτῷ Διδάσκαλε ἀγαθέ), τί ἀγαθὸν ποιήσω ἵνα [σχῶ] (ἔχω) ζωὴν αἰώνιον;

17 ὁ δὲ εἶπεν αὐτῷ Τί με [ἐρωτᾷς περὶ τοῦ ἀγαθοῦ; εἷς ἐστιν ὁ ἀγαθός] (λέγεις ἀγαθον οὐδεὶς ἀγαθός· εἰ μὴ εἷς ὅ Θεός)· εἰ δὲ θέλεις (εἰσελθεῖν) εἰς τὴν ζωὴν [εἰσελθεῖν τήρει τὰς ἐντολάς] (τήρησον τὰς ἐντολάς). 18 λέγει αὐτῷ Ποίας; ὁ δὲ Ἰησοῦς [ἔφη] (εἶπεν) Τὸ Οὐ φονεύσεις, Οὐ μοιχεύσεις, Οὐ κλέψεις, Οὐ ψευδομαρτυρήσεις, 19 Τίμα τὸν πατέρα καὶ τὴν μητέρα, καὶ Ἀγαπήσεις τὸν πλησίον σου ὡς σεαυτόν. 20 λέγει αὐτῷ ὁ νεανίσκος [Ταῦτα πάντα ἐφύλαξα] (Πάντα ταῦτα ἐφυλαξάμην ἐκ νεότητός μου·)· τί ἔτι ὑστερῶ; 21 ἔφη αὐτῷ ὁ Ἰησοῦς Εἰ θέλεις τέλειος εἶναι, ὕπαγε πώλησόν σου τὰ ὑπάρχοντα καὶ δὸς πτωχοῖς, καὶ ἔξεις θησαυρὸν ἐν οὐρανοῖς, καὶ δεῦρο ἀκολούθει μοι. 22 ἀκούσας δὲ ὁ νεανίσκος τὸν λόγον ἀπῆλθεν λυπούμενος· ἦν γὰρ ἔχων κτήματα πολλά. 23 Ὁ δὲ Ἰησοῦς εἶπεν τοῖς μαθηταῖς αὐτοῦ Ἀμὴν λέγω ὑμῖν ὅτι πλούσιος δυσκόλως εἰσελεύσεται εἰς τὴν βασιλείαν τῶν οὐρανῶν. 24 πάλιν δὲ λέγω ὑμῖν, εὐκοπώτερόν ἐστιν κάμηλον διὰ τρήματος ῥαφίδος εἰσελθεῖν ἢ πλούσιον εἰς τὴν βασιλείαν τοῦ Θεοῦ (εἰσελθεῖν). 25 ἀκούσαντες δὲ οἱ μαθηταὶ (αὐτοῦ) ἐξεπλήσσοντο σφόδρα λέγοντες Τίς ἄρα δύναται σωθῆναι; 26 ἐμβλέψας δὲ ὁ Ἰησοῦς εἶπεν αὐτοῖς Παρὰ ἀνθρώποις τοῦτο ἀδύνατόν ἐστιν, παρὰ δὲ Θεῷ πάντα δυνατά (ἐστίν).

The Disciples' Reward

27 Τότε ἀποκριθεὶς ὁ Πέτρος εἶπεν αὐτῷ Ἰδοὺ ἡμεῖς ἀφήκαμεν πάντα καὶ ἠκολουθήσαμέν σοι· τί ἄρα ἔσται ἡμῖν; 28 ὁ δὲ Ἰησοῦς εἶπεν αὐτοῖς Ἀμὴν λέγω ὑμῖν ὅτι ὑμεῖς οἱ ἀκολουθήσαντές μοι, ἐν τῇ παλινγενεσίᾳ, ὅταν καθίσῃ ὁ Υἱὸς τοῦ ἀνθρώπου ἐπὶ θρόνου δόξης αὐτοῦ, καθήσεσθε καὶ [αὐτοὶ] (ὑμεῖς) ἐπὶ δώδεκα θρόνους κρίνοντες τὰς δώδεκα φυλὰς τοῦ Ἰσραήλ. 29 καὶ πᾶς [ὅστις] (ὅς) ἀφῆκεν οἰκίας ἢ ἀδελφοὺς ἢ ἀδελφὰς ἢ πατέρα ἢ μητέρα (ἢ γυναῖκά ἢ) τέκνα ἢ ἀγροὺς ἕνεκεν τοῦ [ἐμοῦ ὀνόματός πολλαπλασίονα] (ὀνόματός μου ἑκατονταπλασίονα), λήμψεται καὶ ζωὴν αἰώνιον κληρονομήσει. 30 Πολλοὶ δὲ ἔσονται πρῶτοι ἔσχατοι καὶ ἔσχατοι πρῶτοι.

Matthew 20
The Parable of the Day-Laborers

1 Ὁμοία γάρ ἐστιν ἡ βασιλεία τῶν οὐρανῶν ἀνθρώπῳ οἰκοδεσπότῃ, ὅστις ἐξῆλθεν ἅμα πρωῒ μισθώσασθαι ἐργάτας εἰς τὸν ἀμπελῶνα αὐτοῦ. 2 συμφωνήσας δὲ μετὰ τῶν ἐργατῶν ἐκ δηναρίου τὴν ἡμέραν ἀπέστειλεν αὐτοὺς εἰς τὸν ἀμπελῶνα αὐτοῦ. 3 καὶ ἐξελθὼν περὶ τρίτην ὥραν εἶδεν ἄλλους ἑστῶτας ἐν τῇ ἀγορᾷ ἀργούς,

ΚΑΤΑ ΜΑΘΘΑΙΟΝ

4 καὶ ἐκείνοις εἶπεν Ὑπάγετε καὶ ὑμεῖς εἰς τὸν ἀμπελῶνα, καὶ ὃ ἐὰν ᾖ δίκαιον δώσω ὑμῖν. 5 οἱ δὲ ἀπῆλθον. πάλιν δὲ ἐξελθὼν περὶ ἕκτην καὶ ἐνάτην ὥραν ἐποίησεν ὡσαύτως. 6 περὶ δὲ τὴν ἑνδεκάτην (ὥραν) ἐξελθὼν εὗρεν ἄλλους ἑστῶτας (ἀργούς), καὶ λέγει αὐτοῖς Τί ὧδε ἑστήκατε ὅλην τὴν ἡμέραν ἀργοί; 7 λέγουσιν αὐτῷ Ὅτι οὐδεὶς ἡμᾶς ἐμισθώσατο. λέγει αὐτοῖς Ὑπάγετε καὶ ὑμεῖς εἰς τὸν ἀμπελῶνα (καὶ ὃ ἐὰν ᾖ δίκαιον λήψεσθε). 8 ὀψίας δὲ γενομένης λέγει ὁ κύριος τοῦ ἀμπελῶνος τῷ ἐπιτρόπῳ αὐτοῦ Κάλεσον τοὺς ἐργάτας καὶ ἀπόδος (αὐτοῖς) τὸν μισθόν, ἀρξάμενος ἀπὸ τῶν ἐσχάτων ἕως τῶν πρώτων. 9 (καὶ) ἐλθόντες δὲ οἱ περὶ τὴν ἑνδεκάτην ὥραν ἔλαβον ἀνὰ δηνάριον. 10 [καὶ] ἐλθόντες (δὲ) οἱ πρῶτοι ἐνόμισαν ὅτι [πλεῖον] (πλείονα) λήμψονται· καὶ ἔλαβον [τὸ] (καὶ αὐτοί) ἀνὰ δηνάριον [καὶ αὐτοί]. 11 λαβόντες δὲ ἐγόγγυζον κατὰ τοῦ οἰκοδεσπότου 12 λέγοντες (ὅτι) Οὗτοι οἱ ἔσχατοι μίαν ὥραν ἐποίησαν, καὶ ἴσους αὐτοὺς ἡμῖν ἐποίησας τοῖς βαστάσασι τὸ βάρος τῆς ἡμέρας καὶ τὸν καύσωνα. 13 ὁ δὲ ἀποκριθεὶς [ἑνὶ αὐτῶν εἶπεν] (εἶπεν ἑνὶ αὐτῶν) Ἑταῖρε, οὐκ ἀδικῶ σε· οὐχὶ δηναρίου συνεφώνησάς μοι; 14 ἆρον τὸ σὸν καὶ ὕπαγε· θέλω δὲ τούτῳ τῷ ἐσχάτῳ δοῦναι ὡς καὶ σοί· 15 (ἢ) οὐκ ἔξεστίν μοι ὃ θέλω ποιῆσαι ἐν τοῖς ἐμοῖς; ἢ ὁ ὀφθαλμός σου πονηρός ἐστιν ὅτι ἐγὼ ἀγαθός εἰμι; 16 Οὕτως ἔσονται οἱ ἔσχατοι πρῶτοι καὶ οἱ πρῶτοι ἔσχατοι (πολλοὶ γάρ εἰσιν κλητοί, ὀλίγοι δὲ ἐκλεκτοί).

A Third Foretelling of Christ's Passion and Resurrection

17 [Μέλλων δὲ] (Καὶ) ἀναβαίνειν Ἰησοῦς εἰς Ἱεροσόλυμα παρέλαβεν τοὺς δώδεκα (μαθητὰς) κατ' ἰδίαν, καὶ ἐν τῇ ὁδῷ εἶπεν αὐτοῖς 18 Ἰδοὺ ἀναβαίνομεν εἰς Ἱεροσόλυμα, καὶ ὁ Υἱὸς τοῦ ἀνθρώπου παραδοθήσεται τοῖς ἀρχιερεῦσιν καὶ γραμματεῦσιν, καὶ κατακρινοῦσιν αὐτὸν εἰς θάνατον, 19 καὶ παραδώσουσιν αὐτὸν τοῖς ἔθνεσιν εἰς τὸ ἐμπαῖξαι καὶ μαστιγῶσαι καὶ σταυρῶσαι, καὶ τῇ τρίτῃ ἡμέρᾳ ἐγερθήσεται.

The Greatest in the Kingdom

20 Τότε προσῆλθεν αὐτῷ ἡ μήτηρ τῶν υἱῶν Ζεβεδαίου μετὰ τῶν υἱῶν αὐτῆς προσκυνοῦσα καὶ αἰτοῦσά τι ἀπ' αὐτοῦ. 21 ὁ δὲ εἶπεν αὐτῇ Τί θέλεις; λέγει αὐτῷ Εἰπὲ ἵνα καθίσωσιν οὗτοι οἱ δύο υἱοί μου εἷς ἐκ δεξιῶν (σου) καὶ εἷς ἐξ εὐωνύμων σου ἐν τῇ βασιλείᾳ σου. 22 ἀποκριθεὶς δὲ ὁ Ἰησοῦς εἶπεν Οὐκ οἴδατε τί αἰτεῖσθε. δύνασθε πιεῖν τὸ ποτήριον ὃ ἐγὼ μέλλω πίνειν (καὶ τὸ βάπτισμα ὃ ἐγὼ βαπτίζομαι βαπτισθῆναι); λέγουσιν αὐτῷ Δυνάμεθα.

ΚΑΤΑ ΜΑΘΘΑΙΟΝ

23 (καὶ) λέγει αὐτοῖς Τὸ μὲν ποτήριόν μου πίεσθε (καὶ τὸ βάπτισμα ὃ ἐγὼ βαπτίζομαι βαπτισθήσεσθε), τὸ δὲ καθίσαι ἐκ δεξιῶν μου καὶ ἐξ εὐωνύμων οὐκ ἔστιν ἐμὸν [τοῦτο] δοῦναι, ἀλλ' οἷς ἡτοίμασται ὑπὸ τοῦ Πατρός μου. 24 καὶ ἀκούσαντες οἱ δέκα ἠγανάκτησαν περὶ τῶν δύο ἀδελφῶν. 25 ὁ δὲ Ἰησοῦς προσκαλεσάμενος αὐτοὺς εἶπεν Οἴδατε ὅτι οἱ ἄρχοντες τῶν ἐθνῶν κατακυριεύουσιν αὐτῶν καὶ οἱ μεγάλοι κατεξουσιάζουσιν αὐτῶν. 26 οὐχ οὕτως ἐστὶν ἐν ὑμῖν· ἀλλ' ὃς ἐὰν θέλῃ ἐν ὑμῖν μέγας γενέσθαι, [ἔσται] (ἔστω) ὑμῶν διάκονος, 27 καὶ ὃς [ἂν] (ἐὰν) θέλῃ ἐν ὑμῖν εἶναι πρῶτος, [ἔσται] (ἔστω) ὑμῶν δοῦλος· 28 ὥσπερ ὁ Υἱὸς τοῦ ἀνθρώπου οὐκ ἦλθεν διακονηθῆναι, ἀλλὰ διακονῆσαι καὶ δοῦναι τὴν ψυχὴν αὐτοῦ λύτρον ἀντὶ πολλῶν.

Blindness Healed at Jericho

29 Καὶ ἐκπορευομένων αὐτῶν ἀπὸ Ἰερειχὼ ἠκολούθησεν αὐτῷ ὄχλος πολύς. 30 καὶ ἰδοὺ δύο τυφλοὶ καθήμενοι παρὰ τὴν ὁδόν, ἀκούσαντες ὅτι Ἰησοῦς παράγει, ἔκραξαν λέγοντες [Κύριε, ἐλέησον ἡμᾶς] (Ἐλέησον ἡμᾶς, Κύριε), υἱὸς Δαυείδ. 31 ὁ δὲ ὄχλος ἐπετίμησεν αὐτοῖς ἵνα σιωπήσωσιν· οἱ δὲ μεῖζον ἔκραξαν λέγοντες [Κύριε,] Ἐλέησον ἡμᾶς, υἱὸς Δαυείδ. 32 καὶ στὰς ὁ Ἰησοῦς ἐφώνησεν αὐτοὺς καὶ εἶπεν Τί θέλετε ποιήσω ὑμῖν; 33 λέγουσιν αὐτῷ Κύριε, ἵνα ἀνοιγῶσιν οἱ ὀφθαλμοὶ ἡμῶν. 34 σπλαγχνισθεὶς δὲ ὁ Ἰησοῦς ἥψατο τῶν ὀμμάτων αὐτῶν, καὶ εὐθέως ἀνέβλεψαν (αὐτῶν οἱ ὀφθαλμοὶ), καὶ ἠκολούθησαν αὐτῷ.

Matthew 21

The Triumphal Entry

1 Καὶ ὅτε ἤγγισαν εἰς Ἱεροσόλυμα καὶ ἦλθον εἰς Βηθφαγὴ [εἰς] (πρὸς) τὸ ὄρος τῶν Ἐλαιῶν, τότε Ἰησοῦς ἀπέστειλεν δύο μαθητὰς 2 λέγων αὐτοῖς Πορεύεσθε εἰς τὴν κώμην τὴν [κατέναντι] (ἀπέναντι) ὑμῶν, καὶ εὐθὺς εὑρήσετε ὄνον δεδεμένην καὶ πῶλον μετ' αὐτῆς· λύσαντες ἀγάγετέ μοι. 3 καὶ ἐάν τις ὑμῖν εἴπῃ τι, ἐρεῖτε ὅτι Ὁ Κύριος αὐτῶν χρείαν ἔχει· εὐθὺς δὲ ἀποστελεῖ αὐτούς. 4 Τοῦτο δὲ (ὅλον) γέγονεν ἵνα πληρωθῇ τὸ ῥηθὲν διὰ τοῦ προφήτου λέγοντος

5 Εἴπατε τῇ θυγατρὶ Σιών
Ἰδοὺ ὁ Βασιλεύς σου ἔρχεταί σοι
πραῢς καὶ ἐπιβεβηκὼς ἐπὶ ὄνον
καὶ ἐπὶ πῶλον υἱὸν ὑποζυγίου.

ΚΑΤΑ ΜΑΘΘΑΙΟΝ

6 πορευθέντες δὲ οἱ μαθηταὶ καὶ ποιήσαντες καθὼς συνέταξεν αὐτοῖς ὁ Ἰησοῦς 7 ἤγαγον τὴν ὄνον καὶ τὸν πῶλον, καὶ ἐπέθηκαν ἐπ' αὐτῶν τὰ ἱμάτια (αὐτῶν), καὶ ἐπεκάθισεν ἐπάνω αὐτῶν. 8 ὁ δὲ πλεῖστος ὄχλος ἔστρωσαν ἑαυτῶν τὰ ἱμάτια ἐν τῇ ὁδῷ, ἄλλοι δὲ ἔκοπτον κλάδους ἀπὸ τῶν δένδρων καὶ ἐστρώννυον ἐν τῇ ὁδῷ. 9 οἱ δὲ ὄχλοι οἱ προάγοντες αὐτὸν καὶ οἱ ἀκολουθοῦντες ἔκραζον λέγοντες Ὡσαννὰ τῷ υἱῷ Δαυείδ·

Εὐλογημένος ὁ ἐρχόμενος ἐν ὀνόματι Κυρίου·
Ὡσαννὰ ἐν τοῖς ὑψίστοις.

10 καὶ εἰσελθόντος αὐτοῦ εἰς Ἱεροσόλυμα ἐσείσθη πᾶσα ἡ πόλις λέγουσα Τίς ἐστιν οὗτος; 11 οἱ δὲ ὄχλοι ἔλεγον Οὗτός ἐστιν [ὁ προφήτης Ἰησοῦς] (Ἰησοῦς ὁ προφήτης) ὁ ἀπὸ Ναζαρὲθ τῆς Γαλιλαίας.

Jesus Cleanses the Temple

12 Καὶ εἰσῆλθεν Ἰησοῦς εἰς τὸ ἱερόν (τοῦ θεοῦ) καὶ ἐξέβαλεν πάντας τοὺς πωλοῦντας καὶ ἀγοράζοντας ἐν τῷ ἱερῷ καὶ τὰς τραπέζας τῶν κολλυβιστῶν κατέστρεψεν καὶ τὰς καθέδρας τῶν πωλούντων τὰς περιστεράς, 13 καὶ λέγει αὐτοῖς Γέγραπται Ὁ οἶκός μου οἶκος προσευχῆς κληθήσεται, ὑμεῖς δὲ αὐτὸν ποιεῖτε σπήλαιον λῃστῶν. 14 Καὶ προσῆλθον αὐτῷ τυφλοὶ καὶ χωλοὶ ἐν τῷ ἱερῷ, καὶ ἐθεράπευσεν αὐτούς. 15 ἰδόντες δὲ οἱ ἀρχιερεῖς καὶ οἱ γραμματεῖς τὰ θαυμάσια ἃ ἐποίησεν καὶ τοὺς παῖδας τοὺς κράζοντας ἐν τῷ ἱερῷ καὶ λέγοντας Ὡσαννὰ τῷ υἱῷ Δαυείδ, ἠγανάκτησαν, 16 καὶ εἶπαν αὐτῷ Ἀκούεις τί οὗτοι λέγουσιν; ὁ δὲ Ἰησοῦς λέγει αὐτοῖς Ναί· οὐδέποτε ἀνέγνωτε ὅτι Ἐκ στόματος νηπίων καὶ θηλαζόντων κατηρτίσω αἶνον; 17 Καὶ καταλιπὼν αὐτοὺς ἐξῆλθεν ἔξω τῆς πόλεως εἰς Βηθανίαν, καὶ ηὐλίσθη ἐκεῖ.

Jesus Curses a Fig Tree

18 Πρωΐ δὲ ἐπαναγαγὼν εἰς τὴν πόλιν ἐπείνασεν. 19 καὶ ἰδὼν συκῆν μίαν ἐπὶ τῆς ὁδοῦ ἦλθεν ἐπ' αὐτήν, καὶ οὐδὲν εὗρεν ἐν αὐτῇ εἰ μὴ φύλλα μόνον, καὶ λέγει αὐτῇ [Οὐ] μηκέτι ἐκ σοῦ καρπὸς γένηται εἰς τὸν αἰῶνα. καὶ ἐξηράνθη παραχρῆμα ἡ συκῆ. 20 καὶ ἰδόντες οἱ μαθηταὶ ἐθαύμασαν λέγοντες Πῶς παραχρῆμα ἐξηράνθη ἡ συκῆ; 21 ἀποκριθεὶς δὲ ὁ Ἰησοῦς εἶπεν αὐτοῖς Ἀμὴν λέγω ὑμῖν, ἐὰν ἔχητε πίστιν καὶ μὴ διακριθῆτε, οὐ μόνον τὸ τῆς συκῆς ποιήσετε, ἀλλὰ κἂν τῷ ὄρει τούτῳ εἴπητε Ἄρθητι καὶ βλήθητι εἰς τὴν θάλασσαν, γενήσεται· 22 καὶ πάντα ὅσα ἂν αἰτήσητε ἐν τῇ προσευχῇ πιστεύοντες λήμψεσθε.

ΚΑΤΑ ΜΑΘΘΑΙΟΝ

Jesus' Authority Questioned

23 Καὶ [ἐλθόντος αὐτοῦ] (ἐλθόντι αὐτῷ) εἰς τὸ ἱερὸν προσῆλθον αὐτῷ διδάσκοντι οἱ ἀρχιερεῖς καὶ οἱ πρεσβύτεροι τοῦ λαοῦ λέγοντες Ἐν ποίᾳ ἐξουσίᾳ ταῦτα ποιεῖς; καὶ τίς σοι ἔδωκεν τὴν ἐξουσίαν ταύτην; 24 ἀποκριθεὶς δὲ ὁ Ἰησοῦς εἶπεν αὐτοῖς Ἐρωτήσω ὑμᾶς κἀγὼ λόγον ἕνα, ὃν ἐὰν εἴπητέ μοι, κἀγὼ ὑμῖν ἐρῶ ἐν ποίᾳ ἐξουσίᾳ ταῦτα ποιῶ· 25 τὸ βάπτισμα τὸ Ἰωάνου πόθεν ἦν; ἐξ οὐρανοῦ ἢ ἐξ ἀνθρώπων; οἱ δὲ διελογίζοντο [ἐν] (παρ) ἑαυτοῖς λέγοντες· Ἐὰν εἴπωμεν Ἐξ οὐρανοῦ, ἐρεῖ ἡμῖν Διὰ τί οὖν οὐκ ἐπιστεύσατε αὐτῷ; 26 ἐὰν δὲ εἴπωμεν Ἐξ ἀνθρώπων, φοβούμεθα τὸν ὄχλον· πάντες γὰρ [ὡς προφήτην ἔχουσιν τὸν Ἰωάνην] (ἔχουσιν τὸν Ἰωάννην ὡς προφήτην). 27 καὶ ἀποκριθέντες τῷ Ἰησοῦ εἶπαν Οὐκ οἴδαμεν. ἔφη αὐτοῖς καὶ αὐτός Οὐδὲ ἐγὼ λέγω ὑμῖν ἐν ποίᾳ ἐξουσίᾳ ταῦτα ποιῶ.

The Parable of the Two Sons

28 Τί δὲ ὑμῖν δοκεῖ; ἄνθρωπος εἶχεν τέκνα δύο· προσελθὼν τῷ πρώτῳ εἶπεν Τέκνον, ὕπαγε σήμερον ἐργάζου ἐν τῷ ἀμπελῶνι (μου). 29 ὁ δὲ ἀποκριθεὶς εἶπεν [Ἐγὼ κύριε, καὶ οὐκ] (Οὐ θέλω ὕστερον δὲ μεταμεληθείς) ἀπῆλθεν. 30 (Καὶ) προσελθὼν [δὲ] τῷ δευτέρῳ εἶπεν ὡσαύτως. ὁ δὲ ἀποκριθεὶς εἶπεν [Οὐ θέλω, ὕστερον μεταμεληθείς] (Ἐγὼ κύριε καὶ οὐκ) ἀπῆλθεν. 31 τίς ἐκ τῶν δύο ἐποίησεν τὸ θέλημα τοῦ πατρός; λέγουσιν (αὐτῷ) Ὁ [ὕστερος] (πρῶτος). λέγει αὐτοῖς ὁ Ἰησοῦς Ἀμὴν λέγω ὑμῖν ὅτι οἱ τελῶναι καὶ αἱ πόρναι προάγουσιν ὑμᾶς εἰς τὴν βασιλείαν τοῦ Θεοῦ. 32 ἦλθεν γὰρ Ἰωάνης [πρὸς ὑμᾶς] ἐν ὁδῷ δικαιοσύνης, καὶ οὐκ ἐπιστεύσατε αὐτῷ· οἱ δὲ τελῶναι καὶ αἱ πόρναι ἐπίστευσαν αὐτῷ· ὑμεῖς δὲ ἰδόντες [οὐδὲ] (οὐ) μετεμελήθητε ὕστερον τοῦ πιστεῦσαι αὐτῷ.

The Parable of the Evil Tenants

33 Ἄλλην παραβολὴν ἀκούσατε. Ἄνθρωπος (τις) ἦν οἰκοδεσπότης ὅστις ἐφύτευσεν ἀμπελῶνα, καὶ φραγμὸν αὐτῷ περιέθηκεν καὶ ὤρυξεν ἐν αὐτῷ ληνὸν καὶ ᾠκοδόμησεν πύργον, καὶ ἐξέδετο αὐτὸν γεωργοῖς, καὶ ἀπεδήμησεν. 34 ὅτε δὲ ἤγγισεν ὁ καιρὸς τῶν καρπῶν, ἀπέστειλεν τοὺς δούλους αὐτοῦ πρὸς τοὺς γεωργοὺς λαβεῖν τοὺς καρποὺς αὐτοῦ. 35 καὶ λαβόντες οἱ γεωργοὶ τοὺς δούλους αὐτοῦ ὃν μὲν ἔδειραν, ὃν δὲ ἀπέκτειναν, ὃν δὲ ἐλιθοβόλησαν. 36 πάλιν ἀπέστειλεν ἄλλους δούλους πλείονας τῶν πρώτων, καὶ ἐποίησαν αὐτοῖς ὡσαύτως. 37 ὕστερον δὲ ἀπέστειλεν πρὸς αὐτοὺς τὸν υἱὸν αὐτοῦ λέγων Ἐντραπήσονται τὸν υἱόν μου.

ΚΑΤΑ ΜΑΘΘΑΙΟΝ

38 οἱ δὲ γεωργοὶ ἰδόντες τὸν υἱὸν εἶπον ἐν ἑαυτοῖς Οὗτός ἐστιν ὁ κληρονόμος· δεῦτε ἀποκτείνωμεν αὐτὸν καὶ σχῶμεν τὴν κληρονομίαν αὐτοῦ· 39 καὶ λαβόντες αὐτὸν ἐξέβαλον ἔξω τοῦ ἀμπελῶνος καὶ ἀπέκτειναν. 40 ὅταν οὖν ἔλθῃ ὁ κύριος τοῦ ἀμπελῶνος, τί ποιήσει τοῖς γεωργοῖς ἐκείνοις; 41 λέγουσιν αὐτῷ Κακοὺς κακῶς ἀπολέσει αὐτούς, καὶ τὸν ἀμπελῶνα ἐκδώσεται ἄλλοις γεωργοῖς, οἵτινες ἀποδώσουσιν αὐτῷ τοὺς καρποὺς ἐν τοῖς καιροῖς αὐτῶν. 42 Λέγει αὐτοῖς ὁ Ἰησοῦς Οὐδέποτε ἀνέγνωτε ἐν ταῖς γραφαῖς

> Λίθον ὃν ἀπεδοκίμασαν οἱ οἰκοδομοῦντες,
> οὗτος ἐγενήθη εἰς κεφαλὴν γωνίας·
> παρὰ Κυρίου ἐγένετο αὕτη,
> καὶ ἔστιν θαυμαστὴ ἐν ὀφθαλμοῖς ἡμῶν;

43 διὰ τοῦτο λέγω ὑμῖν ὅτι ἀρθήσεται ἀφ' ὑμῶν ἡ βασιλεία τοῦ Θεοῦ καὶ δοθήσεται ἔθνει ποιοῦντι τοὺς καρποὺς αὐτῆς. 44 καὶ ὁ πεσὼν ἐπὶ τὸν λίθον τοῦτον συνθλασθήσεται· ἐφ' ὃν δ' ἂν πέσῃ, λικμήσει αὐτόν. 45 Καὶ ἀκούσαντες οἱ ἀρχιερεῖς καὶ οἱ Φαρισαῖοι τὰς παραβολὰς αὐτοῦ ἔγνωσαν ὅτι περὶ αὐτῶν λέγει· 46 καὶ ζητοῦντες αὐτὸν κρατῆσαι ἐφοβήθησαν τοὺς ὄχλους, ἐπεὶ εἰς προφήτην αὐτὸν εἶχον.

Matthew 22

The Parable of the Wedding Banquet

1 Καὶ ἀποκριθεὶς ὁ Ἰησοῦς πάλιν εἶπεν (αὐτοῖς) ἐν παραβολαῖς [αὐτοῖς] λέγων 2 Ὡμοιώθη ἡ βασιλεία τῶν οὐρανῶν ἀνθρώπῳ βασιλεῖ, ὅστις ἐποίησεν γάμους τῷ υἱῷ αὐτοῦ. 3 καὶ ἀπέστειλεν τοὺς δούλους αὐτοῦ καλέσαι τοὺς κεκλημένους εἰς τοὺς γάμους, καὶ οὐκ ἤθελον ἐλθεῖν. 4 πάλιν ἀπέστειλεν ἄλλους δούλους λέγων Εἴπατε τοῖς κεκλημένοις Ἰδοὺ τὸ ἄριστόν μου ἡτοίμακα, οἱ ταῦροί μου καὶ τὰ σιτιστὰ τεθυμένα, καὶ πάντα ἕτοιμα· δεῦτε εἰς τοὺς γάμους. 5 οἱ δὲ ἀμελήσαντες ἀπῆλθον, ὃς μὲν εἰς τὸν ἴδιον ἀγρόν, ὃς δὲ ἐπὶ τὴν ἐμπορίαν αὐτοῦ· 6 οἱ δὲ λοιποὶ κρατήσαντες τοὺς δούλους αὐτοῦ ὕβρισαν καὶ ἀπέκτειναν. 7 [ὁ δὲ] (ἀκούσας δὲ ὁ) βασιλεὺς ὠργίσθη, καὶ πέμψας τὰ στρατεύματα αὐτοῦ ἀπώλεσεν τοὺς φονεῖς ἐκείνους καὶ τὴν πόλιν αὐτῶν ἐνέπρησεν. 8 τότε λέγει τοῖς δούλοις αὐτοῦ Ὁ μὲν γάμος ἕτοιμός ἐστιν, οἱ δὲ κεκλημένοι οὐκ ἦσαν ἄξιοι· 9 πορεύεσθε οὖν ἐπὶ τὰς διεξόδους τῶν ὁδῶν, καὶ ὅσους ἐὰν εὕρητε καλέσατε εἰς τοὺς γάμους. 10 καὶ ἐξελθόντες οἱ δοῦλοι ἐκεῖνοι εἰς τὰς ὁδοὺς συνήγαγον πάντας [οὓς] (ὅσους) εὗρον,

πονηρούς τε καὶ ἀγαθούς· καὶ ἐπλήσθη ὁ [νυμφὼν] (γάμος) ἀνακειμένων. 11 εἰσελθὼν δὲ ὁ βασιλεὺς θεάσασθαι τοὺς ἀνακειμένους εἶδεν ἐκεῖ ἄνθρωπον οὐκ ἐνδεδυμένον ἔνδυμα γάμου· 12 καὶ λέγει αὐτῷ Ἑταῖρε, πῶς εἰσῆλθες ὧδε μὴ ἔχων ἔνδυμα γάμου; ὁ δὲ ἐφιμώθη. 13 τότε ὁ βασιλεὺς εἶπεν τοῖς διακόνοις Δήσαντες αὐτοῦ πόδας καὶ χεῖρας [ἐκβάλετε αὐτὸν] (ἄρατε αὐτὸν καὶ ἐκβάλετε) εἰς τὸ σκότος τὸ ἐξώτερον· ἐκεῖ ἔσται ὁ κλαυθμὸς καὶ ὁ βρυγμὸς τῶν ὀδόντων. 14 Πολλοὶ γάρ εἰσιν κλητοί, ὀλίγοι δὲ ἐκλεκτοί.

The Question of Roman Taxation

15 Τότε πορευθέντες οἱ Φαρισαῖοι συμβούλιον ἔλαβον ὅπως αὐτὸν παγιδεύσωσιν ἐν λόγῳ. 16 καὶ ἀποστέλλουσιν αὐτῷ τοὺς μαθητὰς αὐτῶν μετὰ τῶν Ἡρῳδιανῶν λέγοντας Διδάσκαλε, οἴδαμεν ὅτι ἀληθὴς εἶ καὶ τὴν ὁδὸν τοῦ Θεοῦ ἐν ἀληθείᾳ διδάσκεις, καὶ οὐ μέλει σοι περὶ οὐδενός, οὐ γὰρ βλέπεις εἰς πρόσωπον ἀνθρώπων· 17 εἰπὸν οὖν ἡμῖν, τί σοι δοκεῖ; ἔξεστιν δοῦναι κῆνσον Καίσαρι ἢ οὔ; 18 γνοὺς δὲ ὁ Ἰησοῦς τὴν πονηρίαν αὐτῶν εἶπεν Τί με πειράζετε, ὑποκριταί; 19 ἐπιδείξατέ μοι τὸ νόμισμα τοῦ κήνσου. οἱ δὲ προσήνεγκαν αὐτῷ δηνάριον. 20 καὶ λέγει αὐτοῖς Τίνος ἡ εἰκὼν αὕτη καὶ ἡ ἐπιγραφή; 21 λέγουσιν (αὐτῷ)· Καίσαρος. τότε λέγει αὐτοῖς Ἀπόδοτε οὖν τὰ Καίσαρος Καίσαρι καὶ τὰ τοῦ Θεοῦ τῷ Θεῷ. 22 καὶ ἀκούσαντες ἐθαύμασαν, καὶ ἀφέντες αὐτὸν ἀπῆλθαν.

The Question of Marriage in the Resurrection

23 Ἐν ἐκείνῃ τῇ ἡμέρᾳ προσῆλθον αὐτῷ Σαδδουκαῖοι, λέγοντες μὴ εἶναι ἀνάστασιν, καὶ ἐπηρώτησαν αὐτὸν 24 λέγοντες Διδάσκαλε, Μωϋσῆς εἶπεν Ἐάν τις ἀποθάνῃ μὴ ἔχων τέκνα, ἐπιγαμβρεύσει ὁ ἀδελφὸς αὐτοῦ τὴν γυναῖκα αὐτοῦ καὶ ἀναστήσει σπέρμα τῷ ἀδελφῷ αὐτοῦ. 25 ἦσαν δὲ παρ' ἡμῖν ἑπτὰ ἀδελφοί· καὶ ὁ πρῶτος γήμας ἐτελεύτησεν, καὶ μὴ ἔχων σπέρμα ἀφῆκεν τὴν γυναῖκα αὐτοῦ τῷ ἀδελφῷ αὐτοῦ· 26 ὁμοίως καὶ ὁ δεύτερος καὶ ὁ τρίτος, ἕως τῶν ἑπτά· 27 ὕστερον δὲ πάντων ἀπέθανεν ἡ γυνή. 28 ἐν τῇ ἀναστάσει οὖν τίνος τῶν ἑπτὰ ἔσται γυνή; πάντες γὰρ ἔσχον αὐτήν. 29 ἀποκριθεὶς δὲ ὁ Ἰησοῦς εἶπεν αὐτοῖς Πλανᾶσθε μὴ εἰδότες τὰς γραφὰς μηδὲ τὴν δύναμιν τοῦ Θεοῦ. 30 ἐν γὰρ τῇ ἀναστάσει οὔτε γαμοῦσιν οὔτε γαμίζονται, ἀλλ' ὡς ἄγγελοι ἐν τῷ οὐρανῷ εἰσιν. 31 περὶ δὲ τῆς ἀναστάσεως τῶν νεκρῶν οὐκ ἀνέγνωτε τὸ ῥηθὲν ὑμῖν ὑπὸ τοῦ Θεοῦ λέγοντος,

32 Ἐγώ εἰμι ὁ Θεὸς Ἀβραὰμ καὶ ὁ Θεὸς Ἰσαὰκ καὶ ὁ Θεὸς Ἰακώβ; οὐκ ἔστιν ὁ Θεὸς νεκρῶν ἀλλὰ ζώντων. 33 καὶ ἀκούσαντες οἱ ὄχλοι ἐξεπλήσσοντο ἐπὶ τῇ διδαχῇ αὐτοῦ.

The Greatest Commandment

34 Οἱ δὲ Φαρισαῖοι ἀκούσαντες ὅτι ἐφίμωσεν τοὺς Σαδδουκαίους, συνήχθησαν ἐπὶ τὸ αὐτό, 35 καὶ ἐπηρώτησεν εἷς ἐξ αὐτῶν νομικὸς πειράζων αὐτόν (καὶ λέγων) 36 Διδάσκαλε, ποία ἐντολὴ μεγάλη ἐν τῷ νόμῳ; 37 ὁ δὲ [ἔφη] (Ἰησοῦς εἶπεν) αὐτῷ Ἀγαπήσεις κύριον τὸν Θεόν σου ἐν ὅλῃ τῇ καρδίᾳ σου καὶ ἐν ὅλῃ τῇ ψυχῇ σου καὶ ἐν ὅλῃ τῇ διανοίᾳ σου. 38 αὕτη ἐστὶν [ἡ μεγάλη καὶ πρώτη ἐντολή] (πρώτη καὶ μεγάλη ἐντολή). 39 δευτέρα ὁμοία αὐτῇ Ἀγαπήσεις τὸν πλησίον σου ὡς σεαυτόν. 40 ἐν ταύταις ταῖς δυσὶν ἐντολαῖς ὅλος ὁ νόμος [κρέμαται καὶ οἱ προφῆται] (καὶ οἱ προφῆται κρέμανται). 41 Συνηγμένων δὲ τῶν Φαρισαίων ἐπηρώτησεν αὐτοὺς ὁ Ἰησοῦς 42 λέγων Τί ὑμῖν δοκεῖ περὶ τοῦ Χριστοῦ; τίνος υἱός ἐστιν; λέγουσιν αὐτῷ Τοῦ Δαυείδ. 43 λέγει αὐτοῖς Πῶς οὖν Δαυεὶδ ἐν Πνεύματι καλεῖ αὐτὸν Κύριον λέγων

44 Εἶπεν Κύριος τῷ Κυρίῳ μου Κάθου ἐκ δεξιῶν μου
ἕως ἂν θῶ τοὺς ἐχθρούς σου ὑποκάτω τῶν ποδῶν σου;

45 εἰ οὖν Δαυεὶδ καλεῖ αὐτὸν Κύριον, πῶς υἱὸς αὐτοῦ ἐστιν; 46 καὶ οὐδεὶς ἐδύνατο ἀποκριθῆναι αὐτῷ λόγον, οὐδὲ ἐτόλμησέν τις ἀπ᾽ ἐκείνης τῆς ἡμέρας ἐπερωτῆσαι αὐτὸν οὐκέτι.

Matthew 23

The Hipocrisy of the Scribes and Pharisees

1 Τότε ὁ Ἰησοῦς ἐλάλησεν τοῖς ὄχλοις καὶ τοῖς μαθηταῖς αὐτοῦ 2 λέγων Ἐπὶ τῆς Μωϋσέως καθέδρας ἐκάθισαν οἱ γραμματεῖς καὶ οἱ Φαρισαῖοι. 3 πάντα οὖν ὅσα [ἐὰν] (ἂν) εἴπωσιν ὑμῖν [ποιήσατε καὶ τηρεῖτε] (τηρεῖν τηρεῖτε καὶ ποιεῖτε), κατὰ δὲ τὰ ἔργα αὐτῶν μὴ ποιεῖτε· λέγουσιν γὰρ καὶ οὐ ποιοῦσιν. 4 δεσμεύουσιν [δὲ] (γὰρ) φορτία βαρέα (καὶ δυσβάστακτα) καὶ ἐπιτιθέασιν ἐπὶ τοὺς ὤμους τῶν ἀνθρώπων, [αὐτοὶ δὲ τῷ] (τῷ δὲ) δακτύλῳ αὐτῶν οὐ θέλουσιν κινῆσαι αὐτά. 5 πάντα δὲ τὰ ἔργα αὐτῶν ποιοῦσιν πρὸς τὸ θεαθῆναι τοῖς ἀνθρώποις· πλατύνουσιν [γὰρ] (δὲ) τὰ φυλακτήρια αὐτῶν καὶ μεγαλύνουσιν τὰ κράσπεδα (τῶν ἱματίων αὐτῶν), 6 φιλοῦσιν [δὲ] (τὲ) τὴν πρωτοκλισίαν ἐν τοῖς δείπνοις καὶ τὰς πρωτοκαθεδρίας ἐν ταῖς συναγωγαῖς 7 καὶ τοὺς ἀσπασμοὺς ἐν ταῖς ἀγοραῖς καὶ καλεῖσθαι ὑπὸ τῶν ἀνθρώπων [Ῥαββεί] (Ῥαββί, Ῥαββί).

ΚΑΤΑ ΜΑΘΘΑΙΟΝ

8 ὑμεῖς δὲ μὴ κληθῆτε Ῥαββεί· εἷς γάρ ἐστιν ὑμῶν [ὁ διδάσκαλος,] (ὁ καθηγητής, ὁ Χριστὸς·) πάντες δὲ ὑμεῖς ἀδελφοί ἐστε. 9 καὶ πατέρα μὴ καλέσητε ὑμῶν ἐπὶ τῆς γῆς· εἷς γάρ ἐστιν ὑμῶν ὁ Πατὴρ ὁ οὐράνιος. 10 μηδὲ κληθῆτε καθηγηταί, [ὅτι καθηγητὴς ὑμῶν ἐστιν εἷς] (εἷς γὰρ ὑμῶν ἐστιν ὁ καθηγητὴς) ὁ Χριστός. 11 ὁ δὲ μείζων ὑμῶν ἔσται ὑμῶν διάκονος. 12 Ὅστις δὲ ὑψώσει ἑαυτὸν ταπεινωθήσεται, καὶ ὅστις ταπεινώσει ἑαυτὸν ὑψωθήσεται.

Woe to the Scribes and Pharisees

13 Οὐαὶ δὲ ὑμῖν, γραμματεῖς καὶ Φαρισαῖοι ὑποκριταί, ὅτι κλείετε τὴν βασιλείαν τῶν οὐρανῶν ἔμπροσθεν τῶν ἀνθρώπων· ὑμεῖς γὰρ οὐκ εἰσέρχεσθε, οὐδὲ τοὺς εἰσερχομένους ἀφίετε εἰσελθεῖν. (14 Οὐαὶ δέ ὑμῖν, γραμματεῖς καὶ Φαρισαῖοι ὑποκριταί, ὅτι κατεσθίετε τὰς οἰκίας τῶν χηρῶν, καὶ προφάσει μακρὰ προσευχόμενοι· διὰ τοῦτο λήψεσθε περισσότερον κρίμα) 15 Οὐαὶ ὑμῖν, γραμματεῖς καὶ Φαρισαῖοι ὑποκριταί, ὅτι περιάγετε τὴν θάλασσαν καὶ τὴν ξηρὰν ποιῆσαι ἕνα προσήλυτον, καὶ ὅταν γένηται, ποιεῖτε αὐτὸν υἱὸν γεέννης διπλότερον ὑμῶν. 16 Οὐαὶ ὑμῖν, ὁδηγοὶ τυφλοὶ οἱ λέγοντες Ὅς ἂν ὀμόσῃ ἐν τῷ ναῷ, οὐδέν ἐστιν· ὃς δ' ἂν ὀμόσῃ ἐν τῷ χρυσῷ τοῦ ναοῦ, ὀφείλει. 17 μωροὶ καὶ τυφλοί, τίς γὰρ μείζων ἐστίν, ὁ χρυσὸς ἢ ὁ ναὸς ὁ ἁγιάσας τὸν χρυσόν; 18 καὶ Ὅς ἂν ὀμόσῃ ἐν τῷ θυσιαστηρίῳ, οὐδέν ἐστιν· ὃς δ' ἂν ὀμόσῃ ἐν τῷ δώρῳ τῷ ἐπάνω αὐτοῦ, ὀφείλει. 19 (μωροὶ καὶ) τυφλοί, τί γὰρ μεῖζον, τὸ δῶρον ἢ τὸ θυσιαστήριον τὸ ἁγιάζον τὸ δῶρον; 20 ὁ οὖν ὀμόσας ἐν τῷ θυσιαστηρίῳ ὀμνύει ἐν αὐτῷ καὶ ἐν πᾶσι τοῖς ἐπάνω αὐτοῦ· 21 καὶ ὁ ὀμόσας ἐν τῷ ναῷ ὀμνύει ἐν αὐτῷ καὶ ἐν τῷ κατοικοῦντι αὐτόν· 22 καὶ ὁ ὀμόσας ἐν τῷ οὐρανῷ ὀμνύει ἐν τῷ θρόνῳ τοῦ Θεοῦ καὶ ἐν τῷ καθημένῳ ἐπάνω αὐτοῦ. 23 Οὐαὶ ὑμῖν, γραμματεῖς καὶ Φαρισαῖοι ὑποκριταί, ὅτι ἀποδεκατοῦτε τὸ ἡδύοσμον καὶ τὸ ἄνηθον καὶ τὸ κύμινον, καὶ ἀφήκατε τὰ βαρύτερα τοῦ νόμου, τὴν κρίσιν καὶ τὸ ἔλεος καὶ τὴν πίστιν· ταῦτα δὲ ἔδει ποιῆσαι κἀκεῖνα μὴ ἀφεῖναι. 24 ὁδηγοὶ τυφλοί, οἱ διϋλίζοντες τὸν κώνωπα, τὴν δὲ κάμηλον καταπίνοντες. 25 Οὐαὶ ὑμῖν, γραμματεῖς καὶ Φαρισαῖοι ὑποκριταί, ὅτι καθαρίζετε τὸ ἔξωθεν τοῦ ποτηρίου καὶ τῆς παροψίδος, ἔσωθεν δὲ γέμουσιν ἐξ ἁρπαγῆς καὶ ἀκρασίας. 26 Φαρισαῖε τυφλέ, καθάρισον πρῶτον τὸ ἐντὸς τοῦ ποτηρίου (καὶ τῆς παροψίδος) ἵνα γένηται καὶ τὸ ἐκτὸς αὐτοῦ καθαρόν. 27 Οὐαὶ ὑμῖν, γραμματεῖς καὶ Φαρισαῖοι ὑποκριταί, ὅτι παρομοιάζετε τάφοις κεκονιαμένοις, οἵτινες ἔξωθεν μὲν φαίνονται ὡραῖοι, ἔσωθεν δὲ γέμουσιν ὀστέων νεκρῶν καὶ πάσης ἀκαθαρσίας.

ΚΑΤΑ ΜΑΘΘΑΙΟΝ

28 οὕτως καὶ ὑμεῖς ἔξωθεν μὲν φαίνεσθε τοῖς ἀνθρώποις δίκαιοι, ἔσωθεν δέ [ἐστε μεστοὶ] (μεστοὶ ἐστε) ὑποκρίσεως καὶ ἀνομίας. 29 Οὐαὶ ὑμῖν, γραμματεῖς καὶ Φαρισαῖοι ὑποκριταί, ὅτι οἰκοδομεῖτε τοὺς τάφους τῶν προφητῶν καὶ κοσμεῖτε τὰ μνημεῖα τῶν δικαίων, 30 καὶ λέγετε Εἰ [ἤμεθα] (ἦμεν) ἐν ταῖς ἡμέραις τῶν πατέρων ἡμῶν, οὐκ ἂν [ἤμεθα αὐτῶν] (ἦμεν) κοινωνοὶ (αὐτῶν) ἐν τῷ αἵματι τῶν προφητῶν. 31 ὥστε μαρτυρεῖτε ἑαυτοῖς ὅτι υἱοί ἐστε τῶν φονευσάντων τοὺς προφήτας. 32 καὶ ὑμεῖς πληρώσατε τὸ μέτρον τῶν πατέρων ὑμῶν. 33 ὄφεις, γεννήματα ἐχιδνῶν, πῶς φύγητε ἀπὸ τῆς κρίσεως τῆς γεέννης; 34 διὰ τοῦτο ἰδοὺ ἐγὼ ἀποστέλλω πρὸς ὑμᾶς προφήτας καὶ σοφοὺς καὶ γραμματεῖς· (καὶ) ἐξ αὐτῶν ἀποκτενεῖτε καὶ σταυρώσετε, καὶ ἐξ αὐτῶν μαστιγώσετε ἐν ταῖς συναγωγαῖς ὑμῶν καὶ διώξετε ἀπὸ πόλεως εἰς πόλιν· 35 ὅπως ἔλθῃ ἐφ' ὑμᾶς πᾶν αἷμα δίκαιον ἐκχυννόμενον ἐπὶ τῆς γῆς ἀπὸ τοῦ αἵματος Ἄβελ τοῦ δικαίου ἕως τοῦ αἵματος Ζαχαρίου υἱοῦ Βαραχίου, ὃν ἐφονεύσατε μεταξὺ τοῦ ναοῦ καὶ τοῦ θυσιαστηρίου. 36 ἀμὴν λέγω ὑμῖν, ἥξει ταῦτα πάντα ἐπὶ τὴν γενεὰν ταύτην.

Lament over Jerusalem

37 Ἰερουσαλὴμ Ἰερουσαλήμ, ἡ ἀποκτείνουσα τοὺς προφήτας καὶ λιθοβολοῦσα τοὺς ἀπεσταλμένους πρὸς αὐτήν, ποσάκις ἠθέλησα ἐπισυναγαγεῖν τὰ τέκνα σου, ὃν τρόπον ὄρνις ἐπισυνάγει τὰ νοσσία αὐτῆς ὑπὸ τὰς πτέρυγας, καὶ οὐκ ἠθελήσατε. 38 ἰδοὺ ἀφίεται ὑμῖν ὁ οἶκος ὑμῶν (ἔρημος). 39 λέγω γὰρ ὑμῖν, οὐ μή με ἴδητε ἀπ' ἄρτι ἕως ἂν εἴπητε

Εὐλογημένος ὁ ἐρχόμενος ἐν ὀνόματι Κυρίου.

Matthew 24

The Destruction of the Temple Foretold

Καὶ ἐξελθὼν ὁ Ἰησοῦς [ἀπὸ τοῦ ἱεροῦ ἐπορεύετο] (ἐπορεύετο ἀπὸ τοῦ ἱεροῦ), καὶ προσῆλθον οἱ μαθηταὶ αὐτοῦ ἐπιδεῖξαι αὐτῷ τὰς οἰκοδομὰς τοῦ ἱεροῦ. 2 ὁ δὲ (Ἰησοῦς) [ἀποκριθεὶς] εἶπεν αὐτοῖς Οὐ βλέπετε [ταῦτα πάντα] (πάντα ταῦτα); ἀμὴν λέγω ὑμῖν, οὐ μὴ ἀφεθῇ ὧδε λίθος ἐπὶ λίθον ὃς οὐ καταλυθήσεται.
3 Καθημένου δὲ αὐτοῦ ἐπὶ τοῦ ὄρους τῶν Ἐλαιῶν προσῆλθον αὐτῷ οἱ μαθηταὶ κατ' ἰδίαν λέγοντες Εἰπὲ ἡμῖν, πότε ταῦτα ἔσται, καὶ τί τὸ σημεῖον τῆς σῆς παρουσίας καὶ συντελείας τοῦ αἰῶνος;

ΚΑΤΑ ΜΑΘΘΑΙΟΝ
The Beginning of Sorows

4 καὶ ἀποκριθεὶς ὁ Ἰησοῦς εἶπεν αὐτοῖς Βλέπετε μή τις ὑμᾶς πλανήσῃ. 5 πολλοὶ γὰρ ἐλεύσονται ἐπὶ τῷ ὀνόματί μου λέγοντες Ἐγώ εἰμι ὁ Χριστός, καὶ πολλοὺς πλανήσουσιν. 6 μελλήσετε δὲ ἀκούειν πολέμους καὶ ἀκοὰς πολέμων· ὁρᾶτε, μὴ θροεῖσθε· δεῖ γὰρ (πάντα) γενέσθαι, ἀλλ' οὔπω ἐστὶν τὸ τέλος. 7 ἐγερθήσεται γὰρ ἔθνος ἐπὶ ἔθνος καὶ βασιλεία ἐπὶ βασιλείαν, καὶ ἔσονται λιμοὶ (καὶ λοιμοί) καὶ σεισμοὶ κατὰ τόπους· 8 πάντα δὲ ταῦτα ἀρχὴ ὠδίνων.

Persecution before the End

9 τότε παραδώσουσιν ὑμᾶς εἰς θλῖψιν καὶ ἀποκτενοῦσιν ὑμᾶς, καὶ ἔσεσθε μισούμενοι ὑπὸ πάντων τῶν ἐθνῶν διὰ τὸ ὄνομά μου. 10 καὶ τότε σκανδαλισθήσονται πολλοὶ καὶ ἀλλήλους παραδώσουσιν καὶ μισήσουσιν ἀλλήλους· 11 καὶ πολλοὶ ψευδοπροφῆται ἐγερθήσονται καὶ πλανήσουσιν πολλούς· 12 καὶ διὰ τὸ πληθυνθῆναι τὴν ἀνομίαν ψυγήσεται ἡ ἀγάπη τῶν πολλῶν. 13 ὁ δὲ ὑπομείνας εἰς τέλος, οὗτος σωθήσεται. 14 καὶ κηρυχθήσεται τοῦτο τὸ εὐαγγέλιον τῆς βασιλείας ἐν ὅλῃ τῇ οἰκουμένῃ εἰς μαρτύριον πᾶσιν τοῖς ἔθνεσιν, καὶ τότε ἥξει τὸ τέλος.

The Time of Great Trouble

15 Ὅταν οὖν ἴδητε τὸ βδέλυγμα τῆς ἐρημώσεως τὸ ῥηθὲν διὰ Δανιὴλ τοῦ προφήτου ἑστὸς ἐν τόπῳ ἁγίῳ, ὁ ἀναγινώσκων νοείτω, 16 τότε οἱ ἐν τῇ Ἰουδαίᾳ φευγέτωσαν εἰς τὰ ὄρη, 17 ὁ ἐπὶ τοῦ δώματος μὴ καταβάτω ἆραι τὰ ἐκ τῆς οἰκίας αὐτοῦ, 18 καὶ ὁ ἐν τῷ ἀγρῷ μὴ ἐπιστρεψάτω ὀπίσω ἆραι τὸ ἱμάτιον αὐτοῦ. 19 οὐαὶ δὲ ταῖς ἐν γαστρὶ ἐχούσαις καὶ ταῖς θηλαζούσαις ἐν ἐκείναις ταῖς ἡμέραις. 20 προσεύχεσθε δὲ ἵνα μὴ γένηται ἡ φυγὴ ὑμῶν χειμῶνος μηδὲ σαββάτῳ· 21 ἔσται γὰρ τότε θλῖψις μεγάλη, οἵα οὐ γέγονεν ἀπ' ἀρχῆς κόσμου ἕως τοῦ νῦν οὐδ' οὐ μὴ γένηται. 22 καὶ εἰ μὴ ἐκολοβώθησαν αἱ ἡμέραι ἐκεῖναι, οὐκ ἂν ἐσώθη πᾶσα σάρξ· διὰ δὲ τοὺς ἐκλεκτοὺς κολοβωθήσονται αἱ ἡμέραι ἐκεῖναι. 23 τότε ἐάν τις ὑμῖν εἴπῃ Ἰδοὺ ὧδε ὁ Χριστός, ἢ Ὧδε, μὴ πιστεύσητε· 24 ἐγερθήσονται γὰρ ψευδόχριστοι καὶ ψευδοπροφῆται, καὶ δώσουσιν σημεῖα μεγάλα καὶ τέρατα ὥστε πλανῆσαι, εἰ δυνατόν, καὶ τοὺς ἐκλεκτούς. 25 ἰδοὺ προείρηκα ὑμῖν. 26 ἐὰν οὖν εἴπωσιν ὑμῖν Ἰδοὺ ἐν τῇ ἐρήμῳ ἐστίν, μὴ ἐξέλθητε· Ἰδοὺ ἐν τοῖς ταμείοις, μὴ πιστεύσητε·

ΚΑΤΑ ΜΑΘΘΑΙΟΝ

The Second Coming

27 ὥσπερ γὰρ ἡ ἀστραπὴ ἐξέρχεται ἀπὸ ἀνατολῶν καὶ φαίνεται ἕως δυσμῶν, οὕτως ἔσται ἡ παρουσία τοῦ Υἱοῦ τοῦ ἀνθρώπου· 28 ὅπου ἐὰν ᾖ τὸ πτῶμα, ἐκεῖ συναχθήσονται οἱ ἀετοί.

After the Tribulation

29 Εὐθέως δὲ μετὰ τὴν θλῖψιν τῶν ἡμερῶν ἐκείνων ὁ ἥλιος σκοτισθήσεται, καὶ ἡ σελήνη οὐ δώσει τὸ φέγγος αὐτῆς, καὶ οἱ ἀστέρες πεσοῦνται ἀπὸ τοῦ οὐρανοῦ, καὶ αἱ δυνάμεις τῶν οὐρανῶν σαλευθήσονται.

The Sign of the Son of Man

30 καὶ τότε φανήσεται τὸ σημεῖον τοῦ Υἱοῦ τοῦ ἀνθρώπου ἐν οὐρανῷ, καὶ τότε κόψονται πᾶσαι αἱ φυλαὶ τῆς γῆς καὶ ὄψονται τὸν Υἱὸν τοῦ ἀνθρώπου ἐρχόμενον ἐπὶ τῶν νεφελῶν τοῦ οὐρανοῦ μετὰ δυνάμεως καὶ δόξης πολλῆς· 31 καὶ ἀποστελεῖ τοὺς ἀγγέλους αὐτοῦ μετὰ σάλπιγγος μεγάλης, καὶ ἐπισυνάξουσιν τοὺς ἐκλεκτοὺς αὐτοῦ ἐκ τῶν τεσσάρων ἀνέμων ἀπ' ἄκρων οὐρανῶν ἕως ἄκρων αὐτῶν.

The Parable of the Fig Tree

32 Ἀπὸ δὲ τῆς συκῆς μάθετε τὴν παραβολήν· ὅταν ἤδη ὁ κλάδος αὐτῆς γένηται ἁπαλὸς καὶ τὰ φύλλα ἐκφύῃ, γινώσκετε ὅτι ἐγγὺς τὸ θέρος· 33 οὕτως καὶ ὑμεῖς ὅταν ἴδητε πάντα ταῦτα, γινώσκετε ὅτι ἐγγύς ἐστιν ἐπὶ θύραις. 34 ἀμὴν λέγω ὑμῖν [ὅτι] οὐ μὴ παρέλθῃ ἡ γενεὰ αὕτη ἕως ἂν πάντα ταῦτα γένηται. 35 ὁ οὐρανὸς καὶ ἡ γῆ παρελεύσεται, οἱ δὲ λόγοι μου οὐ μὴ παρέλθωσιν.

As in the Days of Noah

36 Περὶ δὲ τῆς ἡμέρας ἐκείνης καὶ ὥρας οὐδεὶς οἶδεν, οὐδὲ οἱ ἄγγελοι τῶν οὐρανῶν [οὐδὲ ὁ Υἱός], εἰ μὴ ὁ Πατὴρ μόνος. 37 ὥσπερ [γὰρ] (δὲ) αἱ ἡμέραι τοῦ Νῶε, οὕτως ἔσται (καὶ) ἡ παρουσία τοῦ Υἱοῦ τοῦ ἀνθρώπου. 38 [ὡς] (ὥσπερ) γὰρ ἦσαν ἐν ταῖς ἡμέραις ἐκείναις ταῖς πρὸ τοῦ κατακλυσμοῦ τρώγοντες καὶ πίνοντες, γαμοῦντες καὶ γαμίζοντες, ἄχρι ἧς ἡμέρας εἰσῆλθεν Νῶε εἰς τὴν κιβωτόν, 39 καὶ οὐκ ἔγνωσαν ἕως ἦλθεν ὁ κατακλυσμὸς καὶ ἦρεν ἅπαντας, οὕτως ἔσται καὶ ἡ παρουσία τοῦ Υἱοῦ τοῦ ἀνθρώπου. 40 τότε ἔσονται δύο ἐν τῷ ἀγρῷ, εἷς παραλαμβάνεται καὶ εἷς ἀφίεται· 41 δύο ἀλήθουσαι ἐν τῷ [μύλῳ] (μύλωνι), μία παραλαμβάνεται καὶ μία ἀφίεται. 42 γρηγορεῖτε οὖν, ὅτι οὐκ οἴδατε ποίᾳ [ἡμέρᾳ] (ὥρᾳ) ὁ κύριος ὑμῶν ἔρχεται.

ΚΑΤΑ ΜΑΘΘΑΙΟΝ

43 ἐκεῖνο δὲ γινώσκετε ὅτι εἰ ᾔδει ὁ οἰκοδεσπότης ποίᾳ φυλακῇ ὁ κλέπτης ἔρχεται, ἐγρηγόρησεν ἂν καὶ οὐκ ἂν εἴασεν [διορυχθῆναι] (διορυγῆναι) τὴν οἰκίαν αὐτοῦ. 44 διὰ τοῦτο καὶ ὑμεῖς γίνεσθε ἕτοιμοι, ὅτι ᾗ (ὥρᾳ) οὐ δοκεῖτε [ὥρᾳ] ὁ Υἱὸς τοῦ ἀνθρώπου ἔρχεται.

The Faithful and Wise Servant

45 Τίς ἄρα ἐστὶν ὁ πιστὸς δοῦλος καὶ φρόνιμος ὃν κατέστησεν ὁ κύριος ἐπὶ τῆς οἰκετείας αὐτοῦ τοῦ δοῦναι αὐτοῖς τὴν τροφὴν ἐν καιρῷ; 46 μακάριος ὁ δοῦλος ἐκεῖνος ὃν ἐλθὼν ὁ κύριος αὐτοῦ εὑρήσει οὕτως ποιοῦντα· 47 ἀμὴν λέγω ὑμῖν ὅτι ἐπὶ πᾶσιν τοῖς ὑπάρχουσιν αὐτοῦ καταστήσει αὐτόν. 48 ἐὰν δὲ εἴπῃ ὁ κακὸς δοῦλος ἐκεῖνος ἐν τῇ καρδίᾳ αὐτοῦ Χρονίζει [μου ὁ κύριος] (ὁ κύριός μου ἐλθεῖν), 49 καὶ ἄρξηται τύπτειν τοὺς συνδούλους αὐτοῦ, ἐσθίῃ δὲ καὶ πίνῃ μετὰ τῶν μεθυόντων, 50 ἥξει ὁ κύριος τοῦ δούλου ἐκείνου ἐν ἡμέρᾳ ᾗ οὐ προσδοκᾷ καὶ ἐν ὥρᾳ ᾗ οὐ γινώσκει, 51 καὶ διχοτομήσει αὐτὸν καὶ τὸ μέρος αὐτοῦ μετὰ τῶν ὑποκριτῶν θήσει· ἐκεῖ ἔσται ὁ κλαυθμὸς καὶ ὁ βρυγμὸς τῶν ὀδόντων.

Matthew 25

The Parable of the Ten Virgins

1 Τότε ὁμοιωθήσεται ἡ βασιλεία τῶν οὐρανῶν δέκα παρθένοις, αἵτινες λαβοῦσαι τὰς λαμπάδας ἑαυτῶν ἐξῆλθον εἰς ὑπάντησιν τοῦ νυμφίου. 2 πέντε δὲ ἐξ αὐτῶν ἦσαν μωραὶ καὶ πέντε φρόνιμοι. 3 αἱ γὰρ μωραὶ λαβοῦσαι τὰς λαμπάδας οὐκ ἔλαβον μεθ' ἑαυτῶν ἔλαιον· 4 αἱ δὲ φρόνιμοι ἔλαβον ἔλαιον ἐν τοῖς ἀγγείοις (αὐτῶν) μετὰ τῶν λαμπάδων ἑαυτῶν. 5 χρονίζοντος δὲ τοῦ νυμφίου ἐνύσταξαν πᾶσαι καὶ ἐκάθευδον. 6 μέσης δὲ νυκτὸς κραυγὴ γέγονεν Ἰδοὺ ὁ νυμφίος, ἐξέρχεσθε εἰς ἀπάντησιν (αὐτοῦ). 7 τότε ἠγέρθησαν πᾶσαι αἱ παρθένοι ἐκεῖναι καὶ ἐκόσμησαν τὰς λαμπάδας ἑαυτῶν. 8 αἱ δὲ μωραὶ ταῖς φρονίμοις εἶπαν Δότε ἡμῖν ἐκ τοῦ ἐλαίου ὑμῶν, ὅτι αἱ λαμπάδες ἡμῶν σβέννυνται. 9 ἀπεκρίθησαν δὲ αἱ φρόνιμοι λέγουσαι Μή ποτε οὐ μὴ ἀρκέσῃ ἡμῖν καὶ ὑμῖν· πορεύεσθε μᾶλλον πρὸς τοὺς πωλοῦντας καὶ ἀγοράσατε ἑαυταῖς. 10 ἀπερχομένων δὲ αὐτῶν ἀγοράσαι ἦλθεν ὁ νυμφίος, καὶ αἱ ἕτοιμοι εἰσῆλθον μετ' αὐτοῦ εἰς τοὺς γάμους, καὶ ἐκλείσθη ἡ θύρα. 11 ὕστερον δὲ ἔρχονται καὶ αἱ λοιπαὶ παρθένοι λέγουσαι Κύριε κύριε, ἄνοιξον ἡμῖν. 12 ὁ δὲ ἀποκριθεὶς εἶπεν Ἀμὴν λέγω ὑμῖν, οὐκ οἶδα ὑμᾶς. 13 Γρηγορεῖτε οὖν, ὅτι οὐκ οἴδατε τὴν ἡμέραν οὐδὲ τὴν ὥραν (ἐν ᾗ ὁ υἱὸς τοῦ ἀνθρώπου ἔρχεται).

ΚΑΤΑ ΜΑΘΘΑΙΟΝ

The Parable of the Talents

14 Ὥσπερ γὰρ ἄνθρωπος ἀποδημῶν ἐκάλεσεν τοὺς ἰδίους δούλους καὶ παρέδωκεν αὐτοῖς τὰ ὑπάρχοντα αὐτοῦ, 15 καὶ ᾧ μὲν ἔδωκεν πέντε τάλαντα, ᾧ δὲ δύο, ᾧ δὲ ἕν, ἑκάστῳ κατὰ τὴν ἰδίαν δύναμιν, καὶ ἀπεδήμησεν. Εὐθέως 16 πορευθεὶς (δέ) ὁ τὰ πέντε τάλαντα λαβὼν [ἠργάσατο] (εἰργάσατο) ἐν αὐτοῖς καὶ [ἐκέρδησεν] (ἐποίησεν) ἄλλα πέντε (τάλαντα)· 17 [ὡσαύτως ὁ τὰ δύο ἐκέρδησεν ἄλλα δύο] (ὡσαύτως καὶ ὁ τὰ δύο ἐκέρδησεν καὶ αὐτὸς ἄλλα δύο). 18 ὁ δὲ τὸ ἓν λαβὼν ἀπελθὼν ὤρυξεν [γῆν καὶ ἔκρυψεν] (ἐν τῇ γῇ καὶ ἀπέκρυψεν) τὸ ἀργύριον τοῦ κυρίου αὐτοῦ. 19 μετὰ δὲ [πολὺν χρόνον] (χρόνον πολὺν) ἔρχεται ὁ κύριος τῶν δούλων ἐκείνων καὶ συναίρει [λόγον μετ' αὐτῶν] (μετ' αὐτῶν λόγον). 20 καὶ προσελθὼν ὁ τὰ πέντε τάλαντα λαβὼν προσήνεγκεν ἄλλα πέντε τάλαντα λέγων Κύριε, πέντε τάλαντά μοι παρέδωκας· ἴδε ἄλλα πέντε τάλαντα ἐκέρδησα. 21 ἔφη αὐτῷ ὁ κύριος αὐτοῦ Εὖ, δοῦλε ἀγαθὲ καὶ πιστέ, ἐπὶ ὀλίγα ἦς πιστός, ἐπὶ πολλῶν σε καταστήσω· εἴσελθε εἰς τὴν χαρὰν τοῦ κυρίου σου. 22 προσελθὼν (δὲ) καὶ ὁ τὰ δύο τάλαντα (λαβών) εἶπεν Κύριε, δύο τάλαντά μοι παρέδωκας· ἴδε ἄλλα δύο τάλαντα ἐκέρδησα (ἐπ' αὐτοῖς). 23 ἔφη αὐτῷ ὁ κύριος αὐτοῦ Εὖ, δοῦλε ἀγαθὲ καὶ πιστέ, ἐπὶ ὀλίγα ἦς πιστός, ἐπὶ πολλῶν σε καταστήσω· εἴσελθε εἰς τὴν χαρὰν τοῦ κυρίου σου. 24 προσελθὼν δὲ καὶ ὁ τὸ ἓν τάλαντον εἰληφὼς εἶπεν Κύριε, ἔγνων σε ὅτι σκληρὸς εἶ ἄνθρωπος, θερίζων ὅπου οὐκ ἔσπειρας, καὶ συνάγων ὅθεν οὐ διεσκόρπισας· 25 καὶ φοβηθεὶς ἀπελθὼν ἔκρυψα τὸ τάλαντόν σου ἐν τῇ γῇ· ἴδε ἔχεις τὸ σόν. 26 ἀποκριθεὶς δὲ ὁ κύριος αὐτοῦ εἶπεν αὐτῷ Πονηρὲ δοῦλε καὶ ὀκνηρέ, ᾔδεις ὅτι θερίζω ὅπου οὐκ ἔσπειρα, καὶ συνάγω ὅθεν οὐ διεσκόρπισα; 27 ἔδει [σε οὖν] (οὖν σε) βαλεῖν [τὰ] (τὸ) ἀργύριά μου τοῖς τραπεζείταις, καὶ ἐλθὼν ἐγὼ ἐκομισάμην ἂν τὸ ἐμὸν σὺν τόκῳ. 28 ἄρατε οὖν ἀπ' αὐτοῦ τὸ τάλαντον καὶ δότε τῷ ἔχοντι τὰ δέκα τάλαντα· 29 τῷ γὰρ ἔχοντι παντὶ δοθήσεται καὶ περισσευθήσεται· [τοῦ δὲ] (ἀπὸ δὲ τοῦ) μὴ ἔχοντος καὶ ὃ ἔχει ἀρθήσεται ἀπ' αὐτοῦ. 30 καὶ τὸν ἀχρεῖον δοῦλον ἐκβάλετε εἰς τὸ σκότος τὸ ἐξώτερον· ἐκεῖ ἔσται ὁ κλαυθμὸς καὶ ὁ βρυγμὸς τῶν ὀδόντων.

The Judgment of the Nations

31 Ὅταν δὲ ἔλθῃ ὁ υἱὸς τοῦ ἀνθρώπου ἐν τῇ δόξῃ αὐτοῦ καὶ πάντες οἱ ἄγγελοι μετ' αὐτοῦ, τότε καθίσει ἐπὶ θρόνου δόξης αὐτοῦ· 32 καὶ συναχθήσονται ἔμπροσθεν αὐτοῦ πάντα τὰ ἔθνη, καὶ ἀφορίσει αὐτοὺς ἀπ' ἀλλήλων, ὥσπερ ὁ ποιμὴν ἀφορίζει τὰ πρόβατα ἀπὸ τῶν ἐρίφων,

33 καὶ στήσει τὰ μὲν πρόβατα ἐκ δεξιῶν αὐτοῦ, τὰ δὲ ἐρίφια ἐξ εὐωνύμων. 34 τότε ἐρεῖ ὁ Βασιλεὺς τοῖς ἐκ δεξιῶν αὐτοῦ Δεῦτε οἱ εὐλογημένοι τοῦ Πατρός μου, κληρονομήσατε τὴν ἡτοιμασμένην ὑμῖν βασιλείαν ἀπὸ καταβολῆς κόσμου. 35 ἐπείνασα γὰρ καὶ ἐδώκατέ μοι φαγεῖν, ἐδίψησα καὶ ἐποτίσατέ με, ξένος ἤμην καὶ συνηγάγετέ με, 36 γυμνὸς καὶ περιεβάλετέ με, ἠσθένησα καὶ ἐπεσκέψασθέ με, ἐν φυλακῇ ἤμην καὶ ἤλθατε πρός με. 37 τότε ἀποκριθήσονται αὐτῷ οἱ δίκαιοι λέγοντες Κύριε, πότε σε εἴδομεν πεινῶντα καὶ ἐθρέψαμεν, ἢ διψῶντα καὶ ἐποτίσαμεν; 38 πότε δέ σε εἴδομεν ξένον καὶ συνηγάγομεν, ἢ γυμνὸν καὶ περιεβάλομεν; 39 πότε δέ σε εἴδομεν ἀσθενοῦντα ἢ ἐν φυλακῇ καὶ ἤλθομεν πρός σε; 40 καὶ ἀποκριθεὶς ὁ Βασιλεὺς ἐρεῖ αὐτοῖς Ἀμὴν λέγω ὑμῖν, ἐφ' ὅσον ἐποιήσατε ἑνὶ τούτων τῶν ἀδελφῶν μου τῶν ἐλαχίστων, ἐμοὶ ἐποιήσατε. 41 τότε ἐρεῖ καὶ τοῖς ἐξ εὐωνύμων Πορεύεσθε ἀπ' ἐμοῦ κατηραμένοι εἰς τὸ πῦρ τὸ αἰώνιον τὸ ἡτοιμασμένον τῷ διαβόλῳ καὶ τοῖς ἀγγέλοις αὐτοῦ. 42 ἐπείνασα γὰρ καὶ οὐκ ἐδώκατέ μοι φαγεῖν, ἐδίψησα καὶ οὐκ ἐποτίσατέ με, 43 ξένος ἤμην καὶ οὐ συνηγάγετέ με, γυμνὸς καὶ οὐ περιεβάλετέ με, ἀσθενὴς καὶ ἐν φυλακῇ καὶ οὐκ ἐπεσκέψασθέ με. 44 τότε ἀποκριθήσονται καὶ αὐτοὶ λέγοντες Κύριε, πότε σε εἴδομεν πεινῶντα ἢ διψῶντα ἢ ξένον ἢ γυμνὸν ἢ ἀσθενῆ ἢ ἐν φυλακῇ καὶ οὐ διηκονήσαμέν σοι; 45 τότε ἀποκριθήσεται αὐτοῖς λέγων Ἀμὴν λέγω ὑμῖν, ἐφ' ὅσον οὐκ ἐποιήσατε ἑνὶ τούτων τῶν ἐλαχίστων, οὐδὲ ἐμοὶ ἐποιήσατε. 46 καὶ ἀπελεύσονται οὗτοι εἰς κόλασιν αἰώνιον, οἱ δὲ δίκαιοι εἰς ζωὴν αἰώνιον.

Matthew 26

The Plot to Kill Jesus

1 Καὶ ἐγένετο ὅτε ἐτέλεσεν ὁ Ἰησοῦς πάντας τοὺς λόγους τούτους, εἶπεν τοῖς μαθηταῖς αὐτοῦ 2 Οἴδατε ὅτι μετὰ δύο ἡμέρας τὸ πάσχα γίνεται, καὶ ὁ Υἱὸς τοῦ ἀνθρώπου παραδίδοται εἰς τὸ σταυρωθῆναι. 3 Τότε συνήχθησαν οἱ ἀρχιερεῖς καὶ οἱ πρεσβύτεροι τοῦ λαοῦ εἰς τὴν αὐλὴν τοῦ ἀρχιερέως τοῦ λεγομένου Καϊάφα, 4 καὶ συνεβουλεύσαντο ἵνα τὸν Ἰησοῦν [δόλῳ κρατήσωσιν] (κρατήσωσιν δόλῳ) καὶ ἀποκτείνωσιν· 5 ἔλεγον δέ Μὴ ἐν τῇ ἑορτῇ, ἵνα μὴ θόρυβος γένηται ἐν τῷ λαῷ.

ΚΑΤΑ ΜΑΘΘΑΙΟΝ

Mary Anoints Jesus for Burial

6 Τοῦ δὲ Ἰησοῦ γενομένου ἐν Βηθανίᾳ ἐν οἰκίᾳ Σίμωνος τοῦ λεπροῦ, 7 προσῆλθεν αὐτῷ γυνὴ ἔχουσα ἀλάβαστρον μύρου βαρυτίμου καὶ κατέχεεν ἐπὶ τῆς κεφαλῆς αὐτοῦ ἀνακειμένου. 8 ἰδόντες δὲ οἱ μαθηταὶ ἠγανάκτησαν λέγοντες Εἰς τί ἡ ἀπώλεια αὕτη; 9 ἐδύνατο γὰρ τοῦτο (τὸ μύρον) πραθῆναι πολλοῦ καὶ δοθῆναι πτωχοῖς. 10 γνοὺς δὲ ὁ Ἰησοῦς εἶπεν αὐτοῖς Τί κόπους παρέχετε τῇ γυναικί; ἔργον γὰρ καλὸν ἠργάσατο εἰς ἐμέ· 11 πάντοτε γὰρ τοὺς πτωχοὺς ἔχετε μεθ᾿ ἑαυτῶν, ἐμὲ δὲ οὐ πάντοτε ἔχετε· 12 βαλοῦσα γὰρ αὕτη τὸ μύρον τοῦτο ἐπὶ τοῦ σώματός μου πρὸς τὸ ἐνταφιάσαι με ἐποίησεν. 13 ἀμὴν λέγω ὑμῖν, ὅπου ἐὰν κηρυχθῇ τὸ εὐαγγέλιον τοῦτο ἐν ὅλῳ τῷ κόσμῳ, λαληθήσεται καὶ ὃ ἐποίησεν αὕτη εἰς μνημόσυνον αὐτῆς.

Judas Agrees to Betray Jesus

14 Τότε πορευθεὶς εἷς τῶν δώδεκα, ὁ λεγόμενος Ἰούδας Ἰσκαριώτης, πρὸς τοὺς ἀρχιερεῖς 15 εἶπεν Τί θέλετέ μοι δοῦναι, κἀγὼ ὑμῖν παραδώσω αὐτόν; οἱ δὲ ἔστησαν αὐτῷ τριάκοντα ἀργύρια. 16 καὶ ἀπὸ τότε ἐζήτει εὐκαιρίαν ἵνα αὐτὸν παραδῷ.

Preparation for the Passover

17 Τῇ δὲ πρώτῃ τῶν ἀζύμων προσῆλθον οἱ μαθηταὶ τῷ Ἰησοῦ λέγοντες Ποῦ θέλεις ἑτοιμάσωμέν σοι φαγεῖν τὸ πάσχα; 18 ὁ δὲ εἶπεν Ὑπάγετε εἰς τὴν πόλιν πρὸς τὸν δεῖνα καὶ εἴπατε αὐτῷ Ὁ Διδάσκαλος λέγει Ὁ καιρός μου ἐγγύς ἐστιν· πρὸς σὲ ποιῶ τὸ πάσχα μετὰ τῶν μαθητῶν μου. 19 καὶ ἐποίησαν οἱ μαθηταὶ ὡς συνέταξεν αὐτοῖς ὁ Ἰησοῦς, καὶ ἡτοίμασαν τὸ πάσχα.

The Passover Celebration

20 Ὀψίας δὲ γενομένης ἀνέκειτο μετὰ τῶν δώδεκα [μαθητῶν] 21 καὶ ἐσθιόντων αὐτῶν εἶπεν Ἀμὴν λέγω ὑμῖν ὅτι εἷς ἐξ ὑμῶν παραδώσει με. 22 καὶ λυπούμενοι σφόδρα ἤρξαντο λέγειν αὐτῷ [εἷς] ἕκαστος (αὐτῶν,) Μήτι ἐγώ εἰμι, Κύριε; 23 ὁ δὲ ἀποκριθεὶς εἶπεν Ὁ ἐμβάψας μετ᾿ ἐμοῦ [τὴν χεῖρα] ἐν τῷ τρυβλίῳ (τὴν χεῖρα), οὗτός με παραδώσει. 24 ὁ μὲν Υἱὸς τοῦ ἀνθρώπου ὑπάγει καθὼς γέγραπται περὶ αὐτοῦ, οὐαὶ δὲ τῷ ἀνθρώπῳ ἐκείνῳ δι᾿ οὗ ὁ Υἱὸς τοῦ ἀνθρώπου παραδίδοται· καλὸν ἦν αὐτῷ εἰ οὐκ ἐγεννήθη ὁ ἄνθρωπος ἐκεῖνος. 25 ἀποκριθεὶς δὲ Ἰούδας ὁ παραδιδοὺς αὐτὸν εἶπεν Μήτι ἐγώ εἰμι, Ῥαββεί; λέγει αὐτῷ Σὺ εἶπας.

ΚΑΤΑ ΜΑΘΘΑΙΟΝ

Jesus Institutes the Lord's Supper

26 Ἐσθιόντων δὲ αὐτῶν λαβὼν ὁ Ἰησοῦς ἄρτον καὶ εὐλογήσας ἔκλασεν καὶ [δοὺς] (ἐδίδου) τοῖς μαθηταῖς (καὶ) εἶπεν Λάβετε φάγετε· τοῦτό ἐστιν τὸ σῶμά μου. 27 καὶ λαβὼν ποτήριον καὶ εὐχαριστήσας ἔδωκεν αὐτοῖς λέγων Πίετε ἐξ αὐτοῦ πάντες· 28 τοῦτο γάρ ἐστιν τὸ αἷμά μου [τῆς διαθήκης] (τὸ τῆς καινῆς διαθήκης) τὸ περὶ πολλῶν ἐκχυννόμενον εἰς ἄφεσιν ἁμαρτιῶν. 29 λέγω δὲ ὑμῖν, (ὅτι) οὐ μὴ πίω ἀπ᾿ ἄρτι ἐκ τούτου τοῦ γενήματος τῆς ἀμπέλου ἕως τῆς ἡμέρας ἐκείνης ὅταν αὐτὸ πίνω μεθ᾿ ὑμῶν καινὸν ἐν τῇ βασιλείᾳ τοῦ Πατρός μου. 30 Καὶ ὑμνήσαντες ἐξῆλθον εἰς τὸ Ὄρος τῶν Ἐλαιῶν.

The Flock will be Scattered

31 Τότε λέγει αὐτοῖς ὁ Ἰησοῦς Πάντες ὑμεῖς σκανδαλισθήσεσθε ἐν ἐμοὶ ἐν τῇ νυκτὶ ταύτῃ· γέγραπται γάρ Πατάξω τὸν ποιμένα, καὶ διασκορπισθήσονται τὰ πρόβατα τῆς ποίμνης· 32 μετὰ δὲ τὸ ἐγερθῆναί με προάξω ὑμᾶς εἰς τὴν Γαλιλαίαν.

Peter's Denial Foretold

33 ἀποκριθεὶς δὲ ὁ Πέτρος εἶπεν αὐτῷ Εἰ (καὶ) πάντες σκανδαλισθήσονται ἐν σοί, ἐγὼ οὐδέποτε σκανδαλισθήσομαι. 34 ἔφη αὐτῷ ὁ Ἰησοῦς Ἀμὴν λέγω σοι ὅτι ἐν ταύτῃ τῇ νυκτὶ πρὶν ἀλέκτορα φωνῆσαι τρὶς ἀπαρνήσῃ με. 35 λέγει αὐτῷ ὁ Πέτρος Κἂν δέῃ με σὺν σοὶ ἀποθανεῖν, οὐ μή σε ἀπαρνήσομαι. ὁμοίως καὶ πάντες οἱ μαθηταὶ εἶπαν.

The Prayers of Jesus at Gethsemane

36 Τότε ἔρχεται μετ᾿ αὐτῶν ὁ Ἰησοῦς εἰς χωρίον λεγόμενον Γεθσημανεί, καὶ λέγει τοῖς μαθηταῖς Καθίσατε αὐτοῦ ἕως οὗ ἀπελθὼν [ἐκεῖ προσεύξωμαι] (προσεύξωμαι ἐκεῖ). 37 καὶ παραλαβὼν τὸν Πέτρον καὶ τοὺς δύο υἱοὺς Ζεβεδαίου ἤρξατο λυπεῖσθαι καὶ ἀδημονεῖν. 38 τότε λέγει αὐτοῖς Περίλυπός ἐστιν ἡ ψυχή μου ἕως θανάτου· μείνατε ὧδε καὶ γρηγορεῖτε μετ᾿ ἐμοῦ. 39 καὶ προελθὼν μικρὸν ἔπεσεν ἐπὶ πρόσωπον αὐτοῦ προσευχόμενος καὶ λέγων Πάτερ μου, εἰ δυνατόν ἐστιν, παρελθάτω ἀπ᾿ ἐμοῦ τὸ ποτήριον τοῦτο· πλὴν οὐχ ὡς ἐγὼ θέλω ἀλλ᾿ ὡς σύ. 40 καὶ ἔρχεται πρὸς τοὺς μαθητὰς καὶ εὑρίσκει αὐτοὺς καθεύδοντας, καὶ λέγει τῷ Πέτρῳ Οὕτως οὐκ ἰσχύσατε μίαν ὥραν γρηγορῆσαι μετ᾿ ἐμοῦ; 41 γρηγορεῖτε καὶ προσεύχεσθε, ἵνα μὴ εἰσέλθητε εἰς πειρασμόν· τὸ μὲν πνεῦμα πρόθυμον, ἡ δὲ σὰρξ ἀσθενής.

ΚΑΤΑ ΜΑΘΘΑΙΟΝ

42 πάλιν ἐκ δευτέρου ἀπελθὼν προσηύξατο λέγων Πάτερ μου, εἰ οὐ δύναται τοῦτο (τὸ ποτήριον) παρελθεῖν (ἀπ' ἐμοῦ,) ἐὰν μὴ αὐτὸ πίω, γενηθήτω τὸ θέλημά σου. 43 καὶ ἐλθὼν [πάλιν εὗρεν αὐτοὺς] (εὑρίσκει αὐτοὺς πάλιν) καθεύδοντας, ἦσαν γὰρ αὐτῶν οἱ ὀφθαλμοὶ βεβαρημένοι. 44 καὶ ἀφεὶς αὐτοὺς [πάλιν ἀπελθὼν] (ἀπελθὼν πάλιν) προσηύξατο ἐκ τρίτου, τὸν αὐτὸν λόγον εἰπὼν [πάλιν]. 45 τότε ἔρχεται πρὸς τοὺς μαθητὰς (αὐτοῦ) καὶ λέγει αὐτοῖς Καθεύδετε λοιπὸν καὶ ἀναπαύεσθε· ἰδοὺ ἤγγικεν ἡ ὥρα καὶ ὁ Υἱὸς τοῦ ἀνθρώπου παραδίδοται εἰς χεῖρας ἁμαρτωλῶν. 46 ἐγείρεσθε, ἄγωμεν· ἰδοὺ ἤγγικεν ὁ παραδιδούς με.

Jesus' Betrayal and Arrest

47 Καὶ ἔτι αὐτοῦ λαλοῦντος, ἰδοὺ Ἰούδας εἷς τῶν δώδεκα ἦλθεν, καὶ μετ' αὐτοῦ ὄχλος πολὺς μετὰ μαχαιρῶν καὶ ξύλων ἀπὸ τῶν ἀρχιερέων καὶ πρεσβυτέρων τοῦ λαοῦ. 48 ὁ δὲ παραδιδοὺς αὐτὸν ἔδωκεν αὐτοῖς σημεῖον λέγων Ὃν ἂν φιλήσω αὐτός ἐστιν· κρατήσατε αὐτόν. 49 καὶ εὐθέως προσελθὼν τῷ Ἰησοῦ εἶπεν Χαῖρε, Ῥαββεί, καὶ κατεφίλησεν αὐτόν. 50 ὁ δὲ Ἰησοῦς εἶπεν αὐτῷ Ἑταῖρε, ἐφ' ὃ πάρει. τότε προσελθόντες ἐπέβαλον τὰς χεῖρας ἐπὶ τὸν Ἰησοῦν καὶ ἐκράτησαν αὐτόν. 51 καὶ ἰδοὺ εἷς τῶν μετὰ Ἰησοῦ ἐκτείνας τὴν χεῖρα ἀπέσπασεν τὴν μάχαιραν αὐτοῦ, καὶ πατάξας τὸν δοῦλον τοῦ ἀρχιερέως ἀφεῖλεν αὐτοῦ τὸ ὠτίον. 52 τότε λέγει αὐτῷ ὁ Ἰησοῦς Ἀπόστρεψον τὴν μάχαιράν σου εἰς τὸν τόπον αὐτῆς· πάντες γὰρ οἱ λαβόντες μάχαιραν ἐν μαχαίρῃ ἀπολοῦνται. 53 ἢ δοκεῖς ὅτι οὐ δύναμαι (ἄρτι) παρακαλέσαι τὸν Πατέρα μου, καὶ παραστήσει μοι [ἄρτι πλείω] (πλείους ἢ) δώδεκα λεγιῶνας ἀγγέλων; 54 πῶς οὖν πληρωθῶσιν αἱ γραφαὶ ὅτι οὕτως δεῖ γενέσθαι; 55 Ἐν ἐκείνῃ τῇ ὥρᾳ εἶπεν ὁ Ἰησοῦς τοῖς ὄχλοις Ὡς ἐπὶ λῃστὴν ἐξήλθατε μετὰ μαχαιρῶν καὶ ξύλων συλλαβεῖν με; καθ' ἡμέραν [ἐν τῷ ἱερῷ] (πρὸς ὑμᾶς) ἐκαθεζόμην διδάσκων (ἐν τῷ ἱερῷ), καὶ οὐκ ἐκρατήσατέ με. 56 Τοῦτο δὲ ὅλον γέγονεν ἵνα πληρωθῶσιν αἱ γραφαὶ τῶν προφητῶν. Τότε οἱ μαθηταὶ πάντες ἀφέντες αὐτὸν ἔφυγον.

Jesus before the Council at Caiaphas' House

57 Οἱ δὲ κρατήσαντες τὸν Ἰησοῦν ἀπήγαγον πρὸς Καϊάφαν τὸν ἀρχιερέα, ὅπου οἱ γραμματεῖς καὶ οἱ πρεσβύτεροι συνήχθησαν. 58 ὁ δὲ Πέτρος ἠκολούθει αὐτῷ ἀπὸ μακρόθεν ἕως τῆς αὐλῆς τοῦ ἀρχιερέως, καὶ εἰσελθὼν ἔσω ἐκάθητο μετὰ τῶν ὑπηρετῶν ἰδεῖν τὸ τέλος. 59 Οἱ δὲ ἀρχιερεῖς (καὶ οἱ πρεσβύτεροι) καὶ τὸ συνέδριον ὅλον ἐζήτουν ψευδομαρτυρίαν κατὰ τοῦ Ἰησοῦ ὅπως αὐτὸν θανατώσωσιν,

ΚΑΤΑ ΜΑΘΘΑΙΟΝ

60 καὶ οὐχ εὗρον πολλῶν προσελθόντων ψευδομαρτύρων (οὐχ εὗρον·) ὕστερον δὲ προσελθόντες δύο (ψευδομάρτυρες) 61 εἶπαν Οὗτος ἔφη Δύναμαι καταλῦσαι τὸν ναὸν τοῦ Θεοῦ καὶ διὰ τριῶν ἡμερῶν οἰκοδομῆσαι (αὐτόν). 62 καὶ ἀναστὰς ὁ ἀρχιερεὺς εἶπεν αὐτῷ Οὐδὲν ἀποκρίνῃ, τί οὗτοί σου καταμαρτυροῦσιν;

Jesus Affirms His Deity

63 ὁ δὲ Ἰησοῦς ἐσιώπα. καὶ ὁ ἀρχιερεὺς εἶπεν αὐτῷ Ἐξορκίζω σε κατὰ τοῦ Θεοῦ τοῦ ζῶντος ἵνα ἡμῖν εἴπῃς εἰ σὺ εἶ ὁ Χριστὸς ὁ Υἱὸς τοῦ Θεοῦ. 64 λέγει αὐτῷ ὁ Ἰησοῦς Σὺ εἶπας· πλὴν λέγω ὑμῖν, ἀπ' ἄρτι ὄψεσθε τὸν Υἱὸν τοῦ ἀνθρώπου καθήμενον ἐκ δεξιῶν τῆς δυνάμεως καὶ ἐρχόμενον ἐπὶ τῶν νεφελῶν τοῦ οὐρανοῦ. 65 τότε ὁ ἀρχιερεὺς διέρρηξεν τὰ ἱμάτια αὐτοῦ λέγων (ὅτι) Ἐβλασφήμησεν· τί ἔτι χρείαν ἔχομεν μαρτύρων; ἴδε νῦν ἠκούσατε τὴν βλασφημίαν (αὐτοῦ) 66 τί ὑμῖν δοκεῖ; οἱ δὲ ἀποκριθέντες εἶπαν Ἔνοχος θανάτου ἐστίν. 67 Τότε ἐνέπτυσαν εἰς τὸ πρόσωπον αὐτοῦ καὶ ἐκολάφισαν αὐτόν, οἱ δὲ ἐράπισαν 68 λέγοντες Προφήτευσον ἡμῖν, Χριστέ, τίς ἐστιν ὁ παίσας σε;

Peter's Denial

69 Ὁ δὲ Πέτρος ἐκάθητο ἔξω ἐν τῇ αὐλῇ· καὶ προσῆλθεν αὐτῷ μία παιδίσκη λέγουσα Καὶ σὺ ἦσθα μετὰ Ἰησοῦ τοῦ Γαλιλαίου. 70 ὁ δὲ ἠρνήσατο ἔμπροσθεν πάντων λέγων Οὐκ οἶδα τί λέγεις. 71 ἐξελθόντα δὲ εἰς τὸν πυλῶνα εἶδεν αὐτὸν ἄλλη καὶ λέγει τοῖς ἐκεῖ (καὶ) Οὗτος ἦν μετὰ Ἰησοῦ τοῦ Ναζωραίου. 72 καὶ πάλιν ἠρνήσατο μετὰ ὅρκου ὅτι Οὐκ οἶδα τὸν ἄνθρωπον. 73 μετὰ μικρὸν δὲ προσελθόντες οἱ ἑστῶτες εἶπον τῷ Πέτρῳ Ἀληθῶς καὶ σὺ ἐξ αὐτῶν εἶ, καὶ γὰρ ἡ λαλιά σου δῆλόν σε ποιεῖ. 74 τότε ἤρξατο καταθεματίζειν καὶ ὀμνύειν ὅτι Οὐκ οἶδα τὸν ἄνθρωπον. καὶ εὐθὺς ἀλέκτωρ ἐφώνησεν. 75 καὶ ἐμνήσθη ὁ Πέτρος τοῦ ῥήματος Ἰησοῦ εἰρηκότος ὅτι Πρὶν ἀλέκτορα φωνῆσαι τρὶς ἀπαρνήσῃ με· καὶ ἐξελθὼν ἔξω ἔκλαυσεν πικρῶς.

Matthew 27

Jesus is Brought to Pilate

1 Πρωΐας δὲ γενομένης συμβούλιον ἔλαβον πάντες οἱ ἀρχιερεῖς καὶ οἱ πρεσβύτεροι τοῦ λαοῦ κατὰ τοῦ Ἰησοῦ ὥστε θανατῶσαι αὐτόν· 2 καὶ δήσαντες αὐτὸν ἀπήγαγον καὶ παρέδωκαν (αὐτὸν Ποντίῳ) Πειλάτῳ τῷ ἡγεμόνι.

ΚΑΤΑ ΜΑΘΘΑΙΟΝ
Judas' Remorse

3 Τότε ἰδὼν Ἰούδας ὁ παραδοὺς αὐτὸν ὅτι κατεκρίθη, μεταμεληθεὶς ἔστρεψεν τὰ τριάκοντα ἀργύρια τοῖς ἀρχιερεῦσιν καὶ πρεσβυτέροις 4 λέγων Ἥμαρτον παραδοὺς αἷμα ἀθῷον. οἱ δὲ εἶπαν Τί πρὸς ἡμᾶς; σὺ [ὄψῃ] (ὄψει). 5 καὶ ῥίψας τὰ ἀργύρια [εἰς τὸν ναὸν] (ἕν τῷ ναῷ) ἀνεχώρησεν, καὶ ἀπελθὼν ἀπήγξατο. 6 οἱ δὲ ἀρχιερεῖς λαβόντες τὰ ἀργύρια [εἶπαν] (εἶπον) Οὐκ ἔξεστιν βαλεῖν αὐτὰ εἰς τὸν κορβανᾶν, ἐπεὶ τιμὴ αἵματός ἐστιν. 7 συμβούλιον δὲ λαβόντες ἠγόρασαν ἐξ αὐτῶν τὸν ἀγρὸν τοῦ κεραμέως εἰς ταφὴν τοῖς ξένοις. 8 διὸ ἐκλήθη ὁ ἀγρὸς ἐκεῖνος Ἀγρὸς αἵματος ἕως τῆς σήμερον. 9 τότε ἐπληρώθη τὸ ῥηθὲν διὰ Ἰερεμίου τοῦ προφήτου λέγοντος Καὶ ἔλαβον τὰ τριάκοντα ἀργύρια, τὴν τιμὴν τοῦ τετιμημένου ὃν ἐτιμήσαντο ἀπὸ υἱῶν Ἰσραήλ, 10 καὶ ἔδωκαν αὐτὰ εἰς τὸν ἀγρὸν τοῦ κεραμέως, καθὰ συνέταξέν μοι Κύριος.

Jesus before Pontius Pilate

11 Ὁ δὲ Ἰησοῦς ἐστάθη ἔμπροσθεν τοῦ ἡγεμόνος· καὶ ἐπηρώτησεν αὐτὸν ὁ ἡγεμὼν λέγων Σὺ εἶ ὁ Βασιλεὺς τῶν Ἰουδαίων; ὁ δὲ Ἰησοῦς ἔφη (αὐτῷ) Σὺ λέγεις. 12 καὶ ἐν τῷ κατηγορεῖσθαι αὐτὸν ὑπὸ τῶν ἀρχιερέων καὶ πρεσβυτέρων οὐδὲν ἀπεκρίνατο. 13 τότε λέγει αὐτῷ ὁ Πειλᾶτος Οὐκ ἀκούεις πόσα σου καταμαρτυροῦσιν; 14 καὶ οὐκ ἀπεκρίθη αὐτῷ πρὸς οὐδὲ ἓν ῥῆμα, ὥστε θαυμάζειν τὸν ἡγεμόνα λίαν.

Barabbas Released

15 Κατὰ δὲ ἑορτὴν εἰώθει ὁ ἡγεμὼν ἀπολύειν ἕνα τῷ ὄχλῳ δέσμιον ὃν ἤθελον. 16 εἶχον δὲ τότε δέσμιον ἐπίσημον λεγόμενον Βαραββᾶν. 17 συνηγμένων οὖν αὐτῶν εἶπεν αὐτοῖς ὁ Πειλᾶτος Τίνα θέλετε ἀπολύσω ὑμῖν, Βαραββᾶν ἢ Ἰησοῦν τὸν λεγόμενον Χριστόν; 18 ᾔδει γὰρ ὅτι διὰ φθόνον παρέδωκαν αὐτόν. 19 Καθημένου δὲ αὐτοῦ ἐπὶ τοῦ βήματος ἀπέστειλεν πρὸς αὐτὸν ἡ γυνὴ αὐτοῦ λέγουσα Μηδὲν σοὶ καὶ τῷ δικαίῳ ἐκείνῳ· πολλὰ γὰρ ἔπαθον σήμερον κατ' ὄναρ δι' αὐτόν. 20 Οἱ δὲ ἀρχιερεῖς καὶ οἱ πρεσβύτεροι ἔπεισαν τοὺς ὄχλους ἵνα αἰτήσωνται τὸν Βαραββᾶν, τὸν δὲ Ἰησοῦν ἀπολέσωσιν. 21 ἀποκριθεὶς δὲ ὁ ἡγεμὼν εἶπεν αὐτοῖς Τίνα θέλετε ἀπὸ τῶν δύο ἀπολύσω ὑμῖν; οἱ δὲ εἶπαν Τὸν Βαραββᾶν.

ΚΑΤΑ ΜΑΘΘΑΙΟΝ

Pilate's Reluctant Sentence

22 λέγει αὐτοῖς ὁ Πειλᾶτος Τί οὖν ποιήσω Ἰησοῦν τὸν λεγόμενον Χριστόν; λέγουσιν πάντες Σταυρωθήτω. 23 ὁ δὲ (ἡγεμὼν) ἔφη Τί γὰρ κακὸν ἐποίησεν; οἱ δὲ περισσῶς ἔκραζον λέγοντες Σταυρωθήτω. 24 ἰδὼν δὲ ὁ Πειλᾶτος ὅτι οὐδὲν ὠφελεῖ ἀλλὰ μᾶλλον θόρυβος γίνεται, λαβὼν ὕδωρ ἀπενίψατο τὰς χεῖρας [κατέναντι] (ἀπέναντι) τοῦ ὄχλου λέγων Ἀθῷός εἰμι ἀπὸ τοῦ αἵματος (τοῦ δικαίου) τούτου· ὑμεῖς ὄψεσθε. 25 καὶ ἀποκριθεὶς πᾶς ὁ λαὸς εἶπεν Τὸ αἷμα αὐτοῦ ἐφ᾽ ἡμᾶς καὶ ἐπὶ τὰ τέκνα ἡμῶν.

Jesus Scourged and Mocked

26 τότε ἀπέλυσεν αὐτοῖς τὸν Βαραββᾶν, τὸν δὲ Ἰησοῦν φραγελλώσας παρέδωκεν ἵνα σταυρωθῇ. 27 Τότε οἱ στρατιῶται τοῦ ἡγεμόνος παραλαβόντες τὸν Ἰησοῦν εἰς τὸ πραιτώριον συνήγαγον ἐπ᾽ αὐτὸν ὅλην τὴν σπεῖραν. 28 καὶ ἐκδύσαντες αὐτὸν [χλαμύδα κοκκίνην περιέθηκαν αὐτῷ] (περιέθηκαν αὐτῷ χλαμύδα κοκκίνην), 29 καὶ πλέξαντες στέφανον ἐξ ἀκανθῶν ἐπέθηκαν ἐπὶ τῆς κεφαλῆς αὐτοῦ καὶ κάλαμον ἐν τῇ δεξιᾷ αὐτοῦ, καὶ γονυπετήσαντες ἔμπροσθεν αὐτοῦ ἐνέπαιξαν αὐτῷ λέγοντες Χαῖρε, Βασιλεῦ τῶν Ἰουδαίων, 30 καὶ ἐμπτύσαντες εἰς αὐτὸν ἔλαβον τὸν κάλαμον καὶ ἔτυπτον εἰς τὴν κεφαλὴν αὐτοῦ. 31 καὶ ὅτε ἐνέπαιξαν αὐτῷ, ἐξέδυσαν αὐτὸν τὴν χλαμύδα καὶ ἐνέδυσαν αὐτὸν τὰ ἱμάτια αὐτοῦ, καὶ ἀπήγαγον αὐτὸν εἰς τὸ σταυρῶσαι.

Jesus is Crucified

32 Ἐξερχόμενοι δὲ εὗρον ἄνθρωπον Κυρηναῖον, ὀνόματι Σίμωνα· τοῦτον ἠγγάρευσαν ἵνα ἄρῃ τὸν σταυρὸν αὐτοῦ. 33 Καὶ ἐλθόντες εἰς τόπον λεγόμενον Γολγοθᾶ, [ὅ] (ὅς) ἐστιν [κρανίου τόπος λεγόμενος] (λεγόμενος Κρανίου Τόπος), 34 ἔδωκαν αὐτῷ πιεῖν οἶνον μετὰ χολῆς μεμιγμένον· καὶ γευσάμενος οὐκ ἠθέλησεν πιεῖν. 35 σταυρώσαντες δὲ αὐτὸν διεμερίσαντο τὰ ἱμάτια αὐτοῦ βάλλοντες κλῆρον (ἵνα πληρωθῇ τὸ ῥηθὲν ὑπὸ τοῦ προφήτου, διεμερίσαντο τὰ ἱμάτια μου ἑαυτοῖς, καὶ ἐπὶ τὸν ἱματισμόν μου ἔβαλον κλῆρον), 36 καὶ καθήμενοι ἐτήρουν αὐτὸν ἐκεῖ. 37 καὶ ἐπέθηκαν ἐπάνω τῆς κεφαλῆς αὐτοῦ τὴν αἰτίαν αὐτοῦ γεγραμμένην ΟΥΤΟΣ ΕΣΤΙΝ ΙΗΣΟΥΣ Ο ΒΑΣΙΛΕΥΣ ΤΩΝ ΙΟΥΔΑΙΩΝ. 38 Τότε σταυροῦνται σὺν αὐτῷ δύο λησταί, εἷς ἐκ δεξιῶν καὶ εἷς ἐξ εὐωνύμων. 39 Οἱ δὲ παραπορευόμενοι ἐβλασφήμουν αὐτὸν κινοῦντες τὰς κεφαλὰς αὐτῶν 40 καὶ λέγοντες Ὁ καταλύων τὸν ναὸν καὶ ἐν τρισὶν ἡμέραις οἰκοδομῶν, σῶσον σεαυτόν, εἰ Υἱὸς εἶ τοῦ Θεοῦ, καὶ κατάβηθι ἀπὸ τοῦ σταυροῦ.

ΚΑΤΑ ΜΑΘΘΑΙΟΝ

41 ὁμοίως οἱ ἀρχιερεῖς ἐμπαίζοντες μετὰ τῶν γραμματέων καὶ πρεσβυτέρων ἔλεγον 42 Ἄλλους ἔσωσεν, ἑαυτὸν οὐ δύναται σῶσαι· Βασιλεὺς Ἰσραήλ ἐστιν, καταβάτω νῦν ἀπὸ τοῦ σταυροῦ καὶ πιστεύσομεν ἐπ' αὐτόν. 43 πέποιθεν ἐπὶ τὸν Θεόν, ῥυσάσθω νῦν (αὐτόν) εἰ θέλει αὐτόν· εἶπεν γὰρ ὅτι Θεοῦ εἰμι Υἱός. 44 τὸ δ' αὐτὸ καὶ οἱ λῃσταὶ οἱ συνσταυρωθέντες σὺν αὐτῷ ὠνείδιζον αὐτόν.

The Death of Jesus

45 Ἀπὸ δὲ ἕκτης ὥρας σκότος ἐγένετο ἐπὶ πᾶσαν τὴν γῆν ἕως ὥρας ἐνάτης. 46 περὶ δὲ τὴν ἐνάτην ὥραν ἀνεβόησεν ὁ Ἰησοῦς φωνῇ μεγάλῃ λέγων Ἠλεὶ Ἠλεὶ λεμὰ σαβαχθανεί; τοῦτ' ἔστιν Θεέ μου θεέ μου, ἵνα τί με ἐγκατέλιπες; 47 τινὲς δὲ τῶν ἐκεῖ ἑστηκότων ἀκούσαντες ἔλεγον ὅτι Ἠλείαν φωνεῖ οὗτος. 48 καὶ εὐθέως δραμὼν εἷς ἐξ αὐτῶν καὶ λαβὼν σπόγγον πλήσας τε ὄξους καὶ περιθεὶς καλάμῳ ἐπότιζεν αὐτόν. 49 οἱ δὲ λοιποὶ [εἶπαν] (ἔλεγον) Ἄφες ἴδωμεν εἰ ἔρχεται Ἠλείας σώσων αὐτόν. 50 ὁ δὲ Ἰησοῦς πάλιν κράξας φωνῇ μεγάλῃ ἀφῆκεν τὸ πνεῦμα. 51 Καὶ ἰδοὺ τὸ καταπέτασμα τοῦ ναοῦ ἐσχίσθη [ἀπ' ἄνωθεν ἕως κάτω εἰς δύο] (εἰς δύο ἀπὸ ἄνωθεν ἕως κάτω), καὶ ἡ γῆ ἐσείσθη, καὶ αἱ πέτραι ἐσχίσθησαν, 52 καὶ τὰ μνημεῖα ἀνεῴχθησαν καὶ πολλὰ σώματα τῶν κεκοιμημένων ἁγίων ἠγέρθησαν· 53 καὶ ἐξελθόντες ἐκ τῶν μνημείων μετὰ τὴν ἔγερσιν αὐτοῦ εἰσῆλθον εἰς τὴν ἁγίαν πόλιν καὶ ἐνεφανίσθησαν πολλοῖς. 54 Ὁ δὲ ἑκατόνταρχος καὶ οἱ μετ' αὐτοῦ τηροῦντες τὸν Ἰησοῦν ἰδόντες τὸν σεισμὸν καὶ τὰ γινόμενα ἐφοβήθησαν σφόδρα, λέγοντες Ἀληθῶς Θεοῦ Υἱὸς ἦν οὗτος. 55 Ἦσαν δὲ ἐκεῖ γυναῖκες πολλαὶ ἀπὸ μακρόθεν θεωροῦσαι, αἵτινες ἠκολούθησαν τῷ Ἰησοῦ ἀπὸ τῆς Γαλιλαίας διακονοῦσαι αὐτῷ· 56 ἐν αἷς ἦν Μαρία ἡ Μαγδαληνή, καὶ Μαρία ἡ τοῦ Ἰακώβου καὶ Ἰωσὴφ μήτηρ, καὶ ἡ μήτηρ τῶν υἱῶν Ζεβεδαίου.

Jesus is Buried

57 Ὀψίας δὲ γενομένης ἦλθεν ἄνθρωπος πλούσιος ἀπὸ Ἀριμαθαίας, τοὔνομα Ἰωσήφ, ὃς καὶ αὐτὸς ἐμαθητεύθη τῷ Ἰησοῦ· 58 οὗτος προσελθὼν τῷ Πειλάτῳ ᾐτήσατο τὸ σῶμα τοῦ Ἰησοῦ. τότε ὁ Πειλᾶτος ἐκέλευσεν ἀποδοθῆναι (τὸ σῶμα). 59 καὶ λαβὼν τὸ σῶμα ὁ Ἰωσὴφ ἐνετύλιξεν αὐτὸ ἐν σινδόνι καθαρᾷ, 60 καὶ ἔθηκεν αὐτὸ ἐν τῷ καινῷ αὐτοῦ μνημείῳ ὃ ἐλατόμησεν ἐν τῇ πέτρᾳ, καὶ προσκυλίσας λίθον μέγαν τῇ θύρᾳ τοῦ μνημείου ἀπῆλθεν. 61 Ἦν δὲ ἐκεῖ Μαριὰμ ἡ Μαγδαληνὴ καὶ ἡ ἄλλη Μαρία, καθήμεναι ἀπέναντι τοῦ τάφου.

ΚΑΤΑ ΜΑΘΘΑΙΟΝ

The Tomb is Guarded

62 Τῇ δὲ ἐπαύριον, ἥτις ἐστὶν μετὰ τὴν Παρασκευήν, συνήχθησαν οἱ ἀρχιερεῖς καὶ οἱ Φαρισαῖοι πρὸς Πειλᾶτον 63 λέγοντες Κύριε, ἐμνήσθημεν ὅτι ἐκεῖνος ὁ πλάνος εἶπεν ἔτι ζῶν Μετὰ τρεῖς ἡμέρας ἐγείρομαι. 64 κέλευσον οὖν ἀσφαλισθῆναι τὸν τάφον ἕως τῆς τρίτης ἡμέρας, μή ποτε ἐλθόντες οἱ μαθηταὶ (αὐτοῦ νυκτὸς) κλέψωσιν αὐτὸν καὶ εἴπωσιν τῷ λαῷ Ἠγέρθη ἀπὸ τῶν νεκρῶν, καὶ ἔσται ἡ ἐσχάτη πλάνη χείρων τῆς πρώτης. 65 ἔφη αὐτοῖς ὁ Πειλᾶτος Ἔχετε κουστωδίαν· ὑπάγετε ἀσφαλίσασθε ὡς οἴδατε. 66 οἱ δὲ πορευθέντες ἠσφαλίσαντο τὸν τάφον σφραγίσαντες τὸν λίθον μετὰ τῆς κουστωδίας.

Matthew 28

He is Risen from the Dead

1 Ὀψὲ δὲ σαββάτων, τῇ ἐπιφωσκούσῃ εἰς μίαν σαββάτων, ἦλθεν Μαριὰμ ἡ Μαγδαληνὴ καὶ ἡ ἄλλη Μαρία θεωρῆσαι τὸν τάφον. 2 καὶ ἰδοὺ σεισμὸς ἐγένετο μέγας· ἄγγελος γὰρ Κυρίου καταβὰς ἐξ οὐρανοῦ [καὶ] προσελθὼν ἀπεκύλισεν τὸν λίθον (ἀπὸ τῆς θύρας) καὶ ἐκάθητο ἐπάνω αὐτοῦ. 3 ἦν δὲ ἡ εἰδέα αὐτοῦ ὡς ἀστραπή, καὶ τὸ ἔνδυμα αὐτοῦ λευκὸν ὡς χιών. 4 ἀπὸ δὲ τοῦ φόβου αὐτοῦ ἐσείσθησαν οἱ τηροῦντες καὶ ἐγενήθησαν ὡς νεκροί. 5 ἀποκριθεὶς δὲ ὁ ἄγγελος εἶπεν ταῖς γυναιξίν Μὴ φοβεῖσθε ὑμεῖς· οἶδα γὰρ ὅτι Ἰησοῦν τὸν ἐσταυρωμένον ζητεῖτε· 6 οὐκ ἔστιν ὧδε· ἠγέρθη γὰρ καθὼς εἶπεν· δεῦτε ἴδετε τὸν τόπον ὅπου ἔκειτο (ὁ Κύριος). 7 καὶ ταχὺ πορευθεῖσαι εἴπατε τοῖς μαθηταῖς αὐτοῦ ὅτι Ἠγέρθη ἀπὸ τῶν νεκρῶν, καὶ ἰδοὺ προάγει ὑμᾶς εἰς τὴν Γαλιλαίαν, ἐκεῖ αὐτὸν ὄψεσθε. ἰδοὺ εἶπον ὑμῖν. 8 καὶ ἀπελθοῦσαι ταχὺ ἀπὸ τοῦ μνημείου μετὰ φόβου καὶ χαρᾶς μεγάλης ἔδραμον ἀπαγγεῖλαι τοῖς μαθηταῖς αὐτοῦ.

Jesus Appears to the Women

9 (ὡς δὲ ἐπορεύοντο ἀπαγγεῖλαι τοῖς μαθηταῖς αὐτοῦ) καὶ ἰδοὺ Ἰησοῦς ὑπήντησεν αὐταῖς λέγων Χαίρετε. αἱ δὲ προσελθοῦσαι ἐκράτησαν αὐτοῦ τοὺς πόδας καὶ προσεκύνησαν αὐτῷ. 10 τότε λέγει αὐταῖς ὁ Ἰησοῦς Μὴ φοβεῖσθε· ὑπάγετε ἀπαγγείλατε τοῖς ἀδελφοῖς μου ἵνα ἀπέλθωσιν εἰς τὴν Γαλιλαίαν, κἀκεῖ με ὄψονται. 11 Πορευομένων δὲ αὐτῶν ἰδού τινες τῆς κουστωδίας ἐλθόντες εἰς τὴν πόλιν ἀπήγγειλαν τοῖς ἀρχιερεῦσιν ἅπαντα τὰ γενόμενα.

ΚΑΤΑ ΜΑΘΘΑΙΟΝ

12 καὶ συναχθέντες μετὰ τῶν πρεσβυτέρων συμβούλιόν τε λαβόντες ἀργύρια ἱκανὰ ἔδωκαν τοῖς στρατιώταις 13 λέγοντες Εἴπατε ὅτι Οἱ μαθηταὶ αὐτοῦ νυκτὸς ἐλθόντες ἔκλεψαν αὐτὸν ἡμῶν κοιμωμένων. 14 καὶ ἐὰν ἀκουσθῇ τοῦτο ἐπὶ τοῦ ἡγεμόνος, ἡμεῖς πείσομεν (αὐτὸν) καὶ ὑμᾶς ἀμερίμνους ποιήσομεν. 15 οἱ δὲ λαβόντες ἀργύρια ἐποίησαν ὡς ἐδιδάχθησαν. Καὶ διεφημίσθη ὁ λόγος οὗτος παρὰ Ἰουδαίοις μέχρι τῆς σήμερον [ἡμέρας].

Jesus Appears to the Disciples in Galilee

16 Οἱ δὲ ἕνδεκα μαθηταὶ ἐπορεύθησαν εἰς τὴν Γαλιλαίαν, εἰς τὸ ὄρος οὗ ἐτάξατο αὐτοῖς ὁ Ἰησοῦς, 17 καὶ ἰδόντες αὐτὸν προσεκύνησαν (αὐτῷ), οἱ δὲ ἐδίστασαν.

The Great Commission

18 καὶ προσελθὼν ὁ Ἰησοῦς ἐλάλησεν αὐτοῖς λέγων Ἐδόθη μοι πᾶσα ἐξουσία ἐν οὐρανῷ καὶ ἐπὶ [τῆς] γῆς. 19 πορευθέντες οὖν μαθητεύσατε πάντα τὰ ἔθνη, βαπτίζοντες αὐτοὺς εἰς τὸ ὄνομα τοῦ Πατρὸς καὶ τοῦ Υἱοῦ καὶ τοῦ Ἁγίου Πνεύματος, 20 διδάσκοντες αὐτοὺς τηρεῖν πάντα ὅσα ἐνετειλάμην ὑμῖν· καὶ ἰδοὺ ἐγὼ μεθ' ὑμῶν εἰμι πάσας τὰς ἡμέρας ἕως τῆς συντελείας τοῦ αἰῶνος. (Ἀμήν)

ΚΑΤΑ ΜΑΡΚΟΝ

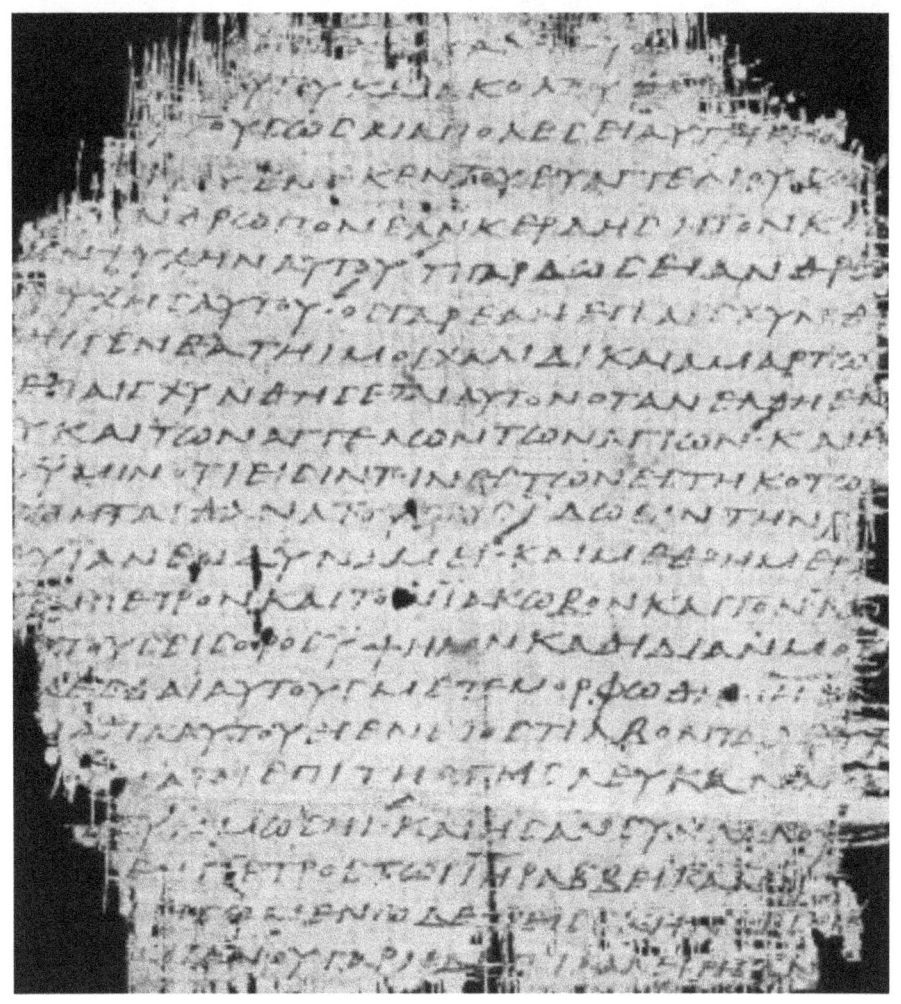

Gregory-Aland P45
Date: c. 250
Chester Beatty Library, Dublin, Ireland
Pre-enhanced base image courtesy CSNTM
GA Number: P45
LDAB ID: 2980
TM Number: 61826
f. 7r = Mark 8.34 - 9.8

ΚΑΤΑ ΜΑΡΚΟΝ

Mark 1

John the Baptist Prepares the Way

1 Ἀρχὴ τοῦ εὐαγγελίου Ἰησοῦ Χριστοῦ Υἱοῦ Θεοῦ. 2 [Καθὼς] (Ὡς) γέγραπται ἐν [τῷ Ἠσαΐᾳ τῷ προφήτῃ] (τοῖς προφήταις)

Ἰδοὺ (ἐγὼ) ἀποστέλλω τὸν ἄγγελόν μου πρὸ προσώπου σου,
ὃς κατασκευάσει τὴν ὁδόν σου (ἔμπροσθέν σου)·
3 φωνὴ βοῶντος ἐν τῇ ἐρήμῳ
Ἑτοιμάσατε τὴν ὁδὸν Κυρίου,
εὐθείας ποιεῖτε τὰς τρίβους αὐτοῦ,

4 ἐγένετο Ἰωάνης ὁ βαπτίζων ἐν τῇ ἐρήμῳ (καὶ) κηρύσσων βάπτισμα μετανοίας εἰς ἄφεσιν ἁμαρτιῶν. 5 καὶ ἐξεπορεύετο πρὸς αὐτὸν πᾶσα ἡ Ἰουδαία χώρα καὶ οἱ Ἱεροσολυμεῖται [πάντες], καὶ ἐβαπτίζοντο [ὑπ' αὐτοῦ] (πάντες) ἐν τῷ Ἰορδάνῃ ποταμῷ (ὑπ' αὐτοῦ) ἐξομολογούμενοι τὰς ἁμαρτίας αὐτῶν. 6 [καὶ] ἦν (δὲ) ὁ Ἰωάνης ἐνδεδυμένος τρίχας καμήλου καὶ ζώνην δερματίνην περὶ τὴν ὀσφὺν αὐτοῦ, καὶ ἔσθων ἀκρίδας καὶ μέλι ἄγριον. 7 καὶ ἐκήρυσσεν λέγων Ἔρχεται ὁ ἰσχυρότερός μου ὀπίσω μου, οὗ οὐκ εἰμὶ ἱκανὸς κύψας λῦσαι τὸν ἱμάντα τῶν ὑποδημάτων αὐτοῦ. 8 ἐγὼ (μὲν) ἐβάπτισα ὑμᾶς (ἐν) ὕδατι, αὐτὸς δὲ βαπτίσει ὑμᾶς (ἐν) Πνεύματι Ἁγίῳ.

The Baptism of Jesus

9 Καὶ ἐγένετο ἐν ἐκείναις ταῖς ἡμέραις ἦλθεν Ἰησοῦς ἀπὸ Ναζαρὲτ τῆς Γαλιλαίας καὶ ἐβαπτίσθη [εἰς τὸν Ἰορδάνην ὑπὸ Ἰωάνου] (ὑπὸ Ἰωάννου εἰς τὸν Ἰορδάνην). 10 καὶ εὐθὺς ἀναβαίνων [ἐκ] (ἀπὸ) τοῦ ὕδατος εἶδεν σχιζομένους τοὺς οὐρανοὺς καὶ τὸ Πνεῦμα ὡς περιστερὰν καταβαῖνον εἰς αὐτόν·

The Temptation in the Wilderness

11 καὶ φωνὴ ἐγένετο ἐκ τῶν οὐρανῶν Σὺ εἶ ὁ Υἱός μου ὁ ἀγαπητός, ἐν [σοὶ] (ᾧ) εὐδόκησα. 12 Καὶ εὐθὺς τὸ Πνεῦμα αὐτὸν ἐκβάλλει εἰς τὴν ἔρημον. 13 καὶ ἦν (ἐκεῖ) ἐν τῇ ἐρήμῳ τεσσεράκοντα ἡμέρας πειραζόμενος ὑπὸ τοῦ Σατανᾶ, καὶ ἦν μετὰ τῶν θηρίων, καὶ οἱ ἄγγελοι διηκόνουν αὐτῷ.Jesus

ΚΑΤΑ ΜΑΡΚΟΝ

Jesus Preaches in Galilee

14 [Καὶ] μετὰ (δὲ) τὸ παραδοθῆναι τὸν Ἰωάνην ἦλθεν ὁ Ἰησοῦς εἰς τὴν Γαλιλαίαν κηρύσσων τὸ εὐαγγέλιον (τῆς βασιλείας) τοῦ Θεοῦ 15 καὶ λέγων ὅτι Πεπλήρωται ὁ καιρὸς καὶ ἤγγικεν ἡ βασιλεία τοῦ Θεοῦ· μετανοεῖτε καὶ πιστεύετε ἐν τῷ εὐαγγελίῳ.

Jesus Calls the First Disciples

16 [Καὶ παράγων] (Περιπατῶν δὲ) παρὰ τὴν θάλασσαν τῆς Γαλιλαίας εἶδεν Σίμωνα καὶ Ἀνδρέαν τὸν ἀδελφὸν [Σίμωνος] (αὐτοῦ βάλλοντας) [ἀμφιβάλλοντας] (ἀμφίβληστρον) ἐν τῇ θαλάσσῃ· ἦσαν γὰρ ἁλεεῖς. 17 καὶ εἶπεν αὐτοῖς ὁ Ἰησοῦς Δεῦτε ὀπίσω μου, καὶ ποιήσω ὑμᾶς γενέσθαι ἁλεεῖς ἀνθρώπων. 18 καὶ εὐθὺς ἀφέντες τὰ δίκτυα (αὐτῶν) ἠκολούθησαν αὐτῷ. 19 Καὶ προβὰς (ἐκεῖθεν) ὀλίγον εἶδεν Ἰάκωβον τὸν τοῦ Ζεβεδαίου καὶ Ἰωάνην τὸν ἀδελφὸν αὐτοῦ, καὶ αὐτοὺς ἐν τῷ πλοίῳ καταρτίζοντας τὰ δίκτυα, 20 καὶ εὐθὺς ἐκάλεσεν αὐτούς· καὶ ἀφέντες τὸν πατέρα αὐτῶν Ζεβεδαῖον ἐν τῷ πλοίῳ μετὰ τῶν μισθωτῶν ἀπῆλθον ὀπίσω αὐτοῦ.

Jesus Casts out a Demon

21 Καὶ εἰσπορεύονται εἰς Καφαρναούμ· καὶ εὐθὺς τοῖς σάββασιν εἰσελθὼν εἰς τὴν συναγωγὴν ἐδίδασκεν. 22 καὶ ἐξεπλήσσοντο ἐπὶ τῇ διδαχῇ αὐτοῦ· ἦν γὰρ διδάσκων αὐτοὺς ὡς ἐξουσίαν ἔχων, καὶ οὐχ ὡς οἱ γραμματεῖς. 23 Καὶ [εὐθὺς] ἦν ἐν τῇ συναγωγῇ αὐτῶν ἄνθρωπος ἐν πνεύματι ἀκαθάρτῳ, καὶ ἀνέκραξεν 24 λέγων (Ἔα) Τί ἡμῖν καὶ σοί, Ἰησοῦ Ναζαρηνέ; ἦλθες ἀπολέσαι ἡμᾶς. οἶδά σε τίς εἶ, ὁ Ἅγιος τοῦ Θεοῦ. 25 καὶ ἐπετίμησεν αὐτῷ ὁ Ἰησοῦς (λέγων) Φιμώθητι καὶ ἔξελθε ἐξ αὐτοῦ. 26 καὶ σπαράξαν αὐτὸν τὸ πνεῦμα τὸ ἀκάθαρτον καὶ [φωνῆσαν] (κράξαν) φωνῇ μεγάλῃ ἐξῆλθεν ἐξ αὐτοῦ. 27 καὶ ἐθαμβήθησαν ἅπαντες, ὥστε συνζητεῖν (πρὸς) αὐτοὺς λέγοντας Τί ἐστιν τοῦτο; (τις ἡ) διδαχὴ (ἡ) καινή (αὕτη, ὅτι) κατ' ἐξουσίαν· καὶ τοῖς πνεύμασι τοῖς ἀκαθάρτοις ἐπιτάσσει, καὶ ὑπακούουσιν αὐτῷ. 28 [καὶ] ἐξῆλθεν (δὲ) ἡ ἀκοὴ αὐτοῦ εὐθὺς [πανταχοῦ] εἰς ὅλην τὴν περίχωρον τῆς Γαλιλαίας.

Jesus Heals Peter's Mother-in-law

29 Καὶ εὐθὺς ἐκ τῆς συναγωγῆς ἐξελθόντες ἦλθον εἰς τὴν οἰκίαν Σίμωνος καὶ Ἀνδρέου μετὰ Ἰακώβου καὶ Ἰωάνου. 30 ἡ δὲ πενθερὰ Σίμωνος κατέκειτο πυρέσσουσα, καὶ εὐθὺς λέγουσιν αὐτῷ περὶ αὐτῆς. 31 καὶ προσελθὼν ἤγειρεν αὐτὴν κρατήσας τῆς χειρὸς (αὐτῆς)· καὶ ἀφῆκεν αὐτὴν ὁ πυρετός (εὐθέως), καὶ διηκόνει αὐτοῖς.

ΚΑΤΑ ΜΑΡΚΟΝ

Jesus Heals Many

32 Ὀψίας δὲ γενομένης, ὅτε [ἔδυσεν] (ἔδυ) ὁ ἥλιος, ἔφερον πρὸς αὐτὸν πάντας τοὺς κακῶς ἔχοντας καὶ τοὺς δαιμονιζομένους· 33 καὶ [ἦν ὅλη ἡ πόλις] (ἡ πόλις ὅλη) ἐπισυνηγμένη πρὸς τὴν θύραν. 34 καὶ ἐθεράπευσεν πολλοὺς κακῶς ἔχοντας ποικίλαις νόσοις, καὶ δαιμόνια πολλὰ ἐξέβαλεν, καὶ οὐκ ἤφιεν λαλεῖν τὰ δαιμόνια, ὅτι ᾔδεισαν αὐτόν. 35 Καὶ πρωῒ ἔννυχα λίαν ἀναστὰς ἐξῆλθεν καὶ ἀπῆλθεν εἰς ἔρημον τόπον, κἀκεῖ προσηύχετο. 36 καὶ κατεδίωξεν αὐτὸν (ὁ) Σίμων καὶ οἱ μετ' αὐτοῦ, 37 καὶ εὗρον αὐτὸν καὶ λέγουσιν αὐτῷ ὅτι Πάντες ζητοῦσίν σε. 38 καὶ λέγει αὐτοῖς· Ἄγωμεν [ἀλλαχοῦ] εἰς τὰς ἐχομένας κωμοπόλεις, ἵνα καὶ ἐκεῖ κηρύξω· εἰς τοῦτο γὰρ [ἐξῆλθον] (ἐξελήλυθα). 39 καὶ [ἦλθεν] (ἦν) κηρύσσων εἰς τὰς συναγωγὰς αὐτῶν εἰς ὅλην τὴν Γαλιλαίαν καὶ τὰ δαιμόνια ἐκβάλλων.

Jesus Heals a Leper

40 Καὶ ἔρχεται πρὸς αὐτὸν λεπρὸς παρακαλῶν αὐτὸν καὶ γονυπετῶν (αὐτὸν) λέγων αὐτῷ ὅτι Ἐὰν θέλῃς δύνασαί με καθαρίσαι. 41 [καὶ] (ὁ δὲ Ἰησοῦς) σπλαγχνισθεὶς ἐκτείνας τὴν χεῖρα [αὐτοῦ ἥψατο] (ἥψατο αὐτοῦ) καὶ λέγει αὐτῷ Θέλω, καθαρίσθητι. 42 καὶ εὐθὺς (εἰπόντος αὐτοῦ) ἀπῆλθεν ἀπ' αὐτοῦ ἡ λέπρα, καὶ ἐκαθερίσθη. 43 καὶ ἐμβριμησάμενος αὐτῷ εὐθὺς ἐξέβαλεν αὐτόν, 44 καὶ λέγει αὐτῷ Ὅρα μηδενὶ μηδὲν εἴπῃς, ἀλλὰ ὕπαγε σεαυτὸν δεῖξον τῷ ἱερεῖ καὶ προσένεγκε περὶ τοῦ καθαρισμοῦ σου ἃ προσέταξεν Μωϋσῆς εἰς μαρτύριον αὐτοῖς. 45 ὁ δὲ ἐξελθὼν ἤρξατο κηρύσσειν πολλὰ καὶ διαφημίζειν τὸν λόγον, ὥστε μηκέτι αὐτὸν δύνασθαι φανερῶς εἰς πόλιν εἰσελθεῖν, ἀλλ' ἔξω ἐπ' ἐρήμοις τόποις ἦν· καὶ ἤρχοντο πρὸς αὐτὸν [πάντοθεν] (πανταχόθεν).

Mark 2

A Paralytic is Healed

1 Καὶ [εἰσελθὼν πάλιν] (πάλιν εἰσῆλθεν) εἰς Καφαρναοὺμ δι' ἡμερῶν (Καὶ) ἠκούσθη ὅτι ἐν οἴκῳ ἐστίν. 2 καὶ συνήχθησαν πολλοί, ὥστε μηκέτι χωρεῖν μηδὲ τὰ πρὸς τὴν θύραν, καὶ ἐλάλει αὐτοῖς τὸν λόγον. 3 καὶ ἔρχονται [φέροντες] πρὸς αὐτὸν παραλυτικὸν (φέροντες) αἰρόμενον ὑπὸ τεσσάρων. 4 καὶ μὴ δυνάμενοι [προσενέγκαι] (προσεγγίσαι) αὐτῷ διὰ τὸν ὄχλον ἀπεστέγασαν τὴν στέγην ὅπου ἦν, καὶ ἐξορύξαντες χαλῶσι τὸν κράβαττον [ὅπου] (ἐφ' ᾧ) ὁ παραλυτικὸς κατέκειτο.

ΚΑΤΑ ΜΑΡΚΟΝ

5 [καὶ] ἰδὼν (δὲ) ὁ Ἰησοῦς τὴν πίστιν αὐτῶν λέγει τῷ παραλυτικῷ· Τέκνον, ἀφίενταί [σου] (σοι) αἱ ἁμαρτίαι (σου). 6 ἦσαν δέ τινες τῶν γραμματέων ἐκεῖ καθήμενοι καὶ διαλογιζόμενοι ἐν ταῖς καρδίαις αὐτῶν 7 Τί οὗτος οὕτως λαλεῖ; βλασφημεῖ· τίς δύναται ἀφιέναι ἁμαρτίας εἰ μὴ εἷς ὁ Θεός; 8 καὶ εὐθὺς ἐπιγνοὺς ὁ Ἰησοῦς τῷ πνεύματι αὐτοῦ ὅτι οὕτως διαλογίζονται ἐν ἑαυτοῖς, [λέγει] (εἶπεν) αὐτοῖς Τί ταῦτα διαλογίζεσθε ἐν ταῖς καρδίαις ὑμῶν; 9 τί ἐστιν εὐκοπώτερον, εἰπεῖν τῷ παραλυτικῷ Ἀφίενταί [σου] (σοί) αἱ ἁμαρτίαι, ἢ εἰπεῖν Ἔγειρε καὶ ἆρον (σου) τὸν κράβαττόν [σου] καὶ περιπάτει; 10 ἵνα δὲ εἰδῆτε ὅτι ἐξουσίαν ἔχει ὁ Υἱὸς τοῦ ἀνθρώπου ἀφιέναι [ἁμαρτίας] ἐπὶ τῆς γῆς (ἁμαρτίας),— λέγει τῷ παραλυτικῷ 11 Σοὶ λέγω, ἔγειρε (καὶ) ἆρον τὸν κράβαττόν σου καὶ ὕπαγε εἰς τὸν οἶκόν σου. 12 καὶ ἠγέρθη [καὶ] εὐθὺς (καὶ) ἄρας τὸν κράβαττον ἐξῆλθεν [ἔμπροσθεν] (ἐναντίον) πάντων, ὥστε ἐξίστασθαι πάντας καὶ δοξάζειν τὸν Θεὸν λέγοντας ὅτι [Οὕτως οὐδέποτε] (οὐδέποτε Οὕτως) εἴδαμεν.

Jesus Calls Matthew

13 Καὶ ἐξῆλθεν πάλιν παρὰ τὴν θάλασσαν· καὶ πᾶς ὁ ὄχλος ἤρχετο πρὸς αὐτόν, καὶ ἐδίδασκεν αὐτούς. 14 καὶ παράγων εἶδεν Λευεὶν τὸν τοῦ Ἀλφαίου καθήμενον ἐπὶ τὸ τελώνιον, καὶ λέγει αὐτῷ Ἀκολούθει μοι. καὶ ἀναστὰς ἠκολούθησεν αὐτῷ. 15 Καὶ γίνεται (ἐν τῷ) κατακεῖσθαι αὐτὸν ἐν τῇ οἰκίᾳ αὐτοῦ, καὶ πολλοὶ τελῶναι καὶ ἁμαρτωλοὶ συνανέκειντο τῷ Ἰησοῦ καὶ τοῖς μαθηταῖς αὐτοῦ, ἦσαν γὰρ πολλοὶ καὶ ἠκολούθουν αὐτῷ. 16 καὶ οἱ γραμματεῖς τῶν Φαρισαίων ἰδόντες [ὅτι] (αὐτὸν) [ἐσθίει] (ἐσθίοντα) μετὰ τῶν [ἁμαρτωλῶν καὶ τελωνῶν] (τελωνῶν καὶ ἁμαρτωλῶν), ἔλεγον τοῖς μαθηταῖς αὐτοῦ (Τι) Ὅτι μετὰ τῶν τελωνῶν καὶ ἁμαρτωλῶν ἐσθίει (καὶ πίνει); 17 καὶ ἀκούσας ὁ Ἰησοῦς λέγει αὐτοῖς Οὐ χρείαν ἔχουσιν οἱ ἰσχύοντες ἰατροῦ ἀλλ' οἱ κακῶς ἔχοντες· οὐκ ἦλθον [καλέσαι δικαίους] (καλέσαι δικαίους) ἀλλὰ ἁμαρτωλούς (εἰς μετάνοιαν).

Jesus Questioned about Fasting

18 Καὶ ἦσαν οἱ μαθηταὶ Ἰωάνου καὶ οἱ Φαρισαῖοι νηστεύοντες. καὶ ἔρχονται καὶ λέγουσιν αὐτῷ Διὰ τί οἱ μαθηταὶ Ἰωάνου καὶ οἱ [μαθηταὶ] τῶν Φαρισαίων νηστεύουσιν, οἱ δὲ σοὶ μαθηταὶ οὐ νηστεύουσιν; 19 καὶ εἶπεν αὐτοῖς ὁ Ἰησοῦς Μὴ δύνανται οἱ υἱοὶ τοῦ νυμφῶνος ἐν ᾧ ὁ νυμφίος μετ' αὐτῶν ἐστιν νηστεύειν; ὅσον χρόνον (μεθ" ἑαυτῶν) ἔχουσιν τὸν νυμφίον [μετ' αὐτῶν], οὐ δύνανται νηστεύειν.

ΚΑΤΑ ΜΑΡΚΟΝ

20 ἐλεύσονται δὲ ἡμέραι ὅταν ἀπαρθῇ ἀπ' αὐτῶν ὁ νυμφίος, καὶ τότε νηστεύσουσιν ἐν [ἐκείνῃ τῇ ἡμέρᾳ] (ἐκείναις ταῖς ἡμέραις). 21 (καὶ) Οὐδεὶς ἐπίβλημα ῥάκους ἀγνάφου ἐπιράπτει ἐπὶ ἱμάτιον παλαιόν· εἰ δὲ μή, αἴρει τὸ πλήρωμα ἀπ' αὐτοῦ τὸ καινὸν τοῦ παλαιοῦ, καὶ χεῖρον σχίσμα γίνεται. 22 καὶ οὐδεὶς βάλλει οἶνον νέον εἰς ἀσκοὺς παλαιούς· εἰ δὲ μή, [ῥήξει] (ῥήσσει) ὁ οἶνος (ὁ νέος) τοὺς ἀσκούς, καὶ ὁ οἶνος (ἐκχεῖται) [ἀπόλλυται καὶ οἱ ἀσκοί] (καὶ οἱ ἀσκοί· ἀπόλοῦνται). ἀλλὰ οἶνον νέον εἰς ἀσκοὺς καινούς (βλητέον).

Jesus is Lord of the Sabbath

23 Καὶ ἐγένετο [αὐτὸν ἐν τοῖς σάββασιν παραπορεύεσθαι διὰ τῶν σπορίμων, καὶ οἱ μαθηταὶ αὐτοῦ ἤρξαντο] (παραπορεύεσθαι αὐτὸν ἐν τοῖς σάββασιν διὰ τῶν σπορίμων καὶ ἤρξαντο οἱ μαθηταὶ αὐτοῦ) ὁδὸν ποιεῖν τίλλοντες τοὺς στάχυας. 24 καὶ οἱ Φαρισαῖοι ἔλεγον αὐτῷ Ἴδε τί ποιοῦσιν τοῖς σάββασιν ὃ οὐκ ἔξεστιν; 25 καὶ [λέγει] (αὐτὸς ἔλεγεν) αὐτοῖς· Οὐδέποτε ἀνέγνωτε τί ἐποίησεν Δαυείδ, ὅτε χρείαν ἔσχεν καὶ ἐπείνασεν αὐτὸς καὶ οἱ μετ' αὐτοῦ; 26 πῶς εἰσῆλθεν εἰς τὸν οἶκον τοῦ Θεοῦ ἐπὶ Ἀβιαθὰρ (τοῦ) ἀρχιερέως καὶ τοὺς ἄρτους τῆς προθέσεως ἔφαγεν, οὓς οὐκ ἔξεστιν φαγεῖν εἰ μὴ τοὺς [ἱερεῖς] (ἱερεῦσιν), καὶ ἔδωκεν καὶ τοῖς σὺν αὐτῷ οὖσιν; 27 καὶ ἔλεγεν αὐτοῖς Τὸ σάββατον διὰ τὸν ἄνθρωπον ἐγένετο, [καὶ] οὐχ ὁ ἄνθρωπος διὰ τὸ σάββατον· 28 ὥστε κύριός ἐστιν ὁ Υἱὸς τοῦ ἀνθρώπου καὶ τοῦ σαββάτου.

Mark 3

Jesus Heals on the Sabbath

1 Καὶ εἰσῆλθεν πάλιν εἰς συναγωγήν, καὶ ἦν ἐκεῖ ἄνθρωπος ἐξηραμμένην ἔχων τὴν χεῖρα· 2 καὶ παρετήρουν αὐτὸν εἰ τοῖς σάββασιν θεραπεύσει αὐτόν, ἵνα κατηγορήσωσιν αὐτοῦ. 3 καὶ λέγει τῷ ἀνθρώπῳ τῷ [τὴν χεῖρα ἔχοντι ξηράν] (ἐξηραμμένην ἔχοντι τὴν χεῖρα) Ἔγειρε εἰς τὸ μέσον. 4 καὶ λέγει αὐτοῖς Ἔξεστιν τοῖς σάββασιν ἀγαθὸν ποιῆσαι ἢ κακοποιῆσαι, ψυχὴν σῶσαι ἢ ἀποκτεῖναι; οἱ δὲ ἐσιώπων. 5 καὶ περιβλεψάμενος αὐτοὺς μετ' ὀργῆς, συνλυπούμενος ἐπὶ τῇ πωρώσει τῆς καρδίας αὐτῶν, λέγει τῷ ἀνθρώπῳ Ἔκτεινον τὴν χεῖρα (σου). καὶ ἐξέτεινεν, καὶ ἀπεκατεστάθη ἡ χεὶρ αὐτοῦ (ὑγιὴς ὡς ἡ ἄλλη). 6 καὶ ἐξελθόντες οἱ Φαρισαῖοι εὐθὺς μετὰ τῶν Ἡρωδιανῶν συμβούλιον [ἐδίδουν] (ἐποίουν) κατ' αὐτοῦ, ὅπως αὐτὸν ἀπολέσωσιν.

ΚΑΤΑ ΜΑΡΚΟΝ

The Crowds Follow, the Sick are Healed, the Demons Testify

7 Καὶ ὁ Ἰησοῦς (ἀνεχώρησεν) μετὰ τῶν μαθητῶν αὐτοῦ [ἀνεχώρησεν] πρὸς τὴν θάλασσαν· καὶ πολὺ πλῆθος ἀπὸ τῆς Γαλιλαίας ἠκολούθησεν (αὐτῷ)· καὶ ἀπὸ τῆς Ἰουδαίας 8 καὶ ἀπὸ Ἱεροσολύμων καὶ ἀπὸ τῆς Ἰδουμαίας καὶ πέραν τοῦ Ἰορδάνου καὶ περὶ Τύρον καὶ Σιδῶνα, πλῆθος πολύ, ἀκούοντες ὅσα ποιεῖ, ἦλθον πρὸς αὐτόν. 9 καὶ εἶπεν τοῖς μαθηταῖς αὐτοῦ ἵνα πλοιάριον προσκαρτερῇ αὐτῷ διὰ τὸν ὄχλον, ἵνα μὴ θλίβωσιν αὐτόν· 10 πολλοὺς γὰρ ἐθεράπευσεν, ὥστε ἐπιπίπτειν αὐτῷ ἵνα αὐτοῦ ἅψωνται ὅσοι εἶχον μάστιγας. 11 καὶ τὰ πνεύματα τὰ ἀκάθαρτα, ὅταν αὐτὸν ἐθεώρουν, προσέπιπτον αὐτῷ καὶ ἔκραζον λέγοντα ὅτι Σὺ εἶ ὁ Υἱὸς τοῦ Θεοῦ. 12 καὶ πολλὰ ἐπετίμα αὐτοῖς ἵνα μὴ αὐτὸν φανερὸν ποιήσωσιν.

Jesus Makes Twelve Apostles

13 Καὶ ἀναβαίνει εἰς τὸ ὄρος, καὶ προσκαλεῖται οὓς ἤθελεν αὐτός, καὶ ἀπῆλθον πρὸς αὐτόν. 14 καὶ ἐποίησεν δώδεκα ἵνα ὦσιν μετ' αὐτοῦ, καὶ ἵνα ἀποστέλλῃ αὐτοὺς κηρύσσειν 15 καὶ ἔχειν ἐξουσίαν (θεραπεύειν τὰς νόσους καὶ) ἐκβάλλειν τὰ δαιμόνια· [16 καὶ ἐποίησεν τοὺς δώδεκα, καὶ ἐπέθηκεν ὄνομα τῷ Σίμωνι Πέτρον·] (16 καὶ ἐπέθηκεν τῷ Σίμωνι ὄνομα Πέτρον) 17 καὶ Ἰάκωβον τὸν τοῦ Ζεβεδαίου καὶ Ἰωάνην τὸν ἀδελφὸν τοῦ Ἰακώβου, καὶ ἐπέθηκεν αὐτοῖς ὄνομα Βοανηργές, ὅ ἐστιν Υἱοὶ Βροντῆς· 18 καὶ Ἀνδρέαν καὶ Φίλιππον καὶ Βαρθολομαῖον καὶ Μαθθαῖον καὶ Θωμᾶν καὶ Ἰάκωβον τὸν τοῦ Ἀλφαίου καὶ Θαδδαῖον καὶ Σίμωνα τὸν Καναναῖον 19 καὶ Ἰούδαν Ἰσκαριώθ, ὃς καὶ παρέδωκεν αὐτόν.

Jesus Accused of Madness

20 Καὶ ἔρχεται εἰς οἶκον· καὶ συνέρχεται πάλιν ὁ ὄχλος, ὥστε μὴ δύνασθαι αὐτοὺς μηδὲ ἄρτον φαγεῖν. 21 καὶ ἀκούσαντες οἱ παρ' αὐτοῦ ἐξῆλθον κρατῆσαι αὐτόν· ἔλεγον γὰρ ὅτι ἐξέστη.

Jesus Accused of Working by Beelzebub

22 καὶ οἱ γραμματεῖς οἱ ἀπὸ Ἱεροσολύμων καταβάντες ἔλεγον ὅτι Βεελζεβοὺλ ἔχει, καὶ ὅτι ἐν τῷ ἄρχοντι τῶν δαιμονίων ἐκβάλλει τὰ δαιμόνια. 23 καὶ προσκαλεσάμενος αὐτοὺς ἐν παραβολαῖς ἔλεγεν αὐτοῖς Πῶς δύναται Σατανᾶς Σατανᾶν ἐκβάλλειν; 24 καὶ ἐὰν βασιλεία ἐφ' ἑαυτὴν μερισθῇ, οὐ δύναται σταθῆναι ἡ βασιλεία ἐκείνη· 25 καὶ ἐὰν οἰκία ἐφ' ἑαυτὴν μερισθῇ, οὐ δυνήσεται ἡ οἰκία ἐκείνη στῆναι.

26 καὶ εἰ ὁ Σατανᾶς ἀνέστη ἐφ' ἑαυτὸν καὶ [ἐμερίσθη] (μεμέρισται), οὐ δύναται στῆναι ἀλλὰ τέλος ἔχει. 27 [ἀλλ'] οὐ δύναται οὐδεὶς [εἰς τὴν οἰκίαν] (τὰ σκεύη) τοῦ ἰσχυροῦ εἰσελθὼν [τὰ σκεύη] (εἰς τὴν οἰκίαν) αὐτοῦ διαρπάσαι, ἐὰν μὴ πρῶτον τὸν ἰσχυρὸν δήσῃ, καὶ τότε τὴν οἰκίαν αὐτοῦ διαρπάσει. 28 Ἀμὴν λέγω ὑμῖν ὅτι πάντα ἀφεθήσεται (τὰ ἁμαρτήματα) τοῖς υἱοῖς τῶν ἀνθρώπων, [τὰ ἁμαρτήματα] καὶ αἱ βλασφημίαι, ὅσα ἐὰν βλασφημήσωσιν· 29 ὃς δ' ἂν βλασφημήσῃ εἰς τὸ Πνεῦμα τὸ Ἅγιον, οὐκ ἔχει ἄφεσιν εἰς τὸν αἰῶνα, ἀλλὰ ἔνοχός ἐστιν αἰωνίου [ἁμαρτήματος] (κρίσεως). 30 ὅτι ἔλεγον Πνεῦμα ἀκάθαρτον ἔχει.

Jesus' Eternal Family

[31 Καὶ ἔρχονται ἡ μήτηρ αὐτοῦ καὶ οἱ ἀδελφοὶ αὐτοῦ, καὶ ἔξω στήκοντες ἀπέστειλαν πρὸς αὐτὸν καλοῦντες αὐτόν.] (31 ἔρχονται οὖν οἱ ἀδελφοὶ Καὶ ἡ μήτηρ αὐτοῦ καὶ ἔξω ἑστῶτες ἀπέστειλαν πρὸς αὐτὸν φωνοῦντες αὐτόν.) 32 καὶ ἐκάθητο [περὶ αὐτὸν ὄχλος] (ὄχλος περὶ αὐτόν), [καὶ λέγουσιν] (εἶπον δὲ) αὐτῷ Ἰδοὺ ἡ μήτηρ σου καὶ οἱ ἀδελφοί σου [καὶ αἱ ἀδελφαί σου] ἔξω ζητοῦσίν σε. 33 καὶ ἀποκριθεὶς αὐτοῖς [λέγει] (λέγων) Τίς ἐστιν ἡ μήτηρ μου καὶ οἱ ἀδελφοί (μου); 34 καὶ περιβλεψάμενος [τοὺς περὶ αὐτὸν κύκλῳ] (κύκλῳ τοὺς περὶ αὐτὸν) καθημένους λέγει Ἴδε ἡ μήτηρ μου καὶ οἱ ἀδελφοί μου. 35 ὃς ἂν ποιήσῃ τὸ θέλημα τοῦ Θεοῦ, οὗτος ἀδελφός μου καὶ ἀδελφὴ καὶ μήτηρ ἐστίν.

Mark 4

Jesus Teaches by the Lakeside

1 Καὶ πάλιν ἤρξατο διδάσκειν παρὰ τὴν θάλασσαν. καὶ συνάγεται πρὸς αὐτὸν ὄχλος πλεῖστος, ὥστε αὐτὸν [εἰς πλοῖον ἐμβάντα] (ἐμβάντα εἰς τὸ πλοῖον) καθῆσθαι ἐν τῇ θαλάσσῃ, καὶ πᾶς ὁ ὄχλος πρὸς τὴν θάλασσαν ἐπὶ τῆς γῆς [ἦσαν] (ἦν). 2 καὶ ἐδίδασκεν αὐτοὺς ἐν παραβολαῖς πολλά, καὶ ἔλεγεν αὐτοῖς ἐν τῇ διδαχῇ αὐτοῦ

The Parable of the Sower

3 Ἀκούετε. ἰδοὺ ἐξῆλθεν ὁ σπείρων (τοῦ) σπεῖραι. 4 καὶ ἐγένετο ἐν τῷ σπείρειν ὃ μὲν ἔπεσεν παρὰ τὴν ὁδόν, καὶ ἦλθεν τὰ πετεινὰ καὶ κατέφαγεν αὐτό. 5 καὶ ἄλλο ἔπεσεν ἐπὶ τὸ πετρῶδες ὅπου οὐκ εἶχεν γῆν πολλήν, καὶ εὐθὺς ἐξανέτειλεν διὰ τὸ μὴ ἔχειν βάθος γῆς· 6 [καὶ ὅτε ἀνέτειλεν ὁ ἥλιος] (ἡλίου δὲ ἀνατείλαντος) ἐκαυματίσθη, καὶ διὰ τὸ μὴ ἔχειν ῥίζαν ἐξηράνθη.

7 καὶ ἄλλο ἔπεσεν εἰς τὰς ἀκάνθας, καὶ ἀνέβησαν αἱ ἄκανθαι καὶ συνέπνιξαν αὐτό, καὶ καρπὸν οὐκ ἔδωκεν. 8 καὶ [ἄλλα] (ἄλλο) ἔπεσεν εἰς τὴν γῆν τὴν καλήν, καὶ ἐδίδου καρπὸν ἀναβαίνοντα καὶ αὐξανόμενα, καὶ ἔφερεν [εἰς] (ἓν) τριάκοντα καὶ ἐν ἑξήκοντα καὶ ἐν ἑκατόν. 9 καὶ ἔλεγεν Ὃς ἔχει ὦτα ἀκούειν ἀκουέτω.

The Disciples Ask about the Parable

10 [Καὶ] ὅτε (δὲ) ἐγένετο κατὰ μόνας, [ἠρώτων] (ἠρώτησαν) αὐτὸν οἱ περὶ αὐτὸν σὺν τοῖς δώδεκα [τὰς] (τὴν) παραβολάς. 11 καὶ ἔλεγεν αὐτοῖς Ὑμῖν [τὸ μυστήριον δέδοται] (δέδοται γνῶναι τὸ μυστήριον) τῆς βασιλείας τοῦ Θεοῦ· ἐκείνοις δὲ τοῖς ἔξω ἐν παραβολαῖς τὰ πάντα γίνεται, 12 ἵνα

βλέποντες βλέπωσιν καὶ μὴ ἴδωσιν,
καὶ ἀκούοντες ἀκούωσιν καὶ μὴ συνιῶσιν,
μή ποτε ἐπιστρέψωσιν καὶ ἀφεθῇ αὐτοῖς (τὰ ἁμαρτήματα).

The Parable of the Sower Explained

13 Καὶ λέγει αὐτοῖς Οὐκ οἴδατε τὴν παραβολὴν ταύτην, καὶ πῶς πάσας τὰς παραβολὰς γνώσεσθε; 14 ὁ σπείρων τὸν λόγον σπείρει. 15 οὗτοι δέ εἰσιν οἱ παρὰ τὴν ὁδὸν ὅπου σπείρεται ὁ λόγος, καὶ ὅταν ἀκούσωσιν εὐθὺς ἔρχεται ὁ Σατανᾶς καὶ αἴρει τὸν λόγον τὸν ἐσπαρμένον [εἰς αὐτούς] (ἐν ταῖς καρδίαις αὐτῶν). 16 καὶ οὗτοί εἰσιν ὁμοίως οἱ ἐπὶ τὰ πετρώδη σπειρόμενοι, οἵ, ὅταν ἀκούσωσιν τὸν λόγον εὐθὺς μετὰ χαρᾶς λαμβάνουσιν αὐτόν, 17 καὶ οὐκ ἔχουσιν ῥίζαν ἐν ἑαυτοῖς ἀλλὰ πρόσκαιροί εἰσιν, εἶτα γενομένης θλίψεως ἢ διωγμοῦ διὰ τὸν λόγον εὐθὺς σκανδαλίζονται. 18 καὶ ἄλλοι εἰσὶν οἱ εἰς τὰς ἀκάνθας σπειρόμενοι· οὗτοί εἰσιν οἱ τὸν λόγον [ἀκούσαντες] (ἀκούοντες), 19 καὶ αἱ μέριμναι τοῦ αἰῶνος (τούτου,) καὶ ἡ ἀπάτη τοῦ πλούτου καὶ αἱ περὶ τὰ λοιπὰ ἐπιθυμίαι εἰσπορευόμεναι συνπνίγουσιν τὸν λόγον, καὶ ἄκαρπος γίνεται. 20 καὶ [ἐκεῖνοί] (οὗτοί) εἰσιν οἱ ἐπὶ τὴν γῆν τὴν καλὴν σπαρέντες, οἵτινες ἀκούουσιν τὸν λόγον καὶ παραδέχονται καὶ καρποφοροῦσιν ἐν τριάκοντα καὶ ἐν ἑξήκοντα καὶ ἐν ἑκατόν.

Nothing Kept Secret

21 Καὶ ἔλεγεν αὐτοῖς [ὅτι] Μήτι [ἔρχεται ὁ λύχνος] (ὁ λύχνος ἔρχεται) ἵνα ὑπὸ τὸν μόδιον τεθῇ ἢ ὑπὸ τὴν κλίνην; οὐχ ἵνα ἐπὶ τὴν λυχνίαν τεθῇ; 22 οὐ γάρ ἐστιν τι κρυπτὸν, (ὃ) ἐὰν μὴ ἵνα φανερωθῇ· οὐδὲ ἐγένετο ἀπόκρυφον, ἀλλ᾽ ἵνα [ἔλθῃ εἰς φανερόν] (εἰς φανερὸν ἔλθῃ).

ΚΑΤΑ ΜΑΡΚΟΝ

Take Heed What You Hear

23 εἴ τις ἔχει ὦτα ἀκούειν, ἀκουέτω. 24 Καὶ ἔλεγεν αὐτοῖς Βλέπετε τί ἀκούετε. ἐν ᾧ μέτρῳ μετρεῖτε μετρηθήσεται ὑμῖν, καὶ προστεθήσεται ὑμῖν (τοῖς ἀκούουσιν). 25 ὃς γὰρ ἔχει, δοθήσεται αὐτῷ· καὶ ὃς οὐκ ἔχει, καὶ ὃ ἔχει ἀρθήσεται ἀπ' αὐτοῦ.

The Parable of the Growing Seed

26 Καὶ ἔλεγεν Οὕτως ἐστὶν ἡ βασιλεία τοῦ Θεοῦ, ὡς ἄνθρωπος βάλῃ τὸν σπόρον ἐπὶ τῆς γῆς, 27 καὶ καθεύδῃ καὶ ἐγείρηται νύκτα καὶ ἡμέραν, καὶ ὁ σπόρος βλαστᾷ καὶ μηκύνηται ὡς οὐκ οἶδεν αὐτός. 28 αὐτομάτη (γὰρ) ἡ γῆ καρποφορεῖ, πρῶτον χόρτον, [εἶτεν] (εἶτα) στάχυν, εἶτεν [πλήρης] (πλήρη) σῖτος ἐν τῷ στάχυϊ. 29 ὅταν δὲ [παραδοῖ] (παραδῷ) ὁ καρπός, εὐθὺς ἀποστέλλει τὸ δρέπανον, ὅτι παρέστηκεν ὁ θερισμός.

The Parable of the Mustard Seed

30 Καὶ ἔλεγεν [Πῶς] (τίνι) ὁμοιώσωμεν τὴν βασιλείαν τοῦ Θεοῦ, ἢ ἐν [τίνι αὐτὴν] (ποίᾳ) παραβολῇ [θῶμεν] (παραβάλωμεν αὐτήν); 31 ὡς κόκκῳ σινάπεως, ὃς ὅταν σπαρῇ ἐπὶ τῆς γῆς, μικρότερον ὂν πάντων τῶν σπερμάτων (ἐστὶν) τῶν ἐπὶ τῆς γῆς, 32 καὶ ὅταν σπαρῇ, ἀναβαίνει καὶ γίνεται [μεῖζον πάντων τῶν λαχάνων] (πάντων τῶν λαχάνων μείζων), καὶ ποιεῖ κλάδους μεγάλους, ὥστε δύνασθαι ὑπὸ τὴν σκιὰν αὐτοῦ τὰ πετεινὰ τοῦ οὐρανοῦ κατασκηνοῖν. 33 Καὶ τοιαύταις παραβολαῖς πολλαῖς ἐλάλει αὐτοῖς τὸν λόγον, καθὼς ἠδύναντο ἀκούειν· 34 χωρὶς δὲ παραβολῆς οὐκ ἐλάλει αὐτοῖς, κατ' ἰδίαν δὲ τοῖς [ἰδίοις] μαθηταῖς (αὐτοῦ) ἐπέλυεν πάντα.

Jesus Rebukes the Wind and Calms the Sea

35 Καὶ λέγει αὐτοῖς ἐν ἐκείνῃ τῇ ἡμέρᾳ ὀψίας γενομένης Διέλθωμεν εἰς τὸ πέραν. 36 καὶ ἀφέντες τὸν ὄχλον παραλαμβάνουσιν αὐτὸν ὡς ἦν ἐν τῷ πλοίῳ, καὶ ἄλλα [πλοῖα] (δὲ πλοιάρια) ἦν μετ' αὐτοῦ. 37 καὶ γίνεται λαῖλαψ [μεγάλη ἀνέμου] (ἀνέμου μεγάλη), [καὶ] τὰ (δὲ) κύματα ἐπέβαλλεν εἰς τὸ πλοῖον, ὥστε (αὐτό) ἤδη γεμίζεσθαι [τὸ πλοῖον]. 38 καὶ αὐτὸς ἦν ἐν τῇ πρύμνῃ ἐπὶ τὸ προσκεφάλαιον καθεύδων· καὶ ἐγείρουσιν αὐτὸν καὶ λέγουσιν αὐτῷ Διδάσκαλε, οὐ μέλει σοι ὅτι ἀπολλύμεθα; 39 καὶ διεγερθεὶς ἐπετίμησεν τῷ ἀνέμῳ καὶ εἶπεν τῇ θαλάσσῃ Σιώπα, πεφίμωσο. καὶ ἐκόπασεν ὁ ἄνεμος, καὶ ἐγένετο γαλήνη μεγάλη. 40 καὶ εἶπεν αὐτοῖς Τί δειλοί ἐστε οὕτως; πῶς οὐκ ἔχετε πίστιν;

ΚΑΤΑ ΜΑΡΚΟΝ

41 καὶ ἐφοβήθησαν φόβον μέγαν, καὶ ἔλεγον πρὸς ἀλλήλους Τίς ἄρα οὗτός ἐστιν, ὅτι καὶ ὁ ἄνεμος καὶ ἡ θάλασσα [ὑπακούει] (ὑπακούουσιν) αὐτῷ;

Mark 5

A Gadarene Delivered from a Legion of Demons

1 Καὶ ἦλθον εἰς τὸ πέραν τῆς θαλάσσης εἰς τὴν χώραν τῶν Γερασηνῶν. 2 καὶ ἐξελθόντος αὐτοῦ ἐκ τοῦ πλοίου, εὐθὺς ὑπήντησεν αὐτῷ ἐκ τῶν μνημείων ἄνθρωπος ἐν πνεύματι ἀκαθάρτῳ, 3 ὃς τὴν κατοίκησιν εἶχεν ἐν τοῖς μνήμασιν, καὶ [οὐδὲ] (οὔτε) ἁλύσει [οὐκέτι] οὐδεὶς [ἐδύνατο] (ἠδύνατο) αὐτὸν δῆσαι 4 διὰ τὸ αὐτὸν πολλάκις πέδαις καὶ ἁλύσεσιν δεδέσθαι, καὶ διεσπάσθαι ὑπ' αὐτοῦ τὰς ἁλύσεις καὶ τὰς πέδας συντετρῖφθαι, καὶ οὐδεὶς [ἴσχυεν αὐτὸν] (αὐτὸν ἴσχυεν) δαμάσαι· 5 καὶ διὰ παντὸς νυκτὸς καὶ ἡμέρας ἐν τοῖς [μνήμασιν καὶ ἐν τοῖς ὄρεσιν] (ὄρεσιν καὶ ἐν τοῖς μνήμασιν) ἦν κράζων καὶ κατακόπτων ἑαυτὸν λίθοις. 6 [καὶ] ἰδὼν (δὲ) τὸν Ἰησοῦν ἀπὸ μακρόθεν ἔδραμεν καὶ προσεκύνησεν αὐτόν, 7 καὶ κράξας φωνῇ μεγάλῃ λέγει Τί ἐμοὶ καὶ σοί, Ἰησοῦ Υἱὲ τοῦ Θεοῦ τοῦ Ὑψίστου; ὁρκίζω σε τὸν Θεόν, μή με βασανίσῃς. 8 ἔλεγεν γὰρ αὐτῷ Ἔξελθε τὸ πνεῦμα τὸ ἀκάθαρτον ἐκ τοῦ ἀνθρώπου. 9 καὶ ἐπηρώτα αὐτόν [Τί ὄνομά σοι; καὶ λέγει αὐτῷ Λεγιὼν] (Τί σοι ὄνομά καὶ ἀπεκρίθη λέγων, Λεγεὼν) ὄνομά μοι, ὅτι πολλοί ἐσμεν. 10 καὶ παρεκάλει αὐτὸν πολλὰ ἵνα μὴ αὐτὰ ἀποστείλῃ ἔξω τῆς χώρας. 11 ἦν δὲ ἐκεῖ πρὸς τῷ ὄρει ἀγέλη χοίρων μεγάλη βοσκομένη· 12 καὶ παρεκάλεσαν αὐτὸν (πάντες οἱ δαίμονες) λέγοντες Πέμψον ἡμᾶς εἰς τοὺς χοίρους, ἵνα εἰς αὐτοὺς εἰσέλθωμεν. 13 καὶ ἐπέτρεψεν αὐτοῖς (εὐθέως ὁ Ἰησοῦς). καὶ ἐξελθόντα τὰ πνεύματα τὰ ἀκάθαρτα εἰσῆλθον εἰς τοὺς χοίρους, καὶ ὥρμησεν ἡ ἀγέλη κατὰ τοῦ κρημνοῦ εἰς τὴν θάλασσαν, (ἦσαν δὲ) ὡς δισχίλιοι, καὶ ἐπνίγοντο ἐν τῇ θαλάσσῃ. 14 Καὶ οἱ βόσκοντες [αὐτοὺς] ἔφυγον καὶ ἀπήγγειλαν εἰς τὴν πόλιν καὶ εἰς τοὺς ἀγρούς· καὶ [ἦλθον] (ἐξῆλθον) ἰδεῖν τί ἐστιν τὸ γεγονός. 15 καὶ ἔρχονται πρὸς τὸν Ἰησοῦν, καὶ θεωροῦσιν τὸν δαιμονιζόμενον καθήμενον (καὶ) ἱματισμένον καὶ σωφρονοῦντα, τὸν ἐσχηκότα τὸν λεγιῶνα, καὶ ἐφοβήθησαν. 16 καὶ διηγήσαντο αὐτοῖς οἱ ἰδόντες πῶς ἐγένετο τῷ δαιμονιζομένῳ καὶ περὶ τῶν χοίρων. 17 καὶ ἤρξαντο παρακαλεῖν αὐτὸν ἀπελθεῖν ἀπὸ τῶν ὁρίων αὐτῶν. 18 καὶ ἐμβαίνοντος αὐτοῦ εἰς τὸ πλοῖον παρεκάλει αὐτὸν ὁ δαιμονισθεὶς ἵνα (ᾖ) μετ' αὐτοῦ [ᾖ].

19 [καὶ] (ὁ δὲ Ἰησοῦς) οὐκ ἀφῆκεν αὐτόν, ἀλλὰ λέγει αὐτῷ Ὕπαγε εἰς τὸν οἶκόν σου πρὸς τοὺς σούς, καὶ ἀπάγγειλον αὐτοῖς ὅσα [ὁ Κύριός σοι πεποίηκεν] (σοι ὁ Κύριός ἐποίησεν) καὶ ἠλέησέν σε. 20 καὶ ἀπῆλθεν καὶ ἤρξατο κηρύσσειν ἐν τῇ Δεκαπόλει ὅσα ἐποίησεν αὐτῷ ὁ Ἰησοῦς, καὶ πάντες ἐθαύμαζον.

Jairus Pleads for His Daughter

21 Καὶ διαπεράσαντος τοῦ Ἰησοῦ ἐν τῷ πλοίῳ πάλιν εἰς τὸ πέραν συνήχθη ὄχλος πολὺς ἐπ' αὐτόν, καὶ ἦν παρὰ τὴν θάλασσαν. 22 καὶ (ἰδοὺ,) ἔρχεται εἷς τῶν ἀρχισυναγώγων, ὀνόματι Ἰάειρος, καὶ ἰδὼν αὐτὸν πίπτει πρὸς τοὺς πόδας αὐτοῦ, 23 καὶ παρακαλεῖ αὐτὸν πολλὰ λέγων ὅτι Τὸ θυγάτριόν μου ἐσχάτως ἔχει, ἵνα ἐλθὼν ἐπιθῇς (αὐτῇ) τὰς χεῖρας [αὐτῇ ἵνα] (ὅπως) σωθῇ καὶ [ζήσῃ] (ζήσεται). 24 καὶ ἀπῆλθεν μετ' αὐτοῦ. καὶ ἠκολούθει αὐτῷ ὄχλος πολύς, καὶ συνέθλιβον αὐτόν.

A Woman's Bleeding is Stopped

25 Καὶ γυνὴ οὖσα ἐν ῥύσει αἵματος [δώδεκα ἔτη] (ἔτη δώδεκα), 26 καὶ πολλὰ παθοῦσα ὑπὸ πολλῶν ἰατρῶν καὶ δαπανήσασα τὰ παρ' αὐτῆς πάντα, καὶ μηδὲν ὠφεληθεῖσα ἀλλὰ μᾶλλον εἰς τὸ χεῖρον ἐλθοῦσα, 27 ἀκούσασα τὰ περὶ τοῦ Ἰησοῦ, ἐλθοῦσα ἐν τῷ ὄχλῳ ὄπισθεν ἥψατο τοῦ ἱματίου αὐτοῦ· 28 ἔλεγεν γὰρ ὅτι Ἐὰν [ἅψωμαι κἂν τῶν ἱματίων αὐτοῦ] (τῶν ἱματίων αὐτοῦ ἅψωμαι) σωθήσομαι. 29 καὶ εὐθὺς ἐξηράνθη ἡ πηγὴ τοῦ αἵματος αὐτῆς, καὶ ἔγνω τῷ σώματι ὅτι ἴαται ἀπὸ τῆς μάστιγος. 30 καὶ εὐθὺς ὁ Ἰησοῦς ἐπιγνοὺς ἐν ἑαυτῷ τὴν ἐξ αὐτοῦ δύναμιν ἐξελθοῦσαν, ἐπιστραφεὶς ἐν τῷ ὄχλῳ ἔλεγεν Τίς μου ἥψατο τῶν ἱματίων; 31 καὶ ἔλεγον αὐτῷ οἱ μαθηταὶ αὐτοῦ Βλέπεις τὸν ὄχλον συνθλίβοντά σε, καὶ λέγεις Τίς μου ἥψατο; 32 καὶ περιεβλέπετο ἰδεῖν τὴν τοῦτο ποιήσασαν. 33 ἡ δὲ γυνὴ φοβηθεῖσα καὶ τρέμουσα, εἰδυῖα ὃ γέγονεν αὐτῇ, ἦλθεν καὶ προσέπεσεν αὐτῷ καὶ εἶπεν αὐτῷ πᾶσαν τὴν ἀλήθειαν. 34 ὁ δὲ εἶπεν αὐτῇ Θυγάτηρ, ἡ πίστις σου σέσωκέν σε· ὕπαγε εἰς εἰρήνην, καὶ ἴσθι ὑγιὴς ἀπὸ τῆς μάστιγός σου.

Jairus' Daughter Raised from the Dead

35 Ἔτι αὐτοῦ λαλοῦντος ἔρχονται ἀπὸ τοῦ ἀρχισυναγώγου λέγοντες ὅτι Ἡ θυγάτηρ σου ἀπέθανεν· τί ἔτι σκύλλεις τὸν διδάσκαλον; 36 ὁ δὲ Ἰησοῦς [παρακούσας] (εὐθέως ἀκούσας) τὸν λόγον λαλούμενον λέγει τῷ ἀρχισυναγώγῳ Μὴ φοβοῦ, μόνον πίστευε. 37 καὶ οὐκ ἀφῆκεν οὐδένα [μετ' αὐτοῦ] (αὐτῷ) συνακολουθῆσαι εἰ μὴ τὸν Πέτρον καὶ Ἰάκωβον καὶ Ἰωάνην τὸν ἀδελφὸν Ἰακώβου.

ΚΑΤΑ ΜΑΡΚΟΝ

38 καὶ ἔρχονται εἰς τὸν οἶκον τοῦ ἀρχισυναγώγου, καὶ θεωρεῖ θόρυβον, καὶ κλαίοντας καὶ ἀλαλάζοντας πολλά, 39 καὶ εἰσελθὼν λέγει αὐτοῖς Τί θορυβεῖσθε καὶ κλαίετε; τὸ παιδίον οὐκ ἀπέθανεν ἀλλὰ καθεύδει. 40 καὶ κατεγέλων αὐτοῦ. [αὐτὸς δὲ ἐκβαλὼν πάντας παραλαμβάνει] (ὁ δὲ ἐκβαλὼν ἅπαντας, παραλαμβάνει) τὸν πατέρα τοῦ παιδίου καὶ τὴν μητέρα καὶ τοὺς μετ' αὐτοῦ, καὶ εἰσπορεύεται ὅπου ἦν τὸ παιδίον (ἀνακείμενον·) 41 καὶ κρατήσας τῆς χειρὸς τοῦ παιδίου λέγει αὐτῇ Ταλιθὰ κούμ, ὅ ἐστιν μεθερμηνευόμενον Τὸ κοράσιον, σοὶ λέγω, ἔγειρε. 42 καὶ εὐθὺς ἀνέστη τὸ κοράσιον καὶ περιεπάτει· ἦν γὰρ ἐτῶν δώδεκα. καὶ ἐξέστησαν [εὐθὺς] ἐκστάσει μεγάλῃ. 43 καὶ διεστείλατο αὐτοῖς πολλὰ ἵνα μηδεὶς γνοῖ τοῦτο, καὶ εἶπεν δοθῆναι αὐτῇ φαγεῖν.

Mark 6

Jesus is Rejected at Nazareth

1 Καὶ ἐξῆλθεν ἐκεῖθεν, καὶ [ἔρχεται] (ἦλθεν) εἰς τὴν πατρίδα αὐτοῦ, καὶ ἀκολουθοῦσιν αὐτῷ οἱ μαθηταὶ αὐτοῦ. 2 καὶ γενομένου σαββάτου ἤρξατο [διδάσκειν ἐν τῇ συναγωγῇ] (ἐν τῇ συναγωγῇ διδάσκειν)· καὶ [οἱ] πολλοὶ ἀκούοντες ἐξεπλήσσοντο λέγοντες Πόθεν τούτῳ ταῦτα, καὶ τίς ἡ σοφία ἡ δοθεῖσα [τούτῳ] (αὐτῷ); καὶ αἱ δυνάμεις τοιαῦται διὰ τῶν χειρῶν αὐτοῦ γινόμεναι; 3 οὐχ οὗτός ἐστιν ὁ τέκτων, ὁ υἱὸς τῆς Μαρίας [καὶ] ἀδελφὸς Ἰακώβου καὶ [Ἰωσῆτος] (Ἰωσῆ) καὶ Ἰούδα καὶ Σίμωνος; καὶ οὐκ εἰσὶν αἱ ἀδελφαὶ αὐτοῦ ὧδε πρὸς ἡμᾶς; καὶ ἐσκανδαλίζοντο ἐν αὐτῷ. 4 καὶ ἔλεγεν αὐτοῖς ὁ Ἰησοῦς ὅτι Οὐκ ἔστιν προφήτης ἄτιμος εἰ μὴ ἐν τῇ πατρίδι αὐτοῦ καὶ ἐν τοῖς συγγενεῦσιν [αὐτοῦ] καὶ ἐν τῇ οἰκίᾳ αὐτοῦ. 5 καὶ οὐκ [ἐδύνατο] (ἠδύνατο) ἐκεῖ [ποιῆσαι οὐδεμίαν δύναμιν] (οὐδεμίαν δύναμιν ποιῆσαι), εἰ μὴ ὀλίγοις ἀρρώστοις ἐπιθεὶς τὰς χεῖρας ἐθεράπευσεν. 6 καὶ ἐθαύμασεν διὰ τὴν ἀπιστίαν αὐτῶν. Καὶ περιῆγεν τὰς κώμας κύκλῳ διδάσκων.

Jesus Sends out the Twelve

7 Καὶ προσκαλεῖται τοὺς δώδεκα, καὶ ἤρξατο αὐτοὺς ἀποστέλλειν δύο δύο, καὶ ἐδίδου αὐτοῖς ἐξουσίαν τῶν πνευμάτων τῶν ἀκαθάρτων, 8 καὶ παρήγγειλεν αὐτοῖς ἵνα μηδὲν αἴρωσιν εἰς ὁδὸν εἰ μὴ ῥάβδον μόνον, [μὴ ἄρτον, μὴ πήραν] (μὴ πήραν μὴ ἄρτον), μὴ εἰς τὴν ζώνην χαλκόν, 9 ἀλλὰ ὑποδεδεμένους σανδάλια, καὶ μὴ ἐνδύσησθε δύο χιτῶνας. 10 καὶ ἔλεγεν αὐτοῖς Ὅπου ἐὰν εἰσέλθητε εἰς οἰκίαν, ἐκεῖ μένετε ἕως ἂν ἐξέλθητε ἐκεῖθεν.

ΚΑΤΑ ΜΑΡΚΟΝ

11 καὶ [ὃς] (ὅσοι) ἂν [τόπος] μὴ δέξηται ὑμᾶς μηδὲ ἀκούσωσιν ὑμῶν, ἐκπορευόμενοι ἐκεῖθεν ἐκτινάξατε τὸν χοῦν τὸν ὑποκάτω τῶν ποδῶν ὑμῶν εἰς μαρτύριον αὐτοῖς (ἀμὴν λέγω ὑμῖν, ἀνεκτοτερον ἔσται Σοδόμοις ἢ Γομόρροις ἐν ἡμέρᾳ κρίσεως, ἢ τῇ πόλει ἐκείνῃ). 12 Καὶ ἐξελθόντες [ἐκήρυξαν] (ἐκήρυσσον) ἵνα [μετανοῶσιν] (μετανοήσωσιν), 13 καὶ δαιμόνια πολλὰ ἐξέβαλλον, καὶ ἤλειφον ἐλαίῳ πολλοὺς ἀρρώστους καὶ ἐθεράπευον.

The Baptist Beheaded in Prison

14 Καὶ ἤκουσεν ὁ βασιλεὺς Ἡρῴδης, φανερὸν γὰρ ἐγένετο τὸ ὄνομα αὐτοῦ, καὶ ἔλεγον ὅτι Ἰωάνης ὁ Βαπτίζων ἐγήγερται ἐκ νεκρῶν, καὶ διὰ τοῦτο ἐνεργοῦσιν αἱ δυνάμεις ἐν αὐτῷ. 15 ἄλλοι δὲ ἔλεγον ὅτι Ἡλείας ἐστίν· ἄλλοι δὲ ἔλεγον ὅτι προφήτης (ἐστίν· ἢ) ὡς εἷς τῶν προφητῶν. 16 ἀκούσας δὲ ὁ Ἡρῴδης [ἔλεγεν] (εἶπεν ὅτι) Ὃν ἐγὼ ἀπεκεφάλισα Ἰωάνην, οὗτος (ἐστιν· αὐτὸς) ἠγέρθη (ἐκ νεκρῶν). 17 Αὐτὸς γὰρ ὁ Ἡρῴδης ἀποστείλας ἐκράτησεν τὸν Ἰωάνην καὶ ἔδησεν αὐτὸν ἐν φυλακῇ διὰ Ἡρῳδιάδα τὴν γυναῖκα Φιλίππου τοῦ ἀδελφοῦ αὐτοῦ, ὅτι αὐτὴν ἐγάμησεν· 18 ἔλεγεν γὰρ ὁ Ἰωάνης τῷ Ἡρῴδῃ ὅτι Οὐκ ἔξεστίν σοι ἔχειν τὴν γυναῖκα τοῦ ἀδελφοῦ σου. 19 ἡ δὲ Ἡρῳδιὰς ἐνεῖχεν αὐτῷ καὶ ἤθελεν αὐτὸν ἀποκτεῖναι, καὶ οὐκ ἠδύνατο· 20 ὁ γὰρ Ἡρῴδης ἐφοβεῖτο τὸν Ἰωάνην, εἰδὼς αὐτὸν ἄνδρα δίκαιον καὶ ἅγιον, καὶ συνετήρει αὐτόν, καὶ ἀκούσας αὐτοῦ πολλὰ ἠπόρει, καὶ ἡδέως αὐτοῦ ἤκουεν. 21 Καὶ γενομένης ἡμέρας εὐκαίρου ὅτε Ἡρῴδης τοῖς γενεσίοις αὐτοῦ δεῖπνον ἐποίησεν τοῖς μεγιστᾶσιν αὐτοῦ καὶ τοῖς χιλιάρχοις καὶ τοῖς πρώτοις τῆς Γαλιλαίας, 22 καὶ εἰσελθούσης τῆς θυγατρὸς αὐτῆς τῆς Ἡρῳδιάδος καὶ ὀρχησαμένης, [ἤρεσεν] (καὶ ἀρέσασης) τῷ Ἡρῴδῃ καὶ τοῖς συνανακειμένοις. [ὁ δὲ βασιλεὺς εἶπεν] (εἶπεν ὁ βασιλεὺς) τῷ κορασίῳ Αἴτησόν με ὃ ἐὰν θέλῃς, καὶ δώσω σοι· 23 καὶ ὤμοσεν αὐτῇ Ὅτι ἐάν με αἰτήσῃς δώσω σοι ἕως ἡμίσους τῆς βασιλείας μου. 24 καὶ ἐξελθοῦσα εἶπεν τῇ μητρὶ αὐτῆς Τί αἰτήσωμαι; ἡ δὲ εἶπεν Τὴν κεφαλὴν Ἰωάνου τοῦ [Βαπτίζοντος] (βαπτίστου). 25 καὶ εἰσελθοῦσα εὐθὺς μετὰ σπουδῆς πρὸς τὸν βασιλέα ᾐτήσατο λέγουσα Θέλω ἵνα [ἐξαυτῆς δῷς μοι] (μοι δῷς ἐξ αὐτῆς) ἐπὶ πίνακι τὴν κεφαλὴν Ἰωάνου τοῦ Βαπτιστοῦ. 26 καὶ περίλυπος γενόμενος ὁ βασιλεὺς διὰ τοὺς ὅρκους καὶ τοὺς ἀνακειμένους οὐκ ἠθέλησεν [ἀθετῆσαι αὐτήν] (αὐτὴν ἀθετῆσαι). 27 καὶ εὐθὺς ἀποστείλας ὁ βασιλεὺς σπεκουλάτορα ἐπέταξεν ἐνέγκαι τὴν κεφαλὴν αὐτοῦ.

ΚΑΤΑ ΜΑΡΚΟΝ

28 [καὶ ἀπελθὼν ἀπεκεφάλισεν αὐτὸν ἐν τῇ φυλακῇ,] καὶ ἤνεγκεν τὴν κεφαλὴν αὐτοῦ ἐπὶ πίνακι καὶ ἔδωκεν αὐτὴν τῷ κορασίῳ, καὶ τὸ κοράσιον ἔδωκεν αὐτὴν τῇ μητρὶ αὐτῆς. 29 καὶ ἀκούσαντες οἱ μαθηταὶ αὐτοῦ ἦλθαν καὶ ἦραν τὸ πτῶμα αὐτοῦ καὶ ἔθηκαν αὐτὸ ἐν μνημείῳ.

The Twelve Apostles Return

30 Καὶ συνάγονται οἱ ἀπόστολοι πρὸς τὸν Ἰησοῦν, καὶ ἀπήγγειλαν αὐτῷ πάντα (καὶ) ὅσα ἐποίησαν καὶ ὅσα ἐδίδαξαν. 31 καὶ [λέγει] (εἶπεν) αὐτοῖς Δεῦτε ὑμεῖς αὐτοὶ κατ' ἰδίαν εἰς ἔρημον τόπον καὶ ἀναπαύσασθε ὀλίγον. ἦσαν γὰρ οἱ ἐρχόμενοι καὶ οἱ ὑπάγοντες πολλοί, καὶ οὐδὲ φαγεῖν [εὐκαίρουν] (ηὐκαίρουν). 32 καὶ ἀπῆλθον [ἐν τῷ πλοίῳ εἰς ἔρημον τόπον] (εἰς ἔρημον τόπον τῷ πλοίῳ) κατ' ἰδίαν.

Jesus Feeds the Five Thousand

33 καὶ εἶδον αὐτοὺς ὑπάγοντας (οἱ ὄχλοι) καὶ ἐπέγνωσαν (αὐτὸν) πολλοί, καὶ πεζῇ ἀπὸ πασῶν τῶν πόλεων συνέδραμον ἐκεῖ καὶ προῆλθον αὐτούς (καὶ συνῆλθον πρὸς αὐτόν). 34 Καὶ ἐξελθὼν εἶδεν (ὁ Ἰησοῦς) πολὺν ὄχλον, καὶ ἐσπλαγχνίσθη ἐπ' αὐτοὺς ὅτι ἦσαν ὡς πρόβατα μὴ ἔχοντα ποιμένα, καὶ ἤρξατο διδάσκειν αὐτοὺς πολλά. 35 Καὶ ἤδη ὥρας πολλῆς γενομένης προσελθόντες αὐτῷ οἱ μαθηταὶ αὐτοῦ [ἔλεγον] (λέγουσιν) ὅτι Ἔρημός ἐστιν ὁ τόπος, καὶ ἤδη ὥρα πολλή· 36 ἀπόλυσον αὐτούς, ἵνα ἀπελθόντες εἰς τοὺς κύκλῳ ἀγροὺς καὶ κώμας ἀγοράσωσιν ἑαυτοῖς [τί φάγωσιν] (ἄρτους τί γὰρ φάγωσιν οὐκ ἔχουσιν). 37 ὁ δὲ ἀποκριθεὶς εἶπεν αὐτοῖς Δότε αὐτοῖς ὑμεῖς φαγεῖν. καὶ λέγουσιν αὐτῷ Ἀπελθόντες ἀγοράσωμεν δηναρίων διακοσίων ἄρτους, καὶ δώσομεν αὐτοῖς φαγεῖν; 38 ὁ δὲ λέγει αὐτοῖς Πόσους [ἔχετε ἄρτους] (ἄρτους ἔχετε); ὑπάγετε (καὶ) ἴδετε. καὶ γνόντες λέγουσιν Πέντε, καὶ δύο ἰχθύας. 39 καὶ ἐπέταξεν αὐτοῖς ἀνακλιθῆναι πάντας συμπόσια συμπόσια ἐπὶ τῷ χλωρῷ χόρτῳ. 40 καὶ ἀνέπεσαν πρασιαὶ πρασιαὶ [κατὰ] (ἀνὰ) ἑκατὸν καὶ [κατὰ] (ἀνὰ) πεντήκοντα. 41 καὶ λαβὼν τοὺς πέντε ἄρτους καὶ τοὺς δύο ἰχθύας ἀναβλέψας εἰς τὸν οὐρανὸν εὐλόγησεν καὶ κατέκλασεν τοὺς ἄρτους καὶ ἐδίδου τοῖς μαθηταῖς (αὐτοῦ) ἵνα παρατιθῶσιν αὐτοῖς, καὶ τοὺς δύο ἰχθύας ἐμέρισεν πᾶσιν. 42 καὶ ἔφαγον πάντες καὶ ἐχορτάσθησαν· 43 καὶ ἦραν κλάσματα δώδεκα [κοφίνων πληρώματα] (κοφίνους πληρεις) καὶ ἀπὸ τῶν ἰχθύων. 44 καὶ ἦσαν οἱ φαγόντες τοὺς ἄρτους (ὡσεὶ) πεντακισχίλιοι ἄνδρες.

ΚΑΤΑ ΜΑΡΚΟΝ

Jesus Walks on the Water

45 Καὶ εὐθὺς ἠνάγκασεν τοὺς μαθητὰς αὐτοῦ ἐμβῆναι εἰς τὸ πλοῖον καὶ προάγειν εἰς τὸ πέραν πρὸς Βηθσαϊδάν, ἕως αὐτὸς ἀπολύει τὸν ὄχλον. 46 καὶ ἀποταξάμενος αὐτοῖς ἀπῆλθεν εἰς τὸ ὄρος προσεύξασθαι. 47 καὶ ὀψίας γενομένης ἦν τὸ πλοῖον ἐν μέσῳ τῆς θαλάσσης, καὶ αὐτὸς μόνος ἐπὶ τῆς γῆς. 48 καὶ ἰδὼν αὐτοὺς βασανιζομένους ἐν τῷ ἐλαύνειν, ἦν γὰρ ὁ ἄνεμος ἐναντίος αὐτοῖς, (καὶ) περὶ τετάρτην φυλακὴν τῆς νυκτὸς ἔρχεται πρὸς αὐτοὺς περιπατῶν ἐπὶ τῆς θαλάσσης· καὶ ἤθελεν παρελθεῖν αὐτούς. 49 οἱ δὲ ἰδόντες αὐτὸν [ἐπὶ τῆς θαλάσσης περιπατοῦντα] (περιπατοῦντα ἐπὶ τῆς θαλάσσης) ἔδοξαν [ὅτι] φάντασμά [ἐστιν] (εἶναι), καὶ ἀνέκραξαν· 50 πάντες γὰρ αὐτὸν εἶδαν καὶ ἐταράχθησαν. [ὁ δὲ] (καὶ) εὐθὺς ἐλάλησεν μετ' αὐτῶν, καὶ λέγει αὐτοῖς Θαρσεῖτε, ἐγώ εἰμι, μὴ φοβεῖσθε. 51 καὶ ἀνέβη πρὸς αὐτοὺς εἰς τὸ πλοῖον, καὶ ἐκόπασεν ὁ ἄνεμος· καὶ λίαν ἐκ περισσοῦ ἐν ἑαυτοῖς ἐξίσταντο (καὶ ἐθαύμαζον)· 52 οὐ γὰρ συνῆκαν ἐπὶ τοῖς ἄρτοις, [ἀλλ' ἦν αὐτῶν ἡ καρδία] (ἦν γὰρ ἡ καρδία αὐτῶν) πεπωρωμένη.

The Sick are Brought to Jesus and Healed

53 Καὶ διαπεράσαντες (ἦλθον) ἐπὶ τὴν γῆν [ἦλθον εἰς] Γεννησαρὲτ καὶ προσωρμίσθησαν. 54 καὶ ἐξελθόντων αὐτῶν ἐκ τοῦ πλοίου εὐθὺς ἐπιγνόντες αὐτὸν 55 [περιέδραμον] (περιδραμόντες) ὅλην τὴν [χώραν] (περίχωρον) ἐκείνην [καὶ] ἤρξαντο ἐπὶ τοῖς κραβάττοις τοὺς κακῶς ἔχοντας περιφέρειν, ὅπου ἤκουον ὅτι ἐστίν. 56 καὶ ὅπου ἂν εἰσεπορεύετο εἰς κώμας ἢ [εἰς] πόλεις ἢ [εἰς] ἀγρούς, ἐν ταῖς ἀγοραῖς ἐτίθεσαν τοὺς ἀσθενοῦντας, καὶ παρεκάλουν αὐτὸν ἵνα κἂν τοῦ κρασπέδου τοῦ ἱματίου αὐτοῦ ἅψωνται· καὶ ὅσοι ἂν [ἥψαντο] (ἥπτοντο) αὐτοῦ ἐσῴζοντο.

Mark 7

The True Source of Defilement

1 Καὶ συνάγονται πρὸς αὐτὸν οἱ Φαρισαῖοι καί τινες τῶν γραμματέων ἐλθόντες ἀπὸ Ἱεροσολύμων. 2 καὶ ἰδόντες τινὰς τῶν μαθητῶν αὐτοῦ [ὅτι] κοιναῖς χερσίν, τοῦτ' ἔστιν ἀνίπτοις, ἐσθίουσιν τοὺς ἄρτους (ἐμέμψαντο), 3 οἱ γὰρ Φαρισαῖοι καὶ πάντες οἱ Ἰουδαῖοι ἐὰν μὴ πυγμῇ νίψωνται τὰς χεῖρας οὐκ ἐσθίουσιν, κρατοῦντες τὴν παράδοσιν τῶν πρεσβυτέρων,

ΚΑΤΑ ΜΑΡΚΟΝ

4 καὶ ἀπ' ἀγορᾶς ἐὰν μὴ [ῥαντίσωνται] (βαπτίσωνται) οὐκ ἐσθίουσιν, καὶ ἄλλα πολλά ἐστιν ἃ παρέλαβον κρατεῖν, βαπτισμοὺς ποτηρίων καὶ ξεστῶν καὶ χαλκίων (καὶ κλινῶν),— 5 [καὶ] (ἔπειτα) ἐπερωτῶσιν αὐτὸν οἱ Φαρισαῖοι καὶ οἱ γραμματεῖς Διὰ τί [οὐ περιπατοῦσιν οἱ μαθηταί σου] (οἱ μαθηταί σου οὐ περιπατοῦσιν) κατὰ τὴν παράδοσιν τῶν πρεσβυτέρων, ἀλλὰ [κοιναῖς] (ἀνίπτοις) χερσὶν ἐσθίουσιν τὸν ἄρτον; 6 ὁ δὲ (ἀποκριθεὶς) εἶπεν αὐτοῖς Καλῶς [ἐπροφήτευσεν] (προεφήτευσεν) Ἠσαΐας περὶ ὑμῶν τῶν ὑποκριτῶν, ὡς γέγραπται [ὅτι]

Οὗτος ὁ λαὸς τοῖς χείλεσίν με τιμᾷ,
ἡ δὲ καρδία αὐτῶν πόρρω ἀπέχει ἀπ' ἐμοῦ·
7 μάτην δὲ σέβονταί με,
διδάσκοντες διδασκαλίας ἐντάλματα ἀνθρώπων·

8 ἀφέντες τὴν ἐντολὴν τοῦ Θεοῦ κρατεῖτε τὴν παράδοσιν τῶν ἀνθρώπων (βαπτισμοὺς ξεστῶν καὶ ποτηρίων· καὶ ἀλλὰ παρόμοια τοιαῦτα πολλὰ ποιεῖτε). 9 καὶ ἔλεγεν αὐτοῖς Καλῶς ἀθετεῖτε τὴν ἐντολὴν τοῦ Θεοῦ, ἵνα τὴν παράδοσιν ὑμῶν τηρήσητε. 10 Μωϋσῆς γὰρ εἶπεν Τίμα τὸν πατέρα σου καὶ τὴν μητέρα σου, καί Ὁ κακολογῶν πατέρα ἢ μητέρα θανάτῳ τελευτάτω. 11 ὑμεῖς δὲ λέγετε Ἐὰν εἴπῃ ἄνθρωπος τῷ πατρὶ ἢ τῇ μητρί Κορβᾶν, ὅ ἐστιν Δῶρον, ὃ ἐὰν ἐξ ἐμοῦ ὠφεληθῇς, 12 (καὶ) οὐκέτι ἀφίετε αὐτὸν οὐδὲν ποιῆσαι τῷ πατρὶ (αὐτοῦ) ἢ τῇ μητρί (αὐτοῦ), 13 ἀκυροῦντες τὸν λόγον τοῦ Θεοῦ τῇ παραδόσει ὑμῶν ᾗ παρεδώκατε· καὶ παρόμοια τοιαῦτα πολλὰ ποιεῖτε. 14 Καὶ προσκαλεσάμενος [πάλιν] (πάντα) τὸν ὄχλον ἔλεγεν αὐτοῖς Ἀκούσατέ μου πάντες καὶ σύνετε. 15 οὐδέν ἐστιν ἔξωθεν τοῦ ἀνθρώπου εἰσπορευόμενον εἰς αὐτὸν ὃ δύναται [κοινῶσαι αὐτόν] (αὐτόν κοινῶσαι)· ἀλλὰ τὰ [ἐκ τοῦ ἀνθρώπου] ἐκπορευόμενά (ἀπ' αὐτοῦ, ἐκεῖνά) ἐστιν τὰ κοινοῦντα τὸν ἄνθρωπον. (16 Εἴ τις ἔχει ὦτα ἀκούειν, ἀκουέτω.) 17 Καὶ ὅτε εἰσῆλθεν εἰς οἶκον ἀπὸ τοῦ ὄχλου, ἐπηρώτων αὐτὸν οἱ μαθηταὶ αὐτοῦ τὴν παραβολήν. 18 καὶ λέγει αὐτοῖς Οὕτως καὶ ὑμεῖς ἀσύνετοί ἐστε; οὐ νοεῖτε ὅτι πᾶν τὸ ἔξωθεν εἰσπορευόμενον εἰς τὸν ἄνθρωπον οὐ δύναται αὐτὸν κοινῶσαι, 19 ὅτι οὐκ εἰσπορεύεται αὐτοῦ εἰς τὴν καρδίαν ἀλλ' εἰς τὴν κοιλίαν, καὶ εἰς τὸν ἀφεδρῶνα ἐκπορεύεται, καθαρίζων πάντα τὰ βρώματα; 20 ἔλεγεν δὲ ὅτι Τὸ ἐκ τοῦ ἀνθρώπου ἐκπορευόμενον, ἐκεῖνο κοινοῖ τὸν ἄνθρωπον.

21 ἔσωθεν γὰρ ἐκ τῆς καρδίας τῶν ἀνθρώπων οἱ διαλογισμοὶ οἱ κακοὶ ἐκπορεύονται, [πορνεῖαι, κλοπαί, φόνοι, 22 μοιχεῖαι,] (μοιχεῖαι, πορνεῖαι, φόνοι, 22 κλοπαί,) πλεονεξίαι, πονηρίαι, δόλος, ἀσέλγεια, ὀφθαλμὸς πονηρός, βλασφημία, ὑπερηφανία, ἀφροσύνη· 23 πάντα ταῦτα τὰ πονηρὰ ἔσωθεν ἐκπορεύεται καὶ κοινοῖ τὸν ἄνθρωπον.

The Faith of a Syro-Phoenician Woman

24 (Καὶ) Ἐκεῖθεν δὲ ἀναστὰς ἀπῆλθεν εἰς τὰ [ὅρια] (μεθόρια) Τύρου (καὶ Σιδῶνος). Καὶ εἰσελθὼν εἰς (τὴν) οἰκίαν οὐδένα ἤθελεν γνῶναι, καὶ οὐκ ἠδυνάσθη λαθεῖν· 25 [ἀλλ' εὐθὺς] ἀκούσασα (γὰρ) γυνὴ περὶ αὐτοῦ, ἧς εἶχεν τὸ θυγάτριον αὐτῆς πνεῦμα ἀκάθαρτον, ἐλθοῦσα προσέπεσεν πρὸς τοὺς πόδας αὐτοῦ· 26 [ἡ] (ἦν) δὲ γυνὴ [ἦν] (ἡ) Ἑλληνίς, Συροφοινίκισσα τῷ γένει· καὶ ἠρώτα αὐτὸν ἵνα τὸ δαιμόνιον ἐκβάλῃ ἐκ τῆς θυγατρὸς αὐτῆς. 27 [καὶ ἔλεγεν] (ὁ δὲ Ἰησοῦς εἶπεν) αὐτῇ Ἄφες πρῶτον χορτασθῆναι τὰ τέκνα· οὐ γάρ [ἐστιν καλόν] (καλὸν ἐστιν) λαβεῖν τὸν ἄρτον τῶν τέκνων καὶ [τοῖς κυναρίοις βαλεῖν] (βαλεῖν τοῖς κυναρίοις). 28 ἡ δὲ ἀπεκρίθη καὶ λέγει αὐτῷ Ναί, Κύριε· καὶ τὰ κυνάρια ὑποκάτω τῆς τραπέζης ἐσθίουσιν ἀπὸ τῶν ψιχίων τῶν παιδίων. 29 καὶ εἶπεν αὐτῇ Διὰ τοῦτον τὸν λόγον ὕπαγε, ἐξελήλυθεν [ἐκ τῆς θυγατρός σου τὸ δαιμόνιον] (τὸ δαιμόνιον ἐκ τῆς θυγατρός σου). 30 καὶ ἀπελθοῦσα εἰς τὸν οἶκον αὐτῆς εὗρεν τὸ [παιδίον βεβλημένον ἐπὶ τὴν κλίνην καὶ τὸ δαιμόνιον ἐξεληλυθός] (δαιμόνιον ἐξεληλυθός καὶ τὴν θυγατερα βεβλημένην ἐπὶ τῆς κλίνης).

A Deaf and Mute Man Healed

31 Καὶ πάλιν ἐξελθὼν ἐκ τῶν ὁρίων Τύρου [ἦλθεν διὰ] (καὶ) Σιδῶνος [εἰς τὴν] (ἦλθεν πρὸς) θάλασσαν τῆς Γαλιλαίας ἀνὰ μέσον τῶν ὁρίων Δεκαπόλεως. 32 Καὶ φέρουσιν αὐτῷ κωφὸν καὶ μογιλάλον, καὶ παρακαλοῦσιν αὐτὸν ἵνα ἐπιθῇ αὐτῷ τὴν χεῖρα. 33 καὶ ἀπολαβόμενος αὐτὸν ἀπὸ τοῦ ὄχλου κατ' ἰδίαν ἔβαλεν τοὺς δακτύλους αὐτοῦ εἰς τὰ ὦτα αὐτοῦ καὶ πτύσας ἥψατο τῆς γλώσσης αὐτοῦ, 34 καὶ ἀναβλέψας εἰς τὸν οὐρανὸν ἐστέναξεν, καὶ λέγει αὐτῷ Ἐφφαθά, ὅ ἐστιν Διανοίχθητι. 35 καὶ (εὐθέως) [ἠνοίγησαν] (διηνοίχθησαν) αὐτοῦ αἱ ἀκοαί, καὶ [εὐθὺς] ἐλύθη ὁ δεσμὸς τῆς γλώσσης αὐτοῦ, καὶ ἐλάλει ὀρθῶς. 36 καὶ διεστείλατο αὐτοῖς ἵνα μηδενὶ [λέγωσιν] (εἴπωσιν)· ὅσον δὲ (αὐτὸς) αὐτοῖς διεστέλλετο, [αὐτοὶ] μᾶλλον περισσότερον ἐκήρυσσον. 37 καὶ ὑπερπερισσῶς ἐξεπλήσσοντο λέγοντες Καλῶς πάντα πεποίηκεν, καὶ τοὺς κωφοὺς ποιεῖ ἀκούειν καὶ ἀλάλους λαλεῖν.

ΚΑΤΑ ΜΑΡΚΟΝ

Mark 8

Jesus Feeds the Four Thousand

1 Ἐν ἐκείναις ταῖς ἡμέραις [πάλιν πολλοῦ] (παμπολλοῦ) ὄχλου ὄντος καὶ μὴ ἐχόντων τί φάγωσιν, προσκαλεσάμενος (ὁ Ἰησοῦς) τοὺς μαθητὰς (αὐτοῦ) λέγει αὐτοῖς 2 Σπλαγχνίζομαι ἐπὶ τὸν ὄχλον, ὅτι ἤδη ἡμέραι τρεῖς προσμένουσίν μοι καὶ οὐκ ἔχουσιν τί φάγωσιν· 3 καὶ ἐὰν ἀπολύσω αὐτοὺς νήστεις εἰς οἶκον αὐτῶν, ἐκλυθήσονται ἐν τῇ ὁδῷ· [καί] τινες αὐτῶν ἀπὸ μακρόθεν [εἰσίν] (ἥκασιν). 4 καὶ ἀπεκρίθησαν αὐτῷ οἱ μαθηταὶ αὐτοῦ [ὅτι] Πόθεν τούτους δυνήσεταί τις ὧδε χορτάσαι ἄρτων ἐπ᾽ ἐρημίας; 5 καὶ ἠρώτα αὐτούς Πόσους ἔχετε ἄρτους; οἱ δὲ εἶπαν Ἑπτά. 6 καὶ παραγγέλλει τῷ ὄχλῳ ἀναπεσεῖν ἐπὶ τῆς γῆς· καὶ λαβὼν τοὺς ἑπτὰ ἄρτους εὐχαριστήσας ἔκλασεν καὶ ἐδίδου τοῖς μαθηταῖς αὐτοῦ ἵνα παρατιθῶσιν, καὶ παρέθηκαν τῷ ὄχλῳ. 7 καὶ [εἶχαν] (εἶχον) ἰχθύδια ὀλίγα· καὶ εὐλογήσας [αὐτὰ εἶπεν καὶ ταῦτα] (εἶπεν) παρατιθέναι. 8 καὶ (αὐτὰ) ἔφαγον (δὲ) καὶ ἐχορτάσθησαν, καὶ ἦραν περισσεύματα κλασμάτων ἑπτὰ σπυρίδας. 9 ἦσαν δὲ (οἱ φαγόντες) ὡς τετρακισχίλιοι. καὶ ἀπέλυσεν αὐτούς. 10 Καὶ εὐθὺς ἐμβὰς εἰς τὸ πλοῖον μετὰ τῶν μαθητῶν αὐτοῦ ἦλθεν εἰς τὰ μέρη Δαλμανουθά.

The Pharisees Ask for a Sign

11 Καὶ ἐξῆλθον οἱ Φαρισαῖοι καὶ ἤρξαντο συνζητεῖν αὐτῷ, ζητοῦντες παρ᾽ αὐτοῦ σημεῖον ἀπὸ τοῦ οὐρανοῦ, πειράζοντες αὐτόν. 12 καὶ ἀναστενάξας τῷ πνεύματι αὐτοῦ λέγει Τί ἡ γενεὰ αὕτη [ζητεῖ σημεῖον] (σημεῖον ἐπιζητεῖ); ἀμὴν λέγω ὑμῖν, εἰ δοθήσεται τῇ γενεᾷ ταύτῃ σημεῖον. 13 καὶ ἀφεὶς αὐτοὺς [πάλιν ἐμβὰς] (ἐμβὰς πάλιν εἰς τὸ πλοῖον) ἀπῆλθεν εἰς τὸ πέραν.

The Yeast of the Pharisees

14 Καὶ ἐπελάθοντο λαβεῖν ἄρτους, καὶ εἰ μὴ ἕνα ἄρτον οὐκ εἶχον μεθ᾽ ἑαυτῶν ἐν τῷ πλοίῳ. 15 καὶ διεστέλλετο αὐτοῖς λέγων Ὁρᾶτε, βλέπετε ἀπὸ τῆς ζύμης τῶν Φαρισαίων καὶ τῆς ζύμης Ἡρῴδου. 16 καὶ διελογίζοντο πρὸς ἀλλήλους (λέγοντες) ὅτι ἄρτους οὐκ [ἔχουσιν] (ἔχομεν). 17 καὶ γνοὺς (ὁ Ἰησοῦς) λέγει αὐτοῖς Τί διαλογίζεσθε ὅτι ἄρτους οὐκ ἔχετε; οὔπω νοεῖτε οὐδὲ συνίετε; (ἔτι) πεπωρωμένην ἔχετε τὴν καρδίαν ὑμῶν; 18 ὀφθαλμοὺς ἔχοντες οὐ βλέπετε, καὶ ὦτα ἔχοντες οὐκ ἀκούετε; καὶ οὐ μνημονεύετε,

ΚΑΤΑ ΜΑΡΚΟΝ

19 ὅτε τοὺς πέντε ἄρτους ἔκλασα εἰς τοὺς πεντακισχιλίους, πόσους κοφίνους [κλασμάτων πλήρεις] (πλήρεις κλασμάτων) ἤρατε; λέγουσιν αὐτῷ Δώδεκα. 20 ὅτε τοὺς ἑπτὰ εἰς τοὺς τετρακισχιλίους, πόσων σπυρίδων πληρώματα κλασμάτων ἤρατε; [καὶ λέγουσιν] (Οἱ δὲ εἶπον) Ἑπτά. 21 καὶ ἔλεγεν αὐτοῖς [Οὔπω] (Πῶς οὐ) συνίετε;

A Blind Man Healed at Bethsaida

22 Καὶ ἔρχονται εἰς Βηθσαϊδάν. Καὶ φέρουσιν αὐτῷ τυφλὸν, καὶ παρακαλοῦσιν αὐτὸν ἵνα αὐτοῦ ἅψηται. 23 καὶ ἐπιλαβόμενος τῆς χειρὸς τοῦ τυφλοῦ ἐξήνεγκεν αὐτὸν ἔξω τῆς κώμης, καὶ πτύσας εἰς τὰ ὄμματα αὐτοῦ, ἐπιθεὶς τὰς χεῖρας αὐτῷ, ἐπηρώτα αὐτόν Εἴ τι βλέπεις; 24 καὶ ἀναβλέψας ἔλεγεν Βλέπω τοὺς ἀνθρώπους, ὅτι ὡς δένδρα ὁρῶ περιπατοῦντας. 25 εἶτα πάλιν ἐπέθηκεν τὰς χεῖρας ἐπὶ τοὺς ὀφθαλμοὺς αὐτοῦ, καὶ [διέβλεψεν καὶ ἀπεκατέστη] (ἐποίησεν αὐτὸν ἀναβλέψαι καὶ ἀποκατεστάθη), καὶ ἐνέβλεπεν τηλαυγῶς [ἅπαντα] (ἅπαντας). 26 καὶ ἀπέστειλεν αὐτὸν εἰς οἶκον αὐτοῦ λέγων Μηδὲ εἰς τὴν κώμην εἰσέλθῃς (Μηδὲ εἴπῃς τινὶ ἐν τῇ κώμῃ).

Peter's Confession of Christ

27 Καὶ ἐξῆλθεν ὁ Ἰησοῦς καὶ οἱ μαθηταὶ αὐτοῦ εἰς τὰς κώμας Καισαρίας τῆς Φιλίππου· καὶ ἐν τῇ ὁδῷ ἐπηρώτα τοὺς μαθητὰς αὐτοῦ λέγων αὐτοῖς Τίνα με λέγουσιν οἱ ἄνθρωποι εἶναι; 28 οἱ δὲ [εἶπαν αὐτῷ λέγοντες ὅτι] (ἀπεκρίθησαν) Ἰωάνην τὸν Βαπτιστήν, καὶ ἄλλοι Ἡλείαν, ἄλλοι δὲ [ὅτι εἷς] (ἕνα) τῶν προφητῶν. 29 καὶ αὐτὸς [ἐπηρώτα] (λέγει) αὐτούς Ὑμεῖς δὲ τίνα με λέγετε εἶναι; ἀποκριθεὶς (δὲ) ὁ Πέτρος λέγει αὐτῷ Σὺ εἶ ὁ Χριστός. 30 καὶ ἐπετίμησεν αὐτοῖς ἵνα μηδενὶ λέγωσιν περὶ αὐτοῦ.

Jesus Speaks of His Suffering, Death, and Resurrection

31 Καὶ ἤρξατο διδάσκειν αὐτοὺς ὅτι δεῖ τὸν Υἱὸν τοῦ ἀνθρώπου πολλὰ παθεῖν, καὶ ἀποδοκιμασθῆναι ὑπὸ τῶν πρεσβυτέρων καὶ τῶν ἀρχιερέων καὶ τῶν γραμματέων καὶ ἀποκτανθῆναι καὶ μετὰ τρεῖς ἡμέρας ἀναστῆναι· 32 καὶ παρρησίᾳ τὸν λόγον ἐλάλει. καὶ προσλαβόμενος (αὐτὸν) ὁ Πέτρος αὐτὸν ἤρξατο ἐπιτιμᾶν αὐτῷ. 33 ὁ δὲ ἐπιστραφεὶς καὶ ἰδὼν τοὺς μαθητὰς αὐτοῦ ἐπετίμησεν (τῷ) Πέτρῳ [καὶ] λέγει Ὕπαγε ὀπίσω μου, Σατανᾶ, ὅτι οὐ φρονεῖς τὰ τοῦ Θεοῦ ἀλλὰ τὰ τῶν ἀνθρώπων.

ΚΑΤΑ ΜΑΡΚΟΝ

The Cost of Following Jesus

34 Καὶ προσκαλεσάμενος τὸν ὄχλον σὺν τοῖς μαθηταῖς αὐτοῦ εἶπεν αὐτοῖς [Εἴ τις] (Ὅστις) θέλει ὀπίσω μου ἐλθεῖν, ἀπαρνησάσθω ἑαυτὸν καὶ ἀράτω τὸν σταυρὸν αὐτοῦ, καὶ ἀκολουθείτω μοι. 35 ὃς γὰρ [ἐὰν] (ἂν) θέλῃ τὴν ψυχὴν αὐτοῦ σῶσαι, ἀπολέσει αὐτήν· ὃς δ᾽ ἂν ἀπολέσει τὴν ψυχὴν αὐτοῦ ἕνεκεν ἐμοῦ καὶ τοῦ εὐαγγελίου, (οὗτος) σώσει αὐτήν. 36 τί γὰρ [ὠφελεῖ] (ὠφελήσει) ἄνθρωπον (ἐὰν) κερδῆσαι τὸν κόσμον ὅλον καὶ [ζημιωθῆναι] (ζημιωθῇ) τὴν ψυχὴν αὐτοῦ; 37 [τί γὰρ δοῖ] (ἢ τί δώσει) ἄνθρωπος ἀντάλλαγμα τῆς ψυχῆς αὐτοῦ; 38 ὃς γὰρ ἐὰν ἐπαισχυνθῇ με καὶ τοὺς ἐμοὺς λόγους ἐν τῇ γενεᾷ ταύτῃ τῇ μοιχαλίδι καὶ ἁμαρτωλῷ, καὶ ὁ Υἱὸς τοῦ ἀνθρώπου ἐπαισχυνθήσεται αὐτόν, ὅταν ἔλθῃ ἐν τῇ δόξῃ τοῦ Πατρὸς αὐτοῦ μετὰ τῶν ἀγγέλων τῶν ἁγίων.

Mark 9

The Transfiguration

1 καὶ ἔλεγεν αὐτοῖς Ἀμὴν λέγω ὑμῖν ὅτι εἰσίν τινες [ὧδε τῶν] (τῶν ὧδε) ἑστηκότων οἵτινες οὐ μὴ γεύσωνται θανάτου ἕως ἂν ἴδωσιν τὴν βασιλείαν τοῦ Θεοῦ ἐληλυθυῖαν ἐν δυνάμει. 2 Καὶ μετὰ ἡμέρας ἓξ παραλαμβάνει ὁ Ἰησοῦς τὸν Πέτρον καὶ τὸν Ἰάκωβον καὶ Ἰωάνην, καὶ ἀναφέρει αὐτοὺς εἰς ὄρος ὑψηλὸν κατ᾽ ἰδίαν μόνους. καὶ μετεμορφώθη ἔμπροσθεν αὐτῶν, 3 καὶ τὰ ἱμάτια αὐτοῦ ἐγένετο στίλβοντα λευκὰ λίαν (ὡς χιών), οἷα γναφεὺς ἐπὶ τῆς γῆς οὐ δύναται [οὕτως] λευκᾶναι. 4 καὶ ὤφθη αὐτοῖς Ἡλείας σὺν Μωϋσεῖ, καὶ ἦσαν συνλαλοῦντες τῷ Ἰησοῦ. 5 καὶ ἀποκριθεὶς ὁ Πέτρος λέγει τῷ Ἰησοῦ Ῥαββεί, καλόν ἐστιν ἡμᾶς ὧδε εἶναι, καὶ ποιήσωμεν [τρεῖς σκηνάς] (σκηνάς τρεῖς), σοὶ μίαν καὶ Μωϋσεῖ μίαν καὶ Ἡλείᾳ μίαν. 6 οὐ γὰρ ᾔδει τί [ἀποκριθῇ· ἔκφοβοι γὰρ ἐγένοντο] (λαλήσῃ· ἦσαν γὰρ ἔκφοβοι). 7 καὶ ἐγένετο νεφέλη ἐπισκιάζουσα αὐτοῖς, καὶ [ἐγένετο] (ἦλθεν) φωνὴ ἐκ τῆς νεφέλης (λέγουσα) Οὗτός ἐστιν ὁ Υἱός μου ὁ ἀγαπητός, [ἀκούετε αὐτοῦ] (αὐτοῦ ἀκούετε). 8 καὶ ἐξάπινα περιβλεψάμενοι οὐκέτι οὐδένα εἶδον ἀλλὰ τὸν Ἰησοῦν μόνον μεθ᾽ ἑαυτῶν. 9 [Καὶ] καταβαινόντων αὐτῶν [ἐκ] (ἀπὸ) τοῦ ὄρους διεστείλατο αὐτοῖς ἵνα μηδενὶ [ἃ εἶδον διηγήσωνται] (διηγήσωνται ἃ εἶδον), εἰ μὴ ὅταν ὁ Υἱὸς τοῦ ἀνθρώπου ἐκ νεκρῶν ἀναστῇ. 10 καὶ τὸν λόγον ἐκράτησαν πρὸς ἑαυτοὺς συνζητοῦντες τί ἐστιν τὸ ἐκ νεκρῶν ἀναστῆναι. 11 καὶ ἐπηρώτων αὐτὸν λέγοντες Ὅτι λέγουσιν οἱ γραμματεῖς ὅτι Ἡλείαν δεῖ ἐλθεῖν πρῶτον;

ΚΑΤΑ ΜΑΡΚΟΝ

12 ὁ δὲ [ἔφη] (ἀποκριθεὶς εἶπεν) αὐτοῖς Ἠλείας μὲν ἐλθὼν πρῶτον ἀποκαθιστάνει πάντα· καὶ πῶς γέγραπται ἐπὶ τὸν Υἱὸν τοῦ ἀνθρώπου, ἵνα πολλὰ πάθῃ καὶ ἐξουδενηθῇ; 13 ἀλλὰ λέγω ὑμῖν ὅτι καὶ Ἠλείας ἐλήλυθεν, καὶ ἐποίησαν αὐτῷ ὅσα [ἤθελον] (ἤθελησαν), καθὼς γέγραπται ἐπ᾽ αὐτόν.

A Demon-Possessed Boy is Delivered

14 Καὶ ἐλθόντες πρὸς τοὺς μαθητὰς εἶδον ὄχλον πολὺν περὶ αὐτοὺς καὶ γραμματεῖς συνζητοῦντας [πρὸς] αὐτούς. 15 καὶ εὐθὺς πᾶς ὁ ὄχλος ἰδόντες αὐτὸν ἐξεθαμβήθησαν, καὶ προστρέχοντες ἠσπάζοντο αὐτόν. 16 καὶ ἐπηρώτησεν [αὐτούς] (τοὺς γραμματεῖς) Τί συνζητεῖτε πρὸς αὐτούς; 17 καὶ [ἀπεκρίθη αὐτῷ] (ἀποκριθεὶς) εἷς ἐκ τοῦ ὄχλου (εἶπεν) Διδάσκαλε, ἤνεγκα τὸν υἱόν μου πρὸς σέ, ἔχοντα πνεῦμα ἄλαλον· 18 καὶ ὅπου [ἐὰν] (ἂν) αὐτὸν καταλάβῃ, ῥήσσει αὐτόν, καὶ ἀφρίζει καὶ τρίζει τοὺς ὀδόντας (αὐτοῦ) καὶ ξηραίνεται· καὶ εἶπα τοῖς μαθηταῖς σου ἵνα αὐτὸ ἐκβάλωσιν, καὶ οὐκ ἴσχυσαν. 19 ὁ δὲ ἀποκριθεὶς αὐτοῖς λέγει Ὦ γενεὰ ἄπιστος, ἕως πότε πρὸς ὑμᾶς ἔσομαι; ἕως πότε ἀνέξομαι ὑμῶν; φέρετε αὐτὸν πρός με. 20 καὶ ἤνεγκαν αὐτὸν πρὸς αὐτόν. καὶ ἰδὼν αὐτὸν [τὸ πνεῦμα εὐθὺς συνεσπάραξεν] (εὐθέως τὸ πνεῦμα ἐσπάραξεν) αὐτόν, καὶ πεσὼν ἐπὶ τῆς γῆς ἐκυλίετο ἀφρίζων. 21 καὶ ἐπηρώτησεν τὸν πατέρα αὐτοῦ Πόσος χρόνος ἐστὶν ὡς τοῦτο γέγονεν αὐτῷ; ὁ δὲ εἶπεν [Ἐκ] παιδιόθεν· 22 καὶ πολλάκις (αὐτὸν) καὶ εἰς πῦρ αὐτὸν ἔβαλεν καὶ εἰς ὕδατα ἵνα ἀπολέσῃ αὐτόν· ἀλλ᾽ εἴ τι [δύνῃ] (δύνασαι), βοήθησον ἡμῖν σπλαγχνισθεὶς ἐφ᾽ ἡμᾶς. 23 ὁ δὲ Ἰησοῦς εἶπεν αὐτῷ Τὸ Εἰ [δύνῃ] (δύνασαι πιστεῦσαι), πάντα δυνατὰ τῷ πιστεύοντι. 24 (καὶ) εὐθὺς κράξας ὁ πατὴρ τοῦ παιδίου (μετὰ δακρύων) ἔλεγεν Πιστεύω· (Κύριε) βοήθει μου τῇ ἀπιστίᾳ. 25 ἰδὼν δὲ ὁ Ἰησοῦς ὅτι ἐπισυντρέχει ὄχλος, ἐπετίμησεν τῷ πνεύματι τῷ ἀκαθάρτῳ λέγων αὐτῷ [Τὸ ἄλαλον καὶ κωφὸν πνεῦμα, ἐγὼ ἐπιτάσσω σοι] (Τὸ πνεῦμα τὸ ἄλαλον καὶ κωφὸν ἐγώ σοι ἐπιτάσσω), ἔξελθε ἐξ αὐτοῦ καὶ μηκέτι εἰσέλθῃς εἰς αὐτόν. 26 καὶ κράξας καὶ πολλὰ [σπαράξας] (σπαράξαν αὐτὸν) ἐξῆλθεν· καὶ ἐγένετο ὡσεὶ νεκρός, ὥστε [τοὺς] πολλοὺς λέγειν ὅτι ἀπέθανεν. 27 ὁ δὲ Ἰησοῦς κρατήσας (αὐτὸν) τῆς χειρὸς [αὐτοῦ] ἤγειρεν αὐτόν, καὶ ἀνέστη. 28 καὶ [εἰσελθόντος αὐτοῦ] (εἰσελθόντα αὐτόν) εἰς οἶκον οἱ μαθηταὶ αὐτοῦ [κατ᾽ ἰδίαν] ἐπηρώτων αὐτόν (κατ' ἰδίαν) Ὅτι ἡμεῖς οὐκ ἠδυνήθημεν ἐκβαλεῖν αὐτό; 29 καὶ εἶπεν αὐτοῖς Τοῦτο τὸ γένος ἐν οὐδενὶ δύναται ἐξελθεῖν εἰ μὴ ἐν προσευχῇ (Καὶ νηστείᾳ).

ΚΑΤΑ ΜΑΡΚΟΝ

Jesus Speaks Again of His Death and Resurrection

30 Κἀκεῖθεν ἐξελθόντες παρεπορεύοντο διὰ τῆς Γαλιλαίας, καὶ οὐκ ἤθελεν ἵνα τις γνοῖ· 31 ἐδίδασκεν γὰρ τοὺς μαθητὰς αὐτοῦ, καὶ ἔλεγεν αὐτοῖς ὅτι Ὁ Υἱὸς τοῦ ἀνθρώπου παραδίδοται εἰς χεῖρας ἀνθρώπων, καὶ ἀποκτενοῦσιν αὐτόν, καὶ ἀποκτανθεὶς [μετὰ τρεῖς ἡμέρας] (τῇ τρίτῃ ἡμέρᾳ) ἀναστήσεται. 32 οἱ δὲ ἠγνόουν τὸ ῥῆμα, καὶ ἐφοβοῦντο αὐτὸν ἐπερωτῆσαι.

Greatness in the Kingdom

33 Καὶ ἦλθον εἰς Καφαρναούμ. Καὶ ἐν τῇ οἰκίᾳ γενόμενος ἐπηρώτα αὐτούς Τί ἐν τῇ ὁδῷ διελογίζεσθε; 34 οἱ δὲ ἐσιώπων· πρὸς ἀλλήλους γὰρ διελέχθησαν ἐν τῇ ὁδῷ τίς μείζων. 35 καὶ καθίσας ἐφώνησεν τοὺς δώδεκα καὶ λέγει αὐτοῖς Εἴ τις θέλει πρῶτος εἶναι, ἔσται πάντων ἔσχατος καὶ πάντων διάκονος. 36 καὶ λαβὼν παιδίον ἔστησεν αὐτὸ ἐν μέσῳ αὐτῶν, καὶ ἐναγκαλισάμενος αὐτὸ εἶπεν αὐτοῖς 37 Ὃς ἂν ἓν τῶν τοιούτων παιδίων δέξηται ἐπὶ τῷ ὀνόματί μου, ἐμὲ δέχεται· καὶ ὃς ἂν ἐμὲ δέχηται, οὐκ ἐμὲ δέχεται ἀλλὰ τὸν ἀποστείλαντά με. 38 [Ἔφη] (ἀπεκρίθη δὲ) αὐτῷ ὁ Ἰωάνης (λέγων) Διδάσκαλε, εἴδομέν τινα ἐν τῷ ὀνόματί σου ἐκβάλλοντα δαιμόνια, ὃς οὐκ ἀκολουθεῖ ἡμῖν, καὶ ἐκωλύομεν αὐτόν, ὅτι οὐκ ἠκολούθει ἡμῖν. 39 ὁ δὲ Ἰησοῦς εἶπεν Μὴ κωλύετε αὐτόν· οὐδεὶς γάρ ἐστιν ὃς ποιήσει δύναμιν ἐπὶ τῷ ὀνόματί μου καὶ δυνήσεται ταχὺ κακολογῆσαί με· 40 ὃς γὰρ οὐκ ἔστιν καθ᾽ ἡμῶν, ὑπὲρ ἡμῶν ἐστιν. 41 Ὃς γὰρ ἂν ποτίσῃ ὑμᾶς ποτήριον ὕδατος ἐν ὀνόματι, ὅτι Χριστοῦ ἐστε, ἀμὴν λέγω ὑμῖν [ὅτι] οὐ μὴ ἀπολέσῃ τὸν μισθὸν αὐτοῦ.

The Consequences for Offenses

42 Καὶ ὃς ἂν σκανδαλίσῃ ἕνα τῶν μικρῶν τούτων τῶν πιστευόντων (εἰς ἐμέ), καλόν ἐστιν αὐτῷ μᾶλλον εἰ περίκειται [μύλος ὀνικὸς] (λίθος μυλικὸς) περὶ τὸν τράχηλον αὐτοῦ καὶ βέβληται εἰς τὴν θάλασσαν. 43 Καὶ ἐὰν σκανδαλίσῃ σε ἡ χείρ σου, ἀπόκοψον αὐτήν· καλόν [ἐστίν σε] (σοί ἐστίν) κυλλὸν [εἰσελθεῖν εἰς τὴν ζωήν] (εἰς τὴν ζωὴν εἰσελθεῖν), ἢ τὰς δύο χεῖρας ἔχοντα ἀπελθεῖν εἰς τὴν γέενναν, εἰς τὸ πῦρ τὸ ἄσβεστον. 45 καὶ ἐὰν ὁ πούς σου σκανδαλίζῃ σε, ἀπόκοψον αὐτόν· καλόν ἐστίν [σε] (σοι) εἰσελθεῖν εἰς τὴν ζωὴν χωλόν, ἢ τοὺς δύο πόδας ἔχοντα βληθῆναι εἰς τὴν γέενναν (εἰς τὸ πῦρ τὸ ἄσβεστον. 46 Ὅπου ὁ σκώληξ αὐτῶν οὐ τελευτᾷ, καὶ τὸ πῦρ οὐ σβέννυται)

47 καὶ ἐὰν ὁ ὀφθαλμός σου σκανδαλίζῃ σε, ἔκβαλε αὐτόν· καλόν [σέ] (σοι) ἐστιν μονόφθαλμον εἰσελθεῖν εἰς τὴν βασιλείαν τοῦ Θεοῦ, ἢ δύο ὀφθαλμοὺς ἔχοντα βληθῆναι εἰς τὴν γέενναν (τοῦ πυρὸς), 48 ὅπου ὁ σκώληξ αὐτῶν οὐ τελευτᾷ καὶ τὸ πῦρ οὐ σβέννυται. 49 Πᾶς γὰρ πυρὶ ἁλισθήσεται (καὶ πᾶσα θυσία ἁλὶ ἁλισθήσεται). 50 καλὸν τὸ ἅλας· ἐὰν δὲ τὸ ἅλας ἄναλον γένηται, ἐν τίνι αὐτὸ ἀρτύσετε; ἔχετε ἐν ἑαυτοῖς [ἅλα] (ἅλας) καὶ εἰρηνεύετε ἐν ἀλλήλοις.

Mark 10

Marriage and Divorce

1 Καὶ ἐκεῖθεν ἀναστὰς ἔρχεται εἰς τὰ ὅρια τῆς Ἰουδαίας [καὶ] (διὰ τοῦ) πέραν τοῦ Ἰορδάνου, καὶ συμπορεύονται πάλιν ὄχλοι πρὸς αὐτόν, καὶ ὡς εἰώθει πάλιν ἐδίδασκεν αὐτούς. 2 Καὶ προσελθόντες (οἱ) Φαρισαῖοι [ἐπηρώτων] (ἐπηρώτησαν) αὐτὸν εἰ ἔξεστιν ἀνδρὶ γυναῖκα ἀπολῦσαι, πειράζοντες αὐτόν. 3 ὁ δὲ ἀποκριθεὶς εἶπεν αὐτοῖς Τί ὑμῖν ἐνετείλατο Μωϋσῆς; 4 οἱ δὲ εἶπαν· [Ἐπέτρεψεν Μωϋσῆς] (Μωσῆς Ἐπέτρεψεν) βιβλίον ἀποστασίου γράψαι καὶ ἀπολῦσαι. 5 [ὁ δὲ Ἰησοῦς] (Καὶ ἀποκριθεὶς ὁ Ἰησοῦς) εἶπεν αὐτοῖς Πρὸς τὴν σκληροκαρδίαν ὑμῶν ἔγραψεν ὑμῖν τὴν ἐντολὴν ταύτην. 6 ἀπὸ δὲ ἀρχῆς κτίσεως ἄρσεν καὶ θῆλυ ἐποίησεν αὐτούς·

7 ἕνεκεν τούτου καταλείψει ἄνθρωπος τὸν πατέρα αὐτοῦ καὶ τὴν μητέρα, καὶ (προσκολληθήσεται πρὸς τὴν γυναῖκα αὐτοῦ) 8 καὶ ἔσονται οἱ δύο εἰς σάρκα μίαν· ὥστε οὐκέτι εἰσὶν δύο ἀλλὰ μία σάρξ. 9 ὃ οὖν ὁ Θεὸς συνέζευξεν, ἄνθρωπος μὴ χωριζέτω. 10 καὶ [εἰς τὴν] (ἐν τῇ) οἰκίαν πάλιν οἱ μαθηταὶ (αὐτοῦ) περὶ [τούτου] (τοῦ αὐτοῦ) ἐπηρώτων αὐτόν. 11 καὶ λέγει αὐτοῖς Ὃς ἂν ἀπολύσῃ τὴν γυναῖκα αὐτοῦ καὶ γαμήσῃ ἄλλην, μοιχᾶται ἐπ' αὐτήν· 12 καὶ ἐὰν [αὐτὴ ἀπολύσασα] (γυνὴ ἀπολύσῃ) τὸν ἄνδρα αὐτῆς γαμήσῃ ἄλλον, μοιχᾶται.

Jesus Blesses Children and Commends their Faith

13 Καὶ προσέφερον αὐτῷ παιδία ἵνα [αὐτῶν ἅψηται] (ἅψηται αὐτῶν)· οἱ δὲ μαθηταὶ ἐπετίμησαν [αὐτοῖς] (τοῖς προσφέρουσιν). 14 ἰδὼν δὲ ὁ Ἰησοῦς ἠγανάκτησεν καὶ εἶπεν αὐτοῖς Ἄφετε τὰ παιδία ἔρχεσθαι πρός με, μὴ κωλύετε αὐτά· τῶν γὰρ τοιούτων ἐστὶν ἡ βασιλεία τοῦ Θεοῦ. 15 ἀμὴν λέγω ὑμῖν, ὃς ἂν μὴ δέξηται τὴν βασιλείαν τοῦ Θεοῦ ὡς παιδίον, οὐ μὴ εἰσέλθῃ εἰς αὐτήν. 16 καὶ ἐναγκαλισάμενος αὐτὰ [κατευλόγει] τιθεὶς τὰς χεῖρας ἐπ' αὐτά (ηὐλόγει αὐτά).

ΚΑΤΑ ΜΑΡΚΟΝ

The Difficulty of Riches

17 Καὶ ἐκπορευομένου αὐτοῦ εἰς ὁδὸν προσδραμὼν εἷς καὶ γονυπετήσας αὐτὸν ἐπηρώτα αὐτόν Διδάσκαλε ἀγαθέ, τί ποιήσω ἵνα ζωὴν αἰώνιον κληρονομήσω; 18 ὁ δὲ Ἰησοῦς εἶπεν αὐτῷ Τί με λέγεις ἀγαθόν; οὐδεὶς ἀγαθὸς εἰ μὴ εἷς ὁ Θεός. 19 τὰς ἐντολὰς οἶδας Μὴ φονεύσῃς, Μὴ μοιχεύσῃς, Μὴ κλέψῃς, Μὴ ψευδομαρτυρήσῃς, Μὴ ἀποστερήσῃς, Τίμα τὸν πατέρα σου καὶ τὴν μητέρα. 20 ὁ δὲ [ἔφη] (ἀποκριθεὶς εἶπεν) αὐτῷ Διδάσκαλε, ταῦτα πάντα ἐφυλαξάμην ἐκ νεότητός μου. 21 ὁ δὲ Ἰησοῦς ἐμβλέψας αὐτῷ ἠγάπησεν αὐτὸν καὶ εἶπεν αὐτῷ Ἕν σε ὑστερεῖ· ὕπαγε, ὅσα ἔχεις πώλησον καὶ δὸς τοῖς πτωχοῖς, καὶ ἕξεις θησαυρὸν ἐν οὐρανῷ, καὶ δεῦρο ἀκολούθει μοι (ἄρας τὸν σταυρόν). 22 ὁ δὲ στυγνάσας ἐπὶ τῷ λόγῳ ἀπῆλθεν λυπούμενος, ἦν γὰρ ἔχων κτήματα πολλά. 23 Καὶ περιβλεψάμενος ὁ Ἰησοῦς λέγει τοῖς μαθηταῖς αὐτοῦ Πῶς δυσκόλως οἱ τὰ χρήματα ἔχοντες εἰς τὴν βασιλείαν τοῦ Θεοῦ εἰσελεύσονται. 24 οἱ δὲ μαθηταὶ ἐθαμβοῦντο ἐπὶ τοῖς λόγοις αὐτοῦ. ὁ δὲ Ἰησοῦς πάλιν ἀποκριθεὶς λέγει αὐτοῖς Τέκνα, πῶς δύσκολόν ἐστιν (τοὺς πεποιθότας ἐπὶ τοῖς χρήμασιν) εἰς τὴν βασιλείαν τοῦ Θεοῦ εἰσελθεῖν· 25 εὐκοπώτερόν ἐστιν κάμηλον διὰ τῆς τρυμαλιᾶς τῆς ῥαφίδος διελθεῖν ἢ πλούσιον εἰς τὴν βασιλείαν τοῦ Θεοῦ εἰσελθεῖν. 26 οἱ δὲ περισσῶς ἐξεπλήσσοντο λέγοντες πρὸς ἑαυτούς Καὶ τίς δύναται σωθῆναι; 27 ἐμβλέψας αὐτοῖς ὁ Ἰησοῦς λέγει Παρὰ ἀνθρώποις ἀδύνατον, ἀλλ' οὐ παρὰ θεῷ· πάντα γὰρ δυνατὰ (ἐστίν) παρὰ τῷ θεῷ.

The Rewards for Following Jesus

28 (Καὶ) Ἤρξατο λέγειν ὁ Πέτρος αὐτῷ Ἰδοὺ ἡμεῖς ἀφήκαμεν πάντα καὶ ἠκολουθήκαμέν σοι. 29 [ἔφη] (ἀποκριθεὶς δὲ) ὁ Ἰησοῦς (εἶπεν) Ἀμὴν λέγω ὑμῖν, οὐδείς ἐστιν ὃς ἀφῆκεν οἰκίαν ἢ ἀδελφοὺς ἢ ἀδελφὰς ἢ μητέρα ἢ πατέρα ἢ (ἢ γυναῖκα) τέκνα ἢ ἀγροὺς ἕνεκεν ἐμοῦ καὶ [ἕνεκεν] τοῦ εὐαγγελίου, 30 ἐὰν μὴ λάβῃ ἑκατονταπλασίονα νῦν ἐν τῷ καιρῷ τούτῳ οἰκίας καὶ ἀδελφοὺς καὶ ἀδελφὰς καὶ μητέρας καὶ τέκνα καὶ ἀγροὺς μετὰ διωγμῶν, καὶ ἐν τῷ αἰῶνι τῷ ἐρχομένῳ ζωὴν αἰώνιον. 31 πολλοὶ δὲ ἔσονται πρῶτοι ἔσχατοι καὶ οἱ ἔσχατοι πρῶτοι.

A Third Foretelling of the Crucifixion

32 Ἦσαν δὲ ἐν τῇ ὁδῷ ἀναβαίνοντες εἰς Ἱεροσόλυμα, καὶ ἦν προάγων αὐτοὺς ὁ Ἰησοῦς, καὶ ἐθαμβοῦντο, [οἱ δὲ] (καὶ) ἀκολουθοῦντες ἐφοβοῦντο. καὶ παραλαβὼν πάλιν τοὺς δώδεκα ἤρξατο αὐτοῖς λέγειν τὰ μέλλοντα αὐτῷ συμβαίνειν,

33 ὅτι Ἰδοὺ ἀναβαίνομεν εἰς Ἰεροσόλυμα, καὶ ὁ Υἱὸς τοῦ ἀνθρώπου παραδοθήσεται τοῖς ἀρχιερεῦσιν καὶ τοῖς γραμματεῦσιν, καὶ κατακρινοῦσιν αὐτὸν θανάτῳ καὶ παραδώσουσιν αὐτὸν τοῖς ἔθνεσιν 34 καὶ ἐμπαίξουσιν αὐτῷ καὶ [ἐμπτύσουσιν αὐτῷ καὶ μαστιγώσουσιν αὐτὸν] (μαστιγώσουσιν αὐτὸν καὶ ἐμπτύσουσιν αὐτῷ) καὶ ἀποκτενοῦσιν (αὐτὸν), καὶ [μετὰ τρεῖς ἡμέρας] (τῇ τρίτῃ ἡμέρᾳ) ἀναστήσεται.

Qualifications for High Office in the Kingdom

35 Καὶ προσπορεύονται αὐτῷ Ἰάκωβος καὶ Ἰωάνης οἱ υἱοὶ Ζεβεδαίου λέγοντες αὐτῷ Διδάσκαλε, θέλομεν ἵνα ὃ ἐὰν αἰτήσωμέν [σε] ποιήσῃς ἡμῖν. 36 ὁ δὲ εἶπεν αὐτοῖς Τί θέλετε [με ποιήσω] (ποιῆσαι με) ὑμῖν; 37 οἱ δὲ εἶπαν αὐτῷ Δὸς ἡμῖν ἵνα εἷς [σου] ἐκ δεξιῶν (σου) καὶ εἷς ἐξ [ἀριστερῶν] (εὐωνύμων σου) καθίσωμεν ἐν τῇ δόξῃ σου. 38 ὁ δὲ Ἰησοῦς εἶπεν αὐτοῖς Οὐκ οἴδατε τί αἰτεῖσθε. δύνασθε πιεῖν τὸ ποτήριον ὃ ἐγὼ πίνω, [ἢ] (καί) τὸ βάπτισμα ὃ ἐγὼ βαπτίζομαι βαπτισθῆναι; 39 οἱ δὲ εἶπαν αὐτῷ Δυνάμεθα. ὁ δὲ Ἰησοῦς εἶπεν αὐτοῖς Τὸ (μὲν) ποτήριον ὃ ἐγὼ πίνω πίεσθε, καὶ τὸ βάπτισμα ὃ ἐγὼ βαπτίζομαι βαπτισθήσεσθε· 40 τὸ δὲ καθίσαι ἐκ δεξιῶν μου ἢ ἐξ εὐωνύμων οὐκ ἔστιν ἐμὸν δοῦναι, ἀλλ' οἷς ἡτοίμασται. 41 Καὶ ἀκούσαντες οἱ δέκα ἤρξαντο ἀγανακτεῖν περὶ Ἰακώβου καὶ Ἰωάνου. 42 καὶ προσκαλεσάμενος αὐτοὺς ὁ Ἰησοῦς λέγει αὐτοῖς Οἴδατε ὅτι οἱ δοκοῦντες ἄρχειν τῶν ἐθνῶν κατακυριεύουσιν αὐτῶν καὶ οἱ μεγάλοι αὐτῶν κατεξουσιάζουσιν αὐτῶν. 43 οὐχ οὕτως δέ ἐστιν ἐν ὑμῖν· ἀλλ' ὃς ἂν θέλῃ [μέγας γενέσθαι] (γενέσθαι μέγας) ἐν ὑμῖν, ἔσται [ὑμῶν διάκονος] (διάκονος ὑμῶν), 44 καὶ ὃς ἂν θέλῃ ἐν ὑμῖν [εἶναι] (γενέσθαι) πρῶτος, ἔσται πάντων δοῦλος· 45 καὶ γὰρ ὁ Υἱὸς τοῦ ἀνθρώπου οὐκ ἦλθεν διακονηθῆναι ἀλλὰ διακονῆσαι καὶ δοῦναι τὴν ψυχὴν αὐτοῦ λύτρον ἀντὶ πολλῶν.

Blind Bartimaeus Is Healed

46 Καὶ ἔρχονται εἰς Ἰερειχώ. Καὶ ἐκπορευομένου αὐτοῦ ἀπὸ Ἰερειχὼ καὶ τῶν μαθητῶν αὐτοῦ καὶ ὄχλου ἱκανοῦ ὁ υἱὸς Τιμαίου Βαρτιμαῖος, (ὁ) τυφλὸς [προσαίτης], ἐκάθητο παρὰ τὴν ὁδόν (προσαιτῶν). 47 καὶ ἀκούσας ὅτι Ἰησοῦς ὁ [Ναζαρηνός] (Ναζωραῖος) ἐστιν ἤρξατο κράζειν καὶ λέγειν Υἱὲ Δαυείδ Ἰησοῦ, ἐλέησόν με. 48 καὶ ἐπετίμων αὐτῷ πολλοὶ ἵνα σιωπήσῃ· ὁ δὲ πολλῷ μᾶλλον ἔκραζεν Υἱὲ Δαυείδ, ἐλέησόν με.

ΚΑΤΑ ΜΑΡΚΟΝ

49 καὶ στὰς ὁ Ἰησοῦς εἶπεν [Φωνήσατε αὐτόν] (αὐτόν Φωνηθῆναι). καὶ φωνοῦσιν τὸν τυφλὸν λέγοντες αὐτῷ Θάρσει, [ἔγειρε] (ἔγειραι), φωνεῖ σε. 50 ὁ δὲ ἀποβαλὼν τὸ ἱμάτιον αὐτοῦ [ἀναπηδήσας] (ἀναστὰς) ἦλθεν πρὸς τὸν Ἰησοῦν. 51 καὶ ἀποκριθεὶς (λέγει) αὐτῷ ὁ Ἰησοῦς [εἶπεν] [Τί σοι θέλεις ποιήσω] (Τί θέλεις ποιήσω σοι); ὁ δὲ τυφλὸς εἶπεν αὐτῷ Ῥαββουνεί, ἵνα ἀναβλέψω. 52 [καὶ] ὁ (δὲ) Ἰησοῦς εἶπεν αὐτῷ Ὕπαγε, ἡ πίστις σου σέσωκέν σε. καὶ εὐθὺς ἀνέβλεψεν, καὶ ἠκολούθει [αὐτῷ] (τῷ Ἰησοῦ) ἐν τῇ ὁδῷ.

Mark 11

The Triumphal Entry

1 Καὶ ὅτε ἐγγίζουσιν εἰς Ἱεροσόλυμα εἰς Βηθφαγὴ καὶ Βηθανίαν πρὸς τὸ ὄρος τῶν Ἐλαιῶν, ἀποστέλλει δύο τῶν μαθητῶν αὐτοῦ 2 καὶ λέγει αὐτοῖς Ὑπάγετε εἰς τὴν κώμην τὴν κατέναντι ὑμῶν, καὶ [εὐθὺς] (εὐθέως) εἰσπορευόμενοι εἰς αὐτὴν εὑρήσετε πῶλον δεδεμένον ἐφ' ὃν οὐδεὶς [οὔπω] ἀνθρώπων [ἐκάθισεν] (κεκάθικεν)· λύσατε αὐτὸν [καὶ φέρετε] (ἀγάγετε). 3 καὶ ἐάν τις ὑμῖν εἴπῃ Τί ποιεῖτε τοῦτο; εἴπατε Ὁ Κύριος αὐτοῦ χρείαν ἔχει, καὶ εὐθὺς αὐτὸν ἀποστέλλει [πάλιν] ὧδε. 4 [καὶ] ἀπῆλθον καὶ εὗρον πῶλον δεδεμένον πρὸς θύραν ἔξω ἐπὶ τοῦ ἀμφόδου, καὶ λύουσιν αὐτόν. 5 καί τινες τῶν ἐκεῖ ἑστηκότων ἔλεγον αὐτοῖς Τί ποιεῖτε λύοντες τὸν πῶλον; 6 οἱ δὲ εἶπαν αὐτοῖς καθὼς [εἶπεν] (ἐνετείλατο) ὁ Ἰησοῦς· καὶ ἀφῆκαν αὐτούς. 7 καὶ [φέρουσιν] (ἤγαγον) τὸν πῶλον πρὸς τὸν Ἰησοῦν, καὶ [ἐπιβάλλουσιν] (ἐπέβαλον) αὐτῷ τὰ ἱμάτια αὐτῶν, καὶ ἐκάθισεν ἐπ' αὐτόν. 8 [καὶ] πολλοὶ (δὲ) τὰ ἱμάτια αὐτῶν ἔστρωσαν εἰς τὴν ὁδόν, ἄλλοι δὲ στιβάδας, [κόψαντες ἐκ τῶν ἀγρῶν] (ἔκοπτον ἐκ τῶν δένδρων, καὶ ἐστρώννυον εἰς τὴν ὁδόν·). 9 καὶ οἱ προάγοντες καὶ οἱ ἀκολουθοῦντες ἔκραζον (λέγοντες,)

> Ὡσαννά·
> Εὐλογημένος ὁ ἐρχόμενος ἐν ὀνόματι Κυρίου·
> 10 Εὐλογημένη ἡ ἐρχομένη βασιλεία (ἐν ὀνόματι Κυρίου) τοῦ πατρὸς ἡμῶν Δαυείδ·
> Ὡσαννὰ ἐν τοῖς ὑψίστοις.

11 Καὶ εἰσῆλθεν εἰς Ἱεροσόλυμα (ὁ Ἰησοῦς καὶ) εἰς τὸ ἱερόν· καὶ περιβλεψάμενος πάντα, [ὀψὲ] (ὀψίας) ἤδη οὔσης τῆς ὥρας, ἐξῆλθεν εἰς Βηθανίαν μετὰ τῶν δώδεκα.

ΚΑΤΑ ΜΑΡΚΟΝ

Jesus Curses the Fig Tree

12 Καὶ τῇ ἐπαύριον ἐξελθόντων αὐτῶν ἀπὸ Βηθανίας ἐπείνασεν. 13 καὶ ἰδὼν συκῆν [ἀπὸ] μακρόθεν ἔχουσαν φύλλα ἦλθεν εἰ ἄρα [τι εὑρήσει] (εὑρήσει τι) ἐν αὐτῇ, καὶ ἐλθὼν ἐπ' αὐτὴν οὐδὲν εὗρεν εἰ μὴ φύλλα· [ὁ γὰρ καιρὸς οὐκ ἦν] (οὐ γὰρ ἦν καιρὸς) σύκων. 14 καὶ ἀποκριθεὶς (ὁ Ἰησοῦς) εἶπεν αὐτῇ Μηκέτι [εἰς τὸν αἰῶνα ἐκ σοῦ] (ἐκ σοῦ εἰς τὸν αἰῶνα) μηδεὶς καρπὸν φάγοι. καὶ ἤκουον οἱ μαθηταὶ αὐτοῦ.

Jesus Clears the Temple

15 Καὶ ἔρχονται εἰς Ἱεροσόλυμα . Καὶ εἰσελθὼν (ὁ Ἰησοῦς) εἰς τὸ ἱερὸν ἤρξατο ἐκβάλλειν τοὺς πωλοῦντας καὶ τοὺς ἀγοράζοντας ἐν τῷ ἱερῷ, καὶ τὰς τραπέζας τῶν κολλυβιστῶν καὶ τὰς καθέδρας τῶν πωλούντων τὰς περιστερὰς κατέστρεψεν, 16 καὶ οὐκ ἤφιεν ἵνα τις διενέγκῃ σκεῦος διὰ τοῦ ἱεροῦ, 17 καὶ ἐδίδασκεν καὶ ἔλεγεν αὐτοῖς Οὐ γέγραπται ὅτι Ὁ οἶκός μου οἶκος προσευχῆς κληθήσεται πᾶσιν τοῖς ἔθνεσιν; ὑμεῖς δὲ πεποιήκατε αὐτὸν σπήλαιον λῃστῶν. 18 καὶ ἤκουσαν οἱ [ἀρχιερεῖς καὶ οἱ γραμματεῖς] (γραμματεῖς καὶ οἱ ἀρχιερεῖς), καὶ ἐζήτουν πῶς αὐτὸν ἀπολέσωσιν· ἐφοβοῦντο γὰρ αὐτόν (ὅτι), πᾶς [γὰρ] ὁ ὄχλος ἐξεπλήσσετο ἐπὶ τῇ διδαχῇ αὐτοῦ. 19 Καὶ [ὅταν] (ὅτε) ὀψὲ ἐγένετο, [ἐξεπορεύοντο] (ἐξεπορεύετο) ἔξω τῆς πόλεως.

A Lesson from the Withered Fig Tree

20 Καὶ [παραπορευόμενοι πρωῒ] (πρωῒ παραπορευόμενοι) εἶδον τὴν συκῆν ἐξηραμμένην ἐκ ῥιζῶν. 21 καὶ ἀναμνησθεὶς ὁ Πέτρος λέγει αὐτῷ Ῥαββεί, ἴδε ἡ συκῆ ἣν κατηράσω ἐξήρανται. 22 καὶ ἀποκριθεὶς ὁ Ἰησοῦς λέγει αὐτοῖς Ἔχετε πίστιν θεοῦ. 23 ἀμὴν (γὰρ) λέγω ὑμῖν ὅτι ὃς ἂν εἴπῃ τῷ ὄρει τούτῳ Ἄρθητι καὶ βλήθητι εἰς τὴν θάλασσαν, καὶ μὴ διακριθῇ ἐν τῇ καρδίᾳ αὐτοῦ ἀλλὰ [πιστεύῃ] (πιστεύσῃ) ὅτι ὃ λαλεῖ γίνεται, ἔσται αὐτῷ (ὃ ἐὰν εἴπῃ). 24 διὰ τοῦτο λέγω ὑμῖν, πάντα ὅσα (ἂν) προσεύχεσθε καὶ αἰτεῖσθε, πιστεύετε ὅτι [ἐλάβετε] (λαμβάνετέ), καὶ ἔσται ὑμῖν.

The Necessity of Forgiveness

25 καὶ ὅταν στήκετε προσευχόμενοι, ἀφίετε εἴ τι ἔχετε κατά τινος, ἵνα καὶ ὁ Πατὴρ ὑμῶν ὁ ἐν τοῖς οὐρανοῖς ἀφῇ ὑμῖν τὰ παραπτώματα ὑμῶν. (26 εἰ δὲ ὑμεῖς οὐκ ἀφίετε, οὐδε ὁ πατὴρ ὑμῶν ὁ ἐν τοῖς οὐρανοῖς ἀφησεῖ τὰ παραπτώματα ὑμῶν.)

ΚΑΤΑ ΜΑΡΚΟΝ

Jesus' Authority Questioned

27 Καὶ ἔρχονται πάλιν εἰς Ἱεροσόλυμα. καὶ ἐν τῷ ἱερῷ περιπατοῦντος αὐτοῦ ἔρχονται πρὸς αὐτὸν οἱ ἀρχιερεῖς καὶ οἱ γραμματεῖς καὶ οἱ πρεσβύτεροι, 28 καὶ [ἔλεγον] (λέγουσιν) αὐτῷ Ἐν ποίᾳ ἐξουσίᾳ ταῦτα ποιεῖς; [ἢ] (καὶ) τίς σοι [ἔδωκεν τὴν ἐξουσίαν] (τὴν ἐξουσίαν ταύτην ἔδωκεν) ταύτην ἵνα ταῦτα ποιῇς; 29 ὁ δὲ Ἰησοῦς (ἀποκριθεὶς) εἶπεν αὐτοῖς Ἐπερωτήσω ὑμᾶς (κἀγὼ) ἕνα λόγον, καὶ ἀποκρίθητέ μοι, καὶ ἐρῶ ὑμῖν ἐν ποίᾳ ἐξουσίᾳ ταῦτα ποιῶ. 30 τὸ βάπτισμα τὸ Ἰωάνου ἐξ οὐρανοῦ ἦν ἢ ἐξ ἀνθρώπων; ἀποκρίθητέ μοι. 31 καὶ διελογίζοντο πρὸς ἑαυτοὺς λέγοντες Ἐὰν εἴπωμεν Ἐξ οὐρανοῦ, ἐρεῖ Διὰ τί οὖν οὐκ ἐπιστεύσατε αὐτῷ; 32 ἀλλὰ εἴπωμεν Ἐξ ἀνθρώπων;— ἐφοβοῦντο τὸν ὄχλον· ἅπαντες γὰρ εἶχον τὸν Ἰωάνην ὄντως ὅτι προφήτης ἦν. 33 καὶ ἀποκριθέντες [τῷ Ἰησοῦ λέγουσιν] (λέγουσιν τῷ Ἰησοῦ) Οὐκ οἴδαμεν. καὶ ὁ Ἰησοῦς (ἀποκριθεὶς) λέγει αὐτοῖς Οὐδὲ ἐγὼ λέγω ὑμῖν ἐν ποίᾳ ἐξουσίᾳ ταῦτα ποιῶ.

Mark 12

The Parable of the Wicked Tenants

1 Καὶ ἤρξατο αὐτοῖς ἐν παραβολαῖς λαλεῖν. ἀμπελῶνα [ἄνθρωπος ἐφύτευσεν] (ἐφύτευσεν ἄνθρωπος), καὶ περιέθηκεν φραγμὸν καὶ ὤρυξεν ὑπολήνιον καὶ ᾠκοδόμησεν πύργον, καὶ ἐξέδετο αὐτὸν γεωργοῖς, καὶ ἀπεδήμησεν. 2 καὶ ἀπέστειλεν πρὸς τοὺς γεωργοὺς τῷ καιρῷ δοῦλον, ἵνα παρὰ τῶν γεωργῶν λάβῃ ἀπὸ τῶν καρπῶν τοῦ ἀμπελῶνος· 3 καὶ λαβόντες αὐτὸν ἔδειραν καὶ ἀπέστειλαν κενόν. 4 καὶ πάλιν ἀπέστειλεν πρὸς αὐτοὺς ἄλλον δοῦλον· κἀκεῖνον (λιθοβολήσαντες) ἐκεφαλίωσαν καὶ (ἀπέστειλαν) [ἠτίμασαν] (ἠτιμωμένον). 5 καὶ (πάλιν) ἄλλον ἀπέστειλεν· κἀκεῖνον ἀπέκτειναν, καὶ πολλοὺς ἄλλους, [οὓς] (τοὺς) μὲν δέροντες, [οὓς] (τοὺς) δὲ ἀποκτέννοντες. 6 ἔτι [οὖν] ἕνα [εἶχεν] (ἔχων), [υἱὸν] ἀγαπητόν (αὐτοῦ)· ἀπέστειλεν (καὶ) αὐτὸν [ἔσχατον πρὸς αὐτοὺς] (πρὸς αὐτοὺς ἔσχατον) λέγων ὅτι Ἐντραπήσονται τὸν υἱόν μου. 7 ἐκεῖνοι δὲ οἱ γεωργοὶ (εἶπον) πρὸς ἑαυτοὺς εἶπαν ὅτι Οὗτός ἐστιν ὁ κληρονόμος· δεῦτε ἀποκτείνωμεν αὐτόν, καὶ ἡμῶν ἔσται ἡ κληρονομία. 8 καὶ λαβόντες (αὐτόν) ἀπέκτειναν [αὐτόν], καὶ ἐξέβαλον [αὐτὸν] ἔξω τοῦ ἀμπελῶνος. 9 τί (οὖν) ποιήσει ὁ κύριος τοῦ ἀμπελῶνος; ἐλεύσεται καὶ ἀπολέσει τοὺς γεωργούς, καὶ δώσει τὸν ἀμπελῶνα ἄλλοις. 10 οὐδὲ τὴν γραφὴν ταύτην ἀνέγνωτε

ΚΑΤΑ ΜΑΡΚΟΝ

Λίθον ὃν ἀπεδοκίμασαν οἱ οἰκοδομοῦντες,
οὗτος ἐγενήθη εἰς κεφαλὴν γωνίας·
11 παρὰ Κυρίου ἐγένετο αὕτη,
καὶ ἔστιν θαυμαστὴ ἐν ὀφθαλμοῖς ἡμῶν;

12 Καὶ ἐζήτουν αὐτὸν κρατῆσαι, καὶ ἐφοβήθησαν τὸν ὄχλον· ἔγνωσαν γὰρ ὅτι πρὸς αὐτοὺς τὴν παραβολὴν εἶπεν. καὶ ἀφέντες αὐτὸν ἀπῆλθον.

Paying Taxes to Caesar

13 Καὶ ἀποστέλλουσιν πρὸς αὐτόν τινας τῶν Φαρισαίων καὶ τῶν Ἡρῳδιανῶν ἵνα αὐτὸν ἀγρεύσωσιν λόγῳ. 14 [καὶ] (οἱ δὲ) ἐλθόντες λέγουσιν αὐτῷ Διδάσκαλε, οἴδαμεν ὅτι ἀληθὴς εἶ καὶ οὐ μέλει σοι περὶ οὐδενός· οὐ γὰρ βλέπεις εἰς πρόσωπον ἀνθρώπων, ἀλλ᾽ ἐπ᾽ ἀληθείας τὴν ὁδὸν τοῦ Θεοῦ διδάσκεις· ἔξεστιν [δοῦναι κῆνσον Καίσαρι] (κῆνσον Καίσαρι δοῦναι) ἢ οὔ; δῶμεν ἢ μὴ δῶμεν; 15 ὁ δὲ εἰδὼς αὐτῶν τὴν ὑπόκρισιν εἶπεν αὐτοῖς Τί με πειράζετε; φέρετέ μοι δηνάριον ἵνα ἴδω. 16 οἱ δὲ ἤνεγκαν. καὶ λέγει αὐτοῖς Τίνος ἡ εἰκὼν αὕτη καὶ ἡ ἐπιγραφή; οἱ δὲ εἶπαν αὐτῷ Καίσαρος. 17 (καὶ ἀποκριθεὶς) ὁ [δὲ] Ἰησοῦς εἶπεν αὐτοῖς [Τὰ Καίσαρος ἀπόδοτε Καίσαρι] (ἀπόδοτε Τὰ Καίσαρος Καίσαρι) καὶ τὰ τοῦ Θεοῦ τῷ Θεῷ. καὶ [ἐξεθαύμαζον] (ἐθαύμασαν) ἐπ᾽ αὐτῷ.

The Question of Marriage in the Resurrection

18 Καὶ ἔρχονται Σαδδουκαῖοι πρὸς αὐτόν, οἵτινες λέγουσιν ἀνάστασιν μὴ εἶναι, καὶ ἐπηρώτων αὐτὸν λέγοντες 19 Διδάσκαλε, Μωϋσῆς ἔγραψεν ἡμῖν ὅτι ἐάν τινος ἀδελφὸς ἀποθάνῃ καὶ καταλίπῃ γυναῖκα καὶ [μὴ ἀφῇ τέκνον] (τέκνα μὴ ἀφῇ), ἵνα λάβῃ ὁ ἀδελφὸς αὐτοῦ τὴν γυναῖκα (αὐτοῦ) καὶ ἐξαναστήσῃ σπέρμα τῷ ἀδελφῷ αὐτοῦ. 20 ἑπτὰ ἀδελφοὶ ἦσαν· καὶ ὁ πρῶτος ἔλαβεν γυναῖκα, καὶ ἀποθνήσκων οὐκ ἀφῆκεν σπέρμα· 21 καὶ ὁ δεύτερος ἔλαβεν αὐτήν, καὶ ἀπέθανεν [μὴ καταλιπὼν] (καὶ οὐδὲ αὐτὸς ἀφῆκεν) σπέρμα· καὶ ὁ τρίτος ὡσαύτως· 22 καὶ (ἔλαβον αὐτὴν) οἱ ἑπτὰ (καὶ) οὐκ ἀφῆκαν σπέρμα. ἔσχατον πάντων [καὶ ἡ γυνὴ ἀπέθανεν] (ἀπέθανεν καὶ ἡ γυνή). 23 ἐν τῇ (οὖν) ἀναστάσει, ὅταν ἀναστῶσιν, τίνος αὐτῶν ἔσται γυνή; οἱ γὰρ ἑπτὰ ἔσχον αὐτὴν γυναῖκα. 24 [ἔφη αὐτοῖς ὁ Ἰησοῦς] (καὶ ἀποκριθεὶς ὁ Ἰησοῦς εἶπεν αὐτοῖς) Οὐ διὰ τοῦτο πλανᾶσθε μὴ εἰδότες τὰς γραφὰς μηδὲ τὴν δύναμιν τοῦ Θεοῦ; 25 ὅταν γὰρ ἐκ νεκρῶν ἀναστῶσιν, οὔτε γαμοῦσιν οὔτε [γαμίζονται] (γαμίσκονται), ἀλλ᾽ εἰσὶν ὡς ἄγγελοι ἐν τοῖς οὐρανοῖς.

26 περὶ δὲ τῶν νεκρῶν ὅτι ἐγείρονται, οὐκ ἀνέγνωτε ἐν τῇ βίβλῳ Μωϋσέως ἐπὶ τοῦ Βάτου πῶς εἶπεν αὐτῷ ὁ Θεὸς λέγων Ἐγὼ ὁ Θεὸς Ἀβραὰμ καὶ (ὁ) Θεὸς Ἰσαὰκ καὶ (ὁ) Θεὸς Ἰακώβ; 27 οὐκ ἔστιν (ὁ) Θεὸς νεκρῶν ἀλλὰ (Θεὸς) ζώντων. (ὑμεῖς οὖν) πολὺ πλανᾶσθε.

The Greatest Commandment

28 Καὶ προσελθὼν εἷς τῶν γραμματέων, ἀκούσας αὐτῶν συνζητούντων, εἰδὼς ὅτι καλῶς [ἀπεκρίθη αὐτοῖς] (αὐτοῖς ἀπεκρίθη), ἐπηρώτησεν αὐτόν Ποία ἐστὶν [ἐντολὴ πρώτη πάντων] (πρώτη πασῶν ἐντολὴ); 29 [ἀπεκρίθη ὁ Ἰησοῦς] (ὁ δὲ Ἰησοῦς ἀπεκρίθη αὐτῷ) ὅτι Πρώτη [ἐστίν] (πασῶν τῶν ἐντολῶν) Ἄκουε, Ἰσραήλ, Κύριος ὁ Θεὸς ἡμῶν Κύριος εἷς ἐστιν, 30 καὶ ἀγαπήσεις Κύριον τὸν Θεόν σου ἐξ ὅλης τῆς καρδίας σου καὶ ἐξ ὅλης τῆς ψυχῆς σου καὶ ἐξ ὅλης τῆς διανοίας σου καὶ ἐξ ὅλης τῆς ἰσχύος σου. (αὕτη πρώτη ἐντολή) 31 (καὶ) δευτέρα (ὁμοία) αὕτη Ἀγαπήσεις τὸν πλησίον σου ὡς σεαυτόν. μείζων τούτων ἄλλη ἐντολὴ οὐκ ἔστιν. 32 καὶ εἶπεν αὐτῷ ὁ γραμματεύς Καλῶς, Διδάσκαλε, ἐπ᾽ ἀληθείας εἶπες ὅτι εἷς ἐστιν (Θεὸς) καὶ οὐκ ἔστιν ἄλλος πλὴν αὐτοῦ· 33 καὶ τὸ ἀγαπᾶν αὐτὸν ἐξ ὅλης τῆς καρδίας καὶ ἐξ ὅλης τῆς συνέσεως καὶ ἐξ ὅλης τῆς ἰσχύος, καὶ τὸ ἀγαπᾶν τὸν πλησίον ὡς ἑαυτὸν [περισσότερόν] (πλεῖόν) ἐστιν πάντων τῶν ὁλοκαυτωμάτων καὶ (τῶν) θυσιῶν. 34 καὶ ὁ Ἰησοῦς, ἰδὼν αὐτὸν ὅτι νουνεχῶς ἀπεκρίθη, εἶπεν αὐτῷ Οὐ μακρὰν εἶ ἀπὸ τῆς βασιλείας τοῦ Θεοῦ. καὶ οὐδεὶς οὐκέτι ἐτόλμα αὐτὸν ἐπερωτῆσαι.

The Authority of the Son of David

35 Καὶ ἀποκριθεὶς ὁ Ἰησοῦς ἔλεγεν διδάσκων ἐν τῷ ἱερῷ Πῶς λέγουσιν οἱ γραμματεῖς ὅτι ὁ Χριστὸς υἱὸς [Δαυείδ ἐστιν] (ἐστιν Δαβίδ); 36 αὐτὸς (γὰρ) Δαυεὶδ εἶπεν ἐν τῷ Πνεύματι τῷ Ἁγίῳ

Εἶπεν Κύριος τῷ Κυρίῳ μου Κάθου ἐκ δεξιῶν μου
ἕως ἂν θῶ τοὺς ἐχθρούς σου ὑποκάτω τῶν ποδῶν σου.

37 αὐτὸς (οὖν) Δαυεὶδ λέγει αὐτὸν Κύριον, καὶ πόθεν [αὐτοῦ ἐστιν υἱός] (υἱός αὐτοῦ ἐστιν);
Καὶ ὁ πολὺς ὄχλος ἤκουεν αὐτοῦ ἡδέως.

ΚΑΤΑ ΜΑΡΚΟΝ

The Arrogance of the Scribes

38 Καὶ (ἔλεγεν αὐτοῖς) ἐν τῇ διδαχῇ αὐτοῦ [ἔλεγεν] Βλέπετε ἀπὸ τῶν γραμματέων τῶν θελόντων ἐν στολαῖς περιπατεῖν καὶ ἀσπασμοὺς ἐν ταῖς ἀγοραῖς 39 καὶ πρωτοκαθεδρίας ἐν ταῖς συναγωγαῖς καὶ πρωτοκλισίας ἐν τοῖς δείπνοις· 40 οἱ κατεσθίοντες τὰς οἰκίας τῶν χηρῶν καὶ προφάσει μακρὰ προσευχόμενοι, οὗτοι λήμψονται περισσότερον κρίμα.

The Poor Widow's Offering

41 Καὶ καθίσας (ὁ Ἰησοῦς) κατέναντι τοῦ γαζοφυλακίου ἐθεώρει πῶς ὁ ὄχλος βάλλει χαλκὸν εἰς τὸ γαζοφυλάκιον· καὶ πολλοὶ πλούσιοι ἔβαλλον πολλά· 42 καὶ ἐλθοῦσα μία χήρα πτωχὴ ἔβαλεν λεπτὰ δύο, ὅ ἐστιν κοδράντης. 43 καὶ προσκαλεσάμενος τοὺς μαθητὰς αὐτοῦ εἶπεν αὐτοῖς Ἀμὴν λέγω ὑμῖν ὅτι ἡ χήρα αὕτη ἡ πτωχὴ πλεῖον πάντων ἔβαλεν τῶν βαλλόντων εἰς τὸ γαζοφυλάκιον· 44 πάντες γὰρ ἐκ τοῦ περισσεύοντος αὐτοῖς ἔβαλον, αὕτη δὲ ἐκ τῆς ὑστερήσεως αὐτῆς πάντα ὅσα εἶχεν ἔβαλεν, ὅλον τὸν βίον αὐτῆς.

Mark 13

Jesus Foretells the Destruction of the Temple

1 Καὶ ἐκπορευομένου αὐτοῦ ἐκ τοῦ ἱεροῦ λέγει αὐτῷ εἷς τῶν μαθητῶν αὐτοῦ Διδάσκαλε, ἴδε ποταποὶ λίθοι καὶ ποταπαὶ οἰκοδομαί. 2 καὶ ὁ Ἰησοῦς (ἀποκριθεὶς) εἶπεν αὐτῷ Βλέπεις ταύτας τὰς μεγάλας οἰκοδομάς; οὐ μὴ ἀφεθῇ λίθος ἐπὶ λίθον ὃς οὐ μὴ καταλυθῇ. 3 Καὶ καθημένου αὐτοῦ εἰς τὸ ὄρος τῶν Ἐλαιῶν κατέναντι τοῦ ἱεροῦ, ἐπηρώτα αὐτὸν κατ᾽ ἰδίαν Πέτρος καὶ Ἰάκωβος καὶ Ἰωάνης καὶ Ἀνδρέας 4 Εἰπὸν ἡμῖν, πότε ταῦτα ἔσται, καὶ τί τὸ σημεῖον ὅταν μέλλῃ [ταῦτα συντελεῖσθαι πάντα] (πάντα ταῦτα συντελεῖσθαι);

The Beginning of Sorrows

5 ὁ δὲ Ἰησοῦς [ἤρξατο λέγειν αὐτοῖς] (ἀποκριθεὶς αὐτοῖς ἤρξατο λέγειν) Βλέπετε μή τις ὑμᾶς πλανήσῃ. 6 πολλοὶ (γὰρ) ἐλεύσονται ἐπὶ τῷ ὀνόματί μου λέγοντες ὅτι Ἐγώ εἰμι, καὶ πολλοὺς πλανήσουσιν. 7 ὅταν δὲ ἀκούσητε πολέμους καὶ ἀκοὰς πολέμων, μὴ θροεῖσθε· δεῖ γενέσθαι, ἀλλ᾽ οὔπω τὸ τέλος. 8 ἐγερθήσεται γὰρ ἔθνος ἐπ᾽ ἔθνος καὶ βασιλεία ἐπὶ βασιλείαν. ἔσονται σεισμοὶ κατὰ τόπους, (καὶ) ἔσονται λιμοί (καὶ ταραχαί)· ἀρχὴ ὠδίνων ταῦτα.

ΚΑΤΑ ΜΑΡΚΟΝ
Enduring Persecution to the End

9 Βλέπετε δὲ ὑμεῖς ἑαυτούς· παραδώσουσιν (γὰρ) ὑμᾶς εἰς συνέδρια καὶ εἰς συναγωγὰς δαρήσεσθε καὶ ἐπὶ ἡγεμόνων καὶ βασιλέων σταθήσεσθε ἕνεκεν ἐμοῦ, εἰς μαρτύριον αὐτοῖς. 10 καὶ εἰς πάντα τὰ ἔθνη [πρῶτον δεῖ] (δεῖ πρῶτον) κηρυχθῆναι τὸ εὐαγγέλιον. 11 [καὶ] ὅταν [ἄγωσιν] (δὲ ἄγαγωσιν) ὑμᾶς παραδιδόντες, μὴ προμεριμνᾶτε τί λαλήσητε (μηδὲ μελετᾶτε), ἀλλ᾽ ὃ ἐὰν δοθῇ ὑμῖν ἐν ἐκείνῃ τῇ ὥρᾳ, τοῦτο λαλεῖτε· οὐ γάρ ἐστε ὑμεῖς οἱ λαλοῦντες ἀλλὰ τὸ Πνεῦμα τὸ Ἅγιον. 12 καὶ παραδώσει ἀδελφὸς ἀδελφὸν εἰς θάνατον καὶ πατὴρ τέκνον, καὶ ἐπαναστήσονται τέκνα ἐπὶ γονεῖς καὶ θανατώσουσιν αὐτούς· 13 καὶ ἔσεσθε μισούμενοι ὑπὸ πάντων διὰ τὸ ὄνομά μου· ὁ δὲ ὑπομείνας εἰς τέλος, οὗτος σωθήσεται.

Unprecedented Tribulation

14 Ὅταν δὲ ἴδητε τὸ βδέλυγμα τῆς ἐρημώσεως (τὸ ῥηθὲν ὑπὸ Δανιὴλ τοῦ προφήτου) [ἑστηκότα] (ἑστός) ὅπου οὐ δεῖ, ὁ ἀναγινώσκων νοείτω, τότε οἱ ἐν τῇ Ἰουδαίᾳ φευγέτωσαν εἰς τὰ ὄρη, 15 ὁ (δὲ) ἐπὶ τοῦ δώματος μὴ καταβάτω (εἰς τὴν οἰκίαν) μηδὲ εἰσελθάτω [τι ἆραι] (ἆραί τι) ἐκ τῆς οἰκίας αὐτοῦ, 16 καὶ ὁ εἰς τὸν ἀγρὸν (ὢν) μὴ ἐπιστρεψάτω εἰς τὰ ὀπίσω ἆραι τὸ ἱμάτιον αὐτοῦ. 17 οὐαὶ δὲ ταῖς ἐν γαστρὶ ἐχούσαις καὶ ταῖς θηλαζούσαις ἐν ἐκείναις ταῖς ἡμέραις. 18 προσεύχεσθε δὲ ἵνα μὴ γένηται (ἡ φυγὴ ὑμῶν) χειμῶνος· 19 ἔσονται γὰρ αἱ ἡμέραι ἐκεῖναι θλῖψις, οἵα οὐ γέγονεν τοιαύτη ἀπ᾽ ἀρχῆς κτίσεως ἣν ἔκτισεν ὁ Θεὸς ἕως τοῦ νῦν καὶ οὐ μὴ γένηται. 20 καὶ εἰ μὴ [ἐκολόβωσεν Κύριος] (Κύριος ἐκολόβωσεν) τὰς ἡμέρας, οὐκ ἂν ἐσώθη πᾶσα σάρξ· ἀλλὰ διὰ τοὺς ἐκλεκτοὺς οὓς ἐξελέξατο ἐκολόβωσεν τὰς ἡμέρας. 21 καὶ τότε ἐάν τις ὑμῖν εἴπῃ [Ἴδε] (Ἰδοὺ) ὧδε ὁ Χριστός, [Ἴδε] (ἢ Ἰδοὺ) ἐκεῖ, μὴ πιστεύετε· 22 ἐγερθήσονται [δὲ] (γὰρ) ψευδόχριστοι καὶ ψευδοπροφῆται καὶ [ποιήσουσιν] (δώσουσιν) σημεῖα καὶ τέρατα πρὸς τὸ ἀποπλανᾶν εἰ δυνατὸν (καὶ) τοὺς ἐκλεκτούς· 23 ὑμεῖς δὲ βλέπετε· (ἰδοὺ) προείρηκα ὑμῖν πάντα.

ΚΑΤΑ ΜΑΡΚΟΝ

The Second Coming

24 Ἀλλὰ ἐν ἐκείναις ταῖς ἡμέραις μετὰ τὴν θλῖψιν ἐκείνην ὁ ἥλιος σκοτισθήσεται, καὶ ἡ σελήνη οὐ δώσει τὸ φέγγος αὐτῆς, 25 καὶ οἱ ἀστέρες [ἔσονται ἐκ τοῦ οὐρανοῦ πίπτοντες] (τοῦ οὐρανοῦ ἔσονται ἐκπίπτοντες), καὶ αἱ δυνάμεις αἱ ἐν τοῖς οὐρανοῖς σαλευθήσονται. 26 καὶ τότε ὄψονται τὸν Υἱὸν τοῦ ἀνθρώπου ἐρχόμενον ἐν νεφέλαις μετὰ δυνάμεως πολλῆς καὶ δόξης. 27 καὶ τότε ἀποστελεῖ τοὺς ἀγγέλους (αὐτοῦ) καὶ ἐπισυνάξει τοὺς ἐκλεκτοὺς αὐτοῦ ἐκ τῶν τεσσάρων ἀνέμων ἀπ᾽ ἄκρου γῆς ἕως ἄκρου οὐρανοῦ.

The Parable of the Fig Tree

28 Ἀπὸ δὲ τῆς συκῆς μάθετε τὴν παραβολήν· ὅταν (αὐτῆς) ἤδη ὁ κλάδος [αὐτῆς] ἁπαλὸς γένηται καὶ ἐκφύῃ τὰ φύλλα, γινώσκετε ὅτι ἐγγὺς τὸ θέρος ἐστίν· 29 οὕτως καὶ ὑμεῖς, ὅταν [ἴδητε ταῦτα] (ταῦτα ἴδητε) γινόμενα, γινώσκετε ὅτι ἐγγύς ἐστιν ἐπὶ θύραις. 30 ἀμὴν λέγω ὑμῖν ὅτι οὐ μὴ παρέλθῃ ἡ γενεὰ αὕτη μέχρις οὗ ταῦτα πάντα γένηται. 31 ὁ οὐρανὸς καὶ ἡ γῆ παρελεύσονται, οἱ δὲ λόγοι μου οὐ παρελεύσονται.

Exhortation to Watch

32 Περὶ δὲ τῆς ἡμέρας ἐκείνης ἢ τῆς ὥρας οὐδεὶς οἶδεν, οὐδὲ οἱ ἄγγελοι ἐν οὐρανῷ οὐδὲ ὁ Υἱός, εἰ μὴ ὁ Πατήρ. 33 Βλέπετε, ἀγρυπνεῖτε· (καὶ προσεύχεσθε·) οὐκ οἴδατε γὰρ πότε ὁ καιρός ἐστιν. 34 ὡς ἄνθρωπος ἀπόδημος ἀφεὶς τὴν οἰκίαν αὐτοῦ καὶ δοὺς τοῖς δούλοις αὐτοῦ τὴν ἐξουσίαν, ἑκάστῳ τὸ ἔργον αὐτοῦ, καὶ τῷ θυρωρῷ ἐνετείλατο ἵνα γρηγορῇ. 35 γρηγορεῖτε οὖν· οὐκ οἴδατε γὰρ πότε ὁ κύριος τῆς οἰκίας ἔρχεται, ἢ ὀψὲ ἢ μεσονύκτιον ἢ ἀλεκτοροφωνίας ἢ πρωΐ· 36 μὴ ἐλθὼν ἐξαίφνης εὕρῃ ὑμᾶς καθεύδοντας. 37 ὃ δὲ ὑμῖν λέγω, πᾶσιν λέγω, γρηγορεῖτε.

Mark 14

The Plot to Kill Jesus

1 Ἦν δὲ τὸ πάσχα καὶ τὰ ἄζυμα μετὰ δύο ἡμέρας. καὶ ἐζήτουν οἱ ἀρχιερεῖς καὶ οἱ γραμματεῖς πῶς αὐτὸν ἐν δόλῳ κρατήσαντες ἀποκτείνωσιν. 2 ἔλεγον [γάρ] (δὲ) Μὴ ἐν τῇ ἑορτῇ, μή ποτε [ἔσται θόρυβος] (θόρυβος ἔσται) τοῦ λαοῦ.

ΚΑΤΑ ΜΑΡΚΟΝ

Mary Anoints Jesus for Burial

3 Καὶ ὄντος αὐτοῦ ἐν Βηθανίᾳ ἐν τῇ οἰκίᾳ Σίμωνος τοῦ λεπροῦ, κατακειμένου αὐτοῦ ἦλθεν γυνὴ ἔχουσα ἀλάβαστρον μύρου νάρδου πιστικῆς πολυτελοῦς· (Καὶ) συντρίψασα τὴν ἀλάβαστρον κατέχεεν αὐτοῦ τῆς κεφαλῆς. 4 ἦσαν δέ τινες ἀγανακτοῦντες πρὸς ἑαυτούς (καὶ λέγοντες) Εἰς τί ἡ ἀπώλεια αὕτη τοῦ μύρου γέγονεν; 5 ἠδύνατο γὰρ τοῦτο [τὸ μύρον] πραθῆναι ἐπάνω [δηναρίων τριακοσίων] (τριακοσίων δηναρίων) καὶ δοθῆναι τοῖς πτωχοῖς· καὶ ἐνεβριμῶντο αὐτῇ. 6 ὁ δὲ Ἰησοῦς εἶπεν Ἄφετε αὐτήν· τί αὐτῇ κόπους παρέχετε; καλὸν ἔργον ἠργάσατο ἐν ἐμοί. 7 πάντοτε γὰρ τοὺς πτωχοὺς ἔχετε μεθ᾽ ἑαυτῶν, καὶ ὅταν θέλητε δύνασθε αὐτοῖς εὖ ποιῆσαι, ἐμὲ δὲ οὐ πάντοτε ἔχετε. 8 ὃ ἔσχεν ἐποίησεν· προέλαβεν μυρίσαι τὸ σῶμά μου εἰς τὸν ἐνταφιασμόν. 9 ἀμὴν δὲ λέγω ὑμῖν, ὅπου ἐὰν κηρυχθῇ τὸ εὐαγγέλιον (τοῦτο) εἰς ὅλον τὸν κόσμον, καὶ ὃ ἐποίησεν αὕτη λαληθήσεται εἰς μνημόσυνον αὐτῆς.

Judas Plans to Betray Jesus

10 Καὶ (ὁ) Ἰούδας (ὁ) [Ἰσκαριὼθ] (Ἰσκαριώτης), [ὁ] εἷς τῶν δώδεκα, ἀπῆλθεν πρὸς τοὺς ἀρχιερεῖς ἵνα [αὐτὸν παραδοῖ] (παραδῷ αὐτὸν) αὐτοῖς. 11 οἱ δὲ ἀκούσαντες ἐχάρησαν καὶ ἐπηγγείλαντο αὐτῷ ἀργύριον δοῦναι. καὶ ἐζήτει πῶς [αὐτὸν εὐκαίρως παραδοῖ] (εὐκαίρως αὐτὸν παραδῷ).

The Passover is Prepared

12 Καὶ τῇ πρώτῃ ἡμέρᾳ τῶν ἀζύμων, ὅτε τὸ πάσχα ἔθυον, λέγουσιν αὐτῷ οἱ μαθηταὶ αὐτοῦ Ποῦ θέλεις ἀπελθόντες ἑτοιμάσωμεν ἵνα φάγῃς τὸ πάσχα; 13 καὶ ἀποστέλλει δύο τῶν μαθητῶν αὐτοῦ καὶ λέγει αὐτοῖς Ὑπάγετε εἰς τὴν πόλιν, καὶ ἀπαντήσει ὑμῖν ἄνθρωπος κεράμιον ὕδατος βαστάζων· ἀκολουθήσατε αὐτῷ, 14 καὶ ὅπου ἐὰν εἰσέλθῃ εἴπατε τῷ οἰκοδεσπότῃ ὅτι Ὁ Διδάσκαλος λέγει Ποῦ ἐστιν τὸ κατάλυμά μου, ὅπου τὸ πάσχα μετὰ τῶν μαθητῶν μου φάγω; 15 καὶ αὐτὸς ὑμῖν δείξει ἀνάγαιον μέγα ἐστρωμένον ἕτοιμον· [καὶ] ἐκεῖ ἑτοιμάσατε ἡμῖν. 16 καὶ ἐξῆλθον οἱ μαθηταὶ (αὐτοῦ) καὶ ἦλθον εἰς τὴν πόλιν καὶ εὗρον καθὼς εἶπεν αὐτοῖς, καὶ ἡτοίμασαν τὸ πάσχα.

Betrayal Discussed during Passover Meal

17 Καὶ ὀψίας γενομένης ἔρχεται μετὰ τῶν δώδεκα. 18 καὶ ἀνακειμένων αὐτῶν καὶ ἐσθιόντων [ὁ Ἰησοῦς εἶπεν] (εἶπεν ὁ Ἰησοῦς) Ἀμὴν λέγω ὑμῖν ὅτι εἷς ἐξ ὑμῶν παραδώσει με, ὁ ἐσθίων μετ᾽ ἐμοῦ.

ΚΑΤΑ ΜΑΡΚΟΝ

19 (οἵ δὲ) ἤρξαντο λυπεῖσθαι καὶ λέγειν αὐτῷ εἷς κατὰ εἷς Μήτι ἐγώ; (καὶ ἄλλος, μήτι ἐγώ) 20 ὁ δὲ (ἀποκριθεὶς) εἶπεν αὐτοῖς Εἷς (ἐκ) τῶν δώδεκα, ὁ ἐμβαπτόμενος μετ' ἐμοῦ εἰς τὸ τρύβλιον. 21 [ὅτι] ὁ μὲν Υἱὸς τοῦ ἀνθρώπου ὑπάγει καθὼς γέγραπται περὶ αὐτοῦ· οὐαὶ δὲ τῷ ἀνθρώπῳ ἐκείνῳ δι' οὗ ὁ Υἱὸς τοῦ ἀνθρώπου παραδίδοται· καλὸν αὐτῷ εἰ οὐκ ἐγεννήθη ὁ ἄνθρωπος ἐκεῖνος.

The Lord's Supper is Instituted

22 Καὶ ἐσθιόντων αὐτῶν λαβὼν (ὁ Ἰησοῦς) ἄρτον εὐλογήσας ἔκλασεν καὶ ἔδωκεν αὐτοῖς καὶ εἶπεν Λάβετε· (φάγετε·) τοῦτό ἐστιν τὸ σῶμά μου. 23 καὶ λαβὼν (τὸ) ποτήριον εὐχαριστήσας ἔδωκεν αὐτοῖς, καὶ ἔπιον ἐξ αὐτοῦ πάντες. 24 καὶ εἶπεν αὐτοῖς Τοῦτό ἐστιν τὸ αἷμά μου τῆς (καινῆς) διαθήκης τὸ [ἐκχυννόμενον ὑπὲρ πολλῶν] (περὶ πολλῶν ἐκχυνόμενον). 25 ἀμὴν λέγω ὑμῖν ὅτι οὐκέτι οὐ μὴ πίω ἐκ τοῦ γενήματος τῆς ἀμπέλου ἕως τῆς ἡμέρας ἐκείνης ὅταν αὐτὸ πίνω καινὸν ἐν τῇ βασιλείᾳ τοῦ Θεοῦ.

The Sheep will be Scattered

26 Καὶ ὑμνήσαντες ἐξῆλθον εἰς τὸ ὄρος τῶν Ἐλαιῶν. 27 Καὶ λέγει αὐτοῖς ὁ Ἰησοῦς ὅτι Πάντες σκανδαλισθήσεσθε (ἐν ἐμοὶ ἐν τῇ νυκτὶ ταύτῃ), ὅτι γέγραπται Πατάξω τὸν ποιμένα, καὶ [τὰ πρόβατα διασκορπισθήσονται] (διασκορπισθήσεται τὰ πρόβατα). 28 ἀλλὰ μετὰ τὸ ἐγερθῆναί με προάξω ὑμᾶς εἰς τὴν Γαλιλαίαν. 29 ὁ δὲ Πέτρος ἔφη αὐτῷ [Εἰ καὶ] (καὶ Εἰ) πάντες σκανδαλισθήσονται, ἀλλ' οὐκ ἐγώ. 30 καὶ λέγει αὐτῷ ὁ Ἰησοῦς Ἀμὴν λέγω σοι ὅτι [σὺ] σήμερον [ταύτῃ τῇ νυκτὶ] (τῇ νυκτὶ ταύτῃ) πρὶν ἢ δὶς ἀλέκτορα φωνῆσαι τρίς [με] ἀπαρνήσῃ (με). 31 ὁ δὲ [ἐκπερισσῶς] (ἐκ περισσοῦ) ἐλάλει (μᾶλλον) Ἐὰν [δέῃ με] (με δέῃ) συναποθανεῖν σοι, οὐ μή σε ἀπαρνήσομαι. ὡσαύτως δὲ καὶ πάντες ἔλεγον.

Jesus Prays in Gethsemane

32 Καὶ ἔρχονται εἰς χωρίον οὗ τὸ ὄνομα Γεθσημανεί, καὶ λέγει τοῖς μαθηταῖς αὐτοῦ Καθίσατε ὧδε ἕως προσεύξωμαι. 33 καὶ παραλαμβάνει τὸν Πέτρον καὶ τὸν Ἰάκωβον καὶ τὸν Ἰωάνην μετ' αὐτοῦ, καὶ ἤρξατο ἐκθαμβεῖσθαι καὶ ἀδημονεῖν, 34 καὶ λέγει αὐτοῖς Περίλυπός ἐστιν ἡ ψυχή μου ἕως θανάτου· μείνατε ὧδε καὶ γρηγορεῖτε. 35 καὶ προελθὼν μικρὸν [ἔπιπτεν] (ἔπεσεν) ἐπὶ τῆς γῆς, καὶ προσηύχετο ἵνα εἰ δυνατόν ἐστιν παρέλθῃ ἀπ' αὐτοῦ ἡ ὥρα,

36 καὶ ἔλεγεν Ἀββᾶ ὁ Πατήρ, πάντα δυνατά σοι· παρένεγκε τὸ ποτήριον [τοῦτο ἀπ᾽ ἐμοῦ·] (ἀπ' ἐμοῦ τοῦτο·) ἀλλ᾽ οὐ τί ἐγὼ θέλω ἀλλὰ τί σύ. 37 καὶ ἔρχεται καὶ εὑρίσκει αὐτοὺς καθεύδοντας, καὶ λέγει τῷ Πέτρῳ Σίμων, καθεύδεις; οὐκ ἴσχυσας μίαν ὥραν γρηγορῆσαι; 38 γρηγορεῖτε καὶ προσεύχεσθε, ἵνα μὴ [ἔλθητε] (εἰσέλθητε) εἰς πειρασμόν· τὸ μὲν πνεῦμα πρόθυμον, ἡ δὲ σὰρξ ἀσθενής. 39 καὶ πάλιν ἀπελθὼν προσηύξατο τὸν αὐτὸν λόγον εἰπών. 40 καὶ [πάλιν ἐλθὼν εὗρεν αὐτοὺς] (ὑποστρέψας εὗρεν αὐτοὺς πάλιν) καθεύδοντας, ἦσαν γὰρ [αὐτῶν οἱ ὀφθαλμοὶ καταβαρυνόμενοι] (οἱ ὀφθαλμοὶ αὐτῶν βεβαρημένοι), καὶ οὐκ ᾔδεισαν τί [ἀποκριθῶσιν αὐτῷ] (αὐτῷ ἀποκριθῶσιν). 41 καὶ ἔρχεται τὸ τρίτον καὶ λέγει αὐτοῖς Καθεύδετε τὸ λοιπὸν καὶ ἀναπαύεσθε· ἀπέχει· ἦλθεν ἡ ὥρα, ἰδοὺ παραδίδοται ὁ Υἱὸς τοῦ ἀνθρώπου εἰς τὰς χεῖρας τῶν ἁμαρτωλῶν. 42 ἐγείρεσθε ἄγωμεν· ἰδοὺ ὁ παραδιδούς με ἤγγικεν.

Judas Betrays Jesus

43 Καὶ εὐθὺς ἔτι αὐτοῦ λαλοῦντος παραγίνεται ὁ Ἰούδας εἷς τῶν δώδεκα, καὶ μετ᾽ αὐτοῦ ὄχλος (πολὺς) μετὰ μαχαιρῶν καὶ ξύλων παρὰ τῶν ἀρχιερέων καὶ τῶν γραμματέων καὶ τῶν πρεσβυτέρων. 44 δεδώκει δὲ ὁ παραδιδοὺς αὐτὸν σύσσημον αὐτοῖς λέγων Ὃν ἂν φιλήσω αὐτός ἐστιν· κρατήσατε αὐτὸν καὶ ἀπάγετε ἀσφαλῶς. 45 καὶ ἐλθὼν εὐθὺς προσελθὼν αὐτῷ λέγει [Ῥαββεί] (Ῥαββί Ῥαββί), καὶ κατεφίλησεν αὐτόν·

Jesus is Arrested

46 οἱ δὲ ἐπέβαλαν (ἐπ' αὐτόν) τὰς χεῖρας αὐτῷ καὶ ἐκράτησαν αὐτόν. 47 εἷς δέ τις τῶν παρεστηκότων σπασάμενος τὴν μάχαιραν ἔπαισεν τὸν δοῦλον τοῦ ἀρχιερέως καὶ ἀφεῖλεν αὐτοῦ τὸ [ὠτάριον] (ὠτίον). 48 καὶ ἀποκριθεὶς ὁ Ἰησοῦς εἶπεν αὐτοῖς Ὡς ἐπὶ λῃστὴν ἐξήλθατε μετὰ μαχαιρῶν καὶ ξύλων συλλαβεῖν με· 49 καθ᾽ ἡμέραν ἤμην πρὸς ὑμᾶς ἐν τῷ ἱερῷ διδάσκων, καὶ οὐκ ἐκρατήσατέ με· ἀλλ᾽ ἵνα πληρωθῶσιν αἱ γραφαί. 50 καὶ ἀφέντες αὐτὸν [ἔφυγον πάντες] (πάντες ἔφυγον). 51 Καὶ [νεανίσκος τις συνηκολούθει] (εἷς τις νεανίσκος ἠκολούθει) αὐτῷ περιβεβλημένος σινδόνα ἐπὶ γυμνοῦ, καὶ κρατοῦσιν αὐτόν· (οἱ νεανίσκοι·) 52 ὁ δὲ καταλιπὼν τὴν σινδόνα γυμνὸς ἔφυγεν (ἀπ' αὐτῶν).

ΚΑΤΑ ΜΑΡΚΟΝ

Jesus is Tried by the Sanhedrin

53 Καὶ ἀπήγαγον τὸν Ἰησοῦν πρὸς τὸν ἀρχιερέα, καὶ συνέρχονται (αὐτῷ) πάντες οἱ ἀρχιερεῖς καὶ οἱ πρεσβύτεροι καὶ οἱ γραμματεῖς. 54 καὶ ὁ Πέτρος ἀπὸ μακρόθεν ἠκολούθησεν αὐτῷ ἕως ἔσω εἰς τὴν αὐλὴν τοῦ ἀρχιερέως, καὶ ἦν συνκαθήμενος μετὰ τῶν ὑπηρετῶν καὶ θερμαινόμενος πρὸς τὸ φῶς. 55 Οἱ δὲ ἀρχιερεῖς καὶ ὅλον τὸ συνέδριον ἐζήτουν κατὰ τοῦ Ἰησοῦ μαρτυρίαν εἰς τὸ θανατῶσαι αὐτόν, καὶ οὐχ ηὕρισκον· 56 πολλοὶ γὰρ ἐψευδομαρτύρουν κατ' αὐτοῦ, καὶ ἴσαι αἱ μαρτυρίαι οὐκ ἦσαν. 57 καί τινες ἀναστάντες ἐψευδομαρτύρουν κατ' αὐτοῦ λέγοντες 58 ὅτι Ἡμεῖς ἠκούσαμεν αὐτοῦ λέγοντος ὅτι Ἐγὼ καταλύσω τὸν ναὸν τοῦτον τὸν χειροποίητον καὶ διὰ τριῶν ἡμερῶν ἄλλον ἀχειροποίητον οἰκοδομήσω. 59 καὶ οὐδὲ οὕτως ἴση ἦν ἡ μαρτυρία αὐτῶν. 60 καὶ ἀναστὰς ὁ ἀρχιερεὺς εἰς (τὸ) μέσον ἐπηρώτησεν τὸν Ἰησοῦν λέγων Οὐκ ἀποκρίνῃ οὐδέν; τί οὗτοί σου καταμαρτυροῦσιν; 61 ὁ δὲ ἐσιώπα καὶ οὐκ [ἀπεκρίνατο οὐδέν] (οὐδέν ἀπεκρίνατο). πάλιν ὁ ἀρχιερεὺς ἐπηρώτα αὐτὸν καὶ λέγει αὐτῷ Σὺ εἶ ὁ Χριστὸς ὁ Υἱὸς τοῦ Εὐλογητοῦ; 62 ὁ δὲ Ἰησοῦς εἶπεν Ἐγώ εἰμι, καὶ ὄψεσθε τὸν Υἱὸν τοῦ ἀνθρώπου [ἐκ δεξιῶν καθήμενον] (καθήμενον ἐκ δεξιῶν) τῆς δυνάμεως καὶ ἐρχόμενον μετὰ τῶν νεφελῶν τοῦ οὐρανοῦ. 63 ὁ δὲ ἀρχιερεὺς διαρρήξας τοὺς χιτῶνας αὐτοῦ λέγει Τί ἔτι χρείαν ἔχομεν μαρτύρων; 64 ἠκούσατε τῆς βλασφημίας· τί ὑμῖν φαίνεται; οἱ δὲ πάντες κατέκριναν αὐτὸν [ἔνοχον εἶναι] (εἶναι ἔνοχον) θανάτου. 65 Καὶ ἤρξαντό τινες ἐμπτύειν αὐτῷ καὶ περικαλύπτειν αὐτοῦ τὸ πρόσωπον (αὐτοῦ) καὶ κολαφίζειν αὐτὸν καὶ λέγειν αὐτῷ Προφήτευσον, καὶ οἱ ὑπηρέται ῥαπίσμασιν αὐτὸν ἔλαβον.

Peter Denies Jesus

66 Καὶ ὄντος τοῦ Πέτρου [κάτω ἐν τῇ αὐλῇ] (ἐν τῇ αὐλῇ κάτω) ἔρχεται μία τῶν παιδισκῶν τοῦ ἀρχιερέως, 67 καὶ ἰδοῦσα τὸν Πέτρον θερμαινόμενον ἐμβλέψασα αὐτῷ λέγει Καὶ σὺ μετὰ τοῦ Ναζαρηνοῦ [ἦσθα τοῦ Ἰησοῦ] (Ἰησοῦ ἦσθα). 68 ὁ δὲ ἠρνήσατο λέγων [Οὔτε οἶδα οὔτε] (Οὐκ οἶδα οὐδέ) ἐπίσταμαι [σὺ τί] (τί σὺ) λέγεις. καὶ ἐξῆλθεν ἔξω εἰς τὸ προαύλιον· (καὶ ἀλέκτωρ ἐφώνησεν) 69 καὶ ἡ παιδίσκη ἰδοῦσα αὐτὸν [ἤρξατο πάλιν] (πάλιν ἤρξατο) λέγειν τοῖς παρεστῶσιν ὅτι Οὗτος ἐξ αὐτῶν ἐστιν. 70 ὁ δὲ πάλιν ἠρνεῖτο. καὶ μετὰ μικρὸν πάλιν οἱ παρεστῶτες ἔλεγον τῷ Πέτρῳ Ἀληθῶς ἐξ αὐτῶν εἶ· καὶ γὰρ Γαλιλαῖος εἶ (καὶ ἡ λαλιά σου ὁμοιάζει).

71 ὁ δὲ ἤρξατο ἀναθεματίζειν καὶ ὀμνύναι ὅτι Οὐκ οἶδα τὸν ἄνθρωπον τοῦτον ὃν λέγετε. 72 καὶ [εὐθὺς] ἐκ δευτέρου ἀλέκτωρ ἐφώνησεν. καὶ ἀνεμνήσθη ὁ Πέτρος [τὸ ῥῆμα ὡς] (τοῦ ῥήματος οὗ) εἶπεν αὐτῷ ὁ Ἰησοῦς ὅτι Πρὶν ἀλέκτορα [δὶς φωνῆσαι τρίς με ἀπαρνήσῃ] (φωνῆσαι δὶς ἀπαρνήσῃ με τρίς)· καὶ ἐπιβαλὼν ἔκλαιεν.

Mark 15

Jesus is Tried before Pilate

1 Καὶ εὐθὺς (ἐπὶ τὸ) πρωῒ συμβούλιον [ἑτοιμάσαντες] (ποιήσαντες) οἱ ἀρχιερεῖς μετὰ τῶν πρεσβυτέρων καὶ γραμματέων καὶ ὅλον τὸ συνέδριον, δήσαντες τὸν Ἰησοῦν ἀπήνεγκαν καὶ παρέδωκαν Πειλάτῳ. 2 καὶ ἐπηρώτησεν αὐτὸν ὁ Πειλᾶτος Σὺ εἶ ὁ Βασιλεὺς τῶν Ἰουδαίων; ὁ δὲ ἀποκριθεὶς [αὐτῷ λέγει] (εἶπεν αὐτῷ) Σὺ λέγεις. 3 καὶ κατηγόρουν αὐτοῦ οἱ ἀρχιερεῖς πολλά. 4 ὁ δὲ Πειλᾶτος πάλιν [ἐπηρώτα] (ἐπηρώτησεν) αὐτὸν λέγων Οὐκ ἀποκρίνῃ οὐδέν; ἴδε πόσα σου [κατηγοροῦσιν] (καταμαρτυροῦσιν). 5 ὁ δὲ Ἰησοῦς οὐκέτι οὐδὲν ἀπεκρίθη, ὥστε θαυμάζειν τὸν Πειλᾶτον.

Barabbas Released - Jesus Condemned

6 Κατὰ δὲ ἑορτὴν ἀπέλυεν αὐτοῖς ἕνα δέσμιον ὃν παρῃτοῦντο. 7 ἦν δὲ ὁ λεγόμενος Βαραββᾶς μετὰ τῶν [στασιαστῶν] (συστασιαστῶν) δεδεμένος, οἵτινες ἐν τῇ στάσει φόνον πεποιήκεισαν. 8 καὶ ἀναβὰς ὁ ὄχλος ἤρξατο αἰτεῖσθαι καθὼς (ἀεί) ἐποίει αὐτοῖς. 9 ὁ δὲ Πειλᾶτος ἀπεκρίθη αὐτοῖς λέγων Θέλετε ἀπολύσω ὑμῖν τὸν Βασιλέα τῶν Ἰουδαίων; 10 ἐγίνωσκεν γὰρ ὅτι διὰ φθόνον παραδεδώκεισαν αὐτὸν οἱ ἀρχιερεῖς. 11 οἱ δὲ ἀρχιερεῖς ἀνέσεισαν τὸν ὄχλον ἵνα μᾶλλον τὸν Βαραββᾶν ἀπολύσῃ αὐτοῖς. 12 ὁ δὲ Πειλᾶτος [πάλιν ἀποκριθεὶς ἔλεγεν] (ἀποκριθεὶς πάλιν εἶπεν) αὐτοῖς Τί οὖν (θέλετε) ποιήσω ὃν λέγετε τὸν Βασιλέα τῶν Ἰουδαίων; 13 οἱ δὲ πάλιν ἔκραξαν Σταύρωσον αὐτόν. 14 ὁ δὲ Πειλᾶτος ἔλεγεν αὐτοῖς Τί γὰρ [ἐποίησεν κακόν] (κακὸν ἐποίησεν); οἱ δὲ περισσῶς ἔκραξαν Σταύρωσον αὐτόν. 15 ὁ δὲ Πειλᾶτος βουλόμενος τῷ ὄχλῳ τὸ ἱκανὸν ποιῆσαι ἀπέλυσεν αὐτοῖς τὸν Βαραββᾶν, καὶ παρέδωκεν τὸν Ἰησοῦν φραγελλώσας ἵνα σταυρωθῇ.

ΚΑΤΑ ΜΑΡΚΟΝ

Jesus is Further Beaten and Mocked

16 Οἱ δὲ στρατιῶται ἀπήγαγον αὐτὸν ἔσω τῆς αὐλῆς, ὅ ἐστιν Πραιτώριον, καὶ συνκαλοῦσιν ὅλην τὴν σπεῖραν. 17 καὶ ἐνδιδύσκουσιν αὐτὸν πορφύραν καὶ περιτιθέασιν αὐτῷ πλέξαντες ἀκάνθινον στέφανον· 18 καὶ ἤρξαντο ἀσπάζεσθαι αὐτόν Χαῖρε, Βασιλεῦ τῶν Ἰουδαίων· 19 καὶ ἔτυπτον αὐτοῦ τὴν κεφαλὴν καλάμῳ καὶ ἐνέπτυον αὐτῷ, καὶ τιθέντες τὰ γόνατα προσεκύνουν αὐτῷ. 20 καὶ ὅτε ἐνέπαιξαν αὐτῷ, ἐξέδυσαν αὐτὸν τὴν πορφύραν καὶ ἐνέδυσαν αὐτὸν τὰ ἱμάτια [αὐτοῦ] (τὰ ἴδια). Καὶ ἐξάγουσιν αὐτὸν ἵνα σταυρώσωσιν αὐτόν.

The Crucifixion

21 καὶ ἀγγαρεύουσιν παράγοντά τινα Σίμωνα Κυρηναῖον ἐρχόμενον ἀπ' ἀγροῦ, τὸν πατέρα Ἀλεξάνδρου καὶ Ῥούφου, ἵνα ἄρῃ τὸν σταυρὸν αὐτοῦ. 22 καὶ φέρουσιν αὐτὸν ἐπὶ [τὸν Γολγοθᾶν] (Γολγοθᾶ) τόπον, ὅ ἐστιν μεθερμηνευόμενος Κρανίου Τόπος. 23 καὶ ἐδίδουν αὐτῷ (πιεῖν) ἐσμυρνισμένον οἶνον· [ὃς] (ὁ) δὲ οὐκ ἔλαβεν. 24 καὶ [σταυροῦσιν] (σταυρώσαντες) αὐτόν, [καὶ διαμερίζονται] (διεμέριζον) τὰ ἱμάτια αὐτοῦ, βάλλοντες κλῆρον ἐπ' αὐτὰ τίς τί ἄρῃ. 25 ἦν δὲ ὥρα τρίτη καὶ ἐσταύρωσαν αὐτόν. 26 καὶ ἦν ἡ ἐπιγραφὴ τῆς αἰτίας αὐτοῦ ἐπιγεγραμμένη Ο ΒΑΣΙΛΕΥΣ ΤΩΝ ΙΟΥΔΑΙΩΝ. 27 Καὶ σὺν αὐτῷ σταυροῦσιν δύο λῃστάς, ἕνα ἐκ δεξιῶν καὶ ἕνα ἐξ εὐωνύμων αὐτοῦ. (28 καὶ ἐπληρώθη ἡ γραφὴ ἡ λέγουσα, Καὶ μετὰ ἀνόμων ἐλογίσθη.) 29 Καὶ οἱ παραπορευόμενοι ἐβλασφήμουν αὐτὸν κινοῦντες τὰς κεφαλὰς αὐτῶν καὶ λέγοντες Οὐὰ ὁ καταλύων τὸν ναὸν καὶ [οἰκοδομῶν ἐν τρισὶν ἡμέραις] (ἐν τρισὶν ἡμέραις οἰκοδομῶν), 30 σῶσον σεαυτὸν [καταβὰς] (καὶ κατάβα) ἀπὸ τοῦ σταυροῦ. 31 ὁμοίως (δὲ) καὶ οἱ ἀρχιερεῖς ἐμπαίζοντες πρὸς ἀλλήλους μετὰ τῶν γραμματέων ἔλεγον Ἄλλους ἔσωσεν, ἑαυτὸν οὐ δύναται σῶσαι· 32 ὁ Χριστὸς ὁ Βασιλεὺς Ἰσραὴλ καταβάτω νῦν ἀπὸ τοῦ σταυροῦ, ἵνα ἴδωμεν καὶ πιστεύσωμεν. καὶ οἱ συνεσταυρωμένοι [σὺν] αὐτῷ ὠνείδιζον αὐτόν.

Jesus Breathes His Last

33 [Καὶ] γενομένης (δὲ) ὥρας ἕκτης σκότος ἐγένετο ἐφ' ὅλην τὴν γῆν ἕως ὥρας ἐνάτης. 34 καὶ τῇ [ἐνάτῃ ὥρᾳ] (ὥρᾳ τῇ ἐννάτῃ) ἐβόησεν ὁ Ἰησοῦς φωνῇ μεγάλῃ (λέγων) Ἐλωΐ Ἐλωΐ λαμὰ σαβαχθανεί; ὅ ἐστιν μεθερμηνευόμενον Ὁ Θεός μου ὁ Θεός μου, εἰς τί [ἐγκατέλιπές με] (με ἐγκατέλιπές); 35 καί τινες τῶν παρεστηκότων ἀκούσαντες ἔλεγον [Ἴδε] (Ἰδού) Ἡλείαν φωνεῖ.

ΚΑΤΑ ΜΑΡΚΟΝ

36 δραμὼν δέ [τις] (εἷς) καὶ γεμίσας σπόγγον ὄξους περιθεὶς (τε) καλάμῳ ἐπότιζεν αὐτόν, λέγων Ἄφετε ἴδωμεν εἰ ἔρχεται Ἡλείας καθελεῖν αὐτόν. 37 ὁ δὲ Ἰησοῦς ἀφεὶς φωνὴν μεγάλην ἐξέπνευσεν. 38 Καὶ τὸ καταπέτασμα τοῦ ναοῦ ἐσχίσθη εἰς δύο ἀπ' ἄνωθεν ἕως κάτω. 39 Ἰδὼν δὲ ὁ κεντυρίων ὁ παρεστηκὼς ἐξ ἐναντίας αὐτοῦ ὅτι οὕτως (κράξας) ἐξέπνευσεν, εἶπεν Ἀληθῶς [οὗτος ὁ ἄνθρωπος Υἱὸς Θεοῦ ἦν] (ὁ ἄνθρωπος οὗτος Υἱὸς ἦν Θεοῦ). 40 Ἦσαν δὲ καὶ γυναῖκες ἀπὸ μακρόθεν θεωροῦσαι, ἐν αἷς (ἦν) καὶ Μαρία ἡ Μαγδαληνὴ καὶ Μαρία ἡ (τοῦ) Ἰακώβου τοῦ μικροῦ καὶ [Ἰωσῆτος] (Ἰωσῆ) μήτηρ καὶ Σαλώμη, 41 αἳ (καὶ) ὅτε ἦν ἐν τῇ Γαλιλαίᾳ ἠκολούθουν αὐτῷ καὶ διηκόνουν αὐτῷ, καὶ ἄλλαι πολλαὶ αἱ συναναβᾶσαι αὐτῷ εἰς Ἱεροσόλυμα.

The Burial of Jesus

42 Καὶ ἤδη ὀψίας γενομένης, ἐπεὶ ἦν Παρασκευή, ὅ ἐστιν προσάββατον, 43 ἐλθὼν Ἰωσὴφ ὁ ἀπὸ Ἀριμαθαίας, εὐσχήμων βουλευτής, ὃς καὶ αὐτὸς ἦν προσδεχόμενος τὴν βασιλείαν τοῦ Θεοῦ, τολμήσας εἰσῆλθεν πρὸς τὸν Πειλᾶτον καὶ ᾐτήσατο τὸ σῶμα τοῦ Ἰησοῦ. 44 ὁ δὲ Πειλᾶτος ἐθαύμασεν εἰ ἤδη τέθνηκεν, καὶ προσκαλεσάμενος τὸν κεντυρίωνα ἐπηρώτησεν αὐτὸν εἰ πάλαι ἀπέθανεν· 45 καὶ γνοὺς ἀπὸ τοῦ κεντυρίωνος ἐδωρήσατο τὸ πτῶμα τῷ Ἰωσήφ. 46 καὶ ἀγοράσας σινδόνα (καὶ) καθελὼν αὐτὸν ἐνείλησεν τῇ σινδόνι καὶ κατέθηκεν αὐτὸν ἐν μνήματι ὃ ἦν λελατομημένον ἐκ πέτρας, καὶ προσεκύλισεν λίθον ἐπὶ τὴν θύραν τοῦ μνημείου. 47 ἡ δὲ Μαρία ἡ Μαγδαληνὴ καὶ Μαρία [ἡ Ἰωσῆτος] (Ἰωσῆ) ἐθεώρουν ποῦ [τέθειται] (τίθεται).

Mark 16

The Resurrection

1 Καὶ διαγενομένου τοῦ σαββάτου Μαρία ἡ Μαγδαληνὴ καὶ Μαρία ἡ τοῦ Ἰακώβου καὶ Σαλώμη ἠγόρασαν ἀρώματα ἵνα ἐλθοῦσαι ἀλείψωσιν αὐτόν. 2 καὶ λίαν πρωῒ [τῇ μιᾷ] (τῆς μιᾶς) τῶν σαββάτων ἔρχονται ἐπὶ τὸ [μνῆμα] (μνημεῖον), ἀνατείλαντος τοῦ ἡλίου. 3 καὶ ἔλεγον πρὸς ἑαυτάς Τίς ἀποκυλίσει ἡμῖν τὸν λίθον ἐκ τῆς θύρας τοῦ μνημείου; 4 καὶ ἀναβλέψασαι θεωροῦσιν ὅτι ἀνακεκύλισται ὁ λίθος· ἦν γὰρ μέγας σφόδρα. 5 καὶ εἰσελθοῦσαι εἰς τὸ μνημεῖον εἶδον νεανίσκον καθήμενον ἐν τοῖς δεξιοῖς περιβεβλημένον στολὴν λευκήν, καὶ ἐξεθαμβήθησαν.

ΚΑΤΑ ΜΑΡΚΟΝ

6 ὁ δὲ λέγει αὐταῖς Μὴ ἐκθαμβεῖσθε· Ἰησοῦν ζητεῖτε τὸν Ναζαρηνὸν τὸν ἐσταυρωμένον· ἠγέρθη, οὐκ ἔστιν ὧδε· ἴδε ὁ τόπος ὅπου ἔθηκαν αὐτόν. 7 ἀλλὰ ὑπάγετε εἴπατε τοῖς μαθηταῖς αὐτοῦ καὶ τῷ Πέτρῳ ὅτι Προάγει ὑμᾶς εἰς τὴν Γαλιλαίαν· ἐκεῖ αὐτὸν ὄψεσθε, καθὼς εἶπεν ὑμῖν. 8 καὶ ἐξελθοῦσαι (ταχὺ) ἔφυγον ἀπὸ τοῦ μνημείου, εἶχεν [γὰρ] (δὲ) αὐτὰς τρόμος καὶ ἔκστασις· καὶ οὐδενὶ οὐδὲν εἶπαν· ἐφοβοῦντο γάρ.

Jesus Appears

9 [*(Ἀναστὰς δὲ πρωῒ πρώτῃ σαββάτου ἐφάνη πρῶτον Μαρίᾳ τῇ Μαγδαληνῇ, [παρ'] (ἀφ') ἧς ἐκβεβλήκει ἑπτὰ δαιμόνια. 10 ἐκείνη πορευθεῖσα ἀπήγγειλεν τοῖς μετ' αὐτοῦ γενομένοις πενθοῦσι καὶ κλαίουσιν· 11 κἀκεῖνοι ἀκούσαντες ὅτι ζῇ καὶ ἐθεάθη ὑπ' αὐτῆς ἠπίστησαν. 12 Μετὰ δὲ ταῦτα δυσὶν ἐξ αὐτῶν περιπατοῦσιν ἐφανερώθη ἐν ἑτέρᾳ μορφῇ πορευομένοις εἰς ἀγρόν· 13 κἀκεῖνοι ἀπελθόντες ἀπήγγειλαν τοῖς λοιποῖς· οὐδὲ ἐκείνοις ἐπίστευσαν.

Jesus Commissions the Eleven

14 Ὕστερον [δὲ] ἀνακειμένοις αὐτοῖς τοῖς ἕνδεκα ἐφανερώθη, καὶ ὠνείδισεν τὴν ἀπιστίαν αὐτῶν καὶ σκληροκαρδίαν ὅτι τοῖς θεασαμένοις αὐτὸν ἐγηγερμένον οὐκ ἐπίστευσαν. 15 καὶ εἶπεν αὐτοῖς Πορευθέντες εἰς τὸν κόσμον ἅπαντα κηρύξατε τὸ εὐαγγέλιον πάσῃ τῇ κτίσει. 16 ὁ πιστεύσας καὶ βαπτισθεὶς σωθήσεται, ὁ δὲ ἀπιστήσας κατακριθήσεται. 17 σημεῖα δὲ τοῖς πιστεύσασιν ταῦτα παρακολουθήσει, ἐν τῷ ὀνόματί μου δαιμόνια ἐκβαλοῦσιν, γλώσσαις λαλήσουσιν καιναῖς, 18 ὄφεις ἀροῦσιν κἂν θανάσιμόν τι πίωσιν οὐ μὴ αὐτοὺς βλάψῃ, ἐπὶ ἀρρώστους χεῖρας ἐπιθήσουσιν καὶ καλῶς ἕξουσιν.

The Ascension

19 Ὁ μὲν οὖν Κύριος [Ἰησοῦς] μετὰ τὸ λαλῆσαι αὐτοῖς ἀνελήμφθη εἰς τὸν οὐρανὸν καὶ ἐκάθισεν ἐκ δεξιῶν τοῦ Θεοῦ. 20 ἐκεῖνοι δὲ ἐξελθόντες ἐκήρυξαν πανταχοῦ, τοῦ Κυρίου συνεργοῦντος καὶ τὸν λόγον βεβαιοῦντος διὰ τῶν ἐπακολουθούντων σημείων)*] (Ἀμήν).

ΚΑΤΑ ΛΟΥΚΑΝ

Papyrus 75, P. Bodmer XIV-XV
Date: c. 175-225
Vatican Library, Rome
Luke 3:18-24:53 and portions of John 1-15
Image above includes Luke 24:51 to John 1:16

ΚΑΤΑ ΛΟΥΚΑΝ

Luke 1

Luke Introduces His Gospel

1 Ἐπειδήπερ πολλοὶ ἐπεχείρησαν ἀνατάξασθαι διήγησιν περὶ τῶν πεπληροφορημένων ἐν ἡμῖν πραγμάτων, 2 καθὼς παρέδοσαν ἡμῖν οἱ ἀπ' ἀρχῆς αὐτόπται καὶ ὑπηρέται γενόμενοι τοῦ λόγου, 3 ἔδοξε κἀμοὶ παρηκολουθηκότι ἄνωθεν πᾶσιν ἀκριβῶς καθεξῆς σοι γράψαι, κράτιστε Θεόφιλε, 4 ἵνα ἐπιγνῷς περὶ ὧν κατηχήθης λόγων τὴν ἀσφάλειαν.

Zacharias Ministers in the Temple

5 Ἐγένετο ἐν ταῖς ἡμέραις Ἡρῴδου βασιλέως τῆς Ἰουδαίας ἱερεύς τις ὀνόματι Ζαχαρίας ἐξ ἐφημερίας Ἀβιά, καὶ γυνὴ αὐτῷ ἐκ τῶν θυγατέρων Ἀαρών, καὶ τὸ ὄνομα αὐτῆς Ἐλεισάβετ. 6 ἦσαν δὲ δίκαιοι ἀμφότεροι ἐναντίον τοῦ Θεοῦ, πορευόμενοι ἐν πάσαις ταῖς ἐντολαῖς καὶ δικαιώμασιν τοῦ Κυρίου ἄμεμπτοι. 7 καὶ οὐκ ἦν αὐτοῖς τέκνον, καθότι ἦν ἡ Ἐλεισάβετ στεῖρα, καὶ ἀμφότεροι προβεβηκότες ἐν ταῖς ἡμέραις αὐτῶν ἦσαν. 8 Ἐγένετο δὲ ἐν τῷ ἱερατεύειν αὐτὸν ἐν τῇ τάξει τῆς ἐφημερίας αὐτοῦ ἔναντι τοῦ Θεοῦ, 9 κατὰ τὸ ἔθος τῆς ἱερατείας ἔλαχε τοῦ θυμιᾶσαι εἰσελθὼν εἰς τὸν ναὸν τοῦ Κυρίου, 10 καὶ πᾶν τὸ πλῆθος [ἦν τοῦ λαοῦ] (τοῦ λαοῦ ἦν) προσευχόμενον ἔξω τῇ ὥρᾳ τοῦ θυμιάματος.

John's Birth Announced by an Angel

11 ὤφθη δὲ αὐτῷ ἄγγελος Κυρίου ἑστὼς ἐκ δεξιῶν τοῦ θυσιαστηρίου τοῦ θυμιάματος. 12 καὶ ἐταράχθη Ζαχαρίας ἰδών, καὶ φόβος ἐπέπεσεν ἐπ' αὐτόν. 13 εἶπεν δὲ πρὸς αὐτὸν ὁ ἄγγελος Μὴ φοβοῦ, Ζαχαρία, διότι εἰσηκούσθη ἡ δέησίς σου, καὶ ἡ γυνή σου Ἐλεισάβετ γεννήσει υἱόν σοι, καὶ καλέσεις τὸ ὄνομα αὐτοῦ Ἰωάνην· 14 καὶ ἔσται χαρά σοι καὶ ἀγαλλίασις, καὶ πολλοὶ ἐπὶ τῇ γενέσει αὐτοῦ χαρήσονται. 15 ἔσται γὰρ μέγας ἐνώπιον Κυρίου, καὶ οἶνον καὶ σίκερα οὐ μὴ πίῃ, καὶ Πνεύματος Ἁγίου πλησθήσεται ἔτι ἐκ κοιλίας μητρὸς αὐτοῦ, 16 καὶ πολλοὺς τῶν υἱῶν Ἰσραὴλ ἐπιστρέψει ἐπὶ Κύριον τὸν Θεὸν αὐτῶν· 17 καὶ αὐτὸς προελεύσεται ἐνώπιον αὐτοῦ ἐν πνεύματι καὶ δυνάμει Ἡλεία, ἐπιστρέψαι καρδίας πατέρων ἐπὶ τέκνα καὶ ἀπειθεῖς ἐν φρονήσει δικαίων, ἑτοιμάσαι Κυρίῳ λαὸν κατεσκευασμένον.

ΚΑΤΑ ΛΟΥΚΑΝ

Zacharias' Unbelief

18 καὶ εἶπεν Ζαχαρίας πρὸς τὸν ἄγγελον Κατὰ τί γνώσομαι τοῦτο; ἐγὼ γάρ εἰμι πρεσβύτης καὶ ἡ γυνή μου προβεβηκυῖα ἐν ταῖς ἡμέραις αὐτῆς. 19 καὶ ἀποκριθεὶς ὁ ἄγγελος εἶπεν αὐτῷ Ἐγώ εἰμι Γαβριὴλ ὁ παρεστηκὼς ἐνώπιον τοῦ Θεοῦ, καὶ ἀπεστάλην λαλῆσαι πρὸς σὲ καὶ εὐαγγελίσασθαί σοι ταῦτα· 20 καὶ ἰδοὺ ἔσῃ σιωπῶν καὶ μὴ δυνάμενος λαλῆσαι ἄχρι ἧς ἡμέρας γένηται ταῦτα, ἀνθ᾽ ὧν οὐκ ἐπίστευσας τοῖς λόγοις μου, οἵτινες πληρωθήσονται εἰς τὸν καιρὸν αὐτῶν. 21 καὶ ἦν ὁ λαὸς προσδοκῶν τὸν Ζαχαρίαν, καὶ ἐθαύμαζον ἐν τῷ χρονίζειν ἐν τῷ ναῷ αὐτόν. 22 ἐξελθὼν δὲ οὐκ ἐδύνατο λαλῆσαι αὐτοῖς, καὶ ἐπέγνωσαν ὅτι ὀπτασίαν ἑώρακεν ἐν τῷ ναῷ· καὶ αὐτὸς ἦν διανεύων αὐτοῖς, καὶ διέμενεν κωφός. 23 καὶ ἐγένετο ὡς ἐπλήσθησαν αἱ ἡμέραι τῆς λειτουργίας αὐτοῦ, ἀπῆλθεν εἰς τὸν οἶκον αὐτοῦ. 24 Μετὰ δὲ ταύτας τὰς ἡμέρας συνέλαβεν Ἐλεισάβετ ἡ γυνὴ αὐτοῦ, καὶ περιέκρυβεν ἑαυτὴν μῆνας πέντε, λέγουσα 25 ὅτι Οὕτως μοι πεποίηκεν Κύριος ἐν ἡμέραις αἷς ἐπεῖδεν ἀφελεῖν ὄνειδός μου ἐν ἀνθρώποις.

Gabriel Announces Christ's Birth

26 Ἐν δὲ τῷ μηνὶ τῷ ἕκτῳ ἀπεστάλη ὁ ἄγγελος Γαβριὴλ ἀπὸ τοῦ Θεοῦ εἰς πόλιν τῆς Γαλιλαίας ᾗ ὄνομα Ναζαρέθ, 27 πρὸς παρθένον ἐμνηστευμένην ἀνδρὶ ᾧ ὄνομα Ἰωσήφ, ἐξ οἴκου Δαυείδ, καὶ τὸ ὄνομα τῆς παρθένου Μαριάμ. 28 καὶ εἰσελθὼν (ὁ ἄγγελος) πρὸς αὐτὴν εἶπεν Χαῖρε, κεχαριτωμένη, ὁ Κύριος μετὰ σοῦ. 29 ἡ δὲ [ἐπὶ τῷ λόγῳ διεταράχθη] (ἰδοῦσα διεταράχθη ἐπὶ τῷ λόγῳ αὐτοῦ), καὶ διελογίζετο ποταπὸς εἴη ὁ ἀσπασμὸς οὗτος. 30 καὶ εἶπεν ὁ ἄγγελος αὐτῇ Μὴ φοβοῦ, Μαριάμ· εὗρες γὰρ χάριν παρὰ τῷ Θεῷ· 31 καὶ ἰδοὺ συλλήμψῃ ἐν γαστρὶ καὶ τέξῃ υἱόν, καὶ καλέσεις τὸ ὄνομα αὐτοῦ Ἰησοῦν. 32 οὗτος ἔσται μέγας καὶ Υἱὸς Ὑψίστου κληθήσεται, καὶ δώσει αὐτῷ Κύριος ὁ Θεὸς τὸν θρόνον Δαυεὶδ τοῦ πατρὸς αὐτοῦ, 33 καὶ βασιλεύσει ἐπὶ τὸν οἶκον Ἰακὼβ εἰς τοὺς αἰῶνας, καὶ τῆς βασιλείας αὐτοῦ οὐκ ἔσται τέλος.

ΚΑΤΑ ΛΟΥΚΑΝ

The Virgin Conceives

34 εἶπεν δὲ Μαριὰμ πρὸς τὸν ἄγγελον Πῶς ἔσται τοῦτο, ἐπεὶ ἄνδρα οὐ γινώσκω; 35 καὶ ἀποκριθεὶς ὁ ἄγγελος εἶπεν αὐτῇ Πνεῦμα Ἅγιον ἐπελεύσεται ἐπὶ σέ, καὶ δύναμις Ὑψίστου ἐπισκιάσει σοι· διὸ καὶ τὸ γεννώμενον ἅγιον κληθήσεται Υἱὸς Θεοῦ. 36 καὶ ἰδοὺ Ἐλεισάβετ ἡ συγγενίς σου καὶ αὐτὴ συνείληφεν υἱὸν ἐν γήρει αὐτῆς, καὶ οὗτος μὴν ἕκτος ἐστὶν αὐτῇ τῇ καλουμένῃ στείρᾳ· 37 ὅτι οὐκ ἀδυνατήσει παρὰ τοῦ Θεοῦ πᾶν ῥῆμα. 38 εἶπεν δὲ Μαριάμ Ἰδοὺ ἡ δούλη Κυρίου· γένοιτό μοι κατὰ τὸ ῥῆμά σου. καὶ ἀπῆλθεν ἀπ' αὐτῆς ὁ ἄγγελος.

Mary Visits Elisabeth

39 Ἀναστᾶσα δὲ Μαριὰμ ἐν ταῖς ἡμέραις ταύταις ἐπορεύθη εἰς τὴν ὀρεινὴν μετὰ σπουδῆς εἰς πόλιν Ἰούδα, 40 καὶ εἰσῆλθεν εἰς τὸν οἶκον Ζαχαρίου καὶ ἠσπάσατο τὴν Ἐλεισάβετ. 41 καὶ ἐγένετο ὡς ἤκουσεν [τὸν ἀσπασμὸν τῆς Μαρίας ἡ Ἐλεισάβετ] (ἡ Ἐλισάβετ τὸν ἀσπασμὸν τῆς Μαρίας), ἐσκίρτησεν τὸ βρέφος ἐν τῇ κοιλίᾳ αὐτῆς, καὶ ἐπλήσθη Πνεύματος Ἁγίου ἡ Ἐλεισάβετ, 42 καὶ ἀνεφώνησεν [κραυγῇ] (φωνῇ) μεγάλῃ καὶ εἶπεν Εὐλογημένη σὺ ἐν γυναιξίν, καὶ εὐλογημένος ὁ καρπὸς τῆς κοιλίας σου. 43 καὶ πόθεν μοι τοῦτο ἵνα ἔλθῃ ἡ μήτηρ τοῦ Κυρίου μου πρὸς [ἐμέ] (μέ); 44 ἰδοὺ γὰρ ὡς ἐγένετο ἡ φωνὴ τοῦ ἀσπασμοῦ σου εἰς τὰ ὦτά μου, ἐσκίρτησεν ἐν ἀγαλλιάσει τὸ βρέφος ἐν τῇ κοιλίᾳ μου. 45 καὶ μακαρία ἡ πιστεύσασα ὅτι ἔσται τελείωσις τοῖς λελαλημένοις αὐτῇ παρὰ Κυρίου.

The Magnificat: Mary's Song

46 Καὶ εἶπεν Μαριάμ

Μεγαλύνει ἡ ψυχή μου τὸν Κύριον,
47 καὶ ἠγαλλίασεν τὸ πνεῦμά μου ἐπὶ τῷ Θεῷ τῷ Σωτῆρί μου·
48 ὅτι ἐπέβλεψεν ἐπὶ τὴν ταπείνωσιν τῆς δούλης αὐτοῦ.
ἰδοὺ γὰρ ἀπὸ τοῦ νῦν μακαριοῦσίν με πᾶσαι αἱ γενεαί·
49 ὅτι ἐποίησέν μοι μεγάλα ὁ δυνατός.
καὶ ἅγιον τὸ ὄνομα αὐτοῦ,
50 καὶ τὸ ἔλεος αὐτοῦ εἰς γενεὰς [καὶ γενεὰς] (γενεῶν)
τοῖς φοβουμένοις αὐτόν.

ΚΑΤΑ ΛΟΥΚΑΝ

51 Ἐποίησεν κράτος ἐν βραχίονι αὐτοῦ,
διεσκόρπισεν ὑπερηφάνους διανοίᾳ καρδίας αὐτῶν·
52 καθεῖλεν δυνάστας ἀπὸ θρόνων καὶ ὕψωσεν ταπεινούς,
53 πεινῶντας ἐνέπλησεν ἀγαθῶν καὶ πλουτοῦντας ἐξαπέστειλεν
    κενούς.
54 ἀντελάβετο Ἰσραὴλ παιδὸς αὐτοῦ,
μνησθῆναι ἐλέους,
55 καθὼς ἐλάλησεν πρὸς τοὺς πατέρας ἡμῶν,
τῷ Ἀβραὰμ καὶ τῷ σπέρματι αὐτοῦ εἰς τὸν αἰῶνα.

56 Ἔμεινεν δὲ Μαριὰμ σὺν αὐτῇ ὡς μῆνας τρεῖς, καὶ ὑπέστρεψεν εἰς τὸν οἶκον αὐτῆς.

Elisabeth Gives Birth to John

57 Τῇ δὲ Ἐλεισάβετ ἐπλήσθη ὁ χρόνος τοῦ τεκεῖν αὐτήν, καὶ ἐγέννησεν υἱόν. 58 καὶ ἤκουσαν οἱ περίοικοι καὶ οἱ συγγενεῖς αὐτῆς ὅτι ἐμεγάλυνεν Κύριος τὸ ἔλεος αὐτοῦ μετ' αὐτῆς, καὶ συνέχαιρον αὐτῇ. 59 Καὶ ἐγένετο ἐν τῇ [ἡμέρᾳ τῇ ὀγδόῃ] (ὀγδόῃ ἡμέρᾳ) ἦλθον περιτεμεῖν τὸ παιδίον, καὶ ἐκάλουν αὐτὸ ἐπὶ τῷ ὀνόματι τοῦ πατρὸς αὐτοῦ Ζαχαρίαν. 60 καὶ ἀποκριθεῖσα ἡ μήτηρ αὐτοῦ εἶπεν Οὐχί, ἀλλὰ κληθήσεται Ἰωάνης. 61 καὶ εἶπαν πρὸς αὐτὴν ὅτι Οὐδείς ἐστιν ἐκ τῆς συγγενείας σου ὃς καλεῖται τῷ ὀνόματι τούτῳ. 62 ἐνένευον δὲ τῷ πατρὶ αὐτοῦ τὸ τί ἂν θέλοι καλεῖσθαι αὐτό. 63 καὶ αἰτήσας πινακίδιον ἔγραψεν λέγων Ἰωάνης ἐστὶν ὄνομα αὐτοῦ. καὶ ἐθαύμασαν πάντες. 64 ἀνεῴχθη δὲ τὸ στόμα αὐτοῦ παραχρῆμα καὶ ἡ γλῶσσα αὐτοῦ, καὶ ἐλάλει εὐλογῶν τὸν Θεόν. 65 Καὶ ἐγένετο ἐπὶ πάντας φόβος τοὺς περιοικοῦντας αὐτούς, καὶ ἐν ὅλῃ τῇ ὀρεινῇ τῆς Ἰουδαίας διελαλεῖτο πάντα τὰ ῥήματα ταῦτα, 66 καὶ ἔθεντο πάντες οἱ ἀκούσαντες ἐν τῇ καρδίᾳ αὐτῶν, λέγοντες Τί ἄρα τὸ παιδίον τοῦτο ἔσται; καὶ [γὰρ] χεὶρ Κυρίου ἦν μετ' αὐτοῦ.

John's Ministry Prophesied: Zacharias' Song

67 Καὶ Ζαχαρίας ὁ πατὴρ αὐτοῦ ἐπλήσθη Πνεύματος Ἁγίου καὶ ἐπροφήτευσεν λέγων

68 Εὐλογητὸς Κύριος ὁ Θεὸς τοῦ Ἰσραήλ,
ὅτι ἐπεσκέψατο καὶ ἐποίησεν λύτρωσιν τῷ λαῷ αὐτοῦ,
69 καὶ ἤγειρεν κέρας σωτηρίας ἡμῖν
ἐν (τῷ) οἴκῳ Δαυεὶδ (τοῦ) παιδὸς αὐτοῦ,

70 καθὼς ἐλάλησεν διὰ στόματος τῶν ἁγίων ἀπ' αἰῶνος προφητῶν αὐτοῦ,
71 σωτηρίαν ἐξ ἐχθρῶν ἡμῶν καὶ ἐκ χειρὸς πάντων τῶν μισούντων ἡμᾶς,
72 ποιῆσαι ἔλεος μετὰ τῶν πατέρων ἡμῶν
καὶ μνησθῆναι διαθήκης ἁγίας αὐτοῦ,
73 ὅρκον ὃν ὤμοσεν πρὸς Ἀβραὰμ τὸν πατέρα ἡμῶν,
74 τοῦ δοῦναι ἡμῖν ἀφόβως ἐκ χειρὸς (τῶν) ἐχθρῶν (ἡμῶν) ῥυσθέντας λατρεύειν αὐτῷ
75 ἐν ὁσιότητι καὶ δικαιοσύνῃ
ἐνώπιον αὐτοῦ [πάσαις ταῖς ἡμέραις ἡμῶν] (πάσας τὰς ἡμέρας τῆς ζωῆς ἡμῶν).
76 Καὶ σὺ [δέ], παιδίον, προφήτης Ὑψίστου κληθήσῃ·
προπορεύσῃ γὰρ [ἐνώπιον] (πρὸ προσώπου) Κυρίου ἑτοιμάσαι ὁδοὺς αὐτοῦ,
77 τοῦ δοῦναι γνῶσιν σωτηρίας τῷ λαῷ αὐτοῦ
ἐν ἀφέσει ἁμαρτιῶν αὐτῶν,
78 διὰ σπλάγχνα ἐλέους Θεοῦ ἡμῶν,
ἐν οἷς [ἐπισκέψεται] (ἐπεσκέψατο) ἡμᾶς ἀνατολὴ ἐξ ὕψους,
79 ἐπιφᾶναι τοῖς ἐν σκότει καὶ σκιᾷ θανάτου καθημένοις,
τοῦ κατευθῦναι τοὺς πόδας ἡμῶν εἰς ὁδὸν εἰρήνης.

80 Τὸ δὲ παιδίον ηὔξανεν καὶ ἐκραταιοῦτο πνεύματι, καὶ ἦν ἐν ταῖς ἐρήμοις ἕως ἡμέρας ἀναδείξεως αὐτοῦ πρὸς τὸν Ἰσραήλ.

Luke 2

The Birth of Jesus Christ

1 Ἐγένετο δὲ ἐν ταῖς ἡμέραις ἐκείναις ἐξῆλθεν δόγμα παρὰ Καίσαρος Αὐγούστου ἀπογράφεσθαι πᾶσαν τὴν οἰκουμένην. 2 αὕτη ἀπογραφὴ πρώτη ἐγένετο ἡγεμονεύοντος τῆς Συρίας Κυρηνίου. 3 καὶ ἐπορεύοντο πάντες ἀπογράφεσθαι, ἕκαστος εἰς τὴν ἑαυτοῦ πόλιν. 4 Ἀνέβη δὲ καὶ Ἰωσὴφ ἀπὸ τῆς Γαλιλαίας ἐκ πόλεως Ναζαρὲθ εἰς τὴν Ἰουδαίαν εἰς πόλιν Δαυεὶδ ἥτις καλεῖται Βηθλεέμ, διὰ τὸ εἶναι αὐτὸν ἐξ οἴκου καὶ πατριᾶς Δαυείδ, 5 ἀπογράψασθαι σὺν Μαριὰμ τῇ ἐμνηστευμένῃ αὐτῷ, οὔσῃ ἐγκύῳ. 6 Ἐγένετο δὲ ἐν τῷ εἶναι αὐτοὺς ἐκεῖ ἐπλήσθησαν αἱ ἡμέραι τοῦ τεκεῖν αὐτήν, 7 καὶ ἔτεκεν τὸν υἱὸν αὐτῆς τὸν πρωτότοκον, καὶ ἐσπαργάνωσεν αὐτὸν καὶ ἀνέκλινεν αὐτὸν ἐν (τῇ) φάτνῃ, διότι οὐκ ἦν αὐτοῖς τόπος ἐν τῷ καταλύματι.

ΚΑΤΑ ΛΟΥΚΑΝ

Jesus' Birth Announced to the Shepherds

8 Καὶ ποιμένες ἦσαν ἐν τῇ χώρᾳ τῇ αὐτῇ ἀγραυλοῦντες καὶ φυλάσσοντες φυλακὰς τῆς νυκτὸς ἐπὶ τὴν ποίμνην αὐτῶν. 9 καὶ (ἰδού) ἄγγελος Κυρίου ἐπέστη αὐτοῖς καὶ δόξα Κυρίου περιέλαμψεν αὐτούς, καὶ ἐφοβήθησαν φόβον μέγαν. 10 καὶ εἶπεν αὐτοῖς ὁ ἄγγελος Μὴ φοβεῖσθε· ἰδοὺ γὰρ εὐαγγελίζομαι ὑμῖν χαρὰν μεγάλην, ἥτις ἔσται παντὶ τῷ λαῷ, 11 ὅτι ἐτέχθη ὑμῖν σήμερον Σωτήρ, ὅς ἐστιν Χριστὸς Κύριος, ἐν πόλει Δαυείδ. 12 καὶ τοῦτο ὑμῖν σημεῖον, εὑρήσετε βρέφος ἐσπαργανωμένον [καὶ] κείμενον ἐν (τῇ) φάτνῃ. 13 καὶ ἐξαίφνης ἐγένετο σὺν τῷ ἀγγέλῳ πλῆθος στρατιᾶς οὐρανίου αἰνούντων τὸν Θεὸν καὶ λεγόντων

14 Δόξα ἐν ὑψίστοις Θεῷ καὶ ἐπὶ γῆς εἰρήνη ἐν ἀνθρώποις [εὐδοκίας] (εὐδοκία).

The Shepherds Find Jesus

15 Καὶ ἐγένετο ὡς ἀπῆλθον ἀπ᾽ αὐτῶν εἰς τὸν οὐρανὸν οἱ ἄγγελοι, (καὶ οἱ ἄνθρωποι) οἱ ποιμένες [ἐλάλουν] (εἶπον) πρὸς ἀλλήλους Διέλθωμεν δὴ ἕως Βηθλεὲμ καὶ ἴδωμεν τὸ ῥῆμα τοῦτο τὸ γεγονὸς ὃ ὁ Κύριος ἐγνώρισεν ἡμῖν. 16 καὶ ἦλθαν σπεύσαντες, καὶ ἀνεῦραν τήν τε Μαριὰμ καὶ τὸν Ἰωσὴφ καὶ τὸ βρέφος κείμενον ἐν τῇ φάτνῃ· 17 ἰδόντες δὲ ἐγνώρισαν περὶ τοῦ ῥήματος τοῦ λαληθέντος αὐτοῖς περὶ τοῦ παιδίου τούτου. 18 καὶ πάντες οἱ ἀκούσαντες ἐθαύμασαν περὶ τῶν λαληθέντων ὑπὸ τῶν ποιμένων πρὸς αὐτούς· 19 ἡ δὲ Μαρία πάντα συνετήρει τὰ ῥήματα ταῦτα συνβάλλουσα ἐν τῇ καρδίᾳ αὐτῆς. 20 καὶ ὑπέστρεψαν οἱ ποιμένες δοξάζοντες καὶ αἰνοῦντες τὸν Θεὸν ἐπὶ πᾶσιν οἷς ἤκουσαν καὶ εἶδον καθὼς ἐλαλήθη πρὸς αὐτούς.

Jesus is Presented at the Temple

21 Καὶ ὅτε ἐπλήσθησαν ἡμέραι ὀκτὼ τοῦ περιτεμεῖν [αὐτόν] (τὸ παιδίον), καὶ ἐκλήθη τὸ ὄνομα αὐτοῦ Ἰησοῦς, τὸ κληθὲν ὑπὸ τοῦ ἀγγέλου πρὸ τοῦ συλλημφθῆναι αὐτὸν ἐν τῇ κοιλίᾳ.

22 Καὶ ὅτε ἐπλήσθησαν αἱ ἡμέραι τοῦ καθαρισμοῦ αὐτῶν κατὰ τὸν νόμον Μωϋσέως, ἀνήγαγον αὐτὸν εἰς Ἱεροσόλυμα παραστῆσαι τῷ Κυρίῳ, 23 καθὼς γέγραπται ἐν νόμῳ Κυρίου ὅτι Πᾶν ἄρσεν διανοῖγον μήτραν ἅγιον τῷ Κυρίῳ κληθήσεται, 24 καὶ τοῦ δοῦναι θυσίαν κατὰ τὸ εἰρημένον ἐν τῷ νόμῳ Κυρίου, ζεῦγος τρυγόνων ἢ δύο νοσσοὺς περιστερῶν.

ΚΑΤΑ ΛΟΥΚΑΝ

Simeon's Prophecy

25 Καὶ ἰδοὺ [ἄνθρωπος ἦν] (ἦν ἄνθρωπος) ἐν Ἰερουσαλὴμ ᾧ ὄνομα Συμεών, καὶ ὁ ἄνθρωπος οὗτος δίκαιος καὶ εὐλαβής, προσδεχόμενος παράκλησιν τοῦ Ἰσραήλ, καὶ Πνεῦμα ἦν Ἅγιον ἐπ' αὐτόν· 26 καὶ ἦν αὐτῷ κεχρηματισμένον ὑπὸ τοῦ Πνεύματος τοῦ Ἁγίου μὴ ἰδεῖν θάνατον πρὶν ἢ ἂν ἴδῃ τὸν Χριστὸν Κυρίου. 27 καὶ ἦλθεν ἐν τῷ Πνεύματι εἰς τὸ ἱερόν· καὶ ἐν τῷ εἰσαγαγεῖν τοὺς γονεῖς τὸ παιδίον Ἰησοῦν τοῦ ποιῆσαι αὐτοὺς κατὰ τὸ εἰθισμένον τοῦ νόμου περὶ αὐτοῦ, 28 καὶ αὐτὸς ἐδέξατο αὐτὸ εἰς τὰς ἀγκάλας καὶ εὐλόγησεν τὸν Θεὸν καὶ εἶπεν

29 Νῦν ἀπολύεις τὸν δοῦλόν σου, Δέσποτα,
κατὰ τὸ ῥῆμά σου ἐν εἰρήνῃ·
30 ὅτι εἶδον οἱ ὀφθαλμοί μου τὸ σωτήριόν σου,
31 ὃ ἡτοίμασας κατὰ πρόσωπον πάντων τῶν λαῶν,
32 φῶς εἰς ἀποκάλυψιν ἐθνῶν
καὶ δόξαν λαοῦ σου Ἰσραήλ.

33 καὶ ἦν [ὁ πατὴρ αὐτοῦ καὶ ἡ μήτηρ] (Ἰωσὴφ καὶ ἡ μήτηρ αὐτοῦ) θαυμάζοντες ἐπὶ τοῖς λαλουμένοις περὶ αὐτοῦ. 34 καὶ εὐλόγησεν αὐτοὺς Συμεὼν καὶ εἶπεν πρὸς Μαριὰμ τὴν μητέρα αὐτοῦ Ἰδοὺ οὗτος κεῖται εἰς πτῶσιν καὶ ἀνάστασιν πολλῶν ἐν τῷ Ἰσραὴλ καὶ εἰς σημεῖον ἀντιλεγόμενον 35 —καὶ σοῦ δὲ αὐτῆς τὴν ψυχὴν διελεύσεται ῥομφαία—, ὅπως ἂν ἀποκαλυφθῶσιν ἐκ πολλῶν καρδιῶν διαλογισμοί.

Anna's Prophecy

36 Καὶ ἦν Ἄννα προφῆτις, θυγάτηρ Φανουήλ, ἐκ φυλῆς Ἀσήρ· αὕτη προβεβηκυῖα ἐν ἡμέραις πολλαῖς, ζήσασα (ἔτη) μετὰ ἀνδρὸς [ἔτη] ἑπτὰ ἀπὸ τῆς παρθενίας αὐτῆς, 37 καὶ αὐτὴ χήρα ἕως ἐτῶν ὀγδοήκοντα τεσσάρων, ἣ οὐκ ἀφίστατο τοῦ ἱεροῦ νηστείαις καὶ δεήσεσιν λατρεύουσα νύκτα καὶ ἡμέραν. 38 καὶ [αὐτῇ] (αὐτῇ αὕτη) τῇ ὥρᾳ ἐπιστᾶσα ἀνθωμολογεῖτο τῷ [Θεῷ] (Κυρίῳ) καὶ ἐλάλει περὶ αὐτοῦ πᾶσιν τοῖς προσδεχομένοις λύτρωσιν (ἐν) Ἰερουσαλήμ.

Jesus Returns to Nazareth

39 Καὶ ὡς ἐτέλεσαν [πάντα] (ἅπαντα) τὰ κατὰ τὸν νόμον Κυρίου, ἐπέστρεψαν εἰς τὴν Γαλιλαίαν εἰς (τὴν) πόλιν ἑαυτῶν Ναζαρέθ. 40 Τὸ δὲ παιδίον ηὔξανεν καὶ ἐκραταιοῦτο (πνεύματι,) πληρούμενον σοφίᾳ, καὶ χάρις Θεοῦ ἦν ἐπ' αὐτό.

ΚΑΤΑ ΛΟΥΚΑΝ

The Boy Jesus at the Temple

41 Καὶ ἐπορεύοντο οἱ γονεῖς αὐτοῦ κατ' ἔτος εἰς Ἰερουσαλὴμ τῇ ἑορτῇ τοῦ πάσχα. 42 Καὶ ὅτε ἐγένετο ἐτῶν δώδεκα, [ἀναβαινόντων] (ἀναβάντων) αὐτῶν (εἰς Ἱεροσόλυμα) κατὰ τὸ ἔθος τῆς ἑορτῆς, 43 καὶ τελειωσάντων τὰς ἡμέρας, ἐν τῷ ὑποστρέφειν αὐτοὺς ὑπέμεινεν Ἰησοῦς ὁ παῖς ἐν Ἰερουσαλήμ, καὶ οὐκ ἔγνωσαν οἱ γονεῖς αὐτοῦ. 44 νομίσαντες δὲ αὐτὸν [εἶναι ἐν τῇ συνοδίᾳ] (ἐν τῇ συνοδίᾳ εἶναι) ἦλθον ἡμέρας ὁδὸν καὶ ἀνεζήτουν αὐτὸν ἐν τοῖς [συγγενεῦσιν] (συγγενέσιν) καὶ (ἐν) τοῖς γνωστοῖς, 45 καὶ μὴ εὑρόντες (αὐτόν) ὑπέστρεψαν εἰς Ἰερουσαλὴμ [ἀναζητοῦντες] (ζητοῦντες) αὐτόν. 46 καὶ ἐγένετο μετὰ ἡμέρας τρεῖς εὗρον αὐτὸν ἐν τῷ ἱερῷ καθεζόμενον ἐν μέσῳ τῶν διδασκάλων καὶ ἀκούοντα αὐτῶν καὶ ἐπερωτῶντα αὐτούς· 47 ἐξίσταντο δὲ πάντες οἱ ἀκούοντες αὐτοῦ ἐπὶ τῇ συνέσει καὶ ταῖς ἀποκρίσεσιν αὐτοῦ. 48 καὶ ἰδόντες αὐτὸν ἐξεπλάγησαν, καὶ [εἶπεν] πρὸς αὐτὸν ἡ μήτηρ αὐτοῦ (εἶπεν) Τέκνον, τί ἐποίησας ἡμῖν οὕτως; ἰδοὺ ὁ πατήρ σου κἀγὼ ὀδυνώμενοι ζητοῦμέν σε. 49 καὶ εἶπεν πρὸς αὐτούς Τί ὅτι ἐζητεῖτέ με; οὐκ ᾔδειτε ὅτι ἐν τοῖς τοῦ Πατρός μου δεῖ εἶναί με; 50 καὶ αὐτοὶ οὐ συνῆκαν τὸ ῥῆμα ὃ ἐλάλησεν αὐτοῖς.

Jesus Grows in Wisdom

51 καὶ κατέβη μετ' αὐτῶν καὶ ἦλθεν εἰς Ναζαρέθ, καὶ ἦν ὑποτασσόμενος αὐτοῖς. καὶ ἡ μήτηρ αὐτοῦ διετήρει πάντα τὰ ῥήματα (ταῦτα) ἐν τῇ καρδίᾳ αὐτῆς. 52 Καὶ Ἰησοῦς προέκοπτεν [ἐν τῇ] σοφίᾳ καὶ ἡλικίᾳ καὶ χάριτι παρὰ Θεῷ καὶ ἀνθρώποις.

Luke 3

The Ministry of John the Baptist

1 Ἐν ἔτει δὲ πεντεκαιδεκάτῳ τῆς ἡγεμονίας Τιβερίου Καίσαρος, ἡγεμονεύοντος Ποντίου Πειλάτου τῆς Ἰουδαίας, καὶ τετρααρχοῦντος τῆς Γαλιλαίας Ἡρῴδου, Φιλίππου δὲ τοῦ ἀδελφοῦ αὐτοῦ τετρααρχοῦντος τῆς Ἰτουραίας καὶ Τραχωνίτιδος χώρας, καὶ Λυσανίου τῆς Ἀβιληνῆς τετρααρχοῦντος, 2 ἐπὶ ἀρχιερέως Ἄννα καὶ Καϊάφα, ἐγένετο ῥῆμα Θεοῦ ἐπὶ Ἰωάνην τὸν (τοῦ) Ζαχαρίου υἱὸν ἐν τῇ ἐρήμῳ. 3 καὶ ἦλθεν εἰς πᾶσαν τὴν περίχωρον τοῦ Ἰορδάνου κηρύσσων βάπτισμα μετανοίας εἰς ἄφεσιν ἁμαρτιῶν, 4 ὡς γέγραπται ἐν βίβλῳ λόγων Ἡσαΐου τοῦ προφήτου (λέγοντος)

ΚΑΤΑ ΛΟΥΚΑΝ

Φωνὴ βοῶντος ἐν τῇ ἐρήμῳ
Ἑτοιμάσατε τὴν ὁδὸν Κυρίου,
εὐθείας ποιεῖτε τὰς τρίβους αὐτοῦ·
5 πᾶσα φάραγξ πληρωθήσεται
καὶ πᾶν ὄρος καὶ βουνὸς ταπεινωθήσεται,
καὶ ἔσται τὰ σκολιὰ εἰς εὐθείας
καὶ αἱ τραχεῖαι εἰς ὁδοὺς λείας·
6 καὶ ὄψεται πᾶσα σὰρξ τὸ σωτήριον τοῦ Θεοῦ.

7 Ἔλεγεν οὖν τοῖς ἐκπορευομένοις ὄχλοις βαπτισθῆναι ὑπ' αὐτοῦ Γεννήματα ἐχιδνῶν, τίς ὑπέδειξεν ὑμῖν φυγεῖν ἀπὸ τῆς μελλούσης ὀργῆς; 8 ποιήσατε οὖν καρποὺς ἀξίους τῆς μετανοίας· καὶ μὴ ἄρξησθε λέγειν ἐν ἑαυτοῖς Πατέρα ἔχομεν τὸν Ἀβραάμ· λέγω γὰρ ὑμῖν ὅτι δύναται ὁ Θεὸς ἐκ τῶν λίθων τούτων ἐγεῖραι τέκνα τῷ Ἀβραάμ. 9 ἤδη δὲ καὶ ἡ ἀξίνη πρὸς τὴν ῥίζαν τῶν δένδρων κεῖται· πᾶν οὖν δένδρον μὴ ποιοῦν καρπὸν καλὸν ἐκκόπτεται καὶ εἰς πῦρ βάλλεται. 10 Καὶ ἐπηρώτων αὐτὸν οἱ ὄχλοι λέγοντες Τί οὖν ποιήσωμεν; 11 ἀποκριθεὶς δὲ [ἔλεγεν] (λέγει) αὐτοῖς Ὁ ἔχων δύο χιτῶνας μεταδότω τῷ μὴ ἔχοντι, καὶ ὁ ἔχων βρώματα ὁμοίως ποιείτω. 12 ἦλθον δὲ καὶ τελῶναι βαπτισθῆναι καὶ εἶπαν πρὸς αὐτόν Διδάσκαλε, τί ποιήσωμεν; 13 ὁ δὲ εἶπεν πρὸς αὐτούς Μηδὲν πλέον παρὰ τὸ διατεταγμένον ὑμῖν πράσσετε. 14 ἐπηρώτων δὲ αὐτὸν καὶ στρατευόμενοι λέγοντες [Τί ποιήσωμεν καὶ ἡμεῖς] (καὶ ἡμεῖς Τί ποιήσομεν); καὶ εἶπεν (πρὸς) αὐτοῖς Μηδένα διασείσητε μηδὲ συκοφαντήσητε, καὶ ἀρκεῖσθε τοῖς ὀψωνίοις ὑμῶν. 15 Προσδοκῶντος δὲ τοῦ λαοῦ καὶ διαλογιζομένων πάντων ἐν ταῖς καρδίαις αὐτῶν περὶ τοῦ Ἰωάνου, μή ποτε αὐτὸς εἴη ὁ Χριστός, 16 ἀπεκρίνατο [λέγων πᾶσιν ὁ Ἰωάνης] (ὁ Ἰωάννης ἅπασιν λέγων) Ἐγὼ μὲν ὕδατι βαπτίζω ὑμᾶς· ἔρχεται δὲ ὁ ἰσχυρότερός μου, οὗ οὐκ εἰμὶ ἱκανὸς λῦσαι τὸν ἱμάντα τῶν ὑποδημάτων αὐτοῦ· αὐτὸς ὑμᾶς βαπτίσει ἐν Πνεύματι Ἁγίῳ καὶ πυρί· 17 οὗ τὸ πτύον ἐν τῇ χειρὶ αὐτοῦ (καὶ) διακαθᾶραι τὴν ἅλωνα αὐτοῦ καὶ [συναγαγεῖν] (συναξεῖ) τὸν σῖτον εἰς τὴν ἀποθήκην αὐτοῦ, τὸ δὲ ἄχυρον κατακαύσει πυρὶ ἀσβέστῳ. 18 Πολλὰ μὲν οὖν καὶ ἕτερα παρακαλῶν εὐηγγελίζετο τὸν λαόν· 19 ὁ δὲ Ἡρῴδης ὁ τετραάρχης, ἐλεγχόμενος ὑπ' αὐτοῦ περὶ Ἡρῳδιάδος τῆς γυναικὸς τοῦ ἀδελφοῦ αὐτοῦ καὶ περὶ πάντων ὧν ἐποίησεν πονηρῶν ὁ Ἡρῴδης, 20 προσέθηκεν καὶ τοῦτο ἐπὶ πᾶσιν, (καὶ) κατέκλεισεν τὸν Ἰωάνην ἐν (τῇ) φυλακῇ.

ΚΑΤΑ ΛΟΥΚΑΝ

The Baptism of Christ

21 Ἐγένετο δὲ ἐν τῷ βαπτισθῆναι ἅπαντα τὸν λαὸν καὶ Ἰησοῦ βαπτισθέντος καὶ προσευχομένου ἀνεῳχθῆναι τὸν οὐρανὸν, 22 καὶ καταβῆναι τὸ Πνεῦμα τὸ Ἅγιον σωματικῷ εἴδει [ὡς] (ὡσεὶ) περιστερὰν ἐπ᾽ αὐτόν, καὶ φωνὴν ἐξ οὐρανοῦ γενέσθαι (λέγουσαν) Σὺ εἶ ὁ Υἱός μου ὁ ἀγαπητός, ἐν σοὶ [εὐδόκησα] (ηὐδόκησα).

The Genealogy of Jesus (through Mary/Nathan)

23 Καὶ αὐτὸς ἦν (ὁ) Ἰησοῦς [ἀρχόμενος ὡσεὶ ἐτῶν τριάκοντα] (ὡσεὶ ἐτῶν τριάκοντα ἀρχόμενος), ὢν [υἱός, ὡς ἐνομίζετο] (ὡς ἐνομίζετο υἱός), Ἰωσὴφ, τοῦ Ἡλεὶ 24 τοῦ Ματθὰτ τοῦ Λευεὶ τοῦ Μελχεὶ τοῦ Ἰανναὶ τοῦ Ἰωσὴφ 25 τοῦ Ματταθίου τοῦ Ἀμὼς τοῦ Ναοὺμ τοῦ Ἐσλεὶ τοῦ Ναγγαὶ 26 τοῦ Μαὰθ τοῦ Ματταθίου τοῦ Σεμεεὶν τοῦ Ἰωσὴχ τοῦ Ἰωδὰ 27 τοῦ Ἰωανὰν τοῦ Ῥησὰ τοῦ Ζοροβάβελ τοῦ Σαλαθιὴλ τοῦ Νηρεὶ 28 τοῦ Μελχεὶ τοῦ Ἀδδεὶ τοῦ Κωσὰμ τοῦ Ἐλμαδὰμ τοῦ Ἢρ 29 τοῦ Ἰησοῦ τοῦ Ἐλιέζερ τοῦ Ἰωρεὶμ τοῦ Μαθθὰτ τοῦ Λευεὶ 30 τοῦ Συμεὼν τοῦ Ἰούδα τοῦ Ἰωσὴφ τοῦ Ἰωνὰμ τοῦ Ἐλιακεὶμ 31 τοῦ Μελεὰ τοῦ Μεννὰ τοῦ Ματταθὰ τοῦ Ναθὰμ τοῦ Δαυεὶδ 32 τοῦ Ἰεσσαὶ τοῦ Ἰωβὴδ τοῦ Βοὸς τοῦ [Σαλὰ] (Σαλμών) τοῦ Ναασσὼν 33 τοῦ Ἀμιναδὰβ [τοῦ Ἀδμεὶν] τοῦ [Ἀρνεὶ] (Ἀράμ) τοῦ Ἐσρὼμ τοῦ Φαρὲς τοῦ Ἰούδα 34 τοῦ Ἰακὼβ τοῦ Ἰσαὰκ τοῦ Ἀβραὰμ τοῦ Θάρα τοῦ Ναχὼρ 35 τοῦ Σεροὺχ τοῦ Ῥαγαῦ τοῦ Φάλεκ τοῦ Ἔβερ τοῦ Σαλὰ 36 τοῦ Καϊνὰμ τοῦ Ἀρφαξὰδ τοῦ Σὴμ τοῦ Νῶε τοῦ Λάμεχ 37 τοῦ Μαθουσαλὰ τοῦ Ἐνὼχ τοῦ Ἰάρετ τοῦ Μαλελεὴλ τοῦ Καϊνὰμ 38 τοῦ Ἐνὼς τοῦ Σὴθ τοῦ Ἀδὰμ τοῦ Θεοῦ.

Luke 4

The Temptation of Christ

1 Ἰησοῦς δὲ [πλήρης Πνεύματος Ἁγίου] (Πνεύματος Ἁγίου πλήρης) ὑπέστρεψεν ἀπὸ τοῦ Ἰορδάνου, καὶ ἤγετο ἐν τῷ Πνεύματι ἐν τῇ ἐρήμῳ 2 ἡμέρας τεσσεράκοντα πειραζόμενος ὑπὸ τοῦ διαβόλου. Καὶ οὐκ ἔφαγεν οὐδὲν ἐν ταῖς ἡμέραις ἐκείναις, καὶ συντελεσθεισῶν αὐτῶν (ὕστερον) ἐπείνασεν. 3 (Καὶ) εἶπεν [δὲ] αὐτῷ ὁ διάβολος Εἰ Υἱὸς εἶ τοῦ Θεοῦ, εἰπὲ τῷ λίθῳ τούτῳ ἵνα γένηται ἄρτος. 4 καὶ ἀπεκρίθη [πρὸς αὐτὸν ὁ Ἰησοῦς] (Ἰησοῦς πρὸς αὐτὸν λέγων) Γέγραπται ὅτι Οὐκ ἐπ᾽ ἄρτῳ μόνῳ ζήσεται ὁ ἄνθρωπος (ἀλλ᾽ ἐπὶ παντὶ ῥήματι Θεοῦ). 5 Καὶ ἀναγαγὼν αὐτὸν (ὁ διάβολος εἰς ὄρος ὑψηλὸν) ἔδειξεν αὐτῷ πάσας τὰς βασιλείας τῆς οἰκουμένης ἐν στιγμῇ χρόνου.

ΚΑΤΑ ΛΟΥΚΑΝ

6 καὶ εἶπεν αὐτῷ ὁ διάβολος Σοὶ δώσω τὴν ἐξουσίαν ταύτην ἅπασαν καὶ τὴν δόξαν αὐτῶν, ὅτι ἐμοὶ παραδέδοται καὶ ᾧ ἐὰν θέλω δίδωμι αὐτήν· 7 σὺ οὖν ἐὰν προσκυνήσῃς ἐνώπιον [ἐμοῦ] (μοῦ), ἔσται σοῦ [πᾶσα] (πάντα). 8 καὶ ἀποκριθεὶς [ὁ Ἰησοῦς εἶπεν αὐτῷ] (αὐτῷ εἶπεν ὁ Ἰησοῦς Ὕπαγε ὀπίσω μου, Σατανᾶ·) Γέγραπται (γὰρ) Προσκυνήσεις Κύριον τὸν Θεόν σου καὶ αὐτῷ μόνῳ λατρεύσεις. 9 (Καὶ) Ἤγαγεν [δὲ] αὐτὸν εἰς Ἰερουσαλὴμ καὶ ἔστησεν (αὐτὸν) ἐπὶ τὸ πτερύγιον τοῦ ἱεροῦ, καὶ εἶπεν αὐτῷ Εἰ Υἱὸς εἶ τοῦ Θεοῦ, βάλε σεαυτὸν ἐντεῦθεν κάτω· 10 γέγραπται γὰρ ὅτι τοῖς ἀγγέλοις αὐτοῦ ἐντελεῖται περὶ σοῦ τοῦ διαφυλάξαι σε, 11 καὶ ὅτι ἐπὶ χειρῶν ἀροῦσίν σε μή ποτε προσκόψῃς πρὸς λίθον τὸν πόδα σου. 12 καὶ ἀποκριθεὶς εἶπεν αὐτῷ ὁ Ἰησοῦς ὅτι Εἴρηται Οὐκ ἐκπειράσεις Κύριον τὸν Θεόν σου. 13 Καὶ συντελέσας πάντα πειρασμὸν ὁ διάβολος ἀπέστη ἀπ' αὐτοῦ ἄχρι καιροῦ.

Jesus Begins His Galilean Ministry

14 Καὶ ὑπέστρεψεν ὁ Ἰησοῦς ἐν τῇ δυνάμει τοῦ Πνεύματος εἰς τὴν Γαλιλαίαν· καὶ φήμη ἐξῆλθεν καθ' ὅλης τῆς περιχώρου περὶ αὐτοῦ. 15 καὶ αὐτὸς ἐδίδασκεν ἐν ταῖς συναγωγαῖς αὐτῶν, δοξαζόμενος ὑπὸ πάντων.

Jesus Rejected at Nazareth

16 Καὶ ἦλθεν εἰς Ναζαρά, οὗ ἦν τεθραμμένος, καὶ εἰσῆλθεν κατὰ τὸ εἰωθὸς αὐτῷ ἐν τῇ ἡμέρᾳ τῶν σαββάτων εἰς τὴν συναγωγήν, καὶ ἀνέστη ἀναγνῶναι. 17 καὶ ἐπεδόθη αὐτῷ βιβλίον [τοῦ προφήτου Ἠσαΐου] (Ἠσαΐου τοῦ προφήτου), καὶ [ἀνοίξας] (ἀναπτύξας) τὸ βιβλίον εὗρεν τὸν τόπον οὗ ἦν γεγραμμένον

18 Πνεῦμα Κυρίου ἐπ' ἐμέ,
οὗ [εἵνεκεν] (ἕνεκεν) ἔχρισέν με εὐαγγελίσασθαι πτωχοῖς,
ἀπέσταλκέν με (ἰάσασθαι τοὺς συντετριμμένους τὴν καρδίαν)
κηρῦξαι αἰχμαλώτοις ἄφεσιν καὶ τυφλοῖς ἀνάβλεψιν,
ἀποστεῖλαι τεθραυσμένους ἐν ἀφέσει,
19 κηρῦξαι ἐνιαυτὸν Κυρίου δεκτόν.

20 καὶ πτύξας τὸ βιβλίον ἀποδοὺς τῷ ὑπηρέτῃ ἐκάθισεν· καὶ πάντων [οἱ ὀφθαλμοὶ ἐν τῇ συναγωγῇ] (ἐν τῇ συναγωγῇ οἱ ὀφθαλμοὶ) ἦσαν ἀτενίζοντες αὐτῷ. 21 ἤρξατο δὲ λέγειν πρὸς αὐτοὺς ὅτι Σήμερον πεπλήρωται ἡ γραφὴ αὕτη ἐν τοῖς ὠσὶν ὑμῶν.

ΚΑΤΑ ΛΟΥΚΑΝ

22 καὶ πάντες ἐμαρτύρουν αὐτῷ καὶ ἐθαύμαζον ἐπὶ τοῖς λόγοις τῆς χάριτος τοῖς ἐκπορευομένοις ἐκ τοῦ στόματος αὐτοῦ, καὶ ἔλεγον [Οὐχὶ υἱός ἐστιν Ἰωσὴφ οὗτος] (Οὐχ οὗτος ἐστιν ὁ υἱός Ἰωσὴφ); 23 καὶ εἶπεν πρὸς αὐτούς Πάντως ἐρεῖτέ μοι τὴν παραβολὴν ταύτην Ἰατρέ, θεράπευσον σεαυτόν· ὅσα ἠκούσαμεν γενόμενα [εἰς τὴν] (ἐν τῇ) Καφαρναοὺμ, ποίησον καὶ ὧδε ἐν τῇ πατρίδι σου. 24 εἶπεν δέ Ἀμὴν λέγω ὑμῖν ὅτι οὐδεὶς προφήτης δεκτός ἐστιν ἐν τῇ πατρίδι αὐτοῦ. 25 ἐπ᾽ ἀληθείας δὲ λέγω ὑμῖν, πολλαὶ χῆραι ἦσαν ἐν ταῖς ἡμέραις Ἠλείου ἐν τῷ Ἰσραήλ, ὅτε ἐκλείσθη ὁ οὐρανὸς ἐπὶ ἔτη τρία καὶ μῆνας ἕξ, ὡς ἐγένετο λιμὸς μέγας ἐπὶ πᾶσαν τὴν γῆν, 26 καὶ πρὸς οὐδεμίαν αὐτῶν ἐπέμφθη Ἠλείας εἰ μὴ εἰς Σάρεπτα τῆς Σιδωνίας πρὸς γυναῖκα χήραν. 27 καὶ πολλοὶ λεπροὶ ἦσαν [ἐν τῷ Ἰσραὴλ] ἐπὶ Ἐλισαίου τοῦ προφήτου (ἐν τῷ Ἰσραὴλ), καὶ οὐδεὶς αὐτῶν ἐκαθαρίσθη εἰ μὴ Ναιμὰν ὁ Σύρος. 28 καὶ ἐπλήσθησαν πάντες θυμοῦ ἐν τῇ συναγωγῇ ἀκούοντες ταῦτα, 29 καὶ ἀναστάντες ἐξέβαλον αὐτὸν ἔξω τῆς πόλεως, καὶ ἤγαγον αὐτὸν ἕως (τῆς) ὀφρύος τοῦ ὄρους ἐφ᾽ οὗ ἡ πόλις [ᾠκοδόμητο αὐτῶν, ὥστε] (αὐτῶν ᾠκοδόμητο εἰς τὸ) κατακρημνίσαι αὐτόν· 30 αὐτὸς δὲ διελθὼν διὰ μέσου αὐτῶν ἐπορεύετο.

Jesus Casts Out a Demonic Spirit

31 Καὶ κατῆλθεν εἰς Καφαρναοὺμ πόλιν τῆς Γαλιλαίας. καὶ ἦν διδάσκων αὐτοὺς ἐν τοῖς σάββασιν· 32 καὶ ἐξεπλήσσοντο ἐπὶ τῇ διδαχῇ αὐτοῦ, ὅτι ἐν ἐξουσίᾳ ἦν ὁ λόγος αὐτοῦ. 33 καὶ ἐν τῇ συναγωγῇ ἦν ἄνθρωπος ἔχων πνεῦμα δαιμονίου ἀκαθάρτου, καὶ ἀνέκραξεν φωνῇ μεγάλῃ 34 (λέγων) Ἔα, τί ἡμῖν καὶ σοί, Ἰησοῦ Ναζαρηνέ; ἦλθες ἀπολέσαι ἡμᾶς; οἶδά σε τίς εἶ, ὁ Ἅγιος τοῦ Θεοῦ. 35 καὶ ἐπετίμησεν αὐτῷ ὁ Ἰησοῦς λέγων Φιμώθητι καὶ ἔξελθε [ἀπ᾽] (ἐξ) αὐτοῦ. καὶ ῥίψαν αὐτὸν τὸ δαιμόνιον εἰς τὸ μέσον ἐξῆλθεν ἀπ᾽ αὐτοῦ μηδὲν βλάψαν αὐτόν. 36 καὶ ἐγένετο θάμβος ἐπὶ πάντας, καὶ συνελάλουν πρὸς ἀλλήλους λέγοντες Τίς ὁ λόγος οὗτος, ὅτι ἐν ἐξουσίᾳ καὶ δυνάμει ἐπιτάσσει τοῖς ἀκαθάρτοις πνεύμασιν καὶ ἐξέρχονται; 37 καὶ ἐξεπορεύετο ἦχος περὶ αὐτοῦ εἰς πάντα τόπον τῆς περιχώρου.

Jesus Heals Peter's Mother-in-Law

38 Ἀναστὰς δὲ [ἀπὸ] (ἐκ) τῆς συναγωγῆς εἰσῆλθεν εἰς τὴν οἰκίαν Σίμωνος. (ἡ) πενθερὰ δὲ τοῦ Σίμωνος ἦν συνεχομένη πυρετῷ μεγάλῳ, καὶ ἠρώτησαν αὐτὸν περὶ αὐτῆς. 39 καὶ ἐπιστὰς ἐπάνω αὐτῆς ἐπετίμησεν τῷ πυρετῷ, καὶ ἀφῆκεν αὐτήν· παραχρῆμα δὲ ἀναστᾶσα διηκόνει αὐτοῖς.

ΚΑΤΑ ΛΟΥΚΑΝ

Jesus Heals Many

40 Δύνοντος δὲ τοῦ ἡλίου [ἅπαντες] (πάντες) ὅσοι εἶχον ἀσθενοῦντας νόσοις ποικίλαις ἤγαγον αὐτοὺς πρὸς αὐτόν· ὁ δὲ ἑνὶ ἑκάστῳ αὐτῶν τὰς χεῖρας ἐπιτιθεὶς ἐθεράπευεν αὐτούς. 41 ἐξήρχετο δὲ καὶ δαιμόνια ἀπὸ πολλῶν, [κραυγάζοντα] (κράζοντα) καὶ λέγοντα ὅτι Σὺ εἶ (ὁ Χριστὸς) ὁ Υἱὸς τοῦ Θεοῦ. καὶ ἐπιτιμῶν οὐκ εἴα αὐτὰ λαλεῖν, ὅτι ᾔδεισαν τὸν Χριστὸν αὐτὸν εἶναι. 42 Γενομένης δὲ ἡμέρας ἐξελθὼν ἐπορεύθη εἰς ἔρημον τόπον· καὶ οἱ ὄχλοι [ἐπεζήτουν] (ἐζήτουν) αὐτόν, καὶ ἦλθον ἕως αὐτοῦ, καὶ κατεῖχον αὐτὸν τοῦ μὴ πορεύεσθαι ἀπ' αὐτῶν. 43 ὁ δὲ εἶπεν πρὸς αὐτοὺς ὅτι Καὶ ταῖς ἑτέραις πόλεσιν εὐαγγελίσασθαί με δεῖ τὴν βασιλείαν τοῦ Θεοῦ, ὅτι ἐπὶ τοῦτο ἀπεστάλην. 44 καὶ ἦν κηρύσσων εἰς [τὰς συναγωγὰς] (ταῖς συναγωγαῖς) τῆς [Ἰουδαίας] (Γαλιλαίας).

Luke 5

The First Disciples are Called

1 Ἐγένετο δὲ ἐν τῷ τὸν ὄχλον ἐπικεῖσθαι αὐτῷ καὶ ἀκούειν τὸν λόγον τοῦ Θεοῦ, καὶ αὐτὸς ἦν ἑστὼς παρὰ τὴν λίμνην Γεννησαρέτ, 2 καὶ εἶδεν [πλοῖα δύο] (δύο πλοῖα) ἑστῶτα παρὰ τὴν λίμνην· οἱ δὲ ἁλεεῖς [ἀπ' αὐτῶν ἀποβάντες ἔπλυνον] (ἀποβάντες ἀπ' αὐτῶν ἀπέπλυναν) τὰ δίκτυα. 3 ἐμβὰς δὲ εἰς ἓν τῶν πλοίων, ὃ ἦν (τοῦ) Σίμωνος, ἠρώτησεν αὐτὸν ἀπὸ τῆς γῆς ἐπαναγαγεῖν ὀλίγον· (καὶ) καθίσας [δὲ ἐκ τοῦ πλοίου ἐδίδασκεν] (ἐδίδασκεν ἐκ τοῦ πλοίου) τοὺς ὄχλους. 4 ὡς δὲ ἐπαύσατο λαλῶν, εἶπεν πρὸς τὸν Σίμωνα Ἐπανάγαγε εἰς τὸ βάθος, καὶ χαλάσατε τὰ δίκτυα ὑμῶν εἰς ἄγραν. 5 καὶ ἀποκριθεὶς (ὁ) Σίμων εἶπεν (αὐτῷ) Ἐπιστάτα, δι' ὅλης (τῆς) νυκτὸς κοπιάσαντες οὐδὲν ἐλάβομεν· ἐπὶ δὲ τῷ ῥήματί σου χαλάσω [τὰ δίκτυα] (τὸ δίκτυον). 6 καὶ τοῦτο ποιήσαντες συνέκλεισαν [πλῆθος ἰχθύων] (ἰχθύων πλῆθος) πολύ· [διερήσσετο] (διερρήγνυτο) δὲ [τὰ δίκτυα] (τὸ δίκτυον) αὐτῶν. 7 καὶ κατένευσαν τοῖς μετόχοις (τοῖς) ἐν τῷ ἑτέρῳ πλοίῳ τοῦ ἐλθόντας συλλαβέσθαι αὐτοῖς· καὶ ἦλθαν, καὶ ἔπλησαν ἀμφότερα τὰ πλοῖα ὥστε βυθίζεσθαι αὐτά. 8 ἰδὼν δὲ Σίμων Πέτρος προσέπεσεν τοῖς γόνασιν Ἰησοῦ λέγων Ἔξελθε ἀπ' ἐμοῦ, ὅτι ἀνὴρ ἁμαρτωλός εἰμι, Κύριε. 9 θάμβος γὰρ περιέσχεν αὐτὸν καὶ πάντας τοὺς σὺν αὐτῷ ἐπὶ τῇ ἄγρᾳ τῶν ἰχθύων ᾗ συνέλαβον, 10 ὁμοίως δὲ καὶ Ἰάκωβον καὶ Ἰωάνην υἱοὺς Ζεβεδαίου, οἳ ἦσαν κοινωνοὶ τῷ Σίμωνι. καὶ εἶπεν πρὸς τὸν Σίμωνα ὁ Ἰησοῦς Μὴ φοβοῦ· ἀπὸ τοῦ νῦν ἀνθρώπους ἔσῃ ζωγρῶν. 11 καὶ καταγαγόντες τὰ πλοῖα ἐπὶ τὴν γῆν, ἀφέντες [πάντα] (ἅπαντα) ἠκολούθησαν αὐτῷ.

ΚΑΤΑ ΛΟΥΚΑΝ

A Leper is Cleansed

12 Καὶ ἐγένετο ἐν τῷ εἶναι αὐτὸν ἐν μιᾷ τῶν πόλεων καὶ ἰδοὺ ἀνὴρ πλήρης λέπρας· ἰδὼν δὲ τὸν Ἰησοῦν, πεσὼν ἐπὶ πρόσωπον ἐδεήθη αὐτοῦ λέγων Κύριε, ἐὰν θέλῃς, δύνασαί με καθαρίσαι. 13 καὶ ἐκτείνας τὴν χεῖρα ἥψατο αὐτοῦ [λέγων] (εἰπὼν) Θέλω, καθαρίσθητι· καὶ εὐθέως ἡ λέπρα ἀπῆλθεν ἀπ᾽ αὐτοῦ. 14 καὶ αὐτὸς παρήγγειλεν αὐτῷ μηδενὶ εἰπεῖν, ἀλλὰ ἀπελθὼν δεῖξον σεαυτὸν τῷ ἱερεῖ, καὶ προσένεγκε περὶ τοῦ καθαρισμοῦ σου καθὼς προσέταξεν Μωϋσῆς, εἰς μαρτύριον αὐτοῖς. 15 διήρχετο δὲ μᾶλλον ὁ λόγος περὶ αὐτοῦ, καὶ συνήρχοντο ὄχλοι πολλοὶ ἀκούειν καὶ θεραπεύεσθαι ἀπὸ τῶν ἀσθενειῶν αὐτῶν· 16 αὐτὸς δὲ ἦν ὑποχωρῶν ἐν ταῖς ἐρήμοις καὶ προσευχόμενος.

Jesus Declares His Authority to Forgive Sins

17 Καὶ ἐγένετο ἐν μιᾷ τῶν ἡμερῶν καὶ αὐτὸς ἦν διδάσκων, καὶ ἦσαν καθήμενοι Φαρισαῖοι καὶ νομοδιδάσκαλοι οἳ ἦσαν ἐληλυθότες ἐκ πάσης κώμης τῆς Γαλιλαίας καὶ Ἰουδαίας καὶ Ἰερουσαλήμ· καὶ δύναμις Κυρίου ἦν εἰς τὸ ἰᾶσθαι αὐτόν. 18 καὶ ἰδοὺ ἄνδρες φέροντες ἐπὶ κλίνης ἄνθρωπον ὃς ἦν παραλελυμένος, καὶ ἐζήτουν αὐτὸν εἰσενεγκεῖν καὶ θεῖναι ἐνώπιον αὐτοῦ. 19 καὶ μὴ εὑρόντες ποίας εἰσενέγκωσιν αὐτὸν διὰ τὸν ὄχλον, ἀναβάντες ἐπὶ τὸ δῶμα διὰ τῶν κεράμων καθῆκαν αὐτὸν σὺν τῷ κλινιδίῳ εἰς τὸ μέσον ἔμπροσθεν τοῦ Ἰησοῦ. 20 καὶ ἰδὼν τὴν πίστιν [αὐτῶν εἶπεν] (εἶπεν αὐτῷ) Ἄνθρωπε, ἀφέωνταί σοι αἱ ἁμαρτίαι σου. 21 καὶ ἤρξαντο διαλογίζεσθαι οἱ γραμματεῖς καὶ οἱ Φαρισαῖοι λέγοντες Τίς ἐστιν οὗτος ὃς λαλεῖ βλασφημίας; τίς δύναται [ἁμαρτίας ἀφεῖναι] (ἀφιέναι ἁμαρτίας) εἰ μὴ μόνος ὁ Θεός; 22 ἐπιγνοὺς δὲ ὁ Ἰησοῦς τοὺς διαλογισμοὺς αὐτῶν ἀποκριθεὶς εἶπεν πρὸς αὐτούς Τί διαλογίζεσθε ἐν ταῖς καρδίαις ὑμῶν; 23 τί ἐστιν εὐκοπώτερον, εἰπεῖν Ἀφέωνταί σοι αἱ ἁμαρτίαι σου, ἢ εἰπεῖν Ἔγειρε καὶ περιπάτει; 24 ἵνα δὲ εἰδῆτε ὅτι [ὁ Υἱὸς τοῦ ἀνθρώπου ἐξουσίαν ἔχει] (ἐξουσίαν ἔχει ὁ υἱὸς τοῦ ἀνθρώπου) ἐπὶ τῆς γῆς ἀφιέναι ἁμαρτίας, εἶπεν τῷ παραλελυμένῳ Σοὶ λέγω, [ἔγειρε] (ἔγειραι) καὶ ἄρας τὸ κλινίδιόν σου πορεύου εἰς τὸν οἶκόν σου. 25 καὶ παραχρῆμα ἀναστὰς ἐνώπιον αὐτῶν, ἄρας ἐφ᾽ [ὃ] (ᾧ) κατέκειτο, ἀπῆλθεν εἰς τὸν οἶκον αὐτοῦ δοξάζων τὸν Θεόν. 26 καὶ ἔκστασις ἔλαβεν ἅπαντας, καὶ ἐδόξαζον τὸν Θεόν, καὶ ἐπλήσθησαν φόβου λέγοντες ὅτι Εἴδομεν παράδοξα σήμερον.

ΚΑΤΑ ΛΟΥΚΑΝ

Jesus Calls Levi (Matthew)

27 Καὶ μετὰ ταῦτα ἐξῆλθεν, καὶ ἐθεάσατο τελώνην ὀνόματι Λευεὶν καθήμενον ἐπὶ τὸ τελώνιον, καὶ εἶπεν αὐτῷ Ἀκολούθει μοι. 28 καὶ καταλιπὼν [πάντα] (ἅπαντα) ἀναστὰς ἠκολούθει αὐτῷ. 29 Καὶ ἐποίησεν δοχὴν μεγάλην (ὁ) Λευεὶς αὐτῷ ἐν τῇ οἰκίᾳ αὐτοῦ· καὶ ἦν ὄχλος [πολὺς τελωνῶν] (τελωνῶν πολὺς) καὶ ἄλλων οἳ ἦσαν μετ' αὐτῶν κατακείμενοι. 30 καὶ ἐγόγγυζον οἱ [Φαρισαῖοι καὶ οἱ γραμματεῖς αὐτῶν] (γραμματεῖς αὐτῶν καὶ οἱ Φαρισαῖοι) πρὸς τοὺς μαθητὰς αὐτοῦ λέγοντες Διὰ τί μετὰ [τῶν] τελωνῶν καὶ ἁμαρτωλῶν ἐσθίετε καὶ πίνετε; 31 καὶ ἀποκριθεὶς ὁ Ἰησοῦς εἶπεν πρὸς αὐτούς Οὐ χρείαν ἔχουσιν οἱ ὑγιαίνοντες ἰατροῦ ἀλλὰ οἱ κακῶς ἔχοντες· 32 οὐκ ἐλήλυθα καλέσαι δικαίους ἀλλὰ ἁμαρτωλοὺς εἰς μετάνοιαν.

Jesus Questioned about Fasting

33 Οἱ δὲ εἶπαν πρὸς αὐτόν (Διατί) Οἱ μαθηταὶ Ἰωάνου νηστεύουσιν πυκνὰ καὶ δεήσεις ποιοῦνται, ὁμοίως καὶ οἱ τῶν Φαρισαίων, οἱ δὲ σοὶ ἐσθίουσιν καὶ πίνουσιν. 34 ὁ δὲ [Ἰησοῦς] εἶπεν πρὸς αὐτούς Μὴ δύνασθε τοὺς υἱοὺς τοῦ νυμφῶνος, ἐν ᾧ ὁ νυμφίος μετ' αὐτῶν ἐστιν, ποιῆσαι [νηστεῦσαι] (νηστεύειν); 35 ἐλεύσονται δὲ ἡμέραι, καὶ ὅταν ἀπαρθῇ ἀπ' αὐτῶν ὁ νυμφίος, τότε νηστεύσουσιν ἐν ἐκείναις ταῖς ἡμέραις. 36 Ἔλεγεν δὲ καὶ παραβολὴν πρὸς αὐτοὺς ὅτι Οὐδεὶς ἐπίβλημα [ἀπὸ] ἱματίου καινοῦ [σχίσας] ἐπιβάλλει ἐπὶ ἱμάτιον παλαιόν· εἰ δὲ μήγε, καὶ τὸ καινὸν σχίσει καὶ τῷ παλαιῷ οὐ [συμφωνήσει τὸ] (συμφωνει) ἐπίβλημα τὸ ἀπὸ τοῦ καινοῦ. 37 καὶ οὐδεὶς βάλλει οἶνον νέον εἰς ἀσκοὺς παλαιούς· εἰ δὲ μήγε, ῥήξει ὁ [οἶνος ὁ νέος] (νέος οἶνος) τοὺς ἀσκούς, καὶ αὐτὸς ἐκχυθήσεται καὶ οἱ ἀσκοὶ ἀπολοῦνται· 38 ἀλλὰ οἶνον νέον εἰς ἀσκοὺς καινοὺς βλητέον (καὶ ἀμφότεροι συντηροῦνται). 39 καὶ οὐδεὶς πιὼν παλαιὸν θέλει νέον· λέγει γάρ Ὁ παλαιὸς [χρηστός] (χρηστότερός) ἐστιν.

Luke 6

Jesus - Lord of the Sabbath

1 Ἐγένετο δὲ ἐν σαββάτῳ (δευτεροπρώτῳ) διαπορεύεσθαι αὐτὸν διὰ (τῶν) σπορίμων, καὶ ἔτιλλον οἱ μαθηταὶ αὐτοῦ [καὶ ἤσθιον] τοὺς στάχυας (καὶ ἤσθιον) ψώχοντες ταῖς χερσίν. 2 τινὲς δὲ τῶν Φαρισαίων εἶπαν (αὐτοῖς) Τί ποιεῖτε ὃ οὐκ ἔξεστιν (ποιεῖν ἐν) τοῖς σάββασιν;

ΚΑΤΑ ΛΟΥΚΑΝ

3 καὶ ἀποκριθεὶς πρὸς αὐτοὺς εἶπεν ὁ Ἰησοῦς Οὐδὲ τοῦτο ἀνέγνωτε ὃ ἐποίησεν Δαυεὶδ ὁπότε ἐπείνασεν αὐτὸς καὶ οἱ μετ' αὐτοῦ ὄντες; 4 ὡς εἰσῆλθεν εἰς τὸν οἶκον τοῦ Θεοῦ καὶ τοὺς ἄρτους τῆς προθέσεως [λαβὼν] (ἔλαβεν καὶ) ἔφαγεν καὶ ἔδωκεν (καὶ) τοῖς μετ' αὐτοῦ, οὓς οὐκ ἔξεστιν φαγεῖν εἰ μὴ μόνους τοὺς ἱερεῖς; 5 καὶ ἔλεγεν αὐτοῖς (ὅτι) Κύριός ἐστιν [τοῦ σαββάτου ὁ Υἱὸς τοῦ ἀνθρώπου] (ὁ Υἱὸς τοῦ ἀνθρώπου καὶ τοῦ σαββάτου).

Jesus Heals on the Sabbath

6 Ἐγένετο δὲ (καὶ) ἐν ἑτέρῳ σαββάτῳ εἰσελθεῖν αὐτὸν εἰς τὴν συναγωγὴν καὶ διδάσκειν· καὶ ἦν [ἄνθρωπος ἐκεῖ] (ἐκεῖ ἄνθρωπος) καὶ ἡ χεὶρ αὐτοῦ ἡ δεξιὰ ἦν ξηρά· 7 παρετηροῦντο δὲ αὐτὸν οἱ γραμματεῖς καὶ οἱ Φαρισαῖοι εἰ ἐν τῷ σαββάτῳ [θεραπεύει] (θεραπεύσει), ἵνα εὕρωσιν κατηγορεῖν αὐτοῦ. 8 αὐτὸς δὲ ᾔδει τοὺς διαλογισμοὺς αὐτῶν, (καὶ) εἶπεν [δὲ τῷ ἀνδρὶ] (ἀνθρώπῳ) τῷ ξηρὰν ἔχοντι τὴν χεῖρα [Ἔγειρε] (Ἔγειραι) καὶ στῆθι εἰς τὸ μέσον· [καὶ] (ὁ δὲ) ἀναστὰς ἔστη. 9 εἶπεν [δὲ] (οὖν) ὁ Ἰησοῦς πρὸς αὐτούς [Ἐπερωτῶ] (Ἐπερωτήσω) ὑμᾶς [εἰ] (τί) ἔξεστιν [τῷ σαββάτῳ] (τοῖς σάββασιν) ἀγαθοποιῆσαι ἢ κακοποιῆσαι, ψυχὴν σῶσαι ἢ ἀπολέσαι; 10 καὶ περιβλεψάμενος πάντας αὐτοὺς εἶπεν [αὐτῷ] (τῷ ἀνθρώπῳ) Ἔκτεινον τὴν χεῖρά σου. ὁ δὲ ἐποίησεν (οὕτως), καὶ ἀπεκατεστάθη ἡ χεὶρ αὐτοῦ (ὑγιὴς ὡς ἡ ἄλλη). 11 αὐτοὶ δὲ ἐπλήσθησαν ἀνοίας, καὶ διελάλουν πρὸς ἀλλήλους τί ἂν ποιήσαιεν τῷ Ἰησοῦ.

Jesus Chooses the Twelve Disciples

12 Ἐγένετο δὲ ἐν ταῖς ἡμέραις ταύταις ἐξελθεῖν [αὐτὸν] εἰς τὸ ὄρος προσεύξασθαι, καὶ ἦν διανυκτερεύων ἐν τῇ προσευχῇ τοῦ Θεοῦ. 13 καὶ ὅτε ἐγένετο ἡμέρα, προσεφώνησεν τοὺς μαθητὰς αὐτοῦ, καὶ ἐκλεξάμενος ἀπ' αὐτῶν δώδεκα, οὓς καὶ ἀποστόλους ὠνόμασεν, 14 Σίμωνα, ὃν καὶ ὠνόμασεν, Πέτρον καὶ Ἀνδρέαν τὸν ἀδελφὸν αὐτοῦ, [καὶ] Ἰάκωβον καὶ Ἰωάνην, [καὶ] Φίλιππον καὶ Βαρθολομαῖον, 15 [καὶ] Μαθθαῖον καὶ Θωμᾶν, [καὶ] Ἰάκωβον (τὸν τοῦ) Ἀλφαίου καὶ Σίμωνα τὸν καλούμενον Ζηλωτὴν, 16 [καὶ] Ἰούδαν Ἰακώβου, καὶ Ἰούδαν [Ἰσκαριὼθ] (Ἰσκαριώτην), ὃς (καὶ) ἐγένετο προδότης,

ΚΑΤΑ ΛΟΥΚΑΝ

Jesus Teaches and Heals the Multitude

17 καὶ καταβὰς μετ' αὐτῶν ἔστη ἐπὶ τόπου πεδινοῦ, καὶ ὄχλος [πολὺς] μαθητῶν αὐτοῦ, καὶ πλῆθος πολὺ τοῦ λαοῦ ἀπὸ πάσης τῆς Ἰουδαίας καὶ Ἰερουσαλὴμ καὶ τῆς παραλίου Τύρου καὶ Σιδῶνος, 18 οἳ ἦλθον ἀκοῦσαι αὐτοῦ καὶ ἰαθῆναι ἀπὸ τῶν νόσων αὐτῶν, καὶ οἱ ἐνοχλούμενοι ἀπὸ πνευμάτων ἀκαθάρτων ἐθεραπεύοντο· 19 καὶ πᾶς ὁ ὄχλος ἐζήτουν ἅπτεσθαι αὐτοῦ, ὅτι δύναμις παρ' αὐτοῦ ἐξήρχετο καὶ ἰᾶτο πάντας.

Blessings and Warnings

20 Καὶ αὐτὸς ἐπάρας τοὺς ὀφθαλμοὺς αὐτοῦ εἰς τοὺς μαθητὰς αὐτοῦ ἔλεγεν

Μακάριοι οἱ πτωχοί, ὅτι ὑμετέρα ἐστὶν ἡ βασιλεία τοῦ Θεοῦ.
21 μακάριοι οἱ πεινῶντες νῦν, ὅτι χορτασθήσεσθε.
μακάριοι οἱ κλαίοντες νῦν, ὅτι γελάσετε.
22 μακάριοί ἐστε ὅταν μισήσωσιν ὑμᾶς οἱ ἄνθρωποι, καὶ ὅταν ἀφορίσωσιν ὑμᾶς καὶ ὀνειδίσωσιν καὶ ἐκβάλωσιν τὸ ὄνομα ὑμῶν ὡς πονηρὸν ἕνεκα τοῦ Υἱοῦ τοῦ ἀνθρώπου.
23 χάρητε ἐν ἐκείνῃ τῇ ἡμέρᾳ καὶ σκιρτήσατε· ἰδοὺ γὰρ ὁ μισθὸς ὑμῶν πολὺς ἐν τῷ οὐρανῷ· κατὰ τὰ αὐτὰ γὰρ ἐποίουν τοῖς προφήταις οἱ πατέρες αὐτῶν.
24 Πλὴν οὐαὶ ὑμῖν τοῖς πλουσίοις, ὅτι ἀπέχετε τὴν παράκλησιν ὑμῶν.
25 οὐαὶ ὑμῖν, οἱ ἐμπεπλησμένοι [νῦν], ὅτι πεινάσετε.
οὐαί (ὑμῖν), οἱ γελῶντες νῦν, ὅτι πενθήσετε καὶ κλαύσετε.
26 οὐαὶ (ὑμῖν) ὅταν καλῶς ὑμᾶς εἴπωσιν πάντες οἱ ἄνθρωποι· κατὰ τὰ αὐτὰ γὰρ ἐποίουν τοῖς ψευδοπροφήταις οἱ πατέρες αὐτῶν.

Instructions on Unconditional Love

27 Ἀλλὰ ὑμῖν λέγω τοῖς ἀκούουσιν Ἀγαπᾶτε τοὺς ἐχθροὺς ὑμῶν, καλῶς ποιεῖτε τοῖς μισοῦσιν ὑμᾶς, 28 εὐλογεῖτε τοὺς καταρωμένους [ὑμᾶς] (ὑμῖν καὶ), προσεύχεσθε [περὶ] (ὑπὲρ) τῶν ἐπηρεαζόντων ὑμᾶς. 29 τῷ τύπτοντί σε ἐπὶ τὴν σιαγόνα πάρεχε καὶ τὴν ἄλλην, καὶ ἀπὸ τοῦ αἴροντός σου τὸ ἱμάτιον καὶ τὸν χιτῶνα μὴ κωλύσῃς. 30 παντὶ αἰτοῦντί σε δίδου, καὶ ἀπὸ τοῦ αἴροντος τὰ σὰ μὴ ἀπαίτει. 31 καὶ καθὼς θέλετε ἵνα ποιῶσιν ὑμῖν οἱ ἄνθρωποι, (καὶ ὑμεῖς) ποιεῖτε αὐτοῖς ὁμοίως. 32 καὶ εἰ ἀγαπᾶτε τοὺς ἀγαπῶντας ὑμᾶς, ποία ὑμῖν χάρις ἐστίν; καὶ γὰρ οἱ ἁμαρτωλοὶ τοὺς ἀγαπῶντας αὐτοὺς ἀγαπῶσιν.

ΚΑΤΑ ΛΟΥΚΑΝ

33 καὶ [γὰρ] ἐὰν ἀγαθοποιῆτε τοὺς ἀγαθοποιοῦντας ὑμᾶς, ποία ὑμῖν χάρις ἐστίν; καὶ (γὰρ) οἱ ἁμαρτωλοὶ τὸ αὐτὸ ποιοῦσιν. 34 καὶ ἐὰν δανίσητε παρ' ὧν ἐλπίζετε [λαβεῖν] (ἀπολαβεῖν), ποία ὑμῖν χάρις ἐστίν; καὶ (γὰρ οἱ) ἁμαρτωλοὶ ἁμαρτωλοῖς δανίζουσιν ἵνα ἀπολάβωσιν τὰ ἴσα. 35 πλὴν ἀγαπᾶτε τοὺς ἐχθροὺς ὑμῶν καὶ ἀγαθοποιεῖτε καὶ δανίζετε μηδὲν ἀπελπίζοντες· καὶ ἔσται ὁ μισθὸς ὑμῶν πολύς, καὶ ἔσεσθε υἱοὶ (τοῦ) Ὑψίστου, ὅτι αὐτὸς χρηστός ἐστιν ἐπὶ τοὺς ἀχαρίστους καὶ πονηρούς. 36 Γίνεσθε (οὖν) οἰκτίρμονες, καθὼς (καὶ) ὁ Πατὴρ ὑμῶν οἰκτίρμων ἐστίν.

Instructions on Judgment

37 [καὶ] μὴ κρίνετε, καὶ οὐ μὴ κριθῆτε· [καὶ] μὴ καταδικάζετε, καὶ οὐ μὴ καταδικασθῆτε. ἀπολύετε, καὶ ἀπολυθήσεσθε· 38 δίδοτε, καὶ δοθήσεται ὑμῖν· μέτρον καλὸν πεπιεσμένον (καὶ) σεσαλευμένον (καὶ) ὑπερεκχυννόμενον δώσουσιν εἰς τὸν κόλπον ὑμῶν· [ᾧ γὰρ] (τῷ γὰρ αὐτῷ) μέτρῳ (ᾧ) μετρεῖτε ἀντιμετρηθήσεται ὑμῖν. 39 Εἶπεν δὲ καὶ παραβολὴν αὐτοῖς Μήτι δύναται τυφλὸς τυφλὸν ὁδηγεῖν; οὐχὶ ἀμφότεροι εἰς βόθυνον [ἐμπεσοῦνται] (πεσοῦνται); 40 οὐκ ἔστιν μαθητὴς ὑπὲρ τὸν διδάσκαλον (αὐτοῦ)· κατηρτισμένος δὲ πᾶς ἔσται ὡς ὁ διδάσκαλος αὐτοῦ. 41 Τί δὲ βλέπεις τὸ κάρφος τὸ ἐν τῷ ὀφθαλμῷ τοῦ ἀδελφοῦ σου, τὴν δὲ δοκὸν τὴν ἐν τῷ ἰδίῳ ὀφθαλμῷ οὐ κατανοεῖς; 42 (ἢ) πῶς δύνασαι λέγειν τῷ ἀδελφῷ σου Ἀδελφέ, ἄφες ἐκβάλω τὸ κάρφος τὸ ἐν τῷ ὀφθαλμῷ σου, αὐτὸς τὴν ἐν τῷ ὀφθαλμῷ σοῦ δοκὸν οὐ βλέπων; ὑποκριτά, ἔκβαλε πρῶτον τὴν δοκὸν ἐκ τοῦ ὀφθαλμοῦ σοῦ, καὶ τότε διαβλέψεις (ἐκβαλεῖν) τὸ κάρφος τὸ ἐν τῷ ὀφθαλμῷ τοῦ ἀδελφοῦ σου [ἐκβαλεῖν]. 43 Οὐ γάρ ἐστιν δένδρον καλὸν ποιοῦν καρπὸν σαπρόν, οὐδὲ [πάλιν] δένδρον σαπρὸν ποιοῦν καρπὸν καλόν. 44 ἕκαστον γὰρ δένδρον ἐκ τοῦ ἰδίου καρποῦ γινώσκεται· οὐ γὰρ ἐξ ἀκανθῶν συλλέγουσιν σῦκα, οὐδὲ ἐκ βάτου [σταφυλὴν τρυγῶσιν] (τρυγῶσιν σταφυλήν). 45 ὁ ἀγαθὸς ἄνθρωπος ἐκ τοῦ ἀγαθοῦ θησαυροῦ τῆς καρδίας (αὐτοῦ) προφέρει τὸ ἀγαθόν, καὶ ὁ πονηρὸς (ἄνθρωπος) ἐκ τοῦ πονηροῦ (θησαυροῦ τῆς καρδίας αὐτοῦ) προφέρει τὸ πονηρόν· ἐκ γὰρ (τοῦ) περισσεύματος (τῆς) καρδίας λαλεῖ τὸ στόμα αὐτοῦ.

ΚΑΤΑ ΛΟΥΚΑΝ

The Wise and the Foolish Builders

46 Τί δέ με καλεῖτε Κύριε κύριε, καὶ οὐ ποιεῖτε ἃ λέγω; 47 Πᾶς ὁ ἐρχόμενος πρός με καὶ ἀκούων μου τῶν λόγων καὶ ποιῶν αὐτούς, ὑποδείξω ὑμῖν τίνι ἐστὶν ὅμοιος. 48 ὅμοιός ἐστιν ἀνθρώπῳ οἰκοδομοῦντι οἰκίαν, ὃς ἔσκαψεν καὶ ἐβάθυνεν καὶ ἔθηκεν θεμέλιον ἐπὶ τὴν πέτραν· πλημμύρης δὲ γενομένης προσέρηξεν ὁ ποταμὸς τῇ οἰκίᾳ ἐκείνῃ, καὶ οὐκ ἴσχυσεν σαλεῦσαι αὐτὴν [διὰ τὸ καλῶς οἰκοδομῆσθαι αὐτήν] (τεθεμελίωτο γὰρ ἐπὶ τὴν πέτραν·) 49 ὁ δὲ ἀκούσας καὶ μὴ ποιήσας ὅμοιός ἐστιν ἀνθρώπῳ οἰκοδομήσαντι οἰκίαν ἐπὶ τὴν γῆν χωρὶς θεμελίου, ᾗ προσέρηξεν ὁ ποταμός, καὶ εὐθὺς [συνέπεσεν] (ἔπεσεν), καὶ ἐγένετο τὸ ῥῆγμα τῆς οἰκίας ἐκείνης μέγα.

Luke 7

Jesus Heals a Centurion's Servant

1 Ἐπειδὴ ἐπλήρωσεν πάντα τὰ ῥήματα αὐτοῦ εἰς τὰς ἀκοὰς τοῦ λαοῦ, εἰσῆλθεν εἰς Καφαρναούμ. 2 Ἑκατοντάρχου δέ τινος δοῦλος κακῶς ἔχων ἤμελλεν τελευτᾶν, ὃς ἦν αὐτῷ ἔντιμος. 3 ἀκούσας δὲ περὶ τοῦ Ἰησοῦ ἀπέστειλεν πρὸς αὐτὸν πρεσβυτέρους τῶν Ἰουδαίων, ἐρωτῶν αὐτὸν ὅπως ἐλθὼν διασώσῃ τὸν δοῦλον αὐτοῦ. 4 οἱ δὲ παραγενόμενοι πρὸς τὸν Ἰησοῦν παρεκάλουν αὐτὸν σπουδαίως, λέγοντες ὅτι ἄξιός ἐστιν ᾧ παρέξῃ τοῦτο· 5 ἀγαπᾷ γὰρ τὸ ἔθνος ἡμῶν καὶ τὴν συναγωγὴν αὐτὸς ᾠκοδόμησεν ἡμῖν. 6 ὁ δὲ Ἰησοῦς ἐπορεύετο σὺν αὐτοῖς. ἤδη δὲ αὐτοῦ οὐ μακρὰν ἀπέχοντος ἀπὸ τῆς οἰκίας, ἔπεμψεν [φίλους ὁ ἑκατοντάρχης] (πρὸς αὐτὸν ὁ ἑκατόνταρχος φίλους) λέγων αὐτῷ Κύριε, μὴ σκύλλου· οὐ γὰρ [ἱκανός εἰμι] (εἰμι ἱκανός) ἵνα ὑπὸ τὴν στέγην μου εἰσέλθῃς· 7 διὸ οὐδὲ ἐμαυτὸν ἠξίωσα πρὸς σὲ ἐλθεῖν· ἀλλὰ εἰπὲ λόγῳ, καὶ [ἰαθήτω] (ἰαθήσεται) ὁ παῖς μου. 8 καὶ γὰρ ἐγὼ ἄνθρωπός εἰμι ὑπὸ ἐξουσίαν τασσόμενος, ἔχων ὑπ' ἐμαυτὸν στρατιώτας, καὶ λέγω τούτῳ Πορεύθητι, καὶ πορεύεται, καὶ ἄλλῳ Ἔρχου, καὶ ἔρχεται, καὶ τῷ δούλῳ μου Ποίησον τοῦτο, καὶ ποιεῖ. 9 ἀκούσας δὲ ταῦτα ὁ Ἰησοῦς ἐθαύμασεν αὐτόν, καὶ στραφεὶς τῷ ἀκολουθοῦντι αὐτῷ ὄχλῳ εἶπεν Λέγω ὑμῖν, οὐδὲ ἐν τῷ Ἰσραὴλ τοσαύτην πίστιν εὗρον. 10 καὶ ὑποστρέψαντες [εἰς τὸν οἶκον οἱ πεμφθέντες εὗρον τὸν] (οἱ πεμφθέντες εἰς τὸν οἶκον εὗρον τὸν ἀσθενοῦντα) δοῦλον ὑγιαίνοντα.

ΚΑΤΑ ΛΟΥΚΑΝ

A Widow's Son is Raised

11 Καὶ ἐγένετο ἐν τῷ ἑξῆς ἐπορεύθη εἰς πόλιν καλουμένην Ναΐν, καὶ συνεπορεύοντο αὐτῷ οἱ μαθηταὶ αὐτοῦ (ἱκανοὶ) καὶ ὄχλος πολύς. 12 ὡς δὲ ἤγγισεν τῇ πύλῃ τῆς πόλεως, καὶ ἰδοὺ ἐξεκομίζετο τεθνηκὼς [μονογενὴς υἱὸς] (υἱὸς μονογενὴς) τῇ μητρὶ αὐτοῦ, καὶ αὐτὴ ἦν χήρα, καὶ ὄχλος τῆς πόλεως ἱκανὸς [ἦν] σὺν αὐτῇ. 13 καὶ ἰδὼν αὐτὴν ὁ Κύριος ἐσπλαγχνίσθη ἐπ᾽ αὐτῇ καὶ εἶπεν αὐτῇ Μὴ κλαῖε. 14 καὶ προσελθὼν ἥψατο τῆς σοροῦ, οἱ δὲ βαστάζοντες ἔστησαν, καὶ εἶπεν Νεανίσκε, σοὶ λέγω, ἐγέρθητι. 15 καὶ ἀνεκάθισεν ὁ νεκρὸς καὶ ἤρξατο λαλεῖν, καὶ ἔδωκεν αὐτὸν τῇ μητρὶ αὐτοῦ. 16 ἔλαβεν δὲ φόβος [πάντας] (ἅπαντας), καὶ ἐδόξαζον τὸν Θεὸν λέγοντες ὅτι Προφήτης μέγας ἠγέρθη ἐν ἡμῖν, καὶ ὅτι Ἐπεσκέψατο ὁ Θεὸς τὸν λαὸν αὐτοῦ. 17 καὶ ἐξῆλθεν ὁ λόγος οὗτος ἐν ὅλῃ τῇ Ἰουδαίᾳ περὶ αὐτοῦ καὶ (ἐν) πάσῃ τῇ περιχώρῳ.

The Baptist Seeks Reassurance

18 Καὶ ἀπήγγειλαν Ἰωάνει οἱ μαθηταὶ αὐτοῦ περὶ πάντων τούτων. καὶ προσκαλεσάμενος δύο τινὰς τῶν μαθητῶν αὐτοῦ ὁ Ἰωάνης 19 ἔπεμψεν πρὸς τὸν [Κύριον] (Ἰησοῦν) λέγων Σὺ εἶ ὁ ἐρχόμενος, ἢ ἄλλον προσδοκῶμεν; 20 παραγενόμενοι δὲ πρὸς αὐτὸν οἱ ἄνδρες εἶπαν Ἰωάνης ὁ Βαπτιστὴς [ἀπέστειλεν] (ἀπέσταλκεν) ἡμᾶς πρὸς σὲ λέγων Σὺ εἶ ὁ ἐρχόμενος, ἢ ἄλλον προσδοκῶμεν; 21 ἐν [ἐκείνῃ] (αὐτῇ δὲ) τῇ ὥρᾳ ἐθεράπευσεν πολλοὺς ἀπὸ νόσων καὶ μαστίγων καὶ πνευμάτων πονηρῶν, καὶ τυφλοῖς πολλοῖς ἐχαρίσατο βλέπειν. 22 καὶ ἀποκριθεὶς (ὁ Ἰησοῦς) εἶπεν αὐτοῖς Πορευθέντες ἀπαγγείλατε Ἰωάνει ἃ εἴδετε καὶ ἠκούσατε· (ὅτι) τυφλοὶ ἀναβλέπουσιν, χωλοὶ περιπατοῦσιν, λεπροὶ καθαρίζονται, [καὶ] κωφοὶ ἀκούουσιν, νεκροὶ ἐγείρονται, πτωχοὶ εὐαγγελίζονται· 23 καὶ μακάριός ἐστιν ὃς ἐὰν μὴ σκανδαλισθῇ ἐν ἐμοί.

Jesus Affirms John's Prophetic Ministry

24 Ἀπελθόντων δὲ τῶν ἀγγέλων Ἰωάνου ἤρξατο λέγειν πρὸς τοὺς ὄχλους περὶ Ἰωάνου Τί [ἐξήλθατε] (ἐξεληλύθατε) εἰς τὴν ἔρημον θεάσασθαι; κάλαμον ὑπὸ ἀνέμου σαλευόμενον; 25 ἀλλὰ τί [ἐξήλθατε] (ἐξεληλύθατε) ἰδεῖν; ἄνθρωπον ἐν μαλακοῖς ἱματίοις ἠμφιεσμένον; ἰδοὺ οἱ ἐν ἱματισμῷ ἐνδόξῳ καὶ τρυφῇ ὑπάρχοντες ἐν τοῖς βασιλείοις εἰσίν.

ΚΑΤΑ ΛΟΥΚΑΝ

26 ἀλλὰ τί [ἐξήλθατε] (ἐξεληλύθατε) ἰδεῖν; προφήτην; ναί, λέγω ὑμῖν, καὶ περισσότερον προφήτου. 27 οὗτός ἐστιν περὶ οὗ γέγραπται

Ἰδοὺ (ἐγώ) ἀποστέλλω τὸν ἄγγελόν μου πρὸ προσώπου σου,
ὃς κατασκευάσει τὴν ὁδόν σου ἔμπροσθέν σου.

28 λέγω (γὰρ) ὑμῖν, μείζων ἐν γεννητοῖς γυναικῶν (προφήτης) Ἰωάνου (τοῦ βαπτιστοῦ) οὐδείς ἐστιν· ὁ δὲ μικρότερος ἐν τῇ βασιλείᾳ τοῦ Θεοῦ μείζων αὐτοῦ ἐστιν. 29 καὶ πᾶς ὁ λαὸς ἀκούσας καὶ οἱ τελῶναι ἐδικαίωσαν τὸν Θεόν, βαπτισθέντες τὸ βάπτισμα Ἰωάνου· 30 οἱ δὲ Φαρισαῖοι καὶ οἱ νομικοὶ τὴν βουλὴν τοῦ Θεοῦ ἠθέτησαν εἰς ἑαυτούς, μὴ βαπτισθέντες ὑπ' αὐτοῦ.

An Undiscerning Generation

31 (Εἶπεν δὲ ὁ Κύριος,) Τίνι οὖν ὁμοιώσω τοὺς ἀνθρώπους τῆς γενεᾶς ταύτης, καὶ τίνι εἰσὶν ὅμοιοι; 32 ὅμοιοί εἰσιν παιδίοις τοῖς ἐν ἀγορᾷ καθημένοις καὶ προσφωνοῦσιν ἀλλήλοις [ἃ λέγει] (καὶ λέγουσιν)

Ηὐλήσαμεν ὑμῖν καὶ οὐκ ὠρχήσασθε·
ἐθρηνήσαμεν (ὑμῖν) καὶ οὐκ ἐκλαύσατε.

33 ἐλήλυθεν γὰρ Ἰωάνης ὁ Βαπτιστὴς μὴ [ἐσθίων ἄρτον] (ἄρτον ἐσθίων) μήτε [πίνων οἶνον] (οἶνον πίνων), καὶ λέγετε Δαιμόνιον ἔχει. 34 ἐλήλυθεν ὁ Υἱὸς τοῦ ἀνθρώπου ἐσθίων καὶ πίνων, καὶ λέγετε Ἰδοὺ ἄνθρωπος φάγος καὶ οἰνοπότης, [φίλος τελωνῶν] (τελωνῶν φίλος) καὶ ἁμαρτωλῶν. 35 καὶ ἐδικαιώθη ἡ σοφία ἀπὸ [πάντων τῶν τέκνων αὐτῆς] (τῶν τέκνων αὐτῆς πάντων).

A Woman of Ill Repute Anoints Jesus' Feet

36 Ἠρώτα δέ τις αὐτὸν τῶν Φαρισαίων ἵνα φάγῃ μετ' αὐτοῦ· καὶ εἰσελθὼν εἰς τὸν οἶκον τοῦ Φαρισαίου κατεκλίθη. 37 καὶ ἰδοὺ γυνὴ [ἥτις ἦν ἐν τῇ πόλει] (ἐν τῇ πόλει ἥτις ἦν) ἁμαρτωλός, [καὶ] ἐπιγνοῦσα ὅτι [κατάκειται] (ἀνάκειται) ἐν τῇ οἰκίᾳ τοῦ Φαρισαίου, κομίσασα ἀλάβαστρον μύρου 38 καὶ στᾶσα [ὀπίσω] παρὰ τοὺς πόδας αὐτοῦ (ὀπίσω) κλαίουσα, [τοῖς δάκρυσιν ἤρξατο βρέχειν τοὺς πόδας αὐτοῦ] (ἤρξατο βρέχειν τοὺς πόδας αὐτοῦ τοῖς δάκρυσιν), καὶ ταῖς θριξὶν τῆς κεφαλῆς αὐτῆς ἐξέμασσεν, καὶ κατεφίλει τοὺς πόδας αὐτοῦ καὶ ἤλειφεν τῷ μύρῳ. 39 ἰδὼν δὲ ὁ Φαρισαῖος ὁ καλέσας αὐτὸν εἶπεν ἐν ἑαυτῷ λέγων Οὗτος εἰ ἦν προφήτης, ἐγίνωσκεν ἄν τίς καὶ ποταπὴ ἡ γυνὴ ἥτις ἅπτεται αὐτοῦ, ὅτι ἁμαρτωλός ἐστιν.

ΚΑΤΑ ΛΟΥΚΑΝ

The Parable of the Two Debtors

40 καὶ ἀποκριθεὶς ὁ Ἰησοῦς εἶπεν πρὸς αὐτόν Σίμων, ἔχω σοί τι εἰπεῖν. ὁ δέ (φησίν) Διδάσκαλε, εἰπέ, [φησίν]. 41 δύο χρεοφειλέται ἦσαν δανιστῇ τινι· ὁ εἷς ὤφειλεν δηνάρια πεντακόσια, ὁ δὲ ἕτερος πεντήκοντα. 42 μὴ ἐχόντων (δὲ) αὐτῶν ἀποδοῦναι ἀμφοτέροις ἐχαρίσατο. τίς οὖν αὐτῶν (εἰπὲ) πλεῖον [ἀγαπήσει αὐτόν] (αὐτόν ἀγαπήσει); 43 ἀποκριθεὶς (δὲ ὁ) Σίμων εἶπεν Ὑπολαμβάνω ὅτι ᾧ τὸ πλεῖον ἐχαρίσατο. ὁ δὲ εἶπεν αὐτῷ Ὀρθῶς ἔκρινας. 44 καὶ στραφεὶς πρὸς τὴν γυναῖκα τῷ Σίμωνι ἔφη Βλέπεις ταύτην τὴν γυναῖκα; εἰσῆλθόν σου εἰς τὴν οἰκίαν, ὕδωρ μοι ἐπὶ πόδας οὐκ ἔδωκας· αὕτη δὲ τοῖς δάκρυσιν ἔβρεξέν μου τοὺς πόδας καὶ ταῖς θριξὶν (τῆς κεφαλῆς) αὐτῆς ἐξέμαξεν. 45 φίλημά μοι οὐκ ἔδωκας· αὕτη δὲ ἀφ᾽ ἧς εἰσῆλθον οὐ διέλειπεν καταφιλοῦσά μου τοὺς πόδας. 46 ἐλαίῳ τὴν κεφαλήν μου οὐκ ἤλειψας· αὕτη δὲ μύρῳ ἤλειψεν [τοὺς πόδας μου] (μου τοὺς πόδας). 47 οὗ χάριν λέγω σοι, ἀφέωνται αἱ ἁμαρτίαι αὐτῆς αἱ πολλαί, ὅτι ἠγάπησεν πολύ· ᾧ δὲ ὀλίγον ἀφίεται, ὀλίγον ἀγαπᾷ. 48 εἶπεν δὲ αὐτῇ Ἀφέωνταί σου αἱ ἁμαρτίαι. 49 καὶ ἤρξαντο οἱ συνανακείμενοι λέγειν ἐν ἑαυτοῖς Τίς οὗτός ἐστιν, ὃς καὶ ἁμαρτίας ἀφίησιν; 50 εἶπεν δὲ πρὸς τὴν γυναῖκα Ἡ πίστις σου σέσωκέν σε· πορεύου εἰς εἰρήνην.

Luke 8

The Women Who Followed Jesus

1 Καὶ ἐγένετο ἐν τῷ καθεξῆς καὶ αὐτὸς διώδευεν κατὰ πόλιν καὶ κώμην κηρύσσων καὶ εὐαγγελιζόμενος τὴν βασιλείαν τοῦ Θεοῦ, καὶ οἱ δώδεκα σὺν αὐτῷ, 2 καὶ γυναῖκές τινες αἳ ἦσαν τεθεραπευμέναι ἀπὸ πνευμάτων πονηρῶν καὶ ἀσθενειῶν, Μαρία ἡ καλουμένη Μαγδαληνή, ἀφ᾽ ἧς δαιμόνια ἑπτὰ ἐξεληλύθει, 3 καὶ Ἰωάνα γυνὴ Χουζᾶ ἐπιτρόπου Ἡρῴδου καὶ Σουσάννα καὶ ἕτεραι πολλαί, αἵτινες διηκόνουν [αὐτοῖς ἐκ] (αὐτῷ ἀπὸ) τῶν ὑπαρχόντων αὐταῖς.

The Parable of the Sower

4 Συνιόντος δὲ ὄχλου πολλοῦ καὶ τῶν κατὰ πόλιν ἐπιπορευομένων πρὸς αὐτὸν εἶπεν διὰ παραβολῆς 5 Ἐξῆλθεν ὁ σπείρων τοῦ σπεῖραι τὸν σπόρον αὐτοῦ. καὶ ἐν τῷ σπείρειν αὐτὸν ὃ μὲν ἔπεσεν παρὰ τὴν ὁδόν, καὶ κατεπατήθη, καὶ τὰ πετεινὰ τοῦ οὐρανοῦ κατέφαγεν αὐτό. 6 καὶ ἕτερον [κατέπεσεν] (ἔπεσεν) ἐπὶ τὴν πέτραν, καὶ φυὲν ἐξηράνθη διὰ τὸ μὴ ἔχειν ἰκμάδα. 7 καὶ ἕτερον ἔπεσεν ἐν μέσῳ τῶν ἀκανθῶν, καὶ συνφυεῖσαι αἱ ἄκανθαι ἀπέπνιξαν αὐτό.

ΚΑΤΑ ΛΟΥΚΑΝ

8 καὶ ἕτερον ἔπεσεν [εἰς] (ἐπὶ) τὴν γῆν τὴν ἀγαθήν, καὶ φυὲν ἐποίησεν καρπὸν ἑκατονταπλασίονα. ταῦτα λέγων ἐφώνει Ὁ ἔχων ὦτα ἀκούειν ἀκουέτω.

The Parable of the Sower Explained

9 Ἐπηρώτων δὲ αὐτὸν οἱ μαθηταὶ αὐτοῦ (λέγοντες) τίς [αὕτη] εἴη ἡ παραβολή (αὕτη). 10 ὁ δὲ εἶπεν Ὑμῖν δέδοται γνῶναι τὰ μυστήρια τῆς βασιλείας τοῦ Θεοῦ, τοῖς δὲ λοιποῖς ἐν παραβολαῖς, ἵνα βλέποντες μὴ βλέπωσιν καὶ ἀκούοντες μὴ συνιῶσιν. 11 ἔστιν δὲ αὕτη ἡ παραβολή. ὁ σπόρος ἐστὶν ὁ λόγος τοῦ Θεοῦ. 12 οἱ δὲ παρὰ τὴν ὁδόν εἰσιν οἱ ἀκούσαντες, εἶτα ἔρχεται ὁ διάβολος καὶ αἴρει τὸν λόγον ἀπὸ τῆς καρδίας αὐτῶν, ἵνα μὴ πιστεύσαντες σωθῶσιν. 13 οἱ δὲ ἐπὶ τῆς πέτρας οἳ ὅταν ἀκούσωσιν μετὰ χαρᾶς δέχονται τὸν λόγον, καὶ οὗτοι ῥίζαν οὐκ ἔχουσιν, οἳ πρὸς καιρὸν πιστεύουσιν καὶ ἐν καιρῷ πειρασμοῦ ἀφίστανται. 14 τὸ δὲ εἰς τὰς ἀκάνθας πεσόν, οὗτοί εἰσιν οἱ ἀκούσαντες, καὶ ὑπὸ μεριμνῶν καὶ πλούτου καὶ ἡδονῶν τοῦ βίου πορευόμενοι συνπνίγονται καὶ οὐ τελεσφοροῦσιν. 15 τὸ δὲ ἐν τῇ καλῇ γῇ, οὗτοί εἰσιν οἵτινες ἐν καρδίᾳ καλῇ καὶ ἀγαθῇ ἀκούσαντες τὸν λόγον κατέχουσιν καὶ καρποφοροῦσιν ἐν ὑπομονῇ.

Lessons on Light and Hearing

16 Οὐδεὶς δὲ λύχνον ἅψας καλύπτει αὐτὸν σκεύει ἢ ὑποκάτω κλίνης τίθησιν, ἀλλ᾽ ἐπὶ λυχνίας [τίθησιν] (ἐπιτίθησιν), ἵνα οἱ εἰσπορευόμενοι βλέπωσιν τὸ φῶς. 17 οὐ γάρ ἐστιν κρυπτὸν ὃ οὐ φανερὸν γενήσεται, οὐδὲ ἀπόκρυφον ὃ οὐ [μὴ γνωσθῇ] (γνωσθήσεται) καὶ εἰς φανερὸν ἔλθῃ. 18 βλέπετε οὖν πῶς ἀκούετε· ὃς [ἂν γὰρ] (γὰρ ἂν) ἔχῃ, δοθήσεται αὐτῷ, καὶ ὃς ἂν μὴ ἔχῃ, καὶ ὃ δοκεῖ ἔχειν ἀρθήσεται ἀπ᾽ αὐτοῦ.

Christ's True Brethren

19 Παρεγένετο δὲ πρὸς αὐτὸν ἡ μήτηρ καὶ οἱ ἀδελφοὶ αὐτοῦ, καὶ οὐκ ἠδύναντο συντυχεῖν αὐτῷ διὰ τὸν ὄχλον. 20 (Καὶ) ἀπηγγέλη [δὲ] αὐτῷ (λέγοντων) Ἡ μήτηρ σου καὶ οἱ ἀδελφοί σου ἑστήκασιν ἔξω ἰδεῖν [θέλοντές σε] (σε θέλοντές). 21 ὁ δὲ ἀποκριθεὶς εἶπεν πρὸς αὐτούς Μήτηρ μου καὶ ἀδελφοί μου οὗτοί εἰσιν οἱ τὸν λόγον τοῦ Θεοῦ ἀκούοντες καὶ ποιοῦντες (αὐτόν).

ΚΑΤΑ ΛΟΥΚΑΝ

Jesus Calms a Storm

22 (Καὶ) Ἐγένετο δὲ ἐν μιᾷ τῶν ἡμερῶν καὶ αὐτὸς ἐνέβη εἰς πλοῖον καὶ οἱ μαθηταὶ αὐτοῦ, καὶ εἶπεν πρὸς αὐτούς Διέλθωμεν εἰς τὸ πέραν τῆς λίμνης· καὶ ἀνήχθησαν. 23 πλεόντων δὲ αὐτῶν ἀφύπνωσεν. καὶ κατέβη λαῖλαψ ἀνέμου εἰς τὴν λίμνην, καὶ συνεπληροῦντο καὶ ἐκινδύνευον. 24 προσελθόντες δὲ διήγειραν αὐτὸν λέγοντες Ἐπιστάτα ἐπιστάτα, ἀπολλύμεθα. ὁ δὲ διεγερθεὶς ἐπετίμησεν τῷ ἀνέμῳ καὶ τῷ κλύδωνι τοῦ ὕδατος· καὶ ἐπαύσαντο, καὶ ἐγένετο γαλήνη. 25 εἶπεν δὲ αὐτοῖς Ποῦ (ἐστιν) ἡ πίστις ὑμῶν; φοβηθέντες δὲ ἐθαύμασαν, λέγοντες πρὸς ἀλλήλους Τίς ἄρα οὗτός ἐστιν, ὅτι καὶ τοῖς ἀνέμοις ἐπιτάσσει καὶ τῷ ὕδατι, καὶ ὑπακούουσιν αὐτῷ;

A Legion of Demons Cast into Swine

26 Καὶ κατέπλευσαν εἰς τὴν χώραν τῶν [Γερασηνῶν] (Γαδαρηνῶν), ἥτις ἐστὶν ἀντιπέρα τῆς Γαλιλαίας. 27 ἐξελθόντι δὲ αὐτῷ ἐπὶ τὴν γῆν ὑπήντησεν (αὐτῷ) ἀνήρ τις ἐκ τῆς πόλεως (ὅς) ἔχων δαιμόνια, [καὶ χρόνῳ ἱκανῷ οὐκ ἐνεδύσατο ἱμάτιον] (ἐκ χρόνων ἱκανῶν καὶ ἱμάτιον οὐκ ἐνεδιδύσκετο), καὶ ἐν οἰκίᾳ οὐκ ἔμενεν ἀλλ' ἐν τοῖς μνήμασιν. 28 ἰδὼν δὲ τὸν Ἰησοῦν (καὶ) ἀνακράξας προσέπεσεν αὐτῷ καὶ φωνῇ μεγάλῃ εἶπεν Τί ἐμοὶ καὶ σοί, Ἰησοῦ Υἱὲ τοῦ Θεοῦ τοῦ Ὑψίστου; δέομαί σου, μή με βασανίσῃς. 29 παρήγγελλεν γὰρ τῷ πνεύματι τῷ ἀκαθάρτῳ ἐξελθεῖν ἀπὸ τοῦ ἀνθρώπου. πολλοῖς γὰρ χρόνοις συνηρπάκει αὐτόν, καὶ ἐδεσμεύετο ἁλύσεσιν καὶ πέδαις φυλασσόμενος, καὶ διαρήσσων τὰ δεσμὰ ἠλαύνετο ἀπὸ τοῦ δαιμονίου εἰς τὰς ἐρήμους. 30 ἐπηρώτησεν δὲ αὐτὸν ὁ Ἰησοῦς (λέγων) Τί σοι [ὄνομά ἐστιν] (ἐστιν ὄνομά); ὁ δὲ εἶπεν Λεγιών, ὅτι [εἰσῆλθεν δαιμόνια πολλὰ] (δαιμόνια πολλὰ εἰσῆλθεν) εἰς αὐτόν. 31 καὶ παρεκάλουν αὐτὸν ἵνα μὴ ἐπιτάξῃ αὐτοῖς εἰς τὴν ἄβυσσον ἀπελθεῖν. 32 ἦν δὲ ἐκεῖ ἀγέλη χοίρων ἱκανῶν βοσκομένη ἐν τῷ ὄρει· καὶ παρεκάλεσαν αὐτὸν ἵνα ἐπιτρέψῃ αὐτοῖς εἰς ἐκείνους εἰσελθεῖν· καὶ ἐπέτρεψεν αὐτοῖς. 33 ἐξελθόντα δὲ τὰ δαιμόνια ἀπὸ τοῦ ἀνθρώπου εἰσῆλθον εἰς τοὺς χοίρους, καὶ ὥρμησεν ἡ ἀγέλη κατὰ τοῦ κρημνοῦ εἰς τὴν λίμνην καὶ ἀπεπνίγη. 34 ἰδόντες δὲ οἱ βόσκοντες τὸ γεγονὸς ἔφυγον καὶ (ἀπελθόντες) ἀπήγγειλαν εἰς τὴν πόλιν καὶ εἰς τοὺς ἀγρούς. 35 ἐξῆλθον δὲ ἰδεῖν τὸ γεγονός, καὶ ἦλθον πρὸς τὸν Ἰησοῦν, καὶ εὗρον καθήμενον τὸν ἄνθρωπον ἀφ' οὗ τὰ δαιμόνια [ἐξῆλθεν] (ἐξεληλύθει) ἱματισμένον καὶ σωφρονοῦντα παρὰ τοὺς πόδας τοῦ Ἰησοῦ, καὶ ἐφοβήθησαν.

ΚΑΤΑ ΛΟΥΚΑΝ

36 ἀπήγγειλαν δὲ αὐτοῖς οἱ ἰδόντες πῶς ἐσώθη ὁ δαιμονισθείς. 37 καὶ ἠρώτησεν αὐτὸν ἅπαν τὸ πλῆθος τῆς περιχώρου τῶν [Γερασηνῶν] (Γαδαρηνῶν) ἀπελθεῖν ἀπ' αὐτῶν, ὅτι φόβῳ μεγάλῳ συνείχοντο· αὐτὸς δὲ ἐμβὰς εἰς (τὸ) πλοῖον ὑπέστρεψεν. 38 ἐδεῖτο δὲ αὐτοῦ ὁ ἀνὴρ ἀφ' οὗ ἐξεληλύθει τὰ δαιμόνια εἶναι σὺν αὐτῷ· ἀπέλυσεν δὲ αὐτὸν (ὁ Ἰησοῦς) λέγων 39 Ὑπόστρεφε εἰς τὸν οἶκόν σου, καὶ διηγοῦ ὅσα [σοι ἐποίησεν] (ἐποίησεν σοι) ὁ Θεός. καὶ ἀπῆλθεν καθ' ὅλην τὴν πόλιν κηρύσσων ὅσα ἐποίησεν αὐτῷ ὁ Ἰησοῦς.

A Woman's Issue is Healed

40 [Ἐν δὲ] (Ἐγένετο δὲ Ἐν) τῷ ὑποστρέφειν τὸν Ἰησοῦν ἀπεδέξατο αὐτὸν ὁ ὄχλος· ἦσαν γὰρ πάντες προσδοκῶντες αὐτόν. 41 καὶ ἰδοὺ ἦλθεν ἀνὴρ ᾧ ὄνομα Ἰάειρος, καὶ οὗτος ἄρχων τῆς συναγωγῆς ὑπῆρχεν· καὶ πεσὼν παρὰ τοὺς πόδας (τοῦ) Ἰησοῦ παρεκάλει αὐτὸν εἰσελθεῖν εἰς τὸν οἶκον αὐτοῦ, 42 ὅτι θυγάτηρ μονογενὴς ἦν αὐτῷ ὡς ἐτῶν δώδεκα καὶ αὐτὴ ἀπέθνῃσκεν. Ἐν δὲ τῷ ὑπάγειν αὐτὸν οἱ ὄχλοι συνέπνιγον αὐτόν. 43 καὶ γυνὴ οὖσα ἐν ῥύσει αἵματος ἀπὸ ἐτῶν δώδεκα, [ἥτις οὐκ ἴσχυσεν ἀπ'] (ἥτις εἰς ἰατροὺς προσαναλώσασα ὅλον τὸν βίον οὐκ ἴσχυσεν ὑπ') οὐδενὸς θεραπευθῆναι, 44 προσελθοῦσα ὄπισθεν ἥψατο τοῦ κρασπέδου τοῦ ἱματίου αὐτοῦ, καὶ παραχρῆμα ἔστη ἡ ῥύσις τοῦ αἵματος αὐτῆς. 45 καὶ εἶπεν ὁ Ἰησοῦς Τίς ὁ ἁψάμενός μου; ἀρνουμένων δὲ πάντων εἶπεν ὁ Πέτρος (καὶ οἱ μετ' αὐτοῦ) Ἐπιστάτα, οἱ ὄχλοι συνέχουσίν σε καὶ ἀποθλίβουσιν (καὶ λέγεις, Τίς ὁ ἁψάμενός μου). 46 ὁ δὲ Ἰησοῦς εἶπεν Ἥψατό μού τις· ἐγὼ γὰρ ἔγνων δύναμιν ἐξεληλυθυῖαν ἀπ' ἐμοῦ. 47 ἰδοῦσα δὲ ἡ γυνὴ ὅτι οὐκ ἔλαθεν, τρέμουσα ἦλθεν καὶ προσπεσοῦσα αὐτῷ δι' ἣν αἰτίαν ἥψατο αὐτοῦ ἀπήγγειλεν ἐνώπιον παντὸς τοῦ λαοῦ, καὶ ὡς ἰάθη παραχρῆμα. 48 ὁ δὲ εἶπεν αὐτῇ (Θάρσει) Θύγατηρ, ἡ πίστις σου σέσωκέν σε· πορεύου εἰς εἰρήνην.

Jairus' Daughter is Raised

49 Ἔτι αὐτοῦ λαλοῦντος ἔρχεταί τις παρὰ τοῦ ἀρχισυναγώγου λέγων (αὐτῷ) ὅτι Τέθνηκεν ἡ θυγάτηρ σου, [μηκέτι] (μὴ) σκύλλε τὸν Διδάσκαλον. 50 ὁ δὲ Ἰησοῦς ἀκούσας ἀπεκρίθη αὐτῷ (λέγων) Μὴ φοβοῦ· μόνον πίστευσον, καὶ σωθήσεται. 51 [ἐλθὼν] (εἰσελθὼν) δὲ εἰς τὴν οἰκίαν οὐκ ἀφῆκεν εἰσελθεῖν [τινα σὺν αὐτῷ] (οὐδένα) εἰ μὴ Πέτρον καὶ [Ἰωάνην καὶ Ἰάκωβον] (Ἰάκωβον καὶ Ἰωάννην) καὶ τὸν πατέρα τῆς παιδὸς καὶ τὴν μητέρα. 52 ἔκλαιον δὲ πάντες καὶ ἐκόπτοντο αὐτήν. ὁ δὲ εἶπεν Μὴ κλαίετε· οὐκ ἀπέθανεν ἀλλὰ καθεύδει.

ΚΑΤΑ ΛΟΥΚΑΝ

53 καὶ κατεγέλων αὐτοῦ, εἰδότες ὅτι ἀπέθανεν. 54 αὐτὸς δὲ (ἐκβαλὼν ἔξω πάντας καὶ) κρατήσας τῆς χειρὸς αὐτῆς ἐφώνησεν λέγων Ἡ παῖς, [ἔγειρε] (ἔγειρου). 55 καὶ ἐπέστρεψεν τὸ πνεῦμα αὐτῆς, καὶ ἀνέστη παραχρῆμα, καὶ διέταξεν αὐτῇ δοθῆναι φαγεῖν. 56 καὶ ἐξέστησαν οἱ γονεῖς αὐτῆς· ὁ δὲ παρήγγειλεν αὐτοῖς μηδενὶ εἰπεῖν τὸ γεγονός.

Luke 9

Jesus Sends Out the Twelve

1 Συνκαλεσάμενος δὲ τοὺς δώδεκα (μαθητὰς αὐτοῦ) ἔδωκεν αὐτοῖς δύναμιν καὶ ἐξουσίαν ἐπὶ πάντα τὰ δαιμόνια καὶ νόσους θεραπεύειν· 2 καὶ ἀπέστειλεν αὐτοὺς κηρύσσειν τὴν βασιλείαν τοῦ Θεοῦ καὶ ἰᾶσθαι (τοὺς ἀσθενοῦντας), 3 καὶ εἶπεν πρὸς αὐτούς Μηδὲν αἴρετε εἰς τὴν ὁδόν, μήτε [ῥάβδον] (ῥάβδους) μήτε πήραν μήτε ἄρτον μήτε ἀργύριον μήτε ἀνὰ δύο χιτῶνας ἔχειν. 4 καὶ εἰς ἣν ἂν οἰκίαν εἰσέλθητε, ἐκεῖ μένετε καὶ ἐκεῖθεν ἐξέρχεσθε. 5 καὶ ὅσοι ἂν μὴ δέχωνται ὑμᾶς, ἐξερχόμενοι ἀπὸ τῆς πόλεως ἐκείνης (καὶ) τὸν κονιορτὸν ἀπὸ τῶν ποδῶν ὑμῶν [ἀποτινάσσετε] (ἀποτινάξατε) εἰς μαρτύριον ἐπ᾽ αὐτούς. 6 ἐξερχόμενοι δὲ διήρχοντο κατὰ τὰς κώμας εὐαγγελιζόμενοι καὶ θεραπεύοντες πανταχοῦ. 7 Ἤκουσεν δὲ Ἡρῴδης ὁ τετραάρχης τὰ γινόμενα (ὑπ᾽ αὐτοῦ) πάντα, καὶ διηπόρει διὰ τὸ λέγεσθαι ὑπό τινων ὅτι Ἰωάνης ἠγέρθη ἐκ νεκρῶν, 8 ὑπό τινων δὲ ὅτι Ἡλείας ἐφάνη, ἄλλων δὲ ὅτι προφήτης τις τῶν ἀρχαίων ἀνέστη. 9 (Καὶ) εἶπεν [δὲ] (ὁ) Ἡρῴδης Ἰωάνην ἐγὼ ἀπεκεφάλισα· τίς δέ ἐστιν οὗτος περὶ οὗ ἀκούω τοιαῦτα; καὶ ἐζήτει ἰδεῖν αὐτόν. 10 Καὶ ὑποστρέψαντες οἱ ἀπόστολοι διηγήσαντο αὐτῷ ὅσα ἐποίησαν. Καὶ παραλαβὼν αὐτοὺς ὑπεχώρησεν κατ᾽ ἰδίαν εἰς [πόλιν] (τόπον ἔρημον πόλεως) καλουμένην Βηθσαϊδά. 11 οἱ δὲ ὄχλοι γνόντες ἠκολούθησαν αὐτῷ· καὶ [ἀποδεξάμενος] (δεξάμενος) αὐτοὺς ἐλάλει αὐτοῖς περὶ τῆς βασιλείας τοῦ Θεοῦ, καὶ τοὺς χρείαν ἔχοντας θεραπείας ἰᾶτο.

Jesus Feeds the Five Thousand

12 Ἡ δὲ ἡμέρα ἤρξατο κλίνειν· προσελθόντες δὲ οἱ δώδεκα εἶπαν αὐτῷ Ἀπόλυσον τὸν ὄχλον, ἵνα πορευθέντες εἰς τὰς κύκλῳ κώμας καὶ (τοὺς) ἀγροὺς καταλύσωσιν καὶ εὕρωσιν ἐπισιτισμόν, ὅτι ὧδε ἐν ἐρήμῳ τόπῳ ἐσμέν. 13 εἶπεν δὲ πρὸς αὐτούς Δότε αὐτοῖς [φαγεῖν ὑμεῖς] (ὑμεῖς φαγεῖν). οἱ δὲ εἶπαν Οὐκ εἰσὶν ἡμῖν πλεῖον ἢ [ἄρτοι πέντε καὶ ἰχθύες δύο] (πέντε ἄρτοι καὶ δύο ἰχθύες), εἰ μήτι πορευθέντες ἡμεῖς ἀγοράσωμεν εἰς πάντα τὸν λαὸν τοῦτον βρώματα.

ΚΑΤΑ ΛΟΥΚΑΝ

14 ἦσαν γὰρ ὡσεὶ ἄνδρες πεντακισχίλιοι. εἶπεν δὲ πρὸς τοὺς μαθητὰς αὐτοῦ Κατακλίνατε αὐτοὺς κλισίας [ὡσεὶ] ἀνὰ πεντήκοντα. 15 καὶ ἐποίησαν οὕτως καὶ κατέκλιναν ἅπαντας. 16 λαβὼν δὲ τοὺς πέντε ἄρτους καὶ τοὺς δύο ἰχθύας, ἀναβλέψας εἰς τὸν οὐρανὸν εὐλόγησεν αὐτοὺς καὶ κατέκλασεν, καὶ ἐδίδου τοῖς μαθηταῖς παραθεῖναι τῷ ὄχλῳ. 17 καὶ ἔφαγον καὶ ἐχορτάσθησαν πάντες, καὶ ἤρθη τὸ περισσεῦσαν αὐτοῖς κλασμάτων κόφινοι δώδεκα.

Peter's Declaration of Christ

18 Καὶ ἐγένετο ἐν τῷ εἶναι αὐτὸν προσευχόμενον κατὰ μόνας συνῆσαν αὐτῷ οἱ μαθηταί, καὶ ἐπηρώτησεν αὐτοὺς λέγων Τίνα με [οἱ ὄχλοι λέγουσιν] (λέγουσιν οἱ ὄχλοι) εἶναι; 19 οἱ δὲ ἀποκριθέντες εἶπαν Ἰωάνην τὸν Βαπτιστήν, ἄλλοι δὲ Ἡλείαν, ἄλλοι δὲ ὅτι προφήτης τις τῶν ἀρχαίων ἀνέστη. 20 εἶπεν δὲ αὐτοῖς Ὑμεῖς δὲ τίνα με λέγετε εἶναι; [Πέτρος δὲ ἀποκριθεὶς] (ἀποκριθεὶς δὲ ὁ Πέτρος) εἶπεν Τὸν Χριστὸν τοῦ Θεοῦ. 21 ὁ δὲ ἐπιτιμήσας αὐτοῖς παρήγγειλεν μηδενὶ λέγειν τοῦτο, 22 εἰπὼν ὅτι Δεῖ τὸν Υἱὸν τοῦ ἀνθρώπου πολλὰ παθεῖν καὶ ἀποδοκιμασθῆναι ἀπὸ τῶν πρεσβυτέρων καὶ ἀρχιερέων καὶ γραμματέων καὶ ἀποκτανθῆναι καὶ τῇ τρίτῃ ἡμέρᾳ ἐγερθῆναι.

The Cost of Discipleship

23 Ἔλεγεν δὲ πρὸς πάντας Εἴ τις θέλει ὀπίσω μου [ἔρχεσθαι] (ἐλθεῖν), [ἀρνησάσθω] (ἀπαρνησάσθω) ἑαυτὸν καὶ ἀράτω τὸν σταυρὸν αὐτοῦ καθ' ἡμέραν, καὶ ἀκολουθείτω μοι. 24 ὃς γὰρ ἐὰν θέλῃ τὴν ψυχὴν αὐτοῦ σῶσαι, ἀπολέσει αὐτήν· ὃς δ' ἂν ἀπολέσῃ τὴν ψυχὴν αὐτοῦ ἕνεκεν ἐμοῦ, οὗτος σώσει αὐτήν. 25 τί γὰρ ὠφελεῖται ἄνθρωπος κερδήσας τὸν κόσμον ὅλον ἑαυτὸν δὲ ἀπολέσας ἢ ζημιωθείς; 26 ὃς γὰρ ἂν ἐπαισχυνθῇ με καὶ τοὺς ἐμοὺς λόγους, τοῦτον ὁ Υἱὸς τοῦ ἀνθρώπου ἐπαισχυνθήσεται, ὅταν ἔλθῃ ἐν τῇ δόξῃ αὐτοῦ καὶ τοῦ Πατρὸς καὶ τῶν ἁγίων ἀγγέλων. 27 λέγω δὲ ὑμῖν ἀληθῶς, εἰσίν τινες τῶν αὐτοῦ ἑστηκότων οἳ οὐ μὴ γεύσωνται θανάτου ἕως ἂν ἴδωσιν τὴν βασιλείαν τοῦ Θεοῦ.

The Transfiguration

28 Ἐγένετο δὲ μετὰ τοὺς λόγους τούτους ὡσεὶ ἡμέραι ὀκτώ, καὶ παραλαβὼν Πέτρον καὶ Ἰωάνην καὶ Ἰάκωβον ἀνέβη εἰς τὸ ὄρος προσεύξασθαι. 29 καὶ ἐγένετο ἐν τῷ προσεύχεσθαι αὐτὸν τὸ εἶδος τοῦ προσώπου αὐτοῦ ἕτερον καὶ ὁ ἱματισμὸς αὐτοῦ λευκὸς ἐξαστράπτων.

ΚΑΤΑ ΛΟΥΚΑΝ

30 καὶ ἰδοὺ ἄνδρες δύο συνελάλουν αὐτῷ, οἵτινες ἦσαν Μωϋσῆς καὶ Ἠλείας, 31 οἳ ὀφθέντες ἐν δόξῃ ἔλεγον τὴν ἔξοδον αὐτοῦ, ἣν ἤμελλεν πληροῦν ἐν Ἱερουσαλήμ. 32 ὁ δὲ Πέτρος καὶ οἱ σὺν αὐτῷ ἦσαν βεβαρημένοι ὕπνῳ· διαγρηγορήσαντες δὲ εἶδαν τὴν δόξαν αὐτοῦ καὶ τοὺς δύο ἄνδρας τοὺς συνεστῶτας αὐτῷ. 33 καὶ ἐγένετο ἐν τῷ διαχωρίζεσθαι αὐτοὺς ἀπ' αὐτοῦ εἶπεν ὁ Πέτρος πρὸς τὸν Ἰησοῦν Ἐπιστάτα, καλόν ἐστιν ἡμᾶς ὧδε εἶναι, καὶ ποιήσωμεν σκηνὰς τρεῖς, μίαν σοὶ καὶ μίαν Μωϋσεῖ καὶ μίαν Ἡλείᾳ, μὴ εἰδὼς ὃ λέγει. 34 ταῦτα δὲ αὐτοῦ λέγοντος ἐγένετο νεφέλη καὶ ἐπεσκίαζεν αὐτούς· ἐφοβήθησαν δὲ ἐν τῷ (ἐκείνους) εἰσελθεῖν [αὐτοὺς] εἰς τὴν νεφέλην. 35 καὶ φωνὴ ἐγένετο ἐκ τῆς νεφέλης λέγουσα Οὗτός ἐστιν ὁ Υἱός μου ὁ [ἐκλελεγμένος] (ἀγαπητὸς), αὐτοῦ ἀκούετε. 36 καὶ ἐν τῷ γενέσθαι τὴν φωνὴν εὑρέθη (ὁ) Ἰησοῦς μόνος. καὶ αὐτοὶ ἐσίγησαν καὶ οὐδενὶ ἀπήγγειλαν ἐν ἐκείναις ταῖς ἡμέραις οὐδὲν ὧν [ἑώρακαν] (ἑώρακασιν).

Jesus Heals a Demon-Possessed Son

37 Ἐγένετο δὲ (ἐν) τῇ ἑξῆς ἡμέρᾳ κατελθόντων αὐτῶν ἀπὸ τοῦ ὄρους συνήντησεν αὐτῷ ὄχλος πολύς. 38 καὶ ἰδοὺ ἀνὴρ ἀπὸ τοῦ ὄχλου ἐβόησεν λέγων Διδάσκαλε, δέομαί σου ἐπιβλέψαι ἐπὶ τὸν υἱόν μου, ὅτι μονογενής [μοί ἐστιν] (ἐστιν μοί), 39 καὶ ἰδοὺ πνεῦμα λαμβάνει αὐτόν, καὶ ἐξαίφνης κράζει καὶ σπαράσσει αὐτὸν μετὰ ἀφροῦ, καὶ [μόλις] (μόγις) ἀποχωρεῖ ἀπ' αὐτοῦ συντρῖβον αὐτόν· 40 καὶ ἐδεήθην τῶν μαθητῶν σου ἵνα ἐκβάλωσιν αὐτό, καὶ οὐκ ἠδυνήθησαν. 41 ἀποκριθεὶς δὲ ὁ Ἰησοῦς εἶπεν Ὦ γενεὰ ἄπιστος καὶ διεστραμμένη, ἕως πότε ἔσομαι πρὸς ὑμᾶς καὶ ἀνέξομαι ὑμῶν; προσάγαγε ὧδε τὸν υἱόν σου. 42 ἔτι δὲ προσερχομένου αὐτοῦ ἔρρηξεν αὐτὸν τὸ δαιμόνιον καὶ συνεσπάραξεν· ἐπετίμησεν δὲ ὁ Ἰησοῦς τῷ πνεύματι τῷ ἀκαθάρτῳ, καὶ ἰάσατο τὸν παῖδα καὶ ἀπέδωκεν αὐτὸν τῷ πατρὶ αὐτοῦ.

Jesus Speaks of His Impending Passion

43 ἐξεπλήσσοντο δὲ πάντες ἐπὶ τῇ μεγαλειότητι τοῦ Θεοῦ. Πάντων δὲ θαυμαζόντων ἐπὶ πᾶσιν οἷς [ἐποίει] (ἐποίησεν ὁ Ἰησοῦς) εἶπεν πρὸς τοὺς μαθητὰς αὐτοῦ 44 Θέσθε ὑμεῖς εἰς τὰ ὦτα ὑμῶν τοὺς λόγους τούτους· ὁ γὰρ Υἱὸς τοῦ ἀνθρώπου μέλλει παραδίδοσθαι εἰς χεῖρας ἀνθρώπων. 45 οἱ δὲ ἠγνόουν τὸ ῥῆμα τοῦτο, καὶ ἦν παρακεκαλυμμένον ἀπ' αὐτῶν ἵνα μὴ αἴσθωνται αὐτό, καὶ ἐφοβοῦντο ἐρωτῆσαι αὐτὸν περὶ τοῦ ῥήματος τούτου.

ΚΑΤΑ ΛΟΥΚΑΝ

Greatness in the Kingdom

46 Εἰσῆλθεν δὲ διαλογισμὸς ἐν αὐτοῖς, τὸ τίς ἂν εἴη μείζων αὐτῶν. 47 ὁ δὲ Ἰησοῦς [εἰδὼς] (ἰδὼν) τὸν διαλογισμὸν τῆς καρδίας αὐτῶν, ἐπιλαβόμενος παιδίον ἔστησεν αὐτὸ παρ' ἑαυτῷ, 48 καὶ εἶπεν αὐτοῖς Ὃς ἐὰν δέξηται τοῦτο τὸ παιδίον ἐπὶ τῷ ὀνόματί μου, ἐμὲ δέχεται· καὶ ὃς ἂν ἐμὲ δέξηται, δέχεται τὸν ἀποστείλαντά με· ὁ γὰρ μικρότερος ἐν πᾶσιν ὑμῖν ὑπάρχων οὗτός ἐστιν μέγας. 49 Ἀποκριθεὶς δὲ ὁ Ἰωάνης εἶπεν Ἐπιστάτα, εἴδομέν τινα ἐν τῷ ὀνόματί σου ἐκβάλλοντα δαιμόνια, καὶ ἐκωλύομεν αὐτόν, ὅτι οὐκ ἀκολουθεῖ μεθ' ἡμῶν. 50 (Καὶ) εἶπεν δὲ πρὸς αὐτὸν (ὁ) Ἰησοῦς Μὴ κωλύετε· ὃς γὰρ οὐκ ἔστιν καθ' ὑμῶν, ὑπὲρ ὑμῶν ἐστιν.

An Unreceptive Samaritan Village

51 Ἐγένετο δὲ ἐν τῷ συμπληροῦσθαι τὰς ἡμέρας τῆς ἀναλήμψεως αὐτοῦ καὶ αὐτὸς τὸ πρόσωπον ἐστήρισεν τοῦ πορεύεσθαι εἰς Ἰερουσαλήμ, 52 καὶ ἀπέστειλεν ἀγγέλους πρὸ προσώπου αὐτοῦ. καὶ πορευθέντες εἰσῆλθον εἰς κώμην Σαμαρειτῶν, ὥστε ἑτοιμάσαι αὐτῷ· 53 καὶ οὐκ ἐδέξαντο αὐτόν, ὅτι τὸ πρόσωπον αὐτοῦ ἦν πορευόμενον εἰς Ἰερουσαλήμ. 54 ἰδόντες δὲ οἱ μαθηταὶ (αὐτοῦ) Ἰάκωβος καὶ Ἰωάνης εἶπαν Κύριε, θέλεις εἴπωμεν πῦρ καταβῆναι ἀπὸ τοῦ οὐρανοῦ καὶ ἀναλῶσαι αὐτούς (ὡς καὶ Ἡλίας ἐποίησεν); 55 στραφεὶς δὲ ἐπετίμησεν αὐτοῖς (καὶ εἶπεν, Οὐκ οἴδατε οἵου πνεύματός ἐστε ὑμεῖς· 56 ὁ γὰρ υἱὸς τοῦ ἀνθρώπου οὐκ ἦλθεν ψυχὰς ἀνθρώπων ἀπολέσαι, αλλα σῶσαι) καὶ ἐπορεύθησαν εἰς ἑτέραν κώμην.

Impediments to Following Jesus

57 [Καὶ] (Ἐγένετο δὲ) πορευομένων αὐτῶν ἐν τῇ ὁδῷ εἶπέν τις πρὸς αὐτόν Ἀκολουθήσω σοι ὅπου [ἐὰν] (ἂν) ἀπέρχῃ (Κύριε). 58 καὶ εἶπεν αὐτῷ ὁ Ἰησοῦς Αἱ ἀλώπεκες φωλεοὺς ἔχουσιν καὶ τὰ πετεινὰ τοῦ οὐρανοῦ κατασκηνώσεις, ὁ δὲ Υἱὸς τοῦ ἀνθρώπου οὐκ ἔχει ποῦ τὴν κεφαλὴν κλίνῃ. 59 Εἶπεν δὲ πρὸς ἕτερον Ἀκολούθει μοι. ὁ δὲ εἶπεν (Κύριε) Ἐπίτρεψόν μοι [πρῶτον ἀπελθόντι] (ἀπελθόντι πρῶτον) θάψαι τὸν πατέρα μου. 60 εἶπεν δὲ αὐτῷ (ὁ Ἰησοῦς) Ἄφες τοὺς νεκροὺς θάψαι τοὺς ἑαυτῶν νεκρούς, σὺ δὲ ἀπελθὼν διάγγελλε τὴν βασιλείαν τοῦ Θεοῦ. 61 Εἶπεν δὲ καὶ ἕτερος Ἀκολουθήσω σοι, Κύριε· πρῶτον δὲ ἐπίτρεψόν μοι ἀποτάξασθαι τοῖς εἰς τὸν οἶκόν μου. 62 εἶπεν δὲ πρὸς αὐτὸν ὁ Ἰησοῦς Οὐδεὶς ἐπιβαλὼν τὴν χεῖρα ἐπ' ἄροτρον καὶ βλέπων εἰς τὰ ὀπίσω εὔθετός ἐστιν τῇ βασιλείᾳ τοῦ Θεοῦ.

ΚΑΤΑ ΛΟΥΚΑΝ

Luke 10

The Mission of the Seventy

1 Μετὰ δὲ ταῦτα ἀνέδειξεν ὁ Κύριος ἑτέρους ἑβδομήκοντα, καὶ ἀπέστειλεν αὐτοὺς ἀνὰ δύο πρὸ προσώπου αὐτοῦ εἰς πᾶσαν πόλιν καὶ τόπον οὗ ἤμελλεν αὐτὸς ἔρχεσθαι. 2 ἔλεγεν δὲ πρὸς αὐτούς Ὁ μὲν θερισμὸς πολύς, οἱ δὲ ἐργάται ὀλίγοι· δεήθητε οὖν τοῦ Κυρίου τοῦ θερισμοῦ ὅπως ἐργάτας ἐκβάλῃ εἰς τὸν θερισμὸν αὐτοῦ. 3 ὑπάγετε· ἰδοὺ (ἐγὼ) ἀποστέλλω ὑμᾶς ὡς ἄρνας ἐν μέσῳ λύκων. 4 μὴ βαστάζετε βαλλάντιον, μὴ πήραν, μὴ ὑποδήματα· καὶ μηδένα κατὰ τὴν ὁδὸν ἀσπάσησθε. 5 εἰς ἣν δ' ἂν [εἰσέλθητε οἰκίαν] (οἰκίαν εἰσέρχησθε), πρῶτον λέγετε Εἰρήνη τῷ οἴκῳ τούτῳ. 6 καὶ ἐὰν [ἐκεῖ ᾖ] (μέν ᾖ ἐκεῖ) υἱὸς εἰρήνης, ἐπαναπαήσεται ἐπ' αὐτὸν ἡ εἰρήνη ὑμῶν· εἰ δὲ μήγε, ἐφ' ὑμᾶς ἀνακάμψει. 7 ἐν αὐτῇ δὲ τῇ οἰκίᾳ μένετε, ἔσθοντες καὶ πίνοντες τὰ παρ' αὐτῶν· ἄξιος γὰρ ὁ ἐργάτης τοῦ μισθοῦ αὐτοῦ (ἐστιν). μὴ μεταβαίνετε ἐξ οἰκίας εἰς οἰκίαν. 8 καὶ εἰς ἣν (δ') ἂν πόλιν εἰσέρχησθε καὶ δέχωνται ὑμᾶς, ἐσθίετε τὰ παρατιθέμενα ὑμῖν, 9 καὶ θεραπεύετε τοὺς ἐν αὐτῇ ἀσθενεῖς, καὶ λέγετε αὐτοῖς Ἤγγικεν ἐφ' ὑμᾶς ἡ βασιλεία τοῦ Θεοῦ. 10 εἰς ἣν δ' ἂν πόλιν [εἰσέλθητε καὶ μὴ] (εἰσέρχησθε, καὶ μὴ) δέχωνται ὑμᾶς, ἐξελθόντες εἰς τὰς πλατείας αὐτῆς εἴπατε 11 Καὶ τὸν κονιορτὸν τὸν κολληθέντα ἡμῖν ἐκ τῆς πόλεως ὑμῶν [εἰς τοὺς πόδας] ἀπομασσόμεθα ὑμῖν· πλὴν τοῦτο γινώσκετε, ὅτι ἤγγικεν (ἐφ' ὑμᾶς) ἡ βασιλεία τοῦ Θεοῦ. 12 λέγω (δὲ) ὑμῖν ὅτι Σοδόμοις ἐν τῇ ἡμέρᾳ ἐκείνῃ ἀνεκτότερον ἔσται ἢ τῇ πόλει ἐκείνῃ. 13 Οὐαί σοι, Χοραζείν, οὐαί σοι, Βηθσαϊδά· ὅτι εἰ ἐν Τύρῳ καὶ Σιδῶνι ἐγενήθησαν αἱ δυνάμεις αἱ γενόμεναι ἐν ὑμῖν, πάλαι ἂν ἐν σάκκῳ καὶ σποδῷ καθήμενοι μετενόησαν. 14 πλὴν Τύρῳ καὶ Σιδῶνι ἀνεκτότερον ἔσται ἐν τῇ κρίσει ἢ ὑμῖν. 15 καὶ σύ, Καφαρναούμ, [μὴ] (ἡ) ἕως (τοῦ) οὐρανοῦ ὑψωθήσῃ; ἕως [τοῦ] Ἅιδου [καταβήσῃ] (καταβιβασθήσῃ). 16 Ὁ ἀκούων ὑμῶν ἐμοῦ ἀκούει, καὶ ὁ ἀθετῶν ὑμᾶς ἐμὲ ἀθετεῖ· ὁ δὲ ἐμὲ ἀθετῶν ἀθετεῖ τὸν ἀποστείλαντά με.

The Seventy Return Rejoicing

17 Ὑπέστρεψαν δὲ οἱ ἑβδομήκοντα μετὰ χαρᾶς λέγοντες Κύριε, καὶ τὰ δαιμόνια ὑποτάσσεται ἡμῖν ἐν τῷ ὀνόματί σου. 18 εἶπεν δὲ αὐτοῖς Ἐθεώρουν τὸν Σατανᾶν ὡς ἀστραπὴν ἐκ τοῦ οὐρανοῦ πεσόντα. 19 ἰδοὺ [δέδωκα] (δίδωμι) ὑμῖν τὴν ἐξουσίαν τοῦ πατεῖν ἐπάνω ὄφεων καὶ σκορπίων, καὶ ἐπὶ πᾶσαν τὴν δύναμιν τοῦ ἐχθροῦ, καὶ οὐδὲν ὑμᾶς οὐ μὴ ἀδικήσει. 20 πλὴν ἐν τούτῳ μὴ χαίρετε ὅτι τὰ πνεύματα ὑμῖν ὑποτάσσεται,

χαίρετε δὲ (μᾶλλον) ὅτι τὰ ὀνόματα ὑμῶν [ἐνγέγραπται] (ἐγράφη) ἐν τοῖς οὐρανοῖς. 21 Ἐν αὐτῇ τῇ ὥρᾳ ἠγαλλιάσατο τῷ Πνεύματι [τῷ Ἁγίῳ] (ὁ Ἰησοῦς) καὶ εἶπεν Ἐξομολογοῦμαί σοι, Πάτερ, Κύριε τοῦ οὐρανοῦ καὶ τῆς γῆς, ὅτι ἀπέκρυψας ταῦτα ἀπὸ σοφῶν καὶ συνετῶν, καὶ ἀπεκάλυψας αὐτὰ νηπίοις· ναί, ὁ Πατήρ, ὅτι οὕτως [εὐδοκία ἐγένετο] (ἐγένετο εὐδοκία) ἔμπροσθέν σου. 22 (καὶ στραφεὶς πρὸς τοὺς μαθητὰς εἶπεν) πάντα [μοι παρεδόθη] (παρεδόθη μοι) ὑπὸ τοῦ Πατρός μου, καὶ οὐδεὶς γινώσκει τίς ἐστιν ὁ Υἱὸς εἰ μὴ ὁ Πατήρ, καὶ τίς ἐστιν ὁ Πατὴρ εἰ μὴ ὁ Υἱὸς καὶ ᾧ ἐὰν βούληται ὁ Υἱὸς ἀποκαλύψαι. 23 Καὶ στραφεὶς πρὸς τοὺς μαθητὰς κατ' ἰδίαν εἶπεν Μακάριοι οἱ ὀφθαλμοὶ οἱ βλέποντες ἃ βλέπετε. 24 λέγω γὰρ ὑμῖν ὅτι πολλοὶ προφῆται καὶ βασιλεῖς ἠθέλησαν ἰδεῖν ἃ ὑμεῖς βλέπετε καὶ οὐκ εἶδαν, καὶ ἀκοῦσαι ἃ ἀκούετε καὶ οὐκ ἤκουσαν.

Jesus Questioned about Eternal Life

25 Καὶ ἰδοὺ νομικός τις ἀνέστη ἐκπειράζων αὐτὸν (καὶ) λέγων Διδάσκαλε, τί ποιήσας ζωὴν αἰώνιον κληρονομήσω; 26 ὁ δὲ εἶπεν πρὸς αὐτόν Ἐν τῷ νόμῳ τί γέγραπται; πῶς ἀναγινώσκεις; 27 ὁ δὲ ἀποκριθεὶς εἶπεν Ἀγαπήσεις Κύριον τὸν Θεόν σου ἐξ ὅλης τῆς καρδίας σου καὶ ἐν ὅλῃ τῇ ψυχῇ σου καὶ ἐν ὅλῃ τῇ ἰσχύϊ σου καὶ ἐν ὅλῃ τῇ διανοίᾳ σου, καὶ τὸν πλησίον σου ὡς σεαυτόν. 28 εἶπεν δὲ αὐτῷ Ὀρθῶς ἀπεκρίθης· τοῦτο ποίει καὶ ζήσῃ.

The Parable of the Good Samaritan

29 ὁ δὲ θέλων δικαιῶσαι ἑαυτὸν εἶπεν πρὸς τὸν Ἰησοῦν Καὶ τίς ἐστίν μου πλησίον; 30 ὑπολαβὼν (δέ) ὁ Ἰησοῦς εἶπεν Ἄνθρωπός τις κατέβαινεν ἀπὸ Ἰερουσαλὴμ εἰς Ἰερειχώ, καὶ λῃσταῖς περιέπεσεν, οἳ καὶ ἐκδύσαντες αὐτὸν καὶ πληγὰς ἐπιθέντες ἀπῆλθον ἀφέντες ἡμιθανῆ (τυγχάνοντα). 31 κατὰ συγκυρίαν δὲ ἱερεύς τις κατέβαινεν ἐν τῇ ὁδῷ ἐκείνῃ, καὶ ἰδὼν αὐτὸν ἀντιπαρῆλθεν. 32 ὁμοίως δὲ καὶ Λευείτης (γενόμενος) κατὰ τὸν τόπον ἐλθὼν καὶ ἰδὼν ἀντιπαρῆλθεν. 33 Σαμαρείτης δέ τις ὁδεύων ἦλθεν κατ' αὐτὸν καὶ ἰδὼν (αὐτὸν) ἐσπλαγχνίσθη, 34 καὶ προσελθὼν κατέδησεν τὰ τραύματα αὐτοῦ ἐπιχέων ἔλαιον καὶ οἶνον, ἐπιβιβάσας δὲ αὐτὸν ἐπὶ τὸ ἴδιον κτῆνος ἤγαγεν αὐτὸν εἰς πανδοχεῖον καὶ ἐπεμελήθη αὐτοῦ. 35 καὶ ἐπὶ τὴν αὔριον (ἐξελθὼν) ἐκβαλὼν δύο δηνάρια ἔδωκεν τῷ πανδοχεῖ καὶ εἶπεν (αὐτῷ) Ἐπιμελήθητι αὐτοῦ, καὶ ὅ τι ἂν προσδαπανήσῃς ἐγὼ ἐν τῷ ἐπανέρχεσθαί με ἀποδώσω σοι. 36 τίς τούτων τῶν τριῶν [πλησίον δοκεῖ σοι] (δοκεῖ σοι πλησίον) γεγονέναι τοῦ ἐμπεσόντος εἰς τοὺς λῃστάς; 37 ὁ δὲ εἶπεν Ὁ ποιήσας τὸ ἔλεος μετ' αὐτοῦ. εἶπεν [δὲ] (οὖν) αὐτῷ ὁ Ἰησοῦς Πορεύου καὶ σὺ ποίει ὁμοίως.

ΚΑΤΑ ΛΟΥΚΑΝ
Mary and Martha

38 [Ἐν δὲ] (Ἐγένετο δὲ Ἐν) τῷ πορεύεσθαι αὐτοὺς αὐτὸς εἰσῆλθεν εἰς κώμην τινά· γυνὴ δέ τις ὀνόματι Μάρθα ὑπεδέξατο αὐτὸν εἰς τὴν οἰκίαν (αὐτῆς). 39 καὶ τῇδε ἦν ἀδελφὴ καλουμένη Μαριάμ, ἣ καὶ παρακαθεσθεῖσα πρὸς τοὺς πόδας τοῦ Κυρίου ἤκουεν τὸν λόγον αὐτοῦ. 40 ἡ δὲ Μάρθα περιεσπᾶτο περὶ πολλὴν διακονίαν· ἐπιστᾶσα δὲ εἶπεν Κύριε, οὐ μέλει σοι ὅτι ἡ ἀδελφή μου μόνην με κατέλειπεν διακονεῖν; εἰπὸν οὖν αὐτῇ ἵνα μοι συναντιλάβηται. 41 ἀποκριθεὶς δὲ εἶπεν αὐτῇ ὁ [Κύριος] (Ἰησοῦς) Μάρθα Μάρθα, μεριμνᾷς καὶ [θορυβάζῃ] (τυρβάζῃ) περὶ πολλά, 42 [ὀλίγων] (ἑνὸς) δέ ἐστιν χρεία [ἢ ἑνός]· [Μαριὰμ γὰρ] (Μαρία δέ) τὴν ἀγαθὴν μερίδα ἐξελέξατο, ἥτις οὐκ ἀφαιρεθήσεται (ἀπ') αὐτῆς.

Luke 11

How to Pray

1 Καὶ ἐγένετο ἐν τῷ εἶναι αὐτὸν ἐν τόπῳ τινὶ προσευχόμενον, ὡς ἐπαύσατο, εἶπέν τις τῶν μαθητῶν αὐτοῦ πρὸς αὐτόν Κύριε, δίδαξον ἡμᾶς προσεύχεσθαι, καθὼς καὶ Ἰωάνης ἐδίδαξεν τοὺς μαθητὰς αὐτοῦ. 2 εἶπεν δὲ αὐτοῖς Ὅταν προσεύχησθε, λέγετε Πάτερ, (ἡμῶν ὁ ἐν τοῖς οὐρανοις) ἁγιασθήτω τὸ ὄνομά σου· ἐλθάτω ἡ βασιλεία σου (γενηθήτω τὸ θέλημά σου ὡς ἐν οὐρανῷ, καὶ ἐπὶ τῆς γῆς)· 3 τὸν ἄρτον ἡμῶν τὸν ἐπιούσιον δίδου ἡμῖν τὸ καθ' ἡμέραν· 4 καὶ ἄφες ἡμῖν τὰς ἁμαρτίας ἡμῶν, καὶ γὰρ αὐτοὶ ἀφίομεν παντὶ ὀφείλοντι ἡμῖν· καὶ μὴ εἰσενέγκῃς ἡμᾶς εἰς πειρασμόν (ἀλλὰ ῥῦσαι ἡμᾶς ἀπὸ τοῦ πονηροῦ).

A Lesson on Persistent Prayer

5 Καὶ εἶπεν πρὸς αὐτούς Τίς ἐξ ὑμῶν ἕξει φίλον, καὶ πορεύσεται πρὸς αὐτὸν μεσονυκτίου καὶ εἴπῃ αὐτῷ Φίλε, χρῆσόν μοι τρεῖς ἄρτους, 6 ἐπειδὴ φίλος μου παρεγένετο ἐξ ὁδοῦ πρός με καὶ οὐκ ἔχω ὃ παραθήσω αὐτῷ· 7 κἀκεῖνος ἔσωθεν ἀποκριθεὶς εἴπῃ Μή μοι κόπους πάρεχε· ἤδη ἡ θύρα κέκλεισται, καὶ τὰ παιδία μου μετ' ἐμοῦ εἰς τὴν κοίτην εἰσίν· οὐ δύναμαι ἀναστὰς δοῦναί σοι. 8 λέγω ὑμῖν, εἰ καὶ οὐ δώσει αὐτῷ ἀναστὰς διὰ τὸ εἶναι [φίλον αὐτοῦ] (αὐτοῦ φίλον), διά γε τὴν ἀναιδίαν αὐτοῦ ἐγερθεὶς δώσει αὐτῷ ὅσων χρῄζει.

ΚΑΤΑ ΛΟΥΚΑΝ

The Effectiveness of Prayer

9 Κἀγὼ ὑμῖν λέγω, αἰτεῖτε, καὶ δοθήσεται ὑμῖν· ζητεῖτε, καὶ εὑρήσετε· κρούετε, καὶ ἀνοιγήσεται ὑμῖν· 10 πᾶς γὰρ ὁ αἰτῶν λαμβάνει, καὶ ὁ ζητῶν εὑρίσκει, καὶ τῷ κρούοντι ἀνοιγήσεται. 11 τίνα δὲ [ἐξ] ὑμῶν τὸν πατέρα αἰτήσει ὁ υἱὸς [ἰχθύν, μὴ ἀντὶ ἰχθύος ὄφιν αὐτῷ ἐπιδώσει] (ἄρτον, μὴ λίθον ἐπιδώσει αὐτῷ εἰ καὶ ἰχθύν μὴ ἀντὶ ἰχθύος ὄφιν ἐπιδώσει αὐτῷ); 12 ἢ καὶ (ἐὰν) αἰτήσει ᾠόν, ἐπιδώσει αὐτῷ σκορπίον; 13 εἰ οὖν ὑμεῖς πονηροὶ ὑπάρχοντες οἴδατε [δόματα ἀγαθὰ] (ἀγαθὰ δόματα) διδόναι τοῖς τέκνοις ὑμῶν, πόσῳ μᾶλλον ὁ Πατὴρ ὁ ἐξ οὐρανοῦ δώσει Πνεῦμα Ἅγιον τοῖς αἰτοῦσιν αὐτόν.

Satan Does Not Oppose Himself

14 Καὶ ἦν ἐκβάλλων δαιμόνιον, καὶ αὐτὸ ἦν κωφόν· ἐγένετο δὲ τοῦ δαιμονίου ἐξελθόντος ἐλάλησεν ὁ κωφός. καὶ ἐθαύμασαν οἱ ὄχλοι· 15 τινὲς δὲ ἐξ αὐτῶν εἶπαν Ἐν Βεελζεβοὺλ [τῷ] ἄρχοντι τῶν δαιμονίων ἐκβάλλει τὰ δαιμόνια· 16 ἕτεροι δὲ πειράζοντες σημεῖον [ἐξ οὐρανοῦ ἐζήτουν παρ' αὐτοῦ] (παρ' αὐτοῦ ἐζήτουν ἐξ οὐρανοῦ). 17 αὐτὸς δὲ εἰδὼς αὐτῶν τὰ διανοήματα εἶπεν αὐτοῖς Πᾶσα βασιλεία ἐφ' ἑαυτὴν διαμερισθεῖσα ἐρημοῦται, καὶ οἶκος ἐπὶ οἶκον πίπτει. 18 εἰ δὲ καὶ ὁ Σατανᾶς ἐφ' ἑαυτὸν διεμερίσθη, πῶς σταθήσεται ἡ βασιλεία αὐτοῦ; ὅτι λέγετε ἐν Βεελζεβοὺλ ἐκβάλλειν με τὰ δαιμόνια. 19 εἰ δὲ ἐγὼ ἐν Βεελζεβοὺλ ἐκβάλλω τὰ δαιμόνια, οἱ υἱοὶ ὑμῶν ἐν τίνι ἐκβάλλουσιν; διὰ τοῦτο [αὐτοὶ ὑμῶν κριταὶ] (κριταὶ ὑμῶν αὐτοὶ) ἔσονται. 20 εἰ δὲ ἐν δακτύλῳ Θεοῦ [ἐγὼ] ἐκβάλλω τὰ δαιμόνια, ἄρα ἔφθασεν ἐφ' ὑμᾶς ἡ βασιλεία τοῦ Θεοῦ. 21 ὅταν ὁ ἰσχυρὸς καθωπλισμένος φυλάσσῃ τὴν ἑαυτοῦ αὐλήν, ἐν εἰρήνῃ ἐστὶν τὰ ὑπάρχοντα αὐτοῦ· 22 ἐπὰν δὲ ἰσχυρότερος αὐτοῦ ἐπελθὼν νικήσῃ αὐτόν, τὴν πανοπλίαν αὐτοῦ αἴρει ἐφ' ᾗ ἐπεποίθει, καὶ τὰ σκῦλα αὐτοῦ διαδίδωσιν. 23 Ὁ μὴ ὢν μετ' ἐμοῦ κατ' ἐμοῦ ἐστιν, καὶ ὁ μὴ συνάγων μετ' ἐμοῦ σκορπίζει. 24 Ὅταν τὸ ἀκάθαρτον πνεῦμα ἐξέλθῃ ἀπὸ τοῦ ἀνθρώπου, διέρχεται δι' ἀνύδρων τόπων ζητοῦν ἀνάπαυσιν, καὶ μὴ εὑρίσκον λέγει Ὑποστρέψω εἰς τὸν οἶκόν μου ὅθεν ἐξῆλθον· 25 καὶ ἐλθὸν εὑρίσκει σεσαρωμένον καὶ κεκοσμημένον. 26 τότε πορεύεται καὶ παραλαμβάνει (ἑπτὰ) ἕτερα πνεύματα πονηρότερα ἑαυτοῦ [ἑπτά], καὶ εἰσελθόντα κατοικεῖ ἐκεῖ, καὶ γίνεται τὰ ἔσχατα τοῦ ἀνθρώπου ἐκείνου χείρονα τῶν πρώτων. 27 Ἐγένετο δὲ ἐν τῷ λέγειν αὐτὸν ταῦτα ἐπάρασά τις [φωνὴν γυνὴ] (γυνὴ φωνὴν) ἐκ τοῦ ὄχλου εἶπεν αὐτῷ Μακαρία ἡ κοιλία ἡ βαστάσασά σε καὶ μαστοὶ οὓς ἐθήλασας. 28 αὐτὸς δὲ εἶπεν [Μενοῦν] (μενοῦνγε) μακάριοι οἱ ἀκούοντες τὸν λόγον τοῦ Θεοῦ καὶ φυλάσσοντες (αὐτόν).

ΚΑΤΑ ΛΟΥΚΑΝ

Another Condemnation of the Evil Generation

29 Τῶν δὲ ὄχλων ἐπαθροιζομένων ἤρξατο λέγειν Ἡ γενεὰ αὕτη γενεὰ πονηρά ἐστιν· σημεῖον ζητεῖ, καὶ σημεῖον οὐ δοθήσεται αὐτῇ εἰ μὴ τὸ σημεῖον Ἰωνᾶ (τοῦ προφήτου). 30 καθὼς γὰρ ἐγένετο Ἰωνᾶς [τοῖς Νινευείταις σημεῖον] (σημεῖον τοῖς Νινευίταις), οὕτως ἔσται καὶ ὁ Υἱὸς τοῦ ἀνθρώπου τῇ γενεᾷ ταύτῃ. 31 βασίλισσα νότου ἐγερθήσεται ἐν τῇ κρίσει μετὰ τῶν ἀνδρῶν τῆς γενεᾶς ταύτης καὶ κατακρινεῖ αὐτούς· ὅτι ἦλθεν ἐκ τῶν περάτων τῆς γῆς ἀκοῦσαι τὴν σοφίαν Σολομῶνος, καὶ ἰδοὺ πλεῖον Σολομῶνος ὧδε. 32 ἄνδρες Νινευεῖται ἀναστήσονται ἐν τῇ κρίσει μετὰ τῆς γενεᾶς ταύτης καὶ κατακρινοῦσιν αὐτήν· ὅτι μετενόησαν εἰς τὸ κήρυγμα Ἰωνᾶ, καὶ ἰδοὺ πλεῖον Ἰωνᾶ ὧδε.

Take Heed How You See

33 Οὐδεὶς (δὲ) λύχνον ἅψας εἰς κρύπτην τίθησιν οὐδὲ ὑπὸ τὸν μόδιον, ἀλλ' ἐπὶ τὴν λυχνίαν, ἵνα οἱ εἰσπορευόμενοι τὸ φέγγος βλέπωσιν. 34 ὁ λύχνος τοῦ σώματός ἐστιν ὁ ὀφθαλμός [σου]. ὅταν (οὖν) ὁ ὀφθαλμός σου ἁπλοῦς ᾖ, καὶ ὅλον τὸ σῶμά σου φωτεινόν ἐστιν· ἐπὰν δὲ πονηρὸς ᾖ, καὶ τὸ σῶμά σου σκοτεινόν. 35 σκόπει οὖν μὴ τὸ φῶς τὸ ἐν σοὶ σκότος ἐστίν. 36 εἰ οὖν τὸ σῶμά σου ὅλον φωτεινόν, μὴ ἔχον [μέρος τι] (τι μέρος) σκοτεινόν, ἔσται φωτεινὸν ὅλον ὡς ὅταν ὁ λύχνος τῇ ἀστραπῇ φωτίζῃ σε.

Woe to the Pharisees

37 Ἐν δὲ τῷ λαλῆσαι [ἐρωτᾷ] (ἠρωτᾷ) αὐτὸν Φαρισαῖος (τις) ὅπως ἀριστήσῃ παρ' αὐτῷ· εἰσελθὼν δὲ ἀνέπεσεν. 38 ὁ δὲ Φαρισαῖος ἰδὼν ἐθαύμασεν ὅτι οὐ πρῶτον ἐβαπτίσθη πρὸ τοῦ ἀρίστου. 39 εἶπεν δὲ ὁ Κύριος πρὸς αὐτόν Νῦν ὑμεῖς οἱ Φαρισαῖοι τὸ ἔξωθεν τοῦ ποτηρίου καὶ τοῦ πίνακος καθαρίζετε, τὸ δὲ ἔσωθεν ὑμῶν γέμει ἁρπαγῆς καὶ πονηρίας. 40 ἄφρονες, οὐχ ὁ ποιήσας τὸ ἔξωθεν καὶ τὸ ἔσωθεν ἐποίησεν; 41 πλὴν τὰ ἐνόντα δότε ἐλεημοσύνην, καὶ ἰδοὺ πάντα καθαρὰ ὑμῖν ἐστιν. 42 ἀλλὰ οὐαὶ ὑμῖν τοῖς Φαρισαίοις, ὅτι ἀποδεκατοῦτε τὸ ἡδύοσμον καὶ τὸ πήγανον καὶ πᾶν λάχανον, καὶ παρέρχεσθε τὴν κρίσιν καὶ τὴν ἀγάπην τοῦ Θεοῦ· ταῦτα δὲ ἔδει ποιῆσαι κἀκεῖνα μὴ [παρεῖναι] (ἀφιέναι). 43 οὐαὶ ὑμῖν τοῖς Φαρισαίοις, ὅτι ἀγαπᾶτε τὴν πρωτοκαθεδρίαν ἐν ταῖς συναγωγαῖς καὶ τοὺς ἀσπασμοὺς ἐν ταῖς ἀγοραῖς. 44 οὐαὶ ὑμῖν (γραμματεῖς καὶ Φαρισαῖοι, ὑποκριταί), ὅτι ἐστὲ ὡς τὰ μνημεῖα τὰ ἄδηλα, καὶ οἱ ἄνθρωποι οἱ περιπατοῦντες ἐπάνω οὐκ οἴδασιν.

ΚΑΤΑ ΛΟΥΚΑΝ

Woe to the Teachers of the Law

45 Ἀποκριθεὶς δέ τις τῶν νομικῶν λέγει αὐτῷ Διδάσκαλε, ταῦτα λέγων καὶ ἡμᾶς ὑβρίζεις. 46 ὁ δὲ εἶπεν Καὶ ὑμῖν τοῖς νομικοῖς οὐαί, ὅτι φορτίζετε τοὺς ἀνθρώπους φορτία δυσβάστακτα, καὶ αὐτοὶ ἑνὶ τῶν δακτύλων ὑμῶν οὐ προσψαύετε τοῖς φορτίοις. 47 οὐαὶ ὑμῖν, ὅτι οἰκοδομεῖτε τὰ μνημεῖα τῶν προφητῶν, οἱ δὲ πατέρες ὑμῶν ἀπέκτειναν αὐτούς. 48 ἄρα [μάρτυρές ἐστε] (μάρτυρεῖτε) καὶ συνευδοκεῖτε τοῖς ἔργοις τῶν πατέρων ὑμῶν, ὅτι αὐτοὶ μὲν ἀπέκτειναν αὐτούς, ὑμεῖς δὲ οἰκοδομεῖτε (αὐτῶν τὰ μνημεῖα). 49 διὰ τοῦτο καὶ ἡ σοφία τοῦ Θεοῦ εἶπεν Ἀποστελῶ εἰς αὐτοὺς προφήτας καὶ ἀποστόλους, καὶ ἐξ αὐτῶν ἀποκτενοῦσιν καὶ [διώξουσιν] (ἐκδιώξουσιν), 50 ἵνα ἐκζητηθῇ τὸ αἷμα πάντων τῶν προφητῶν τὸ ἐκκεχυμένον ἀπὸ καταβολῆς κόσμου ἀπὸ τῆς γενεᾶς ταύτης, 51 ἀπὸ αἵματος Ἄβελ ἕως αἵματος Ζαχαρίου τοῦ ἀπολομένου μεταξὺ τοῦ θυσιαστηρίου καὶ τοῦ οἴκου· ναί, λέγω ὑμῖν, ἐκζητηθήσεται ἀπὸ τῆς γενεᾶς ταύτης. 52 οὐαὶ ὑμῖν τοῖς νομικοῖς, ὅτι ἤρατε τὴν κλεῖδα τῆς γνώσεως· αὐτοὶ οὐκ εἰσήλθατε καὶ τοὺς εἰσερχομένους ἐκωλύσατε. 53 [Κἀκεῖθεν ἐξελθόντος] (λέγοντος δὲ αὐτοῦ ταῦτα πρὸς) αὐτοῦ ἤρξαντο οἱ γραμματεῖς καὶ οἱ Φαρισαῖοι δεινῶς ἐνέχειν καὶ ἀποστοματίζειν αὐτὸν περὶ πλειόνων, 54 ἐνεδρεύοντες αὐτὸν (καὶ ζητοῦντες) θηρεῦσαί τι ἐκ τοῦ στόματος αὐτοῦ (ἵνα κατηγορήσωσιν αὐτοῦ).

Luke 12

Fear God Rather than Men

1 Ἐν οἷς ἐπισυναχθεισῶν τῶν μυριάδων τοῦ ὄχλου, ὥστε καταπατεῖν ἀλλήλους, ἤρξατο λέγειν πρὸς τοὺς μαθητὰς αὐτοῦ πρῶτον Προσέχετε ἑαυτοῖς ἀπὸ τῆς ζύμης (τῶν Φαρισαίων), ἥτις ἐστὶν ὑπόκρισις, [τῶν Φαρισαίων]. 2 οὐδὲν δὲ συγκεκαλυμμένον ἐστὶν ὃ οὐκ ἀποκαλυφθήσεται, καὶ κρυπτὸν ὃ οὐ γνωσθήσεται. 3 ἀνθ᾽ ὧν ὅσα ἐν τῇ σκοτίᾳ εἴπατε ἐν τῷ φωτὶ ἀκουσθήσεται, καὶ ὃ πρὸς τὸ οὖς ἐλαλήσατε ἐν τοῖς ταμείοις κηρυχθήσεται ἐπὶ τῶν δωμάτων. 4 Λέγω δὲ ὑμῖν τοῖς φίλοις μου, μὴ φοβηθῆτε ἀπὸ τῶν ἀποκτεννόντων τὸ σῶμα καὶ μετὰ ταῦτα μὴ ἐχόντων περισσότερόν τι ποιῆσαι. 5 ὑποδείξω δὲ ὑμῖν τίνα φοβηθῆτε· φοβήθητε τὸν μετὰ τὸ ἀποκτεῖναι [ἔχοντα ἐξουσίαν] (ἐξουσίαν ἔχοντα) ἐμβαλεῖν εἰς τὴν γέενναν. ναί, λέγω ὑμῖν, τοῦτον φοβήθητε. 6 οὐχὶ πέντε στρουθία πωλοῦνται ἀσσαρίων δύο; καὶ ἓν ἐξ αὐτῶν οὐκ ἔστιν ἐπιλελησμένον ἐνώπιον τοῦ Θεοῦ.

7 ἀλλὰ καὶ αἱ τρίχες τῆς κεφαλῆς ὑμῶν πᾶσαι ἠρίθμηνται. μὴ (οὖν) φοβεῖσθε· πολλῶν στρουθίων διαφέρετε. 8 λέγω δὲ ὑμῖν, πᾶς ὃς ἂν ὁμολογήσῃ ἐν ἐμοὶ ἔμπροσθεν τῶν ἀνθρώπων, καὶ ὁ Υἱὸς τοῦ ἀνθρώπου ὁμολογήσει ἐν αὐτῷ ἔμπροσθεν τῶν ἀγγέλων τοῦ Θεοῦ· 9 ὁ δὲ ἀρνησάμενός με ἐνώπιον τῶν ἀνθρώπων ἀπαρνηθήσεται ἐνώπιον τῶν ἀγγέλων τοῦ Θεοῦ. 10 καὶ πᾶς ὃς ἐρεῖ λόγον εἰς τὸν Υἱὸν τοῦ ἀνθρώπου, ἀφεθήσεται αὐτῷ· τῷ δὲ εἰς τὸ Ἅγιον Πνεῦμα βλασφημήσαντι οὐκ ἀφεθήσεται. 11 ὅταν δὲ εἰσφέρωσιν ὑμᾶς ἐπὶ τὰς συναγωγὰς καὶ τὰς ἀρχὰς καὶ τὰς ἐξουσίας, μὴ μεριμνήσητε πῶς ἢ τί ἀπολογήσησθε ἢ τί εἴπητε· 12 τὸ γὰρ Ἅγιον Πνεῦμα διδάξει ὑμᾶς ἐν αὐτῇ τῇ ὥρᾳ ἃ δεῖ εἰπεῖν.

The Parable of the Rich Fool

13 Εἶπεν δέ τις (αὐτῷ) ἐκ τοῦ ὄχλου αὐτῷ Διδάσκαλε, εἰπὲ τῷ ἀδελφῷ μου μερίσασθαι μετ' ἐμοῦ τὴν κληρονομίαν. 14 ὁ δὲ εἶπεν αὐτῷ Ἄνθρωπε, τίς με κατέστησεν [κριτὴν] (δικαστὴν) ἢ μεριστὴν ἐφ' ὑμᾶς; 15 εἶπεν δὲ πρὸς αὐτούς Ὁρᾶτε καὶ φυλάσσεσθε ἀπὸ [πάσης] (τῆς) πλεονεξίας, ὅτι οὐκ ἐν τῷ περισσεύειν τινὶ ἡ ζωὴ αὐτοῦ ἐστιν ἐκ τῶν ὑπαρχόντων αὐτῷ. 16 Εἶπεν δὲ παραβολὴν πρὸς αὐτοὺς λέγων Ἀνθρώπου τινὸς πλουσίου εὐφόρησεν ἡ χώρα. 17 καὶ διελογίζετο ἐν ἑαυτῷ λέγων Τί ποιήσω, ὅτι οὐκ ἔχω ποῦ συνάξω τοὺς καρπούς μου; 18 καὶ εἶπεν Τοῦτο ποιήσω· καθελῶ μου τὰς ἀποθήκας καὶ μείζονας οἰκοδομήσω, καὶ συνάξω ἐκεῖ πάντα [τὸν σῖτον] (τὰ γενήματά μου) καὶ τὰ ἀγαθά μου, 19 καὶ ἐρῶ τῇ ψυχῇ μου Ψυχή, ἔχεις πολλὰ ἀγαθὰ κείμενα εἰς ἔτη πολλά· ἀναπαύου, φάγε, πίε, εὐφραίνου. 20 εἶπεν δὲ αὐτῷ ὁ Θεός Ἄφρων, ταύτῃ τῇ νυκτὶ τὴν ψυχήν σου ἀπαιτοῦσιν ἀπὸ σοῦ· ἃ δὲ ἡτοίμασας, τίνι ἔσται; 21 οὕτως ὁ θησαυρίζων [αὐτῷ] (ἑαυτῷ) καὶ μὴ εἰς Θεὸν πλουτῶν.

Seek the Kingdom of God

22 Εἶπεν δὲ πρὸς τοὺς μαθητὰς αὐτοῦ Διὰ τοῦτο [λέγω ὑμῖν·] (ὑμῖν· λέγω) μὴ μεριμνᾶτε τῇ ψυχῇ τί φάγητε, μηδὲ τῷ σώματι τί ἐνδύσησθε. 23 ἡ [γὰρ] ψυχὴ πλεῖόν ἐστιν τῆς τροφῆς καὶ τὸ σῶμα τοῦ ἐνδύματος. 24 κατανοήσατε τοὺς κόρακας, ὅτι [οὔτε] (οὐ) σπείρουσιν [οὔτε] (οὐδὲ) θερίζουσιν, οἷς οὐκ ἔστιν ταμεῖον οὐδὲ ἀποθήκη, καὶ ὁ Θεὸς τρέφει αὐτούς· πόσῳ μᾶλλον ὑμεῖς διαφέρετε τῶν πετεινῶν. 25 τίς δὲ ἐξ ὑμῶν μεριμνῶν δύναται [ἐπὶ τὴν ἡλικίαν αὐτοῦ προσθεῖναι πῆχυν] (προσθεῖναι ἐπὶ τὴν ἡλικίαν αὐτοῦ πῆχυν ἕνα);

26 εἰ οὖν [οὐδὲ] (οὐτὲ) ἐλάχιστον δύνασθε, τί περὶ τῶν λοιπῶν μεριμνᾶτε; 27 κατανοήσατε τὰ κρίνα, πῶς [οὔτε νήθει οὔτε ὑφαίνει·] (αὐξάνει· οὐ κοπιᾷ οὐδὲ νήθει·) λέγω δὲ ὑμῖν, οὐδὲ Σολομὼν ἐν πάσῃ τῇ δόξῃ αὐτοῦ περιεβάλετο ὡς ἓν τούτων. 28 εἰ δὲ [ἐν ἀγρῷ τὸν χόρτον ὄντα σήμερον] (τὸν χόρτον ἐν τῷ ἀγρῷ σήμερον ὄντα) καὶ αὔριον εἰς κλίβανον βαλλόμενον ὁ Θεὸς οὕτως [ἀμφιέζει] (ἀμφιέννυσιν), πόσῳ μᾶλλον ὑμᾶς, ὀλιγόπιστοι. 29 καὶ ὑμεῖς μὴ ζητεῖτε τί φάγητε καὶ τί πίητε, καὶ μὴ μετεωρίζεσθε· 30 ταῦτα γὰρ πάντα τὰ ἔθνη τοῦ κόσμου [ἐπιζητοῦσιν] (ἐπιζητεῖ)· ὑμῶν δὲ ὁ Πατὴρ οἶδεν ὅτι χρῄζετε τούτων· 31 πλὴν ζητεῖτε τὴν βασιλείαν [αὐτοῦ] (τοῦ Θεοῦ), καὶ ταῦτα (πάντα) προστεθήσεται ὑμῖν. 32 Μὴ φοβοῦ, τὸ μικρὸν ποίμνιον· ὅτι εὐδόκησεν ὁ Πατὴρ ὑμῶν δοῦναι ὑμῖν τὴν βασιλείαν. 33 Πωλήσατε τὰ ὑπάρχοντα ὑμῶν καὶ δότε ἐλεημοσύνην· ποιήσατε ἑαυτοῖς βαλλάντια μὴ παλαιούμενα, θησαυρὸν ἀνέκλειπτον ἐν τοῖς οὐρανοῖς, ὅπου κλέπτης οὐκ ἐγγίζει οὐδὲ σὴς διαφθείρει· 34 ὅπου γάρ ἐστιν ὁ θησαυρὸς ὑμῶν, ἐκεῖ καὶ ἡ καρδία ὑμῶν ἔσται.

Being Prepared for Christ's Return

35 Ἔστωσαν ὑμῶν αἱ ὀσφύες περιεζωσμέναι καὶ οἱ λύχνοι καιόμενοι· 36 καὶ ὑμεῖς ὅμοιοι ἀνθρώποις προσδεχομένοις τὸν κύριον ἑαυτῶν πότε ἀναλύσῃ ἐκ τῶν γάμων, ἵνα ἐλθόντος καὶ κρούσαντος εὐθέως ἀνοίξωσιν αὐτῷ. 37 μακάριοι οἱ δοῦλοι ἐκεῖνοι, οὓς ἐλθὼν ὁ κύριος εὑρήσει γρηγοροῦντας· ἀμὴν λέγω ὑμῖν ὅτι περιζώσεται καὶ ἀνακλινεῖ αὐτοὺς καὶ παρελθὼν διακονήσει αὐτοῖς. 38 [κἂν] (καὶ ἐὰν) [ἐν τῇ δευτέρᾳ κἂν ἐν τῇ τρίτῃ φυλακῇ] (ἔλθῃ ἐν τῇ δευτέρᾳ φυλακῇ καὶ ἐν τῇ τρίτῃ φυλακῇ) ἔλθῃ καὶ εὕρῃ οὕτως, μακάριοί εἰσιν (οἱ δοῦλοι) ἐκεῖνοι. 39 τοῦτο δὲ γινώσκετε ὅτι εἰ ᾔδει ὁ οἰκοδεσπότης ποίᾳ ὥρᾳ ὁ κλέπτης ἔρχεται (ἐγρηγόρησεν ἂν καὶ), οὐκ ἂν ἀφῆκεν [διορυχθῆναι] (διορυγῆναι) τὸν οἶκον αὐτοῦ. 40 καὶ ὑμεῖς γίνεσθε ἕτοιμοι, ὅτι ᾗ ὥρᾳ οὐ δοκεῖτε ὁ Υἱὸς τοῦ ἀνθρώπου ἔρχεται.

The Faithful Steward

41 Εἶπεν δὲ (αὐτῷ) ὁ Πέτρος Κύριε, πρὸς ἡμᾶς τὴν παραβολὴν ταύτην λέγεις ἢ καὶ πρὸς πάντας; 42 [καὶ] εἶπεν ὁ Κύριος Τίς ἄρα ἐστὶν ὁ πιστὸς οἰκονόμος ὁ φρόνιμος, ὃν καταστήσει ὁ κύριος ἐπὶ τῆς θεραπείας αὐτοῦ τοῦ διδόναι ἐν καιρῷ τὸ σιτομέτριον; 43 μακάριος ὁ δοῦλος ἐκεῖνος, ὃν ἐλθὼν ὁ κύριος αὐτοῦ εὑρήσει ποιοῦντα οὕτως.

ΚΑΤΑ ΛΟΥΚΑΝ

44 ἀληθῶς λέγω ὑμῖν ὅτι ἐπὶ πᾶσιν τοῖς ὑπάρχουσιν αὐτοῦ καταστήσει αὐτόν. 45 ἐὰν δὲ εἴπῃ ὁ δοῦλος ἐκεῖνος ἐν τῇ καρδίᾳ αὐτοῦ Χρονίζει ὁ κύριός μου ἔρχεσθαι, καὶ ἄρξηται τύπτειν τοὺς παῖδας καὶ τὰς παιδίσκας, ἐσθίειν τε καὶ πίνειν καὶ μεθύσκεσθαι, 46 ἥξει ὁ κύριος τοῦ δούλου ἐκείνου ἐν ἡμέρᾳ ᾗ οὐ προσδοκᾷ καὶ ἐν ὥρᾳ ᾗ οὐ γινώσκει, καὶ διχοτομήσει αὐτὸν, καὶ τὸ μέρος αὐτοῦ μετὰ τῶν ἀπίστων θήσει. 47 ἐκεῖνος δὲ ὁ δοῦλος ὁ γνοὺς τὸ θέλημα τοῦ κυρίου αὐτοῦ καὶ μὴ ἑτοιμάσας ἢ ποιήσας πρὸς τὸ θέλημα αὐτοῦ δαρήσεται πολλάς· 48 ὁ δὲ μὴ γνούς, ποιήσας δὲ ἄξια πληγῶν, δαρήσεται ὀλίγας. παντὶ δὲ ᾧ ἐδόθη πολύ, πολὺ ζητηθήσεται παρ' αὐτοῦ, καὶ ᾧ παρέθεντο πολύ, περισσότερον αἰτήσουσιν αὐτόν.

Households will be Divided over Christ

49 Πῦρ ἦλθον βαλεῖν ἐπὶ τὴν γῆν, καὶ τί θέλω εἰ ἤδη ἀνήφθη. 50 βάπτισμα δὲ ἔχω βαπτισθῆναι, καὶ πῶς συνέχομαι ἕως ὅτου τελεσθῇ. 51 δοκεῖτε ὅτι εἰρήνην παρεγενόμην δοῦναι ἐν τῇ γῇ; οὐχί, λέγω ὑμῖν, ἀλλ' ἢ διαμερισμόν. 52 ἔσονται γὰρ ἀπὸ τοῦ νῦν πέντε ἐν [ἑνὶ οἴκῳ] (οἴκῳ ἑνὶ) διαμεμερισμένοι, τρεῖς ἐπὶ δυσὶν καὶ δύο ἐπὶ τρισίν 53 διαμερισθήσονται, πατὴρ ἐπὶ υἱῷ καὶ υἱὸς ἐπὶ πατρί, μήτηρ ἐπὶ [θυγατέρα] (θυγατρί) καὶ θυγάτηρ ἐπὶ [τὴν μητέρα] (μητρί), πενθερὰ ἐπὶ τὴν νύμφην αὐτῆς καὶ νύμφη ἐπὶ τὴν πενθεράν (αὐτῆς).

Discerning the Times

54 Ἔλεγεν δὲ καὶ τοῖς ὄχλοις Ὅταν ἴδητε (τὴν) νεφέλην ἀνατέλλουσαν [ἐπὶ] (ἀπὸ) δυσμῶν, εὐθέως λέγετε [ὅτι] Ὄμβρος ἔρχεται, καὶ γίνεται οὕτως· 55 καὶ ὅταν νότον πνέοντα, λέγετε ὅτι Καύσων ἔσται, καὶ γίνεται. 56 ὑποκριταί, τὸ πρόσωπον τῆς γῆς καὶ τοῦ οὐρανοῦ οἴδατε δοκιμάζειν, τὸν [καιρὸν δὲ] (δὲ καιρὸν) τοῦτον πῶς οὐ δοκιμάζετε; 57 Τί δὲ καὶ ἀφ' ἑαυτῶν οὐ κρίνετε τὸ δίκαιον; 58 ὡς γὰρ ὑπάγεις μετὰ τοῦ ἀντιδίκου σου ἐπ' ἄρχοντα, ἐν τῇ ὁδῷ δὸς ἐργασίαν ἀπηλλάχθαι ἀπ' αὐτοῦ, μή ποτε κατασύρῃ σε πρὸς τὸν κριτήν, καὶ ὁ κριτής σε παραδώσει τῷ πράκτορι, καὶ ὁ πράκτωρ σε βαλεῖ εἰς φυλακήν. 59 λέγω σοι, οὐ μὴ ἐξέλθῃς ἐκεῖθεν ἕως καὶ τὸ ἔσχατον λεπτὸν ἀποδῷς.

ΚΑΤΑ ΛΟΥΚΑΝ

Luke 13

Repentance is Required

1 Παρῆσαν δέ τινες ἐν αὐτῷ τῷ καιρῷ ἀπαγγέλλοντες αὐτῷ περὶ τῶν Γαλιλαίων ὧν τὸ αἷμα Πειλᾶτος ἔμιξεν μετὰ τῶν θυσιῶν αὐτῶν. 2 καὶ ἀποκριθεὶς (ὁ Ἰησοῦς) εἶπεν αὐτοῖς Δοκεῖτε ὅτι οἱ Γαλιλαῖοι οὗτοι ἁμαρτωλοὶ παρὰ πάντας τοὺς Γαλιλαίους ἐγένοντο, ὅτι ταῦτα πεπόνθασιν; 3 οὐχί, λέγω ὑμῖν, ἀλλ' ἐὰν μὴ μετανοῆτε, πάντες [ὁμοίως] (ὡσαύτως) ἀπολεῖσθε. 4 ἢ ἐκεῖνοι οἱ δέκα ὀκτὼ ἐφ' οὓς ἔπεσεν ὁ πύργος ἐν τῷ Σιλωὰμ καὶ ἀπέκτεινεν αὐτούς, δοκεῖτε ὅτι αὐτοὶ ὀφειλέται ἐγένοντο παρὰ πάντας τοὺς ἀνθρώπους τοὺς κατοικοῦντας Ἰερουσαλήμ; 5 οὐχί, λέγω ὑμῖν, ἀλλ' ἐὰν μὴ μετανοήσητε, πάντες [ὡσαύτως] (ὁμοίως) ἀπολεῖσθε.

The Parable of the Barren Fig Tree

6 Ἔλεγεν δὲ ταύτην τὴν παραβολήν. συκῆν εἶχέν τις [πεφυτευμένην ἐν τῷ ἀμπελῶνι αὐτοῦ, καὶ ἦλθεν ζητῶν καρπὸν] (ἐν τῷ ἀμπελῶνι αὐτοῦ πεφυτευμένην καὶ ἦλθεν καρπὸν ζητῶν) ἐν αὐτῇ καὶ οὐχ εὗρεν. 7 εἶπεν δὲ πρὸς τὸν ἀμπελουργόν Ἰδοὺ τρία ἔτη [ἀφ' οὗ] ἔρχομαι ζητῶν καρπὸν ἐν τῇ συκῇ ταύτῃ καὶ οὐχ εὑρίσκω· ἔκκοψον αὐτήν· ἵνα τί καὶ τὴν γῆν καταργεῖ; 8 ὁ δὲ ἀποκριθεὶς λέγει αὐτῷ Κύριε, ἄφες αὐτὴν καὶ τοῦτο τὸ ἔτος, ἕως ὅτου σκάψω περὶ αὐτὴν καὶ βάλω κόπρια, 9 κἂν μὲν ποιήσῃ καρπὸν [εἰς τὸ μέλλον] (εἰ δὲ μήγε)· [εἰ δὲ μήγε,] (εἰς τὸ μέλλον·) ἐκκόψεις αὐτήν.

A Crippled Woman Healed on the Sabbath

10 Ἦν δὲ διδάσκων ἐν μιᾷ τῶν συναγωγῶν ἐν τοῖς σάββασιν. 11 καὶ ἰδοὺ γυνὴ πνεῦμα ἔχουσα ἀσθενείας ἔτη δέκα ὀκτώ, καὶ ἦν συνκύπτουσα καὶ μὴ δυναμένη ἀνακύψαι εἰς τὸ παντελές. 12 ἰδὼν δὲ αὐτὴν ὁ Ἰησοῦς προσεφώνησεν καὶ εἶπεν αὐτῇ Γύναι, ἀπολέλυσαι τῆς ἀσθενείας σου, 13 καὶ ἐπέθηκεν αὐτῇ τὰς χεῖρας· καὶ παραχρῆμα ἀνορθώθη, καὶ ἐδόξαζεν τὸν Θεόν. 14 ἀποκριθεὶς δὲ ὁ ἀρχισυνάγωγος, ἀγανακτῶν ὅτι τῷ σαββάτῳ ἐθεράπευσεν ὁ Ἰησοῦς, ἔλεγεν τῷ ὄχλῳ [ὅτι] Ἓξ ἡμέραι εἰσὶν ἐν αἷς δεῖ ἐργάζεσθαι· ἐν [αὐταῖς] (ταύταις) οὖν ἐρχόμενοι θεραπεύεσθε καὶ μὴ τῇ ἡμέρᾳ τοῦ σαββάτου. 15 ἀπεκρίθη δὲ αὐτῷ ὁ Κύριος καὶ εἶπεν Ὑποκριταί, ἕκαστος ὑμῶν τῷ σαββάτῳ οὐ λύει τὸν βοῦν αὐτοῦ ἢ τὸν ὄνον ἀπὸ τῆς φάτνης καὶ ἀπαγαγὼν ποτίζει; 16 ταύτην δὲ θυγατέρα Ἀβραὰμ οὖσαν, ἣν ἔδησεν ὁ Σατανᾶς ἰδοὺ δέκα καὶ ὀκτὼ ἔτη, οὐκ ἔδει λυθῆναι ἀπὸ τοῦ δεσμοῦ τούτου τῇ ἡμέρᾳ τοῦ σαββάτου;

17 καὶ ταῦτα λέγοντος αὐτοῦ κατῃσχύνοντο πάντες οἱ ἀντικείμενοι αὐτῷ, καὶ πᾶς ὁ ὄχλος ἔχαιρεν ἐπὶ πᾶσιν τοῖς ἐνδόξοις τοῖς γινομένοις ὑπ' αὐτοῦ.

The Parables of the Mustard Seed and the Leaven

18 Ἔλεγεν [οὖν] (δὲ) Τίνι ὁμοία ἐστὶν ἡ βασιλεία τοῦ Θεοῦ, καὶ τίνι ὁμοιώσω αὐτήν; 19 ὁμοία ἐστὶν κόκκῳ σινάπεως, ὃν λαβὼν ἄνθρωπος ἔβαλεν εἰς κῆπον ἑαυτοῦ, καὶ ηὔξησεν καὶ ἐγένετο εἰς δένδρον (μέγα), καὶ τὰ πετεινὰ τοῦ οὐρανοῦ κατεσκήνωσεν ἐν τοῖς κλάδοις αὐτοῦ. 20 Καὶ πάλιν εἶπεν Τίνι ὁμοιώσω τὴν βασιλείαν τοῦ Θεοῦ; 21 ὁμοία ἐστὶν ζύμῃ, ἣν λαβοῦσα γυνὴ ἔκρυψεν εἰς ἀλεύρου σάτα τρία, ἕως οὗ ἐζυμώθη ὅλον.

The Narrow Gate of Knowing Christ

22 Καὶ διεπορεύετο κατὰ πόλεις καὶ κώμας διδάσκων καὶ πορείαν ποιούμενος εἰς Ἱεροσόλυμα. 23 Εἶπεν δέ τις αὐτῷ Κύριε, εἰ ὀλίγοι οἱ σῳζόμενοι; ὁ δὲ εἶπεν πρὸς αὐτούς 24 Ἀγωνίζεσθε εἰσελθεῖν διὰ τῆς στενῆς [θύρας] (πύλης), ὅτι πολλοί, λέγω ὑμῖν, ζητήσουσιν εἰσελθεῖν καὶ οὐκ ἰσχύσουσιν. 25 ἀφ' οὗ ἂν ἐγερθῇ ὁ οἰκοδεσπότης καὶ ἀποκλείσῃ τὴν θύραν, καὶ ἄρξησθε ἔξω ἑστάναι καὶ κρούειν τὴν θύραν λέγοντες [Κύριε] (Κύριε Κύριε), ἄνοιξον ἡμῖν· καὶ ἀποκριθεὶς ἐρεῖ ὑμῖν Οὐκ οἶδα ὑμᾶς πόθεν ἐστέ. 26 τότε ἄρξεσθε λέγειν Ἐφάγομεν ἐνώπιόν σου καὶ ἐπίομεν, καὶ ἐν ταῖς πλατείαις ἡμῶν ἐδίδαξας· 27 καὶ ἐρεῖ λέγων ὑμῖν Οὐκ οἶδα (ὑμᾶς) πόθεν ἐστέ· ἀπόστητε ἀπ' ἐμοῦ πάντες ἐργάται ἀδικίας. 28 ἐκεῖ ἔσται ὁ κλαυθμὸς καὶ ὁ βρυγμὸς τῶν ὀδόντων, ὅταν ὄψησθε Ἀβραὰμ καὶ Ἰσαὰκ καὶ Ἰακὼβ καὶ πάντας τοὺς προφήτας ἐν τῇ βασιλείᾳ τοῦ Θεοῦ, ὑμᾶς δὲ ἐκβαλλομένους ἔξω. 29 καὶ ἥξουσιν ἀπὸ ἀνατολῶν καὶ δυσμῶν καὶ ἀπὸ βορρᾶ καὶ νότου, καὶ ἀνακλιθήσονται ἐν τῇ βασιλείᾳ τοῦ Θεοῦ. 30 καὶ ἰδοὺ εἰσὶν ἔσχατοι οἳ ἔσονται πρῶτοι, καὶ εἰσὶν πρῶτοι οἳ ἔσονται ἔσχατοι.

Jesus Mourns over Jerusalem

31 Ἐν αὐτῇ τῇ [ὥρᾳ] (ἡμέρᾳ) προσῆλθάν τινες Φαρισαῖοι λέγοντες αὐτῷ Ἔξελθε καὶ πορεύου ἐντεῦθεν, ὅτι Ἡρῴδης θέλει σε ἀποκτεῖναι. 32 καὶ εἶπεν αὐτοῖς Πορευθέντες εἴπατε τῇ ἀλώπεκι ταύτῃ Ἰδοὺ ἐκβάλλω δαιμόνια καὶ ἰάσεις ἀποτελῶ σήμερον καὶ αὔριον, καὶ τῇ τρίτῃ τελειοῦμαι. 33 πλὴν δεῖ με σήμερον καὶ αὔριον καὶ τῇ ἐχομένῃ πορεύεσθαι, ὅτι οὐκ ἐνδέχεται προφήτην ἀπολέσθαι ἔξω Ἱερουσαλήμ. 34 Ἱερουσαλὴμ Ἱερουσαλήμ, ἡ ἀποκτείνουσα τοὺς προφήτας καὶ λιθοβολοῦσα τοὺς ἀπεσταλμένους πρὸς αὐτήν,

ποσάκις ἠθέλησα ἐπισυνάξαι τὰ τέκνα σου ὃν τρόπον ὄρνις τὴν ἑαυτῆς νοσσιὰν ὑπὸ τὰς πτέρυγας, καὶ οὐκ ἠθελήσατε. 35 ἰδοὺ ἀφίεται ὑμῖν ὁ οἶκος ὑμῶν (ἔρημος). [λέγω δὲ ὑμῖν, οὐ μὴ ἴδητέ με ἕως ἥξει] (ἀμὴν δὲ λέγω ὑμῖν ὅτι οὐ μή με ἴδητέ ἕως ἂν ἥξῃ) ὅτε εἴπητε

Εὐλογημένος ὁ ἐρχόμενος ἐν ὀνόματι Κυρίου.

Luke 14

Doing Good on the Sabbath

1 Καὶ ἐγένετο ἐν τῷ ἐλθεῖν αὐτὸν εἰς οἶκόν τινος τῶν ἀρχόντων τῶν Φαρισαίων σαββάτῳ φαγεῖν ἄρτον, καὶ αὐτοὶ ἦσαν παρατηρούμενοι αὐτόν. 2 καὶ ἰδοὺ ἄνθρωπός τις ἦν ὑδρωπικὸς ἔμπροσθεν αὐτοῦ. 3 καὶ ἀποκριθεὶς ὁ Ἰησοῦς εἶπεν πρὸς τοὺς νομικοὺς καὶ Φαρισαίους λέγων (Εἰ) Ἔξεστιν τῷ σαββάτῳ θεραπεῦσαι [ἢ οὔ]; 4 οἱ δὲ ἡσύχασαν. καὶ ἐπιλαβόμενος ἰάσατο αὐτὸν καὶ ἀπέλυσεν. 5 καὶ (ἀποκριθεὶς) πρὸς αὐτοὺς εἶπεν Τίνος ὑμῶν [υἱὸς] (ὄνος) ἢ βοῦς εἰς φρέαρ [πεσεῖται] (ἐμπεσεῖται), καὶ οὐκ εὐθέως ἀνασπάσει αὐτὸν ἐν (τῇ) ἡμέρᾳ τοῦ σαββάτου; 6 καὶ οὐκ ἴσχυσαν ἀνταποκριθῆναι (αὐτῷ) πρὸς ταῦτα.

Instructions on Unselfishness

7 Ἔλεγεν δὲ πρὸς τοὺς κεκλημένους παραβολήν, ἐπέχων πῶς τὰς πρωτοκλισίας ἐξελέγοντο, λέγων πρὸς αὐτούς 8 Ὅταν κληθῇς ὑπό τινος εἰς γάμους, μὴ κατακλιθῇς εἰς τὴν πρωτοκλισίαν, μή ποτε ἐντιμότερός σου ᾖ κεκλημένος ὑπ' αὐτοῦ, 9 καὶ ἐλθὼν ὁ σὲ καὶ αὐτὸν καλέσας ἐρεῖ σοι Δὸς τούτῳ τόπον, καὶ τότε ἄρξῃ μετὰ αἰσχύνης τὸν ἔσχατον τόπον κατέχειν. 10 ἀλλ' ὅταν κληθῇς, πορευθεὶς ἀνάπεσε εἰς τὸν ἔσχατον τόπον, ἵνα ὅταν ἔλθῃ ὁ κεκληκώς σε [ἐρεῖ] (εἴπῃ) σοι Φίλε, προσανάβηθι ἀνώτερον· τότε ἔσται σοι δόξα ἐνώπιον [πάντων] τῶν συνανακειμένων σοι. 11 ὅτι πᾶς ὁ ὑψῶν ἑαυτὸν ταπεινωθήσεται, καὶ ὁ ταπεινῶν ἑαυτὸν ὑψωθήσεται. 12 Ἔλεγεν δὲ καὶ τῷ κεκληκότι αὐτόν Ὅταν ποιῇς ἄριστον ἢ δεῖπνον, μὴ φώνει τοὺς φίλους σου μηδὲ τοὺς ἀδελφούς σου μηδὲ τοὺς συγγενεῖς σου μηδὲ γείτονας πλουσίους, μή ποτε καὶ αὐτοὶ ἀντικαλέσωσίν σε καὶ γένηται [ἀνταπόδομά σοι] (σοι ἀνταπόδομά). 13 ἀλλ' ὅταν [δοχὴν ποιῇς] (ποιῇς δοχὴν), κάλει πτωχούς, ἀναπήρους, χωλούς, τυφλούς· 14 καὶ μακάριος ἔσῃ, ὅτι οὐκ ἔχουσιν ἀνταποδοῦναί σοι· ἀνταποδοθήσεται γάρ σοι ἐν τῇ ἀναστάσει τῶν δικαίων.

ΚΑΤΑ ΛΟΥΚΑΝ

The Parable of the Great Banquet

15 Ἀκούσας δέ τις τῶν συνανακειμένων ταῦτα εἶπεν αὐτῷ Μακάριος [ὅστις] (ὃς) φάγεται ἄρτον ἐν τῇ βασιλείᾳ τοῦ Θεοῦ. 16 ὁ δὲ εἶπεν αὐτῷ Ἄνθρωπός τις ἐποίει δεῖπνον μέγα, καὶ ἐκάλεσεν πολλούς, 17 καὶ ἀπέστειλεν τὸν δοῦλον αὐτοῦ τῇ ὥρᾳ τοῦ δείπνου εἰπεῖν τοῖς κεκλημένοις Ἔρχεσθε, ὅτι ἤδη ἕτοιμά ἐστιν (πάντα). 18 καὶ ἤρξαντο ἀπὸ μιᾶς [πάντες παραιτεῖσθαι] (παραιτεῖσθαι πάντες). ὁ πρῶτος εἶπεν αὐτῷ Ἀγρὸν ἠγόρασα, καὶ ἔχω ἀνάγκην [ἐξελθὼν] (ἐξελθεῖν καὶ) ἰδεῖν αὐτόν· ἐρωτῶ σε, ἔχε με παρῃτημένον. 19 καὶ ἕτερος εἶπεν Ζεύγη βοῶν ἠγόρασα πέντε, καὶ πορεύομαι δοκιμάσαι αὐτά· ἐρωτῶ σε, ἔχε με παρῃτημένον. 20 καὶ ἕτερος εἶπεν Γυναῖκα ἔγημα, καὶ διὰ τοῦτο οὐ δύναμαι ἐλθεῖν. 21 καὶ παραγενόμενος ὁ δοῦλος ἀπήγγειλεν τῷ κυρίῳ αὐτοῦ ταῦτα. τότε ὀργισθεὶς ὁ οἰκοδεσπότης εἶπεν τῷ δούλῳ αὐτοῦ Ἔξελθε ταχέως εἰς τὰς πλατείας καὶ ῥύμας τῆς πόλεως, καὶ τοὺς πτωχοὺς καὶ ἀναπήρους καὶ τυφλοὺς καὶ χωλοὺς εἰσάγαγε ὧδε. 22 καὶ εἶπεν ὁ δοῦλος Κύριε, γέγονεν ὃ ἐπέταξας, καὶ ἔτι τόπος ἐστίν. 23 καὶ εἶπεν ὁ κύριος πρὸς τὸν δοῦλον Ἔξελθε εἰς τὰς ὁδοὺς καὶ φραγμοὺς καὶ ἀνάγκασον εἰσελθεῖν, ἵνα γεμισθῇ [μου ὁ οἶκος] (ὁ οἶκος μου)· 24 λέγω γὰρ ὑμῖν ὅτι οὐδεὶς τῶν ἀνδρῶν ἐκείνων τῶν κεκλημένων γεύσεταί μου τοῦ δείπνου.

Forsaking All for Christ

25 Συνεπορεύοντο δὲ αὐτῷ ὄχλοι πολλοί, καὶ στραφεὶς εἶπεν πρὸς αὐτούς 26 Εἴ τις ἔρχεται πρός με καὶ οὐ μισεῖ τὸν πατέρα αὐτοῦ καὶ τὴν μητέρα καὶ τὴν γυναῖκα καὶ τὰ τέκνα καὶ τοὺς ἀδελφοὺς καὶ τὰς ἀδελφάς, ἔτι [τε] (δέ) καὶ τὴν [ψυχὴν ἑαυτοῦ] (ἑαυτοῦ ψυχήν), οὐ δύναται [εἶναί] μου μαθητής (εἶναί). 27 (καὶ) ὅστις οὐ βαστάζει τὸν σταυρὸν [ἑαυτοῦ] (αὐτοῦ) καὶ ἔρχεται ὀπίσω μου, οὐ δύναται [εἶναί μου] (μου εἶναί) μαθητής. 28 Τίς γὰρ ἐξ ὑμῶν θέλων πύργον οἰκοδομῆσαι οὐχὶ πρῶτον καθίσας ψηφίζει τὴν δαπάνην, εἰ ἔχει εἰς ἀπαρτισμόν; 29 ἵνα μή ποτε θέντος αὐτοῦ θεμέλιον καὶ μὴ ἰσχύοντος ἐκτελέσαι πάντες οἱ θεωροῦντες ἄρξωνται αὐτῷ ἐμπαίζειν 30 λέγοντες ὅτι Οὗτος ὁ ἄνθρωπος ἤρξατο οἰκοδομεῖν καὶ οὐκ ἴσχυσεν ἐκτελέσαι. 31 Ἢ τίς βασιλεὺς πορευόμενος ἑτέρῳ βασιλεῖ συμβαλεῖν εἰς πόλεμον οὐχὶ καθίσας πρῶτον βουλεύσεται εἰ δυνατός ἐστιν ἐν δέκα χιλιάσιν ὑπαντῆσαι τῷ μετὰ εἴκοσι χιλιάδων ἐρχομένῳ ἐπ' αὐτόν; 32 εἰ δὲ μήγε, ἔτι αὐτοῦ πόρρω ὄντος πρεσβείαν ἀποστείλας ἐρωτᾷ τὰ πρὸς εἰρήνην.

ΚΑΤΑ ΛΟΥΚΑΝ

33 οὕτως οὖν πᾶς ἐξ ὑμῶν ὃς οὐκ ἀποτάσσεται πᾶσιν τοῖς ἑαυτοῦ ὑπάρχουσιν οὐ δύναται εἶναί μου μαθητής. 34 Καλὸν [οὖν] τὸ ἅλας· ἐὰν δὲ [καὶ] τὸ ἅλας μωρανθῇ, ἐν τίνι ἀρτυθήσεται; 35 οὔτε εἰς γῆν οὔτε εἰς κοπρίαν εὔθετόν ἐστιν· ἔξω βάλλουσιν αὐτό. ὁ ἔχων ὦτα ἀκούειν ἀκουέτω.

Luke 15

The Parable of the Lost Sheep

1 Ἦσαν δὲ [αὐτῷ] ἐγγίζοντες (αὐτῷ) πάντες οἱ τελῶναι καὶ οἱ ἁμαρτωλοὶ ἀκούειν αὐτοῦ. 2 καὶ διεγόγγυζον οἵ [τε] Φαρισαῖοι καὶ οἱ γραμματεῖς λέγοντες ὅτι Οὗτος ἁμαρτωλοὺς προσδέχεται καὶ συνεσθίει αὐτοῖς. 3 εἶπεν δὲ πρὸς αὐτοὺς τὴν παραβολὴν ταύτην λέγων 4 Τίς ἄνθρωπος ἐξ ὑμῶν ἔχων ἑκατὸν πρόβατα καὶ ἀπολέσας (ἓν) ἐξ αὐτῶν [ἓν] οὐ καταλείπει τὰ ἐνενήκοντα ἐννέα ἐν τῇ ἐρήμῳ καὶ πορεύεται ἐπὶ τὸ ἀπολωλὸς ἕως εὕρῃ αὐτό; 5 καὶ εὑρὼν ἐπιτίθησιν ἐπὶ τοὺς ὤμους αὐτοῦ χαίρων, 6 καὶ ἐλθὼν εἰς τὸν οἶκον συνκαλεῖ τοὺς φίλους καὶ τοὺς γείτονας, λέγων αὐτοῖς Συνχάρητέ μοι, ὅτι εὗρον τὸ πρόβατόν μου τὸ ἀπολωλός. 7 λέγω ὑμῖν ὅτι οὕτως χαρὰ (ἔσται) ἐν τῷ οὐρανῷ [ἔσται] ἐπὶ ἑνὶ ἁμαρτωλῷ μετανοοῦντι ἢ ἐπὶ ἐνενήκοντα ἐννέα δικαίοις οἵτινες οὐ χρείαν ἔχουσιν μετανοίας.

The Parable of the Lost Coin

8 Ἢ τίς γυνὴ δραχμὰς ἔχουσα δέκα, ἐὰν ἀπολέσῃ δραχμὴν μίαν, οὐχὶ ἅπτει λύχνον καὶ σαροῖ τὴν οἰκίαν καὶ ζητεῖ ἐπιμελῶς ἕως [οὗ] (ὅτου) εὕρῃ; 9 καὶ εὑροῦσα συνκαλεῖ τὰς φίλας καὶ γείτονας λέγουσα Συνχάρητέ μοι, ὅτι εὗρον τὴν δραχμὴν ἣν ἀπώλεσα. 10 οὕτως, λέγω ὑμῖν, [γίνεται χαρὰ] (χαρὰ γίνεται) ἐνώπιον τῶν ἀγγέλων τοῦ Θεοῦ ἐπὶ ἑνὶ ἁμαρτωλῷ μετανοοῦντι.

The Parable of the Lost Son

11 Εἶπεν δέ Ἄνθρωπός τις εἶχεν δύο υἱούς. 12 καὶ εἶπεν ὁ νεώτερος αὐτῶν τῷ πατρί Πάτερ, δός μοι τὸ ἐπιβάλλον μέρος τῆς οὐσίας. [ὁ δὲ] (καὶ) διεῖλεν αὐτοῖς τὸν βίον. 13 καὶ μετ' οὐ πολλὰς ἡμέρας συναγαγὼν [πάντα] (ἅπαντα) ὁ νεώτερος υἱὸς ἀπεδήμησεν εἰς χώραν μακράν, καὶ ἐκεῖ διεσκόρπισεν τὴν οὐσίαν αὐτοῦ ζῶν ἀσώτως. 14 δαπανήσαντος δὲ αὐτοῦ πάντα ἐγένετο λιμὸς ἰσχυρὰ κατὰ τὴν χώραν ἐκείνην, καὶ αὐτὸς ἤρξατο ὑστερεῖσθαι. 15 καὶ πορευθεὶς ἐκολλήθη ἑνὶ τῶν πολιτῶν τῆς χώρας ἐκείνης, καὶ ἔπεμψεν αὐτὸν εἰς τοὺς ἀγροὺς αὐτοῦ βόσκειν χοίρους·

ΚΑΤΑ ΛΟΥΚΑΝ

16 καὶ ἐπεθύμει γεμίσαι τὴν κοιλίαν αὐτοῦ [ἐκ] (ἀπὸ) τῶν κερατίων ὧν ἤσθιον οἱ χοῖροι, καὶ οὐδεὶς ἐδίδου αὐτῷ. 17 εἰς ἑαυτὸν δὲ ἐλθὼν ἔφη Πόσοι μίσθιοι τοῦ πατρός μου περισσεύονται ἄρτων, ἐγὼ δὲ λιμῷ [ὧδε] ἀπόλλυμαι. 18 ἀναστὰς πορεύσομαι πρὸς τὸν πατέρα μου καὶ ἐρῶ αὐτῷ Πάτερ, ἥμαρτον εἰς τὸν οὐρανὸν καὶ ἐνώπιόν σου, 19 (καὶ) οὐκέτι εἰμὶ ἄξιος κληθῆναι υἱός σου· ποίησόν με ὡς ἕνα τῶν μισθίων σου. 20 καὶ ἀναστὰς ἦλθεν πρὸς τὸν πατέρα ἑαυτοῦ. ἔτι δὲ αὐτοῦ μακρὰν ἀπέχοντος εἶδεν αὐτὸν ὁ πατὴρ αὐτοῦ καὶ ἐσπλαγχνίσθη, καὶ δραμὼν ἐπέπεσεν ἐπὶ τὸν τράχηλον αὐτοῦ καὶ κατεφίλησεν αὐτόν. 21 εἶπεν δὲ [ὁ υἱὸς αὐτῷ] (αὐτῷ ὁ υἱὸς) Πάτερ, ἥμαρτον εἰς τὸν οὐρανὸν καὶ ἐνώπιόν σου, (καὶ) οὐκέτι εἰμὶ ἄξιος κληθῆναι υἱός σου. 22 εἶπεν δὲ ὁ πατὴρ πρὸς τοὺς δούλους αὐτοῦ [Ταχὺ] ἐξενέγκατε στολὴν τὴν πρώτην καὶ ἐνδύσατε αὐτόν, καὶ δότε δακτύλιον εἰς τὴν χεῖρα αὐτοῦ καὶ ὑποδήματα εἰς τοὺς πόδας, 23 καὶ [φέρετε] (ἐνέγκαντες) τὸν μόσχον τὸν σιτευτόν, θύσατε, καὶ φαγόντες εὐφρανθῶμεν, 24 ὅτι οὗτος ὁ υἱός μου νεκρὸς ἦν καὶ ἀνέζησεν, [ἦν ἀπολωλὼς] (καὶ ἀπολωλὼς ἦν) καὶ εὑρέθη. καὶ ἤρξαντο εὐφραίνεσθαι. 25 ἦν δὲ ὁ υἱὸς αὐτοῦ ὁ πρεσβύτερος ἐν ἀγρῷ· καὶ ὡς ἐρχόμενος ἤγγισεν τῇ οἰκίᾳ, ἤκουσεν συμφωνίας καὶ χορῶν, 26 καὶ προσκαλεσάμενος ἕνα τῶν παίδων (αὐτοῦ) ἐπυνθάνετο τί [ἂν] εἴη ταῦτα. 27 ὁ δὲ εἶπεν αὐτῷ ὅτι Ὁ ἀδελφός σου ἥκει, καὶ ἔθυσεν ὁ πατήρ σου τὸν μόσχον τὸν σιτευτόν, ὅτι ὑγιαίνοντα αὐτὸν ἀπέλαβεν. 28 ὠργίσθη δὲ καὶ οὐκ ἤθελεν εἰσελθεῖν· ὁ [δὲ] (οὖν) πατὴρ αὐτοῦ ἐξελθὼν παρεκάλει αὐτόν. 29 ὁ δὲ ἀποκριθεὶς εἶπεν τῷ πατρὶ Ἰδοὺ τοσαῦτα ἔτη δουλεύω σοι καὶ οὐδέποτε ἐντολήν σου παρῆλθον, καὶ ἐμοὶ οὐδέποτε ἔδωκας ἔριφον ἵνα μετὰ τῶν φίλων μου εὐφρανθῶ· 30 ὅτε δὲ ὁ υἱός σου οὗτος ὁ καταφαγών σου τὸν βίον μετὰ πορνῶν ἦλθεν, ἔθυσας αὐτῷ τὸν [σιτευτὸν μόσχον] (μόσχον τὸν σιτευτὸν). 31 ὁ δὲ εἶπεν αὐτῷ Τέκνον, σὺ πάντοτε μετ' ἐμοῦ εἶ, καὶ πάντα τὰ ἐμὰ σά ἐστιν· 32 εὐφρανθῆναι δὲ καὶ χαρῆναι ἔδει, ὅτι ὁ ἀδελφός σου οὗτος νεκρὸς ἦν καὶ [ἔζησεν] (ἀνέζησεν), καὶ ἀπολωλὼς (ἦν) καὶ εὑρέθη.

Luke 16

The Parable of the Shrewd Manager

1 Ἔλεγεν δὲ καὶ πρὸς τοὺς μαθητάς (αὐτοῦ) Ἄνθρωπός τις ἦν πλούσιος ὃς εἶχεν οἰκονόμον, καὶ οὗτος διεβλήθη αὐτῷ ὡς διασκορπίζων τὰ ὑπάρχοντα αὐτοῦ. 2 καὶ φωνήσας αὐτὸν εἶπεν αὐτῷ Τί τοῦτο ἀκούω περὶ σοῦ; ἀπόδος τὸν λόγον τῆς οἰκονομίας σου· οὐ γὰρ [δύνῃ] (δυνήσῃ) ἔτι οἰκονομεῖν. 3 εἶπεν δὲ ἐν ἑαυτῷ ὁ οἰκονόμος,

ΚΑΤΑ ΛΟΥΚΑΝ

Τί ποιήσω, ὅτι ὁ κύριός μου ἀφαιρεῖται τὴν οἰκονομίαν ἀπ' ἐμοῦ; σκάπτειν οὐκ ἰσχύω, ἐπαιτεῖν αἰσχύνομαι. 4 ἔγνων τί ποιήσω, ἵνα ὅταν μετασταθῶ [ἐκ] τῆς οἰκονομίας δέξωνταί με εἰς τοὺς οἴκους ἑαυτῶν. 5 καὶ προσκαλεσάμενος ἕνα ἕκαστον τῶν χρεοφειλετῶν τοῦ κυρίου ἑαυτοῦ ἔλεγεν τῷ πρώτῳ Πόσον ὀφείλεις τῷ κυρίῳ μου; 6 ὁ δὲ εἶπεν Ἑκατὸν βάτους ἐλαίου. [ὁ δὲ] (καὶ) εἶπεν αὐτῷ Δέξαι σου [τὰ γράμματα] (τὸ γράμμα) καὶ καθίσας ταχέως γράψον πεντήκοντα. 7 ἔπειτα ἑτέρῳ εἶπεν Σὺ δὲ πόσον ὀφείλεις; ὁ δὲ εἶπεν Ἑκατὸν κόρους σίτου. (καὶ) λέγει αὐτῷ Δέξαι σου [τὰ γράμματα] (τὸ γράμμα) καὶ γράψον ὀγδοήκοντα. 8 καὶ ἐπῄνεσεν ὁ κύριος τὸν οἰκονόμον τῆς ἀδικίας ὅτι φρονίμως ἐποίησεν· ὅτι οἱ υἱοὶ τοῦ αἰῶνος τούτου φρονιμώτεροι ὑπὲρ τοὺς υἱοὺς τοῦ φωτὸς εἰς τὴν γενεὰν τὴν ἑαυτῶν εἰσιν. 9 Καὶ ἐγὼ ὑμῖν λέγω, [ἑαυτοῖς ποιήσατε] (ποιήσατε ἑαυτοῖς) φίλους ἐκ τοῦ μαμωνᾶ τῆς ἀδικίας, ἵνα ὅταν ἐκλίπῃ δέξωνται ὑμᾶς εἰς τὰς αἰωνίους σκηνάς. 10 ὁ πιστὸς ἐν ἐλαχίστῳ καὶ ἐν πολλῷ πιστός ἐστιν, καὶ ὁ ἐν ἐλαχίστῳ ἄδικος καὶ ἐν πολλῷ ἄδικός ἐστιν. 11 εἰ οὖν ἐν τῷ ἀδίκῳ μαμωνᾷ πιστοὶ οὐκ ἐγένεσθε, τὸ ἀληθινὸν τίς ὑμῖν πιστεύσει; 12 καὶ εἰ ἐν τῷ ἀλλοτρίῳ πιστοὶ οὐκ ἐγένεσθε, τὸ ἡμέτερον τίς [δώσει ὑμῖν] (ὑμῖν δώσει); 13 Οὐδεὶς οἰκέτης δύναται δυσὶ κυρίοις δουλεύειν· ἢ γὰρ τὸν ἕνα μισήσει καὶ τὸν ἕτερον ἀγαπήσει, ἢ ἑνὸς ἀνθέξεται καὶ τοῦ ἑτέρου καταφρονήσει. οὐ δύνασθε Θεῷ δουλεύειν καὶ μαμωνᾷ.

Kingdom Values Distinguished from Man's Desires

14 Ἤκουον δὲ ταῦτα πάντα οἱ Φαρισαῖοι φιλάργυροι ὑπάρχοντες, καὶ ἐξεμυκτήριζον αὐτόν. 15 καὶ εἶπεν αὐτοῖς Ὑμεῖς ἐστε οἱ δικαιοῦντες ἑαυτοὺς ἐνώπιον τῶν ἀνθρώπων, ὁ δὲ Θεὸς γινώσκει τὰς καρδίας ὑμῶν· ὅτι τὸ ἐν ἀνθρώποις ὑψηλὸν βδέλυγμα ἐνώπιον τοῦ Θεοῦ (ἐστιν). 16 Ὁ νόμος καὶ οἱ προφῆται [μέχρι] (ἕως) Ἰωάνου· ἀπὸ τότε ἡ βασιλεία τοῦ Θεοῦ εὐαγγελίζεται καὶ πᾶς εἰς αὐτὴν βιάζεται. 17 εὐκοπώτερον δέ ἐστιν τὸν οὐρανὸν καὶ τὴν γῆν παρελθεῖν ἢ τοῦ νόμου μίαν κεραίαν πεσεῖν. 18 Πᾶς ὁ ἀπολύων τὴν γυναῖκα αὐτοῦ καὶ γαμῶν ἑτέραν μοιχεύει, καὶ (πᾶς) ὁ ἀπολελυμένην ἀπὸ ἀνδρὸς γαμῶν μοιχεύει.

ΚΑΤΑ ΛΟΥΚΑΝ

The Rich Man and Lazarus

19 Ἄνθρωπος δέ τις ἦν πλούσιος, καὶ ἐνεδιδύσκετο πορφύραν καὶ βύσσον εὐφραινόμενος καθ' ἡμέραν λαμπρῶς. 20 πτωχὸς δέ τις ὀνόματι Λάζαρος (ὃς) ἐβέβλητο πρὸς τὸν πυλῶνα αὐτοῦ [εἱλκωμένος] (ἡλκωμένος) 21 καὶ ἐπιθυμῶν χορτασθῆναι ἀπὸ τῶν (ψιχίων τῶν) πιπτόντων ἀπὸ τῆς τραπέζης τοῦ πλουσίου· ἀλλὰ καὶ οἱ κύνες ἐρχόμενοι ἐπέλειχον τὰ ἕλκη αὐτοῦ. 22 ἐγένετο δὲ ἀποθανεῖν τὸν πτωχὸν καὶ ἀπενεχθῆναι αὐτὸν ὑπὸ τῶν ἀγγέλων εἰς τὸν κόλπον Ἀβραάμ· ἀπέθανεν δὲ καὶ ὁ πλούσιος καὶ ἐτάφη. 23 καὶ ἐν τῷ Ἅιδῃ ἐπάρας τοὺς ὀφθαλμοὺς αὐτοῦ, ὑπάρχων ἐν βασάνοις, ὁρᾷ (τὸν) Ἀβραὰμ ἀπὸ μακρόθεν καὶ Λάζαρον ἐν τοῖς κόλποις αὐτοῦ. 24 καὶ αὐτὸς φωνήσας εἶπεν Πάτερ Ἀβραάμ, ἐλέησόν με καὶ πέμψον Λάζαρον ἵνα βάψῃ τὸ ἄκρον τοῦ δακτύλου αὐτοῦ ὕδατος καὶ καταψύξῃ τὴν γλῶσσάν μου, ὅτι ὀδυνῶμαι ἐν τῇ φλογὶ ταύτῃ. 25 εἶπεν δὲ Ἀβραάμ Τέκνον, μνήσθητι ὅτι ἀπέλαβες (σὺ) τὰ ἀγαθά σου ἐν τῇ ζωῇ σου, καὶ Λάζαρος ὁμοίως τὰ κακά· νῦν δὲ [ὧδε] (ὅδε) παρακαλεῖται σὺ δὲ ὀδυνᾶσαι. 26 καὶ [ἐν] (ἐπὶ) πᾶσι τούτοις μεταξὺ ἡμῶν καὶ ὑμῶν χάσμα μέγα ἐστήρικται, ὅπως οἱ θέλοντες διαβῆναι ἔνθεν πρὸς ὑμᾶς μὴ δύνωνται, μηδὲ (οἱ) ἐκεῖθεν πρὸς ἡμᾶς διαπερῶσιν. 27 εἶπεν δέ Ἐρωτῶ [σε οὖν] (οὖν σε), πάτερ, ἵνα πέμψῃς αὐτὸν εἰς τὸν οἶκον τοῦ πατρός μου· 28 ἔχω γὰρ πέντε ἀδελφούς· ὅπως διαμαρτύρηται αὐτοῖς, ἵνα μὴ καὶ αὐτοὶ ἔλθωσιν εἰς τὸν τόπον τοῦτον τῆς βασάνου. 29 λέγει [δὲ] (αὐτῷ) Ἀβραάμ Ἔχουσι Μωϋσέα καὶ τοὺς προφήτας· ἀκουσάτωσαν αὐτῶν. 30 ὁ δὲ εἶπεν Οὐχί, πάτερ Ἀβραάμ, ἀλλ' ἐάν τις ἀπὸ νεκρῶν πορευθῇ πρὸς αὐτούς, μετανοήσουσιν. 31 εἶπεν δὲ αὐτῷ Εἰ Μωϋσέως καὶ τῶν προφητῶν οὐκ ἀκούουσιν, οὐδὲ ἐάν τις ἐκ νεκρῶν ἀναστῇ πεισθήσονται.

Luke 17

Sin, Forgiveness, and Faith

1 Εἶπεν δὲ πρὸς τοὺς μαθητὰς [αὐτοῦ] Ἀνένδεκτόν ἐστιν τοῦ [τὰ σκάνδαλα μὴ ἐλθεῖν] (μὴ ἐλθεῖν τὰ σκάνδαλα), οὐαὶ δὲ δι' οὗ ἔρχεται· 2 λυσιτελεῖ αὐτῷ εἰ [λίθος μυλικὸς] (μύλος ὀνικὸς) περίκειται περὶ τὸν τράχηλον αὐτοῦ καὶ ἔρριπται εἰς τὴν θάλασσαν, ἢ ἵνα σκανδαλίσῃ [τῶν μικρῶν τούτων ἕνα] (ἕνα τῶν μικρῶν τούτων). 3 προσέχετε ἑαυτοῖς. ἐὰν (δὲ) ἁμάρτῃ (εἰς σὲ) ὁ ἀδελφός σου, ἐπιτίμησον αὐτῷ, καὶ ἐὰν μετανοήσῃ, ἄφες αὐτῷ. 4 καὶ ἐὰν ἑπτάκις τῆς ἡμέρας [ἁμαρτήσῃ] (ἁμάρτῃ) εἰς σὲ καὶ ἑπτάκις (τῆς ἡμέρας) ἐπιστρέψῃ [πρὸς] (ἐπὶ) σὲ λέγων Μετανοῶ, ἀφήσεις αὐτῷ.

5 Καὶ εἶπαν οἱ ἀπόστολοι τῷ Κυρίῳ Πρόσθες ἡμῖν πίστιν. 6 εἶπεν δὲ ὁ Κύριος Εἰ ἔχετε πίστιν ὡς κόκκον σινάπεως, ἐλέγετε ἂν τῇ συκαμίνῳ ταύτῃ Ἐκριζώθητι καὶ φυτεύθητι ἐν τῇ θαλάσσῃ· καὶ ὑπήκουσεν ἂν ὑμῖν.

Serving Unassumingly

7 Τίς δὲ ἐξ ὑμῶν δοῦλον ἔχων ἀροτριῶντα ἢ ποιμαίνοντα, ὃς εἰσελθόντι ἐκ τοῦ ἀγροῦ ἐρεῖ αὐτῷ Εὐθέως παρελθὼν ἀνάπεσε, 8 ἀλλ' οὐχὶ ἐρεῖ αὐτῷ Ἑτοίμασον τί δειπνήσω, καὶ περιζωσάμενος διακόνει μοι ἕως φάγω καὶ πίω, καὶ μετὰ ταῦτα φάγεσαι καὶ πίεσαι σύ; 9 μὴ [ἔχει χάριν] (χάριν ἔχει) τῷ δούλῳ (ἐκείνῳ) ὅτι ἐποίησεν τὰ διαταχθέντα (αὐτῷ οὐ δοκῶ); 10 οὕτως καὶ ὑμεῖς, ὅταν ποιήσητε πάντα τὰ διαταχθέντα ὑμῖν, λέγετε ὅτι Δοῦλοι ἀχρεῖοί ἐσμεν, (ὅτι) ὃ ὠφείλομεν ποιῆσαι πεποιήκαμεν.

Ten Lepers Healed but Only One Gives Thanks

11 Καὶ ἐγένετο ἐν τῷ πορεύεσθαι (αὐτὸν) εἰς Ἰερουσαλὴμ, καὶ αὐτὸς διήρχετο διὰ μέσον Σαμαρίας καὶ Γαλιλαίας. 12 καὶ εἰσερχομένου αὐτοῦ εἴς τινα κώμην ἀπήντησαν δέκα λεπροὶ ἄνδρες, οἳ ἔστησαν πόρρωθεν, 13 καὶ αὐτοὶ ἦραν φωνὴν λέγοντες Ἰησοῦ Ἐπιστάτα, ἐλέησον ἡμᾶς. 14 καὶ ἰδὼν εἶπεν αὐτοῖς Πορευθέντες ἐπιδείξατε ἑαυτοὺς τοῖς ἱερεῦσιν. καὶ ἐγένετο ἐν τῷ ὑπάγειν αὐτοὺς ἐκαθαρίσθησαν. 15 εἷς δὲ ἐξ αὐτῶν, ἰδὼν ὅτι ἰάθη, ὑπέστρεψεν μετὰ φωνῆς μεγάλης δοξάζων τὸν Θεόν, 16 καὶ ἔπεσεν ἐπὶ πρόσωπον παρὰ τοὺς πόδας αὐτοῦ εὐχαριστῶν αὐτῷ· καὶ αὐτὸς ἦν Σαμαρείτης. 17 ἀποκριθεὶς δὲ ὁ Ἰησοῦς εἶπεν Οὐχ οἱ δέκα ἐκαθαρίσθησαν; οἱ δὲ ἐννέα ποῦ; 18 οὐχ εὑρέθησαν ὑποστρέψαντες δοῦναι δόξαν τῷ Θεῷ εἰ μὴ ὁ ἀλλογενὴς οὗτος; 19 καὶ εἶπεν αὐτῷ Ἀναστὰς πορεύου· ἡ πίστις σου σέσωκέν σε.

The Conditions of the Second Coming

20 Ἐπερωτηθεὶς δὲ ὑπὸ τῶν Φαρισαίων πότε ἔρχεται ἡ βασιλεία τοῦ Θεοῦ, ἀπεκρίθη αὐτοῖς καὶ εἶπεν Οὐκ ἔρχεται ἡ βασιλεία τοῦ Θεοῦ μετὰ παρατηρήσεως, 21 οὐδὲ ἐροῦσιν Ἰδοὺ ὧδε ἤ (ἰδού) Ἐκεῖ· ἰδοὺ γὰρ ἡ βασιλεία τοῦ Θεοῦ ἐντὸς ὑμῶν ἐστιν. 22 Εἶπεν δὲ πρὸς τοὺς μαθητὰς Ἐλεύσονται ἡμέραι ὅτε ἐπιθυμήσετε μίαν τῶν ἡμερῶν τοῦ Υἱοῦ τοῦ ἀνθρώπου ἰδεῖν καὶ οὐκ ὄψεσθε. 23 καὶ ἐροῦσιν ὑμῖν Ἰδοὺ [ἐκεῖ, Ἰδοὺ ὧδε] (ὧδε· ἢ Ἰδοὺ ἐκεῖ)· μὴ ἀπέλθητε μηδὲ διώξητε.

24 ὥσπερ γὰρ ἡ ἀστραπὴ (ἡ) ἀστράπτουσα ἐκ τῆς ὑπὸ [τὸν] οὐρανὸν εἰς τὴν ὑπ' οὐρανὸν λάμπει, οὕτως ἔσται (καὶ) ὁ Υἱὸς τοῦ ἀνθρώπου ἐν τῇ ἡμέρᾳ αὐτοῦ. 25 πρῶτον δὲ δεῖ αὐτὸν πολλὰ παθεῖν καὶ ἀποδοκιμασθῆναι ἀπὸ τῆς γενεᾶς ταύτης. 26 καὶ καθὼς ἐγένετο ἐν ταῖς ἡμέραις (τοῦ) Νῶε, οὕτως ἔσται καὶ ἐν ταῖς ἡμέραις τοῦ Υἱοῦ τοῦ ἀνθρώπου· 27 ἤσθιον, ἔπινον, ἐγάμουν, ἐγαμίζοντο, ἄχρι ἧς ἡμέρας εἰσῆλθεν Νῶε εἰς τὴν κιβωτόν, καὶ ἦλθεν ὁ κατακλυσμὸς καὶ ἀπώλεσεν [πάντας] (ἅπαντας). 28 ὁμοίως [καθὼς] (καὶ ὡς) ἐγένετο ἐν ταῖς ἡμέραις Λώτ· ἤσθιον, ἔπινον, ἠγόραζον, ἐπώλουν, ἐφύτευον, ᾠκοδόμουν· 29 ᾗ δὲ ἡμέρᾳ ἐξῆλθεν Λὼτ ἀπὸ Σοδόμων, ἔβρεξεν πῦρ καὶ θεῖον ἀπ' οὐρανοῦ καὶ ἀπώλεσεν [πάντας] (ἅπαντας). 30 κατὰ τὰ αὐτὰ ἔσται ᾗ ἡμέρᾳ ὁ Υἱὸς τοῦ ἀνθρώπου ἀποκαλύπτεται. 31 ἐν ἐκείνῃ τῇ ἡμέρᾳ ὃς ἔσται ἐπὶ τοῦ δώματος καὶ τὰ σκεύη αὐτοῦ ἐν τῇ οἰκίᾳ, μὴ καταβάτω ἆραι αὐτά, καὶ ὁ ἐν ἀγρῷ ὁμοίως μὴ ἐπιστρεψάτω εἰς τὰ ὀπίσω. 32 μνημονεύετε τῆς γυναικὸς Λώτ. 33 ὃς ἐὰν ζητήσῃ τὴν ψυχὴν αὐτοῦ [περιποιήσασθαι] (σῶσαι), ἀπολέσει αὐτήν, καὶ ὃς ἂν ἀπολέσει, (αὐτήν) ζωογονήσει αὐτήν. 34 λέγω ὑμῖν, ταύτῃ τῇ νυκτὶ ἔσονται δύο ἐπὶ κλίνης μιᾶς, ὁ εἷς παραλημφθήσεται καὶ ὁ ἕτερος ἀφεθήσεται· 35 [ἔσονται δύο] (δύο ἔσονται) ἀλήθουσαι ἐπὶ τὸ αὐτό, [ἡ] μία παραλημφθήσεται (καὶ) ἡ δὲ ἑτέρα ἀφεθήσεται. {vs. 36 omitted in S.1550 and N.1904.} 37 καὶ ἀποκριθέντες λέγουσιν αὐτῷ Ποῦ, Κύριε; ὁ δὲ εἶπεν αὐτοῖς Ὅπου τὸ σῶμα, [ἐκεῖ καὶ οἱ ἀετοὶ ἐπισυναχθήσονται] (ἐκεῖ συναχθήσονται οἱ ἀετοί).

Luke 18

The Parable of the Persistent Widow

1 Ἔλεγεν δὲ παραβολὴν αὐτοῖς πρὸς τὸ δεῖν πάντοτε προσεύχεσθαι [αὐτοὺς] καὶ μὴ ἐνκακεῖν, 2 λέγων Κριτής τις ἦν ἔν τινι πόλει τὸν Θεὸν μὴ φοβούμενος καὶ ἄνθρωπον μὴ ἐντρεπόμενος. 3 χήρα δὲ ἦν ἐν τῇ πόλει ἐκείνῃ, καὶ ἤρχετο πρὸς αὐτὸν λέγουσα Ἐκδίκησόν με ἀπὸ τοῦ ἀντιδίκου μου. 4 καὶ οὐκ [ἤθελεν] (ἠθέλησεν) ἐπὶ χρόνον· μετὰ [ταῦτα δὲ] (δὲ ταῦτα) εἶπεν ἐν ἑαυτῷ Εἰ καὶ τὸν Θεὸν οὐ φοβοῦμαι [οὐδὲ] (καὶ) ἄνθρωπον (οὐκ) ἐντρέπομαι, 5 διά γε τὸ παρέχειν μοι κόπον τὴν χήραν ταύτην ἐκδικήσω αὐτήν, ἵνα μὴ εἰς τέλος ἐρχομένη ὑπωπιάζῃ με. 6 Εἶπεν δὲ ὁ Κύριος Ἀκούσατε τί ὁ κριτὴς τῆς ἀδικίας λέγει·

ΚΑΤΑ ΛΟΥΚΑΝ

7 ὁ δὲ Θεὸς οὐ μὴ ποιήσῃ τὴν ἐκδίκησιν τῶν ἐκλεκτῶν αὐτοῦ τῶν βοώντων [αὐτῷ] (πρὸς αὐτόν) ἡμέρας καὶ νυκτός, καὶ μακροθυμεῖ ἐπ' αὐτοῖς; 8 λέγω ὑμῖν ὅτι ποιήσει τὴν ἐκδίκησιν αὐτῶν ἐν τάχει. πλὴν ὁ Υἱὸς τοῦ ἀνθρώπου ἐλθὼν ἆρα εὑρήσει τὴν πίστιν ἐπὶ τῆς γῆς;

The Parable of the Pharisee and the Tax Collector

9 Εἶπεν δὲ καὶ πρός τινας τοὺς πεποιθότας ἐφ' ἑαυτοῖς ὅτι εἰσὶν δίκαιοι καὶ ἐξουθενοῦντας τοὺς λοιποὺς τὴν παραβολὴν ταύτην. 10 Ἄνθρωποι δύο ἀνέβησαν εἰς τὸ ἱερὸν προσεύξασθαι, ὁ εἷς Φαρισαῖος καὶ ὁ ἕτερος τελώνης. 11 ὁ Φαρισαῖος σταθεὶς [ταῦτα πρὸς ἑαυτὸν] (πρὸς ἑαυτὸν ταῦτα) προσηύχετο Ὁ Θεός, εὐχαριστῶ σοι ὅτι οὐκ εἰμὶ ὥσπερ οἱ λοιποὶ τῶν ἀνθρώπων, ἅρπαγες, ἄδικοι, μοιχοί, ἢ καὶ ὡς οὗτος ὁ τελώνης· 12 νηστεύω δὶς τοῦ σαββάτου, ἀποδεκατεύω πάντα ὅσα κτῶμαι. 13 (Καὶ) ὁ [δὲ] τελώνης μακρόθεν ἑστὼς οὐκ ἤθελεν οὐδὲ τοὺς ὀφθαλμοὺς [ἐπᾶραι εἰς τὸν οὐρανόν] (εἰς τὸν οὐρανόν ἐπᾶραι), ἀλλ' ἔτυπτεν (εἰς) τὸ στῆθος αὐτοῦ λέγων Ὁ Θεός, ἱλάσθητί μοι τῷ ἁμαρτωλῷ. 14 λέγω ὑμῖν, κατέβη οὗτος δεδικαιωμένος εἰς τὸν οἶκον αὐτοῦ [παρ' ἐκεῖνον] (ἢ ἐκεῖνος)· ὅτι πᾶς ὁ ὑψῶν ἑαυτὸν ταπεινωθήσεται, ὁ δὲ ταπεινῶν ἑαυτὸν ὑψωθήσεται.

Jesus Blesses the Children

15 Προσέφερον δὲ αὐτῷ καὶ τὰ βρέφη ἵνα αὐτῶν ἅπτηται· ἰδόντες δὲ οἱ μαθηταὶ ἐπετίμων αὐτοῖς. 16 ὁ δὲ Ἰησοῦς προσεκαλέσατο αὐτὰ [λέγων] (εἶπεν) Ἄφετε τὰ παιδία ἔρχεσθαι πρός με καὶ μὴ κωλύετε αὐτά· τῶν γὰρ τοιούτων ἐστὶν ἡ βασιλεία τοῦ Θεοῦ. 17 ἀμὴν λέγω ὑμῖν, ὃς ἂν μὴ δέξηται τὴν βασιλείαν τοῦ Θεοῦ ὡς παιδίον, οὐ μὴ εἰσέλθῃ εἰς αὐτήν.

Earthly Riches and the Kingdom of God

18 Καὶ ἐπηρώτησέν τις αὐτὸν ἄρχων λέγων Διδάσκαλε ἀγαθέ, τί ποιήσας ζωὴν αἰώνιον κληρονομήσω; 19 εἶπεν δὲ αὐτῷ ὁ Ἰησοῦς Τί με λέγεις ἀγαθόν; οὐδεὶς ἀγαθὸς εἰ μὴ εἷς ὁ Θεός. 20 τὰς ἐντολὰς οἶδας Μὴ μοιχεύσῃς, Μὴ φονεύσῃς, Μὴ κλέψῃς, Μὴ ψευδομαρτυρήσῃς, Τίμα τὸν πατέρα σου καὶ τὴν μητέρα (σου). 21 ὁ δὲ εἶπεν Ταῦτα πάντα ἐφύλαξα ἐκ νεότητος (μου). 22 ἀκούσας δὲ (ταῦτα) ὁ Ἰησοῦς εἶπεν αὐτῷ Ἔτι ἕν σοι λείπει· πάντα ὅσα ἔχεις πώλησον καὶ διάδος πτωχοῖς, καὶ ἕξεις θησαυρὸν ἐν τοῖς οὐρανοῖς, καὶ δεῦρο ἀκολούθει μοι. 23 ὁ δὲ ἀκούσας ταῦτα περίλυπος [ἐγενήθη] (ἐγένετο), ἦν γὰρ πλούσιος σφόδρα.

ΚΑΤΑ ΛΟΥΚΑΝ

24 ἰδὼν δὲ αὐτὸν ὁ Ἰησοῦς (περίλυπον γενόμενον) εἶπεν Πῶς δυσκόλως οἱ τὰ χρήματα ἔχοντες [εἰς τὴν βασιλείαν τοῦ Θεοῦ εἰσπορεύονται] (εἰσελεύσονται εἰς τὴν βασιλείαν τοῦ θεοῦ)· 25 εὐκοπώτερον γάρ ἐστιν κάμηλον διὰ [τρήματος βελόνης] (τρυμαλιᾶς ῥαφίδος) εἰσελθεῖν ἢ πλούσιον εἰς τὴν βασιλείαν τοῦ Θεοῦ εἰσελθεῖν. 26 εἶπαν δὲ οἱ ἀκούσαντες Καὶ τίς δύναται σωθῆναι; 27 ὁ δὲ εἶπεν Τὰ ἀδύνατα παρὰ ἀνθρώποις δυνατὰ παρὰ τῷ Θεῷ ἐστιν.

The Disciples' Reward

28 Εἶπεν δὲ ὁ Πέτρος Ἰδοὺ ἡμεῖς [ἀφέντες τὰ ἴδια] (ἀφήκαμεν πάντα, καὶ) ἠκολουθήσαμέν σοι. 29 ὁ δὲ εἶπεν αὐτοῖς Ἀμὴν λέγω ὑμῖν ὅτι οὐδείς ἐστιν ὃς ἀφῆκεν οἰκίαν ἢ γυναῖκα ἢ ἀδελφοὺς ἢ γονεῖς ἢ τέκνα ἕνεκεν τῆς βασιλείας τοῦ Θεοῦ, 30 ὃς [οὐχὶ] (οὐ) μὴ [λάβῃ] (ἀπολάβῃ) πολλαπλασίονα ἐν τῷ καιρῷ τούτῳ καὶ ἐν τῷ αἰῶνι τῷ ἐρχομένῳ ζωὴν αἰώνιον.

The Sorrows Awaiting Jesus in Jerusalem

31 Παραλαβὼν δὲ τοὺς δώδεκα εἶπεν πρὸς αὐτούς Ἰδοὺ ἀναβαίνομεν εἰς Ἰερουσαλήμ, καὶ τελεσθήσεται πάντα τὰ γεγραμμένα διὰ τῶν προφητῶν τῷ Υἱῷ τοῦ ἀνθρώπου· 32 παραδοθήσεται γὰρ τοῖς ἔθνεσιν καὶ ἐμπαιχθήσεται καὶ ὑβρισθήσεται καὶ ἐμπτυσθήσεται, 33 καὶ μαστιγώσαντες ἀποκτενοῦσιν αὐτόν, καὶ τῇ ἡμέρᾳ τῇ τρίτῃ ἀναστήσεται. 34 καὶ αὐτοὶ οὐδὲν τούτων συνῆκαν, καὶ ἦν τὸ ῥῆμα τοῦτο κεκρυμμένον ἀπ' αὐτῶν, καὶ οὐκ ἐγίνωσκον τὰ λεγόμενα.

Jesus Heals Bartimaeus

35 Ἐγένετο δὲ ἐν τῷ ἐγγίζειν αὐτὸν εἰς Ἰερειχὼ τυφλός τις ἐκάθητο παρὰ τὴν ὁδὸν [ἐπαιτῶν] (προσαιτῶν). 36 ἀκούσας δὲ ὄχλου διαπορευομένου ἐπυνθάνετο τί εἴη τοῦτο. 37 ἀπήγγειλαν δὲ αὐτῷ ὅτι Ἰησοῦς ὁ Ναζωραῖος παρέρχεται. 38 καὶ ἐβόησεν λέγων Ἰησοῦ υἱὲ Δαυείδ, ἐλέησόν με. 39 καὶ οἱ προάγοντες ἐπετίμων αὐτῷ ἵνα [σιγήσῃ] (σιωπήσῃ)· αὐτὸς δὲ πολλῷ μᾶλλον ἔκραζεν Υἱὲ Δαυείδ, ἐλέησόν με. 40 σταθεὶς δὲ ὁ Ἰησοῦς ἐκέλευσεν αὐτὸν ἀχθῆναι πρὸς αὐτόν. ἐγγίσαντος δὲ αὐτοῦ ἐπηρώτησεν αὐτόν 41 (λέγων) Τί σοι θέλεις ποιήσω; ὁ δὲ εἶπεν Κύριε, ἵνα ἀναβλέψω. 42 καὶ ὁ Ἰησοῦς εἶπεν αὐτῷ Ἀνάβλεψον· ἡ πίστις σου σέσωκέν σε. 43 καὶ παραχρῆμα ἀνέβλεψεν, καὶ ἠκολούθει αὐτῷ δοξάζων τὸν Θεόν. καὶ πᾶς ὁ λαὸς ἰδὼν ἔδωκεν αἶνον τῷ Θεῷ.

ΚΑΤΑ ΛΟΥΚΑΝ

Luke 19

Jesus Dines with Zacchaeus

1 Καὶ εἰσελθὼν διήρχετο τὴν Ἱερειχώ. 2 Καὶ ἰδοὺ ἀνὴρ ὀνόματι καλούμενος Ζακχαῖος, καὶ αὐτὸς ἦν ἀρχιτελώνης, καὶ αὐτὸς πλούσιος· 3 καὶ ἐζήτει ἰδεῖν τὸν Ἰησοῦν τίς ἐστιν, καὶ οὐκ ἠδύνατο ἀπὸ τοῦ ὄχλου, ὅτι τῇ ἡλικίᾳ μικρὸς ἦν. 4 καὶ προδραμὼν [εἰς τὸ] ἔμπροσθεν ἀνέβη ἐπὶ συκομορέαν, ἵνα ἴδῃ αὐτόν, ὅτι (δι') ἐκείνης ἤμελλεν διέρχεσθαι. 5 καὶ ὡς ἦλθεν ἐπὶ τὸν τόπον, ἀναβλέψας ὁ Ἰησοῦς (εἶδεν αὐτόν· καὶ) εἶπεν πρὸς αὐτόν Ζακχαῖε, σπεύσας κατάβηθι· σήμερον γὰρ ἐν τῷ οἴκῳ σου δεῖ με μεῖναι. 6 καὶ σπεύσας κατέβη, καὶ ὑπεδέξατο αὐτὸν χαίρων. 7 καὶ ἰδόντες [πάντες] (ἅπαντες) διεγόγγυζον λέγοντες ὅτι Παρὰ ἁμαρτωλῷ ἀνδρὶ εἰσῆλθεν καταλῦσαι. 8 σταθεὶς δὲ Ζακχαῖος εἶπεν πρὸς τὸν Κύριον Ἰδοὺ τὰ [ἡμίσειά μου τῶν ὑπαρχόντων] (ἡμίση τῶν ὑπαρχόντων μου), Κύριε, [τοῖς πτωχοῖς δίδωμι] (δίδωμι τοῖς πτωχοῖς), καὶ εἴ τινός τι ἐσυκοφάντησα ἀποδίδωμι τετραπλοῦν. 9 εἶπεν δὲ πρὸς αὐτὸν ὁ Ἰησοῦς ὅτι Σήμερον σωτηρία τῷ οἴκῳ τούτῳ ἐγένετο, καθότι καὶ αὐτὸς υἱὸς Ἀβραάμ ἐστιν· 10 ἦλθεν γὰρ ὁ Υἱὸς τοῦ ἀνθρώπου ζητῆσαι καὶ σῶσαι τὸ ἀπολωλός.

The Parable of the Ten Minas

11 Ἀκουόντων δὲ αὐτῶν ταῦτα προσθεὶς εἶπεν παραβολήν, διὰ τὸ ἐγγὺς (αὐτὸν) εἶναι Ἰερουσαλὴμ [αὐτὸν] καὶ δοκεῖν αὐτοὺς ὅτι παραχρῆμα μέλλει ἡ βασιλεία τοῦ Θεοῦ ἀναφαίνεσθαι· 12 εἶπεν οὖν Ἄνθρωπός τις εὐγενὴς ἐπορεύθη εἰς χώραν μακρὰν λαβεῖν ἑαυτῷ βασιλείαν καὶ ὑποστρέψαι. 13 καλέσας δὲ δέκα δούλους ἑαυτοῦ ἔδωκεν αὐτοῖς δέκα μνᾶς, καὶ εἶπεν πρὸς αὐτούς Πραγματεύσασθε [ἐν ᾧ] (ἕως) ἔρχομαι. 14 οἱ δὲ πολῖται αὐτοῦ ἐμίσουν αὐτόν, καὶ ἀπέστειλαν πρεσβείαν ὀπίσω αὐτοῦ λέγοντες Οὐ θέλομεν τοῦτον βασιλεῦσαι ἐφ' ἡμᾶς. 15 καὶ ἐγένετο ἐν τῷ ἐπανελθεῖν αὐτὸν λαβόντα τὴν βασιλείαν καὶ εἶπεν φωνηθῆναι αὐτῷ τοὺς δούλους τούτους οἷς [δεδώκει] (ἔδωκεν) τὸ ἀργύριον, ἵνα [γνοῖ] (γνῷ) τίς τί διεπραγματεύσατο. 16 παρεγένετο δὲ ὁ πρῶτος λέγων Κύριε, ἡ μνᾶ σου [δέκα προσηργάσατο] (προσειργάσατο δέκα) μνᾶς. 17 καὶ εἶπεν αὐτῷ [Εὖγε] (Εὖ), ἀγαθὲ δοῦλε, ὅτι ἐν ἐλαχίστῳ πιστὸς ἐγένου, ἴσθι ἐξουσίαν ἔχων ἐπάνω δέκα πόλεων. 18 καὶ ἦλθεν ὁ δεύτερος λέγων (Κύριε) Ἡ μνᾶ σου, [κύριε], ἐποίησεν πέντε μνᾶς. 19 εἶπεν δὲ καὶ τούτῳ Καὶ σὺ [ἐπάνω γίνου] (γίνου ἐπάνω) πέντε πόλεων.

ΚΑΤΑ ΛΟΥΚΑΝ

20 καὶ [ὁ] ἕτερος ἦλθεν λέγων Κύριε, ἰδοὺ ἡ μνᾶ σου, ἣν εἶχον ἀποκειμένην ἐν σουδαρίῳ· 21 ἐφοβούμην γάρ σε, ὅτι ἄνθρωπος αὐστηρὸς εἶ, αἴρεις ὃ οὐκ ἔθηκας, καὶ θερίζεις ὃ οὐκ ἔσπειρας. 22 λέγει (δὲ) αὐτῷ Ἐκ τοῦ στόματός σου κρίνω σε, πονηρὲ δοῦλε. ᾔδεις ὅτι ἐγὼ ἄνθρωπος αὐστηρός εἰμι, αἴρων ὃ οὐκ ἔθηκα καὶ θερίζων ὃ οὐκ ἔσπειρα; 23 καὶ διὰ τί οὐκ ἔδωκάς [μου τὸ ἀργύριον] (τὸ ἀργύριον μου) ἐπὶ (τὴν) τράπεζαν; κἀγὼ ἐλθὼν σὺν τόκῳ ἂν [αὐτὸ ἔπραξα] (ἔπραξα αὐτό). 24 καὶ τοῖς παρεστῶσιν εἶπεν Ἄρατε ἀπ' αὐτοῦ τὴν μνᾶν καὶ δότε τῷ τὰς δέκα μνᾶς ἔχοντι. 25 καὶ εἶπαν αὐτῷ Κύριε, ἔχει δέκα μνᾶς. 26 λέγω (γὰρ) ὑμῖν ὅτι παντὶ τῷ ἔχοντι δοθήσεται, ἀπὸ δὲ τοῦ μὴ ἔχοντος καὶ ὃ ἔχει ἀρθήσεται (ἀπ' αὐτοῦ). 27 πλὴν τοὺς ἐχθρούς μου [τούτους] (ἐκείνους) τοὺς μὴ θελήσαντάς με βασιλεῦσαι ἐπ' αὐτοὺς ἀγάγετε ὧδε καὶ κατασφάξατε [αὐτοὺς] ἔμπροσθέν μου.

The Triumphal Entry

28 Καὶ εἰπὼν ταῦτα ἐπορεύετο ἔμπροσθεν ἀναβαίνων εἰς Ἱεροσόλυμα. 29 Καὶ ἐγένετο ὡς ἤγγισεν εἰς Βηθφαγὴ καὶ Βηθανίαν πρὸς τὸ ὄρος τὸ καλούμενον Ἐλαιῶν, ἀπέστειλεν δύο τῶν μαθητῶν 30 [λέγων] (εἰπὼν) Ὑπάγετε εἰς τὴν κατέναντι κώμην, ἐν ᾗ εἰσπορευόμενοι εὑρήσετε πῶλον δεδεμένον, ἐφ' ὃν οὐδεὶς πώποτε ἀνθρώπων ἐκάθισεν, καὶ λύσαντες αὐτὸν ἀγάγετε. 31 καὶ ἐάν τις ὑμᾶς ἐρωτᾷ Διὰ τί λύετε; οὕτως ἐρεῖτε (αὐτῷ) ὅτι Ὁ Κύριος αὐτοῦ χρείαν ἔχει. 32 ἀπελθόντες δὲ οἱ ἀπεσταλμένοι εὗρον καθὼς εἶπεν αὐτοῖς. 33 λυόντων δὲ αὐτῶν τὸν πῶλον εἶπαν οἱ κύριοι αὐτοῦ πρὸς αὐτούς Τί λύετε τὸν πῶλον; 34 οἱ δὲ εἶπαν [ὅτι] Ὁ Κύριος αὐτοῦ χρείαν ἔχει. 35 καὶ ἤγαγον αὐτὸν πρὸς τὸν Ἰησοῦν, καὶ ἐπιρίψαντες [αὐτῶν] (ἑαυτῶν) τὰ ἱμάτια ἐπὶ τὸν πῶλον ἐπεβίβασαν τὸν Ἰησοῦν. 36 πορευομένου δὲ αὐτοῦ ὑπεστρώννυον τὰ ἱμάτια [ἑαυτῶν] (αὐτῶν) ἐν τῇ ὁδῷ. 37 ἐγγίζοντος δὲ αὐτοῦ ἤδη πρὸς τῇ καταβάσει τοῦ ὄρους τῶν Ἐλαιῶν ἤρξαντο ἅπαν τὸ πλῆθος τῶν μαθητῶν χαίροντες αἰνεῖν τὸν Θεὸν φωνῇ μεγάλῃ περὶ πασῶν ὧν εἶδον δυνάμεων, 38 λέγοντες

Εὐλογημένος ὁ ἐρχόμενος,
ὁ Βασιλεὺς ἐν ὀνόματι Κυρίου·
[ἐν οὐρανῷ εἰρήνη] (εἰρήνη ἐν οὐρανῷ)
καὶ δόξα ἐν ὑψίστοις.

39 καί τινες τῶν Φαρισαίων ἀπὸ τοῦ ὄχλου εἶπαν πρὸς αὐτόν Διδάσκαλε, ἐπιτίμησον τοῖς μαθηταῖς σου. 40 καὶ ἀποκριθεὶς εἶπεν (αὐτοῖς) Λέγω ὑμῖν (ὅτι) ἐὰν οὗτοι [σιωπήσουσιν] (σιωπήσωσιν), οἱ λίθοι [κράξουσιν] (κεκράξονται).

ΚΑΤΑ ΛΟΥΚΑΝ

Jesus Weeps Over Jerusalem

41 Καὶ ὡς ἤγγισεν, ἰδὼν τὴν πόλιν ἔκλαυσεν ἐπ' αὐτήν, 42 λέγων ὅτι Εἰ ἔγνως (καὶ σὺ καὶ γε) ἐν τῇ ἡμέρᾳ (σου) ταύτῃ [καὶ σὺ] τὰ πρὸς εἰρήνην (σου)· νῦν δὲ ἐκρύβη ἀπὸ ὀφθαλμῶν σου. 43 ὅτι ἥξουσιν ἡμέραι ἐπὶ σὲ καὶ παρεμβαλοῦσιν οἱ ἐχθροί σου χάρακά σοι καὶ περικυκλώσουσίν σε καὶ συνέξουσίν σε πάντοθεν, 44 καὶ ἐδαφιοῦσίν σε καὶ τὰ τέκνα σου ἐν σοί, καὶ οὐκ ἀφήσουσιν (ἐν σοί) λίθον ἐπὶ λίθον [ἐν σοί], ἀνθ' ὧν οὐκ ἔγνως τὸν καιρὸν τῆς ἐπισκοπῆς σου.

Jesus Clears the Temple

45 Καὶ εἰσελθὼν εἰς τὸ ἱερὸν ἤρξατο ἐκβάλλειν τοὺς πωλοῦντας (ἐν αὐτῷ Καὶ ἀγοράζοντας), 46 λέγων αὐτοῖς Γέγραπται [Καὶ ἔσται] ὁ οἶκός μου οἶκος προσευχῆς (ἐστίν)· ὑμεῖς δὲ αὐτὸν ἐποιήσατε σπήλαιον λῃστῶν.
47 Καὶ ἦν διδάσκων τὸ καθ' ἡμέραν ἐν τῷ ἱερῷ· οἱ δὲ ἀρχιερεῖς καὶ οἱ γραμματεῖς ἐζήτουν αὐτὸν ἀπολέσαι καὶ οἱ πρῶτοι τοῦ λαοῦ, 48 καὶ οὐχ εὕρισκον τὸ τί ποιήσωσιν· ὁ λαὸς γὰρ ἅπας ἐξεκρέμετο αὐτοῦ ἀκούων.

Luke 20

Jesus' Authority Questioned

1 Καὶ ἐγένετο ἐν μιᾷ τῶν ἡμερῶν (ἐκείνων) διδάσκοντος αὐτοῦ τὸν λαὸν ἐν τῷ ἱερῷ καὶ εὐαγγελιζομένου ἐπέστησαν οἱ ἀρχιερεῖς καὶ οἱ γραμματεῖς σὺν τοῖς πρεσβυτέροις, 2 καὶ εἶπαν [λέγοντες] πρὸς αὐτόν (λέγοντες) Εἰπὸν ἡμῖν ἐν ποίᾳ ἐξουσίᾳ ταῦτα ποιεῖς, ἢ τίς ἐστιν ὁ δούς σοι τὴν ἐξουσίαν ταύτην; 3 ἀποκριθεὶς δὲ εἶπεν πρὸς αὐτούς Ἐρωτήσω ὑμᾶς κἀγὼ (ἕνα) λόγον, καὶ εἴπατέ μοι 4 Τὸ βάπτισμα Ἰωάνου ἐξ οὐρανοῦ ἦν ἢ ἐξ ἀνθρώπων; 5 οἱ δὲ συνελογίσαντο πρὸς ἑαυτοὺς λέγοντες ὅτι Ἐὰν εἴπωμεν Ἐξ οὐρανοῦ, ἐρεῖ Διὰ τί (οὖν) οὐκ ἐπιστεύσατε αὐτῷ; 6 ἐὰν δὲ εἴπωμεν Ἐξ ἀνθρώπων, (πᾶς) ὁ λαὸς [ἅπας] καταλιθάσει ἡμᾶς· πεπεισμένος γάρ ἐστιν Ἰωάνην προφήτην εἶναι. 7 καὶ ἀπεκρίθησαν μὴ εἰδέναι πόθεν. 8 καὶ ὁ Ἰησοῦς εἶπεν αὐτοῖς Οὐδὲ ἐγὼ λέγω ὑμῖν ἐν ποίᾳ ἐξουσίᾳ ταῦτα ποιῶ.

ΚΑΤΑ ΛΟΥΚΑΝ

The Parable of the Evil Tenants

9 Ἤρξατο δὲ πρὸς τὸν λαὸν λέγειν τὴν παραβολὴν ταύτην. ἄνθρωπος ἐφύτευσεν ἀμπελῶνα, καὶ ἐξέδετο αὐτὸν γεωργοῖς, καὶ ἀπεδήμησεν χρόνους ἱκανούς. 10 καὶ (ἐν) καιρῷ ἀπέστειλεν πρὸς τοὺς γεωργοὺς δοῦλον, ἵνα ἀπὸ τοῦ καρποῦ τοῦ ἀμπελῶνος [δώσουσιν] (δῶσιν) αὐτῷ· οἱ δὲ γεωργοὶ [ἐξαπέστειλαν αὐτὸν δείραντες] (δείραντες αὐτὸν ἐξαπέστειλαν) κενόν. 11 καὶ προσέθετο [ἕτερον πέμψαι] (πέμψαι ἕτερον) δοῦλον· οἱ δὲ κἀκεῖνον δείραντες καὶ ἀτιμάσαντες ἐξαπέστειλαν κενόν. 12 καὶ προσέθετο [τρίτον πέμψαι·] (πέμψαι· τρίτον) οἱ δὲ καὶ τοῦτον τραυματίσαντες ἐξέβαλον. 13 εἶπεν δὲ ὁ κύριος τοῦ ἀμπελῶνος Τί ποιήσω; πέμψω τὸν υἱόν μου τὸν ἀγαπητόν· ἴσως τοῦτον (ἰδόντες) ἐντραπήσονται. 14 ἰδόντες δὲ αὐτὸν οἱ γεωργοὶ διελογίζοντο πρὸς [ἀλλήλους] (ἑαυτοὺς) λέγοντες Οὗτός ἐστιν ὁ κληρονόμος· (δεῦτε) ἀποκτείνωμεν αὐτόν, ἵνα ἡμῶν γένηται ἡ κληρονομία. 15 καὶ ἐκβαλόντες αὐτὸν ἔξω τοῦ ἀμπελῶνος ἀπέκτειναν. τί οὖν ποιήσει αὐτοῖς ὁ κύριος τοῦ ἀμπελῶνος; 16 ἐλεύσεται καὶ ἀπολέσει τοὺς γεωργοὺς τούτους, καὶ δώσει τὸν ἀμπελῶνα ἄλλοις. ἀκούσαντες δὲ εἶπαν Μὴ γένοιτο. 17 ὁ δὲ ἐμβλέψας αὐτοῖς εἶπεν Τί οὖν ἐστιν τὸ γεγραμμένον τοῦτο

> Λίθον ὃν ἀπεδοκίμασαν οἱ οἰκοδομοῦντες,
> οὗτος ἐγενήθη εἰς κεφαλὴν γωνίας;

18 πᾶς ὁ πεσὼν ἐπ᾽ ἐκεῖνον τὸν λίθον συνθλασθήσεται· ἐφ᾽ ὃν δ᾽ ἂν πέσῃ, λικμήσει αὐτόν.

Jesus is Tested Concerning Tribute Taxes

19 Καὶ ἐζήτησαν οἱ [γραμματεῖς καὶ οἱ ἀρχιερεῖς] (ἀρχιερεῖς καὶ οἱ γραμματεῖς) ἐπιβαλεῖν ἐπ᾽ αὐτὸν τὰς χεῖρας ἐν αὐτῇ τῇ ὥρᾳ, καὶ ἐφοβήθησαν τὸν λαόν· ἔγνωσαν γὰρ ὅτι πρὸς αὐτοὺς [εἶπεν] τὴν παραβολὴν ταύτην (εἶπεν). 20 Καὶ παρατηρήσαντες ἀπέστειλαν ἐνκαθέτους ὑποκρινομένους ἑαυτοὺς δικαίους εἶναι, ἵνα ἐπιλάβωνται αὐτοῦ λόγου, ὥστε παραδοῦναι αὐτὸν τῇ ἀρχῇ καὶ τῇ ἐξουσίᾳ τοῦ ἡγεμόνος. 21 καὶ ἐπηρώτησαν αὐτὸν λέγοντες Διδάσκαλε, οἴδαμεν ὅτι ὀρθῶς λέγεις καὶ διδάσκεις καὶ οὐ λαμβάνεις πρόσωπον, ἀλλ᾽ ἐπ᾽ ἀληθείας τὴν ὁδὸν τοῦ Θεοῦ διδάσκεις· 22 ἔξεστιν [ἡμᾶς] (ἡμῖν) Καίσαρι φόρον δοῦναι ἢ οὔ; 23 κατανοήσας δὲ αὐτῶν τὴν πανουργίαν εἶπεν πρὸς αὐτούς (τί μέ πειράζετε) 24 [Δείξατέ] (ἐπιδείξατέ) μοι δηνάριον· τίνος ἔχει εἰκόνα καὶ ἐπιγραφήν; (ἀποκριθέντες) [οἱ] δὲ εἶπαν Καίσαρος.

25 ὁ δὲ εἶπεν [πρὸς] αὐτούς (ἀπόδοτε) Τοίνυν [ἀπόδοτε] τὰ Καίσαρος Καίσαρι καὶ τὰ τοῦ Θεοῦ τῷ Θεῷ. 26 καὶ οὐκ ἴσχυσαν ἐπιλαβέσθαι αὐτοῦ ῥήματος ἐναντίον τοῦ λαοῦ, καὶ θαυμάσαντες ἐπὶ τῇ ἀποκρίσει αὐτοῦ ἐσίγησαν.

Sadducees Question Marriage in the Resurrection

27 Προσελθόντες δέ τινες τῶν Σαδδουκαίων, οἱ ἀντιλέγοντες ἀνάστασιν μὴ εἶναι, ἐπηρώτησαν αὐτὸν 28 λέγοντες Διδάσκαλε, Μωϋσῆς ἔγραψεν ἡμῖν, ἐάν τινος ἀδελφὸς ἀποθάνῃ ἔχων γυναῖκα, καὶ οὗτος ἄτεκνος [ᾖ] (ἀποθάνῃ), ἵνα λάβῃ ὁ ἀδελφὸς αὐτοῦ τὴν γυναῖκα καὶ ἐξαναστήσῃ σπέρμα τῷ ἀδελφῷ αὐτοῦ. 29 ἑπτὰ οὖν ἀδελφοὶ ἦσαν· καὶ ὁ πρῶτος λαβὼν γυναῖκα ἀπέθανεν ἄτεκνος· 30 καὶ (ἔλαβεν) ὁ δεύτερος (τὴν γυναῖκα, καὶ οὗτος ἀπέθανεν ἄτεκνος) 31 καὶ ὁ τρίτος ἔλαβεν αὐτήν, ὡσαύτως δὲ καὶ οἱ ἑπτὰ οὐ κατέλιπον τέκνα καὶ ἀπέθανον. 32 ὕστερον (δὲ πάντων) [καὶ ἡ γυνὴ ἀπέθανεν] (ἀπέθανεν καὶ ἡ γυνή). 33 [ἡ γυνὴ οὖν ἐν τῇ] (ἐν τῇ οὖν) ἀναστάσει τίνος αὐτῶν γίνεται γυνή; οἱ γὰρ ἑπτὰ ἔσχον αὐτὴν γυναῖκα. 34 καὶ (ἀποκριθεὶς) εἶπεν αὐτοῖς ὁ Ἰησοῦς Οἱ υἱοὶ τοῦ αἰῶνος τούτου γαμοῦσιν καὶ [γαμίσκονται] (ἐκγαμίσκονται), 35 οἱ δὲ καταξιωθέντες τοῦ αἰῶνος ἐκείνου τυχεῖν καὶ τῆς ἀναστάσεως τῆς ἐκ νεκρῶν οὔτε γαμοῦσιν οὔτε [γαμίζονται] (ἐκγαμίσκονται)· 36 [οὐδὲ] (οὔτε) γὰρ ἀποθανεῖν ἔτι δύνανται, ἰσάγγελοι γάρ εἰσιν, καὶ υἱοί εἰσιν Θεοῦ τῆς ἀναστάσεως υἱοὶ ὄντες. 37 ὅτι δὲ ἐγείρονται οἱ νεκροί, καὶ Μωϋσῆς ἐμήνυσεν ἐπὶ τῆς Βάτου, ὡς λέγει Κύριον τὸν Θεὸν Ἀβραὰμ καὶ Θεὸν Ἰσαὰκ καὶ Θεὸν Ἰακώβ· 38 Θεὸς δὲ οὐκ ἔστιν νεκρῶν ἀλλὰ ζώντων· πάντες γὰρ αὐτῷ ζῶσιν.

Whose Son is the Messiah?

39 ἀποκριθέντες δέ τινες τῶν γραμματέων εἶπαν Διδάσκαλε, καλῶς εἶπας. 40 οὐκέτι [γὰρ] (δὲ) ἐτόλμων ἐπερωτᾶν αὐτὸν οὐδέν. 41 Εἶπεν δὲ πρὸς αὐτούς Πῶς λέγουσιν τὸν Χριστὸν [εἶναι Δαυεὶδ υἱόν] (υἱόν Δαβὶδ εἶναι); 42 (καὶ) αὐτὸς [γὰρ] Δαυεὶδ λέγει ἐν βίβλῳ ψαλμῶν

Εἶπεν (ὁ) Κύριος τῷ Κυρίῳ μου Κάθου ἐκ δεξιῶν μου
43 ἕως ἂν θῶ τοὺς ἐχθρούς σου ὑποπόδιον τῶν ποδῶν σου.

44 Δαυεὶδ οὖν [αὐτὸν Κύριον] (κύριον αὐτὸν) καλεῖ, καὶ πῶς [αὐτοῦ υἱός] (υἱός αὐτοῦ) ἐστιν;

ΚΑΤΑ ΛΟΥΚΑΝ

45 Ἀκούοντος δὲ παντὸς τοῦ λαοῦ εἶπεν τοῖς μαθηταῖς (αὐτοῦ) 46 Προσέχετε ἀπὸ τῶν γραμματέων τῶν θελόντων περιπατεῖν ἐν στολαῖς καὶ φιλούντων ἀσπασμοὺς ἐν ταῖς ἀγοραῖς καὶ πρωτοκαθεδρίας ἐν ταῖς συναγωγαῖς καὶ πρωτοκλισίας ἐν τοῖς δείπνοις, 47 οἳ κατεσθίουσιν τὰς οἰκίας τῶν χηρῶν καὶ προφάσει μακρὰ προσεύχονται· οὗτοι λήμψονται περισσότερον κρίμα.

Luke 21

The Poor Widow's Offering

1 Ἀναβλέψας δὲ εἶδεν τοὺς βάλλοντας [εἰς τὸ γαζοφυλάκιον τὰ δῶρα αὐτῶν] (τὰ δῶρα αὐτῶν εἰς τὸ γαζοφυλάκιον) πλουσίους. 2 εἶδεν δέ (καὶ) τινα χήραν πενιχρὰν βάλλουσαν ἐκεῖ [λεπτὰ δύο] (δύο λεπτὰ), 3 καὶ εἶπεν Ἀληθῶς λέγω ὑμῖν ὅτι ἡ χήρα αὕτη ἡ πτωχὴ πλεῖον πάντων ἔβαλεν· 4 [πάντες] (ἅπαντες) γὰρ οὗτοι ἐκ τοῦ περισσεύοντος αὐτοῖς ἔβαλον εἰς τὰ δῶρα (τοῦ Θεοῦ), αὕτη δὲ ἐκ τοῦ ὑστερήματος αὐτῆς [πάντα] (ἅπαντα) τὸν βίον ὃν εἶχεν ἔβαλεν.

Jesus Foretells the Destruction of the Temple

5 Καί τινων λεγόντων περὶ τοῦ ἱεροῦ, ὅτι λίθοις καλοῖς καὶ ἀναθήμασιν κεκόσμηται, εἶπεν 6 Ταῦτα ἃ θεωρεῖτε, ἐλεύσονται ἡμέραι ἐν αἷς οὐκ ἀφεθήσεται λίθος ἐπὶ λίθῳ ὃς οὐ καταλυθήσεται.

Early Signs of the Second Coming

7 ἐπηρώτησαν δὲ αὐτὸν λέγοντες Διδάσκαλε, πότε οὖν ταῦτα ἔσται, καὶ τί τὸ σημεῖον ὅταν μέλλῃ ταῦτα γίνεσθαι; 8 ὁ δὲ εἶπεν Βλέπετε μὴ πλανηθῆτε· πολλοὶ γὰρ ἐλεύσονται ἐπὶ τῷ ὀνόματί μου λέγοντες (ὅτι) Ἐγώ εἰμι, καί Ὁ καιρὸς ἤγγικεν· μὴ (οὖν) πορευθῆτε ὀπίσω αὐτῶν. 9 ὅταν δὲ ἀκούσητε πολέμους καὶ ἀκαταστασίας, μὴ πτοηθῆτε· δεῖ γὰρ ταῦτα γενέσθαι πρῶτον, ἀλλ᾽ οὐκ εὐθέως τὸ τέλος. 10 Τότε ἔλεγεν αὐτοῖς Ἐγερθήσεται ἔθνος ἐπ᾽ ἔθνος καὶ βασιλεία ἐπὶ βασιλείαν, 11 σεισμοί τε μεγάλοι [καὶ] κατὰ τόπους (καὶ) [λοιμοὶ καὶ λιμοὶ] (λιμοὶ καὶ λοιμοὶ) ἔσονται, φόβητρά τε καὶ [ἀπ᾽ οὐρανοῦ σημεῖα] (σημεῖα ἀπ᾽ οὐρανοῦ) μεγάλα ἔσται.

Prepare for Persecution before the End

12 πρὸ δὲ τούτων [πάντων] (ἁπάντων) ἐπιβαλοῦσιν ἐφ᾽ ὑμᾶς τὰς χεῖρας αὐτῶν καὶ διώξουσιν, παραδιδόντες εἰς τὰς συναγωγὰς καὶ φυλακάς, ἀπαγομένους ἐπὶ βασιλεῖς καὶ ἡγεμόνας ἕνεκεν τοῦ ὀνόματός μου· 13 ἀποβήσεται (δὲ) ὑμῖν εἰς μαρτύριον.

ΚΑΤΑ ΛΟΥΚΑΝ

14 [θέτε οὖν ἐν ταῖς καρδίαις] (θέσθε οὖν εἰς τὰς καρδίας) ὑμῶν μὴ προμελετᾶν ἀπολογηθῆναι· 15 ἐγὼ γὰρ δώσω ὑμῖν στόμα καὶ σοφίαν, ᾗ οὐ δυνήσονται [ἀντιστῆναι ἢ ἀντειπεῖν ἅπαντες] (ἀντειπεῖν οὐδὲ ἀντιστῆναι πάντες) οἱ ἀντικείμενοι ὑμῖν. 16 παραδοθήσεσθε δὲ καὶ ὑπὸ γονέων καὶ ἀδελφῶν καὶ συγγενῶν καὶ φίλων, καὶ θανατώσουσιν ἐξ ὑμῶν, 17 καὶ ἔσεσθε μισούμενοι ὑπὸ πάντων διὰ τὸ ὄνομά μου. 18 καὶ θρὶξ ἐκ τῆς κεφαλῆς ὑμῶν οὐ μὴ ἀπόληται· 19 ἐν τῇ ὑπομονῇ ὑμῶν κτήσεσθε τὰς ψυχὰς ὑμῶν.

Jerusalem Trampled by Gentiles

20 Ὅταν δὲ ἴδητε κυκλουμένην ὑπὸ στρατοπέδων (τὴν) Ἰερουσαλήμ, τότε γνῶτε ὅτι ἤγγικεν ἡ ἐρήμωσις αὐτῆς. 21 τότε οἱ ἐν τῇ Ἰουδαίᾳ φευγέτωσαν εἰς τὰ ὄρη, καὶ οἱ ἐν μέσῳ αὐτῆς ἐκχωρείτωσαν, καὶ οἱ ἐν ταῖς χώραις μὴ εἰσερχέσθωσαν εἰς αὐτήν, 22 ὅτι ἡμέραι ἐκδικήσεως αὗταί εἰσιν τοῦ πλησθῆναι πάντα τὰ γεγραμμένα. 23 οὐαὶ ταῖς ἐν γαστρὶ ἐχούσαις καὶ ταῖς θηλαζούσαις ἐν ἐκείναις ταῖς ἡμέραις· ἔσται γὰρ ἀνάγκη μεγάλη ἐπὶ τῆς γῆς καὶ ὀργὴ τῷ λαῷ τούτῳ, 24 καὶ πεσοῦνται στόματι μαχαίρης καὶ αἰχμαλωτισθήσονται εἰς [τὰ ἔθνη πάντα] (πάντα τὰ ἔθνη), καὶ Ἰερουσαλὴμ ἔσται πατουμένη ὑπὸ ἐθνῶν, ἄχρι οὗ πληρωθῶσιν καιροὶ ἐθνῶν.

Catastrophic Signs Before the Second Coming

25 Καὶ [ἔσονται] (ἔσται) σημεῖα ἐν ἡλίῳ καὶ σελήνῃ καὶ ἄστροις, καὶ ἐπὶ τῆς γῆς συνοχὴ ἐθνῶν ἐν ἀπορίᾳ [ἤχους] (ἠχούσης) θαλάσσης καὶ σάλου, 26 ἀποψυχόντων ἀνθρώπων ἀπὸ φόβου καὶ προσδοκίας τῶν ἐπερχομένων τῇ οἰκουμένῃ· αἱ γὰρ δυνάμεις τῶν οὐρανῶν σαλευθήσονται. 27 καὶ τότε ὄψονται τὸν Υἱὸν τοῦ ἀνθρώπου ἐρχόμενον ἐν νεφέλῃ μετὰ δυνάμεως καὶ δόξης πολλῆς. 28 ἀρχομένων δὲ τούτων γίνεσθαι ἀνακύψατε καὶ ἐπάρατε τὰς κεφαλὰς ὑμῶν, διότι ἐγγίζει ἡ ἀπολύτρωσις ὑμῶν.

The Parable of the Fig Tree

29 Καὶ εἶπεν παραβολὴν αὐτοῖς Ἴδετε τὴν συκῆν καὶ πάντα τὰ δένδρα· 30 ὅταν προβάλωσιν ἤδη, βλέποντες ἀφ᾽ ἑαυτῶν γινώσκετε ὅτι ἤδη ἐγγὺς τὸ θέρος ἐστίν· 31 οὕτως καὶ ὑμεῖς, ὅταν ἴδητε ταῦτα γινόμενα, γινώσκετε ὅτι ἐγγύς ἐστιν ἡ βασιλεία τοῦ Θεοῦ. 32 ἀμὴν λέγω ὑμῖν ὅτι οὐ μὴ παρέλθῃ ἡ γενεὰ αὕτη ἕως ἂν πάντα γένηται. 33 ὁ οὐρανὸς καὶ ἡ γῆ παρελεύσονται, οἱ δὲ λόγοι μου οὐ μὴ παρελεύσονται.

ΚΑΤΑ ΛΟΥΚΑΝ

Watch and Pray at All Times

34 Προσέχετε δὲ ἑαυτοῖς μή ποτε βαρηθῶσιν ὑμῶν αἱ καρδίαι ἐν κραιπάλῃ καὶ μέθῃ καὶ μερίμναις βιωτικαῖς, καὶ [ἐπιστῇ ἐφ' ὑμᾶς αἰφνίδιος] (αἰφνίδιος ἐφ' ὑμᾶς ἐπιστῇ) ἡ ἡμέρα ἐκείνη 35 ὡς παγίς· (γὰρ) ἐπεισελεύσεται [γὰρ] ἐπὶ πάντας τοὺς καθημένους ἐπὶ πρόσωπον πάσης τῆς γῆς. 36 ἀγρυπνεῖτε [δὲ] (οὖν) ἐν παντὶ καιρῷ δεόμενοι ἵνα [κατισχύσητε] (καταξιωθῆτε) ἐκφυγεῖν ταῦτα πάντα τὰ μέλλοντα γίνεσθαι, καὶ σταθῆναι ἔμπροσθεν τοῦ Υἱοῦ τοῦ ἀνθρώπου.

37 Ἦν δὲ τὰς ἡμέρας ἐν τῷ ἱερῷ διδάσκων, τὰς δὲ νύκτας ἐξερχόμενος ηὐλίζετο εἰς τὸ ὄρος τὸ καλούμενον Ἐλαιῶν. 38 καὶ πᾶς ὁ λαὸς ὤρθριζεν πρὸς αὐτὸν ἐν τῷ ἱερῷ ἀκούειν αὐτοῦ.

Luke 22

Judas Agrees to Betray Jesus

1 Ἤγγιζεν δὲ ἡ ἑορτὴ τῶν ἀζύμων ἡ λεγομένη Πάσχα. 2 καὶ ἐζήτουν οἱ ἀρχιερεῖς καὶ οἱ γραμματεῖς τὸ πῶς ἀνέλωσιν αὐτόν· ἐφοβοῦντο γὰρ τὸν λαόν. 3 Εἰσῆλθεν δὲ Σατανᾶς εἰς Ἰούδαν τὸν καλούμενον Ἰσκαριώτην, ὄντα ἐκ τοῦ ἀριθμοῦ τῶν δώδεκα· 4 καὶ ἀπελθὼν συνελάλησεν τοῖς ἀρχιερεῦσιν καὶ στρατηγοῖς τὸ πῶς [αὐτοῖς] (αὐτόν) παραδῷ [αὐτόν] (αὐτοῖς). 5 καὶ ἐχάρησαν, καὶ συνέθεντο αὐτῷ ἀργύριον δοῦναι. 6 καὶ ἐξωμολόγησεν, καὶ ἐζήτει εὐκαιρίαν τοῦ παραδοῦναι αὐτὸν (αὐτοῖς) ἄτερ ὄχλου [αὐτοῖς].

Preparation for the Passover

7 Ἦλθεν δὲ ἡ ἡμέρα τῶν ἀζύμων, (ἐν) ᾗ ἔδει θύεσθαι τὸ πάσχα· 8 καὶ ἀπέστειλεν Πέτρον καὶ Ἰωάνην εἰπών Πορευθέντες ἑτοιμάσατε ἡμῖν τὸ πάσχα, ἵνα φάγωμεν. 9 οἱ δὲ εἶπαν αὐτῷ Ποῦ θέλεις ἑτοιμάσωμεν; 10 ὁ δὲ εἶπεν αὐτοῖς Ἰδοὺ εἰσελθόντων ὑμῶν εἰς τὴν πόλιν συναντήσει ὑμῖν ἄνθρωπος κεράμιον ὕδατος βαστάζων· ἀκολουθήσατε αὐτῷ εἰς τὴν οἰκίαν [εἰς ἣν] (οὗ) εἰσπορεύεται· 11 καὶ ἐρεῖτε τῷ οἰκοδεσπότῃ τῆς οἰκίας Λέγει σοι ὁ Διδάσκαλος Ποῦ ἐστιν τὸ κατάλυμα ὅπου τὸ πάσχα μετὰ τῶν μαθητῶν μου φάγω; 12 κἀκεῖνος ὑμῖν δείξει ἀνάγαιον μέγα ἐστρωμένον· ἐκεῖ ἑτοιμάσατε. 13 ἀπελθόντες δὲ εὗρον καθὼς εἰρήκει αὐτοῖς, καὶ ἡτοίμασαν τὸ πάσχα.

ΚΑΤΑ ΛΟΥΚΑΝ
The Passover is Celebrated

14 Καὶ ὅτε ἐγένετο ἡ ὥρα, ἀνέπεσεν, καὶ οἱ (δώδεκα) ἀπόστολοι σὺν αὐτῷ. 15 καὶ εἶπεν πρὸς αὐτούς Ἐπιθυμίᾳ ἐπεθύμησα τοῦτο τὸ πάσχα φαγεῖν μεθ' ὑμῶν πρὸ τοῦ με παθεῖν· 16 λέγω γὰρ ὑμῖν ὅτι οὐκέτι οὐ μὴ φάγω [αὐτὸ] (ἐξ αὐτοῦ) ἕως ὅτου πληρωθῇ ἐν τῇ βασιλείᾳ τοῦ Θεοῦ. 17 καὶ δεξάμενος ποτήριον εὐχαριστήσας εἶπεν Λάβετε τοῦτο καὶ διαμερίσατε εἰς ἑαυτούς· 18 λέγω γὰρ ὑμῖν, (ὅτι) οὐ μὴ πίω ἀπὸ τοῦ [νῦν ἀπὸ τοῦ] γενήματος τῆς ἀμπέλου ἕως [οὗ] (ὅτου) ἡ βασιλεία τοῦ Θεοῦ ἔλθῃ.

The Lord's Supper is Instituted

19 καὶ λαβὼν ἄρτον εὐχαριστήσας ἔκλασεν καὶ ἔδωκεν αὐτοῖς λέγων Τοῦτό ἐστιν τὸ σῶμά μου τὸ ὑπὲρ ὑμῶν διδόμενον· τοῦτο ποιεῖτε εἰς τὴν ἐμὴν ἀνάμνησιν. 20 [καὶ τὸ ποτήριον ὡσαύτως] (ὡσαύτως καὶ τὸ ποτήριον) μετὰ τὸ δειπνῆσαι, λέγων Τοῦτο τὸ ποτήριον ἡ καινὴ διαθήκη ἐν τῷ αἵματί μου, τὸ ὑπὲρ ὑμῶν ἐκχυννόμενον.

Jesus Speaks of His Betrayer

21 πλὴν ἰδοὺ ἡ χεὶρ τοῦ παραδιδόντος με μετ' ἐμοῦ ἐπὶ τῆς τραπέζης. 22 [ὅτι ὁ Υἱὸς μὲν] (καὶ ὁ μὲν Υἱὸς) τοῦ ἀνθρώπου [κατὰ τὸ ὡρισμένον πορεύεται] (πορεύεται κατὰ τὸ ὡρισμένον), πλὴν οὐαὶ τῷ ἀνθρώπῳ ἐκείνῳ δι' οὗ παραδίδοται. 23 καὶ αὐτοὶ ἤρξαντο συνζητεῖν πρὸς ἑαυτοὺς τὸ τίς ἄρα εἴη ἐξ αὐτῶν ὁ τοῦτο μέλλων πράσσειν.

The Disciples Ascribed to Twelve Thrones

24 Ἐγένετο δὲ καὶ φιλονεικία ἐν αὐτοῖς, τὸ τίς αὐτῶν δοκεῖ εἶναι μείζων. 25 ὁ δὲ εἶπεν αὐτοῖς Οἱ βασιλεῖς τῶν ἐθνῶν κυριεύουσιν αὐτῶν, καὶ οἱ ἐξουσιάζοντες αὐτῶν εὐεργέται καλοῦνται. 26 ὑμεῖς δὲ οὐχ οὕτως, ἀλλ' ὁ μείζων ἐν ὑμῖν γινέσθω ὡς ὁ νεώτερος, καὶ ὁ ἡγούμενος ὡς ὁ διακονῶν. 27 τίς γὰρ μείζων, ὁ ἀνακείμενος ἢ ὁ διακονῶν; οὐχὶ ὁ ἀνακείμενος; ἐγὼ δὲ [ἐν μέσῳ ὑμῶν εἰμι] (εἰμι ἐν μέσῳ ὑμῶν) ὡς ὁ διακονῶν. 28 ὑμεῖς δέ ἐστε οἱ διαμεμενηκότες μετ' ἐμοῦ ἐν τοῖς πειρασμοῖς μου· 29 κἀγὼ διατίθεμαι ὑμῖν, καθὼς διέθετό μοι ὁ Πατήρ μου βασιλείαν, 30 ἵνα ἔσθητε καὶ πίνητε ἐπὶ τῆς τραπέζης μου ἐν τῇ βασιλείᾳ μου, καὶ [καθήσεσθε] (καθίσησθε) ἐπὶ θρόνων [τὰς δώδεκα φυλὰς κρίνοντες] (κρίνοντες τὰς δώδεκα φυλὰς) τοῦ Ἰσραήλ.

ΚΑΤΑ ΛΟΥΚΑΝ

Jesus Foretells Peter's Denial

31 (εἶπεν δὲ ὁ Κύριος) Σίμων Σίμων, ἰδοὺ ὁ Σατανᾶς ἐξητήσατο ὑμᾶς τοῦ σινιάσαι ὡς τὸν σῖτον· 32 ἐγὼ δὲ ἐδεήθην περὶ σοῦ ἵνα μὴ ἐκλίπῃ ἡ πίστις σου· καὶ σύ ποτε ἐπιστρέψας [στήρισον] (στήριξον) τοὺς ἀδελφούς σου. 33 ὁ δὲ εἶπεν αὐτῷ Κύριε, μετὰ σοῦ ἕτοιμός εἰμι καὶ εἰς φυλακὴν καὶ εἰς θάνατον πορεύεσθαι. 34 ὁ δὲ εἶπεν Λέγω σοι, Πέτρε, οὐ φωνήσει σήμερον ἀλέκτωρ [ἕως] (πρὶν ἤ) τρίς [με] ἀπαρνήσῃ μὴ εἰδέναι (με).

The Coming Hardships

35 Καὶ εἶπεν αὐτοῖς Ὅτε ἀπέστειλα ὑμᾶς ἄτερ βαλλαντίου καὶ πήρας καὶ ὑποδημάτων, μή τινος ὑστερήσατε; οἱ δὲ εἶπαν Οὐθενός. 36 εἶπεν δὲ αὐτοῖς Ἀλλὰ νῦν ὁ ἔχων βαλλάντιον ἀράτω, ὁμοίως καὶ πήραν, καὶ ὁ μὴ ἔχων πωλησάτω τὸ ἱμάτιον αὐτοῦ καὶ ἀγορασάτω μάχαιραν. 37 λέγω γὰρ ὑμῖν ὅτι (ἔτι) τοῦτο τὸ γεγραμμένον δεῖ τελεσθῆναι ἐν ἐμοί, τό Καὶ μετὰ ἀνόμων ἐλογίσθη· καὶ γὰρ [τὸ] (τὰ) περὶ ἐμοῦ τέλος ἔχει. 38 οἱ δὲ εἶπαν Κύριε, ἰδοὺ μάχαιραι ὧδε δύο. ὁ δὲ εἶπεν αὐτοῖς Ἱκανόν ἐστιν.

Jesus Prays at Gethsemane

39 Καὶ ἐξελθὼν ἐπορεύθη κατὰ τὸ ἔθος εἰς τὸ ὄρος τῶν Ἐλαιῶν· ἠκολούθησαν δὲ αὐτῷ καὶ οἱ μαθηταί. 40 γενόμενος δὲ ἐπὶ τοῦ τόπου εἶπεν αὐτοῖς Προσεύχεσθε μὴ εἰσελθεῖν εἰς πειρασμόν. 41 καὶ αὐτὸς ἀπεσπάσθη ἀπ' αὐτῶν ὡσεὶ λίθου βολήν, καὶ θεὶς τὰ γόνατα προσηύχετο 42 λέγων Πάτερ, εἰ βούλει [παρένεγκε τοῦτο τὸ ποτήριον] (παρενεγκεῖν τὸ ποτήριον τοῦτο) ἀπ' ἐμοῦ· πλὴν μὴ τὸ θέλημά μου ἀλλὰ τὸ σὸν γινέσθω. 43 ὤφθη δὲ αὐτῷ ἄγγελος ἀπ' οὐρανοῦ ἐνισχύων αὐτόν. 44 καὶ γενόμενος ἐν ἀγωνίᾳ ἐκτενέστερον προσηύχετο· [καὶ] ἐγένετο ὁ ἱδρὼς αὐτοῦ ὡσεὶ θρόμβοι αἵματος καταβαίνοντες ἐπὶ τὴν γῆν. 45 καὶ ἀναστὰς ἀπὸ τῆς προσευχῆς, ἐλθὼν πρὸς τοὺς μαθητὰς εὗρεν (αὐτοὺς) κοιμωμένους αὐτοὺς ἀπὸ τῆς λύπης, 46 καὶ εἶπεν αὐτοῖς Τί καθεύδετε; ἀναστάντες προσεύχεσθε, ἵνα μὴ εἰσέλθητε εἰς πειρασμόν.

ΚΑΤΑ ΛΟΥΚΑΝ

Jesus is Betrayed and Arrested

47 Ἔτι αὐτοῦ λαλοῦντος ἰδοὺ ὄχλος, καὶ ὁ λεγόμενος Ἰούδας εἷς τῶν δώδεκα προήρχετο αὐτούς, καὶ ἤγγισεν τῷ Ἰησοῦ φιλῆσαι αὐτόν. 48 (ὁ δὲ) Ἰησοῦς [δὲ] εἶπεν αὐτῷ Ἰούδα, φιλήματι τὸν Υἱὸν τοῦ ἀνθρώπου παραδίδως; 49 ἰδόντες δὲ οἱ περὶ αὐτὸν τὸ ἐσόμενον εἶπαν (αὐτῷ) Κύριε, εἰ πατάξομεν ἐν μαχαίρῃ; 50 καὶ ἐπάταξεν εἷς τις ἐξ αὐτῶν [τοῦ ἀρχιερέως τὸν δοῦλον] (τὸν δοῦλον τοῦ ἀρχιερέως) καὶ ἀφεῖλεν [τὸ οὖς αὐτοῦ] (αὐτοῦ τὸ οὖς) τὸ δεξιόν. 51 ἀποκριθεὶς δὲ ὁ Ἰησοῦς εἶπεν Ἐᾶτε ἕως τούτου· καὶ ἁψάμενος τοῦ ὠτίου ἰάσατο αὐτόν. 52 Εἶπεν δὲ Ἰησοῦς πρὸς τοὺς παραγενομένους ἐπ᾽ αὐτὸν ἀρχιερεῖς καὶ στρατηγοὺς τοῦ ἱεροῦ καὶ πρεσβυτέρους Ὡς ἐπὶ λῃστὴν ἐξήλθατε μετὰ μαχαιρῶν καὶ ξύλων; 53 καθ᾽ ἡμέραν ὄντος μου μεθ᾽ ὑμῶν ἐν τῷ ἱερῷ οὐκ ἐξετείνατε τὰς χεῖρας ἐπ᾽ ἐμέ· ἀλλ᾽ αὕτη ἐστὶν ὑμῶν ἡ ὥρα καὶ ἡ ἐξουσία τοῦ σκότους.

Peter's Denial

54 Συλλαβόντες δὲ αὐτὸν ἤγαγον καὶ εἰσήγαγον (αὐτὸν) εἰς [τὴν] (τὸν) οἰκίαν τοῦ ἀρχιερέως· ὁ δὲ Πέτρος ἠκολούθει μακρόθεν. 55 [περιαψάντων] (ἁψάντων) δὲ πῦρ ἐν μέσῳ τῆς αὐλῆς καὶ συνκαθισάντων (αὐτῶν) ἐκάθητο ὁ Πέτρος (ἐν) μέσος αὐτῶν. 56 ἰδοῦσα δὲ αὐτὸν παιδίσκη τις καθήμενον πρὸς τὸ φῶς καὶ ἀτενίσασα αὐτῷ εἶπεν Καὶ οὗτος σὺν αὐτῷ ἦν. 57 ὁ δὲ ἠρνήσατο (αὐτόν) λέγων (Γύναι) Οὐκ οἶδα αὐτόν, [γύναι]. 58 καὶ μετὰ βραχὺ ἕτερος ἰδὼν αὐτὸν ἔφη Καὶ σὺ ἐξ αὐτῶν εἶ. ὁ δὲ Πέτρος ἔφη Ἄνθρωπε, οὐκ εἰμί. 59 καὶ διαστάσης ὡσεὶ ὥρας μιᾶς ἄλλος τις διϊσχυρίζετο λέγων Ἐπ᾽ ἀληθείας καὶ οὗτος μετ᾽ αὐτοῦ ἦν, καὶ γὰρ Γαλιλαῖός ἐστιν. 60 εἶπεν δὲ ὁ Πέτρος Ἄνθρωπε, οὐκ οἶδα ὃ λέγεις. καὶ παραχρῆμα ἔτι λαλοῦντος αὐτοῦ ἐφώνησεν ἀλέκτωρ. 61 καὶ στραφεὶς ὁ Κύριος ἐνέβλεψεν τῷ Πέτρῳ, καὶ ὑπεμνήσθη ὁ Πέτρος τοῦ λόγου τοῦ Κυρίου, ὡς εἶπεν αὐτῷ ὅτι Πρὶν ἀλέκτορα φωνῆσαι [σήμερον] ἀπαρνήσῃ με τρίς. 62 καὶ ἐξελθὼν ἔξω (ὁ Πέτρος) ἔκλαυσεν πικρῶς.

ΚΑΤΑ ΛΟΥΚΑΝ

Jesus is Mocked and Beaten

63 Καὶ οἱ ἄνδρες οἱ συνέχοντες [αὐτὸν] (τὸν Ἰησοῦν) ἐνέπαιζον αὐτῷ δέροντες, 64 καὶ περικαλύψαντες αὐτὸν (ἔτυπτον αὐτοῦ τὸ πρόσωπον, καὶ) ἐπηρώτων (αὐτὸν) λέγοντες Προφήτευσον, τίς ἐστιν ὁ παίσας σε; 65 καὶ ἕτερα πολλὰ βλασφημοῦντες ἔλεγον εἰς αὐτόν.

Jesus is Questioned before the Council

66 Καὶ ὡς ἐγένετο ἡμέρα, συνήχθη τὸ πρεσβυτέριον τοῦ λαοῦ, ἀρχιερεῖς τε καὶ γραμματεῖς, καὶ ἀπήγαγον αὐτὸν εἰς τὸ συνέδριον [αὐτῶν] (ἑαυτῶν), 67 λέγοντες Εἰ σὺ εἶ ὁ Χριστός, εἰπὸν ἡμῖν. εἶπεν δὲ αὐτοῖς Ἐὰν ὑμῖν εἴπω, οὐ μὴ πιστεύσητε· 68 ἐὰν δὲ (καὶ) ἐρωτήσω, οὐ μὴ ἀποκριθῆτε (μοι, ἢ ἀπολύσητε). 69 ἀπὸ τοῦ νῦν [δὲ] ἔσται ὁ Υἱὸς τοῦ ἀνθρώπου καθήμενος ἐκ δεξιῶν τῆς δυνάμεως τοῦ Θεοῦ. 70 εἶπαν δὲ πάντες Σὺ οὖν εἶ ὁ Υἱὸς τοῦ Θεοῦ; ὁ δὲ πρὸς αὐτοὺς ἔφη Ὑμεῖς λέγετε ὅτι ἐγώ εἰμι. 71 οἱ δὲ εἶπαν Τί ἔτι (χρείαν) ἔχομεν μαρτυρίας [χρείαν]; αὐτοὶ γὰρ ἠκούσαμεν ἀπὸ τοῦ στόματος αὐτοῦ.

Luke 23

Jesus is Brought Before Pilate

1 Καὶ ἀναστὰν ἅπαν τὸ πλῆθος αὐτῶν ἤγαγον αὐτὸν ἐπὶ τὸν Πειλᾶτον. 2 ἤρξαντο δὲ κατηγορεῖν αὐτοῦ λέγοντες Τοῦτον εὕραμεν διαστρέφοντα τὸ ἔθνος [ἡμῶν] καὶ κωλύοντα [φόρους] Καίσαρι (φόρους) διδόναι, [καὶ] λέγοντα ἑαυτὸν Χριστὸν βασιλέα εἶναι. 3 ὁ δὲ Πειλᾶτος [ἠρώτησεν] (ἐπηρώτησεν) αὐτὸν λέγων Σὺ εἶ ὁ Βασιλεὺς τῶν Ἰουδαίων; ὁ δὲ ἀποκριθεὶς αὐτῷ ἔφη Σὺ λέγεις. 4 ὁ δὲ Πειλᾶτος εἶπεν πρὸς τοὺς ἀρχιερεῖς καὶ τοὺς ὄχλους Οὐδὲν εὑρίσκω αἴτιον ἐν τῷ ἀνθρώπῳ τούτῳ. 5 οἱ δὲ ἐπίσχυον λέγοντες ὅτι Ἀνασείει τὸν λαόν, διδάσκων καθ' ὅλης τῆς Ἰουδαίας, καὶ ἀρξάμενος ἀπὸ τῆς Γαλιλαίας ἕως ὧδε.

Jesus Stands before Herod

6 Πειλᾶτος δὲ ἀκούσας (Γαλιλαίαν) ἐπηρώτησεν εἰ ὁ ἄνθρωπος Γαλιλαῖός ἐστιν, 7 καὶ ἐπιγνοὺς ὅτι ἐκ τῆς ἐξουσίας Ἡρῴδου ἐστίν, ἀνέπεμψεν αὐτὸν πρὸς Ἡρῴδην, ὄντα καὶ αὐτὸν ἐν Ἱεροσολύμοις ἐν ταύταις ταῖς ἡμέραις. 8 ὁ δὲ Ἡρῴδης ἰδὼν τὸν Ἰησοῦν ἐχάρη λίαν· ἦν γὰρ (θέλων) ἐξ ἱκανῶν [χρόνων θέλων] ἰδεῖν αὐτὸν διὰ τὸ ἀκούειν (πολλὰ) περὶ αὐτοῦ, καὶ ἤλπιζέν τι σημεῖον ἰδεῖν ὑπ' αὐτοῦ γινόμενον.

ΚΑΤΑ ΛΟΥΚΑΝ

9 ἐπηρώτα δὲ αὐτὸν ἐν λόγοις ἱκανοῖς· αὐτὸς δὲ οὐδὲν ἀπεκρίνατο αὐτῷ. 10 εἱστήκεισαν δὲ οἱ ἀρχιερεῖς καὶ οἱ γραμματεῖς εὐτόνως κατηγοροῦντες αὐτοῦ. 11 ἐξουθενήσας δὲ αὐτὸν ὁ Ἡρῴδης σὺν τοῖς στρατεύμασιν αὐτοῦ καὶ ἐμπαίξας, περιβαλὼν (αὐτὸν) ἐσθῆτα λαμπρὰν ἀνέπεμψεν αὐτὸν τῷ Πειλάτῳ. 12 ἐγένοντο δὲ φίλοι ὅ τε [Ἡρῴδης καὶ ὁ Πειλᾶτος] (Πιλᾶτος καὶ ὁ Ἡρῴδης) ἐν αὐτῇ τῇ ἡμέρᾳ μετ᾽ ἀλλήλων· προϋπῆρχον γὰρ ἐν ἔχθρᾳ ὄντες πρὸς αὐτούς.

Jesus is Sentenced to Death

13 Πειλᾶτος δὲ συνκαλεσάμενος τοὺς ἀρχιερεῖς καὶ τοὺς ἄρχοντας καὶ τὸν λαὸν 14 εἶπεν πρὸς αὐτούς Προσηνέγκατέ μοι τὸν ἄνθρωπον τοῦτον ὡς ἀποστρέφοντα τὸν λαόν, καὶ ἰδοὺ ἐγὼ ἐνώπιον ὑμῶν ἀνακρίνας [οὐθὲν] (οὐδὲν) εὗρον ἐν τῷ ἀνθρώπῳ τούτῳ αἴτιον ὧν κατηγορεῖτε κατ᾽ αὐτοῦ. 15 ἀλλ᾽ οὐδὲ Ἡρῴδης· ἀνέπεμψεν γὰρ [αὐτὸν πρὸς ἡμᾶς] (ὑμᾶς πρὸς αὐτὸν)· καὶ ἰδοὺ οὐδὲν ἄξιον θανάτου ἐστὶν πεπραγμένον αὐτῷ· 16 παιδεύσας οὖν αὐτὸν ἀπολύσω. 18 [ἀνέκραγον] (ἀνέκραξαν) δὲ πανπληθεὶ λέγοντες Αἶρε τοῦτον, ἀπόλυσον δὲ ἡμῖν τὸν Βαραββᾶν· 19 ὅστις ἦν διὰ στάσιν τινὰ γενομένην ἐν τῇ πόλει καὶ φόνον [βληθεὶς ἐν τῇ] (βεβλημένος εἰς) φυλακῇ. 20 πάλιν [δὲ] (οὖν) ὁ Πειλᾶτος προσεφώνησεν [αὐτοῖς,] θέλων ἀπολῦσαι τὸν Ἰησοῦν. 21 οἱ δὲ ἐπεφώνουν λέγοντες Σταύρου σταύρου αὐτόν. 22 ὁ δὲ τρίτον εἶπεν πρὸς αὐτούς Τί γὰρ κακὸν ἐποίησεν οὗτος; οὐδὲν αἴτιον θανάτου εὗρον ἐν αὐτῷ· παιδεύσας οὖν αὐτὸν ἀπολύσω. 23 οἱ δὲ ἐπέκειντο φωναῖς μεγάλαις αἰτούμενοι αὐτὸν σταυρωθῆναι, καὶ κατίσχυον αἱ φωναὶ αὐτῶν (καὶ τῶν ἀρχιερέων). 24 [καὶ] (ὁ δὲ) Πειλᾶτος ἐπέκρινεν γενέσθαι τὸ αἴτημα αὐτῶν· 25 ἀπέλυσεν δὲ (αὐτοῖς) τὸν διὰ στάσιν καὶ φόνον βεβλημένον εἰς (τὴν) φυλακὴν, ὃν ᾐτοῦντο, τὸν δὲ Ἰησοῦν παρέδωκεν τῷ θελήματι αὐτῶν.

The Crucifixion

26 Καὶ ὡς ἀπήγαγον αὐτόν, ἐπιλαβόμενοι [Σίμωνά τινα] (Σίμωνος τινος) Κυρηναῖον ἐρχόμενον ἀπ᾽ ἀγροῦ ἐπέθηκαν αὐτῷ τὸν σταυρὸν φέρειν ὄπισθεν τοῦ Ἰησοῦ. 27 Ἠκολούθει δὲ αὐτῷ πολὺ πλῆθος τοῦ λαοῦ καὶ γυναικῶν αἳ ἐκόπτοντο καὶ ἐθρήνουν αὐτόν. 28 στραφεὶς δὲ πρὸς αὐτὰς Ἰησοῦς εἶπεν Θυγατέρες Ἰερουσαλήμ, μὴ κλαίετε ἐπ᾽ ἐμέ· πλὴν ἐφ᾽ ἑαυτὰς κλαίετε καὶ ἐπὶ τὰ τέκνα ὑμῶν,

ΚΑΤΑ ΛΟΥΚΑΝ

29 ὅτι ἰδοὺ ἔρχονται ἡμέραι ἐν αἷς ἐροῦσιν Μακάριαι αἱ στεῖραι, καὶ αἱ κοιλίαι αἳ οὐκ ἐγέννησαν, καὶ μαστοὶ οἳ οὐκ ἔθρεψαν. 30 τότε ἄρξονται λέγειν τοῖς ὄρεσιν Πέσατε ἐφ' ἡμᾶς, καὶ τοῖς βουνοῖς Καλύψατε ἡμᾶς· 31 ὅτι εἰ ἐν (τῷ) ὑγρῷ ξύλῳ ταῦτα ποιοῦσιν, ἐν τῷ ξηρῷ τί γένηται; 32 Ἤγοντο δὲ καὶ ἕτεροι [κακοῦργοι δύο] (δύο κακοῦργοι) σὺν αὐτῷ ἀναιρεθῆναι. 33 Καὶ ὅτε [ἦλθον] (ἀπῆλθον) ἐπὶ τὸν τόπον τὸν καλούμενον Κρανίον, ἐκεῖ ἐσταύρωσαν αὐτὸν καὶ τοὺς κακούργους, ὃν μὲν ἐκ δεξιῶν ὃν δὲ ἐξ ἀριστερῶν. 34 ὁ δὲ Ἰησοῦς ἔλεγεν Πάτερ, ἄφες αὐτοῖς· οὐ γὰρ οἴδασιν τί ποιοῦσιν. διαμεριζόμενοι δὲ τὰ ἱμάτια αὐτοῦ ἔβαλον [κλήρους] (κλῆρον). 35 καὶ εἱστήκει ὁ λαὸς θεωρῶν. ἐξεμυκτήριζον δὲ καὶ οἱ ἄρχοντες (σὺν αὐτοῖς) λέγοντες Ἄλλους ἔσωσεν, σωσάτω ἑαυτόν, εἰ οὗτός ἐστιν ὁ Χριστὸς (ὁ) τοῦ Θεοῦ [ὁ] ἐκλεκτός. 36 ἐνέπαιξαν δὲ αὐτῷ καὶ οἱ στρατιῶται προσερχόμενοι, (καὶ) ὄξος προσφέροντες αὐτῷ 37 καὶ λέγοντες Εἰ σὺ εἶ ὁ Βασιλεὺς τῶν Ἰουδαίων, σῶσον σεαυτόν. 38 ἦν δὲ καὶ ἐπιγραφὴ (γεγραμμένη) ἐπ' αὐτῷ (γράμμασιν Ἑλληνικοῖς, καὶ Ῥωμαικοῖς καὶ Ἑβραικοῖς, οὗτος ἐστὶν) Ο ΒΑΣΙΛΕΥΣ ΤΩΝ ΙΟΥΔΑΙΩΝ [ΟΥΤΟΣ]. 39 Εἷς δὲ τῶν κρεμασθέντων κακούργων ἐβλασφήμει αὐτόν (λέγων) [Οὐχὶ] (Εἰ) σὺ εἶ ὁ Χριστός; σῶσον σεαυτὸν καὶ ἡμᾶς. 40 ἀποκριθεὶς δὲ ὁ ἕτερος ἐπιτιμῶν αὐτῷ [ἔφη] (λέγων) Οὐδὲ φοβῇ σὺ τὸν Θεόν, ὅτι ἐν τῷ αὐτῷ κρίματι εἶ; 41 καὶ ἡμεῖς μὲν δικαίως, ἄξια γὰρ ὧν ἐπράξαμεν ἀπολαμβάνομεν· οὗτος δὲ οὐδὲν ἄτοπον ἔπραξεν. 42 καὶ ἔλεγεν (τῷ) Ἰησοῦ, μνήσθητί μου (Κύριε) ὅταν ἔλθῃς [εἰς τὴν] (ἐν τῃ) βασιλείαν σου. 43 καὶ εἶπεν αὐτῷ (ὁ Ἰησοῦς) Ἀμήν [σοι λέγω] (λέγω σοι), σήμερον μετ' ἐμοῦ ἔσῃ ἐν τῷ Παραδείσῳ.

Jesus Breathes His Last

44 [Καὶ ἦν ἤδη] (ἦν δὲ) ὡσεὶ ὥρα ἕκτη καὶ σκότος ἐγένετο ἐφ' ὅλην τὴν γῆν ἕως ὥρας ἐνάτης 45 [τοῦ ἡλίου ἐκλιπόντος, ἐσχίσθη δὲ] (καὶ ἐσκοτίσθη ὁ ἥλιος, καὶ ἐσχίσθη) τὸ καταπέτασμα τοῦ ναοῦ μέσον. 46 καὶ φωνήσας φωνῇ μεγάλῃ ὁ Ἰησοῦς εἶπεν Πάτερ, εἰς χεῖράς σου παρατίθεμαι τὸ πνεῦμά μου. τοῦτο [δὲ] εἰπὼν ἐξέπνευσεν. 47 ἰδὼν δὲ ὁ ἑκατοντάρχης τὸ γενόμενον ἐδόξαζεν τὸν Θεὸν λέγων Ὄντως ὁ ἄνθρωπος οὗτος δίκαιος ἦν. 48 καὶ πάντες οἱ συνπαραγενόμενοι ὄχλοι ἐπὶ τὴν θεωρίαν ταύτην, [θεωρήσαντες] (θεωροῦντες) τὰ γενόμενα, τύπτοντες (ἑαυτῶν) τὰ στήθη ὑπέστρεφον. 49 εἱστήκεισαν δὲ πάντες οἱ γνωστοὶ [αὐτῷ ἀπὸ] (αὐτοῦ) μακρόθεν, καὶ γυναῖκες αἱ συνακολουθοῦσαι αὐτῷ ἀπὸ τῆς Γαλιλαίας, ὁρῶσαι ταῦτα.

ΚΑΤΑ ΛΟΥΚΑΝ

Jesus is Buried

50 Καὶ ἰδοὺ ἀνὴρ ὀνόματι Ἰωσὴφ βουλευτὴς ὑπάρχων, ἀνὴρ ἀγαθὸς καὶ δίκαιος, 51 —οὗτος οὐκ ἦν συνκατατεθειμένος τῇ βουλῇ καὶ τῇ πράξει αὐτῶν,— ἀπὸ Ἀριμαθαίας πόλεως τῶν Ἰουδαίων, ὃς (καὶ) προσεδέχετο (καὶ αὐτὸς) τὴν βασιλείαν τοῦ Θεοῦ, 52 οὗτος προσελθὼν τῷ Πειλάτῳ ᾐτήσατο τὸ σῶμα τοῦ Ἰησοῦ, 53 καὶ καθελὼν (αὐτὸ) ἐνετύλιξεν αὐτὸ σινδόνι, καὶ ἔθηκεν αὐτὸν ἐν μνήματι λαξευτῷ, οὗ οὐκ ἦν [οὐδεὶς οὔπω] (οὐδέπω οὐδεὶς) κείμενος. 54 καὶ ἡμέρα ἦν Παρασκευῆς, καὶ σάββατον ἐπέφωσκεν. 55 Κατακολουθήσασαι δὲ αἱ γυναῖκες, αἵτινες ἦσαν συνεληλυθυῖαι (αὐτῷ) ἐκ τῆς Γαλιλαίας [αὐτῷ], ἐθεάσαντο τὸ μνημεῖον καὶ ὡς ἐτέθη τὸ σῶμα αὐτοῦ, 56 ὑποστρέψασαι δὲ ἡτοίμασαν ἀρώματα καὶ μύρα. Καὶ τὸ μὲν σάββατον ἡσύχασαν κατὰ τὴν ἐντολήν,

Luke 24

Jesus Rises from the Dead

1 τῇ δὲ μιᾷ τῶν σαββάτων ὄρθρου βαθέως (ἦλθον) ἐπὶ τὸ μνῆμα [ἦλθον] φέρουσαι ἃ ἡτοίμασαν ἀρώματα (καί τινές σὺν αὐταῖς). 2 εὗρον δὲ τὸν λίθον ἀποκεκυλισμένον ἀπὸ τοῦ μνημείου, 3 (καὶ) εἰσελθοῦσαι [δὲ] οὐχ εὗρον τὸ σῶμα τοῦ Κυρίου Ἰησοῦ. 4 καὶ ἐγένετο ἐν τῷ [ἀπορεῖσθαι] (διαπορεῖσθαι) αὐτὰς περὶ τούτου καὶ ἰδοὺ [ἄνδρες δύο] (δύο ἄνδρες) ἐπέστησαν αὐταῖς ἐν [ἐσθῆτι ἀστραπτούσῃ] (ἐσθήσεσιν ἀστραπτούσαις)· 5 ἐμφόβων δὲ γενομένων αὐτῶν καὶ κλινουσῶν [τὰ πρόσωπα] (τὸ πρόσωπον) εἰς τὴν γῆν, εἶπαν πρὸς αὐτάς Τί ζητεῖτε τὸν ζῶντα μετὰ τῶν νεκρῶν; 6 οὐκ ἔστιν ὧδε, ἀλλὰ ἠγέρθη. μνήσθητε ὡς ἐλάλησεν ὑμῖν ἔτι ὢν ἐν τῇ Γαλιλαίᾳ, 7 λέγων τὸν Υἱὸν τοῦ ἀνθρώπου ὅτι δεῖ παραδοθῆναι εἰς χεῖρας ἀνθρώπων ἁμαρτωλῶν καὶ σταυρωθῆναι καὶ τῇ τρίτῃ ἡμέρᾳ ἀναστῆναι. 8 καὶ ἐμνήσθησαν τῶν ῥημάτων αὐτοῦ, 9 καὶ ὑποστρέψασαι ἀπὸ τοῦ μνημείου ἀπήγγειλαν ταῦτα πάντα τοῖς ἕνδεκα καὶ πᾶσιν τοῖς λοιποῖς. 10 ἦσαν δὲ ἡ Μαγδαληνὴ Μαρία καὶ Ἰωάνα καὶ Μαρία ἡ Ἰακώβου· καὶ αἱ λοιπαὶ σὺν αὐταῖς ἔλεγον πρὸς τοὺς ἀποστόλους ταῦτα. 11 καὶ ἐφάνησαν ἐνώπιον αὐτῶν ὡσεὶ λῆρος τὰ ῥήματα ταῦτα, καὶ ἠπίστουν αὐταῖς. (12 Ὁ δὲ Πέτρος ἀναστὰς ἔδραμεν ἐπὶ τὸ μνημεῖον· καὶ παρακύψας βλέπει τὰ ὀθόνια μόνα· καὶ ἀπῆλθεν πρὸς αὐτὸν θαυμάζων τὸ γεγονός.)

ΚΑΤΑ ΛΟΥΚΑΝ

Jesus Appears on the Road to Emmaus

13 Καὶ ἰδοὺ δύο ἐξ αὐτῶν ἐν αὐτῇ τῇ ἡμέρᾳ ἦσαν πορευόμενοι εἰς κώμην ἀπέχουσαν σταδίους ἑξήκοντα ἀπὸ Ἰερουσαλήμ, ᾗ ὄνομα Ἐμμαοῦς, 14 καὶ αὐτοὶ ὡμίλουν πρὸς ἀλλήλους περὶ πάντων τῶν συμβεβηκότων τούτων. 15 καὶ ἐγένετο ἐν τῷ ὁμιλεῖν αὐτοὺς καὶ συνζητεῖν, καὶ αὐτὸς Ἰησοῦς ἐγγίσας συνεπορεύετο αὐτοῖς· 16 οἱ δὲ ὀφθαλμοὶ αὐτῶν ἐκρατοῦντο τοῦ μὴ ἐπιγνῶναι αὐτόν. 17 εἶπεν δὲ πρὸς αὐτούς Τίνες οἱ λόγοι οὗτοι οὓς ἀντιβάλλετε πρὸς ἀλλήλους περιπατοῦντες; καὶ [ἐστάθησαν] (ἐστὲ) σκυθρωποί. 18 ἀποκριθεὶς δὲ (ὁ) εἷς (ᾧ) [ὀνόματι] (ὄνομα) Κλεοπᾶς εἶπεν πρὸς αὐτόν Σὺ μόνος παροικεῖς (ἐν) Ἰερουσαλὴμ καὶ οὐκ ἔγνως τὰ γενόμενα ἐν αὐτῇ ἐν ταῖς ἡμέραις ταύταις; 19 καὶ εἶπεν αὐτοῖς Ποῖα; οἱ δὲ εἶπαν αὐτῷ Τὰ περὶ Ἰησοῦ τοῦ Ναζαρηνοῦ, ὃς ἐγένετο ἀνὴρ προφήτης δυνατὸς ἐν ἔργῳ καὶ λόγῳ ἐναντίον τοῦ Θεοῦ καὶ παντὸς τοῦ λαοῦ, 20 ὅπως τε παρέδωκαν αὐτὸν οἱ ἀρχιερεῖς καὶ οἱ ἄρχοντες ἡμῶν εἰς κρίμα θανάτου καὶ ἐσταύρωσαν αὐτόν. 21 ἡμεῖς δὲ ἠλπίζομεν ὅτι αὐτός ἐστιν ὁ μέλλων λυτροῦσθαι τὸν Ἰσραήλ· ἀλλά γε καὶ σὺν πᾶσιν τούτοις τρίτην ταύτην ἡμέραν ἄγει (σήμερον) ἀφ' οὗ ταῦτα ἐγένετο. 22 ἀλλὰ καὶ γυναῖκές τινες ἐξ ἡμῶν ἐξέστησαν ἡμᾶς, γενόμεναι ὀρθριναὶ ἐπὶ τὸ μνημεῖον, 23 καὶ μὴ εὑροῦσαι τὸ σῶμα αὐτοῦ ἦλθον λέγουσαι καὶ ὀπτασίαν ἀγγέλων ἑωρακέναι, οἳ λέγουσιν αὐτὸν ζῆν. 24 καὶ ἀπῆλθόν τινες τῶν σὺν ἡμῖν ἐπὶ τὸ μνημεῖον, καὶ εὗρον οὕτως καθὼς καὶ αἱ γυναῖκες εἶπον, αὐτὸν δὲ οὐκ εἶδον. 25 καὶ αὐτὸς εἶπεν πρὸς αὐτούς Ὦ ἀνόητοι καὶ βραδεῖς τῇ καρδίᾳ τοῦ πιστεύειν ἐπὶ πᾶσιν οἷς ἐλάλησαν οἱ προφῆται· 26 οὐχὶ ταῦτα ἔδει παθεῖν τὸν Χριστὸν καὶ εἰσελθεῖν εἰς τὴν δόξαν αὐτοῦ; 27 καὶ ἀρξάμενος ἀπὸ Μωϋσέως καὶ ἀπὸ πάντων τῶν προφητῶν διερμήνευσεν αὐτοῖς ἐν πάσαις ταῖς γραφαῖς τὰ περὶ ἑαυτοῦ.

Jesus is Identified in the Breaking of Bread

28 Καὶ ἤγγισαν εἰς τὴν κώμην οὗ ἐπορεύοντο, καὶ αὐτὸς προσεποιήσατο πορρώτερον πορεύεσθαι. 29 καὶ παρεβιάσαντο αὐτὸν λέγοντες Μεῖνον μεθ' ἡμῶν, ὅτι πρὸς ἑσπέραν ἐστὶν καὶ κέκλικεν ἤδη ἡ ἡμέρα. καὶ εἰσῆλθεν τοῦ μεῖναι σὺν αὐτοῖς. 30 καὶ ἐγένετο ἐν τῷ κατακλιθῆναι αὐτὸν μετ' αὐτῶν λαβὼν τὸν ἄρτον εὐλόγησεν καὶ κλάσας ἐπεδίδου αὐτοῖς· 31 αὐτῶν δὲ διηνοίχθησαν οἱ ὀφθαλμοί, καὶ ἐπέγνωσαν αὐτόν· καὶ [αὐτὸς ἄφαντος] (αὐτὸς ἄφαντος) ἐγένετο ἀπ' αὐτῶν. 32 καὶ εἶπαν πρὸς ἀλλήλους Οὐχὶ ἡ καρδία ἡμῶν καιομένη ἦν ἐν ἡμῖν, ὡς ἐλάλει ἡμῖν ἐν τῇ ὁδῷ, (καὶ) ὡς διήνοιγεν ἡμῖν τὰς γραφάς;

ΚΑΤΑ ΛΟΥΚΑΝ

Jesus Appears to His Disciples in Jerusalem

33 Καὶ ἀναστάντες αὐτῇ τῇ ὥρᾳ ὑπέστρεψαν εἰς Ἰερουσαλήμ, καὶ εὗρον [ἠθροισμένους] (συνηθροισμένους) τοὺς ἕνδεκα καὶ τοὺς σὺν αὐτοῖς, 34 λέγοντας ὅτι [ὄντως ἠγέρθη ὁ Κύριος] (ἠγέρθη ὁ Κύριος ὄντως) καὶ ὤφθη Σίμωνι. 35 καὶ αὐτοὶ ἐξηγοῦντο τὰ ἐν τῇ ὁδῷ καὶ ὡς ἐγνώσθη αὐτοῖς ἐν τῇ κλάσει τοῦ ἄρτου. 36 Ταῦτα δὲ αὐτῶν λαλούντων αὐτὸς (ὁ Ἰησοῦς) ἔστη ἐν μέσῳ αὐτῶν καὶ λέγει αὐτοῖς Εἰρήνη ὑμῖν. 37 πτοηθέντες δὲ καὶ ἔμφοβοι γενόμενοι ἐδόκουν πνεῦμα θεωρεῖν. 38 καὶ εἶπεν αὐτοῖς Τί τεταραγμένοι ἐστέ, καὶ διὰ τί διαλογισμοὶ ἀναβαίνουσιν ἐν τῇ καρδίᾳ ὑμῶν; 39 ἴδετε τὰς χεῖράς μου καὶ τοὺς πόδας μου, ὅτι (αὐτός) ἐγώ εἰμι [αὐτός]· ψηλαφήσατέ με καὶ ἴδετε, ὅτι πνεῦμα σάρκα καὶ ὀστέα οὐκ ἔχει καθὼς ἐμὲ θεωρεῖτε ἔχοντα. 40 [*(καὶ τοῦτο εἰπὼν [ἔδειξεν] (ἐπέδειξεν) αὐτοῖς τὰς χεῖρας καὶ τοὺς πόδας.)*] 41 ἔτι δὲ ἀπιστούντων αὐτῶν ἀπὸ τῆς χαρᾶς καὶ θαυμαζόντων, εἶπεν αὐτοῖς Ἔχετέ τι βρώσιμον ἐνθάδε; 42 οἱ δὲ ἐπέδωκαν αὐτῷ ἰχθύος ὀπτοῦ μέρος (καὶ ἀπὸ μελισσίου κηρίου)· 43 καὶ λαβὼν ἐνώπιον αὐτῶν ἔφαγεν.

Prophecy Fulfilled and the Promise of the Father

44 Εἶπεν δὲ [πρὸς] αὐτούς Οὗτοι οἱ λόγοι [μου] οὓς ἐλάλησα πρὸς ὑμᾶς ἔτι ὢν σὺν ὑμῖν, ὅτι δεῖ πληρωθῆναι πάντα τὰ γεγραμμένα ἐν τῷ νόμῳ Μωϋσέως καὶ [τοῖς] προφήταις καὶ ψαλμοῖς περὶ ἐμοῦ. 45 τότε διήνοιξεν αὐτῶν τὸν νοῦν τοῦ συνιέναι τὰς γραφάς· καὶ εἶπεν αὐτοῖς 46 ὅτι οὕτως γέγραπται (καὶ οὕτως ἔδει) παθεῖν τὸν Χριστὸν καὶ ἀναστῆναι ἐκ νεκρῶν τῇ τρίτῃ ἡμέρᾳ, 47 καὶ κηρυχθῆναι ἐπὶ τῷ ὀνόματι αὐτοῦ μετάνοιαν εἰς ἄφεσιν ἁμαρτιῶν εἰς πάντα τὰ ἔθνη,— ἀρξάμενοι ἀπὸ Ἰερουσαλήμ. 48 ὑμεῖς (δὲ ἐστε) μάρτυρες τούτων. 49 καὶ ἰδοὺ ἐγὼ [ἐξαποστέλλω] (ἀποστέλλω) τὴν ἐπαγγελίαν τοῦ Πατρός μου ἐφ' ὑμᾶς· ὑμεῖς δὲ καθίσατε ἐν τῇ πόλει (Ἰερουσαλήμ) ἕως οὗ ἐνδύσησθε [ἐξ ὕψους δύναμιν] (δύναμιν ἐξ ὕψους).

The Ascension

50 Ἐξήγαγεν δὲ αὐτοὺς (ἔξω) ἕως [πρὸς] (εἰς) Βηθανίαν, καὶ ἐπάρας τὰς χεῖρας αὐτοῦ εὐλόγησεν αὐτούς. 51 καὶ ἐγένετο ἐν τῷ εὐλογεῖν αὐτὸν αὐτοὺς διέστη ἀπ' αὐτῶν [*(καὶ ἀνεφέρετο εἰς τὸν οὐρανόν)*]. 52 καὶ αὐτοὶ [*(προσκυνήσαντες αὐτὸν)*] ὑπέστρεψαν εἰς Ἰερουσαλὴμ μετὰ χαρᾶς μεγάλης, 53 καὶ ἦσαν διὰ παντὸς ἐν τῷ ἱερῷ [εὐλογοῦντες τὸν Θεόν] (αἰνοῦντες καὶ εὐλογοῦντες τὸν θεόν Ἀμήν).

ΚΑΤΑ ΙΩΑΝΗΝ

Papyrus 66 (Gregory-Aland), P. Bodmer II
Date: c. 200, (as early as 100-150; Hunger)
Bodmer Library, Cologny/Geneva, Switzerland
John 1:1 - 6:11; 6:35 - 14:26,29 - 30; 15:2-26; 16:2 - 4,6 - 7; 16:10 - 20:20,22 - 23; 20:25 - 21:9,12,17
Image above contains John 1:1 - 1:14 Καὶ ὁ - -

ΚΑΤΑ ΙΩΑΝΗΝ

John 1

The Deity of Christ

1 Ἐν ἀρχῇ ἦν ὁ Λόγος, καὶ ὁ Λόγος ἦν πρὸς τὸν Θεόν, καὶ Θεὸς ἦν ὁ Λόγος. 2 Οὗτος ἦν ἐν ἀρχῇ πρὸς τὸν Θεόν. 3 πάντα δι' αὐτοῦ ἐγένετο, καὶ χωρὶς αὐτοῦ ἐγένετο οὐδὲ ἕν ὃ γέγονεν. 4 ἐν αὐτῷ ζωὴ ἦν, καὶ ἡ ζωὴ ἦν τὸ φῶς τῶν ἀνθρώπων. 5 καὶ τὸ φῶς ἐν τῇ σκοτίᾳ φαίνει, καὶ ἡ σκοτία αὐτὸ οὐ κατέλαβεν.

The Witness of the Light

6 Ἐγένετο ἄνθρωπος, ἀπεσταλμένος παρὰ Θεοῦ, ὄνομα αὐτῷ Ἰωάνης· 7 οὗτος ἦλθεν εἰς μαρτυρίαν, ἵνα μαρτυρήσῃ περὶ τοῦ φωτός, ἵνα πάντες πιστεύσωσιν δι' αὐτοῦ. 8 οὐκ ἦν ἐκεῖνος τὸ φῶς, ἀλλ' ἵνα μαρτυρήσῃ περὶ τοῦ φωτός.

Receiving the True Light

9 Ἦν τὸ φῶς τὸ ἀληθινὸν, ὃ φωτίζει πάντα ἄνθρωπον, ἐρχόμενον εἰς τὸν κόσμον. 10 ἐν τῷ κόσμῳ ἦν, καὶ ὁ κόσμος δι' αὐτοῦ ἐγένετο, καὶ ὁ κόσμος αὐτὸν οὐκ ἔγνω. 11 εἰς τὰ ἴδια ἦλθεν, καὶ οἱ ἴδιοι αὐτὸν οὐ παρέλαβον. 12 ὅσοι δὲ ἔλαβον αὐτόν, ἔδωκεν αὐτοῖς ἐξουσίαν τέκνα Θεοῦ γενέσθαι, τοῖς πιστεύουσιν εἰς τὸ ὄνομα αὐτοῦ, 13 οἳ οὐκ ἐξ αἱμάτων οὐδὲ ἐκ θελήματος σαρκὸς οὐδὲ ἐκ θελήματος ἀνδρὸς ἀλλ' ἐκ Θεοῦ ἐγεννήθησαν.

The Incarnation

14 Καὶ ὁ Λόγος σὰρξ ἐγένετο καὶ ἐσκήνωσεν ἐν ἡμῖν, καὶ ἐθεασάμεθα τὴν δόξαν αὐτοῦ, δόξαν ὡς μονογενοῦς παρὰ Πατρός, πλήρης χάριτος καὶ ἀληθείας. 15 Ἰωάνης μαρτυρεῖ περὶ αὐτοῦ καὶ κέκραγεν λέγων Οὗτος ἦν ὃν εἶπον Ὁ ὀπίσω μου ἐρχόμενος ἔμπροσθέν μου γέγονεν, ὅτι πρῶτός μου ἦν. 16 [ὅτι] (καὶ) ἐκ τοῦ πληρώματος αὐτοῦ ἡμεῖς πάντες ἐλάβομεν, καὶ χάριν ἀντὶ χάριτος· 17 ὅτι ὁ νόμος διὰ Μωϋσέως ἐδόθη, ἡ χάρις καὶ ἡ ἀλήθεια διὰ Ἰησοῦ Χριστοῦ ἐγένετο. 18 Θεὸν οὐδεὶς ἑώρακεν πώποτε· (ὁ) μονογενὴς [Θεὸς] (Υἱὸς) ὁ ὢν εἰς τὸν κόλπον τοῦ Πατρὸς, ἐκεῖνος ἐξηγήσατο.

ΚΑΤΑ ΙΩΑΝΗΝ

John's Witness to the Priests and Levites

19 Καὶ αὕτη ἐστὶν ἡ μαρτυρία τοῦ Ἰωάνου ὅτε ἀπέστειλαν [πρὸς αὐτὸν] οἱ Ἰουδαῖοι ἐξ Ἱεροσολύμων ἱερεῖς καὶ Λευείτας ἵνα ἐρωτήσωσιν αὐτόν Σὺ τίς εἶ; 20 καὶ ὡμολόγησεν καὶ οὐκ ἠρνήσατο, καὶ ὡμολόγησεν ὅτι [Ἐγὼ] οὐκ εἰμὶ (Ἐγὼ) ὁ Χριστός. 21 καὶ ἠρώτησαν αὐτόν Τί οὖν; [σὺ] Ἠλείας εἶ (Σύ); καὶ λέγει Οὐκ εἰμί. Ὁ προφήτης εἶ σύ; καὶ ἀπεκρίθη Οὔ. 22 εἶπαν οὖν αὐτῷ Τίς εἶ; ἵνα ἀπόκρισιν δῶμεν τοῖς πέμψασιν ἡμᾶς· τί λέγεις περὶ σεαυτοῦ; 23 ἔφη Ἐγὼ φωνὴ βοῶντος ἐν τῇ ἐρήμῳ Εὐθύνατε τὴν ὁδὸν Κυρίου, καθὼς εἶπεν Ἠσαΐας ὁ προφήτης. 24 Καὶ ἀπεσταλμένοι ἦσαν ἐκ τῶν Φαρισαίων. 25 καὶ ἠρώτησαν αὐτὸν καὶ εἶπαν αὐτῷ Τί οὖν βαπτίζεις εἰ σὺ οὐκ εἶ ὁ Χριστὸς οὐδὲ Ἠλείας οὐδὲ ὁ προφήτης; 26 ἀπεκρίθη αὐτοῖς ὁ Ἰωάνης λέγων Ἐγὼ βαπτίζω ἐν ὕδατι· μέσος (δὲ) ὑμῶν στήκει ὃν ὑμεῖς οὐκ οἴδατε, 27 (αὐτός ἐστιν) ὁ ὀπίσω μου ἐρχόμενος (ὃς ἔμπροσθέν μου γέγονεν·) οὗ [οὐκ εἰμὶ ἐγὼ] (ἐγὼ οὐκ εἰμὶ) ἄξιος ἵνα λύσω αὐτοῦ τὸν ἱμάντα τοῦ ὑποδήματος. 28 Ταῦτα ἐν [Βηθανίᾳ] (Βηθαβαρᾶ) ἐγένετο πέραν τοῦ Ἰορδάνου, ὅπου ἦν [ὁ] Ἰωάνης βαπτίζων.

John Testifies at Jesus' Baptism

29 Τῇ ἐπαύριον βλέπει (ὁ Ἰωάννης) τὸν Ἰησοῦν ἐρχόμενον πρὸς αὐτόν, καὶ λέγει Ἴδε ὁ Ἀμνὸς τοῦ Θεοῦ ὁ αἴρων τὴν ἁμαρτίαν τοῦ κόσμου. 30 οὗτός ἐστιν [ὑπὲρ] (περὶ) οὗ ἐγὼ εἶπον Ὀπίσω μου ἔρχεται ἀνὴρ ὃς ἔμπροσθέν μου γέγονεν, ὅτι πρῶτός μου ἦν. 31 κἀγὼ οὐκ ᾔδειν αὐτόν, ἀλλ' ἵνα φανερωθῇ τῷ Ἰσραήλ, διὰ τοῦτο ἦλθον ἐγὼ ἐν (τῷ) ὕδατι βαπτίζων. 32 Καὶ ἐμαρτύρησεν Ἰωάνης λέγων ὅτι Τεθέαμαι τὸ Πνεῦμα καταβαῖνον [ὡς] (ὡσεὶ) περιστερὰν ἐξ οὐρανοῦ, καὶ ἔμεινεν ἐπ' αὐτόν. 33 κἀγὼ οὐκ ᾔδειν αὐτόν, ἀλλ' ὁ πέμψας με βαπτίζειν ἐν ὕδατι ἐκεῖνός μοι εἶπεν Ἐφ' ὃν ἂν ἴδῃς τὸ Πνεῦμα καταβαῖνον καὶ μένον ἐπ' αὐτόν, οὗτός ἐστιν ὁ βαπτίζων ἐν Πνεύματι Ἁγίῳ. 34 κἀγὼ ἑώρακα, καὶ μεμαρτύρηκα ὅτι οὗτός ἐστιν ὁ Υἱὸς τοῦ Θεοῦ
.

ΚΑΤΑ ΙΩΑΝΗΝ

Two of John's Disciples Follow Jesus

35 Τῇ ἐπαύριον πάλιν εἱστήκει ὁ Ἰωάνης καὶ ἐκ τῶν μαθητῶν αὐτοῦ δύο, 36 καὶ ἐμβλέψας τῷ Ἰησοῦ περιπατοῦντι λέγει Ἴδε ὁ Ἀμνὸς τοῦ Θεοῦ. 37 καὶ ἤκουσαν οἱ δύο μαθηταὶ αὐτοῦ λαλοῦντος καὶ ἠκολούθησαν τῷ Ἰησοῦ. 38 στραφεὶς δὲ ὁ Ἰησοῦς καὶ θεασάμενος αὐτοὺς ἀκολουθοῦντας λέγει αὐτοῖς Τί ζητεῖτε; οἱ δὲ εἶπαν αὐτῷ Ῥαββεί, (ὃ λέγεται μεθερμηνευόμενον Διδάσκαλε,) ποῦ μένεις; 39 λέγει αὐτοῖς Ἔρχεσθε καὶ [ὄψεσθε] (ἴδετε). ἦλθαν [οὖν] καὶ εἶδαν ποῦ μένει, καὶ παρ' αὐτῷ ἔμειναν τὴν ἡμέραν ἐκείνην· ὥρα (δέ) ἦν ὡς δεκάτη.

Andrew Brings Simon to Jesus

40 Ἦν Ἀνδρέας ὁ ἀδελφὸς Σίμωνος Πέτρου εἷς ἐκ τῶν δύο τῶν ἀκουσάντων παρὰ Ἰωάνου καὶ ἀκολουθησάντων αὐτῷ· 41 εὑρίσκει οὗτος [πρῶτον] (πρῶτος) τὸν ἀδελφὸν τὸν ἴδιον Σίμωνα καὶ λέγει αὐτῷ Εὑρήκαμεν τὸν Μεσσίαν (ὅ ἐστιν μεθερμηνευόμενον ὁ Χριστός). 42 (καὶ) ἤγαγεν αὐτὸν πρὸς τὸν Ἰησοῦν. ἐμβλέψας (δὲ) αὐτῷ ὁ Ἰησοῦς εἶπεν Σὺ εἶ Σίμων ὁ υἱὸς [Ἰωάνου] (Ἰωνᾶ)· σὺ κληθήσῃ Κηφᾶς (ὃ ἑρμηνεύεται Πέτρος).

Jesus Calls Philip and Nathanael

43 Τῇ ἐπαύριον ἠθέλησεν (ὁ Ἰησοῦς) ἐξελθεῖν εἰς τὴν Γαλιλαίαν. καὶ εὑρίσκει Φίλιππον. καὶ λέγει αὐτῷ [ὁ Ἰησοῦς] Ἀκολούθει μοι. 44 ἦν δὲ ὁ Φίλιππος ἀπὸ Βηθσαϊδά, ἐκ τῆς πόλεως Ἀνδρέου καὶ Πέτρου. 45 εὑρίσκει Φίλιππος τὸν Ναθαναὴλ καὶ λέγει αὐτῷ Ὃν ἔγραψεν Μωϋσῆς ἐν τῷ νόμῳ καὶ οἱ προφῆται εὑρήκαμεν, Ἰησοῦν (τὸν) υἱὸν τοῦ Ἰωσὴφ τὸν ἀπὸ Ναζαρέτ. 46 καὶ εἶπεν αὐτῷ Ναθαναήλ Ἐκ Ναζαρὲτ δύναταί τι ἀγαθὸν εἶναι; λέγει αὐτῷ ὁ Φίλιππος Ἔρχου καὶ ἴδε. 47 εἶδεν (ὁ) Ἰησοῦς τὸν Ναθαναὴλ ἐρχόμενον πρὸς αὐτὸν καὶ λέγει περὶ αὐτοῦ Ἴδε ἀληθῶς Ἰσραηλείτης, ἐν ᾧ δόλος οὐκ ἔστιν. 48 λέγει αὐτῷ Ναθαναήλ Πόθεν με γινώσκεις; ἀπεκρίθη Ἰησοῦς καὶ εἶπεν αὐτῷ Πρὸ τοῦ σε Φίλιππον φωνῆσαι ὄντα ὑπὸ τὴν συκῆν εἶδόν σε. 49 ἀπεκρίθη [αὐτῷ Ναθαναήλ] (Ναθαναὴλ καὶ λέγει αὐτῷ) Ῥαββεί, σὺ εἶ ὁ Υἱὸς τοῦ Θεοῦ, σὺ (εἶ) Βασιλεὺς [εἶ] τοῦ Ἰσραήλ. 50 ἀπεκρίθη Ἰησοῦς καὶ εἶπεν αὐτῷ Ὅτι εἶπόν σοι [ὅτι] εἶδόν σε ὑποκάτω τῆς συκῆς, πιστεύεις; μείζω τούτων ὄψῃ. 51 καὶ λέγει αὐτῷ Ἀμὴν ἀμὴν λέγω ὑμῖν (ἀπ' ἄρτι), ὄψεσθε τὸν οὐρανὸν ἀνεῳγότα καὶ τοὺς ἀγγέλους τοῦ Θεοῦ ἀναβαίνοντας καὶ καταβαίνοντας ἐπὶ τὸν Υἱὸν τοῦ ἀνθρώπου.

ΚΑΤΑ ΙΩΑΝΗΝ

John 2

Jesus Changes Water into Wine

1 Καὶ τῇ ἡμέρᾳ τῇ τρίτῃ γάμος ἐγένετο ἐν Κανὰ τῆς Γαλιλαίας, καὶ ἦν ἡ μήτηρ τοῦ Ἰησοῦ ἐκεῖ· 2 ἐκλήθη δὲ καὶ ὁ Ἰησοῦς καὶ οἱ μαθηταὶ αὐτοῦ εἰς τὸν γάμον. 3 καὶ ὑστερήσαντος οἴνου λέγει ἡ μήτηρ τοῦ Ἰησοῦ πρὸς αὐτόν Οἶνον οὐκ ἔχουσιν. 4 [καὶ] λέγει αὐτῇ ὁ Ἰησοῦς Τί ἐμοὶ καὶ σοί, γύναι; οὔπω ἥκει ἡ ὥρα μου. 5 λέγει ἡ μήτηρ αὐτοῦ τοῖς διακόνοις Ὅ τι ἂν λέγῃ ὑμῖν, ποιήσατε. 6 ἦσαν δὲ ἐκεῖ [λίθιναι ὑδρίαι] (ὑδρίαι λίθιναι) ἓξ (κείμεναι) κατὰ τὸν καθαρισμὸν τῶν Ἰουδαίων [κείμεναι], χωροῦσαι ἀνὰ μετρητὰς δύο ἢ τρεῖς. 7 λέγει αὐτοῖς ὁ Ἰησοῦς Γεμίσατε τὰς ὑδρίας ὕδατος. καὶ ἐγέμισαν αὐτὰς ἕως ἄνω. 8 καὶ λέγει αὐτοῖς Ἀντλήσατε νῦν καὶ φέρετε τῷ ἀρχιτρικλίνῳ. [οἱ δὲ] (καὶ) ἤνεγκαν. 9 ὡς δὲ ἐγεύσατο ὁ ἀρχιτρίκλινος τὸ ὕδωρ οἶνον γεγενημένον, καὶ οὐκ ᾔδει πόθεν ἐστίν, οἱ δὲ διάκονοι ᾔδεισαν οἱ ἠντληκότες τὸ ὕδωρ, φωνεῖ τὸν νυμφίον ὁ ἀρχιτρίκλινος 10 καὶ λέγει αὐτῷ Πᾶς ἄνθρωπος πρῶτον τὸν καλὸν οἶνον τίθησιν, καὶ ὅταν μεθυσθῶσιν (τότε) τὸν ἐλάσσω· σὺ τετήρηκας τὸν καλὸν οἶνον ἕως ἄρτι. 11 Ταύτην ἐποίησεν ἀρχὴν τῶν σημείων ὁ Ἰησοῦς ἐν Κανὰ τῆς Γαλιλαίας καὶ ἐφανέρωσεν τὴν δόξαν αὐτοῦ, καὶ ἐπίστευσαν εἰς αὐτὸν οἱ μαθηταὶ αὐτοῦ.

Jesus Cleanses the Temple

12 Μετὰ τοῦτο κατέβη εἰς Καφαρναοὺμ αὐτὸς καὶ ἡ μήτηρ αὐτοῦ καὶ οἱ ἀδελφοὶ (αὐτοῦ) καὶ οἱ μαθηταὶ αὐτοῦ, καὶ ἐκεῖ ἔμειναν οὐ πολλὰς ἡμέρας.

13 Καὶ ἐγγὺς ἦν τὸ πάσχα τῶν Ἰουδαίων, καὶ ἀνέβη εἰς Ἱεροσόλυμα ὁ Ἰησοῦς. 14 καὶ εὗρεν ἐν τῷ ἱερῷ τοὺς πωλοῦντας βόας καὶ πρόβατα καὶ περιστερὰς καὶ τοὺς κερματιστὰς καθημένους, 15 καὶ ποιήσας φραγέλλιον ἐκ σχοινίων πάντας ἐξέβαλεν ἐκ τοῦ ἱεροῦ τά τε πρόβατα καὶ τοὺς βόας, καὶ τῶν κολλυβιστῶν ἐξέχεεν τὰ κέρματα καὶ τὰς τραπέζας ἀνέτρεψεν, 16 καὶ τοῖς τὰς περιστερὰς πωλοῦσιν εἶπεν Ἄρατε ταῦτα ἐντεῦθεν, μὴ ποιεῖτε τὸν οἶκον τοῦ Πατρός μου οἶκον ἐμπορίου. 17 ἐμνήσθησαν (δὲ) οἱ μαθηταὶ αὐτοῦ ὅτι γεγραμμένον ἐστίν Ὁ ζῆλος τοῦ οἴκου σου καταφάγεταί με. 18 ἀπεκρίθησαν οὖν οἱ Ἰουδαῖοι καὶ εἶπαν αὐτῷ Τί σημεῖον δεικνύεις ἡμῖν, ὅτι ταῦτα ποιεῖς; 19 ἀπεκρίθη Ἰησοῦς καὶ εἶπεν αὐτοῖς Λύσατε τὸν ναὸν τοῦτον, καὶ ἐν τρισὶν ἡμέραις ἐγερῶ αὐτόν.

ΚΑΤΑ ΙΩΑΝΗΝ

20 εἶπαν οὖν οἱ Ἰουδαῖοι Τεσσεράκοντα καὶ ἓξ ἔτεσιν οἰκοδομήθη ὁ ναὸς οὗτος, καὶ σὺ ἐν τρισὶν ἡμέραις ἐγερεῖς αὐτόν; 21 ἐκεῖνος δὲ ἔλεγεν περὶ τοῦ ναοῦ τοῦ σώματος αὐτοῦ. 22 ὅτε οὖν ἠγέρθη ἐκ νεκρῶν, ἐμνήσθησαν οἱ μαθηταὶ αὐτοῦ ὅτι τοῦτο ἔλεγεν (αὐτοῖς)· καὶ ἐπίστευσαν τῇ γραφῇ καὶ τῷ λόγῳ [ὂν] (ᾧ) εἶπεν ὁ Ἰησοῦς.

Jesus Knows the Human Heart

23 Ὡς δὲ ἦν ἐν [τοῖς] Ἱεροσολύμοις ἐν τῷ πάσχα ἐν τῇ ἑορτῇ, πολλοὶ ἐπίστευσαν εἰς τὸ ὄνομα αὐτοῦ, θεωροῦντες αὐτοῦ τὰ σημεῖα ἃ ἐποίει· 24 αὐτὸς δὲ Ἰησοῦς οὐκ ἐπίστευεν αὐτὸν αὐτοῖς διὰ τὸ αὐτὸν γινώσκειν πάντας, 25 καὶ ὅτι οὐ χρείαν εἶχεν ἵνα τις μαρτυρήσῃ περὶ τοῦ ἀνθρώπου· αὐτὸς γὰρ ἐγίνωσκεν τί ἦν ἐν τῷ ἀνθρώπῳ.

John 3

Nicodemus Questions Jesus

1 Ἦν δὲ ἄνθρωπος ἐκ τῶν Φαρισαίων, Νικόδημος ὄνομα αὐτῷ, ἄρχων τῶν Ἰουδαίων· 2 οὗτος ἦλθεν πρὸς [αὐτὸν] (τὸν Ἰησοῦν) νυκτὸς καὶ εἶπεν αὐτῷ Ῥαββεί, οἴδαμεν ὅτι ἀπὸ Θεοῦ ἐλήλυθας διδάσκαλος· οὐδεὶς γὰρ [δύναται ταῦτα τὰ σημεῖα] (ταῦτα τὰ σημεῖα δύναται) ποιεῖν ἃ σὺ ποιεῖς, ἐὰν μὴ ᾖ ὁ Θεὸς μετ' αὐτοῦ. 3 ἀπεκρίθη Ἰησοῦς καὶ εἶπεν αὐτῷ Ἀμὴν ἀμὴν λέγω σοι, ἐὰν μή τις γεννηθῇ ἄνωθεν, οὐ δύναται ἰδεῖν τὴν βασιλείαν τοῦ Θεοῦ. 4 λέγει πρὸς αὐτὸν ὁ Νικόδημος Πῶς δύναται ἄνθρωπος γεννηθῆναι γέρων ὤν; μὴ δύναται εἰς τὴν κοιλίαν τῆς μητρὸς αὐτοῦ δεύτερον εἰσελθεῖν καὶ γεννηθῆναι; 5 ἀπεκρίθη (ὁ) Ἰησοῦς Ἀμὴν ἀμὴν λέγω σοι, ἐὰν μή τις γεννηθῇ ἐξ ὕδατος καὶ Πνεύματος, οὐ δύναται εἰσελθεῖν εἰς τὴν βασιλείαν τοῦ Θεοῦ. 6 τὸ γεγεννημένον ἐκ τῆς σαρκὸς σάρξ ἐστιν, καὶ τὸ γεγεννημένον ἐκ τοῦ Πνεύματος πνεῦμά ἐστιν. 7 μὴ θαυμάσῃς ὅτι εἶπόν σοι Δεῖ ὑμᾶς γεννηθῆναι ἄνωθεν. 8 τὸ πνεῦμα ὅπου θέλει πνεῖ, καὶ τὴν φωνὴν αὐτοῦ ἀκούεις, ἀλλ' οὐκ οἶδας πόθεν ἔρχεται καὶ ποῦ ὑπάγει· οὕτως ἐστὶν πᾶς ὁ γεγεννημένος ἐκ τοῦ Πνεύματος. 9 ἀπεκρίθη Νικόδημος καὶ εἶπεν αὐτῷ Πῶς δύναται ταῦτα γενέσθαι; 10 ἀπεκρίθη Ἰησοῦς καὶ εἶπεν αὐτῷ Σὺ εἶ ὁ διδάσκαλος τοῦ Ἰσραὴλ καὶ ταῦτα οὐ γινώσκεις; 11 ἀμὴν ἀμὴν λέγω σοι ὅτι ὃ οἴδαμεν λαλοῦμεν καὶ ὃ ἑωράκαμεν μαρτυροῦμεν, καὶ τὴν μαρτυρίαν ἡμῶν οὐ λαμβάνετε. 12 εἰ τὰ ἐπίγεια εἶπον ὑμῖν καὶ οὐ πιστεύετε, πῶς ἐὰν εἴπω ὑμῖν τὰ ἐπουράνια πιστεύσετε; 13 καὶ οὐδεὶς ἀναβέβηκεν εἰς τὸν οὐρανὸν εἰ μὴ ὁ ἐκ τοῦ οὐρανοῦ καταβάς, ὁ Υἱὸς τοῦ ἀνθρώπου (ὁ ὢν ἐν τῷ οὐρανῷ).

14 καὶ καθὼς Μωϋσῆς ὕψωσεν τὸν ὄφιν ἐν τῇ ἐρήμῳ, οὕτως ὑψωθῆναι δεῖ τὸν Υἱὸν τοῦ ἀνθρώπου, 15 ἵνα πᾶς ὁ πιστεύων [ἐν αὐτῷ] (εἰς αὐτὸν μὴ ἀπόληται, ἀλλ') ἔχῃ ζωὴν αἰώνιον. 16 Οὕτως γὰρ ἠγάπησεν ὁ Θεὸς τὸν κόσμον, ὥστε τὸν Υἱὸν (αὐτοῦ) τὸν μονογενῆ ἔδωκεν, ἵνα πᾶς ὁ πιστεύων εἰς αὐτὸν μὴ ἀπόληται ἀλλ' ἔχῃ ζωὴν αἰώνιον. 17 οὐ γὰρ ἀπέστειλεν ὁ Θεὸς τὸν Υἱὸν (αὐτοῦ) εἰς τὸν κόσμον ἵνα κρίνῃ τὸν κόσμον, ἀλλ' ἵνα σωθῇ ὁ κόσμος δι' αὐτοῦ. 18 ὁ πιστεύων εἰς αὐτὸν οὐ κρίνεται· ὁ (δὲ) μὴ πιστεύων ἤδη κέκριται, ὅτι μὴ πεπίστευκεν εἰς τὸ ὄνομα τοῦ μονογενοῦς Υἱοῦ τοῦ Θεοῦ. 19 αὕτη δέ ἐστιν ἡ κρίσις, ὅτι τὸ φῶς ἐλήλυθεν εἰς τὸν κόσμον καὶ ἠγάπησαν οἱ ἄνθρωποι μᾶλλον τὸ σκότος ἢ τὸ φῶς· ἦν γὰρ αὐτῶν πονηρὰ τὰ ἔργα. 20 πᾶς γὰρ ὁ φαῦλα πράσσων μισεῖ τὸ φῶς καὶ οὐκ ἔρχεται πρὸς τὸ φῶς, ἵνα μὴ ἐλεγχθῇ τὰ ἔργα αὐτοῦ· 21 ὁ δὲ ποιῶν τὴν ἀλήθειαν ἔρχεται πρὸς τὸ φῶς, ἵνα φανερωθῇ αὐτοῦ τὰ ἔργα ὅτι ἐν Θεῷ ἐστιν εἰργασμένα.

John the Baptist Exalts Jesus

22 Μετὰ ταῦτα ἦλθεν ὁ Ἰησοῦς καὶ οἱ μαθηταὶ αὐτοῦ εἰς τὴν Ἰουδαίαν γῆν, καὶ ἐκεῖ διέτριβεν μετ' αὐτῶν καὶ ἐβάπτιζεν. 23 ἦν δὲ καὶ Ἰωάνης βαπτίζων ἐν Αἰνὼν ἐγγὺς τοῦ Σαλείμ, ὅτι ὕδατα πολλὰ ἦν ἐκεῖ, καὶ παρεγίνοντο καὶ ἐβαπτίζοντο· 24 οὔπω γὰρ ἦν βεβλημένος εἰς τὴν φυλακὴν Ἰωάνης. 25 Ἐγένετο οὖν ζήτησις ἐκ τῶν μαθητῶν Ἰωάνου μετὰ Ἰουδαίου περὶ καθαρισμοῦ. 26 καὶ ἦλθον πρὸς τὸν Ἰωάνην καὶ εἶπαν αὐτῷ Ῥαββεί, ὃς ἦν μετὰ σοῦ πέραν τοῦ Ἰορδάνου, ᾧ σὺ μεμαρτύρηκας, ἴδε οὗτος βαπτίζει καὶ πάντες ἔρχονται πρὸς αὐτόν. 27 ἀπεκρίθη Ἰωάνης καὶ εἶπεν Οὐ δύναται ἄνθρωπος λαμβάνειν οὐδὲν ἐὰν μὴ ᾖ δεδομένον αὐτῷ ἐκ τοῦ οὐρανοῦ. 28 αὐτοὶ ὑμεῖς μοι μαρτυρεῖτε ὅτι εἶπον Οὐκ εἰμὶ ἐγὼ ὁ Χριστός, ἀλλ' ὅτι Ἀπεσταλμένος εἰμὶ ἔμπροσθεν ἐκείνου. 29 Ὁ ἔχων τὴν νύμφην νυμφίος ἐστίν· ὁ δὲ φίλος τοῦ νυμφίου ὁ ἑστηκὼς καὶ ἀκούων αὐτοῦ, χαρᾷ χαίρει διὰ τὴν φωνὴν τοῦ νυμφίου. αὕτη οὖν ἡ χαρὰ ἡ ἐμὴ πεπλήρωται. 30 ἐκεῖνον δεῖ αὐξάνειν, ἐμὲ δὲ ἐλαττοῦσθαι. 31 Ὁ ἄνωθεν ἐρχόμενος ἐπάνω πάντων ἐστίν· ὁ ὢν ἐκ τῆς γῆς ἐκ τῆς γῆς ἐστιν καὶ ἐκ τῆς γῆς λαλεῖ. ὁ ἐκ τοῦ οὐρανοῦ ἐρχόμενος ἐπάνω πάντων ἐστίν· 32 (καὶ) ὃ ἑώρακεν καὶ ἤκουσεν, τοῦτο μαρτυρεῖ, καὶ τὴν μαρτυρίαν αὐτοῦ οὐδεὶς λαμβάνει. 33 ὁ λαβὼν αὐτοῦ τὴν μαρτυρίαν ἐσφράγισεν ὅτι ὁ Θεὸς ἀληθής ἐστιν. 34 ὃν γὰρ ἀπέστειλεν ὁ Θεὸς τὰ ῥήματα τοῦ Θεοῦ λαλεῖ· οὐ γὰρ ἐκ μέτρου δίδωσιν (ὁ Θεὸς) τὸ Πνεῦμα.

35 ὁ Πατὴρ ἀγαπᾷ τὸν Υἱόν, καὶ πάντα δέδωκεν ἐν τῇ χειρὶ αὐτοῦ. 36 ὁ πιστεύων εἰς τὸν Υἱὸν ἔχει ζωὴν αἰώνιον· ὁ δὲ ἀπειθῶν τῷ Υἱῷ οὐκ ὄψεται ζωήν, ἀλλ' ἡ ὀργὴ τοῦ Θεοῦ μένει ἐπ' αὐτόν.

John 4

The Samaritan Woman at the Well

1 Ὡς οὖν ἔγνω ὁ Κύριος ὅτι ἤκουσαν οἱ Φαρισαῖοι ὅτι Ἰησοῦς πλείονας μαθητὰς ποιεῖ καὶ βαπτίζει ἢ Ἰωάνης, 2 —καίτοιγε Ἰησοῦς αὐτὸς οὐκ ἐβάπτιζεν ἀλλ' οἱ μαθηταὶ αὐτοῦ,— 3 ἀφῆκεν τὴν Ἰουδαίαν καὶ ἀπῆλθεν πάλιν εἰς τὴν Γαλιλαίαν. 4 Ἔδει δὲ αὐτὸν διέρχεσθαι διὰ τῆς Σαμαρίας. 5 ἔρχεται οὖν εἰς πόλιν τῆς Σαμαρίας λεγομένην Συχὰρ, πλησίον τοῦ χωρίου ὃ ἔδωκεν Ἰακὼβ Ἰωσὴφ τῷ υἱῷ αὐτοῦ· 6 ἦν δὲ ἐκεῖ πηγὴ τοῦ Ἰακώβ. ὁ οὖν Ἰησοῦς κεκοπιακὼς ἐκ τῆς ὁδοιπορίας ἐκαθέζετο οὕτως ἐπὶ τῇ πηγῇ· ὥρα ἦν ὡς ἕκτη. 7 ἔρχεται γυνὴ ἐκ τῆς Σαμαρίας ἀντλῆσαι ὕδωρ. λέγει αὐτῇ ὁ Ἰησοῦς Δός μοι πεῖν. 8 οἱ γὰρ μαθηταὶ αὐτοῦ ἀπεληλύθεισαν εἰς τὴν πόλιν, ἵνα τροφὰς ἀγοράσωσιν. 9 λέγει οὖν αὐτῷ ἡ γυνὴ ἡ Σαμαρεῖτις Πῶς σὺ Ἰουδαῖος ὢν παρ' ἐμοῦ πεῖν αἰτεῖς (οὔσης) γυναικὸς Σαμαρείτιδος [οὔσης]; οὐ γὰρ συνχρῶνται Ἰουδαῖοι Σαμαρείταις. 10 ἀπεκρίθη Ἰησοῦς καὶ εἶπεν αὐτῇ Εἰ ᾔδεις τὴν δωρεὰν τοῦ Θεοῦ, καὶ τίς ἐστιν ὁ λέγων σοι Δός μοι πεῖν, σὺ ἂν ᾔτησας αὐτὸν καὶ ἔδωκεν ἄν σοι ὕδωρ ζῶν. 11 λέγει αὐτῷ (ἡ γυνή) Κύριε, οὔτε ἄντλημα ἔχεις καὶ τὸ φρέαρ ἐστὶν βαθύ· πόθεν οὖν ἔχεις τὸ ὕδωρ τὸ ζῶν; 12 μὴ σὺ μείζων εἶ τοῦ πατρὸς ἡμῶν Ἰακώβ, ὃς ἔδωκεν ἡμῖν τὸ φρέαρ, καὶ αὐτὸς ἐξ αὐτοῦ ἔπιεν καὶ οἱ υἱοὶ αὐτοῦ καὶ τὰ θρέμματα αὐτοῦ; 13 ἀπεκρίθη Ἰησοῦς καὶ εἶπεν αὐτῇ Πᾶς ὁ πίνων ἐκ τοῦ ὕδατος τούτου διψήσει πάλιν· 14 ὃς δ' ἂν πίῃ ἐκ τοῦ ὕδατος οὗ ἐγὼ δώσω αὐτῷ, οὐ μὴ διψήσει εἰς τὸν αἰῶνα, ἀλλὰ τὸ ὕδωρ ὃ δώσω αὐτῷ γενήσεται ἐν αὐτῷ πηγὴ ὕδατος ἁλλομένου εἰς ζωὴν αἰώνιον. 15 λέγει πρὸς αὐτὸν ἡ γυνή Κύριε, δός μοι τοῦτο τὸ ὕδωρ, ἵνα μὴ διψῶ μηδὲ διέρχωμαι ἐνθάδε ἀντλεῖν. 16 λέγει αὐτῇ (ὁ Ἰησοῦς) Ὕπαγε φώνησον τὸν ἄνδρα σου καὶ ἐλθὲ ἐνθάδε. 17 ἀπεκρίθη ἡ γυνὴ καὶ εἶπεν Οὐκ ἔχω ἄνδρα. λέγει αὐτῇ ὁ Ἰησοῦς Καλῶς εἶπες ὅτι Ἄνδρα οὐκ ἔχω· 18 πέντε γὰρ ἄνδρας ἔσχες, καὶ νῦν ὃν ἔχεις οὐκ ἔστιν σου ἀνήρ· τοῦτο ἀληθὲς εἴρηκας. 19 λέγει αὐτῷ ἡ γυνή Κύριε, θεωρῶ ὅτι προφήτης εἶ σύ. 20 οἱ πατέρες ἡμῶν ἐν (τούτῳ) τῷ ὄρει [τούτῳ] προσεκύνησαν· καὶ ὑμεῖς λέγετε ὅτι ἐν Ἱεροσολύμοις ἐστὶν ὁ τόπος ὅπου (δεῖ) προσκυνεῖν [δεῖ]. 21 λέγει αὐτῇ ὁ Ἰησοῦς (γύναι) Πίστευέ μοι, [γύναι], ὅτι ἔρχεται ὥρα ὅτε οὔτε ἐν τῷ ὄρει τούτῳ οὔτε ἐν Ἱεροσολύμοις προσκυνήσετε τῷ Πατρί.

ΚΑΤΑ ΙΩΑΝΗΝ

22 ὑμεῖς προσκυνεῖτε ὃ οὐκ οἴδατε, ἡμεῖς προσκυνοῦμεν ὃ οἴδαμεν, ὅτι ἡ σωτηρία ἐκ τῶν Ἰουδαίων ἐστίν· 23 ἀλλὰ ἔρχεται ὥρα καὶ νῦν ἐστιν, ὅτε οἱ ἀληθινοὶ προσκυνηταὶ προσκυνήσουσιν τῷ Πατρὶ ἐν πνεύματι καὶ ἀληθείᾳ· καὶ γὰρ ὁ Πατὴρ τοιούτους ζητεῖ τοὺς προσκυνοῦντας αὐτόν· 24 Πνεῦμα ὁ Θεός, καὶ τοὺς προσκυνοῦντας (αὐτὸν) ἐν πνεύματι καὶ ἀληθείᾳ δεῖ προσκυνεῖν. 25 λέγει αὐτῷ ἡ γυνή Οἶδα ὅτι Μεσσίας ἔρχεται, ὁ λεγόμενος Χριστός· ὅταν ἔλθῃ ἐκεῖνος, ἀναγγελεῖ ἡμῖν ἅπαντα. 26 λέγει αὐτῇ ὁ Ἰησοῦς Ἐγώ εἰμι, ὁ λαλῶν σοι. 27 Καὶ ἐπὶ τούτῳ ἦλθαν οἱ μαθηταὶ αὐτοῦ, καὶ ἐθαύμαζον ὅτι μετὰ γυναικὸς ἐλάλει· οὐδεὶς μέντοι εἶπεν Τί ζητεῖς ἢ τί λαλεῖς μετ᾽ αὐτῆς; 28 ἀφῆκεν οὖν τὴν ὑδρίαν αὐτῆς ἡ γυνὴ καὶ ἀπῆλθεν εἰς τὴν πόλιν, καὶ λέγει τοῖς ἀνθρώποις 29 Δεῦτε ἴδετε ἄνθρωπον ὃς εἶπέν μοι πάντα ἃ ἐποίησα· μήτι οὗτός ἐστιν ὁ Χριστός; 30 ἐξῆλθον ἐκ τῆς πόλεως καὶ ἤρχοντο πρὸς αὐτόν.

A Lesson on the Harvest of Souls

31 Ἐν (δὲ) τῷ μεταξὺ ἠρώτων αὐτὸν οἱ μαθηταὶ λέγοντες Ῥαββεί, φάγε. 32 ὁ δὲ εἶπεν αὐτοῖς Ἐγὼ βρῶσιν ἔχω φαγεῖν ἣν ὑμεῖς οὐκ οἴδατε. 33 ἔλεγον οὖν οἱ μαθηταὶ πρὸς ἀλλήλους Μή τις ἤνεγκεν αὐτῷ φαγεῖν; 34 λέγει αὐτοῖς ὁ Ἰησοῦς Ἐμὸν βρῶμά ἐστιν ἵνα ποιῶ τὸ θέλημα τοῦ πέμψαντός με καὶ τελειώσω αὐτοῦ τὸ ἔργον. 35 οὐχ ὑμεῖς λέγετε ὅτι Ἔτι τετράμηνός ἐστιν καὶ ὁ θερισμὸς ἔρχεται; ἰδοὺ λέγω ὑμῖν, ἐπάρατε τοὺς ὀφθαλμοὺς ὑμῶν καὶ θεάσασθε τὰς χώρας, ὅτι λευκαί εἰσιν πρὸς θερισμόν. ἤδη 36 (καὶ) ὁ θερίζων μισθὸν λαμβάνει καὶ συνάγει καρπὸν εἰς ζωὴν αἰώνιον, ἵνα ὁ σπείρων ὁμοῦ χαίρῃ καὶ ὁ θερίζων. 37 ἐν γὰρ τούτῳ ὁ λόγος ἐστὶν ἀληθινὸς ὅτι ἄλλος ἐστὶν ὁ σπείρων καὶ ἄλλος ὁ θερίζων. 38 ἐγὼ ἀπέστειλα ὑμᾶς θερίζειν ὃ οὐχ ὑμεῖς κεκοπιάκατε· ἄλλοι κεκοπιάκασιν, καὶ ὑμεῖς εἰς τὸν κόπον αὐτῶν εἰσεληλύθατε.

Many Samaritans Believe in Jesus

39 Ἐκ δὲ τῆς πόλεως ἐκείνης πολλοὶ ἐπίστευσαν εἰς αὐτὸν τῶν Σαμαρειτῶν διὰ τὸν λόγον τῆς γυναικὸς μαρτυρούσης ὅτι Εἶπέν μοι πάντα ἃ ἐποίησα. 40 ὡς οὖν ἦλθον πρὸς αὐτὸν οἱ Σαμαρεῖται, ἠρώτων αὐτὸν μεῖναι παρ᾽ αὐτοῖς· καὶ ἔμεινεν ἐκεῖ δύο ἡμέρας. 41 καὶ πολλῷ πλείους ἐπίστευσαν διὰ τὸν λόγον αὐτοῦ, 42 τῇ τε γυναικὶ ἔλεγον ὅτι Οὐκέτι διὰ τὴν σὴν λαλιὰν πιστεύομεν· αὐτοὶ γὰρ ἀκηκόαμεν, καὶ οἴδαμεν ὅτι οὗτός ἐστιν ἀληθῶς ὁ Σωτὴρ τοῦ κόσμου (ὁ Χριστός).

ΚΑΤΑ ΙΩΑΝΗΝ

Jesus is Received in Galilee

43 Μετὰ δὲ τὰς δύο ἡμέρας ἐξῆλθεν ἐκεῖθεν (καὶ ἀπῆλθεν) εἰς τὴν Γαλιλαίαν. 44 αὐτὸς γὰρ Ἰησοῦς ἐμαρτύρησεν ὅτι προφήτης ἐν τῇ ἰδίᾳ πατρίδι τιμὴν οὐκ ἔχει. 45 ὅτε οὖν ἦλθεν εἰς τὴν Γαλιλαίαν, ἐδέξαντο αὐτὸν οἱ Γαλιλαῖοι, πάντα ἑωρακότες [ὅσα] (ἃ) ἐποίησεν ἐν Ἱεροσολύμοις ἐν τῇ ἑορτῇ· καὶ αὐτοὶ γὰρ ἦλθον εἰς τὴν ἑορτήν.

Jesus Heals a Nobleman's Son

46 Ἦλθεν οὖν (ὁ Ἰησοῦς) πάλιν εἰς τὴν Κανὰ τῆς Γαλιλαίας, ὅπου ἐποίησεν τὸ ὕδωρ οἶνον. Καὶ ἦν τις βασιλικὸς οὗ ὁ υἱὸς ἠσθένει ἐν Καφαρναούμ· 47 οὗτος ἀκούσας ὅτι Ἰησοῦς ἥκει ἐκ τῆς Ἰουδαίας εἰς τὴν Γαλιλαίαν, ἀπῆλθεν πρὸς αὐτὸν καὶ ἠρώτα (αὐτὸν) ἵνα καταβῇ καὶ ἰάσηται αὐτοῦ τὸν υἱόν· ἤμελλεν γὰρ ἀποθνήσκειν. 48 εἶπεν οὖν ὁ Ἰησοῦς πρὸς αὐτόν Ἐὰν μὴ σημεῖα καὶ τέρατα ἴδητε, οὐ μὴ πιστεύσητε. 49 λέγει πρὸς αὐτὸν ὁ βασιλικός Κύριε, κατάβηθι πρὶν ἀποθανεῖν τὸ παιδίον μου. 50 λέγει αὐτῷ ὁ Ἰησοῦς Πορεύου· ὁ υἱός σου ζῇ. (καὶ) ἐπίστευσεν ὁ ἄνθρωπος τῷ λόγῳ [ὃν] (ᾧ) εἶπεν αὐτῷ ὁ Ἰησοῦς, καὶ ἐπορεύετο. 51 ἤδη δὲ αὐτοῦ καταβαίνοντος οἱ δοῦλοι (αὐτοῦ) ὑπήντησαν αὐτῷ (καὶ ἀπήγγειλαν) λέγοντες ὅτι ὁ παῖς [αὐτοῦ] (σου) ζῇ. 52 ἐπύθετο οὖν [τὴν ὥραν παρ' αὐτῶν] (παρ' αὐτῶν τὴν ὥραν) ἐν ᾗ κομψότερον ἔσχεν· (καὶ) εἶπαν [οὖν] αὐτῷ ὅτι [Ἐχθὲς] (Χθὲς) ὥραν ἑβδόμην ἀφῆκεν αὐτὸν ὁ πυρετός. 53 ἔγνω οὖν ὁ πατὴρ ὅτι (ἐν) ἐκείνῃ τῇ ὥρᾳ ἐν ᾗ εἶπεν αὐτῷ ὁ Ἰησοῦς (ὅτι) Ὁ υἱός σου ζῇ· καὶ ἐπίστευσεν αὐτὸς καὶ ἡ οἰκία αὐτοῦ ὅλη. 54 Τοῦτο [δὲ] πάλιν δεύτερον σημεῖον ἐποίησεν ὁ Ἰησοῦς ἐλθὼν ἐκ τῆς Ἰουδαίας εἰς τὴν Γαλιλαίαν.

John 5

The Lame Man at the Pool of Bethesda

1 Μετὰ ταῦτα ἦν ἑορτὴ τῶν Ἰουδαίων, καὶ ἀνέβη Ἰησοῦς εἰς Ἱεροσόλυμα. 2 Ἔστιν δὲ ἐν τοῖς Ἱεροσολύμοις ἐπὶ τῇ προβατικῇ κολυμβήθρα, ἡ ἐπιλεγομένη Ἑβραϊστὶ [Βηθζαθά] (Βηθεσδά), πέντε στοὰς ἔχουσα. 3 ἐν ταύταις κατέκειτο πλῆθος (πολὺ) τῶν ἀσθενούντων, τυφλῶν, χωλῶν, ξηρῶν, [*(ἐκδεχομένων τὴν τοῦ ὕδατος κίνησιν. 4 ἄγγελος γὰρ κατὰ καιρὸν κατέβαινεν ἐν τῇ κολυμβήθρᾳ καὶ ἐτάρασσε τὸ ὕδωρ· ὁ οὖν πρῶτος ἐμβὰς μετὰ τὴν ταραχὴν τοῦ ὕδατος ὑγιὴς ἐγίνετο, ᾧ δήποτε κατείχετο νοσήματι)*]. 5 ἦν δέ τις ἄνθρωπος ἐκεῖ τριάκοντα καὶ ὀκτὼ ἔτη ἔχων ἐν τῇ ἀσθενείᾳ [αὐτοῦ]·

ΚΑΤΑ ΙΩΑΝΗΝ

6 τοῦτον ἰδὼν ὁ Ἰησοῦς κατακείμενον, καὶ γνοὺς ὅτι πολὺν ἤδη χρόνον ἔχει, λέγει αὐτῷ Θέλεις ὑγιὴς γενέσθαι; 7 ἀπεκρίθη αὐτῷ ὁ ἀσθενῶν Κύριε, ἄνθρωπον οὐκ ἔχω, ἵνα ὅταν ταραχθῇ τὸ ὕδωρ βάλῃ με εἰς τὴν κολυμβήθραν· ἐν ᾧ δὲ ἔρχομαι ἐγὼ, ἄλλος πρὸ ἐμοῦ καταβαίνει. 8 λέγει αὐτῷ ὁ Ἰησοῦς Ἔγειρε ἆρον τὸν κράβαττόν σου καὶ περιπάτει. 9 καὶ εὐθέως ἐγένετο ὑγιὴς ὁ ἄνθρωπος, καὶ ἦρεν τὸν κράβαττον αὐτοῦ καὶ περιεπάτει. Ἦν δὲ σάββατον ἐν ἐκείνῃ τῇ ἡμέρᾳ.

Jesus Heals on the Sabbath

10 ἔλεγον οὖν οἱ Ἰουδαῖοι τῷ τεθεραπευμένῳ Σάββατόν ἐστιν, [καὶ] οὐκ ἔξεστίν σοι ἆραι τὸν κράβαττον. 11 [ὃς δὲ] ἀπεκρίθη αὐτοῖς Ὁ ποιήσας με ὑγιῆ, ἐκεῖνός μοι εἶπεν Ἆρον τὸν κράβαττόν σου καὶ περιπάτει. 12 ἠρώτησαν (οὖν) αὐτόν Τίς ἐστιν ὁ ἄνθρωπος ὁ εἰπών σοι Ἆρον (τὸν κράββατον σου) καὶ περιπάτει; 13 ὁ δὲ ἰαθεὶς οὐκ ᾔδει τίς ἐστιν· ὁ γὰρ Ἰησοῦς ἐξένευσεν ὄχλου ὄντος ἐν τῷ τόπῳ. 14 Μετὰ ταῦτα εὑρίσκει αὐτὸν ὁ Ἰησοῦς ἐν τῷ ἱερῷ καὶ εἶπεν αὐτῷ Ἴδε ὑγιὴς γέγονας· μηκέτι ἁμάρτανε, ἵνα μὴ χεῖρόν [σοί τι] (τι σοί) γένηται. 15 ἀπῆλθεν ὁ ἄνθρωπος καὶ [εἶπεν] (ἀνήγγειλεν) τοῖς Ἰουδαίοις ὅτι Ἰησοῦς ἐστιν ὁ ποιήσας αὐτὸν ὑγιῆ. 16 καὶ διὰ τοῦτο ἐδίωκον [οἱ Ἰουδαῖοι τὸν Ἰησοῦν] (τὸν Ἰησοῦν οἱ Ἰουδαῖοι καὶ ἐζήτουν αὐτὸν ἀποκτεῖναι), ὅτι ταῦτα ἐποίει ἐν σαββάτῳ.

The Deity of the Son

17 ὁ δὲ (Ἰησοῦς) ἀπεκρίνατο αὐτοῖς Ὁ Πατήρ μου ἕως ἄρτι ἐργάζεται, κἀγὼ ἐργάζομαι· 18 διὰ τοῦτο οὖν μᾶλλον ἐζήτουν αὐτὸν οἱ Ἰουδαῖοι ἀποκτεῖναι, ὅτι οὐ μόνον ἔλυεν τὸ σάββατον, ἀλλὰ καὶ Πατέρα ἴδιον ἔλεγεν τὸν Θεόν, ἴσον ἑαυτὸν ποιῶν τῷ Θεῷ.

Christ's Unity with the Father

19 Ἀπεκρίνατο οὖν ὁ Ἰησοῦς καὶ [ἔλεγεν] (εἶπεν) αὐτοῖς Ἀμὴν ἀμὴν λέγω ὑμῖν, οὐ δύναται ὁ Υἱὸς ποιεῖν ἀφ᾽ ἑαυτοῦ οὐδὲν, ἂν μή τι βλέπῃ τὸν Πατέρα ποιοῦντα· ἃ γὰρ ἂν ἐκεῖνος ποιῇ, ταῦτα καὶ ὁ Υἱὸς ὁμοίως ποιεῖ. 20 ὁ γὰρ Πατὴρ φιλεῖ τὸν Υἱὸν καὶ πάντα δείκνυσιν αὐτῷ ἃ αὐτὸς ποιεῖ, καὶ μείζονα τούτων δείξει αὐτῷ ἔργα, ἵνα ὑμεῖς θαυμάζητε. 21 ὥσπερ γὰρ ὁ Πατὴρ ἐγείρει τοὺς νεκροὺς καὶ ζωοποιεῖ, οὕτως καὶ ὁ Υἱὸς οὓς θέλει ζωοποιεῖ.

ΚΑΤΑ ΙΩΑΝΗΝ

The Authority of the Son

22 οὐδὲ γὰρ ὁ Πατὴρ κρίνει οὐδένα, ἀλλὰ τὴν κρίσιν πᾶσαν δέδωκεν τῷ Υἱῷ, 23 ἵνα πάντες τιμῶσι τὸν Υἱὸν καθὼς τιμῶσι τὸν Πατέρα. ὁ μὴ τιμῶν τὸν Υἱὸν οὐ τιμᾷ τὸν Πατέρα τὸν πέμψαντα αὐτόν. 24 ἀμὴν ἀμὴν λέγω ὑμῖν ὅτι ὁ τὸν λόγον μου ἀκούων καὶ πιστεύων τῷ πέμψαντί με ἔχει ζωὴν αἰώνιον, καὶ εἰς κρίσιν οὐκ ἔρχεται ἀλλὰ μεταβέβηκεν ἐκ τοῦ θανάτου εἰς τὴν ζωήν. 25 ἀμὴν ἀμὴν λέγω ὑμῖν ὅτι ἔρχεται ὥρα καὶ νῦν ἐστιν ὅτε οἱ νεκροὶ [ἀκούσουσιν] (ἀκούσονται) τῆς φωνῆς τοῦ Υἱοῦ τοῦ Θεοῦ καὶ οἱ ἀκούσαντες [ζήσουσιν] (ζήσονται). 26 ὥσπερ γὰρ ὁ Πατὴρ ἔχει ζωὴν ἐν ἑαυτῷ, οὕτως [καὶ τῷ Υἱῷ ἔδωκεν] (ἔδωκεν καὶ τῷ υἱῷ) ζωὴν ἔχειν ἐν ἑαυτῷ. 27 καὶ ἐξουσίαν ἔδωκεν αὐτῷ (καὶ) κρίσιν ποιεῖν, ὅτι Υἱὸς ἀνθρώπου ἐστίν. 28 μὴ θαυμάζετε τοῦτο, ὅτι ἔρχεται ὥρα ἐν ᾗ πάντες οἱ ἐν τοῖς μνημείοις [ἀκούσουσιν] (ἀκούσονται) τῆς φωνῆς αὐτοῦ 29 καὶ ἐκπορεύσονται οἱ τὰ ἀγαθὰ ποιήσαντες εἰς ἀνάστασιν ζωῆς, οἱ (δὲ) τὰ φαῦλα πράξαντες εἰς ἀνάστασιν κρίσεως. 30 Οὐ δύναμαι ἐγὼ ποιεῖν ἀπ' ἐμαυτοῦ οὐδέν· καθὼς ἀκούω κρίνω, καὶ ἡ κρίσις ἡ ἐμὴ δικαία ἐστίν, ὅτι οὐ ζητῶ τὸ θέλημα τὸ ἐμὸν ἀλλὰ τὸ θέλημα τοῦ πέμψαντός με (Πατρός).

The Witness of John The Baptist

31 Ἐὰν ἐγὼ μαρτυρῶ περὶ ἐμαυτοῦ, ἡ μαρτυρία μου οὐκ ἔστιν ἀληθής· 32 ἄλλος ἐστὶν ὁ μαρτυρῶν περὶ ἐμοῦ, καὶ οἶδα ὅτι ἀληθής ἐστιν ἡ μαρτυρία ἣν μαρτυρεῖ περὶ ἐμοῦ. 33 ὑμεῖς ἀπεστάλκατε πρὸς Ἰωάνην, καὶ μεμαρτύρηκεν τῇ ἀληθείᾳ· 34 ἐγὼ δὲ οὐ παρὰ ἀνθρώπου τὴν μαρτυρίαν λαμβάνω, ἀλλὰ ταῦτα λέγω ἵνα ὑμεῖς σωθῆτε. 35 ἐκεῖνος ἦν ὁ λύχνος ὁ καιόμενος καὶ φαίνων, ὑμεῖς δὲ ἠθελήσατε ἀγαλλιαθῆναι πρὸς ὥραν ἐν τῷ φωτὶ αὐτοῦ.

The Witness of Christ's Works

36 ἐγὼ δὲ ἔχω τὴν μαρτυρίαν μείζω τοῦ Ἰωάνου· τὰ γὰρ ἔργα ἃ δέδωκέν μοι ὁ Πατὴρ ἵνα τελειώσω αὐτά, αὐτὰ τὰ ἔργα ἃ ποιῶ, μαρτυρεῖ περὶ ἐμοῦ ὅτι ὁ Πατήρ με ἀπέσταλκεν.

ΚΑΤΑ ΙΩΑΝΗΝ

The Witness of the Father

37 καὶ ὁ πέμψας με Πατὴρ, [ἐκεῖνος] (αὐτὸς) μεμαρτύρηκεν περὶ ἐμοῦ. οὔτε φωνὴν αὐτοῦ [πώποτε ἀκηκόατε] (ἀκηκόατε πώποτε) οὔτε εἶδος αὐτοῦ ἑωράκατε, 38 καὶ τὸν λόγον αὐτοῦ οὐκ ἔχετε [ἐν ὑμῖν μένοντα] (μένοντα ἐν ὑμῖν), ὅτι ὃν ἀπέστειλεν ἐκεῖνος, τούτῳ ὑμεῖς οὐ πιστεύετε.

The Testimony of the Scriptures

39 ἐραυνᾶτε τὰς γραφάς, ὅτι ὑμεῖς δοκεῖτε ἐν αὐταῖς ζωὴν αἰώνιον ἔχειν· καὶ ἐκεῖναί εἰσιν αἱ μαρτυροῦσαι περὶ ἐμοῦ· 40 καὶ οὐ θέλετε ἐλθεῖν πρός με ἵνα ζωὴν ἔχητε. 41 Δόξαν παρὰ ἀνθρώπων οὐ λαμβάνω, 42 ἀλλὰ ἔγνωκα ὑμᾶς ὅτι τὴν ἀγάπην τοῦ Θεοῦ οὐκ ἔχετε ἐν ἑαυτοῖς. 43 ἐγὼ ἐλήλυθα ἐν τῷ ὀνόματι τοῦ Πατρός μου, καὶ οὐ λαμβάνετέ με· ἐὰν ἄλλος ἔλθῃ ἐν τῷ ὀνόματι τῷ ἰδίῳ, ἐκεῖνον λήμψεσθε. 44 πῶς δύνασθε ὑμεῖς πιστεῦσαι, δόξαν παρὰ ἀλλήλων λαμβάνοντες, καὶ τὴν δόξαν τὴν παρὰ τοῦ μόνου Θεοῦ οὐ ζητεῖτε; 45 μὴ δοκεῖτε ὅτι ἐγὼ κατηγορήσω ὑμῶν πρὸς τὸν Πατέρα· ἔστιν ὁ κατηγορῶν ὑμῶν Μωϋσῆς, εἰς ὃν ὑμεῖς ἠλπίκατε. 46 εἰ γὰρ ἐπιστεύετε Μωϋσεῖ, ἐπιστεύετε ἂν ἐμοί· περὶ γὰρ ἐμοῦ ἐκεῖνος ἔγραψεν. 47 εἰ δὲ τοῖς ἐκείνου γράμμασιν οὐ πιστεύετε, πῶς τοῖς ἐμοῖς ῥήμασιν πιστεύσετε;

John 6

Jesus Feeds the Five Thousand

1 Μετὰ ταῦτα ἀπῆλθεν ὁ Ἰησοῦς πέραν τῆς θαλάσσης τῆς Γαλιλαίας τῆς Τιβεριάδος. 2 (καὶ) ἠκολούθει [δὲ] αὐτῷ ὄχλος πολύς, ὅτι ἑώρων (αὐτοῦ) τὰ σημεῖα ἃ ἐποίει ἐπὶ τῶν ἀσθενούντων. 3 ἀνῆλθεν δὲ εἰς τὸ ὄρος Ἰησοῦς, καὶ ἐκεῖ ἐκάθητο μετὰ τῶν μαθητῶν αὐτοῦ. 4 ἦν δὲ ἐγγὺς τὸ πάσχα, ἡ ἑορτὴ τῶν Ἰουδαίων. 5 ἐπάρας οὖν (ὁ Ἰησοῦς) τοὺς ὀφθαλμοὺς [ὁ Ἰησοῦς] καὶ θεασάμενος ὅτι πολὺς ὄχλος ἔρχεται πρὸς αὐτὸν, λέγει πρὸς (τὸν) Φίλιππον Πόθεν ἀγοράσωμεν ἄρτους ἵνα φάγωσιν οὗτοι; 6 τοῦτο δὲ ἔλεγεν πειράζων αὐτόν· αὐτὸς γὰρ ᾔδει τί ἔμελλεν ποιεῖν. 7 ἀπεκρίθη αὐτῷ ὁ Φίλιππος Διακοσίων δηναρίων ἄρτοι οὐκ ἀρκοῦσιν αὐτοῖς, ἵνα ἕκαστος (αὐτῶν) βραχύ τι λάβῃ. 8 λέγει αὐτῷ εἷς ἐκ τῶν μαθητῶν αὐτοῦ, Ἀνδρέας ὁ ἀδελφὸς Σίμωνος Πέτρου 9 Ἔστιν παιδάριον (ἓν) ὧδε [ὃς] (ὃ) ἔχει πέντε ἄρτους κριθίνους καὶ δύο ὀψάρια· ἀλλὰ ταῦτα τί ἐστιν εἰς τοσούτους;

ΚΑΤΑ ΙΩΑΝΗΝ

10 εἶπεν ὁ Ἰησοῦς Ποιήσατε τοὺς ἀνθρώπους ἀναπεσεῖν. ἦν δὲ χόρτος πολὺς ἐν τῷ τόπῳ. ἀνέπεσαν οὖν οἱ ἄνδρες τὸν ἀριθμὸν [ὡς] (ὡσεὶ) πεντακισχίλιοι. 11 ἔλαβεν οὖν τοὺς ἄρτους ὁ Ἰησοῦς καὶ εὐχαριστήσας διέδωκεν τοῖς (μαθηταῖς, οἱ δέ μαθηταὶ τοῖς) ἀνακειμένοις, ὁμοίως καὶ ἐκ τῶν ὀψαρίων ὅσον ἤθελον. 12 ὡς δὲ ἐνεπλήσθησαν, λέγει τοῖς μαθηταῖς αὐτοῦ Συναγάγετε τὰ περισσεύσαντα κλάσματα, ἵνα μή τι ἀπόληται. 13 συνήγαγον οὖν, καὶ ἐγέμισαν δώδεκα κοφίνους κλασμάτων ἐκ τῶν πέντε ἄρτων τῶν κριθίνων ἃ ἐπερίσσευσαν τοῖς βεβρωκόσιν. 14 Οἱ οὖν ἄνθρωποι ἰδόντες ὃ ἐποίησεν σημεῖον (ὁ Ἰησοῦς) ἔλεγον ὅτι Οὗτός ἐστιν ἀληθῶς ὁ προφήτης ὁ ἐρχόμενος εἰς τὸν κόσμον.

Jesus Walks on the Water

15 Ἰησοῦς οὖν γνοὺς ὅτι μέλλουσιν ἔρχεσθαι καὶ ἁρπάζειν αὐτὸν ἵνα ποιήσωσιν (αὐτὸν) βασιλέα, ἀνεχώρησεν πάλιν εἰς τὸ ὄρος αὐτὸς μόνος. 16 Ὡς δὲ ὀψία ἐγένετο, κατέβησαν οἱ μαθηταὶ αὐτοῦ ἐπὶ τὴν θάλασσαν, 17 καὶ ἐμβάντες εἰς πλοῖον ἤρχοντο πέραν τῆς θαλάσσης εἰς Καφαρναούμ. καὶ σκοτία ἤδη ἐγεγόνει καὶ οὔπω ἐληλύθει πρὸς αὐτοὺς ὁ Ἰησοῦς, 18 ἥ τε θάλασσα ἀνέμου μεγάλου πνέοντος διεγείρετο. 19 ἐληλακότες οὖν ὡς σταδίους εἴκοσι πέντε ἢ τριάκοντα θεωροῦσιν τὸν Ἰησοῦν περιπατοῦντα ἐπὶ τῆς θαλάσσης καὶ ἐγγὺς τοῦ πλοίου γινόμενον, καὶ ἐφοβήθησαν. 20 ὁ δὲ λέγει αὐτοῖς Ἐγώ εἰμι, μὴ φοβεῖσθε. 21 ἤθελον οὖν λαβεῖν αὐτὸν εἰς τὸ πλοῖον, καὶ εὐθέως [ἐγένετο τὸ πλοῖον] (τὸ πλοῖον ἐγένετο) ἐπὶ τῆς γῆς εἰς ἣν ὑπῆγον.

Jesus - The Bread of Life

22 Τῇ ἐπαύριον ὁ ὄχλος ὁ ἑστηκὼς πέραν τῆς θαλάσσης εἶδον ὅτι πλοιάριον ἄλλο οὐκ ἦν ἐκεῖ εἰ μὴ ἕν (ἐκεῖνο εἰς ὃ ἐνέβησαν οἱ μαθηταὶ αὐτοῦ), καὶ ὅτι οὐ συνεισῆλθεν τοῖς μαθηταῖς αὐτοῦ ὁ Ἰησοῦς εἰς τὸ [πλοῖον] (πλοιάριον) ἀλλὰ μόνοι οἱ μαθηταὶ αὐτοῦ ἀπῆλθον· 23 ἀλλὰ (δὲ) ἦλθεν πλοιάρια ἐκ Τιβεριάδος ἐγγὺς τοῦ τόπου ὅπου ἔφαγον τὸν ἄρτον εὐχαριστήσαντος τοῦ Κυρίου. 24 ὅτε οὖν εἶδεν ὁ ὄχλος ὅτι Ἰησοῦς οὐκ ἔστιν ἐκεῖ οὐδὲ οἱ μαθηταὶ αὐτοῦ, ἐνέβησαν (καὶ) αὐτοὶ εἰς τὰ [πλοιάρια] (πλοῖα) καὶ ἦλθον εἰς Καφαρναοὺμ ζητοῦντες τὸν Ἰησοῦν. 25 καὶ εὑρόντες αὐτὸν πέραν τῆς θαλάσσης εἶπον αὐτῷ Ῥαββεί, πότε ὧδε γέγονας; 26 ἀπεκρίθη αὐτοῖς ὁ Ἰησοῦς καὶ εἶπεν Ἀμὴν ἀμὴν λέγω ὑμῖν, ζητεῖτέ με οὐχ ὅτι εἴδετε σημεῖα, ἀλλ' ὅτι ἐφάγετε ἐκ τῶν ἄρτων καὶ ἐχορτάσθητε.

27 ἐργάζεσθε μὴ τὴν βρῶσιν τὴν ἀπολλυμένην, ἀλλὰ τὴν βρῶσιν τὴν μένουσαν εἰς ζωὴν αἰώνιον, ἣν ὁ Υἱὸς τοῦ ἀνθρώπου ὑμῖν δώσει· τοῦτον γὰρ ὁ Πατὴρ ἐσφράγισεν ὁ Θεός. 28 εἶπον οὖν πρὸς αὐτόν Τί ποιῶμεν ἵνα ἐργαζώμεθα τὰ ἔργα τοῦ Θεοῦ; 29 ἀπεκρίθη Ἰησοῦς καὶ εἶπεν αὐτοῖς Τοῦτό ἐστιν τὸ ἔργον τοῦ Θεοῦ, ἵνα πιστεύητε εἰς ὃν ἀπέστειλεν ἐκεῖνος. 30 εἶπον οὖν αὐτῷ Τί οὖν ποιεῖς σὺ σημεῖον, ἵνα ἴδωμεν καὶ πιστεύσωμέν σοι; τί ἐργάζῃ; 31 οἱ πατέρες ἡμῶν τὸ μάννα ἔφαγον ἐν τῇ ἐρήμῳ, καθώς ἐστιν γεγραμμένον Ἄρτον ἐκ τοῦ οὐρανοῦ ἔδωκεν αὐτοῖς φαγεῖν. 32 εἶπεν οὖν αὐτοῖς ὁ Ἰησοῦς Ἀμὴν ἀμὴν λέγω ὑμῖν, οὐ Μωϋσῆς δέδωκεν ὑμῖν τὸν ἄρτον ἐκ τοῦ οὐρανοῦ, ἀλλ' ὁ Πατήρ μου δίδωσιν ὑμῖν τὸν ἄρτον ἐκ τοῦ οὐρανοῦ τὸν ἀληθινόν· 33 ὁ γὰρ ἄρτος τοῦ Θεοῦ ἐστιν ὁ καταβαίνων ἐκ τοῦ οὐρανοῦ καὶ ζωὴν διδοὺς τῷ κόσμῳ. 34 εἶπον οὖν πρὸς αὐτόν Κύριε, πάντοτε δὸς ἡμῖν τὸν ἄρτον τοῦτον. 35 εἶπεν αὐτοῖς ὁ Ἰησοῦς Ἐγώ εἰμι ὁ ἄρτος τῆς ζωῆς· ὁ ἐρχόμενος πρὸς ἐμὲ οὐ μὴ πεινάσῃ, καὶ ὁ πιστεύων εἰς ἐμὲ οὐ μὴ διψήσει πώποτε. 36 ἀλλ' εἶπον ὑμῖν ὅτι καὶ ἑωράκατέ με καὶ οὐ πιστεύετε.

The Will of the Father

37 Πᾶν ὃ δίδωσίν μοι ὁ Πατὴρ πρὸς ἐμὲ ἥξει, καὶ τὸν ἐρχόμενον πρός με οὐ μὴ ἐκβάλω ἔξω, 38 ὅτι καταβέβηκα ἀπὸ τοῦ οὐρανοῦ οὐχ ἵνα ποιῶ τὸ θέλημα τὸ ἐμὸν ἀλλὰ τὸ θέλημα τοῦ πέμψαντός με. 39 τοῦτο δέ ἐστιν τὸ θέλημα τοῦ πέμψαντός με (Πατρός), ἵνα πᾶν ὃ δέδωκέν μοι μὴ ἀπολέσω ἐξ αὐτοῦ, ἀλλὰ ἀναστήσω αὐτὸ ἐν τῇ ἐσχάτῃ ἡμέρᾳ. 40 τοῦτο [γάρ] (δὲ) ἐστιν τὸ θέλημα τοῦ [Πατρός μου] (πέμψαντος με), ἵνα πᾶς ὁ θεωρῶν τὸν Υἱὸν καὶ πιστεύων εἰς αὐτὸν ἔχῃ ζωὴν αἰώνιον, καὶ ἀναστήσω αὐτὸν ἐγὼ ἐν τῇ ἐσχάτῃ ἡμέρᾳ.

The True Bread from Heaven

41 Ἐγόγγυζον οὖν οἱ Ἰουδαῖοι περὶ αὐτοῦ ὅτι εἶπεν Ἐγώ εἰμι ὁ ἄρτος ὁ καταβὰς ἐκ τοῦ οὐρανοῦ, 42 καὶ ἔλεγον Οὐχ οὗτός ἐστιν Ἰησοῦς ὁ υἱὸς Ἰωσήφ, οὗ ἡμεῖς οἴδαμεν τὸν πατέρα καὶ τὴν μητέρα; πῶς νῦν λέγει ὅτι Ἐκ τοῦ οὐρανοῦ καταβέβηκα; 43 ἀπεκρίθη (οὖν ὁ) Ἰησοῦς καὶ εἶπεν αὐτοῖς Μὴ γογγύζετε μετ' ἀλλήλων. 44 οὐδεὶς δύναται ἐλθεῖν πρός με ἐὰν μὴ ὁ Πατὴρ ὁ πέμψας με ἑλκύσῃ αὐτόν, κἀγὼ ἀναστήσω αὐτὸν ἐν τῇ ἐσχάτῃ ἡμέρᾳ. 45 ἔστιν γεγραμμένον ἐν τοῖς προφήταις Καὶ ἔσονται πάντες διδακτοὶ Θεοῦ· πᾶς (οὖν) ὁ ἀκούσας παρὰ τοῦ Πατρὸς καὶ μαθὼν ἔρχεται πρὸς ἐμέ.

46 οὐχ ὅτι τὸν Πατέρα [ἑώρακέν τις] (τις ἑώρακέν), εἰ μὴ ὁ ὢν παρὰ τοῦ Θεοῦ, οὗτος ἑώρακεν τὸν Πατέρα. 47 ἀμὴν ἀμὴν λέγω ὑμῖν, ὁ πιστεύων (ἐμὲ) ἔχει ζωὴν αἰώνιον. 48 ἐγώ εἰμι ὁ ἄρτος τῆς ζωῆς. 49 οἱ πατέρες ὑμῶν ἔφαγον [ἐν τῇ ἐρήμῳ τὸ μάννα] (τὸ μάννα ἐν τῇ ἐρήμῳ) καὶ ἀπέθανον· 50 οὗτός ἐστιν ὁ ἄρτος ὁ ἐκ τοῦ οὐρανοῦ καταβαίνων, ἵνα τις ἐξ αὐτοῦ φάγῃ καὶ μὴ ἀποθάνῃ. 51 ἐγώ εἰμι ὁ ἄρτος ὁ ζῶν ὁ ἐκ τοῦ οὐρανοῦ καταβάς· ἐάν τις φάγῃ ἐκ τούτου τοῦ ἄρτου, [ζήσει] (ζήσεται) εἰς τὸν αἰῶνα· καὶ ὁ ἄρτος δὲ ὃν ἐγὼ δώσω ἡ σάρξ μού ἐστιν (ἣν ἐγὼ δώσω) ὑπὲρ τῆς τοῦ κόσμου ζωῆς.

Objections from the Jewish Leaders

52 Ἐμάχοντο οὖν πρὸς ἀλλήλους οἱ Ἰουδαῖοι λέγοντες Πῶς δύναται οὗτος ἡμῖν δοῦναι τὴν σάρκα φαγεῖν; 53 εἶπεν οὖν αὐτοῖς ὁ Ἰησοῦς Ἀμὴν ἀμὴν λέγω ὑμῖν, ἐὰν μὴ φάγητε τὴν σάρκα τοῦ Υἱοῦ τοῦ ἀνθρώπου καὶ πίητε αὐτοῦ τὸ αἷμα, οὐκ ἔχετε ζωὴν ἐν ἑαυτοῖς. 54 ὁ τρώγων μου τὴν σάρκα καὶ πίνων μου τὸ αἷμα ἔχει ζωὴν αἰώνιον, κἀγὼ ἀναστήσω αὐτὸν τῇ ἐσχάτῃ ἡμέρᾳ. 55 ἡ γὰρ σάρξ μου ἀληθής ἐστιν βρῶσις, καὶ τὸ αἷμά μου ἀληθής ἐστιν πόσις. 56 ὁ τρώγων μου τὴν σάρκα καὶ πίνων μου τὸ αἷμα ἐν ἐμοὶ μένει κἀγὼ ἐν αὐτῷ. 57 καθὼς ἀπέστειλέν με ὁ ζῶν Πατὴρ κἀγὼ ζῶ διὰ τὸν Πατέρα, καὶ ὁ τρώγων με κἀκεῖνος [ζήσει] (ζήσεται) δι' ἐμέ. 58 οὗτός ἐστιν ὁ ἄρτος ὁ [ἐξ] (ἐκ τοῦ) οὐρανοῦ καταβάς, οὐ καθὼς ἔφαγον οἱ πατέρες (ὑμῶν τὸ μάννα) καὶ ἀπέθανον· ὁ τρώγων τοῦτον τὸν ἄρτον ζήσει εἰς τὸν αἰῶνα. 59 Ταῦτα εἶπεν ἐν συναγωγῇ διδάσκων ἐν Καφαρναούμ.

Reactions to to the Hard Saying

60 Πολλοὶ οὖν ἀκούσαντες ἐκ τῶν μαθητῶν αὐτοῦ εἶπαν Σκληρός ἐστιν [ὁ λόγος οὗτος] (οὗτος· ὁ λόγος)· τίς δύναται αὐτοῦ ἀκούειν; 61 εἰδὼς δὲ ὁ Ἰησοῦς ἐν ἑαυτῷ ὅτι γογγύζουσιν περὶ τούτου οἱ μαθηταὶ αὐτοῦ, εἶπεν αὐτοῖς Τοῦτο ὑμᾶς σκανδαλίζει; 62 ἐὰν οὖν θεωρῆτε τὸν Υἱὸν τοῦ ἀνθρώπου ἀναβαίνοντα ὅπου ἦν τὸ πρότερον; 63 τὸ πνεῦμά ἐστιν τὸ ζωοποιοῦν, ἡ σὰρξ οὐκ ὠφελεῖ οὐδέν· τὰ ῥήματα ἃ ἐγὼ λελάληκα ὑμῖν πνεῦμά ἐστιν καὶ ζωή ἐστιν. 64 ἀλλ' εἰσὶν ἐξ ὑμῶν τινες οἳ οὐ πιστεύουσιν. ᾔδει γὰρ ἐξ ἀρχῆς ὁ Ἰησοῦς τίνες εἰσὶν οἱ μὴ πιστεύοντες καὶ τίς ἐστιν ὁ παραδώσων αὐτόν. 65 καὶ ἔλεγεν Διὰ τοῦτο εἴρηκα ὑμῖν ὅτι οὐδεὶς δύναται ἐλθεῖν πρός με ἐὰν μὴ ᾖ δεδομένον αὐτῷ ἐκ τοῦ Πατρός (μου).

ΚΑΤΑ ΙΩΑΝΗΝ

66 Ἐκ τούτου πολλοὶ (ἀπῆλθον) τῶν μαθητῶν αὐτοῦ [ἀπῆλθον] εἰς τὰ ὀπίσω καὶ οὐκέτι μετ' αὐτοῦ περιεπάτουν. 67 εἶπεν οὖν ὁ Ἰησοῦς τοῖς δώδεκα Μὴ καὶ ὑμεῖς θέλετε ὑπάγειν; 68 ἀπεκρίθη αὐτῷ Σίμων Πέτρος Κύριε, πρὸς τίνα ἀπελευσόμεθα; ῥήματα ζωῆς αἰωνίου ἔχεις· 69 καὶ ἡμεῖς πεπιστεύκαμεν καὶ ἐγνώκαμεν ὅτι σὺ εἶ ὁ [Ἅγιος τοῦ Θεοῦ] (Χριστὸς ὁ Υἱὸς τοῦ Θεοῦ τοῦ ζῶντος). 70 ἀπεκρίθη αὐτοῖς ὁ Ἰησοῦς Οὐκ ἐγὼ ὑμᾶς τοὺς δώδεκα ἐξελεξάμην; καὶ ἐξ ὑμῶν εἷς διάβολός ἐστιν. 71 ἔλεγεν δὲ τὸν Ἰούδαν Σίμωνος [Ἰσκαριώτου] (Ἰσκαριώτην)· οὗτος γὰρ [ἔμελλεν παραδιδόναι αὐτόν] (ἤμελλεν αὐτόν παραδιδόναι), εἷς ἐκ τῶν δώδεκα.

John 7

Jesus' Unbelieving Brothers

1 Καὶ [μετὰ ταῦτα περιεπάτει ὁ Ἰησοῦς] (περιεπάτει ὁ Ἰησοῦς μετὰ ταῦτα) ἐν τῇ Γαλιλαίᾳ· οὐ γὰρ ἤθελεν ἐν τῇ Ἰουδαίᾳ περιπατεῖν, ὅτι ἐζήτουν αὐτὸν οἱ Ἰουδαῖοι ἀποκτεῖναι. 2 ἦν δὲ ἐγγὺς ἡ ἑορτὴ τῶν Ἰουδαίων ἡ σκηνοπηγία. 3 εἶπον οὖν πρὸς αὐτὸν οἱ ἀδελφοὶ αὐτοῦ Μετάβηθι ἐντεῦθεν καὶ ὕπαγε εἰς τὴν Ἰουδαίαν, ἵνα καὶ οἱ μαθηταί σου θεωρήσουσιν τὰ ἔργα σοῦ ἃ ποιεῖς· 4 οὐδεὶς γάρ [τι ἐν κρυπτῷ] (ἐν κρυπτῷ τι) ποιεῖ καὶ ζητεῖ αὐτὸς ἐν παρρησίᾳ εἶναι. εἰ ταῦτα ποιεῖς, φανέρωσον σεαυτὸν τῷ κόσμῳ. 5 οὐδὲ γὰρ οἱ ἀδελφοὶ αὐτοῦ ἐπίστευον εἰς αὐτόν. 6 λέγει οὖν αὐτοῖς ὁ Ἰησοῦς Ὁ καιρὸς ὁ ἐμὸς οὔπω πάρεστιν, ὁ δὲ καιρὸς ὁ ὑμέτερος πάντοτέ ἐστιν ἕτοιμος. 7 οὐ δύναται ὁ κόσμος μισεῖν ὑμᾶς, ἐμὲ δὲ μισεῖ, ὅτι ἐγὼ μαρτυρῶ περὶ αὐτοῦ ὅτι τὰ ἔργα αὐτοῦ πονηρά ἐστιν. 8 ὑμεῖς ἀνάβητε εἰς τὴν ἑορτήν· (ταύτην) ἐγὼ οὔπω ἀναβαίνω εἰς τὴν ἑορτὴν ταύτην, ὅτι ὁ [ἐμὸς καιρὸς] (καιρὸς ὁ ἐμὸς) οὔπω πεπλήρωται. 9 ταῦτα δὲ εἰπὼν αὐτοῖς ἔμεινεν ἐν τῇ Γαλιλαίᾳ.

Jesus Goes to the Feast of Tabernacles

10 Ὡς δὲ ἀνέβησαν οἱ ἀδελφοὶ αὐτοῦ [εἰς τὴν ἑορτήν, τότε καὶ αὐτὸς ἀνέβη] (τότε καὶ αὐτὸς ἀνέβη εἰς τὴν ἑορτήν), οὐ φανερῶς ἀλλὰ ὡς ἐν κρυπτῷ. 11 οἱ οὖν Ἰουδαῖοι ἐζήτουν αὐτὸν ἐν τῇ ἑορτῇ καὶ ἔλεγον Ποῦ ἐστιν ἐκεῖνος; 12 καὶ γογγυσμὸς (πολὺς) περὶ αὐτοῦ ἦν [πολὺς] ἐν τοῖς ὄχλοις· οἱ μὲν ἔλεγον ὅτι Ἀγαθός ἐστιν, ἄλλοι δὲ ἔλεγον Οὔ, ἀλλὰ πλανᾷ τὸν ὄχλον. 13 οὐδεὶς μέντοι παρρησίᾳ ἐλάλει περὶ αὐτοῦ διὰ τὸν φόβον τῶν Ἰουδαίων.

ΚΑΤΑ ΙΩΑΝΗΝ
Confrontation at the Temple

14 Ἤδη δὲ τῆς ἑορτῆς μεσούσης ἀνέβη Ἰησοῦς εἰς τὸ ἱερὸν καὶ ἐδίδασκεν. 15 (καὶ) ἐθαύμαζον οὖν οἱ Ἰουδαῖοι λέγοντες Πῶς οὗτος γράμματα οἶδεν μὴ μεμαθηκώς; 16 ἀπεκρίθη [οὖν] αὐτοῖς (ὁ) Ἰησοῦς καὶ εἶπεν Ἡ ἐμὴ διδαχὴ οὐκ ἔστιν ἐμὴ ἀλλὰ τοῦ πέμψαντός με· 17 ἐάν τις θέλῃ τὸ θέλημα αὐτοῦ ποιεῖν, γνώσεται περὶ τῆς διδαχῆς, πότερον ἐκ τοῦ Θεοῦ ἐστιν ἢ ἐγὼ ἀπ' ἐμαυτοῦ λαλῶ. 18 ὁ ἀφ' ἑαυτοῦ λαλῶν τὴν δόξαν τὴν ἰδίαν ζητεῖ· ὁ δὲ ζητῶν τὴν δόξαν τοῦ πέμψαντος αὐτόν, οὗτος ἀληθής ἐστιν καὶ ἀδικία ἐν αὐτῷ οὐκ ἔστιν. 19 οὐ Μωϋσῆς ἔδωκεν ὑμῖν τὸν νόμον; καὶ οὐδεὶς ἐξ ὑμῶν ποιεῖ τὸν νόμον. τί με ζητεῖτε ἀποκτεῖναι; 20 ἀπεκρίθη ὁ ὄχλος (καὶ εἶπεν) Δαιμόνιον ἔχεις· τίς σε ζητεῖ ἀποκτεῖναι; 21 ἀπεκρίθη (ὁ) Ἰησοῦς καὶ εἶπεν αὐτοῖς Ἓν ἔργον ἐποίησα καὶ πάντες θαυμάζετε. 22 διὰ τοῦτο Μωϋσῆς δέδωκεν ὑμῖν τὴν περιτομήν, —οὐχ ὅτι ἐκ τοῦ Μωϋσέως ἐστὶν ἀλλ' ἐκ τῶν πατέρων,— καὶ ἐν σαββάτῳ περιτέμνετε ἄνθρωπον. 23 εἰ περιτομὴν λαμβάνει ἄνθρωπος ἐν σαββάτῳ ἵνα μὴ λυθῇ ὁ νόμος Μωϋσέως, ἐμοὶ χολᾶτε ὅτι ὅλον ἄνθρωπον ὑγιῆ ἐποίησα ἐν σαββάτῳ; 24 μὴ κρίνετε κατ' ὄψιν, ἀλλὰ τὴν δικαίαν κρίσιν κρίνατε.

Arguments over Christ's Origin

25 Ἔλεγον οὖν τινες ἐκ τῶν Ἱεροσολυμειτῶν Οὐχ οὗτός ἐστιν ὃν ζητοῦσιν ἀποκτεῖναι; 26 καὶ ἴδε παρρησίᾳ λαλεῖ καὶ οὐδὲν αὐτῷ λέγουσιν. Μή ποτε ἀληθῶς ἔγνωσαν οἱ ἄρχοντες ὅτι οὗτός ἐστιν ὁ Χριστός; 27 ἀλλὰ τοῦτον οἴδαμεν πόθεν ἐστίν· ὁ δὲ Χριστὸς ὅταν ἔρχηται, οὐδεὶς γινώσκει πόθεν ἐστίν. 28 ἔκραξεν οὖν ἐν τῷ ἱερῷ διδάσκων ὁ Ἰησοῦς καὶ λέγων Κἀμὲ οἴδατε καὶ οἴδατε πόθεν εἰμί· καὶ ἀπ' ἐμαυτοῦ οὐκ ἐλήλυθα, ἀλλ' ἔστιν ἀληθινὸς ὁ πέμψας με, ὃν ὑμεῖς οὐκ οἴδατε· 29 ἐγὼ οἶδα αὐτόν, ὅτι παρ' αὐτοῦ εἰμι κἀκεῖνός με ἀπέστειλεν. 30 Ἐζήτουν οὖν αὐτὸν πιάσαι, καὶ οὐδεὶς ἐπέβαλεν ἐπ' αὐτὸν τὴν χεῖρα, ὅτι οὔπω ἐληλύθει ἡ ὥρα αὐτοῦ. 31 (πολλοὶ δὲ) Ἐκ τοῦ ὄχλου [δὲ πολλοὶ] ἐπίστευσαν εἰς αὐτόν, καὶ ἔλεγον (ὅτι) Ὁ Χριστὸς ὅταν ἔλθῃ, [μὴ] (μήτι) πλείονα σημεῖα (τούτων) ποιήσει ὧν οὗτος ἐποίησεν;

Exclusive Entrance to the Father

32 Ἤκουσαν οἱ Φαρισαῖοι τοῦ ὄχλου γογγύζοντος περὶ αὐτοῦ ταῦτα, καὶ ἀπέστειλαν οἱ [ἀρχιερεῖς καὶ οἱ Φαρισαῖοι] (Φαρισαῖοι καὶ οἱ ἀρχιερεῖς) ὑπηρέτας ἵνα πιάσωσιν αὐτόν. 33 εἶπεν οὖν (αὐτοῖς) ὁ Ἰησοῦς Ἔτι [χρόνον μικρὸν] (μικρὸν χρόνον) μεθ' ὑμῶν εἰμι καὶ ὑπάγω πρὸς τὸν πέμψαντά με.

ΚΑΤΑ ΙΩΑΝΗΝ

34 ζητήσετέ με καὶ οὐχ εὑρήσετέ, καὶ ὅπου εἰμὶ ἐγὼ ὑμεῖς οὐ δύνασθε ἐλθεῖν. 35 εἶπον οὖν οἱ Ἰουδαῖοι πρὸς ἑαυτούς Ποῦ οὗτος μέλλει πορεύεσθαι, ὅτι ἡμεῖς οὐχ εὑρήσομεν αὐτόν; μὴ εἰς τὴν Διασπορὰν τῶν Ἑλλήνων μέλλει πορεύεσθαι καὶ διδάσκειν τοὺς Ἕλληνας; 36 τίς ἐστιν [ὁ λόγος οὗτος] (οὗτος ὁ λόγος) ὃν εἶπεν Ζητήσετέ με καὶ οὐχ εὑρήσετέ, καὶ ὅπου εἰμὶ ἐγὼ ὑμεῖς οὐ δύνασθε ἐλθεῖν;

The Promise of Living Water

37 Ἐν δὲ τῇ ἐσχάτῃ ἡμέρᾳ τῇ μεγάλῃ τῆς ἑορτῆς εἱστήκει ὁ Ἰησοῦς, καὶ ἔκραξεν λέγων Ἐάν τις διψᾷ, ἐρχέσθω πρός με καὶ πινέτω. 38 ὁ πιστεύων εἰς ἐμέ, καθὼς εἶπεν ἡ γραφή, ποταμοὶ ἐκ τῆς κοιλίας αὐτοῦ ῥεύσουσιν ὕδατος ζῶντος. 39 τοῦτο δὲ εἶπεν περὶ τοῦ Πνεύματος οὗ ἔμελλον λαμβάνειν οἱ πιστεύσαντες εἰς αὐτόν· οὔπω γὰρ ἦν Πνεῦμα (Ἅγιον), ὅτι (ὃ) Ἰησοῦς οὐδέπω ἐδοξάσθη.

Divided Opinions about Jesus

40 (Πολλοὶ οὖν) Ἐκ τοῦ ὄχλου [οὖν] ἀκούσαντες τῶν λόγων [τούτων] ἔλεγον Οὗτός ἐστιν ἀληθῶς ὁ προφήτης· 41 ἄλλοι ἔλεγον Οὗτός ἐστιν ὁ Χριστός· οἱ δὲ ἔλεγον Μὴ γὰρ ἐκ τῆς Γαλιλαίας ὁ Χριστὸς ἔρχεται; 42 οὐχ ἡ γραφὴ εἶπεν ὅτι ἐκ τοῦ σπέρματος Δαυεὶδ, καὶ ἀπὸ Βηθλεὲμ τῆς κώμης ὅπου ἦν Δαυεὶδ, [ἔρχεται ὁ Χριστός] (ὁ Χριστὸς ἔρχεται); 43 σχίσμα οὖν [ἐγένετο ἐν τῷ ὄχλῳ] (ἐν τῷ ὄχλῳ ἐγένετο) δι᾽ αὐτόν· 44 τινὲς δὲ ἤθελον ἐξ αὐτῶν πιάσαι αὐτόν, ἀλλ᾽ οὐδεὶς ἐπέβαλεν ἐπ᾽ αὐτὸν τὰς χεῖρας.

The Temple Guards in Awe of Christ

45 Ἦλθον οὖν οἱ ὑπηρέται πρὸς τοὺς ἀρχιερεῖς καὶ Φαρισαίους, καὶ εἶπον αὐτοῖς ἐκεῖνοι Διὰ τί οὐκ ἠγάγετε αὐτόν; 46 ἀπεκρίθησαν οἱ ὑπηρέται Οὐδέποτε [ἐλάλησεν οὕτως] (οὕτως ἐλάλησεν) ἄνθρωπος, ὡς οὗτος [λαλεῖ] ὁ ἄνθρωπος. 47 ἀπεκρίθησαν οὖν αὐτοῖς οἱ Φαρισαῖοι Μὴ καὶ ὑμεῖς πεπλάνησθε; 48 μή τις ἐκ τῶν ἀρχόντων ἐπίστευσεν εἰς αὐτὸν ἢ ἐκ τῶν Φαρισαίων; 49 ἀλλὰ ὁ ὄχλος οὗτος ὁ μὴ γινώσκων τὸν νόμον [ἐπάρατοί] (ἐπικατάρατοι) εἰσιν. 50 λέγει Νικόδημος πρὸς αὐτούς, ὁ ἐλθὼν (νυκτὸς) πρὸς αὐτὸν [πρότερον], εἷς ὢν ἐξ αὐτῶν 51 Μὴ ὁ νόμος ἡμῶν κρίνει τὸν ἄνθρωπον ἐὰν μὴ ἀκούσῃ [πρῶτον παρ᾽ αὐτοῦ] (παρ᾽ αὐτοῦ πρότερον) καὶ γνῷ τί ποιεῖ; 52 ἀπεκρίθησαν καὶ εἶπαν αὐτῷ Μὴ καὶ σὺ ἐκ τῆς Γαλιλαίας εἶ; ἐραύνησον καὶ ἴδε ὅτι [ἐκ τῆς Γαλιλαίας προφήτης] (προφήτης ἐκ τῆς Γαλιλαίας) οὐκ ἐγείρεται.

53 [*(Καὶ ἐπορεύθη ἕκαστος εἰς τὸν οἶκον αὐτοῦ.

ΚΑΤΑ ΙΩΑΝΗΝ

John 8

A Woman Caught in Adultery

1 Ἰησοῦς δὲ ἐπορεύθη εἰς τὸ ὄρος τῶν ἐλαιῶν. 2 Ὄρθρου δὲ πάλιν παρεγένετο εἰς τὸ ἱερόν, καὶ πᾶς ὁ λαὸς ἤρχετο πρὸς αὐτόν. καὶ καθίσας ἐδίδασκεν αὐτούς. 3 ἄγουσι δὲ οἱ γραμματεῖς καὶ οἱ Φαρισαῖοι πρὸς αὐτὸν γυναῖκα ἐν μοιχείᾳ κατειλημμένην, καὶ στήσαντες αὐτὴν ἐν μέσῳ, 4 λέγουσιν αὐτῷ, Διδάσκαλε, αὕτη ἡ γυνὴ κατελήφθη ἐπαυτοφώρῳ μοιχευομένη. 5 ἐν δὲ τῷ νόμῳ Μωσῆς ἡμῖν ἐνετείλατο τὰς τοιαύτας λιθοβολεῖσθαι· σὺ οὖν τί λέγεις; 6 τοῦτο δὲ ἔλεγον πειράζοντες αὐτόν, ἵνα ἔχωσι κατηγορεῖν αὐτοῦ. ὁ δὲ Ἰησοῦς κάτω κύψας, τῷ δακτύλῳ ἔγραφεν εἰς τὴν γῆν· 7 ὡς δὲ ἐπέμενον ἐρωτῶντες αὐτόν, ἀνάκυψας εἶπε πρὸς αὐτούς, Ὁ ἀναμάρτητος ὑμῶν πρῶτος τὸν λίθον ἐπ᾽ αὐτῇ βαλέτω. 8 καὶ πάλιν κάτω κύψας ἔγραφεν εἰς τὴν γῆν. 9 οἱ δέ, ἀκούσαντες καὶ ὑπὸ τῆς συνειδήσεως ἐλεγχόμενοι, ἐξήρχοντο εἷς καθεῖς, ἀρξάμενοι ἀπὸ τῶν πρεσβυτέρων ἕως τῶν ἐσχάτων· καὶ κατελείφθη μόνος ὁ Ἰησοῦς, καὶ ἡ γυνὴ ἐν μέσῳ ἑστῶσα. 10 ἀνακύψας δὲ ὁ Ἰησοῦς, καὶ μηδένα θεασάμενος πλὴν τῆς γυναικός, εἶπεν αὐτῇ, Ἡ γυνή, ποῦ εἰσιν ἐκεῖνοι οἱ κατήγοροί σου; οὐδείς σε κατέκρινεν; 11 ἡ δὲ εἶπεν, Οὐδείς, κύριε. εἶπε δὲ αὐτῇ ὁ Ἰησοῦς, Οὐδὲ ἐγώ σε κατακρίνω· πορεύου καὶ μηκέτι ἁμάρτανε.)*]

Jesus - The Light of the World

12 Πάλιν οὖν (ὁ Ἰησοῦς) αὐτοῖς ἐλάλησεν [ὁ Ἰησοῦς] λέγων Ἐγώ εἰμι τὸ φῶς τοῦ κόσμου· ὁ ἀκολουθῶν μοι οὐ μὴ περιπατήσῃ ἐν τῇ σκοτίᾳ, ἀλλ᾽ ἕξει τὸ φῶς τῆς ζωῆς. 13 εἶπον οὖν αὐτῷ οἱ Φαρισαῖοι Σὺ περὶ σεαυτοῦ μαρτυρεῖς· ἡ μαρτυρία σου οὐκ ἔστιν ἀληθής. 14 ἀπεκρίθη Ἰησοῦς καὶ εἶπεν αὐτοῖς Κἂν ἐγὼ μαρτυρῶ περὶ ἐμαυτοῦ, ἀληθής ἐστιν ἡ μαρτυρία μου, ὅτι οἶδα πόθεν ἦλθον καὶ ποῦ ὑπάγω· ὑμεῖς δὲ οὐκ οἴδατε πόθεν ἔρχομαι [ἢ] (καὶ) ποῦ ὑπάγω. 15 ὑμεῖς κατὰ τὴν σάρκα κρίνετε, ἐγὼ οὐ κρίνω οὐδένα. 16 καὶ ἐὰν κρίνω δὲ ἐγώ, ἡ κρίσις ἡ ἐμὴ ἀληθινή ἐστιν, ὅτι μόνος οὐκ εἰμί, ἀλλ᾽ ἐγὼ καὶ ὁ πέμψας με (Πατήρ). 17 καὶ ἐν τῷ νόμῳ δὲ τῷ ὑμετέρῳ γέγραπται ὅτι δύο ἀνθρώπων ἡ μαρτυρία ἀληθής ἐστιν. 18 ἐγώ εἰμι ὁ μαρτυρῶν περὶ ἐμαυτοῦ, καὶ μαρτυρεῖ περὶ ἐμοῦ ὁ πέμψας με Πατήρ.

ΚΑΤΑ ΙΩΑΝΗΝ

19 ἔλεγον οὖν αὐτῷ Ποῦ ἐστιν ὁ Πατήρ σου; ἀπεκρίθη Ἰησοῦς Οὔτε ἐμὲ οἴδατε οὔτε τὸν Πατέρα μου· εἰ ἐμὲ ᾔδειτε, καὶ τὸν Πατέρα μου ἂν ᾔδειτε. 20 Ταῦτα τὰ ῥήματα ἐλάλησεν (ὁ Ἰησοῦς) ἐν τῷ γαζοφυλακίῳ διδάσκων ἐν τῷ ἱερῷ· καὶ οὐδεὶς ἐπίασεν αὐτόν, ὅτι οὔπω ἐληλύθει ἡ ὥρα αὐτοῦ.

The Exclusive Way

21 Εἶπεν οὖν πάλιν αὐτοῖς (ὁ Ἰησοῦς) Ἐγὼ ὑπάγω καὶ ζητήσετέ με, καὶ ἐν τῇ ἁμαρτίᾳ ὑμῶν ἀποθανεῖσθε· ὅπου ἐγὼ ὑπάγω ὑμεῖς οὐ δύνασθε ἐλθεῖν. 22 ἔλεγον οὖν οἱ Ἰουδαῖοι Μήτι ἀποκτενεῖ ἑαυτόν, ὅτι λέγει Ὅπου ἐγὼ ὑπάγω ὑμεῖς οὐ δύνασθε ἐλθεῖν;

The Origin of Christ

23 καὶ [ἔλεγεν] (εἶπεν) αὐτοῖς Ὑμεῖς ἐκ τῶν κάτω ἐστέ, ἐγὼ ἐκ τῶν ἄνω εἰμί· ὑμεῖς ἐκ [τούτου] τοῦ κόσμου (τούτου) ἐστέ, ἐγὼ οὐκ εἰμὶ ἐκ τοῦ κόσμου τούτου. 24 εἶπον οὖν ὑμῖν ὅτι ἀποθανεῖσθε ἐν ταῖς ἁμαρτίαις ὑμῶν· ἐὰν γὰρ μὴ πιστεύσητε ὅτι ἐγώ εἰμι, ἀποθανεῖσθε ἐν ταῖς ἁμαρτίαις ὑμῶν. 25 ἔλεγον οὖν αὐτῷ Σὺ τίς εἶ; (καὶ) εἶπεν αὐτοῖς ὁ Ἰησοῦς Τὴν ἀρχὴν ὅ τι καὶ λαλῶ ὑμῖν; 26 πολλὰ ἔχω περὶ ὑμῶν λαλεῖν καὶ κρίνειν· ἀλλ' ὁ πέμψας με ἀληθής ἐστιν, κἀγὼ ἃ ἤκουσα παρ' αὐτοῦ, ταῦτα [λαλῶ] (λέγω) εἰς τὸν κόσμον. 27 οὐκ ἔγνωσαν ὅτι τὸν Πατέρα αὐτοῖς ἔλεγεν. 28 εἶπεν οὖν (αὐτοῖς) ὁ Ἰησοῦς Ὅταν ὑψώσητε τὸν Υἱὸν τοῦ ἀνθρώπου, τότε γνώσεσθε ὅτι ἐγώ εἰμι, καὶ ἀπ' ἐμαυτοῦ ποιῶ οὐδέν, ἀλλὰ καθὼς ἐδίδαξέν με ὁ Πατὴρ (μου), ταῦτα λαλῶ. 29 καὶ ὁ πέμψας με μετ' ἐμοῦ ἐστιν· οὐκ ἀφῆκέν με μόνον (ὁ Πατὴρ), ὅτι ἐγὼ τὰ ἀρεστὰ αὐτῷ ποιῶ πάντοτε. 30 Ταῦτα αὐτοῦ λαλοῦντος πολλοὶ ἐπίστευσαν εἰς αὐτόν.

Freedom from the Slavery of Sin

31 Ἔλεγεν οὖν ὁ Ἰησοῦς πρὸς τοὺς πεπιστευκότας αὐτῷ Ἰουδαίους Ἐὰν ὑμεῖς μείνητε ἐν τῷ λόγῳ τῷ ἐμῷ, ἀληθῶς μαθηταί μού ἐστε, 32 καὶ γνώσεσθε τὴν ἀλήθειαν, καὶ ἡ ἀλήθεια ἐλευθερώσει ὑμᾶς. 33 ἀπεκρίθησαν [πρὸς αὐτόν] (αὐτῷ) Σπέρμα Ἀβραάμ ἐσμεν, καὶ οὐδενὶ δεδουλεύκαμεν πώποτε· πῶς σὺ λέγεις ὅτι Ἐλεύθεροι γενήσεσθε; 34 ἀπεκρίθη αὐτοῖς ὁ Ἰησοῦς Ἀμὴν ἀμὴν λέγω ὑμῖν ὅτι πᾶς ὁ ποιῶν τὴν ἁμαρτίαν δοῦλός ἐστιν τῆς ἁμαρτίας. 35 ὁ δὲ δοῦλος οὐ μένει ἐν τῇ οἰκίᾳ εἰς τὸν αἰῶνα· ὁ υἱὸς μένει εἰς τὸν αἰῶνα. 36 ἐὰν οὖν ὁ Υἱὸς ὑμᾶς ἐλευθερώσῃ, ὄντως ἐλεύθεροι ἔσεσθε.

ΚΑΤΑ ΙΩΑΝΗΝ

The Disparity Between the Son of God and the Slaves of Sin

37 οἶδα ὅτι σπέρμα Ἀβραάμ ἐστε· ἀλλὰ ζητεῖτέ με ἀποκτεῖναι, ὅτι ὁ λόγος ὁ ἐμὸς οὐ χωρεῖ ἐν ὑμῖν. 38 [ἃ] ἐγὼ ἑώρακα παρὰ τῷ Πατρὶ (μου) λαλῶ· καὶ ὑμεῖς οὖν ἃ [ἠκούσατε] παρὰ [τοῦ] (τῷ) [πατρὸς] (πατρὶ ὑμῶν) ποιεῖτε. 39 ἀπεκρίθησαν καὶ εἶπαν αὐτῷ Ὁ πατὴρ ἡμῶν Ἀβραάμ ἐστιν. λέγει αὐτοῖς ὁ Ἰησοῦς Εἰ τέκνα τοῦ Ἀβραάμ [ἐστε] (ἦτε), τὰ ἔργα τοῦ Ἀβραὰμ [ποιεῖτε] (ἐποιεῖτε ἄν)· 40 νῦν δὲ ζητεῖτέ με ἀποκτεῖναι, ἄνθρωπον ὃς τὴν ἀλήθειαν ὑμῖν λελάληκα, ἣν ἤκουσα παρὰ τοῦ Θεοῦ· τοῦτο Ἀβραὰμ οὐκ ἐποίησεν. 41 ὑμεῖς ποιεῖτε τὰ ἔργα τοῦ πατρὸς ὑμῶν. εἶπαν αὐτῷ Ἡμεῖς ἐκ πορνείας οὐκ ἐγεννήθημεν, ἕνα Πατέρα ἔχομεν τὸν Θεόν. 42 εἶπεν αὐτοῖς ὁ Ἰησοῦς Εἰ ὁ Θεὸς Πατὴρ ὑμῶν ἦν, ἠγαπᾶτε ἂν ἐμέ· ἐγὼ γὰρ ἐκ τοῦ Θεοῦ ἐξῆλθον καὶ ἥκω· οὐδὲ γὰρ ἀπ' ἐμαυτοῦ ἐλήλυθα, ἀλλ' ἐκεῖνός με ἀπέστειλεν. 43 διὰ τί τὴν λαλιὰν τὴν ἐμὴν οὐ γινώσκετε; ὅτι οὐ δύνασθε ἀκούειν τὸν λόγον τὸν ἐμόν. 44 ὑμεῖς ἐκ [τοῦ] πατρὸς τοῦ διαβόλου ἐστὲ καὶ τὰς ἐπιθυμίας τοῦ πατρὸς ὑμῶν θέλετε ποιεῖν. ἐκεῖνος ἀνθρωποκτόνος ἦν ἀπ' ἀρχῆς, καὶ ἐν τῇ ἀληθείᾳ οὐκ ἔστηκεν, ὅτι οὐκ ἔστιν ἀλήθεια ἐν αὐτῷ. ὅταν λαλῇ τὸ ψεῦδος, ἐκ τῶν ἰδίων λαλεῖ, ὅτι ψεύστης ἐστὶν καὶ ὁ πατὴρ αὐτοῦ. 45 ἐγὼ δὲ ὅτι τὴν ἀλήθειαν λέγω, οὐ πιστεύετέ μοι. 46 τίς ἐξ ὑμῶν ἐλέγχει με περὶ ἁμαρτίας; εἰ ἀλήθειαν λέγω, διὰ τί ὑμεῖς οὐ πιστεύετέ μοι; 47 ὁ ὢν ἐκ τοῦ Θεοῦ τὰ ῥήματα τοῦ Θεοῦ ἀκούει· διὰ τοῦτο ὑμεῖς οὐκ ἀκούετε, ὅτι ἐκ τοῦ Θεοῦ οὐκ ἐστέ. 48 Ἀπεκρίθησαν οἱ Ἰουδαῖοι καὶ εἶπαν αὐτῷ Οὐ καλῶς λέγομεν ἡμεῖς ὅτι Σαμαρείτης εἶ σὺ καὶ δαιμόνιον ἔχεις; 49 ἀπεκρίθη Ἰησοῦς Ἐγὼ δαιμόνιον οὐκ ἔχω, ἀλλὰ τιμῶ τὸν Πατέρα μου, καὶ ὑμεῖς ἀτιμάζετέ με. 50 ἐγὼ δὲ οὐ ζητῶ τὴν δόξαν μου· ἔστιν ὁ ζητῶν καὶ κρίνων. 51 ἀμὴν ἀμὴν λέγω ὑμῖν, ἐάν τις τὸν ἐμὸν λόγον τηρήσῃ, θάνατον οὐ μὴ θεωρήσῃ εἰς τὸν αἰῶνα. 52 εἶπαν αὐτῷ οἱ Ἰουδαῖοι Νῦν ἐγνώκαμεν ὅτι δαιμόνιον ἔχεις. Ἀβραὰμ ἀπέθανεν καὶ οἱ προφῆται, καὶ σὺ λέγεις Ἐάν τις τὸν λόγον μου τηρήσῃ, οὐ μὴ γεύσηται θανάτου εἰς τὸν αἰῶνα. 53 μὴ σὺ μείζων εἶ τοῦ πατρὸς ἡμῶν Ἀβραάμ, ὅστις ἀπέθανεν; καὶ οἱ προφῆται ἀπέθανον· τίνα σεαυτὸν ποιεῖς; 54 ἀπεκρίθη Ἰησοῦς Ἐὰν ἐγὼ δοξάσω ἐμαυτόν, ἡ δόξα μου οὐδέν ἐστιν· ἔστιν ὁ Πατήρ μου ὁ δοξάζων με, ὃν ὑμεῖς λέγετε ὅτι Θεὸς ἡμῶν ἐστιν, 55 καὶ οὐκ ἐγνώκατε αὐτόν, ἐγὼ δὲ οἶδα αὐτόν. κἂν εἴπω ὅτι οὐκ οἶδα αὐτόν, ἔσομαι ὅμοιος ὑμῖν ψεύστης· ἀλλὰ οἶδα αὐτὸν καὶ τὸν λόγον αὐτοῦ τηρῶ. 56 Ἀβραὰμ ὁ πατὴρ ὑμῶν ἠγαλλιάσατο ἵνα ἴδῃ τὴν ἡμέραν τὴν ἐμήν, καὶ εἶδεν καὶ ἐχάρη.

57 εἶπαν οὖν οἱ Ἰουδαῖοι πρὸς αὐτόν Πεντήκοντα ἔτη οὔπω ἔχεις καὶ Ἀβραὰμ ἑώρακας; 58 εἶπεν αὐτοῖς Ἰησοῦς Ἀμὴν ἀμὴν λέγω ὑμῖν, πρὶν Ἀβραὰμ γενέσθαι ἐγὼ εἰμί. 59 ἦραν οὖν λίθους ἵνα βάλωσιν ἐπ᾽ αὐτόν· Ἰησοῦς δὲ ἐκρύβη καὶ ἐξῆλθεν ἐκ τοῦ ἱεροῦ (διελθὼν διὰ μέσου αὐτῶν· καὶ παρῆγεν οὕτως).

John 9

Jesus Heals a Man Blind from Birth

1 Καὶ παράγων εἶδεν ἄνθρωπον τυφλὸν ἐκ γενετῆς. 2 καὶ ἠρώτησαν αὐτὸν οἱ μαθηταὶ αὐτοῦ λέγοντες Ῥαββεί, τίς ἥμαρτεν, οὗτος ἢ οἱ γονεῖς αὐτοῦ, ἵνα τυφλὸς γεννηθῇ; 3 ἀπεκρίθη (ὁ) Ἰησοῦς Οὔτε οὗτος ἥμαρτεν οὔτε οἱ γονεῖς αὐτοῦ, ἀλλ᾽ ἵνα φανερωθῇ τὰ ἔργα τοῦ Θεοῦ ἐν αὐτῷ. 4 ἡμᾶς δεῖ ἐργάζεσθαι τὰ ἔργα τοῦ πέμψαντός με ἕως ἡμέρα ἐστίν· ἔρχεται νὺξ ὅτε οὐδεὶς δύναται ἐργάζεσθαι. 5 ὅταν ἐν τῷ κόσμῳ ὦ, φῶς εἰμι τοῦ κόσμου. 6 ταῦτα εἰπὼν ἔπτυσεν χαμαὶ καὶ ἐποίησεν πηλὸν ἐκ τοῦ πτύσματος, καὶ ἐπέθηκεν αὐτοῦ τὸν πηλὸν ἐπὶ τοὺς ὀφθαλμούς (τοῦ τυφλοῦ), 7 καὶ εἶπεν αὐτῷ Ὕπαγε νίψαι εἰς τὴν κολυμβήθραν τοῦ Σιλωάμ (ὃ ἑρμηνεύεται Ἀπεσταλμένος). ἀπῆλθεν οὖν καὶ ἐνίψατο, καὶ ἦλθεν βλέπων. 8 Οἱ οὖν γείτονες καὶ οἱ θεωροῦντες αὐτὸν τὸ πρότερον, ὅτι [προσαίτης] (τυφλὸς) ἦν, ἔλεγον Οὐχ οὗτός ἐστιν ὁ καθήμενος καὶ προσαιτῶν; 9 ἄλλοι ἔλεγον ὅτι Οὗτός ἐστιν· ἄλλοι [ἔλεγον Οὐχί, ἀλλὰ] (δὲ, ὅτι) ὅμοιος αὐτῷ ἐστιν. ἐκεῖνος ἔλεγεν ὅτι Ἐγώ εἰμι. 10 ἔλεγον οὖν αὐτῷ Πῶς [οὖν] ἠνεῴχθησάν σου οἱ ὀφθαλμοί; 11 ἀπεκρίθη ἐκεῖνος (καὶ εἶπέν) [Ὁ] ἄνθρωπος [ὁ] λεγόμενος Ἰησοῦς πηλὸν ἐποίησεν καὶ ἐπέχρισέν μου τοὺς ὀφθαλμοὺς καὶ εἶπέν μοι [ὅτι] Ὕπαγε εἰς (τὴν κολυμβήθραν) τὸν Σιλωὰμ καὶ νίψαι· ἀπελθὼν [οὖν] (δὲ) καὶ νιψάμενος ἀνέβλεψα. 12 [καὶ] εἶπαν (οὖν) αὐτῷ Ποῦ ἐστιν ἐκεῖνος; λέγει Οὐκ οἶδα.

Interrogation by the Pharisees

13 Ἄγουσιν αὐτὸν πρὸς τοὺς Φαρισαίους, τόν ποτε τυφλόν. 14 ἦν δὲ σάββατον [ἐν ᾗ ἡμέρᾳ] (ὅτε) τὸν πηλὸν ἐποίησεν ὁ Ἰησοῦς καὶ ἀνέῳξεν αὐτοῦ τοὺς ὀφθαλμούς. 15 πάλιν οὖν ἠρώτων αὐτὸν καὶ οἱ Φαρισαῖοι πῶς ἀνέβλεψεν. ὁ δὲ εἶπεν αὐτοῖς Πηλὸν ἐπέθηκέν [μου] ἐπὶ τοὺς ὀφθαλμούς (μου), καὶ ἐνιψάμην, καὶ βλέπω. 16 ἔλεγον οὖν ἐκ τῶν Φαρισαίων τινές [Οὐκ ἔστιν οὗτος παρὰ Θεοῦ ὁ ἄνθρωπος] (οὗτος ὁ ἄνθρωπος Οὐκ ἔστιν παρὰ τοῦ θεοῦ), ὅτι τὸ σάββατον οὐ τηρεῖ. ἄλλοι ἔλεγον Πῶς δύναται ἄνθρωπος ἁμαρτωλὸς τοιαῦτα σημεῖα ποιεῖν; καὶ σχίσμα ἦν ἐν αὐτοῖς.

ΚΑΤΑ ΙΩΑΝΗΝ

17 λέγουσιν οὖν τῷ τυφλῷ πάλιν [Τί σὺ] (σὺ Τί) λέγεις περὶ αὐτοῦ, ὅτι ἠνέῳξέν σου τοὺς ὀφθαλμούς; ὁ δὲ εἶπεν ὅτι Προφήτης ἐστίν. 18 οὐκ ἐπίστευσαν οὖν οἱ Ἰουδαῖοι περὶ αὐτοῦ ὅτι [ἦν τυφλὸς] (τυφλὸς ἦν) καὶ ἀνέβλεψεν, ἕως ὅτου ἐφώνησαν τοὺς γονεῖς αὐτοῦ τοῦ ἀναβλέψαντος 19 καὶ ἠρώτησαν αὐτοὺς λέγοντες Οὗτός ἐστιν ὁ υἱὸς ὑμῶν, ὃν ὑμεῖς λέγετε ὅτι τυφλὸς ἐγεννήθη; πῶς οὖν [βλέπει ἄρτι] (ἄρτι βλέπει); 20 ἀπεκρίθησαν [οὖν] (αὐτοῖς) οἱ γονεῖς αὐτοῦ καὶ εἶπαν Οἴδαμεν ὅτι οὗτός ἐστιν ὁ υἱὸς ἡμῶν καὶ ὅτι τυφλὸς ἐγεννήθη· 21 πῶς δὲ νῦν βλέπει οὐκ οἴδαμεν, ἢ τίς ἤνοιξεν αὐτοῦ τοὺς ὀφθαλμοὺς ἡμεῖς οὐκ οἴδαμεν· [αὐτὸν ἐρωτήσατε, ἡλικίαν ἔχει] (αὐτὸς ἡλικίαν ἔχει αὐτὸν ἐρωτήσατε), αὐτὸς περὶ [ἑαυτοῦ] (αὐτοῦ) λαλήσει. 22 ταῦτα εἶπαν οἱ γονεῖς αὐτοῦ ὅτι ἐφοβοῦντο τοὺς Ἰουδαίους· ἤδη γὰρ συνετέθειντο οἱ Ἰουδαῖοι ἵνα ἐάν τις αὐτὸν ὁμολογήσῃ Χριστόν, ἀποσυνάγωγος γένηται. 23 διὰ τοῦτο οἱ γονεῖς αὐτοῦ εἶπαν ὅτι Ἡλικίαν ἔχει, αὐτὸν ἐπερωτήσατε. 24 Ἐφώνησαν οὖν [τὸν ἄνθρωπον ἐκ δευτέρου] (ἐκ δευτέρου τὸν ἄνθρωπον) ὃς ἦν τυφλός, καὶ εἶπαν αὐτῷ Δὸς δόξαν τῷ Θεῷ· ἡμεῖς οἴδαμεν ὅτι οὗτος ὁ ἄνθρωπος ἁμαρτωλός ἐστιν. 25 ἀπεκρίθη οὖν ἐκεῖνος (καὶ εἶπεν) Εἰ ἁμαρτωλός ἐστιν οὐκ οἶδα· ἓν οἶδα, ὅτι τυφλὸς ὢν ἄρτι βλέπω. 26 εἶπαν [οὖν] (δὲ) αὐτῷ (πάλιν) Τί ἐποίησέν σοι; πῶς ἤνοιξέν σου τοὺς ὀφθαλμούς; 27 ἀπεκρίθη αὐτοῖς Εἶπον ὑμῖν ἤδη καὶ οὐκ ἠκούσατε· τί πάλιν θέλετε ἀκούειν; μὴ καὶ ὑμεῖς θέλετε αὐτοῦ μαθηταὶ γενέσθαι; 28 [καὶ] ἐλοιδόρησαν (οὖν) αὐτὸν καὶ εἶπαν Σὺ (εἶ) μαθητὴς [εἶ] ἐκείνου, ἡμεῖς δὲ τοῦ Μωϋσέως ἐσμὲν μαθηταί· 29 ἡμεῖς οἴδαμεν ὅτι Μωϋσεῖ λελάληκεν ὁ Θεός, τοῦτον δὲ οὐκ οἴδαμεν πόθεν ἐστίν. 30 ἀπεκρίθη ὁ ἄνθρωπος καὶ εἶπεν αὐτοῖς Ἐν [τούτῳ γὰρ τὸ] (γὰρ τούτῳ) θαυμαστόν ἐστιν, ὅτι ὑμεῖς οὐκ οἴδατε πόθεν ἐστίν, καὶ [ἤνοιξέν] (ἀνέῳξεν) μου τοὺς ὀφθαλμούς. 31 οἴδαμεν (δὲ) ὅτι [ὁ Θεὸς ἁμαρτωλῶν] (ἁμαρτωλῶν ὁ θεὸς) οὐκ ἀκούει, ἀλλ' ἐάν τις θεοσεβὴς ᾖ καὶ τὸ θέλημα αὐτοῦ ποιῇ, τούτου ἀκούει. 32 ἐκ τοῦ αἰῶνος οὐκ ἠκούσθη ὅτι [ἠνέῳξέν] (ἤνοιξεν) τις ὀφθαλμοὺς τυφλοῦ γεγεννημένου· 33 εἰ μὴ ἦν οὗτος παρὰ Θεοῦ, οὐκ ἠδύνατο ποιεῖν οὐδέν. 34 ἀπεκρίθησαν καὶ εἶπαν αὐτῷ Ἐν ἁμαρτίαις σὺ ἐγεννήθης ὅλος, καὶ σὺ διδάσκεις ἡμᾶς; καὶ ἐξέβαλον αὐτὸν ἔξω.

ΚΑΤΑ ΙΩΑΝΗΝ

The Man Healed of Blindness Believes

35 Ἤκουσεν Ἰησοῦς ὅτι ἐξέβαλον αὐτὸν ἔξω, καὶ εὑρὼν αὐτὸν εἶπεν (αὐτῷ) Σὺ πιστεύεις εἰς τὸν [Υἱὸν τοῦ ἀνθρώπου] (Υἱὸν τοῦ Θεοῦ); 36 ἀπεκρίθη ἐκεῖνος καὶ εἶπεν [Καὶ] τίς ἐστιν, Κύριε, ἵνα πιστεύσω εἰς αὐτόν; 37 εἶπεν αὐτῷ ὁ Ἰησοῦς Καὶ ἑώρακας αὐτὸν καὶ ὁ λαλῶν μετὰ σοῦ ἐκεῖνός ἐστιν. 38 ὁ δὲ ἔφη Πιστεύω, Κύριε· καὶ προσεκύνησεν αὐτῷ. 39 καὶ εἶπεν ὁ Ἰησοῦς Εἰς κρίμα ἐγὼ εἰς τὸν κόσμον τοῦτον ἦλθον, ἵνα οἱ μὴ βλέποντες βλέπωσιν καὶ οἱ βλέποντες τυφλοὶ γένωνται. 40 ἤκουσαν ἐκ τῶν Φαρισαίων ταῦτα οἱ μετ' αὐτοῦ ὄντες, καὶ εἶπαν αὐτῷ Μὴ καὶ ἡμεῖς τυφλοί ἐσμεν; 41 εἶπεν αὐτοῖς ὁ Ἰησοῦς Εἰ τυφλοὶ ἦτε, οὐκ ἂν εἴχετε ἁμαρτίαν· νῦν δὲ λέγετε ὅτι Βλέπομεν· ἡ ἁμαρτία ὑμῶν μένει.

John 10

Jesus -The Good Shepherd

1 Ἀμὴν ἀμὴν λέγω ὑμῖν, ὁ μὴ εἰσερχόμενος διὰ τῆς θύρας εἰς τὴν αὐλὴν τῶν προβάτων ἀλλὰ ἀναβαίνων ἀλλαχόθεν, ἐκεῖνος κλέπτης ἐστὶν καὶ λῃστής· 2 ὁ δὲ εἰσερχόμενος διὰ τῆς θύρας ποιμήν ἐστιν τῶν προβάτων. 3 τούτῳ ὁ θυρωρὸς ἀνοίγει, καὶ τὰ πρόβατα τῆς φωνῆς αὐτοῦ ἀκούει, καὶ τὰ ἴδια πρόβατα [φωνεῖ] (καλεῖ) κατ' ὄνομα καὶ ἐξάγει αὐτά. 4 (καὶ) ὅταν τὰ ἴδια πάντα ἐκβάλῃ, ἔμπροσθεν αὐτῶν πορεύεται, καὶ τὰ πρόβατα αὐτῷ ἀκολουθεῖ, ὅτι οἴδασιν τὴν φωνὴν αὐτοῦ· 5 ἀλλοτρίῳ δὲ οὐ μὴ ἀκολουθήσουσιν, ἀλλὰ φεύξονται ἀπ' αὐτοῦ, ὅτι οὐκ οἴδασιν τῶν ἀλλοτρίων τὴν φωνήν. 6 Ταύτην τὴν παροιμίαν εἶπεν αὐτοῖς ὁ Ἰησοῦς· ἐκεῖνοι δὲ οὐκ ἔγνωσαν τίνα ἦν ἃ ἐλάλει αὐτοῖς. 7 Εἶπεν οὖν πάλιν (αὐτοῖς) ὁ Ἰησοῦς Ἀμὴν ἀμὴν λέγω ὑμῖν ὅτι ἐγώ εἰμι ἡ θύρα τῶν προβάτων. 8 πάντες ὅσοι [ἦλθον πρὸ ἐμοῦ] (πρὸ ἐμοῦ ἦλθον) κλέπται εἰσὶν καὶ λῃσταί· ἀλλ' οὐκ ἤκουσαν αὐτῶν τὰ πρόβατα. 9 ἐγώ εἰμι ἡ θύρα· δι' ἐμοῦ ἐάν τις εἰσέλθῃ, σωθήσεται, καὶ εἰσελεύσεται καὶ ἐξελεύσεται καὶ νομὴν εὑρήσει. 10 ὁ κλέπτης οὐκ ἔρχεται εἰ μὴ ἵνα κλέψῃ καὶ θύσῃ καὶ ἀπολέσῃ· ἐγὼ ἦλθον ἵνα ζωὴν ἔχωσιν καὶ περισσὸν ἔχωσιν. 11 ἐγώ εἰμι ὁ ποιμὴν ὁ καλός. ὁ ποιμὴν ὁ καλὸς τὴν ψυχὴν αὐτοῦ τίθησιν ὑπὲρ τῶν προβάτων· 12 ὁ μισθωτὸς (δὲ) καὶ οὐκ ὢν ποιμήν, οὗ οὐκ ἔστιν τὰ πρόβατα ἴδια, θεωρεῖ τὸν λύκον ἐρχόμενον καὶ ἀφίησιν τὰ πρόβατα καὶ φεύγει,— καὶ ὁ λύκος ἁρπάζει αὐτὰ καὶ σκορπίζει (τὰ πρόβατα)·

13 (ὁ δὲ μισθωτός φεύγει) ὅτι μισθωτός ἐστιν καὶ οὐ μέλει αὐτῷ περὶ τῶν προβάτων. 14 ἐγώ εἰμι ὁ ποιμὴν ὁ καλός, καὶ γινώσκω τὰ ἐμὰ καὶ [γινώσκουσί με τὰ ἐμά] (γινώσκομαι ὑπὸ τῶν ἐμῶν), 15 καθὼς γινώσκει με ὁ Πατὴρ κἀγὼ γινώσκω τὸν Πατέρα, καὶ τὴν ψυχήν μου τίθημι ὑπὲρ τῶν προβάτων. 16 καὶ ἄλλα πρόβατα ἔχω ἃ οὐκ ἔστιν ἐκ τῆς αὐλῆς ταύτης· κἀκεῖνα [δεῖ με] (με δεῖ) ἀγαγεῖν, καὶ τῆς φωνῆς μου ἀκούσουσιν, καὶ γενήσεται μία ποίμνη, εἷς ποιμήν. 17 διὰ τοῦτό [με] ὁ Πατὴρ (με) ἀγαπᾷ ὅτι ἐγὼ τίθημι τὴν ψυχήν μου, ἵνα πάλιν λάβω αὐτήν. 18 οὐδεὶς ἦρεν αὐτὴν ἀπ' ἐμοῦ, ἀλλ' ἐγὼ τίθημι αὐτὴν ἀπ' ἐμαυτοῦ. ἐξουσίαν ἔχω θεῖναι αὐτήν, καὶ ἐξουσίαν ἔχω πάλιν λαβεῖν αὐτήν· ταύτην τὴν ἐντολὴν ἔλαβον παρὰ τοῦ Πατρός μου. 19 Σχίσμα πάλιν ἐγένετο ἐν τοῖς Ἰουδαίοις διὰ τοὺς λόγους τούτους. 20 ἔλεγον δὲ πολλοὶ ἐξ αὐτῶν Δαιμόνιον ἔχει καὶ μαίνεται· τί αὐτοῦ ἀκούετε; 21 ἄλλοι ἔλεγον Ταῦτα τὰ ῥήματα οὐκ ἔστιν δαιμονιζομένου· μὴ δαιμόνιον δύναται τυφλῶν ὀφθαλμοὺς [ἀνοῖξαι] (ἀνοίγειν);

Conflicts Over Jesus' Declarations of Deity

22 Ἐγένετο [τότε] (δὲ) τὰ [ἐνκαίνια] (ἐγκαίνια) ἐν τοῖς Ἱεροσολύμοις· χειμὼν ἦν· 23 καὶ περιεπάτει ὁ Ἰησοῦς ἐν τῷ ἱερῷ ἐν τῇ στοᾷ τοῦ Σολομῶνος. 24 ἐκύκλωσαν οὖν αὐτὸν οἱ Ἰουδαῖοι καὶ ἔλεγον αὐτῷ Ἕως πότε τὴν ψυχὴν ἡμῶν αἴρεις; εἰ σὺ εἶ ὁ Χριστός, εἰπὸν ἡμῖν παρρησίᾳ. 25 ἀπεκρίθη αὐτοῖς ὁ Ἰησοῦς Εἶπον ὑμῖν, καὶ οὐ πιστεύετε· τὰ ἔργα ἃ ἐγὼ ποιῶ ἐν τῷ ὀνόματι τοῦ Πατρός μου, ταῦτα μαρτυρεῖ περὶ ἐμοῦ· 26 ἀλλὰ ὑμεῖς οὐ πιστεύετε, [ὅτι οὐκ] (οὐ γὰρ) ἐστὲ ἐκ τῶν προβάτων τῶν ἐμῶν (καθὼς εἶπον ὑμῖν). 27 τὰ πρόβατα τὰ ἐμὰ τῆς φωνῆς μου [ἀκούουσιν] (ἀκούει), κἀγὼ γινώσκω αὐτά, καὶ ἀκολουθοῦσίν μοι, 28 κἀγὼ [δίδωμι αὐτοῖς ζωὴν αἰώνιον] (ζωὴν αἰώνιον δίδωμι αὐτοῖς), καὶ οὐ μὴ ἀπόλωνται εἰς τὸν αἰῶνα, καὶ οὐχ ἁρπάσει τις αὐτὰ ἐκ τῆς χειρός μου. 29 ὁ Πατήρ μου ὃ δέδωκέν μοι [πάντων μεῖζόν] (μεῖζων πάντων) ἐστιν, καὶ οὐδεὶς δύναται ἁρπάζειν ἐκ τῆς χειρὸς τοῦ Πατρός (μου). 30 ἐγὼ καὶ ὁ Πατὴρ ἕν ἐσμεν. 31 Ἐβάστασαν πάλιν λίθους οἱ Ἰουδαῖοι ἵνα λιθάσωσιν αὐτόν. 32 ἀπεκρίθη αὐτοῖς ὁ Ἰησοῦς Πολλὰ (καλὰ) ἔργα ἔδειξα ὑμῖν [καλὰ] ἐκ τοῦ Πατρός (μου)· διὰ ποῖον αὐτῶν ἔργον [ἐμὲ λιθάζετε] (λιθάζετε μὲ); 33 ἀπεκρίθησαν αὐτῷ οἱ Ἰουδαῖοι (λέγοντες) Περὶ καλοῦ ἔργου οὐ λιθάζομέν σε ἀλλὰ περὶ βλασφημίας, καὶ ὅτι σὺ ἄνθρωπος ὢν ποιεῖς σεαυτὸν Θεόν. 34 ἀπεκρίθη αὐτοῖς ὁ Ἰησοῦς Οὐκ ἔστιν γεγραμμένον ἐν τῷ νόμῳ ὑμῶν [ὅτι] Ἐγὼ εἶπα Θεοί ἐστε;

ΚΑΤΑ ΙΩΑΝΗΝ

35 εἰ ἐκείνους εἶπεν θεοὺς πρὸς οὓς ὁ λόγος τοῦ Θεοῦ ἐγένετο, καὶ οὐ δύναται λυθῆναι ἡ γραφή, 36 ὃν ὁ Πατὴρ ἡγίασεν καὶ ἀπέστειλεν εἰς τὸν κόσμον ὑμεῖς λέγετε ὅτι Βλασφημεῖς, ὅτι εἶπον Υἱὸς τοῦ Θεοῦ εἰμι; 37 εἰ οὐ ποιῶ τὰ ἔργα τοῦ Πατρός μου, μὴ πιστεύετέ μοι· 38 εἰ δὲ ποιῶ, κἂν ἐμοὶ μὴ πιστεύητε, τοῖς ἔργοις πιστεύετε, ἵνα γνῶτε καὶ [γινώσκητε] (πιστεύσητε) ὅτι ἐν ἐμοὶ ὁ Πατὴρ κἀγὼ ἐν [τῷ Πατρί] (αὐτῷ). 39 Ἐζήτουν οὖν [αὐτὸν πάλιν] (πάλιν αὐτὸν) πιάσαι· καὶ ἐξῆλθεν ἐκ τῆς χειρὸς αὐτῶν.

40 Καὶ ἀπῆλθεν πάλιν πέραν τοῦ Ἰορδάνου εἰς τὸν τόπον ὅπου ἦν Ἰωάνης τὸ πρῶτον βαπτίζων, καὶ ἔμενεν ἐκεῖ. 41 καὶ πολλοὶ ἦλθον πρὸς αὐτὸν καὶ ἔλεγον ὅτι Ἰωάνης μὲν σημεῖον ἐποίησεν οὐδέν, πάντα δὲ ὅσα εἶπεν Ἰωάνης περὶ τούτου ἀληθῆ ἦν. 42 καὶ [πολλοὶ ἐπίστευσαν εἰς αὐτὸν ἐκεῖ] (ἐπίστευσαν πολλοὶ ἐκεῖ εἰς αὐτὸν).

John 11
The Death of Lazarus

1 Ἦν δέ τις ἀσθενῶν, Λάζαρος ἀπὸ Βηθανίας, ἐκ τῆς κώμης Μαρίας καὶ Μάρθας τῆς ἀδελφῆς αὐτῆς. 2 ἦν δὲ Μαριὰμ ἡ ἀλείψασα τὸν Κύριον μύρῳ καὶ ἐκμάξασα τοὺς πόδας αὐτοῦ ταῖς θριξὶν αὐτῆς, ἧς ὁ ἀδελφὸς Λάζαρος ἠσθένει. 3 ἀπέστειλαν οὖν αἱ ἀδελφαὶ πρὸς αὐτὸν λέγουσαι Κύριε, ἴδε ὃν φιλεῖς ἀσθενεῖ. 4 ἀκούσας δὲ ὁ Ἰησοῦς εἶπεν Αὕτη ἡ ἀσθένεια οὐκ ἔστιν πρὸς θάνατον ἀλλ᾽ ὑπὲρ τῆς δόξης τοῦ Θεοῦ, ἵνα δοξασθῇ ὁ Υἱὸς τοῦ Θεοῦ δι᾽ αὐτῆς. 5 ἠγάπα δὲ ὁ Ἰησοῦς τὴν Μάρθαν καὶ τὴν ἀδελφὴν αὐτῆς καὶ τὸν Λάζαρον. 6 ὡς οὖν ἤκουσεν ὅτι ἀσθενεῖ, τότε μὲν ἔμεινεν ἐν ᾧ ἦν τόπῳ δύο ἡμέρας· 7 ἔπειτα μετὰ τοῦτο λέγει τοῖς μαθηταῖς Ἄγωμεν εἰς τὴν Ἰουδαίαν πάλιν. 8 λέγουσιν αὐτῷ οἱ μαθηταί Ῥαββεί, νῦν ἐζήτουν σε λιθάσαι οἱ Ἰουδαῖοι, καὶ πάλιν ὑπάγεις ἐκεῖ; 9 ἀπεκρίθη Ἰησοῦς Οὐχὶ δώδεκα [ὧραί εἰσιν] (εἰσιν ὧραί) τῆς ἡμέρας; ἐάν τις περιπατῇ ἐν τῇ ἡμέρᾳ, οὐ προσκόπτει, ὅτι τὸ φῶς τοῦ κόσμου τούτου βλέπει· 10 ἐὰν δέ τις περιπατῇ ἐν τῇ νυκτί, προσκόπτει, ὅτι τὸ φῶς οὐκ ἔστιν ἐν αὐτῷ. 11 ταῦτα εἶπεν, καὶ μετὰ τοῦτο λέγει αὐτοῖς Λάζαρος ὁ φίλος ἡμῶν κεκοίμηται· ἀλλὰ πορεύομαι ἵνα ἐξυπνίσω αὐτόν. 12 εἶπαν οὖν οἱ μαθηταὶ αὐτῷ Κύριε, εἰ κεκοίμηται, σωθήσεται. 13 εἰρήκει δὲ ὁ Ἰησοῦς περὶ τοῦ θανάτου αὐτοῦ· ἐκεῖνοι δὲ ἔδοξαν ὅτι περὶ τῆς κοιμήσεως τοῦ ὕπνου λέγει. 14 τότε οὖν εἶπεν αὐτοῖς ὁ Ἰησοῦς παρρησίᾳ Λάζαρος ἀπέθανεν, 15 καὶ χαίρω δι᾽ ὑμᾶς, ἵνα πιστεύσητε, ὅτι οὐκ ἤμην ἐκεῖ· ἀλλὰ ἄγωμεν πρὸς αὐτόν. 16 εἶπεν οὖν Θωμᾶς ὁ λεγόμενος Δίδυμος τοῖς συνμαθηταῖς Ἄγωμεν καὶ ἡμεῖς ἵνα ἀποθάνωμεν μετ᾽ αὐτοῦ.

ΚΑΤΑ ΙΩΑΝΗΝ
Jesus - The Resurrection and the Life

17 Ἐλθὼν οὖν ὁ Ἰησοῦς εὗρεν αὐτὸν τέσσαρας [ἤδη ἡμέρας] (ἡμέρας ἤδη) ἔχοντα ἐν τῷ μνημείῳ. 18 ἦν δὲ Βηθανία ἐγγὺς τῶν Ἱεροσολύμων ὡς ἀπὸ σταδίων δεκαπέντε. 19 (καὶ) πολλοὶ [δὲ] ἐκ τῶν Ἰουδαίων ἐληλύθεισαν πρὸς τὴν Μάρθαν καὶ Μαριὰμ, ἵνα παραμυθήσωνται αὐτὰς περὶ τοῦ ἀδελφοῦ (αὐτῶν). 20 ἡ οὖν Μάρθα ὡς ἤκουσεν ὅτι Ἰησοῦς ἔρχεται, ὑπήντησεν αὐτῷ· Μαριὰμ δὲ ἐν τῷ οἴκῳ ἐκαθέζετο. 21 εἶπεν οὖν ἡ Μάρθα πρὸς (τὸν) Ἰησοῦν Κύριε, εἰ ἦς ὧδε, [οὐκ ἂν ἀπέθανεν ὁ ἀδελφός μου] (ὁ ἀδελφός μου· οὐκ ἂν ἐτεθνήκει). 22 (ἀλλὰ) καὶ νῦν οἶδα ὅτι ὅσα ἂν αἰτήσῃ τὸν Θεὸν δώσει σοι ὁ Θεός. 23 λέγει αὐτῇ ὁ Ἰησοῦς Ἀναστήσεται ὁ ἀδελφός σου. 24 λέγει αὐτῷ ἡ Μάρθα Οἶδα ὅτι ἀναστήσεται ἐν τῇ ἀναστάσει ἐν τῇ ἐσχάτῃ ἡμέρᾳ. 25 εἶπεν αὐτῇ ὁ Ἰησοῦς Ἐγώ εἰμι ἡ ἀνάστασις καὶ ἡ ζωή· ὁ πιστεύων εἰς ἐμὲ κἂν ἀποθάνῃ ζήσεται, 26 καὶ πᾶς ὁ ζῶν καὶ πιστεύων εἰς ἐμὲ οὐ μὴ ἀποθάνῃ εἰς τὸν αἰῶνα· πιστεύεις τοῦτο; 27 λέγει αὐτῷ Ναί, Κύριε· ἐγὼ πεπίστευκα ὅτι σὺ εἶ ὁ Χριστὸς ὁ Υἱὸς τοῦ Θεοῦ ὁ εἰς τὸν κόσμον ἐρχόμενος.

Jesus' Spirit is Moved by the Mourners

28 καὶ τοῦτο εἰποῦσα ἀπῆλθεν καὶ ἐφώνησεν Μαριὰμ τὴν ἀδελφὴν αὐτῆς λάθρᾳ εἰποῦσα Ὁ Διδάσκαλος πάρεστιν καὶ φωνεῖ σε. 29 ἐκείνη [δὲ] ὡς ἤκουσεν, ἐγείρεται ταχὺ καὶ ἤρχετο πρὸς αὐτόν· 30 οὔπω δὲ ἐληλύθει ὁ Ἰησοῦς εἰς τὴν κώμην, ἀλλ' ἦν [ἔτι] ἐν τῷ τόπῳ ὅπου ὑπήντησεν αὐτῷ ἡ Μάρθα. 31 οἱ οὖν Ἰουδαῖοι οἱ ὄντες μετ' αὐτῆς ἐν τῇ οἰκίᾳ καὶ παραμυθούμενοι αὐτήν, ἰδόντες τὴν Μαριὰμ ὅτι ταχέως ἀνέστη καὶ ἐξῆλθεν, ἠκολούθησαν αὐτῇ, [δόξαντες] (λέγοντες) ὅτι ὑπάγει εἰς τὸ μνημεῖον ἵνα κλαύσῃ ἐκεῖ. 32 ἡ οὖν Μαριὰμ ὡς ἦλθεν ὅπου ἦν (ὁ) Ἰησοῦς, ἰδοῦσα αὐτὸν ἔπεσεν [αὐτοῦ πρὸς] (εἰς) τοὺς πόδας (αὐτοῦ), λέγουσα αὐτῷ Κύριε, εἰ ἦς ὧδε, οὐκ ἄν [μου ἀπέθανεν] (ἀπέθανεν μου) ὁ ἀδελφός. 33 Ἰησοῦς οὖν ὡς εἶδεν αὐτὴν κλαίουσαν καὶ τοὺς συνελθόντας αὐτῇ Ἰουδαίους κλαίοντας, ἐνεβριμήσατο τῷ πνεύματι καὶ ἐτάραξεν ἑαυτόν, 34 καὶ εἶπεν Ποῦ τεθείκατε αὐτόν; λέγουσιν αὐτῷ Κύριε, ἔρχου καὶ ἴδε. 35 ἐδάκρυσεν ὁ Ἰησοῦς. 36 ἔλεγον οὖν οἱ Ἰουδαῖοι Ἴδε πῶς ἐφίλει αὐτόν. 37 τινὲς δὲ ἐξ αὐτῶν εἶπαν Οὐκ ἐδύνατο οὗτος ὁ ἀνοίξας τοὺς ὀφθαλμοὺς τοῦ τυφλοῦ ποιῆσαι ἵνα καὶ οὗτος μὴ ἀποθάνῃ;

ΚΑΤΑ ΙΩΑΝΗΝ

Jesus Raises Lazarus from the Dead

38 Ἰησοῦς οὖν πάλιν ἐμβριμώμενος ἐν ἑαυτῷ ἔρχεται εἰς τὸ μνημεῖον· ἦν δὲ σπήλαιον, καὶ λίθος ἐπέκειτο ἐπ' αὐτῷ. 39 λέγει ὁ Ἰησοῦς Ἄρατε τὸν λίθον. λέγει αὐτῷ ἡ ἀδελφὴ τοῦ τετελευτηκότος Μάρθα Κύριε, ἤδη ὄζει· τεταρταῖος γάρ ἐστιν. 40 λέγει αὐτῇ ὁ Ἰησοῦς Οὐκ εἶπόν σοι ὅτι ἐὰν πιστεύσῃς ὄψῃ τὴν δόξαν τοῦ Θεοῦ; 41 ἦραν οὖν τὸν λίθον (οὗ ἦν ὁ τεθνηκὼς κειμένος). ὁ δὲ Ἰησοῦς ἦρεν τοὺς ὀφθαλμοὺς ἄνω καὶ εἶπεν Πάτερ, εὐχαριστῶ σοι ὅτι ἤκουσάς μου. 42 ἐγὼ δὲ ᾔδειν ὅτι πάντοτέ μου ἀκούεις· ἀλλὰ διὰ τὸν ὄχλον τὸν περιεστῶτα εἶπον, ἵνα πιστεύσωσιν ὅτι σύ με ἀπέστειλας. 43 καὶ ταῦτα εἰπὼν φωνῇ μεγάλῃ ἐκραύγασεν Λάζαρε, δεῦρο ἔξω. 44 (καὶ) ἐξῆλθεν ὁ τεθνηκὼς δεδεμένος τοὺς πόδας καὶ τὰς χεῖρας κειρίαις, καὶ ἡ ὄψις αὐτοῦ σουδαρίῳ περιεδέδετο. λέγει αὐτοῖς ὁ Ἰησοῦς Λύσατε αὐτὸν καὶ ἄφετε [αὐτὸν] ὑπάγειν.

The Council Conspires to Kill Jesus

45 Πολλοὶ οὖν ἐκ τῶν Ἰουδαίων, οἱ ἐλθόντες πρὸς τὴν Μαριὰμ καὶ θεασάμενοι [ὃ] (ἃ) ἐποίησεν (ὁ Ἰησοῦς), ἐπίστευσαν εἰς αὐτόν· 46 τινὲς δὲ ἐξ αὐτῶν ἀπῆλθον πρὸς τοὺς Φαρισαίους καὶ εἶπαν αὐτοῖς ἃ ἐποίησεν (ὁ) Ἰησοῦς. 47 Συνήγαγον οὖν οἱ ἀρχιερεῖς καὶ οἱ Φαρισαῖοι συνέδριον, καὶ ἔλεγον Τί ποιοῦμεν, ὅτι οὗτος ὁ ἄνθρωπος πολλὰ [ποιεῖ σημεῖα] (σημεῖα ποιεῖ); 48 ἐὰν ἀφῶμεν αὐτὸν οὕτως, πάντες πιστεύσουσιν εἰς αὐτόν, καὶ ἐλεύσονται οἱ Ῥωμαῖοι καὶ ἀροῦσιν ἡμῶν καὶ τὸν τόπον καὶ τὸ ἔθνος. 49 εἷς δέ τις ἐξ αὐτῶν Καϊάφας, ἀρχιερεὺς ὢν τοῦ ἐνιαυτοῦ ἐκείνου, εἶπεν αὐτοῖς Ὑμεῖς οὐκ οἴδατε οὐδέν, 50 οὐδὲ λογίζεσθε ὅτι συμφέρει ὑμῖν ἵνα εἷς ἄνθρωπος ἀποθάνῃ ὑπὲρ τοῦ λαοῦ καὶ μὴ ὅλον τὸ ἔθνος ἀπόληται. 51 τοῦτο δὲ ἀφ' ἑαυτοῦ οὐκ εἶπεν, ἀλλὰ ἀρχιερεὺς ὢν τοῦ ἐνιαυτοῦ ἐκείνου ἐπροφήτευσεν ὅτι ἔμελλεν Ἰησοῦς ἀποθνήσκειν ὑπὲρ τοῦ ἔθνους, 52 καὶ οὐχ ὑπὲρ τοῦ ἔθνους μόνον, ἀλλ' ἵνα καὶ τὰ τέκνα τοῦ Θεοῦ τὰ διεσκορπισμένα συναγάγῃ εἰς ἕν. 53 ἀπ' ἐκείνης οὖν τῆς ἡμέρας ἐβουλεύσαντο ἵνα ἀποκτείνωσιν αὐτόν.

54 [Ὁ οὖν Ἰησοῦς] (Ἰησοῦς οὖν) οὐκέτι παρρησίᾳ περιεπάτει ἐν τοῖς Ἰουδαίοις, ἀλλὰ ἀπῆλθεν ἐκεῖθεν εἰς τὴν χώραν ἐγγὺς τῆς ἐρήμου, εἰς Ἐφραὶμ λεγομένην πόλιν, κἀκεῖ [ἔμεινεν] (διέτριβεν) μετὰ τῶν μαθητῶν (αὐτοῦ). 55 Ἦν δὲ ἐγγὺς τὸ πάσχα τῶν Ἰουδαίων, καὶ ἀνέβησαν πολλοὶ εἰς Ἱεροσόλυμα ἐκ τῆς χώρας πρὸ τοῦ πάσχα, ἵνα ἁγνίσωσιν ἑαυτούς.

ΚΑΤΑ ΙΩΑΝΗΝ

56 ἐζήτουν οὖν τὸν Ἰησοῦν καὶ ἔλεγον μετ' ἀλλήλων ἐν τῷ ἱερῷ ἑστηκότες Τί δοκεῖ ὑμῖν; ὅτι οὐ μὴ ἔλθῃ εἰς τὴν ἑορτήν; 57 δεδώκεισαν δὲ οἱ ἀρχιερεῖς καὶ οἱ Φαρισαῖοι [ἐντολὰς] (ἐντολὴν) ἵνα ἐάν τις γνῷ ποῦ ἐστιν μηνύσῃ, ὅπως πιάσωσιν αὐτόν.

John 12

Mary Anoints Jesus at Bethany

1 Ὁ οὖν Ἰησοῦς πρὸ ἓξ ἡμερῶν τοῦ πάσχα ἦλθεν εἰς Βηθανίαν, ὅπου ἦν Λάζαρος, (Ὁ τεθνηκώς,) ὃν ἤγειρεν ἐκ νεκρῶν [Ἰησοῦς]. 2 ἐποίησαν οὖν αὐτῷ δεῖπνον ἐκεῖ, καὶ ἡ Μάρθα διηκόνει, ὁ δὲ Λάζαρος εἷς ἦν [ἐκ] τῶν [ἀνακειμένων σὺν] (συνανακειμένων) αὐτῷ· 3 ἡ οὖν Μαριὰμ λαβοῦσα λίτραν μύρου νάρδου πιστικῆς πολυτίμου ἤλειψεν τοὺς πόδας τοῦ Ἰησοῦ καὶ ἐξέμαξεν ταῖς θριξὶν αὐτῆς τοὺς πόδας αὐτοῦ· ἡ δὲ οἰκία ἐπληρώθη ἐκ τῆς ὀσμῆς τοῦ μύρου. 4 λέγει [δὲ] (οὖν εἷς ἐκ τῶν μαθητῶν αὐτοῦ) Ἰούδας [ὁ] (Σίμωνος) Ἰσκαριώτης [εἷς τῶν μαθητῶν αὐτοῦ], ὁ μέλλων αὐτὸν παραδιδόναι 5 Διὰ τί τοῦτο τὸ μύρον οὐκ ἐπράθη τριακοσίων δηναρίων καὶ ἐδόθη πτωχοῖς; 6 εἶπεν δὲ τοῦτο οὐχ ὅτι περὶ τῶν πτωχῶν ἔμελεν αὐτῷ, ἀλλ' ὅτι κλέπτης ἦν καὶ τὸ γλωσσόκομον ἔχων (καὶ) τὰ βαλλόμενα ἐβάσταζεν. 7 εἶπεν οὖν ὁ Ἰησοῦς Ἄφες αὐτήν, [ἵνα] εἰς τὴν ἡμέραν τοῦ ἐνταφιασμοῦ μου [τηρήσῃ] (τετήρηκεν) αὐτό· 8 τοὺς πτωχοὺς γὰρ πάντοτε ἔχετε μεθ' ἑαυτῶν, ἐμὲ δὲ οὐ πάντοτε ἔχετε. 9 Ἔγνω οὖν ὁ ὄχλος πολὺς ἐκ τῶν Ἰουδαίων ὅτι ἐκεῖ ἐστιν, καὶ ἦλθον οὐ διὰ τὸν Ἰησοῦν μόνον, ἀλλ' ἵνα καὶ τὸν Λάζαρον ἴδωσιν ὃν ἤγειρεν ἐκ νεκρῶν. 10 ἐβουλεύσαντο δὲ οἱ ἀρχιερεῖς ἵνα καὶ τὸν Λάζαρον ἀποκτείνωσιν, 11 ὅτι πολλοὶ δι' αὐτὸν ὑπῆγον τῶν Ἰουδαίων καὶ ἐπίστευον εἰς τὸν Ἰησοῦν.

The Triumphal Entry

12 Τῇ ἐπαύριον ὁ ὄχλος πολὺς ὁ ἐλθὼν εἰς τὴν ἑορτήν, ἀκούσαντες ὅτι ἔρχεται Ἰησοῦς εἰς Ἱεροσόλυμα, 13 ἔλαβον τὰ βαΐα τῶν φοινίκων καὶ ἐξῆλθον εἰς ὑπάντησιν αὐτῷ, καὶ ἐκραύγαζον

Ὡσαννά,
εὐλογημένος ὁ ἐρχόμενος ἐν ὀνόματι Κυρίου,
[καὶ] ὁ Βασιλεὺς τοῦ Ἰσραήλ.

ΚΑΤΑ ΙΩΑΝΗΝ

14 εὑρὼν δὲ ὁ Ἰησοῦς ὀνάριον ἐκάθισεν ἐπ' αὐτό, καθώς ἐστιν γεγραμμένον

15 Μὴ φοβοῦ, θυγάτηρ Σιών·
ἰδοὺ ὁ Βασιλεύς σου ἔρχεται,
καθήμενος ἐπὶ πῶλον ὄνου.

16 Ταῦτα (δὲ) οὐκ ἔγνωσαν [αὐτοῦ] οἱ μαθηταὶ (αὐτοῦ) τὸ πρῶτον, ἀλλ' ὅτε ἐδοξάσθη (ὁ) Ἰησοῦς τότε ἐμνήσθησαν ὅτι ταῦτα ἦν ἐπ' αὐτῷ γεγραμμένα καὶ ταῦτα ἐποίησαν αὐτῷ. 17 Ἐμαρτύρει οὖν ὁ ὄχλος ὁ ὢν μετ' αὐτοῦ ὅτε τὸν Λάζαρον ἐφώνησεν ἐκ τοῦ μνημείου καὶ ἤγειρεν αὐτὸν ἐκ νεκρῶν. 18 διὰ τοῦτο καὶ ὑπήντησεν αὐτῷ ὁ ὄχλος, ὅτι ἤκουσαν τοῦτο αὐτὸν πεποιηκέναι τὸ σημεῖον. 19 οἱ οὖν Φαρισαῖοι εἶπαν πρὸς ἑαυτούς Θεωρεῖτε ὅτι οὐκ ὠφελεῖτε οὐδέν· ἴδε ὁ κόσμος ὀπίσω αὐτοῦ ἀπῆλθεν.

The Necessity of the Cross

20 Ἦσαν δὲ (τινες) Ἕλληνές [τινες] ἐκ τῶν ἀναβαινόντων ἵνα προσκυνήσωσιν ἐν τῇ ἑορτῇ· 21 οὗτοι οὖν προσῆλθον Φιλίππῳ τῷ ἀπὸ Βηθσαϊδὰ τῆς Γαλιλαίας, καὶ ἠρώτων αὐτὸν λέγοντες Κύριε, θέλομεν τὸν Ἰησοῦν ἰδεῖν. 22 ἔρχεται ὁ Φίλιππος καὶ λέγει τῷ Ἀνδρέᾳ· [ἔρχεται] (καὶ πάλιν) Ἀνδρέας καὶ Φίλιππος καὶ λέγουσιν τῷ Ἰησοῦ. 23 ὁ δὲ Ἰησοῦς ἀποκρίνεται αὐτοῖς λέγων Ἐλήλυθεν ἡ ὥρα ἵνα δοξασθῇ ὁ Υἱὸς τοῦ ἀνθρώπου. 24 ἀμὴν ἀμὴν λέγω ὑμῖν, ἐὰν μὴ ὁ κόκκος τοῦ σίτου πεσὼν εἰς τὴν γῆν ἀποθάνῃ, αὐτὸς μόνος μένει· ἐὰν δὲ ἀποθάνῃ, πολὺν καρπὸν φέρει. 25 ὁ φιλῶν τὴν ψυχὴν αὐτοῦ ἀπολλύει αὐτήν, καὶ ὁ μισῶν τὴν ψυχὴν αὐτοῦ ἐν τῷ κόσμῳ τούτῳ εἰς ζωὴν αἰώνιον φυλάξει αὐτήν. 26 ἐὰν ἐμοί [τις διακονῇ] (διακονῇ τις), ἐμοὶ ἀκολουθείτω, καὶ ὅπου εἰμὶ ἐγώ, ἐκεῖ καὶ ὁ διάκονος ὁ ἐμὸς ἔσται· (καὶ) ἐάν τις ἐμοὶ διακονῇ, τιμήσει αὐτὸν ὁ Πατήρ. 27 νῦν ἡ ψυχή μου τετάρακται, καὶ τί εἴπω; Πάτερ, σῶσόν με ἐκ τῆς ὥρας ταύτης. ἀλλὰ διὰ τοῦτο ἦλθον εἰς τὴν ὥραν ταύτην. 28 Πάτερ, δόξασόν σου τὸ ὄνομα. ἦλθεν οὖν φωνὴ ἐκ τοῦ οὐρανοῦ Καὶ ἐδόξασα καὶ πάλιν δοξάσω. 29 ὁ οὖν ὄχλος ὁ ἑστὼς καὶ ἀκούσας ἔλεγεν βροντὴν γεγονέναι· ἄλλοι ἔλεγον Ἄγγελος αὐτῷ λελάληκεν. 30 ἀπεκρίθη Ἰησοῦς καὶ εἶπεν Οὐ δι' ἐμὲ (αὕτη) ἡ φωνὴ [αὕτη] γέγονεν ἀλλὰ δι' ὑμᾶς. 31 νῦν κρίσις ἐστὶν τοῦ κόσμου τούτου· νῦν ὁ ἄρχων τοῦ κόσμου τούτου ἐκβληθήσεται ἔξω· 32 κἀγὼ ἐὰν ὑψωθῶ ἐκ τῆς γῆς, πάντας ἑλκύσω πρὸς ἐμαυτόν. 33 τοῦτο δὲ ἔλεγεν σημαίνων ποίῳ θανάτῳ ἤμελλεν ἀποθνήσκειν.

ΚΑΤΑ ΙΩΑΝΗΝ

34 ἀπεκρίθη [οὖν] αὐτῷ ὁ ὄχλος Ἡμεῖς ἠκούσαμεν ἐκ τοῦ νόμου ὅτι ὁ Χριστὸς μένει εἰς τὸν αἰῶνα, καὶ πῶς λέγεις σὺ ὅτι δεῖ ὑψωθῆναι τὸν Υἱὸν τοῦ ἀνθρώπου; τίς ἐστιν οὗτος ὁ Υἱὸς τοῦ ἀνθρώπου; 35 εἶπεν οὖν αὐτοῖς ὁ Ἰησοῦς Ἔτι μικρὸν χρόνον τὸ φῶς ἐν ὑμῖν ἐστιν. περιπατεῖτε ὡς τὸ φῶς ἔχετε, ἵνα μὴ σκοτία ὑμᾶς καταλάβῃ· καὶ ὁ περιπατῶν ἐν τῇ σκοτίᾳ οὐκ οἶδεν ποῦ ὑπάγει. 36 [ὡς] (ἕως) τὸ φῶς ἔχετε, πιστεύετε εἰς τὸ φῶς, ἵνα υἱοὶ φωτὸς γένησθε. Ταῦτα ἐλάλησεν Ἰησοῦς, καὶ ἀπελθὼν ἐκρύβη ἀπ' αὐτῶν.

Prophecies of Rejection Fulfilled

37 Τοσαῦτα δὲ αὐτοῦ σημεῖα πεποιηκότος ἔμπροσθεν αὐτῶν οὐκ ἐπίστευον εἰς αὐτόν, 38 ἵνα ὁ λόγος Ἡσαΐου τοῦ προφήτου πληρωθῇ ὃν εἶπεν Κύριε, τίς ἐπίστευσεν τῇ ἀκοῇ ἡμῶν; καὶ ὁ βραχίων Κυρίου τίνι ἀπεκαλύφθη; 39 διὰ τοῦτο οὐκ ἠδύναντο πιστεύειν, ὅτι πάλιν εἶπεν Ἡσαΐας 40 Τετύφλωκεν αὐτῶν τοὺς ὀφθαλμοὺς καὶ ἐπώρωσεν αὐτῶν τὴν καρδίαν, ἵνα μὴ ἴδωσιν τοῖς ὀφθαλμοῖς καὶ νοήσωσιν τῇ καρδίᾳ καὶ [στραφῶσιν] (ἐπιστραφῶσιν), καὶ ἰάσομαι αὐτούς. 41 ταῦτα εἶπεν Ἡσαΐας ὅτι εἶδεν τὴν δόξαν αὐτοῦ, καὶ ἐλάλησεν περὶ αὐτοῦ.

Many Believe in Secret

42 ὅμως μέντοι καὶ ἐκ τῶν ἀρχόντων πολλοὶ ἐπίστευσαν εἰς αὐτόν, ἀλλὰ διὰ τοὺς Φαρισαίους οὐχ ὡμολόγουν, ἵνα μὴ ἀποσυνάγωγοι γένωνται· 43 ἠγάπησαν γὰρ τὴν δόξαν τῶν ἀνθρώπων μᾶλλον ἤπερ τὴν δόξαν τοῦ Θεοῦ. 44 Ἰησοῦς δὲ ἔκραξεν καὶ εἶπεν Ὁ πιστεύων εἰς ἐμὲ οὐ πιστεύει εἰς ἐμὲ ἀλλὰ εἰς τὸν πέμψαντά με, 45 καὶ ὁ θεωρῶν ἐμὲ θεωρεῖ τὸν πέμψαντά με. 46 ἐγὼ φῶς εἰς τὸν κόσμον ἐλήλυθα, ἵνα πᾶς ὁ πιστεύων εἰς ἐμὲ ἐν τῇ σκοτίᾳ μὴ μείνῃ. 47 καὶ ἐάν τίς μου ἀκούσῃ τῶν ῥημάτων καὶ μὴ [φυλάξῃ] (πιστεύσῃ), ἐγὼ οὐ κρίνω αὐτόν· οὐ γὰρ ἦλθον ἵνα κρίνω τὸν κόσμον, ἀλλ' ἵνα σώσω τὸν κόσμον. 48 ὁ ἀθετῶν ἐμὲ καὶ μὴ λαμβάνων τὰ ῥήματά μου ἔχει τὸν κρίνοντα αὐτόν· ὁ λόγος ὃν ἐλάλησα, ἐκεῖνος κρινεῖ αὐτὸν ἐν τῇ ἐσχάτῃ ἡμέρᾳ· 49 ὅτι ἐγὼ ἐξ ἐμαυτοῦ οὐκ ἐλάλησα, ἀλλ' ὁ πέμψας με Πατὴρ αὐτός μοι ἐντολὴν δέδωκεν τί εἴπω καὶ τί λαλήσω. 50 καὶ οἶδα ὅτι ἡ ἐντολὴ αὐτοῦ ζωὴ αἰώνιός ἐστιν. ἃ οὖν [ἐγὼ λαλῶ] (λαλῶ ἐγώ), καθὼς εἴρηκέν μοι ὁ Πατήρ, οὕτως λαλῶ.

ΚΑΤΑ ΙΩΑΝΗΝ

John 13

Jesus Washes the Disciples' Feet

1 Πρὸ δὲ τῆς ἑορτῆς τοῦ πάσχα εἰδὼς ὁ Ἰησοῦς ὅτι ἦλθεν αὐτοῦ ἡ ὥρα ἵνα μεταβῇ ἐκ τοῦ κόσμου τούτου πρὸς τὸν Πατέρα, ἀγαπήσας τοὺς ἰδίους τοὺς ἐν τῷ κόσμῳ, εἰς τέλος ἠγάπησεν αὐτούς. 2 καὶ δείπνου γινομένου, τοῦ διαβόλου ἤδη βεβληκότος εἰς τὴν καρδίαν [ἵνα παραδοῖ αὐτὸν Ἰούδας Σίμωνος Ἰσκαριώτης] (Ἰούδα Σίμωνος Ἰσκαριώτου ἵνα αὐτὸν παραδῷ), 3 εἰδὼς (ὁ Ἰησοῦς) ὅτι πάντα ἔδωκεν αὐτῷ ὁ Πατὴρ εἰς τὰς χεῖρας, καὶ ὅτι ἀπὸ Θεοῦ ἐξῆλθεν καὶ πρὸς τὸν Θεὸν ὑπάγει, 4 ἐγείρεται ἐκ τοῦ δείπνου καὶ τίθησιν τὰ ἱμάτια, καὶ λαβὼν λέντιον διέζωσεν ἑαυτόν· 5 εἶτα βάλλει ὕδωρ εἰς τὸν νιπτῆρα, καὶ ἤρξατο νίπτειν τοὺς πόδας τῶν μαθητῶν καὶ ἐκμάσσειν τῷ λεντίῳ ᾧ ἦν διεζωσμένος. 6 ἔρχεται οὖν πρὸς Σίμωνα Πέτρον· (καὶ) λέγει αὐτῷ (ἐκεῖνος) Κύριε, σύ μου νίπτεις τοὺς πόδας; 7 ἀπεκρίθη Ἰησοῦς καὶ εἶπεν αὐτῷ Ὃ ἐγὼ ποιῶ σὺ οὐκ οἶδας ἄρτι, γνώσῃ δὲ μετὰ ταῦτα. 8 λέγει αὐτῷ Πέτρος Οὐ μὴ νίψῃς [μου] τοὺς πόδας (μου) εἰς τὸν αἰῶνα. ἀπεκρίθη (αὐτῷ) Ἰησοῦς [αὐτῷ] Ἐὰν μὴ νίψω σε, οὐκ ἔχεις μέρος μετ' ἐμοῦ. 9 λέγει αὐτῷ Σίμων Πέτρος Κύριε, μὴ τοὺς πόδας μου μόνον ἀλλὰ καὶ τὰς χεῖρας καὶ τὴν κεφαλήν. 10 λέγει αὐτῷ Ἰησοῦς Ὁ λελουμένος [οὐκ ἔχει χρείαν εἰ μὴ] (οὐ χρείαν ἔχει ἢ) τοὺς πόδας νίψασθαι, ἀλλ' ἔστιν καθαρὸς ὅλος· καὶ ὑμεῖς καθαροί ἐστε, ἀλλ' οὐχὶ πάντες. 11 ᾔδει γὰρ τὸν παραδιδόντα αὐτόν· διὰ τοῦτο εἶπεν [ὅτι] Οὐχὶ πάντες καθαροί ἐστε. 12 Ὅτε οὖν ἔνιψεν τοὺς πόδας αὐτῶν καὶ ἔλαβεν τὰ ἱμάτια αὐτοῦ [καὶ] ἀνέπεσεν πάλιν, εἶπεν αὐτοῖς Γινώσκετε τί πεποίηκα ὑμῖν; 13 ὑμεῖς φωνεῖτέ με Ὁ Διδάσκαλος καὶ ὁ Κύριος, καὶ καλῶς λέγετε· εἰμὶ γάρ. 14 εἰ οὖν ἐγὼ ἔνιψα ὑμῶν τοὺς πόδας ὁ Κύριος καὶ ὁ Διδάσκαλος, καὶ ὑμεῖς ὀφείλετε ἀλλήλων νίπτειν τοὺς πόδας· 15 ὑπόδειγμα γὰρ ἔδωκα ὑμῖν ἵνα καθὼς ἐγὼ ἐποίησα ὑμῖν καὶ ὑμεῖς ποιῆτε. 16 ἀμὴν ἀμὴν λέγω ὑμῖν, οὐκ ἔστιν δοῦλος μείζων τοῦ κυρίου αὐτοῦ, οὐδὲ ἀπόστολος μείζων τοῦ πέμψαντος αὐτόν. 17 εἰ ταῦτα οἴδατε, μακάριοί ἐστε ἐὰν ποιῆτε αὐτά.

Jesus Identifies His Betrayer

18 οὐ περὶ πάντων ὑμῶν λέγω· ἐγὼ οἶδα [τίνας] (οὓς) ἐξελεξάμην· ἀλλ' ἵνα ἡ γραφὴ πληρωθῇ Ὁ τρώγων μου τὸν ἄρτον ἐπῆρεν ἐπ' ἐμὲ τὴν πτέρναν αὐτοῦ. 19 ἀπ' ἄρτι λέγω ὑμῖν πρὸ τοῦ γενέσθαι, ἵνα [πιστεύητε ὅταν γένηται] (ὅταν γένηται πιστεύσητε) ὅτι ἐγώ εἰμι. 20 ἀμὴν ἀμὴν λέγω ὑμῖν, ὁ λαμβάνων ἄν τινα πέμψω ἐμὲ λαμβάνει, ὁ δὲ ἐμὲ λαμβάνων λαμβάνει τὸν πέμψαντά με.

21 Ταῦτα εἰπὼν (ὁ) Ἰησοῦς ἐταράχθη τῷ πνεύματι καὶ ἐμαρτύρησεν καὶ εἶπεν Ἀμὴν ἀμὴν λέγω ὑμῖν ὅτι εἷς ἐξ ὑμῶν παραδώσει με. 22 ἔβλεπον (οὖν) εἰς ἀλλήλους οἱ μαθηταὶ ἀπορούμενοι περὶ τίνος λέγει. 23 ἦν ἀνακείμενος εἷς [ἐκ] τῶν μαθητῶν αὐτοῦ ἐν τῷ κόλπῳ τοῦ Ἰησοῦ, ὃν ἠγάπα ὁ Ἰησοῦς· 24 νεύει οὖν τούτῳ Σίμων Πέτρος [καὶ λέγει αὐτῷ Εἰπὲ τίς ἐστιν] (πυθέσθαι τίς ἂν εἴη) περὶ οὗ λέγει. 25 [ἀναπεσὼν ἐκεῖνος οὕτως] (ἐπιπεσὼν δὲ ἐκεῖνος) ἐπὶ τὸ στῆθος τοῦ Ἰησοῦ λέγει αὐτῷ Κύριε, τίς ἐστιν; 26 ἀποκρίνεται [οὖν] ὁ Ἰησοῦς Ἐκεῖνός ἐστιν ᾧ ἐγὼ βάψω τὸ ψωμίον [καὶ δώσω αὐτῷ] (ἐπιδώσω καὶ). [βάψας οὖν τὸ ψωμίον λαμβάνει καὶ] (ἐμβάψας τὸ ψωμίον) δίδωσιν Ἰούδᾳ Σίμωνος Ἰσκαριώτου. 27 καὶ μετὰ τὸ ψωμίον τότε εἰσῆλθεν εἰς ἐκεῖνον ὁ Σατανᾶς. λέγει οὖν αὐτῷ Ἰησοῦς Ὃ ποιεῖς ποίησον τάχιον. 28 τοῦτο δὲ οὐδεὶς ἔγνω τῶν ἀνακειμένων πρὸς τί εἶπεν αὐτῷ· 29 τινὲς γὰρ ἐδόκουν, ἐπεὶ τὸ γλωσσόκομον εἶχεν Ἰούδας, ὅτι λέγει αὐτῷ Ἰησοῦς Ἀγόρασον ὧν χρείαν ἔχομεν εἰς τὴν ἑορτήν, ἢ τοῖς πτωχοῖς ἵνα τι δῷ. 30 λαβὼν οὖν τὸ ψωμίον ἐκεῖνος [ἐξῆλθεν εὐθύς] (εὐθέως ἐξῆλθεν)· ἦν δὲ νύξ.

Jesus Gives a New Commandment

31 Ὅτε οὖν ἐξῆλθεν, λέγει Ἰησοῦς Νῦν ἐδοξάσθη ὁ Υἱὸς τοῦ ἀνθρώπου, καὶ ὁ Θεὸς ἐδοξάσθη ἐν αὐτῷ· 32 εἰ ὁ Θεὸς ἐδοξάσθη ἐν αὐτῷ, καὶ ὁ Θεὸς δοξάσει αὐτὸν ἐν αὐτῷ, καὶ εὐθὺς δοξάσει αὐτόν. 33 τεκνία, ἔτι μικρὸν μεθ' ὑμῶν εἰμι· ζητήσετέ με, καὶ καθὼς εἶπον τοῖς Ἰουδαίοις ὅτι Ὅπου [ἐγὼ ὑπάγω] (ὑπάγω ἐγὼ) ὑμεῖς οὐ δύνασθε ἐλθεῖν, καὶ ὑμῖν λέγω ἄρτι. 34 ἐντολὴν καινὴν δίδωμι ὑμῖν, ἵνα ἀγαπᾶτε ἀλλήλους, καθὼς ἠγάπησα ὑμᾶς ἵνα καὶ ὑμεῖς ἀγαπᾶτε ἀλλήλους. 35 ἐν τούτῳ γνώσονται πάντες ὅτι ἐμοὶ μαθηταί ἐστε, ἐὰν ἀγάπην ἔχητε ἐν ἀλλήλοις.

Jesus Foretells Peter's Denial

36 Λέγει αὐτῷ Σίμων Πέτρος Κύριε, ποῦ ὑπάγεις; ἀπεκρίθη (αὐτῷ) Ἰησοῦς Ὅπου ὑπάγω οὐ δύνασαί μοι νῦν ἀκολουθῆσαι, [ἀκολουθήσεις δὲ ὕστερον] (ὕστερον δὲ ἀκολουθήσεις μοι). 37 λέγει αὐτῷ Πέτρος Κύριε, διὰ τί οὐ δύναμαί σοι ἀκολουθῆσαι ἄρτι; τὴν ψυχήν μου ὑπὲρ σοῦ θήσω. 38 [ἀποκρίνεται] (ἀπεκρίθη αὐτῷ ὁ) Ἰησοῦς Τὴν ψυχήν σου ὑπὲρ ἐμοῦ θήσεις; ἀμὴν ἀμὴν λέγω σοι, οὐ μὴ ἀλέκτωρ φωνήσῃ ἕως οὗ [ἀρνήσῃ] (ἀπαρνήσῃ) με τρίς.

ΚΑΤΑ ΙΩΑΝΗΝ

John 14

The Promise of a Heavenly Home

1 Μὴ ταρασσέσθω ὑμῶν ἡ καρδία· πιστεύετε εἰς τὸν Θεόν, καὶ εἰς ἐμὲ πιστεύετε. 2 ἐν τῇ οἰκίᾳ τοῦ Πατρός μου μοναὶ πολλαί εἰσιν· εἰ δὲ μή, εἶπον ἂν ὑμῖν· [ὅτι] πορεύομαι ἑτοιμάσαι τόπον ὑμῖν· 3 καὶ ἐὰν πορευθῶ καὶ ἑτοιμάσω [τόπον ὑμῖν] (ὑμῖν τόπον), πάλιν ἔρχομαι καὶ παραλήμψομαι ὑμᾶς πρὸς ἐμαυτόν, ἵνα ὅπου εἰμὶ ἐγὼ καὶ ὑμεῖς ἦτε. 4 καὶ ὅπου ἐγὼ ὑπάγω οἴδατε (καὶ) τὴν ὁδόν (οἴδατε).

Jesus - The Only Way to the Father

5 Λέγει αὐτῷ Θωμᾶς Κύριε, οὐκ οἴδαμεν ποῦ ὑπάγεις· (καὶ) πῶς [οἴδαμεν] (δυνάμεθα) τὴν ὁδὸν (εἰδέναι); 6 λέγει αὐτῷ (ὁ) Ἰησοῦς Ἐγώ εἰμι ἡ ὁδὸς καὶ ἡ ἀλήθεια καὶ ἡ ζωή· οὐδεὶς ἔρχεται πρὸς τὸν Πατέρα εἰ μὴ δι' ἐμοῦ. 7 εἰ ἐγνώκειτέ με, καὶ τὸν Πατέρα μου [ἂν ᾔδειτε·] (ἐγνώκειτε ἄν· καὶ) ἀπ' ἄρτι γινώσκετε αὐτὸν καὶ ἑωράκατε (αὐτόν). 8 Λέγει αὐτῷ Φίλιππος Κύριε, δεῖξον ἡμῖν τὸν Πατέρα, καὶ ἀρκεῖ ἡμῖν. 9 λέγει αὐτῷ ὁ Ἰησοῦς Τοσοῦτον χρόνον μεθ' ὑμῶν εἰμι καὶ οὐκ ἔγνωκάς με, Φίλιππε; ὁ ἑωρακὼς ἐμὲ ἑώρακεν τὸν Πατέρα· (καὶ) πῶς σὺ λέγεις Δεῖξον ἡμῖν τὸν Πατέρα; 10 οὐ πιστεύεις ὅτι ἐγὼ ἐν τῷ Πατρὶ καὶ ὁ Πατὴρ ἐν ἐμοί ἐστιν; τὰ ῥήματα ἃ ἐγὼ [λέγω] (λαλῶ) ὑμῖν ἀπ' ἐμαυτοῦ οὐ λαλῶ· ὁ δὲ Πατὴρ (ὁ) ἐν ἐμοὶ μένων (αὐτὸς) ποιεῖ τὰ ἔργα [αὐτοῦ]. 11 πιστεύετέ μοι ὅτι ἐγὼ ἐν τῷ Πατρὶ καὶ ὁ Πατὴρ ἐν ἐμοί· εἰ δὲ μή, διὰ τὰ ἔργα αὐτὰ πιστεύετε (μοι). 12 ἀμὴν ἀμὴν λέγω ὑμῖν, ὁ πιστεύων εἰς ἐμὲ τὰ ἔργα ἃ ἐγὼ ποιῶ κἀκεῖνος ποιήσει, καὶ μείζονα τούτων ποιήσει, ὅτι ἐγὼ πρὸς τὸν Πατέρα πορεύομαι· 13 καὶ ὅ τι ἂν αἰτήσητε ἐν τῷ ὀνόματί μου, τοῦτο ποιήσω, ἵνα δοξασθῇ ὁ Πατὴρ ἐν τῷ Υἱῷ. 14 ἐάν τι αἰτήσητέ [με] ἐν τῷ ὀνόματί μου, ἐγὼ ποιήσω.

The Promise of the Holy Spirit

15 Ἐὰν ἀγαπᾶτέ με, τὰς ἐντολὰς τὰς ἐμὰς τηρήσετε. 16 κἀγὼ ἐρωτήσω τὸν Πατέρα καὶ ἄλλον Παράκλητον δώσει ὑμῖν ἵνα ᾖ μεθ' ὑμῶν εἰς τὸν αἰῶνα, 17 τὸ Πνεῦμα τῆς ἀληθείας, ὃ ὁ κόσμος οὐ δύναται λαβεῖν, ὅτι οὐ θεωρεῖ αὐτὸ οὐδὲ γινώσκει· (αὐτό) ὑμεῖς (δὲ) γινώσκετε αὐτό, ὅτι παρ' ὑμῖν μένει καὶ ἐν ὑμῖν ἔσται. 18 οὐκ ἀφήσω ὑμᾶς ὀρφανούς, ἔρχομαι πρὸς ὑμᾶς. 19 ἔτι μικρὸν καὶ ὁ κόσμος με οὐκέτι θεωρεῖ, ὑμεῖς δὲ θεωρεῖτέ με, ὅτι ἐγὼ ζῶ καὶ ὑμεῖς ζήσετε.

20 ἐν ἐκείνῃ τῇ ἡμέρᾳ γνώσεσθε ὑμεῖς ὅτι ἐγὼ ἐν τῷ Πατρί μου καὶ ὑμεῖς ἐν ἐμοὶ κἀγὼ ἐν ὑμῖν. 21 ὁ ἔχων τὰς ἐντολάς μου καὶ τηρῶν αὐτάς, ἐκεῖνός ἐστιν ὁ ἀγαπῶν με· ὁ δὲ ἀγαπῶν με ἀγαπηθήσεται ὑπὸ τοῦ Πατρός μου, κἀγὼ ἀγαπήσω αὐτὸν καὶ ἐμφανίσω αὐτῷ ἐμαυτόν.

The Presence of the Father, Son, and Spirit

22 Λέγει αὐτῷ Ἰούδας, οὐχ ὁ Ἰσκαριώτης Κύριε, [καὶ] τί γέγονεν ὅτι ἡμῖν μέλλεις ἐμφανίζειν σεαυτὸν καὶ οὐχὶ τῷ κόσμῳ; 23 ἀπεκρίθη Ἰησοῦς καὶ εἶπεν αὐτῷ Ἐάν τις ἀγαπᾷ, με τὸν λόγον μου τηρήσει, καὶ ὁ Πατήρ μου ἀγαπήσει αὐτόν, καὶ πρὸς αὐτὸν ἐλευσόμεθα καὶ μονὴν παρ' αὐτῷ [ποιησόμεθα] (ποιησόμεν). 24 ὁ μὴ ἀγαπῶν με τοὺς λόγους μου οὐ τηρεῖ· καὶ ὁ λόγος ὃν ἀκούετε οὐκ ἔστιν ἐμὸς ἀλλὰ τοῦ πέμψαντός με Πατρός. 25 Ταῦτα λελάληκα ὑμῖν παρ' ὑμῖν μένων· 26 ὁ δὲ Παράκλητος, τὸ Πνεῦμα τὸ Ἅγιον ὃ πέμψει ὁ Πατὴρ ἐν τῷ ὀνόματί μου, ἐκεῖνος ὑμᾶς διδάξει πάντα καὶ ὑπομνήσει ὑμᾶς πάντα ἃ εἶπον ὑμῖν [ἐγώ]. 27 Εἰρήνην ἀφίημι ὑμῖν, εἰρήνην τὴν ἐμὴν δίδωμι ὑμῖν· οὐ καθὼς ὁ κόσμος δίδωσιν ἐγὼ δίδωμι ὑμῖν. μὴ ταρασσέσθω ὑμῶν ἡ καρδία μηδὲ δειλιάτω. 28 ἠκούσατε ὅτι ἐγὼ εἶπον ὑμῖν Ὑπάγω καὶ ἔρχομαι πρὸς ὑμᾶς. εἰ ἠγαπᾶτέ με, ἐχάρητε ἂν ὅτι (εἶπον) πορεύομαι πρὸς τὸν Πατέρα, ὅτι ὁ Πατὴρ (μού) μείζων μού ἐστιν. 29 καὶ νῦν εἴρηκα ὑμῖν πρὶν γενέσθαι, ἵνα ὅταν γένηται πιστεύσητε. 30 οὐκέτι πολλὰ λαλήσω μεθ' ὑμῶν, ἔρχεται γὰρ ὁ τοῦ κόσμου (τούτου) ἄρχων· καὶ ἐν ἐμοὶ οὐκ ἔχει οὐδέν, 31 ἀλλ' ἵνα γνῷ ὁ κόσμος ὅτι ἀγαπῶ τὸν Πατέρα, καὶ καθὼς ἐνετείλατό μοι ὁ Πατήρ, οὕτως ποιῶ. Ἐγείρεσθε, ἄγωμεν ἐντεῦθεν.

John 15

Jesus - The True Vine

1 Ἐγώ εἰμι ἡ ἄμπελος ἡ ἀληθινή, καὶ ὁ Πατήρ μου ὁ γεωργός ἐστιν. 2 πᾶν κλῆμα ἐν ἐμοὶ μὴ φέρον καρπόν, αἴρει αὐτό, καὶ πᾶν τὸ καρπὸν φέρον, καθαίρει αὐτὸ ἵνα καρπὸν πλείονα φέρῃ. 3 ἤδη ὑμεῖς καθαροί ἐστε διὰ τὸν λόγον ὃν λελάληκα ὑμῖν· 4 μείνατε ἐν ἐμοί, κἀγὼ ἐν ὑμῖν. καθὼς τὸ κλῆμα οὐ δύναται καρπὸν φέρειν ἀφ' ἑαυτοῦ ἐὰν μὴ μένῃ ἐν τῇ ἀμπέλῳ, οὕτως οὐδὲ ὑμεῖς ἐὰν μὴ ἐν ἐμοὶ μένητε. 5 ἐγώ εἰμι ἡ ἄμπελος, ὑμεῖς τὰ κλήματα. ὁ μένων ἐν ἐμοὶ κἀγὼ ἐν αὐτῷ, οὗτος φέρει καρπὸν πολύν, ὅτι χωρὶς ἐμοῦ οὐ δύνασθε ποιεῖν οὐδέν. 6 ἐὰν μή τις μένῃ ἐν ἐμοί, ἐβλήθη ἔξω ὡς τὸ κλῆμα καὶ ἐξηράνθη, καὶ συνάγουσιν αὐτὰ καὶ εἰς τὸ πῦρ βάλλουσιν, καὶ καίεται. 7 ἐὰν μείνητε ἐν ἐμοὶ καὶ τὰ ῥήματά μου ἐν ὑμῖν μείνῃ, ὃ ἐὰν θέλητε αἰτήσασθε καὶ γενήσεται ὑμῖν.

ΚΑΤΑ ΙΩΑΝΗΝ

8 ἐν τούτῳ ἐδοξάσθη ὁ Πατήρ μου, ἵνα καρπὸν πολὺν φέρητε καὶ γενήσεσθε ἐμοὶ μαθηταί. 9 καθὼς ἠγάπησέν με ὁ Πατήρ, κἀγὼ [ὑμᾶς] ἠγάπησα· (ὑμᾶς) μείνατε ἐν τῇ ἀγάπῃ τῇ ἐμῇ. 10 ἐὰν τὰς ἐντολάς μου τηρήσητε, μενεῖτε ἐν τῇ ἀγάπῃ μου, καθὼς ἐγὼ [τοῦ Πατρός μου τὰς ἐντολὰς] (τὰς ἐντολὰς τοῦ πατρός μου) τετήρηκα καὶ μένω αὐτοῦ ἐν τῇ ἀγάπῃ. 11 Ταῦτα λελάληκα ὑμῖν ἵνα ἡ χαρὰ ἡ ἐμὴ ἐν ὑμῖν [ᾖ] (μείνῃ) καὶ ἡ χαρὰ ὑμῶν πληρωθῇ.

The Command to Love as Christ Loves

12 αὕτη ἐστὶν ἡ ἐντολὴ ἡ ἐμή, ἵνα ἀγαπᾶτε ἀλλήλους καθὼς ἠγάπησα ὑμᾶς. 13 μείζονα ταύτης ἀγάπην οὐδεὶς ἔχει, ἵνα τις τὴν ψυχὴν αὐτοῦ θῇ ὑπὲρ τῶν φίλων αὐτοῦ. 14 ὑμεῖς φίλοι μού ἐστε, ἐὰν ποιῆτε ὃ ἐγὼ ἐντέλλομαι ὑμῖν. 15 οὐκέτι [λέγω ὑμᾶς] (ὑμᾶς λέγω) δούλους, ὅτι ὁ δοῦλος οὐκ οἶδεν τί ποιεῖ αὐτοῦ ὁ κύριος· ὑμᾶς δὲ εἴρηκα φίλους, ὅτι πάντα ἃ ἤκουσα παρὰ τοῦ Πατρός μου ἐγνώρισα ὑμῖν. 16 οὐχ ὑμεῖς με ἐξελέξασθε, ἀλλ' ἐγὼ ἐξελεξάμην ὑμᾶς, καὶ ἔθηκα ὑμᾶς ἵνα ὑμεῖς ὑπάγητε καὶ καρπὸν φέρητε καὶ ὁ καρπὸς ὑμῶν μένῃ, ἵνα ὅ τι ἂν αἰτήσητε τὸν Πατέρα ἐν τῷ ὀνόματί μου δῷ ὑμῖν. 17 ταῦτα ἐντέλλομαι ὑμῖν, ἵνα ἀγαπᾶτε ἀλλήλους.

The Promise of Persecution

18 Εἰ ὁ κόσμος ὑμᾶς μισεῖ, γινώσκετε ὅτι ἐμὲ πρῶτον ὑμῶν μεμίσηκεν. 19 εἰ ἐκ τοῦ κόσμου ἦτε, ὁ κόσμος ἂν τὸ ἴδιον ἐφίλει· ὅτι δὲ ἐκ τοῦ κόσμου οὐκ ἐστέ, ἀλλ' ἐγὼ ἐξελεξάμην ὑμᾶς ἐκ τοῦ κόσμου, διὰ τοῦτο μισεῖ ὑμᾶς ὁ κόσμος. 20 μνημονεύετε τοῦ λόγου οὗ ἐγὼ εἶπον ὑμῖν Οὐκ ἔστιν δοῦλος μείζων τοῦ κυρίου αὐτοῦ· εἰ ἐμὲ ἐδίωξαν, καὶ ὑμᾶς διώξουσιν· εἰ τὸν λόγον μου ἐτήρησαν, καὶ τὸν ὑμέτερον τηρήσουσιν. 21 ἀλλὰ ταῦτα πάντα ποιήσουσιν [εἰς ὑμᾶς] (ὑμῖν) διὰ τὸ ὄνομά μου, ὅτι οὐκ οἴδασιν τὸν πέμψαντά με. 22 εἰ μὴ ἦλθον καὶ ἐλάλησα αὐτοῖς, ἁμαρτίαν οὐκ [εἴχοσαν] (εἶχον)· νῦν δὲ πρόφασιν οὐκ ἔχουσιν περὶ τῆς ἁμαρτίας αὐτῶν. 23 ὁ ἐμὲ μισῶν καὶ τὸν Πατέρα μου μισεῖ. 24 εἰ τὰ ἔργα μὴ ἐποίησα ἐν αὐτοῖς ἃ οὐδεὶς ἄλλος [ἐποίησεν] (πεποίηκεν), ἁμαρτίαν οὐκ [εἴχοσαν] (εἶχον)· νῦν δὲ καὶ ἑωράκασιν καὶ μεμισήκασιν καὶ ἐμὲ καὶ τὸν Πατέρα μου. 25 ἀλλ' ἵνα πληρωθῇ ὁ λόγος ὁ [ἐν τῷ νόμῳ αὐτῶν γεγραμμένος] (γεγραμμένος ἐν τῷ νόμῳ αὐτῶν) ὅτι Ἐμίσησάν με δωρεάν.

ΚΑΤΑ ΙΩΑΝΗΝ

The Spirit of Comfort and Truth

26 Ὅταν (δὲ) ἔλθῃ ὁ Παράκλητος ὃν ἐγὼ πέμψω ὑμῖν παρὰ τοῦ Πατρός, τὸ Πνεῦμα τῆς ἀληθείας ὃ παρὰ τοῦ Πατρὸς ἐκπορεύεται, ἐκεῖνος μαρτυρήσει περὶ ἐμοῦ· 27 καὶ ὑμεῖς δὲ μαρτυρεῖτε, ὅτι ἀπ' ἀρχῆς μετ' ἐμοῦ ἐστε.

John 16

Portent of Persecution Duly Noted

1 Ταῦτα λελάληκα ὑμῖν ἵνα μὴ σκανδαλισθῆτε. 2 ἀποσυναγώγους ποιήσουσιν ὑμᾶς· ἀλλ' ἔρχεται ὥρα ἵνα πᾶς ὁ ἀποκτείνας ὑμᾶς δόξῃ λατρείαν προσφέρειν τῷ Θεῷ. 3 καὶ ταῦτα ποιήσουσιν (ὑμῖν) ὅτι οὐκ ἔγνωσαν τὸν Πατέρα οὐδὲ ἐμέ. 4 ἀλλὰ ταῦτα λελάληκα ὑμῖν ἵνα ὅταν ἔλθῃ ἡ ὥρα [αὐτῶν] μνημονεύητε αὐτῶν, ὅτι ἐγὼ εἶπον ὑμῖν. ταῦτα δὲ ὑμῖν ἐξ ἀρχῆς οὐκ εἶπον, ὅτι μεθ' ὑμῶν ἤμην.

The Work of the Holy Spirit

5 νῦν δὲ ὑπάγω πρὸς τὸν πέμψαντά με, καὶ οὐδεὶς ἐξ ὑμῶν ἐρωτᾷ με Ποῦ ὑπάγεις; 6 ἀλλ' ὅτι ταῦτα λελάληκα ὑμῖν, ἡ λύπη πεπλήρωκεν ὑμῶν τὴν καρδίαν. 7 ἀλλ' ἐγὼ τὴν ἀλήθειαν λέγω ὑμῖν, συμφέρει ὑμῖν ἵνα ἐγὼ ἀπέλθω. ἐὰν γὰρ μὴ ἀπέλθω, ὁ Παράκλητος [οὐ μὴ ἔλθῃ] (οὐκ ἐλεύσεται) πρὸς ὑμᾶς· ἐὰν δὲ πορευθῶ, πέμψω αὐτὸν πρὸς ὑμᾶς. 8 καὶ ἐλθὼν ἐκεῖνος ἐλέγξει τὸν κόσμον περὶ ἁμαρτίας καὶ περὶ δικαιοσύνης καὶ περὶ κρίσεως· 9 περὶ ἁμαρτίας μέν, ὅτι οὐ πιστεύουσιν εἰς ἐμέ· 10 περὶ δικαιοσύνης δέ, ὅτι πρὸς τὸν Πατέρα ὑπάγω καὶ οὐκέτι θεωρεῖτέ με· 11 περὶ δὲ κρίσεως, ὅτι ὁ ἄρχων τοῦ κόσμου τούτου κέκριται. 12 Ἔτι πολλὰ ἔχω ὑμῖν λέγειν, ἀλλ' οὐ δύνασθε βαστάζειν ἄρτι· 13 ὅταν δὲ ἔλθῃ ἐκεῖνος, τὸ Πνεῦμα τῆς ἀληθείας, ὁδηγήσει ὑμᾶς εἰς [τὴν ἀλήθειαν πᾶσαν] (πᾶσαν τὴν ἀλήθειαν)· οὐ γὰρ λαλήσει ἀφ' ἑαυτοῦ, ἀλλ' ὅσα ἀκούει λαλήσει, καὶ τὰ ἐρχόμενα ἀναγγελεῖ ὑμῖν. 14 ἐκεῖνος ἐμὲ δοξάσει, ὅτι ἐκ τοῦ ἐμοῦ λήμψεται καὶ ἀναγγελεῖ ὑμῖν. 15 πάντα ὅσα ἔχει ὁ Πατὴρ ἐμά ἐστιν· διὰ τοῦτο εἶπον ὅτι ἐκ τοῦ ἐμοῦ λαμβάνει καὶ ἀναγγελεῖ ὑμῖν.

ΚΑΤΑ ΙΩΑΝΗΝ

The Sorrow of Childbirth will Turn into Joy

16 Μικρὸν καὶ [οὐκέτι] (οὐ) θεωρεῖτέ με, καὶ πάλιν μικρὸν καὶ ὄψεσθέ με (ὅτι ἐγὼ ὑπάγω πρὸς τὸν πατέρα). 17 Εἶπαν οὖν ἐκ τῶν μαθητῶν αὐτοῦ πρὸς ἀλλήλους Τί ἐστιν τοῦτο ὃ λέγει ἡμῖν Μικρὸν καὶ οὐ θεωρεῖτέ με, καὶ πάλιν μικρὸν καὶ ὄψεσθέ με; καί Ὅτι (ἐγὼ) ὑπάγω πρὸς τὸν Πατέρα; 18 ἔλεγον οὖν Τοῦτο τί ἐστιν ὃ λέγει τὸ μικρόν; οὐκ οἴδαμεν τί λαλεῖ. 19 ἔγνω (οὖν ὁ) Ἰησοῦς ὅτι ἤθελον αὐτὸν ἐρωτᾶν, καὶ εἶπεν αὐτοῖς Περὶ τούτου ζητεῖτε μετ' ἀλλήλων ὅτι εἶπον Μικρὸν καὶ οὐ θεωρεῖτέ με, καὶ πάλιν μικρὸν καὶ ὄψεσθέ με; 20 ἀμὴν ἀμὴν λέγω ὑμῖν ὅτι κλαύσετε καὶ θρηνήσετε ὑμεῖς, ὁ δὲ κόσμος χαρήσεται· ὑμεῖς (δὲ) λυπηθήσεσθε, ἀλλ' ἡ λύπη ὑμῶν εἰς χαρὰν γενήσεται. 21 ἡ γυνὴ ὅταν τίκτῃ λύπην ἔχει, ὅτι ἦλθεν ἡ ὥρα αὐτῆς· ὅταν δὲ γεννήσῃ τὸ παιδίον, οὐκέτι μνημονεύει τῆς θλίψεως διὰ τὴν χαρὰν ὅτι ἐγεννήθη ἄνθρωπος εἰς τὸν κόσμον. 22 καὶ ὑμεῖς οὖν [νῦν μὲν λύπην] (λύπην μὲν νῦν) ἔχετε· πάλιν δὲ ὄψομαι ὑμᾶς, καὶ χαρήσεται ὑμῶν ἡ καρδία, καὶ τὴν χαρὰν ὑμῶν οὐδεὶς αἴρει ἀφ' ὑμῶν. 23 καὶ ἐν ἐκείνῃ τῇ ἡμέρᾳ ἐμὲ οὐκ ἐρωτήσετε οὐδέν. ἀμὴν ἀμὴν λέγω ὑμῖν, [ἄν τι] (ὅτι ὅσα ἄν) αἰτήσητε τὸν Πατέρα [δώσει ὑμῖν ἐν τῷ ὀνόματί μου] (ἐν τῷ ὀνόματί μου δώσει ὑμῖν). 24 ἕως ἄρτι οὐκ ᾐτήσατε οὐδὲν ἐν τῷ ὀνόματί μου· αἰτεῖτε, καὶ λήμψεσθε, ἵνα ἡ χαρὰ ὑμῶν ᾖ πεπληρωμένη.

Parables will Turn into Plain Language

25 Ταῦτα ἐν παροιμίαις λελάληκα ὑμῖν· ἔρχεται ὥρα ὅτε οὐκέτι ἐν παροιμίαις λαλήσω ὑμῖν, ἀλλὰ παρρησίᾳ περὶ τοῦ Πατρὸς ἀπαγγελῶ ὑμῖν. 26 ἐν ἐκείνῃ τῇ ἡμέρᾳ ἐν τῷ ὀνόματί μου αἰτήσεσθε, καὶ οὐ λέγω ὑμῖν ὅτι ἐγὼ ἐρωτήσω τὸν Πατέρα περὶ ὑμῶν· 27 αὐτὸς γὰρ ὁ Πατὴρ φιλεῖ ὑμᾶς, ὅτι ὑμεῖς ἐμὲ πεφιλήκατε καὶ πεπιστεύκατε ὅτι ἐγὼ παρὰ τοῦ Θεοῦ ἐξῆλθον. 28 ἐξῆλθον [ἐκ] (παρὰ) τοῦ Πατρὸς καὶ ἐλήλυθα εἰς τὸν κόσμον· πάλιν ἀφίημι τὸν κόσμον καὶ πορεύομαι πρὸς τὸν Πατέρα. 29 Λέγουσιν (αὐτῷ) οἱ μαθηταὶ αὐτοῦ Ἴδε νῦν ἐν παρρησίᾳ λαλεῖς, καὶ παροιμίαν οὐδεμίαν λέγεις. 30 νῦν οἴδαμεν ὅτι οἶδας πάντα καὶ οὐ χρείαν ἔχεις ἵνα τίς σε ἐρωτᾷ· ἐν τούτῳ πιστεύομεν ὅτι ἀπὸ Θεοῦ ἐξῆλθες. 31 ἀπεκρίθη αὐτοῖς (ὁ) Ἰησοῦς Ἄρτι πιστεύετε; 32 ἰδοὺ ἔρχεται ὥρα καὶ (νῦν) ἐλήλυθεν ἵνα σκορπισθῆτε ἕκαστος εἰς τὰ ἴδια κἀμὲ μόνον ἀφῆτε· καὶ οὐκ εἰμὶ μόνος, ὅτι ὁ Πατὴρ μετ' ἐμοῦ ἐστιν. 33 ταῦτα λελάληκα ὑμῖν ἵνα ἐν ἐμοὶ εἰρήνην ἔχητε. ἐν τῷ κόσμῳ θλῖψιν ἔχετε· ἀλλὰ θαρσεῖτε, ἐγὼ νενίκηκα τὸν κόσμον.

ΚΑΤΑ ΙΩΑΝΗΝ

John 17

Prayer for the Father and Son to be Glorified

1 Ταῦτα ἐλάλησεν Ἰησοῦς, καὶ ἐπάρας τοὺς ὀφθαλμοὺς αὐτοῦ εἰς τὸν οὐρανὸν (καὶ) εἶπεν Πάτερ, ἐλήλυθεν ἡ ὥρα· δόξασόν σου τὸν Υἱόν, ἵνα (καὶ) ὁ Υἱὸς (σου) δοξάσῃ σέ, 2 καθὼς ἔδωκας αὐτῷ ἐξουσίαν πάσης σαρκός, ἵνα πᾶν ὃ δέδωκας αὐτῷ δώσῃ αὐτοῖς ζωὴν αἰώνιον. 3 αὕτη δέ ἐστιν ἡ αἰώνιος ζωή, ἵνα γινώσκωσιν σὲ τὸν μόνον ἀληθινὸν Θεὸν καὶ ὃν ἀπέστειλας Ἰησοῦν Χριστόν. 4 ἐγώ σε ἐδόξασα ἐπὶ τῆς γῆς, τὸ ἔργον τελειώσας ὃ δέδωκάς μοι ἵνα ποιήσω· 5 καὶ νῦν δόξασόν με σύ, Πάτερ, παρὰ σεαυτῷ τῇ δόξῃ ᾗ εἶχον πρὸ τοῦ τὸν κόσμον εἶναι παρὰ σοί.

Jesus Prays for the Disciples

6 Ἐφανέρωσά σου τὸ ὄνομα τοῖς ἀνθρώποις οὓς ἔδωκάς μοι ἐκ τοῦ κόσμου. σοὶ ἦσαν κἀμοὶ αὐτοὺς ἔδωκας, καὶ τὸν λόγον σου [τετήρηκαν] (τετηρήκασιν). 7 νῦν ἔγνωκαν ὅτι πάντα ὅσα δέδωκάς μοι παρὰ σοῦ εἰσιν· 8 ὅτι τὰ ῥήματα ἃ ἔδωκάς μοι δέδωκα αὐτοῖς, καὶ αὐτοὶ ἔλαβον, καὶ ἔγνωσαν ἀληθῶς ὅτι παρὰ σοῦ ἐξῆλθον, καὶ ἐπίστευσαν ὅτι σύ με ἀπέστειλας. 9 Ἐγὼ περὶ αὐτῶν ἐρωτῶ· οὐ περὶ τοῦ κόσμου ἐρωτῶ, ἀλλὰ περὶ ὧν δέδωκάς μοι, ὅτι σοί εἰσιν, 10 καὶ τὰ ἐμὰ πάντα σά ἐστιν καὶ τὰ σὰ ἐμά, καὶ δεδόξασμαι ἐν αὐτοῖς. 11 καὶ οὐκέτι εἰμὶ ἐν τῷ κόσμῳ, καὶ [αὐτοὶ] (οὗτοι) ἐν τῷ κόσμῳ εἰσίν, κἀγὼ πρὸς σὲ ἔρχομαι. Πάτερ ἅγιε, τήρησον αὐτοὺς ἐν τῷ ὀνόματί σου [ᾧ] (οὕς) δέδωκάς μοι, ἵνα ὦσιν ἓν καθὼς ἡμεῖς. 12 ὅτε ἤμην μετ᾽ αὐτῶν (ἐν τῷ κόσμῳ), ἐγὼ ἐτήρουν αὐτοὺς ἐν τῷ ὀνόματί σου [ᾧ] (οὕς) δέδωκάς μοι, καὶ ἐφύλαξα, καὶ οὐδεὶς ἐξ αὐτῶν ἀπώλετο εἰ μὴ ὁ υἱὸς τῆς ἀπωλείας, ἵνα ἡ γραφὴ πληρωθῇ. 13 νῦν δὲ πρὸς σὲ ἔρχομαι, καὶ ταῦτα λαλῶ ἐν τῷ κόσμῳ ἵνα ἔχωσιν τὴν χαρὰν τὴν ἐμὴν πεπληρωμένην ἐν ἑαυτοῖς. 14 ἐγὼ δέδωκα αὐτοῖς τὸν λόγον σου, καὶ ὁ κόσμος ἐμίσησεν αὐτούς, ὅτι οὐκ εἰσὶν ἐκ τοῦ κόσμου καθὼς ἐγὼ οὐκ εἰμὶ ἐκ τοῦ κόσμου. 15 οὐκ ἐρωτῶ ἵνα ἄρῃς αὐτοὺς ἐκ τοῦ κόσμου, ἀλλ᾽ ἵνα τηρήσῃς αὐτοὺς ἐκ τοῦ πονηροῦ. 16 ἐκ τοῦ κόσμου οὐκ εἰσὶν καθὼς ἐγὼ [οὐκ εἰμὶ ἐκ τοῦ κόσμου] (ἐκ τοῦ κόσμου οὐκ εἰμὶ). 17 ἁγίασον αὐτοὺς ἐν τῇ ἀληθείᾳ (σου)· ὁ λόγος ὁ σὸς ἀλήθειά ἐστιν. 18 καθὼς ἐμὲ ἀπέστειλας εἰς τὸν κόσμον, κἀγὼ ἀπέστειλα αὐτοὺς εἰς τὸν κόσμον· 19 καὶ ὑπὲρ αὐτῶν ἐγὼ ἁγιάζω ἐμαυτόν, ἵνα [ὦσιν καὶ αὐτοὶ] (καὶ αὐτοὶ ὦσιν) ἡγιασμένοι ἐν ἀληθείᾳ.

ΚΑΤΑ ΙΩΑΝΗΝ

Jesus Prays for All Who Will Believe

20 Οὐ περὶ τούτων δὲ ἐρωτῶ μόνον, ἀλλὰ καὶ περὶ τῶν πιστευόντων διὰ τοῦ λόγου αὐτῶν εἰς ἐμέ, 21 ἵνα πάντες ἓν ὦσιν, καθὼς σύ, Πατήρ, ἐν ἐμοὶ κἀγὼ ἐν σοί, ἵνα καὶ αὐτοὶ ἐν ἡμῖν ὦσιν, ἵνα ὁ κόσμος πιστεύῃ ὅτι σύ με ἀπέστειλας. 22 κἀγὼ τὴν δόξαν ἣν δέδωκάς μοι δέδωκα αὐτοῖς, ἵνα ὦσιν ἓν καθὼς ἡμεῖς ἕν (ἐσμεν)· 23 ἐγὼ ἐν αὐτοῖς καὶ σὺ ἐν ἐμοί, ἵνα ὦσιν τετελειωμένοι εἰς ἕν, (καὶ) ἵνα γινώσκῃ ὁ κόσμος ὅτι σύ με ἀπέστειλας καὶ ἠγάπησας αὐτοὺς καθὼς ἐμὲ ἠγάπησας. 24 Πατήρ, [ὃ] (οὓς) δέδωκάς μοι, θέλω ἵνα ὅπου εἰμὶ ἐγὼ κἀκεῖνοι ὦσιν μετ' ἐμοῦ, ἵνα θεωρῶσιν τὴν δόξαν τὴν ἐμήν, ἣν δέδωκάς μοι ὅτι ἠγάπησάς με πρὸ καταβολῆς κόσμου. 25 Πατὴρ δίκαιε, καὶ ὁ κόσμος σε οὐκ ἔγνω, ἐγὼ δέ σε ἔγνων, καὶ οὗτοι ἔγνωσαν ὅτι σύ με ἀπέστειλας· 26 καὶ ἐγνώρισα αὐτοῖς τὸ ὄνομά σου καὶ γνωρίσω, ἵνα ἡ ἀγάπη ἣν ἠγάπησάς με ἐν αὐτοῖς ᾖ κἀγὼ ἐν αὐτοῖς.

John 18

The Betrayal and Arrest of Jesus

1 Ταῦτα εἰπὼν Ἰησοῦς ἐξῆλθεν σὺν τοῖς μαθηταῖς αὐτοῦ πέραν τοῦ χειμάρρου τῶν Κέδρων, ὅπου ἦν κῆπος, εἰς ὃν εἰσῆλθεν αὐτὸς καὶ οἱ μαθηταὶ αὐτοῦ. 2 ᾔδει δὲ καὶ Ἰούδας ὁ παραδιδοὺς αὐτὸν τὸν τόπον, ὅτι πολλάκις συνήχθη Ἰησοῦς ἐκεῖ μετὰ τῶν μαθητῶν αὐτοῦ. 3 ὁ οὖν Ἰούδας λαβὼν τὴν σπεῖραν καὶ ἐκ τῶν ἀρχιερέων καὶ [ἐκ τῶν] Φαρισαίων ὑπηρέτας ἔρχεται ἐκεῖ μετὰ φανῶν καὶ λαμπάδων καὶ ὅπλων. 4 Ἰησοῦς οὖν εἰδὼς πάντα τὰ ἐρχόμενα ἐπ' αὐτὸν ἐξῆλθεν [καὶ λέγει] (εἶπεν) αὐτοῖς Τίνα ζητεῖτε; 5 ἀπεκρίθησαν αὐτῷ Ἰησοῦν τὸν Ναζωραῖον. λέγει αὐτοῖς (ὁ Ἰησοῦς) Ἐγώ εἰμι. εἱστήκει δὲ καὶ Ἰούδας ὁ παραδιδοὺς αὐτὸν μετ' αὐτῶν. 6 ὡς οὖν εἶπεν αὐτοῖς (ὅτι) Ἐγώ εἰμι, ἀπῆλθαν εἰς τὰ ὀπίσω καὶ ἔπεσαν χαμαί. 7 πάλιν οὖν (αὐτούς) ἐπηρώτησεν [αὐτούς] Τίνα ζητεῖτε; οἱ δὲ εἶπαν Ἰησοῦν τὸν Ναζωραῖον. 8 ἀπεκρίθη (ὁ) Ἰησοῦς Εἶπον ὑμῖν ὅτι ἐγώ εἰμι· εἰ οὖν ἐμὲ ζητεῖτε, ἄφετε τούτους ὑπάγειν· 9 ἵνα πληρωθῇ ὁ λόγος ὃν εἶπεν, ὅτι Οὓς δέδωκάς μοι, οὐκ ἀπώλεσα ἐξ αὐτῶν οὐδένα. 10 Σίμων οὖν Πέτρος ἔχων μάχαιραν εἵλκυσεν [αὐτὴν καὶ] (αὐτὴν καὶ) ἔπαισεν τὸν τοῦ ἀρχιερέως δοῦλον καὶ ἀπέκοψεν αὐτοῦ τὸ ὠτάριον τὸ δεξιόν. ἦν δὲ ὄνομα τῷ δούλῳ Μάλχος. 11 εἶπεν οὖν ὁ Ἰησοῦς τῷ Πέτρῳ Βάλε τὴν μάχαιραν εἰς τὴν θήκην· τὸ ποτήριον ὃ δέδωκέν μοι ὁ Πατήρ, οὐ μὴ πίω αὐτό;

ΚΑΤΑ ΙΩΑΝΗΝ

Jesus is Tried before Annas

12 Ἡ οὖν σπεῖρα καὶ ὁ χιλίαρχος καὶ οἱ ὑπηρέται τῶν Ἰουδαίων συνέλαβον τὸν Ἰησοῦν καὶ ἔδησαν αὐτόν, 13 καὶ ἤγαγον (αὐτὸν) πρὸς Ἅνναν πρῶτον· ἦν γὰρ πενθερὸς τοῦ Καϊάφα, ὃς ἦν ἀρχιερεὺς τοῦ ἐνιαυτοῦ ἐκείνου· 14 ἦν δὲ Καϊάφας ὁ συμβουλεύσας τοῖς Ἰουδαίοις ὅτι συμφέρει ἕνα ἄνθρωπον ἀποθανεῖν ὑπὲρ τοῦ λαοῦ. 15 Ἠκολούθει δὲ τῷ Ἰησοῦ Σίμων Πέτρος καὶ ἄλλος μαθητής. ὁ δὲ μαθητὴς ἐκεῖνος ἦν γνωστὸς τῷ ἀρχιερεῖ, καὶ συνεισῆλθεν τῷ Ἰησοῦ εἰς τὴν αὐλὴν τοῦ ἀρχιερέως, 16 ὁ δὲ Πέτρος εἱστήκει πρὸς τῇ θύρᾳ ἔξω. ἐξῆλθεν οὖν ὁ μαθητὴς ὁ ἄλλος ὁ γνωστὸς τοῦ ἀρχιερέως καὶ εἶπεν τῇ θυρωρῷ, καὶ εἰσήγαγεν τὸν Πέτρον. 17 λέγει οὖν [τῷ Πέτρῳ ἡ παιδίσκη ἡ θυρωρός] (ἡ παιδίσκη ἡ θυρωρός τῷ Πέτρῳ) Μὴ καὶ σὺ ἐκ τῶν μαθητῶν εἶ τοῦ ἀνθρώπου τούτου; λέγει ἐκεῖνος Οὐκ εἰμί. 18 εἱστήκεισαν δὲ οἱ δοῦλοι καὶ οἱ ὑπηρέται ἀνθρακιὰν πεποιηκότες, ὅτι ψῦχος ἦν, καὶ ἐθερμαίνοντο· ἦν δὲ [καὶ ὁ Πέτρος μετ' αὐτῶν] (μετ' αὐτῶν ὁ Πέτρος) ἑστὼς καὶ θερμαινόμενος. 19 Ὁ οὖν ἀρχιερεὺς ἠρώτησεν τὸν Ἰησοῦν περὶ τῶν μαθητῶν αὐτοῦ καὶ περὶ τῆς διδαχῆς αὐτοῦ. 20 ἀπεκρίθη αὐτῷ Ἰησοῦς Ἐγὼ παρρησίᾳ λελάληκα τῷ κόσμῳ· ἐγὼ πάντοτε ἐδίδαξα ἐν συναγωγῇ καὶ ἐν τῷ ἱερῷ, ὅπου πάντες οἱ Ἰουδαῖοι συνέρχονται, καὶ ἐν κρυπτῷ ἐλάλησα οὐδέν. 21 τί με [ἐρωτᾷς] (ἐπερωτᾷς); ἐρώτησον τοὺς ἀκηκοότας τί ἐλάλησα αὐτοῖς· ἴδε οὗτοι οἴδασιν ἃ εἶπον ἐγώ. 22 ταῦτα δὲ αὐτοῦ εἰπόντος εἷς [παρεστηκὼς τῶν ὑπηρετῶν] (τῶν ὑπηρετῶν παρεστηκώς) ἔδωκεν ῥάπισμα τῷ Ἰησοῦ εἰπών Οὕτως ἀποκρίνῃ τῷ ἀρχιερεῖ; 23 ἀπεκρίθη αὐτῷ Ἰησοῦς Εἰ κακῶς ἐλάλησα, μαρτύρησον περὶ τοῦ κακοῦ· εἰ δὲ καλῶς, τί με δέρεις;

Jesus is Tried before Caiaphas

24 ἀπέστειλεν οὖν αὐτὸν ὁ Ἅννας δεδεμένον πρὸς Καϊάφαν τὸν ἀρχιερέα. 25 Ἦν δὲ Σίμων Πέτρος ἑστὼς καὶ θερμαινόμενος. εἶπον οὖν αὐτῷ Μὴ καὶ σὺ ἐκ τῶν μαθητῶν αὐτοῦ εἶ; ἠρνήσατο ἐκεῖνος καὶ εἶπεν Οὐκ εἰμί. 26 λέγει εἷς ἐκ τῶν δούλων τοῦ ἀρχιερέως, συγγενὴς ὢν οὗ ἀπέκοψεν Πέτρος τὸ ὠτίον Οὐκ ἐγώ σε εἶδον ἐν τῷ κήπῳ μετ' αὐτοῦ; 27 πάλιν οὖν ἠρνήσατο Πέτρος, καὶ εὐθέως ἀλέκτωρ ἐφώνησεν.

ΚΑΤΑ ΙΩΑΝΗΝ

Pilate Questions Jesus in the Praetorium

28 Ἄγουσιν οὖν τὸν Ἰησοῦν ἀπὸ τοῦ Καϊάφα εἰς τὸ πραιτώριον· ἦν δὲ πρωΐ· καὶ αὐτοὶ οὐκ εἰσῆλθον εἰς τὸ πραιτώριον, ἵνα μὴ μιανθῶσιν [ἀλλὰ] (ἀλλ' ἵνα) φάγωσιν τὸ πάσχα. 29 ἐξῆλθεν οὖν ὁ Πειλᾶτος [ἔξω] πρὸς αὐτοὺς καὶ [φησίν] (εἶπεν) Τίνα κατηγορίαν φέρετε (κατὰ) τοῦ ἀνθρώπου τούτου; 30 ἀπεκρίθησαν καὶ εἶπαν αὐτῷ Εἰ μὴ ἦν οὗτος [κακὸν ποιῶν] (κακοποιός), οὐκ ἄν σοι παρεδώκαμεν αὐτόν. 31 εἶπεν οὖν αὐτοῖς ὁ Πειλᾶτος Λάβετε αὐτὸν ὑμεῖς, καὶ κατὰ τὸν νόμον ὑμῶν κρίνατε αὐτόν. εἶπον αὐτῷ οἱ Ἰουδαῖοι Ἡμῖν οὐκ ἔξεστιν ἀποκτεῖναι οὐδένα· 32 ἵνα ὁ λόγος τοῦ Ἰησοῦ πληρωθῇ ὃν εἶπεν σημαίνων ποίῳ θανάτῳ ἤμελλεν ἀποθνήσκειν. 33 Εἰσῆλθεν οὖν [πάλιν] εἰς τὸ πραιτώριον (πάλιν) ὁ Πειλᾶτος καὶ ἐφώνησεν τὸν Ἰησοῦν καὶ εἶπεν αὐτῷ Σὺ εἶ ὁ Βασιλεὺς τῶν Ἰουδαίων; 34 ἀπεκρίθη (αὐτῷ ὁ) Ἰησοῦς Ἀφ' ἑαυτοῦ σὺ τοῦτο λέγεις, ἢ ἄλλοι εἶπόν σοι περὶ ἐμοῦ; 35 ἀπεκρίθη ὁ Πειλᾶτος Μήτι ἐγὼ Ἰουδαῖός εἰμι; τὸ ἔθνος τὸ σὸν καὶ οἱ ἀρχιερεῖς παρέδωκάν σε ἐμοί· τί ἐποίησας; 36 ἀπεκρίθη Ἰησοῦς· Ἡ βασιλεία ἡ ἐμὴ οὐκ ἔστιν ἐκ τοῦ κόσμου τούτου· εἰ ἐκ τοῦ κόσμου τούτου ἦν ἡ βασιλεία ἡ ἐμή, οἱ ὑπηρέται ἂν οἱ ἐμοὶ ἠγωνίζοντο, ἵνα μὴ παραδοθῶ τοῖς Ἰουδαίοις· νῦν δὲ ἡ βασιλεία ἡ ἐμὴ οὐκ ἔστιν ἐντεῦθεν. 37 εἶπεν οὖν αὐτῷ ὁ Πειλᾶτος Οὐκοῦν βασιλεὺς εἶ σύ; ἀπεκρίθη ὁ Ἰησοῦς Σὺ λέγεις ὅτι βασιλεύς εἰμι (ἐγώ). ἐγὼ εἰς τοῦτο γεγέννημαι καὶ εἰς τοῦτο ἐλήλυθα εἰς τὸν κόσμον, ἵνα μαρτυρήσω τῇ ἀληθείᾳ· πᾶς ὁ ὢν ἐκ τῆς ἀληθείας ἀκούει μου τῆς φωνῆς.

Pilate Presents Jesus to the Jews

38 λέγει αὐτῷ ὁ Πειλᾶτος Τί ἐστιν ἀλήθεια; Καὶ τοῦτο εἰπὼν πάλιν ἐξῆλθεν πρὸς τοὺς Ἰουδαίους, καὶ λέγει αὐτοῖς Ἐγὼ οὐδεμίαν (αἰτίαν) εὑρίσκω ἐν αὐτῷ [αἰτίαν]. 39 ἔστιν δὲ συνήθεια ὑμῖν ἵνα ἕνα [ἀπολύσω ὑμῖν] (ὑμῖν ἀπολύσω) ἐν τῷ πάσχα· βούλεσθε οὖν [ἀπολύσω ὑμῖν] (ὑμῖν ἀπολύσω) τὸν Βασιλέα τῶν Ἰουδαίων; 40 ἐκραύγασαν οὖν πάλιν (πάντες) λέγοντες Μὴ τοῦτον, ἀλλὰ τὸν Βαραββᾶν. ἦν δὲ ὁ Βαραββᾶς λῃστής.

ΚΑΤΑ ΙΩΑΝΗΝ

John 19

Jesus is Scourged, Mocked, and Beaten

1 Τότε οὖν ἔλαβεν ὁ Πειλᾶτος τὸν Ἰησοῦν καὶ ἐμαστίγωσεν. 2 καὶ οἱ στρατιῶται πλέξαντες στέφανον ἐξ ἀκανθῶν ἐπέθηκαν αὐτοῦ τῇ κεφαλῇ, καὶ ἱμάτιον πορφυροῦν περιέβαλον αὐτόν, 3 [καὶ ἤρχοντο πρὸς αὐτὸν] καὶ ἔλεγον Χαῖρε ὁ Βασιλεὺς τῶν Ἰουδαίων· καὶ [ἐδίδοσαν] (ἐδίδουν) αὐτῷ ῥαπίσματα.

Jesus is Presented in Purple Robe and Crown of Thorns

4 [Καὶ] ἐξῆλθεν (οὖν) πάλιν ἔξω ὁ Πειλᾶτος καὶ λέγει αὐτοῖς Ἴδε ἄγω ὑμῖν αὐτὸν ἔξω, ἵνα γνῶτε ὅτι (ἐν αὐτῷ) οὐδεμίαν αἰτίαν εὑρίσκω [ἐν αὐτῷ]. 5 ἐξῆλθεν οὖν ὁ Ἰησοῦς ἔξω, φορῶν τὸν ἀκάνθινον στέφανον καὶ τὸ πορφυροῦν ἱμάτιον. καὶ λέγει αὐτοῖς Ἰδοὺ ὁ ἄνθρωπος. 6 ὅτε οὖν εἶδον αὐτὸν οἱ ἀρχιερεῖς καὶ οἱ ὑπηρέται, ἐκραύγασαν λέγοντες Σταύρωσον σταύρωσον. λέγει αὐτοῖς ὁ Πειλᾶτος Λάβετε αὐτὸν ὑμεῖς καὶ σταυρώσατε· ἐγὼ γὰρ οὐχ εὑρίσκω ἐν αὐτῷ αἰτίαν. 7 ἀπεκρίθησαν αὐτῷ οἱ Ἰουδαῖοι Ἡμεῖς νόμον ἔχομεν, καὶ κατὰ τὸν νόμον ὀφείλει ἀποθανεῖν, ὅτι (ἑαυτὸν) Υἱὸν Θεοῦ [ἑαυτὸν] ἐποίησεν.

Pilate Questions Jesus in the Praetorium a Second Time

8 Ὅτε οὖν ἤκουσεν ὁ Πειλᾶτος τοῦτον τὸν λόγον, μᾶλλον ἐφοβήθη, 9 καὶ εἰσῆλθεν εἰς τὸ πραιτώριον πάλιν καὶ λέγει τῷ Ἰησοῦ Πόθεν εἶ σύ; ὁ δὲ Ἰησοῦς ἀπόκρισιν οὐκ ἔδωκεν αὐτῷ. 10 λέγει οὖν αὐτῷ ὁ Πειλᾶτος Ἐμοὶ οὐ λαλεῖς; οὐκ οἶδας ὅτι ἐξουσίαν ἔχω [ἀπολῦσαί] (σταυρῶσαί) σε καὶ ἐξουσίαν ἔχω [σταυρῶσαί] (ἀπολῦσαί) σε; 11 ἀπεκρίθη (ὁ) Ἰησοῦς Οὐκ εἶχες ἐξουσίαν (οὐδεμίαν) κατ' ἐμοῦ [οὐδεμίαν] εἰ μὴ ἦν (σοι) δεδομένον [σοι] ἄνωθεν· διὰ τοῦτο ὁ παραδούς μέ σοι μείζονα ἁμαρτίαν ἔχει. 12 ἐκ τούτου (ἐζήτει) ὁ Πειλᾶτος [ἐζήτει] ἀπολῦσαι αὐτόν· οἱ δὲ Ἰουδαῖοι [ἐκραύγασαν] (ἔκραζον) λέγοντες Ἐὰν τοῦτον ἀπολύσῃς, οὐκ εἶ φίλος τοῦ Καίσαρος· πᾶς ὁ βασιλέα ἑαυτὸν ποιῶν ἀντιλέγει τῷ Καίσαρι.

ΚΑΤΑ ΙΩΑΝΗΝ

Pilate Brings Jesus Out to Stand Before the Judgment Seat

13 Ὁ οὖν Πειλᾶτος ἀκούσας (τοῦτον) τῶν λόγων [τούτων] ἤγαγεν ἔξω τὸν Ἰησοῦν, καὶ ἐκάθισεν ἐπὶ βήματος εἰς τόπον λεγόμενον Λιθόστρωτον, Ἑβραϊστὶ δὲ Γαββαθα. 14 ἦν δὲ Παρασκευὴ τοῦ πάσχα, ὥρα [ἦν ὡς] (δὲ ὡσεὶ) ἕκτη· καὶ λέγει τοῖς Ἰουδαίοις Ἴδε ὁ Βασιλεὺς ὑμῶν. 15 (οἱ δὲ) ἐκραύγασαν [οὖν ἐκεῖνοι] Ἆρον ἆρον, σταύρωσον αὐτόν. λέγει αὐτοῖς ὁ Πειλᾶτος Τὸν Βασιλέα ὑμῶν σταυρώσω; ἀπεκρίθησαν οἱ ἀρχιερεῖς Οὐκ ἔχομεν βασιλέα εἰ μὴ Καίσαρα. 16 τότε οὖν παρέδωκεν αὐτὸν αὐτοῖς ἵνα σταυρωθῇ. Παρέλαβον [οὖν] (δὲ) τὸν Ἰησοῦν (καὶ ἀπήγαγον)·

The Crucifixion

17 καὶ βαστάζων [ἑαυτῷ] τὸν σταυρὸν (αὐτοῦ) ἐξῆλθεν εἰς τὸν λεγόμενον Κρανίου τόπον, [ὃ] (ὃς) λέγεται Ἑβραϊστὶ Γολγοθᾶ, 18 ὅπου αὐτὸν ἐσταύρωσαν, καὶ μετ' αὐτοῦ ἄλλους δύο ἐντεῦθεν καὶ ἐντεῦθεν, μέσον δὲ τὸν Ἰησοῦν. 19 ἔγραψεν δὲ καὶ τίτλον ὁ Πειλᾶτος καὶ ἔθηκεν ἐπὶ τοῦ σταυροῦ· ἦν δὲ γεγραμμένον ΙΗΣΟΥΣ Ο ΝΑΖΩΡΑΙΟΣ Ο ΒΑΣΙΛΕΥΣ ΤΩΝ ΙΟΥΔΑΙΩΝ. 20 τοῦτον οὖν τὸν τίτλον πολλοὶ ἀνέγνωσαν τῶν Ἰουδαίων, ὅτι ἐγγὺς ἦν [ὁ τόπος τῆς πόλεως] (τῆς πόλεως ὁ τόπος) ὅπου ἐσταυρώθη ὁ Ἰησοῦς· καὶ ἦν γεγραμμένον Ἑβραϊστί, Ῥωμαϊστί, Ἑλληνιστί. 21 ἔλεγον οὖν τῷ Πειλάτῳ οἱ ἀρχιερεῖς τῶν Ἰουδαίων Μὴ γράφε Ὁ Βασιλεὺς τῶν Ἰουδαίων, ἀλλ' ὅτι ἐκεῖνος εἶπεν Βασιλεύς εἰμι τῶν Ἰουδαίων. 22 ἀπεκρίθη ὁ Πειλᾶτος Ὃ γέγραφα, γέγραφα.

23 Οἱ οὖν στρατιῶται, ὅτε ἐσταύρωσαν τὸν Ἰησοῦν, ἔλαβον τὰ ἱμάτια αὐτοῦ καὶ ἐποίησαν τέσσερα μέρη, ἑκάστῳ στρατιώτῃ μέρος, καὶ τὸν χιτῶνα. ἦν δὲ ὁ χιτὼν ἄραφος, ἐκ τῶν ἄνωθεν ὑφαντὸς δι' ὅλου. 24 εἶπαν οὖν πρὸς ἀλλήλους Μὴ σχίσωμεν αὐτόν, ἀλλὰ λάχωμεν περὶ αὐτοῦ τίνος ἔσται· ἵνα ἡ γραφὴ πληρωθῇ Διεμερίσαντο τὰ ἱμάτιά μου ἑαυτοῖς καὶ ἐπὶ τὸν ἱματισμόν μου ἔβαλον κλῆρον. Οἱ μὲν οὖν στρατιῶται ταῦτα ἐποίησαν. 25 εἱστήκεισαν δὲ παρὰ τῷ σταυρῷ τοῦ Ἰησοῦ ἡ μήτηρ αὐτοῦ καὶ ἡ ἀδελφὴ τῆς μητρὸς αὐτοῦ, Μαρία ἡ τοῦ Κλωπᾶ καὶ Μαρία ἡ Μαγδαληνή. 26 Ἰησοῦς οὖν ἰδὼν τὴν μητέρα καὶ τὸν μαθητὴν παρεστῶτα ὃν ἠγάπα, λέγει τῇ μητρί (αὐτοῦ) Γύναι, ἴδε ὁ υἱός σου. 27 εἶτα λέγει τῷ μαθητῇ Ἴδε ἡ μήτηρ σου. καὶ ἀπ' ἐκείνης τῆς ὥρας ἔλαβεν (αὐτήν) ὁ μαθητὴς [αὐτήν] εἰς τὰ ἴδια.

ΚΑΤΑ ΙΩΑΝΗΝ

Jesus Gives Up His Spirit

28 Μετὰ τοῦτο εἰδὼς ὁ Ἰησοῦς ὅτι [ἤδη] πάντα (ἤδη) τετέλεσται, ἵνα τελειωθῇ ἡ γραφή, λέγει Διψῶ. 29 σκεῦος (οὖν) ἔκειτο ὄξους μεστόν· (οἱ δέ, πλήσαντες) σπόγγον [οὖν μεστὸν τοῦ] ὄξους (καὶ) ὑσσώπῳ περιθέντες προσήνεγκαν αὐτοῦ τῷ στόματι. 30 ὅτε οὖν ἔλαβεν τὸ ὄξος ὁ Ἰησοῦς εἶπεν Τετέλεσται, καὶ κλίνας τὴν κεφαλὴν παρέδωκεν τὸ πνεῦμα. 31 Οἱ οὖν Ἰουδαῖοι, ἐπεὶ Παρασκευὴ ἦν, ἵνα μὴ μείνῃ ἐπὶ τοῦ σταυροῦ τὰ σώματα ἐν τῷ σαββάτῳ, ἦν γὰρ μεγάλη ἡ ἡμέρα ἐκείνου τοῦ σαββάτου, ἠρώτησαν τὸν Πειλᾶτον ἵνα κατεαγῶσιν αὐτῶν τὰ σκέλη καὶ ἀρθῶσιν. 32 ἦλθον οὖν οἱ στρατιῶται, καὶ τοῦ μὲν πρώτου κατέαξαν τὰ σκέλη καὶ τοῦ ἄλλου τοῦ συνσταυρωθέντος αὐτῷ· 33 ἐπὶ δὲ τὸν Ἰησοῦν ἐλθόντες, ὡς εἶδον [ἤδη] αὐτὸν (ἤδη) τεθνηκότα, οὐ κατέαξαν αὐτοῦ τὰ σκέλη, 34 ἀλλ' εἷς τῶν στρατιωτῶν λόγχῃ αὐτοῦ τὴν πλευρὰν ἔνυξεν, καὶ (εὐθὺς) ἐξῆλθεν [εὐθὺς] αἷμα καὶ ὕδωρ. 35 καὶ ὁ ἑωρακὼς μεμαρτύρηκεν, καὶ ἀληθινὴ αὐτοῦ ἐστιν ἡ μαρτυρία, καὶ ἐκεῖνος οἶδεν ὅτι ἀληθῆ λέγει, ἵνα [καὶ] ὑμεῖς πιστεύητε. 36 ἐγένετο γὰρ ταῦτα ἵνα ἡ γραφὴ πληρωθῇ Ὀστοῦν οὐ συντριβήσεται αὐτοῦ. 37 καὶ πάλιν ἑτέρα γραφὴ λέγει Ὄψονται εἰς ὃν ἐξεκέντησαν.

The Burial of Jesus

38 Μετὰ δὲ ταῦτα ἠρώτησεν τὸν Πειλᾶτον (ὁ) Ἰωσὴφ (ὁ) ἀπὸ Ἀριμαθαίας, ὢν μαθητὴς τοῦ Ἰησοῦ κεκρυμμένος δὲ διὰ τὸν φόβον τῶν Ἰουδαίων, ἵνα ἄρῃ τὸ σῶμα τοῦ Ἰησοῦ· καὶ ἐπέτρεψεν ὁ Πειλᾶτος. ἦλθεν οὖν καὶ ἦρεν τὸ σῶμα [αὐτοῦ] (τοῦ Ἰησοῦ). 39 ἦλθεν δὲ καὶ Νικόδημος, ὁ ἐλθὼν πρὸς [αὐτὸν] (τὸν Ἰησοῦν) νυκτὸς τὸ πρῶτον, φέρων μίγμα σμύρνης καὶ ἀλόης [ὡς] (ὡσεὶ) λίτρας ἑκατόν. 40 ἔλαβον οὖν τὸ σῶμα τοῦ Ἰησοῦ καὶ ἔδησαν αὐτὸ ὀθονίοις μετὰ τῶν ἀρωμάτων, καθὼς ἔθος ἐστὶν τοῖς Ἰουδαίοις ἐνταφιάζειν. 41 ἦν δὲ ἐν τῷ τόπῳ ὅπου ἐσταυρώθη κῆπος, καὶ ἐν τῷ κήπῳ μνημεῖον καινόν, ἐν ᾧ οὐδέπω οὐδεὶς [ἦν τεθειμένος] (ἐτέθη)· 42 ἐκεῖ οὖν διὰ τὴν Παρασκευὴν τῶν Ἰουδαίων, ὅτι ἐγγὺς ἦν τὸ μνημεῖον, ἔθηκαν τὸν Ἰησοῦν.

ΚΑΤΑ ΙΩΑΝΗΝ

John 20

The Resurrection

1 Τῇ δὲ μιᾷ τῶν σαββάτων Μαρία ἡ Μαγδαληνὴ ἔρχεται πρωῒ σκοτίας ἔτι οὔσης εἰς τὸ μνημεῖον, καὶ βλέπει τὸν λίθον ἠρμένον ἐκ τοῦ μνημείου. 2 τρέχει οὖν καὶ ἔρχεται πρὸς Σίμωνα Πέτρον καὶ πρὸς τὸν ἄλλον μαθητὴν ὃν ἐφίλει ὁ Ἰησοῦς, καὶ λέγει αὐτοῖς Ἦραν τὸν Κύριον ἐκ τοῦ μνημείου, καὶ οὐκ οἴδαμεν ποῦ ἔθηκαν αὐτόν. 3 Ἐξῆλθεν οὖν ὁ Πέτρος καὶ ὁ ἄλλος μαθητής, καὶ ἤρχοντο εἰς τὸ μνημεῖον. 4 ἔτρεχον δὲ οἱ δύο ὁμοῦ· καὶ ὁ ἄλλος μαθητὴς προέδραμεν τάχιον τοῦ Πέτρου καὶ ἦλθεν πρῶτος εἰς τὸ μνημεῖον, 5 καὶ παρακύψας βλέπει κείμενα τὰ ὀθόνια, οὐ μέντοι εἰσῆλθεν. 6 ἔρχεται οὖν καὶ Σίμων Πέτρος ἀκολουθῶν αὐτῷ, καὶ εἰσῆλθεν εἰς τὸ μνημεῖον· καὶ θεωρεῖ τὰ ὀθόνια κείμενα, 7 καὶ τὸ σουδάριον, ὃ ἦν ἐπὶ τῆς κεφαλῆς αὐτοῦ, οὐ μετὰ τῶν ὀθονίων κείμενον ἀλλὰ χωρὶς ἐντετυλιγμένον εἰς ἕνα τόπον. 8 τότε οὖν εἰσῆλθεν καὶ ὁ ἄλλος μαθητὴς ὁ ἐλθὼν πρῶτος εἰς τὸ μνημεῖον, καὶ εἶδεν καὶ ἐπίστευσεν· 9 οὐδέπω γὰρ ᾔδεισαν τὴν γραφήν, ὅτι δεῖ αὐτὸν ἐκ νεκρῶν ἀναστῆναι. 10 ἀπῆλθον οὖν πάλιν πρὸς αὐτοὺς οἱ μαθηταί.

Jesus Appears to Mary Magdalene

11 Μαρία δὲ εἱστήκει πρὸς τῷ μνημείῳ [ἔξω] κλαίουσα (ἔξω). ὡς οὖν ἔκλαιεν, παρέκυψεν εἰς τὸ μνημεῖον, 12 καὶ θεωρεῖ δύο ἀγγέλους ἐν λευκοῖς καθεζομένους, ἕνα πρὸς τῇ κεφαλῇ καὶ ἕνα πρὸς τοῖς ποσίν, ὅπου ἔκειτο τὸ σῶμα τοῦ Ἰησοῦ. 13 καὶ λέγουσιν αὐτῇ ἐκεῖνοι Γύναι, τί κλαίεις; λέγει αὐτοῖς ὅτι Ἦραν τὸν Κύριόν μου, καὶ οὐκ οἶδα ποῦ ἔθηκαν αὐτόν. 14 (καὶ) ταῦτα εἰποῦσα ἐστράφη εἰς τὰ ὀπίσω, καὶ θεωρεῖ τὸν Ἰησοῦν ἑστῶτα, καὶ οὐκ ᾔδει ὅτι Ἰησοῦς ἐστιν. 15 λέγει αὐτῇ (ὁ) Ἰησοῦς Γύναι, τί κλαίεις; τίνα ζητεῖς; ἐκείνη δοκοῦσα ὅτι ὁ κηπουρός ἐστιν, λέγει αὐτῷ Κύριε, εἰ σὺ ἐβάστασας αὐτόν, εἰπέ μοι ποῦ ἔθηκας αὐτόν, κἀγὼ αὐτὸν ἀρῶ. 16 λέγει αὐτῇ Ἰησοῦς Μαριάμ. στραφεῖσα ἐκείνη λέγει αὐτῷ [Ἐβραϊστί]· Ῥαββουνεί (ὃ λέγεται Διδάσκαλε). 17 λέγει αὐτῇ Ἰησοῦς Μή μου ἅπτου, οὔπω γὰρ ἀναβέβηκα πρὸς τὸν Πατέρα (μου)· πορεύου δὲ πρὸς τοὺς ἀδελφούς μου καὶ εἰπὲ αὐτοῖς Ἀναβαίνω πρὸς τὸν Πατέρα μου καὶ Πατέρα ὑμῶν καὶ Θεόν μου καὶ Θεὸν ὑμῶν. 18 ἔρχεται Μαριὰμ ἡ Μαγδαληνὴ ἀγγέλλουσα τοῖς μαθηταῖς ὅτι Ἑώρακα τὸν Κύριον, καὶ ταῦτα εἶπεν αὐτῇ.

ΚΑΤΑ ΙΩΑΝΗΝ

Jesus Appears to the Disciples

19 Οὔσης οὖν ὀψίας τῇ ἡμέρᾳ ἐκείνῃ τῇ μιᾷ (τῶν) σαββάτων, καὶ τῶν θυρῶν κεκλεισμένων ὅπου ἦσαν οἱ μαθηταὶ (συνηγμένοι) διὰ τὸν φόβον τῶν Ἰουδαίων, ἦλθεν ὁ Ἰησοῦς καὶ ἔστη εἰς τὸ μέσον, καὶ λέγει αὐτοῖς Εἰρήνη ὑμῖν. 20 καὶ τοῦτο εἰπὼν ἔδειξεν [καὶ] (αὐτοῖς) τὰς χεῖρας καὶ τὴν πλευρὰν αὐτοῖς. ἐχάρησαν οὖν οἱ μαθηταὶ ἰδόντες τὸν Κύριον. 21 εἶπεν οὖν αὐτοῖς ὁ Ἰησοῦς πάλιν Εἰρήνη ὑμῖν· καθὼς ἀπέσταλκέν με ὁ Πατήρ, κἀγὼ πέμπω ὑμᾶς. 22 καὶ τοῦτο εἰπὼν ἐνεφύσησεν καὶ λέγει αὐτοῖς Λάβετε Πνεῦμα Ἅγιον. 23 ἄν τινων ἀφῆτε τὰς ἁμαρτίας, ἀφέωνται αὐτοῖς· ἄν τινων κρατῆτε, κεκράτηνται.

Jesus Appears to Thomas

24 Θωμᾶς δὲ εἷς ἐκ τῶν δώδεκα, ὁ λεγόμενος Δίδυμος, οὐκ ἦν μετ' αὐτῶν ὅτε ἦλθεν (ὁ) Ἰησοῦς. 25 ἔλεγον οὖν αὐτῷ οἱ ἄλλοι μαθηταί Ἑωράκαμεν τὸν Κύριον. ὁ δὲ εἶπεν αὐτοῖς Ἐὰν μὴ ἴδω ἐν ταῖς χερσὶν αὐτοῦ τὸν τύπον τῶν ἥλων καὶ βάλω τὸν δάκτυλόν μου εἰς τὸν τόπον τῶν ἥλων καὶ βάλω μου τὴν χεῖρα εἰς τὴν πλευρὰν αὐτοῦ, οὐ μὴ πιστεύσω. 26 Καὶ μεθ' ἡμέρας ὀκτὼ πάλιν ἦσαν ἔσω οἱ μαθηταὶ αὐτοῦ, καὶ Θωμᾶς μετ' αὐτῶν. ἔρχεται ὁ Ἰησοῦς τῶν θυρῶν κεκλεισμένων, καὶ ἔστη εἰς τὸ μέσον καὶ εἶπεν Εἰρήνη ὑμῖν. 27 εἶτα λέγει τῷ Θωμᾷ Φέρε τὸν δάκτυλόν σου ὧδε καὶ ἴδε τὰς χεῖράς μου, καὶ φέρε τὴν χεῖρά σου καὶ βάλε εἰς τὴν πλευράν μου, καὶ μὴ γίνου ἄπιστος ἀλλὰ πιστός. 28 (καὶ) ἀπεκρίθη (Ὁ) Θωμᾶς καὶ εἶπεν αὐτῷ Ὁ Κύριός μου καὶ ὁ Θεός μου. 29 λέγει αὐτῷ ὁ Ἰησοῦς Ὅτι ἑώρακάς με, πεπίστευκας; μακάριοι οἱ μὴ ἰδόντες καὶ πιστεύσαντες.

The Purpose of John's Gospel

30 Πολλὰ μὲν οὖν καὶ ἄλλα σημεῖα ἐποίησεν ὁ Ἰησοῦς ἐνώπιον τῶν μαθητῶν (αὐτοῦ), ἃ οὐκ ἔστιν γεγραμμένα ἐν τῷ βιβλίῳ τούτῳ· 31 ταῦτα δὲ γέγραπται ἵνα πιστεύητε ὅτι (ὁ) Ἰησοῦς ἐστιν ὁ Χριστὸς ὁ Υἱὸς τοῦ Θεοῦ, καὶ ἵνα πιστεύοντες ζωὴν ἔχητε ἐν τῷ ὀνόματι αὐτοῦ.

ΚΑΤΑ ΙΩΑΝΗΝ

John 21

Jesus Appears to the Disciples in Galilee

1 Μετὰ ταῦτα ἐφανέρωσεν ἑαυτὸν πάλιν (ὁ) Ἰησοῦς τοῖς μαθηταῖς ἐπὶ τῆς θαλάσσης τῆς Τιβεριάδος· ἐφανέρωσεν δὲ οὕτως. 2 ἦσαν ὁμοῦ Σίμων Πέτρος καὶ Θωμᾶς ὁ λεγόμενος Δίδυμος καὶ Ναθαναὴλ ὁ ἀπὸ Κανᾶ τῆς Γαλιλαίας καὶ οἱ τοῦ Ζεβεδαίου καὶ ἄλλοι ἐκ τῶν μαθητῶν αὐτοῦ δύο. 3 λέγει αὐτοῖς Σίμων Πέτρος Ὑπάγω ἁλιεύειν. λέγουσιν αὐτῷ Ἐρχόμεθα καὶ ἡμεῖς σὺν σοί. ἐξῆλθον καὶ ἐνέβησαν εἰς τὸ πλοῖον (εὐθὺς), καὶ ἐν ἐκείνῃ τῇ νυκτὶ ἐπίασαν οὐδέν. 4 πρωΐας δὲ ἤδη γινομένης ἔστη (ὁ) Ἰησοῦς εἰς τὸν αἰγιαλόν· οὐ μέντοι ᾔδεισαν οἱ μαθηταὶ ὅτι Ἰησοῦς ἐστιν. 5 λέγει οὖν αὐτοῖς Ἰησοῦς Παιδία, μή τι προσφάγιον ἔχετε; ἀπεκρίθησαν αὐτῷ Οὔ. 6 ὁ δὲ εἶπεν αὐτοῖς Βάλετε εἰς τὰ δεξιὰ μέρη τοῦ πλοίου τὸ δίκτυον, καὶ εὑρήσετε. ἔβαλον οὖν, καὶ οὐκέτι αὐτὸ ἑλκύσαι ἴσχυον ἀπὸ τοῦ πλήθους τῶν ἰχθύων.

The Miraculous Catch of Fish

7 λέγει οὖν ὁ μαθητὴς ἐκεῖνος ὃν ἠγάπα ὁ Ἰησοῦς τῷ Πέτρῳ Ὁ Κύριός ἐστιν. Σίμων οὖν Πέτρος, ἀκούσας ὅτι ὁ Κύριός ἐστιν, τὸν ἐπενδύτην διεζώσατο, ἦν γὰρ γυμνός, καὶ ἔβαλεν ἑαυτὸν εἰς τὴν θάλασσαν· 8 οἱ δὲ ἄλλοι μαθηταὶ τῷ πλοιαρίῳ ἦλθον, οὐ γὰρ ἦσαν μακρὰν ἀπὸ τῆς γῆς ἀλλὰ ὡς ἀπὸ πηχῶν διακοσίων, σύροντες τὸ δίκτυον τῶν ἰχθύων. 9 ὡς οὖν ἀπέβησαν εἰς τὴν γῆν, βλέπουσιν ἀνθρακιὰν κειμένην καὶ ὀψάριον ἐπικείμενον καὶ ἄρτον. 10 λέγει αὐτοῖς ὁ Ἰησοῦς Ἐνέγκατε ἀπὸ τῶν ὀψαρίων ὧν ἐπιάσατε νῦν. 11 ἀνέβη Σίμων Πέτρος καὶ εἵλκυσεν τὸ δίκτυον εἰς τὴν γῆν μεστὸν ἰχθύων μεγάλων ἑκατὸν πεντήκοντα τριῶν· καὶ τοσούτων ὄντων οὐκ ἐσχίσθη τὸ δίκτυον. 12 λέγει αὐτοῖς ὁ Ἰησοῦς Δεῦτε ἀριστήσατε. οὐδεὶς ἐτόλμα τῶν μαθητῶν ἐξετάσαι αὐτόν Σὺ τίς εἶ; εἰδότες ὅτι ὁ Κύριός ἐστιν. 13 ἔρχεται (οὖν ὁ) Ἰησοῦς καὶ λαμβάνει τὸν ἄρτον καὶ δίδωσιν αὐτοῖς, καὶ τὸ ὀψάριον ὁμοίως. 14 τοῦτο ἤδη τρίτον ἐφανερώθη (ὁ) Ἰησοῦς τοῖς μαθηταῖς (αὐτοῦ) ἐγερθεὶς ἐκ νεκρῶν.

Peter's Commission

15 Ὅτε οὖν ἠρίστησαν, λέγει τῷ Σίμωνι Πέτρῳ ὁ Ἰησοῦς Σίμων Ἰωάνου, ἀγαπᾷς με πλέον τούτων; λέγει αὐτῷ Ναί, Κύριε, σὺ οἶδας ὅτι φιλῶ σε. λέγει αὐτῷ Βόσκε τὰ ἀρνία μου. 16 λέγει αὐτῷ πάλιν δεύτερον Σίμων Ἰωάνου, ἀγαπᾷς με; λέγει αὐτῷ Ναί, Κύριε, σὺ οἶδας ὅτι φιλῶ σε. λέγει αὐτῷ Ποίμαινε τὰ προβάτιά μου.

17 λέγει αὐτῷ τὸ τρίτον Σίμων Ἰωάνου, φιλεῖς με; ἐλυπήθη ὁ Πέτρος ὅτι εἶπεν αὐτῷ τὸ τρίτον Φιλεῖς με; καὶ εἶπεν αὐτῷ Κύριε, (σὺ) πάντα [σὺ] οἶδας, σὺ γινώσκεις ὅτι φιλῶ σε. λέγει αὐτῷ (ὁ) Ἰησοῦς Βόσκε τὰ προβάτιά μου. 18 ἀμὴν ἀμὴν λέγω σοι, ὅτε ἦς νεώτερος, ἐζώννυες σεαυτὸν καὶ περιεπάτεις ὅπου ἤθελες· ὅταν δὲ γηράσῃς, ἐκτενεῖς τὰς χεῖράς σου, καὶ ἄλλος ζώσει σε καὶ οἴσει ὅπου οὐ θέλεις. 19 τοῦτο δὲ εἶπεν σημαίνων ποίῳ θανάτῳ δοξάσει τὸν Θεόν. καὶ τοῦτο εἰπὼν λέγει αὐτῷ Ἀκολούθει μοι. 20 ἐπιστραφεὶς ὁ Πέτρος βλέπει τὸν μαθητὴν ὃν ἠγάπα ὁ Ἰησοῦς ἀκολουθοῦντα, ὃς καὶ ἀνέπεσεν ἐν τῷ δείπνῳ ἐπὶ τὸ στῆθος αὐτοῦ καὶ εἶπεν Κύριε, τίς ἐστιν ὁ παραδιδούς σε; 21 τοῦτον οὖν ἰδὼν ὁ Πέτρος λέγει τῷ Ἰησοῦ Κύριε, οὗτος δὲ τί; 22 λέγει αὐτῷ ὁ Ἰησοῦς Ἐὰν αὐτὸν θέλω μένειν ἕως ἔρχομαι, τί πρὸς σέ; σύ [μοι] ἀκολούθει (μοι). 23 ἐξῆλθεν οὖν [οὗτος ὁ λόγος] (ὁ λόγος οὗτος) εἰς τοὺς ἀδελφοὺς ὅτι ὁ μαθητὴς ἐκεῖνος οὐκ ἀποθνήσκει· (καὶ) οὐκ εἶπεν [δὲ] αὐτῷ ὁ Ἰησοῦς ὅτι οὐκ ἀποθνήσκει, ἀλλ' Ἐὰν αὐτὸν θέλω μένειν ἕως ἔρχομαι, τί πρὸς σέ;

Conclusion

24 Οὗτός ἐστιν ὁ μαθητὴς ὁ μαρτυρῶν περὶ τούτων καὶ ὁ γράψας ταῦτα, καὶ οἴδαμεν ὅτι ἀληθὴς [αὐτοῦ] (ἐστίν) ἡ μαρτυρία [ἐστίν] (αὐτοῦ). 25 Ἔστιν δὲ καὶ ἄλλα πολλὰ [ἃ] (ὅσα) ἐποίησεν ὁ Ἰησοῦς, ἅτινα ἐὰν γράφηται καθ' ἕν, οὐδ' αὐτὸν οἶμαι τὸν κόσμον χωρήσειν τὰ γραφόμενα βιβλία. (ἀμήν)

ΠΡΑΞΕΙΣ ΑΠΟΣΤΟΛΩΝ

Papyrus 38
Date: c. 220
University of Michigan
Acts 18:27-19:6

ΠΡΑΞΕΙΣ ΑΠΟΣΤΟΛΩΝ

Acts 1

Prologue

1 Τὸν μὲν πρῶτον λόγον ἐποιησάμην περὶ πάντων, ὦ Θεόφιλε, ὧν ἤρξατο ὁ Ἰησοῦς ποιεῖν τε καὶ διδάσκειν, 2 ἄχρι ἧς ἡμέρας ἐντειλάμενος τοῖς ἀποστόλοις διὰ Πνεύματος Ἁγίου οὓς ἐξελέξατο ἀνελήμφθη· 3 οἷς καὶ παρέστησεν ἑαυτὸν ζῶντα μετὰ τὸ παθεῖν αὐτὸν ἐν πολλοῖς τεκμηρίοις, δι' ἡμερῶν τεσσεράκοντα ὀπτανόμενος αὐτοῖς καὶ λέγων τὰ περὶ τῆς βασιλείας τοῦ Θεοῦ·

The Promise of the Father

4 καὶ συναλιζόμενος παρήγγειλεν αὐτοῖς ἀπὸ Ἰεροσολύμων μὴ χωρίζεσθαι, ἀλλὰ περιμένειν τὴν ἐπαγγελίαν τοῦ Πατρὸς ἣν ἠκούσατέ μου· 5 ὅτι Ἰωάνης μὲν ἐβάπτισεν ὕδατι, ὑμεῖς δὲ [ἐν Πνεύματι βαπτισθήσεσθε Ἁγίῳ] (βαπτισθήσεσθε ἐν πνεύματι ἁγίῳ) οὐ μετὰ πολλὰς ταύτας ἡμέρας. 6 Οἱ μὲν οὖν συνελθόντες [ἠρώτων] (ἐπηρώτων) αὐτὸν λέγοντες Κύριε, εἰ ἐν τῷ χρόνῳ τούτῳ ἀποκαθιστάνεις τὴν βασιλείαν τῷ Ἰσραήλ; 7 εἶπεν (δὲ) πρὸς αὐτούς Οὐχ ὑμῶν ἐστιν γνῶναι χρόνους ἢ καιροὺς οὓς ὁ Πατὴρ ἔθετο ἐν τῇ ἰδίᾳ ἐξουσίᾳ, 8 ἀλλὰ [λήμψεσθε] (λήψεσθε) δύναμιν ἐπελθόντος τοῦ Ἁγίου Πνεύματος ἐφ' ὑμᾶς, καὶ ἔσεσθέ [μου] (μοι) μάρτυρες ἔν τε Ἰερουσαλὴμ καὶ ἐν πάσῃ τῇ Ἰουδαίᾳ καὶ Σαμαρίᾳ καὶ ἕως ἐσχάτου τῆς γῆς.

The Ascension

9 καὶ ταῦτα εἰπὼν βλεπόντων αὐτῶν ἐπήρθη, καὶ νεφέλη ὑπέλαβεν αὐτὸν ἀπὸ τῶν ὀφθαλμῶν αὐτῶν. 10 καὶ ὡς ἀτενίζοντες ἦσαν εἰς τὸν οὐρανὸν πορευομένου αὐτοῦ, καὶ ἰδοὺ ἄνδρες δύο παρειστήκεισαν αὐτοῖς ἐν [ἐσθήσεσι λευκαῖς] (ἐσθῆτι λευκῇ), 11 οἳ καὶ εἶπαν Ἄνδρες Γαλιλαῖοι, τί ἑστήκατε [βλέποντες] (ἐμβλέποντες) εἰς τὸν οὐρανόν; οὗτος ὁ Ἰησοῦς ὁ ἀναλημφθεὶς ἀφ' ὑμῶν εἰς τὸν οὐρανὸν οὕτως ἐλεύσεται ὃν τρόπον ἐθεάσασθε αὐτὸν πορευόμενον εἰς τὸν οὐρανόν. 12 Τότε ὑπέστρεψαν εἰς Ἰερουσαλὴμ ἀπὸ ὄρους τοῦ καλουμένου Ἐλαιῶνος, ὅ ἐστιν ἐγγὺς Ἰερουσαλὴμ σαββάτου ἔχον ὁδόν.

ΠΡΑΞΕΙΣ ΑΠΟΣΤΟΛΩΝ

The Disciples Gather for Prayer in the Upper Room

13 καὶ ὅτε εἰσῆλθον, [εἰς τὸ ὑπερῷον ἀνέβησαν] (ἀνέβησαν εἰς τὸ ὑπερῷον) οὗ ἦσαν καταμένοντες, ὅ τε Πέτρος καὶ [Ἰωάνης καὶ Ἰάκωβος] (Ἰάκωβος καὶ Ἰωάννης) καὶ Ἀνδρέας, Φίλιππος καὶ Θωμᾶς, Βαρθολομαῖος καὶ Μαθθαῖος, Ἰάκωβος Ἁλφαίου καὶ Σίμων ὁ Ζηλωτὴς καὶ Ἰούδας Ἰακώβου. 14 οὗτοι πάντες ἦσαν προσκαρτεροῦντες ὁμοθυμαδὸν τῇ προσευχῇ (καὶ τῇ δεήσει) σὺν γυναιξὶν καὶ Μαριὰμ τῇ μητρὶ τοῦ Ἰησοῦ καὶ σὺν τοῖς ἀδελφοῖς αὐτοῦ.

Mattias Appointed to Fill Judas' Office

15 Καὶ ἐν ταῖς ἡμέραις ταύταις ἀναστὰς Πέτρος ἐν μέσῳ τῶν [ἀδελφῶν] (μαθητῶν) εἶπεν· ἦν τε ὄχλος ὀνομάτων ἐπὶ τὸ αὐτὸ ὡσεὶ ἑκατὸν εἴκοσι 16 Ἄνδρες ἀδελφοί, ἔδει πληρωθῆναι τὴν γραφὴν (ταύτην) ἣν προεῖπεν τὸ Πνεῦμα τὸ Ἅγιον διὰ στόματος Δαυειδ περὶ Ἰούδα τοῦ γενομένου ὁδηγοῦ τοῖς συλλαβοῦσιν (τὸν) Ἰησοῦν, 17 ὅτι κατηριθμημένος ἦν [ἐν] (σὺν) ἡμῖν καὶ ἔλαχεν τὸν κλῆρον τῆς διακονίας ταύτης. 18 οὗτος μὲν οὖν ἐκτήσατο χωρίον ἐκ μισθοῦ τῆς ἀδικίας, καὶ πρηνὴς γενόμενος ἐλάκησεν μέσος, καὶ ἐξεχύθη πάντα τὰ σπλάγχνα αὐτοῦ· 19 καὶ γνωστὸν ἐγένετο πᾶσι τοῖς κατοικοῦσιν Ἰερουσαλήμ, ὥστε κληθῆναι τὸ χωρίον ἐκεῖνο τῇ ἰδίᾳ διαλέκτῳ αὐτῶν Ἁκελδαμάχ, τοῦτ᾿ ἔστιν Χωρίον αἵματος. 20 γέγραπται γὰρ ἐν βίβλῳ Ψαλμῶν

> Γενηθήτω ἡ ἔπαυλις αὐτοῦ ἔρημος
> καὶ μὴ ἔστω ὁ κατοικῶν ἐν αὐτῇ,

καί

> Τὴν ἐπισκοπὴν αὐτοῦ λαβέτω ἕτερος.

21 δεῖ οὖν τῶν συνελθόντων ἡμῖν ἀνδρῶν ἐν παντὶ χρόνῳ ᾧ εἰσῆλθεν καὶ ἐξῆλθεν ἐφ᾿ ἡμᾶς ὁ Κύριος Ἰησοῦς, 22 ἀρξάμενος ἀπὸ τοῦ βαπτίσματος Ἰωάνου ἕως τῆς ἡμέρας ἧς ἀνελήμφθη ἀφ᾿ ἡμῶν, μάρτυρα τῆς ἀναστάσεως αὐτοῦ [σὺν ἡμῖν γενέσθαι] (γενέσθαι σὺν ἡμῖν) ἕνα τούτων. 23 Καὶ ἔστησαν δύο, Ἰωσὴφ τὸν καλούμενον Βαρσαββᾶν, ὃς ἐπεκλήθη Ἰοῦστος, καὶ Μαθθίαν.

ΠΡΑΞΕΙΣ ΑΠΟΣΤΟΛΩΝ

24 καὶ προσευξάμενοι εἶπαν Σὺ Κύριε καρδιογνῶστα πάντων, ἀνάδειξον [ὃν ἐξελέξω ἐκ τούτων τῶν δύο ἕνα] (ἐκ τούτων τῶν δύο ἕνα ὃν ἐξελέξω) 25 λαβεῖν τὸν [τόπον] (κλῆρον) τῆς διακονίας ταύτης καὶ ἀποστολῆς, [ἀφ'] (ἐξ) ἧς παρέβη Ἰούδας πορευθῆναι εἰς τὸν τόπον τὸν ἴδιον. 26 καὶ ἔδωκαν κλήρους [αὐτοῖς] (αὐτῶν), καὶ ἔπεσεν ὁ κλῆρος ἐπὶ Μαθθίαν, καὶ συνκατεψηφίσθη μετὰ τῶν ἕνδεκα ἀποστόλων.

Acts 2

The Holy Spirit Descends at Pentecost

1 Καὶ ἐν τῷ συνπληροῦσθαι τὴν ἡμέραν τῆς Πεντηκοστῆς ἦσαν [πάντες ὁμοῦ] (ἅπαντες ὁμοθυμαδὸν) ἐπὶ τὸ αὐτό· 2 καὶ ἐγένετο ἄφνω ἐκ τοῦ οὐρανοῦ ἦχος ὥσπερ φερομένης πνοῆς βιαίας καὶ ἐπλήρωσεν ὅλον τὸν οἶκον οὗ ἦσαν καθήμενοι, 3 καὶ ὤφθησαν αὐτοῖς διαμεριζόμεναι γλῶσσαι ὡσεὶ πυρός, [καὶ] ἐκάθισεν (τε) ἐφ' ἕνα ἕκαστον αὐτῶν, 4 καὶ ἐπλήσθησαν [πάντες] (ἅπαντες) Πνεύματος Ἁγίου, καὶ ἤρξαντο λαλεῖν ἑτέραις γλώσσαις καθὼς τὸ Πνεῦμα ἐδίδου (αὐτοῖς) ἀποφθέγγεσθαι [αὐτοῖς]. 5 Ἦσαν δὲ [εἰς] (ἐν) Ἰερουσαλὴμ κατοικοῦντες Ἰουδαῖοι, ἄνδρες εὐλαβεῖς ἀπὸ παντὸς ἔθνους τῶν ὑπὸ τὸν οὐρανόν· 6 γενομένης δὲ τῆς φωνῆς ταύτης συνῆλθεν τὸ πλῆθος καὶ συνεχύθη, ὅτι ἤκουον εἷς ἕκαστος τῇ ἰδίᾳ διαλέκτῳ λαλούντων αὐτῶν. 7 ἐξίσταντο δὲ (πάντες) καὶ ἐθαύμαζον λέγοντες (πρὸς ἀλλήλους) [Οὐχὶ] (Οὐκ) ἰδοὺ πάντες οὗτοί εἰσιν οἱ λαλοῦντες Γαλιλαῖοι; 8 καὶ πῶς ἡμεῖς ἀκούομεν ἕκαστος τῇ ἰδίᾳ διαλέκτῳ ἡμῶν ἐν ᾗ ἐγεννήθημεν, 9 Πάρθοι καὶ Μῆδοι καὶ Ἐλαμεῖται, καὶ οἱ κατοικοῦντες τὴν Μεσοποταμίαν, Ἰουδαίαν τε καὶ Καππαδοκίαν, Πόντον καὶ τὴν Ἀσίαν, 10 Φρυγίαν τε καὶ Παμφυλίαν, Αἴγυπτον καὶ τὰ μέρη τῆς Λιβύης τῆς κατὰ Κυρήνην, καὶ οἱ ἐπιδημοῦντες Ῥωμαῖοι, 11 Ἰουδαῖοί τε καὶ προσήλυτοι, Κρῆτες καὶ Ἄραβες, ἀκούομεν λαλούντων αὐτῶν ταῖς ἡμετέραις γλώσσαις τὰ μεγαλεῖα τοῦ Θεοῦ; 12 ἐξίσταντο δὲ πάντες καὶ [διηποροῦντο] (διηπόρουν), ἄλλος πρὸς ἄλλον λέγοντες Τί (ἂν) θέλει τοῦτο εἶναι; 13 ἕτεροι δὲ [διαχλευάζοντες] (χλευάζοντες) ἔλεγον ὅτι Γλεύκους μεμεστωμένοι εἰσίν.

ΠΡΑΞΕΙΣ ΑΠΟΣΤΟΛΩΝ

Peter Addresses the Crowd

14 Σταθεὶς δὲ [ὁ] Πέτρος σὺν τοῖς ἕνδεκα ἐπῆρεν τὴν φωνὴν αὐτοῦ καὶ ἀπεφθέγξατο αὐτοῖς Ἄνδρες Ἰουδαῖοι καὶ οἱ κατοικοῦντες Ἰερουσαλὴμ [πάντες] (ἅπαντες), τοῦτο ὑμῖν γνωστὸν ἔστω, καὶ ἐνωτίσασθε τὰ ῥήματά μου. 15 οὐ γὰρ ὡς ὑμεῖς ὑπολαμβάνετε οὗτοι μεθύουσιν, ἔστιν γὰρ ὥρα τρίτη τῆς ἡμέρας, 16 ἀλλὰ τοῦτό ἐστιν τὸ εἰρημένον διὰ τοῦ προφήτου Ἰωήλ

17 Καὶ ἔσται ἐν ταῖς ἐσχάταις ἡμέραις, λέγει ὁ Θεός,
ἐκχεῶ ἀπὸ τοῦ Πνεύματός μου ἐπὶ πᾶσαν σάρκα,
καὶ προφητεύσουσιν οἱ υἱοὶ ὑμῶν καὶ αἱ θυγατέρες ὑμῶν,
καὶ οἱ νεανίσκοι ὑμῶν ὁράσεις ὄψονται,
καὶ οἱ πρεσβύτεροι ὑμῶν ἐνυπνίοις ἐνυπνιασθήσονται·
18 καίγε ἐπὶ τοὺς δούλους μου καὶ ἐπὶ τὰς δούλας μου
ἐν ταῖς ἡμέραις ἐκείναις ἐκχεῶ ἀπὸ τοῦ Πνεύματός μου,

καὶ προφητεύσουσιν.

19 Καὶ δώσω τέρατα ἐν τῷ οὐρανῷ ἄνω
καὶ σημεῖα ἐπὶ τῆς γῆς κάτω,
αἷμα καὶ πῦρ καὶ ἀτμίδα καπνοῦ.
20 ὁ ἥλιος μεταστραφήσεται εἰς σκότος
καὶ ἡ σελήνη εἰς αἷμα,
πρὶν (ἢ) ἐλθεῖν (τὴν) ἡμέραν Κυρίου τὴν μεγάλην καὶ ἐπιφανῆ.
21 Καὶ ἔσται πᾶς ὃς ἐὰν ἐπικαλέσηται τὸ ὄνομα Κυρίου σωθήσεται.

22 Ἄνδρες Ἰσραηλεῖται, ἀκούσατε τοὺς λόγους τούτους· Ἰησοῦν τὸν Ναζωραῖον, ἄνδρα [ἀποδεδειγμένον ἀπὸ τοῦ Θεοῦ] (ἀπὸ τοῦ θεοῦ ἀποδεδειγμένον) εἰς ὑμᾶς δυνάμεσι καὶ τέρασι καὶ σημείοις, οἷς ἐποίησεν δι' αὐτοῦ ὁ Θεὸς ἐν μέσῳ ὑμῶν, καθὼς (καὶ) αὐτοὶ οἴδατε, 23 τοῦτον τῇ ὡρισμένῃ βουλῇ καὶ προγνώσει τοῦ Θεοῦ ἔκδοτον (λαβόντες) διὰ χειρὸς ἀνόμων προσπήξαντες ἀνείλατε, 24 ὃν ὁ Θεὸς ἀνέστησεν λύσας τὰς ὠδῖνας τοῦ θανάτου, καθότι οὐκ ἦν δυνατὸν κρατεῖσθαι αὐτὸν ὑπ' αὐτοῦ. 25 Δαυεὶδ γὰρ λέγει εἰς αὐτόν

Προορώμην τὸν Κύριον ἐνώπιόν μου διὰ παντός,
ὅτι ἐκ δεξιῶν μού ἐστιν, ἵνα μὴ σαλευθῶ.
26 διὰ τοῦτο ηὐφράνθη [μου] ἡ καρδία (μου) καὶ ἠγαλλιάσατο ἡ
   γλῶσσά μου,
ἔτι δὲ καὶ ἡ σάρξ μου κατασκηνώσει ἐπ' ἐλπίδι,

ΠΡΑΞΕΙΣ ΑΠΟΣΤΟΛΩΝ

27 ὅτι οὐκ ἐνκαταλείψεις τὴν ψυχήν μου εἰς Ἅιδην
οὐδὲ δώσεις τὸν Ὅσιόν σου ἰδεῖν διαφθοράν.
28 ἐγνώρισάς μοι ὁδοὺς ζωῆς,
πληρώσεις με εὐφροσύνης μετὰ τοῦ προσώπου σου.

29 Ἄνδρες ἀδελφοί, ἐξὸν εἰπεῖν μετὰ παρρησίας πρὸς ὑμᾶς περὶ τοῦ πατριάρχου Δαυείδ, ὅτι καὶ ἐτελεύτησεν καὶ ἐτάφη, καὶ τὸ μνῆμα αὐτοῦ ἔστιν ἐν ἡμῖν ἄχρι τῆς ἡμέρας ταύτης. 30 προφήτης οὖν ὑπάρχων καὶ εἰδὼς ὅτι ὅρκῳ ὤμοσεν αὐτῷ ὁ Θεὸς ἐκ καρποῦ τῆς ὀσφύος αὐτοῦ (τὸ κατὰ σάρκα ἀναστήσειν τὸν Χριστὸν) καθίσαι ἐπὶ τὸν θρόνον αὐτοῦ, 31 προϊδὼν ἐλάλησεν περὶ τῆς ἀναστάσεως τοῦ Χριστοῦ, ὅτι [οὔτε ἐνκατελείφθη] (οὐ κατελείφθη ἡ ψυχὴ αὐτοῦ) εἰς [Ἅιδην οὔτε] (ᾅδου, οὐδε) ἡ σὰρξ αὐτοῦ εἶδεν διαφθοράν. 32 τοῦτον τὸν Ἰησοῦν ἀνέστησεν ὁ Θεός, οὗ πάντες ἡμεῖς ἐσμεν μάρτυρες· 33 τῇ δεξιᾷ οὖν τοῦ Θεοῦ ὑψωθεὶς τήν τε ἐπαγγελίαν τοῦ [Πνεύματος τοῦ Ἁγίου] (Ἁγίου Πνεύματος) λαβὼν παρὰ τοῦ Πατρὸς ἐξέχεεν τοῦτο ὃ (νῦν) ὑμεῖς [καὶ] βλέπετε καὶ ἀκούετε. 34 οὐ γὰρ Δαυεὶδ ἀνέβη εἰς τοὺς οὐρανούς, λέγει δὲ αὐτός

Εἶπεν (ὁ) Κύριος τῷ Κυρίῳ μου Κάθου ἐκ δεξιῶν μου,
35 ἕως ἂν θῶ τοὺς ἐχθρούς σου ὑποπόδιον τῶν ποδῶν σου.

36 ἀσφαλῶς οὖν γινωσκέτω πᾶς οἶκος Ἰσραὴλ ὅτι καὶ Κύριον [αὐτὸν] καὶ Χριστὸν (αὐτὸν) [ἐποίησεν] ὁ Θεός (ἐποίησεν), τοῦτον τὸν Ἰησοῦν ὃν ὑμεῖς ἐσταυρώσατε. 37 Ἀκούσαντες δὲ κατενύγησαν τὴν καρδίαν, εἶπόν τε πρὸς τὸν Πέτρον καὶ τοὺς λοιποὺς ἀποστόλους Τί ποιήσωμεν, ἄνδρες ἀδελφοί; 38 Πέτρος δὲ (ἔφη) πρὸς αὐτούς Μετανοήσατε, καὶ βαπτισθήτω ἕκαστος ὑμῶν ἐπὶ τῷ ὀνόματι Ἰησοῦ Χριστοῦ εἰς ἄφεσιν [τῶν] ἁμαρτιῶν [ὑμῶν], καὶ λήμψεσθε τὴν δωρεὰν τοῦ Ἁγίου Πνεύματος. 39 ὑμῖν γάρ ἐστιν ἡ ἐπαγγελία καὶ τοῖς τέκνοις ὑμῶν καὶ πᾶσιν τοῖς εἰς μακράν, ὅσους ἂν προσκαλέσηται Κύριος ὁ Θεὸς ἡμῶν. 40 ἑτέροις τε λόγοις πλείοσιν διεμαρτύρατο, καὶ παρεκάλει [αὐτοὺς] λέγων Σώθητε ἀπὸ τῆς γενεᾶς τῆς σκολιᾶς ταύτης. 41 οἱ μὲν οὖν (ἀσμένως) ἀποδεξάμενοι τὸν λόγον αὐτοῦ ἐβαπτίσθησαν, καὶ προσετέθησαν [ἐν] τῇ ἡμέρᾳ ἐκείνῃ ψυχαὶ ὡσεὶ τρισχίλιαι·

ΠΡΑΞΕΙΣ ΑΠΟΣΤΟΛΩΝ

The Practices of the Apostolic Church

42 ἦσαν δὲ προσκαρτεροῦντες τῇ διδαχῇ τῶν ἀποστόλων καὶ τῇ κοινωνίᾳ, τῇ κλάσει τοῦ ἄρτου καὶ ταῖς προσευχαῖς. 43 Ἐγίνετο δὲ πάσῃ ψυχῇ φόβος· πολλά δὲ τέρατα καὶ σημεῖα διὰ τῶν ἀποστόλων ἐγίνετο. 44 πάντες δὲ οἱ πιστεύσαντες (ἦσαν) ἐπὶ τὸ αὐτὸ (καὶ) εἶχον ἅπαντα κοινά, 45 καὶ τὰ κτήματα καὶ τὰς ὑπάρξεις ἐπίπρασκον καὶ διεμέριζον αὐτὰ πᾶσιν, καθότι ἄν τις χρείαν εἶχεν. 46 καθ' ἡμέραν τε προσκαρτεροῦντες ὁμοθυμαδὸν ἐν τῷ ἱερῷ, κλῶντές τε κατ' οἶκον ἄρτον, μετελάμβανον τροφῆς ἐν ἀγαλλιάσει καὶ ἀφελότητι καρδίας, 47 αἰνοῦντες τὸν Θεὸν καὶ ἔχοντες χάριν πρὸς ὅλον τὸν λαόν. ὁ δὲ Κύριος προσετίθει τοὺς σῳζομένους καθ' ἡμέραν [ἐπὶ τὸ αὐτό] (τῇ ἐκκλησίᾳ).

Acts 3

A Man Lame from Birth is Healed

1 (ἐπὶ τὸ αὐτό δὲ) Πέτρος [δὲ] καὶ Ἰωάνης ἀνέβαινον εἰς τὸ ἱερὸν ἐπὶ τὴν ὥραν τῆς προσευχῆς τὴν ἐνάτην. 2 καί τις ἀνὴρ χωλὸς ἐκ κοιλίας μητρὸς αὐτοῦ ὑπάρχων ἐβαστάζετο, ὃν ἐτίθουν καθ' ἡμέραν πρὸς τὴν θύραν τοῦ ἱεροῦ τὴν λεγομένην Ὡραίαν τοῦ αἰτεῖν ἐλεημοσύνην παρὰ τῶν εἰσπορευομένων εἰς τὸ ἱερόν· 3 ὃς ἰδὼν Πέτρον καὶ Ἰωάνην μέλλοντας εἰσιέναι εἰς τὸ ἱερὸν ἠρώτα ἐλεημοσύνην λαβεῖν. 4 ἀτενίσας δὲ Πέτρος εἰς αὐτὸν σὺν τῷ Ἰωάνῃ εἶπεν Βλέψον εἰς ἡμᾶς. 5 ὁ δὲ ἐπεῖχεν αὐτοῖς προσδοκῶν τι παρ' αὐτῶν λαβεῖν. 6 εἶπεν δὲ Πέτρος Ἀργύριον καὶ χρυσίον οὐχ ὑπάρχει μοι· ὃ δὲ ἔχω, τοῦτό σοι δίδωμι· ἐν τῷ ὀνόματι Ἰησοῦ Χριστοῦ τοῦ Ναζωραίου (ἐγεῖραι καὶ) περιπάτει. 7 καὶ πιάσας αὐτὸν τῆς δεξιᾶς χειρὸς ἤγειρεν [αὐτόν]· παραχρῆμα δὲ ἐστερεώθησαν (αὐτοῦ) αἱ βάσεις [αὐτοῦ] καὶ τὰ σφυδρά, 8 καὶ ἐξαλλόμενος ἔστη καὶ περιεπάτει, καὶ εἰσῆλθεν σὺν αὐτοῖς εἰς τὸ ἱερὸν περιπατῶν καὶ ἁλλόμενος καὶ αἰνῶν τὸν Θεόν. 9 καὶ εἶδεν (αὐτὸν) πᾶς ὁ λαὸς [αὐτὸν] περιπατοῦντα καὶ αἰνοῦντα τὸν Θεόν· 10 ἐπεγίνωσκον [δὲ] (τε) αὐτόν, ὅτι οὗτος ἦν ὁ πρὸς τὴν ἐλεημοσύνην καθήμενος ἐπὶ τῇ Ὡραίᾳ Πύλῃ τοῦ ἱεροῦ, καὶ ἐπλήσθησαν θάμβους καὶ ἐκστάσεως ἐπὶ τῷ συμβεβηκότι αὐτῷ.

ΠΡΑΞΕΙΣ ΑΠΟΣΤΟΛΩΝ

Peter Preaches in Solomon's Porch

11 Κρατοῦντος δὲ [αὐτοῦ] (τοῦ ἰαθέντος χωλοῦ) τὸν Πέτρον καὶ [τὸν] Ἰωάνην συνέδραμεν [πᾶς ὁ λαὸς πρὸς αὐτοὺς] (πρὸς αὐτοὺς πᾶς ὁ λαὸς) ἐπὶ τῇ στοᾷ τῇ καλουμένῃ Σολομῶντος ἔκθαμβοι. 12 ἰδὼν δὲ [ὁ] Πέτρος ἀπεκρίνατο πρὸς τὸν λαόν Ἄνδρες Ἰσραηλεῖται, τί θαυμάζετε ἐπὶ τούτῳ, ἢ ἡμῖν τί ἀτενίζετε ὡς ἰδίᾳ δυνάμει ἢ εὐσεβείᾳ πεποιηκόσιν τοῦ περιπατεῖν αὐτόν; 13 ὁ Θεὸς Ἀβραὰμ καὶ Ἰσαὰκ καὶ Ἰακώβ, ὁ Θεὸς τῶν πατέρων ἡμῶν, ἐδόξασεν τὸν Παῖδα αὐτοῦ Ἰησοῦν, ὃν ὑμεῖς [μὲν] παρεδώκατε καὶ ἠρνήσασθε (αὐτόν) κατὰ πρόσωπον Πειλάτου, κρίναντος ἐκείνου ἀπολύειν· 14 ὑμεῖς δὲ τὸν Ἅγιον καὶ Δίκαιον ἠρνήσασθε, καὶ ᾐτήσασθε ἄνδρα φονέα χαρισθῆναι ὑμῖν, 15 τὸν δὲ Ἀρχηγὸν τῆς ζωῆς ἀπεκτείνατε, ὃν ὁ Θεὸς ἤγειρεν ἐκ νεκρῶν, οὗ ἡμεῖς μάρτυρές ἐσμεν. 16 καὶ ἐπὶ τῇ πίστει τοῦ ὀνόματος αὐτοῦ τοῦτον, ὃν θεωρεῖτε καὶ οἴδατε, ἐστερέωσεν τὸ ὄνομα αὐτοῦ, καὶ ἡ πίστις ἡ δι' αὐτοῦ ἔδωκεν αὐτῷ τὴν ὁλοκληρίαν ταύτην ἀπέναντι πάντων ὑμῶν. 17 καὶ νῦν, ἀδελφοί, οἶδα ὅτι κατὰ ἄγνοιαν ἐπράξατε, ὥσπερ καὶ οἱ ἄρχοντες ὑμῶν· 18 ὁ δὲ Θεὸς ἃ προκατήγγειλεν διὰ στόματος πάντων τῶν προφητῶν (αὐτοῦ), παθεῖν τὸν Χριστὸν [αὐτοῦ] ἐπλήρωσεν οὕτως. 19 μετανοήσατε οὖν καὶ ἐπιστρέψατε [πρὸς] (εἰς) τὸ ἐξαλειφθῆναι ὑμῶν τὰς ἁμαρτίας, 20 ὅπως ἂν ἔλθωσιν καιροὶ ἀναψύξεως ἀπὸ προσώπου τοῦ Κυρίου καὶ ἀποστείλῃ τὸν προκεχειρισμένον ὑμῖν (Ἰησοῦν) Χριστὸν [Ἰησοῦν], 21 ὃν δεῖ οὐρανὸν μὲν δέξασθαι ἄχρι χρόνων ἀποκαταστάσεως πάντων ὧν ἐλάλησεν ὁ Θεὸς διὰ στόματος [τῶν] (πάντων) ἁγίων [ἀπ' αἰῶνος αὐτοῦ προφητῶν] (αὐτοῦ προφητῶν ἀπ' αἰῶνος). 22 Μωϋσῆς μὲν (γὰρ πρὸς τοὺς πατέρας) εἶπεν ὅτι Προφήτην ὑμῖν ἀναστήσει Κύριος ὁ Θεὸς (ὑμῶν) ἐκ τῶν ἀδελφῶν ὑμῶν ὡς ἐμέ· αὐτοῦ ἀκούσεσθε κατὰ πάντα ὅσα ἂν λαλήσῃ πρὸς ὑμᾶς. 23 ἔσται δὲ πᾶσα ψυχὴ ἥτις ἐὰν μὴ ἀκούσῃ τοῦ προφήτου ἐκείνου ἐξολεθρευθήσεται ἐκ τοῦ λαοῦ. 24 καὶ πάντες δὲ οἱ προφῆται ἀπὸ Σαμουὴλ καὶ τῶν καθεξῆς ὅσοι ἐλάλησαν καὶ κατήγγειλαν τὰς ἡμέρας ταύτας. 25 ὑμεῖς ἐστε [οἱ] υἱοὶ τῶν προφητῶν καὶ τῆς διαθήκης ἧς [ὁ Θεὸς διέθετο] (διέθετο ὁ θεὸς) πρὸς τοὺς πατέρας ὑμῶν, λέγων πρὸς Ἀβραάμ Καὶ [ἐν] τῷ σπέρματί σου ἐνευλογηθήσονται πᾶσαι αἱ πατριαὶ τῆς γῆς. 26 ὑμῖν πρῶτον [ἀναστήσας ὁ Θεὸς] (ὁ θεὸς ἀναστήσας) τὸν Παῖδα αὐτοῦ (Ἰησοῦν) ἀπέστειλεν αὐτὸν εὐλογοῦντα ὑμᾶς ἐν τῷ ἀποστρέφειν ἕκαστον ἀπὸ τῶν πονηριῶν ὑμῶν.

ΠΡΑΞΕΙΣ ΑΠΟΣΤΟΛΩΝ

Acts 4

Peter and John are Kept Under Guard

1 Λαλούντων δὲ αὐτῶν πρὸς τὸν λαὸν, ἐπέστησαν αὐτοῖς οἱ ἱερεῖς καὶ ὁ στρατηγὸς τοῦ ἱεροῦ καὶ οἱ Σαδδουκαῖοι, 2 διαπονούμενοι διὰ τὸ διδάσκειν αὐτοὺς τὸν λαὸν καὶ καταγγέλλειν ἐν τῷ Ἰησοῦ τὴν ἀνάστασιν τὴν ἐκ νεκρῶν, 3 καὶ ἐπέβαλον αὐτοῖς τὰς χεῖρας καὶ ἔθεντο εἰς τήρησιν εἰς τὴν αὔριον· ἦν γὰρ ἑσπέρα ἤδη. 4 πολλοὶ δὲ τῶν ἀκουσάντων τὸν λόγον ἐπίστευσαν, καὶ ἐγενήθη (ὁ) ἀριθμὸς τῶν ἀνδρῶν [ὡς] (ὡσεὶ) χιλιάδες πέντε.

Peter Preaches to the Sanhedrin

5 Ἐγένετο δὲ ἐπὶ τὴν αὔριον συναχθῆναι αὐτῶν τοὺς ἄρχοντας καὶ [τοὺς] πρεσβυτέρους καὶ [τοὺς] γραμματεῖς [ἐν] (εἰς) Ἰερουσαλήμ, 6 καὶ Ἄννας [ὁ] (τὸν) ἀρχιερεὺς καὶ Καϊάφας καὶ Ἰωάνης καὶ Ἀλέξανδρος καὶ ὅσοι ἦσαν ἐκ γένους ἀρχιερατικοῦ, 7 καὶ στήσαντες αὐτοὺς ἐν τῷ μέσῳ ἐπυνθάνοντο Ἐν ποίᾳ δυνάμει ἢ ἐν ποίῳ ὀνόματι ἐποιήσατε τοῦτο ὑμεῖς; 8 τότε Πέτρος πλησθεὶς Πνεύματος Ἁγίου εἶπεν πρὸς αὐτούς Ἄρχοντες τοῦ λαοῦ καὶ πρεσβύτεροι (τοῦ Ἰσραήλ), 9 εἰ ἡμεῖς σήμερον ἀνακρινόμεθα ἐπὶ εὐεργεσίᾳ ἀνθρώπου ἀσθενοῦς, ἐν τίνι οὗτος σέσωσται, 10 γνωστὸν ἔστω πᾶσιν ὑμῖν καὶ παντὶ τῷ λαῷ Ἰσραήλ, ὅτι ἐν τῷ ὀνόματι Ἰησοῦ Χριστοῦ τοῦ Ναζωραίου, ὃν ὑμεῖς ἐσταυρώσατε, ὃν ὁ Θεὸς ἤγειρεν ἐκ νεκρῶν, ἐν τούτῳ οὗτος παρέστηκεν ἐνώπιον ὑμῶν ὑγιής. 11 οὗτός ἐστιν ὁ λίθος ὁ ἐξουθενηθεὶς ὑφ᾽ ὑμῶν τῶν [οἰκοδόμων] (οἰκοδομούντων), ὁ γενόμενος εἰς κεφαλὴν γωνίας. 12 καὶ οὐκ ἔστιν ἐν ἄλλῳ οὐδενὶ ἡ σωτηρία· [οὐδὲ] (οὔτε) γὰρ ὄνομά ἐστιν ἕτερον ὑπὸ τὸν οὐρανὸν τὸ δεδομένον ἐν ἀνθρώποις ἐν ᾧ δεῖ σωθῆναι ἡμᾶς.

An Attempt to Silence the Apostles

13 Θεωροῦντες δὲ τὴν τοῦ Πέτρου παρρησίαν καὶ Ἰωάνου, καὶ καταλαβόμενοι ὅτι ἄνθρωποι ἀγράμματοί εἰσιν καὶ ἰδιῶται, ἐθαύμαζον, ἐπεγίνωσκόν τε αὐτοὺς ὅτι σὺν τῷ Ἰησοῦ ἦσαν, 14 τόν [τε] (δὲ) ἄνθρωπον βλέποντες σὺν αὐτοῖς ἑστῶτα τὸν τεθεραπευμένον, οὐδὲν εἶχον ἀντειπεῖν. 15 κελεύσαντες δὲ αὐτοὺς ἔξω τοῦ συνεδρίου ἀπελθεῖν, συνέβαλλον πρὸς ἀλλήλους 16 λέγοντες Τί ποιήσωμεν τοῖς ἀνθρώποις τούτοις; ὅτι μὲν γὰρ γνωστὸν σημεῖον γέγονεν δι᾽ αὐτῶν, πᾶσιν τοῖς κατοικοῦσιν Ἰερουσαλὴμ φανερόν, καὶ οὐ δυνάμεθα [ἀρνεῖσθαι] (ἀρνήσασθαι)·

ΠΡΑΞΕΙΣ ΑΠΟΣΤΟΛΩΝ

17 ἀλλ' ἵνα μὴ ἐπὶ πλεῖον διανεμηθῇ εἰς τὸν λαόν, [ἀπειλησώμεθα] (ἀπειλῇ ἀπειλησώμεθα) αὐτοῖς μηκέτι λαλεῖν ἐπὶ τῷ ὀνόματι τούτῳ μηδενὶ ἀνθρώπων. 18 καὶ καλέσαντες αὐτοὺς παρήγγειλαν (αὐτοῖς τὸ) καθόλου μὴ φθέγγεσθαι μηδὲ διδάσκειν ἐπὶ τῷ ὀνόματι τοῦ Ἰησοῦ. 19 ὁ δὲ Πέτρος καὶ Ἰωάνης ἀποκριθέντες [εἶπον πρὸς αὐτούς] (πρὸς αὐτοὺς εἶπον) Εἰ δίκαιόν ἐστιν ἐνώπιον τοῦ Θεοῦ, ὑμῶν ἀκούειν μᾶλλον ἢ τοῦ Θεοῦ, κρίνατε· 20 οὐ δυνάμεθα γὰρ ἡμεῖς ἃ εἴδαμεν καὶ ἠκούσαμεν μὴ λαλεῖν. 21 οἱ δὲ προσαπειλησάμενοι ἀπέλυσαν αὐτούς, μηδὲν εὑρίσκοντες τὸ πῶς κολάσωνται αὐτούς, διὰ τὸν λαόν, ὅτι πάντες ἐδόξαζον τὸν Θεὸν ἐπὶ τῷ γεγονότι· 22 ἐτῶν γὰρ ἦν πλειόνων τεσσεράκοντα ὁ ἄνθρωπος ἐφ' ὃν γεγόνει τὸ σημεῖον τοῦτο τῆς ἰάσεως.

The Believers Pray for Boldness

23 Ἀπολυθέντες δὲ ἦλθον πρὸς τοὺς ἰδίους καὶ ἀπήγγειλαν ὅσα πρὸς αὐτοὺς οἱ ἀρχιερεῖς καὶ οἱ πρεσβύτεροι εἶπαν. 24 οἱ δὲ ἀκούσαντες ὁμοθυμαδὸν ἦραν φωνὴν πρὸς τὸν Θεὸν καὶ [εἶπαν] (εἶπον) Δέσποτα, σὺ (ὁ Θεὸς) ὁ ποιήσας τὸν οὐρανὸν καὶ τὴν γῆν καὶ τὴν θάλασσαν καὶ πάντα τὰ ἐν αὐτοῖς, 25 ὁ [τοῦ πατρὸς ἡμῶν] διὰ [Πνεύματος Ἁγίου] στόματος Δαυεὶδ (τοῦ) παιδός σου εἰπών

Ἵνα τί ἐφρύαξαν ἔθνη
καὶ λαοὶ ἐμελέτησαν κενά;
26 παρέστησαν οἱ βασιλεῖς τῆς γῆς
καὶ οἱ ἄρχοντες συνήχθησαν ἐπὶ τὸ αὐτὸ
κατὰ τοῦ Κυρίου καὶ κατὰ τοῦ Χριστοῦ αὐτοῦ.

27 συνήχθησαν γὰρ ἐπ' ἀληθείας [ἐν τῇ πόλει ταύτῃ] ἐπὶ τὸν ἅγιον Παῖδά σου Ἰησοῦν, ὃν ἔχρισας, Ἡρῴδης τε καὶ Πόντιος Πειλᾶτος σὺν ἔθνεσιν καὶ λαοῖς Ἰσραήλ, 28 ποιῆσαι ὅσα ἡ χείρ σου καὶ ἡ βουλὴ (σου) προώρισεν γενέσθαι. 29 καὶ τὰ νῦν, Κύριε, ἔπιδε ἐπὶ τὰς ἀπειλὰς αὐτῶν, καὶ δὸς τοῖς δούλοις σου μετὰ παρρησίας πάσης λαλεῖν τὸν λόγον σου, 30 ἐν τῷ τὴν χεῖρά ἐκτείνειν σε εἰς ἴασιν καὶ σημεῖα καὶ τέρατα γίνεσθαι διὰ τοῦ ὀνόματος τοῦ ἁγίου Παιδός σου Ἰησοῦ. 31 καὶ δεηθέντων αὐτῶν ἐσαλεύθη ὁ τόπος ἐν ᾧ ἦσαν συνηγμένοι, καὶ ἐπλήσθησαν ἅπαντες τοῦ [Ἁγίου Πνεύματος] (Πνεύματος Ἁγίου), καὶ ἐλάλουν τὸν λόγον τοῦ Θεοῦ μετὰ παρρησίας.

ΠΡΑΞΕΙΣ ΑΠΟΣΤΟΛΩΝ

Investment in Christian Community

32 Τοῦ δὲ πλήθους τῶν πιστευσάντων ἦν (ἡ) καρδία καὶ (ἡ) ψυχὴ μία, καὶ οὐδὲ εἷς τι τῶν ὑπαρχόντων αὐτῷ ἔλεγεν ἴδιον εἶναι, ἀλλ᾽ ἦν αὐτοῖς πάντα κοινά. 33 καὶ [δυνάμει μεγάλῃ] (μεγάλῃ δυνάμει) ἀπεδίδουν τὸ μαρτύριον οἱ ἀπόστολοι [τοῦ Κυρίου Ἰησοῦ τῆς ἀναστάσεως] (τῆς ἀναστάσεως τοῦ κυρίου Ἰησοῦ), χάρις τε μεγάλη ἦν ἐπὶ πάντας αὐτούς. 34 οὐδὲ γὰρ ἐνδεής τις [ἦν] (ὑπῆρχεν) ἐν αὐτοῖς· ὅσοι γὰρ κτήτορες χωρίων ἢ οἰκιῶν ὑπῆρχον, πωλοῦντες ἔφερον τὰς τιμὰς τῶν πιπρασκομένων 35 καὶ ἐτίθουν παρὰ τοὺς πόδας τῶν ἀποστόλων· διεδίδετο δὲ ἑκάστῳ καθότι ἄν τις χρείαν εἶχεν. 36 Ἰωσὴφ δὲ ὁ ἐπικληθεὶς Βαρνάβας ἀπὸ τῶν ἀποστόλων, ὅ ἐστιν μεθερμηνευόμενον Υἱὸς παρακλήσεως, Λευείτης, Κύπριος τῷ γένει, 37 ὑπάρχοντος αὐτῷ ἀγροῦ, πωλήσας ἤνεγκεν τὸ χρῆμα καὶ ἔθηκεν [πρὸς] (παρά) τοὺς πόδας τῶν ἀποστόλων.

Acts 5

Ananias and Sapphira

1 Ἀνὴρ δέ τις Ἀνανίας ὀνόματι σὺν Σαπφείρῃ τῇ γυναικὶ αὐτοῦ ἐπώλησεν κτῆμα, 2 καὶ ἐνοσφίσατο ἀπὸ τῆς τιμῆς, συνειδυίης καὶ τῆς γυναικός (αὐτοῦ), καὶ ἐνέγκας μέρος τι παρὰ τοὺς πόδας τῶν ἀποστόλων ἔθηκεν. 3 εἶπεν δὲ [ὁ] Πέτρος Ἀνανία, διὰ τί ἐπλήρωσεν ὁ Σατανᾶς τὴν καρδίαν σου, ψεύσασθαί σε τὸ Πνεῦμα τὸ Ἅγιον καὶ νοσφίσασθαι ἀπὸ τῆς τιμῆς τοῦ χωρίου; 4 οὐχὶ μένον σοὶ ἔμενεν καὶ πραθὲν ἐν τῇ σῇ ἐξουσίᾳ ὑπῆρχεν; τί ὅτι ἔθου ἐν τῇ καρδίᾳ σου τὸ πρᾶγμα τοῦτο; οὐκ ἐψεύσω ἀνθρώποις ἀλλὰ τῷ Θεῷ. 5 ἀκούων δὲ [ὁ] Ἀνανίας τοὺς λόγους τούτους πεσὼν ἐξέψυξεν· καὶ ἐγένετο φόβος μέγας ἐπὶ πάντας τοὺς ἀκούοντας (ταῦτα). 6 ἀναστάντες δὲ οἱ νεώτεροι συνέστειλαν αὐτὸν καὶ ἐξενέγκαντες ἔθαψαν. 7 Ἐγένετο δὲ ὡς ὡρῶν τριῶν διάστημα καὶ ἡ γυνὴ αὐτοῦ μὴ εἰδυῖα τὸ γεγονὸς εἰσῆλθεν. 8 ἀπεκρίθη δὲ [πρὸς αὐτήν] (αὕτη ὁ) Πέτρος Εἰπέ μοι, εἰ τοσούτου τὸ χωρίον ἀπέδοσθε; ἡ δὲ εἶπεν Ναί, τοσούτου. 9 ὁ δὲ Πέτρος (εἶπεν) πρὸς αὐτήν Τί ὅτι συνεφωνήθη ὑμῖν πειράσαι τὸ Πνεῦμα Κυρίου; ἰδοὺ οἱ πόδες τῶν θαψάντων τὸν ἄνδρα σου ἐπὶ τῇ θύρᾳ καὶ ἐξοίσουσίν σε. 10 ἔπεσεν δὲ παραχρῆμα [πρὸς] (παρά) τοὺς πόδας αὐτοῦ καὶ ἐξέψυξεν· εἰσελθόντες δὲ οἱ νεανίσκοι εὗρον αὐτὴν νεκράν, καὶ ἐξενέγκαντες ἔθαψαν πρὸς τὸν ἄνδρα αὐτῆς. 11 Καὶ ἐγένετο φόβος μέγας ἐφ᾽ ὅλην τὴν ἐκκλησίαν καὶ ἐπὶ πάντας τοὺς ἀκούοντας ταῦτα.

ΠΡΑΞΕΙΣ ΑΠΟΣΤΟΛΩΝ

Awe Over the Apostles' Signs and Wonders

12 Διὰ δὲ τῶν χειρῶν τῶν ἀποστόλων ἐγίνετο σημεῖα καὶ τέρατα [πολλὰ] ἐν τῷ λαῷ (πολλὰ)· καὶ ἦσαν ὁμοθυμαδὸν [πάντες] (ἅπαντες) ἐν τῇ στοᾷ Σολομῶντος· 13 τῶν δὲ λοιπῶν οὐδεὶς ἐτόλμα κολλᾶσθαι αὐτοῖς, ἀλλ᾽ ἐμεγάλυνεν αὐτοὺς ὁ λαός· 14 μᾶλλον δὲ προσετίθεντο πιστεύοντες τῷ Κυρίῳ, πλήθη ἀνδρῶν τε καὶ γυναικῶν· 15 ὥστε [καὶ εἰς] (κατὰ τὰς) τὰς πλατείας ἐκφέρειν τοὺς ἀσθενεῖς καὶ τιθέναι ἐπὶ [κλιναρίων] (κλινῶν) καὶ κραβάττων, ἵνα ἐρχομένου Πέτρου κἂν ἡ σκιὰ ἐπισκιάσῃ τινὶ αὐτῶν. 16 συνήρχετο δὲ καὶ τὸ πλῆθος τῶν πέριξ πόλεων (εἰς) Ἰερουσαλήμ, φέροντες ἀσθενεῖς καὶ ὀχλουμένους ὑπὸ πνευμάτων ἀκαθάρτων, οἵτινες ἐθεραπεύοντο ἅπαντες.

The Apostles' Arrest and Miraculous Release

17 Ἀναστὰς δὲ ὁ ἀρχιερεὺς καὶ πάντες οἱ σὺν αὐτῷ, ἡ οὖσα αἵρεσις τῶν Σαδδουκαίων, ἐπλήσθησαν ζήλου 18 καὶ ἐπέβαλον τὰς χεῖρας (αὐτῶν) ἐπὶ τοὺς ἀποστόλους καὶ ἔθεντο αὐτοὺς ἐν τηρήσει δημοσίᾳ. 19 Ἄγγελος δὲ Κυρίου διὰ (τῆς) νυκτὸς ἤνοιξε τὰς θύρας τῆς φυλακῆς ἐξαγαγών τε αὐτοὺς εἶπεν 20 Πορεύεσθε καὶ σταθέντες λαλεῖτε ἐν τῷ ἱερῷ τῷ λαῷ πάντα τὰ ῥήματα τῆς Ζωῆς ταύτης. 21 ἀκούσαντες δὲ εἰσῆλθον ὑπὸ τὸν ὄρθρον εἰς τὸ ἱερὸν καὶ ἐδίδασκον. Παραγενόμενος δὲ ὁ ἀρχιερεὺς καὶ οἱ σὺν αὐτῷ συνεκάλεσαν τὸ συνέδριον καὶ πᾶσαν τὴν γερουσίαν τῶν υἱῶν Ἰσραήλ, καὶ ἀπέστειλαν εἰς τὸ δεσμωτήριον ἀχθῆναι αὐτούς. 22 οἱ δὲ [παραγενόμενοι ὑπηρέται] (ὑπηρέται παραγενόμενοι) οὐχ εὗρον αὐτοὺς ἐν τῇ φυλακῇ· ἀναστρέψαντες δὲ ἀπήγγειλαν 23 λέγοντες ὅτι Τὸ (μὲν) δεσμωτήριον εὕρομεν κεκλεισμένον ἐν πάσῃ ἀσφαλείᾳ καὶ τοὺς φύλακας (ἔξω) ἑστῶτας [ἐπὶ] (πρὸ) τῶν θυρῶν, ἀνοίξαντες δὲ ἔσω οὐδένα εὕρομεν. 24 ὡς δὲ ἤκουσαν τοὺς λόγους τούτους ὅ τε [στρατηγὸς] (ἱερεύς καὶ ὁ στρατηγὸς) τοῦ ἱεροῦ καὶ οἱ ἀρχιερεῖς, διηπόρουν περὶ αὐτῶν τί ἂν γένοιτο τοῦτο. 25 παραγενόμενος δέ τις ἀπήγγειλεν αὐτοῖς (λέγων) ὅτι Ἰδοὺ οἱ ἄνδρες, οὓς ἔθεσθε ἐν τῇ φυλακῇ, εἰσὶν ἐν τῷ ἱερῷ ἑστῶτες καὶ διδάσκοντες τὸν λαόν. 26 Τότε ἀπελθὼν ὁ στρατηγὸς σὺν τοῖς ὑπηρέταις [ἦγεν] (ἤγαγεν) αὐτούς, οὐ μετὰ βίας, ἐφοβοῦντο γὰρ τὸν λαόν, (ἵνα) μὴ λιθασθῶσιν· 27 ἀγαγόντες δὲ αὐτοὺς ἔστησαν ἐν τῷ συνεδρίῳ. καὶ ἐπηρώτησεν αὐτοὺς ὁ ἀρχιερεὺς 28 λέγων (Οὐ) Παραγγελίᾳ παρηγγείλαμεν ὑμῖν μὴ διδάσκειν ἐπὶ τῷ ὀνόματι τούτῳ, καὶ ἰδοὺ πεπληρώκατε τὴν Ἰερουσαλὴμ τῆς διδαχῆς ὑμῶν, καὶ βούλεσθε ἐπαγαγεῖν ἐφ᾽ ἡμᾶς τὸ αἷμα τοῦ ἀνθρώπου τούτου.

ΠΡΑΞΕΙΣ ΑΠΟΣΤΟΛΩΝ

The Apostles Preach to the Council

29 ἀποκριθεὶς δὲ (ὁ) Πέτρος καὶ οἱ ἀπόστολοι εἶπαν Πειθαρχεῖν δεῖ Θεῷ μᾶλλον ἢ ἀνθρώποις. 30 ὁ Θεὸς τῶν πατέρων ἡμῶν ἤγειρεν Ἰησοῦν, ὃν ὑμεῖς διεχειρίσασθε κρεμάσαντες ἐπὶ ξύλου· 31 τοῦτον ὁ Θεὸς Ἀρχηγὸν καὶ Σωτῆρα ὕψωσεν τῇ δεξιᾷ αὐτοῦ [τοῦ] δοῦναι μετάνοιαν τῷ Ἰσραὴλ καὶ ἄφεσιν ἁμαρτιῶν. 32 καὶ ἡμεῖς ἐσμεν (αὐτοῦ) μάρτυρες τῶν ῥημάτων τούτων, καὶ τὸ Πνεῦμα (δὲ) τὸ Ἅγιον ὃ ἔδωκεν ὁ Θεὸς τοῖς πειθαρχοῦσιν αὐτῷ.

Gamaliel's Advice

33 οἱ δὲ ἀκούσαντες διεπρίοντο καὶ ἐβούλοντο ἀνελεῖν αὐτούς. 34 Ἀναστὰς δέ τις ἐν τῷ συνεδρίῳ Φαρισαῖος ὀνόματι Γαμαλιήλ, νομοδιδάσκαλος τίμιος παντὶ τῷ λαῷ, ἐκέλευσεν ἔξω βραχὺ (τί) τοὺς [ἀνθρώπους] (ἀποστόλους) ποιῆσαι, 35 εἶπέν τε πρὸς αὐτούς Ἄνδρες Ἰσραηλεῖται, προσέχετε ἑαυτοῖς ἐπὶ τοῖς ἀνθρώποις τούτοις τί μέλλετε πράσσειν. 36 πρὸ γὰρ τούτων τῶν ἡμερῶν ἀνέστη Θευδᾶς, λέγων εἶναί τινα ἑαυτόν, ᾧ [προσεκλίθη ἀνδρῶν ἀριθμὸς ὡς] (προσεκολλήθη ἀριθμὸς ἀνδρῶν ὡσεὶ) τετρακοσίων· ὃς ἀνῃρέθη, καὶ πάντες ὅσοι ἐπείθοντο αὐτῷ διελύθησαν καὶ ἐγένοντο εἰς οὐδέν. 37 μετὰ τοῦτον ἀνέστη Ἰούδας ὁ Γαλιλαῖος ἐν ταῖς ἡμέραις τῆς ἀπογραφῆς καὶ ἀπέστησεν λαὸν (ἱκανὸν) ὀπίσω αὐτοῦ· κἀκεῖνος ἀπώλετο, καὶ πάντες ὅσοι ἐπείθοντο αὐτῷ διεσκορπίσθησαν. 38 καὶ τὰ νῦν λέγω ὑμῖν, ἀπόστητε ἀπὸ τῶν ἀνθρώπων τούτων καὶ [ἄφετε] (ἐάσατε) αὐτούς· ὅτι ἐὰν ᾖ ἐξ ἀνθρώπων ἡ βουλὴ αὕτη ἢ τὸ ἔργον τοῦτο, καταλυθήσεται· 39 εἰ δὲ ἐκ Θεοῦ ἐστιν, οὐ [δυνήσεσθε] (δύνασθε) καταλῦσαι [αὐτούς] (αὐτό), μή ποτε καὶ θεομάχοι εὑρεθῆτε.

The Apostles Beaten and Commanded Not to Preach

40 ἐπείσθησαν δὲ αὐτῷ, καὶ προσκαλεσάμενοι τοὺς ἀποστόλους δείραντες παρήγγειλαν μὴ λαλεῖν ἐπὶ τῷ ὀνόματι τοῦ Ἰησοῦ καὶ ἀπέλυσαν (αὐτούς). 41 Οἱ μὲν οὖν ἐπορεύοντο χαίροντες ἀπὸ προσώπου τοῦ συνεδρίου, ὅτι [κατηξιώθησαν ὑπὲρ τοῦ Ὀνόματος] (ὑπὲρ τοῦ ὀνόματος αὐτοῦ κατηξιώθησαν) ἀτιμασθῆναι· 42 πᾶσάν τε ἡμέραν ἐν τῷ ἱερῷ καὶ κατ' οἶκον οὐκ ἐπαύοντο διδάσκοντες καὶ εὐαγγελιζόμενοι [τὸν Χριστὸν Ἰησοῦν] (Ἰησοῦν τὸν Χριστόν).

ΠΡΑΞΕΙΣ ΑΠΟΣΤΟΛΩΝ

Acts 6

The Seven Deacons Appointed

1 Ἐν δὲ ταῖς ἡμέραις ταύταις πληθυνόντων τῶν μαθητῶν ἐγένετο γογγυσμὸς τῶν Ἑλληνιστῶν πρὸς τοὺς Ἑβραίους, ὅτι παρεθεωροῦντο ἐν τῇ διακονίᾳ τῇ καθημερινῇ αἱ χῆραι αὐτῶν. 2 προσκαλεσάμενοι δὲ οἱ δώδεκα τὸ πλῆθος τῶν μαθητῶν εἶπαν Οὐκ ἀρεστόν ἐστιν ἡμᾶς καταλείψαντας τὸν λόγον τοῦ Θεοῦ διακονεῖν τραπέζαις. 3 ἐπισκέψασθε [δέ] (οὖν), ἀδελφοί, ἄνδρας ἐξ ὑμῶν μαρτυρουμένους ἑπτὰ πλήρεις Πνεύματος (Ἁγίου) καὶ σοφίας, οὓς καταστήσομεν ἐπὶ τῆς χρείας ταύτης· 4 ἡμεῖς δὲ τῇ προσευχῇ καὶ τῇ διακονίᾳ τοῦ λόγου προσκαρτερήσομεν. 5 καὶ ἤρεσεν ὁ λόγος ἐνώπιον παντὸς τοῦ πλήθους, καὶ ἐξελέξαντο Στέφανον, ἄνδρα πλήρη πίστεως καὶ Πνεύματος Ἁγίου, καὶ Φίλιππον καὶ Πρόχορον καὶ Νικάνορα καὶ Τίμωνα καὶ Παρμενᾶν καὶ Νικόλαον προσήλυτον Ἀντιοχέα, 6 οὓς ἔστησαν ἐνώπιον τῶν ἀποστόλων, καὶ προσευξάμενοι ἐπέθηκαν αὐτοῖς τὰς χεῖρας. 7 Καὶ ὁ λόγος τοῦ Θεοῦ ηὔξανεν, καὶ ἐπληθύνετο ὁ ἀριθμὸς τῶν μαθητῶν ἐν Ἱερουσαλὴμ σφόδρα, πολύς τε ὄχλος τῶν ἱερέων ὑπήκουον τῇ πίστει. 8 Στέφανος δὲ πλήρης [χάριτος] (πίστεως) καὶ δυνάμεως ἐποίει τέρατα καὶ σημεῖα μεγάλα ἐν τῷ λαῷ.

Stephen is Accused of Blasphemy

9 ἀνέστησαν δέ τινες τῶν ἐκ τῆς συναγωγῆς τῆς λεγομένης Λιβερτίνων καὶ Κυρηναίων καὶ Ἀλεξανδρέων καὶ τῶν ἀπὸ Κιλικίας καὶ Ἀσίας συνζητοῦντες τῷ Στεφάνῳ, 10 καὶ οὐκ ἴσχυον ἀντιστῆναι τῇ σοφίᾳ καὶ τῷ Πνεύματι ᾧ ἐλάλει. 11 τότε ὑπέβαλον ἄνδρας λέγοντας ὅτι Ἀκηκόαμεν αὐτοῦ λαλοῦντος ῥήματα βλάσφημα εἰς Μωϋσῆν καὶ τὸν Θεόν· 12 συνεκίνησάν τε τὸν λαὸν καὶ τοὺς πρεσβυτέρους καὶ τοὺς γραμματεῖς, καὶ ἐπιστάντες συνήρπασαν αὐτὸν καὶ ἤγαγον εἰς τὸ συνέδριον, 13 ἔστησάν τε μάρτυρας ψευδεῖς λέγοντας Ὁ ἄνθρωπος οὗτος οὐ παύεται [λαλῶν ῥήματα] (ῥήματα βλάσφημα λαλῶν) κατὰ τοῦ τόπου τοῦ ἁγίου καὶ τοῦ νόμου· 14 ἀκηκόαμεν γὰρ αὐτοῦ λέγοντος ὅτι Ἰησοῦς ὁ Ναζωραῖος οὗτος καταλύσει τὸν τόπον τοῦτον καὶ ἀλλάξει τὰ ἔθη ἃ παρέδωκεν ἡμῖν Μωϋσῆς. 15 καὶ ἀτενίσαντες εἰς αὐτὸν πάντες οἱ καθεζόμενοι ἐν τῷ συνεδρίῳ εἶδον τὸ πρόσωπον αὐτοῦ ὡσεὶ πρόσωπον ἀγγέλου.

ΠΡΑΞΕΙΣ ΑΠΟΣΤΟΛΩΝ

Acts 7

Stephen's Oration

1 Εἶπεν δὲ ὁ ἀρχιερεύς Εἰ (ἄρα) ταῦτα οὕτως ἔχει; 2 ὁ δὲ ἔφη Ἄνδρες ἀδελφοὶ καὶ πατέρες, ἀκούσατε. Ὁ Θεὸς τῆς δόξης ὤφθη τῷ πατρὶ ἡμῶν Ἀβραὰμ ὄντι ἐν τῇ Μεσοποταμίᾳ πρὶν ἢ κατοικῆσαι αὐτὸν ἐν Χαρράν, 3 καὶ εἶπεν πρὸς αὐτόν Ἔξελθε ἐκ τῆς γῆς σου καὶ (ἐκ) τῆς συγγενείας σου, καὶ δεῦρο εἰς [τὴν] γῆν ἣν ἄν σοι δείξω. 4 τότε ἐξελθὼν ἐκ γῆς Χαλδαίων κατῴκησεν ἐν Χαρράν. κἀκεῖθεν μετὰ τὸ ἀποθανεῖν τὸν πατέρα αὐτοῦ μετῴκισεν αὐτὸν εἰς τὴν γῆν ταύτην εἰς ἣν ὑμεῖς νῦν κατοικεῖτε, 5 καὶ οὐκ ἔδωκεν αὐτῷ κληρονομίαν ἐν αὐτῇ οὐδὲ βῆμα ποδός, καὶ ἐπηγγείλατο [δοῦναι αὐτῷ] (αὐτῷ δοῦναι) εἰς κατάσχεσιν αὐτὴν καὶ τῷ σπέρματι αὐτοῦ μετ᾽ αὐτόν, οὐκ ὄντος αὐτῷ τέκνου. 6 ἐλάλησεν δὲ οὕτως ὁ Θεός, ὅτι ἔσται τὸ σπέρμα αὐτοῦ πάροικον ἐν γῇ ἀλλοτρίᾳ, καὶ δουλώσουσιν αὐτὸ καὶ κακώσουσιν ἔτη τετρακόσια· 7 καὶ τὸ ἔθνος ᾧ ἐὰν δουλεύσουσιν κρινῶ ἐγώ, ὁ Θεὸς εἶπεν, καὶ μετὰ ταῦτα ἐξελεύσονται καὶ λατρεύσουσίν μοι ἐν τῷ τόπῳ τούτῳ. 8 καὶ ἔδωκεν αὐτῷ διαθήκην περιτομῆς· καὶ οὕτως ἐγέννησεν τὸν Ἰσαὰκ καὶ περιέτεμεν αὐτὸν τῇ ἡμέρᾳ τῇ ὀγδόῃ, καὶ (ὁ) Ἰσαὰκ τὸν Ἰακώβ, καὶ (ὁ) Ἰακὼβ τοὺς δώδεκα πατριάρχας. 9 Καὶ οἱ πατριάρχαι ζηλώσαντες τὸν Ἰωσὴφ ἀπέδοντο εἰς Αἴγυπτον· καὶ ἦν ὁ Θεὸς μετ᾽ αὐτοῦ, 10 καὶ ἐξείλατο αὐτὸν ἐκ πασῶν τῶν θλίψεων αὐτοῦ, καὶ ἔδωκεν αὐτῷ χάριν καὶ σοφίαν ἐναντίον Φαραὼ βασιλέως Αἰγύπτου, καὶ κατέστησεν αὐτὸν ἡγούμενον ἐπ᾽ Αἴγυπτον καὶ ὅλον τὸν οἶκον αὐτοῦ. 11 ἦλθεν δὲ λιμὸς ἐφ᾽ ὅλην τὴν (γῆν) Αἴγυπτον καὶ Χανάαν καὶ θλῖψις μεγάλη, καὶ οὐχ ηὕρισκον χορτάσματα οἱ πατέρες ἡμῶν. 12 ἀκούσας δὲ Ἰακὼβ ὄντα [σιτία εἰς] (σῖτά ἐν) Αἴγυπτον ἐξαπέστειλεν τοὺς πατέρας ἡμῶν πρῶτον· 13 καὶ ἐν τῷ δευτέρῳ [ἐγνωρίσθη] (ἀνεγνωρίσθη) Ἰωσὴφ τοῖς ἀδελφοῖς αὐτοῦ, καὶ φανερὸν ἐγένετο τῷ Φαραὼ τὸ γένος (τοῦ) Ἰωσήφ. 14 ἀποστείλας δὲ Ἰωσὴφ μετεκαλέσατο [Ἰακὼβ τὸν πατέρα αὐτοῦ] (τὸν πατέρα αὐτοῦ Ἰακὼβ) καὶ πᾶσαν τὴν συγγένειαν (αὐτοῦ) ἐν ψυχαῖς ἑβδομήκοντα πέντε. 15 [καὶ] κατέβη (δὲ) Ἰακὼβ εἰς Αἴγυπτον, καὶ ἐτελεύτησεν αὐτὸς καὶ οἱ πατέρες ἡμῶν, 16 καὶ μετετέθησαν εἰς Συχὲμ καὶ ἐτέθησαν ἐν τῷ μνήματι [ᾧ] (ὅ) ὠνήσατο Ἀβραὰμ τιμῆς ἀργυρίου παρὰ τῶν υἱῶν Ἐμμὼρ [ἐν] (τοῦ) Συχέμ. 17 Καθὼς δὲ ἤγγιζεν ὁ χρόνος τῆς ἐπαγγελίας ἧς [ὡμολόγησεν] (ὤμοσεν) ὁ Θεὸς τῷ Ἀβραάμ, ηὔξησεν ὁ λαὸς καὶ ἐπληθύνθη ἐν Αἰγύπτῳ,

ΠΡΑΞΕΙΣ ΑΠΟΣΤΟΛΩΝ

18 ἄχρι οὗ ἀνέστη βασιλεὺς ἕτερος ἐπ' Αἴγυπτον, ὃς οὐκ ᾔδει τὸν Ἰωσήφ. 19 οὗτος κατασοφισάμενος τὸ γένος ἡμῶν ἐκάκωσεν τοὺς πατέρας (ἡμῶν) τοῦ ποιεῖν τὰ βρέφη ἔκθετα (τὰ βρέφη) αὐτῶν εἰς τὸ μὴ ζωογονεῖσθαι. 20 Ἐν ᾧ καιρῷ ἐγεννήθη Μωϋσῆς, καὶ ἦν ἀστεῖος τῷ Θεῷ· ὃς ἀνετράφη μῆνας τρεῖς ἐν τῷ οἴκῳ τοῦ πατρός (αὐτοῦ)· 21 ἐκτεθέντος δὲ αὐτοῦ ἀνείλατο αὐτὸν ἡ θυγάτηρ Φαραὼ καὶ ἀνεθρέψατο αὐτὸν ἑαυτῇ εἰς υἱόν. 22 καὶ ἐπαιδεύθη Μωϋσῆς πάσῃ σοφίᾳ Αἰγυπτίων, ἦν δὲ δυνατὸς ἐν λόγοις καὶ (ἐν) ἔργοις [αὐτοῦ]. 23 Ὡς δὲ ἐπληροῦτο αὐτῷ τεσσερακονταέτης χρόνος, ἀνέβη ἐπὶ τὴν καρδίαν αὐτοῦ ἐπισκέψασθαι τοὺς ἀδελφοὺς αὐτοῦ τοὺς υἱοὺς Ἰσραήλ. 24 καὶ ἰδών τινα ἀδικούμενον ἠμύνατο, καὶ ἐποίησεν ἐκδίκησιν τῷ καταπονουμένῳ πατάξας τὸν Αἰγύπτιον. 25 ἐνόμιζεν δὲ συνιέναι τοὺς ἀδελφοὺς (αὐτοῦ) ὅτι ὁ Θεὸς διὰ χειρὸς αὐτοῦ δίδωσιν [σωτηρίαν αὐτοῖς·] (αὐτοῖς· σωτηρίαν) οἱ δὲ οὐ συνῆκαν. 26 τῇ τε ἐπιούσῃ ἡμέρᾳ ὤφθη αὐτοῖς μαχομένοις, καὶ συνήλλασσεν αὐτοὺς εἰς εἰρήνην εἰπών Ἄνδρες, ἀδελφοί ἐστε· (ὑμεῖς·) ἵνα τί ἀδικεῖτε ἀλλήλους; 27 ὁ δὲ ἀδικῶν τὸν πλησίον ἀπώσατο αὐτὸν εἰπών Τίς σε κατέστησεν ἄρχοντα καὶ δικαστὴν ἐφ' [ἡμῶν] (ἡμᾶς); 28 μὴ ἀνελεῖν με σὺ θέλεις ὃν τρόπον ἀνεῖλες ἐχθὲς τὸν Αἰγύπτιον; 29 ἔφυγεν δὲ Μωϋσῆς ἐν τῷ λόγῳ τούτῳ, καὶ ἐγένετο πάροικος ἐν γῇ Μαδιάμ, οὗ ἐγέννησεν υἱοὺς δύο. 30 Καὶ πληρωθέντων ἐτῶν τεσσεράκοντα ὤφθη αὐτῷ ἐν τῇ ἐρήμῳ τοῦ ὄρους Σινᾶ ἄγγελος (Κυρίου) ἐν φλογὶ πυρὸς βάτου. 31 ὁ δὲ Μωϋσῆς ἰδὼν ἐθαύμαζεν τὸ ὅραμα· προσερχομένου δὲ αὐτοῦ κατανοῆσαι ἐγένετο φωνὴ Κυρίου (πρὸς αὐτόν) 32 Ἐγὼ ὁ Θεὸς τῶν πατέρων σου, ὁ Θεὸς Ἀβραὰμ καὶ (ὁ Θεὸς) Ἰσαὰκ καὶ (ὁ Θεὸς) Ἰακώβ. ἔντρομος δὲ γενόμενος Μωϋσῆς οὐκ ἐτόλμα κατανοῆσαι. 33 εἶπεν δὲ αὐτῷ ὁ Κύριος Λῦσον τὸ ὑπόδημα τῶν ποδῶν σου· ὁ γὰρ τόπος ἐφ' ᾧ ἕστηκας γῆ ἁγία ἐστίν. 34 ἰδὼν εἶδον τὴν κάκωσιν τοῦ λαοῦ μου τοῦ ἐν Αἰγύπτῳ, καὶ τοῦ στεναγμοῦ [αὐτοῦ] (αὐτῶν) ἤκουσα, καὶ κατέβην ἐξελέσθαι αὐτούς· καὶ νῦν δεῦρο ἀποστείλω σε εἰς Αἴγυπτον.

Israel's Rejection of Moses

35 Τοῦτον τὸν Μωϋσῆν, ὃν ἠρνήσαντο εἰπόντες Τίς σε κατέστησεν ἄρχοντα καὶ δικαστήν; τοῦτον ὁ Θεὸς [καὶ] ἄρχοντα καὶ λυτρωτὴν ἀπέσταλκεν [σὺν] (ἐν) χειρὶ ἀγγέλου τοῦ ὀφθέντος αὐτῷ ἐν τῇ βάτῳ. 36 οὗτος ἐξήγαγεν αὐτοὺς ποιήσας τέρατα καὶ σημεῖα ἐν γῇ Αἰγύπτῳ καὶ ἐν Ἐρυθρᾷ Θαλάσσῃ καὶ ἐν τῇ ἐρήμῳ ἔτη τεσσεράκοντα. 37 οὗτός ἐστιν ὁ Μωϋσῆς ὁ εἴπας τοῖς υἱοῖς Ἰσραήλ Προφήτην ὑμῖν ἀναστήσει (Κύριος) ὁ Θεὸς (ὑμῶν) ἐκ τῶν ἀδελφῶν ὑμῶν ὡς ἐμέ (αὐτοῦ ἀκούσεσθε).

ΠΡΑΞΕΙΣ ΑΠΟΣΤΟΛΩΝ

38 οὗτός ἐστιν ὁ γενόμενος ἐν τῇ ἐκκλησίᾳ ἐν τῇ ἐρήμῳ μετὰ τοῦ ἀγγέλου τοῦ λαλοῦντος αὐτῷ ἐν τῷ ὄρει Σινᾶ καὶ τῶν πατέρων ἡμῶν, ὃς ἐδέξατο λόγια ζῶντα δοῦναι ὑμῖν, 39 ᾧ οὐκ ἠθέλησαν ὑπήκοοι γενέσθαι οἱ πατέρες ἡμῶν, ἀλλὰ ἀπώσαντο καὶ ἐστράφησαν ἐν ταῖς καρδίαις αὐτῶν εἰς Αἴγυπτον, 40 εἰπόντες τῷ Ἀαρών Ποίησον ἡμῖν θεοὺς οἳ προπορεύσονται ἡμῶν· ὁ γὰρ Μωϋσῆς οὗτος, ὃς ἐξήγαγεν ἡμᾶς ἐκ γῆς Αἰγύπτου, οὐκ οἴδαμεν τί [ἐγένετο] (γέγονεν) αὐτῷ.

Israel's Rejection of God

41 καὶ ἐμοσχοποίησαν ἐν ταῖς ἡμέραις ἐκείναις καὶ ἀνήγαγον θυσίαν τῷ εἰδώλῳ, καὶ εὐφραίνοντο ἐν τοῖς ἔργοις τῶν χειρῶν αὐτῶν. 42 ἔστρεψεν δὲ ὁ Θεὸς καὶ παρέδωκεν αὐτοὺς λατρεύειν τῇ στρατιᾷ τοῦ οὐρανοῦ, καθὼς γέγραπται ἐν βίβλῳ τῶν προφητῶν

Μὴ σφάγια καὶ θυσίας προσηνέγκατέ μοι
ἔτη τεσσεράκοντα ἐν τῇ ἐρήμῳ, οἶκος Ἰσραήλ,
43 καὶ ἀνελάβετε τὴν σκηνὴν τοῦ Μολὸχ
καὶ τὸ ἄστρον τοῦ θεοῦ (ὑμῶν) Ῥομφά,
τοὺς τύπους οὓς ἐποιήσατε προσκυνεῖν αὐτοῖς·
καὶ μετοικιῶ ὑμᾶς ἐπέκεινα Βαβυλῶνος.

44 Ἡ σκηνὴ τοῦ μαρτυρίου ἦν (ἐν) τοῖς πατράσιν ἡμῶν ἐν τῇ ἐρήμῳ, καθὼς διετάξατο ὁ λαλῶν τῷ Μωϋσῇ ποιῆσαι αὐτὴν κατὰ τὸν τύπον ὃν ἑωράκει· 45 ἣν καὶ εἰσήγαγον διαδεξάμενοι οἱ πατέρες ἡμῶν μετὰ Ἰησοῦ ἐν τῇ κατασχέσει τῶν ἐθνῶν, ὧν ἐξῶσεν ὁ Θεὸς ἀπὸ προσώπου τῶν πατέρων ἡμῶν ἕως τῶν ἡμερῶν Δαυείδ· 46 ὃς εὗρεν χάριν ἐνώπιον τοῦ Θεοῦ καὶ ᾐτήσατο εὑρεῖν σκήνωμα τῷ [οἴκῳ] (Θεῷ) Ἰακώβ. 47 Σολομῶν δὲ οἰκοδόμησεν αὐτῷ οἶκον. 48 ἀλλ᾽ οὐχ ὁ Ὕψιστος ἐν χειροποιήτοις (ναοῖς) κατοικεῖ· καθὼς ὁ προφήτης λέγει

49 Ὁ οὐρανός μοι θρόνος,
ἡ δὲ γῆ ὑποπόδιον τῶν ποδῶν μου·
ποῖον οἶκον οἰκοδομήσετέ μοι, λέγει Κύριος,
ἢ τίς τόπος τῆς καταπαύσεώς μου;
50 οὐχὶ ἡ χείρ μου ἐποίησεν ταῦτα πάντα;

Israel's Rejection of the Holy Spirit

51 Σκληροτράχηλοι καὶ ἀπερίτμητοι (τῇ) καρδίαις καὶ τοῖς ὠσίν, ὑμεῖς ἀεὶ τῷ Πνεύματι τῷ Ἁγίῳ ἀντιπίπτετε, ὡς οἱ πατέρες ὑμῶν καὶ ὑμεῖς.

ΠΡΑΞΕΙΣ ΑΠΟΣΤΟΛΩΝ

Israel's Rejection of their Messiah

52 τίνα τῶν προφητῶν οὐκ ἐδίωξαν οἱ πατέρες ὑμῶν; καὶ ἀπέκτειναν τοὺς προκαταγγείλαντας περὶ τῆς ἐλεύσεως τοῦ Δικαίου οὗ νῦν ὑμεῖς προδόται καὶ φονεῖς [ἐγένεσθε] (γεγένησθε), 53 οἵτινες ἐλάβετε τὸν νόμον εἰς διαταγὰς ἀγγέλων, καὶ οὐκ ἐφυλάξατε.

Stephen is Martyred

54 Ἀκούοντες δὲ ταῦτα διεπρίοντο ταῖς καρδίαις αὐτῶν καὶ ἔβρυχον τοὺς ὀδόντας ἐπ' αὐτόν. 55 ὑπάρχων δὲ πλήρης Πνεύματος Ἁγίου ἀτενίσας εἰς τὸν οὐρανὸν εἶδεν δόξαν Θεοῦ καὶ Ἰησοῦν ἑστῶτα ἐκ δεξιῶν τοῦ Θεοῦ, 56 καὶ εἶπεν Ἰδοὺ θεωρῶ τοὺς οὐρανοὺς [διηνοιγμένους] (ἀνεῳγμένους) καὶ τὸν Υἱὸν τοῦ ἀνθρώπου ἐκ δεξιῶν ἑστῶτα τοῦ Θεοῦ. 57 κράξαντες δὲ φωνῇ μεγάλῃ συνέσχον τὰ ὦτα αὐτῶν, καὶ ὥρμησαν ὁμοθυμαδὸν ἐπ' αὐτόν, 58 καὶ ἐκβαλόντες ἔξω τῆς πόλεως ἐλιθοβόλουν. καὶ οἱ μάρτυρες ἀπέθεντο τὰ ἱμάτια αὐτῶν παρὰ τοὺς πόδας νεανίου καλουμένου Σαύλου. 59 καὶ ἐλιθοβόλουν τὸν Στέφανον, ἐπικαλούμενον καὶ λέγοντα Κύριε Ἰησοῦ, δέξαι τὸ πνεῦμά μου. 60 θεὶς δὲ τὰ γόνατα ἔκραξεν φωνῇ μεγάλῃ Κύριε, μὴ στήσῃς αὐτοῖς [ταύτην] τὴν ἁμαρτίαν (ταύτην). καὶ τοῦτο εἰπὼν ἐκοιμήθη.

Acts 8

Saul Persecutes the Believers

1 Σαῦλος δὲ ἦν συνευδοκῶν τῇ ἀναιρέσει αὐτοῦ.

Ἐγένετο δὲ ἐν ἐκείνῃ τῇ ἡμέρᾳ διωγμὸς μέγας ἐπὶ τὴν ἐκκλησίαν τὴν ἐν Ἱεροσολύμοις· πάντες [δὲ] (τε) διεσπάρησαν κατὰ τὰς χώρας τῆς Ἰουδαίας καὶ Σαμαρίας πλὴν τῶν ἀποστόλων. 2 συνεκόμισαν δὲ τὸν Στέφανον ἄνδρες εὐλαβεῖς καὶ [ἐποίησαν] (ἐποιήσαντό) κοπετὸν μέγαν ἐπ' αὐτῷ. 3 Σαῦλος δὲ ἐλυμαίνετο τὴν ἐκκλησίαν κατὰ τοὺς οἴκους εἰσπορευόμενος, σύρων τε ἄνδρας καὶ γυναῖκας παρεδίδου εἰς φυλακήν.

The Gospel Spreads to Samaria

4 Οἱ μὲν οὖν διασπαρέντες διῆλθον εὐαγγελιζόμενοι τὸν λόγον. 5 Φίλιππος δὲ κατελθὼν εἰς [τὴν] πόλιν τῆς Σαμαρίας ἐκήρυσσεν αὐτοῖς τὸν Χριστόν. 6 προσεῖχον δὲ οἱ ὄχλοι τοῖς λεγομένοις ὑπὸ τοῦ Φιλίππου ὁμοθυμαδὸν ἐν τῷ ἀκούειν αὐτοὺς καὶ βλέπειν τὰ σημεῖα ἃ ἐποίει. 7 [πολλοὶ] (πολλῶν) γὰρ τῶν ἐχόντων πνεύματα ἀκάθαρτα βοῶντα [φωνῇ μεγάλῃ] (μεγάλῃ φωνῇ) [ἐξήρχοντο] (ἐξήρχετο)· πολλοὶ δὲ παραλελυμένοι καὶ χωλοὶ ἐθεραπεύθησαν·

ΠΡΑΞΕΙΣ ΑΠΟΣΤΟΛΩΝ

8 (καὶ) ἐγένετο δὲ πολλὴ χαρὰ ἐν τῇ πόλει ἐκείνῃ. 9 Ἀνὴρ δέ τις ὀνόματι Σίμων προϋπῆρχεν ἐν τῇ πόλει μαγεύων καὶ [ἐξιστάνων] (ἐξιστῶν) τὸ ἔθνος τῆς Σαμαρίας, λέγων εἶναί τινα ἑαυτὸν μέγαν, 10 ᾧ προσεῖχον πάντες ἀπὸ μικροῦ ἕως μεγάλου λέγοντες Οὗτός ἐστιν ἡ δύναμις τοῦ Θεοῦ ἡ [καλουμένη] Μεγάλη. 11 προσεῖχον δὲ αὐτῷ διὰ τὸ ἱκανῷ χρόνῳ ταῖς μαγίαις ἐξεστακέναι αὐτούς. 12 ὅτε δὲ ἐπίστευσαν τῷ Φιλίππῳ εὐαγγελιζομένῳ (τὰ) περὶ τῆς βασιλείας τοῦ Θεοῦ καὶ τοῦ ὀνόματος (τοῦ) Ἰησοῦ Χριστοῦ, ἐβαπτίζοντο ἄνδρες τε καὶ γυναῖκες. 13 ὁ δὲ Σίμων καὶ αὐτὸς ἐπίστευσεν, καὶ βαπτισθεὶς ἦν προσκαρτερῶν τῷ Φιλίππῳ, θεωρῶν τε σημεῖα καὶ δυνάμεις μεγάλας γινομένας ἐξίστατο.

Peter and John Visit Samaria

14 Ἀκούσαντες δὲ οἱ ἐν Ἱεροσολύμοις ἀπόστολοι ὅτι δέδεκται ἡ Σαμάρια τὸν λόγον τοῦ Θεοῦ, ἀπέστειλαν πρὸς αὐτοὺς (τὸν) Πέτρον καὶ Ἰωάνην, 15 οἵτινες καταβάντες προσηύξαντο περὶ αὐτῶν ὅπως λάβωσιν Πνεῦμα Ἅγιον· 16 [οὐδέπω] (οὔπω) γὰρ ἦν ἐπ' οὐδενὶ αὐτῶν ἐπιπεπτωκός, μόνον δὲ βεβαπτισμένοι ὑπῆρχον εἰς τὸ ὄνομα τοῦ κυρίου Ἰησοῦ. 17 τότε ἐπετίθεσαν τὰς χεῖρας ἐπ' αὐτούς, καὶ ἐλάμβανον Πνεῦμα Ἅγιον. 18 [ἰδὼν] (θεασάμενος) δὲ ὁ Σίμων ὅτι διὰ τῆς ἐπιθέσεως τῶν χειρῶν τῶν ἀποστόλων δίδοται τὸ Πνεῦμα (τὸ Ἅγιον), προσήνεγκεν αὐτοῖς χρήματα 19 λέγων Δότε κἀμοὶ τὴν ἐξουσίαν ταύτην ἵνα ᾧ ἐὰν ἐπιθῶ τὰς χεῖρας λαμβάνῃ Πνεῦμα Ἅγιον. 20 Πέτρος δὲ εἶπεν πρὸς αὐτόν Τὸ ἀργύριόν σου σὺν σοὶ εἴη εἰς ἀπώλειαν, ὅτι τὴν δωρεὰν τοῦ Θεοῦ ἐνόμισας διὰ χρημάτων κτᾶσθαι. 21 οὐκ ἔστιν σοι μερὶς οὐδὲ κλῆρος ἐν τῷ λόγῳ τούτῳ· ἡ γὰρ καρδία σου οὐκ ἔστιν εὐθεῖα [ἔναντι] (ἐνώπιον) τοῦ Θεοῦ. 22 μετανόησον οὖν ἀπὸ τῆς κακίας σου ταύτης, καὶ δεήθητι τοῦ [Κυρίου] (Θεοῦ) εἰ ἄρα ἀφεθήσεταί σοι ἡ ἐπίνοια τῆς καρδίας σου· 23 εἰς γὰρ χολὴν πικρίας καὶ σύνδεσμον ἀδικίας ὁρῶ σε ὄντα. 24 ἀποκριθεὶς δὲ ὁ Σίμων εἶπεν Δεήθητε ὑμεῖς ὑπὲρ ἐμοῦ πρὸς τὸν Κύριον, ὅπως μηδὲν ἐπέλθῃ ἐπ' ἐμὲ ὧν εἰρήκατε. 25 Οἱ μὲν οὖν διαμαρτυράμενοι καὶ λαλήσαντες τὸν λόγον τοῦ Κυρίου [ὑπέστρεφον] (ὑπέστρεψαν) εἰς Ἱεροσόλυμα, πολλάς τε κώμας τῶν Σαμαρειτῶν εὐηγγελίζοντο.

ΠΡΑΞΕΙΣ ΑΠΟΣΤΟΛΩΝ

An Ethiopian Treasurer Believes

26 Ἄγγελος δὲ Κυρίου ἐλάλησεν πρὸς Φίλιππον λέγων Ἀνάστηθι καὶ πορεύου κατὰ μεσημβρίαν ἐπὶ τὴν ὁδὸν τὴν καταβαίνουσαν ἀπὸ Ἰερουσαλὴμ εἰς Γάζαν· αὕτη ἐστὶν ἔρημος. 27 καὶ ἀναστὰς ἐπορεύθη. καὶ ἰδοὺ ἀνὴρ Αἰθίοψ εὐνοῦχος δυνάστης Κανδάκης βασιλίσσης Αἰθιόπων, ὃς ἦν ἐπὶ πάσης τῆς γάζης αὐτῆς, ὃς ἐληλύθει προσκυνήσων εἰς Ἰερουσαλήμ, 28 ἦν δὲ ὑποστρέφων καὶ καθήμενος ἐπὶ τοῦ ἅρματος αὐτοῦ καὶ ἀνεγίνωσκεν τὸν προφήτην Ἡσαΐαν. 29 εἶπεν δὲ τὸ Πνεῦμα τῷ Φιλίππῳ Πρόσελθε καὶ κολλήθητι τῷ ἅρματι τούτῳ. 30 προσδραμὼν δὲ ὁ Φίλιππος ἤκουσεν αὐτοῦ ἀναγινώσκοντος [Ἡσαΐαν τὸν προφήτην] (τὸν προφήτην Ἡσαΐαν), καὶ εἶπεν Ἆρά γε γινώσκεις ἃ ἀναγινώσκεις; 31 ὁ δὲ εἶπεν Πῶς γὰρ ἂν δυναίμην ἐὰν μή τις ὁδηγήσει με; παρεκάλεσέν τε τὸν Φίλιππον ἀναβάντα καθίσαι σὺν αὐτῷ. 32 ἡ δὲ περιοχὴ τῆς γραφῆς ἣν ἀνεγίνωσκεν ἦν αὕτη

Ὡς πρόβατον ἐπὶ σφαγὴν ἤχθη,
καὶ ὡς ἀμνὸς ἐναντίον τοῦ κείροντος αὐτὸν ἄφωνος,
οὕτως οὐκ ἀνοίγει τὸ στόμα αὐτοῦ.
33 Ἐν τῇ ταπεινώσει (αὐτοῦ) ἡ κρίσις αὐτοῦ ἤρθη·
τὴν γενεὰν αὐτοῦ τίς διηγήσεται;
ὅτι αἴρεται ἀπὸ τῆς γῆς ἡ ζωὴ αὐτοῦ.

34 ἀποκριθεὶς δὲ ὁ εὐνοῦχος τῷ Φιλίππῳ εἶπεν Δέομαί σου, περὶ τίνος ὁ προφήτης λέγει τοῦτο; περὶ ἑαυτοῦ ἢ περὶ ἑτέρου τινός; 35 ἀνοίξας δὲ ὁ Φίλιππος τὸ στόμα αὐτοῦ καὶ ἀρξάμενος ἀπὸ τῆς γραφῆς ταύτης εὐηγγελίσατο αὐτῷ τὸν Ἰησοῦν. 36 ὡς δὲ ἐπορεύοντο κατὰ τὴν ὁδόν, ἦλθον ἐπί τι ὕδωρ, καί φησιν ὁ εὐνοῦχος Ἰδοὺ ὕδωρ· τί κωλύει με βαπτισθῆναι; (37 εἶπεν δὲ ὁ Φίλιππος Εἰ πιστεύεις ἐξ ὅλης τῆς καρδίας, ἔξεστιν ἀποκριθεὶς δὲ εἶπεν Πιστεύω τὸν υἱὸν τοῦ Θεοῦ εἶναι τὸν Ἰησοῦν Χριστόν) 38 καὶ ἐκέλευσεν στῆναι τὸ ἅρμα, καὶ κατέβησαν ἀμφότεροι εἰς τὸ ὕδωρ, ὅ τε Φίλιππος καὶ ὁ εὐνοῦχος, καὶ ἐβάπτισεν αὐτόν. 39 ὅτε δὲ ἀνέβησαν ἐκ τοῦ ὕδατος, Πνεῦμα Κυρίου ἥρπασεν τὸν Φίλιππον, καὶ οὐκ εἶδεν αὐτὸν οὐκέτι ὁ εὐνοῦχος, ἐπορεύετο γὰρ τὴν ὁδὸν αὐτοῦ χαίρων. 40 Φίλιππος δὲ εὑρέθη εἰς Ἄζωτον, καὶ διερχόμενος εὐηγγελίζετο τὰς πόλεις πάσας ἕως τοῦ ἐλθεῖν αὐτὸν εἰς Καισάριαν.

ΠΡΑΞΕΙΣ ΑΠΟΣΤΟΛΩΝ

Acts 9

Saul's Conversion

1 Ὁ δὲ Σαῦλος ἔτι ἐμπνέων ἀπειλῆς καὶ φόνου εἰς τοὺς μαθητὰς τοῦ Κυρίου, προσελθὼν τῷ ἀρχιερεῖ 2 ᾐτήσατο παρ' αὐτοῦ ἐπιστολὰς εἰς Δαμασκὸν πρὸς τὰς συναγωγάς, ὅπως ἐάν τινας εὕρῃ τῆς Ὁδοῦ ὄντας, ἄνδρας τε καὶ γυναῖκας, δεδεμένους ἀγάγῃ εἰς Ἱερουσαλήμ. 3 Ἐν δὲ τῷ πορεύεσθαι ἐγένετο αὐτὸν ἐγγίζειν τῇ Δαμασκῷ, (καὶ) ἐξαίφνης [τε αὐτὸν] περιήστραψεν (αὐτὸν) φῶς [ἐκ] (ἀπὸ) τοῦ οὐρανοῦ, 4 καὶ πεσὼν ἐπὶ τὴν γῆν ἤκουσεν φωνὴν λέγουσαν αὐτῷ Σαοὺλ Σαούλ, τί με διώκεις; 5 εἶπεν δέ Τίς εἶ, Κύριε; ὁ δέ (Κύριος εἶπεν) Ἐγώ εἰμι Ἰησοῦς ὃν σὺ διώκεις· (σκληρόν σοι πρὸς κέντρα λακτίζειν) 6 (Τρέμων τε καὶ θαμβῶν εἶπεν κύριε τί μέ θέλεις ποιῆσαι καὶ ὅ κύριος πρός αὐτόν) [ἀλλὰ] ἀνάστηθι καὶ εἴσελθε εἰς τὴν πόλιν, καὶ λαληθήσεταί σοι ὅ τί σε δεῖ ποιεῖν. 7 οἱ δὲ ἄνδρες οἱ συνοδεύοντες αὐτῷ εἱστήκεισαν ἐνεοί, ἀκούοντες μὲν τῆς φωνῆς, μηδένα δὲ θεωροῦντες. 8 ἠγέρθη δὲ Σαῦλος ἀπὸ τῆς γῆς, ἀνεῳγμένων δὲ τῶν ὀφθαλμῶν αὐτοῦ [οὐδὲν] (οὐδένα) ἔβλεπεν· χειραγωγοῦντες δὲ αὐτὸν εἰσήγαγον εἰς Δαμασκόν. 9 καὶ ἦν ἡμέρας τρεῖς μὴ βλέπων, καὶ οὐκ ἔφαγεν οὐδὲ ἔπιεν.

Saul is Healed and Baptized

10 Ἦν δέ τις μαθητὴς ἐν Δαμασκῷ ὀνόματι Ἀνανίας, καὶ εἶπεν πρὸς αὐτὸν [ἐν ὁράματι] ὁ Κύριος (ἐν ὁράματι) Ἀνανία. ὁ δὲ εἶπεν Ἰδοὺ ἐγώ, Κύριε. 11 ὁ δὲ Κύριος πρὸς αὐτόν Ἀναστὰς πορεύθητι ἐπὶ τὴν ῥύμην τὴν καλουμένην Εὐθεῖαν καὶ ζήτησον ἐν οἰκίᾳ Ἰούδα Σαῦλον ὀνόματι Ταρσέα· ἰδοὺ γὰρ προσεύχεται, 12 καὶ εἶδεν [ἄνδρα Ἀνανίαν ὀνόματι] (ἐν ὁράματι ἄνδρα ὀνόματι Ἀνανίαν) εἰσελθόντα καὶ ἐπιθέντα αὐτῷ χεῖρας, ὅπως ἀναβλέψῃ. 13 ἀπεκρίθη δὲ (ὁ) Ἀνανίας Κύριε, [ἤκουσα] (ἀκήκοα) ἀπὸ πολλῶν περὶ τοῦ ἀνδρὸς τούτου, ὅσα κακὰ [τοῖς ἁγίοις σου ἐποίησεν] (ἐποίησεν τοῖς ἁγίοις σου) ἐν Ἱερουσαλήμ· 14 καὶ ὧδε ἔχει ἐξουσίαν παρὰ τῶν ἀρχιερέων δῆσαι πάντας τοὺς ἐπικαλουμένους τὸ ὄνομά σου. 15 εἶπεν δὲ πρὸς αὐτὸν ὁ Κύριος Πορεύου, ὅτι σκεῦος ἐκλογῆς (μοι) ἐστίν [μοι] οὗτος τοῦ βαστάσαι τὸ ὄνομά μου ἐνώπιον ἐθνῶν τε καὶ βασιλέων υἱῶν τε Ἰσραήλ· 16 ἐγὼ γὰρ ὑποδείξω αὐτῷ ὅσα δεῖ αὐτὸν ὑπὲρ τοῦ ὀνόματός μου παθεῖν.

ΠΡΑΞΕΙΣ ΑΠΟΣΤΟΛΩΝ

17 Ἀπῆλθεν δὲ Ἀνανίας καὶ εἰσῆλθεν εἰς τὴν οἰκίαν, καὶ ἐπιθεὶς ἐπ' αὐτὸν τὰς χεῖρας εἶπεν Σαοὺλ ἀδελφέ, ὁ Κύριος ἀπέσταλκέν με, Ἰησοῦς ὁ ὀφθείς σοι ἐν τῇ ὁδῷ ᾗ ἤρχου, ὅπως ἀναβλέψῃς καὶ πλησθῇς Πνεύματος Ἁγίου. 18 καὶ εὐθέως ἀπέπεσαν [αὐτοῦ] ἀπὸ τῶν ὀφθαλμῶν (αὐτοῦ) [ὡς] (ὡσεὶ) λεπίδες, ἀνέβλεψέν τε (παραχρῆμα), καὶ ἀναστὰς ἐβαπτίσθη, 19 καὶ λαβὼν τροφὴν ἐνίσχυσεν.

Saul Preaches at Damascus

Ἐγένετο δὲ (ὁ Σαῦλος) μετὰ τῶν ἐν Δαμασκῷ μαθητῶν ἡμέρας τινὰς, 20 καὶ εὐθέως ἐν ταῖς συναγωγαῖς ἐκήρυσσεν τὸν [Ἰησοῦν] (Χριστὸν), ὅτι οὗτός ἐστιν ὁ Υἱὸς τοῦ Θεοῦ. 21 ἐξίσταντο δὲ πάντες οἱ ἀκούοντες καὶ ἔλεγον Οὐχ οὗτός ἐστιν ὁ πορθήσας [εἰς] (ἐν) Ἰερουσαλὴμ τοὺς ἐπικαλουμένους τὸ ὄνομα τοῦτο, καὶ ὧδε εἰς τοῦτο ἐληλύθει, ἵνα δεδεμένους αὐτοὺς ἀγάγῃ ἐπὶ τοὺς ἀρχιερεῖς; 22 Σαῦλος δὲ μᾶλλον ἐνεδυναμοῦτο καὶ συνέχυννεν (τοὺς) Ἰουδαίους τοὺς κατοικοῦντας ἐν Δαμασκῷ, συμβιβάζων ὅτι οὗτός ἐστιν ὁ Χριστός. 23 Ὡς δὲ ἐπληροῦντο ἡμέραι ἱκαναί, συνεβουλεύσαντο οἱ Ἰουδαῖοι ἀνελεῖν αὐτόν· 24 ἐγνώσθη δὲ τῷ Σαύλῳ ἡ ἐπιβουλὴ αὐτῶν. παρετηροῦντο [δὲ καὶ] (τε) τὰς πύλας ἡμέρας τε καὶ νυκτὸς ὅπως αὐτὸν ἀνέλωσιν· 25 λαβόντες δὲ οἱ (αὐτοῦ) μαθηταὶ [αὐτοῦ] νυκτὸς [διὰ τοῦ τείχους καθῆκαν] (καθῆκαν διὰ τοῦ τείχους) αὐτὸν χαλάσαντες ἐν σπυρίδι.

Saul Meets Opposition at Jerusalem

26 Παραγενόμενος δὲ (ὁ Σαῦλος) εἰς Ἰερουσαλὴμ [ἐπείραζεν] (ἐπείρᾶτο) κολλᾶσθαι τοῖς μαθηταῖς· καὶ πάντες ἐφοβοῦντο αὐτόν, μὴ πιστεύοντες ὅτι ἐστὶν μαθητής. 27 Βαρνάβας δὲ ἐπιλαβόμενος αὐτὸν ἤγαγεν πρὸς τοὺς ἀποστόλους, καὶ διηγήσατο αὐτοῖς πῶς ἐν τῇ ὁδῷ εἶδεν τὸν Κύριον καὶ ὅτι ἐλάλησεν αὐτῷ, καὶ πῶς ἐν Δαμασκῷ ἐπαρρησιάσατο ἐν τῷ ὀνόματι (τοῦ) Ἰησοῦ. 28 καὶ ἦν μετ' αὐτῶν εἰσπορευόμενος καὶ ἐκπορευόμενος [εἰς] (ἐν) Ἰερουσαλήμ, 29 (καὶ) παρρησιαζόμενος ἐν τῷ ὀνόματι τοῦ Κυρίου (Ἰησοῦ),

Saul is Sent to Tarsus

ἐλάλει τε καὶ συνεζήτει πρὸς τοὺς Ἑλληνιστάς· οἱ δὲ ἐπεχείρουν (αὐτὸν) ἀνελεῖν [αὐτόν]. 30 ἐπιγνόντες δὲ οἱ ἀδελφοὶ κατήγαγον αὐτὸν εἰς Καισάριαν καὶ ἐξαπέστειλαν αὐτὸν εἰς Ταρσόν. 31 Ἡ μὲν οὖν ἐκκλησία καθ' ὅλης τῆς Ἰουδαίας καὶ Γαλιλαίας καὶ Σαμαρίας εἶχεν εἰρήνην οἰκοδομουμένη καὶ πορευομένη τῷ φόβῳ τοῦ Κυρίου, καὶ τῇ παρακλήσει τοῦ Ἁγίου Πνεύματος ἐπληθύνετο.

ΠΡΑΞΕΙΣ ΑΠΟΣΤΟΛΩΝ

Peter Heals Aeneas at Lydda

32 Ἐγένετο δὲ Πέτρον διερχόμενον διὰ πάντων κατελθεῖν καὶ πρὸς τοὺς ἁγίους τοὺς κατοικοῦντας Λύδδα. 33 εὗρεν δὲ ἐκεῖ ἄνθρωπόν τινα [ὀνόματι Αἰνέαν] (Αἰνέαν ὀνόματι) ἐξ ἐτῶν ὀκτὼ κατακείμενον ἐπὶ κραβάττου, ὃς ἦν παραλελυμένος. 34 καὶ εἶπεν αὐτῷ ὁ Πέτρος Αἰνέα, ἰᾶταί σε Ἰησοῦς Χριστός· ἀνάστηθι καὶ στρῶσον σεαυτῷ. καὶ εὐθέως ἀνέστη. 35 καὶ εἶδαν αὐτὸν πάντες οἱ κατοικοῦντες Λύδδα καὶ τὸν Σαρῶνα, οἵτινες ἐπέστρεψαν ἐπὶ τὸν Κύριον.

Peter Raises Dorcas at Joppa

36 Ἐν Ἰόππῃ δέ τις ἦν μαθήτρια ὀνόματι Ταβειθά, ἣ διερμηνευομένη λέγεται Δορκάς· αὕτη ἦν πλήρης [ἔργων ἀγαθῶν] (ἀγαθῶν ἔργων) καὶ ἐλεημοσυνῶν ὧν ἐποίει. 37 ἐγένετο δὲ ἐν ταῖς ἡμέραις ἐκείναις ἀσθενήσασαν αὐτὴν ἀποθανεῖν· λούσαντες δὲ (αὐτὴν) ἔθηκαν ἐν ὑπερῴῳ. 38 ἐγγὺς δὲ οὔσης Λύδδας τῇ Ἰόππῃ οἱ μαθηταὶ ἀκούσαντες ὅτι Πέτρος ἐστὶν ἐν αὐτῇ ἀπέστειλαν δύο ἄνδρας πρὸς αὐτὸν παρακαλοῦντες Μὴ ὀκνήσῃς διελθεῖν ἕως (αὐτῶν) [ἡμῶν]. 39 ἀναστὰς δὲ Πέτρος συνῆλθεν αὐτοῖς· ὃν παραγενόμενον ἀνήγαγον εἰς τὸ ὑπερῷον, καὶ παρέστησαν αὐτῷ πᾶσαι αἱ χῆραι κλαίουσαι καὶ ἐπιδεικνύμεναι χιτῶνας καὶ ἱμάτια, ὅσα ἐποίει μετ' αὐτῶν οὖσα ἡ Δορκάς. 40 ἐκβαλὼν δὲ ἔξω πάντας ὁ Πέτρος [καὶ] θεὶς τὰ γόνατα προσηύξατο, καὶ ἐπιστρέψας πρὸς τὸ σῶμα εἶπεν Ταβειθά, ἀνάστηθι. ἡ δὲ ἤνοιξεν τοὺς ὀφθαλμοὺς αὐτῆς, καὶ ἰδοῦσα τὸν Πέτρον ἀνεκάθισεν. 41 δοὺς δὲ αὐτῇ χεῖρα ἀνέστησεν αὐτήν· φωνήσας δὲ τοὺς ἁγίους καὶ τὰς χήρας παρέστησεν αὐτὴν ζῶσαν. 42 γνωστὸν δὲ ἐγένετο καθ' ὅλης τῆς Ἰόππης, καὶ (πολλοὶ) ἐπίστευσαν [πολλοὶ] ἐπὶ τὸν Κύριον. 43 Ἐγένετο δὲ ἡμέρας ἱκανὰς μεῖναι (αὐτόν) ἐν Ἰόππῃ παρά τινι Σίμωνι βυρσεῖ.

Acts 10

Cornelius Sends for Peter

1 Ἀνὴρ δέ τις (ἦν) ἐν Καισαρίᾳ ὀνόματι Κορνήλιος, ἑκατοντάρχης ἐκ σπείρης τῆς καλουμένης Ἰταλικῆς, 2 εὐσεβὴς καὶ φοβούμενος τὸν Θεὸν σὺν παντὶ τῷ οἴκῳ αὐτοῦ, ποιῶν (τε) ἐλεημοσύνας πολλὰς τῷ λαῷ καὶ δεόμενος τοῦ Θεοῦ διὰ παντός, 3 εἶδεν ἐν ὁράματι φανερῶς, ὡσεὶ [περὶ] ὥραν ἐνάτην τῆς ἡμέρας, ἄγγελον τοῦ Θεοῦ εἰσελθόντα πρὸς αὐτὸν καὶ εἰπόντα αὐτῷ Κορνήλιε.

ΠΡΑΞΕΙΣ ΑΠΟΣΤΟΛΩΝ

4 ὁ δὲ ἀτενίσας αὐτῷ καὶ ἔμφοβος γενόμενος εἶπεν Τί ἐστιν, Κύριε; εἶπεν δὲ αὐτῷ Αἱ προσευχαί σου καὶ αἱ ἐλεημοσύναι σου ἀνέβησαν εἰς μνημόσυνον ἔμπροσθεν τοῦ Θεοῦ. 5 καὶ νῦν πέμψον [ἄνδρας εἰς Ἰόππην] (εἰς Ἰόππην ἄνδρας) καὶ μετάπεμψαι Σίμωνά [τινα] ὃς ἐπικαλεῖται Πέτρος· 6 οὗτος ξενίζεται παρά τινι Σίμωνι βυρσεῖ, ᾧ ἐστιν οἰκία παρὰ θάλασσαν (οὗτος λαλήσει σοι τί σε δεῖ ποιεῖν). 7 ὡς δὲ ἀπῆλθεν ὁ ἄγγελος ὁ λαλῶν [αὐτῷ] (τῷ Κορνηλίῳ), φωνήσας δύο τῶν οἰκετῶν (αὐτοῦ) καὶ στρατιώτην εὐσεβῆ τῶν προσκαρτερούντων αὐτῷ, 8 καὶ ἐξηγησάμενος (αὐτοῖς) ἅπαντα [αὐτοῖς] ἀπέστειλεν αὐτοὺς εἰς τὴν Ἰόππην.

Peter's Vision of the Unclean Animals

9 Τῇ δὲ ἐπαύριον ὁδοιπορούντων ἐκείνων καὶ τῇ πόλει ἐγγιζόντων ἀνέβη Πέτρος ἐπὶ τὸ δῶμα προσεύξασθαι περὶ ὥραν ἕκτην. 10 ἐγένετο δὲ πρόσπεινος καὶ ἤθελεν γεύσασθαι· παρασκευαζόντων δὲ [αὐτῶν ἐγένετο] (ἐκείνων, ἐπέπεσεν) ἐπ᾽ αὐτὸν ἔκστασις, 11 καὶ θεωρεῖ τὸν οὐρανὸν ἀνεῳγμένον καὶ καταβαῖνον (ἐπ᾽ αὐτὸν) σκεῦός τι ὡς ὀθόνην μεγάλην, τέσσαρσιν ἀρχαῖς (δεδεμένον καὶ) καθιέμενον ἐπὶ τῆς γῆς, 12 ἐν ᾧ ὑπῆρχεν πάντα τὰ τετράποδα [καὶ ἑρπετὰ] τῆς γῆς καὶ (τὰ θηρία καὶ τὰ ἑρπετὰ καὶ τὰ) πετεινὰ τοῦ οὐρανοῦ. 13 καὶ ἐγένετο φωνὴ πρὸς αὐτόν Ἀναστάς, Πέτρε, θῦσον καὶ φάγε. 14 ὁ δὲ Πέτρος εἶπεν Μηδαμῶς, Κύριε, ὅτι οὐδέποτε ἔφαγον πᾶν κοινὸν [καὶ] (ἢ) ἀκάθαρτον. 15 καὶ φωνὴ πάλιν ἐκ δευτέρου πρὸς αὐτόν Ἃ ὁ Θεὸς ἐκαθάρισεν σὺ μὴ κοίνου. 16 τοῦτο δὲ ἐγένετο ἐπὶ τρίς, καὶ [εὐθὺς] (πάλιν) ἀνελήμφθη τὸ σκεῦος εἰς τὸν οὐρανόν.

Peter is Summoned to Caesarea

17 Ὡς δὲ ἐν ἑαυτῷ διηπόρει ὁ Πέτρος τί ἂν εἴη τὸ ὅραμα ὃ εἶδεν,(καὶ) ἰδοὺ οἱ ἄνδρες οἱ ἀπεσταλμένοι ὑπὸ τοῦ Κορνηλίου διερωτήσαντες τὴν οἰκίαν [τοῦ] Σίμωνος ἐπέστησαν ἐπὶ τὸν πυλῶνα, 18 καὶ φωνήσαντες ἐπυνθάνοντο εἰ Σίμων ὁ ἐπικαλούμενος Πέτρος ἐνθάδε ξενίζεται. 19 Τοῦ δὲ Πέτρου διενθυμουμένου περὶ τοῦ ὁράματος εἶπεν τὸ Πνεῦμα Ἰδοὺ ἄνδρες [δύο ζητοῦντές] (τρεῖς ζητοῦσιν) σε· 20 ἀλλὰ ἀναστὰς κατάβηθι, καὶ πορεύου σὺν αὐτοῖς μηδὲν διακρινόμενος, [ὅτι] (διότι) ἐγὼ ἀπέσταλκα αὐτούς. 21 καταβὰς δὲ Πέτρος πρὸς τοὺς ἄνδρας (τοὺς ἀπεσταλμενοὺς ἀπὸ τοῦ Κορνηλίου πρὸς αὐτὸν) εἶπεν Ἰδοὺ ἐγώ εἰμι ὃν ζητεῖτε· τίς ἡ αἰτία δι᾽ ἣν πάρεστε;

ΠΡΑΞΕΙΣ ΑΠΟΣΤΟΛΩΝ

22 οἱ δὲ εἶπαν Κορνήλιος ἑκατοντάρχης, ἀνὴρ δίκαιος καὶ φοβούμενος τὸν Θεὸν, μαρτυρούμενός τε ὑπὸ ὅλου τοῦ ἔθνους τῶν Ἰουδαίων, ἐχρηματίσθη ὑπὸ ἀγγέλου ἁγίου μεταπέμψασθαί σε εἰς τὸν οἶκον αὐτοῦ καὶ ἀκοῦσαι ῥήματα παρὰ σοῦ.

Peter Preaches to the Gentiles

23 εἰσκαλεσάμενος οὖν αὐτοὺς ἐξένισεν. Τῇ δὲ ἐπαύριον [ἀναστὰς] (ὁ Πέτρος) ἐξῆλθεν σὺν αὐτοῖς, καί τινες τῶν ἀδελφῶν τῶν ἀπὸ Ἰόππης συνῆλθον αὐτῷ. 24 τῇ δὲ ἐπαύριον εἰσῆλθεν εἰς τὴν Καισάριαν· ὁ δὲ Κορνήλιος ἦν προσδοκῶν αὐτοὺς, συνκαλεσάμενος τοὺς συγγενεῖς αὐτοῦ καὶ τοὺς ἀναγκαίους φίλους. 25 Ὡς δὲ ἐγένετο τοῦ εἰσελθεῖν τὸν Πέτρον, συναντήσας αὐτῷ ὁ Κορνήλιος πεσὼν ἐπὶ τοὺς πόδας προσεκύνησεν. 26 ὁ δὲ Πέτρος (αὐτὸν) ἤγειρεν [αὐτὸν] λέγων Ἀνάστηθι· καὶ ἐγὼ αὐτὸς ἄνθρωπός εἰμι. 27 καὶ συνομιλῶν αὐτῷ εἰσῆλθεν, καὶ εὑρίσκει συνεληλυθότας πολλούς, 28 ἔφη τε πρὸς αὐτούς Ὑμεῖς ἐπίστασθε ὡς ἀθέμιτόν ἐστιν ἀνδρὶ Ἰουδαίῳ κολλᾶσθαι ἢ προσέρχεσθαι ἀλλοφύλῳ· κἀμοὶ ὁ Θεὸς ἔδειξεν μηδένα κοινὸν ἢ ἀκάθαρτον λέγειν ἄνθρωπον· 29 διὸ καὶ ἀναντιρρήτως ἦλθον μεταπεμφθείς. πυνθάνομαι οὖν Τίνι λόγῳ μετεπέμψασθέ με. 30 Καὶ ὁ Κορνήλιος ἔφη Ἀπὸ τετάρτης ἡμέρας μέχρι ταύτης τῆς ὥρας ἤμην (νηστεύων, καὶ) τὴν ἐνάτην (ὥραν) προσευχόμενος ἐν τῷ οἴκῳ μου, καὶ ἰδοὺ ἀνὴρ ἔστη ἐνώπιόν μου ἐν ἐσθῆτι λαμπρᾷ, 31 καὶ φησίν Κορνήλιε, εἰσηκούσθη σου ἡ προσευχὴ καὶ αἱ ἐλεημοσύναι σου ἐμνήσθησαν ἐνώπιον τοῦ Θεοῦ. 32 πέμψον οὖν εἰς Ἰόππην καὶ μετακάλεσαι Σίμωνα ὃς ἐπικαλεῖται Πέτρος· οὗτος ξενίζεται ἐν οἰκίᾳ Σίμωνος βυρσέως παρὰ θάλασσαν (ὃς παραγενόμενος λαλήσει σοι). 33 ἐξαυτῆς οὖν ἔπεμψα πρὸς σέ, σύ τε καλῶς ἐποίησας παραγενόμενος. νῦν οὖν πάντες ἡμεῖς ἐνώπιον τοῦ Θεοῦ πάρεσμεν ἀκοῦσαι πάντα τὰ προστεταγμένα σοι ὑπὸ τοῦ [Κυρίου] (Θεοῦ). 34 Ἀνοίξας δὲ Πέτρος τὸ στόμα εἶπεν Ἐπ᾽ ἀληθείας καταλαμβάνομαι ὅτι οὐκ ἔστιν προσωπολήμπτης ὁ Θεός, 35 ἀλλ᾽ ἐν παντὶ ἔθνει ὁ φοβούμενος αὐτὸν καὶ ἐργαζόμενος δικαιοσύνην δεκτὸς αὐτῷ ἐστιν· 36 τὸν λόγον ὃν ἀπέστειλεν τοῖς υἱοῖς Ἰσραὴλ εὐαγγελιζόμενος εἰρήνην διὰ Ἰησοῦ Χριστοῦ· οὗτός ἐστιν πάντων Κύριος. 37 ὑμεῖς οἴδατε τὸ γενόμενον ῥῆμα καθ᾽ ὅλης τῆς Ἰουδαίας, ἀρξάμενος ἀπὸ τῆς Γαλιλαίας μετὰ τὸ βάπτισμα ὃ ἐκήρυξεν Ἰωάνης, 38 Ἰησοῦν τὸν ἀπὸ Ναζαρέθ, ὡς ἔχρισεν αὐτὸν ὁ Θεὸς Πνεύματι Ἁγίῳ καὶ δυνάμει, ὃς διῆλθεν εὐεργετῶν καὶ ἰώμενος πάντας τοὺς καταδυναστευομένους ὑπὸ τοῦ διαβόλου, ὅτι ὁ Θεὸς ἦν μετ᾽ αὐτοῦ·

39 καὶ ἡμεῖς (ἐσμεν) μάρτυρες πάντων ὧν ἐποίησεν ἔν τε τῇ χώρᾳ τῶν Ἰουδαίων καὶ Ἰερουσαλήμ· ὃν [καὶ] ἀνεῖλαν κρεμάσαντες ἐπὶ ξύλου. 40 τοῦτον ὁ Θεὸς ἤγειρεν ἐν τῇ τρίτῃ ἡμέρᾳ καὶ ἔδωκεν αὐτὸν ἐμφανῆ γενέσθαι, 41 οὐ παντὶ τῷ λαῷ, ἀλλὰ μάρτυσιν τοῖς προκεχειροτονημένοις ὑπὸ τοῦ Θεοῦ, ἡμῖν, οἵτινες συνεφάγομεν καὶ συνεπίομεν αὐτῷ μετὰ τὸ ἀναστῆναι αὐτὸν ἐκ νεκρῶν· 42 καὶ παρήγγειλεν ἡμῖν κηρύξαι τῷ λαῷ καὶ διαμαρτύρασθαι ὅτι οὗτός ἐστιν ὁ ὡρισμένος ὑπὸ τοῦ Θεοῦ Κριτὴς ζώντων καὶ νεκρῶν. 43 τούτῳ πάντες οἱ προφῆται μαρτυροῦσιν, ἄφεσιν ἁμαρτιῶν λαβεῖν διὰ τοῦ ὀνόματος αὐτοῦ πάντα τὸν πιστεύοντα εἰς αὐτόν.

The Gentiles Receive the Holy Spirit

44 Ἔτι λαλοῦντος τοῦ Πέτρου τὰ ῥήματα ταῦτα ἐπέπεσεν τὸ Πνεῦμα τὸ Ἅγιον ἐπὶ πάντας τοὺς ἀκούοντας τὸν λόγον. 45 καὶ ἐξέστησαν οἱ ἐκ περιτομῆς πιστοὶ ὅσοι συνῆλθαν τῷ Πέτρῳ, ὅτι καὶ ἐπὶ τὰ ἔθνη ἡ δωρεὰ τοῦ Ἁγίου Πνεύματος ἐκκέχυται· 46 ἤκουον γὰρ αὐτῶν λαλούντων γλώσσαις καὶ μεγαλυνόντων τὸν Θεόν. τότε ἀπεκρίθη Πέτρος 47 Μήτι τὸ ὕδωρ [δύναται κωλῦσαί] (κωλῦσαί δύναται) τις τοῦ μὴ βαπτισθῆναι τούτους, οἵτινες τὸ Πνεῦμα τὸ Ἅγιον ἔλαβον [ὡς] (καθὼς) καὶ ἡμεῖς; 48 προσέταξεν δὲ αὐτοὺς (βαπτισθῆναι) ἐν τῷ ὀνόματι (τοῦ) [Ἰησοῦ] Χριστοῦ [βαπτισθῆναι]. τότε ἠρώτησαν αὐτὸν ἐπιμεῖναι ἡμέρας τινάς.

Acts 11

Peter Defends His Interaction with the Gentiles

1 Ἤκουσαν δὲ οἱ ἀπόστολοι καὶ οἱ ἀδελφοὶ οἱ ὄντες κατὰ τὴν Ἰουδαίαν ὅτι καὶ τὰ ἔθνη ἐδέξαντο τὸν λόγον τοῦ Θεοῦ. 2 (καὶ) Ὅτε [δὲ] ἀνέβη Πέτρος εἰς Ἰερουσαλήμ, διεκρίνοντο πρὸς αὐτὸν οἱ ἐκ περιτομῆς 3 λέγοντες ὅτι [Εἰσῆλθες] πρὸς ἄνδρας ἀκροβυστίαν ἔχοντας (Εἰσῆλθες) καὶ συνέφαγες αὐτοῖς. 4 ἀρξάμενος δὲ (ὁ) Πέτρος ἐξετίθετο αὐτοῖς καθεξῆς λέγων 5 Ἐγὼ ἤμην ἐν πόλει Ἰόππῃ προσευχόμενος, καὶ εἶδον ἐν ἐκστάσει ὅραμα, καταβαῖνον σκεῦός τι ὡς ὀθόνην μεγάλην τέσσαρσιν ἀρχαῖς καθιεμένην ἐκ τοῦ οὐρανοῦ, καὶ ἦλθεν ἄχρι ἐμοῦ· 6 εἰς ἣν ἀτενίσας κατενόουν, καὶ εἶδον τὰ τετράποδα τῆς γῆς καὶ τὰ θηρία καὶ τὰ ἑρπετὰ καὶ τὰ πετεινὰ τοῦ οὐρανοῦ. 7 ἤκουσα δὲ καὶ φωνῆς λεγούσης μοι Ἀναστάς, Πέτρε, θῦσον καὶ φάγε. 8 εἶπον δὲ Μηδαμῶς, Κύριε, ὅτι (πᾶν) κοινὸν ἢ ἀκάθαρτον οὐδέποτε εἰσῆλθεν εἰς τὸ στόμα μου. 9 ἀπεκρίθη δὲ [ἐκ δευτέρου φωνὴ] (μοι φωνὴ ἐκ δευτέρου) ἐκ τοῦ οὐρανοῦ Ἃ ὁ Θεὸς ἐκαθάρισεν σὺ μὴ κοίνου. 10 τοῦτο δὲ ἐγένετο ἐπὶ τρίς, καὶ [ἀνεσπάσθη πάλιν] (πάλιν ἀνεσπάσθη) ἅπαντα εἰς τὸν οὐρανόν.

ΠΡΑΞΕΙΣ ΑΠΟΣΤΟΛΩΝ

11 καὶ ἰδοὺ ἐξαυτῆς τρεῖς ἄνδρες ἐπέστησαν ἐπὶ τὴν οἰκίαν ἐν ᾗ ἦμεν, ἀπεσταλμένοι ἀπὸ Καισαρίας πρός με. 12 εἶπεν δὲ τὸ Πνεῦμά μοι συνελθεῖν αὐτοῖς μηδὲν [διακρίναντα] (διακρινόμενον). ἦλθον δὲ σὺν ἐμοὶ καὶ οἱ ἓξ ἀδελφοὶ οὗτοι, καὶ εἰσήλθομεν εἰς τὸν οἶκον τοῦ ἀνδρός. 13 ἀπήγγειλεν [δὲ] (τε) ἡμῖν πῶς εἶδεν τὸν ἄγγελον ἐν τῷ οἴκῳ αὐτοῦ σταθέντα καὶ εἰπόντα (αὐτῷ)· Ἀπόστειλον εἰς Ἰόππην (ἄνδρας) καὶ μετάπεμψαι Σίμωνα τὸν ἐπικαλούμενον Πέτρον, 14 ὃς λαλήσει ῥήματα πρὸς σὲ ἐν οἷς σωθήσῃ σὺ καὶ πᾶς ὁ οἶκός σου. 15 ἐν δὲ τῷ ἄρξασθαί με λαλεῖν ἐπέπεσεν τὸ Πνεῦμα τὸ Ἅγιον ἐπ᾽ αὐτοὺς ὥσπερ καὶ ἐφ᾽ ἡμᾶς ἐν ἀρχῇ. 16 ἐμνήσθην δὲ τοῦ ῥήματος [τοῦ] Κυρίου, ὡς ἔλεγεν Ἰωάνης μὲν ἐβάπτισεν ὕδατι, ὑμεῖς δὲ βαπτισθήσεσθε ἐν Πνεύματι Ἁγίῳ. 17 εἰ οὖν τὴν ἴσην δωρεὰν ἔδωκεν αὐτοῖς ὁ Θεὸς ὡς καὶ ἡμῖν, πιστεύσασιν ἐπὶ τὸν Κύριον Ἰησοῦν Χριστόν, ἐγὼ (δὲ) τίς ἤμην δυνατὸς κωλῦσαι τὸν Θεόν; 18 ἀκούσαντες δὲ ταῦτα ἡσύχασαν, καὶ ἐδόξασαν τὸν Θεὸν λέγοντες Ἄρα καὶ τοῖς ἔθνεσιν ὁ Θεὸς τὴν μετάνοιαν [εἰς ζωὴν ἔδωκεν] (ἔδωκεν εἰς ζωὴν).

Grecians Believe at Antioch

19 Οἱ μὲν οὖν διασπαρέντες ἀπὸ τῆς θλίψεως τῆς γενομένης ἐπὶ Στεφάνῳ διῆλθον ἕως Φοινίκης καὶ Κύπρου καὶ Ἀντιοχείας, μηδενὶ λαλοῦντες τὸν λόγον εἰ μὴ μόνον Ἰουδαίοις. 20 Ἦσαν δέ τινες ἐξ αὐτῶν ἄνδρες Κύπριοι καὶ Κυρηναῖοι, οἵτινες ἐλθόντες εἰς Ἀντιόχειαν ἐλάλουν καὶ πρὸς τοὺς Ἕλληνας (Ἑλληνιστάς), εὐαγγελιζόμενοι τὸν Κύριον Ἰησοῦν. 21 καὶ ἦν χεὶρ Κυρίου μετ᾽ αὐτῶν, πολύς τε ἀριθμὸς ὁ πιστεύσας ἐπέστρεψεν ἐπὶ τὸν Κύριον. 22 Ἠκούσθη δὲ ὁ λόγος εἰς τὰ ὦτα τῆς ἐκκλησίας τῆς οὔσης ἐν Ἰερουσαλὴμ περὶ αὐτῶν, καὶ ἐξαπέστειλαν Βαρνάβαν (διελθεῖν) ἕως Ἀντιοχείας· 23 ὃς παραγενόμενος καὶ ἰδὼν τὴν χάριν τὴν τοῦ Θεοῦ ἐχάρη, καὶ παρεκάλει πάντας τῇ προθέσει τῆς καρδίας προσμένειν τῷ Κυρίῳ, 24 ὅτι ἦν ἀνὴρ ἀγαθὸς καὶ πλήρης Πνεύματος Ἁγίου καὶ πίστεως. καὶ προσετέθη ὄχλος ἱκανὸς τῷ Κυρίῳ.

Barnabas Brings Saul to Antioch

25 ἐξῆλθεν δὲ εἰς Ταρσὸν (ὁ Βαρνάβας) ἀναζητῆσαι Σαῦλον, 26 καὶ εὑρὼν (αὐτὸν) ἤγαγεν (αὐτὸν) εἰς Ἀντιόχειαν. ἐγένετο δὲ αὐτοῖς [καὶ] ἐνιαυτὸν ὅλον συναχθῆναι ἐν τῇ ἐκκλησίᾳ καὶ διδάξαι ὄχλον ἱκανόν, χρηματίσαι τε πρώτως ἐν Ἀντιοχείᾳ τοὺς μαθητὰς Χριστιανούς.

ΠΡΑΞΕΙΣ ΑΠΟΣΤΟΛΩΝ

Prophecy Prompts Aid to Jerusalem

27 Ἐν ταύταις δὲ ταῖς ἡμέραις κατῆλθον ἀπὸ Ἱεροσολύμων προφῆται εἰς Ἀντιόχειαν· 28 ἀναστὰς δὲ εἷς ἐξ αὐτῶν ὀνόματι Ἄγαβος ἐσήμαινεν διὰ τοῦ Πνεύματος λιμὸν μεγάλην μέλλειν ἔσεσθαι ἐφ' ὅλην τὴν οἰκουμένην· [ἥτις] (ὅστις καὶ) ἐγένετο ἐπὶ Κλαυδίου (Καίσαρος). 29 τῶν δὲ μαθητῶν καθὼς εὐπορεῖτό τις, ὥρισαν ἕκαστος αὐτῶν εἰς διακονίαν πέμψαι τοῖς κατοικοῦσιν ἐν τῇ Ἰουδαίᾳ ἀδελφοῖς· 30 ὃ καὶ ἐποίησαν ἀποστείλαντες πρὸς τοὺς πρεσβυτέρους διὰ χειρὸς Βαρνάβα καὶ Σαύλου.

Acts 12

Herod Persecutes James and Peter

1 Κατ' ἐκεῖνον δὲ τὸν καιρὸν ἐπέβαλεν Ἡρῴδης ὁ βασιλεὺς τὰς χεῖρας κακῶσαί τινας τῶν ἀπὸ τῆς ἐκκλησίας. 2 ἀνεῖλεν δὲ Ἰάκωβον τὸν ἀδελφὸν Ἰωάνου μαχαίρῃ. 3 ἰδὼν δὲ ὅτι ἀρεστόν ἐστιν τοῖς Ἰουδαίοις προσέθετο συλλαβεῖν καὶ Πέτρον, ἦσαν δὲ ἡμέραι τῶν ἀζύμων, 4 ὃν καὶ πιάσας ἔθετο εἰς φυλακήν, παραδοὺς τέσσαρσιν τετραδίοις στρατιωτῶν φυλάσσειν αὐτόν, βουλόμενος μετὰ τὸ πάσχα ἀναγαγεῖν αὐτὸν τῷ λαῷ. 5 ὁ μὲν οὖν Πέτρος ἐτηρεῖτο ἐν τῇ φυλακῇ· προσευχὴ δὲ ἦν ἐκτενῶς γινομένη ὑπὸ τῆς ἐκκλησίας πρὸς τὸν Θεὸν περὶ αὐτοῦ.

Peter's Miraculous Deliverance

6 Ὅτε δὲ ἤμελλεν (αὐτὸν) προαγαγεῖν [αὐτὸν] ὁ Ἡρῴδης, τῇ νυκτὶ ἐκείνῃ ἦν ὁ Πέτρος κοιμώμενος μεταξὺ δύο στρατιωτῶν δεδεμένος ἁλύσεσιν δυσίν, φύλακές τε πρὸ τῆς θύρας ἐτήρουν τὴν φυλακήν. 7 καὶ ἰδοὺ ἄγγελος Κυρίου ἐπέστη, καὶ φῶς ἔλαμψεν ἐν τῷ οἰκήματι· πατάξας δὲ τὴν πλευρὰν τοῦ Πέτρου ἤγειρεν αὐτὸν λέγων Ἀνάστα ἐν τάχει. καὶ ἐξέπεσαν αὐτοῦ αἱ ἁλύσεις ἐκ τῶν χειρῶν. 8 εἶπεν [δὲ] (τε) ὁ ἄγγελος πρὸς αὐτόν [Ζῶσαι] (Περίζωσαι) καὶ ὑπόδησαι τὰ σανδάλιά σου. ἐποίησεν δὲ οὕτως. καὶ λέγει αὐτῷ Περιβαλοῦ τὸ ἱμάτιόν σου καὶ ἀκολούθει μοι. 9 καὶ ἐξελθὼν ἠκολούθει (αὐτῷ), καὶ οὐκ ᾔδει ὅτι ἀληθές ἐστιν τὸ γινόμενον διὰ τοῦ ἀγγέλου, ἐδόκει δὲ ὅραμα βλέπειν. 10 διελθόντες δὲ πρώτην φυλακὴν καὶ δευτέραν ἦλθαν ἐπὶ τὴν πύλην τὴν σιδηρᾶν τὴν φέρουσαν εἰς τὴν πόλιν, ἥτις αὐτομάτη [ἠνοίγη] (ἠνοίχθη) αὐτοῖς, καὶ ἐξελθόντες προῆλθον ῥύμην μίαν, καὶ εὐθέως ἀπέστη ὁ ἄγγελος ἀπ' αὐτοῦ.

ΠΡΑΞΕΙΣ ΑΠΟΣΤΟΛΩΝ

11 καὶ ὁ Πέτρος [ἐν ἑαυτῷ γενόμενος] (γενόμενος ἐν ἑαυτῷ) εἶπεν Νῦν οἶδα ἀληθῶς ὅτι ἐξαπέστειλεν ὁ Κύριος τὸν ἄγγελον αὐτοῦ καὶ ἐξείλατό με ἐκ χειρὸς Ἡρῴδου καὶ πάσης τῆς προσδοκίας τοῦ λαοῦ τῶν Ἰουδαίων. 12 συνιδών τε ἦλθεν ἐπὶ τὴν οἰκίαν [τῆς] Μαρίας τῆς μητρὸς Ἰωάνου τοῦ ἐπικαλουμένου Μάρκου, οὗ ἦσαν ἱκανοὶ συνηθροισμένοι καὶ προσευχόμενοι. 13 κρούσαντος δὲ [αὐτοῦ] (τοῦ Πέτρου) τὴν θύραν τοῦ πυλῶνος προσῆλθεν παιδίσκη ὑπακοῦσαι ὀνόματι Ῥόδη, 14 καὶ ἐπιγνοῦσα τὴν φωνὴν τοῦ Πέτρου ἀπὸ τῆς χαρᾶς οὐκ ἤνοιξεν τὸν πυλῶνα, εἰσδραμοῦσα δὲ ἀπήγγειλεν ἑστάναι τὸν Πέτρον πρὸ τοῦ πυλῶνος. 15 οἱ δὲ πρὸς αὐτὴν εἶπαν Μαίνῃ. ἡ δὲ διϊσχυρίζετο οὕτως ἔχειν. οἱ δὲ ἔλεγον Ὁ ἄγγελός (αὐτοῦ) ἐστιν [αὐτοῦ]. 16 ὁ δὲ Πέτρος ἐπέμενεν κρούων· ἀνοίξαντες δὲ εἶδαν αὐτὸν καὶ ἐξέστησαν. 17 κατασείσας δὲ αὐτοῖς τῇ χειρὶ σιγᾶν διηγήσατο αὐτοῖς πῶς ὁ Κύριος αὐτὸν ἐξήγαγεν ἐκ τῆς φυλακῆς, εἶπέν [τε] (δὲ) Ἀπαγγείλατε Ἰακώβῳ καὶ τοῖς ἀδελφοῖς ταῦτα. καὶ ἐξελθὼν ἐπορεύθη εἰς ἕτερον τόπον. 18 Γενομένης δὲ ἡμέρας ἦν τάραχος οὐκ ὀλίγος ἐν τοῖς στρατιώταις, τί ἄρα ὁ Πέτρος ἐγένετο. 19 Ἡρῴδης δὲ ἐπιζητήσας αὐτὸν καὶ μὴ εὑρών, ἀνακρίνας τοὺς φύλακας ἐκέλευσεν ἀπαχθῆναι, καὶ κατελθὼν ἀπὸ τῆς Ἰουδαίας εἰς Καισάριαν διέτριβεν.

Herod Blasphemes and is Eaten by Worms

20 Ἦν δὲ (ὁ Ἡρῴδης) θυμομαχῶν Τυρίοις καὶ Σιδωνίοις· ὁμοθυμαδὸν δὲ παρῆσαν πρὸς αὐτόν, καὶ πείσαντες Βλάστον τὸν ἐπὶ τοῦ κοιτῶνος τοῦ βασιλέως ᾐτοῦντο εἰρήνην, διὰ τὸ τρέφεσθαι αὐτῶν τὴν χώραν ἀπὸ τῆς βασιλικῆς. 21 τακτῇ δὲ ἡμέρᾳ ὁ Ἡρῴδης ἐνδυσάμενος ἐσθῆτα βασιλικὴν (καὶ) καθίσας ἐπὶ τοῦ βήματος ἐδημηγόρει πρὸς αὐτούς· 22 ὁ δὲ δῆμος ἐπεφώνει Θεοῦ φωνὴ καὶ οὐκ ἀνθρώπου. 23 παραχρῆμα δὲ ἐπάταξεν αὐτὸν ἄγγελος Κυρίου ἀνθ' ὧν οὐκ ἔδωκεν τὴν δόξαν τῷ Θεῷ, καὶ γενόμενος σκωληκόβρωτος ἐξέψυξεν. 24 Ὁ δὲ λόγος τοῦ Κυρίου ηὔξανεν καὶ ἐπληθύνετο.

25 Βαρνάβας δὲ καὶ Σαῦλος ὑπέστρεψαν, ἐξ Ἰερουσαλήμ, πληρώσαντες τὴν διακονίαν, συνπαραλαβόντες (καὶ) Ἰωάνην τὸν ἐπικληθέντα Μάρκον.

ΠΡΑΞΕΙΣ ΑΠΟΣΤΟΛΩΝ

Acts 13

Barnabas and Saul are Commissioned

1 Ἦσαν δὲ (τινες) ἐν Ἀντιοχείᾳ κατὰ τὴν οὖσαν ἐκκλησίαν προφῆται καὶ διδάσκαλοι ὅ τε Βαρνάβας καὶ Συμεὼν ὁ καλούμενος Νίγερ, καὶ Λούκιος ὁ Κυρηναῖος, Μαναήν τε Ἡρῴδου τοῦ τετραάρχου σύντροφος καὶ Σαῦλος. 2 Λειτουργούντων δὲ αὐτῶν τῷ Κυρίῳ καὶ νηστευόντων εἶπεν τὸ Πνεῦμα τὸ Ἅγιον Ἀφορίσατε δή μοι τὸν Βαρνάβαν καὶ Σαῦλον εἰς τὸ ἔργον ὃ προσκέκλημαι αὐτούς· 3 τότε νηστεύσαντες καὶ προσευξάμενοι καὶ ἐπιθέντες τὰς χεῖρας αὐτοῖς ἀπέλυσαν.

Barnabas and Saul Minister at Cyprus

4 [Αὐτοὶ] (Οὗτοὶ) μὲν οὖν ἐκπεμφθέντες ὑπὸ τοῦ [Ἁγίου Πνεύματος] (Πνεύματος τοῦ Ἁγίου) κατῆλθον εἰς Σελεύκιαν, ἐκεῖθέν τε ἀπέπλευσαν εἰς Κύπρον, 5 καὶ γενόμενοι ἐν Σαλαμῖνι κατήγγελλον τὸν λόγον τοῦ Θεοῦ ἐν ταῖς συναγωγαῖς τῶν Ἰουδαίων· εἶχον δὲ καὶ Ἰωάνην ὑπηρέτην. 6 διελθόντες δὲ [ὅλην] τὴν νῆσον ἄχρι Πάφου εὗρον [ἄνδρα] τινὰ μάγον ψευδοπροφήτην Ἰουδαῖον ᾧ ὄνομα Βαριησοῦς, 7 ὃς ἦν σὺν τῷ ἀνθυπάτῳ Σεργίῳ Παύλῳ, ἀνδρὶ συνετῷ. οὗτος προσκαλεσάμενος Βαρνάβαν καὶ Σαῦλον ἐπεζήτησεν ἀκοῦσαι τὸν λόγον τοῦ Θεοῦ· 8 ἀνθίστατο δὲ αὐτοῖς Ἐλύμας ὁ μάγος, οὕτως γὰρ μεθερμηνεύεται τὸ ὄνομα αὐτοῦ, ζητῶν διαστρέψαι τὸν ἀνθύπατον ἀπὸ τῆς πίστεως.

9 Σαῦλος δέ, ὁ καὶ Παῦλος, πλησθεὶς Πνεύματος Ἁγίου (καὶ) ἀτενίσας εἰς αὐτὸν 10 εἶπεν Ὦ πλήρης παντὸς δόλου καὶ πάσης ῥᾳδιουργίας, υἱὲ διαβόλου, ἐχθρὲ πάσης δικαιοσύνης, οὐ παύσῃ διαστρέφων τὰς ὁδοὺς τοῦ Κυρίου τὰς εὐθείας; 11 καὶ νῦν ἰδοὺ χεὶρ (τοῦ) Κυρίου ἐπὶ σέ, καὶ ἔσῃ τυφλὸς μὴ βλέπων τὸν ἥλιον ἄχρι καιροῦ. παραχρῆμα δὲ ἔπεσεν ἐπ᾽ αὐτὸν ἀχλὺς καὶ σκότος, καὶ περιάγων ἐζήτει χειραγωγούς. 12 τότε ἰδὼν ὁ ἀνθύπατος τὸ γεγονὸς ἐπίστευσεν, ἐκπλησσόμενος ἐπὶ τῇ διδαχῇ τοῦ Κυρίου.

Paul Preaches at Pisidian Antioch

13 Ἀναχθέντες δὲ ἀπὸ τῆς Πάφου οἱ περὶ (τὸν) Παῦλον ἦλθον εἰς Πέργην τῆς Παμφυλίας· Ἰωάνης δὲ ἀποχωρήσας ἀπ᾽ αὐτῶν ὑπέστρεψεν εἰς Ἱεροσόλυμα. 14 Αὐτοὶ δὲ διελθόντες ἀπὸ τῆς Πέργης παρεγένοντο εἰς Ἀντιόχειαν [τὴν Πισιδίαν] (τῆς Πισιδίας), καὶ [ἐλθόντες] (εἰσελθόντες) εἰς τὴν συναγωγὴν τῇ ἡμέρᾳ τῶν σαββάτων ἐκάθισαν.

ΠΡΑΞΕΙΣ ΑΠΟΣΤΟΛΩΝ

15 μετὰ δὲ τὴν ἀνάγνωσιν τοῦ νόμου καὶ τῶν προφητῶν ἀπέστειλαν οἱ ἀρχισυνάγωγοι πρὸς αὐτοὺς λέγοντες Ἄνδρες ἀδελφοί, εἴ [τίς] ἐστιν [ἐν ὑμῖν λόγος] (λόγος ἐν ὑμῖν) παρακλήσεως πρὸς τὸν λαόν, λέγετε. 16 ἀναστὰς δὲ Παῦλος καὶ κατασείσας τῇ χειρὶ εἶπεν Ἄνδρες Ἰσραηλεῖται καὶ οἱ φοβούμενοι τὸν Θεόν, ἀκούσατε. 17 ὁ Θεὸς τοῦ λαοῦ τούτου Ἰσραὴλ ἐξελέξατο τοὺς πατέρας ἡμῶν, καὶ τὸν λαὸν ὕψωσεν ἐν τῇ παροικίᾳ ἐν γῇ Αἰγύπτου, καὶ μετὰ βραχίονος ὑψηλοῦ ἐξήγαγεν αὐτοὺς ἐξ αὐτῆς, 18 καί ὡς τεσσερακονταετῆ χρόνον ἐτροποφόρησεν αὐτοὺς ἐν τῇ ἐρήμῳ, 19 καὶ καθελὼν ἔθνη ἑπτὰ ἐν γῇ Χανάαν κατεκληρονόμησεν (αὐτοίς) (τὴν γῆν αὐτῶν 20 (καὶ μετὰ ταῦτα) ὡς ἔτεσιν τετρακοσίοις καὶ πεντήκοντα. [καὶ μετὰ ταῦτα] ἔδωκεν κριτὰς ἕως Σαμουὴλ προφήτου. 21 κἀκεῖθεν ᾐτήσαντο βασιλέα, καὶ ἔδωκεν αὐτοῖς ὁ Θεὸς τὸν Σαοὺλ υἱὸν Κείς, ἄνδρα ἐκ φυλῆς Βενιαμείν, ἔτη τεσσεράκοντα· 22 καὶ μεταστήσας αὐτὸν ἤγειρεν (αὐτοῖς) τὸν Δαυεὶδ [αὐτοῖς] εἰς βασιλέα, ᾧ καὶ εἶπεν μαρτυρήσας Εὗρον Δαυεὶδ τὸν τοῦ Ἰεσσαί, ἄνδρα κατὰ τὴν καρδίαν μου, ὃς ποιήσει πάντα τὰ θελήματά μου. 23 τούτου ὁ Θεὸς ἀπὸ τοῦ σπέρματος κατ᾿ ἐπαγγελίαν [ἤγαγεν] (ἤγειρεν) τῷ Ἰσραὴλ Σωτῆρα Ἰησοῦν, 24 προκηρύξαντος Ἰωάνου πρὸ προσώπου τῆς εἰσόδου αὐτοῦ βάπτισμα μετανοίας παντὶ τῷ λαῷ Ἰσραήλ. 25 ὡς δὲ ἐπλήρου Ἰωάνης τὸν δρόμον, ἔλεγεν Τί ἐμὲ ὑπονοεῖτε εἶναι, οὐκ εἰμὶ ἐγώ· ἀλλ᾿ ἰδοὺ ἔρχεται μετ᾿ ἐμὲ οὗ οὐκ εἰμὶ ἄξιος τὸ ὑπόδημα τῶν ποδῶν λῦσαι.

26 Ἄνδρες ἀδελφοί, υἱοὶ γένους Ἀβραὰμ καὶ οἱ ἐν ὑμῖν φοβούμενοι τὸν Θεόν, ἡμῖν ὁ λόγος τῆς σωτηρίας ταύτης ἐξαπεστάλη. 27 οἱ γὰρ κατοικοῦντες ἐν Ἱερουσαλὴμ καὶ οἱ ἄρχοντες αὐτῶν τοῦτον ἀγνοήσαντες καὶ τὰς φωνὰς τῶν προφητῶν τὰς κατὰ πᾶν σάββατον ἀναγινωσκομένας κρίναντες ἐπλήρωσαν, 28 καὶ μηδεμίαν αἰτίαν θανάτου εὑρόντες ᾐτήσαντο Πειλᾶτον ἀναιρεθῆναι αὐτόν· 29 ὡς δὲ ἐτέλεσαν [πάντα] (ἅπαντα) τὰ περὶ αὐτοῦ γεγραμμένα, καθελόντες ἀπὸ τοῦ ξύλου ἔθηκαν εἰς μνημεῖον. 30 ὁ δὲ Θεὸς ἤγειρεν αὐτὸν ἐκ νεκρῶν· 31 ὃς ὤφθη ἐπὶ ἡμέρας πλείους τοῖς συναναβᾶσιν αὐτῷ ἀπὸ τῆς Γαλιλαίας εἰς Ἱερουσαλήμ, οἵτινες [νῦν] εἰσιν μάρτυρες αὐτοῦ πρὸς τὸν λαόν. 32 καὶ ἡμεῖς ὑμᾶς εὐαγγελιζόμεθα τὴν πρὸς τοὺς πατέρας ἐπαγγελίαν γενομένην, 33 ὅτι ταύτην ὁ Θεὸς ἐκπεπλήρωκεν τοῖς τέκνοις [ἡμῶν] (αὐτῶν ἡμῖν) ἀναστήσας Ἰησοῦν, ὡς καὶ ἐν τῷ ψαλμῷ (τῷ δευτέρῳ) γέγραπται [τῷ δευτέρῳ] Υἱός μου εἶ σύ, ἐγὼ σήμερον γεγέννηκά σε. 34 ὅτι δὲ ἀνέστησεν αὐτὸν ἐκ νεκρῶν μηκέτι μέλλοντα ὑποστρέφειν εἰς διαφθοράν, οὕτως εἴρηκεν ὅτι Δώσω ὑμῖν τὰ ὅσια Δαυεὶδ τὰ πιστά.

35 [διότι] (διό) καὶ ἐν ἑτέρῳ λέγει Οὐ δώσεις τὸν Ὅσιόν σου ἰδεῖν διαφθοράν. 36 Δαυεὶδ μὲν γὰρ ἰδίᾳ γενεᾷ ὑπηρετήσας τῇ τοῦ Θεοῦ βουλῇ ἐκοιμήθη καὶ προσετέθη πρὸς τοὺς πατέρας αὐτοῦ καὶ εἶδεν διαφθοράν· 37 ὃν δὲ ὁ Θεὸς ἤγειρεν, οὐκ εἶδεν διαφθοράν. 38 γνωστὸν οὖν ἔστω ὑμῖν, ἄνδρες ἀδελφοί, ὅτι διὰ τούτου ὑμῖν ἄφεσις ἁμαρτιῶν καταγγέλλεται, καὶ ἀπὸ πάντων ὧν οὐκ ἠδυνήθητε ἐν (τῷ) νόμῳ Μωϋσέως δικαιωθῆναι, 39 ἐν τούτῳ πᾶς ὁ πιστεύων δικαιοῦται. 40 βλέπετε οὖν μὴ ἐπέλθῃ (ἐφ' ὑμᾶς) τὸ εἰρημένον ἐν τοῖς προφήταις

41 Ἴδετε, οἱ καταφρονηταί, καὶ θαυμάσατε καὶ ἀφανίσθητε, ὅτι ἔργον (ἐγὼ) ἐργάζομαι [ἐγὼ] ἐν ταῖς ἡμέραις ὑμῶν, ἔργον ὃ οὐ μὴ πιστεύσητε ἐάν τις ἐκδιηγῆται ὑμῖν.

42 Ἐξιόντων δὲ (ἐκ τῆς συναγωγῆς τῶν Ἰουδαίων) [αὐτῶν] παρεκάλουν (τὰ ἔθνη) εἰς τὸ μεταξὺ σάββατον λαληθῆναι αὐτοῖς τὰ ῥήματα ταῦτα. 43 λυθείσης δὲ τῆς συναγωγῆς ἠκολούθησαν πολλοὶ τῶν Ἰουδαίων καὶ τῶν σεβομένων προσηλύτων τῷ Παύλῳ καὶ τῷ Βαρνάβᾳ, οἵτινες προσλαλοῦντες αὐτοῖς ἔπειθον αὐτοὺς [προσμένειν] (ἐπιμένειν) τῇ χάριτι τοῦ Θεοῦ.

Paul and Barnabas Turn to the Gentiles

44 Τῷ δὲ ἐρχομένῳ σαββάτῳ σχεδὸν πᾶσα ἡ πόλις συνήχθη ἀκοῦσαι τὸν λόγον τοῦ Θεοῦ. 45 ἰδόντες δὲ οἱ Ἰουδαῖοι τοὺς ὄχλους ἐπλήσθησαν ζήλου, καὶ ἀντέλεγον τοῖς ὑπὸ (τοῦ) Παύλου [λαλουμένοις] (λεγομένοις ἀντιλέγοντες καὶ) βλασφημοῦντες. 46 παρρησιασάμενοί τε ὁ Παῦλος καὶ ὁ Βαρνάβας εἶπαν Ὑμῖν ἦν ἀναγκαῖον πρῶτον λαληθῆναι τὸν λόγον τοῦ Θεοῦ· ἐπειδὴ (δὲ) ἀπωθεῖσθε αὐτὸν καὶ οὐκ ἀξίους κρίνετε ἑαυτοὺς τῆς αἰωνίου ζωῆς, ἰδοὺ στρεφόμεθα εἰς τὰ ἔθνη. 47 οὕτως γὰρ ἐντέταλται ἡμῖν ὁ Κύριος

Τέθεικά σε εἰς φῶς ἐθνῶν
τοῦ εἶναί σε εἰς σωτηρίαν ἕως ἐσχάτου τῆς γῆς.

48 ἀκούοντα δὲ τὰ ἔθνη ἔχαιρον καὶ ἐδόξαζον τὸν λόγον τοῦ Κυρίου, καὶ ἐπίστευσαν ὅσοι ἦσαν τεταγμένοι εἰς ζωὴν αἰώνιον· 49 διεφέρετο δὲ ὁ λόγος τοῦ Κυρίου δι' ὅλης τῆς χώρας. 50 οἱ δὲ Ἰουδαῖοι παρώτρυναν τὰς σεβομένας γυναῖκας τὰς εὐσχήμονας καὶ τοὺς πρώτους τῆς πόλεως, καὶ ἐπήγειραν διωγμὸν ἐπὶ τὸν Παῦλον καὶ Βαρνάβαν, καὶ ἐξέβαλον αὐτοὺς ἀπὸ τῶν ὁρίων αὐτῶν. 51 οἱ δὲ ἐκτιναξάμενοι τὸν κονιορτὸν τῶν ποδῶν (αὐτῶν) ἐπ' αὐτοὺς ἦλθον εἰς Ἰκόνιον, 52 οἵ [τε] (δὲ) μαθηταὶ ἐπληροῦντο χαρᾶς καὶ Πνεύματος Ἁγίου.

ΠΡΑΞΕΙΣ ΑΠΟΣΤΟΛΩΝ

Acts 14

Opposition by the Unbelieving Jews at Iconium

1 Ἐγένετο δὲ ἐν Ἰκονίῳ κατὰ τὸ αὐτὸ εἰσελθεῖν αὐτοὺς εἰς τὴν συναγωγὴν τῶν Ἰουδαίων καὶ λαλῆσαι οὕτως ὥστε πιστεῦσαι Ἰουδαίων τε καὶ Ἑλλήνων πολὺ πλῆθος. 2 οἱ δὲ ἀπειθήσαντες Ἰουδαῖοι ἐπήγειραν καὶ ἐκάκωσαν τὰς ψυχὰς τῶν ἐθνῶν κατὰ τῶν ἀδελφῶν. 3 ἱκανὸν μὲν οὖν χρόνον διέτριψαν παρρησιαζόμενοι ἐπὶ τῷ Κυρίῳ τῷ μαρτυροῦντι ἐπὶ τῷ λόγῳ τῆς χάριτος αὐτοῦ, (καὶ) διδόντι σημεῖα καὶ τέρατα γίνεσθαι διὰ τῶν χειρῶν αὐτῶν. 4 ἐσχίσθη δὲ τὸ πλῆθος τῆς πόλεως, καὶ οἱ μὲν ἦσαν σὺν τοῖς Ἰουδαίοις, οἱ δὲ σὺν τοῖς ἀποστόλοις. 5 ὡς δὲ ἐγένετο ὁρμὴ τῶν ἐθνῶν τε καὶ Ἰουδαίων σὺν τοῖς ἄρχουσιν αὐτῶν ὑβρίσαι καὶ λιθοβολῆσαι αὐτούς,

A Lame Man is Healed

6 συνιδόντες κατέφυγον εἰς τὰς πόλεις τῆς Λυκαονίας Λύστραν καὶ Δέρβην καὶ τὴν περίχωρον· 7 κἀκεῖ (ἦσαν) εὐαγγελιζόμενοι [ἦσαν]. 8 Καί τις ἀνὴρ [ἀδύνατος ἐν Λύστροις] (ἐν Λύστροις ἀδύνατος) τοῖς ποσὶν ἐκάθητο, χωλὸς ἐκ κοιλίας μητρὸς αὐτοῦ (ὑπάρχων) ὃς οὐδέποτε περιεπάτησεν. 9 οὗτος ἤκουεν τοῦ Παύλου λαλοῦντος· ὃς ἀτενίσας αὐτῷ καὶ ἰδὼν ὅτι ἔχει πίστιν τοῦ σωθῆναι, 10 εἶπεν μεγάλῃ (τῇ) φωνῇ Ἀνάστηθι ἐπὶ τοὺς πόδας σου ὀρθός. καὶ ἥλατο καὶ περιεπάτει.

The Pagans Worship Paul and Barnabas

11 οἵ τε ὄχλοι ἰδόντες ὃ ἐποίησεν (ὁ) Παῦλος ἐπῆραν τὴν φωνὴν αὐτῶν Λυκαονιστὶ λέγοντες Οἱ θεοὶ ὁμοιωθέντες ἀνθρώποις κατέβησαν πρὸς ἡμᾶς, 12 ἐκάλουν τε τὸν Βαρνάβαν Δία, τὸν δὲ Παῦλον Ἑρμῆν, ἐπειδὴ αὐτὸς ἦν ὁ ἡγούμενος τοῦ λόγου. 13 ὅ τε ἱερεὺς τοῦ Διὸς τοῦ ὄντος πρὸ τῆς πόλεως (αὐτῶν), ταύρους καὶ στέμματα ἐπὶ τοὺς πυλῶνας ἐνέγκας, σὺν τοῖς ὄχλοις ἤθελεν θύειν. 14 ἀκούσαντες δὲ οἱ ἀπόστολοι Βαρνάβας καὶ Παῦλος, διαρρήξαντες τὰ ἱμάτια ἑαυτῶν ἐξεπήδησαν εἰς τὸν ὄχλον, κράζοντες 15 καὶ λέγοντες Ἄνδρες, τί ταῦτα ποιεῖτε; καὶ ἡμεῖς ὁμοιοπαθεῖς ἐσμεν ὑμῖν ἄνθρωποι, εὐαγγελιζόμενοι ὑμᾶς ἀπὸ τούτων τῶν ματαίων ἐπιστρέφειν ἐπὶ θεὸν ζῶντα, ὃς ἐποίησεν τὸν οὐρανὸν καὶ τὴν γῆν καὶ τὴν θάλασσαν καὶ πάντα τὰ ἐν αὐτοῖς· 16 ὃς ἐν ταῖς παρῳχημέναις γενεαῖς εἴασεν πάντα τὰ ἔθνη πορεύεσθαι ταῖς ὁδοῖς αὐτῶν·

ΠΡΑΞΕΙΣ ΑΠΟΣΤΟΛΩΝ

17 καίτοι (γε) οὐκ ἀμάρτυρον [αὐτὸν] (ἑαυτὸν) ἀφῆκεν ἀγαθουργῶν, οὐρανόθεν ὑμῖν ὑετοὺς διδοὺς καὶ καιροὺς καρποφόρους, ἐμπιπλῶν τροφῆς καὶ εὐφροσύνης τὰς καρδίας ὑμῶν. 18 καὶ ταῦτα λέγοντες μόλις κατέπαυσαν τοὺς ὄχλους τοῦ μὴ θύειν αὐτοῖς.

Paul is Stoned

19 Ἐπῆλθαν δὲ ἀπὸ Ἀντιοχείας καὶ Ἰκονίου Ἰουδαῖοι, καὶ πείσαντες τοὺς ὄχλους καὶ λιθάσαντες τὸν Παῦλον ἔσυρον ἔξω τῆς πόλεως, νομίζοντες αὐτὸν τεθνηκέναι. 20 κυκλωσάντων δὲ (αὐτὸν) τῶν μαθητῶν [αὐτὸν] ἀναστὰς εἰσῆλθεν εἰς τὴν πόλιν. Καὶ τῇ ἐπαύριον ἐξῆλθεν σὺν τῷ Βαρνάβᾳ εἰς Δέρβην.

The Missionaries Return

21 εὐαγγελιζόμενοί τε τὴν πόλιν ἐκείνην καὶ μαθητεύσαντες ἱκανοὺς ὑπέστρεψαν εἰς τὴν Λύστραν καὶ [εἰς] Ἰκόνιον καὶ [εἰς] Ἀντιόχειαν, 22 ἐπιστηρίζοντες τὰς ψυχὰς τῶν μαθητῶν, παρακαλοῦντες ἐμμένειν τῇ πίστει, καὶ ὅτι διὰ πολλῶν θλίψεων δεῖ ἡμᾶς εἰσελθεῖν εἰς τὴν βασιλείαν τοῦ Θεοῦ. 23 χειροτονήσαντες δὲ αὐτοῖς [κατ' ἐκκλησίαν πρεσβυτέρους] (πρεσβυτέρους κατ' ἐκκλησίαν), προσευξάμενοι μετὰ νηστειῶν παρέθεντο αὐτοὺς τῷ Κυρίῳ εἰς ὃν πεπιστεύκεισαν. 24 καὶ διελθόντες τὴν Πισιδίαν ἦλθον εἰς τὴν Παμφυλίαν, 25 καὶ λαλήσαντες ἐν Πέργῃ τὸν λόγον κατέβησαν εἰς Ἀτταλίαν, 26 κἀκεῖθεν ἀπέπλευσαν εἰς Ἀντιόχειαν, ὅθεν ἦσαν παραδεδομένοι τῇ χάριτι τοῦ Θεοῦ εἰς τὸ ἔργον ὃ ἐπλήρωσαν. 27 Παραγενόμενοι δὲ καὶ συναγαγόντες τὴν ἐκκλησίαν, ἀνήγγελλον ὅσα ἐποίησεν ὁ Θεὸς μετ' αὐτῶν, καὶ ὅτι ἤνοιξεν τοῖς ἔθνεσιν θύραν πίστεως. 28 διέτριβον δὲ (ἐκεῖ) χρόνον οὐκ ὀλίγον σὺν τοῖς μαθηταῖς.

Acts 15

Debate Over Gentiles Keeping the Law

1 Καί τινες κατελθόντες ἀπὸ τῆς Ἰουδαίας ἐδίδασκον τοὺς ἀδελφοὺς ὅτι Ἐὰν μὴ [περιτμηθῆτε] (περιτέμνησθε) τῷ ἔθει [τῷ] Μωϋσέως, οὐ δύνασθε σωθῆναι. 2 γενομένης [δὲ] (οὖν) στάσεως καὶ [ζητήσεως] (συζητήσεως) οὐκ ὀλίγης τῷ Παύλῳ καὶ τῷ Βαρνάβᾳ πρὸς αὐτούς, ἔταξαν ἀναβαίνειν Παῦλον καὶ Βαρνάβαν καί τινας ἄλλους ἐξ αὐτῶν πρὸς τοὺς ἀποστόλους καὶ πρεσβυτέρους εἰς Ἰερουσαλὴμ περὶ τοῦ ζητήματος τούτου.

ΠΡΑΞΕΙΣ ΑΠΟΣΤΟΛΩΝ

3 Οἱ μὲν οὖν προπεμφθέντες ὑπὸ τῆς ἐκκλησίας διήρχοντο τήν [τε] Φοινίκην καὶ Σαμάριαν ἐκδιηγούμενοι τὴν ἐπιστροφὴν τῶν ἐθνῶν, καὶ ἐποίουν χαρὰν μεγάλην πᾶσιν τοῖς ἀδελφοῖς. 4 παραγενόμενοι δὲ εἰς Ἱεροσόλυμα [παρεδέχθησαν ἀπὸ] (ἀπεδέχθησαν ὑπὸ) τῆς ἐκκλησίας καὶ τῶν ἀποστόλων καὶ τῶν πρεσβυτέρων, ἀνήγγειλάν τε ὅσα ὁ Θεὸς ἐποίησεν μετ' αὐτῶν. 5 Ἐξανέστησαν δέ τινες τῶν ἀπὸ τῆς αἱρέσεως τῶν Φαρισαίων πεπιστευκότες, λέγοντες ὅτι δεῖ περιτέμνειν αὐτοὺς παραγγέλλειν τε τηρεῖν τὸν νόμον Μωϋσέως.

Peter Affirms Salvation by Grace

6 Συνήχθησάν [τε] (δὲ) οἱ ἀπόστολοι καὶ οἱ πρεσβύτεροι ἰδεῖν περὶ τοῦ λόγου τούτου. 7 Πολλῆς δὲ ζητήσεως γενομένης ἀναστὰς Πέτρος εἶπεν πρὸς αὐτούς Ἄνδρες ἀδελφοί, ὑμεῖς ἐπίστασθε ὅτι ἀφ' ἡμερῶν ἀρχαίων ἐν [ὑμῖν] (ἡμῖν) ἐξελέξατο ὁ Θεὸς διὰ τοῦ στόματός μου ἀκοῦσαι τὰ ἔθνη τὸν λόγον τοῦ εὐαγγελίου καὶ πιστεῦσαι. 8 καὶ ὁ καρδιογνώστης Θεὸς ἐμαρτύρησεν αὐτοῖς δοὺς (αὐτοῖς) τὸ Πνεῦμα τὸ Ἅγιον καθὼς καὶ ἡμῖν, 9 καὶ [οὐθὲν] (οὐδέν) διέκρινεν μεταξὺ ἡμῶν τε καὶ αὐτῶν, τῇ πίστει καθαρίσας τὰς καρδίας αὐτῶν. 10 νῦν οὖν τί πειράζετε τὸν Θεόν, ἐπιθεῖναι ζυγὸν ἐπὶ τὸν τράχηλον τῶν μαθητῶν, ὃν οὔτε οἱ πατέρες ἡμῶν οὔτε ἡμεῖς ἰσχύσαμεν βαστάσαι; 11 ἀλλὰ διὰ τῆς χάριτος [τοῦ] Κυρίου Ἰησοῦ (Χριστοῦ) πιστεύομεν σωθῆναι καθ' ὃν τρόπον κἀκεῖνοι.

The Testimony of Paul and Barnabas

12 Ἐσίγησεν δὲ πᾶν τὸ πλῆθος, καὶ ἤκουον Βαρνάβα καὶ Παύλου ἐξηγουμένων ὅσα ἐποίησεν ὁ Θεὸς σημεῖα καὶ τέρατα ἐν τοῖς ἔθνεσιν δι' αὐτῶν.

The Scriptures Foretell the Inclusion of the Gentiles

13 Μετὰ δὲ τὸ σιγῆσαι αὐτοὺς ἀπεκρίθη Ἰάκωβος λέγων Ἄνδρες ἀδελφοί, ἀκούσατέ μου. 14 Συμεὼν ἐξηγήσατο καθὼς πρῶτον ὁ Θεὸς ἐπεσκέψατο λαβεῖν ἐξ ἐθνῶν λαὸν (ἐπὶ) τῷ ὀνόματι αὐτοῦ. 15 καὶ τούτῳ συμφωνοῦσιν οἱ λόγοι τῶν προφητῶν, καθὼς γέγραπται

> 16 Μετὰ ταῦτα ἀναστρέψω
> καὶ ἀνοικοδομήσω τὴν σκηνὴν Δαυεὶδ τὴν πεπτωκυῖαν,
> καὶ τὰ κατεστραμμένα αὐτῆς ἀνοικοδομήσω
> καὶ ἀνορθώσω αὐτήν,
> 17 ὅπως ἂν ἐκζητήσωσιν οἱ κατάλοιποι τῶν ἀνθρώπων τὸν Κύριον,
> καὶ πάντα τὰ ἔθνη ἐφ' οὓς ἐπικέκληται τὸ ὄνομά μου ἐπ' αὐτούς,
> λέγει Κύριος (ὁ) ποιῶν ταῦτα (πάντα) 18 γνωστὰ ἀπ' αἰῶνος
> (ἐστίν τῷ Θεῷ πάντα τὰ ἔργα αὐτοῦ).

ΠΡΑΞΕΙΣ ΑΠΟΣΤΟΛΩΝ

The Judgment of James

19 διὸ ἐγὼ κρίνω μὴ παρενοχλεῖν τοῖς ἀπὸ τῶν ἐθνῶν ἐπιστρέφουσιν ἐπὶ τὸν Θεόν, 20 ἀλλὰ ἐπιστεῖλαι αὐτοῖς τοῦ ἀπέχεσθαι (ἀπό) τῶν ἀλισγημάτων τῶν εἰδώλων καὶ τῆς πορνείας καὶ (τοῦ) πνικτοῦ καὶ τοῦ αἵματος. 21 Μωϋσῆς γὰρ ἐκ γενεῶν ἀρχαίων κατὰ πόλιν τοὺς κηρύσσοντας αὐτὸν ἔχει ἐν ταῖς συναγωγαῖς κατὰ πᾶν σάββατον ἀναγινωσκόμενος.

The Letter of Minimal Requirements to the Gentiles

22 Τότε ἔδοξε τοῖς ἀποστόλοις καὶ τοῖς πρεσβυτέροις σὺν ὅλῃ τῇ ἐκκλησίᾳ ἐκλεξαμένους ἄνδρας ἐξ αὐτῶν πέμψαι εἰς Ἀντιόχειαν σὺν τῷ Παύλῳ καὶ Βαρνάβᾳ, Ἰούδαν τὸν καλούμενον Βαρσαββᾶν καὶ Σιλᾶν, ἄνδρας ἡγουμένους ἐν τοῖς ἀδελφοῖς, 23 γράψαντες διὰ χειρὸς αὐτῶν (τάδε),

Οἱ ἀπόστολοι καὶ οἱ πρεσβύτεροι (καὶ οἱ) ἀδελφοὶ τοῖς κατὰ τὴν Ἀντιόχειαν καὶ Συρίαν καὶ Κιλικίαν ἀδελφοῖς τοῖς ἐξ ἐθνῶν χαίρειν. 24 Ἐπειδὴ ἠκούσαμεν ὅτι τινὲς ἐξ ἡμῶν (ἐξελθόντες) ἐτάραξαν ὑμᾶς λόγοις ἀνασκευάζοντες τὰς ψυχὰς ὑμῶν (λέγοντες περιτέμνεσθαι καὶ τηρεῖν τον νόμον), οἷς οὐ διεστειλάμεθα, 25 ἔδοξεν ἡμῖν γενομένοις ὁμοθυμαδόν, ἐκλεξαμένους ἄνδρας πέμψαι πρὸς ὑμᾶς σὺν τοῖς ἀγαπητοῖς ἡμῶν Βαρνάβᾳ καὶ Παύλῳ, 26 ἀνθρώποις παραδεδωκόσι τὰς ψυχὰς αὐτῶν ὑπὲρ τοῦ ὀνόματος τοῦ Κυρίου ἡμῶν Ἰησοῦ Χριστοῦ. 27 ἀπεστάλκαμεν οὖν Ἰούδαν καὶ Σιλᾶν, καὶ αὐτοὺς διὰ λόγου ἀπαγγέλλοντας τὰ αὐτά. 28 ἔδοξεν γὰρ [τῷ Πνεύματι τῷ Ἁγίῳ] (τῷ ἁγίῳ πνεύματι) καὶ ἡμῖν μηδὲν πλέον ἐπιτίθεσθαι ὑμῖν βάρος πλὴν [τούτων τῶν ἐπάναγκες] (τῶν ἐπάναγκες τούτων), 29 ἀπέχεσθαι εἰδωλοθύτων καὶ αἵματος καὶ πνικτῶν καὶ πορνείας· ἐξ ὧν διατηροῦντες ἑαυτοὺς εὖ πράξετε. Ἔρρωσθε.

The Letter Delivered to Antioch

30 Οἱ μὲν οὖν ἀπολυθέντες [κατῆλθον] (ἦλθον) εἰς Ἀντιόχειαν, καὶ συναγαγόντες τὸ πλῆθος ἐπέδωκαν τὴν ἐπιστολήν. 31 ἀναγνόντες δὲ ἐχάρησαν ἐπὶ τῇ παρακλήσει. 32 Ἰούδας τε καὶ Σιλᾶς, καὶ αὐτοὶ προφῆται ὄντες, διὰ λόγου πολλοῦ παρεκάλεσαν τοὺς ἀδελφοὺς καὶ ἐπεστήριξαν· 33 ποιήσαντες δὲ χρόνον ἀπελύθησαν μετ᾽ εἰρήνης ἀπὸ τῶν ἀδελφῶν πρὸς τοὺς [ἀποστείλαντας αὐτούς] (ἀποστόλους). (34 ἔδοξεν δὲ τῷ Σίλᾳ ἐπιμεῖναι αὐτοῦ) 35 Παῦλος δὲ καὶ Βαρνάβας διέτριβον ἐν Ἀντιοχείᾳ, διδάσκοντες καὶ εὐαγγελιζόμενοι μετὰ καὶ ἑτέρων πολλῶν τὸν λόγον τοῦ Κυρίου.

ΠΡΑΞΕΙΣ ΑΠΟΣΤΟΛΩΝ

Paul and Barnabas Part Ways

36 Μετὰ δέ τινας ἡμέρας εἶπεν [πρὸς] Βαρνάβαν (πρὸς) Παῦλος Ἐπιστρέψαντες δὴ ἐπισκεψώμεθα τοὺς ἀδελφοὺς (ἡμῶν) κατὰ [πόλιν πᾶσαν] (πᾶσαν πόλιν) ἐν αἷς κατηγγείλαμεν τὸν λόγον τοῦ Κυρίου, πῶς ἔχουσιν. 37 Βαρνάβας δὲ [ἐβούλετο] (ἐβούλευσατο) συνπαραλαβεῖν [καὶ] τὸν Ἰωάνην τὸν καλούμενον Μάρκον· 38 Παῦλος [δὲ] ἠξίου (δὲ), τὸν ἀποστάντα ἀπ' αὐτῶν ἀπὸ Παμφυλίας καὶ μὴ συνελθόντα αὐτοῖς εἰς τὸ ἔργον, μὴ συνπαραλαμβάνειν τοῦτον. 39 ἐγένετο [δὲ] (οὖν) παροξυσμός, ὥστε ἀποχωρισθῆναι αὐτοὺς ἀπ' ἀλλήλων, τόν τε Βαρνάβαν παραλαβόντα τὸν Μάρκον ἐκπλεῦσαι εἰς Κύπρον. 40 Παῦλος δὲ ἐπιλεξάμενος Σιλᾶν ἐξῆλθεν, παραδοθεὶς τῇ χάριτι τοῦ [Κυρίου] (Θεοῦ) ὑπὸ τῶν ἀδελφῶν· 41 διήρχετο δὲ τὴν Συρίαν καὶ Κιλικίαν ἐπιστηρίζων τὰς ἐκκλησίας.

Acts 16

Timothy Joins Paul and Silas at Derbe and Lystra

1 Κατήντησεν δὲ [καὶ] εἰς Δέρβην καὶ [εἰς] Λύστραν. καὶ ἰδοὺ μαθητής τις ἦν ἐκεῖ ὀνόματι Τιμόθεος, υἱὸς γυναικὸς Ἰουδαίας πιστῆς πατρὸς δὲ Ἕλληνος, 2 ὃς ἐμαρτυρεῖτο ὑπὸ τῶν ἐν Λύστροις καὶ Ἰκονίῳ ἀδελφῶν. 3 τοῦτον ἠθέλησεν ὁ Παῦλος σὺν αὐτῷ ἐξελθεῖν, καὶ λαβὼν περιέτεμεν αὐτὸν διὰ τοὺς Ἰουδαίους τοὺς ὄντας ἐν τοῖς τόποις ἐκείνοις· ᾔδεισαν γὰρ ἅπαντες (τὸν πατέρα αὐτοῦ) ὅτι Ἕλλην [ὁ πατὴρ αὐτοῦ] ὑπῆρχεν. 4 Ὡς δὲ διεπορεύοντο τὰς πόλεις, [παρεδίδοσαν] (παρεδίδουν) αὐτοῖς φυλάσσειν τὰ δόγματα τὰ κεκριμένα ὑπὸ τῶν ἀποστόλων καὶ (τῶν) πρεσβυτέρων τῶν ἐν Ἱεροσολύμοις. 5 Αἱ μὲν οὖν ἐκκλησίαι ἐστερεοῦντο τῇ πίστει καὶ ἐπερίσσευον τῷ ἀριθμῷ καθ' ἡμέραν.

The Vision of the Macedonian Call

6 Διῆλθον δὲ τὴν Φρυγίαν καὶ (τὴν) Γαλατικὴν χώραν, κωλυθέντες ὑπὸ τοῦ Ἁγίου Πνεύματος λαλῆσαι τὸν λόγον ἐν τῇ Ἀσίᾳ· 7 ἐλθόντες δὲ κατὰ τὴν Μυσίαν ἐπείραζον εἰς τὴν Βιθυνίαν πορευθῆναι, καὶ οὐκ εἴασεν αὐτοὺς τὸ Πνεῦμα [Ἰησοῦ]· 8 παρελθόντες δὲ τὴν Μυσίαν κατέβησαν εἰς Τρῳάδα. 9 καὶ ὅραμα διὰ (τῆς) νυκτὸς [τῷ Παύλῳ ὤφθη] (ὤφθη τῷ Παύλῳ), ἀνήρ (τις ἦν) Μακεδών [τις ἦν] ἑστὼς [καὶ] παρακαλῶν αὐτὸν καὶ λέγων Διαβὰς εἰς Μακεδονίαν βοήθησον ἡμῖν. 10 ὡς δὲ τὸ ὅραμα εἶδεν, εὐθέως ἐζητήσαμεν ἐξελθεῖν εἰς Μακεδονίαν, συμβιβάζοντες ὅτι προσκέκληται ἡμᾶς ὁ [Θεὸς] (Κύριος) εὐαγγελίσασθαι αὐτούς.

ΠΡΑΞΕΙΣ ΑΠΟΣΤΟΛΩΝ

Lydia is Converted

11 Ἀναχθέντες [δὲ] ἀπὸ (τῆς) Τρῳάδος εὐθυδρομήσαμεν εἰς Σαμοθρᾴκην, τῇ δὲ ἐπιούσῃ εἰς Νέαν Πόλιν, 12 [κἀκεῖθεν] (ἐκειθέν τε) εἰς Φιλίππους, ἥτις ἐστὶν πρώτη τῆς μερίδος Μακεδονίας πόλις, κολωνία. Ἦμεν δὲ ἐν ταύτῃ τῇ πόλει διατρίβοντες ἡμέρας τινάς. 13 τῇ τε ἡμέρᾳ τῶν σαββάτων ἐξήλθομεν ἔξω τῆς πύλης παρὰ ποταμὸν οὗ [ἐνομίζομεν] (ἐνομίζετο) προσευχὴν εἶναι, καὶ καθίσαντες ἐλαλοῦμεν ταῖς συνελθούσαις γυναιξίν. 14 καί τις γυνὴ ὀνόματι Λυδία, πορφυρόπωλις πόλεως Θυατείρων, σεβομένη τὸν Θεόν, ἤκουεν, ἧς ὁ Κύριος διήνοιξεν τὴν καρδίαν προσέχειν τοῖς λαλουμένοις ὑπὸ (τοῦ) Παύλου. 15 ὡς δὲ ἐβαπτίσθη καὶ ὁ οἶκος αὐτῆς, παρεκάλεσεν λέγουσα Εἰ κεκρίκατέ με πιστὴν τῷ Κυρίῳ εἶναι, εἰσελθόντες εἰς τὸν οἶκόν μου μένετε· καὶ παρεβιάσατο ἡμᾶς.

A Fortune-Teller Delivered from the Spirit of Python

16 Ἐγένετο δὲ πορευομένων ἡμῶν εἰς τὴν προσευχὴν, παιδίσκην τινὰ ἔχουσαν πνεῦμα Πύθωνα ὑπαντῆσαι ἡμῖν, ἥτις ἐργασίαν πολλὴν παρεῖχεν τοῖς κυρίοις αὐτῆς μαντευομένη. 17 αὕτη κατακολουθοῦσα τῷ Παύλῳ καὶ ἡμῖν ἔκραζεν λέγουσα Οὗτοι οἱ ἄνθρωποι δοῦλοι τοῦ Θεοῦ τοῦ Ὑψίστου εἰσίν, οἵτινες καταγγέλλουσιν ὑμῖν ὁδὸν σωτηρίας. 18 τοῦτο δὲ ἐποίει ἐπὶ πολλὰς ἡμέρας. διαπονηθεὶς δὲ (ὁ) Παῦλος καὶ ἐπιστρέψας τῷ πνεύματι εἶπεν Παραγγέλλω σοι ἐν ὀνόματι Ἰησοῦ Χριστοῦ ἐξελθεῖν ἀπ' αὐτῆς· καὶ ἐξῆλθεν αὐτῇ τῇ ὥρᾳ. 19 Ἰδόντες δὲ οἱ κύριοι αὐτῆς ὅτι ἐξῆλθεν ἡ ἐλπὶς τῆς ἐργασίας αὐτῶν, ἐπιλαβόμενοι τὸν Παῦλον καὶ τὸν Σιλᾶν εἵλκυσαν εἰς τὴν ἀγορὰν ἐπὶ τοὺς ἄρχοντας, 20 καὶ προσαγαγόντες αὐτοὺς τοῖς στρατηγοῖς εἶπαν Οὗτοι οἱ ἄνθρωποι ἐκταράσσουσιν ἡμῶν τὴν πόλιν, Ἰουδαῖοι ὑπάρχοντες, 21 καὶ καταγγέλλουσιν ἔθη ἃ οὐκ ἔξεστιν ἡμῖν παραδέχεσθαι οὐδὲ ποιεῖν Ῥωμαίοις οὖσιν. 22 καὶ συνεπέστη ὁ ὄχλος κατ' αὐτῶν, καὶ οἱ στρατηγοὶ περιρήξαντες αὐτῶν τὰ ἱμάτια ἐκέλευον ῥαβδίζειν, 23 πολλὰς δὲ ἐπιθέντες αὐτοῖς πληγὰς ἔβαλον εἰς φυλακήν, παραγγείλαντες τῷ δεσμοφύλακι ἀσφαλῶς τηρεῖν αὐτούς· 24 ὃς παραγγελίαν τοιαύτην [λαβὼν] (εἴληφως) ἔβαλεν αὐτοὺς εἰς τὴν ἐσωτέραν φυλακὴν καὶ τοὺς πόδας (αὐτῶν) ἠσφαλίσατο [αὐτῶν] εἰς τὸ ξύλον.

ΠΡΑΞΕΙΣ ΑΠΟΣΤΟΛΩΝ

The Philippian Jailer is Converted

25 Κατὰ δὲ τὸ μεσονύκτιον Παῦλος καὶ Σιλᾶς προσευχόμενοι ὕμνουν τὸν Θεόν, ἐπηκροῶντο δὲ αὐτῶν οἱ δέσμιοι· 26 ἄφνω δὲ σεισμὸς ἐγένετο μέγας, ὥστε σαλευθῆναι τὰ θεμέλια τοῦ δεσμωτηρίου· ἠνεῴχθησαν δὲ παραχρῆμα αἱ θύραι πᾶσαι, καὶ πάντων τὰ δεσμὰ ἀνέθη. 27 ἔξυπνος δὲ γενόμενος ὁ δεσμοφύλαξ καὶ ἰδὼν ἀνεῳγμένας τὰς θύρας τῆς φυλακῆς, σπασάμενος τὴν μάχαιραν ἤμελλεν ἑαυτὸν ἀναιρεῖν, νομίζων ἐκπεφευγέναι τοὺς δεσμίους. 28 ἐφώνησεν δὲ [Παῦλος μεγάλη φωνῇ] (φωνῇ μεγάλη ὁ Παῦλος) λέγων Μηδὲν πράξῃς σεαυτῷ κακόν, ἅπαντες γάρ ἐσμεν ἐνθάδε. 29 αἰτήσας δὲ φῶτα εἰσεπήδησεν καὶ ἔντρομος γενόμενος προσέπεσεν τῷ Παύλῳ καὶ (τῷ) Σιλᾷ, 30 καὶ προαγαγὼν αὐτοὺς ἔξω ἔφη Κύριοι, τί με δεῖ ποιεῖν ἵνα σωθῶ; 31 οἱ δὲ εἶπαν Πίστευσον ἐπὶ τὸν Κύριον Ἰησοῦν (Χριστὸν), καὶ σωθήσῃ σὺ καὶ ὁ οἶκός σου. 32 καὶ ἐλάλησαν αὐτῷ τὸν λόγον τοῦ [Θεοῦ] (Κυρίου) [σὺν] (καὶ) πᾶσιν τοῖς ἐν τῇ οἰκίᾳ αὐτοῦ. 33 καὶ παραλαβὼν αὐτοὺς ἐν ἐκείνῃ τῇ ὥρᾳ τῆς νυκτὸς ἔλουσεν ἀπὸ τῶν πληγῶν, καὶ ἐβαπτίσθη αὐτὸς καὶ οἱ αὐτοῦ ἅπαντες παραχρῆμα, 34 ἀναγαγών τε αὐτοὺς εἰς τὸν οἶκον παρέθηκεν τράπεζαν, καὶ ἠγαλλιάσατο πανοικεὶ πεπιστευκὼς τῷ Θεῷ.

The Release of Paul and Silas

35 Ἡμέρας δὲ γενομένης ἀπέστειλαν οἱ στρατηγοὶ τοὺς ῥαβδούχους λέγοντες Ἀπόλυσον τοὺς ἀνθρώπους ἐκείνους. 36 ἀπήγγειλεν δὲ ὁ δεσμοφύλαξ τοὺς λόγους τούτους πρὸς τὸν Παῦλον, ὅτι Ἀπέσταλκαν οἱ στρατηγοὶ ἵνα ἀπολυθῆτε. νῦν οὖν ἐξελθόντες πορεύεσθε ἐν εἰρήνῃ. 37 ὁ δὲ Παῦλος ἔφη πρὸς αὐτούς Δείραντες ἡμᾶς δημοσίᾳ ἀκατακρίτους, ἀνθρώπους Ῥωμαίους ὑπάρχοντας, ἔβαλαν εἰς φυλακήν· καὶ νῦν λάθρα ἡμᾶς ἐκβάλλουσιν; οὐ γάρ, ἀλλὰ ἐλθόντες αὐτοὶ ἡμᾶς ἐξαγαγέτωσαν. 38 ἀπήγγειλαν δὲ τοῖς στρατηγοῖς οἱ ῥαβδοῦχοι τὰ ῥήματα ταῦτα. (καὶ) ἐφοβήθησαν [δὲ] ἀκούσαντες ὅτι Ῥωμαῖοί εἰσιν, 39 καὶ ἐλθόντες παρεκάλεσαν αὐτούς, καὶ ἐξαγαγόντες ἠρώτων [ἀπελθεῖν ἀπὸ] (ἐξελθεῖν) τῆς πόλεως. 40 ἐξελθόντες δὲ [ἀπὸ] (ἐκ) τῆς φυλακῆς εἰσῆλθον [πρὸς] (εἰς) τὴν Λυδίαν, καὶ ἰδόντες [παρεκάλεσαν τοὺς ἀδελφοὺς] (τοὺς ἀδελφοὺς παρεκάλεσαν αὐτούς) καὶ ἐξῆλθαν.

ΠΡΑΞΕΙΣ ΑΠΟΣΤΟΛΩΝ

Acts 17

Paul Preaches at Thessalonica

1 Διοδεύσαντες δὲ τὴν Ἀμφίπολιν καὶ [τὴν] Ἀπολλωνίαν ἦλθον εἰς Θεσσαλονίκην, ὅπου ἦν συναγωγὴ τῶν Ἰουδαίων. 2 κατὰ δὲ τὸ εἰωθὸς τῷ Παύλῳ εἰσῆλθεν πρὸς αὐτούς, καὶ ἐπὶ σάββατα τρία [διελέξατο] (διελέγετο) αὐτοῖς ἀπὸ τῶν γραφῶν, 3 διανοίγων καὶ παρατιθέμενος ὅτι τὸν Χριστὸν ἔδει παθεῖν καὶ ἀναστῆναι ἐκ νεκρῶν, καὶ ὅτι οὗτός ἐστιν ὁ Χριστός, ὁ Ἰησοῦς, ὃν ἐγὼ καταγγέλλω ὑμῖν. 4 καί τινες ἐξ αὐτῶν ἐπείσθησαν καὶ προσεκληρώθησαν τῷ Παύλῳ καὶ τῷ Σιλᾷ, τῶν τε σεβομένων Ἑλλήνων [πλῆθος πολὺ] (πολὺ πλῆθος), γυναικῶν τε τῶν πρώτων οὐκ ὀλίγαι.

Paul Accused of Turning the World Upside-Down

5 Ζηλώσαντες δὲ οἱ (ἀπειθοῦντες) Ἰουδαῖοι καὶ προσλαβόμενοι τῶν ἀγοραίων [ἄνδρας τινὰς] (τινὰς ἄνδρας) πονηροὺς καὶ ὀχλοποιήσαντες ἐθορύβουν τὴν πόλιν, [καὶ] ἐπιστάντες (τε) τῇ οἰκίᾳ Ἰάσονος ἐζήτουν αὐτοὺς [προαγαγεῖν] (ἀγαγεῖν) εἰς τὸν δῆμον· 6 μὴ εὑρόντες δὲ αὐτοὺς ἔσυρον (τὸν) Ἰάσονα καί τινας ἀδελφοὺς ἐπὶ τοὺς πολιτάρχας, βοῶντες ὅτι Οἱ τὴν οἰκουμένην ἀναστατώσαντες οὗτοι καὶ ἐνθάδε πάρεισιν, 7 οὓς ὑποδέδεκται Ἰάσων· καὶ οὗτοι πάντες ἀπέναντι τῶν δογμάτων Καίσαρος πράσσουσιν, βασιλέα [ἕτερον λέγοντες] (λέγοντες ἕτερον) εἶναι Ἰησοῦν. 8 ἐτάραξαν δὲ τὸν ὄχλον καὶ τοὺς πολιτάρχας ἀκούοντας ταῦτα, 9 καὶ λαβόντες τὸ ἱκανὸν παρὰ τοῦ Ἰάσονος καὶ τῶν λοιπῶν ἀπέλυσαν αὐτούς.

Berea Receives the Word

10 Οἱ δὲ ἀδελφοὶ εὐθέως διὰ νυκτὸς ἐξέπεμψαν τόν τε Παῦλον καὶ τὸν Σιλᾶν εἰς Βέροιαν, οἵτινες παραγενόμενοι εἰς τὴν συναγωγὴν τῶν Ἰουδαίων ἀπῄεσαν· 11 οὗτοι δὲ ἦσαν εὐγενέστεροι τῶν ἐν Θεσσαλονίκῃ, οἵτινες ἐδέξαντο τὸν λόγον μετὰ πάσης προθυμίας, τὸ καθ᾽ ἡμέραν ἀνακρίνοντες τὰς γραφὰς εἰ ἔχοι ταῦτα οὕτως. 12 πολλοὶ μὲν οὖν ἐξ αὐτῶν ἐπίστευσαν, καὶ τῶν Ἑλληνίδων γυναικῶν τῶν εὐσχημόνων καὶ ἀνδρῶν οὐκ ὀλίγοι. 13 Ὡς δὲ ἔγνωσαν οἱ ἀπὸ τῆς Θεσσαλονίκης Ἰουδαῖοι ὅτι καὶ ἐν τῇ Βεροίᾳ κατηγγέλη ὑπὸ τοῦ Παύλου ὁ λόγος τοῦ Θεοῦ, ἦλθον κἀκεῖ σαλεύοντες [καὶ ταράσσοντες] τοὺς ὄχλους.

ΠΡΑΞΕΙΣ ΑΠΟΣΤΟΛΩΝ

Paul Sent to Athens

14 εὐθέως δὲ τότε τὸν Παῦλον ἐξαπέστειλαν οἱ ἀδελφοὶ πορεύεσθαι [ἕως] (ὡς) ἐπὶ τὴν θάλασσαν· ὑπέμεινάν [τε] (δὲ) ὅ τε Σιλᾶς καὶ ὁ Τιμόθεος ἐκεῖ. 15 οἱ δὲ καθιστάνοντες τὸν Παῦλον ἤγαγον (αὐτὸν) ἕως Ἀθηνῶν, καὶ λαβόντες ἐντολὴν πρὸς τὸν Σιλᾶν καὶ τὸν Τιμόθεον ἵνα ὡς τάχιστα ἔλθωσιν πρὸς αὐτὸν ἐξῄεσαν.

Paul Reasons with the Philosophers in the Marketplace

16 Ἐν δὲ ταῖς Ἀθήναις ἐκδεχομένου αὐτοὺς τοῦ Παύλου, παρωξύνετο τὸ πνεῦμα αὐτοῦ ἐν αὐτῷ θεωροῦντος κατείδωλον οὖσαν τὴν πόλιν. 17 διελέγετο μὲν οὖν ἐν τῇ συναγωγῇ τοῖς Ἰουδαίοις καὶ τοῖς σεβομένοις καὶ ἐν τῇ ἀγορᾷ κατὰ πᾶσαν ἡμέραν πρὸς τοὺς παρατυγχάνοντας. 18 τινὲς δὲ καὶ τῶν Ἐπικουρίων καὶ Στοϊκῶν φιλοσόφων συνέβαλλον αὐτῷ, καί τινες ἔλεγον Τί ἂν θέλοι ὁ σπερμολόγος οὗτος λέγειν; οἱ δέ· Ξένων δαιμονίων δοκεῖ καταγγελεὺς εἶναι· ὅτι τὸν Ἰησοῦν καὶ τὴν ἀνάστασιν (αὐτοῖς) εὐηγγελίζετο. 19 ἐπιλαβόμενοί δὲ αὐτοῦ ἐπὶ τὸν Ἄρειον πάγον ἤγαγον, λέγοντες Δυνάμεθα γνῶναι τίς ἡ καινὴ αὕτη ἡ ὑπὸ σοῦ λαλουμένη διδαχή; 20 ξενίζοντα γάρ τινα εἰσφέρεις εἰς τὰς ἀκοὰς ἡμῶν· βουλόμεθα οὖν γνῶναι [τίνα] (τί ἂν) θέλει ταῦτα εἶναι. 21 Ἀθηναῖοι δὲ πάντες καὶ οἱ ἐπιδημοῦντες ξένοι εἰς οὐδὲν ἕτερον ηὐκαίρουν ἢ λέγειν τι [ἢ] (καὶ) ἀκούειν [τι] καινότερον.

Paul's Mars Hill Address

22 Σταθεὶς δὲ Παῦλος ἐν μέσῳ τοῦ Ἀρείου Πάγου ἔφη Ἄνδρες Ἀθηναῖοι, κατὰ πάντα ὡς δεισιδαιμονεστέρους ὑμᾶς θεωρῶ. 23 διερχόμενος γὰρ καὶ ἀναθεωρῶν τὰ σεβάσματα ὑμῶν εὗρον καὶ βωμὸν ἐν ᾧ ἐπεγέγραπτο ΑΓΝΩΣΤΩ ΘΕΩ. [ὃ] (ὃν) οὖν ἀγνοοῦντες εὐσεβεῖτε, [τοῦτο] (τοῦτον) ἐγὼ καταγγέλλω ὑμῖν. 24 ὁ Θεὸς ὁ ποιήσας τὸν κόσμον καὶ πάντα τὰ ἐν αὐτῷ, οὗτος οὐρανοῦ καὶ γῆς (Κύριος) ὑπάρχων [Κύριος] οὐκ ἐν χειροποιήτοις ναοῖς κατοικεῖ, 25 οὐδὲ ὑπὸ χειρῶν ἀνθρωπίνων θεραπεύεται προσδεόμενός τινος, αὐτὸς διδοὺς πᾶσι ζωὴν καὶ πνοὴν καὶ τὰ πάντα· 26 ἐποίησέν τε ἐξ ἑνὸς (αἵματός) πᾶν ἔθνος ἀνθρώπων κατοικεῖν ἐπὶ [παντὸς προσώπου] (πᾶν τὸ πρόσωπον) τῆς γῆς, ὁρίσας προστεταγμένους καιροὺς καὶ τὰς ὁροθεσίας τῆς κατοικίας αὐτῶν, 27 ζητεῖν τὸν [Θεὸν] (Κύριον), εἰ ἄρα γε ψηλαφήσειαν αὐτὸν καὶ εὕροιεν, [καί γε] (καίτοιγε) οὐ μακρὰν ἀπὸ ἑνὸς ἑκάστου ἡμῶν ὑπάρχοντα.

ΠΡΑΞΕΙΣ ΑΠΟΣΤΟΛΩΝ

28 ἐν αὐτῷ γὰρ ζῶμεν καὶ κινούμεθα καὶ ἐσμέν,
ὡς καί τινες τῶν καθ' ὑμᾶς ποιητῶν εἰρήκασιν
Τοῦ γὰρ καὶ γένος ἐσμέν.

29 γένος οὖν ὑπάρχοντες τοῦ Θεοῦ οὐκ ὀφείλομεν νομίζειν, χρυσῷ ἢ ἀργύρῳ ἢ λίθῳ, χαράγματι τέχνης καὶ ἐνθυμήσεως ἀνθρώπου, τὸ Θεῖον εἶναι ὅμοιον. 30 τοὺς μὲν οὖν χρόνους τῆς ἀγνοίας ὑπεριδὼν ὁ Θεὸς τὰ νῦν [ἀπαγγέλλει] (παραγγέλλει) τοῖς ἀνθρώποις [πάντας] (πάσιν) πανταχοῦ μετανοεῖν, 31 [καθότι] (διότι) ἔστησεν ἡμέραν ἐν ᾗ μέλλει κρίνειν τὴν οἰκουμένην ἐν δικαιοσύνῃ, ἐν ἀνδρὶ ᾧ ὥρισεν, πίστιν παρασχὼν πᾶσιν ἀναστήσας αὐτὸν ἐκ νεκρῶν. 32 ἀκούσαντες δὲ ἀνάστασιν νεκρῶν, οἱ μὲν ἐχλεύαζον, οἱ δὲ εἶπαν Ἀκουσόμεθά σου [περὶ τούτου καὶ πάλιν] (πάλιν περὶ τούτου). 33 (καὶ) οὕτως ὁ Παῦλος ἐξῆλθεν ἐκ μέσου αὐτῶν. 34 τινὲς δὲ ἄνδρες κολληθέντες αὐτῷ ἐπίστευσαν, ἐν οἷς καὶ Διονύσιος ὁ Ἀρεοπαγείτης καὶ γυνὴ ὀνόματι Δάμαρις καὶ ἕτεροι σὺν αὐτοῖς.

Acts 18

Paul Works with Aquila and Priscilla at Corinth

1 Μετὰ (δὲ) ταῦτα χωρισθεὶς (ὁ Παῦλος) ἐκ τῶν Ἀθηνῶν ἦλθεν εἰς Κόρινθον. 2 καὶ εὑρών τινα Ἰουδαῖον ὀνόματι Ἀκύλαν, Ποντικὸν τῷ γένει, προσφάτως ἐληλυθότα ἀπὸ τῆς Ἰταλίας καὶ Πρίσκιλλαν γυναῖκα αὐτοῦ, διὰ τὸ διατεταχέναι Κλαύδιον χωρίζεσθαι πάντας τοὺς Ἰουδαίους [ἀπὸ] (ἐκ) τῆς Ῥώμης, προσῆλθεν αὐτοῖς, 3 καὶ διὰ τὸ ὁμότεχνον εἶναι ἔμενεν παρ' αὐτοῖς, καὶ [ἠργάζοντο] (εἰργάζετο)· ἦσαν γὰρ σκηνοποιοὶ τῇ τέχνῃ.

Paul is Rejected at the Synagogue

4 διελέγετο δὲ ἐν τῇ συναγωγῇ κατὰ πᾶν σάββατον, ἔπειθέν τε Ἰουδαίους καὶ Ἕλληνας. 5 Ὡς δὲ κατῆλθον ἀπὸ τῆς Μακεδονίας ὅ τε Σιλᾶς καὶ ὁ Τιμόθεος, συνείχετο τῷ [λόγῳ] (πνεύματι) ὁ Παῦλος, διαμαρτυρόμενος τοῖς Ἰουδαίοις [εἶναι] τὸν Χριστὸν Ἰησοῦν. 6 ἀντιτασσομένων δὲ αὐτῶν καὶ βλασφημούντων ἐκτιναξάμενος τὰ ἱμάτια εἶπεν πρὸς αὐτούς Τὸ αἷμα ὑμῶν ἐπὶ τὴν κεφαλὴν ὑμῶν· καθαρὸς ἐγώ· ἀπὸ τοῦ νῦν εἰς τὰ ἔθνη πορεύσομαι.

ΠΡΑΞΕΙΣ ΑΠΟΣΤΟΛΩΝ

The Synagogue Ruler is Converted

7 καὶ μεταβὰς ἐκεῖθεν ἦλθεν εἰς οἰκίαν τινὸς ὀνόματι [Τιτίου] Ἰούστου σεβομένου τὸν Θεόν, οὗ ἡ οἰκία ἦν συνομοροῦσα τῇ συναγωγῇ. 8 Κρίσπος δὲ ὁ ἀρχισυνάγωγος ἐπίστευσεν τῷ Κυρίῳ σὺν ὅλῳ τῷ οἴκῳ αὐτοῦ, καὶ πολλοὶ τῶν Κορινθίων ἀκούοντες ἐπίστευον καὶ ἐβαπτίζοντο.

The Lord Encourages Paul in a Vision

9 Εἶπεν δὲ ὁ Κύριος [ἐν νυκτὶ δι' ὁράματος] (δι' ὁράματος ἐν νυκτὶ) τῷ Παύλῳ Μὴ φοβοῦ, ἀλλὰ λάλει καὶ μὴ σιωπήσῃς, 10 διότι ἐγώ εἰμι μετὰ σοῦ καὶ οὐδεὶς ἐπιθήσεταί σοι τοῦ κακῶσαί σε, διότι λαός ἐστί μοι πολὺς ἐν τῇ πόλει ταύτῃ. 11 Ἐκάθισεν δὲ ἐνιαυτὸν καὶ μῆνας ἓξ διδάσκων ἐν αὐτοῖς τὸν λόγον τοῦ Θεοῦ.

Gallio Refuses to Try Paul

12 Γαλλίωνος δὲ [ἀνθυπάτου ὄντος] (ἀνθυπατεύοντος) τῆς Ἀχαΐας κατεπέστησαν ὁμοθυμαδὸν οἱ Ἰουδαῖοι τῷ Παύλῳ καὶ ἤγαγον αὐτὸν ἐπὶ τὸ βῆμα, 13 λέγοντες ὅτι Παρὰ τὸν νόμον (οὗτος) ἀναπείθει [οὗτος] τοὺς ἀνθρώπους σέβεσθαι τὸν Θεόν. 14 μέλλοντος δὲ τοῦ Παύλου ἀνοίγειν τὸ στόμα εἶπεν ὁ Γαλλίων πρὸς τοὺς Ἰουδαίους Εἰ μὲν (οὖν) ἦν ἀδίκημά τι ἢ ῥᾳδιούργημα πονηρόν, ὦ Ἰουδαῖοι, κατὰ λόγον ἂν ἀνεσχόμην ὑμῶν· 15 εἰ δὲ [ζητήματά] (ζήτημά) ἐστιν περὶ λόγου καὶ ὀνομάτων καὶ νόμου τοῦ καθ' ὑμᾶς, ὄψεσθε αὐτοί· κριτὴς (γὰρ) ἐγὼ τούτων οὐ βούλομαι εἶναι. 16 καὶ ἀπήλασεν αὐτοὺς ἀπὸ τοῦ βήματος. 17 ἐπιλαβόμενοι δὲ πάντες (οἱ Ἕλληνες) Σωσθένην τὸν ἀρχισυνάγωγον ἔτυπτον ἔμπροσθεν τοῦ βήματος· καὶ οὐδὲν τούτων τῷ Γαλλίωνι ἔμελεν.

Paul Returns to Antioch
Leaving Aquila and Priscilla at Ephesus

18 Ὁ δὲ Παῦλος ἔτι προσμείνας ἡμέρας ἱκανὰς, τοῖς ἀδελφοῖς ἀποταξάμενος ἐξέπλει εἰς τὴν Συρίαν, καὶ σὺν αὐτῷ Πρίσκιλλα καὶ Ἀκύλας, κειράμενος [ἐν Κενχρεαῖς τὴν κεφαλήν] (τὴν κεφαλήν ἐν Κεγχρεαῖς)· εἶχεν γὰρ εὐχήν. 19 κατήντησαν δὲ εἰς Ἔφεσον, κἀκείνους κατέλιπεν αὐτοῦ, αὐτὸς δὲ εἰσελθὼν εἰς τὴν συναγωγὴν [διελέξατο] (διελέχθη) τοῖς Ἰουδαίοις. 20 ἐρωτώντων δὲ αὐτῶν ἐπὶ πλείονα χρόνον μεῖναι (παρ' αὐτοῖς) οὐκ ἐπένευσεν,

ΠΡΑΞΕΙΣ ΑΠΟΣΤΟΛΩΝ

21 ἀλλὰ [ἀποταξάμενος καὶ] (ἀπετάξατο αὐτοῖς) εἰπών (Δεῖ με πάντως τὴν ἑορτὴν τὴν ἐρχομενην ποιῆσαι εἰς Ἱεροσόλυμα) Πάλιν (δὲ) ἀνακάμψω πρὸς ὑμᾶς τοῦ Θεοῦ θέλοντος, (καὶ) ἀνήχθη ἀπὸ τῆς Ἐφέσου, 22 καὶ κατελθὼν εἰς Καισάριαν, ἀναβὰς καὶ ἀσπασάμενος τὴν ἐκκλησίαν, κατέβη εἰς Ἀντιόχειαν, 23 καὶ ποιήσας χρόνον τινὰ ἐξῆλθεν, διερχόμενος καθεξῆς τὴν Γαλατικὴν χώραν καὶ Φρυγίαν, [στηρίζων] (ἐπιστηρίζων) πάντας τοὺς μαθητάς.

Apollos Teaches at Ephesus and Corinth

24 Ἰουδαῖος δέ τις Ἀπολλῶς ὀνόματι, Ἀλεξανδρεὺς τῷ γένει, ἀνὴρ λόγιος, κατήντησεν εἰς Ἔφεσον, δυνατὸς ὢν ἐν ταῖς γραφαῖς. 25 οὗτος ἦν κατηχημένος τὴν ὁδὸν τοῦ Κυρίου, καὶ ζέων τῷ πνεύματι ἐλάλει καὶ ἐδίδασκεν ἀκριβῶς τὰ περὶ τοῦ [Ἰησοῦ] (Κυρίου), ἐπιστάμενος μόνον τὸ βάπτισμα Ἰωάνου· 26 οὗτός τε ἤρξατο παρρησιάζεσθαι ἐν τῇ συναγωγῇ. ἀκούσαντες δὲ αὐτοῦ [Πρίσκιλλα καὶ Ἀκύλας] (Ἀκύλας καὶ Πρίσκιλλα) προσελάβοντο αὐτὸν καὶ ἀκριβέστερον αὐτῷ ἐξέθεντο τὴν [ὁδὸν τοῦ Θεοῦ] (τοῦ Θεοῦ ὁδὸν). 27 βουλομένου δὲ αὐτοῦ διελθεῖν εἰς τὴν Ἀχαΐαν προτρεψάμενοι οἱ ἀδελφοὶ ἔγραψαν τοῖς μαθηταῖς ἀποδέξασθαι αὐτόν· ὃς παραγενόμενος συνεβάλετο πολὺ τοῖς πεπιστευκόσιν διὰ τῆς χάριτος· 28 εὐτόνως γὰρ τοῖς Ἰουδαίοις διακατηλέγχετο δημοσίᾳ ἐπιδεικνὺς διὰ τῶν γραφῶν εἶναι τὸν Χριστὸν Ἰησοῦν.

Acts 19

Paul Returns to Ephesus

1 Ἐγένετο δὲ ἐν τῷ τὸν Ἀπολλῶ εἶναι ἐν Κορίνθῳ Παῦλον διελθόντα τὰ ἀνωτερικὰ μέρη ἐλθεῖν εἰς Ἔφεσον καὶ εὑρεῖν τινας μαθητάς, 2 εἶπέν [τε] πρὸς αὐτούς Εἰ Πνεῦμα Ἅγιον ἐλάβετε πιστεύσαντες; οἱ δὲ (εἶπον) πρὸς αὐτόν Ἀλλ' οὐδ' εἰ Πνεῦμα Ἅγιον ἔστιν ἠκούσαμεν. 3 εἶπέν τε (πρὸς αὐτοὺς) Εἰς τί οὖν ἐβαπτίσθητε; οἱ δὲ εἶπαν Εἰς τὸ Ἰωάνου βάπτισμα. 4 εἶπεν δὲ Παῦλος Ἰωάνης (μὲν) ἐβάπτισεν βάπτισμα μετανοίας, τῷ λαῷ λέγων εἰς τὸν ἐρχόμενον μετ' αὐτὸν ἵνα πιστεύσωσιν, τοῦτ' ἔστιν εἰς τὸν (Χριστὸν) Ἰησοῦν. 5 ἀκούσαντες δὲ ἐβαπτίσθησαν εἰς τὸ ὄνομα τοῦ Κυρίου Ἰησοῦ· 6 καὶ ἐπιθέντος αὐτοῖς τοῦ Παύλου χεῖρας ἦλθε τὸ Πνεῦμα τὸ Ἅγιον ἐπ' αὐτούς, ἐλάλουν τε γλώσσαις καὶ ἐπροφήτευον. 7 ἦσαν δὲ οἱ πάντες ἄνδρες ὡσεὶ [δώδεκα] (δεκαδύο).

ΠΡΑΞΕΙΣ ΑΠΟΣΤΟΛΩΝ

Paul Teaches at the School of Tyrannus

8 Εἰσελθὼν δὲ εἰς τὴν συναγωγὴν ἐπαρρησιάζετο ἐπὶ μῆνας τρεῖς διαλεγόμενος καὶ πείθων περὶ τῆς βασιλείας τοῦ Θεοῦ. 9 ὡς δέ τινες ἐσκληρύνοντο καὶ ἠπείθουν κακολογοῦντες τὴν Ὁδὸν ἐνώπιον τοῦ πλήθους, ἀποστὰς ἀπ' αὐτῶν ἀφώρισεν τοὺς μαθητάς, καθ' ἡμέραν διαλεγόμενος ἐν τῇ σχολῇ Τυράννου (τινός). 10 τοῦτο δὲ ἐγένετο ἐπὶ ἔτη δύο, ὥστε πάντας τοὺς κατοικοῦντας τὴν Ἀσίαν ἀκοῦσαι τὸν λόγον τοῦ Κυρίου (Ἰησοῦ), Ἰουδαίους τε καὶ Ἕλληνας.

Unusual Miracles at Ephesus

11 Δυνάμεις τε οὐ τὰς τυχούσας (ἐποίει) ὁ Θεὸς [ἐποίει] διὰ τῶν χειρῶν Παύλου, 12 ὥστε καὶ ἐπὶ τοὺς ἀσθενοῦντας [ἀποφέρεσθαι] (ἐπιφέρεσθαι) ἀπὸ τοῦ χρωτὸς αὐτοῦ σουδάρια ἢ σιμικίνθια καὶ ἀπαλλάσσεσθαι ἀπ' αὐτῶν τὰς νόσους, τά τε πνεύματα τὰ πονηρὰ [ἐκπορεύεσθαι] (ἐξέρχεσθαι ἀπ' αὐτῶν). 13 Ἐπεχείρησαν δέ τινες καὶ τῶν περιερχομένων Ἰουδαίων ἐξορκιστῶν ὀνομάζειν ἐπὶ τοὺς ἔχοντας τὰ πνεύματα τὰ πονηρὰ τὸ ὄνομα τοῦ Κυρίου Ἰησοῦ λέγοντες [Ὁρκίζω] (Ὁρκίζομεν) ὑμᾶς τὸν Ἰησοῦν ὃν (ὁ) Παῦλος κηρύσσει. 14 ἦσαν δέ [τινος] (τινές υἱοὶ) Σκευᾶ Ἰουδαίου ἀρχιερέως ἑπτὰ [υἱοὶ] (οἱ) τοῦτο ποιοῦντες. 15 ἀποκριθὲν δὲ τὸ πνεῦμα τὸ πονηρὸν εἶπεν [αὐτοῖς] Τὸν Ἰησοῦν γινώσκω καὶ τὸν Παῦλον ἐπίσταμαι· ὑμεῖς δὲ τίνες ἐστέ; 16 καὶ ἐφαλόμενος (ἐπ' αὐτοὺς) ὁ ἄνθρωπος [ἐπ' αὐτοὺς], ἐν ᾧ ἦν τὸ πνεῦμα τὸ πονηρόν, (καὶ) κατακυριεύσας [ἀμφοτέρων] (αὐτῶν) ἴσχυσεν κατ' αὐτῶν, ὥστε γυμνοὺς καὶ τετραυματισμένους ἐκφυγεῖν ἐκ τοῦ οἴκου ἐκείνου.

The Lord's Name and His Word Prevail

17 τοῦτο δὲ ἐγένετο γνωστὸν πᾶσιν Ἰουδαίοις τε καὶ Ἕλλησιν τοῖς κατοικοῦσιν τὴν Ἔφεσον, καὶ ἐπέπεσεν φόβος ἐπὶ πάντας αὐτούς, καὶ ἐμεγαλύνετο τὸ ὄνομα τοῦ Κυρίου Ἰησοῦ· 18 πολλοί τε τῶν πεπιστευκότων ἤρχοντο ἐξομολογούμενοι καὶ ἀναγγέλλοντες τὰς πράξεις αὐτῶν. 19 ἱκανοὶ δὲ τῶν τὰ περίεργα πραξάντων συνενέγκαντες τὰς βίβλους κατέκαιον ἐνώπιον πάντων· καὶ συνεψήφισαν τὰς τιμὰς αὐτῶν καὶ εὗρον ἀργυρίου μυριάδας πέντε. 20 Οὕτως κατὰ κράτος [τοῦ Κυρίου ὁ λόγος] (ὁ λόγος τοῦ Κυρίου) ηὔξανεν καὶ ἴσχυεν.

ΠΡΑΞΕΙΣ ΑΠΟΣΤΟΛΩΝ

Timothy and Arastus Sent to Macedonia

21 Ὡς δὲ ἐπληρώθη ταῦτα, ἔθετο ὁ Παῦλος ἐν τῷ πνεύματι διελθὼν τὴν Μακεδονίαν καὶ Ἀχαΐαν πορεύεσθαι εἰς Ἱεροσόλυμα, εἰπὼν ὅτι Μετὰ τὸ γενέσθαι με ἐκεῖ δεῖ με καὶ Ῥώμην ἰδεῖν.

Demetrius Stirs Up the Ephesians

22 ἀποστείλας δὲ εἰς τὴν Μακεδονίαν δύο τῶν διακονούντων αὐτῷ, Τιμόθεον καὶ Ἔραστον, αὐτὸς ἐπέσχεν χρόνον εἰς τὴν Ἀσίαν. 23 Ἐγένετο δὲ κατὰ τὸν καιρὸν ἐκεῖνον τάραχος οὐκ ὀλίγος περὶ τῆς Ὁδοῦ. 24 Δημήτριος γάρ τις ὀνόματι, ἀργυροκόπος, ποιῶν ναοὺς ἀργυροῦς Ἀρτέμιδος παρείχετο τοῖς τεχνίταις [οὐκ ὀλίγην ἐργασίαν] (ἐργασίαν οὐκ ὀλίγην), 25 οὓς συναθροίσας καὶ τοὺς περὶ τὰ τοιαῦτα ἐργάτας εἶπεν Ἄνδρες, ἐπίστασθε ὅτι ἐκ ταύτης τῆς ἐργασίας ἡ εὐπορία ἡμῖν ἐστιν, 26 καὶ θεωρεῖτε καὶ ἀκούετε ὅτι οὐ μόνον Ἐφέσου ἀλλὰ σχεδὸν πάσης τῆς Ἀσίας ὁ Παῦλος οὗτος πείσας μετέστησεν ἱκανὸν ὄχλον, λέγων ὅτι οὐκ εἰσὶν θεοὶ οἱ διὰ χειρῶν γινόμενοι. 27 οὐ μόνον δὲ τοῦτο κινδυνεύει ἡμῖν τὸ μέρος εἰς ἀπελεγμὸν ἐλθεῖν, ἀλλὰ καὶ τὸ τῆς μεγάλης θεᾶς Ἀρτέμιδος ἱερὸν εἰς οὐθὲν λογισθῆναι, μέλλειν τε καὶ καθαιρεῖσθαι τῆς μεγαλειότητος αὐτῆς, ἣν ὅλη ἡ Ἀσία καὶ ἡ οἰκουμένη σέβεται. 28 Ἀκούσαντες δὲ καὶ γενόμενοι πλήρεις θυμοῦ ἔκραζον λέγοντες Μεγάλη ἡ Ἄρτεμις Ἐφεσίων.

The Uproar in the Theater

29 καὶ ἐπλήσθη ἡ πόλις [τῆς] (ὅλη) συγχύσεως, ὥρμησάν τε ὁμοθυμαδὸν εἰς τὸ θέατρον, συναρπάσαντες Γάϊον καὶ Ἀρίσταρχον Μακεδόνας, συνεκδήμους Παύλου. 30 (τοῦ δὲ) Παύλου [δὲ] βουλομένου εἰσελθεῖν εἰς τὸν δῆμον οὐκ εἴων αὐτὸν οἱ μαθηταί· 31 τινὲς δὲ καὶ τῶν Ἀσιαρχῶν, ὄντες αὐτῷ φίλοι, πέμψαντες πρὸς αὐτὸν παρεκάλουν μὴ δοῦναι ἑαυτὸν εἰς τὸ θέατρον. 32 ἄλλοι μὲν οὖν ἄλλο τι ἔκραζον· ἦν γὰρ ἡ ἐκκλησία συγκεχυμένη, καὶ οἱ πλείους οὐκ ᾔδεισαν τίνος ἕνεκα συνεληλύθεισαν. 33 ἐκ δὲ τοῦ ὄχλου συνεβίβασαν Ἀλέξανδρον, προβαλόντων αὐτὸν τῶν Ἰουδαίων· ὁ δὲ Ἀλέξανδρος κατασείσας τὴν χεῖρα ἤθελεν ἀπολογεῖσθαι τῷ δήμῳ. 34 ἐπιγνόντες δὲ ὅτι Ἰουδαῖός ἐστιν, φωνὴ ἐγένετο μία ἐκ πάντων, ὡς ἐπὶ ὥρας δύο κράζοντες Μεγάλη ἡ Ἄρτεμις Ἐφεσίων. 35 καταστείλας δὲ ὁ γραμματεὺς τὸν ὄχλον φησίν Ἄνδρες Ἐφέσιοι, τίς γάρ ἐστιν ἀνθρώπων ὃς οὐ γινώσκει τὴν Ἐφεσίων πόλιν νεωκόρον οὖσαν τῆς μεγάλης (θεᾶς) Ἀρτέμιδος καὶ τοῦ διοπετοῦς;

ΠΡΑΞΕΙΣ ΑΠΟΣΤΟΛΩΝ

36 ἀναντιρρήτων οὖν ὄντων τούτων δέον ἐστὶν ὑμᾶς κατεσταλμένους ὑπάρχειν καὶ μηδὲν προπετὲς [πράσσειν] (πράττειν). 37 ἠγάγετε γὰρ τοὺς ἄνδρας τούτους οὔτε ἱεροσύλους οὔτε βλασφημοῦντας τὴν θεὸν ἡμῶν. 38 εἰ μὲν οὖν Δημήτριος καὶ οἱ σὺν αὐτῷ τεχνῖται [ἔχουσι] πρός τινα λόγον (ἔχουσιν), ἀγοραῖοι ἄγονται καὶ ἀνθύπατοί εἰσιν, ἐγκαλείτωσαν ἀλλήλοις. 39 εἰ δέ τι περαιτέρω ἐπιζητεῖτε, ἐν τῇ ἐννόμῳ ἐκκλησίᾳ ἐπιλυθήσεται. 40 καὶ γὰρ κινδυνεύομεν ἐγκαλεῖσθαι στάσεως περὶ τῆς σήμερον, μηδενὸς αἰτίου ὑπάρχοντος, περὶ [οὗ οὐ] (οὗ) δυνησόμεθα ἀποδοῦναι λόγον [περὶ] τῆς συστροφῆς ταύτης. καὶ ταῦτα εἰπὼν ἀπέλυσεν τὴν ἐκκλησίαν.

Acts 20

Paul Travels to Macedonia and Greece

1 Μετὰ δὲ τὸ παύσασθαι τὸν θόρυβον [μεταπεμψάμενος] (προσκαλεσάμενος) ὁ Παῦλος τοὺς μαθητὰς καὶ [παρακαλέσας], ἀσπασάμενος ἐξῆλθεν πορεύεσθαι εἰς (τὴν) Μακεδονίαν. 2 διελθὼν δὲ τὰ μέρη ἐκεῖνα καὶ παρακαλέσας αὐτοὺς λόγῳ πολλῷ ἦλθεν εἰς τὴν Ἑλλάδα, 3 ποιήσας τε μῆνας τρεῖς, γενομένης (αὐτῷ) ἐπιβουλῆς [αὐτῷ] ὑπὸ τῶν Ἰουδαίων μέλλοντι ἀνάγεσθαι εἰς τὴν Συρίαν, ἐγένετο [γνώμης] (γνώμη) τοῦ ὑποστρέφειν διὰ Μακεδονίας. 4 συνείπετο δὲ αὐτῷ (ἄχρι τῆς Ἀσίας) Σώπατρος [Πύρρου] Βεροιαῖος, Θεσσαλονικέων δὲ Ἀρίσταρχος καὶ Σεκοῦνδος, καὶ Γάϊος Δερβαῖος καὶ Τιμόθεος, Ἀσιανοὶ δὲ Τυχικὸς καὶ Τρόφιμος· 5 οὗτοι [δὲ] προελθόντες ἔμενον ἡμᾶς ἐν Τρῳάδι·

Eutychus is Revived at Troas

6 ἡμεῖς δὲ ἐξεπλεύσαμεν μετὰ τὰς ἡμέρας τῶν ἀζύμων ἀπὸ Φιλίππων, καὶ ἤλθομεν πρὸς αὐτοὺς εἰς τὴν Τρῳάδα [ἄχρι] (ἄχρις) ἡμερῶν πέντε, ὅπου διετρίψαμεν ἡμέρας ἑπτά. 7 Ἐν δὲ τῇ μιᾷ τῶν σαββάτων συνηγμένων [ἡμῶν] (τῶν μαθητῶν τοῦ) κλάσαι ἄρτον ὁ Παῦλος διελέγετο αὐτοῖς, μέλλων ἐξιέναι τῇ ἐπαύριον, παρέτεινέν τε τὸν λόγον μέχρι μεσονυκτίου. 8 ἦσαν δὲ λαμπάδες ἱκαναὶ ἐν τῷ ὑπερῴῳ οὗ [ἦμεν] (ἦσαν) συνηγμένοι. 9 [καθεζόμενος] (καθήμενος) δέ τις νεανίας ὀνόματι Εὔτυχος ἐπὶ τῆς θυρίδος, καταφερόμενος ὕπνῳ βαθεῖ, διαλεγομένου τοῦ Παύλου ἐπὶ πλεῖον, κατενεχθεὶς ἀπὸ τοῦ ὕπνου ἔπεσεν ἀπὸ τοῦ τριστέγου κάτω καὶ ἤρθη νεκρός. 10 καταβὰς δὲ ὁ Παῦλος ἐπέπεσεν αὐτῷ καὶ συμπεριλαβὼν εἶπεν Μὴ θορυβεῖσθε· ἡ γὰρ ψυχὴ αὐτοῦ ἐν αὐτῷ ἐστιν.

ΠΡΑΞΕΙΣ ΑΠΟΣΤΟΛΩΝ

11 ἀναβὰς δὲ καὶ κλάσας [τὸν] ἄρτον καὶ γευσάμενος, ἐφ' ἱκανόν τε ὁμιλήσας ἄχρι αὐγῆς, οὕτως ἐξῆλθεν. 12 ἤγαγον δὲ τὸν παῖδα ζῶντα, καὶ παρεκλήθησαν οὐ μετρίως.

Paul Travels to Miletus

13 Ἡμεῖς δὲ προελθόντες ἐπὶ τὸ πλοῖον ἀνήχθημεν [ἐπὶ] (εἰς) τὴν Ἆσσον, ἐκεῖθεν μέλλοντες ἀναλαμβάνειν τὸν Παῦλον· οὕτως γὰρ (ἦν) διατεταγμένος [ἦν], μέλλων αὐτὸς πεζεύειν. 14 ὡς δὲ συνέβαλλεν ἡμῖν εἰς τὴν Ἆσσον, ἀναλαβόντες αὐτὸν ἤλθομεν εἰς Μιτυλήνην· 15 κἀκεῖθεν ἀποπλεύσαντες τῇ ἐπιούσῃ κατηντήσαμεν ἄντικρυς Χίου, τῇ δὲ ἑτέρᾳ παρεβάλομεν εἰς Σάμον, (καὶ μείναντες ἐν τρωγυλλίῳ,) τῇ δὲ ἐχομένῃ ἤλθομεν εἰς Μίλητον. 16 [κεκρίκει] (ἔκρινεν) γὰρ ὁ Παῦλος παραπλεῦσαι τὴν Ἔφεσον, ὅπως μὴ γένηται αὐτῷ χρονοτριβῆσαι ἐν τῇ Ἀσίᾳ· ἔσπευδεν γὰρ, εἰ δυνατὸν εἴη αὐτῷ, τὴν ἡμέραν τῆς Πεντηκοστῆς γενέσθαι εἰς Ἱεροσόλυμα.

Paul Exhorts the Elders of Ephesus

17 Ἀπὸ δὲ τῆς Μιλήτου πέμψας εἰς Ἔφεσον μετεκαλέσατο τοὺς πρεσβυτέρους τῆς ἐκκλησίας. 18 ὡς δὲ παρεγένοντο πρὸς αὐτὸν, εἶπεν αὐτοῖς Ὑμεῖς ἐπίστασθε, ἀπὸ πρώτης ἡμέρας ἀφ' ἧς ἐπέβην εἰς τὴν Ἀσίαν, πῶς μεθ' ὑμῶν τὸν πάντα χρόνον ἐγενόμην, 19 δουλεύων τῷ Κυρίῳ μετὰ πάσης ταπεινοφροσύνης καὶ (πολλῶν) δακρύων καὶ πειρασμῶν τῶν συμβάντων μοι ἐν ταῖς ἐπιβουλαῖς τῶν Ἰουδαίων, 20 ὡς οὐδὲν ὑπεστειλάμην τῶν συμφερόντων τοῦ μὴ ἀναγγεῖλαι ὑμῖν καὶ διδάξαι ὑμᾶς δημοσίᾳ καὶ κατ' οἴκους, 21 διαμαρτυρόμενος Ἰουδαίοις τε καὶ Ἕλλησιν τὴν εἰς Θεὸν μετάνοιαν καὶ πίστιν εἰς τὸν Κύριον ἡμῶν Ἰησοῦν (Χριστόν). 22 καὶ νῦν ἰδοὺ (ἐγὼ) δεδεμένος [ἐγὼ] τῷ πνεύματι πορεύομαι εἰς Ἱερουσαλήμ, τὰ ἐν αὐτῇ συναντήσοντά [ἐμοὶ] (μοι) μὴ εἰδώς, 23 πλὴν ὅτι τὸ Πνεῦμα τὸ Ἅγιον κατὰ πόλιν διαμαρτύρεταί [μοι] λέγον ὅτι δεσμὰ (με) καὶ θλίψεις [με] μένουσιν. 24 ἀλλ' οὐδενὸς λόγου ποιοῦμαι (οὐδὲ ἔχω) τὴν ψυχὴν (μου) τιμίαν ἐμαυτῷ ὡς [τελειώσω] (τελειῶσαι) τὸν δρόμον μου (μετὰ χαρᾶς) καὶ τὴν διακονίαν ἣν ἔλαβον παρὰ τοῦ Κυρίου Ἰησοῦ, διαμαρτύρασθαι τὸ εὐαγγέλιον τῆς χάριτος τοῦ Θεοῦ. 25 καὶ νῦν ἰδοὺ ἐγὼ οἶδα ὅτι οὐκέτι ὄψεσθε τὸ πρόσωπόν μου ὑμεῖς πάντες ἐν οἷς διῆλθον κηρύσσων τὴν βασιλείαν (τοῦ Θεοῦ). 26 [διότι] (διὸ) μαρτύρομαι ὑμῖν ἐν τῇ σήμερον ἡμέρᾳ ὅτι καθαρός [εἰμι] (ἐγὼ) ἀπὸ τοῦ αἵματος πάντων· 27 οὐ γὰρ ὑπεστειλάμην τοῦ μὴ ἀναγγεῖλαι (ὑμῖν) πᾶσαν τὴν βουλὴν τοῦ Θεοῦ [ὑμῖν].

ΠΡΑΞΕΙΣ ΑΠΟΣΤΟΛΩΝ

28 προσέχετε (οὖν) ἑαυτοῖς καὶ παντὶ τῷ ποιμνίῳ, ἐν ᾧ ὑμᾶς τὸ Πνεῦμα τὸ Ἅγιον ἔθετο ἐπισκόπους, ποιμαίνειν τὴν ἐκκλησίαν τοῦ Θεοῦ, ἣν περιεποιήσατο διὰ [τοῦ αἵματος τοῦ ἰδίου] (τοῦ ἰδίου αἵματος). 29 ἐγὼ (γὰρ) οἶδα (τοῦτο) ὅτι εἰσελεύσονται μετὰ τὴν ἄφιξίν μου λύκοι βαρεῖς εἰς ὑμᾶς μὴ φειδόμενοι τοῦ ποιμνίου, 30 καὶ ἐξ ὑμῶν αὐτῶν ἀναστήσονται ἄνδρες λαλοῦντες διεστραμμένα τοῦ ἀποσπᾶν τοὺς μαθητὰς ὀπίσω ἑαυτῶν. 31 διὸ γρηγορεῖτε, μνημονεύοντες ὅτι τριετίαν νύκτα καὶ ἡμέραν οὐκ ἐπαυσάμην μετὰ δακρύων νουθετῶν ἕνα ἕκαστον. 32 καὶ τὰ νῦν παρατίθεμαι ὑμᾶς (ἀδελφοὶ) τῷ [Κυρίῳ] (Θεῷ) καὶ τῷ λόγῳ τῆς χάριτος αὐτοῦ τῷ δυναμένῳ οἰκοδομῆσαι καὶ δοῦναι (ὑμῖν) τὴν κληρονομίαν ἐν τοῖς ἡγιασμένοις πᾶσιν. 33 ἀργυρίου ἢ χρυσίου ἢ ἱματισμοῦ οὐδενὸς ἐπεθύμησα· 34 αὐτοὶ γινώσκετε ὅτι ταῖς χρείαις μου καὶ τοῖς οὖσιν μετ' ἐμοῦ ὑπηρέτησαν αἱ χεῖρες αὗται. 35 πάντα ὑπέδειξα ὑμῖν, ὅτι οὕτως κοπιῶντας δεῖ ἀντιλαμβάνεσθαι τῶν ἀσθενούντων, μνημονεύειν τε τῶν λόγων τοῦ Κυρίου Ἰησοῦ, ὅτι αὐτὸς εἶπεν Μακάριόν ἐστιν [μᾶλλον διδόναι] (διδόναι μᾶλλον) ἢ λαμβάνειν.

Weeping as Paul Bids Farewell

36 καὶ ταῦτα εἰπών, θεὶς τὰ γόνατα αὐτοῦ σὺν πᾶσιν αὐτοῖς προσηύξατο. 37 ἱκανὸς δὲ [κλαυθμὸς ἐγένετο] (ἐγένετο κλαυθμὸς) πάντων, καὶ ἐπιπεσόντες ἐπὶ τὸν τράχηλον τοῦ Παύλου κατεφίλουν αὐτόν, 38 ὀδυνώμενοι μάλιστα ἐπὶ τῷ λόγῳ ᾧ εἰρήκει, ὅτι οὐκέτι μέλλουσιν τὸ πρόσωπον αὐτοῦ θεωρεῖν. προέπεμπον δὲ αὐτὸν εἰς τὸ πλοῖον.

Acts 21

Believers at Tyre Warn Paul about Jerusalem

1 Ὡς δὲ ἐγένετο ἀναχθῆναι ἡμᾶς ἀποσπασθέντας ἀπ' αὐτῶν, εὐθυδρομήσαντες ἤλθομεν εἰς τὴν [Κῷ] (Κῶν), τῇ δὲ ἑξῆς εἰς τὴν Ῥόδον κἀκεῖθεν εἰς Πάταρα· 2 καὶ εὑρόντες πλοῖον διαπερῶν εἰς Φοινίκην, ἐπιβάντες ἀνήχθημεν. 3 ἀναφάναντες δὲ τὴν Κύπρον καὶ καταλιπόντες αὐτὴν εὐώνυμον ἐπλέομεν εἰς Συρίαν, καὶ κατήλθομεν εἰς Τύρον· ἐκεῖσε γὰρ (ἦν) τὸ πλοῖον [ἦν] ἀποφορτιζόμενον τὸν γόμον. 4 (καὶ) ἀνευρόντες [δὲ] τοὺς μαθητὰς ἐπεμείναμεν αὐτοῦ ἡμέρας ἑπτά· οἵτινες τῷ Παύλῳ ἔλεγον διὰ τοῦ Πνεύματος μὴ [ἐπιβαίνειν] (ἀναβαίνειν) εἰς Ἱεροσόλυμα.

5 ὅτε δὲ ἐγένετο (ἡμᾶς) ἐξαρτίσαι [ἡμᾶς] τὰς ἡμέρας, ἐξελθόντες ἐπορευόμεθα προπεμπόντων ἡμᾶς πάντων σὺν γυναιξὶ καὶ τέκνοις ἕως ἔξω τῆς πόλεως, καὶ θέντες τὰ γόνατα ἐπὶ τὸν αἰγιαλὸν [προσευξάμενοι] (προσηυξάμεθα) 6 (καὶ) ἀπησπασάμεθα ἀλλήλους, καὶ ἐνέβημεν εἰς τὸ πλοῖον, ἐκεῖνοι δὲ ὑπέστρεψαν εἰς τὰ ἴδια.

Agabus Prophesies Bondage at Jerusalem

7 Ἡμεῖς δὲ τὸν πλοῦν διανύσαντες ἀπὸ Τύρου κατηντήσαμεν εἰς Πτολεμαΐδα, καὶ ἀσπασάμενοι τοὺς ἀδελφοὺς ἐμείναμεν ἡμέραν μίαν παρ' αὐτοῖς. 8 τῇ δὲ ἐπαύριον ἐξελθόντες [ἤλθομεν] (οἱ περὶ τὸν Παῦλον ἦλθον) εἰς Καισαρίαν, καὶ εἰσελθόντες εἰς τὸν οἶκον Φιλίππου τοῦ εὐαγγελιστοῦ ὄντος ἐκ τῶν ἑπτὰ ἐμείναμεν παρ' αὐτῷ. 9 τούτῳ δὲ ἦσαν θυγατέρες [τέσσαρες παρθένοι] (παρθένοι τέσσαρες) προφητεύουσαι. 10 Ἐπιμενόντων δὲ (ἡμῶν) ἡμέρας πλείους κατῆλθέν τις ἀπὸ τῆς Ἰουδαίας προφήτης ὀνόματι Ἄγαβος, 11 καὶ ἐλθὼν πρὸς ἡμᾶς καὶ ἄρας τὴν ζώνην τοῦ Παύλου, δήσας [ἑαυτοῦ τοὺς πόδας καὶ τὰς χεῖρας] (τε αὐτοῦ τὰς χεῖρας καὶ τοὺς πόδας) εἶπεν Τάδε λέγει τὸ Πνεῦμα τὸ Ἅγιον Τὸν ἄνδρα οὗ ἐστιν ἡ ζώνη αὕτη οὕτως δήσουσιν ἐν Ἰερουσαλὴμ οἱ Ἰουδαῖοι καὶ παραδώσουσιν εἰς χεῖρας ἐθνῶν. 12 ὡς δὲ ἠκούσαμεν ταῦτα, παρεκαλοῦμεν ἡμεῖς τε καὶ οἱ ἐντόπιοι τοῦ μὴ ἀναβαίνειν αὐτὸν εἰς Ἰερουσαλήμ. 13 [τότε] ἀπεκρίθη (δὲ) ὁ Παῦλος Τί ποιεῖτε κλαίοντες καὶ συνθρύπτοντές μου τὴν καρδίαν; ἐγὼ γὰρ οὐ μόνον δεθῆναι ἀλλὰ καὶ ἀποθανεῖν εἰς Ἰερουσαλὴμ ἑτοίμως ἔχω ὑπὲρ τοῦ ὀνόματος τοῦ Κυρίου Ἰησοῦ. 14 μὴ πειθομένου δὲ αὐτοῦ ἡσυχάσαμεν εἰπόντες [Τοῦ Κυρίου τὸ θέλημα] (τὸ θέλημα Τοῦ Κυρίου) γινέσθω.

James Advises Paul to Appease the Jewish Believers

15 Μετὰ δὲ τὰς ἡμέρας ταύτας ἐπισκευασάμενοι ἀνεβαίνομεν εἰς Ἱεροσόλυμα· 16 συνῆλθον δὲ καὶ τῶν μαθητῶν ἀπὸ Καισαρίας σὺν ἡμῖν, ἄγοντες παρ' ᾧ ξενισθῶμεν Μνάσωνί τινι Κυπρίῳ, ἀρχαίῳ μαθητῇ. 17 Γενομένων δὲ ἡμῶν εἰς Ἱεροσόλυμα ἀσμένως [ἀπεδέξαντο] (ἐδέξαντο) ἡμᾶς οἱ ἀδελφοί. 18 τῇ δὲ ἐπιούσῃ εἰσῄει ὁ Παῦλος σὺν ἡμῖν πρὸς Ἰάκωβον, πάντες τε παρεγένοντο οἱ πρεσβύτεροι. 19 καὶ ἀσπασάμενος αὐτοὺς ἐξηγεῖτο καθ' ἓν ἕκαστον ὧν ἐποίησεν ὁ Θεὸς ἐν τοῖς ἔθνεσιν διὰ τῆς διακονίας αὐτοῦ. 20 οἱ δὲ ἀκούσαντες ἐδόξαζον τὸν [Θεόν] (Κύριον), εἶπάν τε αὐτῷ Θεωρεῖς, ἀδελφέ, πόσαι μυριάδες εἰσὶν [ἐν τοῖς] Ἰουδαίοις τῶν πεπιστευκότων, καὶ πάντες ζηλωταὶ τοῦ νόμου ὑπάρχουσιν·

ΠΡΑΞΕΙΣ ΑΠΟΣΤΟΛΩΝ

21 κατηχήθησαν δὲ περὶ σοῦ ὅτι ἀποστασίαν διδάσκεις ἀπὸ Μωϋσέως τοὺς κατὰ τὰ ἔθνη πάντας Ἰουδαίους, λέγων μὴ περιτέμνειν αὐτοὺς τὰ τέκνα μηδὲ τοῖς ἔθεσιν περιπατεῖν. 22 τί οὖν ἐστιν; πάντως (δεῖ πλῆθος συνελθεῖν) ἀκούσονται (γὰρ) ὅτι ἐλήλυθας. 23 τοῦτο οὖν ποίησον ὅ σοι λέγομεν· εἰσὶν ἡμῖν ἄνδρες τέσσαρες εὐχὴν ἔχοντες ἐφ᾽ ἑαυτῶν· 24 τούτους παραλαβὼν ἁγνίσθητι σὺν αὐτοῖς, καὶ δαπάνησον ἐπ᾽ αὐτοῖς ἵνα ξυρήσονται τὴν κεφαλήν, καὶ [γνώσονται] (γνῶσιν) πάντες ὅτι ὧν κατήχηνται περὶ σοῦ οὐδέν ἐστιν, ἀλλὰ στοιχεῖς καὶ αὐτὸς [φυλάσσων τὸν νόμον] (τὸν νόμον φυλάσσων). 25 περὶ δὲ τῶν πεπιστευκότων ἐθνῶν ἡμεῖς ἐπεστείλαμεν κρίναντες (μηδὲν τοιοῦτον τηρεῖν αὐτοὺς εἰ μὴ) φυλάσσεσθαι αὐτοὺς τό τε εἰδωλόθυτον καὶ αἷμα καὶ πνικτὸν καὶ πορνείαν. 26 τότε ὁ Παῦλος παραλαβὼν τοὺς ἄνδρας τῇ ἐχομένῃ ἡμέρᾳ σὺν αὐτοῖς ἁγνισθεὶς εἰσῄει εἰς τὸ ἱερόν, διαγγέλλων τὴν ἐκπλήρωσιν τῶν ἡμερῶν τοῦ ἁγνισμοῦ, ἕως οὗ προσηνέχθη ὑπὲρ ἑνὸς ἑκάστου αὐτῶν ἡ προσφορά.

Paul is Arrested in the Temple

27 Ὡς δὲ ἔμελλον αἱ ἑπτὰ ἡμέραι συντελεῖσθαι, οἱ ἀπὸ τῆς Ἀσίας Ἰουδαῖοι θεασάμενοι αὐτὸν ἐν τῷ ἱερῷ συνέχεον πάντα τὸν ὄχλον, καὶ ἐπέβαλαν [ἐπ᾽ αὐτὸν τὰς χεῖρας] (τὰς χεῖρας ἐπ᾽ αὐτόν), 28 κράζοντες Ἄνδρες Ἰσραηλεῖται, βοηθεῖτε· οὗτός ἐστιν ὁ ἄνθρωπος ὁ κατὰ τοῦ λαοῦ καὶ τοῦ νόμου καὶ τοῦ τόπου τούτου πάντας πανταχῇ διδάσκων, ἔτι τε καὶ Ἕλληνας εἰσήγαγεν εἰς τὸ ἱερὸν καὶ κεκοίνωκεν τὸν ἅγιον τόπον τοῦτον. 29 ἦσαν γὰρ προεωρακότες Τρόφιμον τὸν Ἐφέσιον ἐν τῇ πόλει σὺν αὐτῷ, ὃν ἐνόμιζον ὅτι εἰς τὸ ἱερὸν εἰσήγαγεν ὁ Παῦλος. 30 ἐκινήθη τε ἡ πόλις ὅλη καὶ ἐγένετο συνδρομὴ τοῦ λαοῦ, καὶ ἐπιλαβόμενοι τοῦ Παύλου εἷλκον αὐτὸν ἔξω τοῦ ἱεροῦ, καὶ εὐθέως ἐκλείσθησαν αἱ θύραι. 31 Ζητούντων τε αὐτὸν ἀποκτεῖναι ἀνέβη φάσις τῷ χιλιάρχῳ τῆς σπείρης ὅτι ὅλη συγχύννεται Ἰερουσαλήμ· 32 ὃς ἐξαυτῆς παραλαβὼν στρατιώτας καὶ ἑκατοντάρχας κατέδραμεν ἐπ᾽ αὐτούς· οἱ δὲ ἰδόντες τὸν χιλίαρχον καὶ τοὺς στρατιώτας ἐπαύσαντο τύπτοντες τὸν Παῦλον. 33 τότε ἐγγίσας ὁ χιλίαρχος ἐπελάβετο αὐτοῦ καὶ ἐκέλευσεν δεθῆναι ἁλύσεσι δυσί, καὶ ἐπυνθάνετο τίς (ἂν) εἴη καὶ τί ἐστιν πεποιηκώς. 34 ἄλλοι δὲ ἄλλο τι [ἐπεφώνουν] (ἐβόων) ἐν τῷ ὄχλῳ· μὴ δυναμένου δὲ αὐτοῦ γνῶναι τὸ ἀσφαλὲς διὰ τὸν θόρυβον, ἐκέλευσεν ἄγεσθαι αὐτὸν εἰς τὴν παρεμβολήν. 35 ὅτε δὲ ἐγένετο ἐπὶ τοὺς ἀναβαθμούς, συνέβη βαστάζεσθαι αὐτὸν ὑπὸ τῶν στρατιωτῶν διὰ τὴν βίαν τοῦ ὄχλου· 36 ἠκολούθει γὰρ τὸ πλῆθος τοῦ λαοῦ [κράζοντες] (κρᾶζον) Αἶρε αὐτόν.

ΠΡΑΞΕΙΣ ΑΠΟΣΤΟΛΩΝ

Paul Appeals to the Commander

37 Μέλλων τε εἰσάγεσθαι εἰς τὴν παρεμβολὴν ὁ Παῦλος λέγει τῷ χιλιάρχῳ Εἰ ἔξεστίν μοι εἰπεῖν τι πρὸς σέ; ὁ δὲ ἔφη Ἑλληνιστὶ γινώσκεις; 38 οὐκ ἄρα σὺ εἶ ὁ Αἰγύπτιος ὁ πρὸ τούτων τῶν ἡμερῶν ἀναστατώσας καὶ ἐξαγαγὼν εἰς τὴν ἔρημον τοὺς τετρακισχιλίους ἄνδρας τῶν σικαρίων; 39 εἶπεν δὲ ὁ Παῦλος Ἐγὼ ἄνθρωπος μέν εἰμι Ἰουδαῖος, Ταρσεύς, τῆς Κιλικίας οὐκ ἀσήμου πόλεως πολίτης· δέομαι δέ σου, ἐπίτρεψόν μοι λαλῆσαι πρὸς τὸν λαόν. 40 ἐπιτρέψαντος δὲ αὐτοῦ ὁ Παῦλος ἑστὼς ἐπὶ τῶν ἀναβαθμῶν κατέσεισεν τῇ χειρὶ τῷ λαῷ· πολλῆς δὲ σιγῆς γενομένης προσεφώνησεν τῇ Ἑβραΐδι διαλέκτῳ λέγων

Acts 22

Paul's Defense Before the Jews

1 Ἄνδρες ἀδελφοὶ καὶ πατέρες, ἀκούσατέ μου τῆς πρὸς ὑμᾶς [νυνὶ] (νῦν) ἀπολογίας. 2 —ἀκούσαντες δὲ ὅτι τῇ Ἑβραΐδι διαλέκτῳ προσεφώνει αὐτοῖς μᾶλλον παρέσχον ἡσυχίαν. καὶ φησίν— 3 Ἐγώ (μὲν) εἰμι ἀνὴρ Ἰουδαῖος, γεγεννημένος ἐν Ταρσῷ τῆς Κιλικίας, ἀνατεθραμμένος δὲ ἐν τῇ πόλει ταύτῃ, παρὰ τοὺς πόδας Γαμαλιὴλ πεπαιδευμένος κατὰ ἀκρίβειαν τοῦ πατρῴου νόμου, ζηλωτὴς ὑπάρχων τοῦ Θεοῦ καθὼς πάντες ὑμεῖς ἐστε σήμερον· 4 ὃς ταύτην τὴν Ὁδὸν ἐδίωξα ἄχρι θανάτου, δεσμεύων καὶ παραδιδοὺς εἰς φυλακὰς ἄνδρας τε καὶ γυναῖκας, 5 ὡς καὶ ὁ ἀρχιερεὺς μαρτυρεῖ μοι καὶ πᾶν τὸ πρεσβυτέριον· παρ' ὧν καὶ ἐπιστολὰς δεξάμενος πρὸς τοὺς ἀδελφοὺς εἰς Δαμασκὸν ἐπορευόμην, ἄξων καὶ τοὺς ἐκεῖσε ὄντας δεδεμένους εἰς Ἰερουσαλὴμ ἵνα τιμωρηθῶσιν. 6 Ἐγένετο δέ μοι πορευομένῳ καὶ ἐγγίζοντι τῇ Δαμασκῷ περὶ μεσημβρίαν ἐξαίφνης ἐκ τοῦ οὐρανοῦ περιαστράψαι φῶς ἱκανὸν περὶ ἐμέ, 7 ἔπεσά τε εἰς τὸ ἔδαφος καὶ ἤκουσα φωνῆς λεγούσης μοι Σαοὺλ Σαούλ, τί με διώκεις; 8 ἐγὼ δὲ ἀπεκρίθην Τίς εἶ, Κύριε; εἶπέν τε πρὸς [ἐμέ] (με) Ἐγώ εἰμι Ἰησοῦς ὁ Ναζωραῖος, ὃν σὺ διώκεις. 9 οἱ δὲ σὺν ἐμοὶ ὄντες τὸ μὲν φῶς ἐθεάσαντο (καὶ ἔμφοβοι ἐγένοντο), τὴν δὲ φωνὴν οὐκ ἤκουσαν τοῦ λαλοῦντός μοι. 10 εἶπον δέ Τί ποιήσω, Κύριε; ὁ δὲ Κύριος εἶπεν πρός με Ἀναστὰς πορεύου εἰς Δαμασκόν, κἀκεῖ σοι λαληθήσεται περὶ πάντων ὧν τέτακταί σοι ποιῆσαι. 11 ὡς δὲ οὐκ ἐνέβλεπον ἀπὸ τῆς δόξης τοῦ φωτὸς ἐκείνου, χειραγωγούμενος ὑπὸ τῶν συνόντων μοι ἦλθον εἰς Δαμασκόν. 12 Ἁνανίας δέ τις ἀνὴρ [εὐλαβὴς] (εὐσεβὴς) κατὰ τὸν νόμον, μαρτυρούμενος ὑπὸ πάντων τῶν κατοικούντων Ἰουδαίων,

ΠΡΑΞΕΙΣ ΑΠΟΣΤΟΛΩΝ

13 ἐλθὼν πρὸς [ἐμὲ] (με) καὶ ἐπιστὰς εἶπέν μοι Σαοὺλ ἀδελφέ, ἀνάβλεψον. κἀγὼ αὐτῇ τῇ ὥρᾳ ἀνέβλεψα εἰς αὐτόν. 14 ὁ δὲ εἶπεν Ὁ Θεὸς τῶν πατέρων ἡμῶν προεχειρίσατό σε γνῶναι τὸ θέλημα αὐτοῦ καὶ ἰδεῖν τὸν Δίκαιον καὶ ἀκοῦσαι φωνὴν ἐκ τοῦ στόματος αὐτοῦ, 15 ὅτι ἔσῃ μάρτυς αὐτῷ πρὸς πάντας ἀνθρώπους ὧν ἑώρακας καὶ ἤκουσας. 16 καὶ νῦν τί μέλλεις; ἀναστὰς βάπτισαι καὶ ἀπόλουσαι τὰς ἁμαρτίας σου, ἐπικαλεσάμενος τὸ ὄνομα [αὐτοῦ] (τοῦ Κυρίου). 17 Ἐγένετο δέ μοι ὑποστρέψαντι εἰς Ἰερουσαλὴμ καὶ προσευχομένου μου ἐν τῷ ἱερῷ γενέσθαι με ἐν ἐκστάσει 18 καὶ ἰδεῖν αὐτὸν λέγοντά μοι Σπεῦσον καὶ ἔξελθε ἐν τάχει ἐξ Ἰερουσαλήμ, διότι οὐ παραδέξονταί σου (τὴν) μαρτυρίαν περὶ ἐμοῦ. 19 κἀγὼ εἶπον Κύριε, αὐτοὶ ἐπίστανται ὅτι ἐγὼ ἤμην φυλακίζων καὶ δέρων κατὰ τὰς συναγωγὰς τοὺς πιστεύοντας ἐπὶ σέ· 20 καὶ ὅτε [ἐξεχύννετο] (ἐξεχεῖτο) τὸ αἷμα Στεφάνου τοῦ μάρτυρός σου, καὶ αὐτὸς ἤμην ἐφεστὼς καὶ συνευδοκῶν (τῇ ἀναιρέσει αὐτοῦ) καὶ φυλάσσων τὰ ἱμάτια τῶν ἀναιρούντων αὐτόν. 21 καὶ εἶπεν πρός με Πορεύου, ὅτι ἐγὼ εἰς ἔθνη μακρὰν ἐξαποστελῶ σε.

Paul Asserts His Roman Citizenship

22 Ἤκουον δὲ αὐτοῦ ἄχρι τούτου τοῦ λόγου, καὶ ἐπῆραν τὴν φωνὴν αὐτῶν λέγοντες Αἶρε ἀπὸ τῆς γῆς τὸν τοιοῦτον· οὐ γὰρ [καθῆκεν] (καθῆκον) αὐτὸν ζῆν. 23 κραυγαζόντων [τε] (δὲ) αὐτῶν καὶ ῥιπτούντων τὰ ἱμάτια καὶ κονιορτὸν βαλλόντων εἰς τὸν ἀέρα, 24 ἐκέλευσεν (αὐτὸν) ὁ χιλίαρχος [εἰσάγεσθαι] (ἄγεσθαι) [αὐτὸν] εἰς τὴν παρεμβολήν, [εἴπας] (εἰπὼν) μάστιξιν ἀνετάζεσθαι αὐτόν, ἵνα ἐπιγνῷ δι᾽ ἣν αἰτίαν οὕτως ἐπεφώνουν αὐτῷ. 25 ὡς δὲ προέτειναν αὐτὸν τοῖς ἱμᾶσιν, εἶπεν πρὸς τὸν ἑστῶτα ἑκατόνταρχον ὁ Παῦλος Εἰ ἄνθρωπον Ῥωμαῖον καὶ ἀκατάκριτον ἔξεστιν ὑμῖν μαστίζειν; 26 ἀκούσας δὲ ὁ ἑκατοντάρχης προσελθὼν [τῷ χιλιάρχῳ ἀπήγγειλεν] (ἀπήγγειλεν τῷ χιλιάρχῳ) λέγων (Ὅρα) Τί μέλλεις ποιεῖν; ὁ γὰρ ἄνθρωπος οὗτος Ῥωμαῖός ἐστιν. 27 προσελθὼν δὲ ὁ χιλίαρχος εἶπεν αὐτῷ Λέγε μοι (εἰ), σὺ Ῥωμαῖος εἶ; ὁ δὲ ἔφη Ναί. 28 ἀπεκρίθη [δὲ] (τε) ὁ χιλίαρχος Ἐγὼ πολλοῦ κεφαλαίου τὴν πολιτείαν ταύτην ἐκτησάμην. ὁ δὲ Παῦλος ἔφη Ἐγὼ δὲ καὶ γεγέννημαι. 29 εὐθέως οὖν ἀπέστησαν ἀπ᾽ αὐτοῦ οἱ μέλλοντες αὐτὸν ἀνετάζειν· καὶ ὁ χιλίαρχος δὲ ἐφοβήθη ἐπιγνοὺς ὅτι Ῥωμαῖός ἐστιν καὶ ὅτι (ἦν) αὐτὸν [ἦν] δεδεκώς.

ΠΡΑΞΕΙΣ ΑΠΟΣΤΟΛΩΝ

30 Τῇ δὲ ἐπαύριον βουλόμενος γνῶναι τὸ ἀσφαλές, τὸ τί κατηγορεῖται [ὑπὸ] (παρὰ) τῶν Ἰουδαίων, ἔλυσεν αὐτόν (ἀπὸ τῶν δεσμῶν), καὶ ἐκέλευσεν [συνελθεῖν] (ἐλθεῖν) τοὺς ἀρχιερεῖς καὶ [πᾶν] (ὅλον) τὸ συνέδριον (αὐτῶν), καὶ καταγαγὼν τὸν Παῦλον ἔστησεν εἰς αὐτούς.

Acts 23

Paul's Defense Before the Council

1 ἀτενίσας δὲ ὁ Παῦλος τῷ συνεδρίῳ εἶπεν Ἄνδρες ἀδελφοί, ἐγὼ πάσῃ συνειδήσει ἀγαθῇ πεπολίτευμαι τῷ Θεῷ ἄχρι ταύτης τῆς ἡμέρας. 2 ὁ δὲ ἀρχιερεὺς Ἀνανίας ἐπέταξεν τοῖς παρεστῶσιν αὐτῷ τύπτειν αὐτοῦ τὸ στόμα. 3 τότε ὁ Παῦλος πρὸς αὐτὸν εἶπεν Τύπτειν σε μέλλει ὁ Θεός, τοῖχε κεκονιαμένε· καὶ σὺ κάθῃ κρίνων με κατὰ τὸν νόμον, καὶ παρανομῶν κελεύεις με τύπτεσθαι; 4 οἱ δὲ παρεστῶτες [εἶπαν] (εἶπον) Τὸν ἀρχιερέα τοῦ Θεοῦ λοιδορεῖς; 5 ἔφη τε ὁ Παῦλος Οὐκ ᾔδειν, ἀδελφοί, ὅτι ἐστὶν ἀρχιερεύς· γέγραπται γὰρ [ὅτι] Ἄρχοντα τοῦ λαοῦ σου οὐκ ἐρεῖς κακῶς. 6 γνοὺς δὲ ὁ Παῦλος ὅτι τὸ ἓν μέρος ἐστὶν Σαδδουκαίων τὸ δὲ ἕτερον Φαρισαίων [ἔκραζεν] (ἔκραξεν) ἐν τῷ συνεδρίῳ Ἄνδρες ἀδελφοί, ἐγὼ Φαρισαῖός εἰμι, υἱὸς [Φαρισαίων] (Φαρισαίου)· περὶ ἐλπίδος καὶ ἀναστάσεως νεκρῶν (ἐγὼ) κρίνομαι. 7 τοῦτο δὲ αὐτοῦ [λαλοῦντος] (λαλήσαντος) ἐγένετο στάσις τῶν Φαρισαίων καὶ Σαδδουκαίων, καὶ ἐσχίσθη τὸ πλῆθος. 8 Σαδδουκαῖοι (μὲν) γὰρ λέγουσιν μὴ εἶναι ἀνάστασιν [μήτε] (μηδὲ) ἄγγελον μήτε πνεῦμα, Φαρισαῖοι δὲ ὁμολογοῦσιν τὰ ἀμφότερα. 9 ἐγένετο δὲ κραυγὴ μεγάλη, καὶ ἀναστάντες [τινὲς τῶν] (οἱ) [γραμματέων] (γραμματεῖς) τοῦ μέρους τῶν Φαρισαίων διεμάχοντο λέγοντες Οὐδὲν κακὸν εὑρίσκομεν ἐν τῷ ἀνθρώπῳ τούτῳ· εἰ δὲ πνεῦμα ἐλάλησεν αὐτῷ ἢ ἄγγελος (μὴ θεομαχωμεν); 10 πολλῆς δὲ γινομένης στάσεως [φοβηθεὶς] (εὐλαβηθεὶς) ὁ χιλίαρχος μὴ διασπασθῇ ὁ Παῦλος ὑπ' αὐτῶν, ἐκέλευσεν τὸ στράτευμα καταβὰν ἁρπάσαι αὐτὸν ἐκ μέσου αὐτῶν ἄγειν τε εἰς τὴν παρεμβολήν.

The Plot to Kill Paul

11 Τῇ δὲ ἐπιούσῃ νυκτὶ ἐπιστὰς αὐτῷ ὁ Κύριος εἶπεν Θάρσει (Παῦλε)· ὡς γὰρ διεμαρτύρω τὰ περὶ ἐμοῦ εἰς Ἰερουσαλὴμ οὕτω σε δεῖ καὶ εἰς Ῥώμην μαρτυρῆσαι. 12 Γενομένης δὲ ἡμέρας ποιήσαντες [συστροφὴν οἱ Ἰουδαῖοι] (τινες τῶν Ἰουδαίων συστροφὴν) ἀνεθεμάτισαν ἑαυτοὺς, λέγοντες μήτε φαγεῖν μήτε πιεῖν ἕως οὗ ἀποκτείνωσιν τὸν Παῦλον. 13 ἦσαν δὲ πλείους τεσσεράκοντα οἱ ταύτην τὴν συνωμοσίαν [ποιησάμενοι] (πεποιηκότες)·

ΠΡΑΞΕΙΣ ΑΠΟΣΤΟΛΩΝ

14 οἵτινες προσελθόντες τοῖς ἀρχιερεῦσιν καὶ τοῖς πρεσβυτέροις εἶπαν Ἀναθέματι ἀνεθεματίσαμεν ἑαυτοὺς μηδενὸς γεύσασθαι ἕως οὗ ἀποκτείνωμεν τὸν Παῦλον. 15 νῦν οὖν ὑμεῖς ἐμφανίσατε τῷ χιλιάρχῳ σὺν τῷ συνεδρίῳ ὅπως (αὔριον αὐτὸν) καταγάγῃ [αὐτὸν εἰς] (πρὸς) ὑμᾶς ὡς μέλλοντας διαγινώσκειν ἀκριβέστερον τὰ περὶ αὐτοῦ· ἡμεῖς δὲ πρὸ τοῦ ἐγγίσαι αὐτὸν ἕτοιμοί ἐσμεν τοῦ ἀνελεῖν αὐτόν. 16 Ἀκούσας δὲ ὁ υἱὸς τῆς ἀδελφῆς Παύλου τὴν ἐνέδραν, παραγενόμενος καὶ εἰσελθὼν εἰς τὴν παρεμβολὴν ἀπήγγειλεν τῷ Παύλῳ. 17 προσκαλεσάμενος δὲ ὁ Παῦλος ἕνα τῶν ἑκατονταρχῶν ἔφη· Τὸν νεανίαν τοῦτον ἄπαγε πρὸς τὸν χιλίαρχον, ἔχει γὰρ (τι) ἀπαγγεῖλαί [τι] αὐτῷ. 18 ὁ μὲν οὖν παραλαβὼν αὐτὸν ἤγαγεν πρὸς τὸν χιλίαρχον καὶ φησίν Ὁ δέσμιος Παῦλος προσκαλεσάμενός με ἠρώτησεν τοῦτον τὸν νεανίσκον ἀγαγεῖν πρὸς σέ, ἔχοντά τι λαλῆσαί σοι. 19 ἐπιλαβόμενος δὲ τῆς χειρὸς αὐτοῦ ὁ χιλίαρχος καὶ ἀναχωρήσας κατ' ἰδίαν ἐπυνθάνετο Τί ἐστιν ὃ ἔχεις ἀπαγγεῖλαί μοι; 20 εἶπεν δὲ ὅτι Οἱ Ἰουδαῖοι συνέθεντο τοῦ ἐρωτῆσαί σε ὅπως αὔριον [τὸν Παῦλον καταγάγῃς εἰς τὸ συνέδριον] (εἰς τὸ συνέδριον καταγάγῃς τὸν Παῦλον) ὡς [μέλλων] (μέλλοντές) τι ἀκριβέστερον πυνθάνεσθαι περὶ αὐτοῦ. 21 σὺ οὖν μὴ πεισθῇς αὐτοῖς· ἐνεδρεύουσιν γὰρ αὐτὸν ἐξ αὐτῶν ἄνδρες πλείους τεσσεράκοντα, οἵτινες ἀνεθεμάτισαν ἑαυτοὺς μήτε φαγεῖν μήτε πιεῖν ἕως οὗ ἀνέλωσιν αὐτόν, καὶ νῦν [εἰσιν ἕτοιμοι] (ἕτοιμοι εἰσιν) προσδεχόμενοι τὴν ἀπὸ σοῦ ἐπαγγελίαν. 22 ὁ μὲν οὖν χιλίαρχος ἀπέλυσε τὸν νεανίσκον, παραγγείλας μηδενὶ ἐκλαλῆσαι ὅτι ταῦτα ἐνεφάνισας πρὸς [ἐμέ] (με).

Paul is Escorted to Caesarea

23 Καὶ προσκαλεσάμενός [τινας δύο] (δύο τινὰς) τῶν ἑκατονταρχῶν εἶπεν Ἑτοιμάσατε στρατιώτας διακοσίους ὅπως πορευθῶσιν ἕως Καισαρίας, καὶ ἱππεῖς ἑβδομήκοντα καὶ δεξιολάβους διακοσίους, ἀπὸ τρίτης ὥρας τῆς νυκτός, 24 κτήνη τε παραστῆσαι ἵνα ἐπιβιβάσαντες τὸν Παῦλον διασώσωσι πρὸς Φήλικα τὸν ἡγεμόνα, 25 γράψας ἐπιστολὴν ἔχουσαν τὸν τύπον τοῦτον 26 Κλαύδιος Λυσίας τῷ κρατίστῳ ἡγεμόνι Φήλικι χαίρειν. 27 Τὸν ἄνδρα τοῦτον συλλημφθέντα ὑπὸ τῶν Ἰουδαίων καὶ μέλλοντα ἀναιρεῖσθαι ὑπ' αὐτῶν ἐπιστὰς σὺν τῷ στρατεύματι ἐξειλάμην (αὐτὸν), μαθὼν ὅτι Ῥωμαῖός ἐστιν· 28 βουλόμενός [τε ἐπιγνῶναι] (δὲ γνῶναι) τὴν αἰτίαν δι' ἣν ἐνεκάλουν αὐτῷ, κατήγαγον (αὐτὸν) εἰς τὸ συνέδριον αὐτῶν· 29 ὃν εὗρον ἐγκαλούμενον περὶ ζητημάτων τοῦ νόμου αὐτῶν, μηδὲν δὲ ἄξιον θανάτου ἢ δεσμῶν [ἔχοντα ἔγκλημα] (ἔγκλημα ἔχοντα).

30 μηνυθείσης δέ μοι έπιβουλῆς εἰς τὸν ἄνδρα (μελλείν) ἔσεσθαι (ὑπὸ τῶν Ἰουδαίων), ἐξαυτῆς ἔπεμψα πρὸς σέ, παραγγείλας καὶ τοῖς κατηγόροις λέγειν (τὰ) πρὸς αὐτὸν ἐπὶ σοῦ (Ἔρρωσο). 31 Οἱ μὲν οὖν στρατιῶται κατὰ τὸ διατεταγμένον αὐτοῖς ἀναλαβόντες τὸν Παῦλον ἤγαγον διὰ (τῆς) νυκτὸς εἰς τὴν Ἀντιπατρίδα· 32 τῇ δὲ ἐπαύριον ἐάσαντες τοὺς ἱππεῖς [ἀπέρχεσθαι] (πορεύεσθαι) σὺν αὐτῷ, ὑπέστρεψαν εἰς τὴν παρεμβολήν· 33 οἵτινες εἰσελθόντες εἰς τὴν Καισαρίαν καὶ ἀναδόντες τὴν ἐπιστολὴν τῷ ἡγεμόνι, παρέστησαν καὶ τὸν Παῦλον αὐτῷ. 34 ἀναγνοὺς δὲ (ὁ ἡγεμὼν) καὶ ἐπερωτήσας ἐκ ποίας ἐπαρχείας ἐστὶν, καὶ πυθόμενος ὅτι ἀπὸ Κιλικίας 35 Διακούσομαί σου, ἔφη, ὅταν καὶ οἱ κατήγοροί σου παραγένωνται· [κελεύσας] (ἐκέλευσεν τε αὐτόν) ἐν τῷ πραιτωρίῳ τοῦ Ἡρῴδου φυλάσσεσθαι [αὐτόν].

Acts 24

Paul Appears Before Felix

1 Μετὰ δὲ πέντε ἡμέρας κατέβη ὁ ἀρχιερεὺς Ἀνανίας μετὰ πρεσβυτέρων [τινῶν] καὶ ῥήτορος Τερτύλλου τινός, οἵτινες ἐνεφάνισαν τῷ ἡγεμόνι κατὰ τοῦ Παύλου. 2 κληθέντος δὲ αὐτοῦ ἤρξατο κατηγορεῖν ὁ Τέρτυλλος λέγων Πολλῆς εἰρήνης τυγχάνοντες διὰ σοῦ καὶ [διορθωμάτων] (κατορθωμάτων) γινομένων τῷ ἔθνει τούτῳ διὰ τῆς σῆς προνοίας, 3 πάντῃ τε καὶ πανταχοῦ ἀποδεχόμεθα, κράτιστε Φῆλιξ, μετὰ πάσης εὐχαριστίας. 4 ἵνα δὲ μὴ ἐπὶ πλεῖόν σε ἐνκόπτω, παρακαλῶ ἀκοῦσαί σε ἡμῶν συντόμως τῇ σῇ ἐπιεικείᾳ. 5 εὑρόντες γὰρ τὸν ἄνδρα τοῦτον λοιμὸν καὶ κινοῦντα στάσεις πᾶσιν τοῖς Ἰουδαίοις τοῖς κατὰ τὴν οἰκουμένην πρωτοστάτην τε τῆς τῶν Ναζωραίων αἱρέσεως, 6 ὃς καὶ τὸ ἱερὸν ἐπείρασεν βεβηλῶσαι, ὃν καὶ ἐκρατήσαμεν, (καὶ κατὰ τόν ἡμέτερον νόμον ἠθελήσαμεν κρίνειν 7 παρελθὼν δὲ Λυσίας ὁ χιλίαρχος μετὰ πολλῆς βίας ἐκ τῶν χειρῶν ἡμῶν ἀπήγαγεν 8 κελεύσας τούς κατηγόρους αὐτοῦ ἔρχεσθαι ἐπί σέ) [8] παρ' οὗ δυνήσῃ αὐτὸς ἀνακρίνας περὶ πάντων τούτων ἐπιγνῶναι ὧν ἡμεῖς κατηγοροῦμεν αὐτοῦ. 9 συνεπέθεντο δὲ καὶ οἱ Ἰουδαῖοι φάσκοντες ταῦτα οὕτως ἔχειν. 10 Ἀπεκρίθη [τε] (δέ) ὁ Παῦλος, νεύσαντος αὐτῷ τοῦ ἡγεμόνος λέγειν Ἐκ πολλῶν ἐτῶν ὄντα σε κριτὴν τῷ ἔθνει τούτῳ ἐπιστάμενος [εὐθύμως] (εὐθυμότερον) τὰ περὶ ἐμαυτοῦ ἀπολογοῦμαι, 11 δυναμένου σου [ἐπιγνῶναι] (γνῶναι) ὅτι οὐ πλείους εἰσίν μοι ἡμέραι [δώδεκα] (ἢ δεκαδύο) ἀφ' ἧς ἀνέβην προσκυνήσων [εἰς] (ἐν) Ἰερουσαλήμ,

ΠΡΑΞΕΙΣ ΑΠΟΣΤΟΛΩΝ

12 καὶ οὔτε ἐν τῷ ἱερῷ εὗρόν με πρός τινα διαλεγόμενον ἢ ἐπίστασιν ποιοῦντα ὄχλου, οὔτε ἐν ταῖς συναγωγαῖς οὔτε κατὰ τὴν πόλιν, 13 οὐδὲ παραστῆσαι (με) δύνανταί [σοι] περὶ ὧν [νυνὶ] (νῦν) κατηγοροῦσίν μου. 14 ὁμολογῶ δὲ τοῦτό σοι, ὅτι κατὰ τὴν Ὁδὸν ἣν λέγουσιν αἵρεσιν οὕτως λατρεύω τῷ πατρῴῳ Θεῷ, πιστεύων πᾶσι τοῖς κατὰ τὸν νόμον καὶ τοῖς [ἐν τοῖς] προφήταις γεγραμμένοις, 15 ἐλπίδα ἔχων εἰς τὸν Θεόν, ἣν καὶ αὐτοὶ οὗτοι προσδέχονται, ἀνάστασιν μέλλειν ἔσεσθαι (νεκρῶν) δικαίων τε καὶ ἀδίκων. 16 ἐν τούτῳ [καὶ] (δὲ) αὐτὸς ἀσκῶ ἀπρόσκοπον συνείδησιν ἔχειν πρὸς τὸν Θεὸν καὶ τοὺς ἀνθρώπους διὰ παντός. 17 δι' ἐτῶν δὲ πλειόνων (παρεγενόμην) ἐλεημοσύνας ποιήσων εἰς τὸ ἔθνος μου παρεγενόμην καὶ προσφοράς, 18 ἐν αἷς εὗρόν με ἡγνισμένον ἐν τῷ ἱερῷ, οὐ μετὰ ὄχλου οὐδὲ μετὰ θορύβου, τινὲς δὲ ἀπὸ τῆς Ἀσίας Ἰουδαῖοι, 19 οὓς ἔδει ἐπὶ σοῦ παρεῖναι καὶ κατηγορεῖν εἴ τι ἔχοιεν πρὸς [ἐμέ] (μέ). 20 ἢ αὐτοὶ οὗτοι εἰπάτωσαν [τί εὗρον] (εἴ τί εὗρον ἐν ἐμοὶ) ἀδίκημα στάντος μου ἐπὶ τοῦ συνεδρίου, 21 ἢ περὶ μιᾶς ταύτης φωνῆς ἧς [ἐκέκραξα ἐν αὐτοῖς ἑστὼς] (ἔκραξα ἑστὼς ἐν αὐτοῖς) ὅτι Περὶ ἀναστάσεως νεκρῶν ἐγὼ κρίνομαι σήμερον [ἐφ'] (ὑφ') ὑμῶν.

Paul is Kept Under Guard

22 [Ἀνεβάλετο δὲ αὐτοὺς] (Ἀκούσας δὲ ταῦτα) ὁ Φῆλιξ (Ἀνεβάλετο αὐτοὺς), ἀκριβέστερον εἰδὼς τὰ περὶ τῆς [Ὁδοῦ, εἴπας] (ὁδοῦ εἴπων) Ὅταν Λυσίας ὁ χιλίαρχος καταβῇ, διαγνώσομαι τὰ καθ' ὑμᾶς· 23 διαταξάμενος (τε) τῷ ἑκατοντάρχῃ τηρεῖσθαι (τὸν Παῦλον) [αὐτὸν] ἔχειν τε ἄνεσιν καὶ μηδένα κωλύειν τῶν ἰδίων αὐτοῦ ὑπηρετεῖν (ἢ προσέρχεσθαι) αὐτῷ. 24 Μετὰ δὲ ἡμέρας τινὰς παραγενόμενος ὁ Φῆλιξ σὺν Δρουσίλλῃ τῇ ἰδίᾳ γυναικὶ οὔσῃ Ἰουδαίᾳ μετεπέμψατο τὸν Παῦλον, καὶ ἤκουσεν αὐτοῦ περὶ τῆς εἰς Χριστὸν [Ἰησοῦν] πίστεως. 25 διαλεγομένου δὲ αὐτοῦ περὶ δικαιοσύνης καὶ ἐγκρατείας καὶ τοῦ κρίματος τοῦ μέλλοντος (ἔσεσθαι) ἔμφοβος γενόμενος ὁ Φῆλιξ ἀπεκρίθη Τὸ νῦν ἔχον πορεύου, καιρὸν δὲ μεταλαβὼν μετακαλέσομαί σε· 26 ἅμα (δὲ) καὶ ἐλπίζων ὅτι χρήματα δοθήσεται αὐτῷ ὑπὸ τοῦ Παύλου· (ὅπως λύσῃ αὐτὸν) διὸ καὶ πυκνότερον αὐτὸν μεταπεμπόμενος ὡμίλει αὐτῷ. 27 Διετίας δὲ πληρωθείσης ἔλαβεν διάδοχον ὁ Φῆλιξ Πόρκιον Φῆστον· θέλων τε χάριτα καταθέσθαι τοῖς Ἰουδαίοις ὁ Φῆλιξ κατέλιπε τὸν Παῦλον δεδεμένον.

ΠΡΑΞΕΙΣ ΑΠΟΣΤΟΛΩΝ

Acts 25

Paul is Tried Before Festus

1 Φῆστος οὖν ἐπιβὰς τῇ ἐπαρχείῳ μετὰ τρεῖς ἡμέρας ἀνέβη εἰς Ἱεροσόλυμα ἀπὸ Καισαρίας, 2 ἐνεφάνισάν τε αὐτῷ οἱ ἀρχιερεῖς καὶ οἱ πρῶτοι τῶν Ἰουδαίων κατὰ τοῦ Παύλου, καὶ παρεκάλουν αὐτὸν 3 αἰτούμενοι χάριν κατ' αὐτοῦ, ὅπως μεταπέμψηται αὐτὸν εἰς Ἰερουσαλήμ, ἐνέδραν ποιοῦντες ἀνελεῖν αὐτὸν κατὰ τὴν ὁδόν. 4 ὁ μὲν οὖν Φῆστος ἀπεκρίθη τηρεῖσθαι τὸν Παῦλον εἰς Καισαρίαν, ἑαυτὸν δὲ μέλλειν ἐν τάχει ἐκπορεύεσθαι· 5 Οἱ οὖν (δυνατοὶ) ἐν ὑμῖν, φησίν, [δυνατοὶ] συνκαταβάντες εἴ τί ἐστιν ἐν τῷ ἀνδρὶ [ἄτοπον] (τούτῳ), κατηγορείτωσαν αὐτοῦ. 6 Διατρίψας δὲ ἐν αὐτοῖς ἡμέρας [οὐ] πλείους [ὀκτὼ] ἢ δέκα, καταβὰς εἰς Καισαρίαν, τῇ ἐπαύριον καθίσας ἐπὶ τοῦ βήματος ἐκέλευσεν τὸν Παῦλον ἀχθῆναι. 7 παραγενομένου δὲ αὐτοῦ περιέστησαν [αὐτὸν] οἱ ἀπὸ Ἱεροσολύμων καταβεβηκότες Ἰουδαῖοι, πολλὰ καὶ βαρέα αἰτιώματα [καταφέροντες] (φέροντες κατὰ τοῦ Παύλου), ἃ οὐκ ἴσχυον ἀποδεῖξαι, 8 [τοῦ Παύλου] ἀπολογουμένου (αὐτοῦ) ὅτι Οὔτε εἰς τὸν νόμον τῶν Ἰουδαίων οὔτε εἰς τὸ ἱερὸν οὔτε εἰς Καίσαρά τι ἥμαρτον.

Paul Appeals to Caesar

9 ὁ Φῆστος δὲ [θέλων] τοῖς Ἰουδαίοις (θέλων) χάριν καταθέσθαι, ἀποκριθεὶς τῷ Παύλῳ εἶπεν Θέλεις εἰς Ἱεροσόλυμα ἀναβὰς ἐκεῖ περὶ τούτων κριθῆναι ἐπ' ἐμοῦ; 10 εἶπεν δὲ ὁ Παῦλος [Ἑστὼς] ἐπὶ τοῦ βήματος Καίσαρος (ἑστώς) εἰμι, οὗ με δεῖ κρίνεσθαι. Ἰουδαίους οὐδὲν ἠδίκηκα, ὡς καὶ σὺ κάλλιον ἐπιγινώσκεις. 11 εἰ μὲν [οὖν] (γὰρ) ἀδικῶ καὶ ἄξιον θανάτου πέπραχά τι, οὐ παραιτοῦμαι τὸ ἀποθανεῖν· εἰ δὲ οὐδέν ἐστιν ὧν οὗτοι κατηγοροῦσίν μου, οὐδείς με δύναται αὐτοῖς χαρίσασθαι· Καίσαρα ἐπικαλοῦμαι. 12 τότε ὁ Φῆστος συνλαλήσας μετὰ τοῦ συμβουλίου ἀπεκρίθη Καίσαρα ἐπικέκλησαι, ἐπὶ Καίσαρα πορεύσῃ.

Paul Appears Before Agrippa and Bernice

13 Ἡμερῶν δὲ διαγενομένων τινῶν Ἀγρίππας ὁ βασιλεὺς καὶ Βερνίκη κατήντησαν εἰς Καισαρίαν ἀσπασάμενοι τὸν Φῆστον. 14 ὡς δὲ πλείους ἡμέρας διέτριβον ἐκεῖ, ὁ Φῆστος τῷ βασιλεῖ ἀνέθετο τὰ κατὰ τὸν Παῦλον λέγων Ἀνήρ τίς ἐστιν καταλελειμμένος ὑπὸ Φήλικος δέσμιος, 15 περὶ οὗ γενομένου μου εἰς Ἱεροσόλυμα ἐνεφάνισαν οἱ ἀρχιερεῖς καὶ οἱ πρεσβύτεροι τῶν Ἰουδαίων, αἰτούμενοι κατ' αὐτοῦ [καταδίκην] (δίκην)·

ΠΡΑΞΕΙΣ ΑΠΟΣΤΟΛΩΝ

16 πρὸς οὓς ἀπεκρίθην ὅτι οὐκ ἔστιν ἔθος Ῥωμαίοις χαρίζεσθαί τινα ἄνθρωπον (εἰς ἀπώλειαν) πρὶν ἢ ὁ κατηγορούμενος κατὰ πρόσωπον ἔχοι τοὺς κατηγόρους τόπον τε ἀπολογίας λάβοι περὶ τοῦ ἐγκλήματος. 17 συνελθόντων οὖν (αὐτῶν) ἐνθάδε ἀναβολὴν μηδεμίαν ποιησάμενος τῇ ἑξῆς καθίσας ἐπὶ τοῦ βήματος ἐκέλευσα ἀχθῆναι τὸν ἄνδρα· 18 περὶ οὗ σταθέντες οἱ κατήγοροι οὐδεμίαν αἰτίαν [ἔφερον] (ἐπέφερον) ὧν [ἐγὼ] ὑπενόουν (ἐγὼ) [πονηρῶν], 19 ζητήματα δέ τινα περὶ τῆς ἰδίας δεισιδαιμονίας εἶχον πρὸς αὐτὸν καὶ περί τινος Ἰησοῦ τεθνηκότος, ὃν ἔφασκεν ὁ Παῦλος ζῆν. 20 ἀπορούμενος δὲ ἐγὼ (εἰς) τὴν περὶ τούτων ζήτησιν ἔλεγον εἰ βούλοιτο πορεύεσθαι εἰς Ἱεροσόλυμα κἀκεῖ κρίνεσθαι περὶ τούτων. 21 τοῦ δὲ Παύλου ἐπικαλεσαμένου τηρηθῆναι αὐτὸν εἰς τὴν τοῦ Σεβαστοῦ διάγνωσιν, ἐκέλευσα τηρεῖσθαι αὐτὸν ἕως οὗ ἀναπέμψω αὐτὸν πρὸς Καίσαρα. 22 Ἀγρίππας δὲ πρὸς τὸν Φῆστον (ἔφη) Ἐβουλόμην καὶ αὐτὸς τοῦ ἀνθρώπου ἀκοῦσαι. (ὁ δὲ) Αὔριον, φησίν, ἀκούσῃ αὐτοῦ. 23 Τῇ οὖν ἐπαύριον ἐλθόντος τοῦ Ἀγρίππα καὶ τῆς Βερνίκης μετὰ πολλῆς φαντασίας καὶ εἰσελθόντων εἰς τὸ ἀκροατήριον σύν τε χιλιάρχοις καὶ ἀνδράσιν τοῖς κατ' ἐξοχὴν (οὖσιν) τῆς πόλεως, καὶ κελεύσαντος τοῦ Φήστου ἤχθη ὁ Παῦλος. 24 καί φησιν ὁ Φῆστος Ἀγρίππα βασιλεῦ καὶ πάντες οἱ συνπαρόντες ἡμῖν ἄνδρες, θεωρεῖτε τοῦτον περὶ οὗ [ἅπαν] (πᾶν) τὸ πλῆθος τῶν Ἰουδαίων ἐνέτυχόν μοι ἔν τε Ἱεροσολύμοις καὶ ἐνθάδε, [βοῶντες] (ἐπιβοῶντες) μὴ δεῖν [αὐτὸν ζῆν] (ζῆν αὐτὸν) μηκέτι. 25 ἐγὼ δὲ κατελαβόμην μηδὲν ἄξιον [αὐτὸν θανάτου] (θανάτου αὐτὸν) πεπραχέναι, (θανάτου αὐτὸν) αὐτοῦ δὲ τούτου ἐπικαλεσαμένου τὸν Σεβαστὸν ἔκρινα πέμπειν. 26 περὶ οὗ ἀσφαλές τι γράψαι τῷ κυρίῳ οὐκ ἔχω· διὸ προήγαγον αὐτὸν ἐφ' ὑμῶν καὶ μάλιστα ἐπὶ σοῦ, βασιλεῦ Ἀγρίππα, ὅπως τῆς ἀνακρίσεως γενομένης σχῶ τί γράψω· 27 ἄλογον γάρ μοι δοκεῖ πέμποντα δέσμιον μὴ καὶ τὰς κατ' αὐτοῦ αἰτίας σημᾶναι.

Acts 26

Paul's Defense before Agrippa

1 Ἀγρίππας δὲ πρὸς τὸν Παῦλον ἔφη Ἐπιτρέπεταί σοι ὑπὲρ σεαυτοῦ λέγειν. τότε ὁ Παῦλος (ἀπελογεῖτο) ἐκτείνας τὴν χεῖρα [ἀπελογεῖτο] 2 Περὶ πάντων ὧν ἐγκαλοῦμαι ὑπὸ Ἰουδαίων, βασιλεῦ Ἀγρίππα, ἥγημαι ἐμαυτὸν μακάριον [ἐπὶ σοῦ μέλλων σήμερον ἀπολογεῖσθαι] (μέλλων ἀπολογεῖσθαι ἐπὶ σοῦ σήμερον), 3 μάλιστα γνώστην ὄντα σε πάντων τῶν κατὰ Ἰουδαίους ἐθῶν τε καὶ ζητημάτων· διὸ δέομαι (σου) μακροθύμως ἀκοῦσαί μου.

ΠΡΑΞΕΙΣ ΑΠΟΣΤΟΛΩΝ

4 Τὴν μὲν οὖν βίωσίν μου ἐκ νεότητος τὴν ἀπ' ἀρχῆς γενομένην ἐν τῷ ἔθνει μου ἔν [τε] Ἱεροσολύμοις ἴσασι πάντες Ἰουδαῖοι, 5 προγινώσκοντές με ἄνωθεν, ἐὰν θέλωσι μαρτυρεῖν, ὅτι κατὰ τὴν ἀκριβεστάτην αἵρεσιν τῆς ἡμετέρας θρησκείας ἔζησα Φαρισαῖος. 6 καὶ νῦν ἐπ' ἐλπίδι τῆς εἰς τοὺς πατέρας [ἡμῶν] ἐπαγγελίας γενομένης ὑπὸ τοῦ Θεοῦ ἕστηκα κρινόμενος, 7 εἰς ἣν τὸ δωδεκάφυλον ἡμῶν ἐν ἐκτενείᾳ νύκτα καὶ ἡμέραν λατρεῦον ἐλπίζει καταντῆσαι· περὶ ἧς ἐλπίδος ἐγκαλοῦμαι (βασιλεῦ Ἀγρίππα) ὑπὸ (τῶν) Ἰουδαίων, [βασιλεῦ]. 8 τί ἄπιστον κρίνεται παρ' ὑμῖν εἰ ὁ Θεὸς νεκροὺς ἐγείρει; 9 ἐγὼ μὲν οὖν ἔδοξα ἐμαυτῷ πρὸς τὸ ὄνομα Ἰησοῦ τοῦ Ναζωραίου δεῖν πολλὰ ἐναντία πρᾶξαι· 10 ὃ καὶ ἐποίησα ἐν Ἱεροσολύμοις, καὶ πολλούς [τε] τῶν ἁγίων ἐγὼ [ἐν] φυλακαῖς κατέκλεισα τὴν παρὰ τῶν ἀρχιερέων ἐξουσίαν λαβών, ἀναιρουμένων τε αὐτῶν κατήνεγκα ψῆφον, 11 καὶ κατὰ πάσας τὰς συναγωγὰς πολλάκις τιμωρῶν αὐτοὺς ἠνάγκαζον βλασφημεῖν, περισσῶς τε ἐμμαινόμενος αὐτοῖς ἐδίωκον ἕως καὶ εἰς τὰς ἔξω πόλεις.

Paul Describes His Conversion

12 Ἐν οἷς (καὶ) πορευόμενος εἰς τὴν Δαμασκὸν μετ' ἐξουσίας καὶ ἐπιτροπῆς τῆς (παρὰ) τῶν ἀρχιερέων, 13 ἡμέρας μέσης κατὰ τὴν ὁδὸν εἶδον, βασιλεῦ, οὐρανόθεν ὑπὲρ τὴν λαμπρότητα τοῦ ἡλίου περιλάμψαν με φῶς καὶ τοὺς σὺν ἐμοὶ πορευομένους· 14 πάντων τε καταπεσόντων ἡμῶν εἰς τὴν γῆν ἤκουσα φωνὴν λέγουσαν πρός με (καὶ λέγουσαν) τῇ Ἑβραΐδι διαλέκτῳ Σαοὺλ Σαούλ, τί με διώκεις; σκληρόν σοι πρὸς κέντρα λακτίζειν. 15 ἐγὼ δὲ εἶπα Τίς εἶ, Κύριε; ὁ δὲ (εἶπεν) [Κύριος εἶπεν] Ἐγώ εἰμι Ἰησοῦς ὃν σὺ διώκεις. 16 ἀλλὰ ἀνάστηθι καὶ στῆθι ἐπὶ τοὺς πόδας σου· εἰς τοῦτο γὰρ ὤφθην σοι, προχειρίσασθαί σε ὑπηρέτην καὶ μάρτυρα ὧν τε εἶδές [με] ὧν τε ὀφθήσομαί σοι, 17 ἐξαιρούμενός σε ἐκ τοῦ λαοῦ καὶ ἐκ τῶν ἐθνῶν, εἰς οὓς [ἐγὼ] (νῦν σε) ἀποστέλλω [σε], 18 ἀνοῖξαι ὀφθαλμοὺς αὐτῶν, τοῦ ἐπιστρέψαι ἀπὸ σκότους εἰς φῶς καὶ τῆς ἐξουσίας τοῦ Σατανᾶ ἐπὶ τὸν Θεόν, τοῦ λαβεῖν αὐτοὺς ἄφεσιν ἁμαρτιῶν καὶ κλῆρον ἐν τοῖς ἡγιασμένοις πίστει τῇ εἰς ἐμέ. 19 Ὅθεν, βασιλεῦ Ἀγρίππα, οὐκ ἐγενόμην ἀπειθὴς τῇ οὐρανίῳ ὀπτασίᾳ, 20 ἀλλὰ τοῖς ἐν Δαμασκῷ πρῶτόν [τε] καὶ Ἱεροσολύμοις, (εἰς) πᾶσάν τε τὴν χώραν τῆς Ἰουδαίας καὶ τοῖς ἔθνεσιν ἀπήγγελλον μετανοεῖν καὶ ἐπιστρέφειν ἐπὶ τὸν Θεόν, ἄξια τῆς μετανοίας ἔργα πράσσοντας. 21 ἕνεκα τούτων με Ἰουδαῖοι συλλαβόμενοι ἐν τῷ ἱερῷ ἐπειρῶντο διαχειρίσασθαι.

ΠΡΑΞΕΙΣ ΑΠΟΣΤΟΛΩΝ

22 ἐπικουρίας οὖν τυχὼν τῆς ἀπὸ τοῦ Θεοῦ ἄχρι τῆς ἡμέρας ταύτης ἕστηκα μαρτυρόμενος μικρῷ τε καὶ μεγάλῳ, οὐδὲν ἐκτὸς λέγων ὧν τε οἱ προφῆται ἐλάλησαν μελλόντων γίνεσθαι καὶ Μωϋσῆς, 23 εἰ παθητὸς ὁ Χριστός, εἰ πρῶτος ἐξ ἀναστάσεως νεκρῶν φῶς μέλλει καταγγέλλειν τῷ τε λαῷ καὶ τοῖς ἔθνεσιν.

Paul Urges Agrippa to Confess His Faith

24 Ταῦτα δὲ αὐτοῦ ἀπολογουμένου ὁ Φῆστος μεγάλῃ τῇ φωνῇ φησιν Μαίνῃ, Παῦλε· τὰ πολλά σε γράμματα εἰς μανίαν περιτρέπει. 25 ὁ δὲ [Παῦλος] Οὐ μαίνομαι, φησίν, κράτιστε Φῆστε, ἀλλὰ ἀληθείας καὶ σωφροσύνης ῥήματα ἀποφθέγγομαι. 26 ἐπίσταται γὰρ περὶ τούτων ὁ βασιλεύς, πρὸς ὃν καὶ παρρησιαζόμενος λαλῶ· λανθάνειν γὰρ αὐτὸν τούτων οὐ πείθομαι οὐθέν· οὐ γάρ ἐστιν ἐν γωνίᾳ πεπραγμένον τοῦτο. 27 πιστεύεις, βασιλεῦ Ἀγρίππα, τοῖς προφήταις; οἶδα ὅτι πιστεύεις. 28 ὁ δὲ Ἀγρίππας πρὸς τὸν Παῦλον (ἔφη) Ἐν ὀλίγῳ με πείθεις Χριστιανὸν [ποιῆσαι] (γενέσθαι). 29 ὁ δὲ Παῦλος (εἶπεν) Εὐξαίμην ἂν τῷ Θεῷ καὶ ἐν ὀλίγῳ καὶ ἐν [μεγάλῳ] (πολλῷ) οὐ μόνον σὲ ἀλλὰ καὶ πάντας τοὺς ἀκούοντάς μου σήμερον γενέσθαι τοιούτους ὁποῖος καὶ ἐγώ εἰμι, παρεκτὸς τῶν δεσμῶν τούτων. 30 (καὶ ταῦτα εἰπόντος αὐτοῦ) Ἀνέστη [τε] ὁ βασιλεὺς καὶ ὁ ἡγεμὼν ἥ τε Βερνίκη καὶ οἱ συνκαθήμενοι αὐτοῖς, 31 καὶ ἀναχωρήσαντες ἐλάλουν πρὸς ἀλλήλους λέγοντες ὅτι Οὐδὲν θανάτου [ἢ δεσμῶν ἄξιον] (ἄξιον ἢ δεσμῶν) πράσσει ὁ ἄνθρωπος οὗτος. 32 Ἀγρίππας δὲ τῷ Φήστῳ ἔφη Ἀπολελύσθαι ἐδύνατο ὁ ἄνθρωπος οὗτος εἰ μὴ ἐπεκέκλητο Καίσαρα.

Acts 27

Paul's Voyage to Rome

1 Ὡς δὲ ἐκρίθη τοῦ ἀποπλεῖν ἡμᾶς εἰς τὴν Ἰταλίαν, παρεδίδουν τόν τε Παῦλον καί τινας ἑτέρους δεσμώτας ἑκατοντάρχῃ ὀνόματι Ἰουλίῳ σπείρης Σεβαστῆς. 2 ἐπιβάντες δὲ πλοίῳ Ἀδραμυττηνῷ μέλλοντι πλεῖν εἰς τοὺς κατὰ τὴν Ἀσίαν τόπους ἀνήχθημεν, ὄντος σὺν ἡμῖν Ἀριστάρχου Μακεδόνος Θεσσαλονικέως· 3 τῇ τε ἑτέρᾳ κατήχθημεν εἰς Σιδῶνα, φιλανθρώπως τε ὁ Ἰούλιος τῷ Παύλῳ χρησάμενος ἐπέτρεψεν πρὸς τοὺς φίλους πορευθέντι ἐπιμελείας τυχεῖν. 4 κἀκεῖθεν ἀναχθέντες ὑπεπλεύσαμεν τὴν Κύπρον διὰ τὸ τοὺς ἀνέμους εἶναι ἐναντίους, 5 τό τε πέλαγος τὸ κατὰ τὴν Κιλικίαν καὶ Παμφυλίαν διαπλεύσαντες κατήλθαμεν εἰς Μύρρα τῆς Λυκίας.

ΠΡΑΞΕΙΣ ΑΠΟΣΤΟΛΩΝ

6 Κἀκεῖ εὑρὼν ὁ ἑκατοντάρχης πλοῖον Ἀλεξανδρῖνον πλέον εἰς τὴν Ἰταλίαν ἐνεβίβασεν ἡμᾶς εἰς αὐτό. 7 ἐν ἱκαναῖς δὲ ἡμέραις βραδυπλοοῦντες καὶ μόλις γενόμενοι κατὰ τὴν Κνίδον, μὴ προσεῶντος ἡμᾶς τοῦ ἀνέμου, ὑπεπλεύσαμεν τὴν Κρήτην κατὰ Σαλμώνην, 8 μόλις τε παραλεγόμενοι αὐτὴν ἤλθομεν εἰς τόπον τινὰ καλούμενον Καλοὺς Λιμένας, ᾧ ἐγγὺς ἦν πόλις Λασαία.

Paul Warns of Disaster Ahead

9 Ἱκανοῦ δὲ χρόνου διαγενομένου καὶ ὄντος ἤδη ἐπισφαλοῦς τοῦ πλοὸς διὰ τὸ καὶ τὴν Νηστείαν ἤδη παρεληλυθέναι, παρῄνει ὁ Παῦλος 10 λέγων αὐτοῖς Ἄνδρες, θεωρῶ ὅτι μετὰ ὕβρεως καὶ πολλῆς ζημίας οὐ μόνον τοῦ φορτίου καὶ τοῦ πλοίου ἀλλὰ καὶ τῶν ψυχῶν ἡμῶν μέλλειν ἔσεσθαι τὸν πλοῦν. 11 ὁ δὲ ἑκατοντάρχης τῷ κυβερνήτῃ καὶ τῷ ναυκλήρῳ [μᾶλλον ἐπείθετο] (ἐπείθετο μᾶλλον) ἢ τοῖς ὑπὸ Παύλου λεγομένοις. 12 ἀνευθέτου δὲ τοῦ λιμένος ὑπάρχοντος πρὸς παραχειμασίαν οἱ πλείονες ἔθεντο βουλὴν ἀναχθῆναι ἐκεῖθεν, εἴ πως δύναιντο καταντήσαντες εἰς Φοίνικα παραχειμάσαι, λιμένα τῆς Κρήτης βλέποντα κατὰ λίβα καὶ κατὰ χῶρον.

Encountering a Tempest on the Run to Phoenix

13 Ὑποπνεύσαντος δὲ νότου δόξαντες τῆς προθέσεως κεκρατηκέναι, ἄραντες ἆσσον παρελέγοντο τὴν Κρήτην. 14 μετ' οὐ πολὺ δὲ ἔβαλεν κατ' αὐτῆς ἄνεμος τυφωνικὸς ὁ καλούμενος Εὐρακύλων· 15 συναρπασθέντος δὲ τοῦ πλοίου καὶ μὴ δυναμένου ἀντοφθαλμεῖν τῷ ἀνέμῳ ἐπιδόντες ἐφερόμεθα. 16 νησίον δέ τι ὑποδραμόντες καλούμενον [Κλαῦδα] (Κλαύδην) [ἰσχύσαμεν μόλις] (μόλις ἰσχύσαμεν) περικρατεῖς γενέσθαι τῆς σκάφης, 17 ἣν ἄραντες βοηθείαις ἐχρῶντο, ὑποζωννύντες τὸ πλοῖον· φοβούμενοί τε μὴ εἰς τὴν Σύρτιν ἐκπέσωσιν, χαλάσαντες τὸ σκεῦος, οὕτως ἐφέροντο. 18 σφοδρῶς δὲ χειμαζομένων ἡμῶν τῇ ἑξῆς ἐκβολὴν ἐποιοῦντο, 19 καὶ τῇ τρίτῃ αὐτόχειρες τὴν σκευὴν τοῦ πλοίου [ἔριψαν] (ἐρρίψαμεν). 20 μήτε δὲ ἡλίου μήτε ἄστρων ἐπιφαινόντων ἐπὶ πλείονας ἡμέρας, χειμῶνός τε οὐκ ὀλίγου ἐπικειμένου, λοιπὸν περιῃρεῖτο [ἐλπὶς πᾶσα] (πᾶσα ἐλπὶς) τοῦ σῴζεσθαι ἡμᾶς.

Paul Encourages the Crew

21 Πολλῆς τε ἀσιτίας ὑπαρχούσης τότε σταθεὶς ὁ Παῦλος ἐν μέσῳ αὐτῶν εἶπεν Ἔδει μέν, ὦ ἄνδρες, πειθαρχήσαντάς μοι μὴ ἀνάγεσθαι ἀπὸ τῆς Κρήτης κερδῆσαί τε τὴν ὕβριν ταύτην καὶ τὴν ζημίαν.

ΠΡΑΞΕΙΣ ΑΠΟΣΤΟΛΩΝ

22 καὶ τὰ νῦν παραινῶ ὑμᾶς εὐθυμεῖν· ἀποβολὴ γὰρ ψυχῆς οὐδεμία ἔσται ἐξ ὑμῶν πλὴν τοῦ πλοίου. 23 παρέστη γάρ μοι ταύτῃ τῇ νυκτὶ (ταύτῃ ἄγγελος) τοῦ Θεοῦ, οὗ εἰμι, ᾧ καὶ λατρεύω, [ἄγγελος] 24 λέγων Μὴ φοβοῦ, Παῦλε· Καίσαρί σε δεῖ παραστῆναι, καὶ ἰδοὺ κεχάρισταί σοι ὁ Θεὸς πάντας τοὺς πλέοντας μετὰ σοῦ. 25 διὸ εὐθυμεῖτε, ἄνδρες· πιστεύω γὰρ τῷ Θεῷ ὅτι οὕτως ἔσται καθ' ὃν τρόπον λελάληταί μοι. 26 εἰς νῆσον δέ τινα δεῖ ἡμᾶς ἐκπεσεῖν.

The Ship Approaches Land

27 Ὡς δὲ τεσσαρεσκαιδεκάτη νὺξ ἐγένετο διαφερομένων ἡμῶν ἐν τῷ Ἀδρίᾳ, κατὰ μέσον τῆς νυκτὸς ὑπενόουν οἱ ναῦται προσάγειν τινὰ αὐτοῖς χώραν. 28 καὶ βολίσαντες εὗρον ὀργυιὰς εἴκοσι, βραχὺ δὲ διαστήσαντες καὶ πάλιν βολίσαντες εὗρον ὀργυιὰς δεκαπέντε· 29 φοβούμενοί τε [μή που] (μήπως) κατὰ τραχεῖς τόπους ἐκπέσωμεν, ἐκ πρύμνης ῥίψαντες ἀγκύρας τέσσαρας ηὔχοντο ἡμέραν γενέσθαι. 30 Τῶν δὲ ναυτῶν ζητούντων φυγεῖν ἐκ τοῦ πλοίου καὶ χαλασάντων τὴν σκάφην εἰς τὴν θάλασσαν προφάσει ὡς ἐκ πρῴρης [ἀγκύρας μελλόντων] (μελλόντων ἀγκύρας) ἐκτείνειν, 31 εἶπεν ὁ Παῦλος τῷ ἑκατοντάρχῃ καὶ τοῖς στρατιώταις Ἐὰν μὴ οὗτοι μείνωσιν ἐν τῷ πλοίῳ, ὑμεῖς σωθῆναι οὐ δύνασθε. 32 τότε [ἀπέκοψαν οἱ στρατιῶται] (οἱ στρατιῶται ἀπέκοψαν) τὰ σχοινία τῆς σκάφης καὶ εἴασαν αὐτὴν ἐκπεσεῖν. 33 Ἄχρι δὲ οὗ [ἡμέρα ἤμελλεν] (ἔμελλεν ἡμέρα) γίνεσθαι, παρεκάλει ὁ Παῦλος ἅπαντας μεταλαβεῖν τροφῆς λέγων Τεσσαρεσκαιδεκάτην σήμερον ἡμέραν προσδοκῶντες ἄσιτοι διατελεῖτε, μηθὲν προσλαβόμενοι.

Paul Encourages Nourishment and Blesses the Bread

34 διὸ παρακαλῶ ὑμᾶς μεταλαβεῖν τροφῆς· τοῦτο γὰρ πρὸς τῆς ὑμετέρας σωτηρίας ὑπάρχει· οὐδενὸς γὰρ ὑμῶν θρὶξ ἀπὸ τῆς κεφαλῆς ἀπολεῖται. 35 [εἴπας] (εἴπων) δὲ ταῦτα καὶ λαβὼν ἄρτον εὐχαρίστησεν τῷ Θεῷ ἐνώπιον πάντων καὶ κλάσας ἤρξατο ἐσθίειν. 36 εὔθυμοι δὲ γενόμενοι πάντες καὶ αὐτοὶ προσελάβοντο τροφῆς. 37 [ἤμεθα δὲ αἱ πᾶσαι ψυχαὶ ἐν τῷ πλοίῳ] (ἦμεν δὲ ἐν τῷ πλοίῳ αἱ πᾶσαι ψυχαὶ) διακόσιαι ἑβδομήκοντα ἕξ. 38 κορεσθέντες δὲ τροφῆς ἐκούφιζον τὸ πλοῖον ἐκβαλλόμενοι τὸν σῖτον εἰς τὴν θάλασσαν.

ΠΡΑΞΕΙΣ ΑΠΟΣΤΟΛΩΝ

The Escape from the Grounded Vessel

39 Ὅτε δὲ ἡμέρα ἐγένετο, τὴν γῆν οὐκ ἐπεγίνωσκον, κόλπον δέ τινα κατενόουν ἔχοντα αἰγιαλὸν, εἰς ὃν ἐβουλεύοντο εἰ δύναιντο ἐξῶσαι τὸ πλοῖον. 40 καὶ τὰς ἀγκύρας περιελόντες εἴων εἰς τὴν θάλασσαν, ἅμα ἀνέντες τὰς ζευκτηρίας τῶν πηδαλίων, καὶ ἐπάραντες τὸν ἀρτέμωνα τῇ πνεούσῃ κατεῖχον εἰς τὸν αἰγιαλόν. 41 περιπεσόντες δὲ εἰς τόπον διθάλασσον ἐπέκειλαν τὴν ναῦν, καὶ ἡ μὲν πρῷρα ἐρείσασα ἔμεινεν ἀσάλευτος, ἡ δὲ πρύμνα ἐλύετο ὑπὸ τῆς βίας (τῶν κυμάτων). 42 Τῶν δὲ στρατιωτῶν βουλὴ ἐγένετο ἵνα τοὺς δεσμώτας ἀποκτείνωσιν, [μή τις] (μήτις) ἐκκολυμβήσας [διαφύγῃ] (διαφύγοι)· 43 ὁ δὲ ἑκατοντάρχης βουλόμενος διασῶσαι τὸν Παῦλον ἐκώλυσεν αὐτοὺς τοῦ βουλήματος, ἐκέλευσέν τε τοὺς δυναμένους κολυμβᾶν ἀπορίψαντας πρώτους ἐπὶ τὴν γῆν ἐξιέναι, 44 καὶ τοὺς λοιποὺς οὓς μὲν ἐπὶ σανίσιν, οὓς δὲ ἐπί τινων τῶν ἀπὸ τοῦ πλοίου. καὶ οὕτως ἐγένετο πάντας διασωθῆναι ἐπὶ τὴν γῆν.

Acts 28

Paul's Ministry at Malta

1 Καὶ διασωθέντες τότε [ἐπέγνωμεν] (ἐπέγνωσαν) ὅτι Μελίτη ἡ νῆσος καλεῖται. 2 οἵ [τε] (δέ) βάρβαροι παρεῖχαν οὐ τὴν τυχοῦσαν φιλανθρωπίαν ἡμῖν· [ἅψαντες] (ἀνάψαντες) γὰρ πυρὰν προσελάβοντο πάντας ἡμᾶς διὰ τὸν ὑετὸν τὸν ἐφεστῶτα καὶ διὰ τὸ ψῦχος. 3 συστρέψαντος δὲ τοῦ Παύλου φρυγάνων τι πλῆθος καὶ ἐπιθέντος ἐπὶ τὴν πυράν, ἔχιδνα [ἀπὸ] (ἐκ) τῆς θέρμης ἐξελθοῦσα καθῆψεν τῆς χειρὸς αὐτοῦ. 4 ὡς δὲ εἶδον οἱ βάρβαροι κρεμάμενον τὸ θηρίον ἐκ τῆς χειρὸς αὐτοῦ, (ἔλεγον) πρὸς ἀλλήλους [ἔλεγον] Πάντως φονεύς ἐστιν ὁ ἄνθρωπος οὗτος, ὃν διασωθέντα ἐκ τῆς θαλάσσης ἡ Δίκη ζῆν οὐκ εἴασεν. 5 ὁ μὲν οὖν ἀποτινάξας τὸ θηρίον εἰς τὸ πῦρ ἔπαθεν οὐδὲν κακόν· 6 οἱ δὲ προσεδόκων αὐτὸν μέλλειν πίμπρασθαι ἢ καταπίπτειν ἄφνω νεκρόν. ἐπὶ πολὺ δὲ αὐτῶν προσδοκώντων καὶ θεωρούντων μηδὲν ἄτοπον εἰς αὐτὸν γινόμενον, μεταβαλόμενοι ἔλεγον αὐτὸν εἶναι θεόν. 7 Ἐν δὲ τοῖς περὶ τὸν τόπον ἐκεῖνον ὑπῆρχεν χωρία τῷ πρώτῳ τῆς νήσου ὀνόματι Ποπλίῳ, ὃς ἀναδεξάμενος ἡμᾶς [ἡμέρας τρεῖς] (τρεῖς ἡμέρας) φιλοφρόνως ἐξένισεν. 8 ἐγένετο δὲ τὸν πατέρα τοῦ Ποπλίου πυρετοῖς καὶ δυσεντερίῳ συνεχόμενον κατακεῖσθαι, πρὸς ὃν ὁ Παῦλος εἰσελθὼν καὶ προσευξάμενος, ἐπιθεὶς τὰς χεῖρας αὐτῷ ἰάσατο αὐτόν.

ΠΡΑΞΕΙΣ ΑΠΟΣΤΟΛΩΝ

9 τούτου [δὲ] (οὖν) γενομένου καὶ οἱ λοιποὶ οἱ [ἐν τῇ νήσῳ] ἔχοντες ἀσθενείας (ἐν τῇ νήσῳ) προσήρχοντο καὶ ἐθεραπεύοντο, 10 οἳ καὶ πολλαῖς τιμαῖς ἐτίμησαν ἡμᾶς καὶ ἀναγομένοις ἐπέθεντο τὰ πρὸς [τὰς χρείας] (τὴν χρείαν).

Paul Arrives at Rome

11 Μετὰ δὲ τρεῖς μῆνας ἀνήχθημεν ἐν πλοίῳ παρακεχειμακότι ἐν τῇ νήσῳ, Ἀλεξανδρινῷ, παρασήμῳ Διοσκούροις. 12 καὶ καταχθέντες εἰς Συρακούσας ἐπεμείναμεν ἡμέρας τρεῖς, 13 ὅθεν περιελθόντες κατηντήσαμεν εἰς Ῥήγιον. καὶ μετὰ μίαν ἡμέραν ἐπιγενομένου νότου δευτεραῖοι ἤλθομεν εἰς Ποτιόλους, 14 οὗ εὑρόντες ἀδελφοὺς παρεκλήθημεν [παρ'] (ἐπ') αὐτοῖς ἐπιμεῖναι ἡμέρας ἑπτά· καὶ οὕτως εἰς τὴν Ῥώμην [ἤλθαμεν] (ἤλθομεν). 15 κἀκεῖθεν οἱ ἀδελφοὶ ἀκούσαντες τὰ περὶ ἡμῶν [ἦλθαν] (ἐξῆλθον) εἰς ἀπάντησιν ἡμῖν ἄχρι Ἀππίου Φόρου καὶ Τριῶν Ταβερνῶν, οὓς ἰδὼν ὁ Παῦλος εὐχαριστήσας τῷ Θεῷ ἔλαβε θάρσος. 16 Ὅτε δὲ [εἰσήλθομεν] (ἤλθομεν) εἰς Ῥώμην, [ἐπετράπη τῷ Παύλῳ] (ὁ ἑκατόνταρχος παρέδωκεν τοὺς δεσμίους τῷ στρατοπεδάρχῃ· τῷ δὲ Παύλῳ ἐπετράπη) μένειν καθ' ἑαυτὸν σὺν τῷ φυλάσσοντι αὐτὸν στρατιώτῃ.

Paul's Ministry at Rome

17 Ἐγένετο δὲ μετὰ ἡμέρας τρεῖς συνκαλέσασθαι [αὐτὸν] (τὸν Παῦλον) τοὺς ὄντας τῶν Ἰουδαίων πρώτους· συνελθόντων δὲ αὐτῶν ἔλεγεν πρὸς αὐτούς [Ἐγώ], ἄνδρες ἀδελφοί, (Ἐγώ) οὐδὲν ἐναντίον ποιήσας τῷ λαῷ ἢ τοῖς ἔθεσι τοῖς πατρῴοις, δέσμιος ἐξ Ἱεροσολύμων παρεδόθην εἰς τὰς χεῖρας τῶν Ῥωμαίων, 18 οἵτινες ἀνακρίναντές με ἐβούλοντο ἀπολῦσαι διὰ τὸ μηδεμίαν αἰτίαν θανάτου ὑπάρχειν ἐν ἐμοί· 19 ἀντιλεγόντων δὲ τῶν Ἰουδαίων ἠναγκάσθην ἐπικαλέσασθαι Καίσαρα, οὐχ ὡς τοῦ ἔθνους μου ἔχων τι [κατηγορεῖν] (κατηγορῆσαι). 20 διὰ ταύτην οὖν τὴν αἰτίαν παρεκάλεσα ὑμᾶς ἰδεῖν καὶ προσλαλῆσαι· εἵνεκεν γὰρ τῆς ἐλπίδος τοῦ Ἰσραὴλ τὴν ἅλυσιν ταύτην περίκειμαι. 21 οἱ δὲ πρὸς αὐτὸν [εἶπαν] (εἶπον) Ἡμεῖς οὔτε γράμματα περὶ σοῦ ἐδεξάμεθα ἀπὸ τῆς Ἰουδαίας, οὔτε παραγενόμενός τις τῶν ἀδελφῶν ἀπήγγειλεν ἢ ἐλάλησέν τι περὶ σοῦ πονηρόν. 22 ἀξιοῦμεν δὲ παρὰ σοῦ ἀκοῦσαι ἃ φρονεῖς· περὶ μὲν γὰρ τῆς αἱρέσεως ταύτης γνωστὸν [ἡμῖν ἐστιν] (ἐστιν ἡμῖν) ὅτι πανταχοῦ ἀντιλέγεται. 23 Ταξάμενοι δὲ αὐτῷ ἡμέραν [ἦλθον] (ἧκον) πρὸς αὐτὸν εἰς τὴν ξενίαν πλείονες, οἷς ἐξετίθετο διαμαρτυρόμενος τὴν βασιλείαν τοῦ Θεοῦ πείθων τε αὐτοὺς [περὶ] (τὰ) τοῦ Ἰησοῦ ἀπό τε τοῦ νόμου Μωϋσέως καὶ τῶν προφητῶν, ἀπὸ πρωῒ ἕως ἑσπέρας.

ΠΡΑΞΕΙΣ ΑΠΟΣΤΟΛΩΝ

24 καὶ οἱ μὲν ἐπείθοντο τοῖς λεγομένοις, οἱ δὲ ἠπίστουν· 25 ἀσύμφωνοι δὲ ὄντες πρὸς ἀλλήλους ἀπελύοντο, εἰπόντος τοῦ Παύλου ῥῆμα ἓν, ὅτι Καλῶς τὸ Πνεῦμα τὸ Ἅγιον ἐλάλησεν διὰ Ἡσαΐου τοῦ προφήτου πρὸς τοὺς πατέρας ὑμῶν 26 λέγων

Πορεύθητι πρὸς τὸν λαὸν τοῦτον καὶ εἰπόν
Ἀκοῇ ἀκούσετε καὶ οὐ μὴ συνῆτε,
καὶ βλέποντες βλέψετε καὶ οὐ μὴ ἴδητε·
27 ἐπαχύνθη γὰρ ἡ καρδία τοῦ λαοῦ τούτου,
καὶ τοῖς ὠσὶν βαρέως ἤκουσαν,
καὶ τοὺς ὀφθαλμοὺς αὐτῶν ἐκάμμυσαν·
μή ποτε ἴδωσιν τοῖς ὀφθαλμοῖς
καὶ τοῖς ὠσὶν ἀκούσωσιν
καὶ τῇ καρδίᾳ συνῶσιν καὶ ἐπιστρέψωσιν,
καὶ ἰάσομαι αὐτούς.

28 γνωστὸν οὖν ἔστω ὑμῖν ὅτι τοῖς ἔθνεσιν ἀπεστάλη [τοῦτο] τὸ σωτήριον τοῦ Θεοῦ· αὐτοὶ καὶ ἀκούσονται. (29 καὶ ταῦτα αὐτοῦ εἰπόντος, ἀπῆλθον οἱ Ἰουδαῖοι, πολλὴν ἔχοντες ἐν ἑαυτοῖς συζήτησιν) 30 [Ἐνέμεινεν] (ἔμεινεν) δὲ (ὁ Παῦλος) διετίαν ὅλην ἐν ἰδίῳ μισθώματι, καὶ ἀπεδέχετο πάντας τοὺς εἰσπορευομένους πρὸς αὐτόν, 31 κηρύσσων τὴν βασιλείαν τοῦ Θεοῦ καὶ διδάσκων τὰ περὶ τοῦ Κυρίου Ἰησοῦ Χριστοῦ μετὰ πάσης παρρησίας ἀκωλύτως.

ΠΡΟΣ ΡΩΜΑΙΟΥΣ

Oxyrhynchus 209, Papyrus 10 (Gregory-Aland)
Date: Early* 4th century
Houghton Library, Harvard, Cambridge, Massachusetts
Romans 1:1-7
*Discovered by Grenfell and Hunt at Oxyrhyncus, Egypt in 1899. The papyrus was found tied up with a contract dated in 316 A.D., and other documents of the same period.

ΠΡΟΣ ΡΩΜΑΙΟΥΣ

Romans 1

Salutation

1 Παῦλος δοῦλος [Χριστοῦ Ἰησοῦ] (Ἰησοῦ Χριστοῦ), κλητὸς ἀπόστολος ἀφωρισμένος εἰς εὐαγγέλιον Θεοῦ, 2 ὃ προεπηγγείλατο διὰ τῶν προφητῶν αὐτοῦ ἐν γραφαῖς ἁγίαις 3 περὶ τοῦ Υἱοῦ αὐτοῦ τοῦ γενομένου ἐκ σπέρματος Δαυεὶδ κατὰ σάρκα, 4 τοῦ ὁρισθέντος Υἱοῦ Θεοῦ ἐν δυνάμει κατὰ πνεῦμα ἁγιωσύνης ἐξ ἀναστάσεως νεκρῶν, Ἰησοῦ Χριστοῦ τοῦ Κυρίου ἡμῶν, 5 δι' οὗ ἐλάβομεν χάριν καὶ ἀποστολὴν εἰς ὑπακοὴν πίστεως ἐν πᾶσιν τοῖς ἔθνεσιν ὑπὲρ τοῦ ὀνόματος αὐτοῦ, 6 ἐν οἷς ἐστε καὶ ὑμεῖς κλητοὶ Ἰησοῦ Χριστοῦ, 7 πᾶσιν τοῖς οὖσιν ἐν Ῥώμῃ ἀγαπητοῖς Θεοῦ, κλητοῖς ἁγίοις· χάρις ὑμῖν καὶ εἰρήνη ἀπὸ Θεοῦ Πατρὸς ἡμῶν καὶ Κυρίου Ἰησοῦ Χριστοῦ.

Paul's Heart for the Romans

8 Πρῶτον μὲν εὐχαριστῶ τῷ Θεῷ μου διὰ Ἰησοῦ Χριστοῦ [περὶ] (ὑπὲρ) πάντων ὑμῶν, ὅτι ἡ πίστις ὑμῶν καταγγέλλεται ἐν ὅλῳ τῷ κόσμῳ. 9 μάρτυς γάρ μού ἐστιν ὁ Θεός, ᾧ λατρεύω ἐν τῷ πνεύματί μου ἐν τῷ εὐαγγελίῳ τοῦ Υἱοῦ αὐτοῦ, ὡς ἀδιαλείπτως μνείαν ὑμῶν ποιοῦμαι 10 πάντοτε ἐπὶ τῶν προσευχῶν μου, δεόμενος εἴ πως ἤδη ποτὲ εὐοδωθήσομαι ἐν τῷ θελήματι τοῦ Θεοῦ ἐλθεῖν πρὸς ὑμᾶς. 11 ἐπιποθῶ γὰρ ἰδεῖν ὑμᾶς, ἵνα τι μεταδῶ χάρισμα ὑμῖν πνευματικὸν εἰς τὸ στηριχθῆναι ὑμᾶς, 12 τοῦτο δέ ἐστιν συνπαρακληθῆναι ἐν ὑμῖν διὰ τῆς ἐν ἀλλήλοις πίστεως ὑμῶν τε καὶ ἐμοῦ. 13 οὐ θέλω δὲ ὑμᾶς ἀγνοεῖν, ἀδελφοί, ὅτι πολλάκις προεθέμην ἐλθεῖν πρὸς ὑμᾶς, καὶ ἐκωλύθην ἄχρι τοῦ δεῦρο, ἵνα τινὰ καρπὸν σχῶ καὶ ἐν ὑμῖν καθὼς καὶ ἐν τοῖς λοιποῖς ἔθνεσιν. 14 Ἕλλησίν τε καὶ Βαρβάροις, σοφοῖς τε καὶ ἀνοήτοις ὀφειλέτης εἰμί· 15 οὕτως τὸ κατ' ἐμὲ πρόθυμον καὶ ὑμῖν τοῖς ἐν Ῥώμῃ εὐαγγελίσασθαι.

God's Righteousness Revealed

16 οὐ γὰρ ἐπαισχύνομαι τὸ εὐαγγέλιον (τοῦ Χριστοῦ)· δύναμις γὰρ Θεοῦ ἐστιν εἰς σωτηρίαν παντὶ τῷ πιστεύοντι, Ἰουδαίῳ τε πρῶτον καὶ Ἕλληνι. 17 δικαιοσύνη γὰρ Θεοῦ ἐν αὐτῷ ἀποκαλύπτεται ἐκ πίστεως εἰς πίστιν, καθὼς γέγραπται Ὁ δὲ δίκαιος ἐκ πίστεως ζήσεται. 18 Ἀποκαλύπτεται γὰρ ὀργὴ Θεοῦ ἀπ' οὐρανοῦ ἐπὶ πᾶσαν ἀσέβειαν καὶ ἀδικίαν ἀνθρώπων τῶν τὴν ἀλήθειαν ἐν ἀδικίᾳ κατεχόντων, 19 διότι τὸ γνωστὸν τοῦ Θεοῦ φανερόν ἐστιν ἐν αὐτοῖς· ὁ (γὰρ) Θεὸς [γὰρ] αὐτοῖς ἐφανέρωσεν.

ΠΡΟΣ ΡΩΜΑΙΟΥΣ

Man's Inexcusable Ignorance

20 τὰ γὰρ ἀόρατα αὐτοῦ ἀπὸ κτίσεως κόσμου τοῖς ποιήμασιν νοούμενα καθορᾶται, ἥ τε ἀΐδιος αὐτοῦ δύναμις καὶ θειότης, εἰς τὸ εἶναι αὐτοὺς ἀναπολογήτους, 21 διότι γνόντες τὸν Θεὸν οὐχ ὡς Θεὸν ἐδόξασαν ἢ ηὐχαρίστησαν, ἀλλὰ ἐματαιώθησαν ἐν τοῖς διαλογισμοῖς αὐτῶν, καὶ ἐσκοτίσθη ἡ ἀσύνετος αὐτῶν καρδία. 22 φάσκοντες εἶναι σοφοὶ ἐμωράνθησαν, 23 καὶ ἤλλαξαν τὴν δόξαν τοῦ ἀφθάρτου Θεοῦ ἐν ὁμοιώματι εἰκόνος φθαρτοῦ ἀνθρώπου καὶ πετεινῶν καὶ τετραπόδων καὶ ἑρπετῶν.

The Penalty for Willful Ignorance

24 Διὸ παρέδωκεν αὐτοὺς ὁ Θεὸς ἐν ταῖς ἐπιθυμίαις τῶν καρδιῶν αὐτῶν εἰς ἀκαθαρσίαν τοῦ ἀτιμάζεσθαι τὰ σώματα αὐτῶν ἐν αὐτοῖς, 25 οἵτινες μετήλλαξαν τὴν ἀλήθειαν τοῦ Θεοῦ ἐν τῷ ψεύδει, καὶ ἐσεβάσθησαν καὶ ἐλάτρευσαν τῇ κτίσει παρὰ τὸν Κτίσαντα, ὅς ἐστιν εὐλογητὸς εἰς τοὺς αἰῶνας· ἀμήν. 26 Διὰ τοῦτο παρέδωκεν αὐτοὺς ὁ Θεὸς εἰς πάθη ἀτιμίας· αἵ τε γὰρ θήλειαι αὐτῶν μετήλλαξαν τὴν φυσικὴν χρῆσιν εἰς τὴν παρὰ φύσιν, 27 ὁμοίως τε καὶ οἱ ἄρσενες ἀφέντες τὴν φυσικὴν χρῆσιν τῆς θηλείας ἐξεκαύθησαν ἐν τῇ ὀρέξει αὐτῶν εἰς ἀλλήλους, ἄρσενες ἐν ἄρσεσιν τὴν ἀσχημοσύνην κατεργαζόμενοι καὶ τὴν ἀντιμισθίαν ἣν ἔδει τῆς πλάνης αὐτῶν ἐν ἑαυτοῖς ἀπολαμβάνοντες. 28 Καὶ καθὼς οὐκ ἐδοκίμασαν τὸν Θεὸν ἔχειν ἐν ἐπιγνώσει, παρέδωκεν αὐτοὺς ὁ Θεὸς εἰς ἀδόκιμον νοῦν, ποιεῖν τὰ μὴ καθήκοντα, 29 πεπληρωμένους πάσῃ ἀδικίᾳ (πορνείᾳ) πονηρίᾳ πλεονεξίᾳ κακίᾳ, μεστοὺς φθόνου φόνου ἔριδος δόλου κακοηθείας, ψιθυριστάς, 30 καταλάλους, θεοστυγεῖς, ὑβριστάς, ὑπερηφάνους, ἀλαζόνας, ἐφευρετὰς κακῶν, γονεῦσιν ἀπειθεῖς, 31 ἀσυνέτους, ἀσυνθέτους, ἀστόργους, (ἀσπόνδους) ἀνελεήμονας· 32 οἵτινες τὸ δικαίωμα τοῦ Θεοῦ ἐπιγνόντες, ὅτι οἱ τὰ τοιαῦτα πράσσοντες ἄξιοι θανάτου εἰσίν, οὐ μόνον αὐτὰ ποιοῦσιν, ἀλλὰ καὶ συνευδοκοῦσιν τοῖς πράσσουσιν.

ΠΡΟΣ ΡΩΜΑΙΟΥΣ

Romans 2

The Folly of Hypocritical Judgment

1 Διὸ ἀναπολόγητος εἶ, ὦ ἄνθρωπε πᾶς ὁ κρίνων· ἐν ᾧ γὰρ κρίνεις τὸν ἕτερον, σεαυτὸν κατακρίνεις· τὰ γὰρ αὐτὰ πράσσεις ὁ κρίνων. 2 οἴδαμεν δὲ ὅτι τὸ κρίμα τοῦ Θεοῦ ἐστιν κατὰ ἀλήθειαν ἐπὶ τοὺς τὰ τοιαῦτα πράσσοντας. 3 λογίζῃ δὲ τοῦτο, ὦ ἄνθρωπε ὁ κρίνων τοὺς τὰ τοιαῦτα πράσσοντας καὶ ποιῶν αὐτά, ὅτι σὺ ἐκφεύξῃ τὸ κρίμα τοῦ Θεοῦ; 4 ἢ τοῦ πλούτου τῆς χρηστότητος αὐτοῦ καὶ τῆς ἀνοχῆς καὶ τῆς μακροθυμίας καταφρονεῖς, ἀγνοῶν ὅτι τὸ χρηστὸν τοῦ Θεοῦ εἰς μετάνοιάν σε ἄγει;

Storing Up Wrath or Reward

5 κατὰ δὲ τὴν σκληρότητά σου καὶ ἀμετανόητον καρδίαν θησαυρίζεις σεαυτῷ ὀργὴν ἐν ἡμέρᾳ ὀργῆς καὶ ἀποκαλύψεως δικαιοκρισίας τοῦ Θεοῦ, 6 ὃς ἀποδώσει ἑκάστῳ κατὰ τὰ ἔργα αὐτοῦ· 7 τοῖς μὲν καθ' ὑπομονὴν ἔργου ἀγαθοῦ δόξαν καὶ τιμὴν καὶ ἀφθαρσίαν ζητοῦσιν ζωὴν αἰώνιον· 8 τοῖς δὲ ἐξ ἐριθείας καὶ ἀπειθοῦσι τῇ ἀληθείᾳ πειθομένοις δὲ τῇ ἀδικίᾳ, [ὀργὴ καὶ θυμός] (θυμός καὶ ὀργὴ). 9 θλῖψις καὶ στενοχωρία, ἐπὶ πᾶσαν ψυχὴν ἀνθρώπου τοῦ κατεργαζομένου τὸ κακόν, Ἰουδαίου τε πρῶτον καὶ Ἕλληνος· 10 δόξα δὲ καὶ τιμὴ καὶ εἰρήνη παντὶ τῷ ἐργαζομένῳ τὸ ἀγαθόν, Ἰουδαίῳ τε πρῶτον καὶ Ἕλληνι.

No Advantage in Judgment for Jews

11 οὐ γάρ ἐστιν προσωπολημψία παρὰ τῷ Θεῷ. 12 Ὅσοι γὰρ ἀνόμως ἥμαρτον, ἀνόμως καὶ ἀπολοῦνται· καὶ ὅσοι ἐν νόμῳ ἥμαρτον, διὰ νόμου κριθήσονται· 13 οὐ γὰρ οἱ ἀκροαταὶ νόμου δίκαιοι παρὰ τῷ Θεῷ, ἀλλ' οἱ ποιηταὶ νόμου δικαιωθήσονται. 14 ὅταν γὰρ ἔθνη τὰ μὴ νόμον ἔχοντα φύσει τὰ τοῦ νόμου ποιῶσιν, οὗτοι νόμον μὴ ἔχοντες ἑαυτοῖς εἰσιν νόμος· 15 οἵτινες ἐνδείκνυνται τὸ ἔργον τοῦ νόμου γραπτὸν ἐν ταῖς καρδίαις αὐτῶν, συνμαρτυρούσης αὐτῶν τῆς συνειδήσεως καὶ μεταξὺ ἀλλήλων τῶν λογισμῶν κατηγορούντων ἢ καὶ ἀπολογουμένων, 16 ἐν [ᾗ] ἡμέρᾳ (ὅτε) κρίνει ὁ Θεὸς τὰ κρυπτὰ τῶν ἀνθρώπων κατὰ τὸ εὐαγγέλιόν μου διὰ [Χριστοῦ Ἰησοῦ] (Ἰησοῦ Χριστοῦ). 17 Εἰ δὲ σὺ Ἰουδαῖος ἐπονομάζῃ καὶ ἐπαναπαύῃ νόμῳ καὶ καυχᾶσαι ἐν Θεῷ 18 καὶ γινώσκεις τὸ θέλημα καὶ δοκιμάζεις τὰ διαφέροντα κατηχούμενος ἐκ τοῦ νόμου, 19 πέποιθάς τε σεαυτὸν ὁδηγὸν εἶναι τυφλῶν, φῶς τῶν ἐν σκότει,

ΠΡΟΣ ΡΩΜΑΙΟΥΣ

20 παιδευτὴν ἀφρόνων, διδάσκαλον νηπίων, ἔχοντα τὴν μόρφωσιν τῆς γνώσεως καὶ τῆς ἀληθείας ἐν τῷ νόμῳ· 21 ὁ οὖν διδάσκων ἕτερον σεαυτὸν οὐ διδάσκεις; ὁ κηρύσσων μὴ κλέπτειν κλέπτεις; 22 ὁ λέγων μὴ μοιχεύειν μοιχεύεις; ὁ βδελυσσόμενος τὰ εἴδωλα ἱεροσυλεῖς; 23 ὃς ἐν νόμῳ καυχᾶσαι, διὰ τῆς παραβάσεως τοῦ νόμου τὸν Θεὸν ἀτιμάζεις; 24 τὸ γὰρ ὄνομα τοῦ Θεοῦ δι' ὑμᾶς βλασφημεῖται ἐν τοῖς ἔθνεσιν, καθὼς γέγραπται. 25 περιτομὴ μὲν γὰρ ὠφελεῖ ἐὰν νόμον πράσσῃς· ἐὰν δὲ παραβάτης νόμου ᾖς, ἡ περιτομή σου ἀκροβυστία γέγονεν. 26 ἐὰν οὖν ἡ ἀκροβυστία τὰ δικαιώματα τοῦ νόμου φυλάσσῃ, οὐχ ἡ ἀκροβυστία αὐτοῦ εἰς περιτομὴν λογισθήσεται; 27 καὶ κρινεῖ ἡ ἐκ φύσεως ἀκροβυστία τὸν νόμον τελοῦσα σὲ τὸν διὰ γράμματος καὶ περιτομῆς παραβάτην νόμου. 28 οὐ γὰρ ὁ ἐν τῷ φανερῷ Ἰουδαῖός ἐστιν, οὐδὲ ἡ ἐν τῷ φανερῷ ἐν σαρκὶ περιτομή· 29 ἀλλ' ὁ ἐν τῷ κρυπτῷ Ἰουδαῖος, καὶ περιτομὴ καρδίας ἐν πνεύματι οὐ γράμματι, οὗ ὁ ἔπαινος οὐκ ἐξ ἀνθρώπων ἀλλ' ἐκ τοῦ Θεοῦ.

Romans 3

Election Not a License to Sin

1 Τί οὖν τὸ περισσὸν τοῦ Ἰουδαίου, ἢ τίς ἡ ὠφέλεια τῆς περιτομῆς; 2 πολὺ κατὰ πάντα τρόπον. πρῶτον μὲν γὰρ ὅτι ἐπιστεύθησαν τὰ λόγια τοῦ Θεοῦ. 3 τί γάρ; εἰ ἠπίστησάν τινες, μὴ ἡ ἀπιστία αὐτῶν τὴν πίστιν τοῦ Θεοῦ καταργήσει; 4 μὴ γένοιτο· γινέσθω δὲ ὁ Θεὸς ἀληθής, πᾶς δὲ ἄνθρωπος ψεύστης, καθάπερ γέγραπται

Ὅπως ἂν δικαιωθῇς ἐν τοῖς λόγοις σου
καὶ νικήσεις ἐν τῷ κρίνεσθαί σε.

5 εἰ δὲ ἡ ἀδικία ἡμῶν Θεοῦ δικαιοσύνην συνίστησιν, τί ἐροῦμεν; μὴ ἄδικος ὁ Θεὸς ὁ ἐπιφέρων τὴν ὀργήν; κατὰ ἄνθρωπον λέγω. 6 μὴ γένοιτο· ἐπεὶ πῶς κρινεῖ ὁ Θεὸς τὸν κόσμον; 7 εἰ [δὲ] (γὰρ) ἡ ἀλήθεια τοῦ Θεοῦ ἐν τῷ ἐμῷ ψεύσματι ἐπερίσσευσεν εἰς τὴν δόξαν αὐτοῦ, τί ἔτι κἀγὼ ὡς ἁμαρτωλὸς κρίνομαι; 8 καὶ μὴ καθὼς βλασφημούμεθα καὶ καθώς φασίν τινες ἡμᾶς λέγειν ὅτι Ποιήσωμεν τὰ κακὰ ἵνα ἔλθῃ τὰ ἀγαθά; ὧν τὸ κρίμα ἔνδικόν ἐστιν.

ΠΡΟΣ ΡΩΜΑΙΟΥΣ

All Mankind Under Sin

9 Τί οὖν; προεχόμεθα; οὐ πάντως· προητιασάμεθα γὰρ Ἰουδαίους τε καὶ Ἕλληνας πάντας ὑφ' ἁμαρτίαν εἶναι, 10 καθὼς γέγραπται ὅτι

Οὐκ ἔστιν δίκαιος οὐδὲ εἷς,
11 οὐκ ἔστιν ὁ συνίων, οὐκ ἔστιν ὁ ἐκζητῶν τὸν Θεόν·
12 πάντες ἐξέκλιναν, ἅμα ἠχρεώθησαν·
οὐκ ἔστιν ὁ ποιῶν χρηστότητα, οὐκ ἔστιν ἕως ἑνός.
13 τάφος ἀνεῳγμένος ὁ λάρυγξ αὐτῶν,
ταῖς γλώσσαις αὐτῶν ἐδολιοῦσαν,
ἰὸς ἀσπίδων ὑπὸ τὰ χείλη αὐτῶν·
14 ὧν τὸ στόμα ἀρᾶς καὶ πικρίας γέμει·
15 ὀξεῖς οἱ πόδες αὐτῶν ἐκχέαι αἷμα,
16 σύντριμμα καὶ ταλαιπωρία ἐν ταῖς ὁδοῖς αὐτῶν,
17 καὶ ὁδὸν εἰρήνης οὐκ ἔγνωσαν.
18 οὐκ ἔστιν φόβος Θεοῦ ἀπέναντι τῶν ὀφθαλμῶν αὐτῶν.

19 Οἴδαμεν δὲ ὅτι ὅσα ὁ νόμος λέγει τοῖς ἐν τῷ νόμῳ λαλεῖ, ἵνα πᾶν στόμα φραγῇ καὶ ὑπόδικος γένηται πᾶς ὁ κόσμος τῷ Θεῷ· 20 διότι ἐξ ἔργων νόμου οὐ δικαιωθήσεται πᾶσα σὰρξ ἐνώπιον αὐτοῦ· διὰ γὰρ νόμου ἐπίγνωσις ἁμαρτίας.

Righteousness by Faith Revealed

21 Νυνὶ δὲ χωρὶς νόμου δικαιοσύνη Θεοῦ πεφανέρωται, μαρτυρουμένη ὑπὸ τοῦ νόμου καὶ τῶν προφητῶν, 22 δικαιοσύνη δὲ Θεοῦ διὰ πίστεως Ἰησοῦ Χριστοῦ, εἰς πάντας (καὶ ἐπὶ πάντας) τοὺς πιστεύοντας· οὐ γάρ ἐστιν διαστολή· 23 πάντες γὰρ ἥμαρτον καὶ ὑστεροῦνται τῆς δόξης τοῦ Θεοῦ, 24 δικαιούμενοι δωρεὰν τῇ αὐτοῦ χάριτι διὰ τῆς ἀπολυτρώσεως τῆς ἐν Χριστῷ Ἰησοῦ· 25 ὃν προέθετο ὁ Θεὸς ἱλαστήριον διὰ (τῆς) πίστεως ἐν τῷ αὐτοῦ αἵματι, εἰς ἔνδειξιν τῆς δικαιοσύνης αὐτοῦ διὰ τὴν πάρεσιν τῶν προγεγονότων ἁμαρτημάτων 26 ἐν τῇ ἀνοχῇ τοῦ Θεοῦ, πρὸς [τὴν] ἔνδειξιν τῆς δικαιοσύνης αὐτοῦ ἐν τῷ νῦν καιρῷ, εἰς τὸ εἶναι αὐτὸν δίκαιον καὶ δικαιοῦντα τὸν ἐκ πίστεως Ἰησοῦ. 27 Ποῦ οὖν ἡ καύχησις; ἐξεκλείσθη. διὰ ποίου νόμου; τῶν ἔργων; οὐχί, ἀλλὰ διὰ νόμου πίστεως. 28 λογιζόμεθα [γὰρ δικαιοῦσθαι πίστει] (οὖν πίστει δικαιοῦσθαι) ἄνθρωπον χωρὶς ἔργων νόμου. 29 ἢ Ἰουδαίων ὁ Θεὸς μόνον; οὐχὶ καὶ ἐθνῶν; ναὶ καὶ ἐθνῶν, 30 [εἴπερ] (ἐπείπερ) εἷς ὁ Θεός, ὃς δικαιώσει περιτομὴν ἐκ πίστεως καὶ ἀκροβυστίαν διὰ τῆς πίστεως. 31 νόμον οὖν καταργοῦμεν διὰ τῆς πίστεως; μὴ γένοιτο, ἀλλὰ νόμον ἱστάνομεν.

ΠΡΟΣ ΡΩΜΑΙΟΥΣ

Romans 4

Righteousness Apart from Works

1 Τί οὖν [ἐροῦμεν εὑρηκέναι] (ἐροῦμεν) Ἀβραὰμ τὸν προπάτορα ἡμῶν (εὑρηκέναι) κατὰ σάρκα; 2 εἰ γὰρ Ἀβραὰμ ἐξ ἔργων ἐδικαιώθη, ἔχει καύχημα· ἀλλ' οὐ πρὸς (τὸν) Θεόν, 3 τί γὰρ ἡ γραφὴ λέγει; Ἐπίστευσεν δὲ Ἀβραὰμ τῷ Θεῷ, καὶ ἐλογίσθη αὐτῷ εἰς δικαιοσύνην. 4 τῷ δὲ ἐργαζομένῳ ὁ μισθὸς οὐ λογίζεται κατὰ χάριν ἀλλὰ κατὰ (τό) ὀφείλημα· 5 τῷ δὲ μὴ ἐργαζομένῳ, πιστεύοντι δὲ ἐπὶ τὸν δικαιοῦντα τὸν ἀσεβῆ, λογίζεται ἡ πίστις αὐτοῦ εἰς δικαιοσύνην, 6 καθάπερ καὶ Δαυεὶδ λέγει τὸν μακαρισμὸν τοῦ ἀνθρώπου ᾧ ὁ Θεὸς λογίζεται δικαιοσύνην χωρὶς ἔργων

7 Μακάριοι ὧν ἀφέθησαν αἱ ἀνομίαι καὶ ὧν ἐπεκαλύφθησαν αἱ ἁμαρτίαι·
8 μακάριος ἀνὴρ οὗ οὐ μὴ λογίσηται Κύριος ἁμαρτίαν.

Righteousness Apart from Circumcision

9 ὁ μακαρισμὸς οὖν οὗτος ἐπὶ τὴν περιτομὴν ἢ καὶ ἐπὶ τὴν ἀκροβυστίαν; λέγομεν γάρ (ὅτι) Ἐλογίσθη τῷ Ἀβραὰμ ἡ πίστις εἰς δικαιοσύνην. 10 πῶς οὖν ἐλογίσθη; ἐν περιτομῇ ὄντι ἢ ἐν ἀκροβυστίᾳ; οὐκ ἐν περιτομῇ ἀλλ' ἐν ἀκροβυστίᾳ· 11 καὶ σημεῖον ἔλαβεν περιτομῆς σφραγῖδα τῆς δικαιοσύνης τῆς πίστεως τῆς ἐν τῇ ἀκροβυστίᾳ, εἰς τὸ εἶναι αὐτὸν πατέρα πάντων τῶν πιστευόντων δι' ἀκροβυστίας, εἰς τὸ λογισθῆναι αὐτοῖς τὴν δικαιοσύνην, 12 καὶ πατέρα περιτομῆς τοῖς οὐκ ἐκ περιτομῆς μόνον ἀλλὰ καὶ τοῖς στοιχοῦσιν τοῖς ἴχνεσιν τῆς ἐν ἀκροβυστίᾳ πίστεως τοῦ πατρὸς ἡμῶν Ἀβραάμ.

Righteousness Apart from the Law

13 Οὐ γὰρ διὰ νόμου ἡ ἐπαγγελία τῷ Ἀβραὰμ ἢ τῷ σπέρματι αὐτοῦ, τὸ κληρονόμον αὐτὸν εἶναι (τοῦ) κόσμου, ἀλλὰ διὰ δικαιοσύνης πίστεως. 14 εἰ γὰρ οἱ ἐκ νόμου κληρονόμοι, κεκένωται ἡ πίστις καὶ κατήργηται ἡ ἐπαγγελία· 15 ὁ γὰρ νόμος ὀργὴν κατεργάζεται· οὗ [δὲ] (γὰρ) οὐκ ἔστιν νόμος, οὐδὲ παράβασις.

ΠΡΟΣ ΡΩΜΑΙΟΥΣ

Righteousness by Faith Exampled

16 Διὰ τοῦτο ἐκ πίστεως, ἵνα κατὰ χάριν, εἰς τὸ εἶναι βεβαίαν τὴν ἐπαγγελίαν παντὶ τῷ σπέρματι, οὐ τῷ ἐκ τοῦ νόμου μόνον ἀλλὰ καὶ τῷ ἐκ πίστεως Ἀβραάμ, ὅς ἐστιν πατὴρ πάντων ἡμῶν, 17 καθὼς γέγραπται ὅτι Πατέρα πολλῶν ἐθνῶν τέθεικά σε, κατέναντι οὗ ἐπίστευσεν Θεοῦ τοῦ ζωοποιοῦντος τοὺς νεκροὺς καὶ καλοῦντος τὰ μὴ ὄντα ὡς ὄντα· 18 ὃς παρ' ἐλπίδα ἐπ' ἐλπίδι ἐπίστευσεν εἰς τὸ γενέσθαι αὐτὸν πατέρα πολλῶν ἐθνῶν κατὰ τὸ εἰρημένον Οὕτως ἔσται τὸ σπέρμα σου· 19 καὶ μὴ ἀσθενήσας τῇ πίστει (οὐ) κατενόησεν τὸ ἑαυτοῦ σῶμα (ἤδη) νενεκρωμένον, ἑκατονταετής που ὑπάρχων, καὶ τὴν νέκρωσιν τῆς μήτρας Σάρρας· 20 εἰς δὲ τὴν ἐπαγγελίαν τοῦ Θεοῦ οὐ διεκρίθη τῇ ἀπιστίᾳ, ἀλλὰ ἐνεδυναμώθη τῇ πίστει, δοὺς δόξαν τῷ Θεῷ 21 καὶ πληροφορηθεὶς ὅτι ὃ ἐπήγγελται δυνατός ἐστιν καὶ ποιῆσαι. 22 διὸ καὶ ἐλογίσθη αὐτῷ εἰς δικαιοσύνην. 23 Οὐκ ἐγράφη δὲ δι' αὐτὸν μόνον ὅτι ἐλογίσθη αὐτῷ, 24 ἀλλὰ καὶ δι' ἡμᾶς, οἷς μέλλει λογίζεσθαι, τοῖς πιστεύουσιν ἐπὶ τὸν ἐγείραντα Ἰησοῦν τὸν Κύριον ἡμῶν ἐκ νεκρῶν, 25 ὃς παρεδόθη διὰ τὰ παραπτώματα ἡμῶν καὶ ἠγέρθη διὰ τὴν δικαίωσιν ἡμῶν.

Romans 5

Peace and Hope through Christ

1 Δικαιωθέντες οὖν ἐκ πίστεως εἰρήνην ἔχωμεν πρὸς τὸν Θεὸν διὰ τοῦ Κυρίου ἡμῶν Ἰησοῦ Χριστοῦ, 2 δι' οὗ καὶ τὴν προσαγωγὴν ἐσχήκαμεν τῇ πίστει εἰς τὴν χάριν ταύτην ἐν ᾗ ἑστήκαμεν, καὶ καυχώμεθα ἐπ' ἐλπίδι τῆς δόξης τοῦ Θεοῦ. 3 οὐ μόνον δέ, ἀλλὰ καὶ καυχώμεθα ἐν ταῖς θλίψεσιν, εἰδότες ὅτι ἡ θλῖψις ὑπομονὴν κατεργάζεται, 4 ἡ δὲ ὑπομονὴ δοκιμήν, ἡ δὲ δοκιμὴ ἐλπίδα· 5 ἡ δὲ ἐλπὶς οὐ καταισχύνει, ὅτι ἡ ἀγάπη τοῦ Θεοῦ ἐκκέχυται ἐν ταῖς καρδίαις ἡμῶν διὰ Πνεύματος Ἁγίου τοῦ δοθέντος ἡμῖν.

God Demonstrates His Love

6 ἔτι γὰρ Χριστὸς ὄντων ἡμῶν ἀσθενῶν [ἔτι] κατὰ καιρὸν ὑπὲρ ἀσεβῶν ἀπέθανεν. 7 μόλις γὰρ ὑπὲρ δικαίου τις ἀποθανεῖται· ὑπὲρ γὰρ τοῦ ἀγαθοῦ τάχα τις καὶ τολμᾷ ἀποθανεῖν· 8 συνίστησιν δὲ τὴν ἑαυτοῦ ἀγάπην εἰς ἡμᾶς ὁ Θεὸς ὅτι ἔτι ἁμαρτωλῶν ὄντων ἡμῶν Χριστὸς ὑπὲρ ἡμῶν ἀπέθανεν. 9 πολλῷ οὖν μᾶλλον δικαιωθέντες νῦν ἐν τῷ αἵματι αὐτοῦ σωθησόμεθα δι' αὐτοῦ ἀπὸ τῆς ὀργῆς.

ΠΡΟΣ ΡΩΜΑΙΟΥΣ

10 εἰ γὰρ ἐχθροὶ ὄντες κατηλλάγημεν τῷ Θεῷ διὰ τοῦ θανάτου τοῦ Υἱοῦ αὐτοῦ, πολλῷ μᾶλλον καταλλαγέντες σωθησόμεθα ἐν τῇ ζωῇ αὐτοῦ· 11 οὐ μόνον δέ, ἀλλὰ καὶ καυχώμενοι ἐν τῷ Θεῷ διὰ τοῦ Κυρίου ἡμῶν Ἰησοῦ Χριστοῦ, δι᾽ οὗ νῦν τὴν καταλλαγὴν ἐλάβομεν.

Death through Adam - Life through Christ

12 Διὰ τοῦτο ὥσπερ δι᾽ ἑνὸς ἀνθρώπου ἡ ἁμαρτία εἰς τὸν κόσμον εἰσῆλθεν, καὶ διὰ τῆς ἁμαρτίας ὁ θάνατος, καὶ οὕτως εἰς πάντας ἀνθρώπους ὁ θάνατος διῆλθεν, ἐφ᾽ ᾧ πάντες ἥμαρτον· 13 ἄχρι γὰρ νόμου ἁμαρτία ἦν ἐν κόσμῳ, ἁμαρτία δὲ οὐκ ἐλλογεῖται μὴ ὄντος νόμου· 14 ἀλλὰ ἐβασίλευσεν ὁ θάνατος ἀπὸ Ἀδὰμ μέχρι Μωϋσέως καὶ ἐπὶ τοὺς μὴ ἁμαρτήσαντας ἐπὶ τῷ ὁμοιώματι τῆς παραβάσεως Ἀδάμ, ὅς ἐστιν τύπος τοῦ μέλλοντος. 15 Ἀλλ᾽ οὐχ ὡς τὸ παράπτωμα, οὕτως καὶ τὸ χάρισμα· εἰ γὰρ τῷ τοῦ ἑνὸς παραπτώματι οἱ πολλοὶ ἀπέθανον, πολλῷ μᾶλλον ἡ χάρις τοῦ Θεοῦ καὶ ἡ δωρεὰ ἐν χάριτι τῇ τοῦ ἑνὸς ἀνθρώπου Ἰησοῦ Χριστοῦ εἰς τοὺς πολλοὺς ἐπερίσσευσεν. 16 καὶ οὐχ ὡς δι᾽ ἑνὸς ἁμαρτήσαντος τὸ δώρημα· τὸ μὲν γὰρ κρίμα ἐξ ἑνὸς εἰς κατάκριμα, τὸ δὲ χάρισμα ἐκ πολλῶν παραπτωμάτων εἰς δικαίωμα. 17 εἰ γὰρ τῷ τοῦ ἑνὸς παραπτώματι ὁ θάνατος ἐβασίλευσεν διὰ τοῦ ἑνός, πολλῷ μᾶλλον οἱ τὴν περισσείαν τῆς χάριτος καὶ τῆς δωρεᾶς τῆς δικαιοσύνης λαμβάνοντες ἐν ζωῇ βασιλεύσουσιν διὰ τοῦ ἑνὸς Ἰησοῦ Χριστοῦ. 18 Ἄρα οὖν ὡς δι᾽ ἑνὸς παραπτώματος εἰς πάντας ἀνθρώπους εἰς κατάκριμα, οὕτως καὶ δι᾽ ἑνὸς δικαιώματος εἰς πάντας ἀνθρώπους εἰς δικαίωσιν ζωῆς· 19 ὥσπερ γὰρ διὰ τῆς παρακοῆς τοῦ ἑνὸς ἀνθρώπου ἁμαρτωλοὶ κατεστάθησαν οἱ πολλοί, οὕτως καὶ διὰ τῆς ὑπακοῆς τοῦ ἑνὸς δίκαιοι κατασταθήσονται οἱ πολλοί. 20 νόμος δὲ παρεισῆλθεν ἵνα πλεονάσῃ τὸ παράπτωμα· οὗ δὲ ἐπλεόνασεν ἡ ἁμαρτία, ὑπερεπερίσσευσεν ἡ χάρις, 21 ἵνα ὥσπερ ἐβασίλευσεν ἡ ἁμαρτία ἐν τῷ θανάτῳ, οὕτως καὶ ἡ χάρις βασιλεύσῃ διὰ δικαιοσύνης εἰς ζωὴν αἰώνιον διὰ Ἰησοῦ Χριστοῦ τοῦ Κυρίου ἡμῶν.

Romans 6

Dead to Sin - Alive to God

1 Τί οὖν ἐροῦμεν; ἐπιμένωμεν τῇ ἁμαρτίᾳ, ἵνα ἡ χάρις πλεονάσῃ; 2 μὴ γένοιτο. οἵτινες ἀπεθάνομεν τῇ ἁμαρτίᾳ, πῶς ἔτι ζήσομεν ἐν αὐτῇ; 3 ἢ ἀγνοεῖτε ὅτι ὅσοι ἐβαπτίσθημεν εἰς Χριστὸν Ἰησοῦν, εἰς τὸν θάνατον αὐτοῦ ἐβαπτίσθημεν; 4 συνετάφημεν οὖν αὐτῷ διὰ τοῦ βαπτίσματος εἰς τὸν θάνατον, ἵνα ὥσπερ ἠγέρθη Χριστὸς ἐκ νεκρῶν διὰ τῆς δόξης τοῦ Πατρός, οὕτως καὶ ἡμεῖς ἐν καινότητι ζωῆς περιπατήσωμεν.

ΠΡΟΣ ΡΩΜΑΙΟΥΣ

5 εἰ γὰρ σύμφυτοι γεγόναμεν τῷ ὁμοιώματι τοῦ θανάτου αὐτοῦ, ἀλλὰ καὶ τῆς ἀναστάσεως ἐσόμεθα· 6 τοῦτο γινώσκοντες, ὅτι ὁ παλαιὸς ἡμῶν ἄνθρωπος συνεσταυρώθη, ἵνα καταργηθῇ τὸ σῶμα τῆς ἁμαρτίας, τοῦ μηκέτι δουλεύειν ἡμᾶς τῇ ἁμαρτίᾳ· 7 ὁ γὰρ ἀποθανὼν δεδικαίωται ἀπὸ τῆς ἁμαρτίας. 8 εἰ δὲ ἀπεθάνομεν σὺν Χριστῷ, πιστεύομεν ὅτι καὶ συνζήσομεν αὐτῷ, 9 εἰδότες ὅτι Χριστὸς ἐγερθεὶς ἐκ νεκρῶν οὐκέτι ἀποθνήσκει, θάνατος αὐτοῦ οὐκέτι κυριεύει. 10 ὃ γὰρ ἀπέθανεν, τῇ ἁμαρτίᾳ ἀπέθανεν ἐφάπαξ· ὃ δὲ ζῇ, ζῇ τῷ Θεῷ. 11 οὕτως καὶ ὑμεῖς λογίζεσθε ἑαυτοὺς εἶναι νεκροὺς μὲν τῇ ἁμαρτίᾳ ζῶντας δὲ τῷ Θεῷ ἐν Χριστῷ Ἰησοῦ (τῷ Κυρίῳ ἡμῶν). 12 Μὴ οὖν βασιλευέτω ἡ ἁμαρτία ἐν τῷ θνητῷ ὑμῶν σώματι εἰς τὸ ὑπακούειν (αὕτη ἐν) ταῖς ἐπιθυμίαις αὐτοῦ, 13 μηδὲ παριστάνετε τὰ μέλη ὑμῶν ὅπλα ἀδικίας τῇ ἁμαρτίᾳ, ἀλλὰ παραστήσατε ἑαυτοὺς τῷ Θεῷ ὡσεὶ ἐκ νεκρῶν ζῶντας καὶ τὰ μέλη ὑμῶν ὅπλα δικαιοσύνης τῷ Θεῷ, 14 ἁμαρτία γὰρ ὑμῶν οὐ κυριεύσει· οὐ γάρ ἐστε ὑπὸ νόμον ἀλλὰ ὑπὸ χάριν.

Freedom to Serve God

15 Τί οὖν; ἁμαρτήσωμεν ὅτι οὐκ ἐσμὲν ὑπὸ νόμον ἀλλὰ ὑπὸ χάριν; μὴ γένοιτο. 16 οὐκ οἴδατε ὅτι ᾧ παριστάνετε ἑαυτοὺς δούλους εἰς ὑπακοήν, δοῦλοί ἐστε ᾧ ὑπακούετε, ἤτοι ἁμαρτίας εἰς θάνατον ἢ ὑπακοῆς εἰς δικαιοσύνην; 17 χάρις δὲ τῷ Θεῷ ὅτι ἦτε δοῦλοι τῆς ἁμαρτίας, ὑπηκούσατε δὲ ἐκ καρδίας εἰς ὃν παρεδόθητε τύπον διδαχῆς, 18 ἐλευθερωθέντες δὲ ἀπὸ τῆς ἁμαρτίας ἐδουλώθητε τῇ δικαιοσύνῃ. 19 ἀνθρώπινον λέγω διὰ τὴν ἀσθένειαν τῆς σαρκὸς ὑμῶν. ὥσπερ γὰρ παρεστήσατε τὰ μέλη ὑμῶν δοῦλα τῇ ἀκαθαρσίᾳ καὶ τῇ ἀνομίᾳ εἰς τὴν ἀνομίαν, οὕτως νῦν παραστήσατε τὰ μέλη ὑμῶν δοῦλα τῇ δικαιοσύνῃ εἰς ἁγιασμόν. 20 ὅτε γὰρ δοῦλοι ἦτε τῆς ἁμαρτίας, ἐλεύθεροι ἦτε τῇ δικαιοσύνῃ. 21 τίνα οὖν καρπὸν εἴχετε τότε; ἐφ' οἷς νῦν ἐπαισχύνεσθε· τὸ γὰρ τέλος ἐκείνων θάνατος. 22 νυνὶ δὲ ἐλευθερωθέντες ἀπὸ τῆς ἁμαρτίας δουλωθέντες δὲ τῷ Θεῷ, ἔχετε τὸν καρπὸν ὑμῶν εἰς ἁγιασμόν, τὸ δὲ τέλος ζωὴν αἰώνιον. 23 τὰ γὰρ ὀψώνια τῆς ἁμαρτίας θάνατος, τὸ δὲ χάρισμα τοῦ Θεοῦ ζωὴ αἰώνιος ἐν Χριστῷ Ἰησοῦ τῷ Κυρίῳ ἡμῶν.

ΠΡΟΣ ΡΩΜΑΙΟΥΣ

Romans 7

Released from the Dead Letter to Serve in the Spirit

1 Ἢ ἀγνοεῖτε, ἀδελφοί, γινώσκουσιν γὰρ νόμον λαλῶ, ὅτι ὁ νόμος κυριεύει τοῦ ἀνθρώπου ἐφ' ὅσον χρόνον ζῇ; 2 ἡ γὰρ ὕπανδρος γυνὴ τῷ ζῶντι ἀνδρὶ δέδεται νόμῳ· ἐὰν δὲ ἀποθάνῃ ὁ ἀνήρ, κατήργηται ἀπὸ τοῦ νόμου τοῦ ἀνδρός. 3 ἄρα οὖν ζῶντος τοῦ ἀνδρὸς μοιχαλὶς χρηματίσει ἐὰν γένηται ἀνδρὶ ἑτέρῳ· ἐὰν δὲ ἀποθάνῃ ὁ ἀνήρ, ἐλευθέρα ἐστὶν ἀπὸ τοῦ νόμου, τοῦ μὴ εἶναι αὐτὴν μοιχαλίδα γενομένην ἀνδρὶ ἑτέρῳ. 4 ὥστε, ἀδελφοί μου, καὶ ὑμεῖς ἐθανατώθητε τῷ νόμῳ διὰ τοῦ σώματος τοῦ Χριστοῦ, εἰς τὸ γενέσθαι ὑμᾶς ἑτέρῳ, τῷ ἐκ νεκρῶν ἐγερθέντι, ἵνα καρποφορήσωμεν τῷ Θεῷ. 5 ὅτε γὰρ ἦμεν ἐν τῇ σαρκί, τὰ παθήματα τῶν ἁμαρτιῶν τὰ διὰ τοῦ νόμου ἐνηργεῖτο ἐν τοῖς μέλεσιν ἡμῶν εἰς τὸ καρποφορῆσαι τῷ θανάτῳ· 6 νυνὶ δὲ κατηργήθημεν ἀπὸ τοῦ νόμου, ἀποθανόντες ἐν ᾧ κατειχόμεθα, ὥστε δουλεύειν ἡμᾶς ἐν καινότητι πνεύματος καὶ οὐ παλαιότητι γράμματος.

The Necessity of the Law

7 Τί οὖν ἐροῦμεν; ὁ νόμος ἁμαρτία; μὴ γένοιτο· ἀλλὰ τὴν ἁμαρτίαν οὐκ ἔγνων εἰ μὴ διὰ νόμου· τήν τε γὰρ ἐπιθυμίαν οὐκ ᾔδειν εἰ μὴ ὁ νόμος ἔλεγεν Οὐκ ἐπιθυμήσεις· 8 ἀφορμὴν δὲ λαβοῦσα ἡ ἁμαρτία διὰ τῆς ἐντολῆς κατειργάσατο ἐν ἐμοὶ πᾶσαν ἐπιθυμίαν· χωρὶς γὰρ νόμου ἁμαρτία νεκρά. 9 ἐγὼ δὲ ἔζων χωρὶς νόμου ποτέ· ἐλθούσης δὲ τῆς ἐντολῆς ἡ ἁμαρτία ἀνέζησεν, 10 ἐγὼ δὲ ἀπέθανον, καὶ εὑρέθη μοι ἡ ἐντολὴ ἡ εἰς ζωήν, αὕτη εἰς θάνατον· 11 ἡ γὰρ ἁμαρτία ἀφορμὴν λαβοῦσα διὰ τῆς ἐντολῆς ἐξηπάτησέν με καὶ δι' αὐτῆς ἀπέκτεινεν. 12 ὥστε ὁ μὲν νόμος ἅγιος, καὶ ἡ ἐντολὴ ἁγία καὶ δικαία καὶ ἀγαθή.

The Battle with Indwelling Sin

13 Τὸ οὖν ἀγαθὸν ἐμοὶ ἐγένετο θάνατος; μὴ γένοιτο· ἀλλὰ ἡ ἁμαρτία, ἵνα φανῇ ἁμαρτία, διὰ τοῦ ἀγαθοῦ μοι κατεργαζομένη θάνατον, ἵνα γένηται καθ' ὑπερβολὴν ἁμαρτωλὸς ἡ ἁμαρτία διὰ τῆς ἐντολῆς. 14 οἴδαμεν γὰρ ὅτι ὁ νόμος πνευματικός ἐστιν· ἐγὼ δὲ σάρκινός εἰμι, πεπραμένος ὑπὸ τὴν ἁμαρτίαν. 15 ὃ γὰρ κατεργάζομαι οὐ γινώσκω· οὐ γὰρ ὃ θέλω τοῦτο πράσσω, ἀλλ' ὃ μισῶ τοῦτο ποιῶ. 16 εἰ δὲ ὃ οὐ θέλω τοῦτο ποιῶ, σύνφημι τῷ νόμῳ ὅτι καλός. 17 νυνὶ δὲ οὐκέτι ἐγὼ κατεργάζομαι αὐτὸ ἀλλὰ ἡ [ἐνοικοῦσα] (οἰκοῦσα) ἐν ἐμοὶ ἁμαρτία.

18 οἶδα γὰρ ὅτι οὐκ οἰκεῖ ἐν ἐμοί, τοῦτ' ἔστιν ἐν τῇ σαρκί μου, ἀγαθόν· τὸ γὰρ θέλειν παράκειταί μοι, τὸ δὲ κατεργάζεσθαι τὸ καλὸν [οὔ] (οὐχ εὑρίσκω)· 19 οὐ γὰρ ὃ θέλω ποιῶ ἀγαθόν, ἀλλὰ ὃ οὐ θέλω κακὸν τοῦτο πράσσω. 20 εἰ δὲ ὃ οὐ θέλω ἐγὼ τοῦτο ποιῶ, οὐκέτι ἐγὼ κατεργάζομαι αὐτὸ ἀλλὰ ἡ οἰκοῦσα ἐν ἐμοὶ ἁμαρτία. 21 εὑρίσκω ἄρα τὸν νόμον τῷ θέλοντι ἐμοὶ ποιεῖν τὸ καλόν, ὅτι ἐμοὶ τὸ κακὸν παράκειται· 22 συνήδομαι γὰρ τῷ νόμῳ τοῦ Θεοῦ κατὰ τὸν ἔσω ἄνθρωπον, 23 βλέπω δὲ ἕτερον νόμον ἐν τοῖς μέλεσίν μου ἀντιστρατευόμενον τῷ νόμῳ τοῦ νοός μου καὶ αἰχμαλωτίζοντά με ἐν τῷ νόμῳ τῆς ἁμαρτίας τῷ ὄντι ἐν τοῖς μέλεσίν μου. 24 Ταλαίπωρος ἐγὼ ἄνθρωπος· τίς με ῥύσεται ἐκ τοῦ σώματος τοῦ θανάτου τούτου; 25 [χάρις] (εὐχάριστῶ) τῷ Θεῷ διὰ Ἰησοῦ Χριστοῦ τοῦ Κυρίου ἡμῶν. ἄρα οὖν αὐτὸς ἐγὼ τῷ μὲν νοΐ δουλεύω νόμῳ Θεοῦ, τῇ δὲ σαρκὶ νόμῳ ἁμαρτίας.

Romans 8

Freedom through Walking in the Spirit

1 Οὐδὲν ἄρα νῦν κατάκριμα τοῖς ἐν Χριστῷ Ἰησοῦ (μὴ κατὰ σάρκα περιπατοῦσιν, ἀλλὰ κατὰ πνεῦμα). 2 ὁ γὰρ νόμος τοῦ Πνεύματος τῆς ζωῆς ἐν Χριστῷ Ἰησοῦ ἠλευθέρωσέν σε ἀπὸ τοῦ νόμου τῆς ἁμαρτίας καὶ τοῦ θανάτου. 3 τὸ γὰρ ἀδύνατον τοῦ νόμου, ἐν ᾧ ἠσθένει διὰ τῆς σαρκός, ὁ Θεὸς τὸν ἑαυτοῦ Υἱὸν πέμψας ἐν ὁμοιώματι σαρκὸς ἁμαρτίας καὶ περὶ ἁμαρτίας κατέκρινεν τὴν ἁμαρτίαν ἐν τῇ σαρκί, 4 ἵνα τὸ δικαίωμα τοῦ νόμου πληρωθῇ ἐν ἡμῖν τοῖς μὴ κατὰ σάρκα περιπατοῦσιν ἀλλὰ κατὰ πνεῦμα. 5 οἱ γὰρ κατὰ σάρκα ὄντες τὰ τῆς σαρκὸς φρονοῦσιν, οἱ δὲ κατὰ πνεῦμα τὰ τοῦ πνεύματος. 6 τὸ γὰρ φρόνημα τῆς σαρκὸς θάνατος, τὸ δὲ φρόνημα τοῦ πνεύματος ζωὴ καὶ εἰρήνη. 7 διότι τὸ φρόνημα τῆς σαρκὸς ἔχθρα εἰς Θεόν· τῷ γὰρ νόμῳ τοῦ Θεοῦ οὐχ ὑποτάσσεται, οὐδὲ γὰρ δύναται· 8 οἱ δὲ ἐν σαρκὶ ὄντες Θεῷ ἀρέσαι οὐ δύνανται. 9 Ὑμεῖς δὲ οὐκ ἐστὲ ἐν σαρκὶ ἀλλὰ ἐν πνεύματι, εἴπερ Πνεῦμα Θεοῦ οἰκεῖ ἐν ὑμῖν. εἰ δέ τις Πνεῦμα Χριστοῦ οὐκ ἔχει, οὗτος οὐκ ἔστιν αὐτοῦ. 10 εἰ δὲ Χριστὸς ἐν ὑμῖν, τὸ μὲν σῶμα νεκρὸν διὰ ἁμαρτίαν, τὸ δὲ πνεῦμα ζωὴ διὰ δικαιοσύνην. 11 εἰ δὲ τὸ Πνεῦμα τοῦ ἐγείραντος [τὸν] Ἰησοῦν ἐκ νεκρῶν οἰκεῖ ἐν ὑμῖν, ὁ ἐγείρας [ἐκ νεκρῶν Χριστὸν Ἰησοῦν] (τὸν Χριστὸν ἐκ νεκρῶν) ζωοποιήσει καὶ τὰ θνητὰ σώματα ὑμῶν διὰ τοῦ [ἐνοικοῦντος] (ἐνοικοῦν) αὐτοῦ Πνεύματος ἐν ὑμῖν.

ΠΡΟΣ ΡΩΜΑΙΟΥΣ

Freedom through the Spirit of Adoption

12 Ἄρα οὖν, ἀδελφοί, ὀφειλέται ἐσμέν, οὐ τῇ σαρκὶ τοῦ κατὰ σάρκα ζῆν. 13 εἰ γὰρ κατὰ σάρκα ζῆτε, μέλλετε ἀποθνῄσκειν· εἰ δὲ πνεύματι τὰς πράξεις τοῦ σώματος θανατοῦτε, ζήσεσθε. 14 ὅσοι γὰρ Πνεύματι Θεοῦ ἄγονται, οὗτοι υἱοί εἰσιν Θεοῦ. 15 οὐ γὰρ ἐλάβετε πνεῦμα δουλείας πάλιν εἰς φόβον, ἀλλὰ ἐλάβετε πνεῦμα υἱοθεσίας, ἐν ᾧ κράζομεν Ἀββᾶ ὁ Πατήρ. 16 αὐτὸ τὸ Πνεῦμα συνμαρτυρεῖ τῷ πνεύματι ἡμῶν ὅτι ἐσμὲν τέκνα Θεοῦ. 17 εἰ δὲ τέκνα, καὶ κληρονόμοι· κληρονόμοι μὲν Θεοῦ, συνκληρονόμοι δὲ Χριστοῦ, εἴπερ συνπάσχομεν ἵνα καὶ συνδοξασθῶμεν.

The Anticipation of Glory

18 Λογίζομαι γὰρ ὅτι οὐκ ἄξια τὰ παθήματα τοῦ νῦν καιροῦ πρὸς τὴν μέλλουσαν δόξαν ἀποκαλυφθῆναι εἰς ἡμᾶς. 19 ἡ γὰρ ἀποκαραδοκία τῆς κτίσεως τὴν ἀποκάλυψιν τῶν υἱῶν τοῦ Θεοῦ ἀπεκδέχεται. 20 τῇ γὰρ ματαιότητι ἡ κτίσις ὑπετάγη, οὐχ ἑκοῦσα, ἀλλὰ διὰ τὸν ὑποτάξαντα, ἐφ᾽ ἐλπίδι 21 [διότι] (ὅτι) καὶ αὐτὴ ἡ κτίσις ἐλευθερωθήσεται ἀπὸ τῆς δουλείας τῆς φθορᾶς εἰς τὴν ἐλευθερίαν τῆς δόξης τῶν τέκνων τοῦ Θεοῦ. 22 οἴδαμεν γὰρ ὅτι πᾶσα ἡ κτίσις συνστενάζει καὶ συνωδίνει ἄχρι τοῦ νῦν· 23 οὐ μόνον δέ, ἀλλὰ καὶ αὐτοὶ τὴν ἀπαρχὴν τοῦ Πνεύματος ἔχοντες [ἡμεῖς] καὶ (ἡμεῖς) αὐτοὶ ἐν ἑαυτοῖς στενάζομεν, υἱοθεσίαν ἀπεκδεχόμενοι, τὴν ἀπολύτρωσιν τοῦ σώματος ἡμῶν. 24 τῇ γὰρ ἐλπίδι ἐσώθημεν· ἐλπὶς δὲ βλεπομένη οὐκ ἔστιν ἐλπίς· ὃ γὰρ βλέπει τις, τί (καί) ἐλπίζει; 25 εἰ δὲ ὃ οὐ βλέπομεν ἐλπίζομεν, δι᾽ ὑπομονῆς ἀπεκδεχόμεθα.

Hope Augmented by the Spirit

26 Ὡσαύτως δὲ καὶ τὸ Πνεῦμα συναντιλαμβάνεται [τῇ] (ταῖς) ἀσθενείᾳ ἡμῶν· τὸ γὰρ τί προσευξώμεθα καθὸ δεῖ οὐκ οἴδαμεν, ἀλλὰ αὐτὸ τὸ Πνεῦμα ὑπερεντυγχάνει (ὑπὲρ ἡμῶν) στεναγμοῖς ἀλαλήτοις· 27 ὁ δὲ ἐραυνῶν τὰς καρδίας οἶδεν τί τὸ φρόνημα τοῦ Πνεύματος, ὅτι κατὰ Θεὸν ἐντυγχάνει ὑπὲρ ἁγίων.

Being Conformed to the Son's Image

28 Οἴδαμεν δὲ ὅτι τοῖς ἀγαπῶσιν τὸν Θεὸν πάντα συνεργεῖ εἰς ἀγαθόν, τοῖς κατὰ πρόθεσιν κλητοῖς οὖσιν. 29 ὅτι οὓς προέγνω, καὶ προώρισεν συμμόρφους τῆς εἰκόνος τοῦ Υἱοῦ αὐτοῦ, εἰς τὸ εἶναι αὐτὸν πρωτότοκον ἐν πολλοῖς ἀδελφοῖς· 30 οὓς δὲ προώρισεν, τούτους καὶ ἐκάλεσεν· καὶ οὓς ἐκάλεσεν, τούτους καὶ ἐδικαίωσεν· οὓς δὲ ἐδικαίωσεν, τούτους καὶ ἐδόξασεν.

ΠΡΟΣ ΡΩΜΑΙΟΥΣ

Victory Through Christ's Love

31 Τί οὖν ἐροῦμεν πρὸς ταῦτα; εἰ ὁ Θεὸς ὑπὲρ ἡμῶν, τίς καθ᾽ ἡμῶν; 32 ὅς γε τοῦ ἰδίου Υἱοῦ οὐκ ἐφείσατο, ἀλλὰ ὑπὲρ ἡμῶν πάντων παρέδωκεν αὐτόν, πῶς οὐχὶ καὶ σὺν αὐτῷ τὰ πάντα ἡμῖν χαρίσεται; 33 τίς ἐγκαλέσει κατὰ ἐκλεκτῶν Θεοῦ; Θεὸς ὁ δικαιῶν· 34 τίς ὁ κατακρινῶν; Χριστὸς [Ἰησοῦς] ὁ ἀποθανών, μᾶλλον δὲ (καί) ἐγερθείς, ὅς (καὶ) ἐστιν ἐν δεξιᾷ τοῦ Θεοῦ, ὃς καὶ ἐντυγχάνει ὑπὲρ ἡμῶν. 35 τίς ἡμᾶς χωρίσει ἀπὸ τῆς ἀγάπης τοῦ Χριστοῦ; θλῖψις ἢ στενοχωρία ἢ διωγμὸς ἢ λιμὸς ἢ γυμνότης ἢ κίνδυνος ἢ μάχαιρα; 36 καθὼς γέγραπται ὅτι

Ἕνεκεν σοῦ θανατούμεθα ὅλην τὴν ἡμέραν,
ἐλογίσθημεν ὡς πρόβατα σφαγῆς.

37 ἀλλ᾽ ἐν τούτοις πᾶσιν ὑπερνικῶμεν διὰ τοῦ ἀγαπήσαντος ἡμᾶς. 38 πέπεισμαι γὰρ ὅτι οὔτε θάνατος οὔτε ζωὴ οὔτε ἄγγελοι οὔτε ἀρχαὶ (οὔτε δυνάμεις) οὔτε ἐνεστῶτα οὔτε μέλλοντα [οὔτε δυνάμεις] 39 οὔτε ὕψωμα οὔτε βάθος οὔτε τις κτίσις ἑτέρα δυνήσεται ἡμᾶς χωρίσαι ἀπὸ τῆς ἀγάπης τοῦ Θεοῦ τῆς ἐν Χριστῷ Ἰησοῦ τῷ Κυρίῳ ἡμῶν.

Romans 9

Paul's Sorrow Over Israel

1 Ἀλήθειαν λέγω ἐν Χριστῷ, οὐ ψεύδομαι, συνμαρτυρούσης μοι τῆς συνειδήσεώς μου ἐν Πνεύματι Ἁγίῳ, 2 ὅτι λύπη μοί ἐστιν μεγάλη καὶ ἀδιάλειπτος ὀδύνη τῇ καρδίᾳ μου. 3 ηὐχόμην γὰρ [ἀνάθεμα εἶναι αὐτὸς ἐγώ] (αὐτὸς ἐγὼ ἀνάθεμα εἶναι) ἀπὸ τοῦ Χριστοῦ ὑπὲρ τῶν ἀδελφῶν μου τῶν συγγενῶν μου κατὰ σάρκα, 4 οἵτινές εἰσιν Ἰσραηλεῖται, ὧν ἡ υἱοθεσία καὶ ἡ δόξα καὶ αἱ διαθῆκαι καὶ ἡ νομοθεσία καὶ ἡ λατρεία καὶ αἱ ἐπαγγελίαι, 5 ὧν οἱ πατέρες, καὶ ἐξ ὧν ὁ Χριστὸς τὸ κατὰ σάρκα, ὁ ὢν ἐπὶ πάντων Θεὸς εὐλογητὸς εἰς τοὺς αἰῶνας, ἀμήν.

The True Children of Promise

6 Οὐχ οἷον δὲ ὅτι ἐκπέπτωκεν ὁ λόγος τοῦ Θεοῦ. οὐ γὰρ πάντες οἱ ἐξ Ἰσραήλ, οὗτοι Ἰσραήλ· 7 οὐδ᾽ ὅτι εἰσὶν σπέρμα Ἀβραάμ, πάντες τέκνα, ἀλλ᾽ Ἐν Ἰσαὰκ κληθήσεταί σοι σπέρμα. 8 τοῦτ᾽ ἔστιν, οὐ τὰ τέκνα τῆς σαρκὸς ταῦτα τέκνα τοῦ Θεοῦ, ἀλλὰ τὰ τέκνα τῆς ἐπαγγελίας λογίζεται εἰς σπέρμα. 9 ἐπαγγελίας γὰρ ὁ λόγος οὗτος Κατὰ τὸν καιρὸν τοῦτον ἐλεύσομαι καὶ ἔσται τῇ Σάρρᾳ υἱός.

ΠΡΟΣ ΡΩΜΑΙΟΥΣ

10 οὐ μόνον δέ, ἀλλὰ καὶ Ῥεβέκκα ἐξ ἑνὸς κοίτην ἔχουσα, Ἰσαὰκ τοῦ πατρὸς ἡμῶν· 11 μήπω γὰρ γεννηθέντων μηδὲ πραξάντων τι ἀγαθὸν ἢ [φαῦλον] (κακόν), ἵνα ἡ κατ' ἐκλογὴν πρόθεσις τοῦ Θεοῦ μένῃ, 12 οὐκ ἐξ ἔργων ἀλλ' ἐκ τοῦ καλοῦντος, ἐρρέθη αὐτῇ ὅτι Ὁ μείζων δουλεύσει τῷ ἐλάσσονι· 13 [καθάπερ] (καθὼς) γέγραπται Τὸν Ἰακὼβ ἠγάπησα, τὸν δὲ Ἠσαῦ ἐμίσησα.

The Righteousness of God's Sovereignty

14 Τί οὖν ἐροῦμεν; μὴ ἀδικία παρὰ τῷ θεῷ; μὴ γένοιτο. 15 τῷ (γὰρ) Μωϋσεῖ [γὰρ] λέγει Ἐλεήσω ὃν ἂν ἐλεῶ, καὶ οἰκτειρήσω ὃν ἂν οἰκτείρω. 16 ἄρα οὖν οὐ τοῦ θέλοντος οὐδὲ τοῦ τρέχοντος, ἀλλὰ τοῦ ἐλεῶντος Θεοῦ. 17 λέγει γὰρ ἡ γραφὴ τῷ Φαραὼ ὅτι Εἰς αὐτὸ τοῦτο ἐξήγειρά σε, ὅπως ἐνδείξωμαι ἐν σοὶ τὴν δύναμίν μου, καὶ ὅπως διαγγελῇ τὸ ὄνομά μου ἐν πάσῃ τῇ γῇ. 18 ἄρα οὖν ὃν θέλει ἐλεεῖ, ὃν δὲ θέλει σκληρύνει. 19 Ἐρεῖς [μοι οὖν] (οὖν μοι) Τί ἔτι μέμφεται; τῷ γὰρ βουλήματι αὐτοῦ τίς ἀνθέστηκεν; 20 [ὦ ἄνθρωπε, μενοῦνγε] (μενοῦνγε ὦ ἄνθρωπε) σὺ τίς εἶ ὁ ἀνταποκρινόμενος τῷ Θεῷ; μὴ ἐρεῖ τὸ πλάσμα τῷ πλάσαντι Τί με ἐποίησας οὕτως; 21 ἢ οὐκ ἔχει ἐξουσίαν ὁ κεραμεὺς τοῦ πηλοῦ ἐκ τοῦ αὐτοῦ φυράματος ποιῆσαι ὃ μὲν εἰς τιμὴν σκεῦος, ὃ δὲ εἰς ἀτιμίαν;

The Mystery of God's Sovereignty

22 εἰ δὲ θέλων ὁ Θεὸς ἐνδείξασθαι τὴν ὀργὴν καὶ γνωρίσαι τὸ δυνατὸν αὐτοῦ ἤνεγκεν ἐν πολλῇ μακροθυμίᾳ σκεύη ὀργῆς κατηρτισμένα εἰς ἀπώλειαν, 23 καὶ ἵνα γνωρίσῃ τὸν πλοῦτον τῆς δόξης αὐτοῦ ἐπὶ σκεύη ἐλέους, ἃ προητοίμασεν εἰς δόξαν, 24 οὓς καὶ ἐκάλεσεν ἡμᾶς οὐ μόνον ἐξ Ἰουδαίων ἀλλὰ καὶ ἐξ ἐθνῶν; 25 ὡς καὶ ἐν τῷ Ὡσηὲ λέγει

> Καλέσω τὸν οὐ λαόν μου λαόν μου
> καὶ τὴν οὐκ ἠγαπημένην ἠγαπημένην·
> 26 καὶ ἔσται ἐν τῷ τόπῳ οὗ ἐρρέθη αὐτοῖς Οὐ λαός μου ὑμεῖς,
> ἐκεῖ κληθήσονται υἱοὶ Θεοῦ ζῶντος.

27 Ἠσαΐας δὲ κράζει ὑπὲρ τοῦ Ἰσραήλ

> Ἐὰν ᾖ ὁ ἀριθμὸς τῶν υἱῶν Ἰσραὴλ ὡς ἡ ἄμμος τῆς θαλάσσης,
> τὸ [ὑπόλειμμα] (κατάλειμμα) σωθήσεται·
> 28 λόγον γὰρ συντελῶν καὶ συντέμνων
> (ἐν δικαιοσυνη ὅτι λόγον συντετμημένον)
> ποιήσει Κύριος ἐπὶ τῆς γῆς.

ΠΡΟΣ ΡΩΜΑΙΟΥΣ

29 καὶ καθὼς προείρηκεν Ἡσαΐας

Εἰ μὴ Κύριος Σαβαὼθ ἐγκατέλιπεν ἡμῖν σπέρμα,
ὡς Σόδομα ἂν ἐγενήθημεν καὶ ὡς Γόμορρα ἂν ὡμοιώθημεν.

Israel Seeks Righteousness by Works

30 Τί οὖν ἐροῦμεν; ὅτι ἔθνη τὰ μὴ διώκοντα δικαιοσύνην κατέλαβεν δικαιοσύνην, δικαιοσύνην δὲ τὴν ἐκ πίστεως· 31 Ἰσραὴλ δὲ διώκων νόμον δικαιοσύνης εἰς νόμον (δικαιοσύνης) οὐκ ἔφθασεν. 32 διὰ τί; ὅτι οὐκ ἐκ πίστεως ἀλλ' ὡς ἐξ ἔργων (νόμου)· προσέκοψαν (γὰρ) τῷ λίθῳ τοῦ προσκόμματος, 33 καθὼς γέγραπται

Ἰδοὺ τίθημι ἐν Σιὼν λίθον προσκόμματος καὶ πέτραν σκανδάλου,
καὶ (πᾶς) ὁ πιστεύων ἐπ' αὐτῷ οὐ καταισχυνθήσεται.

Romans 10

Israel's Misdirected Zeal

1 Ἀδελφοί, ἡ μὲν εὐδοκία τῆς ἐμῆς καρδίας καὶ ἡ δέησις (ἡ) πρὸς τὸν Θεὸν ὑπὲρ [αὐτῶν] (τοῦ Ἰσραήλ ἐστιν) εἰς σωτηρίαν. 2 μαρτυρῶ γὰρ αὐτοῖς ὅτι ζῆλον Θεοῦ ἔχουσιν, ἀλλ' οὐ κατ' ἐπίγνωσιν· 3 ἀγνοοῦντες γὰρ τὴν τοῦ Θεοῦ δικαιοσύνην, καὶ τὴν ἰδίαν (δικαιοσύνην) ζητοῦντες στῆσαι, τῇ δικαιοσύνῃ τοῦ Θεοῦ οὐχ ὑπετάγησαν. 4 τέλος γὰρ νόμου Χριστὸς εἰς δικαιοσύνην παντὶ τῷ πιστεύοντι.

Righteousness by Law and by Faith Compared

5 Μωϋσῆς γὰρ γράφει [ὅτι] τὴν δικαιοσύνην τὴν ἐκ νόμου (ὅτι) ὁ ποιήσας (αὐτὰ) ἄνθρωπος ζήσεται ἐν [αὐτῇ] (αὐτοῖς). 6 ἡ δὲ ἐκ πίστεως δικαιοσύνη οὕτως λέγει Μὴ εἴπῃς ἐν τῇ καρδίᾳ σου Τίς ἀναβήσεται εἰς τὸν οὐρανόν; τοῦτ' ἔστιν Χριστὸν καταγαγεῖν· 7 ἢ Τίς καταβήσεται εἰς τὴν ἄβυσσον; τοῦτ' ἔστιν Χριστὸν ἐκ νεκρῶν ἀναγαγεῖν. 8 ἀλλὰ τί λέγει; Ἐγγύς σου τὸ ῥῆμά ἐστιν, ἐν τῷ στόματί σου καὶ ἐν τῇ καρδίᾳ σου· τοῦτ' ἔστιν τὸ ῥῆμα τῆς πίστεως ὃ κηρύσσομεν. 9 ὅτι ἐὰν ὁμολογήσῃς ἐν τῷ στόματί σου Κύριον Ἰησοῦν, καὶ πιστεύσῃς ἐν τῇ καρδίᾳ σου ὅτι ὁ Θεὸς αὐτὸν ἤγειρεν ἐκ νεκρῶν, σωθήσῃ· 10 καρδίᾳ γὰρ πιστεύεται εἰς δικαιοσύνην, στόματι δὲ ὁμολογεῖται εἰς σωτηρίαν. 11 λέγει γὰρ ἡ γραφή Πᾶς ὁ πιστεύων ἐπ' αὐτῷ οὐ καταισχυνθήσεται. 12 οὐ γάρ ἐστιν διαστολὴ Ἰουδαίου τε καὶ Ἕλληνος· ὁ γὰρ αὐτὸς Κύριος πάντων, πλουτῶν εἰς πάντας τοὺς ἐπικαλουμένους αὐτόν· 13 Πᾶς γὰρ ὃς ἂν ἐπικαλέσηται τὸ ὄνομα Κυρίου σωθήσεται.

ΠΡΟΣ ΡΩΜΑΙΟΥΣ

14 πῶς οὖν ἐπικαλέσωνται εἰς ὃν οὐκ ἐπίστευσαν; πῶς δὲ πιστεύσωσιν οὗ οὐκ ἤκουσαν; πῶς δὲ ἀκούσωσιν χωρὶς κηρύσσοντος; 15 πῶς δὲ κηρύξωσιν ἐὰν μὴ ἀποσταλῶσιν; [καθάπερ] (καθὼς) γέγραπται Ὡς ὡραῖοι οἱ πόδες τῶν εὐαγγελιζομένων (εἰρήνην, τῶν εὐαγγελιζομένων τὰ) ἀγαθά.

Israel Rejects the Prophets

16 Ἀλλ' οὐ πάντες ὑπήκουσαν τῷ εὐαγγελίῳ. Ἡσαΐας γὰρ λέγει Κύριε, τίς ἐπίστευσεν τῇ ἀκοῇ ἡμῶν; 17 ἄρα ἡ πίστις ἐξ ἀκοῆς, ἡ δὲ ἀκοὴ διὰ ῥήματος Χριστοῦ. 18 ἀλλὰ λέγω, μὴ οὐκ ἤκουσαν; μενοῦνγε

Εἰς πᾶσαν τὴν γῆν ἐξῆλθεν ὁ φθόγγος αὐτῶν,
καὶ εἰς τὰ πέρατα τῆς οἰκουμένης τὰ ῥήματα αὐτῶν.

19 ἀλλὰ λέγω, μὴ (οὐκ ἔγνω) Ἰσραὴλ [οὐκ ἔγνω]; πρῶτος Μωϋσῆς λέγει

Ἐγὼ παραζηλώσω ὑμᾶς ἐπ' οὐκ ἔθνει,
ἐπ' ἔθνει ἀσυνέτῳ παροργιῶ ὑμᾶς.

20 Ἡσαΐας δὲ ἀποτολμᾷ καὶ λέγει

Εὑρέθην τοῖς ἐμὲ μὴ ζητοῦσιν,
ἐμφανὴς ἐγενόμην τοῖς ἐμὲ μὴ ἐπερωτῶσιν.

21 πρὸς δὲ τὸν Ἰσραὴλ λέγει

Ὅλην τὴν ἡμέραν ἐξεπέτασα τὰς χεῖράς μου
πρὸς λαὸν ἀπειθοῦντα καὶ ἀντιλέγοντα.

Romans 11

The Elect by Grace Contrasted with Hardened Israel

1 Λέγω οὖν, μὴ ἀπώσατο ὁ Θεὸς τὸν λαὸν αὐτοῦ; μὴ γένοιτο· καὶ γὰρ ἐγὼ Ἰσραηλείτης εἰμί, ἐκ σπέρματος Ἀβραάμ, φυλῆς Βενιαμείν. 2 οὐκ ἀπώσατο ὁ Θεὸς τὸν λαὸν αὐτοῦ ὃν προέγνω. ἢ οὐκ οἴδατε ἐν Ἠλείᾳ τί λέγει ἡ γραφή, ὡς ἐντυγχάνει τῷ Θεῷ κατὰ τοῦ Ἰσραήλ (λέγων); 3 Κύριε, τοὺς προφήτας σου ἀπέκτειναν, τὰ θυσιαστήριά σου κατέσκαψαν, κἀγὼ ὑπελείφθην μόνος καὶ ζητοῦσιν τὴν ψυχήν μου. 4 ἀλλὰ τί λέγει αὐτῷ ὁ χρηματισμός; Κατέλιπον ἐμαυτῷ ἑπτακισχιλίους ἄνδρας, οἵτινες οὐκ ἔκαμψαν γόνυ τῇ Βάαλ. 5 οὕτως οὖν καὶ ἐν τῷ νῦν καιρῷ λίμμα κατ' ἐκλογὴν χάριτος γέγονεν·

6 εἰ δὲ χάριτι, οὐκέτι ἐξ ἔργων, ἐπεὶ ἡ χάρις οὐκέτι γίνεται χάρις (εἰ δὲ ἐξ ἔργων· οὐκέτι ἐστὶν χάρις ἐπεὶ τὸ ἔργον οὐκέτι ἐστίν ἔργον). 7 Τί οὖν; ὃ ἐπιζητεῖ Ἰσραήλ, τοῦτο οὐκ ἐπέτυχεν, ἡ δὲ ἐκλογὴ ἐπέτυχεν· οἱ δὲ λοιποὶ ἐπωρώθησαν, 8 [καθάπερ] (καθὼς) γέγραπται

> Ἔδωκεν αὐτοῖς ὁ Θεὸς πνεῦμα κατανύξεως,
> ὀφθαλμοὺς τοῦ μὴ βλέπειν
> καὶ ὦτα τοῦ μὴ ἀκούειν,
> ἕως τῆς σήμερον ἡμέρας.

9 καὶ Δαυεὶδ λέγει

> Γενηθήτω ἡ τράπεζα αὐτῶν εἰς παγίδα καὶ εἰς θήραν
> καὶ εἰς σκάνδαλον καὶ εἰς ἀνταπόδομα αὐτοῖς,
> 10 σκοτισθήτωσαν οἱ ὀφθαλμοὶ αὐτῶν τοῦ μὴ βλέπειν,
> καὶ τὸν νῶτον αὐτῶν διὰ παντὸς σύνκαμψον.

The Ingrafting of the Gentiles

11 Λέγω οὖν, μὴ ἔπταισαν ἵνα πέσωσιν; μὴ γένοιτο· ἀλλὰ τῷ αὐτῶν παραπτώματι ἡ σωτηρία τοῖς ἔθνεσιν, εἰς τὸ παραζηλῶσαι αὐτούς. 12 εἰ δὲ τὸ παράπτωμα αὐτῶν πλοῦτος κόσμου καὶ τὸ ἥττημα αὐτῶν πλοῦτος ἐθνῶν, πόσῳ μᾶλλον τὸ πλήρωμα αὐτῶν.

13 Ὑμῖν δὲ λέγω τοῖς ἔθνεσιν. ἐφ᾽ ὅσον μὲν [οὖν] εἰμι ἐγὼ ἐθνῶν ἀπόστολος, τὴν διακονίαν μου δοξάζω, 14 εἴ πως παραζηλώσω μου τὴν σάρκα καὶ σώσω τινὰς ἐξ αὐτῶν. 15 εἰ γὰρ ἡ ἀποβολὴ αὐτῶν καταλλαγὴ κόσμου, τίς ἡ πρόσλημψις εἰ μὴ ζωὴ ἐκ νεκρῶν; 16 εἰ δὲ ἡ ἀπαρχὴ ἁγία, καὶ τὸ φύραμα· καὶ εἰ ἡ ῥίζα ἁγία, καὶ οἱ κλάδοι. 17 Εἰ δέ τινες τῶν κλάδων ἐξεκλάσθησαν, σὺ δὲ ἀγριέλαιος ὢν ἐνεκεντρίσθης ἐν αὐτοῖς καὶ συνκοινωνὸς τῆς ῥίζης τῆς πιότητος τῆς ἐλαίας ἐγένου, 18 μὴ κατακαυχῶ τῶν κλάδων· εἰ δὲ κατακαυχᾶσαι, οὐ σὺ τὴν ῥίζαν βαστάζεις ἀλλὰ ἡ ῥίζα σέ. 19 ἐρεῖς οὖν Ἐξεκλάσθησαν (οἱ) κλάδοι ἵνα ἐγὼ ἐγκεντρισθῶ. 20 καλῶς· τῇ ἀπιστίᾳ ἐξεκλάσθησαν, σὺ δὲ τῇ πίστει ἕστηκας. μὴ [ὑψηλὰ φρόνει] (ὑψηλοφρόνει), ἀλλὰ φοβοῦ· 21 εἰ γὰρ ὁ Θεὸς τῶν κατὰ φύσιν κλάδων οὐκ ἐφείσατο, (μήπως) οὐδὲ σοῦ φείσεται. 22 ἴδε οὖν χρηστότητα καὶ ἀποτομίαν Θεοῦ· ἐπὶ μὲν τοὺς πεσόντας ἀποτομία, ἐπὶ δὲ σὲ χρηστότης [Θεοῦ], ἐὰν ἐπιμένῃς τῇ χρηστότητι, ἐπεὶ καὶ σὺ ἐκκοπήσῃ. 23 κἀκεῖνοι δέ, ἐὰν μὴ ἐπιμένωσιν τῇ ἀπιστίᾳ, ἐνκεντρισθήσονται· δυνατὸς γάρ ἐστιν ὁ Θεὸς πάλιν ἐνκεντρίσαι αὐτούς. 24 εἰ γὰρ σὺ ἐκ τῆς κατὰ φύσιν ἐξεκόπης ἀγριελαίου καὶ παρὰ φύσιν ἐνεκεντρίσθης εἰς καλλιέλαιον, πόσῳ μᾶλλον οὗτοι οἱ κατὰ φύσιν ἐνκεντρισθήσονται τῇ ἰδίᾳ ἐλαίᾳ.

ΠΡΟΣ ΡΩΜΑΙΟΥΣ

The Promised Restoration of Israel

25 Οὐ γὰρ θέλω ὑμᾶς ἀγνοεῖν, ἀδελφοί, τὸ μυστήριον τοῦτο, ἵνα μὴ ἦτε [ἐν] (παρ) ἑαυτοῖς φρόνιμοι, ὅτι πώρωσις ἀπὸ μέρους τῷ Ἰσραὴλ γέγονεν ἄχρι οὗ τὸ πλήρωμα τῶν ἐθνῶν εἰσέλθῃ, 26 καὶ οὕτως πᾶς Ἰσραὴλ σωθήσεται, καθὼς γέγραπται

Ἥξει ἐκ Σιὼν ὁ Ῥυόμενος,
ἀποστρέψει ἀσεβείας ἀπὸ Ἰακώβ.
27 καὶ αὕτη αὐτοῖς ἡ παρ' ἐμοῦ διαθήκη,
ὅταν ἀφέλωμαι τὰς ἁμαρτίας αὐτῶν.

28 κατὰ μὲν τὸ εὐαγγέλιον ἐχθροὶ δι' ὑμᾶς, κατὰ δὲ τὴν ἐκλογὴν ἀγαπητοὶ διὰ τοὺς πατέρας· 29 ἀμεταμέλητα γὰρ τὰ χαρίσματα καὶ ἡ κλῆσις τοῦ Θεοῦ. 30 ὥσπερ γὰρ ὑμεῖς ποτε ἠπειθήσατε τῷ Θεῷ, νῦν δὲ ἠλεήθητε τῇ τούτων ἀπειθείᾳ, 31 οὕτως καὶ οὗτοι νῦν ἠπείθησαν τῷ ὑμετέρῳ ἐλέει ἵνα καὶ αὐτοὶ [νῦν] ἐλεηθῶσιν. 32 συνέκλεισεν γὰρ ὁ Θεὸς τοὺς πάντας εἰς ἀπείθειαν ἵνα τοὺς πάντας ἐλεήσῃ. 33 Ὦ βάθος πλούτου καὶ σοφίας καὶ γνώσεως Θεοῦ· ὡς ἀνεξεραύνητα τὰ κρίματα αὐτοῦ καὶ ἀνεξιχνίαστοι αἱ ὁδοὶ αὐτοῦ.

34 Τίς γὰρ ἔγνω νοῦν Κυρίου; ἢ τίς σύμβουλος αὐτοῦ ἐγένετο;
35 ἢ τίς προέδωκεν αὐτῷ, καὶ ἀνταποδοθήσεται αὐτῷ;

36 ὅτι ἐξ αὐτοῦ καὶ δι' αὐτοῦ καὶ εἰς αὐτὸν τὰ πάντα· αὐτῷ ἡ δόξα εἰς τοὺς αἰῶνας· ἀμήν.

Romans 12

The Offering of Body and Mind

1 Παρακαλῶ οὖν ὑμᾶς, ἀδελφοί, διὰ τῶν οἰκτιρμῶν τοῦ Θεοῦ παραστῆσαι τὰ σώματα ὑμῶν θυσίαν ζῶσαν ἁγίαν (εὐάρεστον) τῷ Θεῷ [εὐάρεστον], τὴν λογικὴν λατρείαν ὑμῶν· 2 καὶ μὴ συνσχηματίζεσθε τῷ αἰῶνι τούτῳ, ἀλλὰ μεταμορφοῦσθε τῇ ἀνακαινώσει τοῦ νοός (ὑμῶν), εἰς τὸ δοκιμάζειν ὑμᾶς τί τὸ θέλημα τοῦ Θεοῦ, τὸ ἀγαθὸν καὶ εὐάρεστον καὶ τέλειον.

Humility in Ministering by the Spiritual Gifts

3 Λέγω γὰρ διὰ τῆς χάριτος τῆς δοθείσης μοι παντὶ τῷ ὄντι ἐν ὑμῖν, μὴ ὑπερφρονεῖν παρ' ὃ δεῖ φρονεῖν, ἀλλὰ φρονεῖν εἰς τὸ σωφρονεῖν, ἑκάστῳ ὡς ὁ Θεὸς ἐμέρισεν μέτρον πίστεως.

ΠΡΟΣ ΡΩΜΑΙΟΥΣ

4 καθάπερ γὰρ ἐν ἑνὶ σώματι [πολλὰ μέλη] (μέλη πολλὰ) ἔχομεν, τὰ δὲ μέλη πάντα οὐ τὴν αὐτὴν ἔχει πρᾶξιν, 5 οὕτως οἱ πολλοὶ ἓν σῶμά ἐσμεν ἐν Χριστῷ, τὸ δὲ καθ' εἷς ἀλλήλων μέλη. 6 ἔχοντες δὲ χαρίσματα κατὰ τὴν χάριν τὴν δοθεῖσαν ἡμῖν διάφορα, εἴτε προφητείαν, κατὰ τὴν ἀναλογίαν τῆς πίστεως· 7 εἴτε διακονίαν, ἐν τῇ διακονίᾳ· εἴτε ὁ διδάσκων, ἐν τῇ διδασκαλίᾳ· 8 εἴτε ὁ παρακαλῶν, ἐν τῇ παρακλήσει· ὁ μεταδιδοὺς ἐν ἁπλότητι, ὁ προϊστάμενος ἐν σπουδῇ, ὁ ἐλεῶν ἐν ἱλαρότητι.

Exhortations on Love and Godly Virtues

9 ἡ ἀγάπη ἀνυπόκριτος. ἀποστυγοῦντες τὸ πονηρόν, κολλώμενοι τῷ ἀγαθῷ· 10 τῇ φιλαδελφίᾳ εἰς ἀλλήλους φιλόστοργοι, τῇ τιμῇ ἀλλήλους προηγούμενοι, 11 τῇ σπουδῇ μὴ ὀκνηροί, τῷ πνεύματι ζέοντες, τῷ [Κυρίῳ] (καιρῷ) δουλεύοντες, 12 τῇ ἐλπίδι χαίροντες, τῇ θλίψει ὑπομένοντες, τῇ προσευχῇ προσκαρτεροῦντες, 13 ταῖς χρείαις τῶν ἁγίων κοινωνοῦντες, τὴν φιλοξενίαν διώκοντες. 14 εὐλογεῖτε τοὺς διώκοντας (ὑμᾶς), εὐλογεῖτε καὶ μὴ καταρᾶσθε. 15 χαίρειν μετὰ χαιρόντων, κλαίειν μετὰ κλαιόντων. 16 τὸ αὐτὸ εἰς ἀλλήλους φρονοῦντες· μὴ τὰ ὑψηλὰ φρονοῦντες ἀλλὰ τοῖς ταπεινοῖς συναπαγόμενοι. μὴ γίνεσθε φρόνιμοι παρ' ἑαυτοῖς. 17 μηδενὶ κακὸν ἀντὶ κακοῦ ἀποδιδόντες· προνοούμενοι καλὰ ἐνώπιον πάντων ἀνθρώπων· 18 εἰ δυνατόν, τὸ ἐξ ὑμῶν μετὰ πάντων ἀνθρώπων εἰρηνεύοντες· 19 μὴ ἑαυτοὺς ἐκδικοῦντες, ἀγαπητοί, ἀλλὰ δότε τόπον τῇ ὀργῇ· γέγραπται γάρ Ἐμοὶ ἐκδίκησις, ἐγὼ ἀνταποδώσω, λέγει Κύριος. 20 ἀλλὰ ἐὰν πεινᾷ ὁ ἐχθρός σου, ψώμιζε αὐτόν· ἐὰν διψᾷ, πότιζε αὐτόν· τοῦτο γὰρ ποιῶν ἄνθρακας πυρὸς σωρεύσεις ἐπὶ τὴν κεφαλὴν αὐτοῦ. 21 μὴ νικῶ ὑπὸ τοῦ κακοῦ, ἀλλὰ νίκα ἐν τῷ ἀγαθῷ τὸ κακόν.

Romans 13

Submission to Civil Authority

1 Πᾶσα ψυχὴ ἐξουσίαις ὑπερεχούσαις ὑποτασσέσθω. οὐ γὰρ ἔστιν ἐξουσία εἰ μὴ [ὑπὸ] (ἀπὸ) Θεοῦ, αἱ δὲ οὖσαι (ἐξουσίαι) ὑπὸ (τοῦ) Θεοῦ τεταγμέναι εἰσίν. 2 ὥστε ὁ ἀντιτασσόμενος τῇ ἐξουσίᾳ τῇ τοῦ Θεοῦ διαταγῇ ἀνθέστηκεν· οἱ δὲ ἀνθεστηκότες ἑαυτοῖς κρίμα λήμψονται. 3 οἱ γὰρ ἄρχοντες οὐκ εἰσὶν φόβος τῷ ἀγαθῷ ἔργῳ ἀλλὰ τῷ κακῷ. θέλεις δὲ μὴ φοβεῖσθαι τὴν ἐξουσίαν; τὸ ἀγαθὸν ποίει, καὶ ἕξεις ἔπαινον ἐξ αὐτῆς· 4 Θεοῦ γὰρ διάκονός ἐστιν σοὶ εἰς τὸ ἀγαθόν. ἐὰν δὲ τὸ κακὸν ποιῇς, φοβοῦ· οὐ γὰρ εἰκῇ τὴν μάχαιραν φορεῖ· Θεοῦ γὰρ διάκονός ἐστιν, ἔκδικος εἰς ὀργὴν τῷ τὸ κακὸν πράσσοντι.

ΠΡΟΣ ΡΩΜΑΙΟΥΣ

5 διὸ ἀνάγκη ὑποτάσσεσθαι, οὐ μόνον διὰ τὴν ὀργὴν ἀλλὰ καὶ διὰ τὴν συνείδησιν. 6 διὰ τοῦτο γὰρ καὶ φόρους τελεῖτε· λειτουργοὶ γὰρ Θεοῦ εἰσιν εἰς αὐτὸ τοῦτο προσκαρτεροῦντες. 7 ἀπόδοτε (οὖν) πᾶσιν τὰς ὀφειλάς, τῷ τὸν φόρον τὸν φόρον, τῷ τὸ τέλος τὸ τέλος, τῷ τὸν φόβον τὸν φόβον, τῷ τὴν τιμὴν τὴν τιμήν.

The Obligation to Love

8 Μηδενὶ μηδὲν ὀφείλετε, εἰ μὴ τὸ [ἀλλήλους ἀγαπᾶν] (ἀγαπᾶν ἀλλήλους)· ὁ γὰρ ἀγαπῶν τὸν ἕτερον νόμον πεπλήρωκεν. 9 τὸ γὰρ Οὐ μοιχεύσεις, Οὐ φονεύσεις, Οὐ κλέψεις, (Οὐ ψευδομαρτυρήσεις,) Οὐκ ἐπιθυμήσεις, καὶ εἴ τις ἑτέρα ἐντολή, ἐν [τῷ λόγῳ τούτῳ] (τούτῳ τῷ λόγῳ) ἀνακεφαλαιοῦται, ἐν τῷ Ἀγαπήσεις τὸν πλησίον σου ὡς [σεαυτόν] (ἑαυτόν). 10 ἡ ἀγάπη τῷ πλησίον κακὸν οὐκ ἐργάζεται· πλήρωμα οὖν νόμου ἡ ἀγάπη.

Put on the Uniform of the Day

11 Καὶ τοῦτο εἰδότες τὸν καιρόν, ὅτι ὥρα [ἤδη ὑμᾶς] (ἡμᾶς ἤδη) ἐξ ὕπνου ἐγερθῆναι· νῦν γὰρ ἐγγύτερον ἡμῶν ἡ σωτηρία ἢ ὅτε ἐπιστεύσαμεν. 12 ἡ νὺξ προέκοψεν, ἡ δὲ ἡμέρα ἤγγικεν. ἀποθώμεθα οὖν τὰ ἔργα τοῦ σκότους, (καί) ἐνδυσώμεθα δὲ τὰ ὅπλα τοῦ φωτός. 13 ὡς ἐν ἡμέρᾳ εὐσχημόνως περιπατήσωμεν, μὴ κώμοις καὶ μέθαις, μὴ κοίταις καὶ ἀσελγείαις, μὴ ἔριδι καὶ ζήλῳ· 14 ἀλλὰ ἐνδύσασθε τὸν Κύριον Ἰησοῦν Χριστόν, καὶ τῆς σαρκὸς πρόνοιαν μὴ ποιεῖσθε εἰς ἐπιθυμίας.

Romans 14

Respecting Individual Convictions

1 Τὸν δὲ ἀσθενοῦντα τῇ πίστει προσλαμβάνεσθε, μὴ εἰς διακρίσεις διαλογισμῶν. 2 ὃς μὲν πιστεύει φαγεῖν πάντα, ὁ δὲ ἀσθενῶν λάχανα ἐσθίει. 3 ὁ ἐσθίων τὸν μὴ ἐσθίοντα μὴ ἐξουθενείτω, (καὶ) ὁ [δὲ] μὴ ἐσθίων τὸν ἐσθίοντα μὴ κρινέτω, ὁ Θεὸς γὰρ αὐτὸν προσελάβετο. 4 σὺ τίς εἶ ὁ κρίνων ἀλλότριον οἰκέτην; τῷ ἰδίῳ κυρίῳ στήκει ἢ πίπτει· σταθήσεται δέ, [δυνατεῖ] (δυνατὸς) γὰρ (ἐστιν) ὁ [Κύριος] (Θεὸς) στῆσαι αὐτόν. 5 ὃς μὲν [γὰρ] κρίνει ἡμέραν παρ' ἡμέραν, ὃς δὲ κρίνει πᾶσαν ἡμέραν· ἕκαστος ἐν τῷ ἰδίῳ νοῒ πληροφορείσθω. 6 ὁ φρονῶν τὴν ἡμέραν Κυρίῳ φρονεῖ· (καὶ ὁ μὴ φρονῶν τὴν ἡμέραν, Κυρίῳ οὐ φρονεῖ·) καὶ ὁ ἐσθίων Κυρίῳ ἐσθίει, εὐχαριστεῖ γὰρ τῷ Θεῷ· καὶ ὁ μὴ ἐσθίων Κυρίῳ οὐκ ἐσθίει, καὶ εὐχαριστεῖ τῷ Θεῷ.

ΠΡΟΣ ΡΩΜΑΙΟΥΣ

7 Οὐδεὶς γὰρ ἡμῶν ἑαυτῷ ζῇ, καὶ οὐδεὶς ἑαυτῷ ἀποθνήσκει· 8 ἐάν τε γὰρ ζῶμεν, τῷ Κυρίῳ ζῶμεν, ἐάν τε ἀποθνήσκωμεν, τῷ Κυρίῳ ἀποθνήσκομεν. ἐάν τε οὖν ζῶμεν ἐάν τε ἀποθνήσκωμεν, τοῦ Κυρίου ἐσμέν. 9 εἰς τοῦτο γὰρ Χριστὸς ἀπέθανεν καὶ ἔζησεν, ἵνα καὶ νεκρῶν καὶ ζώντων κυριεύσῃ. 10 Σὺ δὲ τί κρίνεις τὸν ἀδελφόν σου; ἢ καὶ σὺ τί ἐξουθενεῖς τὸν ἀδελφόν σου; πάντες γὰρ παραστησόμεθα τῷ βήματι τοῦ Θεοῦ. 11 γέγραπται γάρ

Ζῶ ἐγώ, λέγει Κύριος, ὅτι ἐμοὶ κάμψει πᾶν γόνυ,
καὶ πᾶσα γλῶσσα ἐξομολογήσεται τῷ Θεῷ.

12 ἄρα οὖν ἕκαστος ἡμῶν περὶ ἑαυτοῦ λόγον δώσει τῷ Θεῷ.

Pursue Peace and Avoid Offenses

13 Μηκέτι οὖν ἀλλήλους κρίνωμεν· ἀλλὰ τοῦτο κρίνατε μᾶλλον, τὸ μὴ τιθέναι πρόσκομμα τῷ ἀδελφῷ ἢ σκάνδαλον. 14 οἶδα καὶ πέπεισμαι ἐν Κυρίῳ Ἰησοῦ ὅτι οὐδὲν κοινὸν δι᾽ ἑαυτοῦ· εἰ μὴ τῷ λογιζομένῳ τι κοινὸν εἶναι, ἐκείνῳ κοινόν. 15 εἰ [γὰρ] (δὲ) διὰ βρῶμα ὁ ἀδελφός σου λυπεῖται, οὐκέτι κατὰ ἀγάπην περιπατεῖς. μὴ τῷ βρώματί σου ἐκεῖνον ἀπόλλυε, ὑπὲρ οὗ Χριστὸς ἀπέθανεν. 16 μὴ βλασφημείσθω οὖν ὑμῶν τὸ ἀγαθόν. 17 οὐ γάρ ἐστιν ἡ βασιλεία τοῦ Θεοῦ βρῶσις καὶ πόσις, ἀλλὰ δικαιοσύνη καὶ εἰρήνη καὶ χαρὰ ἐν Πνεύματι Ἁγίῳ· 18 ὁ γὰρ ἐν [τούτῳ] (τούτοις) δουλεύων τῷ Χριστῷ εὐάρεστος τῷ Θεῷ καὶ δόκιμος τοῖς ἀνθρώποις. 19 ἄρα οὖν τὰ τῆς εἰρήνης διώκομεν καὶ τὰ τῆς οἰκοδομῆς τῆς εἰς ἀλλήλους. 20 μὴ ἕνεκεν βρώματος κατάλυε τὸ ἔργον τοῦ Θεοῦ. πάντα μὲν καθαρά, ἀλλὰ κακὸν τῷ ἀνθρώπῳ τῷ διὰ προσκόμματος ἐσθίοντι. 21 καλὸν τὸ μὴ φαγεῖν κρέα μηδὲ πιεῖν οἶνον μηδὲ ἐν ᾧ ὁ ἀδελφός σου προσκόπτει (ἢ σκανδαλίζεται ἢ ἀσθενεῖ).

Minding One's Own Convictions

22 σὺ πίστιν ἣν ἔχεις κατὰ σεαυτὸν ἔχε ἐνώπιον τοῦ Θεοῦ. μακάριος ὁ μὴ κρίνων ἑαυτὸν ἐν ᾧ δοκιμάζει· 23 ὁ δὲ διακρινόμενος ἐὰν φάγῃ κατακέκριται, ὅτι οὐκ ἐκ πίστεως· πᾶν δὲ ὃ οὐκ ἐκ πίστεως ἁμαρτία ἐστίν.

ΠΡΟΣ ΡΩΜΑΙΟΥΣ

Romans 15

Bearing with One Another

1 Ὀφείλομεν δὲ ἡμεῖς οἱ δυνατοὶ τὰ ἀσθενήματα τῶν ἀδυνάτων βαστάζειν, καὶ μὴ ἑαυτοῖς ἀρέσκειν. 2 ἕκαστος (γάρ) ἡμῶν τῷ πλησίον ἀρεσκέτω εἰς τὸ ἀγαθὸν πρὸς οἰκοδομήν· 3 καὶ γὰρ ὁ Χριστὸς οὐχ ἑαυτῷ ἤρεσεν· ἀλλὰ καθὼς γέγραπται Οἱ ὀνειδισμοὶ τῶν ὀνειδιζόντων σε ἐπέπεσαν ἐπ' ἐμέ. 4 ὅσα γὰρ προεγράφη, εἰς τὴν ἡμετέραν διδασκαλίαν [ἐγράφη] (προεγράφη), ἵνα διὰ τῆς ὑπομονῆς καὶ [διὰ] τῆς παρακλήσεως τῶν γραφῶν τὴν ἐλπίδα ἔχωμεν. 5 ὁ δὲ Θεὸς τῆς ὑπομονῆς καὶ τῆς παρακλήσεως δῴη ὑμῖν τὸ αὐτὸ φρονεῖν ἐν ἀλλήλοις κατὰ Χριστὸν Ἰησοῦν, 6 ἵνα ὁμοθυμαδὸν ἐν ἑνὶ στόματι δοξάζητε τὸν Θεὸν καὶ Πατέρα τοῦ Κυρίου ἡμῶν Ἰησοῦ Χριστοῦ.

Receive One Another

7 Διὸ προσλαμβάνεσθε ἀλλήλους, καθὼς καὶ ὁ Χριστὸς προσελάβετο ἡμᾶς, εἰς δόξαν [τοῦ] Θεοῦ. 8 λέγω [γὰρ] (δὲ) [Χριστὸν] (Ἰησοῦν Χριστὸν) διάκονον γεγενῆσθαι περιτομῆς ὑπὲρ ἀληθείας Θεοῦ, εἰς τὸ βεβαιῶσαι τὰς ἐπαγγελίας τῶν πατέρων, 9 τὰ δὲ ἔθνη ὑπὲρ ἐλέους δοξάσαι τὸν Θεόν, καθὼς γέγραπται,

Διὰ τοῦτο ἐξομολογήσομαί σοι ἐν ἔθνεσι
καὶ τῷ ὀνόματί σου ψαλῶ.

10 καὶ πάλιν λέγει,

Εὐφράνθητε, ἔθνη, μετὰ τοῦ λαοῦ αὐτοῦ.

11 καὶ πάλιν,

Αἰνεῖτε (τὸν Κύριον), πάντα τὰ ἔθνη, [τὸν Κύριον,]
καὶ ἐπαινεσάτωσαν αὐτὸν πάντες οἱ λαοί.

12 καὶ πάλιν Ἠσαΐας λέγει,

Ἔσται ἡ ῥίζα τοῦ Ἰεσσαί,
καὶ ὁ ἀνιστάμενος ἄρχειν ἐθνῶν·
ἐπ' αὐτῷ ἔθνη ἐλπιοῦσιν.

13 Ὁ δὲ Θεὸς τῆς ἐλπίδος πληρῶσαι ὑμᾶς πάσης χαρᾶς καὶ εἰρήνης ἐν τῷ πιστεύειν, εἰς τὸ περισσεύειν ὑμᾶς ἐν τῇ ἐλπίδι ἐν δυνάμει Πνεύματος Ἁγίου.

ΠΡΟΣ ΡΩΜΑΙΟΥΣ

Paul's Ministry by Correspondence

14 Πέπεισμαι δέ, ἀδελφοί μου, καὶ αὐτὸς ἐγὼ περὶ ὑμῶν, ὅτι καὶ αὐτοὶ μεστοί ἐστε ἀγαθωσύνης, πεπληρωμένοι πάσης τῆς γνώσεως, δυνάμενοι καὶ ἀλλήλους νουθετεῖν. 15 τολμηροτέρως δὲ ἔγραψα ὑμῖν (ἀδελφοί) ἀπὸ μέρους, ὡς ἐπαναμιμνήσκων ὑμᾶς, διὰ τὴν χάριν τὴν δοθεῖσάν μοι ἀπὸ τοῦ Θεοῦ 16 εἰς τὸ εἶναί με λειτουργὸν [Χριστοῦ Ἰησοῦ] (Ἰησοῦ Χριστοῦ) εἰς τὰ ἔθνη, ἱερουργοῦντα τὸ εὐαγγέλιον τοῦ Θεοῦ, ἵνα γένηται ἡ προσφορὰ τῶν ἐθνῶν εὐπρόσδεκτος, ἡγιασμένη ἐν Πνεύματι Ἁγίῳ. 17 ἔχω οὖν [τὴν] καύχησιν ἐν Χριστῷ Ἰησοῦ τὰ πρὸς [τὸν] Θεόν· 18 οὐ γὰρ τολμήσω [τι] λαλεῖν (τι) ὧν οὐ κατειργάσατο Χριστὸς δι' ἐμοῦ εἰς ὑπακοὴν ἐθνῶν, λόγῳ καὶ ἔργῳ, 19 ἐν δυνάμει σημείων καὶ τεράτων, ἐν δυνάμει Πνεύματος [Ἁγίου] (Θεοῦ)· ὥστε με ἀπὸ Ἰερουσαλὴμ καὶ κύκλῳ μέχρι τοῦ Ἰλλυρικοῦ πεπληρωκέναι τὸ εὐαγγέλιον τοῦ Χριστοῦ. 20 οὕτως δὲ φιλοτιμούμενον εὐαγγελίζεσθαι οὐχ ὅπου ὠνομάσθη Χριστός, ἵνα μὴ ἐπ' ἀλλότριον θεμέλιον οἰκοδομῶ, 21 ἀλλὰ καθὼς γέγραπται

[Ὄψονται] οἷς οὐκ ἀνηγγέλη περὶ αὐτοῦ (ὄψονται),
καὶ οἳ οὐκ ἀκηκόασιν συνήσουσιν.

Paul's Plan to Minister in Person

22 Διὸ καὶ ἐνεκοπτόμην τὰ πολλὰ τοῦ ἐλθεῖν πρὸς ὑμᾶς· 23 νυνὶ δὲ μηκέτι τόπον ἔχων ἐν τοῖς κλίμασι τούτοις, ἐπιποθίαν δὲ ἔχων τοῦ ἐλθεῖν πρὸς ὑμᾶς ἀπὸ [ἱκανῶν] (πολλῶν) ἐτῶν, 24 ὡς ἂν πορεύωμαι εἰς τὴν Σπανίαν· (ἐλεύσομαι πρὸς ὑμᾶς) ἐλπίζω γὰρ διαπορευόμενος θεάσασθαι ὑμᾶς καὶ ὑφ' ὑμῶν προπεμφθῆναι ἐκεῖ, ἐὰν ὑμῶν πρῶτον ἀπὸ μέρους ἐμπλησθῶ. 25 —νυνὶ δὲ πορεύομαι εἰς Ἰερουσαλὴμ διακονῶν τοῖς ἁγίοις. 26 ηὐδόκησαν γὰρ Μακεδονία καὶ Ἀχαΐα κοινωνίαν τινὰ ποιήσασθαι εἰς τοὺς πτωχοὺς τῶν ἁγίων τῶν ἐν Ἰερουσαλήμ. 27 ηὐδόκησαν γάρ, καὶ ὀφειλέται (αὐτῶν) εἰσιν [αὐτῶν]· εἰ γὰρ τοῖς πνευματικοῖς αὐτῶν ἐκοινώνησαν τὰ ἔθνη, ὀφείλουσιν καὶ ἐν τοῖς σαρκικοῖς λειτουργῆσαι αὐτοῖς. 28 τοῦτο οὖν ἐπιτελέσας, καὶ σφραγισάμενος αὐτοῖς τὸν καρπὸν τοῦτον, ἀπελεύσομαι δι' ὑμῶν εἰς Σπανίαν· 29 οἶδα δὲ ὅτι ἐρχόμενος πρὸς ὑμᾶς ἐν πληρώματι εὐλογίας (τοῦ εὐαγγελίου τοῦ) Χριστοῦ ἐλεύσομαι. 30 Παρακαλῶ δὲ ὑμᾶς, ἀδελφοί, διὰ τοῦ Κυρίου ἡμῶν Ἰησοῦ Χριστοῦ καὶ διὰ τῆς ἀγάπης τοῦ Πνεύματος συναγωνίσασθαί μοι ἐν ταῖς προσευχαῖς ὑπὲρ ἐμοῦ πρὸς τὸν Θεόν,

ΠΡΟΣ ΡΩΜΑΙΟΥΣ

31 ἵνα ῥυσθῶ ἀπὸ τῶν ἀπειθούντων ἐν τῇ Ἰουδαίᾳ καὶ (ἵνα) ἡ διακονία μου ἡ εἰς Ἰερουσαλὴμ εὐπρόσδεκτος [τοῖς ἁγίοις γένηται] (γένηται τοῖς ἁγίοις), 32 ἵνα ἐν χαρᾷ ἐλθὼν πρὸς ὑμᾶς διὰ θελήματος Θεοῦ (καὶ) συναναπαύσωμαι ὑμῖν. 33 ὁ δὲ Θεὸς τῆς εἰρήνης μετὰ πάντων ὑμῶν· ἀμήν.

Romans 16

Commendations and Greetings

1 Συνίστημι δὲ ὑμῖν Φοίβην τὴν ἀδελφὴν ἡμῶν, οὖσαν διάκονον τῆς ἐκκλησίας τῆς ἐν Κενχρεαῖς, 2 ἵνα αὐτὴν προσδέξησθε ἐν Κυρίῳ ἀξίως τῶν ἁγίων, καὶ παραστῆτε αὐτῇ ἐν ᾧ ἂν ὑμῶν χρῄζῃ πράγματι· καὶ γὰρ αὐτὴ προστάτις πολλῶν ἐγενήθη καὶ (αὐτοῦ) ἐμοῦ [αὐτοῦ].

3 Ἀσπάσασθε Πρίσκαν καὶ Ἀκύλαν τοὺς συνεργούς μου ἐν Χριστῷ Ἰησοῦ, 4 οἵτινες ὑπὲρ τῆς ψυχῆς μου τὸν ἑαυτῶν τράχηλον ὑπέθηκαν, οἷς οὐκ ἐγὼ μόνος εὐχαριστῶ ἀλλὰ καὶ πᾶσαι αἱ ἐκκλησίαι τῶν ἐθνῶν, 5 καὶ τὴν κατ' οἶκον αὐτῶν ἐκκλησίαν. ἀσπάσασθε Ἐπαίνετον τὸν ἀγαπητόν μου, ὅς ἐστιν ἀπαρχὴ τῆς [Ἀσίας] (Ἀχαΐας) εἰς Χριστόν. 6 ἀσπάσασθε Μαριάν, ἥτις πολλὰ ἐκοπίασεν εἰς ὑμᾶς. 7 ἀσπάσασθε Ἀνδρόνικον καὶ Ἰουνίαν τοὺς συγγενεῖς μου καὶ συναιχμαλώτους μου, οἵτινές εἰσιν ἐπίσημοι ἐν τοῖς ἀποστόλοις, οἳ καὶ πρὸ ἐμοῦ γέγοναν ἐν Χριστῷ. 8 ἀσπάσασθε [Ἀμπλιᾶτον] (Ἀμπλίαν) τὸν ἀγαπητόν μου ἐν Κυρίῳ. 9 ἀσπάσασθε Οὐρβανὸν τὸν συνεργὸν ἡμῶν ἐν Χριστῷ καὶ Στάχυν τὸν ἀγαπητόν μου. 10 ἀσπάσασθε Ἀπελλῆν τὸν δόκιμον ἐν Χριστῷ. ἀσπάσασθε τοὺς ἐκ τῶν Ἀριστοβούλου. 11 ἀσπάσασθε Ἡρῳδίωνα τὸν συγγενῆ μου. ἀσπάσασθε τοὺς ἐκ τῶν Ναρκίσσου τοὺς ὄντας ἐν Κυρίῳ. 12 ἀσπάσασθε Τρύφαιναν καὶ Τρυφῶσαν τὰς κοπιώσας ἐν Κυρίῳ. ἀσπάσασθε Περσίδα τὴν ἀγαπητήν, ἥτις πολλὰ ἐκοπίασεν ἐν Κυρίῳ. 13 ἀσπάσασθε Ῥοῦφον τὸν ἐκλεκτὸν ἐν Κυρίῳ καὶ τὴν μητέρα αὐτοῦ καὶ ἐμοῦ. 14 ἀσπάσασθε Ἀσύνκριτον, Φλέγοντα, Ἑρμῆν, Πατρόβαν, Ἑρμᾶν, καὶ τοὺς σὺν αὐτοῖς ἀδελφούς. 15 ἀσπάσασθε Φιλόλογον καὶ Ἰουλίαν, Νηρέα καὶ τὴν ἀδελφὴν αὐτοῦ, καὶ Ὀλυμπᾶν, καὶ τοὺς σὺν αὐτοῖς πάντας ἁγίους. 16 ἀσπάσασθε ἀλλήλους ἐν φιλήματι ἁγίῳ. ἀσπάζονται ὑμᾶς αἱ ἐκκλησίαι [πᾶσαι] τοῦ Χριστοῦ.

ΠΡΟΣ ΡΩΜΑΙΟΥΣ

Note the Offensive and Divisive

17 Παρακαλῶ δὲ ὑμᾶς, ἀδελφοί, σκοπεῖν τοὺς τὰς διχοστασίας καὶ τὰ σκάνδαλα παρὰ τὴν διδαχὴν ἣν ὑμεῖς ἐμάθετε ποιοῦντας, καὶ ἐκκλίνετε ἀπ' αὐτῶν· 18 οἱ γὰρ τοιοῦτοι τῷ Κυρίῳ ἡμῶν [Χριστῷ] (Ἰησοῦ Χριστῷ) οὐ δουλεύουσιν ἀλλὰ τῇ ἑαυτῶν κοιλίᾳ, καὶ διὰ τῆς χρηστολογίας καὶ εὐλογίας ἐξαπατῶσιν τὰς καρδίας τῶν ἀκάκων. 19 ἡ γὰρ ὑμῶν ὑπακοὴ εἰς πάντας ἀφίκετο· [ἐφ' ὑμῖν οὖν χαίρω] (χαίρω οὖν τὸ ἐφ' ὑμῖν), θέλω δὲ ὑμᾶς σοφοὺς εἶναι εἰς τὸ ἀγαθόν, ἀκεραίους δὲ εἰς τὸ κακόν. 20 ὁ δὲ Θεὸς τῆς εἰρήνης συντρίψει τὸν Σατανᾶν ὑπὸ τοὺς πόδας ὑμῶν ἐν τάχει.

Ἡ χάρις τοῦ Κυρίου ἡμῶν Ἰησοῦ (Χριστοῦ) μεθ' ὑμῶν.

Greetings from Paul's Fellow Workers

21 Ἀσπάζεται ὑμᾶς Τιμόθεος ὁ συνεργός μου, καὶ Λούκιος καὶ Ἰάσων καὶ Σωσίπατρος οἱ συγγενεῖς μου. 22 ἀσπάζομαι ὑμᾶς ἐγὼ Τέρτιος ὁ γράψας τὴν ἐπιστολὴν ἐν Κυρίῳ. 23 ἀσπάζεται ὑμᾶς Γάϊος ὁ ξένος μου καὶ [ὅλης τῆς ἐκκλησίας] (τῆς ἐκκλησίας ὅλης). ἀσπάζεται ὑμᾶς Ἔραστος ὁ οἰκονόμος τῆς πόλεως καὶ Κούαρτος ὁ ἀδελφός. (24 Ἡ χάρις τοῦ Κυρίου ἡμῶν Ἰησοῦ Χριστοῦ μετὰ πάντων ὑμῶν. ἀμήν).

Benediction

25 Τῷ δὲ δυναμένῳ ὑμᾶς στηρίξαι κατὰ τὸ εὐαγγέλιόν μου καὶ τὸ κήρυγμα Ἰησοῦ Χριστοῦ, κατὰ ἀποκάλυψιν μυστηρίου χρόνοις αἰωνίοις σεσιγημένου, 26 φανερωθέντος δὲ νῦν διά τε γραφῶν προφητικῶν κατ' ἐπιταγὴν τοῦ αἰωνίου Θεοῦ εἰς ὑπακοὴν πίστεως εἰς πάντα τὰ ἔθνη γνωρισθέντος, 27 μόνῳ σοφῷ Θεῷ, διὰ Ἰησοῦ Χριστοῦ, ᾧ ἡ δόξα εἰς τοὺς αἰῶνας [τῶν αἰώνων]· ἀμήν. (πρός Ῥωμαίους ἐγράφη ἀπὸ Κορίνθου διὰ φοίβης τῆς διακόνου τῆς ἐν Κεγχρεαῖς ἐκκλησίας.)

ΠΡΟΣ ΚΟΡΙΝΘΙΟΥΣ Α

Papyrus 15, P. Oxy. 1008
Date: 3rd Century
Egyptian Museum, Cairo, Shelf Number: JE 47423
1st Corinthians 7:18–8:4
Base image source: <http://csntm.org/Manuscript/View/GA_P15>

ΠΡΟΣ ΚΟΡΙΝΘΙΟΥΣ Α

1 Corinthians 1

Opening Salutation

1 Παῦλος κλητὸς ἀπόστολος [Χριστοῦ Ἰησοῦ] (Ἰησοῦ Χριστοῦ) διὰ θελήματος Θεοῦ καὶ Σωσθένης ὁ ἀδελφὸς 2 τῇ ἐκκλησίᾳ τοῦ Θεοῦ τῇ οὔσῃ ἐν Κορίνθῳ, ἡγιασμένοις ἐν Χριστῷ Ἰησοῦ, κλητοῖς ἁγίοις, σὺν πᾶσιν τοῖς ἐπικαλουμένοις τὸ ὄνομα τοῦ Κυρίου ἡμῶν Ἰησοῦ Χριστοῦ ἐν παντὶ τόπῳ, αὐτῶν (τε) καὶ ἡμῶν· 3 χάρις ὑμῖν καὶ εἰρήνη ἀπὸ Θεοῦ Πατρὸς ἡμῶν καὶ Κυρίου Ἰησοῦ Χριστοῦ.

Thanksgiving and Confirmation

4 Εὐχαριστῶ τῷ Θεῷ (μου) πάντοτε περὶ ὑμῶν ἐπὶ τῇ χάριτι τοῦ Θεοῦ τῇ δοθείσῃ ὑμῖν ἐν Χριστῷ Ἰησοῦ, 5 ὅτι ἐν παντὶ ἐπλουτίσθητε ἐν αὐτῷ, ἐν παντὶ λόγῳ καὶ πάσῃ γνώσει, 6 καθὼς τὸ μαρτύριον τοῦ Χριστοῦ ἐβεβαιώθη ἐν ὑμῖν, 7 ὥστε ὑμᾶς μὴ ὑστερεῖσθαι ἐν μηδενὶ χαρίσματι, ἀπεκδεχομένους τὴν ἀποκάλυψιν τοῦ Κυρίου ἡμῶν Ἰησοῦ Χριστοῦ· 8 ὃς καὶ βεβαιώσει ὑμᾶς ἕως τέλους ἀνεγκλήτους ἐν τῇ ἡμέρᾳ τοῦ Κυρίου ἡμῶν Ἰησοῦ Χριστοῦ. 9 πιστὸς ὁ Θεός, δι' οὗ ἐκλήθητε εἰς κοινωνίαν τοῦ Υἱοῦ αὐτοῦ Ἰησοῦ Χριστοῦ τοῦ Κυρίου ἡμῶν.

Report of Contentions

10 Παρακαλῶ δὲ ὑμᾶς, ἀδελφοί, διὰ τοῦ ὀνόματος τοῦ Κυρίου ἡμῶν Ἰησοῦ Χριστοῦ, ἵνα τὸ αὐτὸ λέγητε πάντες, καὶ μὴ ᾖ ἐν ὑμῖν σχίσματα, ἦτε δὲ κατηρτισμένοι ἐν τῷ αὐτῷ νοΐ καὶ ἐν τῇ αὐτῇ γνώμῃ. 11 ἐδηλώθη γάρ μοι περὶ ὑμῶν, ἀδελφοί μου, ὑπὸ τῶν Χλόης, ὅτι ἔριδες ἐν ὑμῖν εἰσιν. 12 λέγω δὲ τοῦτο, ὅτι ἕκαστος ὑμῶν λέγει Ἐγὼ μέν εἰμι Παύλου, Ἐγὼ δὲ Ἀπολλῶ, Ἐγὼ δὲ Κηφᾶ, Ἐγὼ δὲ Χριστοῦ. 13 μεμέρισται ὁ Χριστός; μὴ Παῦλος ἐσταυρώθη ὑπὲρ ὑμῶν, ἢ εἰς τὸ ὄνομα Παύλου ἐβαπτίσθητε; 14 εὐχαριστῶ (τῷ θεῷ) ὅτι οὐδένα ὑμῶν ἐβάπτισα εἰ μὴ Κρίσπον καὶ Γάϊον· 15 ἵνα μή τις εἴπῃ ὅτι εἰς τὸ ἐμὸν ὄνομα ἐβαπτίσθητε. 16 ἐβάπτισα δὲ καὶ τὸν Στεφανᾶ οἶκον· λοιπὸν οὐκ οἶδα εἴ τινα ἄλλον ἐβάπτισα. 17 οὐ γὰρ ἀπέστειλέν με Χριστὸς βαπτίζειν ἀλλὰ εὐαγγελίζεσθαι, οὐκ ἐν σοφίᾳ λόγου, ἵνα μὴ κενωθῇ ὁ σταυρὸς τοῦ Χριστοῦ.

ΠΡΟΣ ΚΟΡΙΝΘΙΟΥΣ Α

The Inferiority of Man's Wisdom

18 Ὁ λόγος γὰρ ὁ τοῦ σταυροῦ τοῖς μὲν ἀπολλυμένοις μωρία ἐστίν, τοῖς δὲ σῳζομένοις ἡμῖν δύναμις Θεοῦ ἐστιν. 19 γέγραπται γάρ

Ἀπολῶ τὴν σοφίαν τῶν σοφῶν,
καὶ τὴν σύνεσιν τῶν συνετῶν ἀθετήσω.

20 ποῦ σοφός; ποῦ γραμματεύς; ποῦ συνζητητὴς τοῦ αἰῶνος τούτου; οὐχὶ ἐμώρανεν ὁ Θεὸς τὴν σοφίαν τοῦ κόσμου (τούτου); 21 ἐπειδὴ γὰρ ἐν τῇ σοφίᾳ τοῦ Θεοῦ οὐκ ἔγνω ὁ κόσμος διὰ τῆς σοφίας τὸν Θεόν, εὐδόκησεν ὁ Θεὸς διὰ τῆς μωρίας τοῦ κηρύγματος σῶσαι τοὺς πιστεύοντας. 22 ἐπειδὴ καὶ Ἰουδαῖοι σημεῖα αἰτοῦσιν καὶ Ἕλληνες σοφίαν ζητοῦσιν, 23 ἡμεῖς δὲ κηρύσσομεν Χριστὸν ἐσταυρωμένον, Ἰουδαίοις μὲν σκάνδαλον, ἔθνεσιν δὲ μωρίαν, 24 αὐτοῖς δὲ τοῖς κλητοῖς, Ἰουδαίοις τε καὶ Ἕλλησιν, Χριστὸν Θεοῦ δύναμιν καὶ Θεοῦ σοφίαν. 25 ὅτι τὸ μωρὸν τοῦ Θεοῦ σοφώτερον τῶν ἀνθρώπων ἐστίν, καὶ τὸ ἀσθενὲς τοῦ Θεοῦ ἰσχυρότερον τῶν ἀνθρώπων (ἐστίν). 26 Βλέπετε γὰρ τὴν κλῆσιν ὑμῶν, ἀδελφοί, ὅτι οὐ πολλοὶ σοφοὶ κατὰ σάρκα, οὐ πολλοὶ δυνατοί, οὐ πολλοὶ εὐγενεῖς· 27 ἀλλὰ τὰ μωρὰ τοῦ κόσμου ἐξελέξατο ὁ Θεὸς ἵνα [καταισχύνῃ τοὺς σοφούς] (τοὺς σοφοὺς καταισχύνῃ), καὶ τὰ ἀσθενῆ τοῦ κόσμου ἐξελέξατο ὁ Θεὸς ἵνα καταισχύνῃ τὰ ἰσχυρά, 28 καὶ τὰ ἀγενῆ τοῦ κόσμου καὶ τὰ ἐξουθενημένα ἐξελέξατο ὁ Θεός, τὰ μὴ ὄντα, ἵνα τὰ ὄντα καταργήσῃ, 29 ὅπως μὴ καυχήσηται πᾶσα σὰρξ ἐνώπιον [τοῦ Θεοῦ] (αὐτοῦ). 30 ἐξ αὐτοῦ δὲ ὑμεῖς ἐστε ἐν Χριστῷ Ἰησοῦ, ὃς ἐγενήθη [σοφία ἡμῖν] (ἡμῖν σοφία) ἀπὸ Θεοῦ, δικαιοσύνη τε καὶ ἁγιασμὸς καὶ ἀπολύτρωσις, 31 ἵνα καθὼς γέγραπται Ὁ καυχώμενος ἐν Κυρίῳ καυχάσθω.

1 Corinthians 2

Paul's Avoidance of Man's Wisdom

1 Κἀγὼ ἐλθὼν πρὸς ὑμᾶς, ἀδελφοί, ἦλθον οὐ καθ᾽ ὑπεροχὴν λόγου ἢ σοφίας καταγγέλλων ὑμῖν τὸ μαρτύριον τοῦ Θεοῦ. 2 οὐ γὰρ ἔκρινά [τι] (τοῦ) εἰδέναι (τι) ἐν ὑμῖν εἰ μὴ Ἰησοῦν Χριστὸν καὶ τοῦτον ἐσταυρωμένον. 3 κἀγὼ ἐν ἀσθενείᾳ καὶ ἐν φόβῳ καὶ ἐν τρόμῳ πολλῷ ἐγενόμην πρὸς ὑμᾶς, 4 καὶ ὁ λόγος μου καὶ τὸ κήρυγμά μου οὐκ ἐν πειθοῖς (ἀνθρωπίνης) σοφίας λόγοις, ἀλλ᾽ ἐν ἀποδείξει Πνεύματος καὶ δυνάμεως, 5 ἵνα ἡ πίστις ὑμῶν μὴ ᾖ ἐν σοφίᾳ ἀνθρώπων ἀλλ᾽ ἐν δυνάμει Θεοῦ.

ΠΡΟΣ ΚΟΡΙΝΘΙΟΥΣ Α

The Revelation of God's Wisdom

6 Σοφίαν δὲ λαλοῦμεν ἐν τοῖς τελείοις, σοφίαν δὲ οὐ τοῦ αἰῶνος τούτου οὐδὲ τῶν ἀρχόντων τοῦ αἰῶνος τούτου τῶν καταργουμένων· 7 ἀλλὰ λαλοῦμεν (σοφίαν) Θεοῦ [σοφίαν] ἐν μυστηρίῳ, τὴν ἀποκεκρυμμένην, ἣν προώρισεν ὁ Θεὸς πρὸ τῶν αἰώνων εἰς δόξαν ἡμῶν· 8 ἣν οὐδεὶς τῶν ἀρχόντων τοῦ αἰῶνος τούτου ἔγνωκεν· εἰ γὰρ ἔγνωσαν, οὐκ ἂν τὸν Κύριον τῆς δόξης ἐσταύρωσαν· 9 ἀλλὰ καθὼς γέγραπται

> Ἃ ὀφθαλμὸς οὐκ εἶδεν καὶ οὖς οὐκ ἤκουσεν
> καὶ ἐπὶ καρδίαν ἀνθρώπου οὐκ ἀνέβη,
> [ὅσα] (ἃ) ἡτοίμασεν ὁ Θεὸς τοῖς ἀγαπῶσιν αὐτόν.

10 ἡμῖν [γὰρ ἀπεκάλυψεν ὁ Θεὸς διὰ] (δὲ ὁ θεὸς ἀπεκάλυψεν διὰ) τοῦ Πνεύματος (αὐτοῦ)· τὸ γὰρ Πνεῦμα πάντα ἐραυνᾷ, καὶ τὰ βάθη τοῦ Θεοῦ. 11 τίς γὰρ οἶδεν ἀνθρώπων τὰ τοῦ ἀνθρώπου εἰ μὴ τὸ πνεῦμα τοῦ ἀνθρώπου τὸ ἐν αὐτῷ; οὕτως καὶ τὰ τοῦ Θεοῦ οὐδεὶς [ἔγνωκεν] (οἶδεν) εἰ μὴ τὸ Πνεῦμα τοῦ Θεοῦ. 12 ἡμεῖς δὲ οὐ τὸ πνεῦμα τοῦ κόσμου ἐλάβομεν ἀλλὰ τὸ πνεῦμα τὸ ἐκ τοῦ Θεοῦ, ἵνα εἰδῶμεν τὰ ὑπὸ τοῦ Θεοῦ χαρισθέντα ἡμῖν· 13 ἃ καὶ λαλοῦμεν οὐκ ἐν διδακτοῖς ἀνθρωπίνης σοφίας λόγοις, ἀλλ᾽ ἐν διδακτοῖς Πνεύματος (Ἁγίου), πνευματικοῖς πνευματικὰ συνκρίνοντες. 14 ψυχικὸς δὲ ἄνθρωπος οὐ δέχεται τὰ τοῦ Πνεύματος τοῦ Θεοῦ· μωρία γὰρ αὐτῷ ἐστίν, καὶ οὐ δύναται γνῶναι, ὅτι πνευματικῶς ἀνακρίνεται. 15 ὁ δὲ πνευματικὸς ἀνακρίνει μὲν πάντα, αὐτὸς δὲ ὑπ᾽ οὐδενὸς ἀνακρίνεται. 16 τίς γὰρ ἔγνω νοῦν Κυρίου, ὃς συμβιβάσει αὐτόν; ἡμεῖς δὲ νοῦν Χριστοῦ ἔχομεν.

1 Corinthians 3

Strife is Immature and Carnal

1 Κἀγώ, ἀδελφοί, οὐκ ἠδυνήθην λαλῆσαι ὑμῖν ὡς πνευματικοῖς ἀλλ᾽ ὡς σαρκίνοις, ὡς νηπίοις ἐν Χριστῷ. 2 γάλα ὑμᾶς ἐπότισα, (καὶ) οὐ βρῶμα· οὔπω γὰρ ἐδύνασθε.
Ἀλλ᾽ οὐδὲ ἔτι νῦν δύνασθε, 3 ἔτι γὰρ σαρκικοί ἐστε. ὅπου γὰρ ἐν ὑμῖν ζῆλος καὶ ἔρις (καὶ διχοστασίαι), οὐχὶ σαρκικοί ἐστε καὶ κατὰ ἄνθρωπον περιπατεῖτε; 4 ὅταν γὰρ λέγῃ τις Ἐγὼ μέν εἰμι Παύλου, ἕτερος δέ Ἐγὼ Ἀπολλῶ, [οὐκ ἄνθρωποί] (οὐχὶ σαρκικοί) ἐστε;

ΠΡΟΣ ΚΟΡΙΝΘΙΟΥΣ Α

Growth is from God

5 τί οὖν ἐστιν [Ἀπολλῶς] (Παῦλος); τί δέ [ἐστιν Παῦλος] (Ἀπολλῶς ἀλλ' ἤ); διάκονοι δι' ὧν ἐπιστεύσατε, καὶ ἑκάστῳ ὡς ὁ Κύριος ἔδωκεν. 6 ἐγὼ ἐφύτευσα, Ἀπολλῶς ἐπότισεν, ἀλλὰ ὁ Θεὸς ηὔξανεν· 7 ὥστε οὔτε ὁ φυτεύων ἐστίν τι οὔτε ὁ ποτίζων, ἀλλ' ὁ αὐξάνων Θεός. 8 ὁ φυτεύων δὲ καὶ ὁ ποτίζων ἕν εἰσιν, ἕκαστος δὲ τὸν ἴδιον μισθὸν λήμψεται κατὰ τὸν ἴδιον κόπον.

No Foundation but Christ

9 Θεοῦ γάρ ἐσμεν συνεργοί· Θεοῦ γεώργιον, Θεοῦ οἰκοδομή ἐστε. 10 Κατὰ τὴν χάριν τοῦ Θεοῦ τὴν δοθεῖσάν μοι ὡς σοφὸς ἀρχιτέκτων θεμέλιον ἔθηκα, ἄλλος δὲ ἐποικοδομεῖ. ἕκαστος δὲ βλεπέτω πῶς ἐποικοδομεῖ. 11 θεμέλιον γὰρ ἄλλον οὐδεὶς δύναται θεῖναι παρὰ τὸν κείμενον, ὅς ἐστιν Ἰησοῦς (ὁ) Χριστός. 12 εἰ δέ τις ἐποικοδομεῖ ἐπὶ τὸν θεμέλιον (τοῦτον) χρυσίον, ἀργύριον, λίθους τιμίους, ξύλα, χόρτον, καλάμην, 13 ἑκάστου τὸ ἔργον φανερὸν γενήσεται· ἡ γὰρ ἡμέρα δηλώσει, ὅτι ἐν πυρὶ ἀποκαλύπτεται, καὶ ἑκάστου τὸ ἔργον ὁποῖόν ἐστιν τὸ πῦρ [αὐτὸ] δοκιμάσει. 14 εἴ τινος τὸ ἔργον μενεῖ ὃ ἐποικοδόμησεν, μισθὸν λήμψεται· 15 εἴ τινος τὸ ἔργον κατακαήσεται, ζημιωθήσεται, αὐτὸς δὲ σωθήσεται, οὕτως δὲ ὡς διὰ πυρός. 16 Οὐκ οἴδατε ὅτι ναὸς Θεοῦ ἐστε καὶ τὸ Πνεῦμα τοῦ Θεοῦ [ἐν ὑμῖν οἰκεῖ] (οἰκεῖ ἐν ὑμῖν); 17 εἴ τις τὸν ναὸν τοῦ Θεοῦ φθείρει, φθερεῖ τοῦτον ὁ Θεός· ὁ γὰρ ναὸς τοῦ Θεοῦ ἅγιός ἐστιν, οἵτινές ἐστε ὑμεῖς.

No Glory in Man's Wisdom

18 Μηδεὶς ἑαυτὸν ἐξαπατάτω· εἴ τις δοκεῖ σοφὸς εἶναι ἐν ὑμῖν ἐν τῷ αἰῶνι τούτῳ, μωρὸς γενέσθω, ἵνα γένηται σοφός, 19 ἡ γὰρ σοφία τοῦ κόσμου τούτου μωρία παρὰ τῷ Θεῷ ἐστιν. γέγραπται γάρ Ὁ δρασσόμενος τοὺς σοφοὺς ἐν τῇ πανουργίᾳ αὐτῶν· 20 καὶ πάλιν Κύριος γινώσκει τοὺς διαλογισμοὺς τῶν σοφῶν, ὅτι εἰσὶν μάταιοι. 21 ὥστε μηδεὶς καυχάσθω ἐν ἀνθρώποις· πάντα γὰρ ὑμῶν ἐστιν, 22 εἴτε Παῦλος εἴτε Ἀπολλῶς εἴτε Κηφᾶς, εἴτε κόσμος εἴτε ζωὴ εἴτε θάνατος, εἴτε ἐνεστῶτα εἴτε μέλλοντα, πάντα ὑμῶν (ἐστιν), 23 ὑμεῖς δὲ Χριστοῦ, Χριστὸς δὲ Θεοῦ.

ΠΡΟΣ ΚΟΡΙΝΘΙΟΥΣ Α

1 Corinthians 4

The Humility of Christ's Servants

1 Οὕτως ἡμᾶς λογιζέσθω ἄνθρωπος ὡς ὑπηρέτας Χριστοῦ καὶ οἰκονόμους μυστηρίων Θεοῦ. 2 ὧδε λοιπὸν ζητεῖται ἐν τοῖς οἰκονόμοις ἵνα πιστός τις εὑρεθῇ. 3 ἐμοὶ δὲ εἰς ἐλάχιστόν ἐστιν ἵνα ὑφ' ὑμῶν ἀνακριθῶ ἢ ὑπὸ ἀνθρωπίνης ἡμέρας· ἀλλ' οὐδὲ ἐμαυτὸν ἀνακρίνω· 4 οὐδὲν γὰρ ἐμαυτῷ σύνοιδα, ἀλλ' οὐκ ἐν τούτῳ δεδικαίωμαι· ὁ δὲ ἀνακρίνων με Κύριός ἐστιν. 5 ὥστε μὴ πρὸ καιροῦ τι κρίνετε, ἕως ἂν ἔλθῃ ὁ Κύριος, ὃς καὶ φωτίσει τὰ κρυπτὰ τοῦ σκότους καὶ φανερώσει τὰς βουλὰς τῶν καρδιῶν· καὶ τότε ὁ ἔπαινος γενήσεται ἑκάστῳ ἀπὸ τοῦ Θεοῦ.

6 Ταῦτα δέ, ἀδελφοί, μετεσχημάτισα εἰς ἐμαυτὸν καὶ Ἀπολλῶν δι' ὑμᾶς, ἵνα ἐν ἡμῖν μάθητε τό Μὴ ὑπὲρ [ἃ] (ὃ) γέγραπται (φρονεῖν), ἵνα μὴ εἷς ὑπὲρ τοῦ ἑνὸς φυσιοῦσθε κατὰ τοῦ ἑτέρου. 7 τίς γάρ σε διακρίνει; τί δὲ ἔχεις ὃ οὐκ ἔλαβες; εἰ δὲ καὶ ἔλαβες, τί καυχᾶσαι ὡς μὴ λαβών; 8 ἤδη κεκορεσμένοι ἐστέ· ἤδη ἐπλουτήσατε· χωρὶς ἡμῶν ἐβασιλεύσατε· καὶ ὄφελόν γε ἐβασιλεύσατε, ἵνα καὶ ἡμεῖς ὑμῖν συνβασιλεύσωμεν. 9 δοκῶ γάρ, ὁ Θεὸς ἡμᾶς τοὺς ἀποστόλους ἐσχάτους ἀπέδειξεν ὡς ἐπιθανατίους, ὅτι θέατρον ἐγενήθημεν τῷ κόσμῳ καὶ ἀγγέλοις καὶ ἀνθρώποις. 10 ἡμεῖς μωροὶ διὰ Χριστόν, ὑμεῖς δὲ φρόνιμοι ἐν Χριστῷ· ἡμεῖς ἀσθενεῖς, ὑμεῖς δὲ ἰσχυροί· ὑμεῖς ἔνδοξοι, ἡμεῖς δὲ ἄτιμοι. 11 ἄχρι τῆς ἄρτι ὥρας καὶ πεινῶμεν καὶ διψῶμεν καὶ γυμνιτεύομεν καὶ κολαφιζόμεθα καὶ ἀστατοῦμεν 12 καὶ κοπιῶμεν ἐργαζόμενοι ταῖς ἰδίαις χερσίν· λοιδορούμενοι εὐλογοῦμεν, διωκόμενοι ἀνεχόμεθα, 13 [δυσφημούμενοι] (βλασφημούμενοι) παρακαλοῦμεν· ὡς περικαθάρματα τοῦ κόσμου ἐγενήθημεν, πάντων περίψημα ἕως ἄρτι.

14 Οὐκ ἐντρέπων ὑμᾶς γράφω ταῦτα, ἀλλ' ὡς τέκνα μου ἀγαπητὰ [νουθετῶν] (νουθετῶ). 15 ἐὰν γὰρ μυρίους παιδαγωγοὺς ἔχητε ἐν Χριστῷ, ἀλλ' οὐ πολλοὺς πατέρας· ἐν γὰρ Χριστῷ Ἰησοῦ διὰ τοῦ εὐαγγελίου ἐγὼ ὑμᾶς ἐγέννησα. 16 παρακαλῶ οὖν ὑμᾶς, μιμηταί μου γίνεσθε. 17 Διὰ τοῦτο αὐτὸ ἔπεμψα ὑμῖν Τιμόθεον, ὅς ἐστίν μου τέκνον ἀγαπητὸν καὶ πιστὸν ἐν Κυρίῳ, ὃς ὑμᾶς ἀναμνήσει τὰς ὁδούς μου τὰς ἐν Χριστῷ [Ἰησοῦ], καθὼς πανταχοῦ ἐν πάσῃ ἐκκλησίᾳ διδάσκω. 18 ὡς μὴ ἐρχομένου δέ μου πρὸς ὑμᾶς ἐφυσιώθησάν τινες· 19 ἐλεύσομαι δὲ ταχέως πρὸς ὑμᾶς, ἐὰν ὁ Κύριος θελήσῃ, καὶ γνώσομαι οὐ τὸν λόγον τῶν πεφυσιωμένων ἀλλὰ τὴν δύναμιν· 20 οὐ γὰρ ἐν λόγῳ ἡ βασιλεία τοῦ Θεοῦ, ἀλλ' ἐν δυνάμει. 21 τί θέλετε; ἐν ῥάβδῳ ἔλθω πρὸς ὑμᾶς, ἢ ἐν ἀγάπῃ πνεύματί τε πραΰτητος;

ΠΡΟΣ ΚΟΡΙΝΘΙΟΥΣ Α

1 Corinthians 5

The Report of Sexual Immorality

1 Ὅλως ἀκούεται ἐν ὑμῖν πορνεία, καὶ τοιαύτη πορνεία ἥτις οὐδὲ ἐν τοῖς ἔθνεσιν (ὀνομάζεται), ὥστε γυναῖκά τινα τοῦ πατρὸς ἔχειν. 2 καὶ ὑμεῖς πεφυσιωμένοι ἐστέ, καὶ οὐχὶ μᾶλλον ἐπενθήσατε, ἵνα [ἀρθῇ] (ἐξαρθῇ) ἐκ μέσου ὑμῶν ὁ τὸ ἔργον τοῦτο [πράξας] (ποιήσας); 3 ἐγὼ μὲν γάρ, (ὡς) ἀπὼν τῷ σώματι παρὼν δὲ τῷ πνεύματι, ἤδη κέκρικα ὡς παρὼν τὸν οὕτως τοῦτο κατεργασάμενον 4 ἐν τῷ ὀνόματι τοῦ Κυρίου (ἡμῶν) Ἰησοῦ (Χριστοῦ) συναχθέντων ὑμῶν καὶ τοῦ ἐμοῦ πνεύματος σὺν τῇ δυνάμει τοῦ Κυρίου ἡμῶν Ἰησοῦ (Χριστοῦ), 5 παραδοῦναι τὸν τοιοῦτον τῷ Σατανᾷ εἰς ὄλεθρον τῆς σαρκός, ἵνα τὸ πνεῦμα σωθῇ ἐν τῇ ἡμέρᾳ τοῦ Κυρίου (Ἰησοῦ). 6 Οὐ καλὸν τὸ καύχημα ὑμῶν. οὐκ οἴδατε ὅτι μικρὰ ζύμη ὅλον τὸ φύραμα ζυμοῖ; 7 ἐκκαθάρατε τὴν παλαιὰν ζύμην, ἵνα ἦτε νέον φύραμα, καθώς ἐστε ἄζυμοι. καὶ γὰρ τὸ [πάσχα ἡμῶν] (πάσχα ἡμῶν ὑπὲρ ἡμῶν) ἐτύθη Χριστός. 8 ὥστε ἑορτάζωμεν, μὴ ἐν ζύμῃ παλαιᾷ μηδὲ ἐν ζύμῃ κακίας καὶ πονηρίας, ἀλλ' ἐν ἀζύμοις εἰλικρινίας καὶ ἀληθείας. 9 Ἔγραψα ὑμῖν ἐν τῇ ἐπιστολῇ μὴ συναναμίγνυσθαι πόρνοις, 10 (καὶ) οὐ πάντως τοῖς πόρνοις τοῦ κόσμου τούτου ἢ τοῖς πλεονέκταις καὶ ἅρπαξιν ἢ εἰδωλολάτραις, ἐπεὶ ὠφείλετε ἄρα ἐκ τοῦ κόσμου ἐξελθεῖν. 11 [νῦν] (νυνὶ) δὲ ἔγραψα ὑμῖν μὴ συναναμίγνυσθαι ἐάν τις ἀδελφὸς ὀνομαζόμενος ᾖ πόρνος ἢ πλεονέκτης ἢ εἰδωλολάτρης ἢ λοίδορος ἢ μέθυσος ἢ ἅρπαξ, τῷ τοιούτῳ μηδὲ συνεσθίειν. 12 τί γάρ μοι τοὺς ἔξω κρίνειν; οὐχὶ τοὺς ἔσω ὑμεῖς κρίνετε; 13 τοὺς δὲ ἔξω ὁ Θεὸς κρινεῖ. (καί) ἐξάρατε τὸν πονηρὸν ἐξ ὑμῶν αὐτῶν.

1 Corinthians 6

Settling Grievances

1 Τολμᾷ τις ὑμῶν πρᾶγμα ἔχων πρὸς τὸν ἕτερον κρίνεσθαι ἐπὶ τῶν ἀδίκων, καὶ οὐχὶ ἐπὶ τῶν ἁγίων; 2 [ἢ] οὐκ οἴδατε ὅτι οἱ ἅγιοι τὸν κόσμον κρινοῦσιν; καὶ εἰ ἐν ὑμῖν κρίνεται ὁ κόσμος, ἀνάξιοί ἐστε κριτηρίων ἐλαχίστων; 3 οὐκ οἴδατε ὅτι ἀγγέλους κρινοῦμεν, μήτιγε βιωτικά; 4 βιωτικὰ μὲν οὖν κριτήρια ἐὰν ἔχητε, τοὺς ἐξουθενημένους ἐν τῇ ἐκκλησίᾳ, τούτους καθίζετε; 5 πρὸς ἐντροπὴν ὑμῖν λέγω. οὕτως οὐκ [ἔνι] (ἐστὶν) ἐν ὑμῖν [οὐδεὶς σοφὸς] (σοφὸς οὐδὲ εἷς), ὃς δυνήσεται διακρῖναι ἀνὰ μέσον τοῦ ἀδελφοῦ αὐτοῦ;

ΠΡΟΣ ΚΟΡΙΝΘΙΟΥΣ Α

6 ἀλλὰ ἀδελφὸς μετὰ ἀδελφοῦ κρίνεται, καὶ τοῦτο ἐπὶ ἀπίστων; 7 ἤδη μὲν οὖν ὅλως ἥττημα ὑμῖν ἐστιν ὅτι κρίματα ἔχετε μεθ' ἑαυτῶν. διὰ τί οὐχὶ μᾶλλον ἀδικεῖσθε; διὰ τί οὐχὶ μᾶλλον ἀποστερεῖσθε; 8 ἀλλὰ ὑμεῖς ἀδικεῖτε καὶ ἀποστερεῖτε, καὶ τοῦτο ἀδελφούς.

Sexual Purity Required

9 ἢ οὐκ οἴδατε ὅτι ἄδικοι [Θεοῦ βασιλείαν] (βασιλείαν Θεοῦ) οὐ κληρονομήσουσιν; μὴ πλανᾶσθε· οὔτε πόρνοι οὔτε εἰδωλολάτραι οὔτε μοιχοὶ οὔτε μαλακοὶ οὔτε ἀρσενοκοῖται 10 οὔτε κλέπται οὔτε πλεονέκται, οὐ μέθυσοι, οὐ λοίδοροι, οὐχ ἅρπαγες βασιλείαν Θεοῦ (οὐ) κληρονομήσουσιν. 11 καὶ ταῦτά τινες ἦτε· ἀλλὰ ἀπελούσασθε, ἀλλὰ ἡγιάσθητε, ἀλλὰ ἐδικαιώθητε ἐν τῷ ὀνόματι τοῦ Κυρίου Ἰησοῦ [Χριστοῦ] καὶ ἐν τῷ Πνεύματι τοῦ Θεοῦ ἡμῶν.

12 Πάντα μοι ἔξεστιν, ἀλλ' οὐ πάντα συμφέρει. πάντα μοι ἔξεστιν, ἀλλ' οὐκ ἐγὼ ἐξουσιασθήσομαι ὑπό τινος. 13 τὰ βρώματα τῇ κοιλίᾳ, καὶ ἡ κοιλία τοῖς βρώμασιν· ὁ δὲ Θεὸς καὶ ταύτην καὶ ταῦτα καταργήσει. τὸ δὲ σῶμα οὐ τῇ πορνείᾳ ἀλλὰ τῷ Κυρίῳ, καὶ ὁ Κύριος τῷ σώματι· 14 ὁ δὲ Θεὸς καὶ τὸν Κύριον ἤγειρεν καὶ ἡμᾶς ἐξεγερεῖ διὰ τῆς δυνάμεως αὐτοῦ. 15 οὐκ οἴδατε ὅτι τὰ σώματα ὑμῶν μέλη Χριστοῦ ἐστιν; ἄρας οὖν τὰ μέλη τοῦ Χριστοῦ ποιήσω πόρνης μέλη; μὴ γένοιτο. 16 ἢ οὐκ οἴδατε ὅτι ὁ κολλώμενος τῇ πόρνῃ ἓν σῶμά ἐστιν; Ἔσονται γάρ, φησίν, οἱ δύο εἰς σάρκα μίαν. 17 ὁ δὲ κολλώμενος τῷ Κυρίῳ ἓν πνεῦμά ἐστιν. 18 φεύγετε τὴν πορνείαν. πᾶν ἁμάρτημα ὃ ἐὰν ποιήσῃ ἄνθρωπος ἐκτὸς τοῦ σώματός ἐστιν· ὁ δὲ πορνεύων εἰς τὸ ἴδιον σῶμα ἁμαρτάνει. 19 ἢ οὐκ οἴδατε ὅτι τὸ σῶμα ὑμῶν ναὸς τοῦ ἐν ὑμῖν Ἁγίου Πνεύματός ἐστιν, οὗ ἔχετε ἀπὸ Θεοῦ; καὶ οὐκ ἐστὲ ἑαυτῶν; 20 ἠγοράσθητε γὰρ τιμῆς· δοξάσατε δὴ τὸν Θεὸν ἐν τῷ σώματι ὑμῶν (καὶ ἐν τῷ πνεύματι ὑμῶν, ἅτινά ἐστιν τοῦ Θεοῦ).

1 Corinthians 7

Instructions Concerning Marriage

1 Περὶ δὲ ὧν ἐγράψατε (μοι), καλὸν ἀνθρώπῳ γυναικὸς μὴ ἅπτεσθαι· 2 διὰ δὲ τὰς πορνείας ἕκαστος τὴν ἑαυτοῦ γυναῖκα ἐχέτω, καὶ ἑκάστη τὸν ἴδιον ἄνδρα ἐχέτω. 3 τῇ γυναικὶ ὁ ἀνὴρ τὴν [ὀφειλὴν] (ὀφειλομένην εὔνοιαν) ἀποδιδότω, ὁμοίως δὲ καὶ ἡ γυνὴ τῷ ἀνδρί. 4 ἡ γυνὴ τοῦ ἰδίου σώματος οὐκ ἐξουσιάζει ἀλλὰ ὁ ἀνήρ· ὁμοίως δὲ καὶ ὁ ἀνὴρ τοῦ ἰδίου σώματος οὐκ ἐξουσιάζει ἀλλὰ ἡ γυνή.

ΠΡΟΣ ΚΟΡΙΝΘΙΟΥΣ Α

5 μὴ ἀποστερεῖτε ἀλλήλους, εἰ μήτι ἂν ἐκ συμφώνου πρὸς καιρὸν ἵνα σχολάσητε τῇ (νηστείᾳ καὶ τῇ) προσευχῇ καὶ πάλιν ἐπὶ τὸ αὐτὸ [ἦτε] (συνέρχησθε), ἵνα μὴ πειράζῃ ὑμᾶς ὁ Σατανᾶς διὰ τὴν ἀκρασίαν ὑμῶν. 6 τοῦτο δὲ λέγω κατὰ συγγνώμην, οὐ κατ' ἐπιταγήν. 7 θέλω δὲ πάντας ἀνθρώπους εἶναι ὡς καὶ ἐμαυτόν· ἀλλὰ ἕκαστος ἴδιον [ἔχει χάρισμα] (χάρισμα ἔχει) ἐκ Θεοῦ, [ὁ] (ὃς) μὲν οὕτως, [ὁ] (ὃς) δὲ οὕτως. 8 Λέγω δὲ τοῖς ἀγάμοις καὶ ταῖς χήραις, καλὸν αὐτοῖς (ἐστιν) ἐὰν μείνωσιν ὡς κἀγώ· 9 εἰ δὲ οὐκ ἐγκρατεύονται, γαμησάτωσαν· [κρεῖττον] (κρεῖσσον) γάρ ἐστιν [γαμεῖν] (γαμῆσαι) ἢ πυροῦσθαι.

Concessions for Unbelieving Spouses

10 τοῖς δὲ γεγαμηκόσιν παραγγέλλω, οὐκ ἐγὼ ἀλλὰ ὁ Κύριος, γυναῖκα ἀπὸ ἀνδρὸς μὴ χωρισθῆναι,— 11 ἐὰν δὲ καὶ χωρισθῇ, μενέτω ἄγαμος ἢ τῷ ἀνδρὶ καταλλαγήτω,— καὶ ἄνδρα γυναῖκα μὴ ἀφιέναι. 12 τοῖς δὲ λοιποῖς [λέγω ἐγώ] (ἐγὼ λέγω), οὐχ ὁ Κύριος· εἴ τις ἀδελφὸς γυναῖκα ἔχει ἄπιστον, καὶ αὕτη συνευδοκεῖ οἰκεῖν μετ' αὐτοῦ, μὴ ἀφιέτω αὐτήν· 13 καὶ γυνὴ ἥτις ἔχει ἄνδρα ἄπιστον, καὶ οὗτος συνευδοκεῖ οἰκεῖν μετ' αὐτῆς, μὴ ἀφιέτω [τὸν ἄνδρα]. 14 ἡγίασται γὰρ ὁ ἀνὴρ ὁ ἄπιστος ἐν τῇ γυναικί, καὶ ἡγίασται ἡ γυνὴ ἡ ἄπιστος ἐν τῷ [ἀδελφῷ] (ἀνδρί)· ἐπεὶ ἄρα τὰ τέκνα ὑμῶν ἀκάθαρτά ἐστιν, νῦν δὲ ἅγιά ἐστιν. 15 εἰ δὲ ὁ ἄπιστος χωρίζεται, χωριζέσθω· οὐ δεδούλωται ὁ ἀδελφὸς ἢ ἡ ἀδελφὴ ἐν τοῖς τοιούτοις· ἐν δὲ εἰρήνῃ κέκληκεν ὑμᾶς ὁ Θεός. 16 τί γὰρ οἶδας, γύναι, εἰ τὸν ἄνδρα σώσεις; ἢ τί οἶδας, ἄνερ, εἰ τὴν γυναῖκα σώσεις;

Contentment with Calling

17 Εἰ μὴ ἑκάστῳ ὡς [μεμέρικεν] (ἐμέρισεν) ὁ [Κύριος] (Θεός), ἕκαστον ὡς κέκληκεν ὁ [Θεός] (Κύριος), οὕτως περιπατείτω. καὶ οὕτως ἐν ταῖς ἐκκλησίαις πάσαις διατάσσομαι. 18 περιτετμημένος τις ἐκλήθη; μὴ ἐπισπάσθω· ἐν ἀκροβυστίᾳ [κέκληταί τις] (τις ἐκλήθη); μὴ περιτεμνέσθω. 19 ἡ περιτομὴ οὐδέν ἐστιν, καὶ ἡ ἀκροβυστία οὐδέν ἐστιν, ἀλλὰ τήρησις ἐντολῶν Θεοῦ. 20 ἕκαστος ἐν τῇ κλήσει ᾗ ἐκλήθη, ἐν ταύτῃ μενέτω. 21 δοῦλος ἐκλήθης; μή σοι μελέτω· ἀλλ' εἰ καὶ δύνασαι ἐλεύθερος γενέσθαι, μᾶλλον χρῆσαι. 22 ὁ γὰρ ἐν Κυρίῳ κληθεὶς δοῦλος ἀπελεύθερος Κυρίου ἐστίν· ὁμοίως (καί) ὁ ἐλεύθερος κληθεὶς δοῦλός ἐστιν Χριστοῦ. 23 τιμῆς ἠγοράσθητε· μὴ γίνεσθε δοῦλοι ἀνθρώπων. 24 ἕκαστος ἐν ᾧ ἐκλήθη, ἀδελφοί, ἐν τούτῳ μενέτω παρὰ Θεῷ.

ΠΡΟΣ ΚΟΡΙΝΘΙΟΥΣ Α
Instructions for Singles and Widows

25 Περὶ δὲ τῶν παρθένων ἐπιταγὴν Κυρίου οὐκ ἔχω, γνώμην δὲ δίδωμι ὡς ἠλεημένος ὑπὸ Κυρίου πιστὸς εἶναι. 26 Νομίζω οὖν τοῦτο καλὸν ὑπάρχειν διὰ τὴν ἐνεστῶσαν ἀνάγκην, ὅτι καλὸν ἀνθρώπῳ τὸ οὕτως εἶναι. 27 δέδεσαι γυναικί; μὴ ζήτει λύσιν· λέλυσαι ἀπὸ γυναικός; μὴ ζήτει γυναῖκα. 28 ἐὰν δὲ καὶ γαμήσῃς, οὐχ ἥμαρτες, καὶ ἐὰν γήμῃ ἡ παρθένος, οὐχ ἥμαρτεν· θλῖψιν δὲ τῇ σαρκὶ ἕξουσιν οἱ τοιοῦτοι, ἐγὼ δὲ ὑμῶν φείδομαι. 29 Τοῦτο δέ φημι, ἀδελφοί, ὁ καιρὸς συνεσταλμένος [ἐστίν· τὸ λοιπὸν] (τὸ λοιπόν ἐστιν) ἵνα καὶ οἱ ἔχοντες γυναῖκας ὡς μὴ ἔχοντες ὦσιν, 30 καὶ οἱ κλαίοντες ὡς μὴ κλαίοντες, καὶ οἱ χαίροντες ὡς μὴ χαίροντες, καὶ οἱ ἀγοράζοντες ὡς μὴ κατέχοντες, 31 καὶ οἱ χρώμενοι τὸν κόσμον (τούτῳ) ὡς μὴ καταχρώμενοι· παράγει γὰρ τὸ σχῆμα τοῦ κόσμου τούτου. 32 θέλω δὲ ὑμᾶς ἀμερίμνους εἶναι. ὁ ἄγαμος μεριμνᾷ τὰ τοῦ Κυρίου, πῶς ἀρέσῃ τῷ Κυρίῳ· 33 ὁ δὲ γαμήσας μεριμνᾷ τὰ τοῦ κόσμου, πῶς ἀρέσῃ τῇ γυναικί, 34 [καὶ] μεμέρισται. [καὶ] ἡ γυνὴ [ἡ ἄγαμος καὶ ἡ παρθένος] (καὶ ἡ παρθένος ἡ ἄγαμος) μεριμνᾷ τὰ τοῦ Κυρίου, ἵνα ᾖ ἁγία καὶ [τῷ] σώματι καὶ [τῷ] πνεύματι· ἡ δὲ γαμήσασα μεριμνᾷ τὰ τοῦ κόσμου, πῶς ἀρέσῃ τῷ ἀνδρί. 35 τοῦτο δὲ πρὸς τὸ ὑμῶν αὐτῶν σύμφορον λέγω, οὐχ ἵνα βρόχον ὑμῖν ἐπιβάλω, ἀλλὰ πρὸς τὸ εὔσχημον καὶ εὐπάρεδρον τῷ Κυρίῳ ἀπερισπάστως. 36 Εἰ δέ τις ἀσχημονεῖν ἐπὶ τὴν παρθένον αὐτοῦ νομίζει, ἐὰν ᾖ ὑπέρακμος, καὶ οὕτως ὀφείλει γίνεσθαι, ὃ θέλει ποιείτω· οὐχ ἁμαρτάνει· γαμείτωσαν. 37 ὃς δὲ ἕστηκεν (ἑδραῖος) ἐν τῇ καρδίᾳ [αὐτοῦ ἑδραῖος] μὴ ἔχων ἀνάγκην, ἐξουσίαν δὲ ἔχει περὶ τοῦ ἰδίου θελήματος, καὶ τοῦτο κέκρικεν ἐν τῇ [ἰδίᾳ] καρδίᾳ (αὐτοῦ τοῦ), τηρεῖν τὴν ἑαυτοῦ παρθένον, καλῶς ποιήσει. 38 ὥστε καὶ ὁ [γαμίζων] (ἐκγαμίζων) [τὴν ἑαυτοῦ παρθένον] καλῶς ποιεῖ, [καὶ] ὁ (δὲ) μὴ [γαμίζων] (ἐκγαμίζων) κρεῖσσον [ποιήσει] (ποιεῖ). 39 Γυνὴ δέδεται (νόμῳ) ἐφ᾽ ὅσον χρόνον ζῇ ὁ ἀνὴρ αὐτῆς· ἐὰν δὲ κοιμηθῇ ὁ ἀνήρ, (αὐτῆς) ἐλευθέρα ἐστὶν ᾧ θέλει γαμηθῆναι, μόνον ἐν Κυρίῳ· 40 μακαριωτέρα δέ ἐστιν ἐὰν οὕτως μείνῃ, κατὰ τὴν ἐμὴν γνώμην· δοκῶ δὲ κἀγὼ Πνεῦμα Θεοῦ ἔχειν.

ΠΡΟΣ ΚΟΡΙΝΘΙΟΥΣ Α

1 Corinthians 8

Considering Others when Exercising Liberty

1 Περὶ δὲ τῶν εἰδωλοθύτων, οἴδαμεν ὅτι πάντες γνῶσιν ἔχομεν. ἡ γνῶσις φυσιοῖ, ἡ δὲ ἀγάπη οἰκοδομεῖ· 2 εἴ (δέ) τις δοκεῖ [ἐγνωκέναι] (εἰδέναι) τι, [οὔπω ἔγνω] (οὐδέπω οὐδὲν ἔγνωκεν) καθὼς δεῖ γνῶναι· 3 εἰ δέ τις ἀγαπᾷ τὸν Θεόν, οὗτος ἔγνωσται ὑπ' αὐτοῦ. 4 Περὶ τῆς βρώσεως οὖν τῶν εἰδωλοθύτων οἴδαμεν ὅτι οὐδὲν εἴδωλον ἐν κόσμῳ, καὶ ὅτι οὐδεὶς Θεὸς (ἕτερος) εἰ μὴ εἷς. 5 καὶ γὰρ εἴπερ εἰσὶν λεγόμενοι θεοὶ εἴτε ἐν οὐρανῷ εἴτε ἐπὶ (τῆς) γῆς, ὥσπερ εἰσὶν θεοὶ πολλοὶ καὶ κύριοι πολλοί, 6 ἀλλ' ἡμῖν εἷς Θεὸς ὁ Πατήρ, ἐξ οὗ τὰ πάντα καὶ ἡμεῖς εἰς αὐτόν, καὶ εἷς Κύριος Ἰησοῦς Χριστός, δι' οὗ τὰ πάντα καὶ ἡμεῖς δι' αὐτοῦ. 7 ἀλλ' οὐκ ἐν πᾶσιν ἡ γνῶσις· τινὲς δὲ τῇ [συνηθείᾳ] (συνειδήσει) [ἕως ἄρτι τοῦ εἰδώλου] (τοῦ εἰδώλου ἕως ἄρτι) ὡς εἰδωλόθυτον ἐσθίουσιν, καὶ ἡ συνείδησις αὐτῶν ἀσθενὴς οὖσα μολύνεται. 8 βρῶμα δὲ ἡμᾶς οὐ [παραστήσει] (παρίστησιν) τῷ Θεῷ· οὔτε (γὰρ) ἐὰν [μὴ] φάγωμεν [ὑστερούμεθα] (περισσεύομεν), οὔτε ἐὰν (μὴ) φάγωμεν [περισσεύομεν] (ὑστερούμεθα). 9 βλέπετε δὲ μή πως ἡ ἐξουσία ὑμῶν αὕτη πρόσκομμα γένηται τοῖς ἀσθενέσιν. 10 ἐὰν γάρ τις ἴδῃ σὲ τὸν ἔχοντα γνῶσιν ἐν εἰδωλίῳ κατακείμενον, οὐχὶ ἡ συνείδησις αὐτοῦ ἀσθενοῦς ὄντος οἰκοδομηθήσεται εἰς τὸ τὰ εἰδωλόθυτα ἐσθίειν; 11 (καὶ) ἀπόλλυται [γὰρ] ὁ ἀσθενῶν [ἐν] (ἀδελφὸς ἐπὶ) τῇ σῇ γνώσει, [ὁ ἀδελφὸς] δι' ὃν Χριστὸς ἀπέθανεν. 12 οὕτως δὲ ἁμαρτάνοντες εἰς τοὺς ἀδελφοὺς καὶ τύπτοντες αὐτῶν τὴν συνείδησιν ἀσθενοῦσαν εἰς Χριστὸν ἁμαρτάνετε. 13 διόπερ εἰ βρῶμα σκανδαλίζει τὸν ἀδελφόν μου, οὐ μὴ φάγω κρέα εἰς τὸν αἰῶνα, ἵνα μὴ τὸν ἀδελφόν μου σκανδαλίσω.

1 Corinthians 9

Paul's Rights as an Apostle

1 Οὐκ εἰμὶ [ἐλεύθερος] (ἀπόστολος); οὐκ εἰμὶ [ἀπόστολος] (ἐλεύθερος); οὐχὶ Ἰησοῦν (Χριστὸν) τὸν Κύριον ἡμῶν ἑόρακα; οὐ τὸ ἔργον μου ὑμεῖς ἐστε ἐν Κυρίῳ; 2 εἰ ἄλλοις οὐκ εἰμὶ ἀπόστολος, ἀλλά γε ὑμῖν εἰμι· ἡ γὰρ σφραγίς μου τῆς ἀποστολῆς ὑμεῖς ἐστε ἐν Κυρίῳ. 3 Ἡ ἐμὴ ἀπολογία τοῖς ἐμὲ ἀνακρίνουσίν (αὕτη) ἐστιν [αὕτη]. 4 μὴ οὐκ ἔχομεν ἐξουσίαν φαγεῖν καὶ πεῖν; 5 μὴ οὐκ ἔχομεν ἐξουσίαν ἀδελφὴν γυναῖκα περιάγειν, ὡς καὶ οἱ λοιποὶ ἀπόστολοι καὶ οἱ ἀδελφοὶ τοῦ Κυρίου καὶ Κηφᾶς;

ΠΡΟΣ ΚΟΡΙΝΘΙΟΥΣ Α

6 ἢ μόνος ἐγὼ καὶ Βαρνάβας οὐκ ἔχομεν ἐξουσίαν (τοῦ) μὴ ἐργάζεσθαι; 7 τίς στρατεύεται ἰδίοις ὀψωνίοις ποτέ; τίς φυτεύει ἀμπελῶνα καὶ τὸν καρπὸν αὐτοῦ οὐκ ἐσθίει; ἢ τίς ποιμαίνει ποίμνην καὶ ἐκ τοῦ γάλακτος τῆς ποίμνης οὐκ ἐσθίει; 8 μὴ κατὰ ἄνθρωπον ταῦτα λαλῶ, ἢ (οὐχὶ) καὶ ὁ νόμος ταῦτα [οὐ] λέγει; 9 ἐν γὰρ τῷ Μωϋσέως νόμῳ γέγραπται Οὐ [κημώσεις] (φιμώσεις) βοῦν ἀλοῶντα. μὴ τῶν βοῶν μέλει τῷ Θεῷ; 10 ἢ δι' ἡμᾶς πάντως λέγει; δι' ἡμᾶς γὰρ ἐγράφη, ὅτι [ὀφείλει ἐπ' ἐλπίδι] (ἐπ' ἐλπίδι ὀφείλει) ὁ ἀροτριῶν ἀροτριᾶν, καὶ ὁ ἀλοῶν [ἐπ' ἐλπίδι τοῦ μετέχειν] (τῆς ἐλπίδος αὐτοῦ μετέχειν ἐπ' ἐλπίδι). 11 Εἰ ἡμεῖς ὑμῖν τὰ πνευματικὰ ἐσπείραμεν, μέγα εἰ ἡμεῖς ὑμῶν τὰ σαρκικὰ θερίσομεν; 12 εἰ ἄλλοι τῆς [ὑμῶν ἐξουσίας] (ἐξουσίας ὑμῶν) μετέχουσιν, οὐ μᾶλλον ἡμεῖς; ἀλλ' οὐκ ἐχρησάμεθα τῇ ἐξουσίᾳ ταύτῃ, ἀλλὰ πάντα στέγομεν ἵνα μή [τινα] ἐνκοπὴν (τινα) δῶμεν τῷ εὐαγγελίῳ τοῦ Χριστοῦ. 13 οὐκ οἴδατε ὅτι οἱ τὰ ἱερὰ ἐργαζόμενοι [τὰ] ἐκ τοῦ ἱεροῦ ἐσθίουσιν, οἱ τῷ θυσιαστηρίῳ παρεδρεύοντες τῷ θυσιαστηρίῳ συμμερίζονται; 14 οὕτως καὶ ὁ Κύριος διέταξεν τοῖς τὸ εὐαγγέλιον καταγγέλλουσιν ἐκ τοῦ εὐαγγελίου ζῆν·

Paul's Discipline as an Apostle

15 ἐγὼ δὲ [οὐ κέχρημαι οὐδενὶ] (οὐδενὶ ἐχρησάμην) τούτων. οὐκ ἔγραψα δὲ ταῦτα ἵνα οὕτως γένηται ἐν ἐμοί· καλὸν γάρ μοι μᾶλλον ἀποθανεῖν ἢ —τὸ καύχημά μου [οὐδεὶς] (ἵνα τις) κενώσει. 16 ἐὰν γὰρ εὐαγγελίζωμαι, οὐκ ἔστιν μοι καύχημα· ἀνάγκη γάρ μοι ἐπίκειται· οὐαὶ [γάρ] (δέ) μοί ἐστιν ἐὰν μὴ εὐαγγελίσωμαι. 17 εἰ γὰρ ἑκὼν τοῦτο πράσσω, μισθὸν ἔχω· εἰ δὲ ἄκων, οἰκονομίαν πεπίστευμαι. 18 τίς οὖν μού ἐστιν ὁ μισθός; ἵνα εὐαγγελιζόμενος ἀδάπανον θήσω τὸ εὐαγγέλιον (τοῦ Χριστοῦ), εἰς τὸ μὴ καταχρήσασθαι τῇ ἐξουσίᾳ μου ἐν τῷ εὐαγγελίῳ. 19 Ἐλεύθερος γὰρ ὢν ἐκ πάντων πᾶσιν ἐμαυτὸν ἐδούλωσα, ἵνα τοὺς πλείονας κερδήσω· 20 καὶ ἐγενόμην τοῖς Ἰουδαίοις ὡς Ἰουδαῖος, ἵνα Ἰουδαίους κερδήσω· τοῖς ὑπὸ νόμον ὡς ὑπὸ νόμον, [μὴ ὢν αὐτὸς ὑπὸ νόμον,] ἵνα τοὺς ὑπὸ νόμον κερδήσω· 21 τοῖς ἀνόμοις ὡς ἄνομος, μὴ ὢν ἄνομος Θεοῦ ἀλλ' ἔννομος Χριστοῦ, ἵνα [κερδάνω τοὺς] (κερδήσω) ἀνόμους· 22 ἐγενόμην τοῖς ἀσθενέσιν (ὡς) ἀσθενής, ἵνα τοὺς ἀσθενεῖς κερδήσω· τοῖς πᾶσιν γέγονα (τὰ) πάντα, ἵνα πάντως τινὰς σώσω. 23 [πάντα] (τοῦτο) δὲ ποιῶ διὰ τὸ εὐαγγέλιον, ἵνα συνκοινωνὸς αὐτοῦ γένωμαι. 24 Οὐκ οἴδατε ὅτι οἱ ἐν σταδίῳ τρέχοντες πάντες μὲν τρέχουσιν, εἷς δὲ λαμβάνει τὸ βραβεῖον; οὕτως τρέχετε ἵνα καταλάβητε.

ΠΡΟΣ ΚΟΡΙΝΘΙΟΥΣ Α

25 πᾶς δὲ ὁ ἀγωνιζόμενος πάντα ἐγκρατεύεται, ἐκεῖνοι μὲν οὖν ἵνα φθαρτὸν στέφανον λάβωσιν, ἡμεῖς δὲ ἄφθαρτον. 26 ἐγὼ τοίνυν οὕτως τρέχω ὡς οὐκ ἀδήλως, οὕτως πυκτεύω ὡς οὐκ ἀέρα δέρων· 27 ἀλλὰ ὑπωπιάζω μου τὸ σῶμα καὶ δουλαγωγῶ, μή πως ἄλλοις κηρύξας αὐτὸς ἀδόκιμος γένωμαι.

1 Corinthians 10

God Holds His Followers Accountable

1 Οὐ θέλω [γὰρ] (δὲ) ὑμᾶς ἀγνοεῖν, ἀδελφοί, ὅτι οἱ πατέρες ἡμῶν πάντες ὑπὸ τὴν νεφέλην ἦσαν καὶ πάντες διὰ τῆς θαλάσσης διῆλθον, 2 καὶ πάντες εἰς τὸν Μωϋσῆν ἐβαπτίσαντο ἐν τῇ νεφέλῃ καὶ ἐν τῇ θαλάσσῃ, 3 καὶ πάντες τὸ αὐτὸ πνευματικὸν βρῶμα ἔφαγον, 4 καὶ πάντες τὸ αὐτὸ (πόμα) πνευματικὸν ἔπιον [πόμα]· ἔπινον γὰρ ἐκ πνευματικῆς ἀκολουθούσης πέτρας, ἡ [πέτρα δὲ] (δὲ πέτρα) ἦν ὁ Χριστός, 5 ἀλλ᾽ οὐκ ἐν τοῖς πλείοσιν αὐτῶν εὐδόκησεν ὁ Θεός· κατεστρώθησαν γὰρ ἐν τῇ ἐρήμῳ. 6 Ταῦτα δὲ τύποι ἡμῶν ἐγενήθησαν, εἰς τὸ μὴ εἶναι ἡμᾶς ἐπιθυμητὰς κακῶν, καθὼς κἀκεῖνοι ἐπεθύμησαν. 7 μηδὲ εἰδωλολάτραι γίνεσθε, καθώς τινες αὐτῶν· ὥσπερ γέγραπται Ἐκάθισεν ὁ λαὸς φαγεῖν καὶ πεῖν, καὶ ἀνέστησαν παίζειν. 8 μηδὲ πορνεύωμεν, καθώς τινες αὐτῶν ἐπόρνευσαν, καὶ ἔπεσαν μιᾷ ἡμέρᾳ εἰκοσιτρεῖς χιλιάδες. 9 μηδὲ ἐκπειράζωμεν τὸν [Κύριον] (Χριστόν), καθὼς (καί) τινες αὐτῶν ἐπείρασαν καὶ ὑπὸ τῶν ὄφεων ἀπώλλυντο. 10 μηδὲ γογγύζετε, [καθάπερ] (καθὼς καί) τινες αὐτῶν ἐγόγγυσαν, καὶ ἀπώλοντο ὑπὸ τοῦ ὀλοθρευτοῦ. 11 ταῦτα δὲ [τυπικῶς] (πάντα τύποι) συνέβαινεν ἐκείνοις, ἐγράφη δὲ πρὸς νουθεσίαν ἡμῶν, εἰς οὓς τὰ τέλη τῶν αἰώνων κατήντηκεν. 12 Ὥστε ὁ δοκῶν ἑστάναι βλεπέτω μὴ πέσῃ, 13 πειρασμὸς ὑμᾶς οὐκ εἴληφεν εἰ μὴ ἀνθρώπινος· πιστὸς δὲ ὁ Θεός, ὃς οὐκ ἐάσει ὑμᾶς πειρασθῆναι ὑπὲρ ὃ δύνασθε, ἀλλὰ ποιήσει σὺν τῷ πειρασμῷ καὶ τὴν ἔκβασιν τοῦ δύνασθαι ὑπενεγκεῖν.

Idolatry Compromises Communion with Christ

14 Διόπερ, ἀγαπητοί μου, φεύγετε ἀπὸ τῆς εἰδωλολατρείας. 15 ὡς φρονίμοις λέγω· κρίνατε ὑμεῖς ὅ φημι. 16 Τὸ ποτήριον τῆς εὐλογίας ὃ εὐλογοῦμεν, οὐχὶ κοινωνία [ἐστὶν] τοῦ αἵματος τοῦ Χριστοῦ (ἐστιν); τὸν ἄρτον ὃν κλῶμεν, οὐχὶ κοινωνία τοῦ σώματος τοῦ Χριστοῦ ἐστιν; 17 ὅτι εἷς ἄρτος, ἓν σῶμα οἱ πολλοί ἐσμεν· οἱ γὰρ πάντες ἐκ τοῦ ἑνὸς ἄρτου μετέχομεν. 18 βλέπετε τὸν Ἰσραὴλ κατὰ σάρκα· οὐχ οἱ ἐσθίοντες τὰς θυσίας κοινωνοὶ τοῦ θυσιαστηρίου εἰσίν;

ΠΡΟΣ ΚΟΡΙΝΘΙΟΥΣ Α

19 τί οὖν φημι; ὅτι εἰδωλόθυτόν τί ἐστιν; ἢ ὅτι εἴδωλόν τί ἐστιν; 20 ἀλλ' ὅτι ἃ [θύουσιν] (θύει τά ἔθνη), δαιμονίοις (θύει) καὶ οὐ Θεῷ [θύουσιν]· οὐ θέλω δὲ ὑμᾶς κοινωνοὺς τῶν δαιμονίων γίνεσθαι. 21 οὐ δύνασθε ποτήριον Κυρίου πίνειν καὶ ποτήριον δαιμονίων· οὐ δύνασθε τραπέζης Κυρίου μετέχειν καὶ τραπέζης δαιμονίων. 22 ἢ παραζηλοῦμεν τὸν Κύριον; μὴ ἰσχυρότεροι αὐτοῦ ἐσμεν;

Give No Offense in Food and Drink

23 Πάντα (μοι) ἔξεστιν, ἀλλ' οὐ πάντα συμφέρει. πάντα (μοί) ἔξεστιν, ἀλλ' οὐ πάντα οἰκοδομεῖ. 24 μηδεὶς τὸ ἑαυτοῦ ζητείτω ἀλλὰ τὸ τοῦ ἑτέρου (ἕκαστος). 25 Πᾶν τὸ ἐν μακέλλῳ πωλούμενον ἐσθίετε μηδὲν ἀνακρίνοντες διὰ τὴν συνείδησιν· 26 τοῦ (γὰρ) Κυρίου [γὰρ] ἡ γῆ καὶ τὸ πλήρωμα αὐτῆς. 27 εἴ (δέ) τις καλεῖ ὑμᾶς τῶν ἀπίστων καὶ θέλετε πορεύεσθαι, πᾶν τὸ παρατιθέμενον ὑμῖν ἐσθίετε μηδὲν ἀνακρίνοντες διὰ τὴν συνείδησιν. 28 ἐὰν δέ τις ὑμῖν εἴπῃ Τοῦτο [ἱερόθυτόν] (εἰδωλόθυτόν) ἐστιν, μὴ ἐσθίετε δι' ἐκεῖνον τὸν μηνύσαντα καὶ τὴν συνείδησιν· (τοῦ γὰρ κυρίου ἡ γῆ καὶ τὸ πλήρωμα αὐτῆς) 29 συνείδησιν δὲ λέγω οὐχὶ τὴν ἑαυτοῦ ἀλλὰ τὴν τοῦ ἑτέρου. ἵνα τί γὰρ ἡ ἐλευθερία μου κρίνεται ὑπὸ ἄλλης συνειδήσεως; 30 εἰ (δὲ) ἐγὼ χάριτι μετέχω, τί βλασφημοῦμαι ὑπὲρ οὗ ἐγὼ εὐχαριστῶ; 31 Εἴτε οὖν ἐσθίετε εἴτε πίνετε εἴτε τι ποιεῖτε, πάντα εἰς δόξαν Θεοῦ ποιεῖτε. 32 ἀπρόσκοποι [καὶ Ἰουδαίοις γίνεσθε] (γίνεσθε καὶ Ἰουδαίοις) καὶ Ἕλλησιν καὶ τῇ ἐκκλησίᾳ τοῦ Θεοῦ, 33 καθὼς κἀγὼ πάντα πᾶσιν ἀρέσκω, μὴ ζητῶν τὸ ἐμαυτοῦ σύμφορον ἀλλὰ τὸ τῶν πολλῶν, ἵνα σωθῶσιν.

1 Corinthians 11

Customary Traditions for Worship

1 μιμηταί μου γίνεσθε, καθὼς κἀγὼ Χριστοῦ. 2 Ἐπαινῶ δὲ ὑμᾶς (ἀδελφοί) ὅτι πάντα μου μέμνησθε καὶ καθὼς παρέδωκα ὑμῖν τὰς παραδόσεις κατέχετε. 3 Θέλω δὲ ὑμᾶς εἰδέναι ὅτι παντὸς ἀνδρὸς ἡ κεφαλὴ ὁ Χριστός ἐστιν, κεφαλὴ δὲ γυναικὸς ὁ ἀνήρ, κεφαλὴ δὲ [τοῦ] Χριστοῦ ὁ Θεός. 4 πᾶς ἀνὴρ προσευχόμενος ἢ προφητεύων κατὰ κεφαλῆς ἔχων καταισχύνει τὴν κεφαλὴν αὐτοῦ. 5 πᾶσα δὲ γυνὴ προσευχομένη ἢ προφητεύουσα ἀκατακαλύπτῳ τῇ κεφαλῇ καταισχύνει τὴν κεφαλὴν αὐτῆς· ἓν γάρ ἐστιν καὶ τὸ αὐτὸ τῇ ἐξυρημένῃ. 6 εἰ γὰρ οὐ κατακαλύπτεται γυνή, καὶ κειράσθω· εἰ δὲ αἰσχρὸν γυναικὶ τὸ κείρασθαι ἢ ξυρᾶσθαι, κατακαλυπτέσθω.

ΠΡΟΣ ΚΟΡΙΝΘΙΟΥΣ Α

7 ἀνὴρ μὲν γὰρ οὐκ ὀφείλει κατακαλύπτεσθαι τὴν κεφαλήν, εἰκὼν καὶ δόξα Θεοῦ ὑπάρχων· ἡ γυνὴ δὲ δόξα ἀνδρός ἐστιν. 8 οὐ γάρ ἐστιν ἀνὴρ ἐκ γυναικός, ἀλλὰ γυνὴ ἐξ ἀνδρός· 9 καὶ γὰρ οὐκ ἐκτίσθη ἀνὴρ διὰ τὴν γυναῖκα, ἀλλὰ γυνὴ διὰ τὸν ἄνδρα. 10 διὰ τοῦτο ὀφείλει ἡ γυνὴ ἐξουσίαν ἔχειν ἐπὶ τῆς κεφαλῆς διὰ τοὺς ἀγγέλους. 11 πλὴν οὔτε [γυνὴ χωρὶς ἀνδρὸς οὔτε ἀνὴρ χωρὶς γυναικὸς] (ἀνὴρ χωρὶς γυναικὸς οὔτε γυνὴ χωρὶς ἀνδρὸς) ἐν Κυρίῳ· 12 ὥσπερ γὰρ ἡ γυνὴ ἐκ τοῦ ἀνδρός, οὕτως καὶ ὁ ἀνὴρ διὰ τῆς γυναικός· τὰ δὲ πάντα ἐκ τοῦ Θεοῦ. 13 ἐν ὑμῖν αὐτοῖς κρίνατε· πρέπον ἐστὶν γυναῖκα ἀκατακάλυπτον τῷ Θεῷ προσεύχεσθαι; 14 [οὐδὲ ἡ φύσις αὐτὴ] (ἡ οὐδὲ αὐτὴ ἡ φύσις) διδάσκει ὑμᾶς ὅτι ἀνὴρ μὲν ἐὰν κομᾷ, ἀτιμία αὐτῷ ἐστιν, 15 γυνὴ δὲ ἐὰν κομᾷ, δόξα αὐτῇ ἐστιν; ὅτι ἡ κόμη ἀντὶ περιβολαίου δέδοται αὐτῇ. 16 Εἰ δέ τις δοκεῖ φιλόνεικος εἶναι, ἡμεῖς τοιαύτην συνήθειαν οὐκ ἔχομεν, οὐδὲ αἱ ἐκκλησίαι τοῦ Θεοῦ.

The Call for Order at the Lord's Supper

17 Τοῦτο δὲ παραγγέλλων οὐκ ἐπαινῶ ὅτι οὐκ εἰς τὸ [κρεῖσσον] (κρεῖττον) ἀλλὰ εἰς τὸ [ἧσσον] (ἧττον) συνέρχεσθε. 18 πρῶτον μὲν γὰρ συνερχομένων ὑμῶν ἐν ἐκκλησίᾳ ἀκούω σχίσματα ἐν ὑμῖν ὑπάρχειν, καὶ μέρος τι πιστεύω. 19 δεῖ γὰρ καὶ αἱρέσεις ἐν ὑμῖν εἶναι, ἵνα καὶ οἱ δόκιμοι φανεροὶ γένωνται ἐν ὑμῖν. 20 Συνερχομένων οὖν ὑμῶν ἐπὶ τὸ αὐτὸ οὐκ ἔστιν κυριακὸν δεῖπνον φαγεῖν· 21 ἕκαστος γὰρ τὸ ἴδιον δεῖπνον προλαμβάνει ἐν τῷ φαγεῖν, καὶ ὃς μὲν πεινᾷ, ὃς δὲ μεθύει. 22 μὴ γὰρ οἰκίας οὐκ ἔχετε εἰς τὸ ἐσθίειν καὶ πίνειν; ἢ τῆς ἐκκλησίας τοῦ Θεοῦ καταφρονεῖτε, καὶ καταισχύνετε τοὺς μὴ ἔχοντας; τί (ὑμῖν) εἴπω [ὑμῖν]; ἐπαινέσω ὑμᾶς; ἐν τούτῳ οὐκ ἐπαινῶ.

Institution of the Lord's Supper

23 ἐγὼ γὰρ παρέλαβον ἀπὸ τοῦ Κυρίου, ὃ καὶ παρέδωκα ὑμῖν, ὅτι ὁ Κύριος Ἰησοῦς ἐν τῇ νυκτὶ ᾗ παρεδίδετο ἔλαβεν ἄρτον 24 καὶ εὐχαριστήσας ἔκλασεν καὶ εἶπεν (Λάβετε, φάγετε,) Τοῦτό μού ἐστιν τὸ σῶμα τὸ ὑπὲρ ὑμῶν (κλώμενον)· τοῦτο ποιεῖτε εἰς τὴν ἐμὴν ἀνάμνησιν. 25 ὡσαύτως καὶ τὸ ποτήριον μετὰ τὸ δειπνῆσαι, λέγων Τοῦτο τὸ ποτήριον ἡ καινὴ διαθήκη ἐστὶν ἐν τῷ ἐμῷ αἵματι· τοῦτο ποιεῖτε, ὁσάκις ἐὰν πίνητε, εἰς τὴν ἐμὴν ἀνάμνησιν. 26 ὁσάκις γὰρ ἐὰν ἐσθίητε τὸν ἄρτον τοῦτον καὶ τὸ ποτήριον (τοῦτο) πίνητε, τὸν θάνατον τοῦ Κυρίου καταγγέλλετε, [ἄχρι] (ἄχρις) οὗ (ἂν) ἔλθῃ.

ΠΡΟΣ ΚΟΡΙΝΘΙΟΥΣ Α

The Call for Discernment at the Lord's Supper

27 ὥστε ὃς ἂν ἐσθίῃ τὸν ἄρτον (τοῦτον) ἢ πίνῃ τὸ ποτήριον τοῦ Κυρίου ἀναξίως, ἔνοχος ἔσται τοῦ σώματος καὶ τοῦ αἵματος τοῦ Κυρίου. 28 δοκιμαζέτω δὲ ἄνθρωπος ἑαυτόν, καὶ οὕτως ἐκ τοῦ ἄρτου ἐσθιέτω καὶ ἐκ τοῦ ποτηρίου πινέτω· 29 ὁ γὰρ ἐσθίων καὶ πίνων (ἀναξίως) κρίμα ἑαυτῷ ἐσθίει καὶ πίνει μὴ διακρίνων τὸ σῶμα (τοῦ Κυρίου). 30 διὰ τοῦτο ἐν ὑμῖν πολλοὶ ἀσθενεῖς καὶ ἄρρωστοι καὶ κοιμῶνται ἱκανοί. 31 εἰ [δὲ] (γὰρ) ἑαυτοὺς διεκρίνομεν, οὐκ ἂν ἐκρινόμεθα· 32 κρινόμενοι δὲ ὑπὸ τοῦ Κυρίου παιδευόμεθα, ἵνα μὴ σὺν τῷ κόσμῳ κατακριθῶμεν. 33 ὥστε, ἀδελφοί μου, συνερχόμενοι εἰς τὸ φαγεῖν ἀλλήλους ἐκδέχεσθε. 34 εἴ (δέ) τις πεινᾷ, ἐν οἴκῳ ἐσθιέτω, ἵνα μὴ εἰς κρίμα συνέρχησθε. Τὰ δὲ λοιπὰ ὡς ἂν ἔλθω διατάξομαι.

1 Corinthians 12

Profession of Christ Testifies to the Spirit

1 Περὶ δὲ τῶν πνευματικῶν, ἀδελφοί, οὐ θέλω ὑμᾶς ἀγνοεῖν. 2 Οἴδατε [ὅτι ὅτε] (ὅτι) ἔθνη ἦτε πρὸς τὰ εἴδωλα τὰ ἄφωνα ὡς ἂν ἤγεσθε ἀπαγόμενοι. 3 διὸ γνωρίζω ὑμῖν ὅτι οὐδεὶς ἐν Πνεύματι Θεοῦ λαλῶν λέγει ΑΝΑΘΕΜΑ ΙΗΣΟΥ[Σ](Ν), καὶ οὐδεὶς δύναται εἰπεῖν ΚΥΡΙΟ[Σ](Ν) ΙΗΣΟΥ[Σ](Ν), εἰ μὴ ἐν Πνεύματι Ἁγίῳ.

The Diversity of the Spiritual Gifts

4 Διαιρέσεις δὲ χαρισμάτων εἰσίν, τὸ δὲ αὐτὸ Πνεῦμα· 5 καὶ διαιρέσεις διακονιῶν εἰσιν, καὶ ὁ αὐτὸς Κύριος· 6 καὶ διαιρέσεις ἐνεργημάτων εἰσίν, ὁ δὲ αὐτὸς (ἐστίν) Θεός ὁ ἐνεργῶν τὰ πάντα ἐν πᾶσιν. 7 ἑκάστῳ δὲ δίδοται ἡ φανέρωσις τοῦ Πνεύματος πρὸς τὸ συμφέρον. 8 ᾧ μὲν γὰρ διὰ τοῦ Πνεύματος δίδοται λόγος σοφίας, ἄλλῳ δὲ λόγος γνώσεως κατὰ τὸ αὐτὸ Πνεῦμα, 9 ἑτέρῳ (δὲ) πίστις ἐν τῷ αὐτῷ Πνεύματι, ἄλλῳ δὲ χαρίσματα ἰαμάτων ἐν τῷ [ἑνὶ] (αὐτῷ) Πνεύματι, 10 ἄλλῳ δὲ ἐνεργήματα δυνάμεων, ἄλλῳ δὲ προφητεία, ἄλλῳ δὲ διακρίσεις πνευμάτων, ἑτέρῳ γένη γλωσσῶν, ἄλλῳ δὲ ἑρμηνεία γλωσσῶν· 11 πάντα δὲ ταῦτα ἐνεργεῖ τὸ ἓν καὶ τὸ αὐτὸ Πνεῦμα, διαιροῦν ἰδίᾳ ἑκάστῳ καθὼς βούλεται.

ΠΡΟΣ ΚΟΡΙΝΘΙΟΥΣ Α

The Gifts Analogous to Human Anatomy

12 Καθάπερ γὰρ τὸ σῶμα ἕν ἐστιν καὶ μέλη [πολλὰ ἔχει] (ἔχει πολλὰ), πάντα δὲ τὰ μέλη τοῦ σώματος (τοῦ ἑνός) πολλὰ ὄντα ἕν ἐστιν σῶμα, οὕτως καὶ ὁ Χριστός· 13 καὶ γὰρ ἐν ἑνὶ Πνεύματι ἡμεῖς πάντες εἰς ἓν σῶμα ἐβαπτίσθημεν, εἴτε Ἰουδαῖοι εἴτε Ἕλληνες, εἴτε δοῦλοι εἴτε ἐλεύθεροι. καὶ πάντες (εἰς) ἓν Πνεῦμα ἐποτίσθημεν. 14 καὶ γὰρ τὸ σῶμα οὐκ ἔστιν ἓν μέλος ἀλλὰ πολλά. 15 ἐὰν εἴπῃ ὁ πούς Ὅτι οὐκ εἰμὶ χείρ, οὐκ εἰμὶ ἐκ τοῦ σώματος, οὐ παρὰ τοῦτο οὐκ ἔστιν ἐκ τοῦ σώματος. 16 καὶ ἐὰν εἴπῃ τὸ οὖς Ὅτι οὐκ εἰμὶ ὀφθαλμός, οὐκ εἰμὶ ἐκ τοῦ σώματος, οὐ παρὰ τοῦτο οὐκ ἔστιν ἐκ τοῦ σώματος. 17 εἰ ὅλον τὸ σῶμα ὀφθαλμός, ποῦ ἡ ἀκοή; εἰ ὅλον ἀκοή, ποῦ ἡ ὄσφρησις; 18 νῦν δὲ ὁ Θεὸς ἔθετο τὰ μέλη, ἓν ἕκαστον αὐτῶν ἐν τῷ σώματι καθὼς ἠθέλησεν. 19 εἰ δὲ ἦν τὰ πάντα ἓν μέλος, ποῦ τὸ σῶμα; 20 νῦν δὲ πολλὰ μὲν μέλη, ἓν δὲ σῶμα.

No Gift to Be Rejected

21 οὐ δύναται δὲ ὁ ὀφθαλμὸς εἰπεῖν τῇ χειρί Χρείαν σου οὐκ ἔχω, ἢ πάλιν ἡ κεφαλὴ τοῖς ποσίν Χρείαν ὑμῶν οὐκ ἔχω· 22 ἀλλὰ πολλῷ μᾶλλον τὰ δοκοῦντα μέλη τοῦ σώματος ἀσθενέστερα ὑπάρχειν ἀναγκαῖά ἐστιν, 23 καὶ ἃ δοκοῦμεν ἀτιμότερα εἶναι τοῦ σώματος, τούτοις τιμὴν περισσοτέραν περιτίθεμεν, καὶ τὰ ἀσχήμονα ἡμῶν εὐσχημοσύνην περισσοτέραν ἔχει, 24 τὰ δὲ εὐσχήμονα ἡμῶν οὐ χρείαν ἔχει. ἀλλὰ ὁ θεὸς συνεκέρασεν τὸ σῶμα, τῷ ὑστερουμένῳ περισσοτέραν δοὺς τιμήν, 25 ἵνα μὴ ᾖ σχίσμα ἐν τῷ σώματι, ἀλλὰ τὸ αὐτὸ ὑπὲρ ἀλλήλων μεριμνῶσιν τὰ μέλη. 26 καὶ εἴτε πάσχει ἓν μέλος, συνπάσχει πάντα τὰ μέλη· εἴτε δοξάζεται (ἓν) μέλος, συνχαίρει πάντα τὰ μέλη. 27 ὑμεῖς δέ ἐστε σῶμα Χριστοῦ καὶ μέλη ἐκ μέρους.

The Ranking and Distiction of Gifts

28 Καὶ οὓς μὲν ἔθετο ὁ Θεὸς ἐν τῇ ἐκκλησίᾳ πρῶτον ἀποστόλους, δεύτερον προφήτας, τρίτον διδασκάλους, ἔπειτα δυνάμεις, ἔπειτα χαρίσματα ἰαμάτων, ἀντιλήμψεις, κυβερνήσεις, γένη γλωσσῶν. 29 μὴ πάντες ἀπόστολοι; μὴ πάντες προφῆται; μὴ πάντες διδάσκαλοι; μὴ πάντες δυνάμεις; 30 μὴ πάντες χαρίσματα ἔχουσιν ἰαμάτων; μὴ πάντες γλώσσαις λαλοῦσιν; μὴ πάντες διερμηνεύουσιν; 31 ζηλοῦτε δὲ τὰ χαρίσματα τὰ [μείζονα] (κρείττονα). Καὶ ἔτι καθ' ὑπερβολὴν ὁδὸν ὑμῖν δείκνυμι.

ΠΡΟΣ ΚΟΡΙΝΘΙΟΥΣ Α

1 Corinthians 13

Exercising the Gifts with Love

1 Ἐὰν ταῖς γλώσσαις τῶν ἀνθρώπων λαλῶ καὶ τῶν ἀγγέλων, ἀγάπην δὲ μὴ ἔχω, γέγονα χαλκὸς ἠχῶν ἢ κύμβαλον ἀλαλάζον. 2 καὶ ἐὰν ἔχω προφητείαν καὶ εἰδῶ τὰ μυστήρια πάντα καὶ πᾶσαν τὴν γνῶσιν, καὶ ἐὰν ἔχω πᾶσαν τὴν πίστιν ὥστε ὄρη [μεθιστάναι] (μεθιστάνειν), ἀγάπην δὲ μὴ ἔχω, οὐθέν εἰμι. 3 καὶ ἐὰν ψωμίσω πάντα τὰ ὑπάρχοντά μου, καὶ ἐὰν παραδῶ τὸ σῶμά μου, ἵνα καυθήσομαι, ἀγάπην δὲ μὴ ἔχω, οὐδὲν ὠφελοῦμαι. 4 Ἡ ἀγάπη μακροθυμεῖ, χρηστεύεται ἡ ἀγάπη, οὐ ζηλοῖ, ἡ ἀγάπη οὐ περπερεύεται, οὐ φυσιοῦται, 5 οὐκ ἀσχημονεῖ, οὐ ζητεῖ τὰ ἑαυτῆς, οὐ παροξύνεται, οὐ λογίζεται τὸ κακόν, 6 οὐ χαίρει ἐπὶ τῇ ἀδικίᾳ, συνχαίρει δὲ τῇ ἀληθείᾳ· 7 πάντα στέγει, πάντα πιστεύει, πάντα ἐλπίζει, πάντα ὑπομένει. 8 Ἡ ἀγάπη οὐδέποτε πίπτει· εἴτε δὲ προφητεῖαι, καταργηθήσονται· εἴτε γλῶσσαι, παύσονται· εἴτε γνῶσις, καταργηθήσεται. 9 ἐκ μέρους γὰρ γινώσκομεν καὶ ἐκ μέρους προφητεύομεν· 10 ὅταν δὲ ἔλθῃ τὸ τέλειον, τὸ ἐκ μέρους καταργηθήσεται. 11 ὅτε ἤμην νήπιος, [ἐλάλουν ὡς νήπιος, ἐφρόνουν ὡς νήπιος, ἐλογιζόμην ὡς νήπιος] (ὡς νήπιος ἐλάλουν ὡς νήπιος ἐφρόνουν ὡς νήπιος· ἐλογιζόμην)· ὅτε (δέ) γέγονα ἀνήρ, κατήργηκα τὰ τοῦ νηπίου. 12 βλέπομεν γὰρ ἄρτι δι' ἐσόπτρου ἐν αἰνίγματι, τότε δὲ πρόσωπον πρὸς πρόσωπον· ἄρτι γινώσκω ἐκ μέρους, τότε δὲ ἐπιγνώσομαι καθὼς καὶ ἐπεγνώσθην. 13 νυνὶ δὲ μένει πίστις, ἐλπίς, ἀγάπη, τὰ τρία ταῦτα· μείζων δὲ τούτων ἡ ἀγάπη.

1 Corinthians 14

The Superiority of Prophecy in the Public Setting

1 Διώκετε τὴν ἀγάπην, ζηλοῦτε δὲ τὰ πνευματικά, μᾶλλον δὲ ἵνα προφητεύητε. 2 ὁ γὰρ λαλῶν γλώσσῃ οὐκ ἀνθρώποις λαλεῖ ἀλλὰ (τῷ) Θεῷ· οὐδεὶς γὰρ ἀκούει, πνεύματι δὲ λαλεῖ μυστήρια· 3 ὁ δὲ προφητεύων ἀνθρώποις λαλεῖ οἰκοδομὴν καὶ παράκλησιν καὶ παραμυθίαν. 4 ὁ λαλῶν γλώσσῃ ἑαυτὸν οἰκοδομεῖ· ὁ δὲ προφητεύων ἐκκλησίαν οἰκοδομεῖ. 5 θέλω δὲ πάντας ὑμᾶς λαλεῖν γλώσσαις, μᾶλλον δὲ ἵνα προφητεύητε· μείζων δὲ ὁ προφητεύων ἢ ὁ λαλῶν γλώσσαις, ἐκτὸς εἰ μὴ διερμηνεύῃ, ἵνα ἡ ἐκκλησία οἰκοδομὴν λάβῃ.

ΠΡΟΣ ΚΟΡΙΝΘΙΟΥΣ Α

The Limitation of Tongues in the Public Setting

6 νῦν δέ, ἀδελφοί, ἐὰν ἔλθω πρὸς ὑμᾶς γλώσσαις λαλῶν, τί ὑμᾶς ὠφελήσω, ἐὰν μὴ ὑμῖν λαλήσω ἢ ἐν ἀποκαλύψει ἢ ἐν γνώσει ἢ ἐν προφητείᾳ ἢ διδαχῇ; 7 ὅμως τὰ ἄψυχα φωνὴν διδόντα, εἴτε αὐλὸς εἴτε κιθάρα, ἐὰν διαστολὴν τοῖς φθόγγοις μὴ δῷ, πῶς γνωσθήσεται τὸ αὐλούμενον ἢ τὸ κιθαριζόμενον; 8 καὶ γὰρ ἐὰν ἄδηλον [σάλπιγξ φωνὴν] (φωνὴν σάλπιγξ) δῷ, τίς παρασκευάσεται εἰς πόλεμον; 9 οὕτως καὶ ὑμεῖς διὰ τῆς γλώσσης ἐὰν μὴ εὔσημον λόγον δῶτε, πῶς γνωσθήσεται τὸ λαλούμενον; ἔσεσθε γὰρ εἰς ἀέρα λαλοῦντες. 10 τοσαῦτα εἰ τύχοι γένη φωνῶν [εἰσιν] (ἐστιν) ἐν κόσμῳ, καὶ οὐδὲν ἄφωνον· 11 ἐὰν οὖν μὴ εἰδῶ τὴν δύναμιν τῆς φωνῆς, ἔσομαι τῷ λαλοῦντι βάρβαρος καὶ ὁ λαλῶν ἐν ἐμοὶ βάρβαρος. 12 οὕτως καὶ ὑμεῖς, ἐπεὶ ζηλωταί ἐστε πνευμάτων, πρὸς τὴν οἰκοδομὴν τῆς ἐκκλησίας ζητεῖτε ἵνα περισσεύητε. 13 [Διὸ] (διόπερ) ὁ λαλῶν γλώσσῃ προσευχέσθω ἵνα διερμηνεύῃ. 14 ἐὰν γὰρ προσεύχωμαι γλώσσῃ, τὸ πνεῦμά μου προσεύχεται, ὁ δὲ νοῦς μου ἄκαρπός ἐστιν. 15 τί οὖν ἐστιν; προσεύξομαι τῷ πνεύματι, προσεύξομαι δὲ καὶ τῷ νοΐ· ψαλῶ τῷ πνεύματι, ψαλῶ δὲ καὶ τῷ νοΐ. 16 ἐπεὶ ἐὰν [εὐλογῇς] (εὐλογήσῃς τῷ) πνεύματι, ὁ ἀναπληρῶν τὸν τόπον τοῦ ἰδιώτου πῶς ἐρεῖ τὸ Ἀμήν ἐπὶ τῇ σῇ εὐχαριστίᾳ; ἐπειδὴ τί λέγεις οὐκ οἶδεν· 17 σὺ μὲν γὰρ καλῶς εὐχαριστεῖς, ἀλλ' ὁ ἕτερος οὐκ οἰκοδομεῖται. 18 εὐχαριστῶ τῷ Θεῷ (μου), πάντων ὑμῶν μᾶλλον γλώσσαις λαλῶ· 19 ἀλλὰ ἐν ἐκκλησίᾳ θέλω πέντε λόγους τῷ νοΐ μου λαλῆσαι, ἵνα καὶ ἄλλους κατηχήσω, ἢ μυρίους λόγους ἐν γλώσσῃ. 20 Ἀδελφοί, μὴ παιδία γίνεσθε ταῖς φρεσίν, ἀλλὰ τῇ κακίᾳ νηπιάζετε, ταῖς δὲ φρεσὶν τέλειοι γίνεσθε. 21 ἐν τῷ νόμῳ γέγραπται ὅτι Ἐν ἑτερογλώσσοις καὶ ἐν χείλεσιν ἑτέρων λαλήσω τῷ λαῷ τούτῳ, καὶ οὐδ' οὕτως εἰσακούσονταί μου, λέγει Κύριος.

The Power of Prophecy in the Public Setting

22 ὥστε αἱ γλῶσσαι εἰς σημεῖόν εἰσιν οὐ τοῖς πιστεύουσιν ἀλλὰ τοῖς ἀπίστοις, ἡ δὲ προφητεία οὐ τοῖς ἀπίστοις ἀλλὰ τοῖς πιστεύουσιν. 23 Ἐὰν οὖν συνέλθῃ ἡ ἐκκλησία ὅλη ἐπὶ τὸ αὐτὸ καὶ πάντες λαλῶσιν γλώσσαις, εἰσέλθωσιν δὲ ἰδιῶται ἢ ἄπιστοι, οὐκ ἐροῦσιν ὅτι μαίνεσθε; 24 ἐὰν δὲ πάντες προφητεύωσιν, εἰσέλθῃ δέ τις ἄπιστος ἢ ἰδιώτης, ἐλέγχεται ὑπὸ πάντων, ἀνακρίνεται ὑπὸ πάντων, 25 (καὶ οὕτως) τὰ κρυπτὰ τῆς καρδίας αὐτοῦ φανερὰ γίνεται, καὶ οὕτως πεσὼν ἐπὶ πρόσωπον προσκυνήσει τῷ Θεῷ, ἀπαγγέλλων ὅτι [Ὄντως ὁ Θεὸς] (ὁ Θεὸς Ὄντως) ἐν ὑμῖν ἐστιν.

ΠΡΟΣ ΚΟΡΙΝΘΙΟΥΣ Α

Exercising the Gifts in Public Worship

26 Τί οὖν ἐστιν, ἀδελφοί; ὅταν συνέρχησθε, ἕκαστος (ὑμῶν) ψαλμὸν ἔχει, διδαχὴν ἔχει, [ἀποκάλυψιν ἔχει, γλῶσσαν ἔχει] (γλῶσσαν ἔχει ἀποκάλυψιν ἔχει), ἑρμηνείαν ἔχει· πάντα πρὸς οἰκοδομὴν γινέσθω. 27 εἴτε γλώσσῃ τις λαλεῖ, κατὰ δύο ἢ τὸ πλεῖστον τρεῖς, καὶ ἀνὰ μέρος, καὶ εἷς διερμηνευέτω· 28 ἐὰν δὲ μὴ ᾖ διερμηνευτής, σιγάτω ἐν ἐκκλησίᾳ, ἑαυτῷ δὲ λαλείτω καὶ τῷ Θεῷ.

Instructions for Prophecy in Public Worship

29 προφῆται δὲ δύο ἢ τρεῖς λαλείτωσαν, καὶ οἱ ἄλλοι διακρινέτωσαν· 30 ἐὰν δὲ ἄλλῳ ἀποκαλυφθῇ καθημένῳ, ὁ πρῶτος σιγάτω. 31 δύνασθε γὰρ καθ' ἕνα πάντες προφητεύειν, ἵνα πάντες μανθάνωσιν καὶ πάντες παρακαλῶνται. 32 καὶ πνεύματα προφητῶν προφήταις ὑποτάσσεται· 33 οὐ γάρ ἐστιν ἀκαταστασίας ὁ Θεὸς ἀλλὰ εἰρήνης, Ὡς ἐν πάσαις ταῖς ἐκκλησίαις τῶν ἁγίων, 34 αἱ γυναῖκες (ὑμῶν) ἐν ταῖς ἐκκλησίαις σιγάτωσαν· οὐ γὰρ ἐπιτρέπεται αὐταῖς λαλεῖν, ἀλλὰ ὑποτασσέσθωσαν, καθὼς καὶ ὁ νόμος λέγει. 35 εἰ δέ τι μαθεῖν θέλουσιν, ἐν οἴκῳ τοὺς ἰδίους ἄνδρας ἐπερωτάτωσαν· αἰσχρὸν γάρ ἐστιν [γυναικὶ λαλεῖν ἐν ἐκκλησίᾳ] (γυναιξὶν ἐν ἐκκλησίᾳ λαλεῖν). 36 Ἢ ἀφ' ὑμῶν ὁ λόγος τοῦ Θεοῦ ἐξῆλθεν, ἢ εἰς ὑμᾶς μόνους κατήντησεν; 37 Εἴ τις δοκεῖ προφήτης εἶναι ἢ πνευματικός, ἐπιγινωσκέτω ἃ γράφω ὑμῖν ὅτι Κυρίου ἐστὶν ἐντολή· 38 εἰ δέ τις ἀγνοεῖ, ἀγνοεῖται. 39 Ὥστε, ἀδελφοί [μου], ζηλοῦτε τὸ προφητεύειν, καὶ τὸ λαλεῖν [μὴ κωλύετε γλώσσαις] (γλώσσαις· μὴ κωλύετε)· 40 πάντα [δὲ] εὐσχημόνως καὶ κατὰ τάξιν γινέσθω.

1 Corinthians 15

The Resurrection of Christ

1 Γνωρίζω δὲ ὑμῖν, ἀδελφοί, τὸ εὐαγγέλιον ὃ εὐηγγελισάμην ὑμῖν, ὃ καὶ παρελάβετε, ἐν ᾧ καὶ ἑστήκατε, 2 δι' οὗ καὶ σῴζεσθε, τίνι λόγῳ εὐηγγελισάμην ὑμῖν, εἰ κατέχετε, ἐκτὸς εἰ μὴ εἰκῇ ἐπιστεύσατε. 3 παρέδωκα γὰρ ὑμῖν ἐν πρώτοις, ὃ καὶ παρέλαβον, ὅτι Χριστὸς ἀπέθανεν ὑπὲρ τῶν ἁμαρτιῶν ἡμῶν κατὰ τὰς γραφάς, 4 καὶ ὅτι ἐτάφη, καὶ ὅτι ἐγήγερται τῇ [ἡμέρᾳ τῇ τρίτῃ] (τρίτῃ ἡμέρᾳ) κατὰ τὰς γραφάς, 5 καὶ ὅτι ὤφθη Κηφᾷ, εἶτα τοῖς δώδεκα· 6 ἔπειτα ὤφθη ἐπάνω πεντακοσίοις ἀδελφοῖς ἐφάπαξ, ἐξ ὧν οἱ πλείονες μένουσιν ἕως ἄρτι, τινὲς δὲ ἐκοιμήθησαν· 7 ἔπειτα ὤφθη Ἰακώβῳ, εἶτα τοῖς ἀποστόλοις πᾶσιν· 8 ἔσχατον δὲ πάντων ὡσπερεὶ τῷ ἐκτρώματι ὤφθη κἀμοί.

ΠΡΟΣ ΚΟΡΙΝΘΙΟΥΣ Α

9 Ἐγὼ γάρ εἰμι ὁ ἐλάχιστος τῶν ἀποστόλων, ὃς οὐκ εἰμὶ ἱκανὸς καλεῖσθαι ἀπόστολος, διότι ἐδίωξα τὴν ἐκκλησίαν τοῦ Θεοῦ· 10 χάριτι δὲ Θεοῦ εἰμι ὅ εἰμι, καὶ ἡ χάρις αὐτοῦ ἡ εἰς ἐμὲ οὐ κενὴ ἐγενήθη, ἀλλὰ περισσότερον αὐτῶν πάντων ἐκοπίασα, οὐκ ἐγὼ δὲ ἀλλὰ ἡ χάρις τοῦ Θεοῦ (ἡ) σὺν ἐμοί. 11 εἴτε οὖν ἐγὼ εἴτε ἐκεῖνοι, οὕτως κηρύσσομεν καὶ οὕτως ἐπιστεύσατε.

The Resurrection of the Dead

12 Εἰ δὲ Χριστὸς κηρύσσεται ὅτι ἐκ νεκρῶν ἐγήγερται, πῶς λέγουσιν [ἐν ὑμῖν τινες] (τινες ἐν ὑμῖν) ὅτι ἀνάστασις νεκρῶν οὐκ ἔστιν; 13 εἰ δὲ ἀνάστασις νεκρῶν οὐκ ἔστιν, οὐδὲ Χριστὸς ἐγήγερται· 14 εἰ δὲ Χριστὸς οὐκ ἐγήγερται, κενὸν ἄρα τὸ κήρυγμα ἡμῶν, κενὴ καὶ ἡ πίστις ὑμῶν· 15 εὑρισκόμεθα δὲ καὶ ψευδομάρτυρες τοῦ Θεοῦ, ὅτι ἐμαρτυρήσαμεν κατὰ τοῦ Θεοῦ ὅτι ἤγειρεν τὸν Χριστόν, ὃν οὐκ ἤγειρεν εἴπερ ἄρα νεκροὶ οὐκ ἐγείρονται. 16 εἰ γὰρ νεκροὶ οὐκ ἐγείρονται, οὐδὲ Χριστὸς ἐγήγερται· 17 εἰ δὲ Χριστὸς οὐκ ἐγήγερται, ματαία ἡ πίστις ὑμῶν, ἔτι ἐστὲ ἐν ταῖς ἁμαρτίαις ὑμῶν. 18 ἄρα καὶ οἱ κοιμηθέντες ἐν Χριστῷ ἀπώλοντο. 19 εἰ ἐν τῇ ζωῇ ταύτῃ [ἐν Χριστῷ ἠλπικότες ἐσμέν] (ἠλπικότες ἐσμὲν ἐν Χριστῷ) μόνον, ἐλεεινότεροι πάντων ἀνθρώπων ἐσμέν. 20 Νυνὶ δὲ Χριστὸς ἐγήγερται ἐκ νεκρῶν, ἀπαρχὴ τῶν κεκοιμημένων (ἐγένετο). 21 ἐπειδὴ γὰρ δι᾽ ἀνθρώπου θάνατος, καὶ δι᾽ ἀνθρώπου ἀνάστασις νεκρῶν. 22 ὥσπερ γὰρ ἐν τῷ Ἀδὰμ πάντες ἀποθνῄσκουσιν, οὕτως καὶ ἐν τῷ Χριστῷ πάντες ζῳοποιηθήσονται. 23 Ἕκαστος δὲ ἐν τῷ ἰδίῳ τάγματι· ἀπαρχὴ Χριστός, ἔπειτα οἱ τοῦ Χριστοῦ ἐν τῇ παρουσίᾳ αὐτοῦ, 24 εἶτα τὸ τέλος, ὅταν παραδιδοῖ τὴν βασιλείαν τῷ Θεῷ καὶ Πατρί, ὅταν καταργήσῃ πᾶσαν ἀρχὴν καὶ πᾶσαν ἐξουσίαν καὶ δύναμιν, 25 δεῖ γὰρ αὐτὸν βασιλεύειν ἄχρι οὗ (ἄν) θῇ πάντας τοὺς ἐχθροὺς ὑπὸ τοὺς πόδας αὐτοῦ. 26 ἔσχατος ἐχθρὸς καταργεῖται ὁ θάνατος· 27 πάντα γὰρ ὑπέταξεν ὑπὸ τοὺς (αὐτοῦ) πόδας [αὐτοῦ]. ὅταν δὲ εἴπῃ ὅτι πάντα ὑποτέτακται, δῆλον ὅτι ἐκτὸς τοῦ ὑποτάξαντος αὐτῷ τὰ πάντα. 28 ὅταν δὲ ὑποταγῇ αὐτῷ τὰ πάντα, τότε καὶ αὐτὸς ὁ Υἱὸς ὑποταγήσεται τῷ ὑποτάξαντι αὐτῷ τὰ πάντα, ἵνα ᾖ ὁ Θεὸς (τὰ) πάντα ἐν πᾶσιν. 29 Ἐπεὶ τί ποιήσουσιν οἱ βαπτιζόμενοι ὑπὲρ τῶν νεκρῶν; εἰ ὅλως νεκροὶ οὐκ ἐγείρονται, τί καὶ βαπτίζονται ὑπὲρ [αὐτῶν] (τῶν νεκρῶν); 30 τί καὶ ἡμεῖς κινδυνεύομεν πᾶσαν ὥραν; 31 καθ᾽ ἡμέραν ἀποθνῄσκω, νὴ τὴν [ὑμετέραν] (ἡμετέραν) καύχησιν, [ἀδελφοί], ἣν ἔχω ἐν Χριστῷ Ἰησοῦ τῷ Κυρίῳ ἡμῶν.

ΠΡΟΣ ΚΟΡΙΝΘΙΟΥΣ Α

32 εἰ κατὰ ἄνθρωπον ἐθηριομάχησα ἐν Ἐφέσῳ, τί μοι τὸ ὄφελος; εἰ νεκροὶ οὐκ ἐγείρονται, φάγωμεν καὶ πίωμεν, αὔριον γὰρ ἀποθνήσκομεν. 33 μὴ πλανᾶσθε· φθείρουσιν ἤθη [χρηστὰ] (χρησθ') ὁμιλίαι κακαί. 34 ἐκνήψατε δικαίως καὶ μὴ ἁμαρτάνετε· ἀγνωσίαν γὰρ Θεοῦ τινες ἔχουσιν· πρὸς ἐντροπὴν ὑμῖν [λαλῶ] (λέγω).

The Substance of the Resurrected Body

35 Ἀλλὰ ἐρεῖ τις Πῶς ἐγείρονται οἱ νεκροί; ποίῳ δὲ σώματι ἔρχονται; 36 ἄφρων, σὺ ὃ σπείρεις, οὐ ζωοποιεῖται ἐὰν μὴ ἀποθάνῃ· 37 καὶ ὃ σπείρεις, οὐ τὸ σῶμα τὸ γενησόμενον σπείρεις, ἀλλὰ γυμνὸν κόκκον εἰ τύχοι σίτου ἤ τινος τῶν λοιπῶν· 38 ὁ δὲ Θεὸς (αὐτῷ) δίδωσιν [αὐτῷ] σῶμα καθὼς ἠθέλησεν, καὶ ἑκάστῳ τῶν σπερμάτων (τὸ) ἴδιον σῶμα. 39 οὐ πᾶσα σὰρξ ἡ αὐτὴ σάρξ, ἀλλὰ ἄλλη μὲν (σὰρξ) ἀνθρώπων, ἄλλη δὲ σὰρξ κτηνῶν, ἄλλη δὲ [σὰρξ πτηνῶν, ἄλλη δὲ ἰχθύων] (ἰχθύων ἄλλη δὲ πτηνῶν). 40 καὶ σώματα ἐπουράνια, καὶ σώματα ἐπίγεια· ἀλλὰ ἑτέρα μὲν ἡ τῶν ἐπουρανίων δόξα, ἑτέρα δὲ ἡ τῶν ἐπιγείων. 41 ἄλλη δόξα ἡλίου, καὶ ἄλλη δόξα σελήνης, καὶ ἄλλη δόξα ἀστέρων· ἀστὴρ γὰρ ἀστέρος διαφέρει ἐν δόξῃ. 42 οὕτως καὶ ἡ ἀνάστασις τῶν νεκρῶν. σπείρεται ἐν φθορᾷ, ἐγείρεται ἐν ἀφθαρσίᾳ· 43 σπείρεται ἐν ἀτιμίᾳ, ἐγείρεται ἐν δόξῃ· σπείρεται ἐν ἀσθενείᾳ, ἐγείρεται ἐν δυνάμει· 44 σπείρεται σῶμα ψυχικόν, ἐγείρεται σῶμα πνευματικόν. [Εἰ] ἔστιν σῶμα ψυχικόν, (καὶ) ἔστιν [καὶ] (σῶμα) πνευματικόν. 45 οὕτως καὶ γέγραπται Ἐγένετο ὁ πρῶτος ἄνθρωπος Ἀδὰμ εἰς ψυχὴν ζῶσαν· ὁ ἔσχατος Ἀδὰμ εἰς πνεῦμα ζωοποιοῦν. 46 ἀλλ' οὐ πρῶτον τὸ πνευματικὸν ἀλλὰ τὸ ψυχικόν, ἔπειτα τὸ πνευματικόν. 47 ὁ πρῶτος ἄνθρωπος ἐκ γῆς χοϊκός, ὁ δεύτερος ἄνθρωπος (ὁ Κύριος) ἐξ οὐρανοῦ. 48 οἷος ὁ χοϊκός, τοιοῦτοι καὶ οἱ χοϊκοί, καὶ οἷος ὁ ἐπουράνιος, τοιοῦτοι καὶ οἱ ἐπουράνιοι· 49 καὶ καθὼς ἐφορέσαμεν τὴν εἰκόνα τοῦ χοϊκοῦ, φορέσωμεν καὶ τὴν εἰκόνα τοῦ ἐπουρανίου. 50 Τοῦτο δέ φημι, ἀδελφοί, ὅτι σὰρξ καὶ αἷμα βασιλείαν Θεοῦ κληρονομῆσαι οὐ δύναται, οὐδὲ ἡ φθορὰ τὴν ἀφθαρσίαν κληρονομεῖ. 51 ἰδοὺ μυστήριον ὑμῖν λέγω· πάντες (μὲν) οὐ κοιμηθησόμεθα, πάντες δὲ ἀλλαγησόμεθα, 52 ἐν ἀτόμῳ, ἐν ῥιπῇ ὀφθαλμοῦ, ἐν τῇ ἐσχάτῃ σάλπιγγι· σαλπίσει γάρ, καὶ οἱ νεκροὶ ἐγερθήσονται ἄφθαρτοι, καὶ ἡμεῖς ἀλλαγησόμεθα. 53 δεῖ γὰρ τὸ φθαρτὸν τοῦτο ἐνδύσασθαι ἀφθαρσίαν καὶ τὸ θνητὸν τοῦτο ἐνδύσασθαι ἀθανασίαν. 54 ὅταν δὲ τὸ φθαρτὸν τοῦτο ἐνδύσηται ἀφθαρσίαν καὶ τὸ θνητὸν τοῦτο ἐνδύσηται ἀθανασίαν, τότε γενήσεται ὁ λόγος ὁ γεγραμμένος Κατεπόθη ὁ θάνατος εἰς νῖκος.

ΠΡΟΣ ΚΟΡΙΝΘΙΟΥΣ Α

55 ποῦ σου, θάνατε, τὸ [νῖκος] (κέντρον); ποῦ σου (ᾄδη), [θάνατε], τὸ [κέντρον] (νῖκος); 56 τὸ δὲ κέντρον τοῦ θανάτου ἡ ἁμαρτία, ἡ δὲ δύναμις τῆς ἁμαρτίας ὁ νόμος· 57 τῷ δὲ Θεῷ χάρις τῷ διδόντι ἡμῖν τὸ νῖκος διὰ τοῦ Κυρίου ἡμῶν Ἰησοῦ Χριστοῦ. 58 Ὥστε, ἀδελφοί μου ἀγαπητοί, ἑδραῖοι γίνεσθε, ἀμετακίνητοι, περισσεύοντες ἐν τῷ ἔργῳ τοῦ Κυρίου πάντοτε, εἰδότες ὅτι ὁ κόπος ὑμῶν οὐκ ἔστιν κενὸς ἐν Κυρίῳ.

1 Corinthians 16

The Collection for Jerusalem

1 Περὶ δὲ τῆς λογίας τῆς εἰς τοὺς ἁγίους, ὥσπερ διέταξα ταῖς ἐκκλησίαις τῆς Γαλατίας, οὕτως καὶ ὑμεῖς ποιήσατε. 2 κατὰ μίαν σαββάτου ἕκαστος ὑμῶν παρ' ἑαυτῷ τιθέτω θησαυρίζων ὅ τι ἐὰν εὐοδῶται, ἵνα μὴ ὅταν ἔλθω τότε λογίαι γίνωνται. 3 ὅταν δὲ παραγένωμαι, οὓς ἐὰν δοκιμάσητε, δι' ἐπιστολῶν τούτους πέμψω ἀπενεγκεῖν τὴν χάριν ὑμῶν εἰς Ἰερουσαλήμ· 4 ἐὰν δὲ ἄξιον ᾖ τοῦ κἀμὲ πορεύεσθαι, σὺν ἐμοὶ πορεύσονται.

Paul's Intention to Visit

5 Ἐλεύσομαι δὲ πρὸς ὑμᾶς ὅταν Μακεδονίαν διέλθω· Μακεδονίαν γὰρ διέρχομαι, 6 πρὸς ὑμᾶς δὲ τυχὸν καταμενῶ ἢ καὶ παραχειμάσω, ἵνα ὑμεῖς με προπέμψητε οὗ ἐὰν πορεύωμαι. 7 οὐ θέλω γὰρ ὑμᾶς ἄρτι ἐν παρόδῳ ἰδεῖν· ἐλπίζω γὰρ χρόνον τινὰ ἐπιμεῖναι πρὸς ὑμᾶς, ἐὰν ὁ Κύριος [ἐπιτρέψῃ] (ἐπιτρέπῃ). 8 ἐπιμενῶ δὲ ἐν Ἐφέσῳ ἕως τῆς Πεντηκοστῆς· 9 θύρα γάρ μοι ἀνέῳγεν μεγάλη καὶ ἐνεργής, καὶ ἀντικείμενοι πολλοί. 10 Ἐὰν δὲ ἔλθῃ Τιμόθεος, βλέπετε ἵνα ἀφόβως γένηται πρὸς ὑμᾶς· τὸ γὰρ ἔργον Κυρίου ἐργάζεται ὡς κἀγώ· 11 μή τις οὖν αὐτὸν ἐξουθενήσῃ. προπέμψατε δὲ αὐτὸν ἐν εἰρήνῃ, ἵνα ἔλθῃ πρός με· ἐκδέχομαι γὰρ αὐτὸν μετὰ τῶν ἀδελφῶν. 12 Περὶ δὲ Ἀπολλῶ τοῦ ἀδελφοῦ, πολλὰ παρεκάλεσα αὐτὸν ἵνα ἔλθῃ πρὸς ὑμᾶς μετὰ τῶν ἀδελφῶν· καὶ πάντως οὐκ ἦν θέλημα ἵνα νῦν ἔλθῃ, ἐλεύσεται δὲ ὅταν εὐκαιρήσῃ.

Exhortations and Greetings

13 Γρηγορεῖτε, στήκετε ἐν τῇ πίστει, ἀνδρίζεσθε, κραταιοῦσθε. 14 πάντα ὑμῶν ἐν ἀγάπῃ γινέσθω. 15 Παρακαλῶ δὲ ὑμᾶς, ἀδελφοί· οἴδατε τὴν οἰκίαν Στεφανᾶ, ὅτι ἐστὶν ἀπαρχὴ τῆς Ἀχαΐας καὶ εἰς διακονίαν τοῖς ἁγίοις ἔταξαν ἑαυτούς· 16 ἵνα καὶ ὑμεῖς ὑποτάσσησθε τοῖς τοιούτοις καὶ παντὶ τῷ συνεργοῦντι καὶ κοπιῶντι.

ΠΡΟΣ ΚΟΡΙΝΘΙΟΥΣ Α

17 χαίρω δὲ ἐπὶ τῇ παρουσίᾳ Στεφανᾶ καὶ Φορτουνάτου καὶ Ἀχαϊκοῦ, ὅτι τὸ [ὑμέτερον ὑστέρημα] (ὑμῶν ὑστέρημα) οὗτοι ἀνεπλήρωσαν· 18 ἀνέπαυσαν γὰρ τὸ ἐμὸν πνεῦμα καὶ τὸ ὑμῶν. ἐπιγινώσκετε οὖν τοὺς τοιούτους.

19 Ἀσπάζονται ὑμᾶς αἱ ἐκκλησίαι τῆς Ἀσίας. ἀσπάζεται ὑμᾶς ἐν Κυρίῳ πολλὰ Ἀκύλας καὶ [Πρίσκα] (Πρίσκιλλα) σὺν τῇ κατ' οἶκον αὐτῶν ἐκκλησίᾳ. 20 ἀσπάζονται ὑμᾶς οἱ ἀδελφοὶ πάντες. Ἀσπάσασθε ἀλλήλους ἐν φιλήματι ἁγίῳ. 21 Ὁ ἀσπασμὸς τῇ ἐμῇ χειρὶ Παύλου. 22 εἴ τις οὐ φιλεῖ τὸν Κύριον (Ἰησοῦν Χριστόν), ἤτω ἀνάθεμα. μαρὰν ἀθά. 23 ἡ χάρις τοῦ Κυρίου Ἰησοῦ (Χριστοῦ) μεθ' ὑμῶν. 24 ἡ ἀγάπη μου μετὰ πάντων ὑμῶν ἐν Χριστῷ Ἰησοῦ. (ἀμήν), (*πρός Κορινθίους πρώτη ἐγράφη ἀπό Φιλίππων διά Στεφανᾶ καί φουρτουνάτου καί Ἀχαϊκοῦ καί Τιμοθέου*)

ΠΡΟΣ ΚΟΡΙΝΘΙΟΥΣ Β

Papyrus 46, P. Chester Beatty II
Date: c. 175–225
Image above from folios 70-85 2nd Corinthians 9:7-13:[13](14)
University of Michigan, Inv. 6238
2nd Corinthians 11:33-12:9
Philip Comfort prefers date of c. 150-175 based on limited and irresolute use of nomina sacra.

ΠΡΟΣ ΚΟΡΙΝΘΙΟΥΣ Β

2 Corinthians 1

Opening Salutation

1 Παῦλος ἀπόστολος [Χριστοῦ Ἰησοῦ] (Ἰησοῦ Χριστοῦ) διὰ θελήματος Θεοῦ καὶ Τιμόθεος ὁ ἀδελφὸς τῇ ἐκκλησίᾳ τοῦ Θεοῦ τῇ οὔσῃ ἐν Κορίνθῳ σὺν τοῖς ἁγίοις πᾶσιν τοῖς οὖσιν ἐν ὅλῃ τῇ Ἀχαΐᾳ· 2 χάρις ὑμῖν καὶ εἰρήνη ἀπὸ Θεοῦ Πατρὸς ἡμῶν καὶ Κυρίου Ἰησοῦ Χριστοῦ.

Praise to the God of All Comfort

3 Εὐλογητὸς ὁ Θεὸς καὶ Πατὴρ τοῦ Κυρίου ἡμῶν Ἰησοῦ Χριστοῦ, ὁ Πατὴρ τῶν οἰκτιρμῶν καὶ Θεὸς πάσης παρακλήσεως, 4 ὁ παρακαλῶν ἡμᾶς ἐπὶ πάσῃ τῇ θλίψει ἡμῶν, εἰς τὸ δύνασθαι ἡμᾶς παρακαλεῖν τοὺς ἐν πάσῃ θλίψει διὰ τῆς παρακλήσεως ἧς παρακαλούμεθα αὐτοὶ ὑπὸ τοῦ Θεοῦ. 5 ὅτι καθὼς περισσεύει τὰ παθήματα τοῦ Χριστοῦ εἰς ἡμᾶς, οὕτως διὰ τοῦ Χριστοῦ περισσεύει καὶ ἡ παράκλησις ἡμῶν. 6 εἴτε δὲ θλιβόμεθα, ὑπὲρ τῆς ὑμῶν παρακλήσεως καὶ σωτηρίας· [εἴτε παρακαλούμεθα, ὑπὲρ τῆς ὑμῶν παρακλήσεως τῆς ἐνεργουμένης ἐν ὑπομονῇ τῶν αὐτῶν παθημάτων ὧν καὶ ἡμεῖς πάσχομεν] (τῆς ἐνεργουμένης ἐν ὑπομονῇ τῶν αὐτῶν παθημάτων ὧν καὶ ἡμεῖς πάσχομεν εἴτε παρακαλούμεθα ὑπὲρ τῆς ὑμῶν παρακλήσεως καὶ σωτηρίας). καὶ ἡ ἐλπὶς ἡμῶν βεβαία ὑπὲρ ὑμῶν, 7 εἰδότες ὅτι [ὡς] (ὥσπερ) κοινωνοί ἐστε τῶν παθημάτων, οὕτως καὶ τῆς παρακλήσεως.

Paul's Trouble in Asia

8 Οὐ γὰρ θέλομεν ὑμᾶς ἀγνοεῖν, ἀδελφοί, ὑπὲρ τῆς θλίψεως ἡμῶν τῆς γενομένης (ἡμῖν) ἐν τῇ Ἀσίᾳ, ὅτι καθ᾽ ὑπερβολὴν [ὑπὲρ δύναμιν ἐβαρήθημεν] (ἐβαρήθημεν ὑπὲρ δύναμιν), ὥστε ἐξαπορηθῆναι ἡμᾶς καὶ τοῦ ζῆν· 9 ἀλλὰ αὐτοὶ ἐν ἑαυτοῖς τὸ ἀπόκριμα τοῦ θανάτου ἐσχήκαμεν, ἵνα μὴ πεποιθότες ὦμεν ἐφ᾽ ἑαυτοῖς ἀλλ᾽ ἐπὶ τῷ Θεῷ τῷ ἐγείροντι τοὺς νεκρούς· 10 ὃς ἐκ τηλικούτου θανάτου ἐρρύσατο ἡμᾶς καὶ [ῥύσεται] (ῥύεται), εἰς ὃν ἠλπίκαμεν ὅτι καὶ ἔτι ῥύσεται, 11 συνυπουργούντων καὶ ὑμῶν ὑπὲρ ἡμῶν τῇ δεήσει, ἵνα ἐκ πολλῶν προσώπων τὸ εἰς ἡμᾶς χάρισμα διὰ πολλῶν εὐχαριστηθῇ ὑπὲρ ἡμῶν.

ΠΡΟΣ ΚΟΡΙΝΘΙΟΥΣ Β

12 Ἡ γὰρ καύχησις ἡμῶν αὕτη ἐστίν, τὸ μαρτύριον τῆς συνειδήσεως ἡμῶν, ὅτι ἐν ἁγιότητι καὶ εἰλικρινίᾳ τοῦ Θεοῦ, οὐκ ἐν σοφίᾳ σαρκικῇ ἀλλ' ἐν χάριτι Θεοῦ, ἀνεστράφημεν ἐν τῷ κόσμῳ, περισσοτέρως δὲ πρὸς ὑμᾶς. 13 οὐ γὰρ ἄλλα γράφομεν ὑμῖν ἀλλ' ἢ ἃ ἀναγινώσκετε ἢ καὶ ἐπιγινώσκετε, ἐλπίζω δὲ ὅτι (καὶ) ἕως τέλους ἐπιγνώσεσθε, 14 καθὼς καὶ ἐπέγνωτε ἡμᾶς ἀπὸ μέρους, ὅτι καύχημα ὑμῶν ἐσμεν καθάπερ καὶ ὑμεῖς ἡμῶν ἐν τῇ ἡμέρᾳ τοῦ Κυρίου [ἡμῶν] Ἰησοῦ.

Paul's Sincere Plan to Visit

15 Καὶ ταύτῃ τῇ πεποιθήσει ἐβουλόμην [πρότερον πρὸς ὑμᾶς ἐλθεῖν] (πρὸς ὑμᾶς ἐλθεῖν πρότερον) ἵνα δευτέραν χάριν [σχῆτε] (ἔχῆτε), 16 καὶ δι' ὑμῶν διελθεῖν εἰς Μακεδονίαν, καὶ πάλιν ἀπὸ Μακεδονίας ἐλθεῖν πρὸς ὑμᾶς καὶ ὑφ' ὑμῶν προπεμφθῆναι εἰς τὴν Ἰουδαίαν. 17 τοῦτο οὖν βουλόμενος μήτι ἄρα τῇ ἐλαφρίᾳ ἐχρησάμην; ἢ ἃ βουλεύομαι κατὰ σάρκα βουλεύομαι, ἵνα ᾖ παρ' ἐμοὶ τό Ναί ναί καὶ τὸ Οὔ οὔ; 18 πιστὸς δὲ ὁ Θεὸς ὅτι ὁ λόγος ἡμῶν ὁ πρὸς ὑμᾶς οὐκ [ἔστιν] (ἐγένετο) Ναί καὶ Οὔ. 19 ὁ (γὰρ) τοῦ Θεοῦ [γὰρ] Υἱὸς [Χριστὸς Ἰησοῦς] (Ἰησοῦς Χριστὸς) ὁ ἐν ὑμῖν δι' ἡμῶν κηρυχθείς, δι' ἐμοῦ καὶ Σιλουανοῦ καὶ Τιμοθέου, οὐκ ἐγένετο Ναί καὶ Οὔ, ἀλλὰ Ναί ἐν αὐτῷ γέγονεν. 20 ὅσαι γὰρ ἐπαγγελίαι Θεοῦ, ἐν αὐτῷ τὸ Ναί· [διὸ] καὶ [δι'] (ἐν) αὐτοῦ τὸ Ἀμὴν τῷ Θεῷ πρὸς δόξαν δι' ἡμῶν. 21 ὁ δὲ βεβαιῶν ἡμᾶς σὺν ὑμῖν εἰς Χριστὸν καὶ χρίσας ἡμᾶς Θεός, 22 ὁ καὶ σφραγισάμενος ἡμᾶς καὶ δοὺς τὸν ἀρραβῶνα τοῦ Πνεύματος ἐν ταῖς καρδίαις ἡμῶν. 23 Ἐγὼ δὲ μάρτυρα τὸν Θεὸν ἐπικαλοῦμαι ἐπὶ τὴν ἐμὴν ψυχήν, ὅτι φειδόμενος ὑμῶν οὐκέτι ἦλθον εἰς Κόρινθον. 24 οὐχ ὅτι κυριεύομεν ὑμῶν τῆς πίστεως, ἀλλὰ συνεργοί ἐσμεν τῆς χαρᾶς ὑμῶν· τῇ γὰρ πίστει ἑστήκατε.

2 Corinthians 2

Paul Postpones His Visit

1 ἔκρινα δὲ ἐμαυτῷ τοῦτο, τὸ μὴ πάλιν (ἐλθεῖν) ἐν λύπῃ πρὸς ὑμᾶς [ἐλθεῖν]. 2 εἰ γὰρ ἐγὼ λυπῶ ὑμᾶς, καὶ τίς ὁ εὐφραίνων με εἰ μὴ ὁ λυπούμενος ἐξ ἐμοῦ; 3 καὶ ἔγραψα τοῦτο αὐτὸ ἵνα μὴ ἐλθὼν λύπην σχῶ ἀφ' ὧν ἔδει με χαίρειν, πεποιθὼς ἐπὶ πάντας ὑμᾶς ὅτι ἡ ἐμὴ χαρὰ πάντων ὑμῶν ἐστιν. 4 ἐκ γὰρ πολλῆς θλίψεως καὶ συνοχῆς καρδίας ἔγραψα ὑμῖν διὰ πολλῶν δακρύων, οὐχ ἵνα λυπηθῆτε, ἀλλὰ τὴν ἀγάπην ἵνα γνῶτε ἣν ἔχω περισσοτέρως εἰς ὑμᾶς.

ΠΡΟΣ ΚΟΡΙΝΘΙΟΥΣ Β

Paul Urges Forgiveness

5 Εἰ δέ τις λελύπηκεν, οὐκ ἐμὲ λελύπηκεν, ἀλλὰ ἀπὸ μέρους, ἵνα μὴ ἐπιβαρῶ, πάντας ὑμᾶς. 6 ἱκανὸν τῷ τοιούτῳ ἡ ἐπιτιμία αὕτη ἡ ὑπὸ τῶν πλειόνων, 7 ὥστε τοὐναντίον μᾶλλον ὑμᾶς χαρίσασθαι καὶ παρακαλέσαι, μή πως τῇ περισσοτέρᾳ λύπῃ καταποθῇ ὁ τοιοῦτος. 8 διὸ παρακαλῶ ὑμᾶς κυρῶσαι εἰς αὐτὸν ἀγάπην· 9 εἰς τοῦτο γὰρ καὶ ἔγραψα, ἵνα γνῶ τὴν δοκιμὴν ὑμῶν, εἰ εἰς πάντα ὑπήκοοί ἐστε. 10 ᾧ δέ τι χαρίζεσθε, κἀγώ· καὶ γὰρ ἐγὼ [ὃ κεχάρισμαι, εἴ τι κεχάρισμαι] (εἴ τι κεχάρισμαι ᾧ κεχάρισμαι), δι' ὑμᾶς ἐν προσώπῳ Χριστοῦ, 11 ἵνα μὴ πλεονεκτηθῶμεν ὑπὸ τοῦ Σατανᾶ· οὐ γὰρ αὐτοῦ τὰ νοήματα ἀγνοοῦμεν.

Paul's Concern Over Titus in Troas

12 Ἐλθὼν δὲ εἰς τὴν Τρῳάδα εἰς τὸ εὐαγγέλιον τοῦ Χριστοῦ, καὶ θύρας μοι ἀνεῳγμένης ἐν Κυρίῳ, 13 οὐκ ἔσχηκα ἄνεσιν τῷ πνεύματί μου τῷ μὴ εὑρεῖν με Τίτον τὸν ἀδελφόν μου, ἀλλὰ ἀποταξάμενος αὐτοῖς ἐξῆλθον εἰς Μακεδονίαν. 14 Τῷ δὲ Θεῷ χάρις τῷ πάντοτε θριαμβεύοντι ἡμᾶς ἐν τῷ Χριστῷ καὶ τὴν ὀσμὴν τῆς γνώσεως αὐτοῦ φανεροῦντι δι' ἡμῶν ἐν παντὶ τόπῳ· 15 ὅτι Χριστοῦ εὐωδία ἐσμὲν τῷ Θεῷ ἐν τοῖς σωζομένοις καὶ ἐν τοῖς ἀπολλυμένοις, 16 οἷς μὲν ὀσμὴ [ἐκ] θανάτου εἰς θάνατον, οἷς δὲ ὀσμὴ [ἐκ] ζωῆς εἰς ζωήν. καὶ πρὸς ταῦτα τίς ἱκανός; 17 οὐ γάρ ἐσμεν ὡς οἱ πολλοὶ καπηλεύοντες τὸν λόγον τοῦ Θεοῦ, ἀλλ' ὡς ἐξ εἰλικρινίας, ἀλλ' ὡς ἐκ Θεοῦ [κατέναντι] (κατενώπιον τοῦ) Θεοῦ ἐν Χριστῷ λαλοῦμεν.

2 Corinthians 3

Corinth - Paul's Living Epistle

1 Ἀρχόμεθα πάλιν ἑαυτοὺς συνιστάνειν; ἢ μὴ χρῄζομεν ὥς τινες συστατικῶν ἐπιστολῶν πρὸς ὑμᾶς ἢ ἐξ ὑμῶν (συστατικῶν); 2 ἡ ἐπιστολὴ ἡμῶν ὑμεῖς ἐστε, ἐνγεγραμμένη ἐν ταῖς καρδίαις ἡμῶν, γινωσκομένη καὶ ἀναγινωσκομένη ὑπὸ πάντων ἀνθρώπων, 3 φανερούμενοι ὅτι ἐστὲ ἐπιστολὴ Χριστοῦ διακονηθεῖσα ὑφ' ἡμῶν, ἐνγεγραμμένη οὐ μέλανι ἀλλὰ Πνεύματι Θεοῦ ζῶντος, οὐκ ἐν πλαξὶν λιθίναις ἀλλ' ἐν πλαξὶν καρδίαις σαρκίναις.

4 Πεποίθησιν δὲ τοιαύτην ἔχομεν διὰ τοῦ Χριστοῦ πρὸς τὸν Θεόν. 5 οὐχ ὅτι ἀφ' [ἑαυτῶν] ἱκανοί ἐσμεν (ἀφ' ἑαυτῶν) λογίσασθαί τι ὡς ἐξ ἑαυτῶν, ἀλλ' ἡ ἱκανότης ἡμῶν ἐκ τοῦ Θεοῦ, 6 ὃς καὶ ἱκάνωσεν ἡμᾶς διακόνους καινῆς διαθήκης, οὐ γράμματος ἀλλὰ πνεύματος· τὸ γὰρ γράμμα ἀποκτείνει, τὸ δὲ πνεῦμα ζωοποιεῖ.

ΠΡΟΣ ΚΟΡΙΝΘΙΟΥΣ Β

The Glory of the New Covenant

7 Εἰ δὲ ἡ διακονία τοῦ θανάτου ἐν γράμμασιν ἐντετυπωμένη λίθοις ἐγενήθη ἐν δόξῃ, ὥστε μὴ δύνασθαι ἀτενίσαι τοὺς υἱοὺς Ἰσραὴλ εἰς τὸ πρόσωπον Μωϋσέως διὰ τὴν δόξαν τοῦ προσώπου αὐτοῦ τὴν καταργουμένην, 8 πῶς οὐχὶ μᾶλλον ἡ διακονία τοῦ πνεύματος ἔσται ἐν δόξῃ; 9 εἰ γὰρ ἡ διακονία τῆς κατακρίσεως δόξα, πολλῷ μᾶλλον περισσεύει ἡ διακονία τῆς δικαιοσύνης (ἐν) δόξῃ. 10 καὶ γὰρ [οὐ] (οὐδὲ) δεδόξασται τὸ δεδοξασμένον ἐν τούτῳ τῷ μέρει εἵνεκεν τῆς ὑπερβαλλούσης δόξης. 11 εἰ γὰρ τὸ καταργούμενον διὰ δόξης, πολλῷ μᾶλλον τὸ μένον ἐν δόξῃ. 12 Ἔχοντες οὖν τοιαύτην ἐλπίδα πολλῇ παρρησίᾳ χρώμεθα, 13 καὶ οὐ καθάπερ Μωϋσῆς ἐτίθει κάλυμμα ἐπὶ τὸ πρόσωπον αὐτοῦ, πρὸς τὸ μὴ ἀτενίσαι τοὺς υἱοὺς Ἰσραὴλ εἰς τὸ τέλος τοῦ καταργουμένου. 14 ἀλλὰ ἐπωρώθη τὰ νοήματα αὐτῶν. ἄχρι γὰρ τῆς σήμερον [ἡμέρας] τὸ αὐτὸ κάλυμμα ἐπὶ τῇ ἀναγνώσει τῆς παλαιᾶς διαθήκης μένει, μὴ ἀνακαλυπτόμενον, ὅτι ἐν Χριστῷ καταργεῖται· 15 ἀλλ' ἕως σήμερον ἡνίκα ἂν ἀναγινώσκηται Μωϋσῆς κάλυμμα ἐπὶ τὴν καρδίαν αὐτῶν κεῖται· 16 ἡνίκα δὲ ἐὰν ἐπιστρέψῃ πρὸς Κύριον, περιαιρεῖται τὸ κάλυμμα. 17 ὁ δὲ Κύριος τὸ Πνεῦμά ἐστιν· οὗ δὲ τὸ Πνεῦμα Κυρίου, (ἐκεῖ) ἐλευθερία. 18 ἡμεῖς δὲ πάντες ἀνακεκαλυμμένῳ προσώπῳ τὴν δόξαν Κυρίου κατοπτριζόμενοι τὴν αὐτὴν εἰκόνα μεταμορφούμεθα ἀπὸ δόξης εἰς δόξαν, καθάπερ ἀπὸ Κυρίου Πνεύματος.

2 Corinthians 4
Jesus Christ is the Glory of the Gospel

1 Διὰ τοῦτο, ἔχοντες τὴν διακονίαν ταύτην, καθὼς ἠλεήθημεν, οὐκ ἐγκακοῦμεν, 2 ἀλλὰ ἀπειπάμεθα τὰ κρυπτὰ τῆς αἰσχύνης, μὴ περιπατοῦντες ἐν πανουργίᾳ μηδὲ δολοῦντες τὸν λόγον τοῦ Θεοῦ, ἀλλὰ τῇ φανερώσει τῆς ἀληθείας συνιστάνοντες ἑαυτοὺς πρὸς πᾶσαν συνείδησιν ἀνθρώπων ἐνώπιον τοῦ Θεοῦ. 3 εἰ δὲ καὶ ἔστιν κεκαλυμμένον τὸ εὐαγγέλιον ἡμῶν, ἐν τοῖς ἀπολλυμένοις ἐστὶν κεκαλυμμένον, 4 ἐν οἷς ὁ θεὸς τοῦ αἰῶνος τούτου ἐτύφλωσεν τὰ νοήματα τῶν ἀπίστων εἰς τὸ μὴ αὐγάσαι τὸν φωτισμὸν τοῦ εὐαγγελίου τῆς δόξης τοῦ Χριστοῦ, ὅς ἐστιν εἰκὼν τοῦ Θεοῦ. 5 οὐ γὰρ ἑαυτοὺς κηρύσσομεν ἀλλὰ Χριστὸν Ἰησοῦν Κύριον, ἑαυτοὺς δὲ δούλους ὑμῶν διὰ Ἰησοῦν. 6 ὅτι ὁ Θεὸς ὁ εἰπών Ἐκ σκότους φῶς λάμψει, ὃς ἔλαμψεν ἐν ταῖς καρδίαις ἡμῶν πρὸς φωτισμὸν τῆς γνώσεως τῆς δόξης τοῦ Θεοῦ ἐν προσώπῳ (Ἰησοῦ) Χριστοῦ.

ΠΡΟΣ ΚΟΡΙΝΘΙΟΥΣ Β

Hardships of the Ministry

7 Ἔχομεν δὲ τὸν θησαυρὸν τοῦτον ἐν ὀστρακίνοις σκεύεσιν, ἵνα ἡ ὑπερβολὴ τῆς δυνάμεως ᾖ τοῦ Θεοῦ καὶ μὴ ἐξ ἡμῶν· 8 ἐν παντὶ θλιβόμενοι ἀλλ᾽ οὐ στενοχωρούμενοι, ἀπορούμενοι ἀλλ᾽ οὐκ ἐξαπορούμενοι, 9 διωκόμενοι ἀλλ᾽ οὐκ ἐγκαταλειπόμενοι, καταβαλλόμενοι ἀλλ᾽ οὐκ ἀπολλύμενοι, 10 πάντοτε τὴν νέκρωσιν τοῦ (Κυρίου) Ἰησοῦ ἐν τῷ σώματι περιφέροντες, ἵνα καὶ ἡ ζωὴ τοῦ Ἰησοῦ ἐν τῷ σώματι ἡμῶν φανερωθῇ· 11 ἀεὶ γὰρ ἡμεῖς οἱ ζῶντες εἰς θάνατον παραδιδόμεθα διὰ Ἰησοῦν, ἵνα καὶ ἡ ζωὴ τοῦ Ἰησοῦ φανερωθῇ ἐν τῇ θνητῇ σαρκὶ ἡμῶν. 12 ὥστε ὁ (μὲν) θάνατος ἐν ἡμῖν ἐνεργεῖται, ἡ δὲ ζωὴ ἐν ὑμῖν. 13 ἔχοντες δὲ τὸ αὐτὸ πνεῦμα τῆς πίστεως, κατὰ τὸ γεγραμμένον Ἐπίστευσα, διὸ ἐλάλησα, καὶ ἡμεῖς πιστεύομεν, διὸ καὶ λαλοῦμεν, 14 εἰδότες ὅτι ὁ ἐγείρας τὸν Κύριον Ἰησοῦν καὶ ἡμᾶς [σὺν] (διὰ) Ἰησοῦ ἐγερεῖ καὶ παραστήσει σὺν ὑμῖν. 15 τὰ γὰρ πάντα δι᾽ ὑμᾶς, ἵνα ἡ χάρις πλεονάσασα διὰ τῶν πλειόνων τὴν εὐχαριστίαν περισσεύσῃ εἰς τὴν δόξαν τοῦ Θεοῦ. 16 Διὸ οὐκ ἐγκακοῦμεν, ἀλλ᾽ εἰ καὶ ὁ ἔξω ἡμῶν ἄνθρωπος διαφθείρεται, ἀλλ᾽ ὁ ἔσω ἡμῶν ἀνακαινοῦται ἡμέρᾳ καὶ ἡμέρᾳ. 17 τὸ γὰρ παραυτίκα ἐλαφρὸν τῆς θλίψεως (ἡμῶν) καθ᾽ ὑπερβολὴν εἰς ὑπερβολὴν αἰώνιον βάρος δόξης κατεργάζεται ἡμῖν, 18 μὴ σκοπούντων ἡμῶν τὰ βλεπόμενα ἀλλὰ τὰ μὴ βλεπόμενα· τὰ γὰρ βλεπόμενα πρόσκαιρα, τὰ δὲ μὴ βλεπόμενα αἰώνια.

2 Corinthians 5

Anticipation of a Glorified Body

1 Οἴδαμεν γὰρ ὅτι ἐὰν ἡ ἐπίγειος ἡμῶν οἰκία τοῦ σκήνους καταλυθῇ, οἰκοδομὴν ἐκ Θεοῦ ἔχομεν, οἰκίαν ἀχειροποίητον αἰώνιον ἐν τοῖς οὐρανοῖς. 2 καὶ γὰρ ἐν τούτῳ στενάζομεν, τὸ οἰκητήριον ἡμῶν τὸ ἐξ οὐρανοῦ ἐπενδύσασθαι ἐπιποθοῦντες, 3 εἴ γε καὶ ἐνδυσάμενοι οὐ γυμνοὶ εὑρεθησόμεθα. 4 καὶ γὰρ οἱ ὄντες ἐν τῷ σκήνει στενάζομεν βαρούμενοι ἐφ᾽ ᾧ οὐ θέλομεν ἐκδύσασθαι ἀλλ᾽ ἐπενδύσασθαι, ἵνα καταποθῇ τὸ θνητὸν ὑπὸ τῆς ζωῆς. 5 ὁ δὲ κατεργασάμενος ἡμᾶς εἰς αὐτὸ τοῦτο Θεός, ὁ (καὶ) δοὺς ἡμῖν τὸν ἀρραβῶνα τοῦ Πνεύματος. 6 Θαρροῦντες οὖν πάντοτε καὶ εἰδότες ὅτι ἐνδημοῦντες ἐν τῷ σώματι ἐκδημοῦμεν ἀπὸ τοῦ Κυρίου· 7 διὰ πίστεως γὰρ περιπατοῦμεν, οὐ διὰ εἴδους· 8 θαρροῦμεν δὲ καὶ εὐδοκοῦμεν μᾶλλον ἐκδημῆσαι ἐκ τοῦ σώματος καὶ ἐνδημῆσαι πρὸς τὸν Κύριον.

ΠΡΟΣ ΚΟΡΙΝΘΙΟΥΣ Β

Fearing and Pleasing God at All Times

9 διὸ καὶ φιλοτιμούμεθα, εἴτε ἐνδημοῦντες εἴτε ἐκδημοῦντες, εὐάρεστοι αὐτῷ εἶναι. 10 τοὺς γὰρ πάντας ἡμᾶς φανερωθῆναι δεῖ ἔμπροσθεν τοῦ βήματος τοῦ Χριστοῦ, ἵνα κομίσηται ἕκαστος τὰ διὰ τοῦ σώματος πρὸς ἃ ἔπραξεν, εἴτε ἀγαθὸν εἴτε [φαῦλον] (κακόν).

11 Εἰδότες οὖν τὸν φόβον τοῦ Κυρίου ἀνθρώπους πείθομεν, Θεῷ δὲ πεφανερώμεθα· ἐλπίζω δὲ καὶ ἐν ταῖς συνειδήσεσιν ὑμῶν πεφανερῶσθαι. 12 οὐ (γὰρ) πάλιν ἑαυτοὺς συνιστάνομεν ὑμῖν, ἀλλὰ ἀφορμὴν διδόντες ὑμῖν καυχήματος ὑπὲρ ἡμῶν, ἵνα ἔχητε πρὸς τοὺς ἐν προσώπῳ καυχωμένους καὶ [μὴ ἐν] (οὐ) καρδίᾳ. 13 εἴτε γὰρ ἐξέστημεν, Θεῷ· εἴτε σωφρονοῦμεν, ὑμῖν.

Constrained by Love to be Christ's Ambassadors

14 ἡ γὰρ ἀγάπη τοῦ Χριστοῦ συνέχει ἡμᾶς, κρίναντας τοῦτο, ὅτι [εἷς] (εἰ εἷς) ὑπὲρ πάντων ἀπέθανεν· ἄρα οἱ πάντες ἀπέθανον· 15 καὶ ὑπὲρ πάντων ἀπέθανεν ἵνα οἱ ζῶντες μηκέτι ἑαυτοῖς ζῶσιν ἀλλὰ τῷ ὑπὲρ αὐτῶν ἀποθανόντι καὶ ἐγερθέντι. 16 Ὥστε ἡμεῖς ἀπὸ τοῦ νῦν οὐδένα οἴδαμεν κατὰ σάρκα· εἰ καὶ ἐγνώκαμεν κατὰ σάρκα Χριστόν, ἀλλὰ νῦν οὐκέτι γινώσκομεν. 17 ὥστε εἴ τις ἐν Χριστῷ, καινὴ κτίσις· τὰ ἀρχαῖα παρῆλθεν, ἰδοὺ γέγονεν καινά (τὰ πάντα). 18 τὰ δὲ πάντα ἐκ τοῦ Θεοῦ τοῦ καταλλάξαντος ἡμᾶς ἑαυτῷ διὰ (Ἰησοῦ) Χριστοῦ καὶ δόντος ἡμῖν τὴν διακονίαν τῆς καταλλαγῆς, 19 ὡς ὅτι Θεὸς ἦν ἐν Χριστῷ κόσμον καταλλάσσων ἑαυτῷ, μὴ λογιζόμενος αὐτοῖς τὰ παραπτώματα αὐτῶν, καὶ θέμενος ἐν ἡμῖν τὸν λόγον τῆς καταλλαγῆς. 20 Ὑπὲρ Χριστοῦ οὖν πρεσβεύομεν ὡς τοῦ Θεοῦ παρακαλοῦντος δι' ἡμῶν· δεόμεθα ὑπὲρ Χριστοῦ, καταλλάγητε τῷ Θεῷ. 21 τὸν (γὰρ) μὴ γνόντα ἁμαρτίαν ὑπὲρ ἡμῶν ἁμαρτίαν ἐποίησεν, ἵνα ἡμεῖς γενώμεθα δικαιοσύνη Θεοῦ ἐν αὐτῷ.

2 Corinthians 6

Ministry Authenticated by Hardships and False Reports

1 Συνεργοῦντες δὲ καὶ παρακαλοῦμεν μὴ εἰς κενὸν τὴν χάριν τοῦ Θεοῦ δέξασθαι ὑμᾶς· 2 λέγει γάρ·

Καιρῷ δεκτῷ ἐπήκουσά σου
καὶ ἐν ἡμέρᾳ σωτηρίας ἐβοήθησά σοι·

ΠΡΟΣ ΚΟΡΙΝΘΙΟΥΣ Β

Ἰδοὺ νῦν καιρὸς εὐπρόσδεκτος, ἰδοὺ νῦν ἡμέρα σωτηρίας· 3 μηδεμίαν ἐν μηδενὶ διδόντες προσκοπήν, ἵνα μὴ μωμηθῇ ἡ διακονία, 4 ἀλλ' ἐν παντὶ [συνιστάνοντες] (συνιστῶντες) ἑαυτοὺς ὡς Θεοῦ διάκονοι, ἐν ὑπομονῇ πολλῇ, ἐν θλίψεσιν, ἐν ἀνάγκαις, ἐν στενοχωρίαις, 5 ἐν πληγαῖς, ἐν φυλακαῖς, ἐν ἀκαταστασίαις, ἐν κόποις, ἐν ἀγρυπνίαις, ἐν νηστείαις, 6 ἐν ἁγνότητι, ἐν γνώσει, ἐν μακροθυμίᾳ, ἐν χρηστότητι, ἐν Πνεύματι Ἁγίῳ, ἐν ἀγάπῃ ἀνυποκρίτῳ, 7 ἐν λόγῳ ἀληθείας, ἐν δυνάμει Θεοῦ· διὰ τῶν ὅπλων τῆς δικαιοσύνης τῶν δεξιῶν καὶ ἀριστερῶν, 8 διὰ δόξης καὶ ἀτιμίας, διὰ δυσφημίας καὶ εὐφημίας· ὡς πλάνοι καὶ ἀληθεῖς, 9 ὡς ἀγνοούμενοι καὶ ἐπιγινωσκόμενοι, ὡς ἀποθνήσκοντες καὶ ἰδοὺ ζῶμεν, ὡς παιδευόμενοι καὶ μὴ θανατούμενοι, 10 ὡς λυπούμενοι ἀεὶ δὲ χαίροντες, ὡς πτωχοὶ πολλοὺς δὲ πλουτίζοντες, ὡς μηδὲν ἔχοντες καὶ πάντα κατέχοντες.

11 Τὸ στόμα ἡμῶν ἀνέῳγεν πρὸς ὑμᾶς, Κορίνθιοι, ἡ καρδία ἡμῶν πεπλάτυνται· 12 οὐ στενοχωρεῖσθε ἐν ἡμῖν, στενοχωρεῖσθε δὲ ἐν τοῖς σπλάγχνοις ὑμῶν· 13 τὴν δὲ αὐτὴν ἀντιμισθίαν, ὡς τέκνοις λέγω, πλατύνθητε καὶ ὑμεῖς.

Plea to Forsake Corinthian Paganism

14 Μὴ γίνεσθε ἑτεροζυγοῦντες ἀπίστοις· τίς γὰρ μετοχὴ δικαιοσύνῃ καὶ ἀνομίᾳ, ἢ τίς κοινωνία φωτὶ πρὸς σκότος; 15 τίς δὲ συμφώνησις Χριστοῦ πρὸς Βελιάρ, ἢ τίς μερὶς πιστῷ μετὰ ἀπίστου; 16 τίς δὲ συνκατάθεσις ναῷ Θεοῦ μετὰ εἰδώλων; ἡμεῖς γὰρ ναὸς Θεοῦ [ἐσμεν] (ἐστε) ζῶντος· καθὼς εἶπεν ὁ Θεὸς ὅτι

Ἐνοικήσω ἐν αὐτοῖς καὶ ἐνπεριπατήσω,
καὶ ἔσομαι αὐτῶν Θεός, καὶ αὐτοὶ ἔσονταί μου λαός.
17 διὸ ἐξέλθατε ἐκ μέσου αὐτῶν,
καὶ ἀφορίσθητε, λέγει Κύριος,
καὶ ἀκαθάρτου μὴ ἅπτεσθε· κἀγὼ εἰσδέξομαι ὑμᾶς,
18 καὶ ἔσομαι ὑμῖν εἰς Πατέρα,
καὶ ὑμεῖς ἔσεσθέ μοι εἰς υἱοὺς καὶ θυγατέρας,

λέγει Κύριος Παντοκράτωρ.

2 Corinthians 7

1 ταύτας οὖν ἔχοντες τὰς ἐπαγγελίας ἀγαπητοί καθαρίσωμεν ἑαυτοὺς ἀπὸ παντὸς μολυσμοῦ σαρκὸς καὶ πνεύματος ἐπιτελοῦντες ἁγιωσύνην ἐν φόβῳ θεοῦ.

ΠΡΟΣ ΚΟΡΙΝΘΙΟΥΣ Β

Paul's Meeting with Titus

2 Χωρήσατε ἡμᾶς· οὐδένα ἠδικήσαμεν οὐδένα ἐφθείραμεν οὐδένα ἐπλεονεκτήσαμεν. 3 οὐ πρὸς κατάκρισιν λέγω· προείρηκα γὰρ ὅτι ἐν ταῖς καρδίαις ἡμῶν ἐστε εἰς τὸ συναποθανεῖν καὶ συζῆν. 4 πολλή μοι παρρησία πρὸς ὑμᾶς πολλή μοι καύχησις ὑπὲρ ὑμῶν· πεπλήρωμαι τῇ παρακλήσει ὑπερπερισσεύομαι τῇ χαρᾷ ἐπὶ πάσῃ τῇ θλίψει ἡμῶν.

5 Καὶ γὰρ ἐλθόντων ἡμῶν εἰς Μακεδονίαν οὐδεμίαν ἔσχηκεν ἄνεσιν ἡ σὰρξ ἡμῶν ἀλλ' ἐν παντὶ θλιβόμενοι· ἔξωθεν μάχαι ἔσωθεν φόβοι—, 6 ἀλλ' ὁ παρακαλῶν τοὺς ταπεινοὺς παρεκάλεσεν ἡμᾶς ὁ θεὸς ἐν τῇ παρουσίᾳ Τίτου· 7 οὐ μόνον δὲ ἐν τῇ παρουσίᾳ αὐτοῦ ἀλλὰ καὶ ἐν τῇ παρακλήσει ᾗ παρεκλήθη ἐφ' ὑμῖν ἀναγγέλλων ἡμῖν τὴν ὑμῶν ἐπιπόθησιν τὸν ὑμῶν ὀδυρμόν τὸν ὑμῶν ζῆλον ὑπὲρ ἐμοῦ ὥστε με μᾶλλον χαρῆναι.

Joy Over the Church's Repentance

8 ὅτι εἰ καὶ ἐλύπησα ὑμᾶς ἐν τῇ ἐπιστολῇ οὐ μεταμέλομαι· εἰ καὶ μετεμελόμην, βλέπω γὰρ ὅτι ἡ ἐπιστολὴ ἐκείνη εἰ καὶ πρὸς ὥραν ἐλύπησεν ὑμᾶς, 9 νῦν χαίρω οὐχ ὅτι ἐλυπήθητε ἀλλ' ὅτι ἐλυπήθητε εἰς μετάνοιαν· ἐλυπήθητε γὰρ κατὰ θεόν ἵνα ἐν μηδενὶ ζημιωθῆτε ἐξ ἡμῶν. 10 ἡ γὰρ κατὰ θεόν λύπη μετάνοιαν εἰς σωτηρίαν ἀμεταμέλητον κατεργάζεται ἡ δὲ τοῦ κόσμου λύπη θάνατον κατεργάζεται· 11 ἰδού, γὰρ αὐτὸ τοῦτο τὸ κατὰ θεόν λυπηθῆναι ὑμᾶς, πόσην κατειργάσατο ὑμῖν σπουδήν ἀλλὰ ἀπολογίαν ἀλλὰ ἀγανάκτησιν ἀλλὰ φόβον ἀλλὰ ἐπιπόθησιν ἀλλὰ ζῆλον ἀλλ' ἐκδίκησιν ἐν παντὶ συνεστήσατε ἑαυτοὺς ἁγνοὺς εἶναι ἐν τῷ πράγματι. 12 ἄρα εἰ καὶ ἔγραψα ὑμῖν οὐχ εἵνεκεν τοῦ ἀδικήσαντος οὐδὲ εἵνεκεν τοῦ ἀδικηθέντος ἀλλ' εἵνεκεν τοῦ φανερωθῆναι τὴν σπουδὴν ὑμῶν τὴν ὑπὲρ ἡμῶν πρὸς ὑμᾶς ἐνώπιον τοῦ θεοῦ. 13 διὰ τοῦτο παρακεκλήμεθα. Ἐπὶ τῇ παρακλήσει ὑμῶν· περισσοτέρως δὲ μᾶλλον ἐχάρημεν ἐπὶ τῇ χαρᾷ Τίτου ὅτι ἀναπέπαυται τὸ πνεῦμα αὐτοῦ ἀπὸ πάντων ὑμῶν· 14 ὅτι εἴ τι αὐτῷ ὑπὲρ ὑμῶν κεκαύχημαι οὐ κατῃσχύνθην ἀλλ' ὡς πάντα ἐν ἀληθείᾳ ἐλαλήσαμεν ὑμῖν οὕτως καὶ ἡ καύχησις ἡμῶν ἡ ἐπὶ Τίτου ἀλήθεια ἐγενήθη. 15 καὶ τὰ σπλάγχνα αὐτοῦ περισσοτέρως εἰς ὑμᾶς ἐστιν ἀναμιμνησκομένου τὴν πάντων ὑμῶν ὑπακοήν ὡς μετὰ φόβου καὶ τρόμου ἐδέξασθε αὐτόν. 16 χαίρω ὅτι ἐν παντὶ θαρρῶ ἐν ὑμῖν.

ΠΡΟΣ ΚΟΡΙΝΘΙΟΥΣ Β

2 Corinthians 8

The Sacrificial Offering of the Macedonians

1 Γνωρίζομεν δὲ ὑμῖν, ἀδελφοί, τὴν χάριν τοῦ Θεοῦ τὴν δεδομένην ἐν ταῖς ἐκκλησίαις τῆς Μακεδονίας, 2 ὅτι ἐν πολλῇ δοκιμῇ θλίψεως ἡ περισσεία τῆς χαρᾶς αὐτῶν καὶ ἡ κατὰ βάθους πτωχεία αὐτῶν ἐπερίσσευσεν εἰς τὸ πλοῦτος τῆς ἁπλότητος αὐτῶν· 3 ὅτι κατὰ δύναμιν, μαρτυρῶ, καὶ παρὰ δύναμιν, αὐθαίρετοι 4 μετὰ πολλῆς παρακλήσεως δεόμενοι ἡμῶν, τὴν χάριν καὶ τὴν κοινωνίαν τῆς διακονίας τῆς εἰς τοὺς ἁγίους, (δέξασθαι ἡμᾶς·) 5 καὶ οὐ καθὼς ἠλπίσαμεν, ἀλλὰ ἑαυτοὺς ἔδωκαν πρῶτον τῷ Κυρίῳ καὶ ἡμῖν διὰ θελήματος Θεοῦ, 6 εἰς τὸ παρακαλέσαι ἡμᾶς Τίτον, ἵνα καθὼς προενήρξατο οὕτως καὶ ἐπιτελέσῃ εἰς ὑμᾶς καὶ τὴν χάριν ταύτην.

The Sacrificial Offering of Christ

7 ἀλλ' ὥσπερ ἐν παντὶ περισσεύετε, πίστει καὶ λόγῳ καὶ γνώσει καὶ πάσῃ σπουδῇ καὶ τῇ ἐξ ἡμῶν ἐν ὑμῖν ἀγάπῃ, ἵνα καὶ ἐν ταύτῃ τῇ χάριτι περισσεύητε. 8 Οὐ κατ' ἐπιταγὴν λέγω ἀλλὰ διὰ τῆς ἑτέρων σπουδῆς καὶ τὸ τῆς ὑμετέρας ἀγάπης γνήσιον δοκιμάζων· 9 γινώσκετε γὰρ τὴν χάριν τοῦ Κυρίου ἡμῶν Ἰησοῦ Χριστοῦ, ὅτι δι' ὑμᾶς ἐπτώχευσεν πλούσιος ὤν, ἵνα ὑμεῖς τῇ ἐκείνου πτωχείᾳ πλουτήσητε.

The Equity of Giving

10 καὶ γνώμην ἐν τούτῳ δίδωμι· τοῦτο γὰρ ὑμῖν συμφέρει, οἵτινες οὐ μόνον τὸ ποιῆσαι ἀλλὰ καὶ τὸ θέλειν προενήρξασθε ἀπὸ πέρυσι· 11 νυνὶ δὲ καὶ τὸ ποιῆσαι ἐπιτελέσατε, ὅπως καθάπερ ἡ προθυμία τοῦ θέλειν, οὕτως καὶ τὸ ἐπιτελέσαι ἐκ τοῦ ἔχειν. 12 εἰ γὰρ ἡ προθυμία πρόκειται, καθὸ ἐὰν ἔχῃ (τις) εὐπρόσδεκτος, οὐ καθὸ οὐκ ἔχει. 13 οὐ γὰρ ἵνα ἄλλοις ἄνεσις, ὑμῖν θλῖψις· ἀλλ' ἐξ ἰσότητος 14 ἐν τῷ νῦν καιρῷ τὸ ὑμῶν περίσσευμα εἰς τὸ ἐκείνων ὑστέρημα, ἵνα καὶ τὸ ἐκείνων περίσσευμα γένηται εἰς τὸ ὑμῶν ὑστέρημα, ὅπως γένηται ἰσότης, 15 καθὼς γέγραπται Ὁ τὸ πολὺ οὐκ ἐπλεόνασεν, καὶ ὁ τὸ ὀλίγον οὐκ ἠλαττόνησεν.

Titus Sent to Receive the Offering

16 Χάρις δὲ τῷ Θεῷ τῷ διδόντι τὴν αὐτὴν σπουδὴν ὑπὲρ ὑμῶν ἐν τῇ καρδίᾳ Τίτου, 17 ὅτι τὴν μὲν παράκλησιν ἐδέξατο, σπουδαιότερος δὲ ὑπάρχων αὐθαίρετος ἐξῆλθεν πρὸς ὑμᾶς. 18 συνεπέμψαμεν δὲ μετ' αὐτοῦ τὸν ἀδελφὸν οὗ ὁ ἔπαινος ἐν τῷ εὐαγγελίῳ διὰ πασῶν τῶν ἐκκλησιῶν,

ΠΡΟΣ ΚΟΡΙΝΘΙΟΥΣ Β

19 οὐ μόνον δὲ ἀλλὰ καὶ χειροτονηθεὶς ὑπὸ τῶν ἐκκλησιῶν συνέκδημος ἡμῶν [ἐν] (σὺν) τῇ χάριτι ταύτῃ τῇ διακονουμένῃ ὑφ' ἡμῶν πρὸς τὴν αὐτοῦ τοῦ Κυρίου δόξαν καὶ προθυμίαν ἡμῶν, 20 στελλόμενοι τοῦτο, μή τις ἡμᾶς μωμήσηται ἐν τῇ ἁδρότητι ταύτῃ τῇ διακονουμένῃ ὑφ' ἡμῶν· 21 προνοοῦμεν γὰρ καλὰ οὐ μόνον ἐνώπιον Κυρίου ἀλλὰ καὶ ἐνώπιον ἀνθρώπων. 22 συνεπέμψαμεν δὲ αὐτοῖς τὸν ἀδελφὸν ἡμῶν, ὃν ἐδοκιμάσαμεν ἐν πολλοῖς πολλάκις σπουδαῖον ὄντα, νυνὶ δὲ πολὺ σπουδαιότερον πεποιθήσει πολλῇ τῇ εἰς ὑμᾶς. 23 εἴτε ὑπὲρ Τίτου, κοινωνὸς ἐμὸς καὶ εἰς ὑμᾶς συνεργός· εἴτε ἀδελφοὶ ἡμῶν, ἀπόστολοι ἐκκλησιῶν, δόξα Χριστοῦ. 24 τὴν οὖν ἔνδειξιν τῆς ἀγάπης ὑμῶν καὶ ἡμῶν καυχήσεως ὑπὲρ ὑμῶν εἰς αὐτοὺς [ἐνδεικνύμενοι] (ἐνδείξασθε καὶ) εἰς πρόσωπον τῶν ἐκκλησιῶν.

2 Corinthians 9

Willingness to Aid the Jerusalem Saints

1 Περὶ μὲν γὰρ τῆς διακονίας τῆς εἰς τοὺς ἁγίους περισσόν μοί ἐστιν τὸ γράφειν ὑμῖν· 2 οἶδα γὰρ τὴν προθυμίαν ὑμῶν ἣν ὑπὲρ ὑμῶν καυχῶμαι Μακεδόσιν ὅτι Ἀχαΐα παρεσκεύασται ἀπὸ πέρυσι, καὶ [τὸ] (ὁ ἐξ) ὑμῶν ζῆλος ἠρέθισεν τοὺς πλείονας. 3 ἔπεμψα δὲ τοὺς ἀδελφούς, ἵνα μὴ τὸ καύχημα ἡμῶν τὸ ὑπὲρ ὑμῶν κενωθῇ ἐν τῷ μέρει τούτῳ, ἵνα καθὼς ἔλεγον παρεσκευασμένοι ἦτε, 4 μή πως ἐὰν ἔλθωσιν σὺν ἐμοὶ Μακεδόνες καὶ εὕρωσιν ὑμᾶς ἀπαρασκευάστους καταισχυνθῶμεν ἡμεῖς, ἵνα μὴ λέγωμεν ὑμεῖς, ἐν τῇ ὑποστάσει ταύτῃ (τῆς καυχήσεως). 5 ἀναγκαῖον οὖν ἡγησάμην παρακαλέσαι τοὺς ἀδελφοὺς ἵνα προέλθωσιν εἰς ὑμᾶς καὶ προκαταρτίσωσιν τὴν προεπηγγελμένην εὐλογίαν ὑμῶν, ταύτην ἑτοίμην εἶναι οὕτως ὡς εὐλογίαν καὶ μὴ [ὡς] (ὥσπερ) πλεονεξίαν.

Encouragements for Generosity

6 Τοῦτο δέ, ὁ σπείρων φειδομένως φειδομένως καὶ θερίσει, καὶ ὁ σπείρων ἐπ' εὐλογίαις ἐπ' εὐλογίαις καὶ θερίσει. 7 ἕκαστος καθὼς προῄρηται τῇ καρδίᾳ, μὴ ἐκ λύπης ἢ ἐξ ἀνάγκης· ἱλαρὸν γὰρ δότην ἀγαπᾷ ὁ Θεός. 8 [δυνατεῖ] (δυνατὸς) δὲ ὁ Θεὸς πᾶσαν χάριν περισσεῦσαι εἰς ὑμᾶς, ἵνα ἐν παντὶ πάντοτε πᾶσαν αὐτάρκειαν ἔχοντες περισσεύητε εἰς πᾶν ἔργον ἀγαθόν, 9 καθὼς γέγραπται

Ἐσκόρπισεν, ἔδωκεν τοῖς πένησιν,
ἡ δικαιοσύνη αὐτοῦ μένει εἰς τὸν αἰῶνα.

ΠΡΟΣ ΚΟΡΙΝΘΙΟΥΣ Β

10 ὁ δὲ ἐπιχορηγῶν σπέρμα τῷ σπείροντι καὶ ἄρτον εἰς βρῶσιν χορηγήσει καὶ πληθυνεῖ τὸν σπόρον ὑμῶν καὶ αὐξήσει τὰ γενήματα τῆς δικαιοσύνης ὑμῶν· 11 ἐν παντὶ πλουτιζόμενοι εἰς πᾶσαν ἁπλότητα, ἥτις κατεργάζεται δι' ἡμῶν εὐχαριστίαν τῷ Θεῷ. 12 ὅτι ἡ διακονία τῆς λειτουργίας ταύτης οὐ μόνον ἐστὶν προσαναπληροῦσα τὰ ὑστερήματα τῶν ἁγίων, ἀλλὰ καὶ περισσεύουσα διὰ πολλῶν εὐχαριστιῶν τῷ Θεῷ· 13 διὰ τῆς δοκιμῆς τῆς διακονίας ταύτης δοξάζοντες τὸν Θεὸν ἐπὶ τῇ ὑποταγῇ τῆς ὁμολογίας ὑμῶν εἰς τὸ εὐαγγέλιον τοῦ Χριστοῦ καὶ ἁπλότητι τῆς κοινωνίας εἰς αὐτοὺς καὶ εἰς πάντας, 14 καὶ αὐτῶν δεήσει ὑπὲρ ὑμῶν ἐπιποθούντων ὑμᾶς διὰ τὴν ὑπερβάλλουσαν χάριν τοῦ Θεοῦ ἐφ' ὑμῖν. 15 Χάρις τῷ Θεῷ ἐπὶ τῇ ἀνεκδιηγήτῳ αὐτοῦ δωρεᾷ.

2 Corinthians 10

Paul Defends His Ministry

1 Αὐτὸς δὲ ἐγὼ Παῦλος παρακαλῶ ὑμᾶς διὰ τῆς πραΰτητος καὶ ἐπιεικείας τοῦ Χριστοῦ, ὃς κατὰ πρόσωπον μὲν ταπεινὸς ἐν ὑμῖν, ἀπὼν δὲ θαρρῶ εἰς ὑμᾶς· 2 δέομαι δὲ τὸ μὴ παρὼν θαρρῆσαι τῇ πεποιθήσει ᾗ λογίζομαι τολμῆσαι ἐπί τινας τοὺς λογιζομένους ἡμᾶς ὡς κατὰ σάρκα περιπατοῦντας. 3 Ἐν σαρκὶ γὰρ περιπατοῦντες οὐ κατὰ σάρκα στρατευόμεθα, 4 τὰ γὰρ ὅπλα τῆς στρατείας ἡμῶν οὐ σαρκικὰ ἀλλὰ δυνατὰ τῷ Θεῷ πρὸς καθαίρεσιν ὀχυρωμάτων, λογισμοὺς καθαιροῦντες 5 καὶ πᾶν ὕψωμα ἐπαιρόμενον κατὰ τῆς γνώσεως τοῦ Θεοῦ, καὶ αἰχμαλωτίζοντες πᾶν νόημα εἰς τὴν ὑπακοὴν τοῦ Χριστοῦ, 6 καὶ ἐν ἑτοίμῳ ἔχοντες ἐκδικῆσαι πᾶσαν παρακοήν, ὅταν πληρωθῇ ὑμῶν ἡ ὑπακοή. 7 Τὰ κατὰ πρόσωπον βλέπετε. εἴ τις πέποιθεν ἑαυτῷ Χριστοῦ εἶναι, τοῦτο λογιζέσθω πάλιν ἐφ' ἑαυτοῦ, ὅτι καθὼς αὐτὸς Χριστοῦ, οὕτως καὶ ἡμεῖς (Χριστοῦ). 8 ἐάν τε γὰρ περισσότερόν τι καυχήσωμαι περὶ τῆς ἐξουσίας ἡμῶν, ἧς ἔδωκεν ὁ Κύριος (ἡμῖν) εἰς οἰκοδομὴν καὶ οὐκ εἰς καθαίρεσιν ὑμῶν, οὐκ αἰσχυνθήσομαι, 9 ἵνα μὴ δόξω ὡς ἂν ἐκφοβεῖν ὑμᾶς διὰ τῶν ἐπιστολῶν. 10 ὅτι Αἱ (μέν) ἐπιστολαὶ [μέν], φησίν, βαρεῖαι καὶ ἰσχυραί, ἡ δὲ παρουσία τοῦ σώματος ἀσθενὴς καὶ ὁ λόγος ἐξουθενημένος. 11 τοῦτο λογιζέσθω ὁ τοιοῦτος, ὅτι οἷοί ἐσμεν τῷ λόγῳ δι' ἐπιστολῶν ἀπόντες, τοιοῦτοι καὶ παρόντες τῷ ἔργῳ. 12 Οὐ γὰρ τολμῶμεν ἐνκρῖναι ἢ συνκρῖναι ἑαυτούς τισιν τῶν ἑαυτοὺς συνιστανόντων· ἀλλὰ αὐτοὶ ἐν ἑαυτοῖς ἑαυτοὺς μετροῦντες καὶ συνκρίνοντες ἑαυτοὺς ἑαυτοῖς οὐ [συνιᾶσιν] (συνιοῦσιν).

ΠΡΟΣ ΚΟΡΙΝΘΙΟΥΣ Β

13 ἡμεῖς δὲ [οὐκ] (οὐχι) εἰς τὰ ἄμετρα καυχησόμεθα, ἀλλὰ κατὰ τὸ μέτρον τοῦ κανόνος οὗ ἐμέρισεν ἡμῖν ὁ Θεὸς μέτρου, ἐφικέσθαι ἄχρι καὶ ὑμῶν. 14 οὐ γὰρ ὡς μὴ ἐφικνούμενοι εἰς ὑμᾶς ὑπερεκτείνομεν ἑαυτούς, ἄχρι γὰρ καὶ ὑμῶν ἐφθάσαμεν ἐν τῷ εὐαγγελίῳ τοῦ Χριστοῦ· 15 οὐκ εἰς τὰ ἄμετρα καυχώμενοι ἐν ἀλλοτρίοις κόποις, ἐλπίδα δὲ ἔχοντες αὐξανομένης τῆς πίστεως ὑμῶν ἐν ὑμῖν μεγαλυνθῆναι κατὰ τὸν κανόνα ἡμῶν εἰς περισσείαν, 16 εἰς τὰ ὑπερέκεινα ὑμῶν εὐαγγελίσασθαι, οὐκ ἐν ἀλλοτρίῳ κανόνι εἰς τὰ ἕτοιμα καυχήσασθαι. 17 Ὁ δὲ καυχώμενος ἐν Κυρίῳ καυχάσθω· 18 οὐ γὰρ ὁ ἑαυτὸν συνιστάνων, ἐκεῖνός ἐστιν δόκιμος, ἀλλὰ ὃν ὁ Κύριος συνίστησιν.

2 Corinthians 11
Paul Exposes the False Apostles

1 Ὄφελον ἀνείχεσθέ μου μικρόν τι ἀφροσύνης· ἀλλὰ καὶ ἀνέχεσθέ μου. 2 ζηλῶ γὰρ ὑμᾶς Θεοῦ ζήλῳ, ἡρμοσάμην γὰρ ὑμᾶς ἑνὶ ἀνδρὶ παρθένον ἁγνὴν παραστῆσαι τῷ Χριστῷ· 3 φοβοῦμαι δὲ μή πως, ὡς ὁ ὄφις (Εὔαν) ἐξηπάτησεν [Εὔαν] ἐν τῇ πανουργίᾳ αὐτοῦ, (οὕτως) φθαρῇ τὰ νοήματα ὑμῶν ἀπὸ τῆς ἁπλότητος [καὶ τῆς ἁγνότητος] τῆς εἰς (τὸν) Χριστόν. 4 εἰ μὲν γὰρ ὁ ἐρχόμενος ἄλλον Ἰησοῦν κηρύσσει ὃν οὐκ ἐκηρύξαμεν, ἢ πνεῦμα ἕτερον λαμβάνετε ὃ οὐκ ἐλάβετε, ἢ εὐαγγέλιον ἕτερον ὃ οὐκ ἐδέξασθε, καλῶς ἀνέχεσθε. 5 λογίζομαι γὰρ μηδὲν ὑστερηκέναι τῶν ὑπερλίαν ἀποστόλων. 6 εἰ δὲ καὶ ἰδιώτης τῷ λόγῳ, ἀλλ' οὐ τῇ γνώσει, ἀλλ' ἐν παντὶ [φανερώσαντες] (φανερωθέντες) ἐν πᾶσιν εἰς ὑμᾶς. 7 Ἢ ἁμαρτίαν ἐποίησα ἐμαυτὸν ταπεινῶν ἵνα ὑμεῖς ὑψωθῆτε, ὅτι δωρεὰν τὸ τοῦ Θεοῦ εὐαγγέλιον εὐηγγελισάμην ὑμῖν; 8 ἄλλας ἐκκλησίας ἐσύλησα λαβὼν ὀψώνιον πρὸς τὴν ὑμῶν διακονίαν, 9 καὶ παρὼν πρὸς ὑμᾶς καὶ ὑστερηθεὶς οὐ κατενάρκησα [οὐθενός] (οὐδενός)· τὸ γὰρ ὑστέρημά μου προσανεπλήρωσαν οἱ ἀδελφοὶ ἐλθόντες ἀπὸ Μακεδονίας· καὶ ἐν παντὶ ἀβαρῆ (ὑμῖν) ἐμαυτὸν [ὑμῖν] ἐτήρησα καὶ τηρήσω. 10 ἔστιν ἀλήθεια Χριστοῦ ἐν ἐμοί, ὅτι ἡ καύχησις αὕτη οὐ φραγήσεται εἰς ἐμὲ ἐν τοῖς κλίμασιν τῆς Ἀχαΐας. 11 διὰ τί; ὅτι οὐκ ἀγαπῶ ὑμᾶς; ὁ Θεὸς οἶδεν. 12 Ὃ δὲ ποιῶ, καὶ ποιήσω, ἵνα ἐκκόψω τὴν ἀφορμὴν τῶν θελόντων ἀφορμήν, ἵνα ἐν ᾧ καυχῶνται εὑρεθῶσιν καθὼς καὶ ἡμεῖς. 13 οἱ γὰρ τοιοῦτοι ψευδαπόστολοι, ἐργάται δόλιοι, μετασχηματιζόμενοι εἰς ἀποστόλους Χριστοῦ. 14 καὶ οὐ θαῦμα· αὐτὸς γὰρ ὁ Σατανᾶς μετασχηματίζεται εἰς ἄγγελον φωτός. 15 οὐ μέγα οὖν εἰ καὶ οἱ διάκονοι αὐτοῦ μετασχηματίζονται ὡς διάκονοι δικαιοσύνης· ὧν τὸ τέλος ἔσται κατὰ τὰ ἔργα αὐτῶν.

ΠΡΟΣ ΚΟΡΙΝΘΙΟΥΣ Β

The Marks of a Proven Apostle

16 Πάλιν λέγω, μή τίς με δόξῃ ἄφρονα εἶναι· εἰ δὲ μήγε, κἂν ὡς ἄφρονα δέξασθέ με, ἵνα κἀγὼ μικρόν τι καυχήσωμαι. 17 [ὃ λαλῶ, οὐ κατὰ Κύριον λαλῶ] (ὃ λαλῶ οὐ λαλῶ κατὰ Κύριον), ἀλλ' ὡς ἐν ἀφροσύνῃ, ἐν ταύτῃ τῇ ὑποστάσει τῆς καυχήσεως. 18 ἐπεὶ πολλοὶ καυχῶνται κατὰ τὴν σάρκα, κἀγὼ καυχήσομαι. 19 ἡδέως γὰρ ἀνέχεσθε τῶν ἀφρόνων φρόνιμοι ὄντες· 20 ἀνέχεσθε γὰρ εἴ τις ὑμᾶς καταδουλοῖ, εἴ τις κατεσθίει, εἴ τις λαμβάνει, εἴ τις ἐπαίρεται, εἴ τις (ὑμᾶς) εἰς πρόσωπον [ὑμᾶς] δέρει. 21 κατὰ ἀτιμίαν λέγω, ὡς ὅτι ἡμεῖς ἠσθενήκαμεν. ἐν ᾧ δ' ἄν τις τολμᾷ, ἐν ἀφροσύνῃ λέγω, τολμῶ κἀγώ. 22 Ἑβραῖοί εἰσιν; κἀγώ. Ἰσραηλεῖταί εἰσιν; κἀγώ. σπέρμα Ἀβραάμ εἰσιν; κἀγώ. 23 διάκονοι Χριστοῦ εἰσιν; παραφρονῶν λαλῶ, ὑπὲρ ἐγώ· ἐν κόποις περισσοτέρως, [ἐν φυλακαῖς περισσοτέρως, ἐν πληγαῖς ὑπερβαλλόντως] (ἐν πληγαῖς ὑπερβαλλόντως ἐν φυλακαῖς περισσοτέρως), ἐν θανάτοις πολλάκις. 24 ὑπὸ Ἰουδαίων πεντάκις τεσσεράκοντα παρὰ μίαν ἔλαβον, 25 τρὶς ἐραβδίσθην, ἅπαξ ἐλιθάσθην, τρὶς ἐναυάγησα, νυχθήμερον ἐν τῷ βυθῷ πεποίηκα· 26 ὁδοιπορίαις πολλάκις, κινδύνοις ποταμῶν, κινδύνοις λῃστῶν, κινδύνοις ἐκ γένους, κινδύνοις ἐξ ἐθνῶν, κινδύνοις ἐν πόλει, κινδύνοις ἐν ἐρημίᾳ, κινδύνοις ἐν θαλάσσῃ, κινδύνοις ἐν ψευδαδέλφοις, 27 κόπῳ καὶ μόχθῳ, ἐν ἀγρυπνίαις πολλάκις, ἐν λιμῷ καὶ δίψει, ἐν νηστείαις πολλάκις, ἐν ψύχει καὶ γυμνότητι· 28 χωρὶς τῶν παρεκτὸς ἡ ἐπίστασίς μοι ἡ καθ' ἡμέραν, ἡ μέριμνα πασῶν τῶν ἐκκλησιῶν. 29 τίς ἀσθενεῖ, καὶ οὐκ ἀσθενῶ; τίς σκανδαλίζεται καὶ οὐκ ἐγὼ πυροῦμαι; 30 εἰ καυχᾶσθαι δεῖ, τὰ τῆς ἀσθενείας μου καυχήσομαι. 31 ὁ Θεὸς καὶ Πατὴρ τοῦ Κυρίου (ἡμῶν) Ἰησοῦ (Χριστοῦ) οἶδεν, ὁ ὢν εὐλογητὸς εἰς τοὺς αἰῶνας, ὅτι οὐ ψεύδομαι. 32 ἐν Δαμασκῷ ὁ ἐθνάρχης Ἀρέτα τοῦ βασιλέως ἐφρούρει τὴν [πόλιν] Δαμασκηνῶν (πόλιν) πιάσαι με (θέλων), 33 καὶ διὰ θυρίδος ἐν σαργάνῃ ἐχαλάσθην διὰ τοῦ τείχους καὶ ἐξέφυγον τὰς χεῖρας αὐτοῦ.

2 Corinthians 12

Paul Forbears to Boast

1 Καυχᾶσθαι δεῖ· οὐ συμφέρον μέν, ἐλεύσομαι [δὲ] (γὰρ) εἰς ὀπτασίας καὶ ἀποκαλύψεις Κυρίου. 2 οἶδα ἄνθρωπον ἐν Χριστῷ πρὸ ἐτῶν δεκατεσσάρων, —εἴτε ἐν σώματι οὐκ οἶδα, εἴτε ἐκτὸς τοῦ σώματος οὐκ οἶδα, ὁ Θεὸς οἶδεν, —ἁρπαγέντα τὸν τοιοῦτον ἕως τρίτου οὐρανοῦ. 3 καὶ οἶδα τὸν τοιοῦτον ἄνθρωπον —εἴτε ἐν σώματι εἴτε [χωρὶς] (ἐκτὸς) τοῦ σώματος οὐκ οἶδα, ὁ Θεὸς οἶδεν,—

4 ὅτι ἡρπάγη εἰς τὸν Παράδεισον καὶ ἤκουσεν ἄρρητα ῥήματα ἃ οὐκ ἐξὸν ἀνθρώπῳ λαλῆσαι. 5 ὑπὲρ τοῦ τοιούτου καυχήσομαι, ὑπὲρ δὲ ἐμαυτοῦ οὐ καυχήσομαι εἰ μὴ ἐν ταῖς ἀσθενείαις. 6 ἐὰν γὰρ θελήσω καυχήσασθαι, οὐκ ἔσομαι ἄφρων, ἀλήθειαν γὰρ ἐρῶ· φείδομαι δέ, μή τις εἰς ἐμὲ λογίσηται ὑπὲρ ὃ βλέπει με ἢ ἀκούει (τι) ἐξ ἐμοῦ,

Paul's Weakness Magnifies God's Strength

7 καὶ τῇ ὑπερβολῇ τῶν ἀποκαλύψεων. [διὸ] ἵνα μὴ ὑπεραίρωμαι, ἐδόθη μοι σκόλοψ τῇ σαρκί, ἄγγελος Σατανᾶ, ἵνα με κολαφίζῃ, ἵνα μὴ ὑπεραίρωμαι. 8 ὑπὲρ τούτου τρὶς τὸν Κύριον παρεκάλεσα, ἵνα ἀποστῇ ἀπ' ἐμοῦ. 9 καὶ εἴρηκέν μοι Ἀρκεῖ σοι ἡ χάρις μου· ἡ γὰρ δύναμις (μου) ἐν ἀσθενείᾳ [τελεῖται] (τελειοῦται). Ἥδιστα οὖν μᾶλλον καυχήσομαι ἐν ταῖς ἀσθενείαις (μου), ἵνα ἐπισκηνώσῃ ἐπ' ἐμὲ ἡ δύναμις τοῦ Χριστοῦ. 10 διὸ εὐδοκῶ ἐν ἀσθενείαις, ἐν ὕβρεσιν, ἐν ἀνάγκαις, ἐν διωγμοῖς [καὶ] στενοχωρίαις, ὑπὲρ Χριστοῦ· ὅταν γὰρ ἀσθενῶ, τότε δυνατός εἰμι.

The Signs of Paul's Apostleship

11 Γέγονα ἄφρων (καυχώμενος)· ὑμεῖς με ἠναγκάσατε. ἐγὼ γὰρ ὤφειλον ὑφ' ὑμῶν συνίστασθαι. οὐδὲν γὰρ ὑστέρησα τῶν ὑπερλίαν ἀποστόλων, εἰ καὶ οὐδέν εἰμι. 12 τὰ μὲν σημεῖα τοῦ ἀποστόλου κατειργάσθη ἐν ὑμῖν ἐν πάσῃ ὑπομονῇ, (ἐν) σημείοις [τε] καὶ τέρασιν καὶ δυνάμεσιν. 13 τί γάρ ἐστιν ὃ ἡσσώθητε ὑπὲρ τὰς λοιπὰς ἐκκλησίας, εἰ μὴ ὅτι αὐτὸς ἐγὼ οὐ κατενάρκησα ὑμῶν; χαρίσασθέ μοι τὴν ἀδικίαν ταύτην.

Paul's Concerns Over Corinth

14 Ἰδοὺ τρίτον [τοῦτο] ἑτοίμως ἔχω ἐλθεῖν πρὸς ὑμᾶς, καὶ οὐ καταναρκήσω· (ὑμῶν) οὐ γὰρ ζητῶ τὰ ὑμῶν ἀλλὰ ὑμᾶς. οὐ γὰρ ὀφείλει τὰ τέκνα τοῖς γονεῦσιν θησαυρίζειν, ἀλλὰ οἱ γονεῖς τοῖς τέκνοις. 15 ἐγὼ δὲ ἥδιστα δαπανήσω καὶ ἐκδαπανηθήσομαι ὑπὲρ τῶν ψυχῶν ὑμῶν. εἰ (καὶ) περισσοτέρως ὑμᾶς ἀγαπῶ, [ἧσσον] (ἧττον) ἀγαπῶμαι; 16 Ἔστω δέ, ἐγὼ οὐ κατεβάρησα ὑμᾶς· ἀλλὰ ὑπάρχων πανοῦργος δόλῳ ὑμᾶς ἔλαβον. 17 μή τινα ὧν ἀπέσταλκα πρὸς ὑμᾶς, δι' αὐτοῦ ἐπλεονέκτησα ὑμᾶς; 18 παρεκάλεσα Τίτον καὶ συναπέστειλα τὸν ἀδελφόν· μήτι ἐπλεονέκτησεν ὑμᾶς Τίτος; οὐ τῷ αὐτῷ Πνεύματι περιεπατήσαμεν; οὐ τοῖς αὐτοῖς ἴχνεσιν; 19 Πάλαι δοκεῖτε ὅτι ὑμῖν ἀπολογούμεθα. κατέναντι (τοῦ) Θεοῦ ἐν Χριστῷ λαλοῦμεν· τὰ δὲ πάντα, ἀγαπητοί, ὑπὲρ τῆς ὑμῶν οἰκοδομῆς.

ΠΡΟΣ ΚΟΡΙΝΘΙΟΥΣ Β

20 φοβοῦμαι γὰρ μή πως ἐλθὼν οὐχ οἵους θέλω εὕρω ὑμᾶς, κἀγὼ εὑρεθῶ ὑμῖν οἷον οὐ θέλετε, μή πως ἔρις, ζῆλος, θυμοί, ἐριθεῖαι, καταλαλιαί, ψιθυρισμοί, φυσιώσεις, ἀκαταστασίαι· 21 μὴ πάλιν [ἐλθόντος μου] (ἐλθόντα με) ταπεινώσῃ [με] ὁ Θεός μου πρὸς ὑμᾶς, καὶ πενθήσω πολλοὺς τῶν προημαρτηκότων καὶ μὴ μετανοησάντων ἐπὶ τῇ ἀκαθαρσίᾳ καὶ πορνείᾳ καὶ ἀσελγείᾳ ᾗ ἔπραξαν.

2 Corinthians 13

Exhortation to be Found in the Faith

1 Τρίτον τοῦτο ἔρχομαι πρὸς ὑμᾶς· ἐπὶ στόματος δύο μαρτύρων καὶ τριῶν σταθήσεται πᾶν ῥῆμα. 2 προείρηκα καὶ προλέγω, ὡς παρὼν τὸ δεύτερον καὶ ἀπὼν νῦν (γράφω), τοῖς προημαρτηκόσιν καὶ τοῖς λοιποῖς πᾶσιν, ὅτι ἐὰν ἔλθω εἰς τὸ πάλιν οὐ φείσομαι, 3 ἐπεὶ δοκιμὴν ζητεῖτε τοῦ ἐν ἐμοὶ λαλοῦντος Χριστοῦ, ὃς εἰς ὑμᾶς οὐκ ἀσθενεῖ ἀλλὰ δυνατεῖ ἐν ὑμῖν. 4 καὶ γὰρ ἐσταυρώθη ἐξ ἀσθενείας, ἀλλὰ ζῇ ἐκ δυνάμεως Θεοῦ. καὶ γὰρ ἡμεῖς ἀσθενοῦμεν ἐν αὐτῷ, ἀλλὰ ζήσομεν σὺν αὐτῷ ἐκ δυνάμεως Θεοῦ εἰς ὑμᾶς. 5 Ἑαυτοὺς πειράζετε εἰ ἐστὲ ἐν τῇ πίστει, ἑαυτοὺς δοκιμάζετε· ἢ οὐκ ἐπιγινώσκετε ἑαυτοὺς ὅτι Ἰησοῦς Χριστὸς ἐν ὑμῖν (ἐστίν); εἰ μήτι ἀδόκιμοί ἐστε. 6 ἐλπίζω δὲ ὅτι γνώσεσθε ὅτι ἡμεῖς οὐκ ἐσμὲν ἀδόκιμοι. 7 εὐχόμεθα δὲ πρὸς τὸν Θεὸν μὴ ποιῆσαι ὑμᾶς κακὸν μηδέν, οὐχ ἵνα ἡμεῖς δόκιμοι φανῶμεν, ἀλλ' ἵνα ὑμεῖς τὸ καλὸν ποιῆτε, ἡμεῖς δὲ ὡς ἀδόκιμοι ὦμεν. 8 οὐ γὰρ δυνάμεθά τι κατὰ τῆς ἀληθείας, ἀλλὰ ὑπὲρ τῆς ἀληθείας. 9 χαίρομεν γὰρ ὅταν ἡμεῖς ἀσθενῶμεν, ὑμεῖς δὲ δυνατοὶ ἦτε· τοῦτο καὶ εὐχόμεθα, τὴν ὑμῶν κατάρτισιν. 10 Διὰ τοῦτο ταῦτα ἀπὼν γράφω, ἵνα παρὼν μὴ ἀποτόμως χρήσωμαι κατὰ τὴν ἐξουσίαν ἣν [ὁ Κύριος] ἔδωκέν μοι (ὁ Κύριος) εἰς οἰκοδομὴν καὶ οὐκ εἰς καθαίρεσιν.

Farewell and Benediction

11 Λοιπόν, ἀδελφοί, χαίρετε, καταρτίζεσθε, παρακαλεῖσθε, τὸ αὐτὸ φρονεῖτε, εἰρηνεύετε, καὶ ὁ Θεὸς τῆς ἀγάπης καὶ εἰρήνης ἔσται μεθ' ὑμῶν. 12 Ἀσπάσασθε ἀλλήλους ἐν ἁγίῳ φιλήματι. Ἀσπάζονται ὑμᾶς οἱ ἅγιοι πάντες. 13 Ἡ χάρις τοῦ Κυρίου Ἰησοῦ Χριστοῦ καὶ ἡ ἀγάπη τοῦ Θεοῦ καὶ ἡ κοινωνία τοῦ Ἁγίου Πνεύματος μετὰ πάντων ὑμῶν.

ΠΡΟΣ ΓΑΛΑΤΑΣ

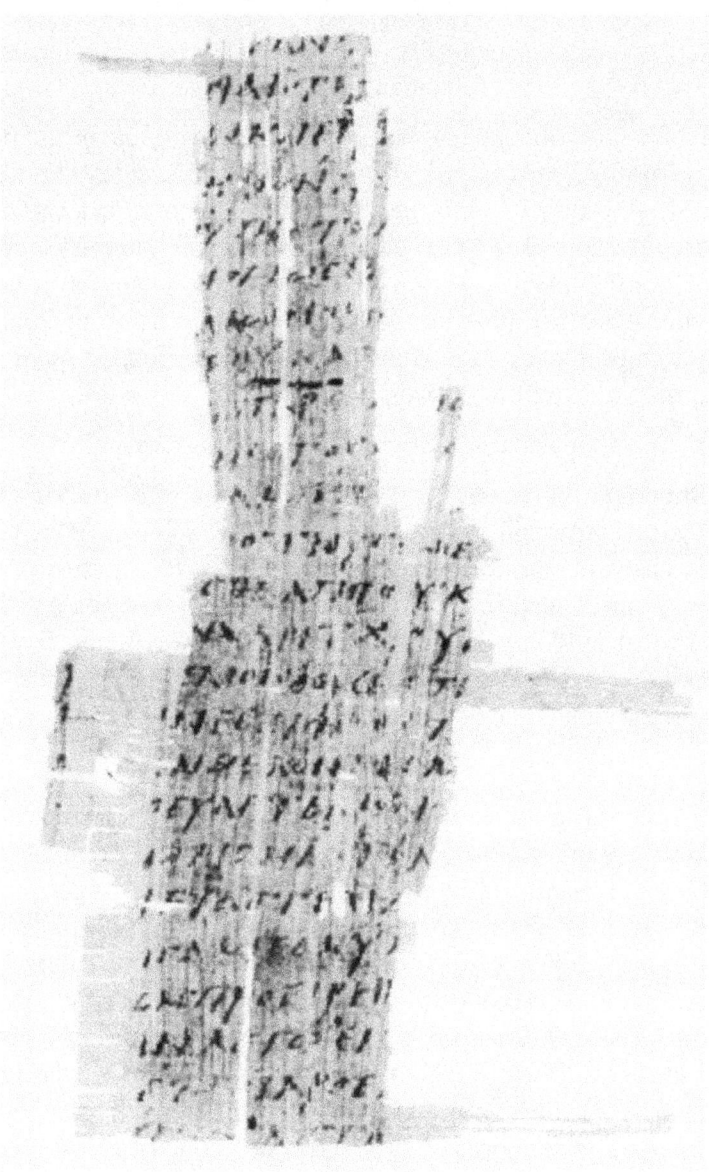

Papyrus 51, P. Oxy 2157
Date: c. 400
Ashmolean Museum, Oxford
Galatians 1:2-10

ΠΡΟΣ ΓΑΛΑΤΑΣ

Galatians 1

Salutation and Blessing

1 Παῦλος ἀπόστολος, οὐκ ἀπ' ἀνθρώπων οὐδὲ δι' ἀνθρώπου ἀλλὰ διὰ Ἰησοῦ Χριστοῦ καὶ Θεοῦ Πατρὸς τοῦ ἐγείραντος αὐτὸν ἐκ νεκρῶν, 2 καὶ οἱ σὺν ἐμοὶ πάντες ἀδελφοί, ταῖς ἐκκλησίαις τῆς Γαλατίας· 3 χάρις ὑμῖν καὶ εἰρήνη ἀπὸ Θεοῦ Πατρὸς ἡμῶν καὶ Κυρίου Ἰησοῦ Χριστοῦ, 4 τοῦ δόντος ἑαυτὸν ὑπὲρ τῶν ἁμαρτιῶν ἡμῶν, ὅπως ἐξέληται ἡμᾶς ἐκ τοῦ [αἰῶνος τοῦ ἐνεστῶτος] (ἐνεστῶτος αἰῶνος) πονηροῦ κατὰ τὸ θέλημα τοῦ Θεοῦ καὶ Πατρὸς ἡμῶν, 5 ᾧ ἡ δόξα εἰς τοὺς αἰῶνας τῶν αἰώνων· ἀμήν.

Galatians Displacing the Gospel of Grace

6 Θαυμάζω ὅτι οὕτως ταχέως μετατίθεσθε ἀπὸ τοῦ καλέσαντος ὑμᾶς ἐν χάριτι Χριστοῦ εἰς ἕτερον εὐαγγέλιον, 7 ὃ οὐκ ἔστιν ἄλλο· εἰ μή τινές εἰσιν οἱ ταράσσοντες ὑμᾶς καὶ θέλοντες μεταστρέψαι τὸ εὐαγγέλιον τοῦ Χριστοῦ. 8 ἀλλὰ καὶ ἐὰν ἡμεῖς ἢ ἄγγελος ἐξ οὐρανοῦ εὐαγγελίσηται ὑμῖν παρ' ὃ εὐηγγελισάμεθα ὑμῖν, ἀνάθεμα ἔστω. 9 ὡς προειρήκαμεν, καὶ ἄρτι πάλιν λέγω, εἴ τις ὑμᾶς εὐαγγελίζεται παρ' ὃ παρελάβετε, ἀνάθεμα ἔστω.

The Gospel of Grace Revealed by Christ

10 Ἄρτι γὰρ ἀνθρώπους πείθω ἢ τὸν Θεόν; ἢ ζητῶ ἀνθρώποις ἀρέσκειν; εἰ (γὰρ) ἔτι ἀνθρώποις ἤρεσκον, Χριστοῦ δοῦλος οὐκ ἂν ἤμην. 11 γνωρίζω γὰρ ὑμῖν, ἀδελφοί, τὸ εὐαγγέλιον τὸ εὐαγγελισθὲν ὑπ' ἐμοῦ ὅτι οὐκ ἔστιν κατὰ ἄνθρωπον· 12 οὐδὲ γὰρ ἐγὼ παρὰ ἀνθρώπου παρέλαβον αὐτό οὔτε ἐδιδάχθην, ἀλλὰ δι' ἀποκαλύψεως Ἰησοῦ Χριστοῦ. 13 Ἠκούσατε γὰρ τὴν ἐμὴν ἀναστροφήν ποτε ἐν τῷ Ἰουδαϊσμῷ, ὅτι καθ' ὑπερβολὴν ἐδίωκον τὴν ἐκκλησίαν τοῦ Θεοῦ καὶ ἐπόρθουν αὐτήν, 14 καὶ προέκοπτον ἐν τῷ Ἰουδαϊσμῷ ὑπὲρ πολλοὺς συνηλικιώτας ἐν τῷ γένει μου, περισσοτέρως ζηλωτὴς ὑπάρχων τῶν πατρικῶν μου παραδόσεων. 15 Ὅτε δὲ εὐδόκησεν (ὁ θεὸς) ὁ ἀφορίσας με ἐκ κοιλίας μητρός μου καὶ καλέσας διὰ τῆς χάριτος αὐτοῦ 16 ἀποκαλύψαι τὸν Υἱὸν αὐτοῦ ἐν ἐμοί, ἵνα εὐαγγελίζωμαι αὐτὸν ἐν τοῖς ἔθνεσιν, εὐθέως οὐ προσανεθέμην σαρκὶ καὶ αἵματι, 17 οὐδὲ ἀνῆλθον εἰς Ἱεροσόλυμα πρὸς τοὺς πρὸ ἐμοῦ ἀποστόλους, ἀλλὰ ἀπῆλθον εἰς Ἀραβίαν, καὶ πάλιν ὑπέστρεψα εἰς Δαμασκόν.

ΠΡΟΣ ΓΑΛΑΤΑΣ

18 Ἔπειτα μετὰ τρία ἔτη ἀνῆλθον εἰς Ἱεροσόλυμα ἱστορῆσαι [Κηφᾶν] (Πέτρον), καὶ ἐπέμεινα πρὸς αὐτὸν ἡμέρας δεκαπέντε· 19 ἕτερον δὲ τῶν ἀποστόλων οὐκ εἶδον, εἰ μὴ Ἰάκωβον τὸν ἀδελφὸν τοῦ Κυρίου. 20 ἃ δὲ γράφω ὑμῖν, ἰδοὺ ἐνώπιον τοῦ Θεοῦ ὅτι οὐ ψεύδομαι. 21 ἔπειτα ἦλθον εἰς τὰ κλίματα τῆς Συρίας καὶ τῆς Κιλικίας. 22 ἤμην δὲ ἀγνοούμενος τῷ προσώπῳ ταῖς ἐκκλησίαις τῆς Ἰουδαίας ταῖς ἐν Χριστῷ. 23 μόνον δὲ ἀκούοντες ἦσαν ὅτι Ὁ διώκων ἡμᾶς ποτε νῦν εὐαγγελίζεται τὴν πίστιν ἥν ποτε ἐπόρθει, 24 καὶ ἐδόξαζον ἐν ἐμοὶ τὸν Θεόν.

Galatians 2

The Gospel of Grace Affirmed at Jerusalem

1 Ἔπειτα διὰ δεκατεσσάρων ἐτῶν πάλιν ἀνέβην εἰς Ἱεροσόλυμα μετὰ Βαρνάβα συνπαραλαβὼν καὶ Τίτον· 2 ἀνέβην δὲ κατὰ ἀποκάλυψιν· καὶ ἀνεθέμην αὐτοῖς τὸ εὐαγγέλιον ὃ κηρύσσω ἐν τοῖς ἔθνεσιν, κατ' ἰδίαν δὲ τοῖς δοκοῦσιν, μή πως εἰς κενὸν τρέχω ἢ ἔδραμον. 3 ἀλλ' οὐδὲ Τίτος ὁ σὺν ἐμοί, Ἕλλην ὤν, ἠναγκάσθη περιτμηθῆναι· 4 διὰ δὲ τοὺς παρεισάκτους ψευδαδέλφους, οἵτινες παρεισῆλθον κατασκοπῆσαι τὴν ἐλευθερίαν ἡμῶν ἣν ἔχομεν ἐν Χριστῷ Ἰησοῦ, ἵνα ἡμᾶς καταδουλώσουσιν· 5 οἷς οὐδὲ πρὸς ὥραν εἴξαμεν τῇ ὑποταγῇ, ἵνα ἡ ἀλήθεια τοῦ εὐαγγελίου διαμείνῃ πρὸς ὑμᾶς. 6 ἀπὸ δὲ τῶν δοκούντων εἶναί τι, —ὁποῖοί ποτε ἦσαν οὐδέν μοι διαφέρει· πρόσωπον [ὁ] Θεὸς ἀνθρώπου οὐ λαμβάνει— ἐμοὶ γὰρ οἱ δοκοῦντες οὐδὲν προσανέθεντο, 7 ἀλλὰ τοὐναντίον ἰδόντες ὅτι πεπίστευμαι τὸ εὐαγγέλιον τῆς ἀκροβυστίας καθὼς Πέτρος τῆς περιτομῆς, 8 ὁ γὰρ ἐνεργήσας Πέτρῳ εἰς ἀποστολὴν τῆς περιτομῆς ἐνήργησεν καὶ ἐμοὶ εἰς τὰ ἔθνη, 9 καὶ γνόντες τὴν χάριν τὴν δοθεῖσάν μοι, Ἰάκωβος καὶ Κηφᾶς καὶ Ἰωάνης, οἱ δοκοῦντες στῦλοι εἶναι, δεξιὰς ἔδωκαν ἐμοὶ καὶ Βαρνάβα κοινωνίας, ἵνα ἡμεῖς εἰς τὰ ἔθνη, αὐτοὶ δὲ εἰς τὴν περιτομήν· 10 μόνον τῶν πτωχῶν ἵνα μνημονεύωμεν, ὃ καὶ ἐσπούδασα αὐτὸ τοῦτο ποιῆσαι.

Paul Defends the Gospel of Grace at Antioch

11 Ὅτε δὲ ἦλθεν [Κηφᾶς] (Πέτρος) εἰς Ἀντιόχειαν, κατὰ πρόσωπον αὐτῷ ἀντέστην, ὅτι κατεγνωσμένος ἦν. 12 πρὸ τοῦ γὰρ ἐλθεῖν τινας ἀπὸ Ἰακώβου μετὰ τῶν ἐθνῶν συνήσθιεν· ὅτε δὲ ἦλθον, ὑπέστελλεν καὶ ἀφώριζεν ἑαυτόν, φοβούμενος τοὺς ἐκ περιτομῆς. 13 καὶ συνυπεκρίθησαν αὐτῷ καὶ οἱ λοιποὶ Ἰουδαῖοι, ὥστε καὶ Βαρνάβας συναπήχθη αὐτῶν τῇ ὑποκρίσει.

ΠΡΟΣ ΓΑΛΑΤΑΣ

14 ἀλλ' ὅτε εἶδον ὅτι οὐκ ὀρθοποδοῦσιν πρὸς τὴν ἀλήθειαν τοῦ εὐαγγελίου, εἶπον τῷ [Κηφᾷ] (Πέτρῳ) ἔμπροσθεν πάντων Εἰ σὺ Ἰουδαῖος ὑπάρχων ἐθνικῶς (ζῇς) καὶ οὐκ Ἰουδαϊκῶς [ζῇς], [πῶς] (τί) τὰ ἔθνη ἀναγκάζεις ἰουδαΐζειν;

Jews and Gentiles are Justified by Faith

15 Ἡμεῖς φύσει Ἰουδαῖοι καὶ οὐκ ἐξ ἐθνῶν ἁμαρτωλοί, 16 εἰδότες δὲ ὅτι οὐ δικαιοῦται ἄνθρωπος ἐξ ἔργων νόμου ἐὰν μὴ διὰ πίστεως Χριστοῦ Ἰησοῦ, καὶ ἡμεῖς εἰς Χριστὸν Ἰησοῦν ἐπιστεύσαμεν, ἵνα δικαιωθῶμεν ἐκ πίστεως Χριστοῦ καὶ οὐκ ἐξ ἔργων νόμου, [ὅτι ἐξ ἔργων νόμου οὐ δικαιωθήσεται] (διότι οὐ δικαιωθήσεται ἐξ ἔργων νόμου) πᾶσα σάρξ.

The Sin of Setting Grace Aside

17 εἰ δὲ ζητοῦντες δικαιωθῆναι ἐν Χριστῷ εὑρέθημεν καὶ αὐτοὶ ἁμαρτωλοί, ἆρα Χριστὸς ἁμαρτίας διάκονος; μὴ γένοιτο. 18 εἰ γὰρ ἃ κατέλυσα ταῦτα πάλιν οἰκοδομῶ, παραβάτην ἐμαυτὸν [συνιστάνω] (συνίστημι). 19 ἐγὼ γὰρ διὰ νόμου νόμῳ ἀπέθανον ἵνα Θεῷ ζήσω· 20 Χριστῷ συνεσταύρωμαι· ζῶ δὲ οὐκέτι ἐγώ, ζῇ δὲ ἐν ἐμοὶ Χριστός· ὃ δὲ νῦν ζῶ ἐν σαρκί, ἐν πίστει ζῶ τῇ τοῦ Υἱοῦ τοῦ Θεοῦ τοῦ ἀγαπήσαντός με καὶ παραδόντος ἑαυτὸν ὑπὲρ ἐμοῦ. 21 Οὐκ ἀθετῶ τὴν χάριν τοῦ Θεοῦ· εἰ γὰρ διὰ νόμου δικαιοσύνη, ἄρα Χριστὸς δωρεὰν ἀπέθανεν.

Galatians 3

The Holy Spirit Not Imparted through Works

1 Ὦ ἀνόητοι Γαλάται, τίς ὑμᾶς ἐβάσκανεν, (τῇ ἀληθείᾳ μὴ πείθεσθαι) οἷς κατ' ὀφθαλμοὺς Ἰησοῦς Χριστὸς προεγράφη (ἐν ὑμῖν) ἐσταυρωμένος; 2 τοῦτο μόνον θέλω μαθεῖν ἀφ' ὑμῶν, ἐξ ἔργων νόμου τὸ Πνεῦμα ἐλάβετε ἢ ἐξ ἀκοῆς πίστεως; 3 οὕτως ἀνόητοί ἐστε; ἐναρξάμενοι Πνεύματι νῦν σαρκὶ ἐπιτελεῖσθε; 4 τοσαῦτα ἐπάθετε εἰκῇ; εἴ γε καὶ εἰκῇ. 5 ὁ οὖν ἐπιχορηγῶν ὑμῖν τὸ Πνεῦμα καὶ ἐνεργῶν δυνάμεις ἐν ὑμῖν, ἐξ ἔργων νόμου ἢ ἐξ ἀκοῆς πίστεως;

Abraham - The Father of Faith

6 καθὼς Ἀβραὰμ

ἐπίστευσεν τῷ Θεῷ, καὶ ἐλογίσθη αὐτῷ εἰς δικαιοσύνην.

ΠΡΟΣ ΓΑΛΑΤΑΣ

7 Γινώσκετε ἄρα ὅτι οἱ ἐκ πίστεως, οὗτοι [υἱοί εἰσιν] (εἰσιν υἱοί) Ἀβραάμ. 8 προϊδοῦσα δὲ ἡ γραφὴ ὅτι ἐκ πίστεως δικαιοῖ τὰ ἔθνη ὁ Θεός, προευηγγελίσατο τῷ Ἀβραὰμ ὅτι Ἐνευλογηθήσονται ἐν σοὶ πάντα τὰ ἔθνη. 9 ὥστε οἱ ἐκ πίστεως εὐλογοῦνται σὺν τῷ πιστῷ Ἀβραάμ. 10 Ὅσοι γὰρ ἐξ ἔργων νόμου εἰσίν, ὑπὸ κατάραν εἰσίν, γέγραπται γὰρ [ὅτι] Ἐπικατάρατος πᾶς ὃς οὐκ ἐμμένει πᾶσιν τοῖς γεγραμμένοις ἐν τῷ βιβλίῳ τοῦ νόμου τοῦ ποιῆσαι αὐτά. 11 ὅτι δὲ ἐν νόμῳ οὐδεὶς δικαιοῦται παρὰ τῷ Θεῷ δῆλον, ὅτι Ὁ δίκαιος ἐκ πίστεως ζήσεται· 12 ὁ δὲ νόμος οὐκ ἔστιν ἐκ πίστεως, ἀλλ' Ὁ ποιήσας αὐτὰ (ἄνθρωπος) ζήσεται ἐν αὐτοῖς. 13 Χριστὸς ἡμᾶς ἐξηγόρασεν ἐκ τῆς κατάρας τοῦ νόμου γενόμενος ὑπὲρ ἡμῶν κατάρα, [ὅτι] γέγραπται (γὰρ) Ἐπικατάρατος πᾶς ὁ κρεμάμενος ἐπὶ ξύλου, 14 ἵνα εἰς τὰ ἔθνη ἡ εὐλογία τοῦ Ἀβραὰμ γένηται ἐν [Ἰησοῦ Χριστῷ] (Χριστῷ Ἰησοῦ), ἵνα τὴν ἐπαγγελίαν τοῦ Πνεύματος λάβωμεν διὰ τῆς πίστεως. 15 Ἀδελφοί, κατὰ ἄνθρωπον λέγω. ὅμως ἀνθρώπου κεκυρωμένην διαθήκην οὐδεὶς ἀθετεῖ ἢ ἐπιδιατάσσεται. 16 τῷ δὲ Ἀβραὰμ ἐρρέθησαν αἱ ἐπαγγελίαι καὶ τῷ σπέρματι αὐτοῦ. οὐ λέγει Καὶ τοῖς σπέρμασιν, ὡς ἐπὶ πολλῶν, ἀλλ' ὡς ἐφ' ἑνός Καὶ τῷ σπέρματί σου, ὅς ἐστιν Χριστός. 17 τοῦτο δὲ λέγω· διαθήκην προκεκυρωμένην ὑπὸ τοῦ Θεοῦ (εἰς Χριστὸν) ὁ μετὰ (ἔτη) τετρακόσια καὶ τριάκοντα [ἔτη] γεγονὼς νόμος οὐκ ἀκυροῖ, εἰς τὸ καταργῆσαι τὴν ἐπαγγελίαν. 18 εἰ γὰρ ἐκ νόμου ἡ κληρονομία, οὐκέτι ἐξ ἐπαγγελίας· τῷ δὲ Ἀβραὰμ δι' ἐπαγγελίας κεχάρισται ὁ Θεός.

The Law Leads to Faith

19 Τί οὖν ὁ νόμος; τῶν παραβάσεων χάριν προσετέθη, ἄχρις [ἂν] (οὗ) ἔλθῃ τὸ σπέρμα ᾧ ἐπήγγελται, διαταγεὶς δι' ἀγγέλων ἐν χειρὶ μεσίτου. 20 ὁ δὲ μεσίτης ἑνὸς οὐκ ἔστιν, ὁ δὲ Θεὸς εἷς ἐστιν. 21 ὁ οὖν νόμος κατὰ τῶν ἐπαγγελιῶν τοῦ Θεοῦ; μὴ γένοιτο. εἰ γὰρ ἐδόθη νόμος ὁ δυνάμενος ζῳοποιῆσαι, ὄντως (ἂν) ἐκ νόμου [ἂν] ἦν ἡ δικαιοσύνη· 22 ἀλλὰ συνέκλεισεν ἡ γραφὴ τὰ πάντα ὑπὸ ἁμαρτίαν ἵνα ἡ ἐπαγγελία ἐκ πίστεως Ἰησοῦ Χριστοῦ δοθῇ τοῖς πιστεύουσιν.

23 Πρὸ τοῦ δὲ ἐλθεῖν τὴν πίστιν ὑπὸ νόμον ἐφρουρούμεθα συνκλειόμενοι εἰς τὴν μέλλουσαν πίστιν ἀποκαλυφθῆναι. 24 ὥστε ὁ νόμος παιδαγωγὸς ἡμῶν γέγονεν εἰς Χριστόν, ἵνα ἐκ πίστεως δικαιωθῶμεν· 25 ἐλθούσης δὲ τῆς πίστεως οὐκέτι ὑπὸ παιδαγωγόν ἐσμεν. 26 Πάντες γὰρ υἱοὶ Θεοῦ ἐστε διὰ τῆς πίστεως ἐν Χριστῷ Ἰησοῦ· 27 ὅσοι γὰρ εἰς Χριστὸν ἐβαπτίσθητε, Χριστὸν ἐνεδύσασθε.

ΠΡΟΣ ΓΑΛΑΤΑΣ

28 οὐκ ἔνι Ἰουδαῖος οὐδὲ Ἕλλην, οὐκ ἔνι δοῦλος οὐδὲ ἐλεύθερος, οὐκ ἔνι ἄρσεν καὶ θῆλυ· πάντες γὰρ ὑμεῖς εἷς ἐστε ἐν Χριστῷ Ἰησοῦ. 29 εἰ δὲ ὑμεῖς Χριστοῦ, ἄρα τοῦ Ἀβραὰμ σπέρμα ἐστέ, κατ' ἐπαγγελίαν κληρονόμοι.

Galatians 4

The Analogy of Slaves and Sons

1 Λέγω δέ, ἐφ' ὅσον χρόνον ὁ κληρονόμος νήπιός ἐστιν, οὐδὲν διαφέρει δούλου κύριος πάντων ὤν, 2 ἀλλὰ ὑπὸ ἐπιτρόπους ἐστὶν καὶ οἰκονόμους ἄχρι τῆς προθεσμίας τοῦ πατρός. 3 οὕτως καὶ ἡμεῖς, ὅτε ἦμεν νήπιοι, ὑπὸ τὰ στοιχεῖα τοῦ κόσμου ἤμεθα δεδουλωμένοι· 4 ὅτε δὲ ἦλθεν τὸ πλήρωμα τοῦ χρόνου, ἐξαπέστειλεν ὁ Θεὸς τὸν Υἱὸν αὐτοῦ, γενόμενον ἐκ γυναικός, γενόμενον ὑπὸ νόμον, 5 ἵνα τοὺς ὑπὸ νόμον ἐξαγοράσῃ, ἵνα τὴν υἱοθεσίαν ἀπολάβωμεν. 6 Ὅτι δέ ἐστε υἱοί, ἐξαπέστειλεν ὁ Θεὸς τὸ Πνεῦμα τοῦ Υἱοῦ αὐτοῦ εἰς τὰς καρδίας ἡμῶν, κρᾶζον Ἀββᾶ ὁ Πατήρ. 7 ὥστε οὐκέτι εἶ δοῦλος ἀλλὰ υἱός· εἰ δὲ υἱός, καὶ κληρονόμος διὰ Θεοῦ (διὰ Χριστοῦ).

8 Ἀλλὰ τότε μὲν οὐκ εἰδότες Θεὸν ἐδουλεύσατε τοῖς [φύσει μὴ] (μὴ φύσει) οὖσιν θεοῖς· 9 νῦν δὲ γνόντες Θεόν, μᾶλλον δὲ γνωσθέντες ὑπὸ Θεοῦ, πῶς ἐπιστρέφετε πάλιν ἐπὶ τὰ ἀσθενῆ καὶ πτωχὰ στοιχεῖα, οἷς πάλιν ἄνωθεν δουλεῦσαι θέλετε; 10 ἡμέρας παρατηρεῖσθε καὶ μῆνας καὶ καιροὺς καὶ ἐνιαυτούς. 11 φοβοῦμαι ὑμᾶς μή πως εἰκῇ κεκοπίακα εἰς ὑμᾶς.

Paul Pleads His Personal Relationship

12 Γίνεσθε ὡς ἐγώ, ὅτι κἀγὼ ὡς ὑμεῖς, ἀδελφοί, δέομαι ὑμῶν. οὐδέν με ἠδικήσατε· 13 οἴδατε δὲ ὅτι δι' ἀσθένειαν τῆς σαρκὸς εὐηγγελισάμην ὑμῖν τὸ πρότερον, 14 καὶ τὸν πειρασμὸν [ὑμῶν] (μου τὸν) ἐν τῇ σαρκί μου οὐκ ἐξουθενήσατε οὐδὲ ἐξεπτύσατε, ἀλλὰ ὡς ἄγγελον Θεοῦ ἐδέξασθέ με, ὡς Χριστὸν Ἰησοῦν. 15 [ποῦ] (τίς) οὖν (ἦν) ὁ μακαρισμὸς ὑμῶν; μαρτυρῶ γὰρ ὑμῖν ὅτι εἰ δυνατὸν τοὺς ὀφθαλμοὺς ὑμῶν ἐξορύξαντες ἐδώκατέ μοι. 16 ὥστε ἐχθρὸς ὑμῶν γέγονα ἀληθεύων ὑμῖν; 17 ζηλοῦσιν ὑμᾶς οὐ καλῶς, ἀλλὰ ἐκκλεῖσαι ὑμᾶς θέλουσιν, ἵνα αὐτοὺς ζηλοῦτε. 18 καλὸν δὲ ζηλοῦσθαι ἐν καλῷ πάντοτε, καὶ μὴ μόνον ἐν τῷ παρεῖναί με πρὸς ὑμᾶς, 19 [τέκνα] (τεκνία) μου, οὓς πάλιν ὠδίνω [μέχρις] (ἄχρις) οὗ μορφωθῇ Χριστὸς ἐν ὑμῖν· 20 ἤθελον δὲ παρεῖναι πρὸς ὑμᾶς ἄρτι καὶ ἀλλάξαι τὴν φωνήν μου, ὅτι ἀποροῦμαι ἐν ὑμῖν.

ΠΡΟΣ ΓΑΛΑΤΑΣ

The Allegory of Isaac and Ishmael

21 Λέγετέ μοι, οἱ ὑπὸ νόμον θέλοντες εἶναι, τὸν νόμον οὐκ ἀκούετε; 22 γέγραπται γὰρ ὅτι Ἀβραὰμ δύο υἱοὺς ἔσχεν, ἕνα ἐκ τῆς παιδίσκης καὶ ἕνα ἐκ τῆς ἐλευθέρας. 23 ἀλλ' ὁ μὲν ἐκ τῆς παιδίσκης κατὰ σάρκα γεγέννηται, ὁ δὲ ἐκ τῆς ἐλευθέρας διὰ τῆς ἐπαγγελίας. 24 ἅτινά ἐστιν ἀλληγορούμενα· αὗται γάρ εἰσιν (αἱ) δύο διαθῆκαι, μία μὲν ἀπὸ ὄρους Σινᾶ, εἰς δουλείαν γεννῶσα, ἥτις ἐστὶν Ἅγαρ, 25 τὸ [δὲ] (γὰρ) Ἅγαρ Σινᾶ ὄρος ἐστὶν ἐν τῇ Ἀραβίᾳ· συνστοιχεῖ δὲ τῇ νῦν Ἰερουσαλήμ, δουλεύει [γὰρ] (δὲ) μετὰ τῶν τέκνων αὐτῆς. 26 ἡ δὲ ἄνω Ἰερουσαλὴμ ἐλευθέρα ἐστίν, ἥτις ἐστὶν μήτηρ (πάντων) ἡμῶν· 27 γέγραπται γάρ

Εὐφράνθητι, στεῖρα ἡ οὐ τίκτουσα,
ῥῆξον καὶ βόησον, ἡ οὐκ ὠδίνουσα·
ὅτι πολλὰ τὰ τέκνα τῆς ἐρήμου μᾶλλον ἢ τῆς ἐχούσης τὸν ἄνδρα.

28 ὑμεῖς δέ, ἀδελφοί, κατὰ Ἰσαὰκ ἐπαγγελίας τέκνα [ἐστέ] (ἐσμέν). 29 ἀλλ' ὥσπερ τότε ὁ κατὰ σάρκα γεννηθεὶς ἐδίωκεν τὸν κατὰ Πνεῦμα, οὕτως καὶ νῦν. 30 ἀλλὰ τί λέγει ἡ γραφή; Ἔκβαλε τὴν παιδίσκην καὶ τὸν υἱὸν αὐτῆς· οὐ γὰρ μὴ κληρονομήσει ὁ υἱὸς τῆς παιδίσκης μετὰ τοῦ υἱοῦ τῆς ἐλευθέρας. 31 [διό] (ἄρα), ἀδελφοί, οὐκ ἐσμὲν παιδίσκης τέκνα ἀλλὰ τῆς ἐλευθέρας.

Galatians 5

Stand Fast in the Freedom of Faith

1 Τῇ ἐλευθερίᾳ [ἡμᾶς] (οὖν ᾗ) Χριστὸς (ἡμᾶς) ἠλευθέρωσεν· στήκετε [οὖν] καὶ μὴ πάλιν ζυγῷ δουλείας ἐνέχεσθε. 2 Ἴδε ἐγὼ Παῦλος λέγω ὑμῖν ὅτι ἐὰν περιτέμνησθε Χριστὸς ὑμᾶς οὐδὲν ὠφελήσει. 3 μαρτύρομαι δὲ πάλιν παντὶ ἀνθρώπῳ περιτεμνομένῳ ὅτι ὀφειλέτης ἐστὶν ὅλον τὸν νόμον ποιῆσαι. 4 κατηργήθητε ἀπὸ Χριστοῦ οἵτινες ἐν νόμῳ δικαιοῦσθε, τῆς χάριτος ἐξεπέσατε. 5 ἡμεῖς γὰρ Πνεύματι ἐκ πίστεως ἐλπίδα δικαιοσύνης ἀπεκδεχόμεθα. 6 ἐν γὰρ Χριστῷ Ἰησοῦ οὔτε περιτομή τι ἰσχύει οὔτε ἀκροβυστία, ἀλλὰ πίστις δι' ἀγάπης ἐνεργουμένη. 7 Ἐτρέχετε καλῶς· τίς ὑμᾶς ἐνέκοψεν ἀληθείᾳ μὴ πείθεσθαι; 8 ἡ πεισμονὴ οὐκ ἐκ τοῦ καλοῦντος ὑμᾶς. 9 μικρὰ ζύμη ὅλον τὸ φύραμα ζυμοῖ. 10 ἐγὼ πέποιθα εἰς ὑμᾶς ἐν Κυρίῳ ὅτι οὐδὲν ἄλλο φρονήσετε· ὁ δὲ ταράσσων ὑμᾶς βαστάσει τὸ κρίμα, ὅστις ἐὰν ᾖ. 11 Ἐγὼ δέ, ἀδελφοί, εἰ περιτομὴν ἔτι κηρύσσω, τί ἔτι διώκομαι; ἄρα κατήργηται τὸ σκάνδαλον τοῦ σταυροῦ. 12 Ὄφελον καὶ ἀποκόψονται οἱ ἀναστατοῦντες ὑμᾶς.

ΠΡΟΣ ΓΑΛΑΤΑΣ

Guidelines for Fulfilling the Law by the Spirit

13 Ὑμεῖς γὰρ ἐπ' ἐλευθερίᾳ ἐκλήθητε, ἀδελφοί· μόνον μὴ τὴν ἐλευθερίαν εἰς ἀφορμὴν τῇ σαρκί, ἀλλὰ διὰ τῆς ἀγάπης δουλεύετε ἀλλήλοις. 14 ὁ γὰρ πᾶς νόμος ἐν ἑνὶ λόγῳ πεπλήρωται, ἐν τῷ Ἀγαπήσεις τὸν πλησίον σου ὡς σεαυτόν. 15 εἰ δὲ ἀλλήλους δάκνετε καὶ κατεσθίετε, βλέπετε μὴ ὑπ' ἀλλήλων ἀναλωθῆτε. 16 Λέγω δέ, Πνεύματι περιπατεῖτε καὶ ἐπιθυμίαν σαρκὸς οὐ μὴ τελέσητε. 17 ἡ γὰρ σὰρξ ἐπιθυμεῖ κατὰ τοῦ Πνεύματος, τὸ δὲ Πνεῦμα κατὰ τῆς σαρκός, ταῦτα [γὰρ] (δὲ) [ἀλλήλοις ἀντίκειται] (ἀντίκειται ἀλλήλοις), ἵνα μὴ ἃ ἐὰν θέλητε ταῦτα ποιῆτε. 18 εἰ δὲ Πνεύματι ἄγεσθε, οὐκ ἐστὲ ὑπὸ νόμον. 19 φανερὰ δέ ἐστιν τὰ ἔργα τῆς σαρκός, ἅτινά ἐστιν (μοιχεία) πορνεία, ἀκαθαρσία, ἀσέλγεια, 20 εἰδωλολατρεία, φαρμακεία, ἔχθραι, ἔρις, ζῆλος, θυμοί, ἐριθεῖαι, διχοστασίαι, αἱρέσεις, 21 φθόνοι (φόνοι), μέθαι, κῶμοι, καὶ τὰ ὅμοια τούτοις, ἃ προλέγω ὑμῖν καθὼς (καὶ) προεῖπον ὅτι οἱ τὰ τοιαῦτα πράσσοντες βασιλείαν Θεοῦ οὐ κληρονομήσουσιν. 22 ὁ δὲ καρπὸς τοῦ Πνεύματός ἐστιν ἀγάπη, χαρά, εἰρήνη, μακροθυμία, χρηστότης, ἀγαθωσύνη, πίστις, 23 πραΰτης, ἐγκράτεια· κατὰ τῶν τοιούτων οὐκ ἔστιν νόμος. 24 οἱ δὲ τοῦ Χριστοῦ [Ἰησοῦ] τὴν σάρκα ἐσταύρωσαν σὺν τοῖς παθήμασιν καὶ ταῖς ἐπιθυμίαις. 25 Εἰ ζῶμεν Πνεύματι, Πνεύματι καὶ στοιχῶμεν. 26 μὴ γινώμεθα κενόδοξοι, ἀλλήλους προκαλούμενοι, ἀλλήλοις φθονοῦντες.

Galatians 6

Bear One Another's Burdens

1 Ἀδελφοί, ἐὰν καὶ προλημφθῇ ἄνθρωπος ἔν τινι παραπτώματι, ὑμεῖς οἱ πνευματικοὶ καταρτίζετε τὸν τοιοῦτον ἐν πνεύματι πραΰτητος, σκοπῶν σεαυτόν, μὴ καὶ σὺ πειρασθῇς. 2 Ἀλλήλων τὰ βάρη βαστάζετε, καὶ οὕτως ἀναπληρώσετε τὸν νόμον τοῦ Χριστοῦ. 3 εἰ γὰρ δοκεῖ τις εἶναί τι μηδὲν ὤν (ἑαυτόν), φρεναπατᾷ [ἑαυτόν]. 4 τὸ δὲ ἔργον ἑαυτοῦ δοκιμαζέτω ἕκαστος, καὶ τότε εἰς ἑαυτὸν μόνον τὸ καύχημα ἕξει καὶ οὐκ εἰς τὸν ἕτερον· 5 ἕκαστος γὰρ τὸ ἴδιον φορτίον βαστάσει. 6 Κοινωνείτω δὲ ὁ κατηχούμενος τὸν λόγον τῷ κατηχοῦντι ἐν πᾶσιν ἀγαθοῖς. 7 Μὴ πλανᾶσθε, Θεὸς οὐ μυκτηρίζεται. ὃ γὰρ ἐὰν σπείρῃ ἄνθρωπος, τοῦτο καὶ θερίσει· 8 ὅτι ὁ σπείρων εἰς τὴν σάρκα ἑαυτοῦ ἐκ τῆς σαρκὸς θερίσει φθοράν, ὁ δὲ σπείρων εἰς τὸ Πνεῦμα ἐκ τοῦ Πνεύματος θερίσει ζωὴν αἰώνιον.

ΠΡΟΣ ΓΑΛΑΤΑΣ

9 τὸ δὲ καλὸν ποιοῦντες μὴ ἐνκακῶμεν· καιρῷ γὰρ ἰδίῳ θερίσομεν μὴ ἐκλυόμενοι. 10 Ἄρα οὖν ὡς καιρὸν ἔχωμεν, ἐργαζώμεθα τὸ ἀγαθὸν πρὸς πάντας, μάλιστα δὲ πρὸς τοὺς οἰκείους τῆς πίστεως.

Final Admonition and Benediction

11 Ἴδετε πηλίκοις ὑμῖν γράμμασιν ἔγραψα τῇ ἐμῇ χειρί. 12 Ὅσοι θέλουσιν εὐπροσωπῆσαι ἐν σαρκί, οὗτοι ἀναγκάζουσιν ὑμᾶς περιτέμνεσθαι, μόνον ἵνα τῷ σταυρῷ τοῦ Χριστοῦ μὴ διώκωνται. 13 οὐδὲ γὰρ οἱ περιτεμνόμενοι αὐτοὶ νόμον φυλάσσουσιν, ἀλλὰ θέλουσιν ὑμᾶς περιτέμνεσθαι ἵνα ἐν τῇ ὑμετέρᾳ σαρκὶ καυχήσωνται. 14 ἐμοὶ δὲ μὴ γένοιτο καυχᾶσθαι εἰ μὴ ἐν τῷ σταυρῷ τοῦ Κυρίου ἡμῶν Ἰησοῦ Χριστοῦ, δι' οὗ ἐμοὶ κόσμος ἐσταύρωται κἀγὼ κόσμῳ. 15 [οὔτε γὰρ περιτομή τί ἐστιν] (ἐν γὰρ Χριστῷ Ἰησοῦ οὔτε περιτομὴ τί ἰσχύει) οὔτε ἀκροβυστία, ἀλλὰ καινὴ κτίσις. 16 καὶ ὅσοι τῷ κανόνι τούτῳ στοιχήσουσιν, εἰρήνη ἐπ' αὐτοὺς καὶ ἔλεος, καὶ ἐπὶ τὸν Ἰσραὴλ τοῦ Θεοῦ.

17 Τοῦ λοιποῦ κόπους μοι μηδεὶς παρεχέτω· ἐγὼ γὰρ τὰ στίγματα τοῦ (Κυρίου) Ἰησοῦ ἐν τῷ σώματί μου βαστάζω.

18 Ἡ χάρις τοῦ Κυρίου ἡμῶν Ἰησοῦ Χριστοῦ μετὰ τοῦ πνεύματος ὑμῶν, ἀδελφοί· ἀμήν.

ΠΡΟΣ ΕΦΕΣΙΟΥΣ

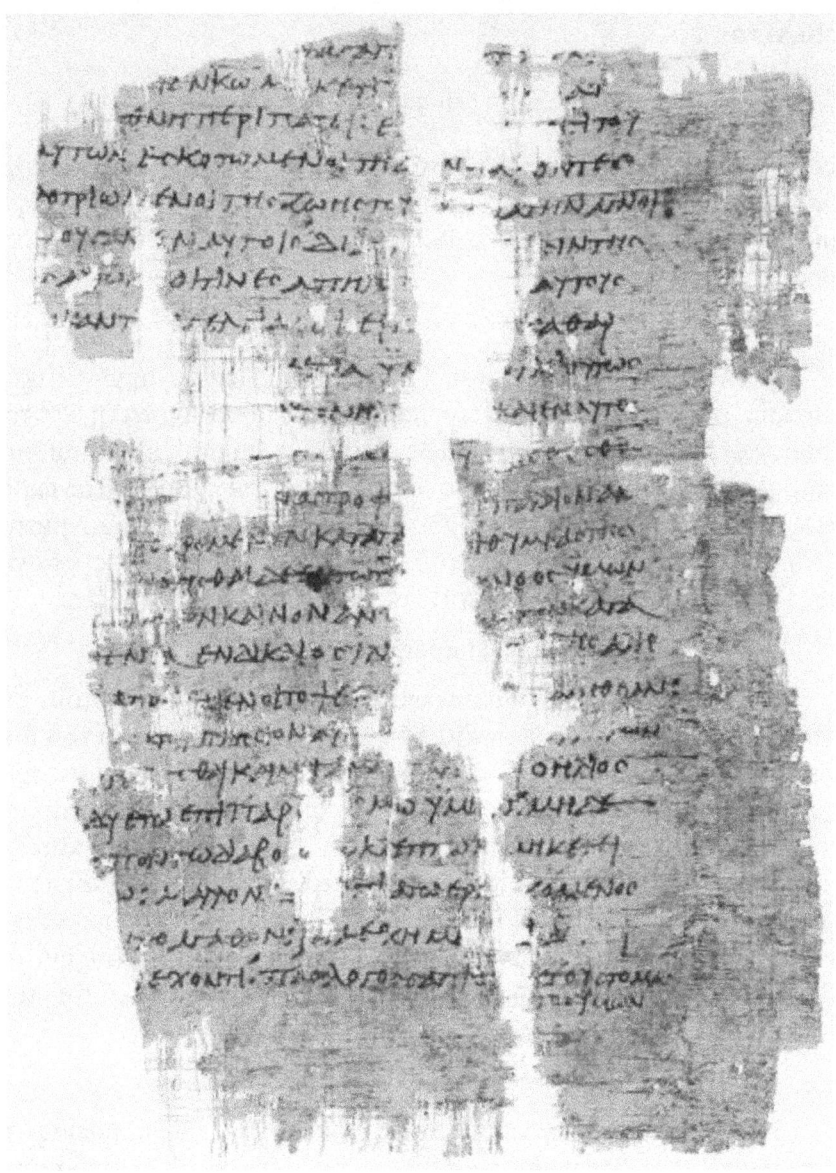

Papyrus 49, Yale 415
Date: c. 250
Yale University Library
Ephesians 4:16-29

ΠΡΟΣ ΕΦΕΣΙΟΥΣ

Ephesians 1

Salutation

1 Παῦλος ἀπόστολος [Χριστοῦ Ἰησοῦ] (Ἰησοῦ Χριστοῦ) διὰ θελήματος Θεοῦ τοῖς ἁγίοις τοῖς οὖσιν [*(ἐν Ἐφέσῳ)*] καὶ πιστοῖς ἐν Χριστῷ Ἰησοῦ· 2 χάρις ὑμῖν καὶ εἰρήνη ἀπὸ Θεοῦ Πατρὸς ἡμῶν καὶ Κυρίου Ἰησοῦ Χριστοῦ.

Chosen for Spiritual Blessing

3 Εὐλογητὸς ὁ Θεὸς καὶ Πατὴρ τοῦ Κυρίου ἡμῶν Ἰησοῦ Χριστοῦ, ὁ εὐλογήσας ἡμᾶς ἐν πάσῃ εὐλογίᾳ πνευματικῇ ἐν τοῖς ἐπουρανίοις ἐν Χριστῷ, 4 καθὼς ἐξελέξατο ἡμᾶς ἐν αὐτῷ πρὸ καταβολῆς κόσμου, εἶναι ἡμᾶς ἁγίους καὶ ἀμώμους κατενώπιον αὐτοῦ, ἐν ἀγάπῃ 5 προορίσας ἡμᾶς εἰς υἱοθεσίαν διὰ Ἰησοῦ Χριστοῦ εἰς αὐτόν, κατὰ τὴν εὐδοκίαν τοῦ θελήματος αὐτοῦ, 6 εἰς ἔπαινον δόξης τῆς χάριτος αὐτοῦ ἧς ἐχαρίτωσεν ἡμᾶς ἐν τῷ Ἠγαπημένῳ,

Redemption through Christ's Blood

7 ἐν ᾧ ἔχομεν τὴν ἀπολύτρωσιν διὰ τοῦ αἵματος αὐτοῦ, τὴν ἄφεσιν τῶν παραπτωμάτων, κατὰ τὸ πλοῦτος τῆς χάριτος αὐτοῦ 8 ἧς ἐπερίσσευσεν εἰς ἡμᾶς ἐν πάσῃ σοφίᾳ καὶ φρονήσει 9 γνωρίσας ἡμῖν τὸ μυστήριον τοῦ θελήματος αὐτοῦ, κατὰ τὴν εὐδοκίαν αὐτοῦ, ἣν προέθετο ἐν αὐτῷ 10 εἰς οἰκονομίαν τοῦ πληρώματος τῶν καιρῶν, ἀνακεφαλαιώσασθαι τὰ πάντα ἐν τῷ Χριστῷ, τὰ ἐπὶ τοῖς οὐρανοῖς καὶ τὰ ἐπὶ τῆς γῆς· ἐν αὐτῷ, 11 ἐν ᾧ καὶ ἐκληρώθημεν προορισθέντες κατὰ πρόθεσιν τοῦ τὰ πάντα ἐνεργοῦντος κατὰ τὴν βουλὴν τοῦ θελήματος αὐτοῦ, 12 εἰς τὸ εἶναι ἡμᾶς εἰς ἔπαινον δόξης αὐτοῦ τοὺς προηλπικότας ἐν τῷ Χριστῷ·

Sealed by the Holy Spirit

13 ἐν ᾧ καὶ ὑμεῖς, ἀκούσαντες τὸν λόγον τῆς ἀληθείας, τὸ εὐαγγέλιον τῆς σωτηρίας ὑμῶν, ἐν ᾧ καὶ πιστεύσαντες ἐσφραγίσθητε τῷ Πνεύματι τῆς ἐπαγγελίας τῷ Ἁγίῳ, 14 ὅς ἐστιν ἀρραβὼν τῆς κληρονομίας ἡμῶν, εἰς ἀπολύτρωσιν τῆς περιποιήσεως, εἰς ἔπαινον τῆς δόξης αὐτοῦ.

ΠΡΟΣ ΕΦΕΣΙΟΥΣ

Prayer for the Wisdom and Power of Christ

15 Διὰ τοῦτο κἀγώ, ἀκούσας τὴν καθ' ὑμᾶς πίστιν ἐν τῷ Κυρίῳ Ἰησοῦ καὶ τὴν ἀγάπην τὴν εἰς πάντας τοὺς ἁγίους, 16 οὐ παύομαι εὐχαριστῶν ὑπὲρ ὑμῶν μνείαν ποιούμενος ἐπὶ τῶν προσευχῶν μου, 17 ἵνα ὁ Θεὸς τοῦ Κυρίου ἡμῶν Ἰησοῦ Χριστοῦ, ὁ Πατὴρ τῆς δόξης, δώῃ ὑμῖν πνεῦμα σοφίας καὶ ἀποκαλύψεως ἐν ἐπιγνώσει αὐτοῦ, 18 πεφωτισμένους τοὺς ὀφθαλμοὺς τῆς [καρδίας] (διανοίας) ὑμῶν, εἰς τὸ εἰδέναι ὑμᾶς τίς ἐστιν ἡ ἐλπὶς τῆς κλήσεως αὐτοῦ, (καὶ) τίς ὁ πλοῦτος τῆς δόξης τῆς κληρονομίας αὐτοῦ ἐν τοῖς ἁγίοις, 19 καὶ τί τὸ ὑπερβάλλον μέγεθος τῆς δυνάμεως αὐτοῦ εἰς ἡμᾶς τοὺς πιστεύοντας κατὰ τὴν ἐνέργειαν τοῦ κράτους τῆς ἰσχύος αὐτοῦ, 20 ἣν ἐνήργηκεν ἐν τῷ Χριστῷ ἐγείρας αὐτὸν ἐκ νεκρῶν, καὶ [καθίσας] (ἐκάθισεν) ἐν δεξιᾷ αὐτοῦ ἐν τοῖς ἐπουρανίοις 21 ὑπεράνω πάσης ἀρχῆς καὶ ἐξουσίας καὶ δυνάμεως καὶ κυριότητος καὶ παντὸς ὀνόματος ὀνομαζομένου οὐ μόνον ἐν τῷ αἰῶνι τούτῳ ἀλλὰ καὶ ἐν τῷ μέλλοντι· 22 καὶ πάντα ὑπέταξεν ὑπὸ τοὺς πόδας αὐτοῦ, καὶ αὐτὸν ἔδωκεν κεφαλὴν ὑπὲρ πάντα τῇ ἐκκλησίᾳ, 23 ἥτις ἐστὶν τὸ σῶμα αὐτοῦ, τὸ πλήρωμα τοῦ [τὰ] πάντα ἐν πᾶσιν πληρουμένου.

Ephesians 2

Life in Christ through Grace

1 καὶ ὑμᾶς ὄντας νεκροὺς τοῖς παραπτώμασιν καὶ ταῖς ἁμαρτίαις [ὑμῶν], 2 ἐν αἷς ποτε περιεπατήσατε κατὰ τὸν αἰῶνα τοῦ κόσμου τούτου, κατὰ τὸν ἄρχοντα τῆς ἐξουσίας τοῦ ἀέρος, τοῦ πνεύματος τοῦ νῦν ἐνεργοῦντος ἐν τοῖς υἱοῖς τῆς ἀπειθείας· 3 ἐν οἷς καὶ ἡμεῖς πάντες ἀνεστράφημέν ποτε ἐν ταῖς ἐπιθυμίαις τῆς σαρκὸς ἡμῶν, ποιοῦντες τὰ θελήματα τῆς σαρκὸς καὶ τῶν διανοιῶν, καὶ ἤμεθα τέκνα φύσει ὀργῆς ὡς καὶ οἱ λοιποί· 4 ὁ δὲ Θεὸς πλούσιος ὢν ἐν ἐλέει, διὰ τὴν πολλὴν ἀγάπην αὐτοῦ ἣν ἠγάπησεν ἡμᾶς, 5 καὶ ὄντας ἡμᾶς νεκροὺς τοῖς παραπτώμασιν συνεζωοποίησεν τῷ Χριστῷ,— χάριτί ἐστε σεσῳσμένοι,— 6 καὶ συνήγειρεν καὶ συνεκάθισεν ἐν τοῖς ἐπουρανίοις ἐν Χριστῷ Ἰησοῦ, 7 ἵνα ἐνδείξηται ἐν τοῖς αἰῶσιν τοῖς ἐπερχομένοις [τὸ] (τὸν) ὑπερβάλλον πλοῦτος τῆς χάριτος αὐτοῦ ἐν χρηστότητι ἐφ' ἡμᾶς ἐν Χριστῷ Ἰησοῦ. 8 τῇ γὰρ χάριτί ἐστε σεσῳσμένοι διὰ πίστεως· καὶ τοῦτο οὐκ ἐξ ὑμῶν, Θεοῦ τὸ δῶρον· 9 οὐκ ἐξ ἔργων, ἵνα μή τις καυχήσηται. 10 αὐτοῦ γάρ ἐσμεν ποίημα, κτισθέντες ἐν Χριστῷ Ἰησοῦ ἐπὶ ἔργοις ἀγαθοῖς, οἷς προητοίμασεν ὁ Θεὸς ἵνα ἐν αὐτοῖςπεριπατήσωμεν.

ΠΡΟΣ ΕΦΕΣΙΟΥΣ

Jews and Gentiles United in Christ

11 Διὸ μνημονεύετε ὅτι [ποτὲ ὑμεῖς] (ὑμεῖς ποτὲ) τὰ ἔθνη ἐν σαρκί, οἱ λεγόμενοι ἀκροβυστία ὑπὸ τῆς λεγομένης περιτομῆς ἐν σαρκὶ χειροποιήτου, 12 ὅτι ἦτε τῷ καιρῷ ἐκείνῳ χωρὶς Χριστοῦ, ἀπηλλοτριωμένοι τῆς πολιτείας τοῦ Ἰσραὴλ καὶ ξένοι τῶν διαθηκῶν τῆς ἐπαγγελίας, ἐλπίδα μὴ ἔχοντες καὶ ἄθεοι ἐν τῷ κόσμῳ. 13 νυνὶ δὲ ἐν Χριστῷ Ἰησοῦ ὑμεῖς οἵ ποτε ὄντες μακρὰν ἐγενήθητε ἐγγὺς ἐν τῷ αἵματι τοῦ Χριστοῦ. 14 Αὐτὸς γάρ ἐστιν ἡ εἰρήνη ἡμῶν, ὁ ποιήσας τὰ ἀμφότερα ἓν καὶ τὸ μεσότοιχον τοῦ φραγμοῦ λύσας, τὴν ἔχθραν, ἐν τῇ σαρκὶ αὐτοῦ 15 τὸν νόμον τῶν ἐντολῶν ἐν δόγμασιν καταργήσας, ἵνα τοὺς δύο κτίσῃ ἐν αὐτῷ εἰς ἕνα καινὸν ἄνθρωπον ποιῶν εἰρήνην, 16 καὶ ἀποκαταλλάξῃ τοὺς ἀμφοτέρους ἐν ἑνὶ σώματι τῷ Θεῷ διὰ τοῦ σταυροῦ, ἀποκτείνας τὴν ἔχθραν ἐν αὐτῷ· 17 καὶ ἐλθὼν εὐηγγελίσατο εἰρήνην ὑμῖν τοῖς μακρὰν καὶ εἰρήνην τοῖς ἐγγύς· 18 ὅτι δι' αὐτοῦ ἔχομεν τὴν προσαγωγὴν οἱ ἀμφότεροι ἐν ἑνὶ Πνεύματι πρὸς τὸν Πατέρα. 19 ἄρα οὖν οὐκέτι ἐστὲ ξένοι καὶ πάροικοι, ἀλλὰ ἐστὲ συνπολῖται τῶν ἁγίων καὶ οἰκεῖοι τοῦ Θεοῦ, 20 ἐποικοδομηθέντες ἐπὶ τῷ θεμελίῳ τῶν ἀποστόλων καὶ προφητῶν, ὄντος ἀκρογωνιαίου αὐτοῦ [Χριστοῦ Ἰησοῦ] (Ἰησοῦ Χριστοῦ), 21 ἐν ᾧ πᾶσα οἰκοδομὴ συναρμολογουμένη αὔξει εἰς ναὸν ἅγιον ἐν Κυρίῳ, 22 ἐν ᾧ καὶ ὑμεῖς συνοικοδομεῖσθε εἰς κατοικητήριον τοῦ Θεοῦ ἐν Πνεύματι.

Ephesians 3

God's Plan for the Gentiles Revealed

1 Τούτου χάριν ἐγὼ Παῦλος ὁ δέσμιος τοῦ Χριστοῦ Ἰησοῦ ὑπὲρ ὑμῶν τῶν ἐθνῶν— 2 εἴ γε ἠκούσατε τὴν οἰκονομίαν τῆς χάριτος τοῦ Θεοῦ τῆς δοθείσης μοι εἰς ὑμᾶς, 3 ὅτι κατὰ ἀποκάλυψιν ἐγνωρίσθη μοι τὸ μυστήριον, καθὼς προέγραψα ἐν ὀλίγῳ, 4 πρὸς ὃ δύνασθε ἀναγινώσκοντες νοῆσαι τὴν σύνεσίν μου ἐν τῷ μυστηρίῳ τοῦ Χριστοῦ, 5 ὃ (ἐν) ἑτέραις γενεαῖς οὐκ ἐγνωρίσθη τοῖς υἱοῖς τῶν ἀνθρώπων ὡς νῦν ἀπεκαλύφθη τοῖς ἁγίοις ἀποστόλοις αὐτοῦ καὶ προφήταις ἐν Πνεύματι, 6 εἶναι τὰ ἔθνη συνκληρονόμα καὶ σύνσωμα καὶ συνμέτοχα τῆς ἐπαγγελίας ἐν (τῷ) Χριστῷ [Ἰησοῦ] διὰ τοῦ εὐαγγελίου, 7 οὗ ἐγενήθην διάκονος κατὰ τὴν δωρεὰν τῆς χάριτος τοῦ Θεοῦ τῆς δοθείσης μοι κατὰ τὴν ἐνέργειαν τῆς δυνάμεως αὐτοῦ.

ΠΡΟΣ ΕΦΕΣΙΟΥΣ

8 ἐμοὶ τῷ ἐλαχιστοτέρῳ πάντων ἁγίων ἐδόθη ἡ χάρις αὕτη, (ἐν) τοῖς ἔθνεσιν εὐαγγελίσασθαι τὸ ἀνεξιχνίαστον πλοῦτος τοῦ Χριστοῦ, 9 καὶ φωτίσαι (πάντας) τίς ἡ οἰκονομία τοῦ μυστηρίου τοῦ ἀποκεκρυμμένου ἀπὸ τῶν αἰώνων ἐν τῷ Θεῷ τῷ τὰ πάντα κτίσαντι (διὰ Ἰησοῦ Χριστοῦ), 10 ἵνα γνωρισθῇ νῦν ταῖς ἀρχαῖς καὶ ταῖς ἐξουσίαις ἐν τοῖς ἐπουρανίοις διὰ τῆς ἐκκλησίας ἡ πολυποίκιλος σοφία τοῦ Θεοῦ, 11 κατὰ πρόθεσιν τῶν αἰώνων ἣν ἐποίησεν ἐν τῷ Χριστῷ Ἰησοῦ τῷ Κυρίῳ ἡμῶν, 12 ἐν ᾧ ἔχομεν τὴν παρρησίαν καὶ προσαγωγὴν ἐν πεποιθήσει διὰ τῆς πίστεως αὐτοῦ. 13 διὸ αἰτοῦμαι μὴ ἐνκακεῖν ἐν ταῖς θλίψεσίν μου ὑπὲρ ὑμῶν, ἥτις ἐστὶν δόξα ὑμῶν.

Prayer to Experience Christ's Strength and Love

14 Τούτου χάριν κάμπτω τὰ γόνατά μου πρὸς τὸν Πατέρα (οὗ Κυρίου ἡμῶν Ἰησοῦ Χριστοῦ), 15 ἐξ οὗ πᾶσα πατριὰ ἐν οὐρανοῖς καὶ ἐπὶ γῆς ὀνομάζεται, 16 ἵνα δῷ ὑμῖν κατὰ τὸ πλοῦτος τῆς δόξης αὐτοῦ δυνάμει κραταιωθῆναι διὰ τοῦ Πνεύματος αὐτοῦ εἰς τὸν ἔσω ἄνθρωπον, 17 κατοικῆσαι τὸν Χριστὸν διὰ τῆς πίστεως ἐν ταῖς καρδίαις ὑμῶν, ἐν ἀγάπῃ ἐρριζωμένοι καὶ τεθεμελιωμένοι, 18 ἵνα ἐξισχύσητε καταλαβέσθαι σὺν πᾶσιν τοῖς ἁγίοις τί τὸ πλάτος καὶ μῆκος [καὶ ὕψος καὶ βάθος] (καὶ βάθος καὶ ὕψος), 19 γνῶναί τε τὴν ὑπερβάλλουσαν τῆς γνώσεως ἀγάπην τοῦ Χριστοῦ, ἵνα πληρωθῆτε εἰς πᾶν τὸ πλήρωμα τοῦ Θεοῦ.

20 Τῷ δὲ δυναμένῳ ὑπὲρ πάντα ποιῆσαι ὑπερεκπερισσοῦ ὧν αἰτούμεθα ἢ νοοῦμεν κατὰ τὴν δύναμιν τὴν ἐνεργουμένην ἐν ἡμῖν, 21 αὐτῷ ἡ δόξα ἐν τῇ ἐκκλησίᾳ καὶ ἐν Χριστῷ Ἰησοῦ εἰς πάσας τὰς γενεὰς τοῦ αἰῶνος τῶν αἰώνων· ἀμήν.

Ephesians 4

Unity in the Body of Christ

1 Παρακαλῶ οὖν ὑμᾶς ἐγὼ ὁ δέσμιος ἐν Κυρίῳ ἀξίως περιπατῆσαι τῆς κλήσεως ἧς ἐκλήθητε, 2 μετὰ πάσης ταπεινοφροσύνης καὶ πραΰτητος, μετὰ μακροθυμίας, ἀνεχόμενοι ἀλλήλων ἐν ἀγάπῃ, 3 σπουδάζοντες τηρεῖν τὴν ἑνότητα τοῦ Πνεύματος ἐν τῷ συνδέσμῳ τῆς εἰρήνης· 4 ἓν σῶμα καὶ ἓν Πνεῦμα, καθὼς καὶ ἐκλήθητε ἐν μιᾷ ἐλπίδι τῆς κλήσεως ὑμῶν· 5 εἷς Κύριος, μία πίστις, ἓν βάπτισμα· 6 εἷς Θεὸς καὶ Πατὴρ πάντων, ὁ ἐπὶ πάντων καὶ διὰ πάντων καὶ ἐν πᾶσιν (ὑμῖν).

ΠΡΟΣ ΕΦΕΣΙΟΥΣ

Unified Building by the Gifts of the Spirit

7 Ἑνὶ δὲ ἑκάστῳ ἡμῶν ἐδόθη ἡ χάρις κατὰ τὸ μέτρον τῆς δωρεᾶς τοῦ Χριστοῦ. 8 διὸ λέγει

Ἀναβὰς εἰς ὕψος ᾐχμαλώτευσεν αἰχμαλωσίαν,
ἔδωκεν δόματα τοῖς ἀνθρώποις.

9 τὸ δὲ Ἀνέβη τί ἐστιν εἰ μὴ ὅτι καὶ κατέβη (πρῶτον) εἰς τὰ κατώτερα μέρη τῆς γῆς; 10 ὁ καταβὰς αὐτός ἐστιν καὶ ὁ ἀναβὰς ὑπεράνω πάντων τῶν οὐρανῶν, ἵνα πληρώσῃ τὰ πάντα. 11 καὶ αὐτὸς ἔδωκεν τοὺς μὲν ἀποστόλους, τοὺς δὲ προφήτας, τοὺς δὲ εὐαγγελιστάς, τοὺς δὲ ποιμένας καὶ διδασκάλους, 12 πρὸς τὸν καταρτισμὸν τῶν ἁγίων εἰς ἔργον διακονίας, εἰς οἰκοδομὴν τοῦ σώματος τοῦ Χριστοῦ, 13 μέχρι καταντήσωμεν οἱ πάντες εἰς τὴν ἑνότητα τῆς πίστεως καὶ τῆς ἐπιγνώσεως τοῦ Υἱοῦ τοῦ Θεοῦ, εἰς ἄνδρα τέλειον, εἰς μέτρον ἡλικίας τοῦ πληρώματος τοῦ Χριστοῦ, 14 ἵνα μηκέτι ὦμεν νήπιοι, κλυδωνιζόμενοι καὶ περιφερόμενοι παντὶ ἀνέμῳ τῆς διδασκαλίας ἐν τῇ κυβίᾳ τῶν ἀνθρώπων ἐν πανουργίᾳ πρὸς τὴν μεθοδίαν τῆς πλάνης, 15 ἀληθεύοντες δὲ ἐν ἀγάπῃ αὐξήσωμεν εἰς αὐτὸν τὰ πάντα, ὅς ἐστιν ἡ κεφαλή, (ὁ) Χριστός, 16 ἐξ οὗ πᾶν τὸ σῶμα συναρμολογούμενον καὶ συνβιβαζόμενον διὰ πάσης ἁφῆς τῆς ἐπιχορηγίας κατ' ἐνέργειαν ἐν μέτρῳ ἑνὸς ἑκάστου μέρους τὴν αὔξησιν τοῦ σώματος ποιεῖται εἰς οἰκοδομὴν ἑαυτοῦ ἐν ἀγάπῃ.

Exhortation to Live the New Life

17 Τοῦτο οὖν λέγω καὶ μαρτύρομαι ἐν Κυρίῳ, μηκέτι ὑμᾶς περιπατεῖν καθὼς καὶ τὰ (λοιπὰ) ἔθνη περιπατεῖ ἐν ματαιότητι τοῦ νοὸς αὐτῶν, 18 ἐσκοτωμένοι τῇ διανοίᾳ ὄντες, ἀπηλλοτριωμένοι τῆς ζωῆς τοῦ Θεοῦ, διὰ τὴν ἄγνοιαν τὴν οὖσαν ἐν αὐτοῖς, διὰ τὴν πώρωσιν τῆς καρδίας αὐτῶν, 19 οἵτινες ἀπηλγηκότες ἑαυτοὺς παρέδωκαν τῇ ἀσελγείᾳ εἰς ἐργασίαν ἀκαθαρσίας πάσης ἐν πλεονεξίᾳ. 20 ὑμεῖς δὲ οὐχ οὕτως ἐμάθετε τὸν Χριστόν, 21 εἴ γε αὐτὸν ἠκούσατε καὶ ἐν αὐτῷ ἐδιδάχθητε, καθώς ἐστιν ἀλήθεια ἐν τῷ Ἰησοῦ, 22 ἀποθέσθαι ὑμᾶς κατὰ τὴν προτέραν ἀναστροφὴν τὸν παλαιὸν ἄνθρωπον τὸν φθειρόμενον κατὰ τὰς ἐπιθυμίας τῆς ἀπάτης, 23 ἀνανεοῦσθαι δὲ τῷ πνεύματι τοῦ νοὸς ὑμῶν, 24 καὶ ἐνδύσασθαι τὸν καινὸν ἄνθρωπον τὸν κατὰ Θεὸν κτισθέντα ἐν δικαιοσύνῃ καὶ ὁσιότητι τῆς ἀληθείας.

ΠΡΟΣ ΕΦΕΣΙΟΥΣ

Vices that Grieve the Spirit

25 Διὸ ἀποθέμενοι τὸ ψεῦδος λαλεῖτε ἀλήθειαν ἕκαστος μετὰ τοῦ πλησίον αὐτοῦ, ὅτι ἐσμὲν ἀλλήλων μέλη. 26 ὀργίζεσθε καὶ μὴ ἁμαρτάνετε· ὁ ἥλιος μὴ ἐπιδυέτω ἐπὶ παροργισμῷ ὑμῶν, 27 μηδὲ δίδοτε τόπον τῷ διαβόλῳ. 28 ὁ κλέπτων μηκέτι κλεπτέτω, μᾶλλον δὲ κοπιάτω ἐργαζόμενος [ταῖς ἰδίαις χερσὶν τὸ ἀγαθόν] (τὸ ἀγαθόν ταῖς χερσὶν), ἵνα ἔχῃ μεταδιδόναι τῷ χρείαν ἔχοντι. 29 πᾶς λόγος σαπρὸς ἐκ τοῦ στόματος ὑμῶν μὴ ἐκπορευέσθω, ἀλλὰ εἴ τις ἀγαθὸς πρὸς οἰκοδομὴν τῆς χρείας, ἵνα δῷ χάριν τοῖς ἀκούουσιν. 30 καὶ μὴ λυπεῖτε τὸ Πνεῦμα τὸ Ἅγιον τοῦ Θεοῦ, ἐν ᾧ ἐσφραγίσθητε εἰς ἡμέραν ἀπολυτρώσεως. 31 πᾶσα πικρία καὶ θυμὸς καὶ ὀργὴ καὶ κραυγὴ καὶ βλασφημία ἀρθήτω ἀφ' ὑμῶν σὺν πάσῃ κακίᾳ. 32 γίνεσθε δὲ εἰς ἀλλήλους χρηστοί, εὔσπλαγχνοι, χαριζόμενοι ἑαυτοῖς καθὼς καὶ ὁ Θεὸς ἐν Χριστῷ ἐχαρίσατο ὑμῖν.

Ephesians 5

Walk in Love and Obedience

1 γίνεσθε οὖν μιμηταὶ τοῦ Θεοῦ, ὡς τέκνα ἀγαπητά, 2 καὶ περιπατεῖτε ἐν ἀγάπῃ, καθὼς καὶ ὁ Χριστὸς ἠγάπησεν ὑμᾶς καὶ παρέδωκεν ἑαυτὸν ὑπὲρ ἡμῶν προσφορὰν καὶ θυσίαν τῷ Θεῷ εἰς ὀσμὴν εὐωδίας. 3 Πορνεία δὲ καὶ [ἀκαθαρσία πᾶσα] (πᾶσα ἀκαθαρσία) ἢ πλεονεξία μηδὲ ὀνομαζέσθω ἐν ὑμῖν, καθὼς πρέπει ἁγίοις, 4 καὶ αἰσχρότης καὶ μωρολογία ἢ εὐτραπελία, ἃ οὐκ ἀνῆκεν, ἀλλὰ μᾶλλον εὐχαριστία. 5 τοῦτο γὰρ ἴστε γινώσκοντες, ὅτι πᾶς πόρνος ἢ ἀκάθαρτος ἢ πλεονέκτης, ὅ ἐστιν εἰδωλολάτρης, οὐκ ἔχει κληρονομίαν ἐν τῇ βασιλείᾳ τοῦ Χριστοῦ καὶ Θεοῦ. 6 Μηδεὶς ὑμᾶς ἀπατάτω κενοῖς λόγοις· διὰ ταῦτα γὰρ ἔρχεται ἡ ὀργὴ τοῦ Θεοῦ ἐπὶ τοὺς υἱοὺς τῆς ἀπειθείας. 7 μὴ οὖν γίνεσθε συμμέτοχοι αὐτῶν·

Walk as Children of Light

8 ἦτε γάρ ποτε σκότος, νῦν δὲ φῶς ἐν Κυρίῳ· ὡς τέκνα φωτὸς περιπατεῖτε, 9 —ὁ γὰρ καρπὸς [τοῦ φωτὸς] (τοῦ Πνεύματος) ἐν πάσῃ ἀγαθωσύνῃ καὶ δικαιοσύνῃ καὶ ἀληθείᾳ, 10 —δοκιμάζοντες τί ἐστιν εὐάρεστον τῷ Κυρίῳ, 11 καὶ μὴ συνκοινωνεῖτε τοῖς ἔργοις τοῖς ἀκάρποις τοῦ σκότους, μᾶλλον δὲ καὶ ἐλέγχετε, 12 τὰ γὰρ κρυφῇ γινόμενα ὑπ' αὐτῶν αἰσχρόν ἐστιν καὶ λέγειν· 13 τὰ δὲ πάντα ἐλεγχόμενα ὑπὸ τοῦ φωτὸς φανεροῦται· πᾶν γὰρ τὸ φανερούμενον φῶς ἐστιν. 14 διὸ λέγει

ΠΡΟΣ ΕΦΕΣΙΟΥΣ

Ἔγειρε, ὁ καθεύδων,
καὶ ἀνάστα ἐκ τῶν νεκρῶν,
καὶ ἐπιφαύσει σοι ὁ Χριστός.

15 Βλέπετε οὖν [ἀκριβῶς πῶς] (πῶς ἀκριβῶς) περιπατεῖτε, μὴ ὡς ἄσοφοι ἀλλ' ὡς σοφοί, 16 ἐξαγοραζόμενοι τὸν καιρόν, ὅτι αἱ ἡμέραι πονηραί εἰσιν. 17 διὰ τοῦτο μὴ γίνεσθε ἄφρονες, ἀλλὰ συνίετε τί τὸ θέλημα τοῦ Κυρίου. 18 καὶ μὴ μεθύσκεσθε οἴνῳ, ἐν ᾧ ἐστιν ἀσωτία, ἀλλὰ πληροῦσθε ἐν Πνεύματι, 19 λαλοῦντες ἑαυτοῖς ψαλμοῖς καὶ ὕμνοις καὶ ᾠδαῖς πνευματικαῖς, ᾄδοντες καὶ ψάλλοντες (ἐν) τῇ καρδίᾳ ὑμῶν τῷ Κυρίῳ, 20 εὐχαριστοῦντες πάντοτε ὑπὲρ πάντων ἐν ὀνόματι τοῦ Κυρίου ἡμῶν Ἰησοῦ Χριστοῦ τῷ Θεῷ καὶ Πατρί, 21 ὑποτασσόμενοι ἀλλήλοις ἐν φόβῳ [Χριστοῦ] (Θεοῦ).

Submission in Marriage

22 Αἱ γυναῖκες τοῖς ἰδίοις ἀνδράσιν (ὑποτάσσεσθε) ὡς τῷ Κυρίῳ, 23 ὅτι ἀνήρ ἐστιν κεφαλὴ τῆς γυναικὸς ὡς καὶ ὁ Χριστὸς κεφαλὴ τῆς ἐκκλησίας, (καὶ) αὐτὸς (ἐστίν) σωτὴρ τοῦ σώματος. 24 ἀλλὰ [ὡς] (ὥσπερ) ἡ ἐκκλησία ὑποτάσσεται τῷ Χριστῷ, οὕτως καὶ αἱ γυναῖκες τοῖς (ἰδίοις) ἀνδράσιν ἐν παντί. 25 Οἱ ἄνδρες, ἀγαπᾶτε τὰς γυναῖκας (ἑαυτῶν), καθὼς καὶ ὁ Χριστὸς ἠγάπησεν τὴν ἐκκλησίαν καὶ ἑαυτὸν παρέδωκεν ὑπὲρ αὐτῆς, 26 ἵνα αὐτὴν ἁγιάσῃ καθαρίσας τῷ λουτρῷ τοῦ ὕδατος ἐν ῥήματι, 27 ἵνα παραστήσῃ αὐτὸς ἑαυτῷ ἔνδοξον τὴν ἐκκλησίαν, μὴ ἔχουσαν σπίλον ἢ ῥυτίδα ἤ τι τῶν τοιούτων, ἀλλ' ἵνα ᾖ ἁγία καὶ ἄμωμος. 28 οὕτως ὀφείλουσιν καὶ οἱ ἄνδρες ἀγαπᾶν τὰς ἑαυτῶν γυναῖκας ὡς τὰ ἑαυτῶν σώματα. ὁ ἀγαπῶν τὴν ἑαυτοῦ γυναῖκα ἑαυτὸν ἀγαπᾷ· 29 οὐδεὶς γάρ ποτε τὴν ἑαυτοῦ σάρκα ἐμίσησεν, ἀλλὰ ἐκτρέφει καὶ θάλπει αὐτήν, καθὼς καὶ ὁ Χριστὸς τὴν ἐκκλησίαν, 30 ὅτι μέλη ἐσμὲν τοῦ σώματος αὐτοῦ (ἐκ τῆς σαρκός αὐτοῦ, καί ἐκ τῶν ὀστέων αὐτοῦ). 31 ἀντὶ τούτου καταλείψει ἄνθρωπος τὸν πατέρα (αὐτοῦ) καὶ τὴν μητέρα καὶ προσκολληθήσεται πρὸς τὴν γυναῖκα αὐτοῦ, καὶ ἔσονται οἱ δύο εἰς σάρκα μίαν. 32 τὸ μυστήριον τοῦτο μέγα ἐστίν, ἐγὼ δὲ λέγω εἰς Χριστὸν καὶ εἰς τὴν ἐκκλησίαν. 33 πλὴν καὶ ὑμεῖς οἱ καθ' ἕνα ἕκαστος τὴν ἑαυτοῦ γυναῖκα οὕτως ἀγαπάτω ὡς ἑαυτόν, ἡ δὲ γυνὴ ἵνα φοβῆται τὸν ἄνδρα.

ΠΡΟΣ ΕΦΕΣΙΟΥΣ

Ephesians 6

Submission within the Family

1 Τὰ τέκνα, ὑπακούετε τοῖς γονεῦσιν ὑμῶν ἐν Κυρίῳ· τοῦτο γάρ ἐστιν δίκαιον. 2 τίμα τὸν πατέρα σου καὶ τὴν μητέρα, ἥτις ἐστὶν ἐντολὴ πρώτη ἐν ἐπαγγελίᾳ, 3 ἵνα εὖ σοι γένηται καὶ ἔσῃ μακροχρόνιος ἐπὶ τῆς γῆς. 4 Καὶ οἱ πατέρες, μὴ παροργίζετε τὰ τέκνα ὑμῶν, ἀλλὰ ἐκτρέφετε αὐτὰ ἐν παιδείᾳ καὶ νουθεσίᾳ Κυρίου.

Submission in Service

5 Οἱ δοῦλοι, ὑπακούετε τοῖς (κυρίοις) κατὰ σάρκα [κυρίοις] μετὰ φόβου καὶ τρόμου ἐν ἁπλότητι τῆς καρδίας ὑμῶν ὡς τῷ Χριστῷ, 6 μὴ κατ' ὀφθαλμοδουλίαν ὡς ἀνθρωπάρεσκοι, ἀλλ' ὡς δοῦλοι Χριστοῦ ποιοῦντες τὸ θέλημα τοῦ Θεοῦ ἐκ ψυχῆς, 7 μετ' εὐνοίας δουλεύοντες, ὡς τῷ Κυρίῳ καὶ οὐκ ἀνθρώποις, 8 εἰδότες ὅτι [ἕκαστος] ἐάν τι (ἕκαστος) ποιήσῃ ἀγαθόν, τοῦτο κομίσεται παρὰ Κυρίου, εἴτε δοῦλος εἴτε ἐλεύθερος. 9 Καὶ οἱ κύριοι, τὰ αὐτὰ ποιεῖτε πρὸς αὐτούς, ἀνιέντες τὴν ἀπειλήν, εἰδότες ὅτι καὶ αὐτῶν καὶ ὑμῶν ὁ Κύριός ἐστιν ἐν οὐρανοῖς, καὶ προσωπολημψία οὐκ ἔστιν παρ' αὐτῷ.

The Armor of God

10 Τοῦ λοιποῦ (ἀδελφοί μου), ἐνδυναμοῦσθε ἐν Κυρίῳ καὶ ἐν τῷ κράτει τῆς ἰσχύος αὐτοῦ. 11 ἐνδύσασθε τὴν πανοπλίαν τοῦ Θεοῦ πρὸς τὸ δύνασθαι ὑμᾶς στῆναι πρὸς τὰς μεθοδίας τοῦ διαβόλου· 12 ὅτι οὐκ ἔστιν ἡμῖν ἡ πάλη πρὸς αἷμα καὶ σάρκα, ἀλλὰ πρὸς τὰς ἀρχάς, πρὸς τὰς ἐξουσίας, πρὸς τοὺς κοσμοκράτορας τοῦ σκότους (τοῦ αἰῶνος) τούτου, πρὸς τὰ πνευματικὰ τῆς πονηρίας ἐν τοῖς ἐπουρανίοις. 13 διὰ τοῦτο ἀναλάβετε τὴν πανοπλίαν τοῦ Θεοῦ, ἵνα δυνηθῆτε ἀντιστῆναι ἐν τῇ ἡμέρᾳ τῇ πονηρᾷ καὶ ἅπαντα κατεργασάμενοι στῆναι. 14 στῆτε οὖν περιζωσάμενοι τὴν ὀσφὺν ὑμῶν ἐν ἀληθείᾳ, καὶ ἐνδυσάμενοι τὸν θώρακα τῆς δικαιοσύνης, 15 καὶ ὑποδησάμενοι τοὺς πόδας ἐν ἑτοιμασίᾳ τοῦ εὐαγγελίου τῆς εἰρήνης, 16 ἐν πᾶσιν ἀναλαβόντες τὸν θυρεὸν τῆς πίστεως, ἐν ᾧ δυνήσεσθε πάντα τὰ βέλη τοῦ πονηροῦ τὰ πεπυρωμένα σβέσαι· 17 καὶ τὴν περικεφαλαίαν τοῦ σωτηρίου δέξασθε, καὶ τὴν μάχαιραν τοῦ Πνεύματος, ὅ ἐστιν ῥῆμα Θεοῦ,

ΠΡΟΣ ΕΦΕΣΙΟΥΣ

18 διὰ πάσης προσευχῆς καὶ δεήσεως, προσευχόμενοι ἐν παντὶ καιρῷ ἐν Πνεύματι, καὶ εἰς αὐτὸ (τοῦτο) ἀγρυπνοῦντες ἐν πάσῃ προσκαρτερήσει καὶ δεήσει περὶ πάντων τῶν ἁγίων, 19 καὶ ὑπὲρ ἐμοῦ, ἵνα μοι δοθῇ λόγος ἐν ἀνοίξει τοῦ στόματός μου, ἐν παρρησίᾳ γνωρίσαι τὸ μυστήριον τοῦ εὐαγγελίου, 20 ὑπὲρ οὗ πρεσβεύω ἐν ἁλύσει, ἵνα ἐν αὐτῷ παρρησιάσωμαι ὡς δεῖ με λαλῆσαι.

Closing and Benediction

21 Ἵνα δὲ εἰδῆτε καὶ ὑμεῖς τὰ κατ' ἐμέ, τί πράσσω, πάντα γνωρίσει ὑμῖν Τυχικὸς ὁ ἀγαπητὸς ἀδελφὸς καὶ πιστὸς διάκονος ἐν Κυρίῳ, 22 ὃν ἔπεμψα πρὸς ὑμᾶς εἰς αὐτὸ τοῦτο, ἵνα γνῶτε τὰ περὶ ἡμῶν καὶ παρακαλέσῃ τὰς καρδίας ὑμῶν.

23 Εἰρήνη τοῖς ἀδελφοῖς καὶ ἀγάπη μετὰ πίστεως ἀπὸ Θεοῦ Πατρὸς καὶ Κυρίου Ἰησοῦ Χριστοῦ. 24 ἡ χάρις μετὰ πάντων τῶν ἀγαπώντων τὸν Κύριον ἡμῶν Ἰησοῦν Χριστὸν ἐν ἀφθαρσίᾳ.

ΠΡΟΣ ΦΙΛΙΠΠΗΣΙΟΥΣ

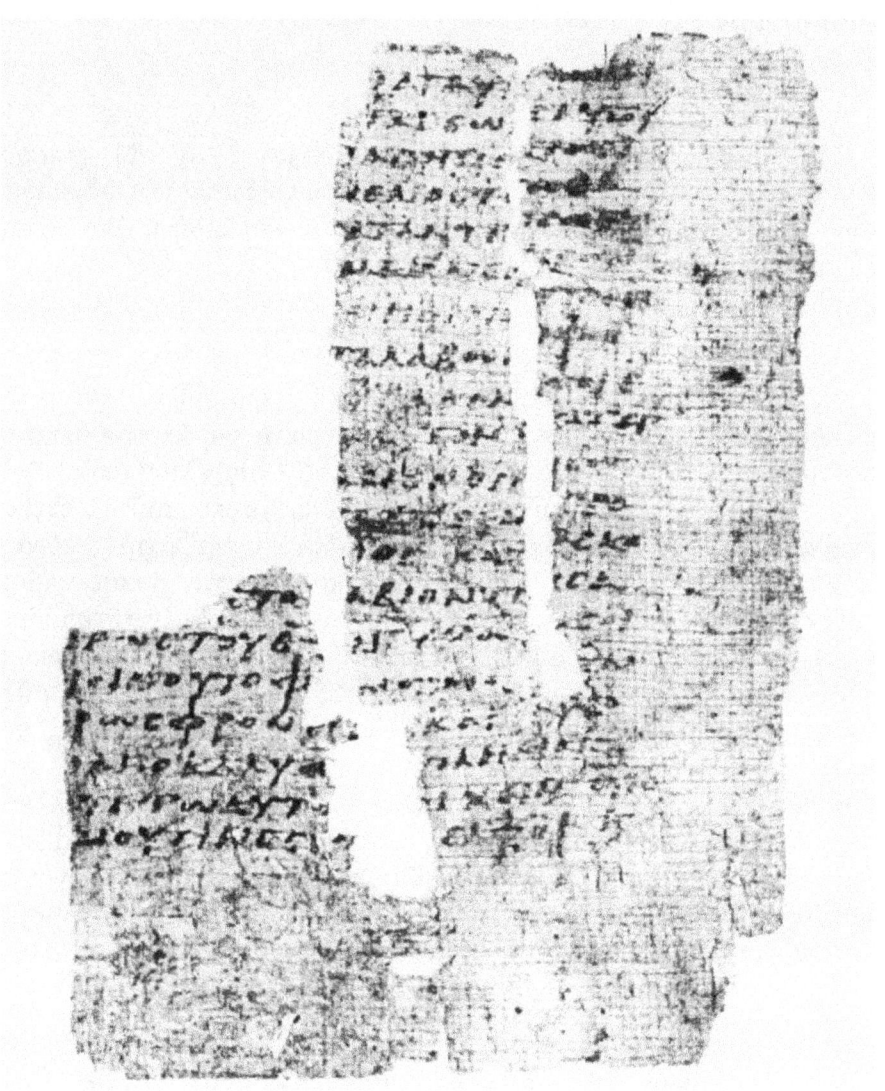

Papyrus 16, P. Oxy. 1009
Date: c. 300
Egypt Museum, Cairo, JE 47424
Philippians 3:10–17, 4:2–8

ΠΡΟΣ ΦΙΛΙΠΠΗΣΙΟΥΣ

Philippians 1

Salutation

1 Παῦλος καὶ Τιμόθεος δοῦλοι [Χριστοῦ Ἰησοῦ] (Ἰησοῦ Χριστοῦ) πᾶσιν τοῖς ἁγίοις ἐν Χριστῷ Ἰησοῦ τοῖς οὖσιν ἐν Φιλίπποις σὺν ἐπισκόποις καὶ διακόνοις· 2 χάρις ὑμῖν καὶ εἰρήνη ἀπὸ Θεοῦ Πατρὸς ἡμῶν καὶ Κυρίου Ἰησοῦ Χριστοῦ.

Prayer of Thanksgiving and Praise

3 Εὐχαριστῶ τῷ Θεῷ μου ἐπὶ πάσῃ τῇ μνείᾳ ὑμῶν, 4 πάντοτε ἐν πάσῃ δεήσει μου ὑπὲρ πάντων ὑμῶν μετὰ χαρᾶς τὴν δέησιν ποιούμενος, 5 ἐπὶ τῇ κοινωνίᾳ ὑμῶν εἰς τὸ εὐαγγέλιον ἀπὸ [τῆς] πρώτης ἡμέρας ἄχρι τοῦ νῦν, 6 πεποιθὼς αὐτὸ τοῦτο, ὅτι ὁ ἐναρξάμενος ἐν ὑμῖν ἔργον ἀγαθὸν ἐπιτελέσει ἄχρι ἡμέρας [Χριστοῦ Ἰησοῦ] (Ἰησοῦ· Χριστοῦ)· 7 καθώς ἐστιν δίκαιον ἐμοὶ τοῦτο φρονεῖν ὑπὲρ πάντων ὑμῶν, διὰ τὸ ἔχειν με ἐν τῇ καρδίᾳ ὑμᾶς, ἔν τε τοῖς δεσμοῖς μου καὶ [ἐν] τῇ ἀπολογίᾳ καὶ βεβαιώσει τοῦ εὐαγγελίου συνκοινωνούς μου τῆς χάριτος πάντας ὑμᾶς ὄντας. 8 μάρτυς γάρ μου ὁ Θεός, ὡς ἐπιποθῶ πάντας ὑμᾶς ἐν σπλάγχνοις [Χριστοῦ Ἰησοῦ] (Ἰησοῦ Χριστοῦ). 9 καὶ τοῦτο προσεύχομαι, ἵνα ἡ ἀγάπη ὑμῶν ἔτι μᾶλλον καὶ μᾶλλον περισσεύῃ ἐν ἐπιγνώσει καὶ πάσῃ αἰσθήσει, 10 εἰς τὸ δοκιμάζειν ὑμᾶς τὰ διαφέροντα, ἵνα ἦτε εἰλικρινεῖς καὶ ἀπρόσκοποι εἰς ἡμέραν Χριστοῦ, 11 πεπληρωμένοι καρπὸν δικαιοσύνης τὸν διὰ Ἰησοῦ Χριστοῦ, εἰς δόξαν καὶ ἔπαινον Θεοῦ.

The Gospel Advances in the Midst of Conflict

12 Γινώσκειν δὲ ὑμᾶς βούλομαι, ἀδελφοί, ὅτι τὰ κατ' ἐμὲ μᾶλλον εἰς προκοπὴν τοῦ εὐαγγελίου ἐλήλυθεν, 13 ὥστε τοὺς δεσμούς μου φανεροὺς ἐν Χριστῷ γενέσθαι ἐν ὅλῳ τῷ πραιτωρίῳ καὶ τοῖς λοιποῖς πᾶσιν, 14 καὶ τοὺς πλείονας τῶν ἀδελφῶν ἐν Κυρίῳ πεποιθότας τοῖς δεσμοῖς μου περισσοτέρως τολμᾶν ἀφόβως τὸν λόγον [τοῦ Θεοῦ] λαλεῖν. 15 Τινὲς μὲν καὶ διὰ φθόνον καὶ ἔριν, τινὲς δὲ καὶ δι' εὐδοκίαν τὸν Χριστὸν κηρύσσουσιν

ΠΡΟΣ ΦΙΛΙΠΠΗΣΙΟΥΣ

16 [οἱ μὲν ἐξ ἀγάπης, εἰδότες ὅτι εἰς ἀπολογίαν τοῦ εὐαγγελίου κεῖμαι] (οἱ μὲν ἐξ ἐριθείας τὸν Χριστὸν καταγγέλλουσιν, οὐχ ἁγνῶς, οἰόμενοι θλῖψιν ἐπιφέρειν τοῖς δεσμοῖς μου·), 17 [οἱ δὲ ἐξ ἐριθείας τὸν Χριστὸν καταγγέλλουσιν, οὐχ ἁγνῶς, οἰόμενοι θλῖψιν ἐγείρειν τοῖς δεσμοῖς μου] (οἱ δὲ ἐξ ἀγάπης, εἰδότες ὅτι εἰς ἀπολογίαν τοῦ εὐαγγελίου κεῖμαι). 18 τί γάρ; πλὴν [ὅτι] παντὶ τρόπῳ, εἴτε προφάσει εἴτε ἀληθείᾳ, Χριστὸς καταγγέλλεται, καὶ ἐν τούτῳ χαίρω· ἀλλὰ καὶ χαρήσομαι· 19 οἶδα γὰρ ὅτι τοῦτό μοι ἀποβήσεται εἰς σωτηρίαν διὰ τῆς ὑμῶν δεήσεως καὶ ἐπιχορηγίας τοῦ Πνεύματος Ἰησοῦ Χριστοῦ, 20 κατὰ τὴν ἀποκαραδοκίαν καὶ ἐλπίδα μου ὅτι ἐν οὐδενὶ αἰσχυνθήσομαι, ἀλλ' ἐν πάσῃ παρρησίᾳ ὡς πάντοτε καὶ νῦν μεγαλυνθήσεται Χριστὸς ἐν τῷ σώματί μου, εἴτε διὰ ζωῆς εἴτε διὰ θανάτου.

To Live is Christ

21 Ἐμοὶ γὰρ τὸ ζῆν Χριστὸς καὶ τὸ ἀποθανεῖν κέρδος. 22 εἰ δὲ τὸ ζῆν ἐν σαρκί, τοῦτό μοι καρπὸς ἔργου, καὶ τί αἱρήσομαι οὐ γνωρίζω. 23 συνέχομαι [δὲ] (γὰρ) ἐκ τῶν δύο, τὴν ἐπιθυμίαν ἔχων εἰς τὸ ἀναλῦσαι καὶ σὺν Χριστῷ εἶναι, πολλῷ [γὰρ] μᾶλλον κρεῖσσον· 24 τὸ δὲ ἐπιμένειν τῇ σαρκὶ ἀναγκαιότερον δι' ὑμᾶς. 25 καὶ τοῦτο πεποιθὼς οἶδα, ὅτι μενῶ καὶ παραμενῶ πᾶσιν ὑμῖν εἰς τὴν ὑμῶν προκοπὴν καὶ χαρὰν τῆς πίστεως, 26 ἵνα τὸ καύχημα ὑμῶν περισσεύῃ ἐν Χριστῷ Ἰησοῦ ἐν ἐμοὶ διὰ τῆς ἐμῆς παρουσίας πάλιν πρὸς ὑμᾶς.

Instructions for the Afflicted

27 Μόνον ἀξίως τοῦ εὐαγγελίου τοῦ Χριστοῦ πολιτεύεσθε, ἵνα εἴτε ἐλθὼν καὶ ἰδὼν ὑμᾶς εἴτε ἀπὼν [ἀκούω] (ἀκούσω) τὰ περὶ ὑμῶν, ὅτι στήκετε ἐν ἑνὶ πνεύματι, μιᾷ ψυχῇ συναθλοῦντες τῇ πίστει τοῦ εὐαγγελίου, 28 καὶ μὴ πτυρόμενοι ἐν μηδενὶ ὑπὸ τῶν ἀντικειμένων, ἥτις [ἐστὶν αὐτοῖς] (αὐτοῖς μέν ἐστιν) ἔνδειξις ἀπωλείας, ὑμῶν δὲ σωτηρίας, καὶ τοῦτο ἀπὸ Θεοῦ· 29 ὅτι ὑμῖν ἐχαρίσθη τὸ ὑπὲρ Χριστοῦ, οὐ μόνον τὸ εἰς αὐτὸν πιστεύειν ἀλλὰ καὶ τὸ ὑπὲρ αὐτοῦ πάσχειν, 30 τὸν αὐτὸν ἀγῶνα ἔχοντες οἷον εἴδετε ἐν ἐμοὶ καὶ νῦν ἀκούετε ἐν ἐμοί.

ΠΡΟΣ ΦΙΛΙΠΠΗΣΙΟΥΣ

Philippians 2

Christ's Example of Humility

1 Εἴ τις οὖν παράκλησις ἐν Χριστῷ, εἴ τι παραμύθιον ἀγάπης, εἴ τις κοινωνία Πνεύματος, εἴ [τις] (τινα) σπλάγχνα καὶ οἰκτιρμοί, 2 πληρώσατέ μου τὴν χαρὰν ἵνα τὸ αὐτὸ φρονῆτε, τὴν αὐτὴν ἀγάπην ἔχοντες, σύνψυχοι, τὸ ἓν φρονοῦντες, 3 μηδὲν κατ᾿ ἐριθείαν [μηδὲ κατὰ] (ἢ) κενοδοξίαν, ἀλλὰ τῇ ταπεινοφροσύνῃ ἀλλήλους ἡγούμενοι ὑπερέχοντας ἑαυτῶν, 4 μὴ τὰ ἑαυτῶν [ἕκαστοι σκοποῦντες] (ἕκαστος σκοπεῖτε), ἀλλὰ καὶ τὰ ἑτέρων [ἕκαστοι] (ἕκαστος). 5 τοῦτο (γὰρ) [φρονεῖτε] (φρονείσθω) ἐν ὑμῖν ὃ καὶ ἐν Χριστῷ Ἰησοῦ, 6 ὃς ἐν μορφῇ Θεοῦ ὑπάρχων οὐχ ἁρπαγμὸν ἡγήσατο τὸ εἶναι ἴσα Θεῷ, 7 ἀλλὰ ἑαυτὸν ἐκένωσεν μορφὴν δούλου λαβών, ἐν ὁμοιώματι ἀνθρώπων γενόμενος· καὶ σχήματι εὑρεθεὶς ὡς ἄνθρωπος 8 ἐταπείνωσεν ἑαυτὸν γενόμενος ὑπήκοος μέχρι θανάτου, θανάτου δὲ σταυροῦ. 9 διὸ καὶ ὁ Θεὸς αὐτὸν ὑπερύψωσεν, καὶ ἐχαρίσατο αὐτῷ [τὸ] ὄνομα τὸ ὑπὲρ πᾶν ὄνομα, 10 ἵνα ἐν τῷ ὀνόματι Ἰησοῦ πᾶν γόνυ κάμψῃ ἐπουρανίων καὶ ἐπιγείων καὶ καταχθονίων, 11 καὶ πᾶσα γλῶσσα ἐξομολογήσηται ὅτι ΚΥΡΙΟΣ ΙΗΣΟΥΣ ΧΡΙΣΤΟΣ εἰς δόξαν Θεοῦ Πατρός.

Obey without Complaint

12 Ὥστε, ἀγαπητοί μου, καθὼς πάντοτε ὑπηκούσατε, μὴ ὡς ἐν τῇ παρουσίᾳ μου μόνον ἀλλὰ νῦν πολλῷ μᾶλλον ἐν τῇ ἀπουσίᾳ μου, μετὰ φόβου καὶ τρόμου τὴν ἑαυτῶν σωτηρίαν κατεργάζεσθε· 13 (ὁ) Θεὸς γάρ ἐστιν ὁ ἐνεργῶν ἐν ὑμῖν καὶ τὸ θέλειν καὶ τὸ ἐνεργεῖν ὑπὲρ τῆς εὐδοκίας. 14 πάντα ποιεῖτε χωρὶς γογγυσμῶν καὶ διαλογισμῶν, 15 ἵνα γένησθε ἄμεμπτοι καὶ ἀκέραιοι, τέκνα Θεοῦ [ἄμωμα] (ἀμώμητα ἐν) μέσον γενεᾶς σκολιᾶς καὶ διεστραμμένης, ἐν οἷς φαίνεσθε ὡς φωστῆρες ἐν κόσμῳ, 16 λόγον ζωῆς ἐπέχοντες, εἰς καύχημα ἐμοὶ εἰς ἡμέραν Χριστοῦ, ὅτι οὐκ εἰς κενὸν ἔδραμον οὐδὲ εἰς κενὸν ἐκοπίασα. 17 Ἀλλὰ εἰ καὶ σπένδομαι ἐπὶ τῇ θυσίᾳ καὶ λειτουργίᾳ τῆς πίστεως ὑμῶν, χαίρω καὶ συνχαίρω πᾶσιν ὑμῖν· 18 τὸ δὲ αὐτὸ καὶ ὑμεῖς χαίρετε καὶ συνχαίρετέ μοι.

ΠΡΟΣ ΦΙΛΙΠΠΗΣΙΟΥΣ

Paul's Desire to Send Timothy and Epaphroditus

19 Ἐλπίζω δὲ ἐν Κυρίῳ Ἰησοῦ Τιμόθεον ταχέως πέμψαι ὑμῖν, ἵνα κἀγὼ εὐψυχῶ γνοὺς τὰ περὶ ὑμῶν. 20 οὐδένα γὰρ ἔχω ἰσόψυχον, ὅστις γνησίως τὰ περὶ ὑμῶν μεριμνήσει· 21 οἱ πάντες γὰρ τὰ ἑαυτῶν ζητοῦσιν, οὐ τὰ (τοῦ) Χριστοῦ Ἰησοῦ. 22 τὴν δὲ δοκιμὴν αὐτοῦ γινώσκετε, ὅτι ὡς πατρὶ τέκνον σὺν ἐμοὶ ἐδούλευσεν εἰς τὸ εὐαγγέλιον. 23 Τοῦτον μὲν οὖν ἐλπίζω πέμψαι ὡς ἂν ἀφίδω τὰ περὶ ἐμὲ ἐξαυτῆς· 24 πέποιθα δὲ ἐν Κυρίῳ ὅτι καὶ αὐτὸς ταχέως ἐλεύσομαι. 25 ἀναγκαῖον δὲ ἡγησάμην Ἐπαφρόδιτον τὸν ἀδελφὸν καὶ συνεργὸν καὶ συστρατιώτην μου, ὑμῶν δὲ ἀπόστολον καὶ λειτουργὸν τῆς χρείας μου, πέμψαι πρὸς ὑμᾶς, 26 ἐπειδὴ ἐπιποθῶν ἦν πάντας ὑμᾶς, καὶ ἀδημονῶν, διότι ἠκούσατε ὅτι ἠσθένησεν. 27 καὶ γὰρ ἠσθένησεν παραπλήσιον θανάτῳ· ἀλλὰ ὁ Θεὸς (αὐτόν) ἠλέησεν [αὐτόν], οὐκ αὐτὸν δὲ μόνον ἀλλὰ καὶ ἐμέ, ἵνα μὴ λύπην ἐπὶ λύπην σχῶ. 28 σπουδαιοτέρως οὖν ἔπεμψα αὐτόν, ἵνα ἰδόντες αὐτὸν πάλιν χαρῆτε κἀγὼ ἀλυπότερος ὦ. 29 προσδέχεσθε οὖν αὐτὸν ἐν Κυρίῳ μετὰ πάσης χαρᾶς, καὶ τοὺς τοιούτους ἐντίμους ἔχετε, 30 ὅτι διὰ τὸ ἔργον (τοῦ) Χριστοῦ μέχρι θανάτου ἤγγισεν παραβολευσάμενος τῇ ψυχῇ, ἵνα ἀναπληρώσῃ τὸ ὑμῶν ὑστέρημα τῆς πρός με λειτουργίας.

Philippians 3

The Excellence of Knowing Christ

1 Τὸ λοιπόν, ἀδελφοί μου, χαίρετε ἐν Κυρίῳ. τὰ αὐτὰ γράφειν ὑμῖν ἐμοὶ μὲν οὐκ ὀκνηρόν, ὑμῖν δὲ ἀσφαλές. 2 Βλέπετε τοὺς κύνας, βλέπετε τοὺς κακοὺς ἐργάτας, βλέπετε τὴν κατατομήν. 3 ἡμεῖς γάρ ἐσμεν ἡ περιτομή, οἱ Πνεύματι Θεοῦ λατρεύοντες καὶ καυχώμενοι ἐν Χριστῷ Ἰησοῦ καὶ οὐκ ἐν σαρκὶ πεποιθότες, 4 καίπερ ἐγὼ ἔχων πεποίθησιν καὶ ἐν σαρκί. Εἴ τις δοκεῖ ἄλλος πεποιθέναι ἐν σαρκί, ἐγὼ μᾶλλον· 5 περιτομῇ ὀκταήμερος, ἐκ γένους Ἰσραήλ, φυλῆς Βενιαμείν, Ἑβραῖος ἐξ Ἑβραίων, κατὰ νόμον Φαρισαῖος, 6 κατὰ ζῆλος διώκων τὴν ἐκκλησίαν, κατὰ δικαιοσύνην τὴν ἐν νόμῳ γενόμενος ἄμεμπτος. 7 Ἀλλὰ ἅτινα ἦν μοι κέρδη, ταῦτα ἥγημαι διὰ τὸν Χριστὸν ζημίαν. 8 ἀλλὰ μὲν οὖν γε καὶ ἡγοῦμαι πάντα ζημίαν εἶναι διὰ τὸ ὑπερέχον τῆς γνώσεως Χριστοῦ Ἰησοῦ τοῦ Κυρίου μου, δι' ὃν τὰ πάντα ἐζημιώθην, καὶ ἡγοῦμαι σκύβαλα (εἶναι) ἵνα Χριστὸν κερδήσω

ΠΡΟΣ ΦΙΛΙΠΠΗΣΙΟΥΣ

9 καὶ εὑρεθῶ ἐν αὐτῷ, μὴ ἔχων ἐμὴν δικαιοσύνην τὴν ἐκ νόμου, ἀλλὰ τὴν διὰ πίστεως Χριστοῦ, τὴν ἐκ Θεοῦ δικαιοσύνην ἐπὶ τῇ πίστει, 10 τοῦ γνῶναι αὐτὸν καὶ τὴν δύναμιν τῆς ἀναστάσεως αὐτοῦ καὶ κοινωνίαν παθημάτων αὐτοῦ, συμμορφιζόμενος τῷ θανάτῳ αὐτοῦ, 11 εἴ πως καταντήσω εἰς τὴν ἐξανάστασιν [τὴν ἐκ] (τῶν) νεκρῶν.

The Goal of Knowing Christ

12 οὐχ ὅτι ἤδη ἔλαβον ἢ ἤδη τετελείωμαι, διώκω δὲ εἰ καὶ καταλάβω, ἐφ' ᾧ καὶ κατελήμφθην ὑπὸ Χριστοῦ Ἰησοῦ. 13 ἀδελφοί, ἐγὼ ἐμαυτὸν [οὔπω] (οὐ) λογίζομαι κατειληφέναι· ἓν δέ, τὰ μὲν ὀπίσω ἐπιλανθανόμενος τοῖς δὲ ἔμπροσθεν ἐπεκτεινόμενος, 14 κατὰ σκοπὸν διώκω εἰς τὸ βραβεῖον τῆς ἄνω κλήσεως τοῦ Θεοῦ ἐν Χριστῷ Ἰησοῦ. 15 Ὅσοι οὖν τέλειοι, τοῦτο φρονῶμεν· καὶ εἴ τι ἑτέρως φρονεῖτε, καὶ τοῦτο ὁ Θεὸς ὑμῖν ἀποκαλύψει· 16 πλὴν εἰς ὃ ἐφθάσαμεν, τῷ αὐτῷ στοιχεῖν (κανόνι, τὸ αὐτο φρονεῖν). 17 Συμμιμηταί μου γίνεσθε, ἀδελφοί, καὶ σκοπεῖτε τοὺς οὕτως περιπατοῦντας καθὼς ἔχετε τύπον ἡμᾶς. 18 πολλοὶ γὰρ περιπατοῦσιν οὓς πολλάκις ἔλεγον ὑμῖν, νῦν δὲ καὶ κλαίων λέγω, τοὺς ἐχθροὺς τοῦ σταυροῦ τοῦ Χριστοῦ, 19 ὧν τὸ τέλος ἀπώλεια, ὧν ὁ θεὸς ἡ κοιλία καὶ ἡ δόξα ἐν τῇ αἰσχύνῃ αὐτῶν, οἱ τὰ ἐπίγεια φρονοῦντες. 20 ἡμῶν γὰρ τὸ πολίτευμα ἐν οὐρανοῖς ὑπάρχει, ἐξ οὗ καὶ Σωτῆρα ἀπεκδεχόμεθα Κύριον Ἰησοῦν Χριστόν, 21 ὃς μετασχηματίσει τὸ σῶμα τῆς ταπεινώσεως ἡμῶν (εἰς τὸ γενέσθαι αὐτὸ) σύμμορφον τῷ σώματι τῆς δόξης αὐτοῦ, κατὰ τὴν ἐνέργειαν τοῦ δύνασθαι αὐτὸν καὶ ὑποτάξαι [αὐτῷ] (ἑαυτῷ) τὰ πάντα.

Philippians 4

Call to Unity

1 Ὥστε, ἀδελφοί μου ἀγαπητοὶ καὶ ἐπιπόθητοι, χαρὰ καὶ στέφανός μου, οὕτως στήκετε ἐν Κυρίῳ, ἀγαπητοί. 2 Εὐοδίαν παρακαλῶ καὶ Συντύχην παρακαλῶ τὸ αὐτὸ φρονεῖν ἐν Κυρίῳ. 3 [ναὶ] (καὶ) ἐρωτῶ καὶ σέ, [γνήσιε σύνζυγε] (σύζυγε γνήσιε), συνλαμβάνου αὐταῖς, αἵτινες ἐν τῷ εὐαγγελίῳ συνήθλησάν μοι μετὰ καὶ Κλήμεντος καὶ τῶν λοιπῶν συνεργῶν μου, ὧν τὰ ὀνόματα ἐν βίβλῳ ζωῆς.

ΠΡΟΣ ΦΙΛΙΠΠΗΣΙΟΥΣ

Joy and Peace in the Lord

4 Χαίρετε ἐν Κυρίῳ πάντοτε· πάλιν ἐρῶ, χαίρετε. 5 τὸ ἐπιεικὲς ὑμῶν γνωσθήτω πᾶσιν ἀνθρώποις. ὁ Κύριος ἐγγύς· 6 μηδὲν μεριμνᾶτε, ἀλλ᾽ ἐν παντὶ τῇ προσευχῇ καὶ τῇ δεήσει μετὰ εὐχαριστίας τὰ αἰτήματα ὑμῶν γνωριζέσθω πρὸς τὸν Θεόν. 7 καὶ ἡ εἰρήνη τοῦ Θεοῦ ἡ ὑπερέχουσα πάντα νοῦν φρουρήσει τὰς καρδίας ὑμῶν καὶ τὰ νοήματα ὑμῶν ἐν Χριστῷ Ἰησοῦ. 8 Τὸ λοιπόν, ἀδελφοί, ὅσα ἐστὶν ἀληθῆ, ὅσα σεμνά, ὅσα δίκαια, ὅσα ἁγνά, ὅσα προσφιλῆ, ὅσα εὔφημα, εἴ τις ἀρετὴ καὶ εἴ τις ἔπαινος, ταῦτα λογίζεσθε· 9 ἃ καὶ ἐμάθετε καὶ παρελάβετε καὶ ἠκούσατε καὶ εἴδετε ἐν ἐμοί, ταῦτα πράσσετε· καὶ ὁ Θεὸς τῆς εἰρήνης ἔσται μεθ᾽ ὑμῶν.

Joy in the Midst of Suffering

10 Ἐχάρην δὲ ἐν Κυρίῳ μεγάλως ὅτι ἤδη ποτὲ ἀνεθάλετε τὸ ὑπὲρ ἐμοῦ φρονεῖν· ἐφ᾽ ᾧ καὶ ἐφρονεῖτε, ἠκαιρεῖσθε δέ. 11 οὐχ ὅτι καθ᾽ ὑστέρησιν λέγω· ἐγὼ γὰρ ἔμαθον ἐν οἷς εἰμι αὐτάρκης εἶναι. 12 οἶδα καὶ ταπεινοῦσθαι, οἶδα καὶ περισσεύειν· ἐν παντὶ καὶ ἐν πᾶσιν μεμύημαι, καὶ χορτάζεσθαι καὶ πεινᾶν, καὶ περισσεύειν καὶ ὑστερεῖσθαι. 13 πάντα ἰσχύω ἐν τῷ ἐνδυναμοῦντί με (Χριστῷ). 14 πλὴν καλῶς ἐποιήσατε συνκοινωνήσαντές μου τῇ θλίψει. 15 οἴδατε δὲ καὶ ὑμεῖς, Φιλιππήσιοι, ὅτι ἐν ἀρχῇ τοῦ εὐαγγελίου, ὅτε ἐξῆλθον ἀπὸ Μακεδονίας, οὐδεμία μοι ἐκκλησία ἐκοινώνησεν εἰς λόγον δόσεως καὶ λήμψεως εἰ μὴ ὑμεῖς μόνοι, 16 ὅτι καὶ ἐν Θεσσαλονίκῃ καὶ ἅπαξ καὶ δὶς εἰς τὴν χρείαν μοι ἐπέμψατε. 17 οὐχ ὅτι ἐπιζητῶ τὸ δόμα, ἀλλὰ ἐπιζητῶ τὸν καρπὸν τὸν πλεονάζοντα εἰς λόγον ὑμῶν. 18 ἀπέχω δὲ πάντα καὶ περισσεύω· πεπλήρωμαι δεξάμενος παρὰ Ἐπαφροδίτου τὰ παρ᾽ ὑμῶν, ὀσμὴν εὐωδίας, θυσίαν δεκτήν, εὐάρεστον τῷ Θεῷ. 19 ὁ δὲ Θεός μου πληρώσει πᾶσαν χρείαν ὑμῶν κατὰ τὸ πλοῦτος αὐτοῦ ἐν δόξῃ ἐν Χριστῷ Ἰησοῦ. 20 τῷ δὲ Θεῷ καὶ Πατρὶ ἡμῶν ἡ δόξα εἰς τοὺς αἰῶνας τῶν αἰώνων· ἀμήν.

Final Greetings and Benediction

21 Ἀσπάσασθε πάντα ἅγιον ἐν Χριστῷ Ἰησοῦ. ἀσπάζονται ὑμᾶς οἱ σὺν ἐμοὶ ἀδελφοί. 22 ἀσπάζονται ὑμᾶς πάντες οἱ ἅγιοι, μάλιστα δὲ οἱ ἐκ τῆς Καίσαρος οἰκίας.

23 Ἡ χάρις τοῦ Κυρίου (ἡμῶν) Ἰησοῦ Χριστοῦ μετὰ [τοῦ πνεύματος] (πάντων) ὑμῶν. (πρὸς Φιλιππησίους ἐγράφη ἀπὸ Ῥώμης δι' Ἐπαφροδίτου)

ΠΡΟΣ ΚΟΛΟΣΣΑΕΙΣ

Papyrus 46
Date: c. 200
Chester Beatty Library, Dublin, Ireland
Colossians 3:13–24
CSNTM, LDAB ID: 3011, TM Number: 61855
f. 93r, <http://www.csntm.org/manuscript/zoomify/GA_P46>

ΠΡΟΣ ΚΟΛΟΣΣΑΕΙΣ

Colossians 1

Opening Salutation

1 Παῦλος ἀπόστολος [Χριστοῦ Ἰησοῦ] (Ἰησοῦ Χριστοῦ) διὰ θελήματος Θεοῦ καὶ Τιμόθεος ὁ ἀδελφὸς 2 τοῖς ἐν Κολοσσαῖς ἁγίοις καὶ πιστοῖς ἀδελφοῖς ἐν Χριστῷ· χάρις ὑμῖν καὶ εἰρήνη ἀπὸ Θεοῦ Πατρὸς ἡμῶν (καὶ Κυρίου Ἰησοῦ Χριστοῦ).

Thanks for the Colossians' Faith and Love

3 Εὐχαριστοῦμεν τῷ Θεῷ (καὶ) Πατρὶ τοῦ Κυρίου ἡμῶν Ἰησοῦ Χριστοῦ πάντοτε περὶ ὑμῶν προσευχόμενοι, 4 ἀκούσαντες τὴν πίστιν ὑμῶν ἐν Χριστῷ Ἰησοῦ καὶ τὴν ἀγάπην [ἣν ἔχετε] (τὴν) εἰς πάντας τοὺς ἁγίους 5 διὰ τὴν ἐλπίδα τὴν ἀποκειμένην ὑμῖν ἐν τοῖς οὐρανοῖς, ἣν προηκούσατε ἐν τῷ λόγῳ τῆς ἀληθείας τοῦ εὐαγγελίου 6 τοῦ παρόντος εἰς ὑμᾶς, καθὼς καὶ ἐν παντὶ τῷ κόσμῳ (καὶ) ἐστὶν καρποφορούμενον [καὶ αὐξανόμενον] καθὼς καὶ ἐν ὑμῖν, ἀφ' ἧς ἡμέρας ἠκούσατε καὶ ἐπέγνωτε τὴν χάριν τοῦ Θεοῦ ἐν ἀληθείᾳ· 7 καθὼς ἐμάθετε ἀπὸ Ἐπαφρᾶ τοῦ ἀγαπητοῦ συνδούλου ἡμῶν, ὅς ἐστιν πιστὸς ὑπὲρ ὑμῶν διάκονος τοῦ Χριστοῦ, 8 ὁ καὶ δηλώσας ἡμῖν τὴν ὑμῶν ἀγάπην ἐν Πνεύματι.

Prayer for the Colossians

9 Διὰ τοῦτο καὶ ἡμεῖς, ἀφ' ἧς ἡμέρας ἠκούσαμεν, οὐ παυόμεθα ὑπὲρ ὑμῶν προσευχόμενοι καὶ αἰτούμενοι ἵνα πληρωθῆτε τὴν ἐπίγνωσιν τοῦ θελήματος αὐτοῦ ἐν πάσῃ σοφίᾳ καὶ συνέσει πνευματικῇ, 10 περιπατῆσαι (ὑμᾶς) ἀξίως τοῦ Κυρίου εἰς πᾶσαν ἀρεσκείαν, ἐν παντὶ ἔργῳ ἀγαθῷ καρποφοροῦντες καὶ αὐξανόμενοι τῇ ἐπιγνώσει τοῦ Θεοῦ, 11 ἐν πάσῃ δυνάμει δυναμούμενοι κατὰ τὸ κράτος τῆς δόξης αὐτοῦ εἰς πᾶσαν ὑπομονὴν καὶ μακροθυμίαν, μετὰ χαρᾶς 12 εὐχαριστοῦντες τῷ Πατρὶ τῷ ἱκανώσαντι ὑμᾶς εἰς τὴν μερίδα τοῦ κλήρου τῶν ἁγίων ἐν τῷ φωτί· 13 ὃς ἐρύσατο ἡμᾶς ἐκ τῆς ἐξουσίας τοῦ σκότους καὶ μετέστησεν εἰς τὴν βασιλείαν τοῦ Υἱοῦ τῆς ἀγάπης αὐτοῦ, 14 ἐν ᾧ ἔχομεν τὴν ἀπολύτρωσιν (διὰ τοῦ αἵματος αὐτοῦ), τὴν ἄφεσιν τῶν ἁμαρτιῶν·

ΠΡΟΣ ΚΟΛΟΣΣΑΕΙΣ

The Preeminence of the Son of God

15 ὅς ἐστιν εἰκὼν τοῦ Θεοῦ τοῦ ἀοράτου, πρωτότοκος πάσης κτίσεως, 16 ὅτι ἐν αὐτῷ ἐκτίσθη τὰ πάντα (τὰ) ἐν τοῖς οὐρανοῖς καὶ ἐπὶ τῆς γῆς, τὰ ὁρατὰ καὶ τὰ ἀόρατα, εἴτε θρόνοι εἴτε κυριότητες εἴτε ἀρχαὶ εἴτε ἐξουσίαι· τὰ πάντα δι' αὐτοῦ καὶ εἰς αὐτὸν ἔκτισται· 17 καὶ αὐτός ἐστιν πρὸ πάντων καὶ τὰ πάντα ἐν αὐτῷ συνέστηκεν, 18 καὶ αὐτός ἐστιν ἡ κεφαλὴ τοῦ σώματος, τῆς ἐκκλησίας· ὅς ἐστιν ἀρχή, πρωτότοκος ἐκ τῶν νεκρῶν, ἵνα γένηται ἐν πᾶσιν αὐτὸς πρωτεύων,

Reconciliation and Peace through the Cross

19 ὅτι ἐν αὐτῷ εὐδόκησεν πᾶν τὸ πλήρωμα κατοικῆσαι 20 καὶ δι' αὐτοῦ ἀποκαταλλάξαι τὰ πάντα εἰς αὐτόν, εἰρηνοποιήσας διὰ τοῦ αἵματος τοῦ σταυροῦ αὐτοῦ, δι' αὐτοῦ εἴτε τὰ ἐπὶ τῆς γῆς εἴτε τὰ ἐν τοῖς οὐρανοῖς. 21 καὶ ὑμᾶς ποτε ὄντας ἀπηλλοτριωμένους καὶ ἐχθροὺς τῇ διανοίᾳ ἐν τοῖς ἔργοις τοῖς πονηροῖς, 22 νυνὶ δὲ ἀποκατήλλαξεν ἐν τῷ σώματι τῆς σαρκὸς αὐτοῦ διὰ τοῦ θανάτου, παραστῆσαι ὑμᾶς ἁγίους καὶ ἀμώμους καὶ ἀνεγκλήτους κατενώπιον αὐτοῦ, 23 εἴ γε ἐπιμένετε τῇ πίστει τεθεμελιωμένοι καὶ ἑδραῖοι καὶ μὴ μετακινούμενοι ἀπὸ τῆς ἐλπίδος τοῦ εὐαγγελίου οὗ ἠκούσατε, τοῦ κηρυχθέντος ἐν πάσῃ κτίσει τῇ ὑπὸ τὸν οὐρανόν, οὗ ἐγενόμην ἐγὼ Παῦλος διάκονος.

Paul's Diligent Ministry to the Gentiles

24 Νῦν χαίρω ἐν τοῖς παθήμασιν ὑπὲρ ὑμῶν, καὶ ἀνταναπληρῶ τὰ ὑστερήματα τῶν θλίψεων τοῦ Χριστοῦ ἐν τῇ σαρκί μου ὑπὲρ τοῦ σώματος αὐτοῦ, ὅ ἐστιν ἡ ἐκκλησία, 25 ἧς ἐγενόμην ἐγὼ διάκονος κατὰ τὴν οἰκονομίαν τοῦ Θεοῦ τὴν δοθεῖσάν μοι εἰς ὑμᾶς πληρῶσαι τὸν λόγον τοῦ Θεοῦ, 26 τὸ μυστήριον τὸ ἀποκεκρυμμένον ἀπὸ τῶν αἰώνων καὶ ἀπὸ τῶν γενεῶν— [νῦν] (νυνὶ) δὲ ἐφανερώθη τοῖς ἁγίοις αὐτοῦ, 27 οἷς ἠθέλησεν ὁ Θεὸς γνωρίσαι τί τὸ πλοῦτος τῆς δόξης τοῦ μυστηρίου τούτου ἐν τοῖς ἔθνεσιν, ὅς ἐστιν Χριστὸς ἐν ὑμῖν, ἡ ἐλπὶς τῆς δόξης· 28 ὃν ἡμεῖς καταγγέλλομεν νουθετοῦντες πάντα ἄνθρωπον καὶ διδάσκοντες πάντα ἄνθρωπον ἐν πάσῃ σοφίᾳ, ἵνα παραστήσωμεν πάντα ἄνθρωπον τέλειον ἐν Χριστῷ (Ἰησοῦ)· 29 εἰς ὃ καὶ κοπιῶ ἀγωνιζόμενος κατὰ τὴν ἐνέργειαν αὐτοῦ τὴν ἐνεργουμένην ἐν ἐμοὶ ἐν δυνάμει.

ΠΡΟΣ ΚΟΛΟΣΣΑΕΙΣ

Colossians 2

Paul's Burden for Colossi and Laodicea

1 Θέλω γὰρ ὑμᾶς εἰδέναι ἡλίκον ἀγῶνα ἔχω ὑπὲρ ὑμῶν καὶ τῶν ἐν Λαοδικίᾳ καὶ ὅσοι οὐχ ἑόρακαν τὸ πρόσωπόν μου ἐν σαρκί, 2 ἵνα παρακληθῶσιν αἱ καρδίαι αὐτῶν, συνβιβασθέντες ἐν ἀγάπῃ καὶ εἰς πᾶν πλοῦτος τῆς πληροφορίας τῆς συνέσεως, εἰς ἐπίγνωσιν τοῦ μυστηρίου τοῦ [Θεοῦ, Χριστοῦ,] (Θεοῦ καὶ Πατρὸς καὶ τοῦ Χριστοῦ) 3 ἐν ᾧ εἰσιν πάντες οἱ θησαυροὶ τῆς σοφίας καὶ γνώσεως ἀπόκρυφοι.

Remain Steadfast in the Original Gospel

4 Τοῦτο (δὲ) λέγω ἵνα [μηδεὶς] (μη τις) ὑμᾶς παραλογίζηται ἐν πιθανολογίᾳ. 5 εἰ γὰρ καὶ τῇ σαρκὶ ἄπειμι, ἀλλὰ τῷ πνεύματι σὺν ὑμῖν εἰμι, χαίρων καὶ βλέπων ὑμῶν τὴν τάξιν καὶ τὸ στερέωμα τῆς εἰς Χριστὸν πίστεως ὑμῶν.

6 Ὡς οὖν παρελάβετε τὸν Χριστὸν Ἰησοῦν τὸν Κύριον, ἐν αὐτῷ περιπατεῖτε, 7 ἐρριζωμένοι καὶ ἐποικοδομούμενοι ἐν αὐτῷ καὶ βεβαιούμενοι τῇ πίστει καθὼς ἐδιδάχθητε, περισσεύοντες [ἐν] (ἐν αὐτῇ ἐν) εὐχαριστίᾳ. 8 Βλέπετε μή τις ὑμᾶς ἔσται ὁ συλαγωγῶν διὰ τῆς φιλοσοφίας καὶ κενῆς ἀπάτης κατὰ τὴν παράδοσιν τῶν ἀνθρώπων, κατὰ τὰ στοιχεῖα τοῦ κόσμου καὶ οὐ κατὰ Χριστόν· 9 ὅτι ἐν αὐτῷ κατοικεῖ πᾶν τὸ πλήρωμα τῆς Θεότητος σωματικῶς, 10 καὶ ἐστὲ ἐν αὐτῷ πεπληρωμένοι, ὅς ἐστιν ἡ κεφαλὴ πάσης ἀρχῆς καὶ ἐξουσίας,

The Law Fulfilled through Christ

11 ἐν ᾧ καὶ περιετμήθητε περιτομῇ ἀχειροποιήτῳ ἐν τῇ ἀπεκδύσει τοῦ σώματος (τῶν ἁμαρτιῶν)τῆς σαρκός, ἐν τῇ περιτομῇ τοῦ Χριστοῦ, 12 συνταφέντες αὐτῷ ἐν τῷ βαπτίσματι, ἐν ᾧ καὶ συνηγέρθητε διὰ τῆς πίστεως τῆς ἐνεργείας τοῦ Θεοῦ τοῦ ἐγείραντος αὐτὸν ἐκ (τῶν) νεκρῶν· 13 καὶ ὑμᾶς νεκροὺς ὄντας (ἐν) τοῖς παραπτώμασιν καὶ τῇ ἀκροβυστίᾳ τῆς σαρκὸς ὑμῶν, συνεζωοποίησεν [ὑμᾶς] σὺν αὐτῷ, χαρισάμενος ἡμῖν πάντα τὰ παραπτώματα, 14 ἐξαλείψας τὸ καθ' ἡμῶν χειρόγραφον τοῖς δόγμασιν ὃ ἦν ὑπεναντίον ἡμῖν, καὶ αὐτὸ ἦρκεν ἐκ τοῦ μέσου, προσηλώσας αὐτὸ τῷ σταυρῷ· 15 ἀπεκδυσάμενος τὰς ἀρχὰς καὶ τὰς ἐξουσίας ἐδειγμάτισεν ἐν παρρησίᾳ, θριαμβεύσας αὐτοὺς ἐν αὐτῷ. 16 Μὴ οὖν τις ὑμᾶς κρινέτω ἐν βρώσει καὶ ἐν πόσει ἢ ἐν μέρει ἑορτῆς ἢ νεομηνίας ἢ σαββάτων, 17 ἅ ἐστιν σκιὰ τῶν μελλόντων, τὸ δὲ σῶμα τοῦ Χριστοῦ.

ΠΡΟΣ ΚΟΛΟΣΣΑΕΙΣ

Beware of Human Requirements

18 μηδεὶς ὑμᾶς καταβραβευέτω θέλων ἐν ταπεινοφροσύνῃ καὶ θρησκείᾳ τῶν ἀγγέλων, ἃ (μὴ) ἑόρακεν ἐμβατεύων, εἰκῇ φυσιούμενος ὑπὸ τοῦ νοὸς τῆς σαρκὸς αὐτοῦ, 19 καὶ οὐ κρατῶν τὴν Κεφαλήν, ἐξ οὗ πᾶν τὸ σῶμα διὰ τῶν ἁφῶν καὶ συνδέσμων ἐπιχορηγούμενον καὶ συνβιβαζόμενον αὔξει τὴν αὔξησιν τοῦ Θεοῦ.

20 Εἰ (οὖν) ἀπεθάνετε σὺν (τῷ) Χριστῷ ἀπὸ τῶν στοιχείων τοῦ κόσμου, τί ὡς ζῶντες ἐν κόσμῳ δογματίζεσθε 21 Μὴ ἅψῃ μηδὲ γεύσῃ μηδὲ θίγῃς, 22 ἅ ἐστιν πάντα εἰς φθορὰν τῇ ἀποχρήσει, κατὰ τὰ ἐντάλματα καὶ διδασκαλίας τῶν ἀνθρώπων; 23 ἅτινά ἐστιν λόγον μὲν ἔχοντα σοφίας ἐν ἐθελοθρησκίᾳ καὶ ταπεινοφροσύνῃ καὶ ἀφειδίᾳ σώματος, οὐκ ἐν τιμῇ τινι πρὸς πλησμονὴν τῆς σαρκός.

Colossians 3

The Eternal Mindset

1 Εἰ οὖν συνηγέρθητε τῷ Χριστῷ, τὰ ἄνω ζητεῖτε, οὗ ὁ Χριστός ἐστιν ἐν δεξιᾷ τοῦ Θεοῦ καθήμενος· 2 τὰ ἄνω φρονεῖτε, μὴ τὰ ἐπὶ τῆς γῆς. 3 ἀπεθάνετε γάρ, καὶ ἡ ζωὴ ὑμῶν κέκρυπται σὺν τῷ Χριστῷ ἐν τῷ Θεῷ· 4 ὅταν ὁ Χριστὸς φανερωθῇ, ἡ ζωὴ ἡμῶν, τότε καὶ ὑμεῖς σὺν αὐτῷ φανερωθήσεσθε ἐν δόξῃ.

Put off the Vileness of the Old Man

5 Νεκρώσατε οὖν τὰ μέλη (ὑμῶν) τὰ ἐπὶ τῆς γῆς, πορνείαν, ἀκαθαρσίαν, πάθος, ἐπιθυμίαν κακήν, καὶ τὴν πλεονεξίαν ἥτις ἐστὶν εἰδωλολατρεία, 6 δι' ἃ ἔρχεται ἡ ὀργὴ τοῦ Θεοῦ (ἐπὶ τοὺς υἱοὺς τῆς ἀπειθείας)· 7 ἐν οἷς καὶ ὑμεῖς περιεπατήσατέ ποτε, ὅτε ἐζῆτε ἐν τούτοις· 8 νυνὶ δὲ ἀπόθεσθε καὶ ὑμεῖς τὰ πάντα, ὀργήν, θυμόν, κακίαν, βλασφημίαν, αἰσχρολογίαν ἐκ τοῦ στόματος ὑμῶν· 9 μὴ ψεύδεσθε εἰς ἀλλήλους, ἀπεκδυσάμενοι τὸν παλαιὸν ἄνθρωπον σὺν ταῖς πράξεσιν αὐτοῦ, 10 καὶ ἐνδυσάμενοι τὸν νέον τὸν ἀνακαινούμενον εἰς ἐπίγνωσιν κατ' εἰκόνα τοῦ κτίσαντος αὐτόν, 11 ὅπου οὐκ ἔνι Ἕλλην καὶ Ἰουδαῖος, περιτομὴ καὶ ἀκροβυστία, βάρβαρος, Σκύθης, δοῦλος, ἐλεύθερος, ἀλλὰ (τὰ) πάντα καὶ ἐν πᾶσιν Χριστός.

ΠΡΟΣ ΚΟΛΟΣΣΑΕΙΣ

Put on Humility, Mercy, and Peace

12 Ἐνδύσασθε οὖν, ὡς ἐκλεκτοὶ τοῦ Θεοῦ ἅγιοι καὶ ἠγαπημένοι, σπλάγχνα οἰκτιρμοῦ, χρηστότητα, ταπεινοφροσύνην, πραΰτητα, μακροθυμίαν, 13 ἀνεχόμενοι ἀλλήλων καὶ χαριζόμενοι ἑαυτοῖς, ἐάν τις πρός τινα ἔχῃ μομφήν· καθὼς καὶ ὁ Κύριος ἐχαρίσατο ὑμῖν οὕτως καὶ ὑμεῖς· 14 ἐπὶ πᾶσιν δὲ τούτοις τὴν ἀγάπην, ὅ ἐστιν σύνδεσμος τῆς τελειότητος. 15 καὶ ἡ εἰρήνη τοῦ Χριστοῦ βραβευέτω ἐν ταῖς καρδίαις ὑμῶν, εἰς ἣν καὶ ἐκλήθητε ἐν ἑνὶ σώματι· καὶ εὐχάριστοι γίνεσθε. 16 ὁ λόγος τοῦ Χριστοῦ ἐνοικείτω ἐν ὑμῖν πλουσίως, ἐν πάσῃ σοφίᾳ· διδάσκοντες καὶ νουθετοῦντες ἑαυτούς, ψαλμοῖς (καὶ) ὕμνοις (καὶ) ᾠδαῖς πνευματικαῖς ἐν [τῇ] χάριτι ᾄδοντες ἐν [ταῖς καρδίαις] (τῇ καρδίᾳ) ὑμῶν τῷ [Θεῷ] (Κυρίῳ)· 17 καὶ πᾶν ὅ τι ἐὰν ποιῆτε ἐν λόγῳ ἢ ἐν ἔργῳ, πάντα ἐν ὀνόματι Κυρίου Ἰησοῦ, εὐχαριστοῦντες τῷ Θεῷ (καὶ) Πατρὶ δι' αὐτοῦ.

Instructions in Humble Submission

18 Αἱ γυναῖκες, ὑποτάσσεσθε τοῖς (ἰδίοις) ἀνδράσιν, ὡς ἀνῆκεν ἐν Κυρίῳ. 19 Οἱ ἄνδρες, ἀγαπᾶτε τὰς γυναῖκας καὶ μὴ πικραίνεσθε πρὸς αὐτάς. 20 Τὰ τέκνα, ὑπακούετε τοῖς γονεῦσιν κατὰ πάντα, τοῦτο γὰρ εὐάρεστόν ἐστιν ἐν Κυρίῳ. 21 Οἱ πατέρες, μὴ ἐρεθίζετε τὰ τέκνα ὑμῶν, ἵνα μὴ ἀθυμῶσιν. 22 Οἱ δοῦλοι, ὑπακούετε κατὰ πάντα τοῖς κατὰ σάρκα κυρίοις, μὴ ἐν ὀφθαλμοδουλίαις, ὡς ἀνθρωπάρεσκοι, ἀλλ' ἐν ἁπλότητι καρδίας φοβούμενοι τὸν Κύριον. 23 [ὃ] (καὶ πᾶν ὃ τι) ἐὰν ποιῆτε, ἐκ ψυχῆς ἐργάζεσθε ὡς τῷ Κυρίῳ καὶ οὐκ ἀνθρώποις, 24 εἰδότες ὅτι ἀπὸ Κυρίου ἀπολήμψεσθε τὴν ἀνταπόδοσιν τῆς κληρονομίας. τῷ (γὰρ) Κυρίῳ Χριστῷ δουλεύετε· 25 ὁ [γὰρ] (δὲ) ἀδικῶν κομίσεται ὃ ἠδίκησεν, καὶ οὐκ ἔστιν προσωπολημψία.

Colossians 4

1 Οἱ κύριοι, τὸ δίκαιον καὶ τὴν ἰσότητα τοῖς δούλοις παρέχεσθε, εἰδότες ὅτι καὶ ὑμεῖς ἔχετε Κύριον ἐν [οὐρανῷ] (οὐρανοῖς).

Diligence in Prayer

2 Τῇ προσευχῇ προσκαρτερεῖτε, γρηγοροῦντες ἐν αὐτῇ ἐν εὐχαριστίᾳ, 3 προσευχόμενοι ἅμα καὶ περὶ ἡμῶν, ἵνα ὁ Θεὸς ἀνοίξῃ ἡμῖν θύραν τοῦ λόγου, λαλῆσαι τὸ μυστήριον τοῦ Χριστοῦ, δι' ὃ καὶ δέδεμαι, 4 ἵνα φανερώσω αὐτὸ ὡς δεῖ με λαλῆσαι. 5 Ἐν σοφίᾳ περιπατεῖτε πρὸς τοὺς ἔξω, τὸν καιρὸν ἐξαγοραζόμενοι. 6 ὁ λόγος ὑμῶν πάντοτε ἐν χάριτι, ἅλατι ἠρτυμένος, εἰδέναι πῶς δεῖ ὑμᾶς ἑνὶ ἑκάστῳ ἀποκρίνεσθαι.

ΠΡΟΣ ΚΟΛΟΣΣΑΕΙΣ

Commendations and Greetings

7 Τὰ κατ' ἐμὲ πάντα γνωρίσει ὑμῖν Τυχικὸς ὁ ἀγαπητὸς ἀδελφὸς καὶ πιστὸς διάκονος καὶ σύνδουλος ἐν Κυρίῳ, 8 ὃν ἔπεμψα πρὸς ὑμᾶς εἰς αὐτὸ τοῦτο, ἵνα [γνῶτε] (γνῷ) τὰ περὶ ἡμῶν καὶ παρακαλέσῃ τὰς καρδίας ὑμῶν, 9 σὺν Ὀνησίμῳ τῷ πιστῷ καὶ ἀγαπητῷ ἀδελφῷ, ὅς ἐστιν ἐξ ὑμῶν· πάντα ὑμῖν γνωρίσουσιν τὰ ὧδε. 10 Ἀσπάζεται ὑμᾶς Ἀρίσταρχος ὁ συναιχμάλωτός μου, καὶ Μᾶρκος ὁ ἀνεψιὸς Βαρνάβα, (περὶ οὗ ἐλάβετε ἐντολάς, ἐὰν ἔλθῃ πρὸς ὑμᾶς, δέξασθε αὐτόν,) 11 καὶ Ἰησοῦς ὁ λεγόμενος Ἰοῦστος, οἱ ὄντες ἐκ περιτομῆς οὗτοι μόνοι συνεργοὶ εἰς τὴν βασιλείαν τοῦ Θεοῦ, οἵτινες ἐγενήθησάν μοι παρηγορία. 12 ἀσπάζεται ὑμᾶς Ἐπαφρᾶς ὁ ἐξ ὑμῶν, δοῦλος Χριστοῦ [Ἰησοῦ], πάντοτε ἀγωνιζόμενος ὑπὲρ ὑμῶν ἐν ταῖς προσευχαῖς, ἵνα σταθῆτε τέλειοι καὶ πεπληροφορημένοι ἐν παντὶ θελήματι τοῦ Θεοῦ. 13 μαρτυρῶ γὰρ αὐτῷ ὅτι ἔχει (ζῆλον) πολὺν πόνον ὑπὲρ ὑμῶν καὶ τῶν ἐν Λαοδικίᾳ καὶ τῶν ἐν Ἱεραπόλει. 14 ἀσπάζεται ὑμᾶς Λουκᾶς ὁ ἰατρὸς ὁ ἀγαπητὸς καὶ Δημᾶς.

Forwarding Instructions

15 Ἀσπάσασθε τοὺς ἐν Λαοδικίᾳ ἀδελφοὺς καὶ Νύμφαν καὶ τὴν κατ' οἶκον αὐτῆς ἐκκλησίαν. 16 καὶ ὅταν ἀναγνωσθῇ παρ' ὑμῖν ἡ ἐπιστολή, ποιήσατε ἵνα καὶ ἐν τῇ Λαοδικέων ἐκκλησίᾳ ἀναγνωσθῇ, καὶ τὴν ἐκ Λαοδικίας ἵνα καὶ ὑμεῖς ἀναγνῶτε.

Exhortation to Archippus and Closing

17 καὶ εἴπατε Ἀρχίππῳ Βλέπε τὴν διακονίαν ἣν παρέλαβες ἐν Κυρίῳ, ἵνα αὐτὴν πληροῖς.
18 Ὁ ἀσπασμὸς τῇ ἐμῇ χειρὶ Παύλου. μνημονεύετέ μου τῶν δεσμῶν. ἡ χάρις μεθ' ὑμῶν. (ἀμήν) (πρός Κολασσαεῖς ἐγράφη ἀπό Ῥώμης διά τυχικοῦ καί Ὀνησίμου)

ΠΡΟΣ ΘΕΣΣΑΛΟΝΙΚΕΙΣ Α

Papyrus 30
Date: c. 250
Ghent University Library, Belgium
1st Thessalonians 4:12-5:18
According to Grenfell P30 agrees four times with Vaticanus{B} against Sinaiticus {א} and Alexandrinus {A}, once with BA against א, twice with א A against B, once with א against B A. According to Comfort this manuscript shows greater agreement with א than with B in 11 out of 13 variants.

ΠΡΟΣ ΘΕΣΣΑΛΟΝΙΚΕΙΣ Α

1 Thessalonians 1

Opening Salutation

1 Παῦλος καὶ Σιλουανὸς καὶ Τιμόθεος τῇ ἐκκλησίᾳ Θεσσαλονικέων ἐν Θεῷ Πατρὶ καὶ Κυρίῳ Ἰησοῦ Χριστῷ· χάρις ὑμῖν καὶ εἰρήνη (ἀπὸ Θεοῦ πατρὸς ἡμῶν, καὶ Κυρίου Ἰησοῦ Χριστοῦ).

Praise for Faith and Growth

2 Εὐχαριστοῦμεν τῷ Θεῷ πάντοτε περὶ πάντων ὑμῶν, μνείαν (ὑμῶν) ποιούμενοι ἐπὶ τῶν προσευχῶν ἡμῶν, ἀδιαλείπτως 3 μνημονεύοντες ὑμῶν τοῦ ἔργου τῆς πίστεως καὶ τοῦ κόπου τῆς ἀγάπης καὶ τῆς ὑπομονῆς τῆς ἐλπίδος τοῦ Κυρίου ἡμῶν Ἰησοῦ Χριστοῦ ἔμπροσθεν τοῦ Θεοῦ καὶ Πατρὸς ἡμῶν, 4 εἰδότες, ἀδελφοὶ ἠγαπημένοι ὑπὸ τοῦ Θεοῦ, τὴν ἐκλογὴν ὑμῶν, 5 ὅτι τὸ εὐαγγέλιον ἡμῶν οὐκ ἐγενήθη εἰς ὑμᾶς ἐν λόγῳ μόνον, ἀλλὰ καὶ ἐν δυνάμει καὶ ἐν Πνεύματι Ἁγίῳ καὶ πληροφορίᾳ πολλῇ, καθὼς οἴδατε οἷοι ἐγενήθημεν ἐν ὑμῖν δι' ὑμᾶς. 6 καὶ ὑμεῖς μιμηταὶ ἡμῶν ἐγενήθητε καὶ τοῦ Κυρίου, δεξάμενοι τὸν λόγον ἐν θλίψει πολλῇ μετὰ χαρᾶς Πνεύματος Ἁγίου, 7 ὥστε γενέσθαι ὑμᾶς [τύπον] (τύπους) πᾶσιν τοῖς πιστεύουσιν ἐν τῇ Μακεδονίᾳ καὶ [ἐν] τῇ Ἀχαΐᾳ. 8 ἀφ' ὑμῶν γὰρ ἐξήχηται ὁ λόγος τοῦ Κυρίου οὐ μόνον ἐν τῇ Μακεδονίᾳ καὶ Ἀχαΐᾳ, [ἀλλ'] (ἀλλὰ καὶ) ἐν παντὶ τόπῳ ἡ πίστις ὑμῶν ἡ πρὸς τὸν Θεὸν ἐξελήλυθεν, ὥστε μὴ χρείαν (ἡμᾶς) ἔχειν [ἡμᾶς] λαλεῖν τι· 9 αὐτοὶ γὰρ περὶ ἡμῶν ἀπαγγέλλουσιν ὁποίαν εἴσοδον ἔσχομεν πρὸς ὑμᾶς, καὶ πῶς ἐπεστρέψατε πρὸς τὸν Θεὸν ἀπὸ τῶν εἰδώλων δουλεύειν Θεῷ ζῶντι καὶ ἀληθινῷ, 10 καὶ ἀναμένειν τὸν Υἱὸν αὐτοῦ ἐκ τῶν οὐρανῶν, ὃν ἤγειρεν ἐκ [τῶν] νεκρῶν, Ἰησοῦν τὸν ῥυόμενον ἡμᾶς [ἐκ] (ἀπὸ) τῆς ὀργῆς τῆς ἐρχομένης.

1 Thessalonians 2

Reflections on Paul's Macedonian Ministry

1 Αὐτοὶ γὰρ οἴδατε, ἀδελφοί, τὴν εἴσοδον ἡμῶν τὴν πρὸς ὑμᾶς, ὅτι οὐ κενὴ γέγονεν, 2 ἀλλὰ (καὶ) προπαθόντες καὶ ὑβρισθέντες καθὼς οἴδατε ἐν Φιλίπποις ἐπαρρησιασάμεθα ἐν τῷ Θεῷ ἡμῶν λαλῆσαι πρὸς ὑμᾶς τὸ εὐαγγέλιον τοῦ Θεοῦ ἐν πολλῷ ἀγῶνι. 3 ἡ γὰρ παράκλησις ἡμῶν οὐκ ἐκ πλάνης οὐδὲ ἐξ ἀκαθαρσίας οὐδὲ ἐν δόλῳ,

ΠΡΟΣ ΘΕΣΣΑΛΟΝΙΚΕΙΣ Α

4 ἀλλὰ καθὼς δεδοκιμάσμεθα ὑπὸ τοῦ Θεοῦ πιστευθῆναι τὸ εὐαγγέλιον οὕτως λαλοῦμεν, οὐχ ὡς ἀνθρώποις ἀρέσκοντες, ἀλλὰ (τῷ) Θεῷ τῷ δοκιμάζοντι τὰς καρδίας ἡμῶν. 5 οὔτε γάρ ποτε ἐν λόγῳ κολακίας ἐγενήθημεν, καθὼς οἴδατε, οὔτε ἐν προφάσει πλεονεξίας, Θεὸς μάρτυς, 6 οὔτε ζητοῦντες ἐξ ἀνθρώπων δόξαν, οὔτε ἀφ᾽ ὑμῶν οὔτε ἀπ᾽ ἄλλων, 7 δυνάμενοι ἐν βάρει εἶναι ὡς Χριστοῦ ἀπόστολοι· [ἀλλὰ] (ἀλλ᾽) ἐγενήθημεν ἤπιοι ἐν μέσῳ ὑμῶν, ὡς ἐὰν τροφὸς θάλπῃ τὰ ἑαυτῆς τέκνα· 8 οὕτως ὁμειρόμενοι ὑμῶν εὐδοκοῦμεν μεταδοῦναι ὑμῖν οὐ μόνον τὸ εὐαγγέλιον τοῦ Θεοῦ ἀλλὰ καὶ τὰς ἑαυτῶν ψυχάς, διότι ἀγαπητοὶ ἡμῖν ἐγενήθητε. 9 μνημονεύετε γάρ, ἀδελφοί, τὸν κόπον ἡμῶν καὶ τὸν μόχθον· νυκτὸς (γάρ) καὶ ἡμέρας ἐργαζόμενοι πρὸς τὸ μὴ ἐπιβαρῆσαί τινα ὑμῶν ἐκηρύξαμεν εἰς ὑμᾶς τὸ εὐαγγέλιον τοῦ Θεοῦ. 10 ὑμεῖς μάρτυρες καὶ ὁ Θεός, ὡς ὁσίως καὶ δικαίως καὶ ἀμέμπτως ὑμῖν τοῖς πιστεύουσιν ἐγενήθημεν, 11 καθάπερ οἴδατε ὡς ἕνα ἕκαστον ὑμῶν ὡς πατὴρ τέκνα ἑαυτοῦ παρακαλοῦντες ὑμᾶς καὶ παραμυθούμενοι καὶ μαρτυρόμενοι 12 εἰς τὸ [περιπατεῖν] (περιπατῆσαι) ὑμᾶς ἀξίως τοῦ Θεοῦ τοῦ καλοῦντος ὑμᾶς εἰς τὴν ἑαυτοῦ βασιλείαν καὶ δόξαν.

The Thessalonians' Receptivity to the Gospel

13 [Καὶ] διὰ τοῦτο καὶ ἡμεῖς εὐχαριστοῦμεν τῷ Θεῷ ἀδιαλείπτως, ὅτι παραλαβόντες λόγον ἀκοῆς παρ᾽ ἡμῶν τοῦ Θεοῦ ἐδέξασθε οὐ λόγον ἀνθρώπων ἀλλὰ καθὼς ἀληθῶς ἐστὶν λόγον Θεοῦ, ὃς καὶ ἐνεργεῖται ἐν ὑμῖν τοῖς πιστεύουσιν. 14 ὑμεῖς γὰρ μιμηταὶ ἐγενήθητε, ἀδελφοί, τῶν ἐκκλησιῶν τοῦ Θεοῦ τῶν οὐσῶν ἐν τῇ Ἰουδαίᾳ ἐν Χριστῷ Ἰησοῦ, ὅτι τὰ αὐτὰ ἐπάθετε καὶ ὑμεῖς ὑπὸ τῶν ἰδίων συμφυλετῶν, καθὼς καὶ αὐτοὶ ὑπὸ τῶν Ἰουδαίων, 15 τῶν καὶ τὸν Κύριον ἀποκτεινάντων Ἰησοῦν καὶ τοὺς προφήτας καὶ ἡμᾶς ἐκδιωξάντων, καὶ Θεῷ μὴ ἀρεσκόντων, καὶ πᾶσιν ἀνθρώποις ἐναντίων, 16 κωλυόντων ἡμᾶς τοῖς ἔθνεσιν λαλῆσαι ἵνα σωθῶσιν, εἰς τὸ ἀναπληρῶσαι αὐτῶν τὰς ἁμαρτίας πάντοτε. ἔφθασεν δὲ ἐπ᾽ αὐτοὺς ἡ ὀργὴ εἰς τέλος.

Satan Hinders Paul's Visit

17 Ἡμεῖς δέ, ἀδελφοί, ἀπορφανισθέντες ἀφ᾽ ὑμῶν πρὸς καιρὸν ὥρας προσώπῳ οὐ καρδίᾳ, περισσοτέρως ἐσπουδάσαμεν τὸ πρόσωπον ὑμῶν ἰδεῖν ἐν πολλῇ ἐπιθυμίᾳ. 18 διότι ἠθελήσαμεν ἐλθεῖν πρὸς ὑμᾶς, ἐγὼ μὲν Παῦλος καὶ ἅπαξ καὶ δίς, καὶ ἐνέκοψεν ἡμᾶς ὁ Σατανᾶς. 19 τίς γὰρ ἡμῶν ἐλπὶς ἢ χαρὰ ἢ στέφανος καυχήσεως— ἢ οὐχὶ καὶ ὑμεῖς— ἔμπροσθεν τοῦ Κυρίου ἡμῶν Ἰησοῦ (Χριστοῦ) ἐν τῇ αὐτοῦ παρουσίᾳ; 20 ὑμεῖς γάρ ἐστε ἡ δόξα ἡμῶν καὶ ἡ χαρά.

ΠΡΟΣ ΘΕΣΣΑΛΟΝΙΚΕΙΣ Α

1 Thessalonians 3

Paul Sends Timothy

1 Διὸ μηκέτι στέγοντες ηὐδοκήσαμεν καταλειφθῆναι ἐν Ἀθήναις μόνοι, 2 καὶ ἐπέμψαμεν Τιμόθεον, τὸν ἀδελφὸν ἡμῶν καὶ διάκονον τοῦ Θεοῦ (καὶ συνεργὸν ἡμῶν) ἐν τῷ εὐαγγελίῳ τοῦ Χριστοῦ, εἰς τὸ στηρίξαι ὑμᾶς καὶ παρακαλέσαι [ὑπὲρ] (ὑμᾶς περὶ) τῆς πίστεως ὑμῶν 3 τὸ μηδένα σαίνεσθαι ἐν ταῖς θλίψεσιν ταύταις. αὐτοὶ γὰρ οἴδατε ὅτι εἰς τοῦτο κείμεθα· 4 καὶ γὰρ ὅτε πρὸς ὑμᾶς ἦμεν, προελέγομεν ὑμῖν ὅτι μέλλομεν θλίβεσθαι, καθὼς καὶ ἐγένετο καὶ οἴδατε. 5 διὰ τοῦτο κἀγὼ μηκέτι στέγων ἔπεμψα εἰς τὸ γνῶναι τὴν πίστιν ὑμῶν, μή πως ἐπείρασεν ὑμᾶς ὁ πειράζων καὶ εἰς κενὸν γένηται ὁ κόπος ἡμῶν.

Timothy's Good Report

6 Ἄρτι δὲ ἐλθόντος Τιμοθέου πρὸς ἡμᾶς ἀφ' ὑμῶν καὶ εὐαγγελισαμένου ἡμῖν τὴν πίστιν καὶ τὴν ἀγάπην ὑμῶν, καὶ ὅτι ἔχετε μνείαν ἡμῶν ἀγαθὴν πάντοτε, ἐπιποθοῦντες ἡμᾶς ἰδεῖν καθάπερ καὶ ἡμεῖς ὑμᾶς, 7 διὰ τοῦτο παρεκλήθημεν, ἀδελφοί, ἐφ' ὑμῖν ἐπὶ πάσῃ τῇ [ἀνάγκῃ καὶ θλίψει] (θλίψει καὶ ἀνάγκῃ) ἡμῶν διὰ τῆς ὑμῶν πίστεως, 8 ὅτι νῦν ζῶμεν ἐὰν ὑμεῖς στήκετε ἐν Κυρίῳ. 9 τίνα γὰρ εὐχαριστίαν δυνάμεθα τῷ Θεῷ ἀνταποδοῦναι περὶ ὑμῶν ἐπὶ πάσῃ τῇ χαρᾷ ᾗ χαίρομεν δι' ὑμᾶς ἔμπροσθεν τοῦ Θεοῦ ἡμῶν, 10 νυκτὸς καὶ ἡμέρας ὑπερεκπερισσοῦ δεόμενοι εἰς τὸ ἰδεῖν ὑμῶν τὸ πρόσωπον καὶ καταρτίσαι τὰ ὑστερήματα τῆς πίστεως ὑμῶν;

Paul's Desire to Visit

11 Αὐτὸς δὲ ὁ Θεὸς καὶ Πατὴρ ἡμῶν καὶ ὁ Κύριος ἡμῶν Ἰησοῦς (Χριστός) κατευθύναι τὴν ὁδὸν ἡμῶν πρὸς ὑμᾶς· 12 ὑμᾶς δὲ ὁ Κύριος πλεονάσαι καὶ περισσεύσαι τῇ ἀγάπῃ εἰς ἀλλήλους καὶ εἰς πάντας, καθάπερ καὶ ἡμεῖς εἰς ὑμᾶς, 13 εἰς τὸ στηρίξαι ὑμῶν τὰς καρδίας ἀμέμπτους ἐν ἁγιωσύνῃ ἔμπροσθεν τοῦ Θεοῦ καὶ πατρὸς ἡμῶν ἐν τῇ παρουσίᾳ τοῦ Κυρίου ἡμῶν Ἰησοῦ (Χριστοῦ) μετὰ πάντων τῶν ἁγίων αὐτοῦ.

ΠΡΟΣ ΘΕΣΣΑΛΟΝΙΚΕΙΣ Α

1 Thessalonians 4

Living to Please God

1 (τὸ) Λοιπὸν οὖν, ἀδελφοί, ἐρωτῶμεν ὑμᾶς καὶ παρακαλοῦμεν ἐν Κυρίῳ Ἰησοῦ, [ἵνα] καθὼς παρελάβετε παρ' ἡμῶν τὸ πῶς δεῖ ὑμᾶς περιπατεῖν καὶ ἀρέσκειν Θεῷ, [καθὼς καὶ περιπατεῖτε,] ἵνα περισσεύητε μᾶλλον. 2 οἴδατε γὰρ τίνας παραγγελίας ἐδώκαμεν ὑμῖν διὰ τοῦ Κυρίου Ἰησοῦ. 3 Τοῦτο γάρ ἐστιν θέλημα τοῦ Θεοῦ, ὁ ἁγιασμὸς ὑμῶν, ἀπέχεσθαι ὑμᾶς ἀπὸ τῆς πορνείας, 4 εἰδέναι ἕκαστον ὑμῶν τὸ ἑαυτοῦ σκεῦος κτᾶσθαι ἐν ἁγιασμῷ καὶ τιμῇ, 5 μὴ ἐν πάθει ἐπιθυμίας καθάπερ καὶ τὰ ἔθνη τὰ μὴ εἰδότα τὸν Θεόν, 6 τὸ μὴ ὑπερβαίνειν καὶ πλεονεκτεῖν ἐν τῷ πράγματι τὸν ἀδελφὸν αὐτοῦ, διότι ἔκδικος Κύριος περὶ πάντων τούτων, καθὼς καὶ προείπαμεν ὑμῖν καὶ διεμαρτυράμεθα. 7 οὐ γὰρ ἐκάλεσεν ἡμᾶς ὁ Θεὸς ἐπὶ ἀκαθαρσίᾳ ἀλλ' ἐν ἁγιασμῷ. 8 τοιγαροῦν ὁ ἀθετῶν οὐκ ἄνθρωπον ἀθετεῖ ἀλλὰ τὸν Θεὸν τὸν καὶ [διδόντα] (δόντα) τὸ Πνεῦμα αὐτοῦ τὸ ἅγιον εἰς ὑμᾶς. 9 Περὶ δὲ τῆς φιλαδελφίας οὐ χρείαν ἔχετε γράφειν ὑμῖν· αὐτοὶ γὰρ ὑμεῖς θεοδίδακτοί ἐστε εἰς τὸ ἀγαπᾶν ἀλλήλους· 10 καὶ γὰρ ποιεῖτε αὐτὸ εἰς πάντας τοὺς ἀδελφοὺς ἐν ὅλῃ τῇ Μακεδονίᾳ. Παρακαλοῦμεν δὲ ὑμᾶς, ἀδελφοί, περισσεύειν μᾶλλον, 11 καὶ φιλοτιμεῖσθαι ἡσυχάζειν καὶ πράσσειν τὰ ἴδια καὶ ἐργάζεσθαι ταῖς (ἰδίαις) χερσὶν ὑμῶν, καθὼς ὑμῖν παρηγγείλαμεν, 12 ἵνα περιπατῆτε εὐσχημόνως πρὸς τοὺς ἔξω καὶ μηδενὸς χρείαν ἔχητε.

Encouragement for Bereaved Believers

13 Οὐ θέλομεν δὲ ὑμᾶς ἀγνοεῖν, ἀδελφοί, περὶ τῶν κοιμωμένων, ἵνα μὴ λυπῆσθε καθὼς καὶ οἱ λοιποὶ οἱ μὴ ἔχοντες ἐλπίδα. 14 εἰ γὰρ πιστεύομεν ὅτι Ἰησοῦς ἀπέθανεν καὶ ἀνέστη, οὕτως καὶ ὁ Θεὸς τοὺς κοιμηθέντας διὰ τοῦ Ἰησοῦ ἄξει σὺν αὐτῷ. 15 Τοῦτο γὰρ ὑμῖν λέγομεν ἐν λόγῳ Κυρίου, ὅτι ἡμεῖς οἱ ζῶντες οἱ περιλειπόμενοι εἰς τὴν παρουσίαν τοῦ Κυρίου οὐ μὴ φθάσωμεν τοὺς κοιμηθέντας· 16 ὅτι αὐτὸς ὁ Κύριος ἐν κελεύσματι, ἐν φωνῇ ἀρχαγγέλου καὶ ἐν σάλπιγγι Θεοῦ, καταβήσεται ἀπ' οὐρανοῦ, καὶ οἱ νεκροὶ ἐν Χριστῷ ἀναστήσονται πρῶτον, 17 ἔπειτα ἡμεῖς οἱ ζῶντες οἱ περιλειπόμενοι ἅμα σὺν αὐτοῖς ἁρπαγησόμεθα ἐν νεφέλαις εἰς ἀπάντησιν τοῦ Κυρίου εἰς ἀέρα· καὶ οὕτως πάντοτε σὺν Κυρίῳ ἐσόμεθα. 18 Ὥστε παρακαλεῖτε ἀλλήλους ἐν τοῖς λόγοις τούτοις.

ΠΡΟΣ ΘΕΣΣΑΛΟΝΙΚΕΙΣ Α

1 Thessalonians 5

Preparing for the Day of the Lord

1 Περὶ δὲ τῶν χρόνων καὶ τῶν καιρῶν, ἀδελφοί, οὐ χρείαν ἔχετε ὑμῖν γράφεσθαι· 2 αὐτοὶ γὰρ ἀκριβῶς οἴδατε ὅτι ἡμέρα Κυρίου ὡς κλέπτης ἐν νυκτὶ οὕτως ἔρχεται. 3 ὅταν (γὰρ) λέγωσιν Εἰρήνη καὶ ἀσφάλεια, τότε αἰφνίδιος αὐτοῖς ἐπίσταται ὄλεθρος ὥσπερ ἡ ὠδὶν τῇ ἐν γαστρὶ ἐχούσῃ, καὶ οὐ μὴ ἐκφύγωσιν. 4 ὑμεῖς δέ, ἀδελφοί, οὐκ ἐστὲ ἐν σκότει, ἵνα ἡ ἡμέρα ὑμᾶς ὡς κλέπτης καταλάβῃ· 5 πάντες [γὰρ] ὑμεῖς υἱοὶ φωτός ἐστε καὶ υἱοὶ ἡμέρας. Οὐκ ἐσμὲν νυκτὸς οὐδὲ σκότους· 6 ἄρα οὖν μὴ καθεύδωμεν ὡς οἱ λοιποί, ἀλλὰ γρηγορῶμεν καὶ νήφωμεν. 7 οἱ γὰρ καθεύδοντες νυκτὸς καθεύδουσιν, καὶ οἱ μεθυσκόμενοι νυκτὸς μεθύουσιν· 8 ἡμεῖς δὲ ἡμέρας ὄντες νήφωμεν, ἐνδυσάμενοι θώρακα πίστεως καὶ ἀγάπης καὶ περικεφαλαίαν ἐλπίδα σωτηρίας· 9 ὅτι οὐκ ἔθετο ἡμᾶς ὁ Θεὸς εἰς ὀργὴν ἀλλὰ εἰς περιποίησιν σωτηρίας διὰ τοῦ Κυρίου ἡμῶν Ἰησοῦ Χριστοῦ, 10 τοῦ ἀποθανόντος περὶ ἡμῶν, ἵνα εἴτε γρηγορῶμεν εἴτε καθεύδωμεν ἅμα σὺν αὐτῷ ζήσωμεν. 11 Διὸ παρακαλεῖτε ἀλλήλους καὶ οἰκοδομεῖτε εἷς τὸν ἕνα, καθὼς καὶ ποιεῖτε.

Instructions for Holy Living

12 Ἐρωτῶμεν δὲ ὑμᾶς, ἀδελφοί, εἰδέναι τοὺς κοπιῶντας ἐν ὑμῖν καὶ προϊσταμένους ὑμῶν ἐν Κυρίῳ καὶ νουθετοῦντας ὑμᾶς, 13 καὶ ἡγεῖσθαι αὐτοὺς ὑπερεκπερισσῶς ἐν ἀγάπῃ διὰ τὸ ἔργον αὐτῶν. εἰρηνεύετε ἐν ἑαυτοῖς. 14 Παρακαλοῦμεν δὲ ὑμᾶς, ἀδελφοί, νουθετεῖτε τοὺς ἀτάκτους, παραμυθεῖσθε τοὺς ὀλιγοψύχους, ἀντέχεσθε τῶν ἀσθενῶν, μακροθυμεῖτε πρὸς πάντας. 15 ὁρᾶτε μή τις κακὸν ἀντὶ κακοῦ τινι ἀποδῷ, ἀλλὰ πάντοτε τὸ ἀγαθὸν διώκετε (καὶ) εἰς ἀλλήλους καὶ εἰς πάντας. 16 Πάντοτε χαίρετε, 17 ἀδιαλείπτως προσεύχεσθε, 18 ἐν παντὶ εὐχαριστεῖτε· τοῦτο γὰρ θέλημα Θεοῦ ἐν Χριστῷ Ἰησοῦ εἰς ὑμᾶς. 19 τὸ Πνεῦμα μὴ σβέννυτε, 20 προφητείας μὴ ἐξουθενεῖτε· 21 πάντα δὲ δοκιμάζετε, τὸ καλὸν κατέχετε· 22 ἀπὸ παντὸς εἴδους πονηροῦ ἀπέχεσθε.

ΠΡΟΣ ΘΕΣΣΑΛΟΝΙΚΕΙΣ Α

Closing Greetings and Benediction

23 Αὐτὸς δὲ ὁ Θεὸς τῆς εἰρήνης ἁγιάσαι ὑμᾶς ὁλοτελεῖς, καὶ ὁλόκληρον ὑμῶν τὸ πνεῦμα καὶ ἡ ψυχὴ καὶ τὸ σῶμα ἀμέμπτως ἐν τῇ παρουσίᾳ τοῦ Κυρίου ἡμῶν Ἰησοῦ Χριστοῦ τηρηθείη. 24 πιστὸς ὁ καλῶν ὑμᾶς, ὃς καὶ ποιήσει.

25 Ἀδελφοί, προσεύχεσθε περὶ ἡμῶν.

26 Ἀσπάσασθε τοὺς ἀδελφοὺς πάντας ἐν φιλήματι ἁγίῳ. 27 Ἐνορκίζω ὑμᾶς τὸν Κύριον ἀναγνωσθῆναι τὴν ἐπιστολὴν πᾶσιν τοῖς (ἁγίοις) ἀδελφοῖς.

28 Ἡ χάρις τοῦ Κυρίου ἡμῶν Ἰησοῦ Χριστοῦ μεθ' ὑμῶν. (πρός Θεσσαλονικεῖς πρώτη ἐγράφη ἀπό Ἀθηνῶν)

ΠΡΟΣ ΘΕΣΣΑΛΟΝΙΚΕΙΣ Β

Codex Sinaiticus, G-A ℵ
Date: c. 330-360
British Library and var.
2nd Thessalonians 1:1-2:12 "ergo"
BL folio: 288
<http://www.codexsinaiticus.org/en/manuscript.aspx?book=45>

ΠΡΟΣ ΘΕΣΣΑΛΟΝΙΚΕΙΣ Β

2 Thessalonians 1

Opening Salutation

1 Παῦλος καὶ Σιλουανὸς καὶ Τιμόθεος τῇ ἐκκλησίᾳ Θεσσαλονικέων ἐν Θεῷ Πατρὶ ἡμῶν καὶ Κυρίῳ Ἰησοῦ Χριστῷ· 2 χάρις ὑμῖν καὶ εἰρήνη ἀπὸ Θεοῦ Πατρὸς καὶ Κυρίου Ἰησοῦ Χριστοῦ.

Prayer and Praise for Patient Endurance

3 Εὐχαριστεῖν ὀφείλομεν τῷ Θεῷ πάντοτε περὶ ὑμῶν, ἀδελφοί, καθὼς ἄξιόν ἐστιν, ὅτι ὑπεραυξάνει ἡ πίστις ὑμῶν καὶ πλεονάζει ἡ ἀγάπη ἑνὸς ἑκάστου πάντων ὑμῶν εἰς ἀλλήλους, 4 ὥστε (ἡμᾶς) αὐτοὺς [ἡμᾶς] ἐν ὑμῖν [ἐνκαυχᾶσθαι] (καυχᾶσθαι) ἐν ταῖς ἐκκλησίαις τοῦ Θεοῦ ὑπὲρ τῆς ὑπομονῆς ὑμῶν καὶ πίστεως ἐν πᾶσιν τοῖς διωγμοῖς ὑμῶν καὶ ταῖς θλίψεσιν αἷς ἀνέχεσθε, 5 ἔνδειγμα τῆς δικαίας κρίσεως τοῦ Θεοῦ, εἰς τὸ καταξιωθῆναι ὑμᾶς τῆς βασιλείας τοῦ Θεοῦ, ὑπὲρ ἧς καὶ πάσχετε, 6 εἴπερ δίκαιον παρὰ Θεῷ ἀνταποδοῦναι τοῖς θλίβουσιν ὑμᾶς θλῖψιν 7 καὶ ὑμῖν τοῖς θλιβομένοις ἄνεσιν μεθ' ἡμῶν, ἐν τῇ ἀποκαλύψει τοῦ Κυρίου Ἰησοῦ ἀπ' οὐρανοῦ μετ' ἀγγέλων δυνάμεως αὐτοῦ 8 ἐν πυρὶ φλογός, διδόντος ἐκδίκησιν τοῖς μὴ εἰδόσιν Θεὸν καὶ τοῖς μὴ ὑπακούουσιν τῷ εὐαγγελίῳ τοῦ Κυρίου ἡμῶν Ἰησοῦ (Χριστοῦ), 9 οἵτινες δίκην τίσουσιν ὄλεθρον αἰώνιον ἀπὸ προσώπου τοῦ Κυρίου καὶ ἀπὸ τῆς δόξης τῆς ἰσχύος αὐτοῦ, 10 ὅταν ἔλθῃ ἐνδοξασθῆναι ἐν τοῖς ἁγίοις αὐτοῦ καὶ θαυμασθῆναι ἐν πᾶσιν τοῖς πιστεύσασιν, ὅτι ἐπιστεύθη τὸ μαρτύριον ἡμῶν ἐφ' ὑμᾶς, ἐν τῇ ἡμέρᾳ ἐκείνῃ. 11 Εἰς ὃ καὶ προσευχόμεθα πάντοτε περὶ ὑμῶν, ἵνα ὑμᾶς ἀξιώσῃ τῆς κλήσεως ὁ Θεὸς ἡμῶν καὶ πληρώσῃ πᾶσαν εὐδοκίαν ἀγαθωσύνης καὶ ἔργον πίστεως ἐν δυνάμει, 12 ὅπως ἐνδοξασθῇ τὸ ὄνομα τοῦ Κυρίου ἡμῶν Ἰησοῦ (Χριστοῦ) ἐν ὑμῖν, καὶ ὑμεῖς ἐν αὐτῷ, κατὰ τὴν χάριν τοῦ Θεοῦ ἡμῶν καὶ Κυρίου Ἰησοῦ Χριστοῦ.

ΠΡΟΣ ΘΕΣΣΑΛΟΝΙΚΕΙΣ Β

2 Thessalonians 2

Events Preceeding the Day of the Lord

1 Ἐρωτῶμεν δὲ ὑμᾶς, ἀδελφοί, ὑπὲρ τῆς παρουσίας τοῦ Κυρίου ἡμῶν Ἰησοῦ Χριστοῦ καὶ ἡμῶν ἐπισυναγωγῆς ἐπ' αὐτόν, 2 εἰς τὸ μὴ ταχέως σαλευθῆναι ὑμᾶς ἀπὸ τοῦ νοὸς [μηδὲ] (μήτε) θροεῖσθαι μήτε διὰ πνεύματος μήτε διὰ λόγου μήτε δι' ἐπιστολῆς ὡς δι' ἡμῶν, ὡς ὅτι ἐνέστηκεν ἡ ἡμέρα τοῦ [Κυρίου] (Χριστοῦ). 3 μή τις ὑμᾶς ἐξαπατήσῃ κατὰ μηδένα τρόπον· ὅτι ἐὰν μὴ ἔλθῃ ἡ ἀποστασία πρῶτον καὶ ἀποκαλυφθῇ ὁ ἄνθρωπος τῆς [ἀνομίας] (ἁμαρτίας), ὁ υἱὸς τῆς ἀπωλείας, 4 ὁ ἀντικείμενος καὶ ὑπεραιρόμενος ἐπὶ πάντα λεγόμενον Θεὸν ἢ σέβασμα, ὥστε αὐτὸν εἰς τὸν ναὸν τοῦ Θεοῦ (ὡς Θεὸν) καθίσαι, ἀποδεικνύντα ἑαυτὸν ὅτι ἔστιν Θεός. 5 Οὐ μνημονεύετε ὅτι ἔτι ὢν πρὸς ὑμᾶς ταῦτα ἔλεγον ὑμῖν; 6 καὶ νῦν τὸ κατέχον οἴδατε, εἰς τὸ ἀποκαλυφθῆναι αὐτὸν ἐν τῷ αὑτοῦ καιρῷ. 7 τὸ γὰρ μυστήριον ἤδη ἐνεργεῖται τῆς ἀνομίας· μόνον ὁ κατέχων ἄρτι ἕως ἐκ μέσου γένηται. 8 καὶ τότε ἀποκαλυφθήσεται ὁ ἄνομος, ὃν ὁ Κύριος [Ἰησοῦς ἀνελεῖ] (ἀναλώσει) τῷ πνεύματι τοῦ στόματος αὐτοῦ καὶ καταργήσει τῇ ἐπιφανείᾳ τῆς παρουσίας αὐτοῦ, 9 οὗ ἐστιν ἡ παρουσία κατ' ἐνέργειαν τοῦ Σατανᾶ ἐν πάσῃ δυνάμει καὶ σημείοις καὶ τέρασιν ψεύδους 10 καὶ ἐν πάσῃ ἀπάτῃ ἀδικίας τοῖς ἀπολλυμένοις, ἀνθ' ὧν τὴν ἀγάπην τῆς ἀληθείας οὐκ ἐδέξαντο εἰς τὸ σωθῆναι αὐτούς. 11 καὶ διὰ τοῦτο πέμπει αὐτοῖς ὁ Θεὸς ἐνέργειαν πλάνης εἰς τὸ πιστεῦσαι αὐτοὺς τῷ ψεύδει, 12 ἵνα κριθῶσιν πάντες οἱ μὴ πιστεύσαντες τῇ ἀληθείᾳ ἀλλὰ εὐδοκήσαντες τῇ ἀδικίᾳ.

The Hope of the Steadfast Believer

13 Ἡμεῖς δὲ ὀφείλομεν εὐχαριστεῖν τῷ Θεῷ πάντοτε περὶ ὑμῶν, ἀδελφοὶ ἠγαπημένοι ὑπὸ Κυρίου, ὅτι εἵλατο ὑμᾶς ὁ Θεὸς ἀπ' ἀρχῆς εἰς σωτηρίαν ἐν ἁγιασμῷ Πνεύματος καὶ πίστει ἀληθείας, 14 εἰς ὃ καὶ ἐκάλεσεν ὑμᾶς διὰ τοῦ εὐαγγελίου ἡμῶν, εἰς περιποίησιν δόξης τοῦ Κυρίου ἡμῶν Ἰησοῦ Χριστοῦ. 15 Ἄρα οὖν, ἀδελφοί, στήκετε, καὶ κρατεῖτε τὰς παραδόσεις ἃς ἐδιδάχθητε εἴτε διὰ λόγου εἴτε δι' ἐπιστολῆς ἡμῶν. 16 Αὐτὸς δὲ ὁ Κύριος ἡμῶν Ἰησοῦς Χριστὸς καὶ ὁ Θεὸς ὁ Πατὴρ ἡμῶν, ὁ ἀγαπήσας ἡμᾶς καὶ δοὺς παράκλησιν αἰωνίαν καὶ ἐλπίδα ἀγαθὴν ἐν χάριτι, 17 παρακαλέσαι ὑμῶν τὰς καρδίας καὶ στηρίξαι ἐν παντὶ [ἔργῳ καὶ λόγῳ] (λόγῳ καὶ ἔργῳ) ἀγαθῷ.

ΠΡΟΣ ΘΕΣΣΑΛΟΝΙΚΕΙΣ Β

2 Thessalonians 3

Paul's Prayer for Deliverance

1 Τὸ λοιπὸν προσεύχεσθε, ἀδελφοί, περὶ ἡμῶν, ἵνα ὁ λόγος τοῦ Κυρίου τρέχῃ καὶ δοξάζηται καθὼς καὶ πρὸς ὑμᾶς, 2 καὶ ἵνα ῥυσθῶμεν ἀπὸ τῶν ἀτόπων καὶ πονηρῶν ἀνθρώπων· οὐ γὰρ πάντων ἡ πίστις. 3 Πιστὸς δέ ἐστιν ὁ Κύριος, ὃς στηρίξει ὑμᾶς καὶ φυλάξει ἀπὸ τοῦ πονηροῦ. 4 πεποίθαμεν δὲ ἐν Κυρίῳ ἐφ' ὑμᾶς, ὅτι ἃ παραγγέλλομεν καὶ ποιεῖτε καὶ ποιήσετε. 5 Ὁ δὲ Κύριος κατευθύναι ὑμῶν τὰς καρδίας εἰς τὴν ἀγάπην τοῦ Θεοῦ καὶ εἰς [τὴν] ὑπομονὴν τοῦ Χριστοῦ.

Reject the Vagrant Lifestyle

6 Παραγγέλλομεν δὲ ὑμῖν, ἀδελφοί, ἐν ὀνόματι τοῦ Κυρίου (ἡμῶν) Ἰησοῦ Χριστοῦ στέλλεσθαι ὑμᾶς ἀπὸ παντὸς ἀδελφοῦ ἀτάκτως περιπατοῦντος καὶ μὴ κατὰ τὴν παράδοσιν ἣν παρελάβετε παρ' ἡμῶν. 7 αὐτοὶ γὰρ οἴδατε πῶς δεῖ μιμεῖσθαι ἡμᾶς, ὅτι οὐκ ἠτακτήσαμεν ἐν ὑμῖν, 8 οὐδὲ δωρεὰν ἄρτον ἐφάγομεν παρά τινος, ἀλλ' ἐν κόπῳ καὶ μόχθῳ νυκτὸς καὶ ἡμέρας ἐργαζόμενοι πρὸς τὸ μὴ ἐπιβαρῆσαί τινα ὑμῶν· 9 οὐχ ὅτι οὐκ ἔχομεν ἐξουσίαν, ἀλλ' ἵνα ἑαυτοὺς τύπον δῶμεν ὑμῖν εἰς τὸ μιμεῖσθαι ἡμᾶς. 10 καὶ γὰρ ὅτε ἦμεν πρὸς ὑμᾶς, τοῦτο παρηγγέλλομεν ὑμῖν, ὅτι εἴ τις οὐ θέλει ἐργάζεσθαι, μηδὲ ἐσθιέτω. 11 ἀκούομεν γάρ τινας περιπατοῦντας ἐν ὑμῖν ἀτάκτως, μηδὲν ἐργαζομένους ἀλλὰ περιεργαζομένους· 12 τοῖς δὲ τοιούτοις παραγγέλλομεν καὶ παρακαλοῦμεν [ἐν] (διὰ τοῦ) Κυρίῳ (ἡμῶν) Ἰησοῦ Χριστῷ ἵνα μετὰ ἡσυχίας ἐργαζόμενοι τὸν ἑαυτῶν ἄρτον ἐσθίωσιν. 13 Ὑμεῖς δέ, ἀδελφοί, μὴ ἐγκακήσητε καλοποιοῦντες. 14 εἰ δέ τις οὐχ ὑπακούει τῷ λόγῳ ἡμῶν διὰ τῆς ἐπιστολῆς, τοῦτον σημειοῦσθε, (καὶ) μὴ συναναμίγνυσθαι αὐτῷ, ἵνα ἐντραπῇ· 15 καὶ μὴ ὡς ἐχθρὸν ἡγεῖσθε, ἀλλὰ νουθετεῖτε ὡς ἀδελφόν.

Benediction and Closing

16 Αὐτὸς δὲ ὁ Κύριος τῆς εἰρήνης δῴη ὑμῖν τὴν εἰρήνην διὰ παντὸς ἐν παντὶ τρόπῳ. ὁ Κύριος μετὰ πάντων ὑμῶν.

17 Ὁ ἀσπασμὸς τῇ ἐμῇ χειρὶ Παύλου, ὅ ἐστιν σημεῖον ἐν πάσῃ ἐπιστολῇ· οὕτως γράφω. 18 ἡ χάρις τοῦ Κυρίου ἡμῶν Ἰησοῦ Χριστοῦ μετὰ πάντων ὑμῶν. (πρός Θεσσαλονικείς δευτέρα ἐγράφη ἀπό Ἀθηνῶν)

ΠΡΟΣ ΤΙΜΟΘΕΟΝ Α

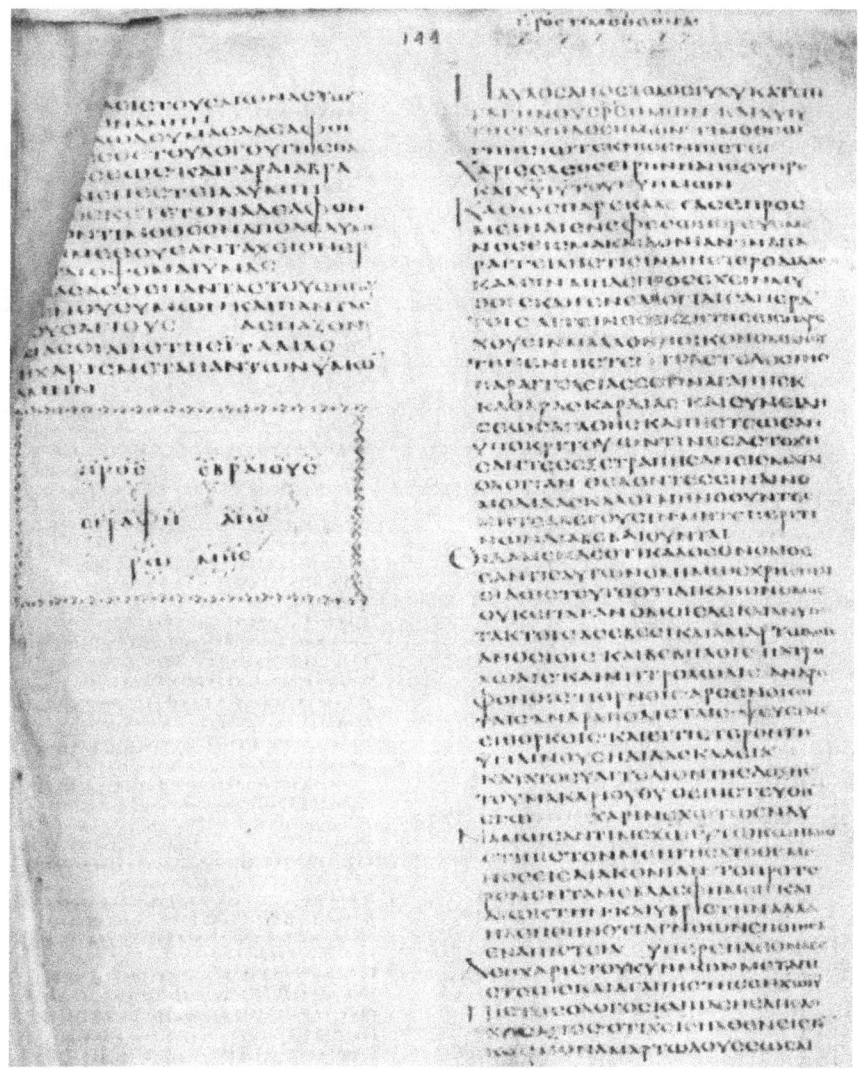

Codex Alexandrinus
Date: 400-440
British Library
1st Timothy 1:1-15 σῶσαι
Volume 4 of 4, Royal MS 1 D VIII, f.119r
<http://www.bl.uk/manuscripts/Viewer.aspx?ref=royal_ms_1_d_viii>

ΠΡΟΣ ΤΙΜΟΘΕΟΝ Α

1 Timothy 1

Opening Salutation

1 Παῦλος ἀπόστολος [Χριστοῦ Ἰησοῦ] (Ἰησοῦ Χριστοῦ) κατ' ἐπιταγὴν Θεοῦ Σωτῆρος ἡμῶν καὶ Χριστοῦ Ἰησοῦ (Χριστοῦ) τῆς ἐλπίδος ἡμῶν 2 Τιμοθέῳ γνησίῳ τέκνῳ ἐν πίστει· χάρις, ἔλεος, εἰρήνη ἀπὸ Θεοῦ πατρὸς καὶ Χριστοῦ Ἰησοῦ τοῦ Κυρίου ἡμῶν.

Contend Against False Teachers

3 Καθὼς παρεκάλεσά σε προσμεῖναι ἐν Ἐφέσῳ, πορευόμενος εἰς Μακεδονίαν, ἵνα παραγγείλῃς τισὶν μὴ ἑτεροδιδασκαλεῖν 4 μηδὲ προσέχειν μύθοις καὶ γενεαλογίαις ἀπεράντοις, αἵτινες [ἐκζητήσεις] (ζητήσεις) παρέχουσιν μᾶλλον ἢ οἰκονομίαν Θεοῦ τὴν ἐν πίστει· 5 τὸ δὲ τέλος τῆς παραγγελίας ἐστὶν ἀγάπη ἐκ καθαρᾶς καρδίας καὶ συνειδήσεως ἀγαθῆς καὶ πίστεως ἀνυποκρίτου, 6 ὧν τινες ἀστοχήσαντες ἐξετράπησαν εἰς ματαιολογίαν, 7 θέλοντες εἶναι νομοδιδάσκαλοι, μὴ νοοῦντες μήτε ἃ λέγουσιν μήτε περὶ τίνων διαβεβαιοῦνται. 8 Οἴδαμεν δὲ ὅτι καλὸς ὁ νόμος, ἐάν τις αὐτῷ νομίμως χρῆται, 9 εἰδὼς τοῦτο, ὅτι δικαίῳ νόμος οὐ κεῖται, ἀνόμοις δὲ καὶ ἀνυποτάκτοις, ἀσεβέσι καὶ ἁμαρτωλοῖς, ἀνοσίοις καὶ βεβήλοις, πατρολῴαις καὶ μητρολῴαις, ἀνδροφόνοις, 10 πόρνοις, ἀρσενοκοίταις, ἀνδραποδισταῖς, ψεύσταις, ἐπιόρκοις, καὶ εἴ τι ἕτερον τῇ ὑγιαινούσῃ διδασκαλίᾳ ἀντίκειται, 11 κατὰ τὸ εὐαγγέλιον τῆς δόξης τοῦ μακαρίου Θεοῦ, ὃ ἐπιστεύθην ἐγώ.

Paul's Life Demonstrates the True Gospel

12 (Καὶ) Χάριν ἔχω τῷ ἐνδυναμώσαντί με Χριστῷ Ἰησοῦ τῷ Κυρίῳ ἡμῶν, ὅτι πιστόν με ἡγήσατο θέμενος εἰς διακονίαν, 13 τὸ πρότερον ὄντα βλάσφημον καὶ διώκτην καὶ ὑβριστήν· ἀλλὰ ἠλεήθην, ὅτι ἀγνοῶν ἐποίησα ἐν ἀπιστίᾳ, 14 ὑπερεπλεόνασεν δὲ ἡ χάρις τοῦ Κυρίου ἡμῶν μετὰ πίστεως καὶ ἀγάπης τῆς ἐν Χριστῷ Ἰησοῦ. 15 πιστὸς ὁ λόγος καὶ πάσης ἀποδοχῆς ἄξιος, ὅτι Χριστὸς Ἰησοῦς ἦλθεν εἰς τὸν κόσμον ἁμαρτωλοὺς σῶσαι· ὧν πρῶτός εἰμι ἐγώ· 16 ἀλλὰ διὰ τοῦτο ἠλεήθην, ἵνα ἐν ἐμοὶ πρώτῳ ἐνδείξηται Ἰησοῦς Χριστὸς τὴν [ἅπασαν] (πᾶσαν) μακροθυμίαν, πρὸς ὑποτύπωσιν τῶν μελλόντων πιστεύειν ἐπ' αὐτῷ εἰς ζωὴν αἰώνιον. 17 Τῷ δὲ Βασιλεῖ τῶν αἰώνων, ἀφθάρτῳ ἀοράτῳ μόνῳ (σοφῷ) Θεῷ, τιμὴ καὶ δόξα εἰς τοὺς αἰῶνας τῶν αἰώνων· ἀμήν.

ΠΡΟΣ ΤΙΜΟΘΕΟΝ Α

The Requisites of Faith and a Clear Conscience

18 Ταύτην τὴν παραγγελίαν παρατίθεμαί σοι, τέκνον Τιμόθεε, κατὰ τὰς προαγούσας ἐπὶ σὲ προφητείας, ἵνα στρατεύῃ ἐν αὐταῖς τὴν καλὴν στρατείαν, 19 ἔχων πίστιν καὶ ἀγαθὴν συνείδησιν, ἥν τινες ἀπωσάμενοι περὶ τὴν πίστιν ἐναυάγησαν· 20 ὧν ἐστιν Ὑμέναιος καὶ Ἀλέξανδρος, οὓς παρέδωκα τῷ Σατανᾷ, ἵνα παιδευθῶσιν μὴ βλασφημεῖν.

1 Timothy 2

Instructions on Prayer in Public Worship

1 Παρακαλῶ οὖν πρῶτον πάντων ποιεῖσθαι δεήσεις, προσευχάς, ἐντεύξεις, εὐχαριστίας, ὑπὲρ πάντων ἀνθρώπων, 2 ὑπὲρ βασιλέων καὶ πάντων τῶν ἐν ὑπεροχῇ ὄντων, ἵνα ἤρεμον καὶ ἡσύχιον βίον διάγωμεν ἐν πάσῃ εὐσεβείᾳ καὶ σεμνότητι. 3 τοῦτο (γὰρ) καλὸν καὶ ἀπόδεκτον ἐνώπιον τοῦ Σωτῆρος ἡμῶν Θεοῦ, 4 ὃς πάντας ἀνθρώπους θέλει σωθῆναι καὶ εἰς ἐπίγνωσιν ἀληθείας ἐλθεῖν. 5 εἷς γὰρ Θεός, εἷς καὶ μεσίτης Θεοῦ καὶ ἀνθρώπων, ἄνθρωπος Χριστὸς Ἰησοῦς, 6 ὁ δοὺς ἑαυτὸν ἀντίλυτρον ὑπὲρ πάντων, τὸ μαρτύριον καιροῖς ἰδίοις· 7 εἰς ὃ ἐτέθην ἐγὼ κῆρυξ καὶ ἀπόστολος, ἀλήθειαν λέγω (ἐν Χριστῷ), οὐ ψεύδομαι, διδάσκαλος ἐθνῶν ἐν πίστει καὶ ἀληθείᾳ.

Instructions on Piety in Public Worship

8 Βούλομαι οὖν προσεύχεσθαι τοὺς ἄνδρας ἐν παντὶ τόπῳ ἐπαίροντας ὁσίους χεῖρας χωρὶς ὀργῆς καὶ διαλογισμοῦ. 9 Ὡσαύτως (καὶ τὰς) γυναῖκας ἐν καταστολῇ κοσμίῳ μετὰ αἰδοῦς καὶ σωφροσύνης κοσμεῖν ἑαυτάς, μὴ ἐν πλέγμασιν [καὶ] (ἢ) χρυσίῳ ἢ μαργαρίταις ἢ ἱματισμῷ πολυτελεῖ, 10 ἀλλ' ὃ πρέπει γυναιξὶν ἐπαγγελλομέναις θεοσέβειαν, δι' ἔργων ἀγαθῶν. 11 Γυνὴ ἐν ἡσυχίᾳ μανθανέτω ἐν πάσῃ ὑποταγῇ· 12 [διδάσκειν δὲ γυναικὶ] (γυναικὶ δὲ διδάσκειν) οὐκ ἐπιτρέπω, οὐδὲ αὐθεντεῖν ἀνδρός, ἀλλ' εἶναι ἐν ἡσυχίᾳ. 13 Ἀδὰμ γὰρ πρῶτος ἐπλάσθη, εἶτα Εὔα. 14 καὶ Ἀδὰμ οὐκ ἠπατήθη, ἡ δὲ γυνὴ ἐξαπατηθεῖσα ἐν παραβάσει γέγονεν· 15 σωθήσεται δὲ διὰ τῆς τεκνογονίας, ἐὰν μείνωσιν ἐν πίστει καὶ ἀγάπῃ καὶ ἁγιασμῷ μετὰ σωφροσύνης.

ΠΡΟΣ ΤΙΜΟΘΕΟΝ Α

1 Timothy 3

Qualifications of Overseers

1 Πιστὸς ὁ λόγος· εἴ τις ἐπισκοπῆς ὀρέγεται, καλοῦ ἔργου ἐπιθυμεῖ. 2 δεῖ οὖν τὸν ἐπίσκοπον ἀνεπίλημπτον εἶναι, μιᾶς γυναικὸς ἄνδρα, νηφάλιον, σώφρονα, κόσμιον, φιλόξενον, διδακτικόν, 3 μὴ πάροινον, μὴ πλήκτην, (μὴ αἰσχροκερδῆ) ἀλλὰ ἐπιεικῆ, ἄμαχον, ἀφιλάργυρον, 4 τοῦ ἰδίου οἴκου καλῶς προϊστάμενον, τέκνα ἔχοντα ἐν ὑποταγῇ μετὰ πάσης σεμνότητος, 5 (εἰ δέ τις τοῦ ἰδίου οἴκου προστῆναι οὐκ οἶδεν, πῶς ἐκκλησίας Θεοῦ ἐπιμελήσεται;) 6 μὴ νεόφυτον, ἵνα μὴ τυφωθεὶς εἰς κρίμα ἐμπέσῃ τοῦ διαβόλου. 7 δεῖ δὲ (αὐτὸν) καὶ μαρτυρίαν καλὴν ἔχειν ἀπὸ τῶν ἔξωθεν, ἵνα μὴ εἰς ὀνειδισμὸν ἐμπέσῃ καὶ παγίδα τοῦ διαβόλου.

Qualifications of Deacons

8 Διακόνους ὡσαύτως σεμνούς, μὴ διλόγους, μὴ οἴνῳ πολλῷ προσέχοντας, μὴ αἰσχροκερδεῖς, 9 ἔχοντας τὸ μυστήριον τῆς πίστεως ἐν καθαρᾷ συνειδήσει. 10 καὶ οὗτοι δὲ δοκιμαζέσθωσαν πρῶτον, εἶτα διακονείτωσαν ἀνέγκλητοι ὄντες. 11 γυναῖκας ὡσαύτως σεμνάς, μὴ διαβόλους, νηφαλίους, πιστὰς ἐν πᾶσιν. 12 διάκονοι ἔστωσαν μιᾶς γυναικὸς ἄνδρες, τέκνων καλῶς προϊστάμενοι καὶ τῶν ἰδίων οἴκων. 13 οἱ γὰρ καλῶς διακονήσαντες βαθμὸν ἑαυτοῖς καλὸν περιποιοῦνται καὶ πολλὴν παρρησίαν ἐν πίστει τῇ ἐν Χριστῷ Ἰησοῦ.

Honoring the Living God in the House of God

14 Ταῦτά σοι γράφω ἐλπίζων ἐλθεῖν πρὸς σὲ τάχειον· 15 ἐὰν δὲ βραδύνω, ἵνα εἰδῇς πῶς δεῖ ἐν οἴκῳ Θεοῦ ἀναστρέφεσθαι, ἥτις ἐστὶν ἐκκλησία Θεοῦ ζῶντος, στῦλος καὶ ἑδραίωμα τῆς ἀληθείας. 16 καὶ ὁμολογουμένως μέγα ἐστὶν τὸ τῆς εὐσεβείας μυστήριον·

> [Ὅς] (Θεὸς) ἐφανερώθη ἐν σαρκί,
> ἐδικαιώθη ἐν πνεύματι,
> ὤφθη ἀγγέλοις,
> ἐκηρύχθη ἐν ἔθνεσιν,
> ἐπιστεύθη ἐν κόσμῳ,
> ἀνελήμφθη ἐν δόξῃ.

ΠΡΟΣ ΤΙΜΟΘΕΟΝ Α

1 Timothy 4

Demonic Doctrines of Asceticism Exposed

1 Τὸ δὲ πνεῦμα ῥητῶς λέγει ὅτι ἐν ὑστέροις καιροῖς ἀποστήσονταί τινες τῆς πίστεως, προσέχοντες πνεύμασιν πλάνοις καὶ διδασκαλίαις δαιμονίων, 2 ἐν ὑποκρίσει ψευδολόγων, κεκαυστηριασμένων τὴν ἰδίαν συνείδησιν, 3 κωλυόντων γαμεῖν, ἀπέχεσθαι βρωμάτων, ἃ ὁ Θεὸς ἔκτισεν εἰς μετάλημψιν μετὰ εὐχαριστίας τοῖς πιστοῖς καὶ ἐπεγνωκόσι τὴν ἀλήθειαν. 4 ὅτι πᾶν κτίσμα Θεοῦ καλόν, καὶ οὐδὲν ἀπόβλητον μετὰ εὐχαριστίας λαμβανόμενον· 5 ἁγιάζεται γὰρ διὰ λόγου Θεοῦ καὶ ἐντεύξεως. 6 Ταῦτα ὑποτιθέμενος τοῖς ἀδελφοῖς καλὸς ἔσῃ διάκονος [Χριστοῦ Ἰησοῦ] (Ἰησοῦ Χριστοῦ), ἐντρεφόμενος τοῖς λόγοις τῆς πίστεως καὶ τῆς καλῆς διδασκαλίας ᾗ παρηκολούθηκας· 7 τοὺς δὲ βεβήλους καὶ γραώδεις μύθους παραιτοῦ. γύμναζε δὲ σεαυτὸν πρὸς εὐσέβειαν. 8 ἡ γὰρ σωματικὴ γυμνασία πρὸς ὀλίγον ἐστὶν ὠφέλιμος· ἡ δὲ εὐσέβεια πρὸς πάντα ὠφέλιμός ἐστιν, ἐπαγγελίαν ἔχουσα ζωῆς τῆς νῦν καὶ τῆς μελλούσης. 9 πιστὸς ὁ λόγος καὶ πάσης ἀποδοχῆς ἄξιος· 10 εἰς τοῦτο γὰρ κοπιῶμεν καὶ [ἀγωνιζόμεθα] (ὀνειδιζόμεθα), ὅτι ἠλπίκαμεν ἐπὶ Θεῷ ζῶντι, ὅς ἐστιν Σωτὴρ πάντων ἀνθρώπων, μάλιστα πιστῶν.

Special Instructions to Timothy

11 Παράγγελλε ταῦτα καὶ δίδασκε. 12 μηδείς σου τῆς νεότητος καταφρονείτω, ἀλλὰ τύπος γίνου τῶν πιστῶν ἐν λόγῳ, ἐν ἀναστροφῇ, ἐν ἀγάπῃ, (ἐν πνεύματι) ἐν πίστει, ἐν ἁγνείᾳ. 13 ἕως ἔρχομαι πρόσεχε τῇ ἀναγνώσει, τῇ παρακλήσει, τῇ διδασκαλίᾳ. 14 μὴ ἀμέλει τοῦ ἐν σοὶ χαρίσματος, ὃ ἐδόθη σοι διὰ προφητείας μετὰ ἐπιθέσεως τῶν χειρῶν τοῦ πρεσβυτερίου. 15 ταῦτα μελέτα, ἐν τούτοις ἴσθι, ἵνα σου ἡ προκοπὴ φανερὰ ᾖ (ἐν) πᾶσιν. 16 ἔπεχε σεαυτῷ καὶ τῇ διδασκαλίᾳ, ἐπίμενε αὐτοῖς· τοῦτο γὰρ ποιῶν καὶ σεαυτὸν σώσεις καὶ τοὺς ἀκούοντάς σου.

1 Timothy 5

Treatment of Elders and Widows

1 Πρεσβυτέρῳ μὴ ἐπιπλήξῃς, ἀλλὰ παρακάλει ὡς πατέρα, νεωτέρους ὡς ἀδελφούς, 2 πρεσβυτέρας ὡς μητέρας, νεωτέρας ὡς ἀδελφὰς ἐν πάσῃ ἁγνείᾳ. 3 Χήρας τίμα τὰς ὄντως χήρας. 4 εἰ δέ τις χήρα τέκνα ἢ ἔκγονα ἔχει, μανθανέτωσαν πρῶτον τὸν ἴδιον οἶκον εὐσεβεῖν καὶ ἀμοιβὰς ἀποδιδόναι τοῖς προγόνοις·

ΠΡΟΣ ΤΙΜΟΘΕΟΝ Α

τοῦτο γάρ ἐστιν (καλὸν καὶ) ἀπόδεκτον ἐνώπιον τοῦ Θεοῦ. 5 ἡ δὲ ὄντως χήρα καὶ μεμονωμένη ἤλπικεν ἐπὶ (τόν) Θεὸν καὶ προσμένει ταῖς δεήσεσιν καὶ ταῖς προσευχαῖς νυκτὸς καὶ ἡμέρας· 6 ἡ δὲ σπαταλῶσα ζῶσα τέθνηκεν. 7 καὶ ταῦτα παράγγελλε, ἵνα ἀνεπίλημπτοι ὦσιν. 8 εἰ δέ τις τῶν ἰδίων καὶ μάλιστα οἰκείων οὐ προνοεῖ, τὴν πίστιν ἤρνηται καὶ ἔστιν ἀπίστου χείρων. 9 Χήρα καταλεγέσθω μὴ ἔλαττον ἐτῶν ἑξήκοντα γεγονυῖα, ἑνὸς ἀνδρὸς γυνή, 10 ἐν ἔργοις καλοῖς μαρτυρουμένη, εἰ ἐτεκνοτρόφησεν, εἰ ἐξενοδόχησεν, εἰ ἁγίων πόδας ἔνιψεν, εἰ θλιβομένοις ἐπήρκεσεν, εἰ παντὶ ἔργῳ ἀγαθῷ ἐπηκολούθησεν. 11 νεωτέρας δὲ χήρας παραιτοῦ· ὅταν γὰρ καταστρηνιάσωσιν τοῦ Χριστοῦ, γαμεῖν θέλουσιν, 12 ἔχουσαι κρίμα ὅτι τὴν πρώτην πίστιν ἠθέτησαν· 13 ἅμα δὲ καὶ ἀργαὶ μανθάνουσιν, περιερχόμεναι τὰς οἰκίας, οὐ μόνον δὲ ἀργαὶ ἀλλὰ καὶ φλύαροι καὶ περίεργοι, λαλοῦσαι τὰ μὴ δέοντα. 14 βούλομαι οὖν νεωτέρας γαμεῖν, τεκνογονεῖν, οἰκοδεσποτεῖν, μηδεμίαν ἀφορμὴν διδόναι τῷ ἀντικειμένῳ λοιδορίας χάριν· 15 ἤδη γάρ τινες ἐξετράπησαν ὀπίσω τοῦ Σατανᾶ. 16 εἴ τις (πιστὸς ἤ) πιστὴ ἔχει χήρας, ἐπαρκείτω αὐταῖς, καὶ μὴ βαρείσθω ἡ ἐκκλησία, ἵνα ταῖς ὄντως χήραις ἐπαρκέσῃ. 17 Οἱ καλῶς προεστῶτες πρεσβύτεροι διπλῆς τιμῆς ἀξιούσθωσαν, μάλιστα οἱ κοπιῶντες ἐν λόγῳ καὶ διδασκαλίᾳ. 18 λέγει γὰρ ἡ γραφή Βοῦν ἀλοῶντα οὐ φιμώσεις, καὶ Ἄξιος ὁ ἐργάτης τοῦ μισθοῦ αὐτοῦ. 19 κατὰ πρεσβυτέρου κατηγορίαν μὴ παραδέχου, ἐκτὸς εἰ μὴ ἐπὶ δύο ἢ τριῶν μαρτύρων. 20 Τοὺς ἁμαρτάνοντας ἐνώπιον πάντων ἔλεγχε, ἵνα καὶ οἱ λοιποὶ φόβον ἔχωσιν.

Solemn Charge Against Prejudice and Partiality

21 διαμαρτύρομαι ἐνώπιον τοῦ Θεοῦ καὶ [Χριστοῦ Ἰησοῦ] (Κυρίου Ἰησοῦ Χριστοῦ) καὶ τῶν ἐκλεκτῶν ἀγγέλων ἵνα ταῦτα φυλάξῃς χωρὶς προκρίματος, μηδὲν ποιῶν κατὰ πρόσκλισιν. 22 Χεῖρας ταχέως μηδενὶ ἐπιτίθει, μηδὲ κοινώνει ἁμαρτίαις ἀλλοτρίαις· σεαυτὸν ἁγνὸν τήρει. 23 Μηκέτι ὑδροπότει, ἀλλὰ οἴνῳ ὀλίγῳ χρῶ διὰ τὸν στόμαχον (σου) καὶ τὰς πυκνάς σου ἀσθενείας. 24 Τινῶν ἀνθρώπων αἱ ἁμαρτίαι πρόδηλοί εἰσιν προάγουσαι εἰς κρίσιν, τισὶν δὲ καὶ ἐπακολουθοῦσιν· 25 ὡσαύτως καὶ τὰ [ἔργα τὰ καλὰ] (καλὰ ἔργα) πρόδηλα (ἐστίν), καὶ τὰ ἄλλως ἔχοντα κρυβῆναι οὐ δύνανται.

ΠΡΟΣ ΤΙΜΟΘΕΟΝ Α

1 Timothy 6

Contentment in Serving

1 Ὅσοι εἰσὶν ὑπὸ ζυγὸν δοῦλοι, τοὺς ἰδίους δεσπότας πάσης τιμῆς ἀξίους ἡγείσθωσαν, ἵνα μὴ τὸ ὄνομα τοῦ Θεοῦ καὶ ἡ διδασκαλία βλασφημῆται. 2 οἱ δὲ πιστοὺς ἔχοντες δεσπότας μὴ καταφρονείτωσαν, ὅτι ἀδελφοί εἰσιν, ἀλλὰ μᾶλλον δουλευέτωσαν, ὅτι πιστοί εἰσιν καὶ ἀγαπητοὶ οἱ τῆς εὐεργεσίας ἀντιλαμβανόμενοι.

The Fallacy that Godliness Brings Wordly Wealth

Ταῦτα δίδασκε καὶ παρακάλει, 3 εἴ τις ἑτεροδιδασκαλεῖ καὶ μὴ προσέρχεται ὑγιαίνουσιν λόγοις, τοῖς τοῦ Κυρίου ἡμῶν Ἰησοῦ Χριστοῦ, καὶ τῇ κατ' εὐσέβειαν διδασκαλίᾳ, 4 τετύφωται, μηδὲν ἐπιστάμενος, ἀλλὰ νοσῶν περὶ ζητήσεις καὶ λογομαχίας, ἐξ ὧν γίνεται φθόνος, ἔρις, βλασφημίαι, ὑπόνοιαι πονηραί, 5 διαπαρατριβαὶ διεφθαρμένων ἀνθρώπων τὸν νοῦν καὶ ἀπεστερημένων τῆς ἀληθείας, νομιζόντων πορισμὸν εἶναι τὴν εὐσέβειαν (ἀφίστασο ἀπὸ τῶν τοιούτων).

The Gain of Contentment and the Danger of Riches

6 ἔστιν δὲ πορισμὸς μέγας ἡ εὐσέβεια μετὰ αὐταρκείας· 7 οὐδὲν γὰρ εἰσηνέγκαμεν εἰς τὸν κόσμον, (δῆλον) ὅτι οὐδὲ ἐξενεγκεῖν τι δυνάμεθα· 8 ἔχοντες δὲ διατροφὰς καὶ σκεπάσματα, τούτοις ἀρκεσθησόμεθα. 9 οἱ δὲ βουλόμενοι πλουτεῖν ἐμπίπτουσιν εἰς πειρασμὸν καὶ παγίδα καὶ ἐπιθυμίας πολλὰς ἀνοήτους καὶ βλαβεράς, αἵτινες βυθίζουσιν τοὺς ἀνθρώπους εἰς ὄλεθρον καὶ ἀπώλειαν. 10 ῥίζα γὰρ πάντων τῶν κακῶν ἐστιν ἡ φιλαργυρία, ἧς τινες ὀρεγόμενοι ἀπεπλανήθησαν ἀπὸ τῆς πίστεως καὶ ἑαυτοὺς περιέπειραν ὀδύναις πολλαῖς.

Flee from Wealth - Pursue Righteousness

11 Σὺ δέ, ὦ ἄνθρωπε Θεοῦ, ταῦτα φεῦγε· δίωκε δὲ δικαιοσύνην, εὐσέβειαν, πίστιν, ἀγάπην, ὑπομονήν, [πραϋπαθίαν] (πραότητα). 12 ἀγωνίζου τὸν καλὸν ἀγῶνα τῆς πίστεως, ἐπιλαβοῦ τῆς αἰωνίου ζωῆς, εἰς ἣν ἐκλήθης καὶ ὡμολόγησας τὴν καλὴν ὁμολογίαν ἐνώπιον πολλῶν μαρτύρων. 13 παραγγέλλω (σοι) ἐνώπιον τοῦ Θεοῦ τοῦ ζωογονοῦντος τὰ πάντα καὶ Χριστοῦ Ἰησοῦ τοῦ μαρτυρήσαντος ἐπὶ Ποντίου Πειλάτου τὴν καλὴν ὁμολογίαν, 14 τηρῆσαί σε τὴν ἐντολὴν ἄσπιλον ἀνεπίλημπτον μέχρι τῆς ἐπιφανείας τοῦ Κυρίου ἡμῶν Ἰησοῦ Χριστοῦ,

ΠΡΟΣ ΤΙΜΟΘΕΟΝ Α

15 ἣν καιροῖς ἰδίοις δείξει ὁ μακάριος καὶ μόνος Δυνάστης, ὁ Βασιλεὺς τῶν βασιλευόντων καὶ Κύριος τῶν κυριευόντων, 16 ὁ μόνος ἔχων ἀθανασίαν, φῶς οἰκῶν ἀπρόσιτον, ὃν εἶδεν οὐδεὶς ἀνθρώπων οὐδὲ ἰδεῖν δύναται· ᾧ τιμὴ καὶ κράτος αἰώνιον· ἀμήν.

Instructions for the Rich

17 Τοῖς πλουσίοις ἐν τῷ νῦν αἰῶνι παράγγελλε μὴ ὑψηλοφρονεῖν, μηδὲ ἠλπικέναι ἐπὶ πλούτου ἀδηλότητι, ἀλλ' [ἐπὶ] (ἐν τῷ) Θεῷ (τῷ ζῶντι) τῷ παρέχοντι ἡμῖν [πάντα πλουσίως] (πλουσίως πάντα) εἰς ἀπόλαυσιν, 18 ἀγαθοεργεῖν, πλουτεῖν ἐν ἔργοις καλοῖς, εὐμεταδότους εἶναι, κοινωνικούς, 19 ἀποθησαυρίζοντας ἑαυτοῖς θεμέλιον καλὸν εἰς τὸ μέλλον, ἵνα ἐπιλάβωνται τῆς [ὄντως] (αἰωνιόυ) ζωῆς.

Final Admonition and Blessing

20 Ὦ Τιμόθεε, τὴν [παραθήκην] (παρακαταθήκην) φύλαξον, ἐκτρεπόμενος τὰς βεβήλους κενοφωνίας καὶ ἀντιθέσεις τῆς ψευδωνύμου γνώσεως, 21 ἣν τινες ἐπαγγελλόμενοι περὶ τὴν πίστιν ἠστόχησαν.

[Ἡ χάρις μεθ' ὑμῶν.]

(Ἡ χάρις μετὰ σοῦ ἀμήν) (πρός Τιμόθεον πρώτη ἐγράφη ἀπό Λαοδικείας ἥτις ἐστίν μητρόπολις φρυγίας τῆς Πακατιανῆς.)

ΠΡΟΣ ΤΙΜΟΘΕΟΝ Β

Codex Sinaiticus, G-A ℵ
Date: c. 330-360
British Library and var.
2nd Timothy 1:1-15 Φύ-{γελος}
BL folio: 295b
<http://www.codexsinaiticus.org/en/manuscript.aspx?book=48>

ΠΡΟΣ ΤΙΜΟΘΕΟΝ Β

2 Timothy 1

Salutation

1 Παῦλος ἀπόστολος [Χριστοῦ Ἰησοῦ] (Ἰησοῦ Χριστοῦ) διὰ θελήματος Θεοῦ κατ' ἐπαγγελίαν ζωῆς τῆς ἐν Χριστῷ Ἰησοῦ 2 Τιμοθέῳ ἀγαπητῷ τέκνῳ· χάρις, ἔλεος, εἰρήνη ἀπὸ Θεοῦ Πατρὸς καὶ Χριστοῦ Ἰησοῦ τοῦ Κυρίου ἡμῶν.

Unashamed of the Gospel

3 Χάριν ἔχω τῷ Θεῷ, ᾧ λατρεύω ἀπὸ προγόνων ἐν καθαρᾷ συνειδήσει, ὡς ἀδιάλειπτον ἔχω τὴν περὶ σοῦ μνείαν ἐν ταῖς δεήσεσίν μου νυκτὸς καὶ ἡμέρας, 4 ἐπιποθῶν σε ἰδεῖν, μεμνημένος σου τῶν δακρύων, ἵνα χαρᾶς πληρωθῶ, 5 ὑπόμνησιν [λαβὼν] (λαμβάνων) τῆς ἐν σοὶ ἀνυποκρίτου πίστεως, ἥτις ἐνῴκησεν πρῶτον ἐν τῇ μάμμῃ σου Λωΐδι καὶ τῇ μητρί σου Εὐνίκῃ, πέπεισμαι δὲ ὅτι καὶ ἐν σοί. 6 Δι' ἣν αἰτίαν ἀναμιμνήσκω σε ἀναζωπυρεῖν τὸ χάρισμα τοῦ Θεοῦ, ὅ ἐστιν ἐν σοὶ διὰ τῆς ἐπιθέσεως τῶν χειρῶν μου. 7 οὐ γὰρ ἔδωκεν ἡμῖν ὁ Θεὸς πνεῦμα δειλίας, ἀλλὰ δυνάμεως καὶ ἀγάπης καὶ σωφρονισμοῦ. 8 Μὴ οὖν ἐπαισχυνθῇς τὸ μαρτύριον τοῦ Κυρίου ἡμῶν μηδὲ ἐμὲ τὸν δέσμιον αὐτοῦ, ἀλλὰ συνκακοπάθησον τῷ εὐαγγελίῳ κατὰ δύναμιν Θεοῦ, 9 τοῦ σώσαντος ἡμᾶς καὶ καλέσαντος κλήσει ἁγίᾳ, οὐ κατὰ τὰ ἔργα ἡμῶν ἀλλὰ κατὰ ἰδίαν πρόθεσιν καὶ χάριν, τὴν δοθεῖσαν ἡμῖν ἐν Χριστῷ Ἰησοῦ πρὸ χρόνων αἰωνίων, 10 φανερωθεῖσαν δὲ νῦν διὰ τῆς ἐπιφανείας τοῦ Σωτῆρος ἡμῶν [Χριστοῦ Ἰησοῦ] (Ἰησοῦ Χριστοῦ), καταργήσαντος μὲν τὸν θάνατον φωτίσαντος δὲ ζωὴν καὶ ἀφθαρσίαν διὰ τοῦ εὐαγγελίου, 11 εἰς ὃ ἐτέθην ἐγὼ κῆρυξ καὶ ἀπόστολος καὶ διδάσκαλος (ἐθνῶν)· 12 δι' ἣν αἰτίαν καὶ ταῦτα πάσχω, ἀλλ' οὐκ ἐπαισχύνομαι, οἶδα γὰρ ᾧ πεπίστευκα, καὶ πέπεισμαι ὅτι δυνατός ἐστιν τὴν παραθήκην μου φυλάξαι εἰς ἐκείνην τὴν ἡμέραν.

Hold Fast to the Gospel

13 ὑποτύπωσιν ἔχε ὑγιαινόντων λόγων ὧν παρ' ἐμοῦ ἤκουσας ἐν πίστει καὶ ἀγάπῃ τῇ ἐν Χριστῷ Ἰησοῦ· 14 τὴν καλὴν [παραθήκην] (παρακαταθήκην) φύλαξον διὰ Πνεύματος Ἁγίου τοῦ ἐνοικοῦντος ἐν ἡμῖν. 15 Οἶδας τοῦτο, ὅτι ἀπεστράφησάν με πάντες οἱ ἐν τῇ Ἀσίᾳ, ὧν ἐστιν Φύγελος καὶ Ἑρμογένης.

ΠΡΟΣ ΤΙΜΟΘΕΟΝ Β

Praise to Onesiphorus for Aid

16 δῴη ἔλεος ὁ Κύριος τῷ Ὀνησιφόρου οἴκῳ, ὅτι πολλάκις με ἀνέψυξεν, καὶ τὴν ἅλυσίν μου οὐκ ἐπαισχύνθη, 17 ἀλλὰ γενόμενος ἐν Ῥώμῃ [σπουδαίως] (σπουδαιότερον) ἐζήτησέν με καὶ εὗρεν·— 18 δῴη αὐτῷ ὁ Κύριος εὑρεῖν ἔλεος παρὰ Κυρίου ἐν ἐκείνῃ τῇ ἡμέρᾳ·— καὶ ὅσα ἐν Ἐφέσῳ διηκόνησεν, βέλτιον σὺ γινώσκεις.

2 Timothy 2

The Dedicated Soldier

1 Σὺ οὖν, τέκνον μου, ἐνδυναμοῦ ἐν τῇ χάριτι τῇ ἐν Χριστῷ Ἰησοῦ, 2 καὶ ἃ ἤκουσας παρ' ἐμοῦ διὰ πολλῶν μαρτύρων, ταῦτα παράθου πιστοῖς ἀνθρώποις, οἵτινες ἱκανοὶ ἔσονται καὶ ἑτέρους διδάξαι. 3 [συνκακοπάθησον] (σὺ οὖν κακοπάθησον) ὡς καλὸς στρατιώτης [Χριστοῦ Ἰησοῦ] (Ἰησοῦ Χριστοῦ). 4 οὐδεὶς στρατευόμενος ἐμπλέκεται ταῖς τοῦ βίου πραγματείαις, ἵνα τῷ στρατολογήσαντι ἀρέσῃ. 5 ἐὰν δὲ καὶ ἀθλῇ τις, οὐ στεφανοῦται ἐὰν μὴ νομίμως ἀθλήσῃ. 6 τὸν κοπιῶντα γεωργὸν δεῖ πρῶτον τῶν καρπῶν μεταλαμβάνειν. 7 νόει ὃ λέγω· [δώσει] (δῴη) γάρ σοι ὁ Κύριος σύνεσιν ἐν πᾶσιν.

Paul's Example of Endurance and Faithfulness

8 Μνημόνευε Ἰησοῦν Χριστὸν ἐγηγερμένον ἐκ νεκρῶν, ἐκ σπέρματος Δαυείδ, κατὰ τὸ εὐαγγέλιόν μου· 9 ἐν ᾧ κακοπαθῶ μέχρι δεσμῶν ὡς κακοῦργος, ἀλλὰ ὁ λόγος τοῦ Θεοῦ οὐ δέδεται. 10 διὰ τοῦτο πάντα ὑπομένω διὰ τοὺς ἐκλεκτούς, ἵνα καὶ αὐτοὶ σωτηρίας τύχωσιν τῆς ἐν Χριστῷ Ἰησοῦ μετὰ δόξης αἰωνίου. 11 Πιστὸς ὁ λόγος· εἰ γὰρ συναπεθάνομεν, καὶ συζήσομεν· 12 εἰ ὑπομένομεν, καὶ συνβασιλεύσομεν· εἰ ἀρνησόμεθα, κἀκεῖνος ἀρνήσεται ἡμᾶς· 13 εἰ ἀπιστοῦμεν, ἐκεῖνος πιστὸς μένει, ἀρνήσασθαι [γὰρ] ἑαυτὸν οὐ δύναται.

Teach God's Word Correctly

14 Ταῦτα ὑπομίμνησκε, διαμαρτυρόμενος ἐνώπιον τοῦ [Θεοῦ] (Κυρίου) μὴ λογομαχεῖν, ἐπ' οὐδὲν χρήσιμον, ἐπὶ καταστροφῇ τῶν ἀκουόντων. 15 σπούδασον σεαυτὸν δόκιμον παραστῆσαι τῷ Θεῷ, ἐργάτην ἀνεπαίσχυντον, ὀρθοτομοῦντα τὸν λόγον τῆς ἀληθείας.

ΠΡΟΣ ΤΙΜΟΘΕΟΝ Β

16 τὰς δὲ βεβήλους κενοφωνίας περιΐστασο· ἐπὶ πλεῖον γὰρ προκόψουσιν ἀσεβείας, 17 καὶ ὁ λόγος αὐτῶν ὡς γάγγραινα νομὴν ἕξει· ὧν ἐστιν Ὑμέναιος καὶ Φιλητός, 18 οἵτινες περὶ τὴν ἀλήθειαν ἠστόχησαν, λέγοντες ἀνάστασιν ἤδη γεγονέναι, καὶ ἀνατρέπουσιν τήν τινων πίστιν. 19 ὁ μέντοι στερεὸς θεμέλιος τοῦ Θεοῦ ἕστηκεν, ἔχων τὴν σφραγῖδα ταύτην Ἔγνω Κύριος τοὺς ὄντας αὐτοῦ, καί Ἀποστήτω ἀπὸ ἀδικίας πᾶς ὁ ὀνομάζων τὸ ὄνομα Κυρίου.

The Requirements of Sanctification and Humility

20 ἐν μεγάλῃ δὲ οἰκίᾳ οὐκ ἔστιν μόνον σκεύη χρυσᾶ καὶ ἀργυρᾶ, ἀλλὰ καὶ ξύλινα καὶ ὀστράκινα, καὶ ἃ μὲν εἰς τιμὴν ἃ δὲ εἰς ἀτιμίαν· 21 ἐὰν οὖν τις ἐκκαθάρῃ ἑαυτὸν ἀπὸ τούτων, ἔσται σκεῦος εἰς τιμήν, ἡγιασμένον, (καὶ) εὔχρηστον τῷ δεσπότῃ, εἰς πᾶν ἔργον ἀγαθὸν ἡτοιμασμένον. 22 τὰς δὲ νεωτερικὰς ἐπιθυμίας φεῦγε, δίωκε δὲ δικαιοσύνην, πίστιν, ἀγάπην, εἰρήνην μετὰ τῶν ἐπικαλουμένων τὸν Κύριον ἐκ καθαρᾶς καρδίας. 23 τὰς δὲ μωρὰς καὶ ἀπαιδεύτους ζητήσεις παραιτοῦ, εἰδὼς ὅτι γεννῶσιν μάχας· 24 δοῦλον δὲ Κυρίου οὐ δεῖ μάχεσθαι ἀλλὰ ἤπιον εἶναι πρὸς πάντας, διδακτικόν, ἀνεξίκακον, 25 ἐν πραΰτητι παιδεύοντα τοὺς ἀντιδιατιθεμένους, μή ποτε [δώῃ] (δῷ) αὐτοῖς ὁ Θεὸς μετάνοιαν εἰς ἐπίγνωσιν ἀληθείας, 26 καὶ ἀνανήψωσιν ἐκ τῆς τοῦ διαβόλου παγίδος, ἐζωγρημένοι ὑπ᾽ αὐτοῦ εἰς τὸ ἐκείνου θέλημα.

2 Timothy 3

The Wickedness of the Last Days

1 Τοῦτο δὲ γίνωσκε, ὅτι ἐν ἐσχάταις ἡμέραις ἐνστήσονται καιροὶ χαλεποί· 2 ἔσονται γὰρ οἱ ἄνθρωποι φίλαυτοι, φιλάργυροι, ἀλαζόνες, ὑπερήφανοι, βλάσφημοι, γονεῦσιν ἀπειθεῖς, ἀχάριστοι, ἀνόσιοι, 3 ἄστοργοι, ἄσπονδοι, διάβολοι, ἀκρατεῖς, ἀνήμεροι, ἀφιλάγαθοι, 4 προδόται, προπετεῖς, τετυφωμένοι, φιλήδονοι μᾶλλον ἢ φιλόθεοι, 5 ἔχοντες μόρφωσιν εὐσεβείας τὴν δὲ δύναμιν αὐτῆς ἠρνημένοι· καὶ τούτους ἀποτρέπου. 6 ἐκ τούτων γάρ εἰσιν οἱ ἐνδύνοντες εἰς τὰς οἰκίας καὶ αἰχμαλωτίζοντες (τὰ) γυναικάρια σεσωρευμένα ἁμαρτίαις, ἀγόμενα ἐπιθυμίαις ποικίλαις, 7 πάντοτε μανθάνοντα καὶ μηδέποτε εἰς ἐπίγνωσιν ἀληθείας ἐλθεῖν δυνάμενα. 8 ὃν τρόπον δὲ Ἰάννης καὶ Ἰαμβρῆς ἀντέστησαν Μωϋσεῖ, οὕτως καὶ οὗτοι ἀνθίστανται τῇ ἀληθείᾳ, ἄνθρωποι κατεφθαρμένοι τὸν νοῦν, ἀδόκιμοι περὶ τὴν πίστιν. 9 ἀλλ᾽ οὐ προκόψουσιν ἐπὶ πλεῖον· ἡ γὰρ ἄνοια αὐτῶν ἔκδηλος ἔσται πᾶσιν, ὡς καὶ ἡ ἐκείνων ἐγένετο.

ΠΡΟΣ ΤΙΜΟΘΕΟΝ Β

Exhortation to Follow Paul's Example

10 Σὺ δὲ παρηκολούθησάς μου τῇ διδασκαλίᾳ, τῇ ἀγωγῇ, τῇ προθέσει, τῇ πίστει, τῇ μακροθυμίᾳ, τῇ ἀγάπῃ, τῇ ὑπομονῇ, 11 τοῖς διωγμοῖς, τοῖς παθήμασιν, οἷά μοι ἐγένετο ἐν Ἀντιοχείᾳ, ἐν Ἰκονίῳ, ἐν Λύστροις· οἵους διωγμοὺς ὑπήνεγκα, καὶ ἐκ πάντων με ἐρύσατο ὁ Κύριος. 12 καὶ πάντες δὲ οἱ θέλοντες ζῆν εὐσεβῶς ἐν Χριστῷ Ἰησοῦ διωχθήσονται. 13 πονηροὶ δὲ ἄνθρωποι καὶ γόητες προκόψουσιν ἐπὶ τὸ χεῖρον, πλανῶντες καὶ πλανώμενοι.

All Scriptures Inspired and Sufficient

14 σὺ δὲ μένε ἐν οἷς ἔμαθες καὶ ἐπιστώθης, εἰδὼς παρὰ τίνων ἔμαθες, 15 καὶ ὅτι ἀπὸ βρέφους ἱερὰ γράμματα οἶδας, τὰ δυνάμενά σε σοφίσαι εἰς σωτηρίαν διὰ πίστεως τῆς ἐν Χριστῷ Ἰησοῦ. 16 πᾶσα γραφὴ θεόπνευστος καὶ ὠφέλιμος πρὸς διδασκαλίαν, πρὸς ἐλεγμόν, πρὸς ἐπανόρθωσιν, πρὸς παιδείαν τὴν ἐν δικαιοσύνῃ, 17 ἵνα ἄρτιος ᾖ ὁ τοῦ Θεοῦ ἄνθρωπος, πρὸς πᾶν ἔργον ἀγαθὸν ἐξηρτισμένος.

2 Timothy 4

Preach the Word

1 Διαμαρτύρομαι (οὖν ἐγὼ) ἐνώπιον τοῦ Θεοῦ καὶ [Χριστοῦ Ἰησοῦ] (τοῦ Κυρίου Ἰησοῦ Χριστοῦ), τοῦ μέλλοντος κρίνειν ζῶντας καὶ νεκρούς, καὶ τὴν ἐπιφάνειαν αὐτοῦ καὶ τὴν βασιλείαν αὐτοῦ· 2 κήρυξον τὸν λόγον, ἐπίστηθι εὐκαίρως ἀκαίρως, ἔλεγξον, ἐπιτίμησον, παρακάλεσον, ἐν πάσῃ μακροθυμίᾳ καὶ διδαχῇ.

False Teachers will Abound

3 ἔσται γὰρ καιρὸς ὅτε τῆς ὑγιαινούσης διδασκαλίας οὐκ ἀνέξονται, ἀλλὰ κατὰ τὰς [ἰδίας] ἐπιθυμίας (τὰς ἰδίας) ἑαυτοῖς ἐπισωρεύσουσιν διδασκάλους κνηθόμενοι τὴν ἀκοήν, 4 καὶ ἀπὸ μὲν τῆς ἀληθείας τὴν ἀκοὴν ἀποστρέψουσιν, ἐπὶ δὲ τοὺς μύθους ἐκτραπήσονται. 5 σὺ δὲ νῆφε ἐν πᾶσιν, κακοπάθησον, ἔργον ποίησον εὐαγγελιστοῦ, τὴν διακονίαν σου πληροφόρησον.

The Completion of Paul's Ministry

6 Ἐγὼ γὰρ ἤδη σπένδομαι, καὶ ὁ καιρὸς τῆς (ἐμῆς) ἀναλύσεώς [μου] ἐφέστηκεν. 7 τὸν [καλὸν ἀγῶνα] (ἀγῶνα τὸν καλὸν) ἠγώνισμαι, τὸν δρόμον τετέλεκα, τὴν πίστιν τετήρηκα· 8 λοιπὸν ἀπόκειταί μοι ὁ τῆς δικαιοσύνης στέφανος, ὃν ἀποδώσει μοι ὁ κύριος ἐν ἐκείνῃ τῇ ἡμέρᾳ, ὁ δίκαιος κριτής, οὐ μόνον δὲ ἐμοὶ ἀλλὰ καὶ πᾶσι τοῖς ἠγαπηκόσι τὴν ἐπιφάνειαν αὐτοῦ.

ΠΡΟΣ ΤΙΜΟΘΕΟΝ Β

The Status of Paul's Fellow Workers

9 Σπούδασον ἐλθεῖν πρός με ταχέως· 10 Δημᾶς γάρ με ἐγκατέλιπεν ἀγαπήσας τὸν νῦν αἰῶνα, καὶ ἐπορεύθη εἰς Θεσσαλονίκην, Κρήσκης εἰς Γαλατίαν, Τίτος εἰς Δαλματίαν· 11 Λουκᾶς ἐστιν μόνος μετ' ἐμοῦ. Μᾶρκον ἀναλαβὼν ἄγε μετὰ σεαυτοῦ· ἔστιν γάρ μοι εὔχρηστος εἰς διακονίαν. 12 Τυχικὸν δὲ ἀπέστειλα εἰς Ἔφεσον. 13 τὸν φελόνην, ὃν ἀπέλιπον ἐν Τρῳάδι παρὰ Κάρπῳ, ἐρχόμενος φέρε, καὶ τὰ βιβλία, μάλιστα τὰς μεμβράνας. 14 Ἀλέξανδρος ὁ χαλκεὺς πολλά μοι κακὰ ἐνεδείξατο· ἀποδώσει αὐτῷ ὁ Κύριος κατὰ τὰ ἔργα αὐτοῦ· 15 ὃν καὶ σὺ φυλάσσου· λίαν γὰρ [ἀντέστη] (ἀνθέστηκεν) τοῖς ἡμετέροις λόγοις. 16 Ἐν τῇ πρώτῃ μου ἀπολογίᾳ οὐδείς μοι παρεγένετο, ἀλλὰ πάντες με ἐγκατέλιπον· μὴ αὐτοῖς λογισθείη· 17 ὁ δὲ Κύριός μοι παρέστη καὶ ἐνεδυνάμωσέν με, ἵνα δι' ἐμοῦ τὸ κήρυγμα πληροφορηθῇ καὶ ἀκούσωσιν πάντα τὰ ἔθνη, καὶ ἐρύσθην ἐκ στόματος λέοντος. 18 (καὶ) ῥύσεταί με ὁ Κύριος ἀπὸ παντὸς ἔργου πονηροῦ καὶ σώσει εἰς τὴν βασιλείαν αὐτοῦ τὴν ἐπουράνιον· ᾧ ἡ δόξα εἰς τοὺς αἰῶνας τῶν αἰώνων, ἀμήν.

Greetings and Benediction

19 Ἄσπασαι Πρίσκαν καὶ Ἀκύλαν καὶ τὸν Ὀνησιφόρου οἶκον. 20 Ἔραστος ἔμεινεν ἐν Κορίνθῳ, Τρόφιμον δὲ ἀπέλιπον ἐν Μιλήτῳ ἀσθενοῦντα. 21 Σπούδασον πρὸ χειμῶνος ἐλθεῖν. Ἀσπάζεταί σε Εὔβουλος καὶ Πούδης καὶ Λίνος καὶ Κλαυδία καὶ οἱ ἀδελφοὶ πάντες. 22 [Ὁ Κύριος μετὰ τοῦ πνεύματός σου. ἡ χάρις μεθ' ὑμῶν.]

(Ὁ Κύριος Ἰησοῦς Χριστὸς μετὰ τοῦ πνεύματός σου ἡ χάρις μεθ' ὑμῶν, ἀμήν.) (πρὸς Τιμόθεον δευτέρα τῆς Ἐφεσίων ἐκκλησίας πρῶτον ἐπίσκοπον χειροτονηθέντα ἐγράφη ἀπὸ Ῥώμης ὅτε ἐκ δευτέρου παρέστη Παῦλος τῷ Καίσαρί Νέρωνι.)

ΠΡΟΣ ΤΙΤΟΝ

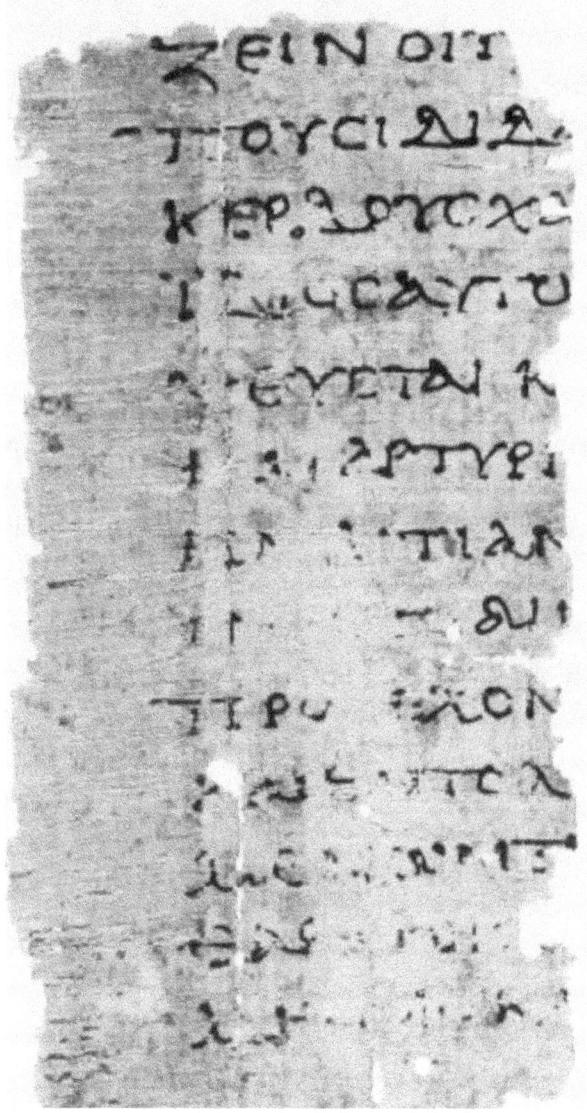

Papyrus 32, P. Rylands 5
Date: c. 200
John Rylands University Library, Manchester
Titus 1:11-15

ΠΡΟΣ ΤΙΤΟΝ

Titus 1

Introduction

1 Παῦλος δοῦλος Θεοῦ, ἀπόστολος δὲ Ἰησοῦ Χριστοῦ κατὰ πίστιν ἐκλεκτῶν Θεοῦ καὶ ἐπίγνωσιν ἀληθείας τῆς κατ' εὐσέβειαν 2 ἐπ' ἐλπίδι ζωῆς αἰωνίου, ἣν ἐπηγγείλατο ὁ ἀψευδὴς Θεὸς πρὸ χρόνων αἰωνίων, 3 ἐφανέρωσεν δὲ καιροῖς ἰδίοις τὸν λόγον αὐτοῦ ἐν κηρύγματι ὃ ἐπιστεύθην ἐγὼ κατ' ἐπιταγὴν τοῦ Σωτῆρος ἡμῶν Θεοῦ, 4 Τίτῳ γνησίῳ τέκνῳ κατὰ κοινὴν πίστιν· χάρις [καὶ] (ἔλεος) εἰρήνη ἀπὸ Θεοῦ Πατρὸς καὶ [Χριστοῦ Ἰησοῦ] (Κυρίου Ἰησοῦ Χριστοῦ) τοῦ Σωτῆρος ἡμῶν.

Commission to Appoint Qualified Overseers

5 Τούτου χάριν [ἀπέλιπόν] (κατέλιπόν) σε ἐν Κρήτῃ ἵνα τὰ λείποντα ἐπιδιορθώσῃ, καὶ καταστήσῃς κατὰ πόλιν πρεσβυτέρους, ὡς ἐγώ σοι διεταξάμην, 6 εἴ τίς ἐστιν ἀνέγκλητος, μιᾶς γυναικὸς ἀνήρ, τέκνα ἔχων πιστά, μὴ ἐν κατηγορίᾳ ἀσωτίας ἢ ἀνυπότακτα. 7 δεῖ γὰρ τὸν ἐπίσκοπον ἀνέγκλητον εἶναι ὡς Θεοῦ οἰκονόμον, μὴ αὐθάδη, μὴ ὀργίλον, μὴ πάροινον, μὴ πλήκτην, μὴ αἰσχροκερδῆ, 8 ἀλλὰ φιλόξενον, φιλάγαθον, σώφρονα, δίκαιον, ὅσιον, ἐγκρατῆ, 9 ἀντεχόμενον τοῦ κατὰ τὴν διδαχὴν πιστοῦ λόγου, ἵνα δυνατὸς ᾖ καὶ παρακαλεῖν ἐν τῇ διδασκαλίᾳ τῇ ὑγιαινούσῃ καὶ τοὺς ἀντιλέγοντας ἐλέγχειν.

Beware of the False Teachers of Crete

10 Εἰσὶν γὰρ πολλοὶ (καὶ) ἀνυπότακτοι, ματαιολόγοι καὶ φρεναπάται, μάλιστα οἱ ἐκ [τῆς] περιτομῆς, 11 οὓς δεῖ ἐπιστομίζειν, οἵτινες ὅλους οἴκους ἀνατρέπουσιν διδάσκοντες ἃ μὴ δεῖ αἰσχροῦ κέρδους χάριν. 12 εἶπέν τις ἐξ αὐτῶν ἴδιος αὐτῶν προφήτης

Κρῆτες ἀεὶ ψεῦσται, κακὰ θηρία, γαστέρες ἀργαί.

13 ἡ μαρτυρία αὕτη ἐστὶν ἀληθής. δι' ἣν αἰτίαν ἔλεγχε αὐτοὺς ἀποτόμως, ἵνα ὑγιαίνωσιν ἐν τῇ πίστει, 14 μὴ προσέχοντες Ἰουδαϊκοῖς μύθοις καὶ ἐντολαῖς ἀνθρώπων ἀποστρεφομένων τὴν ἀλήθειαν. 15 πάντα (μὲν) καθαρὰ τοῖς καθαροῖς· τοῖς δὲ μεμιαμμένοις καὶ ἀπίστοις οὐδὲν καθαρόν, ἀλλὰ μεμίανται αὐτῶν καὶ ὁ νοῦς καὶ ἡ συνείδησις. 16 Θεὸν ὁμολογοῦσιν εἰδέναι, τοῖς δὲ ἔργοις ἀρνοῦνται, βδελυκτοὶ ὄντες καὶ ἀπειθεῖς καὶ πρὸς πᾶν ἔργον ἀγαθὸν ἀδόκιμοι.

ΠΡΟΣ ΤΙΤΟΝ

Titus 2

The Sound Doctrine of Submission

1 Σὺ δὲ λάλει ἃ πρέπει τῇ ὑγιαινούσῃ διδασκαλίᾳ. 2 πρεσβύτας νηφαλίους εἶναι, σεμνούς, σώφρονας, ὑγιαίνοντας τῇ πίστει, τῇ ἀγάπῃ, τῇ ὑπομονῇ· 3 πρεσβύτιδας ὡσαύτως ἐν καταστήματι ἱεροπρεπεῖς, μὴ διαβόλους [μηδὲ] (μὴ) οἴνῳ πολλῷ δεδουλωμένας, καλοδιδασκάλους, 4 ἵνα σωφρονίζωσιν τὰς νέας φιλάνδρους εἶναι, φιλοτέκνους, 5 σώφρονας, ἁγνάς, οἰκουργούς, ἀγαθάς, ὑποτασσομένας τοῖς ἰδίοις ἀνδράσιν, ἵνα μὴ ὁ λόγος τοῦ Θεοῦ βλασφημῆται. 6 Τοὺς νεωτέρους ὡσαύτως παρακάλει σωφρονεῖν 7 περὶ πάντα, σεαυτὸν παρεχόμενος τύπον καλῶν ἔργων, ἐν τῇ διδασκαλίᾳ [ἀφθορίαν, σεμνότητα] (ἀδιαφθορίαν, σεμνότητα ἀφθαρσιαν), 8 λόγον ὑγιῆ ἀκατάγνωστον, ἵνα ὁ ἐξ ἐναντίας ἐντραπῇ μηδὲν ἔχων [λέγειν περὶ ἡμῶν] (περὶ ὑμῶν λέγειν) φαῦλον. 9 δούλους ἰδίοις δεσπόταις ὑποτάσσεσθαι ἐν πᾶσιν, εὐαρέστους εἶναι, μὴ ἀντιλέγοντας, 10 μὴ νοσφιζομένους, ἀλλὰ [πᾶσαν πίστιν] (πίστιν πᾶσαν) ἐνδεικνυμένους ἀγαθήν, ἵνα τὴν διδασκαλίαν τὴν τοῦ Σωτῆρος ἡμῶν Θεοῦ κοσμῶσιν ἐν πᾶσιν.

Chosen for Godly Living

11 Ἐπεφάνη γὰρ ἡ χάρις τοῦ Θεοῦ σωτήριος πᾶσιν ἀνθρώποις, 12 παιδεύουσα ἡμᾶς, ἵνα ἀρνησάμενοι τὴν ἀσέβειαν καὶ τὰς κοσμικὰς ἐπιθυμίας σωφρόνως καὶ δικαίως καὶ εὐσεβῶς ζήσωμεν ἐν τῷ νῦν αἰῶνι, 13 προσδεχόμενοι τὴν μακαρίαν ἐλπίδα καὶ ἐπιφάνειαν τῆς δόξης τοῦ μεγάλου Θεοῦ καὶ Σωτῆρος ἡμῶν Χριστοῦ Ἰησοῦ, 14 ὃς ἔδωκεν ἑαυτὸν ὑπὲρ ἡμῶν ἵνα λυτρώσηται ἡμᾶς ἀπὸ πάσης ἀνομίας καὶ καθαρίσῃ ἑαυτῷ λαὸν περιούσιον, ζηλωτὴν καλῶν ἔργων. 15 Ταῦτα λάλει καὶ παρακάλει καὶ ἔλεγχε μετὰ πάσης ἐπιταγῆς· μηδείς σου περιφρονείτω.

Titus 3

Live Peaceably and Humbly

1 Ὑπομίμνησκε αὐτοὺς ἀρχαῖς ἐξουσίαις ὑποτάσσεσθαι, πειθαρχεῖν, πρὸς πᾶν ἔργον ἀγαθὸν ἑτοίμους εἶναι, 2 μηδένα βλασφημεῖν, ἀμάχους εἶναι, ἐπιεικεῖς, πᾶσαν ἐνδεικνυμένους πραΰτητα πρὸς πάντας ἀνθρώπους. 3 Ἦμεν γάρ ποτε καὶ ἡμεῖς ἀνόητοι, ἀπειθεῖς, πλανώμενοι, δουλεύοντες ἐπιθυμίαις καὶ ἡδοναῖς ποικίλαις, ἐν κακίᾳ καὶ φθόνῳ διάγοντες, στυγητοί, μισοῦντες ἀλλήλους.

ΠΡΟΣ ΤΙΤΟΝ

4 ὅτε δὲ ἡ χρηστότης καὶ ἡ φιλανθρωπία ἐπεφάνη τοῦ Σωτῆρος ἡμῶν Θεοῦ, 5 οὐκ ἐξ ἔργων τῶν ἐν δικαιοσύνῃ ἃ ἐποιήσαμεν ἡμεῖς ἀλλὰ κατὰ τὸ αὐτοῦ ἔλεος ἔσωσεν ἡμᾶς διὰ λουτροῦ παλινγενεσίας καὶ ἀνακαινώσεως Πνεύματος Ἁγίου, 6 οὗ ἐξέχεεν ἐφ' ἡμᾶς πλουσίως διὰ Ἰησοῦ Χριστοῦ τοῦ Σωτῆρος ἡμῶν, 7 ἵνα δικαιωθέντες τῇ ἐκείνου χάριτι κληρονόμοι γενηθῶμεν κατ' ἐλπίδα ζωῆς αἰωνίου. 8 Πιστὸς ὁ λόγος, καὶ περὶ τούτων βούλομαί σε διαβεβαιοῦσθαι, ἵνα φροντίζωσιν καλῶν ἔργων προΐστασθαι οἱ πεπιστευκότες Θεῷ. ταῦτά ἐστιν καλὰ καὶ ὠφέλιμα τοῖς ἀνθρώποις· 9 μωρὰς δὲ ζητήσεις καὶ γενεαλογίας καὶ [ἔριν] (ἔρεις) καὶ μάχας νομικὰς περιΐστασο· εἰσὶν γὰρ ἀνωφελεῖς καὶ μάταιοι. 10 αἱρετικὸν ἄνθρωπον μετὰ μίαν καὶ δευτέραν νουθεσίαν παραιτοῦ, 11 εἰδὼς ὅτι ἐξέστραπται ὁ τοιοῦτος καὶ ἁμαρτάνει, ὢν αὐτοκατάκριτος.

Final Instructions and Blessings

12 Ὅταν πέμψω Ἀρτεμᾶν πρὸς σὲ ἢ Τυχικόν, σπούδασον ἐλθεῖν πρός με εἰς Νικόπολιν· ἐκεῖ γὰρ κέκρικα παραχειμάσαι. 13 Ζηνᾶν τὸν νομικὸν καὶ Ἀπολλῶν σπουδαίως πρόπεμψον, ἵνα μηδὲν αὐτοῖς λείπῃ. 14 μανθανέτωσαν δὲ καὶ οἱ ἡμέτεροι καλῶν ἔργων προΐστασθαι εἰς τὰς ἀναγκαίας χρείας, ἵνα μὴ ὦσιν ἄκαρποι.

15 Ἀσπάζονταί σε οἱ μετ' ἐμοῦ πάντες. Ἄσπασαι τοὺς φιλοῦντας ἡμᾶς ἐν πίστει.

Ἡ χάρις μετὰ πάντων ὑμῶν. (ἀμήν.) (πρός Τίτον τῆς Κρητῶν ἐκκλησίας πρῶτον ἐπίσκοπον χειροτονηθέντα ἐγράφη ἀπό Νικοπόλεως τῆς Μακεδονίας)

ΠΡΟΣ ΦΙΛΗΜΟΝΑ

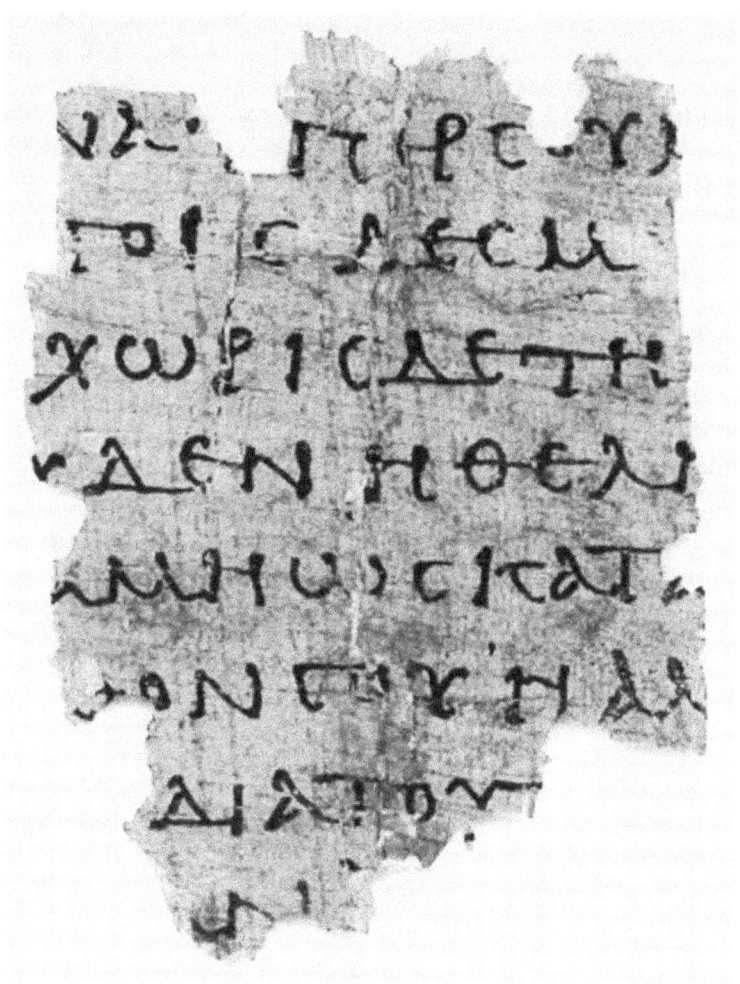

Papyrus 87
Date: c. 250
University of Cologne
Philemon 13-15, recto

ΠΡΟΣ ΦΙΛΗΜΟΝΑ

Philemon

Salutation

1 Παῦλος δέσμιος Χριστοῦ Ἰησοῦ καὶ Τιμόθεος ὁ ἀδελφὸς Φιλήμονι τῷ ἀγαπητῷ καὶ συνεργῷ ἡμῶν 2 καὶ Ἀπφίᾳ τῇ [ἀδελφῇ] (ἀγαπητῇ) καὶ Ἀρχίππῳ τῷ συστρατιώτῃ ἡμῶν καὶ τῇ κατ' οἶκόν σου ἐκκλησίᾳ· 3 χάρις ὑμῖν καὶ εἰρήνη ἀπὸ Θεοῦ Πατρὸς ἡμῶν καὶ Κυρίου Ἰησοῦ Χριστοῦ.

Prayer and Commendation

4 Εὐχαριστῶ τῷ Θεῷ μου πάντοτε μνείαν σου ποιούμενος ἐπὶ τῶν προσευχῶν μου, 5 ἀκούων σου τὴν ἀγάπην καὶ τὴν πίστιν ἣν ἔχεις πρὸς τὸν Κύριον Ἰησοῦν καὶ εἰς πάντας τοὺς ἁγίους, 6 ὅπως ἡ κοινωνία τῆς πίστεώς σου ἐνεργὴς γένηται ἐν ἐπιγνώσει παντὸς ἀγαθοῦ τοῦ ἐν ἡμῖν εἰς Χριστόν (Ἰησοῦν)· 7 [χαρὰν γὰρ πολλὴν ἔσχον] (χάριν γὰρ ἔχομεν πολλὴν) καὶ παράκλησιν ἐπὶ τῇ ἀγάπῃ σου, ὅτι τὰ σπλάγχνα τῶν ἁγίων ἀναπέπαυται διὰ σοῦ, ἀδελφέ.

Petition for Onesimus

8 Διό, πολλὴν ἐν Χριστῷ παρρησίαν ἔχων ἐπιτάσσειν σοι τὸ ἀνῆκον, 9 διὰ τὴν ἀγάπην μᾶλλον παρακαλῶ, τοιοῦτος ὢν ὡς Παῦλος πρεσβύτης νυνὶ δὲ καὶ δέσμιος [Χριστοῦ Ἰησοῦ] (Ἰησοῦ· Χριστοῦ), 10 παρακαλῶ σε περὶ τοῦ ἐμοῦ τέκνου, ὃν ἐγέννησα ἐν τοῖς δεσμοῖς, Ὀνήσιμον, 11 τόν ποτέ σοι ἄχρηστον νυνὶ δὲ καὶ σοὶ καὶ ἐμοὶ εὔχρηστον, 12 ὃν ἀνέπεμψά [σοι] (σὺ δὲ) αὐτόν, τοῦτ' ἔστιν τὰ ἐμὰ σπλάγχνα· (πρόσλαβου·)13 ὃν ἐγὼ ἐβουλόμην πρὸς ἐμαυτὸν κατέχειν, ἵνα ὑπὲρ σοῦ μοι διακονῇ ἐν τοῖς δεσμοῖς τοῦ εὐαγγελίου, 14 χωρὶς δὲ τῆς σῆς γνώμης οὐδὲν ἠθέλησα ποιῆσαι, ἵνα μὴ ὡς κατὰ ἀνάγκην τὸ ἀγαθόν σου ᾖ ἀλλὰ κατὰ ἑκούσιον. 15 τάχα γὰρ διὰ τοῦτο ἐχωρίσθη πρὸς ὥραν, ἵνα αἰώνιον αὐτὸν ἀπέχῃς, 16 οὐκέτι ὡς δοῦλον ἀλλὰ ὑπὲρ δοῦλον, ἀδελφὸν ἀγαπητόν, μάλιστα ἐμοί, πόσῳ δὲ μᾶλλον σοὶ καὶ ἐν σαρκὶ καὶ ἐν Κυρίῳ.

ΠΡΟΣ ΦΙΛΗΜΟΝΑ

Paul's Personal Appeal

17 εἰ οὖν [με] (ἐμέ) ἔχεις κοινωνόν, προσλαβοῦ αὐτὸν ὡς ἐμέ. 18 εἰ δέ τι ἠδίκησέν σε ἢ ὀφείλει, τοῦτο ἐμοὶ ἐλλόγα· 19 ἐγὼ Παῦλος ἔγραψα τῇ ἐμῇ χειρί, ἐγὼ ἀποτίσω· ἵνα μὴ λέγω σοι ὅτι καὶ σεαυτόν μοι προσοφείλεις. 20 ναί, ἀδελφέ, ἐγώ σου ὀναίμην ἐν Κυρίῳ· ἀνάπαυσόν μου τὰ σπλάγχνα ἐν [Χριστῷ] (Κυρίῳ)·
21 Πεποιθὼς τῇ ὑπακοῇ σου ἔγραψά σοι, εἰδὼς ὅτι καὶ ὑπὲρ [ἃ] (ὃ) λέγω ποιήσεις. 22 ἅμα δὲ καὶ ἑτοίμαζέ μοι ξενίαν· ἐλπίζω γὰρ ὅτι διὰ τῶν προσευχῶν ὑμῶν χαρισθήσομαι ὑμῖν.

Closing and Benediction

23 Ἀσπάζεταί σε Ἐπαφρᾶς ὁ συναιχμάλωτός μου ἐν Χριστῷ Ἰησοῦ, 24 Μᾶρκος, Ἀρίσταρχος, Δημᾶς, Λουκᾶς, οἱ συνεργοί μου.
25 Ἡ χάρις τοῦ Κυρίου (ἡμῶν) Ἰησοῦ Χριστοῦ μετὰ τοῦ πνεύματος ὑμῶν. (ἀμήν) (πρός Φιλήμονα ἐγράφη ἀπό Ῥώμης διά Ὀνησίμου οἰκέτου)

ΠΡΟΣ ΕΒΡΑΙΟΥΣ

Papyrus 12, P. Amherst 3b
Date: 250
Morgan Library & Museum, New York
Hebrews 1:1
(Verse written at top of private letter)

ΠΡΟΣ ΕΒΡΑΙΟΥΣ

Hebrews 1

Christ's Supreme Revelation

1 Πολυμερῶς καὶ πολυτρόπως πάλαι ὁ Θεὸς λαλήσας τοῖς πατράσιν ἐν τοῖς προφήταις 2 ἐπ' ἐσχάτου τῶν ἡμερῶν τούτων ἐλάλησεν ἡμῖν ἐν Υἱῷ, ὃν ἔθηκεν κληρονόμον πάντων, δι' οὗ καὶ [ἐποίησεν τοὺς αἰῶνας·] (τοὺς αἰῶνας· ἐποίησεν) 3 ὃς ὢν ἀπαύγασμα τῆς δόξης καὶ χαρακτὴρ τῆς ὑποστάσεως αὐτοῦ, φέρων τε τὰ πάντα τῷ ῥήματι τῆς δυνάμεως αὐτοῦ, (δι' εαυτοῦ) καθαρισμὸν [τῶν ἁμαρτιῶν ποιησάμενος] (καθαρισμὸν ποιησάμενος τῶν ἁμαρτιῶν ημῶν) ἐκάθισεν ἐν δεξιᾷ τῆς Μεγαλωσύνης ἐν ὑψηλοῖς, 4 τοσούτῳ κρείττων γενόμενος τῶν ἀγγέλων ὅσῳ διαφορώτερον παρ' αὐτοὺς κεκληρονόμηκεν ὄνομα.

Christ is Superior to the Angels

5 Τίνι γὰρ εἶπέν ποτε τῶν ἀγγέλων

Υἱός μου εἶ σύ,
ἐγὼ σήμερον γεγέννηκά σε;

καὶ πάλιν

Ἐγὼ ἔσομαι αὐτῷ εἰς Πατέρα,
καὶ αὐτὸς ἔσται μοι εἰς Υἱόν;

6 ὅταν δὲ πάλιν εἰσαγάγῃ τὸν πρωτότοκον εἰς τὴν οἰκουμένην, λέγει

Καὶ προσκυνησάτωσαν αὐτῷ πάντες ἄγγελοι Θεοῦ.

7 καὶ πρὸς μὲν τοὺς ἀγγέλους λέγει

Ὁ ποιῶν τοὺς ἀγγέλους αὐτοῦ πνεύματα,
καὶ τοὺς λειτουργοὺς αὐτοῦ πυρὸς φλόγα·

8 πρὸς δὲ τὸν Υἱόν

Ὁ θρόνος σου ὁ Θεὸς εἰς τὸν αἰῶνα τοῦ αἰῶνος,
[καὶ ἡ] ῥάβδος [τῆς] εὐθύτητος (ἡ) ῥάβδος τῆς βασιλείας [αὐτοῦ] (σου).
9 ἠγάπησας δικαιοσύνην καὶ ἐμίσησας ἀνομίαν·
διὰ τοῦτο ἔχρισέν σε, ὁ Θεός, ὁ Θεός σου
ἔλαιον ἀγαλλιάσεως παρὰ τοὺς μετόχους σου.

ΠΡΟΣ ΕΒΡΑΙΟΥΣ

10 καί

Σὺ κατ' ἀρχάς, Κύριε, τὴν γῆν ἐθεμελίωσας,
καὶ ἔργα τῶν χειρῶν σού εἰσιν οἱ οὐρανοί·
11 αὐτοὶ ἀπολοῦνται, σὺ δὲ διαμένεις·
καὶ πάντες ὡς ἱμάτιον παλαιωθήσονται,
12 καὶ ὡσεὶ περιβόλαιον ἑλίξεις αὐτούς,
[ὡς ἱμάτιον] καὶ ἀλλαγήσονται·
σὺ δὲ ὁ αὐτὸς εἶ καὶ τὰ ἔτη σου οὐκ ἐκλείψουσιν.

13 πρὸς τίνα δὲ τῶν ἀγγέλων εἴρηκέν ποτε

Κάθου ἐκ δεξιῶν μου
ἕως ἂν θῶ τοὺς ἐχθρούς σου ὑποπόδιον τῶν ποδῶν σου;

14 οὐχὶ πάντες εἰσὶν λειτουργικὰ πνεύματα εἰς διακονίαν ἀποστελλόμενα διὰ τοὺς μέλλοντας κληρονομεῖν σωτηρίαν;

Hebrews 2

Give Greater Heed to the Superior Message

1 Διὰ τοῦτο δεῖ περισσοτέρως (ἡμᾶς) προσέχειν [ἡμᾶς] τοῖς ἀκουσθεῖσιν, μή ποτε παραρυῶμεν. 2 εἰ γὰρ ὁ δι' ἀγγέλων λαληθεὶς λόγος ἐγένετο βέβαιος, καὶ πᾶσα παράβασις καὶ παρακοὴ ἔλαβεν ἔνδικον μισθαποδοσίαν, 3 πῶς ἡμεῖς ἐκφευξόμεθα τηλικαύτης ἀμελήσαντες σωτηρίας; ἥτις ἀρχὴν λαβοῦσα λαλεῖσθαι διὰ τοῦ Κυρίου, ὑπὸ τῶν ἀκουσάντων εἰς ἡμᾶς ἐβεβαιώθη, 4 συνεπιμαρτυροῦντος τοῦ Θεοῦ σημείοις τε καὶ τέρασιν καὶ ποικίλαις δυνάμεσιν καὶ Πνεύματος Ἁγίου μερισμοῖς κατὰ τὴν αὐτοῦ θέλησιν.

The Limited Authority of Angels

5 Οὐ γὰρ ἀγγέλοις ὑπέταξεν τὴν οἰκουμένην τὴν μέλλουσαν, περὶ ἧς λαλοῦμεν. 6 διεμαρτύρατο δέ πού τις λέγων

Τί ἐστιν ἄνθρωπος ὅτι μιμνήσκῃ αὐτοῦ;
ἢ υἱὸς ἀνθρώπου ὅτι ἐπισκέπτῃ αὐτόν;
7 ἠλάττωσας αὐτὸν βραχύ τι παρ' ἀγγέλους,
δόξῃ καὶ τιμῇ ἐστεφάνωσας αὐτόν,
(καὶ κατέστησας αὐτὸν ἐπὶ τὰ ἔργα τῶν χειρῶν σου)
8 πάντα ὑπέταξας ὑποκάτω τῶν ποδῶν αὐτοῦ.

ΠΡΟΣ ΕΒΡΑΙΟΥΣ

ἐν [τῷ γὰρ] (γὰρ τῷ) ὑποτάξαι αὐτῷ τὰ πάντα οὐδὲν ἀφῆκεν αὐτῷ ἀνυπότακτον. νῦν δὲ οὔπω ὁρῶμεν αὐτῷ τὰ πάντα ὑποτεταγμένα· 9 τὸν δὲ βραχύ τι παρ' ἀγγέλους ἠλαττωμένον βλέπομεν Ἰησοῦν διὰ τὸ πάθημα τοῦ θανάτου δόξῃ καὶ τιμῇ ἐστεφανωμένον, ὅπως χάριτι Θεοῦ ὑπὲρ παντὸς γεύσηται θανάτου.

Sanctification through Christ's Perfection

10 Ἔπρεπεν γὰρ αὐτῷ, δι' ὃν τὰ πάντα καὶ δι' οὗ τὰ πάντα, πολλοὺς υἱοὺς εἰς δόξαν ἀγαγόντα τὸν ἀρχηγὸν τῆς σωτηρίας αὐτῶν διὰ παθημάτων τελειῶσαι. 11 ὅ τε γὰρ ἁγιάζων καὶ οἱ ἁγιαζόμενοι ἐξ ἑνὸς πάντες· δι' ἣν αἰτίαν οὐκ ἐπαισχύνεται ἀδελφοὺς αὐτοὺς καλεῖν, 12 λέγων

Ἀπαγγελῶ τὸ ὄνομά σου τοῖς ἀδελφοῖς μου,
ἐν μέσῳ ἐκκλησίας ὑμνήσω σε·

13 καὶ πάλιν

Ἐγὼ ἔσομαι πεποιθὼς ἐπ' αὐτῷ·

καὶ πάλιν

Ἰδοὺ ἐγὼ καὶ τὰ παιδία ἅ μοι ἔδωκεν ὁ Θεός.

14 ἐπεὶ οὖν τὰ παιδία κεκοινώνηκεν [αἵματος καὶ σαρκός] (σαρκὸς καὶ αἵματος), καὶ αὐτὸς παραπλησίως μετέσχεν τῶν αὐτῶν, ἵνα διὰ τοῦ θανάτου καταργήσῃ τὸν τὸ κράτος ἔχοντα τοῦ θανάτου, τοῦτ' ἔστιν τὸν διάβολον, 15 καὶ ἀπαλλάξῃ τούτους, ὅσοι φόβῳ θανάτου διὰ παντὸς τοῦ ζῆν ἔνοχοι ἦσαν δουλείας. 16 οὐ γὰρ δήπου ἀγγέλων ἐπιλαμβάνεται, ἀλλὰ σπέρματος Ἀβραὰμ ἐπιλαμβάνεται. 17 ὅθεν ὤφειλεν κατὰ πάντα τοῖς ἀδελφοῖς ὁμοιωθῆναι, ἵνα ἐλεήμων γένηται καὶ πιστὸς ἀρχιερεὺς τὰ πρὸς τὸν Θεόν, εἰς τὸ ἱλάσκεσθαι τὰς ἁμαρτίας τοῦ λαοῦ. 18 ἐν ᾧ γὰρ πέπονθεν αὐτὸς πειρασθείς, δύναται τοῖς πειραζομένοις βοηθῆσαι.

Hebrews 3

Christ Superior to Moses

1 Ὅθεν, ἀδελφοὶ ἅγιοι, κλήσεως ἐπουρανίου μέτοχοι, κατανοήσατε τὸν Ἀπόστολον καὶ Ἀρχιερέα τῆς ὁμολογίας ἡμῶν (Χριστὸν) Ἰησοῦν, 2 πιστὸν ὄντα τῷ ποιήσαντι αὐτόν, ὡς καὶ Μωϋσῆς ἐν ὅλῳ τῷ οἴκῳ αὐτοῦ. 3 πλείονος γὰρ [οὗτος δόξης] (δόξης οὗτος) παρὰ Μωϋσῆν ἠξίωται καθ' ὅσον πλείονα τιμὴν ἔχει τοῦ οἴκου ὁ κατασκευάσας αὐτόν.

ΠΡΟΣ ΕΒΡΑΙΟΥΣ

4 πᾶς γὰρ οἶκος κατασκευάζεται ὑπό τινος, ὁ δὲ πάντα κατασκευάσας Θεός. 5 καὶ Μωϋσῆς μὲν πιστὸς ἐν ὅλῳ τῷ οἴκῳ αὐτοῦ ὡς θεράπων εἰς μαρτύριον τῶν λαληθησομένων, 6 Χριστὸς δὲ ὡς υἱὸς ἐπὶ τὸν οἶκον αὐτοῦ· οὗ οἶκός ἐσμεν ἡμεῖς, ἐὰν τὴν παρρησίαν καὶ τὸ καύχημα τῆς ἐλπίδος μέχρι τέλους βεβαίαν κατάσχωμεν.

The Example of Hard-Hearted Israel

7 Διό, καθὼς λέγει τὸ Πνεῦμα τὸ Ἅγιον

Σήμερον ἐὰν τῆς φωνῆς αὐτοῦ ἀκούσητε,
8 μὴ σκληρύνητε τὰς καρδίας ὑμῶν ὡς ἐν τῷ παραπικρασμῷ
κατὰ τὴν ἡμέραν τοῦ πειρασμοῦ ἐν τῇ ἐρήμῳ,
9 οὗ ἐπείρασαν (με) οἱ πατέρες ὑμῶν [ἐν δοκιμασίᾳ] (ἐδοκιμασάν με)
καὶ εἶδον τὰ ἔργα μου
10 τεσσεράκοντα ἔτη.
διὸ προσώχθισα τῇ γενεᾷ [ταύτῃ
καὶ] εἶπον Ἀεὶ πλανῶνται τῇ καρδίᾳ·
αὐτοὶ δὲ οὐκ ἔγνωσαν τὰς ὁδούς μου,
11 ὡς ὤμοσα ἐν τῇ ὀργῇ μου
Εἰ εἰσελεύσονται εἰς τὴν κατάπαυσίν μου.

The Wickedness of Becoming Hard-Hearted Toward Christ

12 βλέπετε, ἀδελφοί, μή ποτε ἔσται ἔν τινι ὑμῶν καρδία πονηρὰ ἀπιστίας ἐν τῷ ἀποστῆναι ἀπὸ Θεοῦ ζῶντος, 13 ἀλλὰ παρακαλεῖτε ἑαυτοὺς καθ' ἑκάστην ἡμέραν, ἄχρις οὗ τὸ Σήμερον καλεῖται, ἵνα μὴ σκληρυνθῇ τις ἐξ ὑμῶν ἀπάτῃ τῆς ἁμαρτίας· 14 μέτοχοι γὰρ (γεγόναμεν) τοῦ Χριστοῦ [γεγόναμεν], ἐάνπερ τὴν ἀρχὴν τῆς ὑποστάσεως μέχρι τέλους βεβαίαν κατάσχωμεν. 15 ἐν τῷ λέγεσθαι

Σήμερον ἐὰν τῆς φωνῆς αὐτοῦ ἀκούσητε,
Μὴ σκληρύνητε τὰς καρδίας ὑμῶν ὡς ἐν τῷ παραπικρασμῷ.

16 τίνες γὰρ ἀκούσαντες παρεπίκραναν; ἀλλ' οὐ πάντες οἱ ἐξελθόντες ἐξ Αἰγύπτου διὰ Μωϋσέως; 17 τίσιν δὲ προσώχθισεν τεσσεράκοντα ἔτη; οὐχὶ τοῖς ἁμαρτήσασιν, ὧν τὰ κῶλα ἔπεσεν ἐν τῇ ἐρήμῳ; 18 τίσιν δὲ ὤμοσεν μὴ εἰσελεύσεσθαι εἰς τὴν κατάπαυσιν αὐτοῦ εἰ μὴ τοῖς ἀπειθήσασιν; 19 καὶ βλέπομεν ὅτι οὐκ ἠδυνήθησαν εἰσελθεῖν δι' ἀπιστίαν.

ΠΡΟΣ ΕΒΡΑΙΟΥΣ

Hebrews 4

Be Diligent to Enter the True Rest

1 φοβηθῶμεν οὖν μή ποτε καταλειπομένης ἐπαγγελίας εἰσελθεῖν εἰς τὴν κατάπαυσιν αὐτοῦ δοκῇ τις ἐξ ὑμῶν ὑστερηκέναι. 2 καὶ γὰρ ἐσμεν εὐηγγελισμένοι καθάπερ κἀκεῖνοι· ἀλλ' οὐκ ὠφέλησεν ὁ λόγος τῆς ἀκοῆς ἐκείνους μὴ συνκεκερασμένος τῇ πίστει τοῖς ἀκούσασιν. 3 Εἰσερχόμεθα γὰρ εἰς τὴν κατάπαυσιν οἱ πιστεύσαντες, καθὼς εἴρηκεν

Ὡς ὤμοσα ἐν τῇ ὀργῇ μου
Εἰ εἰσελεύσονται εἰς τὴν κατάπαυσίν μου,

καίτοι τῶν ἔργων ἀπὸ καταβολῆς κόσμου γενηθέντων. 4 εἴρηκεν γάρ που περὶ τῆς ἑβδόμης οὕτως Καὶ κατέπαυσεν ὁ Θεὸς ἐν τῇ ἡμέρᾳ τῇ ἑβδόμῃ ἀπὸ πάντων τῶν ἔργων αὐτοῦ· 5 καὶ ἐν τούτῳ πάλιν Εἰ εἰσελεύσονται εἰς τὴν κατάπαυσίν μου. 6 ἐπεὶ οὖν ἀπολείπεται τινὰς εἰσελθεῖν εἰς αὐτήν, καὶ οἱ πρότερον εὐαγγελισθέντες οὐκ εἰσῆλθον δι' ἀπείθειαν, 7 πάλιν τινὰ ὁρίζει ἡμέραν, Σήμερον, ἐν Δαυεὶδ λέγων μετὰ τοσοῦτον χρόνον, καθὼς προείρηται

Σήμερον ἐὰν τῆς φωνῆς αὐτοῦ ἀκούσητε,
μὴ σκληρύνητε τὰς καρδίας ὑμῶν.

8 εἰ γὰρ αὐτοὺς Ἰησοῦς κατέπαυσεν, οὐκ ἂν περὶ ἄλλης ἐλάλει μετὰ ταῦτα ἡμέρας. 9 ἄρα ἀπολείπεται σαββατισμὸς τῷ λαῷ τοῦ Θεοῦ. 10 ὁ γὰρ εἰσελθὼν εἰς τὴν κατάπαυσιν αὐτοῦ καὶ αὐτὸς κατέπαυσεν ἀπὸ τῶν ἔργων αὐτοῦ, ὥσπερ ἀπὸ τῶν ἰδίων ὁ Θεός. 11 Σπουδάσωμεν οὖν εἰσελθεῖν εἰς ἐκείνην τὴν κατάπαυσιν, ἵνα μὴ ἐν τῷ αὐτῷ τις ὑποδείγματι πέσῃ τῆς ἀπειθείας. 12 Ζῶν γὰρ ὁ λόγος τοῦ Θεοῦ καὶ ἐνεργὴς καὶ τομώτερος ὑπὲρ πᾶσαν μάχαιραν δίστομον καὶ διϊκνούμενος ἄχρι μερισμοῦ ψυχῆς (τε) καὶ πνεύματος, ἁρμῶν τε καὶ μυελῶν, καὶ κριτικὸς ἐνθυμήσεων καὶ ἐννοιῶν καρδίας· 13 καὶ οὐκ ἔστιν κτίσις ἀφανὴς ἐνώπιον αὐτοῦ, πάντα δὲ γυμνὰ καὶ τετραχηλισμένα τοῖς ὀφθαλμοῖς αὐτοῦ, πρὸς ὃν ἡμῖν ὁ λόγος.

Confidence in Christ's Compassion

14 Ἔχοντες οὖν ἀρχιερέα μέγαν διεληλυθότα τοὺς οὐρανούς, Ἰησοῦν τὸν Υἱὸν τοῦ Θεοῦ, κρατῶμεν τῆς ὁμολογίας. 15 οὐ γὰρ ἔχομεν ἀρχιερέα μὴ δυνάμενον συνπαθῆσαι ταῖς ἀσθενείαις ἡμῶν, πεπειρασμένον δὲ κατὰ πάντα καθ' ὁμοιότητα χωρὶς ἁμαρτίας. 16 προσερχώμεθα οὖν μετὰ παρρησίας τῷ θρόνῳ τῆς χάριτος, ἵνα λάβωμεν [ἔλεος] (ἔλεον) καὶ χάριν εὕρωμεν εἰς εὔκαιρον βοήθειαν.

ΠΡΟΣ ΕΒΡΑΙΟΥΣ
Hebrews 5

The Priestly Order of Melchizedek

1 Πᾶς γὰρ ἀρχιερεὺς ἐξ ἀνθρώπων λαμβανόμενος ὑπὲρ ἀνθρώπων καθίσταται τὰ πρὸς τὸν Θεόν, ἵνα προσφέρῃ δῶρά τε καὶ θυσίας ὑπὲρ ἁμαρτιῶν, 2 μετριοπαθεῖν δυνάμενος τοῖς ἀγνοοῦσιν καὶ πλανωμένοις, ἐπεὶ καὶ αὐτὸς περίκειται ἀσθένειαν, 3 καὶ δι' αὐτὴν ὀφείλει, καθὼς περὶ τοῦ λαοῦ, οὕτως καὶ περὶ ἑαυτοῦ προσφέρειν [περὶ] (ὑπὲρ) ἁμαρτιῶν. 4 καὶ οὐχ ἑαυτῷ τις λαμβάνει τὴν τιμήν, ἀλλὰ καλούμενος ὑπὸ τοῦ Θεοῦ, καθώσπερ καὶ Ἀαρών. 5 Οὕτως καὶ ὁ Χριστὸς οὐχ ἑαυτὸν ἐδόξασεν γενηθῆναι ἀρχιερέα, ἀλλ' ὁ λαλήσας πρὸς αὐτόν

Υἱός μου εἶ σύ, ἐγὼ σήμερον γεγέννηκά σε·

6 καθὼς καὶ ἐν ἑτέρῳ λέγει

Σὺ ἱερεὺς εἰς τὸν αἰῶνα κατὰ τὴν τάξιν Μελχισέδεκ.

7 ὃς ἐν ταῖς ἡμέραις τῆς σαρκὸς αὐτοῦ δεήσεις τε καὶ ἱκετηρίας πρὸς τὸν δυνάμενον σῴζειν αὐτὸν ἐκ θανάτου μετὰ κραυγῆς ἰσχυρᾶς καὶ δακρύων προσενέγκας καὶ εἰσακουσθεὶς ἀπὸ τῆς εὐλαβείας, 8 καίπερ ὢν Υἱός, ἔμαθεν ἀφ' ὧν ἔπαθεν τὴν ὑπακοήν, 9 καὶ τελειωθεὶς ἐγένετο [πᾶσιν τοῖς ὑπακούουσιν αὐτῷ] (τοῖς ὑπακούουσιν αὐτῷ πᾶσιν) αἴτιος σωτηρίας αἰωνίου, 10 προσαγορευθεὶς ὑπὸ τοῦ Θεοῦ ἀρχιερεὺς κατὰ τὴν τάξιν Μελχισέδεκ.

Dullness Necessitates Re-Education

11 Περὶ οὗ πολὺς ἡμῖν ὁ λόγος καὶ δυσερμήνευτος λέγειν, ἐπεὶ νωθροὶ γεγόνατε ταῖς ἀκοαῖς. 12 καὶ γὰρ ὀφείλοντες εἶναι διδάσκαλοι διὰ τὸν χρόνον, πάλιν χρείαν ἔχετε τοῦ διδάσκειν ὑμᾶς τινα τὰ στοιχεῖα τῆς ἀρχῆς τῶν λογίων τοῦ Θεοῦ, καὶ γεγόνατε χρείαν ἔχοντες γάλακτος, οὐ στερεᾶς τροφῆς. 13 πᾶς γὰρ ὁ μετέχων γάλακτος ἄπειρος λόγου δικαιοσύνης, νήπιος γάρ ἐστιν· 14 τελείων δέ ἐστιν ἡ στερεὰ τροφή, τῶν διὰ τὴν ἕξιν τὰ αἰσθητήρια γεγυμνασμένα ἐχόντων πρὸς διάκρισιν καλοῦ τε καὶ κακοῦ.

ΠΡΟΣ ΕΒΡΑΙΟΥΣ

Hebrews 6

Advancing Beyond Elementals

1 Διὸ ἀφέντες τὸν τῆς ἀρχῆς τοῦ Χριστοῦ λόγον ἐπὶ τὴν τελειότητα φερώμεθα, μὴ πάλιν θεμέλιον καταβαλλόμενοι μετανοίας ἀπὸ νεκρῶν ἔργων, καὶ πίστεως ἐπὶ Θεόν, 2 βαπτισμῶν διδαχὴν, ἐπιθέσεώς τε χειρῶν, ἀναστάσεώς νεκρῶν, καὶ κρίματος αἰωνίου. 3 καὶ τοῦτο ποιήσομεν, ἐάνπερ ἐπιτρέπῃ ὁ Θεός.

A Somber Warning Against Falling Away

4 Ἀδύνατον γὰρ τοὺς ἅπαξ φωτισθέντας γευσαμένους τε τῆς δωρεᾶς τῆς ἐπουρανίου καὶ μετόχους γενηθέντας Πνεύματος Ἁγίου 5 καὶ καλὸν γευσαμένους Θεοῦ ῥῆμα δυνάμεις τε μέλλοντος αἰῶνος, 6 καὶ παραπεσόντας, πάλιν ἀνακαινίζειν εἰς μετάνοιαν, ἀνασταυροῦντας ἑαυτοῖς τὸν Υἱὸν τοῦ Θεοῦ καὶ παραδειγματίζοντας. 7 γῆ γὰρ ἡ πιοῦσα τὸν ἐπ᾽ αὐτῆς [ἐρχόμενον πολλάκις] (πολλάκις ἐρχόμενον) ὑετόν καὶ τίκτουσα βοτάνην εὔθετον ἐκείνοις δι᾽ οὓς καὶ γεωργεῖται, μεταλαμβάνει εὐλογίας ἀπὸ τοῦ Θεοῦ· 8 ἐκφέρουσα δὲ ἀκάνθας καὶ τριβόλους ἀδόκιμος καὶ κατάρας ἐγγύς, ἧς τὸ τέλος εἰς καῦσιν.

Labor Diligently and Patiently

9 Πεπείσμεθα δὲ περὶ ὑμῶν, ἀγαπητοί, τὰ [κρείσσονα] (κρείττονα) καὶ ἐχόμενα σωτηρίας, εἰ καὶ οὕτως λαλοῦμεν. 10 οὐ γὰρ ἄδικος ὁ Θεὸς ἐπιλαθέσθαι τοῦ ἔργου ὑμῶν καὶ (τοῦ κόπου) τῆς ἀγάπης ἧς ἐνεδείξασθε εἰς τὸ ὄνομα αὐτοῦ, διακονήσαντες τοῖς ἁγίοις καὶ διακονοῦντες. 11 ἐπιθυμοῦμεν δὲ ἕκαστον ὑμῶν τὴν αὐτὴν ἐνδείκνυσθαι σπουδὴν πρὸς τὴν πληροφορίαν τῆς ἐλπίδος ἄχρι τέλους, 12 ἵνα μὴ νωθροὶ γένησθε, μιμηταὶ δὲ τῶν διὰ πίστεως καὶ μακροθυμίας κληρονομούντων τὰς ἐπαγγελίας.

The Surety of God's Oath

13 Τῷ γὰρ Ἀβραὰμ ἐπαγγειλάμενος ὁ Θεός, ἐπεὶ κατ᾽ οὐδενὸς εἶχεν μείζονος ὀμόσαι, ὤμοσεν καθ᾽ ἑαυτοῦ, 14 λέγων Εἰ μὴν εὐλογῶν εὐλογήσω σε καὶ πληθύνων πληθυνῶ σε· 15 καὶ οὕτως μακροθυμήσας ἐπέτυχεν τῆς ἐπαγγελίας. 16 ἄνθρωποι (μεν) γὰρ κατὰ τοῦ μείζονος ὀμνύουσιν, καὶ πάσης αὐτοῖς ἀντιλογίας πέρας εἰς βεβαίωσιν ὁ ὅρκος· 17 ἐν ᾧ περισσότερον βουλόμενος ὁ Θεὸς ἐπιδεῖξαι τοῖς κληρονόμοις τῆς ἐπαγγελίας τὸ ἀμετάθετον τῆς βουλῆς αὐτοῦ ἐμεσίτευσεν ὅρκῳ, 18 ἵνα διὰ δύο πραγμάτων ἀμεταθέτων, ἐν οἷς ἀδύνατον ψεύσασθαι Θεόν, ἰσχυρὰν παράκλησιν ἔχωμεν οἱ καταφυγόντες κρατῆσαι τῆς προκειμένης ἐλπίδος·

ΠΡΟΣ ΕΒΡΑΙΟΥΣ
The Surety of Christ's Glorification

19 ἣν ὡς ἄγκυραν ἔχομεν τῆς ψυχῆς ἀσφαλῆ τε καὶ βεβαίαν καὶ εἰσερχομένην εἰς τὸ ἐσώτερον τοῦ καταπετάσματος, 20 ὅπου πρόδρομος ὑπὲρ ἡμῶν εἰσῆλθεν Ἰησοῦς, κατὰ τὴν τάξιν Μελχισέδεκ ἀρχιερεὺς γενόμενος εἰς τὸν αἰῶνα.

Hebrews 7

Melchizedek - the King of Peace

1 Οὗτος γὰρ ὁ Μελχισέδεκ, βασιλεὺς Σαλήμ, ἱερεὺς τοῦ Θεοῦ τοῦ Ὑψίστου, ὁ συναντήσας Ἀβραὰμ ὑποστρέφοντι ἀπὸ τῆς κοπῆς τῶν βασιλέων καὶ εὐλογήσας αὐτόν, 2 ᾧ καὶ δεκάτην ἀπὸ πάντων ἐμέρισεν Ἀβραάμ, πρῶτον μὲν ἑρμηνευόμενος βασιλεὺς δικαιοσύνης, ἔπειτα δὲ καὶ βασιλεὺς Σαλήμ, ὅ ἐστιν βασιλεὺς εἰρήνης, 3 ἀπάτωρ, ἀμήτωρ, ἀγενεαλόγητος, μήτε ἀρχὴν ἡμερῶν μήτε ζωῆς τέλος ἔχων, ἀφωμοιωμένος δὲ τῷ Υἱῷ τοῦ Θεοῦ, μένει ἱερεὺς εἰς τὸ διηνεκές.

The Superiority of Melchizedek

4 Θεωρεῖτε δὲ πηλίκος οὗτος ᾧ δεκάτην Ἀβραὰμ ἔδωκεν ἐκ τῶν ἀκροθινίων ὁ πατριάρχης. 5 καὶ οἱ μὲν ἐκ τῶν υἱῶν Λευεὶ τὴν ἱερατείαν λαμβάνοντες ἐντολὴν ἔχουσιν ἀποδεκατοῖν τὸν λαὸν κατὰ τὸν νόμον, τοῦτ᾽ ἔστιν τοὺς ἀδελφοὺς αὐτῶν, καίπερ ἐξεληλυθότας ἐκ τῆς ὀσφύος Ἀβραάμ· 6 ὁ δὲ μὴ γενεαλογούμενος ἐξ αὐτῶν δεδεκάτωκεν Ἀβραάμ, καὶ τὸν ἔχοντα τὰς ἐπαγγελίας εὐλόγηκεν. 7 χωρὶς δὲ πάσης ἀντιλογίας τὸ ἔλαττον ὑπὸ τοῦ κρείττονος εὐλογεῖται. 8 καὶ ὧδε μὲν δεκάτας ἀποθνῄσκοντες ἄνθρωποι λαμβάνουσιν, ἐκεῖ δὲ μαρτυρούμενος ὅτι ζῇ. 9 καὶ ὡς ἔπος εἰπεῖν, δι᾽ Ἀβραὰμ καὶ Λευεὶς ὁ δεκάτας λαμβάνων δεδεκάτωται· 10 ἔτι γὰρ ἐν τῇ ὀσφύϊ τοῦ πατρὸς ἦν ὅτε συνήντησεν αὐτῷ (ὁ) Μελχισέδεκ.

The Superiority of the Eternal Priesthood

11 Εἰ μὲν οὖν τελείωσις διὰ τῆς Λευειτικῆς ἱερωσύνης ἦν, ὁ λαὸς γὰρ ἐπ᾽ αὐτῆς [νενομοθέτηται] (νενομοθέτητο), τίς ἔτι χρεία κατὰ τὴν τάξιν Μελχισέδεκ ἕτερον ἀνίστασθαι ἱερέα καὶ οὐ κατὰ τὴν τάξιν Ἀαρὼν λέγεσθαι; 12 μετατιθεμένης γὰρ τῆς ἱερωσύνης ἐξ ἀνάγκης καὶ νόμου μετάθεσις γίνεται. 13 ἐφ᾽ ὃν γὰρ λέγεται ταῦτα, φυλῆς ἑτέρας μετέσχηκεν, ἀφ᾽ ἧς οὐδεὶς προσέσχηκεν τῷ θυσιαστηρίῳ· 14 πρόδηλον γὰρ ὅτι ἐξ Ἰούδα ἀνατέταλκεν ὁ Κύριος ἡμῶν, εἰς ἣν φυλὴν [περὶ ἱερέων οὐδὲν] (οὐδὲν περὶ ἱερωσυνής) Μωϋσῆς ἐλάλησεν.

ΠΡΟΣ ΕΒΡΑΙΟΥΣ

15 Καὶ περισσότερον ἔτι κατάδηλόν ἐστιν, εἰ κατὰ τὴν ὁμοιότητα Μελχισέδεκ ἀνίσταται ἱερεὺς ἕτερος, 16 ὃς οὐ κατὰ νόμον ἐντολῆς σαρκίνης γέγονεν ἀλλὰ κατὰ δύναμιν ζωῆς ἀκαταλύτου. 17 μαρτυρεῖται γὰρ ὅτι Σὺ ἱερεὺς εἰς τὸν αἰῶνα κατὰ τὴν τάξιν Μελχισέδεκ. 18 ἀθέτησις μὲν γὰρ γίνεται προαγούσης ἐντολῆς διὰ τὸ αὐτῆς ἀσθενὲς καὶ ἀνωφελές, 19 οὐδὲν γὰρ ἐτελείωσεν ὁ νόμος, ἐπεισαγωγὴ δὲ κρείττονος ἐλπίδος, δι᾽ ἧς ἐγγίζομεν τῷ Θεῷ.

The Superiority of Christ's Appointment

20 Καὶ καθ᾽ ὅσον οὐ χωρὶς ὁρκωμοσίας, 21 —οἱ μὲν γὰρ χωρὶς ὁρκωμοσίας εἰσὶν ἱερεῖς γεγονότες, ὁ δὲ μετὰ ὁρκωμοσίας διὰ τοῦ λέγοντος πρὸς αὐτόν Ὤμοσεν Κύριος, καὶ οὐ μεταμεληθήσεται Σὺ ἱερεὺς εἰς τὸν αἰῶνα (κατὰ τὴν τάξιν Μελχισεδέκ)· 22 —κατὰ τοσοῦτο καὶ κρείττονος διαθήκης γέγονεν ἔγγυος Ἰησοῦς. 23 Καὶ οἱ μὲν πλείονές εἰσιν γεγονότες ἱερεῖς διὰ τὸ θανάτῳ κωλύεσθαι παραμένειν· 24 ὁ δὲ διὰ τὸ μένειν αὐτὸν εἰς τὸν αἰῶνα ἀπαράβατον ἔχει τὴν ἱερωσύνην· 25 ὅθεν καὶ σῴζειν εἰς τὸ παντελὲς δύναται τοὺς προσερχομένους δι᾽ αὐτοῦ τῷ Θεῷ, πάντοτε ζῶν εἰς τὸ ἐντυγχάνειν ὑπὲρ αὐτῶν. 26 Τοιοῦτος γὰρ ἡμῖν καὶ ἔπρεπεν ἀρχιερεύς, ὅσιος, ἄκακος, ἀμίαντος, κεχωρισμένος ἀπὸ τῶν ἁμαρτωλῶν, καὶ ὑψηλότερος τῶν οὐρανῶν γενόμενος· 27 ὃς οὐκ ἔχει καθ᾽ ἡμέραν ἀνάγκην, ὥσπερ οἱ ἀρχιερεῖς, πρότερον ὑπὲρ τῶν ἰδίων ἁμαρτιῶν θυσίας ἀναφέρειν, ἔπειτα τῶν τοῦ λαοῦ· τοῦτο γὰρ ἐποίησεν ἐφάπαξ ἑαυτὸν ἀνενέγκας. 28 ὁ νόμος γὰρ ἀνθρώπους καθίστησιν ἀρχιερεῖς ἔχοντας ἀσθένειαν, ὁ λόγος δὲ τῆς ὁρκωμοσίας τῆς μετὰ τὸν νόμον Υἱόν εἰς τὸν αἰῶνα τετελειωμένον.

Hebrews 8

The Superior Covenant Foreshadowed

1 Κεφάλαιον δὲ ἐπὶ τοῖς λεγομένοις, τοιοῦτον ἔχομεν ἀρχιερέα, ὃς ἐκάθισεν ἐν δεξιᾷ τοῦ θρόνου τῆς Μεγαλωσύνης ἐν τοῖς οὐρανοῖς, 2 τῶν ἁγίων λειτουργὸς καὶ τῆς σκηνῆς τῆς ἀληθινῆς, ἣν ἔπηξεν ὁ Κύριος, (καὶ) οὐκ ἄνθρωπος. 3 Πᾶς γὰρ ἀρχιερεὺς εἰς τὸ προσφέρειν δῶρά τε καὶ θυσίας καθίσταται· ὅθεν ἀναγκαῖον ἔχειν τι καὶ τοῦτον ὃ προσενέγκῃ. 4 εἰ μὲν [οὖν] (γὰρ) ἦν ἐπὶ γῆς, οὐδ᾽ ἂν ἦν ἱερεύς, ὄντων (τῶν ἱερέων) τῶν προσφερόντων κατὰ νόμον τὰ δῶρα· 5 οἵτινες ὑποδείγματι καὶ σκιᾷ λατρεύουσιν τῶν ἐπουρανίων, καθὼς κεχρημάτισται Μωϋσῆς μέλλων ἐπιτελεῖν τὴν σκηνήν. Ὅρα γάρ φησίν, ποιήσεις πάντα κατὰ τὸν τύπον τὸν δειχθέντα σοι ἐν τῷ ὄρει·

ΠΡΟΣ ΕΒΡΑΙΟΥΣ

6 [νῦν] (νυνὶ) δὲ διαφορωτέρας τέτυχεν λειτουργίας, ὅσῳ καὶ κρείττονός ἐστιν διαθήκης μεσίτης, ἥτις ἐπὶ κρείττοσιν ἐπαγγελίαις νενομοθέτηται.

The New Covenant Foretold

7 εἰ γὰρ ἡ πρώτη ἐκείνη ἦν ἄμεμπτος, οὐκ ἂν δευτέρας ἐζητεῖτο τόπος. 8 μεμφόμενος γὰρ αὐτοὺς λέγει

Ἰδοὺ ἡμέραι ἔρχονται, λέγει Κύριος,
καὶ συντελέσω ἐπὶ τὸν οἶκον Ἰσραὴλ καὶ ἐπὶ τὸν οἶκον Ἰούδα
διαθήκην καινήν,
9 οὐ κατὰ τὴν διαθήκην ἣν ἐποίησα τοῖς πατράσιν αὐτῶν
ἐν ἡμέρᾳ ἐπιλαβομένου μου τῆς χειρὸς αὐτῶν ἐξαγαγεῖν αὐτοὺς
ἐκ γῆς Αἰγύπτου,
ὅτι αὐτοὶ οὐκ ἐνέμειναν ἐν τῇ διαθήκῃ μου,
κἀγὼ ἠμέλησα αὐτῶν, λέγει Κύριος.
10 ὅτι αὕτη ἡ διαθήκη ἣν διαθήσομαι τῷ οἴκῳ Ἰσραὴλ
μετὰ τὰς ἡμέρας ἐκείνας, λέγει Κύριος,
διδοὺς νόμους μου εἰς τὴν διάνοιαν αὐτῶν,
καὶ ἐπὶ καρδίας αὐτῶν ἐπιγράψω αὐτούς,
καὶ ἔσομαι αὐτοῖς εἰς Θεόν
καὶ αὐτοὶ ἔσονταί μοι εἰς λαόν.
11 καὶ οὐ μὴ διδάξωσιν ἕκαστος τὸν [πολίτην] (πλησίον) αὐτοῦ
καὶ ἕκαστος τὸν ἀδελφὸν αὐτοῦ, λέγων Γνῶθι τὸν Κύριον,
ὅτι πάντες εἰδήσουσίν με
ἀπὸ μικροῦ (αὐτῶν) ἕως μεγάλου αὐτῶν.
12 ὅτι ἵλεως ἔσομαι ταῖς ἀδικίαις αὐτῶν,
καὶ τῶν ἁμαρτιῶν αὐτῶν (καὶ τῶν ἀνομιῶν αὐτῶν) οὐ μὴ μνησθῶ ἔτι.

13 ἐν τῷ λέγειν Καινὴν πεπαλαίωκεν τὴν πρώτην· τὸ δὲ παλαιούμενον καὶ γηράσκον ἐγγὺς ἀφανισμοῦ.

Hebrews 9

The Earthly Sanctuary

1 Εἶχε μὲν οὖν καὶ ἡ πρώτη δικαιώματα λατρείας τό τε ἅγιον κοσμικόν. 2 σκηνὴ γὰρ κατεσκευάσθη ἡ πρώτη, ἐν ᾗ ἥ τε λυχνία καὶ ἡ τράπεζα καὶ ἡ πρόθεσις τῶν ἄρτων, ἥτις λέγεται Ἅγια· 3 μετὰ δὲ τὸ δεύτερον καταπέτασμα σκηνὴ ἡ λεγομένη Ἅγια ἁγίων,

4 χρυσοῦν ἔχουσα θυμιατήριον καὶ τὴν κιβωτὸν τῆς διαθήκης περικεκαλυμμένην πάντοθεν χρυσίῳ, ἐν ᾗ στάμνος χρυσῆ ἔχουσα τὸ μάννα καὶ ἡ ῥάβδος Ἀαρὼν ἡ βλαστήσασα καὶ αἱ πλάκες τῆς διαθήκης, 5 ὑπεράνω δὲ αὐτῆς Χερουβεὶν δόξης κατασκιάζοντα τὸ ἱλαστήριον· περὶ ὧν οὐκ ἔστιν νῦν λέγειν κατὰ μέρος.

The Limitations of the Old Covenant Sacrifices

6 Τούτων δὲ οὕτως κατεσκευασμένων εἰς μὲν τὴν πρώτην σκηνὴν διὰ παντὸς εἰσίασιν οἱ ἱερεῖς τὰς λατρείας ἐπιτελοῦντες, 7 εἰς δὲ τὴν δευτέραν ἅπαξ τοῦ ἐνιαυτοῦ μόνος ὁ ἀρχιερεύς, οὐ χωρὶς αἵματος, ὃ προσφέρει ὑπὲρ ἑαυτοῦ καὶ τῶν τοῦ λαοῦ ἀγνοημάτων, 8 τοῦτο δηλοῦντος τοῦ Πνεύματος τοῦ Ἁγίου, μήπω πεφανερῶσθαι τὴν τῶν ἁγίων ὁδὸν ἔτι τῆς πρώτης σκηνῆς ἐχούσης στάσιν, 9 ἥτις παραβολὴ εἰς τὸν καιρὸν τὸν ἐνεστηκότα, καθ᾽ [ἥν] (ὃν) δῶρά τε καὶ θυσίαι προσφέρονται μὴ δυνάμεναι κατὰ συνείδησιν τελειῶσαι τὸν λατρεύοντα, 10 μόνον ἐπὶ βρώμασιν καὶ πόμασιν καὶ διαφόροις βαπτισμοῖς, δικαιώματα σαρκὸς μέχρι καιροῦ διορθώσεως ἐπικείμενα.

The Heavenly Sanctuary

11 Χριστὸς δὲ παραγενόμενος ἀρχιερεὺς τῶν [γενομένων] (μελλόντων) ἀγαθῶν, διὰ τῆς μείζονος καὶ τελειοτέρας σκηνῆς οὐ χειροποιήτου, τοῦτ᾽ ἔστιν οὐ ταύτης τῆς κτίσεως,

The Superiority of Christ's Sacrifice

12 οὐδὲ δι᾽ αἵματος τράγων καὶ μόσχων, διὰ δὲ τοῦ ἰδίου αἵματος, εἰσῆλθεν ἐφάπαξ εἰς τὰ ἅγια, αἰωνίαν λύτρωσιν εὑράμενος. 13 εἰ γὰρ τὸ αἷμα τράγων καὶ ταύρων καὶ σποδὸς δαμάλεως ῥαντίζουσα τοὺς κεκοινωμένους ἁγιάζει πρὸς τὴν τῆς σαρκὸς καθαρότητα, 14 πόσῳ μᾶλλον τὸ αἷμα τοῦ Χριστοῦ, ὃς διὰ Πνεύματος αἰωνίου ἑαυτὸν προσήνεγκεν ἄμωμον τῷ Θεῷ, καθαριεῖ τὴν συνείδησιν ἡμῶν ἀπὸ νεκρῶν ἔργων εἰς τὸ λατρεύειν Θεῷ ζῶντι. 15 Καὶ διὰ τοῦτο διαθήκης καινῆς μεσίτης ἐστίν, ὅπως θανάτου γενομένου εἰς ἀπολύτρωσιν τῶν ἐπὶ τῇ πρώτῃ διαθήκῃ παραβάσεων τὴν ἐπαγγελίαν λάβωσιν οἱ κεκλημένοι τῆς αἰωνίου κληρονομίας. 16 ὅπου γὰρ διαθήκη, θάνατον ἀνάγκη φέρεσθαι τοῦ διαθεμένου· 17 διαθήκη γὰρ ἐπὶ νεκροῖς βεβαία, ἐπεὶ μή ποτε ἰσχύει ὅτε ζῇ ὁ διαθέμενος. 18 Ὅθεν οὐδὲ ἡ πρώτη χωρὶς αἵματος ἐνκεκαίνισται.

ΠΡΟΣ ΕΒΡΑΙΟΥΣ

19 λαληθείσης γὰρ πάσης ἐντολῆς κατὰ τὸν νόμον ὑπὸ Μωϋσέως παντὶ τῷ λαῷ, λαβὼν τὸ αἷμα τῶν μόσχων καὶ τῶν τράγων μετὰ ὕδατος καὶ ἐρίου κοκκίνου καὶ ὑσσώπου, αὐτό τε τὸ βιβλίον καὶ πάντα τὸν λαὸν ἐράντισεν, 20 λέγων Τοῦτο τὸ αἷμα τῆς διαθήκης ἧς ἐνετείλατο πρὸς ὑμᾶς ὁ Θεός. 21 καὶ τὴν σκηνὴν δὲ καὶ πάντα τὰ σκεύη τῆς λειτουργίας τῷ αἵματι ὁμοίως ἐράντισεν. 22 καὶ σχεδὸν ἐν αἵματι πάντα καθαρίζεται κατὰ τὸν νόμον, καὶ χωρὶς αἱματεκχυσίας οὐ γίνεται ἄφεσις.

The Sufficiency of Christ's Sacrifice

23 Ἀνάγκη οὖν τὰ μὲν ὑποδείγματα τῶν ἐν τοῖς οὐρανοῖς τούτοις καθαρίζεσθαι, αὐτὰ δὲ τὰ ἐπουράνια κρείττοσιν θυσίαις παρὰ ταύτας. 24 οὐ γὰρ εἰς χειροποίητα [εἰσῆλθεν ἅγια] (ἅγια εἰσῆλθεν ὁ) Χριστός, ἀντίτυπα τῶν ἀληθινῶν, ἀλλ' εἰς αὐτὸν τὸν οὐρανόν, νῦν ἐμφανισθῆναι τῷ προσώπῳ τοῦ Θεοῦ ὑπὲρ ἡμῶν· 25 οὐδ' ἵνα πολλάκις προσφέρῃ ἑαυτόν, ὥσπερ ὁ ἀρχιερεὺς εἰσέρχεται εἰς τὰ ἅγια κατ' ἐνιαυτὸν ἐν αἵματι ἀλλοτρίῳ, 26 ἐπεὶ ἔδει αὐτὸν πολλάκις παθεῖν ἀπὸ καταβολῆς κόσμου· [νυνὶ] (νῦν) δὲ ἅπαξ ἐπὶ συντελείᾳ τῶν αἰώνων εἰς ἀθέτησιν τῆς ἁμαρτίας διὰ τῆς θυσίας αὐτοῦ πεφανέρωται. 27 καὶ καθ' ὅσον ἀπόκειται τοῖς ἀνθρώποις ἅπαξ ἀποθανεῖν, μετὰ δὲ τοῦτο κρίσις, 28 οὕτως καὶ ὁ Χριστός, ἅπαξ προσενεχθεὶς εἰς τὸ πολλῶν ἀνενεγκεῖν ἁμαρτίας, ἐκ δευτέρου χωρὶς ἁμαρτίας ὀφθήσεται τοῖς αὐτὸν ἀπεκδεχομένοις εἰς σωτηρίαν.

Hebrews 10

Christ - The Perfect Sacrifice

1 Σκιὰν γὰρ ἔχων ὁ νόμος τῶν μελλόντων ἀγαθῶν, οὐκ αὐτὴν τὴν εἰκόνα τῶν πραγμάτων, κατ' ἐνιαυτὸν ταῖς αὐταῖς θυσίαις ἃς προσφέρουσιν εἰς τὸ διηνεκὲς οὐδέποτε δύναται τοὺς προσερχομένους τελειῶσαι· 2 ἐπεὶ οὐκ ἂν ἐπαύσαντο προσφερόμεναι, διὰ τὸ μηδεμίαν ἔχειν ἔτι συνείδησιν ἁμαρτιῶν τοὺς λατρεύοντας ἅπαξ κεκαθαρισμένους; 3 ἀλλ' ἐν αὐταῖς ἀνάμνησις ἁμαρτιῶν κατ' ἐνιαυτόν· 4 ἀδύνατον γὰρ αἷμα ταύρων καὶ τράγων ἀφαιρεῖν ἁμαρτίας. 5 Διὸ εἰσερχόμενος εἰς τὸν κόσμον λέγει

> Θυσίαν καὶ προσφορὰν οὐκ ἠθέλησας, σῶμα δὲ κατηρτίσω μοι·
> 6 ὁλοκαυτώματα καὶ περὶ ἁμαρτίας οὐκ εὐδόκησας.
> 7 τότε εἶπον Ἰδοὺ ἥκω, ἐν κεφαλίδι βιβλίου γέγραπται περὶ ἐμοῦ, τοῦ ποιῆσαι ὁ Θεός, τὸ θέλημά σου.

ΠΡΟΣ ΕΒΡΑΙΟΥΣ

8 ἀνώτερον λέγων ὅτι Θυσίας καὶ [προσφορὰς] (προσφορὰν) καὶ ὁλοκαυτώματα καὶ περὶ ἁμαρτίας οὐκ ἠθέλησας οὐδὲ εὐδόκησας, αἵτινες κατὰ νόμον προσφέρονται, 9 τότε εἴρηκεν Ἰδοὺ ἥκω τοῦ ποιῆσαι (ὁ Θεός) τὸ θέλημά σου. ἀναιρεῖ τὸ πρῶτον ἵνα τὸ δεύτερον στήσῃ. 10 ἐν ᾧ θελήματι ἡγιασμένοι ἐσμὲν (οἱ) διὰ τῆς προσφορᾶς τοῦ σώματος Ἰησοῦ Χριστοῦ ἐφάπαξ.

Christ - The Complete Sacrifice

11 Καὶ πᾶς μὲν ἱερεὺς ἕστηκεν καθ᾽ ἡμέραν λειτουργῶν καὶ τὰς αὐτὰς πολλάκις προσφέρων θυσίας, αἵτινες οὐδέποτε δύνανται περιελεῖν ἁμαρτίας· 12 οὗτος δὲ μίαν ὑπὲρ ἁμαρτιῶν προσενέγκας θυσίαν εἰς τὸ διηνεκὲς ἐκάθισεν ἐν δεξιᾷ τοῦ Θεοῦ, 13 τὸ λοιπὸν ἐκδεχόμενος ἕως τεθῶσιν οἱ ἐχθροὶ αὐτοῦ ὑποπόδιον τῶν ποδῶν αὐτοῦ. 14 μιᾷ γὰρ προσφορᾷ τετελείωκεν εἰς τὸ διηνεκὲς τοὺς ἁγιαζομένους. 15 Μαρτυρεῖ δὲ ἡμῖν καὶ τὸ Πνεῦμα τὸ Ἅγιον· μετὰ γὰρ τὸ εἰρηκέναι

16 Αὕτη ἡ διαθήκη ἣν διαθήσομαι πρὸς αὐτοὺς
μετὰ τὰς ἡμέρας ἐκείνας, λέγει Κύριος·
διδοὺς νόμους μου ἐπὶ καρδίας αὐτῶν,
καὶ ἐπὶ τὴν διάνοιαν αὐτῶν ἐπιγράψω αὐτούς,

17 καὶ τῶν ἁμαρτιῶν αὐτῶν καὶ τῶν ἀνομιῶν αὐτῶν οὐ μὴ μνησθήσομαι ἔτι. 18 ὅπου δὲ ἄφεσις τούτων, οὐκέτι προσφορὰ περὶ ἁμαρτίας.

Call to Worship in the New Assembly

19 Ἔχοντες οὖν, ἀδελφοί, παρρησίαν εἰς τὴν εἴσοδον τῶν ἁγίων ἐν τῷ αἵματι Ἰησοῦ, 20 ἣν ἐνεκαίνισεν ἡμῖν ὁδὸν πρόσφατον καὶ ζῶσαν διὰ τοῦ καταπετάσματος, τοῦτ᾽ ἔστιν τῆς σαρκὸς αὐτοῦ, 21 καὶ ἱερέα μέγαν ἐπὶ τὸν οἶκον τοῦ Θεοῦ, 22 προσερχώμεθα μετὰ ἀληθινῆς καρδίας ἐν πληροφορίᾳ πίστεως, [ρεραντισμένοι] (ἐρραντισμένοι) τὰς καρδίας ἀπὸ συνειδήσεως πονηρᾶς καὶ λελουσμένοι τὸ σῶμα ὕδατι καθαρῷ· 23 κατέχωμεν τὴν ὁμολογίαν τῆς ἐλπίδος ἀκλινῆ, πιστὸς γὰρ ὁ ἐπαγγειλάμενος, 24 καὶ κατανοῶμεν ἀλλήλους εἰς παροξυσμὸν ἀγάπης καὶ καλῶν ἔργων, 25 μὴ ἐγκαταλείποντες τὴν ἐπισυναγωγὴν ἑαυτῶν, καθὼς ἔθος τισίν, ἀλλὰ παρακαλοῦντες, καὶ τοσούτῳ μᾶλλον ὅσῳ βλέπετε ἐγγίζουσαν τὴν ἡμέραν.

ΠΡΟΣ ΕΒΡΑΙΟΥΣ

The Sin of Rejecting the New Covenant

26 Ἑκουσίως γὰρ ἁμαρτανόντων ἡμῶν μετὰ τὸ λαβεῖν τὴν ἐπίγνωσιν τῆς ἀληθείας, οὐκέτι περὶ ἁμαρτιῶν ἀπολείπεται θυσία, 27 φοβερὰ δέ τις ἐκδοχὴ κρίσεως καὶ πυρὸς ζῆλος ἐσθίειν μέλλοντος τοὺς ὑπεναντίους. 28 ἀθετήσας τις νόμον Μωϋσέως χωρὶς οἰκτιρμῶν ἐπὶ δυσὶν ἢ τρισὶν μάρτυσιν ἀποθνήσκει· 29 πόσῳ δοκεῖτε χείρονος ἀξιωθήσεται τιμωρίας ὁ τὸν Υἱὸν τοῦ Θεοῦ καταπατήσας καὶ τὸ αἷμα τῆς διαθήκης κοινὸν ἡγησάμενος ἐν ᾧ ἡγιάσθη, καὶ τὸ Πνεῦμα τῆς χάριτος ἐνυβρίσας. 30 οἴδαμεν γὰρ τὸν εἰπόντα Ἐμοὶ ἐκδίκησις, ἐγὼ ἀνταποδώσω (λέγει Κύριος)· καὶ πάλιν [Κρινεῖ Κύριος] (Κύριος· Κρινεῖ) τὸν λαὸν αὐτοῦ. 31 φοβερὸν τὸ ἐμπεσεῖν εἰς χεῖρας Θεοῦ ζῶντος.

Exhortation to Endure in the Faith

32 Ἀναμιμνῄσκεσθε δὲ τὰς πρότερον ἡμέρας, ἐν αἷς φωτισθέντες πολλὴν ἄθλησιν ὑπεμείνατε παθημάτων, 33 τοῦτο μὲν ὀνειδισμοῖς τε καὶ θλίψεσιν θεατριζόμενοι, τοῦτο δὲ κοινωνοὶ τῶν οὕτως ἀναστρεφομένων γενηθέντες. 34 καὶ γὰρ τοῖς δεσμίοις συνεπαθήσατε, καὶ τὴν ἁρπαγὴν τῶν ὑπαρχόντων ὑμῶν μετὰ χαρᾶς προσεδέξασθε, γινώσκοντες ἔχειν ἑαυτοὺς [κρείσσονα] (κρείττονα) ὕπαρξιν (ἐν οὐρανοῖς) καὶ μένουσαν. 35 Μὴ ἀποβάλητε οὖν τὴν παρρησίαν ὑμῶν, ἥτις ἔχει [μεγάλην μισθαποδοσίαν] (μισθαποδοσίαν μεγάλην). 36 ὑπομονῆς γὰρ ἔχετε χρείαν ἵνα τὸ θέλημα τοῦ Θεοῦ ποιήσαντες κομίσησθε τὴν ἐπαγγελίαν.

37 ἔτι γὰρ μικρὸν ὅσον ὅσον,
ὁ ἐρχόμενος ἥξει καὶ οὐ χρονίσει·
38 ὁ δὲ δίκαιός [μου] ἐκ πίστεως ζήσεται,
καὶ ἐὰν ὑποστείληται, οὐκ εὐδοκεῖ ἡ ψυχή μου ἐν αὐτῷ.

39 ἡμεῖς δὲ οὐκ ἐσμὲν ὑποστολῆς εἰς ἀπώλειαν, ἀλλὰ πίστεως εἰς περιποίησιν ψυχῆς.

Hebrews 11

The Necessity of Faith

1 Ἔστιν δὲ πίστις ἐλπιζομένων ὑπόστασις, πραγμάτων ἔλεγχος οὐ βλεπομένων. 2 ἐν ταύτῃ γὰρ ἐμαρτυρήθησαν οἱ πρεσβύτεροι. 3 Πίστει νοοῦμεν κατηρτίσθαι τοὺς αἰῶνας ῥήματι Θεοῦ, εἰς τὸ μὴ ἐκ φαινομένων [τὸ] (τά) βλεπόμενον γεγονέναι.

ΠΡΟΣ ΕΒΡΑΙΟΥΣ

4 Πίστει πλείονα θυσίαν Ἄβελ παρὰ Κάϊν προσήνεγκεν τῷ Θεῷ, δι' ἧς ἐμαρτυρήθη εἶναι δίκαιος, μαρτυροῦντος ἐπὶ τοῖς δώροις αὐτοῦ τοῦ Θεοῦ, καὶ δι' αὐτῆς ἀποθανὼν ἔτι λαλεῖ. 5 Πίστει Ἐνὼχ μετετέθη τοῦ μὴ ἰδεῖν θάνατον, καὶ οὐχ [ηὑρίσκετο] (εὑρίσκετο) διότι μετέθηκεν αὐτὸν ὁ Θεός. πρὸ γὰρ τῆς μεταθέσεως (αὐτοῦ) μεμαρτύρηται εὐαρεστηκέναι τῷ Θεῷ· 6 χωρὶς δὲ πίστεως ἀδύνατον εὐαρεστῆσαι· πιστεῦσαι γὰρ δεῖ τὸν προσερχόμενον τῷ Θεῷ, ὅτι ἔστιν καὶ τοῖς ἐκζητοῦσιν αὐτὸν μισθαποδότης γίνεται. 7 Πίστει χρηματισθεὶς Νῶε περὶ τῶν μηδέπω βλεπομένων, εὐλαβηθεὶς κατεσκεύασεν κιβωτὸν εἰς σωτηρίαν τοῦ οἴκου αὐτοῦ, δι' ἧς κατέκρινεν τὸν κόσμον, καὶ τῆς κατὰ πίστιν δικαιοσύνης ἐγένετο κληρονόμος.

The Faith of Abraham and Sarah

8 Πίστει καλούμενος Ἀβραὰμ ὑπήκουσεν ἐξελθεῖν εἰς (τὸν) τόπον ὃν ἤμελλεν λαμβάνειν εἰς κληρονομίαν, καὶ ἐξῆλθεν μὴ ἐπιστάμενος ποῦ ἔρχεται. 9 Πίστει παρῴκησεν εἰς γῆν τῆς ἐπαγγελίας ὡς ἀλλοτρίαν, ἐν σκηναῖς κατοικήσας, μετὰ Ἰσαὰκ καὶ Ἰακὼβ τῶν συνκληρονόμων τῆς ἐπαγγελίας τῆς αὐτῆς· 10 ἐξεδέχετο γὰρ τὴν τοὺς θεμελίους ἔχουσαν πόλιν, ἧς τεχνίτης καὶ δημιουργὸς ὁ Θεός. 11 Πίστει καὶ αὐτῇ Σάρρα δύναμιν εἰς καταβολὴν σπέρματος ἔλαβεν καὶ παρὰ καιρὸν ἡλικίας (ἔτεκεν), ἐπεὶ πιστὸν ἡγήσατο τὸν ἐπαγγειλάμενον. 12 διὸ καὶ ἀφ' ἑνὸς ἐγεννήθησαν, καὶ ταῦτα νενεκρωμένου, καθὼς τὰ ἄστρα τοῦ οὐρανοῦ τῷ πλήθει καὶ ὡς ἡ ἄμμος ἡ παρὰ τὸ χεῖλος τῆς θαλάσσης ἡ ἀναρίθμητος. 13 Κατὰ πίστιν ἀπέθανον οὗτοι πάντες, [μὴ κομισάμενοι] (μὴ λαβόντες) τὰς ἐπαγγελίας, ἀλλὰ πόρρωθεν αὐτὰς ἰδόντες (καὶ πεισθέντες) καὶ ἀσπασάμενοι, καὶ ὁμολογήσαντες ὅτι ξένοι καὶ παρεπίδημοί εἰσιν ἐπὶ τῆς γῆς. 14 οἱ γὰρ τοιαῦτα λέγοντες ἐμφανίζουσιν ὅτι πατρίδα ἐπιζητοῦσιν. 15 καὶ εἰ μὲν ἐκείνης ἐμνημόνευον ἀφ' ἧς [ἐξέβησαν] (ἐξῆλθον), εἶχον ἂν καιρὸν ἀνακάμψαι· 16 [νῦν] (νυνὶ) δὲ κρείττονος ὀρέγονται, τοῦτ' ἔστιν ἐπουρανίου. διὸ οὐκ ἐπαισχύνεται αὐτοὺς ὁ Θεὸς Θεὸς ἐπικαλεῖσθαι αὐτῶν· ἡτοίμασεν γὰρ αὐτοῖς πόλιν. 17 Πίστει προσενήνοχεν Ἀβραὰμ τὸν Ἰσαὰκ πειραζόμενος, καὶ τὸν μονογενῆ προσέφερεν ὁ τὰς ἐπαγγελίας ἀναδεξάμενος, 18 πρὸς ὃν ἐλαλήθη ὅτι Ἐν Ἰσαὰκ κληθήσεταί σοι σπέρμα, 19 λογισάμενος ὅτι καὶ ἐκ νεκρῶν ἐγείρειν δυνατὸς ὁ Θεός· ὅθεν αὐτὸν καὶ ἐν παραβολῇ ἐκομίσατο.

ΠΡΟΣ ΕΒΡΑΙΟΥΣ

The Faith of Israel's Leaders

20 Πίστει [καὶ] περὶ μελλόντων εὐλόγησεν Ἰσαὰκ τὸν Ἰακὼβ καὶ τὸν Ἠσαῦ. 21 Πίστει Ἰακὼβ ἀποθνήσκων ἕκαστον τῶν υἱῶν Ἰωσὴφ εὐλόγησεν, καὶ προσεκύνησεν ἐπὶ τὸ ἄκρον τῆς ῥάβδου αὐτοῦ. 22 Πίστει Ἰωσὴφ τελευτῶν περὶ τῆς ἐξόδου τῶν υἱῶν Ἰσραὴλ ἐμνημόνευσεν καὶ περὶ τῶν ὀστέων αὐτοῦ ἐνετείλατο. 23 Πίστει Μωϋσῆς γεννηθεὶς ἐκρύβη τρίμηνον ὑπὸ τῶν πατέρων αὐτοῦ, διότι εἶδον ἀστεῖον τὸ παιδίον, καὶ οὐκ ἐφοβήθησαν τὸ διάταγμα τοῦ βασιλέως. 24 Πίστει Μωϋσῆς μέγας γενόμενος ἠρνήσατο λέγεσθαι υἱὸς θυγατρὸς Φαραώ, 25 μᾶλλον ἑλόμενος συνκακουχεῖσθαι τῷ λαῷ τοῦ Θεοῦ ἢ πρόσκαιρον ἔχειν ἁμαρτίας ἀπόλαυσιν, 26 μείζονα πλοῦτον ἡγησάμενος τῶν Αἰγύπτου θησαυρῶν τὸν ὀνειδισμὸν τοῦ Χριστοῦ· ἀπέβλεπεν γὰρ εἰς τὴν μισθαποδοσίαν. 27 Πίστει κατέλιπεν Αἴγυπτον, μὴ φοβηθεὶς τὸν θυμὸν τοῦ βασιλέως· τὸν γὰρ ἀόρατον ὡς ὁρῶν ἐκαρτέρησεν. 28 Πίστει πεποίηκεν τὸ πάσχα καὶ τὴν πρόσχυσιν τοῦ αἵματος, ἵνα μὴ ὁ ὀλοθρεύων τὰ πρωτότοκα θίγῃ αὐτῶν. 29 Πίστει διέβησαν τὴν Ἐρυθρὰν Θάλασσαν ὡς διὰ ξηρᾶς [γῆς], ἧς πεῖραν λαβόντες οἱ Αἰγύπτιοι κατεπόθησαν. 30 Πίστει τὰ τείχη Ἰερειχὼ ἔπεσαν κυκλωθέντα ἐπὶ ἑπτὰ ἡμέρας. 31 Πίστει Ῥαὰβ ἡ πόρνη οὐ συναπώλετο τοῖς ἀπειθήσασιν, δεξαμένη τοὺς κατασκόπους μετ' εἰρήνης.

Experiencing Victory through Faith

32 Καὶ τί ἔτι λέγω; ἐπιλείψει [με γὰρ] (γὰρ με) διηγούμενον ὁ χρόνος περὶ Γεδεών, Βαράκ, (τε καὶ) Σαμψών, (καὶ) Ἰεφθάε, Δαυείδ τε καὶ Σαμουὴλ καὶ τῶν προφητῶν, 33 οἳ διὰ πίστεως κατηγωνίσαντο βασιλείας, ἠργάσαντο δικαιοσύνην, ἐπέτυχον ἐπαγγελιῶν, ἔφραξαν στόματα λεόντων, 34 ἔσβεσαν δύναμιν πυρός, ἔφυγον στόματα μαχαίρης, ἐδυναμώθησαν ἀπὸ ἀσθενείας, ἐγενήθησαν ἰσχυροὶ ἐν πολέμῳ, παρεμβολὰς ἔκλιναν ἀλλοτρίων. 35 ἔλαβον γυναῖκες ἐξ ἀναστάσεως τοὺς νεκροὺς αὐτῶν· ἄλλοι δὲ ἐτυμπανίσθησαν, οὐ προσδεξάμενοι τὴν ἀπολύτρωσιν, ἵνα κρείττονος ἀναστάσεως τύχωσιν·

Enduring Hardships through Faith

36 ἕτεροι δὲ ἐμπαιγμῶν καὶ μαστίγων πεῖραν ἔλαβον, ἔτι δὲ δεσμῶν καὶ φυλακῆς· 37 ἐλιθάσθησαν, ἐπειράσθησαν, ἐπρίσθησαν, ἐν φόνῳ μαχαίρης ἀπέθανον, περιῆλθον ἐν μηλωταῖς, ἐν αἰγείοις δέρμασιν, ὑστερούμενοι, θλιβόμενοι, κακουχούμενοι,

ΠΡΟΣ ΕΒΡΑΙΟΥΣ

38 ὧν οὐκ ἦν ἄξιος ὁ κόσμος, ἐπὶ ἐρημίαις πλανώμενοι καὶ ὄρεσιν καὶ σπηλαίοις καὶ ταῖς ὀπαῖς τῆς γῆς. 39 Καὶ οὗτοι πάντες μαρτυρηθέντες διὰ τῆς πίστεως οὐκ ἐκομίσαντο τὴν ἐπαγγελίαν, 40 τοῦ Θεοῦ περὶ ἡμῶν κρεῖττόν τι προβλεψαμένου, ἵνα μὴ χωρὶς ἡμῶν τελειωθῶσιν.

Hebrews 12

Jesus - The Model of Endurance

1 Τοιγαροῦν καὶ ἡμεῖς, τοσοῦτον ἔχοντες περικείμενον ἡμῖν νέφος μαρτύρων, ὄγκον ἀποθέμενοι πάντα καὶ τὴν εὐπερίστατον ἁμαρτίαν, δι' ὑπομονῆς τρέχωμεν τὸν προκείμενον ἡμῖν ἀγῶνα, 2 ἀφορῶντες εἰς τὸν τῆς πίστεως ἀρχηγὸν καὶ τελειωτὴν Ἰησοῦν, ὃς ἀντὶ τῆς προκειμένης αὐτῷ χαρᾶς ὑπέμεινεν σταυρὸν αἰσχύνης καταφρονήσας, ἐν δεξιᾷ τε τοῦ θρόνου τοῦ Θεοῦ κεκάθικεν. 3 ἀναλογίσασθε γὰρ τὸν τοιαύτην ὑπομεμενηκότα ὑπὸ τῶν ἁμαρτωλῶν εἰς ἑαυτὸν ἀντιλογίαν, ἵνα μὴ κάμητε ταῖς ψυχαῖς ὑμῶν ἐκλυόμενοι. 4 Οὔπω μέχρις αἵματος ἀντικατέστητε πρὸς τὴν ἁμαρτίαν ἀνταγωνιζόμενοι,

Enduring God's Chastening

5 καὶ ἐκλέλησθε τῆς παρακλήσεως, ἥτις ὑμῖν ὡς υἱοῖς διαλέγεται

Υἱέ μου, μὴ ὀλιγώρει παιδείας Κυρίου,
μηδὲ ἐκλύου ὑπ' αὐτοῦ ἐλεγχόμενος·
6 ὃν γὰρ ἀγαπᾷ Κύριος παιδεύει,
μαστιγοῖ δὲ πάντα υἱὸν ὃν παραδέχεται.

7 εἰς παιδείαν ὑπομένετε· ὡς υἱοῖς ὑμῖν προσφέρεται ὁ Θεός· τίς γὰρ (ἐστιν) υἱὸς ὃν οὐ παιδεύει πατήρ; 8 εἰ δὲ χωρίς ἐστε παιδείας, ἧς μέτοχοι γεγόνασιν πάντες, ἄρα νόθοι (ἐστε) καὶ οὐχ υἱοί [ἐστε]. 9 εἶτα τοὺς μὲν τῆς σαρκὸς ἡμῶν πατέρας εἴχομεν παιδευτὰς καὶ ἐνετρεπόμεθα· οὐ πολὺ μᾶλλον ὑποταγησόμεθα τῷ Πατρὶ τῶν πνευμάτων καὶ ζήσομεν; 10 οἱ μὲν γὰρ πρὸς ὀλίγας ἡμέρας κατὰ τὸ δοκοῦν αὐτοῖς ἐπαίδευον, ὁ δὲ ἐπὶ τὸ συμφέρον εἰς τὸ μεταλαβεῖν τῆς ἁγιότητος αὐτοῦ. 11 πᾶσα μὲν παιδεία πρὸς μὲν τὸ παρὸν οὐ δοκεῖ χαρᾶς εἶναι ἀλλὰ λύπης, ὕστερον δὲ καρπὸν εἰρηνικὸν τοῖς δι' αὐτῆς γεγυμνασμένοις ἀποδίδωσιν δικαιοσύνης.

ΠΡΟΣ ΕΒΡΑΙΟΥΣ

Pursue Wholeness and Holiness

12 Διὸ τὰς παρειμένας χεῖρας καὶ τὰ παραλελυμένα γόνατα ἀνορθώσατε, 13 καὶ τροχιὰς ὀρθὰς ποιεῖτε τοῖς ποσὶν ὑμῶν, ἵνα μὴ τὸ χωλὸν ἐκτραπῇ, ἰαθῇ δὲ μᾶλλον. 14 Εἰρήνην διώκετε μετὰ πάντων, καὶ τὸν ἁγιασμόν, οὗ χωρὶς οὐδεὶς ὄψεται τὸν Κύριον, 15 ἐπισκοποῦντες μή τις ὑστερῶν ἀπὸ τῆς χάριτος τοῦ Θεοῦ, μή τις ῥίζα πικρίας ἄνω φύουσα ἐνοχλῇ καὶ διὰ ταύτης μιανθῶσιν οἱ πολλοί, 16 μή τις πόρνος ἢ βέβηλος ὡς Ἠσαῦ, ὃς ἀντὶ βρώσεως μιᾶς ἀπέδετο τὰ πρωτοτόκια ἑαυτοῦ. 17 ἴστε γὰρ ὅτι καὶ μετέπειτα θέλων κληρονομῆσαι τὴν εὐλογίαν ἀπεδοκιμάσθη, μετανοίας γὰρ τόπον οὐχ εὗρεν, καίπερ μετὰ δακρύων ἐκζητήσας αὐτήν.

Better Things Spoken from Mount Zion

18 Οὐ γὰρ προσεληλύθατε ψηλαφωμένῳ (ὄρει) καὶ κεκαυμένῳ πυρὶ καὶ γνόφῳ καὶ [ζόφῳ] (σκότῳ) καὶ θυέλλῃ 19 καὶ σάλπιγγος ἤχῳ καὶ φωνῇ ῥημάτων, ἧς οἱ ἀκούσαντες παρῃτήσαντο μὴ προστεθῆναι αὐτοῖς λόγον· 20 οὐκ ἔφερον γὰρ τὸ διαστελλόμενον Κἂν θηρίον θίγῃ τοῦ ὄρους, λιθοβοληθήσεται (ἢ βολίδι κατατοξευθήσεται)· 21 καί, οὕτω φοβερὸν ἦν τὸ φανταζόμενον, Μωϋσῆς εἶπεν Ἔκφοβός εἰμι καὶ ἔντρομος· 22 ἀλλὰ προσεληλύθατε Σιὼν ὄρει καὶ πόλει Θεοῦ ζῶντος, Ἰερουσαλὴμ ἐπουρανίῳ, καὶ μυριάσιν ἀγγέλων, 23 πανηγύρει καὶ ἐκκλησίᾳ πρωτοτόκων [ἀπογεγραμμένων ἐν οὐρανοῖς] (ἐν οὐρανοῖς ἀπογεγραμμένων), καὶ Κριτῇ Θεῷ πάντων, καὶ πνεύμασι δικαίων τετελειωμένων, 24 καὶ διαθήκης νέας μεσίτῃ Ἰησοῦ, καὶ αἵματι ῥαντισμοῦ κρεῖττον λαλοῦντι παρὰ τὸν Ἄβελ.

Do Not Refuse Him Who Speaks

25 Βλέπετε μὴ παραιτήσησθε τὸν λαλοῦντα· εἰ γὰρ ἐκεῖνοι οὐκ ἐξέφυγον ἐπὶ γῆς παραιτησάμενοι τὸν χρηματίζοντα, πολὺ μᾶλλον ἡμεῖς οἱ τὸν ἀπ' οὐρανῶν ἀποστρεφόμενοι· 26 οὗ ἡ φωνὴ τὴν γῆν ἐσάλευσεν τότε, νῦν δὲ ἐπήγγελται λέγων Ἔτι ἅπαξ ἐγὼ σείσω οὐ μόνον τὴν γῆν ἀλλὰ καὶ τὸν οὐρανόν. 27 τὸ δὲ Ἔτι ἅπαξ δηλοῖ τὴν τῶν σαλευομένων μετάθεσιν ὡς πεποιημένων, ἵνα μείνῃ τὰ μὴ σαλευόμενα. 28 Διὸ βασιλείαν ἀσάλευτον παραλαμβάνοντες ἔχωμεν χάριν, δι' ἧς λατρεύωμεν εὐαρέστως τῷ Θεῷ, μετὰ [εὐλαβείας καὶ δέους] (αἰδοῦς καὶ εὐλαβείας)· 29 καὶ γὰρ ὁ Θεὸς ἡμῶν πῦρ καταναλίσκον.

ΠΡΟΣ ΕΒΡΑΙΟΥΣ
Hebrews 13

Closing Exhortations

1 Ἡ φιλαδελφία μενέτω. 2 τῆς φιλοξενίας μὴ ἐπιλανθάνεσθε· διὰ ταύτης γὰρ ἔλαθόν τινες ξενίσαντες ἀγγέλους. 3 μιμνήσκεσθε τῶν δεσμίων ὡς συνδεδεμένοι, τῶν κακουχουμένων ὡς καὶ αὐτοὶ ὄντες ἐν σώματι. 4 Τίμιος ὁ γάμος ἐν πᾶσιν καὶ ἡ κοίτη ἀμίαντος, πόρνους γὰρ καὶ μοιχοὺς κρινεῖ ὁ Θεός. 5 Ἀφιλάργυρος ὁ τρόπος, ἀρκούμενοι τοῖς παροῦσιν· αὐτὸς γὰρ εἴρηκεν Οὐ μή σε ἀνῶ οὐδ᾽ οὐ μή σε ἐγκαταλίπω· 6 ὥστε θαρροῦντας ἡμᾶς λέγειν

Κύριος ἐμοὶ βοηθός, (καὶ) οὐ φοβηθήσομαι·
τί ποιήσει μοι ἄνθρωπος;

7 Μνημονεύετε τῶν ἡγουμένων ὑμῶν, οἵτινες ἐλάλησαν ὑμῖν τὸν λόγον τοῦ Θεοῦ, ὧν ἀναθεωροῦντες τὴν ἔκβασιν τῆς ἀναστροφῆς μιμεῖσθε τὴν πίστιν.
8 Ἰησοῦς Χριστὸς ἐχθὲς καὶ σήμερον ὁ αὐτός καὶ εἰς τοὺς αἰῶνας. 9 διδαχαῖς ποικίλαις καὶ ξέναις μὴ παραφέρεσθε· καλὸν γὰρ χάριτι βεβαιοῦσθαι τὴν καρδίαν, οὐ βρώμασιν, ἐν οἷς οὐκ ὠφελήθησαν οἱ περιπατοῦντες. 10 Ἔχομεν θυσιαστήριον ἐξ οὗ φαγεῖν οὐκ ἔχουσιν ἐξουσίαν οἱ τῇ σκηνῇ λατρεύοντες. 11 ὧν γὰρ εἰσφέρεται ζῴων τὸ αἷμα περὶ ἁμαρτίας εἰς τὰ ἅγια διὰ τοῦ ἀρχιερέως, τούτων τὰ σώματα κατακαίεται ἔξω τῆς παρεμβολῆς. 12 διὸ καὶ Ἰησοῦς, ἵνα ἁγιάσῃ διὰ τοῦ ἰδίου αἵματος τὸν λαόν, ἔξω τῆς πύλης ἔπαθεν. 13 τοίνυν ἐξερχώμεθα πρὸς αὐτὸν ἔξω τῆς παρεμβολῆς, τὸν ὀνειδισμὸν αὐτοῦ φέροντες· 14 οὐ γὰρ ἔχομεν ὧδε μένουσαν πόλιν, ἀλλὰ τὴν μέλλουσαν ἐπιζητοῦμεν. 15 δι᾽ αὐτοῦ οὖν ἀναφέρωμεν θυσίαν αἰνέσεως διὰ παντὸς τῷ Θεῷ, τοῦτ᾽ ἔστιν καρπὸν χειλέων ὁμολογούντων τῷ ὀνόματι αὐτοῦ. 16 τῆς δὲ εὐποιΐας καὶ κοινωνίας μὴ ἐπιλανθάνεσθε· τοιαύταις γὰρ θυσίαις εὐαρεστεῖται ὁ Θεός. 17 Πείθεσθε τοῖς ἡγουμένοις ὑμῶν καὶ ὑπείκετε· αὐτοὶ γὰρ ἀγρυπνοῦσιν ὑπὲρ τῶν ψυχῶν ὑμῶν ὡς λόγον ἀποδώσοντες· ἵνα μετὰ χαρᾶς τοῦτο ποιῶσιν καὶ μὴ στενάζοντες· ἀλυσιτελὲς γὰρ ὑμῖν τοῦτο.

ΠΡΟΣ ΕΒΡΑΙΟΥΣ

Conclusion

18 Προσεύχεσθε περὶ ἡμῶν· πειθόμεθα γὰρ ὅτι καλὴν συνείδησιν ἔχομεν, ἐν πᾶσιν καλῶς θέλοντες ἀναστρέφεσθαι. 19 περισσοτέρως δὲ παρακαλῶ τοῦτο ποιῆσαι, ἵνα τάχειον ἀποκατασταθῶ ὑμῖν. 20 Ὁ δὲ Θεὸς τῆς εἰρήνης, ὁ ἀναγαγὼν ἐκ νεκρῶν τὸν ποιμένα τῶν προβάτων τὸν μέγαν ἐν αἵματι διαθήκης αἰωνίου, τὸν Κύριον ἡμῶν Ἰησοῦν, 21 καταρτίσαι ὑμᾶς ἐν παντὶ (ἔργῳ) ἀγαθῷ εἰς τὸ ποιῆσαι τὸ θέλημα αὐτοῦ, ποιῶν ἐν ἡμῖν τὸ εὐάρεστον ἐνώπιον αὐτοῦ διὰ Ἰησοῦ Χριστοῦ, ᾧ ἡ δόξα εἰς τοὺς αἰῶνας τῶν αἰώνων· ἀμήν. 22 Παρακαλῶ δὲ ὑμᾶς, ἀδελφοί, ἀνέχεσθε τοῦ λόγου τῆς παρακλήσεως· καὶ γὰρ διὰ βραχέων ἐπέστειλα ὑμῖν. 23 Γινώσκετε τὸν ἀδελφὸν ἡμῶν Τιμόθεον ἀπολελυμένον, μεθ' οὗ ἐὰν τάχειον ἔρχηται ὄψομαι ὑμᾶς.

24 Ἀσπάσασθε πάντας τοὺς ἡγουμένους ὑμῶν καὶ πάντας τοὺς ἁγίους. Ἀσπάζονται ὑμᾶς οἱ ἀπὸ τῆς Ἰταλίας.

25 Ἡ χάρις μετὰ πάντων ὑμῶν. (ἀμήν) (πρός Ἐβραίους ἐγράφη ἀπό τῆς Ἰταλίας διά Τιμοθέου)

ΙΑΚΩΒΟΥ ΕΠΙΣΤΟΛΗ

Papyrus 20, P. Oxy. 1171
Date: 3rd Century
Princeton University Library
recto, James 2:19-3:2; verso, James 3:3-3:9

ΙΑΚΩΒΟΥ ΕΠΙΣΤΟΛΗ

James 1

Salutation

1 Ἰάκωβος Θεοῦ καὶ Κυρίου Ἰησοῦ Χριστοῦ δοῦλος ταῖς δώδεκα φυλαῖς ταῖς ἐν τῇ Διασπορᾷ χαίρειν.

Enduring Temptations and Circumstances

2 Πᾶσαν χαρὰν ἡγήσασθε, ἀδελφοί μου, ὅταν πειρασμοῖς περιπέσητε ποικίλοις, 3 γινώσκοντες ὅτι τὸ δοκίμιον ὑμῶν τῆς πίστεως κατεργάζεται ὑπομονήν. 4 ἡ δὲ ὑπομονὴ ἔργον τέλειον ἐχέτω, ἵνα ἦτε τέλειοι καὶ ὁλόκληροι, ἐν μηδενὶ λειπόμενοι. 5 Εἰ δέ τις ὑμῶν λείπεται σοφίας, αἰτείτω παρὰ τοῦ διδόντος Θεοῦ πᾶσιν ἁπλῶς καὶ μὴ ὀνειδίζοντος, καὶ δοθήσεται αὐτῷ. 6 αἰτείτω δὲ ἐν πίστει, μηδὲν διακρινόμενος· ὁ γὰρ διακρινόμενος ἔοικεν κλύδωνι θαλάσσης ἀνεμιζομένῳ καὶ ῥιπιζομένῳ. 7 μὴ γὰρ οἰέσθω ὁ ἄνθρωπος ἐκεῖνος ὅτι λήμψεταί τι παρὰ τοῦ Κυρίου, 8 ἀνὴρ δίψυχος, ἀκατάστατος ἐν πάσαις ταῖς ὁδοῖς αὐτοῦ. 9 Καυχάσθω δὲ ὁ ἀδελφὸς ὁ ταπεινὸς ἐν τῷ ὕψει αὐτοῦ, 10 ὁ δὲ πλούσιος ἐν τῇ ταπεινώσει αὐτοῦ, ὅτι ὡς ἄνθος χόρτου παρελεύσεται. 11 ἀνέτειλεν γὰρ ὁ ἥλιος σὺν τῷ καύσωνι καὶ ἐξήρανεν τὸν χόρτον, καὶ τὸ ἄνθος αὐτοῦ ἐξέπεσεν καὶ ἡ εὐπρέπεια τοῦ προσώπου αὐτοῦ ἀπώλετο· οὕτως καὶ ὁ πλούσιος ἐν ταῖς πορείαις αὐτοῦ μαρανθήσεται. 12 Μακάριος ἀνὴρ ὃς ὑπομένει πειρασμόν, ὅτι δόκιμος γενόμενος λήμψεται τὸν στέφανον τῆς ζωῆς, ὃν ἐπηγγείλατο (ὁ Κύριος) τοῖς ἀγαπῶσιν αὐτόν. 13 Μηδεὶς πειραζόμενος λεγέτω ὅτι Ἀπὸ Θεοῦ πειράζομαι· ὁ γὰρ Θεὸς ἀπείραστός ἐστιν κακῶν, πειράζει δὲ αὐτὸς οὐδένα. 14 ἕκαστος δὲ πειράζεται ὑπὸ τῆς ἰδίας ἐπιθυμίας ἐξελκόμενος καὶ δελεαζόμενος· 15 εἶτα ἡ ἐπιθυμία συλλαβοῦσα τίκτει ἁμαρτίαν, ἡ δὲ ἁμαρτία ἀποτελεσθεῖσα ἀποκύει θάνατον. 16 Μὴ πλανᾶσθε, ἀδελφοί μου ἀγαπητοί. 17 πᾶσα δόσις ἀγαθὴ καὶ πᾶν δώρημα τέλειον ἄνωθέν ἐστιν καταβαῖνον ἀπὸ τοῦ Πατρὸς τῶν φώτων, παρ' ᾧ οὐκ ἔνι παραλλαγὴ ἢ τροπῆς ἀποσκίασμα. 18 βουληθεὶς ἀπεκύησεν ἡμᾶς λόγῳ ἀληθείας, εἰς τὸ εἶναι ἡμᾶς ἀπαρχήν τινα τῶν αὐτοῦ κτισμάτων.

ΙΑΚΩΒΟΥ ΕΠΙΣΤΟΛΗ

Hearing and Practicing God's Word

19 [Ἴστε] (Ὥστε), ἀδελφοί μου ἀγαπητοί. ἔστω δὲ πᾶς ἄνθρωπος ταχὺς εἰς τὸ ἀκοῦσαι, βραδὺς εἰς τὸ λαλῆσαι, βραδὺς εἰς ὀργήν· 20 ὀργὴ γὰρ ἀνδρὸς δικαιοσύνην Θεοῦ οὐκ ἐργάζεται. 21 διὸ ἀποθέμενοι πᾶσαν ῥυπαρίαν καὶ περισσείαν κακίας ἐν πραΰτητι δέξασθε τὸν ἔμφυτον λόγον τὸν δυνάμενον σῶσαι τὰς ψυχὰς ὑμῶν. 22 γίνεσθε δὲ ποιηταὶ λόγου, καὶ μὴ [ἀκροαταὶ μόνον] (μόνον ἀκροαταὶ) παραλογιζόμενοι ἑαυτούς. 23 ὅτι εἴ τις ἀκροατὴς λόγου ἐστὶν καὶ οὐ ποιητής, οὗτος ἔοικεν ἀνδρὶ κατανοοῦντι τὸ πρόσωπον τῆς γενέσεως αὐτοῦ ἐν ἐσόπτρῳ· 24 κατενόησεν γὰρ ἑαυτὸν καὶ ἀπελήλυθεν, καὶ εὐθέως ἐπελάθετο ὁποῖος ἦν. 25 ὁ δὲ παρακύψας εἰς νόμον τέλειον τὸν τῆς ἐλευθερίας καὶ παραμείνας, (οὗτος) οὐκ ἀκροατὴς ἐπιλησμονῆς γενόμενος ἀλλὰ ποιητὴς ἔργου, οὗτος μακάριος ἐν τῇ ποιήσει αὐτοῦ ἔσται. 26 Εἴ τις δοκεῖ θρησκὸς εἶναι (ἐν ὑμῖν), μὴ χαλιναγωγῶν γλῶσσαν [ἑαυτοῦ] (αὐτοῦ) ἀλλὰ ἀπατῶν καρδίαν [ἑαυτοῦ] (αὐτοῦ), τούτου μάταιος ἡ θρησκεία. 27 θρησκεία καθαρὰ καὶ ἀμίαντος παρὰ τῷ Θεῷ καὶ Πατρὶ αὕτη ἐστίν, ἐπισκέπτεσθαι ὀρφανοὺς καὶ χήρας ἐν τῇ θλίψει αὐτῶν, ἄσπιλον ἑαυτὸν τηρεῖν ἀπὸ τοῦ κόσμου.

James 2

The Transgression of Favoring the Rich

1 Ἀδελφοί μου, μὴ ἐν προσωπολημψίαις ἔχετε τὴν πίστιν τοῦ Κυρίου ἡμῶν Ἰησοῦ Χριστοῦ τῆς δόξης. 2 ἐὰν γὰρ εἰσέλθῃ εἰς συναγωγὴν ὑμῶν ἀνὴρ χρυσοδακτύλιος ἐν ἐσθῆτι λαμπρᾷ, εἰσέλθῃ δὲ καὶ πτωχὸς ἐν ῥυπαρᾷ ἐσθῆτι, 3 (καὶ) ἐπιβλέψητε [δὲ] ἐπὶ τὸν φοροῦντα τὴν ἐσθῆτα τὴν λαμπρὰν καὶ εἴπητε (αὐτῷ) Σὺ κάθου ὧδε καλῶς, καὶ τῷ πτωχῷ εἴπητε Σὺ στῆθι ἐκεῖ ἢ κάθου ὑπὸ τὸ ὑποπόδιόν μου, 4 (καὶ) οὐ διεκρίθητε ἐν ἑαυτοῖς καὶ ἐγένεσθε κριταὶ διαλογισμῶν πονηρῶν; 5 Ἀκούσατε, ἀδελφοί μου ἀγαπητοί. οὐχ ὁ Θεὸς ἐξελέξατο τοὺς πτωχοὺς τῷ κόσμῳ (τούτου) πλουσίους ἐν πίστει καὶ κληρονόμους τῆς βασιλείας ἧς ἐπηγγείλατο τοῖς ἀγαπῶσιν αὐτόν; 6 ὑμεῖς δὲ ἠτιμάσατε τὸν πτωχόν. οὐχ οἱ πλούσιοι καταδυναστεύουσιν ὑμῶν, καὶ αὐτοὶ ἕλκουσιν ὑμᾶς εἰς κριτήρια; 7 οὐκ αὐτοὶ βλασφημοῦσιν τὸ καλὸν ὄνομα τὸ ἐπικληθὲν ἐφ᾽ ὑμᾶς; 8 εἰ μέντοι νόμον τελεῖτε βασιλικὸν κατὰ τὴν γραφήν Ἀγαπήσεις τὸν πλησίον σου ὡς σεαυτόν, καλῶς ποιεῖτε· 9 εἰ δὲ προσωπολημπτεῖτε, ἁμαρτίαν ἐργάζεσθε, ἐλεγχόμενοι ὑπὸ τοῦ νόμου ὡς παραβάται.

ΙΑΚΩΒΟΥ ΕΠΙΣΤΟΛΗ

10 ὅστις γὰρ ὅλον τὸν νόμον τηρήσῃ, πταίσῃ δὲ ἐν ἑνί, γέγονεν πάντων ἔνοχος. 11 ὁ γὰρ εἰπών Μὴ μοιχεύσῃς, εἶπεν καί Μὴ φονεύσῃς· εἰ δὲ οὐ μοιχεύεις, φονεύεις δέ, γέγονας παραβάτης νόμου. 12 οὕτως λαλεῖτε καὶ οὕτως ποιεῖτε ὡς διὰ νόμου ἐλευθερίας μέλλοντες κρίνεσθαι. 13 ἡ γὰρ κρίσις ἀνέλεος τῷ μὴ ποιήσαντι ἔλεος· κατακαυχᾶται ἔλεος κρίσεως.

Faith Accompanied by Works

14 Τί τὸ ὄφελος, ἀδελφοί μου, ἐὰν πίστιν λέγῃ τις ἔχειν ἔργα δὲ μὴ ἔχῃ; μὴ δύναται ἡ πίστις σῶσαι αὐτόν; 15 ἐὰν ἀδελφὸς ἢ ἀδελφὴ γυμνοὶ ὑπάρχωσιν καὶ λειπόμενοι (ὦσιν) τῆς ἐφημέρου τροφῆς, 16 εἴπῃ δέ τις αὐτοῖς ἐξ ὑμῶν Ὑπάγετε ἐν εἰρήνῃ, θερμαίνεσθε καὶ χορτάζεσθε, μὴ δῶτε δὲ αὐτοῖς τὰ ἐπιτήδεια τοῦ σώματος, τί τὸ ὄφελος; 17 οὕτως καὶ ἡ πίστις, ἐὰν μὴ [ἔχῃ ἔργα] (ἔργα ἔχῃ), νεκρά ἐστιν καθ' ἑαυτήν. 18 ἀλλ' ἐρεῖ τις Σὺ πίστιν ἔχεις, κἀγὼ ἔργα ἔχω· δεῖξόν μοι τὴν πίστιν σου χωρὶς τῶν ἔργων, κἀγώ σοι δείξω ἐκ τῶν ἔργων μου τὴν πίστιν (μου). 19 σὺ πιστεύεις ὅτι [εἷς ἐστιν ὁ Θεός] (ὁ θεός εἷς ἐστιν); καλῶς ποιεῖς· καὶ τὰ δαιμόνια πιστεύουσιν καὶ φρίσσουσιν. 20 θέλεις δὲ γνῶναι, ὦ ἄνθρωπε κενέ, ὅτι ἡ πίστις χωρὶς τῶν ἔργων [ἀργή] (νεκρά) ἐστιν; 21 Ἀβραὰμ ὁ πατὴρ ἡμῶν οὐκ ἐξ ἔργων ἐδικαιώθη, ἀνενέγκας Ἰσαὰκ τὸν υἱὸν αὐτοῦ ἐπὶ τὸ θυσιαστήριον; 22 βλέπεις ὅτι ἡ πίστις συνήργει τοῖς ἔργοις αὐτοῦ, καὶ ἐκ τῶν ἔργων ἡ πίστις ἐτελειώθη, 23 καὶ ἐπληρώθη ἡ γραφὴ ἡ λέγουσα Ἐπίστευσεν δὲ Ἀβραὰμ τῷ Θεῷ, καὶ ἐλογίσθη αὐτῷ εἰς δικαιοσύνην, καὶ φίλος Θεοῦ ἐκλήθη. 24 ὁρᾶτε (τοίνυν) ὅτι ἐξ ἔργων δικαιοῦται ἄνθρωπος καὶ οὐκ ἐκ πίστεως μόνον. 25 ὁμοίως δὲ καὶ Ῥαὰβ ἡ πόρνη οὐκ ἐξ ἔργων ἐδικαιώθη, ὑποδεξαμένη τοὺς ἀγγέλους καὶ ἑτέρᾳ ὁδῷ ἐκβαλοῦσα; 26 ὥσπερ γὰρ τὸ σῶμα χωρὶς πνεύματος νεκρόν ἐστιν, οὕτως καὶ ἡ πίστις χωρὶς (τῶν) ἔργων νεκρά ἐστιν.

James 3

Teachers Exhorted to Speak only Truth

1 Μὴ πολλοὶ διδάσκαλοι γίνεσθε, ἀδελφοί μου, εἰδότες ὅτι μεῖζον κρίμα λημψόμεθα. 2 πολλὰ γὰρ πταίομεν ἅπαντες· εἴ τις ἐν λόγῳ οὐ πταίει, οὗτος τέλειος ἀνήρ, δυνατὸς χαλιναγωγῆσαι καὶ ὅλον τὸ σῶμα. 3 εἰ δὲ τῶν ἵππων τοὺς χαλινοὺς εἰς τὰ στόματα βάλλομεν εἰς τὸ πείθεσθαι αὐτοὺς ἡμῖν, καὶ ὅλον τὸ σῶμα αὐτῶν μετάγομεν.

ΙΑΚΩΒΟΥ ΕΠΙΣΤΟΛΗ

4 ἰδοὺ καὶ τὰ πλοῖα, τηλικαῦτα ὄντα καὶ ὑπὸ [ἀνέμων σκληρῶν] (σκληρῶν ἀνέμων) ἐλαυνόμενα, μετάγεται ὑπὸ ἐλαχίστου πηδαλίου ὅπου (ἂν) ἡ ὁρμὴ τοῦ εὐθύνοντος βούλεται· 5 οὕτως καὶ ἡ γλῶσσα μικρὸν μέλος ἐστὶν καὶ μεγάλα αὐχεῖ. ἰδοὺ ἡλίκον πῦρ ἡλίκην ὕλην ἀνάπτει· 6 καὶ ἡ γλῶσσα πῦρ, ὁ κόσμος τῆς ἀδικίας, (οὕτως) ἡ γλῶσσα καθίσταται ἐν τοῖς μέλεσιν ἡμῶν, ἡ σπιλοῦσα ὅλον τὸ σῶμα καὶ φλογίζουσα τὸν τροχὸν τῆς γενέσεως καὶ φλογιζομένη ὑπὸ τῆς γεέννης. 7 πᾶσα γὰρ φύσις θηρίων τε καὶ πετεινῶν ἑρπετῶν τε καὶ ἐναλίων δαμάζεται καὶ δεδάμασται τῇ φύσει τῇ ἀνθρωπίνῃ, 8 τὴν δὲ γλῶσσαν οὐδεὶς δαμάσαι [δύναται ἀνθρώπων] (ἀνθρώπων δαμάσαι)· ἀκατάστατον κακόν, μεστὴ ἰοῦ θανατηφόρου. 9 ἐν αὐτῇ εὐλογοῦμεν τὸν [Κύριον] (Θεὸν) καὶ Πατέρα, καὶ ἐν αὐτῇ καταρώμεθα τοὺς ἀνθρώπους τοὺς καθ᾽ ὁμοίωσιν Θεοῦ γεγονότας· 10 ἐκ τοῦ αὐτοῦ στόματος ἐξέρχεται εὐλογία καὶ κατάρα. οὐ χρή, ἀδελφοί μου, ταῦτα οὕτως γίνεσθαι. 11 μήτι ἡ πηγὴ ἐκ τῆς αὐτῆς ὀπῆς βρύει τὸ γλυκὺ καὶ τὸ πικρόν; 12 μὴ δύναται, ἀδελφοί μου, συκῆ ἐλαίας ποιῆσαι ἢ ἄμπελος σῦκα; [οὔτε ἁλυκὸν] (οὕτως οὐδεμια πηγὴ ἁλυκὸν καὶ) γλυκὺ ποιῆσαι ὕδωρ.

The Attributes of True Wisdom

13 Τίς σοφὸς καὶ ἐπιστήμων ἐν ὑμῖν; δειξάτω ἐκ τῆς καλῆς ἀναστροφῆς τὰ ἔργα αὐτοῦ ἐν πραΰτητι σοφίας. 14 εἰ δὲ ζῆλον πικρὸν ἔχετε καὶ ἐριθείαν ἐν τῇ καρδίᾳ ὑμῶν, μὴ κατακαυχᾶσθε καὶ ψεύδεσθε κατὰ τῆς ἀληθείας. 15 οὐκ ἔστιν αὕτη ἡ σοφία ἄνωθεν κατερχομένη, ἀλλὰ ἐπίγειος, ψυχική, δαιμονιώδης· 16 ὅπου γὰρ ζῆλος καὶ ἐριθεία, ἐκεῖ ἀκαταστασία καὶ πᾶν φαῦλον πρᾶγμα. 17 ἡ δὲ ἄνωθεν σοφία πρῶτον μὲν ἁγνή ἐστιν, ἔπειτα εἰρηνική, ἐπιεικής, εὐπειθής, μεστὴ ἐλέους καὶ καρπῶν ἀγαθῶν, ἀδιάκριτος, (καὶ) ἀνυπόκριτος. 18 καρπὸς δὲ δικαιοσύνης ἐν εἰρήνῃ σπείρεται τοῖς ποιοῦσιν εἰρήνην.

James 4

Exposing the Unsubmitted Self

1 Πόθεν πόλεμοι καὶ [πόθεν] μάχαι ἐν ὑμῖν; οὐκ ἐντεῦθεν, ἐκ τῶν ἡδονῶν ὑμῶν τῶν στρατευομένων ἐν τοῖς μέλεσιν ὑμῶν; 2 ἐπιθυμεῖτε, καὶ οὐκ ἔχετε· φονεύετε καὶ ζηλοῦτε, καὶ οὐ δύνασθε ἐπιτυχεῖν· μάχεσθε καὶ πολεμεῖτε. οὐκ ἔχετε (δὲ) διὰ τὸ μὴ αἰτεῖσθαι ὑμᾶς· 3 αἰτεῖτε καὶ οὐ λαμβάνετε, διότι κακῶς αἰτεῖσθε, ἵνα ἐν ταῖς ἡδοναῖς ὑμῶν δαπανήσητε. 4 μοιχαλίδες, οὐκ οἴδατε ὅτι ἡ φιλία τοῦ κόσμου ἔχθρα τοῦ Θεοῦ ἐστιν; ὃς ἐὰν οὖν βουληθῇ φίλος εἶναι τοῦ κόσμου, ἐχθρὸς τοῦ Θεοῦ καθίσταται. 5 ἢ δοκεῖτε ὅτι κενῶς ἡ γραφὴ λέγει Πρὸς φθόνον ἐπιποθεῖ τὸ πνεῦμα ὃ κατῴκισεν ἐν ἡμῖν;

ΙΑΚΩΒΟΥ ΕΠΙΣΤΟΛΗ

6 μείζονα δὲ δίδωσιν χάριν· διὸ λέγει Ὁ Θεὸς ὑπερηφάνοις ἀντιτάσσεται, ταπεινοῖς δὲ δίδωσιν χάριν. 7 ὑποτάγητε οὖν τῷ Θεῷ· ἀντίστητε δὲ τῷ διαβόλῳ, καὶ φεύξεται ἀφ' ὑμῶν· 8 ἐγγίσατε τῷ Θεῷ, καὶ ἐγγίσει ὑμῖν. καθαρίσατε χεῖρας, ἁμαρτωλοί, καὶ ἁγνίσατε καρδίας, δίψυχοι. ταλαιπωρήσατε καὶ πενθήσατε καὶ κλαύσατε· 9 ὁ γέλως ὑμῶν εἰς πένθος μετατραπήτω καὶ ἡ χαρὰ εἰς κατήφειαν. 10 ταπεινώθητε ἐνώπιον Κυρίου, καὶ ὑψώσει ὑμᾶς. 11 Μὴ καταλαλεῖτε ἀλλήλων, ἀδελφοί. ὁ καταλαλῶν ἀδελφοῦ ἢ κρίνων τὸν ἀδελφὸν αὐτοῦ καταλαλεῖ νόμου καὶ κρίνει νόμον· εἰ δὲ νόμον κρίνεις, οὐκ εἶ ποιητὴς νόμου ἀλλὰ κριτής. 12 εἷς ἐστιν (ὁ) νομοθέτης [καὶ κριτής], ὁ δυνάμενος σῶσαι καὶ ἀπολέσαι· σὺ [δὲ] τίς εἶ, [ὁ κρίνων τὸν πλησίον] (ὃς κρίνεις τὸν ἕτερον);

Avoid Speculation and Do the Good Works at Hand

13 Ἄγε νῦν οἱ λέγοντες Σήμερον [ἢ] (καὶ) αὔριον πορευσόμεθα εἰς τήνδε τὴν πόλιν καὶ ποιήσομεν ἐκεῖ ἐνιαυτὸν (ἕνα) καὶ ἐμπορευσόμεθα καὶ κερδήσομεν· 14 οἵτινες οὐκ ἐπίστασθε (τὸ) τῆς αὔριον ποία (γάρ) ἡ ζωὴ ὑμῶν· ἀτμὶς γάρ ἐστε ἡ πρὸς ὀλίγον φαινομένη, ἔπειτα [καὶ] (δὲ) ἀφανιζομένη· 15 ἀντὶ τοῦ λέγειν ὑμᾶς Ἐὰν ὁ Κύριος θελήσῃ, καὶ ζήσομεν καὶ ποιήσομεν τοῦτο ἢ ἐκεῖνο. 16 νῦν δὲ καυχᾶσθε ἐν ταῖς ἀλαζονίαις ὑμῶν· πᾶσα καύχησις τοιαύτη πονηρά ἐστιν. 17 εἰδότι οὖν καλὸν ποιεῖν καὶ μὴ ποιοῦντι, ἁμαρτία αὐτῷ ἐστιν.

James 5

A Warning to the Rich

1 Ἄγε νῦν οἱ πλούσιοι, κλαύσατε ὀλολύζοντες ἐπὶ ταῖς ταλαιπωρίαις ὑμῶν ταῖς ἐπερχομέναις. 2 ὁ πλοῦτος ὑμῶν σέσηπεν, καὶ τὰ ἱμάτια ὑμῶν σητόβρωτα γέγονεν, 3 ὁ χρυσὸς ὑμῶν καὶ ὁ ἄργυρος κατίωται, καὶ ὁ ἰὸς αὐτῶν εἰς μαρτύριον ὑμῖν ἔσται καὶ φάγεται τὰς σάρκας ὑμῶν ὡς πῦρ. ἐθησαυρίσατε ἐν ἐσχάταις ἡμέραις. 4 ἰδοὺ ὁ μισθὸς τῶν ἐργατῶν τῶν ἀμησάντων τὰς χώρας ὑμῶν ὁ ἀφυστερημένος ἀφ' ὑμῶν κράζει, καὶ αἱ βοαὶ τῶν θερισάντων εἰς τὰ ὦτα Κυρίου Σαβαὼθ εἰσελήλυθαν. 5 ἐτρυφήσατε ἐπὶ τῆς γῆς καὶ ἐσπαταλήσατε, ἐθρέψατε τὰς καρδίας ὑμῶν (ὡς) ἐν ἡμέρᾳ σφαγῆς. 6 κατεδικάσατε, ἐφονεύσατε τὸν δίκαιον· οὐκ ἀντιτάσσεται ὑμῖν.

ΙΑΚΩΒΟΥ ΕΠΙΣΤΟΛΗ

Exhortation to Endure Patiently

7 Μακροθυμήσατε οὖν, ἀδελφοί, ἕως τῆς παρουσίας τοῦ Κυρίου. ἰδοὺ ὁ γεωργὸς ἐκδέχεται τὸν τίμιον καρπὸν τῆς γῆς, μακροθυμῶν ἐπ' αὐτῷ ἕως [λάβῃ] (ἂν λάβῃ ὑετὸν) πρόϊμον καὶ ὄψιμον. 8 μακροθυμήσατε καὶ ὑμεῖς, στηρίξατε τὰς καρδίας ὑμῶν, ὅτι ἡ παρουσία τοῦ Κυρίου ἤγγικεν. 9 μὴ στενάζετε, [ἀδελφοί, κατ' ἀλλήλων] (κατ' ἀλλήλων ἀδελφοί), ἵνα μὴ [κριθῆτε] (κατακριθῆτε)· ἰδοὺ ὁ κριτὴς πρὸ τῶν θυρῶν ἔστηκεν. 10 ὑπόδειγμα λάβετε, [ἀδελφοί, τῆς κακοπαθείας] (τῆς κακοπαθείας ἀδελφοί μου) καὶ τῆς μακροθυμίας τοὺς προφήτας, οἳ ἐλάλησαν [ἐν] τῷ ὀνόματι Κυρίου. 11 ἰδοὺ μακαρίζομεν τοὺς ὑπομείναντας· τὴν ὑπομονὴν Ἰὼβ ἠκούσατε, καὶ τὸ τέλος Κυρίου εἴδετε, ὅτι πολύσπλαγχνός ἐστιν ὁ Κύριος καὶ οἰκτίρμων. 12 Πρὸ πάντων δέ, ἀδελφοί μου, μὴ ὀμνύετε, μήτε τὸν οὐρανὸν μήτε τὴν γῆν μήτε ἄλλον τινὰ ὅρκον· ἤτω δὲ ὑμῶν τὸ Ναὶ ναί, καὶ τὸ Οὒ οὔ, ἵνα μὴ (εἰς) ὑπὸ κρίσιν πέσητε.

Effective Prayer for the Weak

13 Κακοπαθεῖ τις ἐν ὑμῖν; προσευχέσθω· εὐθυμεῖ τις; ψαλλέτω. 14 ἀσθενεῖ τις ἐν ὑμῖν; προσκαλεσάσθω τοὺς πρεσβυτέρους τῆς ἐκκλησίας, καὶ προσευξάσθωσαν ἐπ' αὐτὸν ἀλείψαντες (αὐτὸν) ἐλαίῳ ἐν τῷ ὀνόματι τοῦ Κυρίου. 15 καὶ ἡ εὐχὴ τῆς πίστεως σώσει τὸν κάμνοντα, καὶ ἐγερεῖ αὐτὸν ὁ Κύριος· κἂν ἁμαρτίας ᾖ πεποιηκώς, ἀφεθήσεται αὐτῷ. 16 ἐξομολογεῖσθε [οὖν] ἀλλήλοις [τὰς ἁμαρτίας] (τὰ παραπτώματα), καὶ [προσεύχεσθε] (εὔχεσθε) ὑπὲρ ἀλλήλων, ὅπως ἰαθῆτε. πολὺ ἰσχύει δέησις δικαίου ἐνεργουμένη. 17 Ἠλείας ἄνθρωπος ἦν ὁμοιοπαθὴς ἡμῖν, καὶ προσευχῇ προσηύξατο τοῦ μὴ βρέξαι, καὶ οὐκ ἔβρεξεν ἐπὶ τῆς γῆς ἐνιαυτοὺς τρεῖς καὶ μῆνας ἕξ· 18 καὶ πάλιν προσηύξατο, καὶ ὁ οὐρανὸς ὑετὸν ἔδωκεν καὶ ἡ γῆ ἐβλάστησεν τὸν καρπὸν αὐτῆς.

Restoring Wayward Believers

19 Ἀδελφοί [μου], ἐάν τις ἐν ὑμῖν πλανηθῇ ἀπὸ τῆς ἀληθείας καὶ ἐπιστρέψῃ τις αὐτόν, 20 γινώσκετε ὅτι ὁ ἐπιστρέψας ἁμαρτωλὸν ἐκ πλάνης ὁδοῦ αὐτοῦ σώσει ψυχὴν [αὐτοῦ] ἐκ θανάτου καὶ καλύψει πλῆθος ἁμαρτιῶν.

ΠΕΤΡΟΥ Α

Papyrus 125, P. Oxy. 4934
Date: c. 300
Sackler Library, Oxford
1st Peter 1:23-2:5; 7-12

ΠΕΤΡΟΥ Α

1 Peter 1

Salutation

1 Πέτρος ἀπόστολος Ἰησοῦ Χριστοῦ ἐκλεκτοῖς παρεπιδήμοις Διασπορᾶς Πόντου, Γαλατίας, Καππαδοκίας, Ἀσίας, καὶ Βιθυνίας, 2 κατὰ πρόγνωσιν Θεοῦ Πατρός, ἐν ἁγιασμῷ Πνεύματος, εἰς ὑπακοὴν καὶ ῥαντισμὸν αἵματος Ἰησοῦ Χριστοῦ· χάρις ὑμῖν καὶ εἰρήνη πληθυνθείη.

The Revelation of the Living Hope

3 Εὐλογητὸς ὁ Θεὸς καὶ Πατὴρ τοῦ Κυρίου ἡμῶν Ἰησοῦ Χριστοῦ, ὁ κατὰ τὸ πολὺ αὐτοῦ ἔλεος ἀναγεννήσας ἡμᾶς εἰς ἐλπίδα ζῶσαν δι᾽ ἀναστάσεως Ἰησοῦ Χριστοῦ ἐκ νεκρῶν, 4 εἰς κληρονομίαν ἄφθαρτον καὶ ἀμίαντον καὶ ἀμάραντον, τετηρημένην ἐν οὐρανοῖς εἰς ὑμᾶς 5 τοὺς ἐν δυνάμει Θεοῦ φρουρουμένους διὰ πίστεως εἰς σωτηρίαν ἑτοίμην ἀποκαλυφθῆναι ἐν καιρῷ ἐσχάτῳ. 6 ἐν ᾧ ἀγαλλιᾶσθε, ὀλίγον ἄρτι εἰ δέον (ἐστὶν) λυπηθέντες ἐν ποικίλοις πειρασμοῖς, 7 ἵνα τὸ δοκίμιον ὑμῶν τῆς πίστεως πολυτιμότερον χρυσίου τοῦ ἀπολλυμένου, διὰ πυρὸς δὲ δοκιμαζομένου, εὑρεθῇ εἰς ἔπαινον καὶ [δόξαν καὶ τιμὴν] (τιμὴν καὶ δόξαν) ἐν ἀποκαλύψει Ἰησοῦ Χριστοῦ· 8 ὃν οὐκ ἰδόντες ἀγαπᾶτε, εἰς ὃν ἄρτι μὴ ὁρῶντες πιστεύοντες δὲ ἀγαλλιᾶσθε χαρᾷ ἀνεκλαλήτῳ καὶ δεδοξασμένῃ, 9 κομιζόμενοι τὸ τέλος τῆς πίστεως (ὑμῶν) σωτηρίαν ψυχῶν. 10 περὶ ἧς σωτηρίας ἐξεζήτησαν καὶ ἐξηραύνησαν προφῆται οἱ περὶ τῆς εἰς ὑμᾶς χάριτος προφητεύσαντες, 11 ἐραυνῶντες εἰς τίνα ἢ ποῖον καιρὸν ἐδήλου τὸ ἐν αὐτοῖς Πνεῦμα Χριστοῦ προμαρτυρόμενον τὰ εἰς Χριστὸν παθήματα καὶ τὰς μετὰ ταῦτα δόξας· 12 οἷς ἀπεκαλύφθη ὅτι οὐχ ἑαυτοῖς ὑμῖν δὲ διηκόνουν αὐτά, ἃ νῦν ἀνηγγέλη ὑμῖν διὰ τῶν εὐαγγελισαμένων ὑμᾶς ἐν Πνεύματι Ἁγίῳ ἀποσταλέντι ἀπ᾽ οὐρανοῦ, εἰς ἃ ἐπιθυμοῦσιν ἄγγελοι παρακύψαι.

A Call to Holiness

13 Διὸ ἀναζωσάμενοι τὰς ὀσφύας τῆς διανοίας ὑμῶν, νήφοντες, τελείως, ἐλπίσατε ἐπὶ τὴν φερομένην ὑμῖν χάριν ἐν ἀποκαλύψει Ἰησοῦ Χριστοῦ. 14 ὡς τέκνα ὑπακοῆς, μὴ συσχηματιζόμενοι ταῖς πρότερον ἐν τῇ ἀγνοίᾳ ὑμῶν ἐπιθυμίαις, 15 ἀλλὰ κατὰ τὸν καλέσαντα ὑμᾶς ἅγιον καὶ αὐτοὶ ἅγιοι ἐν πάσῃ ἀναστροφῇ γενήθητε,

ΠΕΤΡΟΥ Α

16 διότι γέγραπται Ἅγιοι [ἔσεσθε] (γένεσθε), ὅτι ἐγὼ ἅγιος (εἰμι). 17 καὶ εἰ Πατέρα ἐπικαλεῖσθε τὸν ἀπροσωπολήμπτως κρίνοντα κατὰ τὸ ἑκάστου ἔργον, ἐν φόβῳ τὸν τῆς παροικίας ὑμῶν χρόνον ἀναστράφητε, 18 εἰδότες ὅτι οὐ φθαρτοῖς, ἀργυρίῳ ἢ χρυσίῳ, ἐλυτρώθητε ἐκ τῆς ματαίας ὑμῶν ἀναστροφῆς πατροπαραδότου, 19 ἀλλὰ τιμίῳ αἵματι ὡς ἀμνοῦ ἀμώμου καὶ ἀσπίλου Χριστοῦ, 20 προεγνωσμένου μὲν πρὸ καταβολῆς κόσμου, φανερωθέντος δὲ ἐπ' ἐσχάτου τῶν χρόνων δι' ὑμᾶς 21 τοὺς δι' αὐτοῦ πιστοὺς εἰς Θεὸν τὸν ἐγείραντα αὐτὸν ἐκ νεκρῶν καὶ δόξαν αὐτῷ δόντα, ὥστε τὴν πίστιν ὑμῶν καὶ ἐλπίδα εἶναι εἰς Θεόν. 22 Τὰς ψυχὰς ὑμῶν ἡγνικότες ἐν τῇ ὑπακοῇ τῆς ἀληθείας (διὰ Πνεύματος) εἰς φιλαδελφίαν ἀνυπόκριτον, ἐκ (καθαρᾶς) καρδίας ἀλλήλους ἀγαπήσατε ἐκτενῶς, 23 ἀναγεγεννημένοι οὐκ ἐκ σπορᾶς φθαρτῆς ἀλλὰ ἀφθάρτου, διὰ λόγου ζῶντος Θεοῦ καὶ μένοντος (εἰς τὸν αἰῶνα). 24 διότι

> πᾶσα σὰρξ ὡς χόρτος,
> καὶ πᾶσα δόξα [αὐτῆς] (ἀνθρώπου) ὡς ἄνθος χόρτου·
> ἐξηράνθη ὁ χόρτος, καὶ τὸ ἄνθος (αὐτοῦ) ἐξέπεσεν·
> 25 τὸ δὲ ῥῆμα Κυρίου μένει εἰς τὸν αἰῶνα.

τοῦτο δέ ἐστιν τὸ ῥῆμα τὸ εὐαγγελισθὲν εἰς ὑμᾶς.

1 Peter 2

Jesus - The Chief Cornerstone

1 Ἀποθέμενοι οὖν πᾶσαν κακίαν καὶ πάντα δόλον καὶ ὑποκρίσεις καὶ φθόνους καὶ πάσας καταλαλιάς, 2 ὡς ἀρτιγέννητα βρέφη τὸ λογικὸν ἄδολον γάλα ἐπιποθήσατε, ἵνα ἐν αὐτῷ αὐξηθῆτε [εἰς σωτηρίαν], 3 [εἰ] (εἴπερ) ἐγεύσασθε ὅτι χρηστὸς ὁ Κύριος. 4 πρὸς ὃν προσερχόμενοι, λίθον ζῶντα, ὑπὸ ἀνθρώπων μὲν ἀποδεδοκιμασμένον παρὰ δὲ Θεῷ ἐκλεκτὸν ἔντιμον, 5 καὶ αὐτοὶ ὡς λίθοι ζῶντες οἰκοδομεῖσθε οἶκος πνευματικὸς [εἰς] ἱεράτευμα ἅγιον, ἀνενέγκαι πνευματικὰς θυσίας εὐπροσδέκτους (τῷ) Θεῷ διὰ Ἰησοῦ Χριστοῦ. 6 [διότι] (διὸ καὶ) περιέχει ἐν γραφῇ

> Ἰδοὺ τίθημι ἐν Σιὼν λίθον [ἐκλεκτὸν ἀκρογωνιαῖον ἔντιμον]
>   (ἀκρογωνιαῖον ἐκλεκτὸν ἔντιμον),
> καὶ ὁ πιστεύων ἐπ' αὐτῷ οὐ μὴ καταισχυνθῇ.

ΠΕΤΡΟΥ Α

7 ὑμῖν οὖν ἡ τιμὴ τοῖς πιστεύουσιν· ἀπιστοῦσιν δὲ λίθος ὃν ἀπεδοκίμασαν οἱ οἰκοδομοῦντες, οὗτος ἐγενήθη εἰς κεφαλὴν γωνίας 8 καὶ λίθος προσκόμματος καὶ πέτρα σκανδάλου· οἳ προσκόπτουσιν τῷ λόγῳ ἀπειθοῦντες, εἰς ὃ καὶ ἐτέθησαν· 9 ὑμεῖς δὲ γένος ἐκλεκτόν, βασίλειον ἱεράτευμα, ἔθνος ἅγιον, λαὸς εἰς περιποίησιν, ὅπως τὰς ἀρετὰς ἐξαγγείλητε τοῦ ἐκ σκότους ὑμᾶς καλέσαντος εἰς τὸ θαυμαστὸν αὐτοῦ φῶς· 10 οἵ ποτε οὐ λαός, νῦν δὲ λαὸς Θεοῦ, οἱ οὐκ ἠλεημένοι, νῦν δὲ ἐλεηθέντες.

Abstain from Fleshly Lusts

11 Ἀγαπητοί, παρακαλῶ ὡς παροίκους καὶ παρεπιδήμους ἀπέχεσθαι τῶν σαρκικῶν ἐπιθυμιῶν, αἵτινες στρατεύονται κατὰ τῆς ψυχῆς· 12 τὴν ἀναστροφὴν ὑμῶν ἐν τοῖς ἔθνεσιν ἔχοντες καλήν, ἵνα ἐν ᾧ καταλαλοῦσιν ὑμῶν ὡς κακοποιῶν, ἐκ τῶν καλῶν ἔργων ἐποπτεύοντες δοξάσωσιν τὸν Θεὸν ἐν ἡμέρᾳ ἐπισκοπῆς.

Submission to Authority

13 Ὑποτάγητε (οὖν) πάσῃ ἀνθρωπίνῃ κτίσει διὰ τὸν Κύριον· εἴτε βασιλεῖ ὡς ὑπερέχοντι, 14 εἴτε ἡγεμόσιν ὡς δι' αὐτοῦ πεμπομένοις εἰς ἐκδίκησιν (μὲν) κακοποιῶν ἔπαινον δὲ ἀγαθοποιῶν· 15 ὅτι οὕτως ἐστὶν τὸ θέλημα τοῦ Θεοῦ, ἀγαθοποιοῦντας φιμοῦν τὴν τῶν ἀφρόνων ἀνθρώπων ἀγνωσίαν· 16 ὡς ἐλεύθεροι, καὶ μὴ ὡς ἐπικάλυμμα ἔχοντες τῆς κακίας τὴν ἐλευθερίαν, ἀλλ' ὡς [Θεοῦ δοῦλοι] (δοῦλοι Θεοῦ). 17 πάντας τιμήσατε, τὴν ἀδελφότητα ἀγαπᾶτε, τὸν Θεὸν φοβεῖσθε, τὸν βασιλέα τιμᾶτε. 18 Οἱ οἰκέται, ὑποτασσόμενοι ἐν παντὶ φόβῳ τοῖς δεσπόταις, οὐ μόνον τοῖς ἀγαθοῖς καὶ ἐπιεικέσιν ἀλλὰ καὶ τοῖς σκολιοῖς. 19 τοῦτο γὰρ χάρις εἰ διὰ συνείδησιν Θεοῦ ὑποφέρει τις λύπας πάσχων ἀδίκως. 20 ποῖον γὰρ κλέος εἰ ἁμαρτάνοντες καὶ κολαφιζόμενοι ὑπομενεῖτε; ἀλλ' εἰ ἀγαθοποιοῦντες καὶ πάσχοντες ὑπομενεῖτε, τοῦτο χάρις παρὰ Θεῷ.

Jesus' Example of Submission

21 εἰς τοῦτο γὰρ ἐκλήθητε, ὅτι καὶ Χριστὸς ἔπαθεν ὑπὲρ ὑμῶν, ὑμῖν ὑπολιμπάνων ὑπογραμμὸν ἵνα ἐπακολουθήσητε τοῖς ἴχνεσιν αὐτοῦ· 22 ὃς ἁμαρτίαν οὐκ ἐποίησεν οὐδὲ εὑρέθη δόλος ἐν τῷ στόματι αὐτοῦ· 23 ὃς λοιδορούμενος οὐκ ἀντελοιδόρει, πάσχων οὐκ ἠπείλει, παρεδίδου δὲ τῷ κρίνοντι δικαίως· 24 ὃς τὰς ἁμαρτίας ἡμῶν αὐτὸς ἀνήνεγκεν ἐν τῷ σώματι αὐτοῦ ἐπὶ τὸ ξύλον, ἵνα ταῖς ἁμαρτίαις ἀπογενόμενοι τῇ δικαιοσύνῃ ζήσωμεν· οὗ τῷ μώλωπι (αὐτοῦ) ἰάθητε. 25 ἦτε γὰρ ὡς πρόβατα πλανώμενοι, ἀλλὰ ἐπεστράφητε νῦν ἐπὶ τὸν Ποιμένα καὶ Ἐπίσκοπον τῶν ψυχῶν ὑμῶν.

ΠΕΤΡΟΥ Α

1 Peter 3

Submission in Marriage

1 Ὁμοίως γυναῖκες, ὑποτασσόμεναι τοῖς ἰδίοις ἀνδράσιν, ἵνα καὶ εἴ τινες ἀπειθοῦσιν τῷ λόγῳ, διὰ τῆς τῶν γυναικῶν ἀναστροφῆς ἄνευ λόγου κερδηθήσονται, 2 ἐποπτεύσαντες τὴν ἐν φόβῳ ἁγνὴν ἀναστροφὴν ὑμῶν. 3 ὧν ἔστω οὐχ ὁ ἔξωθεν ἐμπλοκῆς τριχῶν καὶ περιθέσεως χρυσίων ἢ ἐνδύσεως ἱματίων κόσμος, 4 ἀλλ᾽ ὁ κρυπτὸς τῆς καρδίας ἄνθρωπος ἐν τῷ ἀφθάρτῳ τοῦ πραέως καὶ ἡσυχίου πνεύματος, ὅ ἐστιν ἐνώπιον τοῦ Θεοῦ πολυτελές. 5 οὕτως γάρ ποτε καὶ αἱ ἅγιαι γυναῖκες αἱ ἐλπίζουσαι εἰς Θεὸν ἐκόσμουν ἑαυτάς, ὑποτασσόμεναι τοῖς ἰδίοις ἀνδράσιν, 6 ὡς Σάρρα ὑπήκουσεν τῷ Ἀβραάμ, κύριον αὐτὸν καλοῦσα· ἧς ἐγενήθητε τέκνα ἀγαθοποιοῦσαι καὶ μὴ φοβούμεναι μηδεμίαν πτόησιν. 7 Οἱ ἄνδρες ὁμοίως συνοικοῦντες κατὰ γνῶσιν ὡς ἀσθενεστέρῳ σκεύει τῷ γυναικείῳ, ἀπονέμοντες τιμὴν ὡς καὶ συνκληρονόμοις χάριτος ζωῆς, εἰς τὸ μὴ ἐνκόπτεσθαι τὰς προσευχὰς ὑμῶν.

General Instructions in Submission

8 Τὸ δὲ τέλος πάντες ὁμόφρονες, συμπαθεῖς, φιλάδελφοι, εὔσπλαγχνοι, ταπεινόφρονες, 9 μὴ ἀποδιδόντες κακὸν ἀντὶ κακοῦ ἢ λοιδορίαν ἀντὶ λοιδορίας, τοὐναντίον δὲ εὐλογοῦντες, (εἰδότες) ὅτι εἰς τοῦτο ἐκλήθητε ἵνα εὐλογίαν κληρονομήσητε.

10 ὁ γὰρ θέλων ζωὴν ἀγαπᾶν
καὶ ἰδεῖν ἡμέρας ἀγαθὰς
παυσάτω τὴν γλῶσσαν (αὐτοῦ) ἀπὸ κακοῦ
καὶ χείλη (αὐτοῦ) τοῦ μὴ λαλῆσαι δόλον,
11 ἐκκλινάτω [δὲ] ἀπὸ κακοῦ καὶ ποιησάτω ἀγαθόν,
ζητησάτω εἰρήνην καὶ διωξάτω αὐτήν·
12 ὅτι (οἱ) ὀφθαλμοὶ Κυρίου ἐπὶ δικαίους
καὶ ὦτα αὐτοῦ εἰς δέησιν αὐτῶν,
πρόσωπον δὲ Κυρίου ἐπὶ ποιοῦντας κακά.

13 Καὶ τίς ὁ κακώσων ὑμᾶς ἐὰν τοῦ ἀγαθοῦ [ζηλωταὶ] (μιμηταὶ) γένησθε; 14 ἀλλ᾽ εἰ καὶ πάσχοιτε διὰ δικαιοσύνην, μακάριοι. τὸν δὲ φόβον αὐτῶν μὴ φοβηθῆτε μηδὲ ταραχθῆτε, 15 Κύριον δὲ τὸν [Χριστὸν] (Θεὸν) ἁγιάσατε ἐν ταῖς καρδίαις ὑμῶν, ἕτοιμοι [δὲ] ἀεὶ πρὸς ἀπολογίαν παντὶ τῷ αἰτοῦντι ὑμᾶς λόγον περὶ τῆς ἐν ὑμῖν ἐλπίδος, [ἀλλὰ] μετὰ πραΰτητος καὶ φόβου,

ΠΕΤΡΟΥ Α

16 συνείδησιν ἔχοντες ἀγαθήν, ἵνα ἐν ᾧ [καταλαλεῖσθε] (καταλαλῶσιν ὑμῶν ὡς κακοποιων) καταισχυνθῶσιν οἱ ἐπηρεάζοντες ὑμῶν τὴν ἀγαθὴν ἐν Χριστῷ ἀναστροφήν. 17 κρεῖττον γὰρ ἀγαθοποιοῦντας, εἰ θέλοι τὸ θέλημα τοῦ Θεοῦ, πάσχειν ἢ κακοποιοῦντας. 18 ὅτι καὶ Χριστὸς ἅπαξ περὶ ἁμαρτιῶν ἀπέθανεν, δίκαιος ὑπὲρ ἀδίκων, ἵνα ὑμᾶς προσαγάγῃ τῷ Θεῷ, θανατωθεὶς μὲν σαρκὶ ζωοποιηθεὶς δὲ πνεύματι· 19 ἐν ᾧ καὶ τοῖς ἐν φυλακῇ πνεύμασιν πορευθεὶς ἐκήρυξεν, 20 ἀπειθήσασίν ποτε ὅτε ἀπεξεδέχετο ἡ τοῦ Θεοῦ μακροθυμία ἐν ἡμέραις Νῶε κατασκευαζομένης κιβωτοῦ, εἰς ἣν ὀλίγοι, τοῦτ' ἔστιν ὀκτὼ ψυχαί, διεσώθησαν δι' ὕδατος. 21 ὃ καὶ ὑμᾶς ἀντίτυπον νῦν σῴζει βάπτισμα, οὐ σαρκὸς ἀπόθεσις ῥύπου ἀλλὰ συνειδήσεως ἀγαθῆς ἐπερώτημα εἰς Θεόν, δι' ἀναστάσεως Ἰησοῦ Χριστοῦ, 22 ὅς ἐστιν ἐν δεξιᾷ Θεοῦ, πορευθεὶς εἰς οὐρανόν, ὑποταγέντων αὐτῷ ἀγγέλων καὶ ἐξουσιῶν καὶ δυνάμεων.

1 Peter 4

Anticipate Suffering and Forsake Destructive Living

1 Χριστοῦ οὖν παθόντος (ὑπὲρ ἡμῶν) σαρκὶ καὶ ὑμεῖς τὴν αὐτὴν ἔννοιαν ὁπλίσασθε, ὅτι ὁ παθὼν (ἐν) σαρκὶ πέπαυται ἁμαρτίας, 2 εἰς τὸ μηκέτι ἀνθρώπων ἐπιθυμίαις ἀλλὰ θελήματι Θεοῦ τὸν ἐπίλοιπον ἐν σαρκὶ βιῶσαι χρόνον. 3 ἀρκετὸς γὰρ (ἡμῖν) ὁ παρεληλυθὼς χρόνος τὸ [βούλημα] (βίου· τὸ θέλημα) τῶν ἐθνῶν κατειργάσθαι, πεπορευμένους ἐν ἀσελγείαις, ἐπιθυμίαις, οἰνοφλυγίαις, κώμοις, πότοις, καὶ ἀθεμίτοις εἰδωλολατρείαις. 4 ἐν ᾧ ξενίζονται μὴ συντρεχόντων ὑμῶν εἰς τὴν αὐτὴν τῆς ἀσωτίας ἀνάχυσιν, βλασφημοῦντες· 5 οἳ ἀποδώσουσιν λόγον τῷ ἑτοίμως ἔχοντι κρῖναι ζῶντας καὶ νεκρούς. 6 εἰς τοῦτο γὰρ καὶ νεκροῖς εὐηγγελίσθη, ἵνα κριθῶσι μὲν κατὰ ἀνθρώπους σαρκί, ζῶσι δὲ κατὰ Θεὸν πνεύματι.

7 Πάντων δὲ τὸ τέλος ἤγγικεν. σωφρονήσατε οὖν καὶ νήψατε εἰς προσευχάς· 8 πρὸ πάντων τὴν εἰς ἑαυτοὺς ἀγάπην ἐκτενῆ ἔχοντες, ὅτι ἀγάπη καλύπτει πλῆθος ἁμαρτιῶν· 9 φιλόξενοι εἰς ἀλλήλους ἄνευ γογγυσμοῦ· 10 ἕκαστος καθὼς ἔλαβεν χάρισμα, εἰς ἑαυτοὺς αὐτὸ διακονοῦντες ὡς καλοὶ οἰκονόμοι ποικίλης χάριτος Θεοῦ· 11 εἴ τις λαλεῖ, ὡς λόγια Θεοῦ· εἴ τις διακονεῖ, ὡς ἐξ ἰσχύος ἧς χορηγεῖ ὁ Θεός· ἵνα ἐν πᾶσιν δοξάζηται ὁ Θεὸς διὰ Ἰησοῦ Χριστοῦ, ᾧ ἐστιν ἡ δόξα καὶ τὸ κράτος εἰς τοὺς αἰῶνας τῶν αἰώνων· ἀμήν.

ΠΕΤΡΟΥ Α
Anticipate Fiery Trials

12 Ἀγαπητοί, μὴ ξενίζεσθε τῇ ἐν ὑμῖν πυρώσει πρὸς πειρασμὸν ὑμῖν γινομένῃ, ὡς ξένου ὑμῖν συμβαίνοντος, 13 ἀλλὰ καθὸ κοινωνεῖτε τοῖς τοῦ Χριστοῦ παθήμασιν χαίρετε, ἵνα καὶ ἐν τῇ ἀποκαλύψει τῆς δόξης αὐτοῦ χαρῆτε ἀγαλλιώμενοι. 14 εἰ ὀνειδίζεσθε ἐν ὀνόματι Χριστοῦ, μακάριοι, ὅτι τὸ τῆς δόξης καὶ τὸ τοῦ Θεοῦ Πνεῦμα ἐφ᾽ ὑμᾶς ἀναπαύεται (κατὰ μὲν αὐτοὺς βλασφημεῖται, κατὰ δὲ ὑμᾶς δοξάζεται). 15 μὴ γάρ τις ὑμῶν πασχέτω ὡς φονεὺς ἢ κλέπτης ἢ κακοποιὸς ἢ ὡς ἀλλοτριεπίσκοπος· 16 εἰ δὲ ὡς Χριστιανός, μὴ αἰσχυνέσθω, δοξαζέτω δὲ τὸν Θεὸν ἐν τῷ ὀνόματι τούτῳ. 17 ὅτι ὁ καιρὸς τοῦ ἄρξασθαι τὸ κρίμα ἀπὸ τοῦ οἴκου τοῦ Θεοῦ· εἰ δὲ πρῶτον ἀφ᾽ ἡμῶν, τί τὸ τέλος τῶν ἀπειθούντων τῷ τοῦ Θεοῦ εὐαγγελίῳ; 18 καὶ εἰ ὁ δίκαιος μόλις σώζεται, ὁ ἀσεβὴς καὶ ἁμαρτωλὸς ποῦ φανεῖται; 19 ὥστε καὶ οἱ πάσχοντες κατὰ τὸ θέλημα τοῦ Θεοῦ πιστῷ Κτίστῃ παρατιθέσθωσαν τὰς ψυχὰς αὐτῶν ἐν ἀγαθοποιΐᾳ.

1 Peter 5

Instructions to Elders and Youths

1 Πρεσβυτέρους [οὖν] (τοὺς) ἐν ὑμῖν παρακαλῶ ὁ συνπρεσβύτερος καὶ μάρτυς τῶν τοῦ Χριστοῦ παθημάτων, ὁ καὶ τῆς μελλούσης ἀποκαλύπτεσθαι δόξης κοινωνός, 2 ποιμάνατε τὸ ἐν ὑμῖν ποίμνιον τοῦ Θεοῦ, (ἐπισκοποῦντες) μὴ ἀναγκαστῶς ἀλλὰ ἑκουσίως [κατὰ Θεόν], μηδὲ αἰσχροκερδῶς ἀλλὰ προθύμως, 3 μηδ᾽ ὡς κατακυριεύοντες τῶν κλήρων ἀλλὰ τύποι γινόμενοι τοῦ ποιμνίου· 4 καὶ φανερωθέντος τοῦ Ἀρχιποίμενος κομιεῖσθε τὸν ἀμαράντινον τῆς δόξης στέφανον. 5 Ὁμοίως, νεώτεροι, ὑποτάγητε πρεσβυτέροις· πάντες δὲ ἀλλήλοις (ὑποτασσόμενοι) τὴν ταπεινοφροσύνην ἐγκομβώσασθε, ὅτι ὁ Θεὸς ὑπερηφάνοις ἀντιτάσσεται, ταπεινοῖς δὲ δίδωσιν χάριν.

Be Humble and Vigilant

6 Ταπεινώθητε οὖν ὑπὸ τὴν κραταιὰν χεῖρα τοῦ Θεοῦ, ἵνα ὑμᾶς ὑψώσῃ ἐν καιρῷ, 7 πᾶσαν τὴν μέριμναν ὑμῶν ἐπιρίψαντες ἐπ᾽ αὐτόν, ὅτι αὐτῷ μέλει περὶ ὑμῶν. 8 Νήψατε, γρηγορήσατε. ὁ ἀντίδικος ὑμῶν διάβολος ὡς λέων ὠρυόμενος περιπατεῖ ζητῶν τινα καταπιεῖν· 9 ᾧ ἀντίστητε στερεοὶ τῇ πίστει, εἰδότες τὰ αὐτὰ τῶν παθημάτων τῇ ἐν τῷ κόσμῳ ὑμῶν ἀδελφότητι ἐπιτελεῖσθαι.

ΠΕΤΡΟΥ Α

Benediction and Closing Greetings

10 Ὁ δὲ Θεὸς πάσης χάριτος, ὁ καλέσας ὑμᾶς εἰς τὴν αἰώνιον αὐτοῦ δόξαν ἐν Χριστῷ (Ἰησοῦ), ὀλίγον παθόντας αὐτὸς καταρτίσει (ὑμᾶς), στηρίξει, σθενώσει, θεμελιώσει. 11 αὐτῷ (ἡ δόξα καὶ) τὸ κράτος εἰς τοὺς αἰῶνας τῶν αἰώνων· ἀμήν.

12 Διὰ Σιλουανοῦ ὑμῖν τοῦ πιστοῦ ἀδελφοῦ, ὡς λογίζομαι, δι' ὀλίγων ἔγραψα, παρακαλῶν καὶ ἐπιμαρτυρῶν ταύτην εἶναι ἀληθῆ χάριν τοῦ Θεοῦ, εἰς ἣν στῆτε. 13 Ἀσπάζεται ὑμᾶς ἡ ἐν Βαβυλῶνι συνεκλεκτὴ καὶ Μάρκος ὁ υἱός μου. 14 ἀσπάσασθε ἀλλήλους ἐν φιλήματι ἀγάπης. Εἰρήνη ὑμῖν πᾶσιν τοῖς ἐν Χριστῷ (Ἰησοῦ). (ἀμὴν).

ΠΕΤΡΟΥ Β

Papyrus 72, Bodmer VIII
Date: c. 300
Cologny/Geneva; Vatican City, Bibl. Bodmeriana
Closing verses of 1st Peter and 2nd Peter 1:1-5, πᾶσαν

ΠΕΤΡΟΥ Β

2 Peter 1

Opening Salutation

1 Συμεὼν Πέτρος δοῦλος καὶ ἀπόστολος Ἰησοῦ Χριστοῦ τοῖς ἰσότιμον ἡμῖν λαχοῦσιν πίστιν ἐν δικαιοσύνῃ τοῦ Θεοῦ ἡμῶν καὶ Σωτῆρος Ἰησοῦ Χριστοῦ· 2 χάρις ὑμῖν καὶ εἰρήνη πληθυνθείη ἐν ἐπιγνώσει τοῦ Θεοῦ καὶ Ἰησοῦ τοῦ Κυρίου ἡμῶν.

Responding Diligently to God's Promises

3 Ὡς τὰ πάντα ἡμῖν τῆς θείας δυνάμεως αὐτοῦ τὰ πρὸς ζωὴν καὶ εὐσέβειαν δεδωρημένης διὰ τῆς ἐπιγνώσεως τοῦ καλέσαντος ἡμᾶς [ἰδίᾳ δόξῃ καὶ ἀρετῇ] (διὰ δόξης καὶ ἀρετῆς), 4 δι' ὧν τὰ [τίμια καὶ μέγιστα ἡμῖν] (μέγιστα ἡμῖν καὶ τίμια) ἐπαγγέλματα δεδώρηται, ἵνα διὰ τούτων γένησθε θείας κοινωνοὶ φύσεως, ἀποφυγόντες τῆς ἐν τῷ κόσμῳ ἐν ἐπιθυμίᾳ φθορᾶς. 5 καὶ αὐτὸ τοῦτο δὲ σπουδὴν πᾶσαν παρεισενέγκαντες ἐπιχορηγήσατε ἐν τῇ πίστει ὑμῶν τὴν ἀρετήν, ἐν δὲ τῇ ἀρετῇ τὴν γνῶσιν, 6 ἐν δὲ τῇ γνώσει τὴν ἐγκράτειαν, ἐν δὲ τῇ ἐγκρατείᾳ τὴν ὑπομονήν, ἐν δὲ τῇ ὑπομονῇ τὴν εὐσέβειαν, 7 ἐν δὲ τῇ εὐσεβείᾳ τὴν φιλαδελφίαν, ἐν δὲ τῇ φιλαδελφίᾳ τὴν ἀγάπην. 8 ταῦτα γὰρ ὑμῖν ὑπάρχοντα καὶ πλεονάζοντα οὐκ ἀργοὺς οὐδὲ ἀκάρπους καθίστησιν εἰς τὴν τοῦ Κυρίου ἡμῶν Ἰησοῦ Χριστοῦ ἐπίγνωσιν· 9 ᾧ γὰρ μὴ πάρεστιν ταῦτα, τυφλός ἐστιν μυωπάζων, λήθην λαβὼν τοῦ καθαρισμοῦ τῶν πάλαι αὐτοῦ ἁμαρτιῶν. 10 διὸ μᾶλλον, ἀδελφοί, σπουδάσατε βεβαίαν ὑμῶν τὴν κλῆσιν καὶ ἐκλογὴν ποιεῖσθαι· ταῦτα γὰρ ποιοῦντες οὐ μὴ πταίσητέ ποτε. 11 οὕτως γὰρ πλουσίως ἐπιχορηγηθήσεται ὑμῖν ἡ εἴσοδος εἰς τὴν αἰώνιον βασιλείαν τοῦ Κυρίου ἡμῶν καὶ Σωτῆρος Ἰησοῦ Χριστοῦ.

The Veracity of the Gospel

12 Διὸ [μελλήσω ἀεὶ ὑμᾶς] (οὐκ ἀμελήσω ὑμᾶς ἀεὶ) ὑπομιμνήσκειν περὶ τούτων, καίπερ εἰδότας καὶ ἐστηριγμένους ἐν τῇ παρούσῃ ἀληθείᾳ. 13 δίκαιον δὲ ἡγοῦμαι, ἐφ' ὅσον εἰμὶ ἐν τούτῳ τῷ σκηνώματι, διεγείρειν ὑμᾶς ἐν ὑπομνήσει, 14 εἰδὼς ὅτι ταχινή ἐστιν ἡ ἀπόθεσις τοῦ σκηνώματός μου, καθὼς καὶ ὁ Κύριος ἡμῶν Ἰησοῦς Χριστὸς ἐδήλωσέν μοι· 15 σπουδάσω δὲ καὶ ἑκάστοτε ἔχειν ὑμᾶς μετὰ τὴν ἐμὴν ἔξοδον τὴν τούτων μνήμην ποιεῖσθαι.

ΠΕΤΡΟΥ Β

16 οὐ γὰρ σεσοφισμένοις μύθοις ἐξακολουθήσαντες ἐγνωρίσαμεν ὑμῖν τὴν τοῦ Κυρίου ἡμῶν Ἰησοῦ Χριστοῦ δύναμιν καὶ παρουσίαν, ἀλλ᾽ ἐπόπται γενηθέντες τῆς ἐκείνου μεγαλειότητος. 17 λαβὼν γὰρ παρὰ Θεοῦ Πατρὸς τιμὴν καὶ δόξαν φωνῆς ἐνεχθείσης αὐτῷ τοιᾶσδε ὑπὸ τῆς μεγαλοπρεποῦς δόξης (οὗτός ἐστιν) Ὁ Υἱός μου ὁ ἀγαπητός [μου οὗτός ἐστιν], εἰς ὃν ἐγὼ εὐδόκησα,— 18 καὶ ταύτην τὴν φωνὴν ἡμεῖς ἠκούσαμεν ἐξ οὐρανοῦ ἐνεχθεῖσαν σὺν αὐτῷ ὄντες ἐν τῷ [ἁγίῳ ὄρει] (ὄρει τῷ ἁγίῳ). 19 καὶ ἔχομεν βεβαιότερον τὸν προφητικὸν λόγον, ᾧ καλῶς ποιεῖτε προσέχοντες ὡς λύχνῳ φαίνοντι ἐν αὐχμηρῷ τόπῳ, ἕως οὗ ἡμέρα διαυγάσῃ καὶ φωσφόρος ἀνατείλῃ ἐν ταῖς καρδίαις ὑμῶν· 20 τοῦτο πρῶτον γινώσκοντες, ὅτι πᾶσα προφητεία γραφῆς ἰδίας ἐπιλύσεως οὐ γίνεται· 21 οὐ γὰρ θελήματι ἀνθρώπου ἠνέχθη προφητεία ποτέ, ἀλλὰ ὑπὸ Πνεύματος Ἁγίου φερόμενοι ἐλάλησαν [ἀπὸ] (οἱ ἅγιοι) Θεοῦ ἄνθρωποι.

2 Peter 2

Forewarning of False Teachers

1 Ἐγένοντο δὲ καὶ ψευδοπροφῆται ἐν τῷ λαῷ, ὡς καὶ ἐν ὑμῖν ἔσονται ψευδοδιδάσκαλοι, οἵτινες παρεισάξουσιν αἱρέσεις ἀπωλείας, καὶ τὸν ἀγοράσαντα αὐτοὺς δεσπότην ἀρνούμενοι, ἐπάγοντες ἑαυτοῖς ταχινὴν ἀπώλειαν· 2 καὶ πολλοὶ ἐξακολουθήσουσιν αὐτῶν ταῖς ἀσελγείαις, δι᾽ οὓς ἡ ὁδὸς τῆς ἀληθείας βλασφημηθήσεται· 3 καὶ ἐν πλεονεξίᾳ πλαστοῖς λόγοις ὑμᾶς ἐμπορεύσονται· οἷς τὸ κρίμα ἔκπαλαι οὐκ ἀργεῖ, καὶ ἡ ἀπώλεια αὐτῶν οὐ νυστάζει.

The Condemnation of False Teachers

4 εἰ γὰρ ὁ Θεὸς ἀγγέλων ἁμαρτησάντων οὐκ ἐφείσατο, ἀλλὰ σειροῖς ζόφου ταρταρώσας παρέδωκεν εἰς κρίσιν τηρουμένους, 5 καὶ ἀρχαίου κόσμου οὐκ ἐφείσατο, ἀλλὰ ὄγδοον Νῶε δικαιοσύνης κήρυκα ἐφύλαξεν, κατακλυσμὸν κόσμῳ ἀσεβῶν ἐπάξας, 6 καὶ πόλεις Σοδόμων καὶ Γομόρρας τεφρώσας καταστροφῇ κατέκρινεν, ὑπόδειγμα μελλόντων ἀσεβεῖν τεθεικώς, 7 καὶ δίκαιον Λὼτ καταπονούμενον ὑπὸ τῆς τῶν ἀθέσμων ἐν ἀσελγείᾳ ἀναστροφῆς ἐρύσατο,— 8 βλέμματι γὰρ καὶ ἀκοῇ ὁ δίκαιος ἐνκατοικῶν ἐν αὐτοῖς ἡμέραν ἐξ ἡμέρας ψυχὴν δικαίαν ἀνόμοις ἔργοις ἐβασάνιζεν,— 9 οἶδεν Κύριος εὐσεβεῖς ἐκ πειρασμοῦ ῥύεσθαι, ἀδίκους δὲ εἰς ἡμέραν κρίσεως κολαζομένους τηρεῖν,

ΠΕΤΡΟΥ Β

The Nature of False Teachers

10 μάλιστα δὲ τοὺς ὀπίσω σαρκὸς ἐν ἐπιθυμίᾳ μιασμοῦ πορευομένους καὶ κυριότητος καταφρονοῦντας. τολμηταί, αὐθάδεις, δόξας οὐ τρέμουσιν βλασφημοῦντες, 11 ὅπου ἄγγελοι ἰσχύϊ καὶ δυνάμει μείζονες ὄντες οὐ φέρουσιν κατ' αὐτῶν παρὰ Κυρίῳ βλάσφημον κρίσιν. 12 οὗτοι δέ, ὡς ἄλογα ζῷα [γεγεννημένα φυσικὰ] (φυσικὰ γεγενημένα) εἰς ἅλωσιν καὶ φθοράν, ἐν οἷς ἀγνοοῦσιν βλασφημοῦντες, ἐν τῇ φθορᾷ αὐτῶν [καὶ φθαρήσονται] (καταφθαρήσονται), 13 [ἀδικούμενοι] (κομιούμενοι) μισθὸν ἀδικίας· ἡδονὴν ἡγούμενοι τὴν ἐν ἡμέρᾳ τρυφήν, σπίλοι καὶ μῶμοι ἐντρυφῶντες ἐν ταῖς ἀπάταις αὐτῶν συνευωχούμενοι ὑμῖν, 14 ὀφθαλμοὺς ἔχοντες μεστοὺς μοιχαλίδος καὶ ἀκαταπαύστους ἁμαρτίας, δελεάζοντες ψυχὰς ἀστηρίκτους, καρδίαν γεγυμνασμένην πλεονεξίας ἔχοντες, κατάρας τέκνα· 15 καταλειπόντες (τὴν) εὐθεῖαν ὁδὸν ἐπλανήθησαν, ἐξακολουθήσαντες τῇ ὁδῷ τοῦ Βαλαὰμ τοῦ [Βεώρ] (Βοσόρ), ὃς μισθὸν ἀδικίας ἠγάπησεν, 16 ἔλεγξιν δὲ ἔσχεν ἰδίας παρανομίας· ὑποζύγιον ἄφωνον ἐν ἀνθρώπου φωνῇ φθεγξάμενον ἐκώλυσεν τὴν τοῦ προφήτου παραφρονίαν. 17 οὗτοί εἰσιν πηγαὶ ἄνυδροι [καὶ ὁμίχλαι] (νεφέλαι) ὑπὸ λαίλαπος ἐλαυνόμεναι, οἷς ὁ ζόφος τοῦ σκότους (εἰς αἰῶνα) τετήρηται.

The Methodology of False Teachers

18 ὑπέρογκα γὰρ ματαιότητος φθεγγόμενοι δελεάζουσιν ἐν ἐπιθυμίαις σαρκὸς ἀσελγείαις τοὺς [ὀλίγως] (ὄντως) ἀποφεύγοντας τοὺς ἐν πλάνῃ ἀναστρεφομένους, 19 ἐλευθερίαν αὐτοῖς ἐπαγγελλόμενοι, αὐτοὶ δοῦλοι ὑπάρχοντες τῆς φθορᾶς· ᾧ γάρ τις ἥττηται, τούτῳ (καὶ) δεδούλωται. 20 εἰ γὰρ ἀποφυγόντες τὰ μιάσματα τοῦ κόσμου ἐν ἐπιγνώσει τοῦ Κυρίου καὶ Σωτῆρος Ἰησοῦ Χριστοῦ, τούτοις δὲ πάλιν ἐμπλακέντες ἡττῶνται, γέγονεν αὐτοῖς τὰ ἔσχατα χείρονα τῶν πρώτων. 21 κρεῖττον γὰρ ἦν αὐτοῖς μὴ ἐπεγνωκέναι τὴν ὁδὸν τῆς δικαιοσύνης, ἢ ἐπιγνοῦσιν ὑποστρέψαι ἐκ τῆς παραδοθείσης αὐτοῖς ἁγίας ἐντολῆς. 22 συμβέβηκεν (δὲ) αὐτοῖς τὸ τῆς ἀληθοῦς παροιμίας Κύων ἐπιστρέψας ἐπὶ τὸ ἴδιον ἐξέραμα, καὶ ῟Υς λουσαμένη εἰς κυλισμὸν βορβόρου.

ΠΕΤΡΟΥ Β

2 Peter 3

The Scoffers of the Last Days

1 Ταύτην ἤδη, ἀγαπητοί, δευτέραν ὑμῖν γράφω ἐπιστολήν, ἐν αἷς διεγείρω ὑμῶν ἐν ὑπομνήσει τὴν εἰλικρινῆ διάνοιαν, 2 μνησθῆναι τῶν προειρημένων ῥημάτων ὑπὸ τῶν ἁγίων προφητῶν καὶ τῆς τῶν ἀποστόλων ὑμῶν ἐντολῆς τοῦ Κυρίου καὶ Σωτῆρος, 3 τοῦτο πρῶτον γινώσκοντες, ὅτι ἐλεύσονται ἐπ' ἐσχάτων τῶν ἡμερῶν [ἐν ἐμπαιγμονῇ] ἐμπαῖκται κατὰ τὰς ἰδίας [ἐπιθυμίας αὐτῶν] (αὐτῶν ἐπιθυμίας) πορευόμενοι 4 καὶ λέγοντες Ποῦ ἐστιν ἡ ἐπαγγελία τῆς παρουσίας αὐτοῦ; ἀφ' ἧς γὰρ οἱ πατέρες ἐκοιμήθησαν, πάντα οὕτως διαμένει ἀπ' ἀρχῆς κτίσεως. 5 λανθάνει γὰρ αὐτοὺς τοῦτο θέλοντας ὅτι οὐρανοὶ ἦσαν ἔκπαλαι καὶ γῆ ἐξ ὕδατος καὶ δι' ὕδατος συνεστῶσα τῷ τοῦ Θεοῦ λόγῳ, 6 δι' ὧν ὁ τότε κόσμος ὕδατι κατακλυσθεὶς ἀπώλετο· 7 οἱ δὲ νῦν οὐρανοὶ καὶ ἡ γῆ τῷ αὐτῷ λόγῳ τεθησαυρισμένοι εἰσὶν πυρὶ τηρούμενοι εἰς ἡμέραν κρίσεως καὶ ἀπωλείας τῶν ἀσεβῶν ἀνθρώπων. 8 Ἓν δὲ τοῦτο μὴ λανθανέτω ὑμᾶς, ἀγαπητοί, ὅτι μία ἡμέρα παρὰ Κυρίῳ ὡς χίλια ἔτη καὶ χίλια ἔτη ὡς ἡμέρα μία. 9 οὐ βραδύνει Κύριος τῆς ἐπαγγελίας, ὥς τινες βραδύτητα ἡγοῦνται, ἀλλὰ μακροθυμεῖ εἰς ὑμᾶς, μὴ βουλόμενός τινας ἀπολέσθαι ἀλλὰ πάντας εἰς μετάνοιαν χωρῆσαι.

Responding Appropriately at the End of the Age

10 Ἥξει δὲ ἡμέρα Κυρίου ὡς κλέπτης (ἐν νυκτί), ἐν ᾗ οἱ οὐρανοὶ ῥοιζηδὸν παρελεύσονται, στοιχεῖα δὲ καυσούμενα λυθήσεται, καὶ γῆ καὶ τὰ ἐν αὐτῇ ἔργα [εὑρεθήσεται] (κατακαήσεται). 11 Τούτων [οὕτως] (οὖν) πάντων λυομένων ποταποὺς δεῖ ὑπάρχειν ὑμᾶς ἐν ἁγίαις ἀναστροφαῖς καὶ εὐσεβείαις, 12 προσδοκῶντας καὶ σπεύδοντας τὴν παρουσίαν τῆς τοῦ Θεοῦ ἡμέρας, δι' ἣν οὐρανοὶ πυρούμενοι λυθήσονται καὶ στοιχεῖα καυσούμενα τήκεται· 13 καινοὺς δὲ οὐρανοὺς καὶ γῆν καινὴν κατὰ τὸ ἐπάγγελμα αὐτοῦ προσδοκῶμεν, ἐν οἷς δικαιοσύνη κατοικεῖ. 14 Διό, ἀγαπητοί, ταῦτα προσδοκῶντες σπουδάσατε ἄσπιλοι καὶ ἀμώμητοι αὐτῷ εὑρεθῆναι ἐν εἰρήνῃ, 15 καὶ τὴν τοῦ Κυρίου ἡμῶν μακροθυμίαν σωτηρίαν ἡγεῖσθε, καθὼς καὶ ὁ ἀγαπητὸς ἡμῶν ἀδελφὸς Παῦλος κατὰ τὴν [δοθεῖσαν αὐτῷ σοφίαν] (αὐτῷ δοθεῖσαν σοφίαν) ἔγραψεν ὑμῖν, 16 ὡς καὶ ἐν πάσαις ἐπιστολαῖς λαλῶν ἐν αὐταῖς περὶ τούτων, ἐν αἷς ἐστιν δυσνόητά τινα, ἃ οἱ ἀμαθεῖς καὶ ἀστήρικτοι στρεβλοῦσιν ὡς καὶ τὰς λοιπὰς γραφὰς πρὸς τὴν ἰδίαν αὐτῶν ἀπώλειαν.

ΠΕΤΡΟΥ Β

17 Ὑμεῖς οὖν, ἀγαπητοί, προγινώσκοντες φυλάσσεσθε ἵνα μὴ τῇ τῶν ἀθέσμων πλάνῃ συναπαχθέντες ἐκπέσητε τοῦ ἰδίου στηριγμοῦ, 18 αὐξάνετε δὲ ἐν χάριτι καὶ γνώσει τοῦ Κυρίου ἡμῶν καὶ Σωτῆρος Ἰησοῦ Χριστοῦ. αὐτῷ ἡ δόξα καὶ νῦν καὶ εἰς ἡμέραν αἰῶνος. (ἀμήν)

ΙΩΑΝΟΥ Α

Papyrus 9, P. Oxy. 402
Date: c.250
Houghton Library, Harvard, Massachusetts
1st John 4:11-12,14-17

ΙΩΑΝΟΥ Α

1 John 1

The Manifestation of The Eternal Life

1 Ὃ ἦν ἀπ' ἀρχῆς, ὃ ἀκηκόαμεν, ὃ ἑωράκαμεν τοῖς ὀφθαλμοῖς ἡμῶν, ὃ ἐθεασάμεθα καὶ αἱ χεῖρες ἡμῶν ἐψηλάφησαν, περὶ τοῦ Λόγου τῆς ζωῆς,— 2 καὶ ἡ ζωὴ ἐφανερώθη, καὶ ἑωράκαμεν καὶ μαρτυροῦμεν καὶ ἀπαγγέλλομεν ὑμῖν τὴν ζωὴν τὴν αἰώνιον, ἥτις ἦν πρὸς τὸν Πατέρα καὶ ἐφανερώθη ἡμῖν,— 3 ὃ ἑωράκαμεν καὶ ἀκηκόαμεν, ἀπαγγέλλομεν καὶ ὑμῖν, ἵνα καὶ ὑμεῖς κοινωνίαν ἔχητε μεθ' ἡμῶν. καὶ ἡ κοινωνία δὲ ἡ ἡμετέρα μετὰ τοῦ Πατρὸς καὶ μετὰ τοῦ Υἱοῦ αὐτοῦ Ἰησοῦ Χριστοῦ. 4 καὶ ταῦτα γράφομεν [ἡμεῖς] (ὑμῖν) ἵνα ἡ χαρὰ ἡμῶν ᾖ πεπληρωμένη.

The Fellowship of Walking in the Light

5 Καὶ [ἔστιν αὕτη] (αὕτη ἔστιν) ἡ [ἀγγελία] (ἐπαγγελία) ἣν ἀκηκόαμεν ἀπ' αὐτοῦ καὶ ἀναγγέλλομεν ὑμῖν, ὅτι ὁ Θεὸς φῶς ἐστιν καὶ σκοτία ἐν αὐτῷ οὐκ ἔστιν οὐδεμία. 6 Ἐὰν εἴπωμεν ὅτι κοινωνίαν ἔχομεν μετ' αὐτοῦ καὶ ἐν τῷ σκότει περιπατῶμεν, ψευδόμεθα καὶ οὐ ποιοῦμεν τὴν ἀλήθειαν· 7 ἐὰν δὲ ἐν τῷ φωτὶ περιπατῶμεν ὡς αὐτός ἐστιν ἐν τῷ φωτί, κοινωνίαν ἔχομεν μετ' ἀλλήλων καὶ τὸ αἷμα Ἰησοῦ (Χριστοῦ) τοῦ Υἱοῦ αὐτοῦ καθαρίζει ἡμᾶς ἀπὸ πάσης ἁμαρτίας.

Christ - The Propitiation for Sin

8 ἐὰν εἴπωμεν ὅτι ἁμαρτίαν οὐκ ἔχομεν, ἑαυτοὺς πλανῶμεν καὶ ἡ ἀλήθεια οὐκ ἔστιν ἐν ἡμῖν. 9 ἐὰν ὁμολογῶμεν τὰς ἁμαρτίας ἡμῶν, πιστός ἐστιν καὶ δίκαιος, ἵνα ἀφῇ ἡμῖν τὰς ἁμαρτίας καὶ καθαρίσῃ ἡμᾶς ἀπὸ πάσης ἀδικίας. 10 ἐὰν εἴπωμεν ὅτι οὐχ ἡμαρτήκαμεν, ψεύστην ποιοῦμεν αὐτὸν καὶ ὁ λόγος αὐτοῦ οὐκ ἔστιν ἐν ἡμῖν.

1 John 2

1 Τεκνία μου, ταῦτα γράφω ὑμῖν ἵνα μὴ ἁμάρτητε. καὶ ἐάν τις ἁμάρτῃ, Παράκλητον ἔχομεν πρὸς τὸν Πατέρα Ἰησοῦν Χριστὸν δίκαιον· 2 καὶ αὐτὸς ἱλασμός ἐστιν περὶ τῶν ἁμαρτιῶν ἡμῶν, οὐ περὶ τῶν ἡμετέρων δὲ μόνον ἀλλὰ καὶ περὶ ὅλου τοῦ κόσμου.

ΙΩΑΝΟΥ Α

Walking in Obedience

3 καὶ ἐν τούτῳ γινώσκομεν ὅτι ἐγνώκαμεν αὐτόν, ἐὰν τὰς ἐντολὰς αὐτοῦ τηρῶμεν. 4 ὁ λέγων [ὅτι] Ἔγνωκα αὐτόν, καὶ τὰς ἐντολὰς αὐτοῦ μὴ τηρῶν, ψεύστης ἐστίν, καὶ ἐν τούτῳ ἡ ἀλήθεια οὐκ ἔστιν· 5 ὃς δ᾽ ἂν τηρῇ αὐτοῦ τὸν λόγον ἀληθῶς ἐν τούτῳ ἡ ἀγάπη τοῦ Θεοῦ τετελείωται. Ἐν τούτῳ γινώσκομεν ὅτι ἐν αὐτῷ ἐσμεν· 6 ὁ λέγων ἐν αὐτῷ μένειν ὀφείλει καθὼς ἐκεῖνος περιεπάτησεν καὶ αὐτὸς οὕτως περιπατεῖν.

Walking in Love

7 [Ἀγαπητοί] (Ἀδελφοί), οὐκ ἐντολὴν καινὴν γράφω ὑμῖν, ἀλλ᾽ ἐντολὴν παλαιὰν ἣν εἴχετε ἀπ᾽ ἀρχῆς· ἡ ἐντολὴ ἡ παλαιά ἐστιν ὁ λόγος ὃν ἠκούσατε (ἀπ' ἀρχῆς). 8 πάλιν ἐντολὴν καινὴν γράφω ὑμῖν, ὅ ἐστιν ἀληθὲς ἐν αὐτῷ καὶ ἐν ὑμῖν, ὅτι ἡ σκοτία παράγεται καὶ τὸ φῶς τὸ ἀληθινὸν ἤδη φαίνει. 9 Ὁ λέγων ἐν τῷ φωτὶ εἶναι καὶ τὸν ἀδελφὸν αὐτοῦ μισῶν ἐν τῇ σκοτίᾳ ἐστὶν ἕως ἄρτι. 10 ὁ ἀγαπῶν τὸν ἀδελφὸν αὐτοῦ ἐν τῷ φωτὶ μένει, καὶ σκάνδαλον ἐν αὐτῷ οὐκ ἔστιν· 11 ὁ δὲ μισῶν τὸν ἀδελφὸν αὐτοῦ ἐν τῇ σκοτίᾳ ἐστὶν καὶ ἐν τῇ σκοτίᾳ περιπατεῖ, καὶ οὐκ οἶδεν ποῦ ὑπάγει, ὅτι ἡ σκοτία ἐτύφλωσεν τοὺς ὀφθαλμοὺς αὐτοῦ.

Encouragement to All Ages

12 Γράφω ὑμῖν, τεκνία, ὅτι ἀφέωνται ὑμῖν αἱ ἁμαρτίαι διὰ τὸ ὄνομα αὐτοῦ. 13 γράφω ὑμῖν, πατέρες, ὅτι ἐγνώκατε τὸν ἀπ᾽ ἀρχῆς· γράφω ὑμῖν, νεανίσκοι, ὅτι νενικήκατε τὸν πονηρόν. 14 ἔγραψα ὑμῖν, παιδία, ὅτι ἐγνώκατε τὸν Πατέρα. ἔγραψα ὑμῖν, πατέρες, ὅτι ἐγνώκατε τὸν ἀπ᾽ ἀρχῆς. ἔγραψα ὑμῖν, νεανίσκοι, ὅτι ἰσχυροί ἐστε καὶ ὁ λόγος τοῦ Θεοῦ ἐν ὑμῖν μένει καὶ νενικήκατε τὸν πονηρόν.

Do Not Love the World

15 Μὴ ἀγαπᾶτε τὸν κόσμον μηδὲ τὰ ἐν τῷ κόσμῳ. ἐάν τις ἀγαπᾷ τὸν κόσμον, οὐκ ἔστιν ἡ ἀγάπη τοῦ Πατρὸς ἐν αὐτῷ· 16 ὅτι πᾶν τὸ ἐν τῷ κόσμῳ, ἡ ἐπιθυμία τῆς σαρκὸς καὶ ἡ ἐπιθυμία τῶν ὀφθαλμῶν καὶ ἡ ἀλαζονία τοῦ βίου, οὐκ ἔστιν ἐκ τοῦ πατρός, ἀλλὰ ἐκ τοῦ κόσμου ἐστίν. 17 καὶ ὁ κόσμος παράγεται καὶ ἡ ἐπιθυμία αὐτοῦ· ὁ δὲ ποιῶν τὸ θέλημα τοῦ Θεοῦ μένει εἰς τὸν αἰῶνα.

ΙΩΑΝΟΥ Α

Beware of Antichrists

18 Παιδία, ἐσχάτη ὥρα ἐστίν, καὶ καθὼς ἠκούσατε ὅτι ἀντίχριστος ἔρχεται, καὶ νῦν ἀντίχριστοι πολλοὶ γεγόνασιν· ὅθεν γινώσκομεν ὅτι ἐσχάτη ὥρα ἐστίν. 19 ἐξ ἡμῶν ἐξῆλθαν, ἀλλ᾽ οὐκ ἦσαν ἐξ ἡμῶν· εἰ γὰρ [ἐξ ἡμῶν ἦσαν] (ἦσαν ἐξ ἡμῶν), μεμενήκεισαν ἂν μεθ᾽ ἡμῶν· ἀλλ᾽ ἵνα φανερωθῶσιν ὅτι οὐκ εἰσὶν πάντες ἐξ ἡμῶν. 20 καὶ ὑμεῖς χρῖσμα ἔχετε ἀπὸ τοῦ Ἁγίου, καὶ οἴδατε πάντες. 21 οὐκ ἔγραψα ὑμῖν ὅτι οὐκ οἴδατε τὴν ἀλήθειαν, ἀλλ᾽ ὅτι οἴδατε αὐτήν, καὶ ὅτι πᾶν ψεῦδος ἐκ τῆς ἀληθείας οὐκ ἔστιν. 22 Τίς ἐστιν ὁ ψεύστης εἰ μὴ ὁ ἀρνούμενος ὅτι Ἰησοῦς οὐκ ἔστιν ὁ Χριστός; οὗτός ἐστιν ὁ ἀντίχριστος, ὁ ἀρνούμενος τὸν Πατέρα καὶ τὸν Υἱόν. 23 πᾶς ὁ ἀρνούμενος τὸν Υἱὸν οὐδὲ τὸν Πατέρα ἔχει· ὁ ὁμολογῶν τὸν Υἱὸν καὶ τὸν Πατέρα ἔχει.

Abide in the Gospel, the Son, and the Father

24 ὑμεῖς (οὖν) ὃ ἠκούσατε ἀπ᾽ ἀρχῆς, ἐν ὑμῖν μενέτω. ἐὰν ἐν ὑμῖν μείνῃ ὃ ἀπ᾽ ἀρχῆς ἠκούσατε, καὶ ὑμεῖς ἐν τῷ Υἱῷ καὶ ἐν τῷ Πατρὶ μενεῖτε. 25 καὶ αὕτη ἐστὶν ἡ ἐπαγγελία ἣν αὐτὸς ἐπηγγείλατο ἡμῖν, τὴν ζωὴν τὴν αἰώνιον. 26 Ταῦτα ἔγραψα ὑμῖν περὶ τῶν πλανώντων ὑμᾶς. 27 καὶ ὑμεῖς τὸ χρῖσμα ὃ ἐλάβετε ἀπ᾽ αὐτοῦ [μένει ἐν ὑμῖν] (ἐν ὑμῖν μένει), καὶ οὐ χρείαν ἔχετε ἵνα τις διδάσκῃ ὑμᾶς· ἀλλ᾽ ὡς τὸ αὐτοῦ χρῖσμα διδάσκει ὑμᾶς περὶ πάντων, καὶ ἀληθές ἐστιν καὶ οὐκ ἔστιν ψεῦδος, καὶ καθὼς ἐδίδαξεν ὑμᾶς, μένετε ἐν αὐτῷ. 28 Καὶ νῦν, τεκνία, μένετε ἐν αὐτῷ, ἵνα ἐὰν φανερωθῇ [σχῶμεν] (ἔχωμεν) παρρησίαν καὶ μὴ αἰσχυνθῶμεν ἀπ᾽ αὐτοῦ ἐν τῇ παρουσίᾳ αὐτοῦ. 29 ἐὰν εἰδῆτε ὅτι δίκαιός ἐστιν, γινώσκετε ὅτι καὶ πᾶς ὁ ποιῶν τὴν δικαιοσύνην ἐξ αὐτοῦ γεγέννηται.

1 John 3

The Privilege of the Children of God

1 Ἴδετε ποταπὴν ἀγάπην δέδωκεν ἡμῖν ὁ Πατὴρ ἵνα τέκνα Θεοῦ κληθῶμεν, [καὶ ἐσμέν]. διὰ τοῦτο ὁ κόσμος οὐ γινώσκει ἡμᾶς, ὅτι οὐκ ἔγνω αὐτόν. 2 Ἀγαπητοί, νῦν τέκνα Θεοῦ ἐσμεν, καὶ οὔπω ἐφανερώθη τί ἐσόμεθα. οἴδαμεν (δὲ) ὅτι ἐὰν φανερωθῇ ὅμοιοι αὐτῷ ἐσόμεθα, ὅτι ὀψόμεθα αὐτὸν καθὼς ἐστιν. 3 καὶ πᾶς ὁ ἔχων τὴν ἐλπίδα ταύτην ἐπ᾽ αὐτῷ ἁγνίζει ἑαυτὸν καθὼς ἐκεῖνος ἁγνός ἐστιν.

ΙΩΑΝΟΥ Α

The Purity of the Children of God

4 Πᾶς ὁ ποιῶν τὴν ἁμαρτίαν καὶ τὴν ἀνομίαν ποιεῖ, καὶ ἡ ἁμαρτία ἐστὶν ἡ ἀνομία. 5 καὶ οἴδατε ὅτι ἐκεῖνος ἐφανερώθη ἵνα τὰς ἁμαρτίας (ἡμῶν) ἄρῃ, καὶ ἁμαρτία ἐν αὐτῷ οὐκ ἔστιν. 6 πᾶς ὁ ἐν αὐτῷ μένων οὐχ ἁμαρτάνει· πᾶς ὁ ἁμαρτάνων οὐχ ἑώρακεν αὐτὸν οὐδὲ ἔγνωκεν αὐτόν. 7 Τεκνία, μηδεὶς πλανάτω ὑμᾶς· ὁ ποιῶν τὴν δικαιοσύνην δίκαιός ἐστιν, καθὼς ἐκεῖνος δίκαιός ἐστιν· 8 ὁ ποιῶν τὴν ἁμαρτίαν ἐκ τοῦ διαβόλου ἐστίν, ὅτι ἀπ' ἀρχῆς ὁ διάβολος ἁμαρτάνει. εἰς τοῦτο ἐφανερώθη ὁ Υἱὸς τοῦ Θεοῦ, ἵνα λύσῃ τὰ ἔργα τοῦ διαβόλου. 9 Πᾶς ὁ γεγεννημένος ἐκ τοῦ Θεοῦ ἁμαρτίαν οὐ ποιεῖ, ὅτι σπέρμα αὐτοῦ ἐν αὐτῷ μένει· καὶ οὐ δύναται ἁμαρτάνειν, ὅτι ἐκ τοῦ Θεοῦ γεγέννηται. 10 ἐν τούτῳ φανερά ἐστιν τὰ τέκνα τοῦ Θεοῦ καὶ τὰ τέκνα τοῦ διαβόλου· πᾶς ὁ μὴ ποιῶν δικαιοσύνην οὐκ ἔστιν ἐκ τοῦ Θεοῦ, καὶ ὁ μὴ ἀγαπῶν τὸν ἀδελφὸν αὐτοῦ. 11 ὅτι αὕτη ἐστὶν ἡ ἀγγελία ἣν ἠκούσατε ἀπ' ἀρχῆς, ἵνα ἀγαπῶμεν ἀλλήλους· 12 οὐ καθὼς Κάϊν ἐκ τοῦ πονηροῦ ἦν καὶ ἔσφαξεν τὸν ἀδελφὸν αὐτοῦ· καὶ χάριν τίνος ἔσφαξεν αὐτόν; ὅτι τὰ ἔργα αὐτοῦ πονηρὰ ἦν, τὰ δὲ τοῦ ἀδελφοῦ αὐτοῦ δίκαια.

Contrasting Worldly Hate with Godly Love

13 Μὴ θαυμάζετε, ἀδελφοί (μου), εἰ μισεῖ ὑμᾶς ὁ κόσμος. 14 ἡμεῖς οἴδαμεν ὅτι μεταβεβήκαμεν ἐκ τοῦ θανάτου εἰς τὴν ζωήν, ὅτι ἀγαπῶμεν τοὺς ἀδελφούς· ὁ μὴ ἀγαπῶν (τὸν ἀδελφόν) μένει ἐν τῷ θανάτῳ. 15 πᾶς ὁ μισῶν τὸν ἀδελφὸν αὐτοῦ ἀνθρωποκτόνος ἐστίν, καὶ οἴδατε ὅτι πᾶς ἀνθρωποκτόνος οὐκ ἔχει ζωὴν αἰώνιον ἐν αὐτῷ μένουσαν. 16 Ἐν τούτῳ ἐγνώκαμεν τὴν ἀγάπην, ὅτι ἐκεῖνος ὑπὲρ ἡμῶν τὴν ψυχὴν αὐτοῦ ἔθηκεν· καὶ ἡμεῖς ὀφείλομεν ὑπὲρ τῶν ἀδελφῶν τὰς ψυχὰς [θεῖναι] (τιθέναι). 17 ὃς δ' ἂν ἔχῃ τὸν βίον τοῦ κόσμου καὶ θεωρῇ τὸν ἀδελφὸν αὐτοῦ χρείαν ἔχοντα καὶ κλείσῃ τὰ σπλάγχνα αὐτοῦ ἀπ' αὐτοῦ, πῶς ἡ ἀγάπη τοῦ Θεοῦ μένει ἐν αὐτῷ; 18 Τεκνία (μου), μὴ ἀγαπῶμεν λόγῳ μηδὲ τῇ γλώσσῃ, ἀλλὰ [ἐν] ἔργῳ καὶ ἀληθείᾳ.

The Confidence of Practicing Love

19 (Καὶ) ἐν τούτῳ γνωσόμεθα ὅτι ἐκ τῆς ἀληθείας ἐσμέν, καὶ ἔμπροσθεν αὐτοῦ πείσομεν τὴν [καρδίαν] (καρδίας) ἡμῶν 20 ὅτι ἐὰν καταγινώσκῃ ἡμῶν ἡ καρδία, ὅτι μείζων ἐστὶν ὁ Θεὸς τῆς καρδίας ἡμῶν καὶ γινώσκει πάντα. 21 Ἀγαπητοί, ἐὰν ἡ καρδία (ἡμῶν) μὴ καταγινώσκῃ (ἡμῶν), παρρησίαν ἔχομεν πρὸς τὸν Θεόν,

ΙΩΑΝΟΥ Α

22 καὶ ὃ ἐὰν αἰτῶμεν λαμβάνομεν ἀπ' αὐτοῦ, ὅτι τὰς ἐντολὰς αὐτοῦ τηροῦμεν καὶ τὰ ἀρεστὰ ἐνώπιον αὐτοῦ ποιοῦμεν. 23 καὶ αὕτη ἐστὶν ἡ ἐντολὴ αὐτοῦ, ἵνα πιστεύσωμεν τῷ ὀνόματι τοῦ Υἱοῦ αὐτοῦ Ἰησοῦ Χριστοῦ καὶ ἀγαπῶμεν ἀλλήλους καθὼς ἔδωκεν ἐντολὴν ἡμῖν. 24 καὶ ὁ τηρῶν τὰς ἐντολὰς αὐτοῦ ἐν αὐτῷ μένει καὶ αὐτὸς ἐν αὐτῷ· καὶ ἐν τούτῳ γινώσκομεν ὅτι μένει ἐν ἡμῖν, ἐκ τοῦ Πνεύματος οὗ ἡμῖν ἔδωκεν.

1 John 4

Test the Spirits

1 Ἀγαπητοί, μὴ παντὶ πνεύματι πιστεύετε, ἀλλὰ δοκιμάζετε τὰ πνεύματα εἰ ἐκ τοῦ Θεοῦ ἐστιν, ὅτι πολλοὶ ψευδοπροφῆται ἐξεληλύθασιν εἰς τὸν κόσμον. 2 Ἐν τούτῳ γινώσκετε τὸ Πνεῦμα τοῦ Θεοῦ· πᾶν πνεῦμα ὃ ὁμολογεῖ Ἰησοῦν Χριστὸν ἐν σαρκὶ ἐληλυθότα ἐκ τοῦ Θεοῦ ἐστιν, 3 καὶ πᾶν πνεῦμα ὃ μὴ ὁμολογεῖ τὸν Ἰησοῦν (Χριστὸν ἐν σαρκὶ ἐληλυθότα) ἐκ τοῦ Θεοῦ οὐκ ἔστιν· καὶ τοῦτό ἐστιν τὸ τοῦ ἀντιχρίστου, ὃ ἀκηκόατε ὅτι ἔρχεται, καὶ νῦν ἐν τῷ κόσμῳ ἐστὶν ἤδη. 4 Ὑμεῖς ἐκ τοῦ Θεοῦ ἐστε, τεκνία, καὶ νενικήκατε αὐτούς, ὅτι μείζων ἐστὶν ὁ ἐν ὑμῖν ἢ ὁ ἐν τῷ κόσμῳ. 5 αὐτοὶ ἐκ τοῦ κόσμου εἰσίν· διὰ τοῦτο ἐκ τοῦ κόσμου λαλοῦσιν καὶ ὁ κόσμος αὐτῶν ἀκούει. 6 ἡμεῖς ἐκ τοῦ Θεοῦ ἐσμεν· ὁ γινώσκων τὸν Θεὸν ἀκούει ἡμῶν, ὃς οὐκ ἔστιν ἐκ τοῦ Θεοῦ οὐκ ἀκούει ἡμῶν. ἐκ τούτου γινώσκομεν τὸ πνεῦμα τῆς ἀληθείας καὶ τὸ πνεῦμα τῆς πλάνης.

Love as God Loves

7 Ἀγαπητοί, ἀγαπῶμεν ἀλλήλους, ὅτι ἡ ἀγάπη ἐκ τοῦ Θεοῦ ἐστιν, καὶ πᾶς ὁ ἀγαπῶν ἐκ τοῦ Θεοῦ γεγέννηται καὶ γινώσκει τὸν Θεόν. 8 ὁ μὴ ἀγαπῶν οὐκ ἔγνω τὸν Θεόν, ὅτι ὁ Θεὸς ἀγάπη ἐστίν. 9 ἐν τούτῳ ἐφανερώθη ἡ ἀγάπη τοῦ Θεοῦ ἐν ἡμῖν, ὅτι τὸν Υἱὸν αὐτοῦ τὸν μονογενῆ ἀπέσταλκεν ὁ Θεὸς εἰς τὸν κόσμον ἵνα ζήσωμεν δι' αὐτοῦ. 10 ἐν τούτῳ ἐστὶν ἡ ἀγάπη, οὐχ ὅτι ἡμεῖς ἠγαπήκαμεν τὸν Θεόν, ἀλλ' ὅτι αὐτὸς ἠγάπησεν ἡμᾶς καὶ ἀπέστειλεν τὸν Υἱὸν αὐτοῦ ἱλασμὸν περὶ τῶν ἁμαρτιῶν ἡμῶν. 11 Ἀγαπητοί, εἰ οὕτως ὁ Θεὸς ἠγάπησεν ἡμᾶς, καὶ ἡμεῖς ὀφείλομεν ἀλλήλους ἀγαπᾶν. 12 Θεὸν οὐδεὶς πώποτε τεθέαται· ἐὰν ἀγαπῶμεν ἀλλήλους, ὁ Θεὸς ἐν ἡμῖν μένει καὶ ἡ ἀγάπη αὐτοῦ τετελειωμένη [ἐν ἡμῖν ἐστιν] (ἐστιν ἐν ἡμῖν). 13 ἐν τούτῳ γινώσκομεν ὅτι ἐν αὐτῷ μένομεν καὶ αὐτὸς ἐν ἡμῖν, ὅτι ἐκ τοῦ Πνεύματος αὐτοῦ δέδωκεν ἡμῖν. 14 καὶ ἡμεῖς τεθεάμεθα καὶ μαρτυροῦμεν ὅτι ὁ Πατὴρ ἀπέσταλκεν τὸν Υἱὸν Σωτῆρα τοῦ κόσμου.

15 ὃς ἐὰν ὁμολογήσῃ ὅτι Ἰησοῦς ἐστιν ὁ Υἱὸς τοῦ Θεοῦ, ὁ Θεὸς ἐν αὐτῷ μένει καὶ αὐτὸς ἐν τῷ Θεῷ. 16 καὶ ἡμεῖς ἐγνώκαμεν καὶ πεπιστεύκαμεν τὴν ἀγάπην ἣν ἔχει ὁ Θεὸς ἐν ἡμῖν. Ὁ Θεὸς ἀγάπη ἐστίν, καὶ ὁ μένων ἐν τῇ ἀγάπῃ ἐν τῷ Θεῷ μένει καὶ ὁ Θεὸς ἐν αὐτῷ [μένει]. 17 Ἐν τούτῳ τετελείωται ἡ ἀγάπη μεθ' ἡμῶν, ἵνα παρρησίαν ἔχωμεν ἐν τῇ ἡμέρᾳ τῆς κρίσεως, ὅτι καθὼς ἐκεῖνός ἐστιν καὶ ἡμεῖς ἐσμεν ἐν τῷ κόσμῳ τούτῳ. 18 φόβος οὐκ ἔστιν ἐν τῇ ἀγάπῃ, ἀλλ' ἡ τελεία ἀγάπη ἔξω βάλλει τὸν φόβον, ὅτι ὁ φόβος κόλασιν ἔχει, ὁ δὲ φοβούμενος οὐ τετελείωται ἐν τῇ ἀγάπῃ. 19 Ἡμεῖς ἀγαπῶμεν (αὐτὸν), ὅτι αὐτὸς πρῶτος ἠγάπησεν ἡμᾶς. 20 ἐάν τις εἴπῃ ὅτι Ἀγαπῶ τὸν Θεόν, καὶ τὸν ἀδελφὸν αὐτοῦ μισῇ, ψεύστης ἐστίν· ὁ γὰρ μὴ ἀγαπῶν τὸν ἀδελφὸν αὐτοῦ ὃν ἑώρακεν, τὸν Θεὸν ὃν οὐχ ἑώρακεν [οὐ] (πῶς) δύναται ἀγαπᾶν. 21 καὶ ταύτην τὴν ἐντολὴν ἔχομεν ἀπ' αὐτοῦ, ἵνα ὁ ἀγαπῶν τὸν Θεὸν ἀγαπᾷ καὶ τὸν ἀδελφὸν αὐτοῦ.

1 John 5

Faith in the Son of God

1 Πᾶς ὁ πιστεύων ὅτι Ἰησοῦς ἐστιν ὁ Χριστὸς ἐκ τοῦ Θεοῦ γεγέννηται, καὶ πᾶς ὁ ἀγαπῶν τὸν γεννήσαντα ἀγαπᾷ τὸν γεγεννημένον ἐξ αὐτοῦ. 2 ἐν τούτῳ γινώσκομεν ὅτι ἀγαπῶμεν τὰ τέκνα τοῦ Θεοῦ, ὅταν τὸν Θεὸν ἀγαπῶμεν καὶ τὰς ἐντολὰς αὐτοῦ [ποιῶμεν] (τηρῶμεν). 3 αὕτη γάρ ἐστιν ἡ ἀγάπη τοῦ Θεοῦ, ἵνα τὰς ἐντολὰς αὐτοῦ τηρῶμεν· καὶ αἱ ἐντολαὶ αὐτοῦ βαρεῖαι οὐκ εἰσίν, 4 ὅτι πᾶν τὸ γεγεννημένον ἐκ τοῦ Θεοῦ νικᾷ τὸν κόσμον· καὶ αὕτη ἐστὶν ἡ νίκη ἡ νικήσασα τὸν κόσμον, ἡ πίστις ἡμῶν. 5 τίς ἐστιν ὁ νικῶν τὸν κόσμον εἰ μὴ ὁ πιστεύων ὅτι Ἰησοῦς ἐστιν ὁ Υἱὸς τοῦ Θεοῦ;

The Testimony of God

6 οὗτός ἐστιν ὁ ἐλθὼν δι' ὕδατος καὶ αἵματος, Ἰησοῦς (ὁ) Χριστός· οὐκ ἐν τῷ ὕδατι μόνον, ἀλλ' ἐν τῷ ὕδατι καὶ [ἐν] τῷ αἵματι· καὶ τὸ Πνεῦμά ἐστιν τὸ μαρτυροῦν, ὅτι τὸ Πνεῦμά ἐστιν ἡ ἀλήθεια. 7 ὅτι τρεῖς εἰσιν οἱ μαρτυροῦντες, (ἐν τῷ οὐρανῷ, ὁ πατήρ, ὁ λόγος, καὶ τὸ Ἅγιον Πνεῦμα· καὶ οὗτοι οἱ τρεῖς ἕν εἰσιν) 8 (καὶ τρεῖς εἰσιν οἱ μαρτυροῦντες ἐν τῇ γῇ,) τὸ Πνεῦμα καὶ τὸ ὕδωρ καὶ τὸ αἷμα, καὶ οἱ τρεῖς εἰς τὸ ἕν εἰσιν. 9 εἰ τὴν μαρτυρίαν τῶν ἀνθρώπων λαμβάνομεν, ἡ μαρτυρία τοῦ Θεοῦ μείζων ἐστίν, ὅτι αὕτη ἐστὶν ἡ μαρτυρία τοῦ Θεοῦ [ὅτι] (ἣν) μεμαρτύρηκεν περὶ τοῦ Υἱοῦ αὐτοῦ.

ΙΩΑΝΟΥ Α

10 ὁ πιστεύων εἰς τὸν Υἱὸν τοῦ Θεοῦ ἔχει τὴν μαρτυρίαν ἐν αὐτῷ. ὁ μὴ πιστεύων τῷ Θεῷ ψεύστην πεποίηκεν αὐτόν, ὅτι οὐ πεπίστευκεν εἰς τὴν μαρτυρίαν ἣν μεμαρτύρηκεν ὁ Θεὸς περὶ τοῦ Υἱοῦ αὐτοῦ. 11 καὶ αὕτη ἐστὶν ἡ μαρτυρία, ὅτι ζωὴν αἰώνιον ἔδωκεν (ἡμῖν) ὁ Θεὸς [ἡμῖν], καὶ αὕτη ἡ ζωὴ ἐν τῷ Υἱῷ αὐτοῦ ἐστιν. 12 ὁ ἔχων τὸν Υἱὸν ἔχει τὴν ζωήν· ὁ μὴ ἔχων τὸν Υἱὸν τοῦ Θεοῦ τὴν ζωὴν οὐκ ἔχει.

Confidence Before God

13 Ταῦτα ἔγραψα ὑμῖν (τοῖς πιστεύουσιν εἰς τὸ ὄνομα τοῦ υἱοῦ τοῦ θεοῦ) ἵνα εἰδῆτε ὅτι ζωὴν ἔχετε αἰώνιον, [τοῖς] (καὶ ἵνα) πιστεύουσιν εἰς τὸ ὄνομα τοῦ Υἱοῦ τοῦ Θεοῦ. 14 Καὶ αὕτη ἐστὶν ἡ παρρησία ἣν ἔχομεν πρὸς αὐτόν, ὅτι ἐάν τι αἰτώμεθα κατὰ τὸ θέλημα αὐτοῦ ἀκούει ἡμῶν. 15 καὶ ἐὰν οἴδαμεν ὅτι ἀκούει ἡμῶν ὃ ἐὰν αἰτώμεθα, οἴδαμεν ὅτι ἔχομεν τὰ αἰτήματα ἃ ᾐτήκαμεν ἀπ' αὐτοῦ. 16 Ἐάν τις ἴδῃ τὸν ἀδελφὸν αὐτοῦ ἁμαρτάνοντα ἁμαρτίαν μὴ πρὸς θάνατον, αἰτήσει, καὶ δώσει αὐτῷ ζωήν, τοῖς ἁμαρτάνουσιν μὴ πρὸς θάνατον. ἔστιν ἁμαρτία πρὸς θάνατον· οὐ περὶ ἐκείνης λέγω ἵνα ἐρωτήσῃ. 17 πᾶσα ἀδικία ἁμαρτία ἐστίν, καὶ ἔστιν ἁμαρτία οὐ πρὸς θάνατον. 18 Οἴδαμεν ὅτι πᾶς ὁ γεγεννημένος ἐκ τοῦ Θεοῦ οὐχ ἁμαρτάνει, ἀλλ' ὁ γεννηθεὶς ἐκ τοῦ Θεοῦ τηρεῖ αὐτόν, καὶ ὁ πονηρὸς οὐχ ἅπτεται αὐτοῦ. 19 οἴδαμεν ὅτι ἐκ τοῦ Θεοῦ ἐσμεν, καὶ ὁ κόσμος ὅλος ἐν τῷ πονηρῷ κεῖται. 20 οἴδαμεν δὲ ὅτι ὁ Υἱὸς τοῦ Θεοῦ ἥκει, καὶ δέδωκεν ἡμῖν διάνοιαν ἵνα γινώσκομεν τὸν ἀληθινόν· καὶ ἐσμὲν ἐν τῷ ἀληθινῷ, ἐν τῷ Υἱῷ αὐτοῦ Ἰησοῦ Χριστῷ. οὗτός ἐστιν ὁ ἀληθινὸς Θεὸς καὶ ζωὴ αἰώνιος. 21 Τεκνία, φυλάξατε ἑαυτὰ ἀπὸ τῶν εἰδώλων. (ἀμήν)

ΙΩΑΝΟΥ Β

Codex Sinaiticus, G-A ℵ
Date: c. 330-360
British Library and var.
1st John closing; 2nd John 1:1 - 1:7 ἐρχόμ - -
BL folio 324
<http://www.codexsinaiticus.org/en/manuscript.aspx?book=56>

ΙΩΑΝΟΥ Β
2 John

Opening Salutation

1 Ὁ πρεσβύτερος ἐκλεκτῇ κυρίᾳ καὶ τοῖς τέκνοις αὐτῆς, οὓς ἐγὼ ἀγαπῶ ἐν ἀληθείᾳ, καὶ οὐκ ἐγὼ μόνος ἀλλὰ καὶ πάντες οἱ ἐγνωκότες τὴν ἀλήθειαν, 2 διὰ τὴν ἀλήθειαν τὴν μένουσαν ἐν ἡμῖν, καὶ μεθ' ἡμῶν ἔσται εἰς τὸν αἰῶνα. 3 ἔσται μεθ' ἡμῶν χάρις ἔλεος εἰρήνη παρὰ Θεοῦ Πατρός, καὶ παρὰ (Κυρίου) Ἰησοῦ Χριστοῦ τοῦ Υἱοῦ τοῦ Πατρός, ἐν ἀληθείᾳ καὶ ἀγάπῃ.

Walk in Truth and Love

4 Ἐχάρην λίαν ὅτι εὕρηκα ἐκ τῶν τέκνων σου περιπατοῦντας ἐν ἀληθείᾳ, καθὼς ἐντολὴν ἐλάβομεν παρὰ τοῦ Πατρός. 5 καὶ νῦν ἐρωτῶ σε, κυρία, οὐχ ὡς ἐντολὴν γράφων σοι καινὴν, ἀλλὰ ἣν εἴχαμεν ἀπ' ἀρχῆς, ἵνα ἀγαπῶμεν ἀλλήλους. 6 καὶ αὕτη ἐστὶν ἡ ἀγάπη, ἵνα περιπατῶμεν κατὰ τὰς ἐντολὰς αὐτοῦ· αὕτη [ἡ ἐντολή ἐστιν] (ἐστιν ἡ ἐντολή), καθὼς ἠκούσατε ἀπ' ἀρχῆς, ἵνα ἐν αὐτῇ περιπατῆτε. 7 ὅτι πολλοὶ πλάνοι ἐξῆλθον εἰς τὸν κόσμον, οἱ μὴ ὁμολογοῦντες Ἰησοῦν Χριστὸν ἐρχόμενον ἐν σαρκί· οὗτός ἐστιν ὁ πλάνος καὶ ὁ ἀντίχριστος. 8 βλέπετε ἑαυτούς, ἵνα μὴ ἀπολέσητε ἃ ἠργασάμεθα, ἀλλὰ μισθὸν πλήρη ἀπολάβητε. 9 πᾶς ὁ προάγων καὶ μὴ μένων ἐν τῇ διδαχῇ τοῦ Χριστοῦ Θεὸν οὐκ ἔχει· ὁ μένων ἐν τῇ διδαχῇ (τοῦ Χριστοῦ), οὗτος καὶ τὸν Πατέρα καὶ τὸν Υἱὸν ἔχει. 10 εἴ τις ἔρχεται πρὸς ὑμᾶς καὶ ταύτην τὴν διδαχὴν οὐ φέρει, μὴ λαμβάνετε αὐτὸν εἰς οἰκίαν, καὶ χαίρειν αὐτῷ μὴ λέγετε· 11 ὁ (γὰρ) λέγων [γὰρ] αὐτῷ χαίρειν κοινωνεῖ τοῖς ἔργοις αὐτοῦ τοῖς πονηροῖς.

Conclusion

12 Πολλὰ ἔχων ὑμῖν γράφειν οὐκ ἐβουλήθην διὰ χάρτου καὶ μέλανος, ἀλλὰ ἐλπίζω [γενέσθαι] (ἐλθεῖν) πρὸς ὑμᾶς καὶ στόμα πρὸς στόμα λαλῆσαι, ἵνα ἡ χαρὰ ἡμῶν (ᾖ) πεπληρωμένη [ᾖ]. 13 Ἀσπάζεταί σε τὰ τέκνα τῆς ἀδελφῆς σου τῆς ἐκλεκτῆς. (ἀμήν)

ΙΩΑΝΟΥ Γ

Codex Sinaiticus, G-A ℵ
Date: c. 330-360
British Library and var.
3rd John
BL folio 324b
<http://www.codexsinaiticus.org/en/manuscript.aspx?book=57>

ΙΩΑΝΟΥ Γ

3 John

Opening Greeting

1 Ὁ πρεσβύτερος Γαΐῳ τῷ ἀγαπητῷ, ὃν ἐγὼ ἀγαπῶ ἐν ἀληθείᾳ.
2 Ἀγαπητέ, περὶ πάντων εὔχομαί σε εὐοδοῦσθαι καὶ ὑγιαίνειν, καθὼς εὐοδοῦταί σου ἡ ψυχή. 3 ἐχάρην γὰρ λίαν ἐρχομένων ἀδελφῶν καὶ μαρτυρούντων σου τῇ ἀληθείᾳ, καθὼς σὺ ἐν ἀληθείᾳ περιπατεῖς. 4 μειζοτέραν τούτων οὐκ ἔχω χαράν, ἵνα ἀκούω τὰ ἐμὰ τέκνα ἐν τῇ ἀληθείᾳ περιπατοῦντα.

Assisting the Messengers of the Gospel

5 Ἀγαπητέ, πιστὸν ποιεῖς ὃ ἐὰν ἐργάσῃ εἰς τοὺς ἀδελφοὺς καὶ [τοῦτο] (εἰς τοὺς) ξένους, 6 οἳ ἐμαρτύρησάν σου τῇ ἀγάπῃ ἐνώπιον ἐκκλησίας, οὓς καλῶς ποιήσεις προπέμψας ἀξίως τοῦ Θεοῦ· 7 ὑπὲρ γὰρ τοῦ Ὀνόματος ἐξῆλθαν μηδὲν λαμβάνοντες ἀπὸ τῶν [ἐθνικῶν] (ἐθνῶν). 8 ἡμεῖς οὖν ὀφείλομεν ὑπολαμβάνειν τοὺς τοιούτους, ἵνα συνεργοὶ γινώμεθα τῇ ἀληθείᾳ.
9 Ἔγραψά τι τῇ ἐκκλησίᾳ· ἀλλ' ὁ φιλοπρωτεύων αὐτῶν Διοτρεφὴς οὐκ ἐπιδέχεται ἡμᾶς. 10 διὰ τοῦτο, ἐὰν ἔλθω, ὑπομνήσω αὐτοῦ τὰ ἔργα ἃ ποιεῖ λόγοις πονηροῖς φλυαρῶν ἡμᾶς, καὶ μὴ ἀρκούμενος ἐπὶ τούτοις οὔτε αὐτὸς ἐπιδέχεται τοὺς ἀδελφοὺς καὶ τοὺς βουλομένους κωλύει καὶ ἐκ τῆς ἐκκλησίας ἐκβάλλει.
11 Ἀγαπητέ, μὴ μιμοῦ τὸ κακὸν ἀλλὰ τὸ ἀγαθόν. ὁ ἀγαθοποιῶν ἐκ τοῦ Θεοῦ ἐστιν· ὁ (δὲ) κακοποιῶν οὐχ ἑώρακεν τὸν Θεόν. 12 Δημητρίῳ μεμαρτύρηται ὑπὸ πάντων καὶ ὑπὸ αὐτῆς τῆς ἀληθείας· καὶ ἡμεῖς δὲ μαρτυροῦμεν, καὶ οἶδας ὅτι ἡ μαρτυρία ἡμῶν ἀληθής ἐστιν.

Conclusion

13 Πολλὰ εἶχον [γράψαι σοι] (γράφειν), ἀλλ' οὐ θέλω διὰ μέλανος καὶ καλάμου σοι [γράφειν] (γράψαι)· 14 ἐλπίζω δὲ εὐθέως [σε] ἰδεῖν (σε), καὶ στόμα πρὸς στόμα λαλήσομεν. 15 Εἰρήνη σοι. ἀσπάζονταί σε οἱ φίλοι. ἀσπάζου τοὺς φίλους κατ' ὄνομα.

ΙΟΥΔΑ

Papyrus 72, Bodmer VIII
Date: c. 300
Cologny/Geneva; Vatican City, Bibl. Bodmeriana
Jude 1 - 4 παρεισεδύη - -

ΙΟΥΔΑ
Jude

Salutation

1 Ἰούδας Ἰησοῦ Χριστοῦ δοῦλος, ἀδελφὸς δὲ Ἰακώβου, τοῖς ἐν Θεῷ Πατρὶ ἠγαπημένοις καὶ Ἰησοῦ Χριστῷ τετηρημένοις κλητοῖς. 2 ἔλεος ὑμῖν καὶ εἰρήνη καὶ ἀγάπη πληθυνθείη.

The Condemnation of False Teachers

3 Ἀγαπητοί, πᾶσαν σπουδὴν ποιούμενος γράφειν ὑμῖν περὶ τῆς κοινῆς ἡμῶν σωτηρίας, ἀνάγκην ἔσχον γράψαι ὑμῖν παρακαλῶν ἐπαγωνίζεσθαι τῇ ἅπαξ παραδοθείσῃ τοῖς ἁγίοις πίστει. 4 παρεισεδύησαν γάρ τινες ἄνθρωποι, οἱ πάλαι προγεγραμμένοι εἰς τοῦτο τὸ κρίμα, ἀσεβεῖς, τὴν τοῦ Θεοῦ ἡμῶν [χάριτα] (χάριν) μετατιθέντες εἰς ἀσέλγειαν καὶ τὸν μόνον Δεσπότην (Θεόν) καὶ Κύριον ἡμῶν Ἰησοῦν Χριστὸν ἀρνούμενοι. 5 Ὑπομνῆσαι δὲ ὑμᾶς βούλομαι, εἰδότας ἅπαξ [πάντα] (τοῦτο), ὅτι Κύριος λαὸν ἐκ γῆς Αἰγύπτου σώσας τὸ δεύτερον τοὺς μὴ πιστεύσαντας ἀπώλεσεν, 6 ἀγγέλους τε τοὺς μὴ τηρήσαντας τὴν ἑαυτῶν ἀρχὴν ἀλλὰ ἀπολιπόντας τὸ ἴδιον οἰκητήριον εἰς κρίσιν μεγάλης ἡμέρας δεσμοῖς ἀϊδίοις ὑπὸ ζόφον τετήρηκεν· 7 ὡς Σόδομα καὶ Γόμορρα καὶ αἱ περὶ αὐτὰς πόλεις, τὸν ὅμοιον [τρόπον τούτοις] (τούτοις τρόπον) ἐκπορνεύσασαι καὶ ἀπελθοῦσαι ὀπίσω σαρκὸς ἑτέρας, πρόκεινται δεῖγμα πυρὸς αἰωνίου δίκην ὑπέχουσαι. 8 Ὁμοίως μέντοι καὶ οὗτοι ἐνυπνιαζόμενοι σάρκα μὲν μιαίνουσιν, κυριότητα δὲ ἀθετοῦσιν, δόξας δὲ βλασφημοῦσιν. 9 ὁ δὲ Μιχαὴλ ὁ ἀρχάγγελος, ὅτε τῷ διαβόλῳ διακρινόμενος διελέγετο περὶ τοῦ Μωϋσέως σώματος, οὐκ ἐτόλμησεν κρίσιν ἐπενεγκεῖν βλασφημίας, ἀλλὰ εἶπεν Ἐπιτιμήσαι σοι Κύριος. 10 οὗτοι δὲ ὅσα μὲν οὐκ οἴδασιν βλασφημοῦσιν, ὅσα δὲ φυσικῶς ὡς τὰ ἄλογα ζῷα ἐπίστανται, ἐν τούτοις φθείρονται. 11 οὐαὶ αὐτοῖς, ὅτι τῇ ὁδῷ τοῦ Κάϊν ἐπορεύθησαν, καὶ τῇ πλάνῃ τοῦ Βαλαὰμ μισθοῦ ἐξεχύθησαν, καὶ τῇ ἀντιλογίᾳ τοῦ Κόρε ἀπώλοντο.

ΙΟΥΔΑ

12 Οὗτοί εἰσιν οἱ ἐν ταῖς ἀγάπαις ὑμῶν σπιλάδες συνευωχούμενοι ἀφόβως, ἑαυτοὺς ποιμαίνοντες, νεφέλαι ἄνυδροι ὑπὸ ἀνέμων παραφερόμεναι, δένδρα φθινοπωρινὰ ἄκαρπα δὶς ἀποθανόντα ἐκριζωθέντα, 13 κύματα ἄγρια θαλάσσης ἐπαφρίζοντα τὰς ἑαυτῶν αἰσχύνας, ἀστέρες πλανῆται, οἷς ὁ ζόφος τοῦ σκότους εἰς αἰῶνα τετήρηται. 14 [Ἐπροφήτευσεν] (Προεφήτευσεν) δὲ καὶ τούτοις ἕβδομος ἀπὸ Ἀδὰμ Ἐνὼχ λέγων Ἰδοὺ ἦλθεν Κύριος ἐν [ἁγίαις μυριάσιν] (μυριάσιν ἁγίαις) αὐτοῦ, 15 ποιῆσαι κρίσιν κατὰ πάντων καὶ [ἐλέγξαι] (ἐξελέγξαι) πάντας τοὺς ἀσεβεῖς (αὐτῶν) περὶ πάντων τῶν ἔργων ἀσεβείας αὐτῶν ὧν ἠσέβησαν καὶ περὶ πάντων τῶν σκληρῶν ὧν ἐλάλησαν κατ' αὐτοῦ ἁμαρτωλοὶ ἀσεβεῖς. 16 Οὗτοί εἰσιν γογγυσταί, μεμψίμοιροι, κατὰ τὰς ἐπιθυμίας αὐτῶν πορευόμενοι, καὶ τὸ στόμα αὐτῶν λαλεῖ ὑπέρογκα, θαυμάζοντες πρόσωπα ὠφελείας χάριν.

Continue in the True Gospel

17 Ὑμεῖς δέ, ἀγαπητοί, μνήσθητε τῶν ῥημάτων τῶν προειρημένων ὑπὸ τῶν ἀποστόλων τοῦ Κυρίου ἡμῶν Ἰησοῦ Χριστοῦ, 18 ὅτι ἔλεγον ὑμῖν [Ἐπ'] (ὅτι ἐν) ἐσχάτου τοῦ χρόνου ἔσονται ἐμπαῖκται κατὰ τὰς ἑαυτῶν ἐπιθυμίας πορευόμενοι τῶν ἀσεβειῶν. 19 Οὗτοί εἰσιν οἱ ἀποδιορίζοντες, ψυχικοί, Πνεῦμα μὴ ἔχοντες. 20 ὑμεῖς δέ, ἀγαπητοί, [ἐποικοδομοῦντες ἑαυτοὺς τῇ ἁγιωτάτῃ ὑμῶν πίστει] (τῇ ἁγιωτάτῃ ὑμῶν πίστει ἐποικοδομοῦντες ἑαυτούς), ἐν Πνεύματι Ἁγίῳ προσευχόμενοι, 21 ἑαυτοὺς ἐν ἀγάπῃ Θεοῦ τηρήσατε, προσδεχόμενοι τὸ ἔλεος τοῦ Κυρίου ἡμῶν Ἰησοῦ Χριστοῦ εἰς ζωὴν αἰώνιον. 22 καὶ οὓς μὲν [ἐλεᾶτε διακρινομένους] (ἐλεεῖτε διακρινόμενοι) 23 (οὓς δὲ ἐν φόβῳ) σῴζετε ἐκ (τοῦ) πυρὸς ἁρπάζοντες, [οὓς δὲ ἐλεᾶτε ἐν φόβῳ,] μισοῦντες καὶ τὸν ἀπὸ τῆς σαρκὸς ἐσπιλωμένον χιτῶνα.

Benediction and Doxology

24 Τῷ δὲ δυναμένῳ φυλάξαι [ὑμᾶς] (αὐτούς) ἀπταίστους καὶ στῆσαι κατενώπιον τῆς δόξης αὐτοῦ ἀμώμους ἐν ἀγαλλιάσει, 25 μόνῳ (σοφῷ) Θεῷ Σωτῆρι ἡμῶν [διὰ Ἰησοῦ Χριστοῦ τοῦ Κυρίου ἡμῶν] δόξα (καὶ) μεγαλωσύνη κράτος καὶ ἐξουσία [πρὸ παντὸς τοῦ αἰῶνος] καὶ νῦν καὶ εἰς πάντας τοὺς αἰῶνας· ἀμήν.

ΑΠΟΚΑΛΥΨΙΣ ΙΩΑΝΟΥ

Papyrus 98
Date: c. 100 - 200
French Institute of Oriental Archaeology, Cairo, Egypt
Revelation 1:13 - 2:1
The biblical text was written on the verso side of this first-century scroll. The original text on the recto side is dated to the end of the first century or the beginning of the second century.

ΑΠΟΚΑΛΥΨΙΣ ΙΩΑΝΟΥ

Revelation 1

Introduction

1 Ἀποκάλυψις Ἰησοῦ Χριστοῦ, ἣν ἔδωκεν αὐτῷ ὁ Θεός, δεῖξαι τοῖς δούλοις αὐτοῦ ἃ δεῖ γενέσθαι ἐν τάχει, καὶ ἐσήμανεν ἀποστείλας διὰ τοῦ ἀγγέλου αὐτοῦ, τῷ δούλῳ αὐτοῦ Ἰωάνῃ, 2 ὃς ἐμαρτύρησεν τὸν λόγον τοῦ Θεοῦ καὶ τὴν μαρτυρίαν Ἰησοῦ Χριστοῦ, ὅσα (τε) εἶδεν. 3 Μακάριος ὁ ἀναγινώσκων καὶ οἱ ἀκούοντες τοὺς λόγους τῆς προφητείας καὶ τηροῦντες τὰ ἐν αὐτῇ γεγραμμένα· ὁ γὰρ καιρὸς ἐγγύς.

Salutation and Doxology

4 Ἰωάνης ταῖς ἑπτὰ ἐκκλησίαις ταῖς ἐν τῇ Ἀσίᾳ·
Χάρις ὑμῖν καὶ εἰρήνη ἀπὸ ὁ ὢν καὶ ὁ ἦν καὶ ὁ ἐρχόμενος, καὶ ἀπὸ τῶν ἑπτὰ Πνευμάτων ἃ (ἐστιν) ἐνώπιον τοῦ θρόνου αὐτοῦ, 5 καὶ ἀπὸ Ἰησοῦ Χριστοῦ, ὁ μάρτυς ὁ πιστός, ὁ πρωτότοκος (ἐκ) τῶν νεκρῶν καὶ ὁ ἄρχων τῶν βασιλέων τῆς γῆς. Τῷ ἀγαπῶντι ἡμᾶς καὶ [λύσαντι] (λούσαντι) ἡμᾶς [ἐκ] (ἀπὸ) τῶν ἁμαρτιῶν ἡμῶν ἐν τῷ αἵματι αὐτοῦ, 6 καὶ ἐποίησεν ἡμᾶς [βασιλείαν] (βασιλεῖς), (καὶ) ἱερεῖς τῷ Θεῷ καὶ Πατρὶ αὐτοῦ, αὐτῷ ἡ δόξα καὶ τὸ κράτος εἰς τοὺς αἰῶνας τῶν αἰώνων· ἀμήν. 7 Ἰδοὺ ἔρχεται μετὰ τῶν νεφελῶν, καὶ ὄψεται αὐτὸν πᾶς ὀφθαλμὸς καὶ οἵτινες αὐτὸν ἐξεκέντησαν, καὶ κόψονται ἐπ' αὐτὸν πᾶσαι αἱ φυλαὶ τῆς γῆς. ναί, ἀμήν.
8 Ἐγώ εἰμι τὸ [Ἄλφα] (Α) καὶ τὸ [Ὦ] (Ω ἀρχὴ καὶ τέλος), λέγει (ὁ) Κύριος [ὁ Θεός], ὁ ὢν καὶ ὁ ἦν καὶ ὁ ἐρχόμενος, ὁ Παντοκράτωρ.

John's Vision of the Son of Man

9 Ἐγὼ Ἰωάνης, ὁ (καὶ) ἀδελφὸς ὑμῶν καὶ συνκοινωνὸς ἐν τῇ θλίψει καὶ (ἐν τῇ) βασιλείᾳ καὶ ὑπομονῇ [ἐν] Ἰησοῦ (Χριστοῦ), ἐγενόμην ἐν τῇ νήσῳ τῇ καλουμένῃ Πάτμῳ διὰ τὸν λόγον τοῦ Θεοῦ καὶ (διὰ) τὴν μαρτυρίαν Ἰησοῦ (Χριστοῦ). 10 ἐγενόμην ἐν Πνεύματι ἐν τῇ κυριακῇ ἡμέρᾳ, καὶ ἤκουσα ὀπίσω μου φωνὴν μεγάλην ὡς σάλπιγγος 11 λεγούσης (Ἐγώ εἰμι τὸ Α καὶ τὸ Ω, Ὁ πρῶτος καὶ ὁ ἔσχατος· καὶ) Ὃ βλέπεις γράψον εἰς βιβλίον καὶ πέμψον ταῖς ἑπτὰ ἐκκλησίαις, (ταῖς ἐν Ἀσίᾳ) εἰς Ἔφεσον καὶ εἰς Σμύρναν καὶ εἰς Πέργαμον καὶ εἰς Θυάτειρα καὶ εἰς Σάρδεις καὶ εἰς Φιλαδελφίαν καὶ εἰς Λαοδικίαν. 12 Καὶ ἐπέστρεψα βλέπειν τὴν φωνὴν ἥτις [ἐλάλει] (ἐλάλησεν) μετ' ἐμοῦ· καὶ ἐπιστρέψας εἶδον ἑπτὰ λυχνίας χρυσᾶς,

ΑΠΟΚΑΛΥΨΙΣ ΙΩΑΝΟΥ

13 καὶ ἐν μέσῳ τῶν (ἑπτὰ) λυχνιῶν ὅμοιον [υἱὸν] (υἱῷ) ἀνθρώπου, ἐνδεδυμένον ποδήρη καὶ περιεζωσμένον πρὸς τοῖς μαστοῖς ζώνην χρυσᾶν· 14 ἡ δὲ κεφαλὴ αὐτοῦ καὶ αἱ τρίχες λευκαὶ ὡς ἔριον λευκόν ὡς χιών, καὶ οἱ ὀφθαλμοὶ αὐτοῦ ὡς φλὸξ πυρός, 15 καὶ οἱ πόδες αὐτοῦ ὅμοιοι χαλκολιβάνῳ ὡς ἐν καμίνῳ πεπυρωμένης, καὶ ἡ φωνὴ αὐτοῦ ὡς φωνὴ ὑδάτων πολλῶν, 16 καὶ ἔχων ἐν τῇ δεξιᾷ [χειρὶ αὐτοῦ] (αὐτοῦ χειρὶ) ἀστέρας ἑπτά, καὶ ἐκ τοῦ στόματος αὐτοῦ ῥομφαία δίστομος ὀξεῖα ἐκπορευομένη, καὶ ἡ ὄψις αὐτοῦ ὡς ὁ ἥλιος φαίνει ἐν τῇ δυνάμει αὐτοῦ. 17 Καὶ ὅτε εἶδον αὐτόν, ἔπεσα πρὸς τοὺς πόδας αὐτοῦ ὡς νεκρός· καὶ [ἔθηκεν] (ἐπέθηκεν) τὴν δεξιὰν αὐτοῦ ἐπ᾽ ἐμὲ λέγων (μοι)

Μὴ φοβοῦ· ἐγώ εἰμι ὁ πρῶτος καὶ ὁ ἔσχατος 18 καὶ ὁ Ζῶν, καὶ ἐγενόμην νεκρὸς καὶ ἰδοὺ ζῶν εἰμι εἰς τοὺς αἰῶνας τῶν αἰώνων, (ἀμήν·) καὶ ἔχω τὰς κλεῖς τοῦ [θανάτου καὶ τοῦ Ἅιδου] (ᾅδου καὶ τοῦ θανάτου). 19 γράψον [οὖν] ἃ εἶδες καὶ ἃ εἰσὶν καὶ ἃ μέλλει γενέσθαι μετὰ ταῦτα. 20 τὸ μυστήριον τῶν ἑπτὰ ἀστέρων [οὓς] (ὧν) εἶδες ἐπὶ τῆς δεξιᾶς μου, καὶ τὰς ἑπτὰ λυχνίας τὰς χρυσᾶς· οἱ ἑπτὰ ἀστέρες ἄγγελοι τῶν ἑπτὰ ἐκκλησιῶν εἰσίν, καὶ αἱ (ἑπτὰ) λυχνίαι [αἱ] (ἃς εἶδες) ἑπτὰ ἑπτὰ ἐκκλησίαι εἰσίν.

Revelation 2

Message to the Church in Ephesus

1 Τῷ ἀγγέλῳ τῆς ἐν [Ἐφέσῳ] (Ἐφεσίνης) ἐκκλησίας γράψον

Τάδε λέγει ὁ κρατῶν τοὺς ἑπτὰ ἀστέρας ἐν τῇ δεξιᾷ αὐτοῦ, ὁ περιπατῶν ἐν μέσῳ τῶν ἑπτὰ λυχνιῶν τῶν χρυσῶν 2 Οἶδα τὰ ἔργα σου καὶ τὸν κόπον (σου) καὶ τὴν ὑπομονήν σου, καὶ ὅτι οὐ δύνῃ βαστάσαι κακούς, καὶ [ἐπείρασας] (ἐπειράσω) τοὺς [λέγοντας ἑαυτοὺς] (φάσκοντας εἶναι) ἀποστόλους καὶ οὐκ εἰσίν, καὶ εὗρες αὐτοὺς ψευδεῖς· 3 [καὶ ὑπομονὴν ἔχεις, καὶ ἐβάστασας] (καὶ ἐβάστασας καὶ ὑπομονὴν ἔχεις καὶ) διὰ τὸ ὄνομά μου, [καὶ οὐ κεκοπίακες] (κεκοπίακας καὶ οὐ κέκμηκας). 4 ἀλλὰ ἔχω κατὰ σοῦ ὅτι τὴν ἀγάπην σου τὴν πρώτην ἀφῆκες. 5 μνημόνευε οὖν πόθεν [πέπτωκες] (ἐκπέπτωκας), καὶ μετανόησον καὶ τὰ πρῶτα ἔργα ποίησον· εἰ δὲ μή, ἔρχομαί σοι (τάχει) καὶ κινήσω τὴν λυχνίαν σου ἐκ τοῦ τόπου αὐτῆς, ἐὰν μὴ μετανοήσῃς. 6 ἀλλὰ τοῦτο ἔχεις, ὅτι μισεῖς τὰ ἔργα τῶν Νικολαϊτῶν, ἃ κἀγὼ μισῶ. 7 Ὁ ἔχων οὖς ἀκουσάτω τί τὸ Πνεῦμα λέγει ταῖς ἐκκλησίαις. Τῷ νικῶντι δώσω αὐτῷ φαγεῖν ἐκ τοῦ ξύλου τῆς ζωῆς, ὅ ἐστιν ἐν [τῷ Παραδείσῳ] (μέσῳ τοῦ παραδείσου) τοῦ Θεοῦ.

ΑΠΟΚΑΛΥΨΙΣ ΙΩΑΝΟΥ

Message to the Church in Smyrna

8 Καὶ τῷ ἀγγέλῳ τῆς ἐν [Σμύρνῃ ἐκκλησίας] (ἐκκλησίας Σμυρναίων) γράψον

Τάδε λέγει ὁ πρῶτος καὶ ὁ ἔσχατος, ὃς ἐγένετο νεκρὸς καὶ ἔζησεν 9 Οἶδά σου (τὰ ἔργα καὶ) τὴν θλῖψιν καὶ τὴν πτωχείαν, [ἀλλὰ] πλούσιος (δὲ) εἶ, καὶ τὴν βλασφημίαν [ἐκ] τῶν λεγόντων Ἰουδαίους εἶναι ἑαυτούς, καὶ οὐκ εἰσίν ἀλλὰ συναγωγὴ τοῦ Σατανᾶ. 10 [μὴ] (μηδὲν) φοβοῦ ἃ μέλλεις πάσχειν. ἰδοὺ μέλλει βάλλειν [ὁ διάβολος ἐξ ὑμῶν] (ἐξ ὑμῶν ὁ διάβολος) εἰς φυλακὴν ἵνα πειρασθῆτε, καὶ ἕξετε θλῖψιν ἡμερῶν δέκα. γίνου πιστὸς ἄχρι θανάτου, καὶ δώσω σοι τὸν στέφανον τῆς ζωῆς. 11 Ὁ ἔχων οὖς ἀκουσάτω τί τὸ Πνεῦμα λέγει ταῖς ἐκκλησίαις. Ὁ νικῶν οὐ μὴ ἀδικηθῇ ἐκ τοῦ θανάτου τοῦ δευτέρου.

Message to the Church in Pergamum

12 Καὶ τῷ ἀγγέλῳ τῆς ἐν Περγάμῳ ἐκκλησίας γράψον

Τάδε λέγει ὁ ἔχων τὴν ῥομφαίαν τὴν δίστομον τὴν ὀξεῖαν 13 Οἶδα (τὰ ἔργα σου, καὶ) ποῦ κατοικεῖς· ὅπου ὁ θρόνος τοῦ Σατανᾶ· καὶ κρατεῖς τὸ ὄνομά μου, καὶ οὐκ ἠρνήσω τὴν πίστιν μου καὶ ἐν ταῖς ἡμέραις (ἐν αἷς) Ἀντιπᾶς ὁ μάρτυς μου ὁ πιστός [μου], ὃς ἀπεκτάνθη παρ' ὑμῖν, ὅπου [ὁ Σατανᾶς κατοικεῖ] (κατοικεῖ ὁ Σατανᾶς). 14 ἀλλ' ἔχω κατὰ σοῦ ὀλίγα, ὅτι ἔχεις ἐκεῖ κρατοῦντας τὴν διδαχὴν Βαλαάμ, ὃς ἐδίδασκεν (ἐν) τῷ Βαλὰκ βαλεῖν σκάνδαλον ἐνώπιον τῶν υἱῶν Ἰσραήλ, φαγεῖν εἰδωλόθυτα καὶ πορνεῦσαι. 15 οὕτως ἔχεις καὶ σὺ κρατοῦντας τὴν διδαχὴν τῶν Νικολαϊτῶν [ὁμοίως] (ὃ μισῶ). 16 μετανόησον οὖν· εἰ δὲ μή, ἔρχομαί σοι ταχύ καὶ πολεμήσω μετ' αὐτῶν ἐν τῇ ῥομφαίᾳ τοῦ στόματός μου. 17 Ὁ ἔχων οὖς ἀκουσάτω τί τὸ Πνεῦμα λέγει ταῖς ἐκκλησίαις. Τῷ νικῶντι δώσω αὐτῷ (φαγεῖν ἀπό) τοῦ μάννα τοῦ κεκρυμμένου, καὶ δώσω αὐτῷ ψῆφον λευκήν, καὶ ἐπὶ τὴν ψῆφον ὄνομα καινὸν γεγραμμένον, ὃ οὐδεὶς [οἶδεν] (ἔγνω) εἰ μὴ ὁ λαμβάνων.

Message to the Church in Thyatira

18 Καὶ τῷ ἀγγέλῳ τῆς ἐν Θυατείροις ἐκκλησίας γράψον

Τάδε λέγει ὁ Υἱὸς τοῦ Θεοῦ, ὁ ἔχων τοὺς ὀφθαλμοὺς αὐτοῦ ὡς φλόγα πυρός, καὶ οἱ πόδες αὐτοῦ ὅμοιοι χαλκολιβάνῳ 19 Οἶδά σου τὰ ἔργα καὶ τὴν ἀγάπην καὶ τὴν [πίστιν καὶ τὴν διακονίαν] (διακονίαν καὶ τὴν πίστιν) καὶ τὴν ὑπομονήν σου, καὶ τὰ ἔργα σου (καὶ) τὰ ἔσχατα πλείονα τῶν πρώτων.

ΑΠΟΚΑΛΥΨΙΣ ΙΩΑΝΟΥ

20 ἀλλὰ ἔχω κατὰ σοῦ (ὀλίγα) ὅτι [ἀφεῖς] (ἐᾷς) τὴν γυναῖκα Ἰεζάβελ, ἡ λέγουσα ἑαυτὴν προφῆτιν, [καὶ] διδάσκει καὶ [πλανᾷ τοὺς] (πλανᾶσθαι) ἐμοὺς δούλους πορνεῦσαι καὶ [φαγεῖν εἰδωλόθυτα] (εἰδωλόθυτα φαγεῖν)· 21 καὶ ἔδωκα αὐτῇ χρόνον ἵνα μετανοήσῃ, [καὶ οὐ θέλει μετανοῆσαι ἐκ τῆς πορνείας αὐτῆς] (ἐκ τῆς πορνείας αὐτῆς καὶ οὐ μετενόησεν). 22 ἰδοὺ (ἐγὼ) βάλλω αὐτὴν εἰς κλίνην, καὶ τοὺς μοιχεύοντας μετ' αὐτῆς εἰς θλῖψιν μεγάλην, ἐὰν μὴ μετανοήσουσιν ἐκ τῶν ἔργων [αὐτῆς] (αὐτῶν)· 23 καὶ τὰ τέκνα αὐτῆς ἀποκτενῶ ἐν θανάτῳ· καὶ γνώσονται πᾶσαι αἱ ἐκκλησίαι ὅτι ἐγώ εἰμι ὁ ἐραυνῶν νεφροὺς καὶ καρδίας, καὶ δώσω ὑμῖν ἑκάστῳ κατὰ τὰ ἔργα ὑμῶν. 24 ὑμῖν δὲ λέγω [τοῖς] (καὶ) λοιποῖς τοῖς ἐν Θυατείροις, ὅσοι οὐκ ἔχουσιν τὴν διδαχὴν ταύτην, (καὶ) οἵτινες οὐκ ἔγνωσαν τὰ βαθέα τοῦ Σατανᾶ, ὡς λέγουσιν, οὐ βάλλω ἐφ' ὑμᾶς ἄλλο βάρος· 25 πλὴν ὃ ἔχετε κρατήσατε ἄχρι οὗ ἂν ἥξω. 26 Καὶ ὁ νικῶν καὶ ὁ τηρῶν ἄχρι τέλους τὰ ἔργα μου, δώσω αὐτῷ ἐξουσίαν ἐπὶ τῶν ἐθνῶν, 27 καὶ ποιμανεῖ αὐτοὺς ἐν ῥάβδῳ σιδηρᾷ, ὡς τὰ σκεύη τὰ κεραμικὰ συντρίβεται, 28 ὡς κἀγὼ εἴληφα παρὰ τοῦ Πατρός μου, καὶ δώσω αὐτῷ τὸν ἀστέρα τὸν πρωϊνόν. 29 Ὁ ἔχων οὖς ἀκουσάτω τί τὸ Πνεῦμα λέγει ταῖς ἐκκλησίαις.

Revelation 3

Message to the Church in Sardis

1 Καὶ τῷ ἀγγέλῳ τῆς ἐν Σάρδεσιν ἐκκλησίας γράψον
Τάδε λέγει ὁ ἔχων τὰ ἑπτὰ Πνεύματα τοῦ Θεοῦ καὶ τοὺς ἑπτὰ ἀστέρας Οἶδά σου τὰ ἔργα, ὅτι (τὸ) ὄνομα ἔχεις ὅτι ζῇς, καὶ νεκρὸς εἶ. 2 γίνου γρηγορῶν, καὶ στήρισον τὰ λοιπὰ ἃ [ἔμελλον] (μέλλει) ἀποθανεῖν· οὐ γὰρ εὕρηκά σου (τὰ) ἔργα πεπληρωμένα ἐνώπιον τοῦ Θεοῦ [μου]· 3 μνημόνευε οὖν πῶς εἴληφας καὶ ἤκουσας, καὶ τήρει καὶ μετανόησον. ἐὰν οὖν μὴ γρηγορήσῃς, ἥξω (ἐπὶ σέ) ὡς κλέπτης, καὶ οὐ μὴ γνῷς ποίαν ὥραν ἥξω ἐπὶ σέ. 4 [ἀλλὰ] ἔχεις ὀλίγα ὀνόματα (καὶ) ἐν Σάρδεσιν ἃ οὐκ ἐμόλυναν τὰ ἱμάτια αὐτῶν, καὶ περιπατήσουσιν μετ' ἐμοῦ ἐν λευκοῖς, ὅτι ἄξιοί εἰσιν. 5 Ὁ νικῶν οὕτως περιβαλεῖται ἐν ἱματίοις λευκοῖς, καὶ οὐ μὴ ἐξαλείψω τὸ ὄνομα αὐτοῦ ἐκ τῆς βίβλου τῆς ζωῆς, καὶ [ὁμολογήσω] (ἐξομολογήσομαι) τὸ ὄνομα αὐτοῦ ἐνώπιον τοῦ Πατρός μου καὶ ἐνώπιον τῶν ἀγγέλων αὐτοῦ. 6 Ὁ ἔχων οὖς ἀκουσάτω τί τὸ Πνεῦμα λέγει ταῖς ἐκκλησίαις.

ΑΠΟΚΑΛΥΨΙΣ ΙΩΑΝΟΥ

Message to the Church in Philadelphia

7 Καὶ τῷ ἀγγέλῳ τῆς ἐν Φιλαδελφίᾳ ἐκκλησίας γράψον

Τάδε λέγει ὁ ἅγιος, ὁ ἀληθινός, ὁ ἔχων τὴν [κλεῖν] (κλεῖδα τοῦ) Δαυείδ, ὁ ἀνοίγων καὶ οὐδεὶς [κλείσει] (κλείει), καὶ [κλείων] (κλείει) καὶ οὐδεὶς ἀνοίγει 8 Οἶδά σου τὰ ἔργα· ἰδοὺ δέδωκα ἐνώπιόν σου θύραν ἠνεῳγμένην, ἣν οὐδεὶς δύναται κλεῖσαι αὐτήν· ὅτι μικρὰν ἔχεις δύναμιν, καὶ ἐτήρησάς μου τὸν λόγον καὶ οὐκ ἠρνήσω τὸ ὄνομά μου. 9 ἰδοὺ [διδῶ] (διδωμι) ἐκ τῆς συναγωγῆς τοῦ Σατανᾶ, τῶν λεγόντων ἑαυτοὺς Ἰουδαίους εἶναι, καὶ οὐκ εἰσὶν ἀλλὰ ψεύδονται· ἰδοὺ ποιήσω αὐτοὺς ἵνα ἥξουσιν καὶ προσκυνήσουσιν ἐνώπιον τῶν ποδῶν σου, καὶ γνῶσιν ὅτι ἐγὼ ἠγάπησά σε. 10 ὅτι ἐτήρησας τὸν λόγον τῆς ὑπομονῆς μου, κἀγώ σε τηρήσω ἐκ τῆς ὥρας τοῦ πειρασμοῦ τῆς μελλούσης ἔρχεσθαι ἐπὶ τῆς οἰκουμένης ὅλης, πειράσαι τοὺς κατοικοῦντας ἐπὶ τῆς γῆς. 11 (ἰδού) ἔρχομαι ταχύ· κράτει ὃ ἔχεις, ἵνα μηδεὶς λάβῃ τὸν στέφανόν σου. 12 Ὁ νικῶν, ποιήσω αὐτὸν στῦλον ἐν τῷ ναῷ τοῦ Θεοῦ μου, καὶ ἔξω οὐ μὴ ἐξέλθῃ ἔτι, καὶ γράψω ἐπ' αὐτὸν τὸ ὄνομα τοῦ Θεοῦ μου καὶ τὸ ὄνομα τῆς πόλεως τοῦ Θεοῦ μου, τῆς καινῆς Ἰερουσαλὴμ ἡ καταβαίνουσα ἐκ τοῦ οὐρανοῦ ἀπὸ τοῦ Θεοῦ μου, καὶ τὸ ὄνομά μου τὸ καινόν. 13 Ὁ ἔχων οὖς ἀκουσάτω τί τὸ Πνεῦμα λέγει ταῖς ἐκκλησίαις.

Message to the Church in Laodicea

14 Καὶ τῷ ἀγγέλῳ τῆς [ἐν Λαοδικίᾳ ἐκκλησίας] (ἐκκλησίας Λαοδικέων) γράψον

Τάδε λέγει ὁ Ἀμήν, ὁ μάρτυς ὁ πιστὸς καὶ ἀληθινός, ἡ ἀρχὴ τῆς κτίσεως τοῦ Θεοῦ 15 Οἶδά σου τὰ ἔργα, ὅτι οὔτε ψυχρὸς εἶ οὔτε ζεστός. ὄφελον ψυχρὸς ἦς ἢ ζεστός. 16 οὕτως, ὅτι χλιαρὸς εἶ, καὶ οὔτε [ζεστὸς οὔτε ψυχρός] (ψυχρός οὔτε ζεστὸς), μέλλω σε ἐμέσαι ἐκ τοῦ στόματός μου. 17 ὅτι λέγεις ὅτι Πλούσιός εἰμι καὶ πεπλούτηκα καὶ [οὐδὲν] (οὐδενὸς) χρείαν ἔχω, καὶ οὐκ οἶδας ὅτι σὺ εἶ ὁ ταλαίπωρος καὶ ἐλεεινὸς καὶ πτωχὸς καὶ τυφλὸς καὶ γυμνός, 18 συμβουλεύω σοι ἀγοράσαι παρ' ἐμοῦ χρυσίον πεπυρωμένον ἐκ πυρὸς ἵνα πλουτήσῃς, καὶ ἱμάτια λευκὰ ἵνα περιβάλῃ καὶ μὴ φανερωθῇ ἡ αἰσχύνη τῆς γυμνότητός σου, καὶ κολλούριον [ἐγχρῖσαι] (ἐγχρῖσον) τοὺς ὀφθαλμούς σου ἵνα βλέπῃς. 19 ἐγὼ ὅσους ἐὰν φιλῶ ἐλέγχω καὶ παιδεύω· ζήλευε οὖν καὶ μετανόησον.

ΑΠΟΚΑΛΥΨΙΣ ΙΩΑΝΟΥ

20 Ἰδοὺ ἕστηκα ἐπὶ τὴν θύραν καὶ κρούω· ἐάν τις ἀκούσῃ τῆς φωνῆς μου καὶ ἀνοίξῃ τὴν θύραν, εἰσελεύσομαι πρὸς αὐτὸν καὶ δειπνήσω μετ' αὐτοῦ καὶ αὐτὸς μετ' ἐμοῦ. 21 Ὁ νικῶν δώσω αὐτῷ καθίσαι μετ' ἐμοῦ ἐν τῷ θρόνῳ μου, ὡς κἀγὼ ἐνίκησα καὶ ἐκάθισα μετὰ τοῦ Πατρός μου ἐν τῷ θρόνῳ αὐτοῦ. 22 Ὁ ἔχων οὖς ἀκουσάτω τί τὸ Πνεῦμα λέγει ταῖς ἐκκλησίαις.

Revelation 4

The Heavenly Throne

1 Μετὰ ταῦτα εἶδον, καὶ ἰδοὺ θύρα ἠνεῳγμένη ἐν τῷ οὐρανῷ, καὶ ἡ φωνὴ ἡ πρώτη ἣν ἤκουσα ὡς σάλπιγγος λαλούσης μετ' ἐμοῦ, [λέγων] (λέγουσα) Ἀνάβα ὧδε, καὶ δείξω σοι ἃ δεῖ γενέσθαι μετὰ ταῦτα. 2 (καὶ) εὐθέως ἐγενόμην ἐν Πνεύματι· καὶ ἰδοὺ θρόνος ἔκειτο ἐν τῷ οὐρανῷ, καὶ ἐπὶ τὸν θρόνον καθήμενος, 3 καὶ ὁ καθήμενος (ἦν) ὅμοιος ὁράσει λίθῳ ἰάσπιδι καὶ [σαρδίῳ] (σαρδίνῳ), καὶ ἶρις κυκλόθεν τοῦ θρόνου ὅμοιος ὁράσει σμαραγδίνῳ. 4 καὶ κυκλόθεν τοῦ θρόνου [θρόνους] (θρόνοι) εἴκοσι (καὶ) τέσσαρας, καὶ ἐπὶ τοὺς θρόνους (εἶδον τοὺς) εἴκοσι (καὶ) τέσσαρας πρεσβυτέρους καθημένους περιβεβλημένους ἐν ἱματίοις λευκοῖς, καὶ (ἔσχον) ἐπὶ τὰς κεφαλὰς αὐτῶν στεφάνους χρυσοῦς. 5 καὶ ἐκ τοῦ θρόνου ἐκπορεύονται ἀστραπαὶ καὶ [φωναὶ καὶ βρονταί] (βρονταί καὶ φωναί)· καὶ ἑπτὰ λαμπάδες πυρὸς καιόμεναι ἐνώπιον τοῦ θρόνου, ἅ εἰσιν τὰ ἑπτὰ Πνεύματα τοῦ Θεοῦ· 6 καὶ ἐνώπιον τοῦ θρόνου [ὡς] θάλασσα ὑαλίνη ὁμοία κρυστάλλῳ· καὶ ἐν μέσῳ τοῦ θρόνου καὶ κύκλῳ τοῦ θρόνου τέσσερα ζῷα γέμοντα ὀφθαλμῶν ἔμπροσθεν καὶ ὄπισθεν. 7 καὶ τὸ ζῷον τὸ πρῶτον ὅμοιον λέοντι, καὶ τὸ δεύτερον ζῷον ὅμοιον μόσχῳ, καὶ τὸ τρίτον ζῷον ἔχων τὸ πρόσωπον ὡς [ἀνθρώπου] (ἄνθρωπος), καὶ τὸ τέταρτον ζῷον ὅμοιον ἀετῷ πετομένῳ. 8 καὶ τὰ τέσσερα ζῷα, ἓν καθ' ἓν αὐτῶν ἔχων ἀνὰ πτέρυγας ἕξ, κυκλόθεν καὶ ἔσωθεν [γέμουσιν] (γέμοντα) ὀφθαλμῶν· καὶ ἀνάπαυσιν οὐκ ἔχουσιν ἡμέρας καὶ νυκτὸς [λέγοντες] (λέγοντα)

Ἅγιος ἅγιος ἅγιος Κύριος ὁ Θεὸς ὁ Παντοκράτωρ,
ὁ ἦν καὶ ὁ ὢν καὶ ὁ ἐρχόμενος.

9 Καὶ ὅταν δώσουσιν τὰ ζῷα δόξαν καὶ τιμὴν καὶ εὐχαριστίαν τῷ καθημένῳ ἐπὶ τῷ θρόνῳ τῷ ζῶντι εἰς τοὺς αἰῶνας τῶν αἰώνων, 10 πεσοῦνται οἱ εἴκοσι τέσσαρες πρεσβύτεροι ἐνώπιον τοῦ καθημένου ἐπὶ τοῦ θρόνου, καὶ προσκυνήσουσιν τῷ ζῶντι εἰς τοὺς αἰῶνας τῶν αἰώνων, καὶ βαλοῦσιν τοὺς στεφάνους αὐτῶν ἐνώπιον τοῦ θρόνου, λέγοντες

ΑΠΟΚΑΛΥΨΙΣ ΙΩΑΝΟΥ

11 Ἄξιος εἶ, [ὁ] Κύριος [καὶ ὁ Θεὸς ἡμῶν],
λαβεῖν τὴν δόξαν καὶ τὴν τιμὴν καὶ τὴν δύναμιν,
ὅτι σὺ ἔκτισας τὰ πάντα,
καὶ διὰ τὸ θέλημά σου [ἦσαν] (εἰσιν) καὶ ἐκτίσθησαν.

Revelation 5

The Sealed Scroll

1 Καὶ εἶδον ἐπὶ τὴν δεξιὰν τοῦ καθημένου ἐπὶ τοῦ θρόνου βιβλίον γεγραμμένον ἔσωθεν καὶ ὄπισθεν, κατεσφραγισμένον σφραγῖσιν ἑπτά. 2 καὶ εἶδον ἄγγελον ἰσχυρὸν κηρύσσοντα ἐν φωνῇ μεγάλῃ Τίς (ἐστιν) ἄξιος ἀνοῖξαι τὸ βιβλίον καὶ λῦσαι τὰς σφραγῖδας αὐτοῦ; 3 καὶ οὐδεὶς ἐδύνατο ἐν τῷ οὐρανῷ οὐδὲ ἐπὶ τῆς γῆς οὐδὲ ὑποκάτω τῆς γῆς ἀνοῖξαι τὸ βιβλίον οὔτε βλέπειν αὐτό. 4 καὶ (ἐγὼ) ἔκλαιον πολὺ, ὅτι οὐδεὶς ἄξιος εὑρέθη ἀνοῖξαι (καὶ ἀναγνῶναι) τὸ βιβλίον οὔτε βλέπειν αὐτό. 5 καὶ εἷς ἐκ τῶν πρεσβυτέρων λέγει μοι Μὴ κλαῖε· ἰδοὺ ἐνίκησεν ὁ Λέων ὁ (ὢν) ἐκ τῆς φυλῆς Ἰούδα, ἡ Ῥίζα Δαυείδ, ἀνοῖξαι τὸ βιβλίον καὶ (λῦσαι) τὰς ἑπτὰ σφραγῖδας αὐτοῦ.

Worthy is the Lamb

6 Καὶ εἶδον (καὶ ἰδοὺ) ἐν μέσῳ τοῦ θρόνου καὶ τῶν τεσσάρων ζῴων καὶ ἐν μέσῳ τῶν πρεσβυτέρων Ἀρνίον ἑστηκὸς ὡς ἐσφαγμένον, ἔχων κέρατα ἑπτὰ καὶ ὀφθαλμοὺς ἑπτά, οἵ εἰσιν τὰ ἑπτὰ [Πνεύματα τοῦ Θεοῦ] (τοῦ θεοῦ πνεύματα τὰ) ἀπεσταλμένοι εἰς πᾶσαν τὴν γῆν. 7 καὶ ἦλθεν καὶ εἴληφεν (τὸ βιβλίον) ἐκ τῆς δεξιᾶς τοῦ καθημένου ἐπὶ τοῦ θρόνου. 8 Καὶ ὅτε ἔλαβεν τὸ βιβλίον, τὰ τέσσερα ζῷα καὶ οἱ εἴκοσι τέσσαρες πρεσβύτεροι ἔπεσαν ἐνώπιον τοῦ Ἀρνίου, ἔχοντες ἕκαστος [κιθάραν] (κιθάρας) καὶ φιάλας χρυσᾶς γεμούσας θυμιαμάτων, αἵ εἰσιν αἱ προσευχαὶ τῶν ἁγίων. 9 καὶ ᾄδουσιν ᾠδὴν καινὴν λέγοντες

> Ἄξιος εἶ λαβεῖν τὸ βιβλίον
> καὶ ἀνοῖξαι τὰς σφραγῖδας αὐτοῦ,
> ὅτι ἐσφάγης καὶ ἠγόρασας τῷ Θεῷ (ἡμᾶς) ἐν τῷ αἵματί σου
> ἐκ πάσης φυλῆς καὶ γλώσσης καὶ λαοῦ καὶ ἔθνους,
> 10 καὶ ἐποίησας [αὐτοὺς] (ἡμᾶς) τῷ Θεῷ ἡμῶν βασιλείαν καὶ ἱερεῖς,
> καὶ βασιλεύσουσιν ἐπὶ τῆς γῆς.

11 καὶ εἶδον, καὶ ἤκουσα φωνὴν ἀγγέλων πολλῶν κύκλῳ τοῦ θρόνου καὶ τῶν ζῴων καὶ τῶν πρεσβυτέρων, καὶ ἦν ὁ ἀριθμὸς αὐτῶν μυριάδες μυριάδων καὶ χιλιάδες χιλιάδων, 12 λέγοντες φωνῇ μεγάλῃ

ΑΠΟΚΑΛΥΨΙΣ ΙΩΑΝΟΥ

Ἄξιός ἐστιν τὸ Ἀρνίον τὸ ἐσφαγμένον
λαβεῖν τὴν δύναμιν καὶ πλοῦτον καὶ σοφίαν καὶ ἰσχὺν
καὶ τιμὴν καὶ δόξαν καὶ εὐλογίαν.

13 καὶ πᾶν κτίσμα ὃ (ἐστιν) ἐν τῷ οὐρανῷ καὶ [ἐπὶ τῆς γῆς] (ἐν τῇ γῇ) καὶ ὑποκάτω τῆς γῆς καὶ ἐπὶ τῆς θαλάσσης (ἅ) ἐστίν, καὶ τὰ ἐν αὐτοῖς πάντα, ἤκουσα λέγοντας

Τῷ καθημένῳ ἐπὶ [τῷ θρόνῳ] (τοῦ θρόνου) καὶ τῷ Ἀρνίῳ
ἡ εὐλογία καὶ ἡ τιμὴ καὶ ἡ δόξα καὶ τὸ κράτος
εἰς τοὺς αἰῶνας τῶν αἰώνων.

14 καὶ τὰ τέσσερα ζῷα ἔλεγον Ἀμήν, καὶ οἱ (εἴκοσιτέσσαρες) πρεσβύτεροι ἔπεσαν καὶ προσεκύνησαν (ζῶντι εἰς τοὺς αἰωνας τῶν αἰώνων).

Revelation 6

The First Seal

1 Καὶ εἶδον ὅτε ἤνοιξεν τὸ Ἀρνίον μίαν ἐκ τῶν ἑπτὰ σφραγίδων, καὶ ἤκουσα ἑνὸς ἐκ τῶν τεσσάρων ζῴων λέγοντος ὡς φωνῇ βροντῆς Ἔρχου (καὶ βλέπε). 2 καὶ εἶδον, καὶ ἰδοὺ ἵππος λευκός, καὶ ὁ καθήμενος ἐπ' αὐτὸν ἔχων τόξον, καὶ ἐδόθη αὐτῷ στέφανος, καὶ ἐξῆλθεν νικῶν καὶ ἵνα νικήσῃ.

The Second Seal

3 Καὶ ὅτε ἤνοιξεν τὴν [σφραγῖδα τὴν δευτέραν] (δευτέραν σφραγῖδα), ἤκουσα τοῦ δευτέρου ζῴου λέγοντος Ἔρχου (καὶ βλέπε). 4 καὶ ἐξῆλθεν ἄλλος ἵππος πυρρός, καὶ τῷ καθημένῳ ἐπ' αὐτὸν ἐδόθη αὐτῷ λαβεῖν τὴν εἰρήνην ἐκ τῆς γῆς καὶ ἵνα ἀλλήλους σφάξουσιν, καὶ ἐδόθη αὐτῷ μάχαιρα μεγάλη.

The Third Seal

5 Καὶ ὅτε ἤνοιξεν τὴν [σφραγῖδα τὴν τρίτην] (τρίτην σφραγῖδα), ἤκουσα τοῦ τρίτου ζῴου λέγοντος Ἔρχου (καὶ βλέπε). καὶ εἶδον, καὶ ἰδοὺ ἵππος μέλας, καὶ ὁ καθήμενος ἐπ' αὐτὸν ἔχων ζυγὸν ἐν τῇ χειρὶ αὐτοῦ. 6 καὶ ἤκουσα [ὡς] φωνὴν ἐν μέσῳ τῶν τεσσάρων ζῴων λέγουσαν Χοῖνιξ σίτου δηναρίου, καὶ τρεῖς χοίνικες [κριθῶν] (κριθῆς) δηναρίου· καὶ τὸ ἔλαιον καὶ τὸν οἶνον μὴ ἀδικήσῃς.

ΑΠΟΚΑΛΥΨΙΣ ΙΩΑΝΟΥ

The Fourth Seal

7 Καὶ ὅτε ἤνοιξεν τὴν σφραγῖδα τὴν τετάρτην, ἤκουσα φωνὴν τοῦ τετάρτου ζῴου λέγοντος Ἔρχου (καὶ βλέπε). 8 καὶ εἶδον, καὶ ἰδοὺ ἵππος χλωρός, καὶ ὁ καθήμενος ἐπάνω αὐτοῦ, ὄνομα αὐτῷ Ὁ Θάνατος, καὶ ὁ Ἅιδης ἠκολούθει μετ' αὐτοῦ, καὶ ἐδόθη αὐτοῖς ἐξουσία [ἐπὶ τὸ τέταρτον τῆς γῆς, ἀποκτεῖναι] (ἀποκτεῖναι ἐπὶ τὸ τέταρτον τῆς γῆς) ἐν ῥομφαίᾳ καὶ ἐν λιμῷ καὶ ἐν θανάτῳ καὶ ὑπὸ τῶν θηρίων τῆς γῆς.

The Fifth Seal

9 Καὶ ὅτε ἤνοιξεν τὴν πέμπτην σφραγῖδα, εἶδον ὑποκάτω τοῦ θυσιαστηρίου τὰς ψυχὰς τῶν ἐσφαγμένων διὰ τὸν λόγον τοῦ Θεοῦ καὶ διὰ τὴν μαρτυρίαν ἣν εἶχον. 10 καὶ ἔκραξαν φωνῇ μεγάλῃ λέγοντες Ἕως πότε, ὁ Δεσπότης ὁ ἅγιος καὶ ἀληθινός, οὐ κρίνεις καὶ ἐκδικεῖς τὸ αἷμα ἡμῶν [ἐκ] (ἀπὸ) τῶν κατοικούντων ἐπὶ τῆς γῆς; 11 καὶ [ἐδόθη αὐτοῖς] (ἐδόθησαν) [ἑκάστῳ στολὴ λευκή] (κάστοις στολαὶ λευκαὶ), καὶ ἐρρέθη αὐτοῖς ἵνα ἀναπαύσωνται ἔτι χρόνον μικρόν, ἕως (οὗ) [πληρωθῶσιν] (πληρωσονται) καὶ οἱ σύνδουλοι αὐτῶν καὶ οἱ ἀδελφοὶ αὐτῶν οἱ μέλλοντες ἀποκτέννεσθαι ὡς καὶ αὐτοί.

The Sixth Seal

12 Καὶ εἶδον ὅτε ἤνοιξεν τὴν σφραγῖδα τὴν ἕκτην, καὶ (ἰδού) σεισμὸς μέγας ἐγένετο, καὶ ὁ ἥλιος ἐγένετο μέλας ὡς σάκκος τρίχινος, καὶ ἡ σελήνη [ὅλη] ἐγένετο ὡς αἷμα, 13 καὶ οἱ ἀστέρες τοῦ οὐρανοῦ ἔπεσαν εἰς τὴν γῆν, ὡς συκῆ βάλλει τοὺς ὀλύνθους αὐτῆς ὑπὸ [ἀνέμου μεγάλου] (μεγάλου ἀνέμου) σειομένη, 14 καὶ ὁ οὐρανὸς ἀπεχωρίσθη ὡς βιβλίον ἑλισσόμενον, καὶ πᾶν ὄρος καὶ νῆσος ἐκ τῶν τόπων αὐτῶν ἐκινήθησαν. 15 καὶ οἱ βασιλεῖς τῆς γῆς καὶ οἱ μεγιστᾶνες καὶ οἱ [χιλίαρχοι καὶ οἱ πλούσιοι καὶ οἱ ἰσχυροὶ] (πλούσιοι καὶ οἱ χιλίαρχοι καὶ οἱ δυνατοὶ) καὶ πᾶς δοῦλος καὶ (πᾶς) ἐλεύθερος ἔκρυψαν ἑαυτοὺς εἰς τὰ σπήλαια καὶ εἰς τὰς πέτρας τῶν ὀρέων, 16 καὶ λέγουσιν τοῖς ὄρεσιν καὶ ταῖς πέτραις Πέσετε ἐφ' ἡμᾶς καὶ κρύψατε ἡμᾶς ἀπὸ προσώπου τοῦ καθημένου ἐπὶ τοῦ θρόνου καὶ ἀπὸ τῆς ὀργῆς τοῦ Ἀρνίου, 17 ὅτι ἦλθεν ἡ ἡμέρα ἡ μεγάλη τῆς ὀργῆς αὐτῶν, καὶ τίς δύναται σταθῆναι;

ΑΠΟΚΑΛΥΨΙΣ ΙΩΑΝΟΥ

Revelation 7

144,000 of Israel Sealed

1 (Καὶ) Μετὰ τοῦτο εἶδον τέσσαρας ἀγγέλους ἑστῶτας ἐπὶ τὰς τέσσαρας γωνίας τῆς γῆς, κρατοῦντας τοὺς τέσσαρας ἀνέμους τῆς γῆς, ἵνα μὴ πνέῃ ἄνεμος ἐπὶ τῆς γῆς μήτε ἐπὶ τῆς θαλάσσης μήτε ἐπὶ πᾶν δένδρον. 2 καὶ εἶδον ἄλλον ἄγγελον [ἀναβαίνοντα] (ἀναβάντα) ἀπὸ ἀνατολῆς ἡλίου, ἔχοντα σφραγῖδα Θεοῦ ζῶντος, καὶ ἔκραξεν φωνῇ μεγάλῃ τοῖς τέσσαρσιν ἀγγέλοις οἷς ἐδόθη αὐτοῖς ἀδικῆσαι τὴν γῆν καὶ τὴν θάλασσαν, 3 λέγων Μὴ ἀδικήσητε τὴν γῆν μήτε τὴν θάλασσαν μήτε τὰ δένδρα, [ἄχρι] (ἄχρις οὗ) σφραγίσωμεν τοὺς δούλους τοῦ Θεοῦ ἡμῶν ἐπὶ τῶν μετώπων αὐτῶν. 4 Καὶ ἤκουσα τὸν ἀριθμὸν τῶν ἐσφραγισμένων, [ἑκατὸν τεσσεράκοντα τέσσαρες] (ρμδ') χιλιάδες ἐσφραγισμένοι ἐκ πάσης φυλῆς υἱῶν Ἰσραήλ·

5 ἐκ φυλῆς Ἰούδα [δώδεκα] (ιβ') χιλιάδες ἐσφραγισμένοι,
ἐκ φυλῆς Ῥουβὴν [δώδεκα] (ιβ') χιλιάδες (ἐσφραγισμένοι),
ἐκ φυλῆς Γὰδ [δώδεκα] (ιβ') χιλιάδες (ἐσφραγισμένοι),
6 ἐκ φυλῆς Ἀσὴρ [δώδεκα] (ιβ') χιλιάδες (ἐσφραγισμένοι),
ἐκ φυλῆς Νεφθαλεὶμ [δώδεκα] (ιβ') χιλιάδες (ἐσφραγισμένοι),
ἐκ φυλῆς Μανασσῆ [δώδεκα] (ιβ') χιλιάδες (ἐσφραγισμένοι),
7 ἐκ φυλῆς Συμεὼν [δώδεκα] (ιβ') χιλιάδες (ἐσφραγισμένοι),
ἐκ φυλῆς Λευεὶ [δώδεκα] (ιβ') χιλιάδες (ἐσφραγισμένοι),
ἐκ φυλῆς Ἰσσαχὰρ [δώδεκα] (ιβ') χιλιάδες (ἐσφραγισμένοι),
8 ἐκ φυλῆς Ζαβουλὼν [δώδεκα] (ιβ') χιλιάδες (ἐσφραγισμένοι),
ἐκ φυλῆς Ἰωσὴφ [δώδεκα] (ιβ') χιλιάδες (ἐσφραγισμένοι),
ἐκ φυλῆς Βενιαμεὶν [δώδεκα] (ιβ') χιλιάδες ἐσφραγισμένοι.

The Multitude from Every Nation

9 Μετὰ ταῦτα εἶδον, καὶ ἰδοὺ ὄχλος πολύς, ὃν ἀριθμῆσαι αὐτὸν οὐδεὶς ἐδύνατο, ἐκ παντὸς ἔθνους καὶ φυλῶν καὶ λαῶν καὶ γλωσσῶν, ἑστῶτες ἐνώπιον τοῦ θρόνου καὶ ἐνώπιον τοῦ Ἀρνίου, περιβεβλημένους στολὰς λευκάς, καὶ φοίνικες ἐν ταῖς χερσὶν αὐτῶν· 10 καὶ κράζουσιν φωνῇ μεγάλῃ λέγοντες

Ἡ σωτηρία τῷ Θεῷ ἡμῶν τῷ καθημένῳ ἐπὶ τῷ θρόνῳ καὶ τῷ Ἀρνίῳ.

11 καὶ πάντες οἱ ἄγγελοι εἱστήκεισαν κύκλῳ τοῦ θρόνου καὶ τῶν πρεσβυτέρων καὶ τῶν τεσσάρων ζῴων, καὶ ἔπεσαν ἐνώπιον τοῦ θρόνου ἐπὶ τὰ πρόσωπα αὐτῶν καὶ προσεκύνησαν τῷ Θεῷ,

ΑΠΟΚΑΛΥΨΙΣ ΙΩΑΝΟΥ

12 λέγοντες

Ἀμήν, ἡ εὐλογία καὶ ἡ δόξα καὶ ἡ σοφία καὶ ἡ εὐχαριστία
καὶ ἡ τιμὴ καὶ ἡ δύναμις καὶ ἡ ἰσχὺς
τῷ Θεῷ ἡμῶν εἰς τοὺς αἰῶνας τῶν αἰώνων· ἀμήν.

13 Καὶ ἀπεκρίθη εἷς ἐκ τῶν πρεσβυτέρων λέγων μοι Οὗτοι οἱ περιβεβλημένοι τὰς στολὰς τὰς λευκὰς τίνες εἰσὶν καὶ πόθεν ἦλθον; 14 καὶ εἴρηκα αὐτῷ Κύριέ μου, σὺ οἶδας. καὶ εἶπέν μοι Οὗτοί εἰσιν οἱ ἐρχόμενοι ἐκ τῆς θλίψεως τῆς μεγάλης, καὶ ἔπλυναν τὰς στολὰς αὐτῶν καὶ ἐλεύκαναν αὐτὰς ἐν τῷ αἵματι τοῦ Ἀρνίου. 15 διὰ τοῦτό εἰσιν ἐνώπιον τοῦ θρόνου τοῦ Θεοῦ, καὶ λατρεύουσιν αὐτῷ ἡμέρας καὶ νυκτὸς ἐν τῷ ναῷ αὐτοῦ, καὶ ὁ καθήμενος ἐπὶ τοῦ θρόνου σκηνώσει ἐπ' αὐτούς. 16 οὐ πεινάσουσιν ἔτι οὐδὲ διψήσουσιν ἔτι, οὐδὲ μὴ πέσῃ ἐπ' αὐτοὺς ὁ ἥλιος οὐδὲ πᾶν καῦμα, 17 ὅτι τὸ Ἀρνίον τὸ ἀνὰ μέσον τοῦ θρόνου ποιμανεῖ αὐτοὺς καὶ ὁδηγήσει αὐτοὺς ἐπὶ ζωῆς πηγὰς ὑδάτων· καὶ ἐξαλείψει ὁ Θεὸς πᾶν δάκρυον ἐκ τῶν ὀφθαλμῶν αὐτῶν.

Revelation 8

The Seventh Seal

1 Καὶ ὅταν ἤνοιξεν τὴν σφραγῖδα τὴν ἑβδόμην, ἐγένετο σιγὴ ἐν τῷ οὐρανῷ ὡς ἡμιώριον. 2 καὶ εἶδον τοὺς ἑπτὰ ἀγγέλους οἳ ἐνώπιον τοῦ Θεοῦ ἑστήκασιν, καὶ ἐδόθησαν αὐτοῖς ἑπτὰ σάλπιγγες. 3 Καὶ ἄλλος ἄγγελος ἦλθεν καὶ ἐστάθη ἐπὶ τοῦ θυσιαστηρίου ἔχων λιβανωτὸν χρυσοῦν, καὶ ἐδόθη αὐτῷ θυμιάματα πολλὰ ἵνα δώσει ταῖς προσευχαῖς τῶν ἁγίων πάντων ἐπὶ τὸ θυσιαστήριον τὸ χρυσοῦν τὸ ἐνώπιον τοῦ θρόνου. 4 καὶ ἀνέβη ὁ καπνὸς τῶν θυμιαμάτων ταῖς προσευχαῖς τῶν ἁγίων ἐκ χειρὸς τοῦ ἀγγέλου ἐνώπιον τοῦ Θεοῦ. 5 καὶ εἴληφεν ὁ ἄγγελος τὸν λιβανωτόν, καὶ ἐγέμισεν αὐτὸν ἐκ τοῦ πυρὸς τοῦ θυσιαστηρίου καὶ ἔβαλεν εἰς τὴν γῆν· καὶ ἐγένοντο [βρονταὶ καὶ φωναὶ] (φωναὶ καὶ βρονταὶ) καὶ ἀστραπαὶ καὶ σεισμός. 6 Καὶ οἱ ἑπτὰ ἄγγελοι οἱ ἔχοντες τὰς ἑπτὰ σάλπιγγας ἡτοίμασαν αὐτοὺς ἵνα σαλπίσωσιν.

The First Trumpet

7 Καὶ ὁ πρῶτος (ἄγγελος) ἐσάλπισεν· καὶ ἐγένετο χάλαζα καὶ πῦρ μεμιγμένα ἐν αἵματι καὶ ἐβλήθη εἰς τὴν γῆν· [καὶ τὸ τρίτον τῆς γῆς κατεκάη,] καὶ τὸ τρίτον τῶν δένδρων κατεκάη, καὶ πᾶς χόρτος χλωρὸς κατεκάη.

ΑΠΟΚΑΛΥΨΙΣ ΙΩΑΝΟΥ

The Second Trumpet

8 Καὶ ὁ δεύτερος ἄγγελος ἐσάλπισεν· καὶ ὡς ὄρος μέγα πυρὶ καιόμενον ἐβλήθη εἰς τὴν θάλασσαν· καὶ ἐγένετο τὸ τρίτον τῆς θαλάσσης αἷμα, 9 καὶ ἀπέθανεν τὸ τρίτον τῶν κτισμάτων τῶν ἐν τῇ θαλάσσῃ, τὰ ἔχοντα ψυχάς, καὶ τὸ τρίτον τῶν πλοίων [διεφθάρησαν] (διεφθάρη).

The Third Trumpet

10 Καὶ ὁ τρίτος ἄγγελος ἐσάλπισεν· καὶ ἔπεσεν ἐκ τοῦ οὐρανοῦ ἀστὴρ μέγας καιόμενος ὡς λαμπάς, καὶ ἔπεσεν ἐπὶ τὸ τρίτον τῶν ποταμῶν καὶ ἐπὶ τὰς πηγὰς τῶν ὑδάτων. 11 καὶ τὸ ὄνομα τοῦ ἀστέρος λέγεται Ὁ Ἄψινθος. καὶ ἐγένετο τὸ τρίτον τῶν ὑδάτων εἰς ἄψινθον, καὶ πολλοὶ τῶν ἀνθρώπων ἀπέθανον ἐκ τῶν ὑδάτων ὅτι ἐπικράνθησαν.

The Fourth Trumpet

12 Καὶ ὁ τέταρτος ἄγγελος ἐσάλπισεν· καὶ ἐπλήγη τὸ τρίτον τοῦ ἡλίου καὶ τὸ τρίτον τῆς σελήνης καὶ τὸ τρίτον τῶν ἀστέρων, ἵνα σκοτισθῇ τὸ τρίτον αὐτῶν καὶ ἡ ἡμέρα μὴ φάνῃ τὸ τρίτον αὐτῆς, καὶ ἡ νὺξ ὁμοίως.
13 Καὶ εἶδον, καὶ ἤκουσα ἑνὸς [ἀετοῦ πετομένου] (ἀγγέλου πετωμένου) ἐν μεσουρανήματι λέγοντος φωνῇ μεγάλῃ Οὐαὶ οὐαὶ οὐαὶ τοὺς κατοικοῦντας ἐπὶ τῆς γῆς ἐκ τῶν λοιπῶν φωνῶν τῆς σάλπιγγος τῶν τριῶν ἀγγέλων τῶν μελλόντων σαλπίζειν.

Revelation 9

The Fifth Trumpet

1 Καὶ ὁ πέμπτος ἄγγελος ἐσάλπισεν· καὶ εἶδον ἀστέρα ἐκ τοῦ οὐρανοῦ πεπτωκότα εἰς τὴν γῆν, καὶ ἐδόθη αὐτῷ ἡ κλεὶς τοῦ φρέατος τῆς ἀβύσσου. 2 καὶ ἤνοιξεν τὸ φρέαρ τῆς ἀβύσσου· καὶ ἀνέβη καπνὸς ἐκ τοῦ φρέατος ὡς καπνὸς καμίνου μεγάλης, καὶ ἐσκοτώθη ὁ ἥλιος καὶ ὁ ἀὴρ ἐκ τοῦ καπνοῦ τοῦ φρέατος. 3 καὶ ἐκ τοῦ καπνοῦ ἐξῆλθον ἀκρίδες εἰς τὴν γῆν, καὶ ἐδόθη αὐτοῖς ἐξουσία ὡς ἔχουσιν ἐξουσίαν οἱ σκορπίοι τῆς γῆς. 4 καὶ ἐρρέθη αὐτοῖς ἵνα μὴ ἀδικήσουσιν τὸν χόρτον τῆς γῆς οὐδὲ πᾶν χλωρὸν οὐδὲ πᾶν δένδρον, εἰ μὴ τοὺς ἀνθρώπους (μόνους) οἵτινες οὐκ ἔχουσιν τὴν σφραγῖδα τοῦ Θεοῦ ἐπὶ τῶν μετώπων (αὐτῶν). 5 καὶ ἐδόθη αὐτοῖς ἵνα μὴ ἀποκτείνωσιν αὐτούς, ἀλλ᾽ ἵνα βασανισθήσονται μῆνας πέντε· καὶ ὁ βασανισμὸς αὐτῶν ὡς βασανισμὸς σκορπίου, ὅταν παίσῃ ἄνθρωπον.

ΑΠΟΚΑΛΥΨΙΣ ΙΩΑΝΟΥ

6 καὶ ἐν ταῖς ἡμέραις ἐκείναις ζητήσουσιν οἱ ἄνθρωποι τὸν θάνατον καὶ [οὐ μὴ] (οὐχ) εὑρήσουσιν αὐτόν, καὶ ἐπιθυμήσουσιν ἀποθανεῖν καὶ [φεύγει] (φεύξεται) ὁ θάνατος ἀπ' αὐτῶν. 7 καὶ τὰ ὁμοιώματα τῶν ἀκρίδων ὅμοιοι ἵπποις ἡτοιμασμένοις εἰς πόλεμον, καὶ ἐπὶ τὰς κεφαλὰς αὐτῶν ὡς στέφανοι ὅμοιοι χρυσῷ, καὶ τὰ πρόσωπα αὐτῶν ὡς πρόσωπα ἀνθρώπων, 8 καὶ εἶχαν τρίχας ὡς τρίχας γυναικῶν, καὶ οἱ ὀδόντες αὐτῶν ὡς λεόντων ἦσαν, 9 καὶ εἶχον θώρακας ὡς θώρακας σιδηροῦς, καὶ ἡ φωνὴ τῶν πτερύγων αὐτῶν ὡς φωνὴ ἁρμάτων ἵππων πολλῶν τρεχόντων εἰς πόλεμον. 10 καὶ ἔχουσιν οὐρὰς ὁμοίας σκορπίοις καὶ κέντρα, καὶ ἐν ταῖς οὐραῖς αὐτῶν (καὶ) ἡ ἐξουσία αὐτῶν ἀδικῆσαι τοὺς ἀνθρώπους μῆνας πέντε. 11 (καὶ) ἔχουσιν ἐπ' αὐτῶν βασιλέα τὸν ἄγγελον τῆς ἀβύσσου, ὄνομα αὐτῷ Ἑβραϊστὶ Ἀβαδδὼν καὶ ἐν τῇ Ἑλληνικῇ ὄνομα ἔχει Ἀπολλύων. 12 Ἡ Οὐαὶ ἡ μία ἀπῆλθεν· ἰδοὺ ἔρχεται ἔτι δύο Οὐαὶ μετὰ ταῦτα.

The Sixth Trumpet

13 Καὶ ὁ ἕκτος ἄγγελος ἐσάλπισεν· καὶ ἤκουσα φωνὴν μίαν ἐκ τῶν τεσσάρων κεράτων τοῦ θυσιαστηρίου τοῦ χρυσοῦ τοῦ ἐνώπιον τοῦ Θεοῦ, 14 λέγοντα τῷ ἕκτῳ ἀγγέλῳ, [ὁ ἔχων] (ὃς εἶχε) τὴν σάλπιγγα Λῦσον τοὺς τέσσαρας ἀγγέλους τοὺς δεδεμένους ἐπὶ τῷ ποταμῷ τῷ μεγάλῳ Εὐφράτῃ. 15 καὶ ἐλύθησαν οἱ τέσσαρες ἄγγελοι οἱ ἡτοιμασμένοι εἰς τὴν ὥραν καὶ ἡμέραν καὶ μῆνα καὶ ἐνιαυτόν, ἵνα ἀποκτείνωσιν τὸ τρίτον τῶν ἀνθρώπων. 16 καὶ ὁ ἀριθμὸς τῶν στρατευμάτων τοῦ ἱππικοῦ [δισμυριάδες] (δύο μυριάδες) μυριάδων· (καὶ) ἤκουσα τὸν ἀριθμὸν αὐτῶν. 17 καὶ οὕτως εἶδον τοὺς ἵππους ἐν τῇ ὁράσει καὶ τοὺς καθημένους ἐπ' αὐτῶν, ἔχοντας θώρακας πυρίνους καὶ ὑακινθίνους καὶ θειώδεις· καὶ αἱ κεφαλαὶ τῶν ἵππων ὡς κεφαλαὶ λεόντων, καὶ ἐκ τῶν στομάτων αὐτῶν ἐκπορεύεται πῦρ καὶ καπνὸς καὶ θεῖον. 18 ἀπὸ τῶν τριῶν [πληγῶν] τούτων ἀπεκτάνθησαν τὸ τρίτον τῶν ἀνθρώπων, ἐκ τοῦ πυρὸς καὶ τοῦ καπνοῦ καὶ τοῦ θείου τοῦ ἐκπορευομένου ἐκ τῶν στομάτων αὐτῶν. 19 [ἡ] (αἱ) γὰρ ἐξουσία [τῶν ἵππων] (αὐτῶν) ἐν τῷ στόματι αὐτῶν [ἐστιν καὶ ἐν ταῖς οὐραῖς αὐτῶν] (εἰσιν)· αἱ γὰρ οὐραὶ αὐτῶν ὅμοιαι ὄφεσιν, ἔχουσαι κεφαλάς, καὶ ἐν αὐταῖς ἀδικοῦσιν. 20 καὶ οἱ λοιποὶ τῶν ἀνθρώπων, οἳ οὐκ ἀπεκτάνθησαν ἐν ταῖς πληγαῖς ταύταις, οὐδὲ μετενόησαν ἐκ τῶν ἔργων τῶν χειρῶν αὐτῶν, ἵνα μὴ προσκυνήσουσιν τὰ δαιμόνια καὶ τὰ εἴδωλα τὰ χρυσᾶ καὶ τὰ ἀργυρᾶ καὶ τὰ χαλκᾶ καὶ τὰ λίθινα καὶ τὰ ξύλινα, ἃ οὔτε βλέπειν δύνανται οὔτε ἀκούειν οὔτε περιπατεῖν,

ΑΠΟΚΑΛΥΨΙΣ ΙΩΑΝΟΥ

21 καὶ οὐ μετενόησαν ἐκ τῶν φόνων αὐτῶν οὔτε ἐκ τῶν φαρμακιῶν αὐτῶν οὔτε ἐκ τῆς πορνείας αὐτῶν οὔτε ἐκ τῶν κλεμμάτων αὐτῶν.

Revelation 10

A Mighty Angel with a Little Scroll

1 Καὶ εἶδον ἄλλον ἄγγελον ἰσχυρὸν καταβαίνοντα ἐκ τοῦ οὐρανοῦ, περιβεβλημένον νεφέλην, καὶ ἡ ἶρις ἐπὶ τὴν κεφαλὴν [αὐτοῦ], καὶ τὸ πρόσωπον αὐτοῦ ὡς ὁ ἥλιος, καὶ οἱ πόδες αὐτοῦ ὡς στῦλοι πυρός, 2 καὶ ἔχων ἐν τῇ χειρὶ αὐτοῦ βιβλαρίδιον ἠνεῳγμένον. καὶ ἔθηκεν τὸν πόδα αὐτοῦ τὸν δεξιὸν ἐπὶ τῆς θαλάσσης, τὸν δὲ εὐώνυμον ἐπὶ τῆς γῆς, 3 καὶ ἔκραξεν φωνῇ μεγάλη ὥσπερ λέων μυκᾶται. καὶ ὅτε ἔκραξεν, ἐλάλησαν αἱ ἑπτὰ βρονταὶ τὰς ἑαυτῶν φωνάς. 4 Καὶ ὅτε ἐλάλησαν αἱ ἑπτὰ βρονταί, (τὰς φωνὰς ἑαυτῶν) ἤμελλον γράφειν· καὶ ἤκουσα φωνὴν ἐκ τοῦ οὐρανοῦ λέγουσαν (μοι) Σφράγισον ἃ ἐλάλησαν αἱ ἑπτὰ βρονταί, καὶ μὴ αὐτὰ γράψῃς. 5 Καὶ ὁ ἄγγελος, ὃν εἶδον ἑστῶτα ἐπὶ τῆς θαλάσσης καὶ ἐπὶ τῆς γῆς, ἦρεν τὴν χεῖρα αὐτοῦ [τὴν δεξιὰν] εἰς τὸν οὐρανόν, 6 καὶ ὤμοσεν ἐν τῷ ζῶντι εἰς τοὺς αἰῶνας τῶν αἰώνων, ὃς ἔκτισεν τὸν οὐρανὸν καὶ τὰ ἐν αὐτῷ καὶ τὴν γῆν καὶ τὰ ἐν αὐτῇ καὶ τὴν θάλασσαν καὶ τὰ ἐν αὐτῇ, ὅτι χρόνος [οὐκέτι ἔσται] (οὐκ ἔσται ἔτι), 7 ἀλλ' ἐν ταῖς ἡμέραις τῆς φωνῆς τοῦ ἑβδόμου ἀγγέλου, ὅταν μέλλῃ σαλπίζειν, καὶ ἐτελέσθη τὸ μυστήριον τοῦ Θεοῦ, ὡς εὐηγγέλισεν τοὺς ἑαυτοῦ δούλους τοὺς προφήτας. 8 Καὶ ἡ φωνὴ ἣν ἤκουσα ἐκ τοῦ οὐρανοῦ, πάλιν λαλοῦσαν μετ' ἐμοῦ καὶ λέγουσαν Ὕπαγε λάβε τὸ [βιβλίον] (βιβλαρίδιον) τὸ ἠνεῳγμένον ἐν τῇ χειρὶ [τοῦ] ἀγγέλου τοῦ ἑστῶτος ἐπὶ τῆς θαλάσσης καὶ ἐπὶ τῆς γῆς. 9 καὶ ἀπῆλθα πρὸς τὸν ἄγγελον, λέγων αὐτῷ [δοῦναί] (Δός) μοι τὸ βιβλαρίδιον. καὶ λέγει μοι Λάβε καὶ κατάφαγε αὐτό, καὶ πικρανεῖ σου τὴν κοιλίαν, ἀλλ' ἐν τῷ στόματί σου ἔσται γλυκὺ ὡς μέλι. 10 καὶ ἔλαβον τὸ βιβλαρίδιον ἐκ τῆς χειρὸς τοῦ ἀγγέλου καὶ κατέφαγον αὐτό, καὶ ἦν ἐν τῷ στόματί μου ὡς μέλι γλυκύ· καὶ ὅτε ἔφαγον αὐτό, ἐπικράνθη ἡ κοιλία μου. 11 καὶ [λέγουσίν] (λέγει) μοι Δεῖ σε πάλιν προφητεῦσαι ἐπὶ λαοῖς καὶ ἔθνεσιν καὶ γλώσσαις καὶ βασιλεῦσιν πολλοῖς.

ΑΠΟΚΑΛΥΨΙΣ ΙΩΑΝΟΥ

Revelation 11

Two Witnesses

1 Καὶ ἐδόθη μοι κάλαμος ὅμοιος ῥάβδῳ, λέγων Ἔγειρε καὶ μέτρησον τὸν ναὸν τοῦ Θεοῦ καὶ τὸ θυσιαστήριον καὶ τοὺς προσκυνοῦντας ἐν αὐτῷ. 2 καὶ τὴν αὐλὴν τὴν ἔξωθεν τοῦ ναοῦ ἔκβαλε ἔξωθεν καὶ μὴ αὐτὴν μετρήσῃς, ὅτι ἐδόθη τοῖς ἔθνεσιν, καὶ τὴν πόλιν τὴν ἁγίαν πατήσουσιν μῆνας τεσσεράκοντα δύο. 3 καὶ δώσω τοῖς δυσὶν μάρτυσίν μου, καὶ προφητεύσουσιν ἡμέρας χιλίας διακοσίας ἑξήκοντα περιβεβλημένοι σάκκους. 4 Οὗτοί εἰσιν αἱ δύο ἐλαῖαι καὶ αἱ δύο λυχνίαι αἱ ἐνώπιον τοῦ Κυρίου τῆς γῆς ἑστῶτες. 5 καὶ εἴ τις αὐτοὺς θέλει ἀδικῆσαι, πῦρ ἐκπορεύεται ἐκ τοῦ στόματος αὐτῶν καὶ κατεσθίει τοὺς ἐχθροὺς αὐτῶν· καὶ εἴ τις [θελήσῃ αὐτοὺς] (αὐτοὺς θέλῃ) ἀδικῆσαι, οὕτως δεῖ αὐτὸν ἀποκτανθῆναι. 6 οὗτοι ἔχουσιν τὴν ἐξουσίαν κλεῖσαι τὸν οὐρανόν, ἵνα μὴ [ὑετὸς βρέχῃ] (βρέχῃ ὑετὸς) [τὰς] (ἐν) ἡμέρας (αὐτῶν) τῆς προφητείας [αὐτῶν], καὶ ἐξουσίαν ἔχουσιν ἐπὶ τῶν ὑδάτων στρέφειν αὐτὰ εἰς αἷμα καὶ πατάξαι τὴν γῆν [ἐν] πάσῃ πληγῇ ὁσάκις ἐὰν θελήσωσιν. 7 καὶ ὅταν τελέσωσιν τὴν μαρτυρίαν αὐτῶν, τὸ θηρίον τὸ ἀναβαῖνον ἐκ τῆς ἀβύσσου ποιήσει [μετ᾽ αὐτῶν πόλεμον] (πόλεμον μετ᾽ αὐτῶν) καὶ νικήσει αὐτοὺς καὶ ἀποκτενεῖ αὐτούς. 8 καὶ τὸ πτῶμα αὐτῶν ἐπὶ τῆς πλατείας [τῆς] πόλεως τῆς μεγάλης, ἥτις καλεῖται πνευματικῶς Σόδομα καὶ Αἴγυπτος, ὅπου καὶ ὁ Κύριος αὐτῶν ἐσταυρώθη. 9 καὶ βλέπουσιν ἐκ τῶν λαῶν καὶ φυλῶν καὶ γλωσσῶν καὶ ἐθνῶν τὸ πτῶμα αὐτῶν ἡμέρας τρεῖς καὶ ἥμισυ, καὶ τὰ πτώματα αὐτῶν οὐκ ἀφίουσιν τεθῆναι εἰς μνῆμα. 10 καὶ οἱ κατοικοῦντες ἐπὶ τῆς γῆς χαίρουσιν ἐπ᾽ αὐτοῖς καὶ [εὐφραίνονται] (εὐφρανθήσονται), καὶ δῶρα πέμψουσιν ἀλλήλοις, ὅτι οὗτοι οἱ δύο προφῆται ἐβασάνισαν τοὺς κατοικοῦντας ἐπὶ τῆς γῆς. 11 καὶ μετὰ τὰς τρεῖς ἡμέρας καὶ ἥμισυ πνεῦμα ζωῆς ἐκ τοῦ Θεοῦ εἰσῆλθεν ἐν αὐτοῖς, καὶ ἔστησαν ἐπὶ τοὺς πόδας αὐτῶν, καὶ φόβος μέγας ἐπέπεσεν ἐπὶ τοὺς θεωροῦντας αὐτούς. 12 καὶ ἤκουσαν [φωνῆς μεγάλης] (φωνὴν μεγάλην) ἐκ τοῦ οὐρανοῦ [λεγούσης] (λέγουσαν) αὐτοῖς Ἀνάβατε ὧδε· καὶ ἀνέβησαν εἰς τὸν οὐρανὸν ἐν τῇ νεφέλῃ, καὶ ἐθεώρησαν αὐτοὺς οἱ ἐχθροὶ αὐτῶν. 13 Καὶ ἐν ἐκείνῃ τῇ ὥρᾳ ἐγένετο σεισμὸς μέγας, καὶ τὸ δέκατον τῆς πόλεως ἔπεσεν, καὶ ἀπεκτάνθησαν ἐν τῷ σεισμῷ ὀνόματα ἀνθρώπων χιλιάδες ἑπτά, καὶ οἱ λοιποὶ ἔμφοβοι ἐγένοντο καὶ ἔδωκαν δόξαν τῷ Θεῷ τοῦ οὐρανοῦ. 14 Ἡ Οὐαὶ ἡ δευτέρα ἀπῆλθεν· ἰδοὺ ἡ Οὐαὶ ἡ τρίτη ἔρχεται ταχύ.

ΑΠΟΚΑΛΥΨΙΣ ΙΩΑΝΟΥ

The Seventh Trumpet

15 Καὶ ὁ ἕβδομος ἄγγελος ἐσάλπισεν· καὶ ἐγένοντο φωναὶ μεγάλαι ἐν τῷ οὐρανῷ, λέγοντες

Ἐγένετο ἡ βασιλεία τοῦ κόσμου τοῦ Κυρίου ἡμῶ
καὶ τοῦ Χριστοῦ αὐτοῦ,
καὶ βασιλεύσει εἰς τοὺς αἰῶνας τῶν αἰώνων.

16 καὶ οἱ εἴκοσι τέσσαρες πρεσβύτεροι οἱ ἐνώπιον τοῦ Θεοῦ καθήμενοι ἐπὶ τοὺς θρόνους αὐτῶν, ἔπεσαν ἐπὶ τὰ πρόσωπα αὐτῶν καὶ προσεκύνησαν τῷ Θεῷ, 17 λέγοντες

Εὐχαριστοῦμέν σοι, Κύριε ὁ Θεὸς ὁ Παντοκράτωρ,
ὁ ὢν καὶ ὁ ἦν (καὶ ὁ ἐρχόμενος),
ὅτι εἴληφας τὴν δύναμίν σου τὴν μεγάλην καὶ ἐβασίλευσας·
18 καὶ τὰ ἔθνη ὠργίσθησαν,
καὶ ἦλθεν ἡ ὀργή σου καὶ ὁ καιρὸς τῶν νεκρῶν κριθῆναι
καὶ δοῦναι τὸν μισθὸν τοῖς δούλοις σου τοῖς προφήταις
καὶ τοῖς ἁγίοις καὶ τοῖς φοβουμένοις τὸ ὄνομά σου,
τοῖς μικροῖς καὶ τοῖς μεγάλοις,
καὶ διαφθεῖραι τοὺς διαφθείροντας τὴν γῆν.

19 καὶ ἠνοίγη ὁ ναὸς τοῦ Θεοῦ ὁ ἐν τῷ οὐρανῷ, καὶ ὤφθη ἡ κιβωτὸς τῆς διαθήκης αὐτοῦ ἐν τῷ ναῷ αὐτοῦ, καὶ ἐγένοντο ἀστραπαὶ καὶ φωναὶ καὶ βρονταὶ καὶ σεισμὸς καὶ χάλαζα μεγάλη.

Revelation 12

The Woman and the Dragon

1 Καὶ σημεῖον μέγα ὤφθη ἐν τῷ οὐρανῷ, γυνὴ περιβεβλημένη τὸν ἥλιον, καὶ ἡ σελήνη ὑποκάτω τῶν ποδῶν αὐτῆς, καὶ ἐπὶ τῆς κεφαλῆς αὐτῆς στέφανος ἀστέρων δώδεκα, 2 καὶ ἐν γαστρὶ ἔχουσα, [καὶ] κράζει ὠδίνουσα καὶ βασανιζομένη τεκεῖν. 3 καὶ ὤφθη ἄλλο σημεῖον ἐν τῷ οὐρανῷ, καὶ ἰδοὺ δράκων [πυρρός μέγας] (μέγας πυρρός), ἔχων κεφαλὰς ἑπτὰ καὶ κέρατα δέκα καὶ ἐπὶ τὰς κεφαλὰς αὐτοῦ [ἑπτὰ διαδήματα] (διαδήματα ἑπτά), 4 καὶ ἡ οὐρὰ αὐτοῦ σύρει τὸ τρίτον τῶν ἀστέρων τοῦ οὐρανοῦ, καὶ ἔβαλεν αὐτοὺς εἰς τὴν γῆν. καὶ ὁ δράκων ἕστηκεν ἐνώπιον τῆς γυναικὸς τῆς μελλούσης τεκεῖν, ἵνα ὅταν τέκῃ τὸ τέκνον αὐτῆς καταφάγῃ. 5 καὶ ἔτεκεν υἱόν, ἄρσεν, ὃς μέλλει ποιμαίνειν πάντα τὰ ἔθνη ἐν ῥάβδῳ σιδηρᾷ· καὶ ἡρπάσθη τὸ τέκνον αὐτῆς πρὸς τὸν Θεὸν καὶ [πρὸς] τὸν θρόνον αὐτοῦ.

ΑΠΟΚΑΛΥΨΙΣ ΙΩΑΝΟΥ

6 καὶ ἡ γυνὴ ἔφυγεν εἰς τὴν ἔρημον, ὅπου ἔχει [ἐκεῖ] τόπον ἡτοιμασμένον ἀπὸ τοῦ Θεοῦ, ἵνα ἐκεῖ τρέφωσιν αὐτὴν ἡμέρας χιλίας διακοσίας ἑξήκοντα.

Michael and the Dragon

7 Καὶ ἐγένετο πόλεμος ἐν τῷ οὐρανῷ, ὁ Μιχαὴλ καὶ οἱ ἄγγελοι αὐτοῦ [τοῦ πολεμῆσαι μετὰ] (ἐπολέμησαν κατὰ) τοῦ δράκοντος. καὶ ὁ δράκων ἐπολέμησεν καὶ οἱ ἄγγελοι αὐτοῦ, 8 καὶ οὐκ ἴσχυσαν, οὐδὲ τόπος εὑρέθη αὐτῶν ἔτι ἐν τῷ οὐρανῷ. 9 καὶ ἐβλήθη ὁ δράκων ὁ μέγας, ὁ ὄφις ὁ ἀρχαῖος, ὁ καλούμενος Διάβολος καὶ Ὁ Σατανᾶς, ὁ πλανῶν τὴν οἰκουμένην ὅλην, ἐβλήθη εἰς τὴν γῆν, καὶ οἱ ἄγγελοι αὐτοῦ μετ' αὐτοῦ ἐβλήθησαν. 10 καὶ ἤκουσα φωνὴν μεγάλην (λέγουσαν) ἐν τῷ οὐρανῷ [λέγουσαν], Ἄρτι ἐγένετο ἡ σωτηρία καὶ ἡ δύναμις καὶ ἡ βασιλεία τοῦ Θεοῦ ἡμῶν καὶ ἡ ἐξουσία τοῦ Χριστοῦ αὐτοῦ, ὅτι [ἐβλήθη] (κατεβλήθη) ὁ κατήγωρ τῶν ἀδελφῶν ἡμῶν, ὁ κατηγορῶν αὐτοὺς ἐνώπιον τοῦ Θεοῦ ἡμῶν ἡμέρας καὶ νυκτός. 11 καὶ αὐτοὶ ἐνίκησαν αὐτὸν διὰ τὸ αἷμα τοῦ Ἀρνίου καὶ διὰ τὸν λόγον τῆς μαρτυρίας αὐτῶν, καὶ οὐκ ἠγάπησαν τὴν ψυχὴν αὐτῶν ἄχρι θανάτου. 12 διὰ τοῦτο εὐφραίνεσθε, (οἱ) οὐρανοὶ καὶ οἱ ἐν αὐτοῖς σκηνοῦντες· οὐαὶ (τοῖς κατοικοῦσιν) τὴν γῆν καὶ τὴν θάλασσαν, ὅτι κατέβη ὁ διάβολος πρὸς ὑμᾶς ἔχων θυμὸν μέγαν, εἰδὼς ὅτι ὀλίγον καιρὸν ἔχει.

The Dragon's War with the Woman and Her Offspring

13 Καὶ ὅτε εἶδεν ὁ δράκων ὅτι ἐβλήθη εἰς τὴν γῆν, ἐδίωξεν τὴν γυναῖκα ἥτις ἔτεκεν τὸν ἄρσενα. 14 καὶ ἐδόθησαν τῇ γυναικὶ [αἱ] δύο πτέρυγες τοῦ ἀετοῦ τοῦ μεγάλου, ἵνα πέτηται εἰς τὴν ἔρημον εἰς τὸν τόπον αὐτῆς, ὅπου τρέφεται ἐκεῖ καιρὸν καὶ καιροὺς καὶ ἥμισυ καιροῦ ἀπὸ προσώπου τοῦ ὄφεως. 15 καὶ ἔβαλεν ὁ ὄφις [ἐκ τοῦ στόματος αὐτοῦ ὀπίσω τῆς γυναικὸς] (ὀπίσω τῆς γυναικὸς ἐκ τοῦ στόματος αὐτοῦ) ὕδωρ ὡς ποταμόν, ἵνα [αὐτὴν] (ταύτην) ποταμοφόρητον ποιήσῃ. 16 καὶ ἐβοήθησεν ἡ γῆ τῇ γυναικί, καὶ ἤνοιξεν ἡ γῆ τὸ στόμα αὐτῆς καὶ κατέπιεν τὸν ποταμὸν ὃν ἔβαλεν ὁ δράκων ἐκ τοῦ στόματος αὐτοῦ. 17 καὶ ὠργίσθη ὁ δράκων ἐπὶ τῇ γυναικί, καὶ ἀπῆλθεν ποιῆσαι πόλεμον μετὰ τῶν λοιπῶν τοῦ σπέρματος αὐτῆς, τῶν τηρούντων τὰς ἐντολὰς τοῦ Θεοῦ καὶ ἐχόντων τὴν μαρτυρίαν Ἰησοῦ (Χριστοῦ)·

ΑΠΟΚΑΛΥΨΙΣ ΙΩΑΝΟΥ

Revelation 13

The Beast from the Sea

1 Καὶ ἐστάθη ἐπὶ τὴν ἄμμον τῆς θαλάσσης καὶ εἶδον ἐκ τῆς θαλάσσης θηρίον ἀναβαῖνον, ἔχον [κέρατα δέκα καὶ κεφαλὰς ἑπτά] (κεφαλὰς ἑπτά καὶ κέρατα δέκα), καὶ ἐπὶ τῶν κεράτων αὐτοῦ δέκα διαδήματα, καὶ ἐπὶ τὰς κεφαλὰς αὐτοῦ ὀνόματα βλασφημίας. 2 καὶ τὸ θηρίον ὃ εἶδον ἦν ὅμοιον παρδάλει, καὶ οἱ πόδες αὐτοῦ ὡς ἄρκου, καὶ τὸ στόμα αὐτοῦ ὡς στόμα λέοντος. καὶ ἔδωκεν αὐτῷ ὁ δράκων τὴν δύναμιν αὐτοῦ καὶ τὸν θρόνον αὐτοῦ καὶ ἐξουσίαν μεγάλην. 3 καὶ (εἶδον) μίαν [ἐκ] τῶν κεφαλῶν αὐτοῦ ὡς ἐσφαγμένην εἰς θάνατον, καὶ ἡ πληγὴ τοῦ θανάτου αὐτοῦ ἐθεραπεύθη. καὶ ἐθαυμάσθη (ἐν) ὅλη [ἡ] (τῇ) γῇ ὀπίσω τοῦ θηρίου, 4 καὶ προσεκύνησαν τῷ [δράκοντι ὅτι] (δράκοντα ὅς) ἔδωκεν τὴν ἐξουσίαν τῷ θηρίῳ, καὶ προσεκύνησαν τῷ θηρίῳ λέγοντες Τίς ὅμοιος τῷ θηρίῳ, [καὶ] τίς δύναται πολεμῆσαι μετ' αὐτοῦ; 5 καὶ ἐδόθη αὐτῷ στόμα λαλοῦν μεγάλα καὶ βλασφημίας, καὶ ἐδόθη αὐτῷ ἐξουσία ποιῆσαι μῆνας τεσσεράκοντα δύο. 6 καὶ ἤνοιξεν τὸ στόμα αὐτοῦ εἰς βλασφημίας πρὸς τὸν Θεόν, βλασφημῆσαι τὸ ὄνομα αὐτοῦ καὶ τὴν σκηνὴν αὐτοῦ, τοὺς ἐν τῷ οὐρανῷ σκηνοῦντας. 7 καὶ ἐδόθη αὐτῷ [ποιῆσαι πόλεμον] (πόλεμον ποιῆσαι) μετὰ τῶν ἁγίων καὶ νικῆσαι αὐτούς, καὶ ἐδόθη αὐτῷ ἐξουσία ἐπὶ πᾶσαν φυλὴν [καὶ λαὸν] καὶ γλῶσσαν καὶ ἔθνος. 8 καὶ προσκυνήσουσιν αὐτὸν πάντες οἱ κατοικοῦντες ἐπὶ τῆς γῆς, οὗ οὐ γέγραπται τὸ ὄνομα αὐτοῦ ἐν τῷ βιβλίῳ τῆς ζωῆς τοῦ Ἀρνίου τοῦ ἐσφαγμένου ἀπὸ καταβολῆς κόσμου. 9 Εἴ τις ἔχει οὖς, ἀκουσάτω. 10 εἴ τις [εἰς αἰχμαλωσίαν] (αἰχμαλωσίαν συνάγει), εἰς αἰχμαλωσίαν ὑπάγει· εἴ τις ἐν μαχαίρῃ ἀποκτενεῖ, δεῖ αὐτὸν ἐν μαχαίρῃ ἀποκτανθῆναι. Ὧδέ ἐστιν ἡ ὑπομονὴ καὶ ἡ πίστις τῶν ἁγίων.

The Beast from the Earth

11 Καὶ εἶδον ἄλλο θηρίον ἀναβαῖνον ἐκ τῆς γῆς, καὶ εἶχεν κέρατα δύο ὅμοια ἀρνίῳ, καὶ ἐλάλει ὡς δράκων. 12 καὶ τὴν ἐξουσίαν τοῦ πρώτου θηρίου πᾶσαν ποιεῖ ἐνώπιον αὐτοῦ. καὶ ποιεῖ τὴν γῆν καὶ τοὺς [ἐν αὐτῇ] κατοικοῦντας (ἐν αὐτῇ) ἵνα προσκυνήσουσιν τὸ θηρίον τὸ πρῶτον, οὗ ἐθεραπεύθη ἡ πληγὴ τοῦ θανάτου αὐτοῦ. 13 καὶ ποιεῖ σημεῖα μεγάλα, ἵνα καὶ πῦρ ποιῇ [ἐκ τοῦ οὐρανοῦ καταβαίνειν] (καταβαίνειν ἐκ τοῦ οὐρανοῦ) εἰς τὴν γῆν ἐνώπιον τῶν ἀνθρώπων.

ΑΠΟΚΑΛΥΨΙΣ ΙΩΑΝΟΥ

14 καὶ πλανᾷ τοὺς κατοικοῦντας ἐπὶ τῆς γῆς διὰ τὰ σημεῖα ἃ ἐδόθη αὐτῷ ποιῆσαι ἐνώπιον τοῦ θηρίου, λέγων τοῖς κατοικοῦσιν ἐπὶ τῆς γῆς ποιῆσαι εἰκόνα τῷ θηρίῳ, ὃς ἔχει τὴν πληγὴν τῆς μαχαίρης καὶ ἔζησεν. 15 καὶ ἐδόθη αὐτῷ δοῦναι πνεῦμα τῇ εἰκόνι τοῦ θηρίου, ἵνα καὶ λαλήσῃ ἡ εἰκὼν τοῦ θηρίου, καὶ ποιήσῃ [ἵνα] ὅσοι ἐὰν μὴ προσκυνήσωσιν [τῇ] (τὴν) εἰκόνι τοῦ θηρίου ἀποκτανθῶσιν. 16 καὶ ποιεῖ πάντας, τοὺς μικροὺς καὶ τοὺς μεγάλους, καὶ τοὺς πλουσίους καὶ τοὺς πτωχούς, καὶ τοὺς ἐλευθέρους καὶ τοὺς δούλους, ἵνα δῶσιν αὐτοῖς χάραγμα ἐπὶ τῆς χειρὸς αὐτῶν τῆς δεξιᾶς ἢ ἐπὶ τὸ μέτωπον αὐτῶν, 17 καὶ ἵνα μή τις δύνηται ἀγοράσαι ἢ πωλῆσαι εἰ μὴ ὁ ἔχων τὸ χάραγμα τὸ ὄνομα τοῦ θηρίου ἢ τὸν ἀριθμὸν τοῦ ὀνόματος αὐτοῦ. 18 Ὧδε ἡ σοφία ἐστίν. ὁ ἔχων νοῦν ψηφισάτω τὸν ἀριθμὸν τοῦ θηρίου· ἀριθμὸς γὰρ ἀνθρώπου ἐστίν. καὶ ὁ ἀριθμὸς αὐτοῦ [ἑξακόσιοι ἑξήκοντα ἕξ] (χξς).

Revelation 14

The Song of the 144,000

1 Καὶ εἶδον, καὶ ἰδοὺ [τὸ] Ἀρνίον ἑστὸς ἐπὶ τὸ ὄρος Σιών, καὶ μετ' αὐτοῦ ἑκατὸν τεσσεράκοντα τέσσαρες χιλιάδες ἔχουσαι [τὸ ὄνομα αὐτοῦ καὶ] τὸ ὄνομα τοῦ Πατρὸς αὐτοῦ γεγραμμένον ἐπὶ τῶν μετώπων αὐτῶν. 2 καὶ ἤκουσα φωνὴν ἐκ τοῦ οὐρανοῦ ὡς φωνὴν ὑδάτων πολλῶν καὶ ὡς φωνὴν βροντῆς μεγάλης, καὶ [ἡ] φωνὴ [ἣν] ἤκουσα [ὡς] κιθαρῳδῶν κιθαριζόντων ἐν ταῖς κιθάραις αὐτῶν. 3 καὶ ᾄδουσιν (ὡς) ᾠδὴν καινὴν ἐνώπιον τοῦ θρόνου καὶ ἐνώπιον τῶν τεσσάρων ζῴων καὶ τῶν πρεσβυτέρων· καὶ οὐδεὶς ἐδύνατο μαθεῖν τὴν ᾠδὴν εἰ μὴ αἱ ἑκατὸν τεσσεράκοντα τέσσαρες χιλιάδες, οἱ ἠγορασμένοι ἀπὸ τῆς γῆς. 4 οὗτοί εἰσιν οἳ μετὰ γυναικῶν οὐκ ἐμολύνθησαν· παρθένοι γάρ εἰσιν. οὗτοι οἱ ἀκολουθοῦντες τῷ Ἀρνίῳ ὅπου ἂν ὑπάγῃ· οὗτοι ἠγοράσθησαν ἀπὸ τῶν ἀνθρώπων ἀπαρχὴ τῷ Θεῷ καὶ τῷ Ἀρνίῳ, 5 καὶ ἐν τῷ στόματι αὐτῶν οὐχ εὑρέθη [ψεῦδος] (δόλος)· [ἄμωμοί εἰσιν]. (ἄμωμοί γάρ εἰσιν ἐνώπιον τοῦ θρόνου τοῦ θεοῦ)

Three Angelic Announcements

6 Καὶ εἶδον ἄλλον ἄγγελον πετόμενον ἐν μεσουρανήματι, ἔχοντα εὐαγγέλιον αἰώνιον εὐαγγελίσαι [ἐπὶ] τοὺς καθημένους ἐπὶ τῆς γῆς καὶ ἐπὶ πᾶν ἔθνος καὶ φυλὴν καὶ γλῶσσαν καὶ λαόν, 7 [λέγων] (λέγοντα) ἐν φωνῇ μεγάλῃ· Φοβήθητε τὸν Θεὸν καὶ δότε αὐτῷ δόξαν, ὅτι ἦλθεν ἡ ὥρα τῆς κρίσεως αὐτοῦ, καὶ προσκυνήσατε τῷ ποιήσαντι τὸν οὐρανὸν καὶ τὴν γῆν καὶ θάλασσαν καὶ πηγὰς ὑδάτων.

ΑΠΟΚΑΛΥΨΙΣ ΙΩΑΝΟΥ

8 Καὶ ἄλλος ἄγγελος [δεύτερος] ἠκολούθησεν λέγων Ἔπεσεν ἔπεσεν Βαβυλὼν (ἡ πόλις) ἡ μεγάλη, [ἣ] (ὅτι) ἐκ τοῦ οἴνου τοῦ θυμοῦ τῆς πορνείας αὐτῆς πεπότικεν πάντα [τὰ] ἔθνη. 9 Καὶ [ἄλλος ἄγγελος τρίτος] (τρίτος ἄγγελος) ἠκολούθησεν αὐτοῖς λέγων ἐν φωνῇ μεγάλῃ Εἴ τις [προσκυνεῖ τὸ θηρίον] (τὸ θηρίον προσκυνεῖ) καὶ τὴν εἰκόνα αὐτοῦ, καὶ λαμβάνει χάραγμα ἐπὶ τοῦ μετώπου αὐτοῦ ἢ ἐπὶ τὴν χεῖρα αὐτοῦ, 10 καὶ αὐτὸς πίεται ἐκ τοῦ οἴνου τοῦ θυμοῦ τοῦ Θεοῦ τοῦ κεκερασμένου ἀκράτου ἐν τῷ ποτηρίῳ τῆς ὀργῆς αὐτοῦ, καὶ βασανισθήσεται ἐν πυρὶ καὶ θείῳ ἐνώπιον [ἀγγέλων ἁγίων] (τῶν ἁγίων ἀγγέλων) καὶ ἐνώπιον τοῦ Ἀρνίου. 11 καὶ ὁ καπνὸς τοῦ βασανισμοῦ αὐτῶν (ἀναβαίνει) εἰς αἰῶνας αἰώνων [ἀναβαίνει], καὶ οὐκ ἔχουσιν ἀνάπαυσιν ἡμέρας καὶ νυκτός οἱ προσκυνοῦντες τὸ θηρίον καὶ τὴν εἰκόνα αὐτοῦ, καὶ εἴ τις λαμβάνει τὸ χάραγμα τοῦ ὀνόματος αὐτοῦ. 12 Ὧδε [ἡ] ὑπομονὴ τῶν ἁγίων ἐστίν, (ὧδε) οἱ τηροῦντες τὰς ἐντολὰς τοῦ Θεοῦ καὶ τὴν πίστιν Ἰησοῦ. 13 Καὶ ἤκουσα φωνῆς ἐκ τοῦ οὐρανοῦ λεγούσης (μοι) Γράψον Μακάριοι οἱ νεκροὶ οἱ ἐν Κυρίῳ ἀποθνήσκοντες ἀπάρτι. ναί, λέγει τὸ Πνεῦμα, ἵνα ἀναπαήσονται ἐκ τῶν κόπων αὐτῶν· τὰ γὰρ (δὲ) ἔργα αὐτῶν ἀκολουθεῖ μετ' αὐτῶν.

The Two Harvests

14 Καὶ εἶδον, καὶ ἰδοὺ νεφέλη λευκή, καὶ ἐπὶ τὴν νεφέλην καθήμενον ὅμοιον υἱὸν ἀνθρώπου, ἔχων ἐπὶ τῆς κεφαλῆς αὐτοῦ στέφανον χρυσοῦν καὶ ἐν τῇ χειρὶ αὐτοῦ δρέπανον ὀξύ. 15 Καὶ ἄλλος ἄγγελος ἐξῆλθεν ἐκ τοῦ ναοῦ, κράζων ἐν [φωνῇ μεγάλῃ] (μεγάλῃ φωνῇ) τῷ καθημένῳ ἐπὶ τῆς νεφέλης Πέμψον τὸ δρέπανόν σου καὶ θέρισον, ὅτι ἦλθεν ἡ ὥρα θερίσαι, ὅτι ἐξηράνθη ὁ θερισμὸς τῆς γῆς. 16 καὶ ἔβαλεν ὁ καθήμενος ἐπὶ [τῆς νεφέλης] (τὴν νεφέλην) τὸ δρέπανον αὐτοῦ ἐπὶ τὴν γῆν, καὶ ἐθερίσθη ἡ γῆ. 17 Καὶ ἄλλος ἄγγελος ἐξῆλθεν ἐκ τοῦ ναοῦ τοῦ ἐν τῷ οὐρανῷ, ἔχων καὶ αὐτὸς δρέπανον ὀξύ. 18 Καὶ ἄλλος ἄγγελος ἐξῆλθεν ἐκ τοῦ θυσιαστηρίου, ὁ ἔχων ἐξουσίαν ἐπὶ τοῦ πυρός, καὶ ἐφώνησεν [φωνῇ] (κραυγῇ) μεγάλῃ τῷ ἔχοντι τὸ δρέπανον τὸ ὀξὺ λέγων Πέμψον σου τὸ δρέπανον τὸ ὀξὺ καὶ τρύγησον τοὺς βότρυας τῆς ἀμπέλου τῆς γῆς, ὅτι ἤκμασαν αἱ σταφυλαὶ αὐτῆς. 19 καὶ ἔβαλεν ὁ ἄγγελος τὸ δρέπανον αὐτοῦ εἰς τὴν γῆν, καὶ ἐτρύγησεν τὴν ἄμπελον τῆς γῆς καὶ ἔβαλεν εἰς τὴν ληνὸν τοῦ θυμοῦ τοῦ Θεοῦ τὸν μέγαν. 20 καὶ ἐπατήθη ἡ ληνὸς ἔξωθεν τῆς πόλεως, καὶ ἐξῆλθεν αἷμα ἐκ τῆς ληνοῦ ἄχρι τῶν χαλινῶν τῶν ἵππων, ἀπὸ σταδίων χιλίων ἑξακοσίων.

ΑΠΟΚΑΛΥΨΙΣ ΙΩΑΝΟΥ

Revelation 15

Seven Angels with the Seven Last Plagues

1 Καὶ εἶδον ἄλλο σημεῖον ἐν τῷ οὐρανῷ μέγα καὶ θαυμαστόν, ἀγγέλους ἑπτὰ ἔχοντας πληγὰς ἑπτὰ τὰς ἐσχάτας, ὅτι ἐν αὐταῖς ἐτελέσθη ὁ θυμὸς τοῦ Θεοῦ. 2 Καὶ εἶδον ὡς θάλασσαν ὑαλίνην μεμιγμένην πυρί, καὶ τοὺς νικῶντας ἐκ τοῦ θηρίου καὶ ἐκ τῆς εἰκόνος αὐτοῦ καὶ (ἐκ τοῦ χαράγματος αὐτοῦ) ἐκ τοῦ ἀριθμοῦ τοῦ ὀνόματος αὐτοῦ ἑστῶτας ἐπὶ τὴν θάλασσαν τὴν ὑαλίνην, ἔχοντας κιθάρας τοῦ Θεοῦ. 3 καὶ ᾄδουσιν τὴν ᾠδὴν Μωϋσέως τοῦ δούλου τοῦ Θεοῦ καὶ τὴν ᾠδὴν τοῦ Ἀρνίου, λέγοντες

> Μεγάλα καὶ θαυμαστὰ τὰ ἔργα σου,
> Κύριε ὁ Θεός ὁ Παντοκράτωρ·
> δίκαιαι καὶ ἀληθιναὶ αἱ ὁδοί σου,
> ὁ Βασιλεὺς τῶν ἐθνῶν·
> 4 τίς οὐ μὴ φοβηθῇ, Κύριε,
> καὶ δοξάσει τὸ ὄνομά σου;
> ὅτι μόνος ὅσιος,
> ὅτι πάντα τὰ ἔθνη ἥξουσιν
> καὶ προσκυνήσουσιν ἐνώπιόν σου,
> ὅτι τὰ δικαιώματά σου ἐφανερώθησαν.

5 Καὶ μετὰ ταῦτα εἶδον, καὶ (ἰδού) ἠνοίγη ὁ ναὸς τῆς σκηνῆς τοῦ μαρτυρίου ἐν τῷ οὐρανῷ, 6 καὶ ἐξῆλθον οἱ ἑπτὰ ἄγγελοι οἱ ἔχοντες τὰς ἑπτὰ πληγὰς ἐκ τοῦ ναοῦ, ἐνδεδυμένοι λίνον καθαρὸν (καὶ) λαμπρὸν καὶ περιεζωσμένοι περὶ τὰ στήθη ζώνας χρυσᾶς. 7 καὶ ἓν ἐκ τῶν τεσσάρων ζῴων ἔδωκεν τοῖς ἑπτὰ ἀγγέλοις ἑπτὰ φιάλας χρυσᾶς γεμούσας τοῦ θυμοῦ τοῦ Θεοῦ τοῦ ζῶντος εἰς τοὺς αἰῶνας τῶν αἰώνων. 8 καὶ ἐγεμίσθη ὁ ναὸς καπνοῦ ἐκ τῆς δόξης τοῦ Θεοῦ καὶ ἐκ τῆς δυνάμεως αὐτοῦ, καὶ οὐδεὶς ἐδύνατο εἰσελθεῖν εἰς τὸν ναὸν ἄχρι τελεσθῶσιν αἱ ἑπτὰ πληγαὶ τῶν ἑπτὰ ἀγγέλων.

Revelation 16

The Seven Bowls of God's Wrath

1 Καὶ ἤκουσα [μεγάλης φωνῆς] (φωνῆς μεγάλης) ἐκ τοῦ ναοῦ λεγούσης τοῖς ἑπτὰ ἀγγέλοις Ὑπάγετε καὶ ἐκχέετε τὰς [ἑπτὰ] φιάλας τοῦ θυμοῦ τοῦ Θεοῦ εἰς τὴν γῆν.

ΑΠΟΚΑΛΥΨΙΣ ΙΩΑΝΟΥ

The First Bowl

2 Καὶ ἀπῆλθεν ὁ πρῶτος καὶ ἐξέχεεν τὴν φιάλην αὐτοῦ [εἰς] (ἐπὶ) τὴν γῆν· καὶ ἐγένετο ἕλκος κακὸν καὶ πονηρὸν ἐπὶ τοὺς ἀνθρώπους τοὺς ἔχοντας τὸ χάραγμα τοῦ θηρίου καὶ τοὺς [προσκυνοῦντας τῇ εἰκόνι αὐτοῦ] (τῇ εἰκόνι αὐτοῦ προσκυνοῦντας).

The Second Bowl

3 Καὶ ὁ δεύτερος (ἄγγελος) ἐξέχεεν τὴν φιάλην αὐτοῦ εἰς τὴν θάλασσαν· καὶ ἐγένετο αἷμα ὡς νεκροῦ, καὶ πᾶσα ψυχὴ ζωῆς ἀπέθανεν, [τὰ] ἐν τῇ θαλάσσῃ.

The Third Bowl

4 Καὶ ὁ τρίτος (ἄγγελος) ἐξέχεεν τὴν φιάλην αὐτοῦ εἰς τοὺς ποταμοὺς καὶ τὰς πηγὰς τῶν ὑδάτων· καὶ ἐγένετο αἷμα. 5 Καὶ ἤκουσα τοῦ ἀγγέλου τῶν ὑδάτων λέγοντος

Δίκαιος (Κύριε) εἶ, ὁ ὢν καὶ ὁ ἦν,
(καὶ) ὁ Ὅσιος, ὅτι ταῦτα ἔκρινας,
6 ὅτι αἷμα ἁγίων καὶ προφητῶν ἐξέχεαν,
καὶ αἷμα αὐτοῖς δέδωκας πεῖν·
ἄξιοί (γάρ) εἰσιν.

7 Καὶ ἤκουσα (ἄλλου ἐκ) τοῦ θυσιαστηρίου λέγοντος Ναί, Κύριε ὁ Θεὸς ὁ Παντοκράτωρ, ἀληθιναὶ καὶ δίκαιαι αἱ κρίσεις σου.

The Fourth Bowl

8 Καὶ ὁ τέταρτος (ἄγγελος) ἐξέχεεν τὴν φιάλην αὐτοῦ ἐπὶ τὸν ἥλιον· καὶ ἐδόθη αὐτῷ καυματίσαι τοὺς ἀνθρώπους ἐν πυρί. 9 καὶ ἐκαυματίσθησαν οἱ ἄνθρωποι καῦμα μέγα, καὶ ἐβλασφήμησαν τὸ ὄνομα τοῦ Θεοῦ τοῦ ἔχοντος τὴν ἐξουσίαν ἐπὶ τὰς πληγὰς ταύτας, καὶ οὐ μετενόησαν δοῦναι αὐτῷ δόξαν.

The Fifth Bowl

10 Καὶ ὁ πέμπτος (ἄγγελος) ἐξέχεεν τὴν φιάλην αὐτοῦ ἐπὶ τὸν θρόνον τοῦ θηρίου· καὶ ἐγένετο ἡ βασιλεία αὐτοῦ ἐσκοτωμένη, καὶ ἐμασῶντο τὰς γλώσσας αὐτῶν ἐκ τοῦ πόνου, 11 καὶ ἐβλασφήμησαν τὸν Θεὸν τοῦ οὐρανοῦ ἐκ τῶν πόνων αὐτῶν καὶ ἐκ τῶν ἑλκῶν αὐτῶν, καὶ οὐ μετενόησαν ἐκ τῶν ἔργων αὐτῶν.

ΑΠΟΚΑΛΥΨΙΣ ΙΩΑΝΟΥ

The Sixth Bowl

12 Καὶ ὁ ἕκτος (ἄγγελος) ἐξέχεεν τὴν φιάλην αὐτοῦ ἐπὶ τὸν ποταμὸν τὸν μέγαν (τὸν) Εὐφράτην· καὶ ἐξηράνθη τὸ ὕδωρ αὐτοῦ, ἵνα ἑτοιμασθῇ ἡ ὁδὸς τῶν βασιλέων τῶν ἀπὸ [ἀνατολῆς] (ἀνατολῶν) ἡλίου. 13 Καὶ εἶδον ἐκ τοῦ στόματος τοῦ δράκοντος καὶ ἐκ τοῦ στόματος τοῦ θηρίου καὶ ἐκ τοῦ στόματος τοῦ ψευδοπροφήτου πνεύματα τρία ἀκάθαρτα [ὡς] (ὁμοία) βάτραχοι· 14 εἰσὶν γὰρ πνεύματα δαιμονίων ποιοῦντα σημεῖα, ἃ ἐκπορεύεται ἐπὶ τοὺς βασιλεῖς τῆς (γῆς καὶ τῆς) οἰκουμένης ὅλης, συναγαγεῖν αὐτοὺς εἰς τὸν πόλεμον τῆς ἡμέρας (ἐκείνης) τῆς μεγάλης τοῦ Θεοῦ τοῦ Παντοκράτορος. 15 Ἰδοὺ ἔρχομαι ὡς κλέπτης· μακάριος ὁ γρηγορῶν καὶ τηρῶν τὰ ἱμάτια αὐτοῦ, ἵνα μὴ γυμνὸς περιπατῇ καὶ βλέπωσιν τὴν ἀσχημοσύνην αὐτοῦ. 16 καὶ συνήγαγεν αὐτοὺς εἰς τὸν τόπον τὸν καλούμενον Ἑβραϊστὶ Ἁρμαγεδών.

The Seventh Bowl

17 Καὶ ὁ ἕβδομος (ἄγγελος) ἐξέχεεν τὴν φιάλην αὐτοῦ [ἐπὶ] (εἰς) τὸν ἀέρα· καὶ ἐξῆλθεν φωνὴ μεγάλη [ἐκ] (ἀπὸ) τοῦ ναοῦ (τοῦ οὐρανοῦ) [ἀπὸ] τοῦ θρόνου λέγουσα Γέγονεν. 18 καὶ ἐγένοντο [ἀστραπαὶ καὶ φωναὶ καὶ βρονταί] (φωναὶ καὶ βρονταί καὶ ἀστραπαί), καὶ σεισμὸς ἐγένετο μέγας, οἷος οὐκ ἐγένετο ἀφ' οὗ ἄνθρωπος ἐγένετο ἐπὶ τῆς γῆς, τηλικοῦτος σεισμὸς οὕτω μέγας. 19 καὶ ἐγένετο ἡ πόλις ἡ μεγάλη εἰς τρία μέρη, καὶ αἱ πόλεις τῶν ἐθνῶν ἔπεσαν. καὶ Βαβυλὼν ἡ μεγάλη ἐμνήσθη ἐνώπιον τοῦ Θεοῦ δοῦναι αὐτῇ τὸ ποτήριον τοῦ οἴνου τοῦ θυμοῦ τῆς ὀργῆς αὐτοῦ. 20 καὶ πᾶσα νῆσος ἔφυγεν, καὶ ὄρη οὐχ εὑρέθησαν. 21 καὶ χάλαζα μεγάλη ὡς ταλαντιαία καταβαίνει ἐκ τοῦ οὐρανοῦ ἐπὶ τοὺς ἀνθρώπους· καὶ ἐβλασφήμησαν οἱ ἄνθρωποι τὸν Θεὸν ἐκ τῆς πληγῆς τῆς χαλάζης, ὅτι μεγάλη ἐστὶν ἡ πληγὴ αὐτῆς σφόδρα.

Revelation 17

The Great Harlot and the Beast

1 Καὶ ἦλθεν εἷς ἐκ τῶν ἑπτὰ ἀγγέλων τῶν ἐχόντων τὰς ἑπτὰ φιάλας, καὶ ἐλάλησεν μετ' ἐμοῦ λέγων Δεῦρο, δείξω σοι τὸ κρίμα τῆς πόρνης τῆς μεγάλης τῆς καθημένης ἐπὶ ὑδάτων (τῶν) πολλῶν, 2 μεθ' ἧς ἐπόρνευσαν οἱ βασιλεῖς τῆς γῆς, καὶ ἐμεθύσθησαν [οἱ κατοικοῦντες τὴν γῆν ἐκ τοῦ οἴνου τῆς πορνείας αὐτῆς] (ἐκ τοῦ οἴνου τῆς πορνείας αὐτῆς οἱ κατοικοῦντες τὴν γῆν).

ΑΠΟΚΑΛΥΨΙΣ ΙΩΑΝΟΥ

3 καὶ ἀπήνεγκέν με εἰς ἔρημον ἐν Πνεύματι. καὶ εἶδον γυναῖκα καθημένην ἐπὶ θηρίον κόκκινον, γέμοντα ὀνόματα βλασφημίας, ἔχων κεφαλὰς ἑπτὰ καὶ κέρατα δέκα. 4 καὶ ἡ γυνὴ ἦν περιβεβλημένη πορφυροῦν καὶ κόκκινον, καὶ κεχρυσωμένη χρυσίῳ καὶ λίθῳ τιμίῳ καὶ μαργαρίταις, ἔχουσα [ποτήριον χρυσοῦν] (χρυσοῦν ποτήριον) ἐν τῇ χειρὶ αὐτῆς γέμον βδελυγμάτων καὶ τὰ ἀκάθαρτα τῆς πορνείας αὐτῆς, 5 καὶ ἐπὶ τὸ μέτωπον αὐτῆς ὄνομα γεγραμμένον, μυστήριον, ΒΑΒΥΛΩΝ Η ΜΕΓΑΛΗ, Η ΜΗΤΗΡ ΤΩΝ ΠΟΡΝΩΝ ΚΑΙ ΤΩΝ ΒΔΕΛΥΓΜΑΤΩΝ ΤΗΣ ΓΗΣ. 6 καὶ εἶδον τὴν γυναῖκα μεθύουσαν ἐκ τοῦ αἵματος τῶν ἁγίων καὶ ἐκ τοῦ αἵματος τῶν μαρτύρων Ἰησοῦ. Καὶ ἐθαύμασα ἰδὼν αὐτὴν θαῦμα μέγα.

The Overthrow of the Great Harlot

7 καὶ εἶπέν μοι ὁ ἄγγελος Διὰ τί ἐθαύμασας; ἐγὼ [ἐρῶ σοι] (σοι ἐρῶ) τὸ μυστήριον τῆς γυναικὸς καὶ τοῦ θηρίου τοῦ βαστάζοντος αὐτὴν τοῦ ἔχοντος τὰς ἑπτὰ κεφαλὰς καὶ τὰ δέκα κέρατα. 8 τὸ θηρίον ὃ εἶδες ἦν καὶ οὐκ ἔστιν, καὶ μέλλει ἀναβαίνειν ἐκ τῆς ἀβύσσου καὶ εἰς ἀπώλειαν ὑπάγει· καὶ [θαυμασθήσονται] (θαυμάσονται) οἱ κατοικοῦντες ἐπὶ τῆς γῆς, ὧν οὐ γέγραπται [τὸ ὄνομα] (τὰ ὀνόματα) ἐπὶ τὸ βιβλίον τῆς ζωῆς ἀπὸ καταβολῆς κόσμου, [βλεπόντων] (βλέποντες) τὸ θηρίον ὅτι ἦν καὶ οὐκ ἔστιν [καὶ παρέσται] (καίπερ ἔστιν). 9 Ὧδε ὁ νοῦς ὁ ἔχων σοφίαν. αἱ ἑπτὰ κεφαλαὶ [ἑπτὰ ὄρη εἰσίν] (ὄρη εἰσίν ἑπτά), ὅπου ἡ γυνὴ κάθηται ἐπ' αὐτῶν. 10 καὶ βασιλεῖς ἑπτά εἰσιν· οἱ πέντε ἔπεσαν, (καὶ) ὁ εἷς ἔστιν, ὁ ἄλλος οὔπω ἦλθεν, καὶ ὅταν ἔλθῃ ὀλίγον αὐτὸν δεῖ μεῖναι. 11 καὶ τὸ θηρίον ὃ ἦν καὶ οὐκ ἔστιν, καὶ αὐτὸς ὄγδοός ἐστιν καὶ ἐκ τῶν ἑπτά ἐστιν, καὶ εἰς ἀπώλειαν ὑπάγει. 12 καὶ τὰ δέκα κέρατα ἃ εἶδες δέκα βασιλεῖς εἰσιν, οἵτινες βασιλείαν οὔπω ἔλαβον, ἀλλὰ ἐξουσίαν ὡς βασιλεῖς μίαν ὥραν λαμβάνουσιν μετὰ τοῦ θηρίου. 13 οὗτοι μίαν γνώμην ἔχουσιν, καὶ τὴν δύναμιν καὶ ἐξουσίαν αὐτῶν τῷ θηρίῳ [διδόασιν] (διαδιδώσουσιν). 14 οὗτοι μετὰ τοῦ Ἀρνίου πολεμήσουσιν καὶ τὸ Ἀρνίον νικήσει αὐτούς, ὅτι Κύριος κυρίων ἐστὶν καὶ Βασιλεὺς βασιλέων, καὶ οἱ μετ' αὐτοῦ κλητοὶ καὶ ἐκλεκτοὶ καὶ πιστοί. 15 Καὶ λέγει μοι Τὰ ὕδατα ἃ εἶδες, οὗ ἡ πόρνη κάθηται, λαοὶ καὶ ὄχλοι εἰσὶν καὶ ἔθνη καὶ γλῶσσαι. 16 καὶ τὰ δέκα κέρατα ἃ εἶδες [καὶ] (ἐπὶ) τὸ θηρίον, οὗτοι μισήσουσιν τὴν πόρνην, καὶ ἠρημωμένην ποιήσουσιν αὐτὴν καὶ γυμνήν, καὶ τὰς σάρκας αὐτῆς φάγονται, καὶ αὐτὴν κατακαύσουσιν ἐν πυρί·

ΑΠΟΚΑΛΥΨΙΣ ΙΩΑΝΟΥ

17 ὁ γὰρ Θεὸς ἔδωκεν εἰς τὰς καρδίας αὐτῶν ποιῆσαι τὴν γνώμην αὐτοῦ, καὶ ποιῆσαι μίαν γνώμην καὶ δοῦναι τὴν βασιλείαν αὐτῶν τῷ θηρίῳ, ἄχρι [τελεσθήσονται οἱ λόγοι] (τελεσθῇ τὰ ῥήματά) τοῦ Θεοῦ. 18 καὶ ἡ γυνὴ ἣν εἶδες ἔστιν ἡ πόλις ἡ μεγάλη ἡ ἔχουσα βασιλείαν ἐπὶ τῶν βασιλέων τῆς γῆς.

Revelation 18

The Destruction of Babylon the Great

1 (καὶ) Μετὰ ταῦτα εἶδον ἄλλον ἄγγελον καταβαίνοντα ἐκ τοῦ οὐρανοῦ, ἔχοντα ἐξουσίαν μεγάλην, καὶ ἡ γῆ ἐφωτίσθη ἐκ τῆς δόξης αὐτοῦ. 2 καὶ ἔκραξεν ἐν [ἰσχυρᾷ φωνῇ] (ἰσχύϊ φωνῇ μεγάλῃ) λέγων Ἔπεσεν ἔπεσεν Βαβυλὼν ἡ μεγάλη, καὶ ἐγένετο κατοικητήριον δαιμονίων καὶ φυλακὴ παντὸς πνεύματος ἀκαθάρτου καὶ φυλακὴ παντὸς ὀρνέου ἀκαθάρτου καὶ μεμισημένου, 3 ὅτι ἐκ τοῦ οἴνου τοῦ θυμοῦ τῆς πορνείας αὐτῆς πέπωκαν πάντα τὰ ἔθνη, καὶ οἱ βασιλεῖς τῆς γῆς μετ᾽ αὐτῆς ἐπόρνευσαν, καὶ οἱ ἔμποροι τῆς γῆς ἐκ τῆς δυνάμεως τοῦ στρήνους αὐτῆς ἐπλούτησαν. 4 Καὶ ἤκουσα ἄλλην φωνὴν ἐκ τοῦ οὐρανοῦ λέγουσαν Ἐξέλθατε [ὁ λαός μου ἐξ αὐτῆς] (ἐξ αὐτῆς ὁ λαός μου), ἵνα μὴ συνκοινωνήσητε ταῖς ἁμαρτίαις αὐτῆς, καὶ [ἐκ τῶν πληγῶν αὐτῆς ἵνα μὴ λάβητε] (ἵνα μὴ λάβητε ἐκ τῶν πληγῶν αὐτῆς)· 5 ὅτι ἐκολλήθησαν αὐτῆς αἱ ἁμαρτίαι ἄχρι τοῦ οὐρανοῦ, καὶ ἐμνημόνευσεν ὁ Θεὸς τὰ ἀδικήματα αὐτῆς. 6 ἀπόδοτε αὐτῇ ὡς καὶ αὐτὴ ἀπέδωκεν (ὑμῖν), καὶ διπλώσατε [τὰ] (αὐτῇ) διπλᾶ κατὰ τὰ ἔργα αὐτῆς· ἐν τῷ ποτηρίῳ ᾧ ἐκέρασεν κεράσατε αὐτῇ διπλοῦν· 7 ὅσα ἐδόξασεν αὐτὴν καὶ ἐστρηνίασεν, τοσοῦτον δότε αὐτῇ βασανισμὸν καὶ πένθος. ὅτι ἐν τῇ καρδίᾳ αὐτῆς λέγει [ὅτι] Κάθημαι βασίλισσα καὶ χήρα οὐκ εἰμί, καὶ πένθος οὐ μὴ ἴδω· 8 διὰ τοῦτο ἐν μιᾷ ἡμέρᾳ ἥξουσιν αἱ πληγαὶ αὐτῆς, θάνατος καὶ πένθος καὶ λιμός, καὶ ἐν πυρὶ κατακαυθήσεται· ὅτι ἰσχυρὸς Κύριος ὁ Θεὸς ὁ κρίνας αὐτήν.

The World Mourns Babylon's Destruction

9 καὶ κλαύσουσιν (αὐτὴν) καὶ κόψονται ἐπ᾽ αὐτὴν οἱ βασιλεῖς τῆς γῆς οἱ μετ᾽ αὐτῆς πορνεύσαντες καὶ στρηνιάσαντες, ὅταν βλέπωσιν τὸν καπνὸν τῆς πυρώσεως αὐτῆς, 10 ἀπὸ μακρόθεν ἑστηκότες διὰ τὸν φόβον τοῦ βασανισμοῦ αὐτῆς, λέγοντες Οὐαὶ οὐαί, ἡ πόλις ἡ μεγάλη, Βαβυλὼν ἡ πόλις ἡ ἰσχυρά, ὅτι μιᾷ ὥρᾳ ἦλθεν ἡ κρίσις σου. 11 καὶ οἱ ἔμποροι τῆς γῆς κλαίουσιν καὶ πενθοῦσιν ἐπ᾽ αὐτήν, ὅτι τὸν γόμον αὐτῶν οὐδεὶς ἀγοράζει οὐκέτι,

ΑΠΟΚΑΛΥΨΙΣ ΙΩΑΝΟΥ

12 γόμον χρυσοῦ καὶ ἀργύρου καὶ λίθου τιμίου καὶ μαργαριτῶν καὶ βυσσίνου καὶ πορφύρας καὶ σιρικοῦ καὶ κοκκίνου, καὶ πᾶν ξύλον θύϊνον καὶ πᾶν σκεῦος ἐλεφάντινον καὶ πᾶν σκεῦος ἐκ ξύλου τιμιωτάτου καὶ χαλκοῦ καὶ σιδήρου καὶ μαρμάρου, 13 καὶ κιννάμωμον [καὶ ἄμωμον] καὶ θυμιάματα καὶ μύρον καὶ λίβανον καὶ οἶνον καὶ ἔλαιον καὶ σεμίδαλιν καὶ σῖτον καὶ κτήνη καὶ πρόβατα, καὶ ἵππων καὶ ῥεδῶν καὶ σωμάτων, καὶ ψυχὰς ἀνθρώπων. 14 καὶ ἡ ὀπώρα σου τῆς ἐπιθυμίας τῆς ψυχῆς (σου) ἀπῆλθεν ἀπὸ σοῦ, καὶ πάντα τὰ λιπαρὰ καὶ τὰ λαμπρὰ ἀπώλετο ἀπὸ σοῦ, καὶ οὐκέτι οὐ μὴ [αὐτὰ εὑρήσουσιν] (εὑρήσῃς αὐτά). 15 οἱ ἔμποροι τούτων, οἱ πλουτήσαντες ἀπ' αὐτῆς, ἀπὸ μακρόθεν στήσονται διὰ τὸν φόβον τοῦ βασανισμοῦ αὐτῆς κλαίοντες καὶ πενθοῦντες, 16 (καὶ) λέγοντες Οὐαὶ οὐαί, ἡ πόλις ἡ μεγάλη, ἡ περιβεβλημένη βύσσινον καὶ πορφυροῦν καὶ κόκκινον, καὶ κεχρυσωμένη ἐν χρυσίῳ καὶ λίθῳ τιμίῳ καὶ μαργαρίτῃ, 17 ὅτι μιᾷ ὥρᾳ ἠρημώθη ὁ τοσοῦτος πλοῦτος. καὶ πᾶς κυβερνήτης καὶ πᾶς [ὁ] ἐπὶ [τόπον πλέων] (τῶν πλοίων ὁ ὅμιλος) καὶ ναῦται καὶ ὅσοι τὴν θάλασσαν ἐργάζονται, ἀπὸ μακρόθεν ἔστησαν 18 καὶ ἔκραζον [βλέποντες] (ὁρῶντες) τὸν καπνὸν τῆς πυρώσεως αὐτῆς λέγοντες Τίς ὁμοία τῇ πόλει τῇ μεγάλῃ; 19 καὶ ἔβαλον χοῦν ἐπὶ τὰς κεφαλὰς αὐτῶν καὶ ἔκραζον κλαίοντες καὶ πενθοῦντες, λέγοντες Οὐαὶ οὐαί, ἡ πόλις ἡ μεγάλη, ἐν ᾗ ἐπλούτησαν πάντες οἱ ἔχοντες τὰ πλοῖα ἐν τῇ θαλάσσῃ ἐκ τῆς τιμιότητος αὐτῆς, ὅτι μιᾷ ὥρᾳ ἠρημώθη.

Heaven Rejoices over Babylon's Destruction

20 Εὐφραίνου ἐπ' αὐτῇ, οὐρανέ καὶ οἱ ἅγιοι καὶ οἱ ἀπόστολοι καὶ οἱ προφῆται, ὅτι ἔκρινεν ὁ Θεὸς τὸ κρίμα ὑμῶν ἐξ αὐτῆς. 21 Καὶ ἦρεν εἷς ἄγγελος ἰσχυρὸς λίθον ὡς μύλινον μέγαν, καὶ ἔβαλεν εἰς τὴν θάλασσαν λέγων Οὕτως ὁρμήματι βληθήσεται Βαβυλὼν ἡ μεγάλη πόλις, καὶ οὐ μὴ εὑρεθῇ ἔτι. 22 καὶ φωνὴ κιθαρῳδῶν καὶ μουσικῶν καὶ αὐλητῶν καὶ σαλπιστῶν οὐ μὴ ἀκουσθῇ ἐν σοὶ ἔτι, καὶ πᾶς τεχνίτης πάσης τέχνης οὐ μὴ εὑρεθῇ ἐν σοὶ ἔτι, καὶ φωνὴ μύλου οὐ μὴ ἀκουσθῇ ἐν σοὶ ἔτι, 23 καὶ φῶς λύχνου οὐ μὴ φάνῃ ἐν σοὶ ἔτι, καὶ φωνὴ νυμφίου καὶ νύμφης οὐ μὴ ἀκουσθῇ ἐν σοὶ ἔτι· ὅτι οἱ ἔμποροί σου ἦσαν οἱ μεγιστᾶνες τῆς γῆς, ὅτι ἐν τῇ φαρμακίᾳ σου ἐπλανήθησαν πάντα τὰ ἔθνη, 24 καὶ ἐν αὐτῇ αἷμα προφητῶν καὶ ἁγίων εὑρέθη καὶ πάντων τῶν ἐσφαγμένων ἐπὶ τῆς γῆς.

ΑΠΟΚΑΛΥΨΙΣ ΙΩΑΝΟΥ

Revelation 19

Praise for God's Righteous Judgment

1 (καὶ) Μετὰ ταῦτα ἤκουσα ὡς φωνὴν [μεγάλην ὄχλου πολλοῦ] (ὄχλου πολλοῦ μεγάλην) ἐν τῷ οὐρανῷ λεγόντων

Ἁλληλουϊά· ἡ σωτηρία καὶ ἡ δόξα (καὶ ἡ τιμὴ)
καὶ ἡ δύναμις [τοῦ Θεοῦ] (Κυρίῳ τῷ Θεῷ) ἡμῶν,
2 ὅτι ἀληθιναὶ καὶ δίκαιαι αἱ κρίσεις αὐτοῦ·
ὅτι ἔκρινεν τὴν πόρνην τὴν μεγάλην
ἥτις ἔφθειρεν τὴν γῆν ἐν τῇ πορνείᾳ αὐτῆς,
καὶ ἐξεδίκησεν τὸ αἷμα τῶν δούλων αὐτοῦ ἐκ (τῆς) χειρὸς αὐτῆς.

3 καὶ δεύτερον εἴρηκαν

Ἁλληλουϊά·
καὶ ὁ καπνὸς αὐτῆς ἀναβαίνει εἰς τοὺς αἰῶνας τῶν αἰώνων.

4 καὶ ἔπεσαν οἱ πρεσβύτεροι οἱ εἴκοσι τέσσαρες καὶ τὰ τέσσερα ζῷα, καὶ προσεκύνησαν τῷ Θεῷ τῷ καθημένῳ ἐπὶ τῷ θρόνῳ λέγοντες Ἀμήν, Ἁλληλουϊά. 5 καὶ φωνὴ ἀπὸ τοῦ θρόνου ἐξῆλθεν λέγουσα Αἰνεῖτε τῷ Θεῷ ἡμῶν, πάντες οἱ δοῦλοι αὐτοῦ, οἱ φοβούμενοι αὐτόν, οἱ μικροὶ καὶ οἱ μεγάλοι.

The Marriage Supper of the Lamb

6 Καὶ ἤκουσα ὡς φωνὴν ὄχλου πολλοῦ καὶ ὡς φωνὴν ὑδάτων πολλῶν καὶ ὡς φωνὴν βροντῶν ἰσχυρῶν, λεγόντων

Ἁλληλουϊά, ὅτι ἐβασίλευσεν Κύριος ὁ Θεός [ἡμῶν] ὁ Παντοκράτωρ. 7 χαίρωμεν καὶ ἀγαλλιῶμεν, καὶ δώσομεν τὴν δόξαν αὐτῷ, ὅτι ἦλθεν ὁ γάμος τοῦ Ἀρνίου, καὶ ἡ γυνὴ αὐτοῦ ἡτοίμασεν ἑαυτήν, 8 καὶ ἐδόθη αὐτῇ ἵνα περιβάληται βύσσινον [λαμπρὸν καθαρόν] (καθαρόν· καὶ λαμπρόν)· τὸ γὰρ βύσσινον τὰ δικαιώματα [τῶν ἁγίων ἐστίν] (ἐστίν τῶν ἁγίων).

9 Καὶ λέγει μοι Γράψον Μακάριοι οἱ εἰς τὸ δεῖπνον τοῦ γάμου τοῦ Ἀρνίου κεκλημένοι. καὶ λέγει μοι Οὗτοι οἱ λόγοι ἀληθινοὶ (εἰσιν) τοῦ Θεοῦ [εἰσιν]. 10 καὶ ἔπεσα ἔμπροσθεν τῶν ποδῶν αὐτοῦ προσκυνῆσαι αὐτῷ. καὶ λέγει μοι Ὅρα μή· σύνδουλός σού εἰμι καὶ τῶν ἀδελφῶν σου τῶν ἐχόντων τὴν μαρτυρίαν (τοῦ) Ἰησοῦ· τῷ Θεῷ προσκύνησον· ἡ γὰρ μαρτυρία (τοῦ) Ἰησοῦ ἐστιν τὸ πνεῦμα τῆς προφητείας.

ΑΠΟΚΑΛΥΨΙΣ ΙΩΑΝΟΥ

The Second Coming of Christ

11 Καὶ εἶδον τὸν οὐρανὸν ἠνεῳγμένον, καὶ ἰδοὺ ἵππος λευκός, καὶ ὁ καθήμενος ἐπ' αὐτὸν καλούμενος Πιστὸς καὶ Ἀληθινός, καὶ ἐν δικαιοσύνῃ κρίνει καὶ πολεμεῖ. 12 οἱ δὲ ὀφθαλμοὶ αὐτοῦ φλὸξ πυρός, καὶ ἐπὶ τὴν κεφαλὴν αὐτοῦ διαδήματα πολλά, ἔχων ὄνομα γεγραμμένον ὃ οὐδεὶς οἶδεν εἰ μὴ αὐτός, 13 καὶ περιβεβλημένος ἱμάτιον βεβαμμένον αἵματι, καὶ κέκληται τὸ ὄνομα αὐτοῦ Ὁ Λόγος τοῦ Θεοῦ. 14 καὶ τὰ στρατεύματα τὰ ἐν τῷ οὐρανῷ ἠκολούθει αὐτῷ ἐφ' ἵπποις λευκοῖς, ἐνδεδυμένοι βύσσινον λευκὸν καθαρόν. 15 καὶ ἐκ τοῦ στόματος αὐτοῦ ἐκπορεύεται ῥομφαία ὀξεῖα, ἵνα ἐν αὐτῇ πατάξῃ τὰ ἔθνη· καὶ αὐτὸς ποιμανεῖ αὐτοὺς ἐν ῥάβδῳ σιδηρᾷ· καὶ αὐτὸς πατεῖ τὴν ληνὸν τοῦ οἴνου τοῦ θυμοῦ τῆς ὀργῆς τοῦ Θεοῦ τοῦ Παντοκράτορος. 16 καὶ ἔχει ἐπὶ τὸ ἱμάτιον καὶ ἐπὶ τὸν μηρὸν αὐτοῦ ὄνομα γεγραμμένον ΒΑΣΙΛΕΥΣ ΒΑΣΙΛΕΩΝ ΚΑΙ ΚΥΡΙΟΣ ΚΥΡΙΩΝ.

17 Καὶ εἶδον ἕνα ἄγγελον ἑστῶτα ἐν τῷ ἡλίῳ, καὶ ἔκραξεν ἐν φωνῇ μεγάλῃ λέγων πᾶσιν τοῖς ὀρνέοις τοῖς πετομένοις ἐν μεσουρανήματι Δεῦτε συνάχθητε εἰς τὸ δεῖπνον τὸ μέγα τοῦ Θεοῦ, 18 ἵνα φάγητε σάρκας βασιλέων καὶ σάρκας χιλιάρχων καὶ σάρκας ἰσχυρῶν καὶ σάρκας ἵππων καὶ τῶν καθημένων ἐπ' αὐτῶν, καὶ σάρκας πάντων ἐλευθέρων τε καὶ δούλων καὶ μικρῶν καὶ μεγάλων. 19 Καὶ εἶδον τὸ θηρίον καὶ τοὺς βασιλεῖς τῆς γῆς καὶ τὰ στρατεύματα αὐτῶν συνηγμένα ποιῆσαι τὸν πόλεμον μετὰ τοῦ καθημένου ἐπὶ τοῦ ἵππου καὶ μετὰ τοῦ στρατεύματος αὐτοῦ. 20 καὶ ἐπιάσθη τὸ θηρίον καὶ [μετ' αὐτοῦ] (μετὰ τούτου) ὁ ψευδοπροφήτης ὁ ποιήσας τὰ σημεῖα ἐνώπιον αὐτοῦ, ἐν οἷς ἐπλάνησεν τοὺς λαβόντας τὸ χάραγμα τοῦ θηρίου καὶ τοὺς προσκυνοῦντας τῇ εἰκόνι αὐτοῦ· ζῶντες ἐβλήθησαν οἱ δύο εἰς τὴν λίμνην τοῦ πυρὸς τῆς καιομένης ἐν θείῳ. 21 καὶ οἱ λοιποὶ ἀπεκτάνθησαν ἐν τῇ ῥομφαίᾳ τοῦ καθημένου ἐπὶ τοῦ ἵππου τῇ [ἐξελθούσῃ] (ἐκπορευομένῃ) ἐκ τοῦ στόματος αὐτοῦ, καὶ πάντα τὰ ὄρνεα ἐχορτάσθησαν ἐκ τῶν σαρκῶν αὐτῶν.

Revelation 20

Events of the Millennium

1 Καὶ εἶδον ἄγγελον καταβαίνοντα ἐκ τοῦ οὐρανοῦ, ἔχοντα τὴν [κλεῖν] (κλεῖδα) τῆς ἀβύσσου καὶ ἅλυσιν μεγάλην ἐπὶ τὴν χεῖρα αὐτοῦ. 2 καὶ ἐκράτησεν τὸν δράκοντα, [ὁ ὄφις ὁ ἀρχαῖος] (τὸν ὄφιν τὸν ἀρχαῖον), ὅς ἐστιν Διάβολος καὶ [Ὁ] Σατανᾶς, καὶ ἔδησεν αὐτὸν χίλια ἔτη,

ΑΠΟΚΑΛΥΨΙΣ ΙΩΑΝΟΥ

3 καὶ ἔβαλεν αὐτὸν εἰς τὴν ἄβυσσον, καὶ ἔκλεισεν (αὐτὸν) καὶ ἐσφράγισεν ἐπάνω αὐτοῦ, ἵνα μὴ πλανήσῃ ἔτι τὰ ἔθνη, ἄχρι τελεσθῇ τὰ χίλια ἔτη· (καὶ) μετὰ ταῦτα δεῖ (αὐτὸν) λυθῆναι [αὐτὸν] μικρὸν χρόνον. 4 Καὶ εἶδον θρόνους, καὶ ἐκάθισαν ἐπ᾽ αὐτούς, καὶ κρίμα ἐδόθη αὐτοῖς, καὶ τὰς ψυχὰς τῶν πεπελεκισμένων διὰ τὴν μαρτυρίαν Ἰησοῦ καὶ διὰ τὸν λόγον τοῦ Θεοῦ, καὶ οἵτινες οὐ προσεκύνησαν τὸ θηρίον οὐδὲ τὴν εἰκόνα αὐτοῦ καὶ οὐκ ἔλαβον τὸ χάραγμα ἐπὶ τὸ μέτωπον (αὐτὸν) καὶ ἐπὶ τὴν χεῖρα αὐτῶν· καὶ ἔζησαν καὶ ἐβασίλευσαν μετὰ τοῦ Χριστοῦ χίλια ἔτη. 5 οἱ (δὲ) λοιποὶ τῶν νεκρῶν οὐκ [ἔζησαν ἄχρι] (ἀνέζησαν ἕως) τελεσθῇ τὰ χίλια ἔτη. αὕτη ἡ ἀνάστασις ἡ πρώτη. 6 μακάριος καὶ ἅγιος ὁ ἔχων μέρος ἐν τῇ ἀναστάσει τῇ πρώτῃ· ἐπὶ τούτων ὁ [δεύτερος θάνατος] (θάνατος ὁ δεύτερος) οὐκ ἔχει ἐξουσίαν, ἀλλ᾽ ἔσονται ἱερεῖς τοῦ Θεοῦ καὶ τοῦ Χριστοῦ, καὶ βασιλεύσουσιν μετ᾽ αὐτοῦ τὰ χίλια ἔτη. 7 Καὶ ὅταν τελεσθῇ τὰ χίλια ἔτη, λυθήσεται ὁ Σατανᾶς ἐκ τῆς φυλακῆς αὐτοῦ, 8 καὶ ἐξελεύσεται πλανῆσαι τὰ ἔθνη τὰ ἐν ταῖς τέσσαρσιν γωνίαις τῆς γῆς, τὸν Γὼγ καὶ Μαγώγ, συναγαγεῖν αὐτοὺς εἰς [τὸν] πόλεμον, ὧν ὁ ἀριθμὸς [αὐτῶν] ὡς ἡ ἄμμος τῆς θαλάσσης. 9 καὶ ἀνέβησαν ἐπὶ τὸ πλάτος τῆς γῆς, καὶ ἐκύκλευσαν τὴν παρεμβολὴν τῶν ἁγίων καὶ τὴν πόλιν τὴν ἠγαπημένην· καὶ κατέβη πῦρ [ἐκ] (ἀπὸ) τοῦ (Θεοῦ ἐκ) οὐρανοῦ καὶ κατέφαγεν αὐτούς· 10 καὶ ὁ διάβολος ὁ πλανῶν αὐτοὺς ἐβλήθη εἰς τὴν λίμνην τοῦ πυρὸς καὶ θείου, ὅπου καὶ τὸ θηρίον καὶ ὁ ψευδοπροφήτης, καὶ βασανισθήσονται ἡμέρας καὶ νυκτὸς εἰς τοὺς αἰῶνας τῶν αἰώνων.

The Great White Throne Judgment

11 Καὶ εἶδον θρόνον [μέγαν λευκὸν] (λευκὸν μέγαν) καὶ τὸν καθήμενον ἐπ᾽ αὐτόν οὗ ἀπὸ τοῦ προσώπου ἔφυγεν ἡ γῆ καὶ ὁ οὐρανός, καὶ τόπος οὐχ εὑρέθη αὐτοῖς. 12 καὶ εἶδον τοὺς νεκρούς, [τοὺς μεγάλους καὶ τοὺς μικρούς] (μικροὺς καὶ μεγάλους), ἑστῶτας ἐνώπιον τοῦ [θρόνου] (Θεοῦ), καὶ βιβλία ἠνοίχθησαν· καὶ [ἄλλο] βιβλίον (ἄλλο) ἠνοίχθη, ὅ ἐστιν τῆς ζωῆς· καὶ ἐκρίθησαν οἱ νεκροὶ ἐκ τῶν γεγραμμένων ἐν τοῖς βιβλίοις κατὰ τὰ ἔργα αὐτῶν. 13 καὶ ἔδωκεν ἡ θάλασσα τοὺς [νεκροὺς τοὺς ἐν αὐτῇ] (ἐν αὐτῇ νεκροὺς), καὶ ὁ θάνατος καὶ ὁ Ἅιδης ἔδωκαν τοὺς [νεκροὺς τοὺς ἐν αὐτοῖς] (ἐν αὐτοῖς νεκροὺς), καὶ ἐκρίθησαν ἕκαστος κατὰ τὰ ἔργα αὐτῶν. 14 καὶ ὁ θάνατος καὶ ὁ Ἅιδης ἐβλήθησαν εἰς τὴν λίμνην τοῦ πυρός. οὗτος [ὁ θάνατος ὁ δεύτερός ἐστιν, ἡ λίμνη τοῦ πυρός] (ἐστιν ὁ δεύτερός θάνατος). 15 καὶ εἴ τις οὐχ εὑρέθη ἐν τῇ βίβλῳ τῆς ζωῆς γεγραμμένος, ἐβλήθη εἰς τὴν λίμνην τοῦ πυρός.

ΑΠΟΚΑΛΥΨΙΣ ΙΩΑΝΟΥ

Revelation 21

The New Heaven and Earth

1 Καὶ εἶδον οὐρανὸν καινὸν καὶ γῆν καινήν· ὁ γὰρ πρῶτος οὐρανὸς καὶ ἡ πρώτη γῆ ἀπῆλθαν, καὶ ἡ θάλασσα οὐκ ἔστιν ἔτι. 2 καὶ (ἐγὼ Ἰωάννης εἶδον) τὴν πόλιν τὴν ἁγίαν Ἰερουσαλὴμ καινὴν [εἶδον] καταβαίνουσαν [ἐκ τοῦ οὐρανοῦ ἀπὸ τοῦ Θεοῦ] (ἀπὸ τοῦ θεοῦ ἐκ τοῦ οὐρανοῦ), ἡτοιμασμένην ὡς νύμφην κεκοσμημένην τῷ ἀνδρὶ αὐτῆς. 3 καὶ ἤκουσα φωνῆς μεγάλης ἐκ τοῦ θρόνου λεγούσης Ἰδοὺ ἡ σκηνὴ τοῦ Θεοῦ μετὰ τῶν ἀνθρώπων, καὶ σκηνώσει μετ' αὐτῶν, καὶ αὐτοὶ λαοὶ αὐτοῦ ἔσονται, καὶ αὐτὸς ὁ Θεὸς [μετ' αὐτῶν ἔσται] (ἔσται μετ' αὐτῶν θεὸς αὐτῶν), 4 καὶ ἐξαλείψει (ὁ Θεὸς) πᾶν δάκρυον [ἐκ] (ἀπὸ) τῶν ὀφθαλμῶν αὐτῶν, καὶ ὁ θάνατος οὐκ ἔσται ἔτι, οὔτε πένθος οὔτε κραυγὴ οὔτε πόνος οὐκ ἔσται ἔτι· ὅτι τὰ πρῶτα ἀπῆλθαν. 5 καὶ εἶπεν ὁ καθήμενος ἐπὶ τῷ θρόνῳ Ἰδοὺ καινὰ [ποιῶ πάντα] (πάντα ποιῶ). καὶ λέγει (μοι) Γράψον, ὅτι οὗτοι οἱ λόγοι [πιστοὶ καὶ] ἀληθινοί (καὶ πιστοὶ) εἰσιν. 6 καὶ εἶπέν μοι Γέγοναν. ἐγὼ τὸ [Ἄλφα] (Α) καὶ τὸ Ὦ, ἡ ἀρχὴ καὶ τὸ τέλος. ἐγὼ τῷ διψῶντι δώσω ἐκ τῆς πηγῆς τοῦ ὕδατος τῆς ζωῆς δωρεάν. 7 ὁ νικῶν κληρονομήσει [ταῦτα] (πάντα), καὶ ἔσομαι αὐτῷ Θεὸς καὶ αὐτὸς ἔσται μοι υἱός. 8 [τοῖς δὲ δειλοῖς] (δειλοῖς δὲ) καὶ ἀπίστοις καὶ ἐβδελυγμένοις καὶ φονεῦσιν καὶ πόρνοις καὶ φαρμάκοις καὶ εἰδωλολάτραις καὶ πᾶσιν τοῖς ψευδέσιν τὸ μέρος αὐτῶν ἐν τῇ λίμνῃ τῇ καιομένῃ πυρὶ καὶ θείῳ, ὅ ἐστιν [ὁ θάνατος ὁ δεύτερος] (δεύτερος θάνατος).

New Jerusalem

9 Καὶ ἦλθεν [εἷς ἐκ] (πρός με εἷς) τῶν ἑπτὰ ἀγγέλων τῶν ἐχόντων τὰς ἑπτὰ φιάλας, [τῶν] (τὰς) γεμόντων τῶν ἑπτὰ πληγῶν τῶν ἐσχάτων, καὶ ἐλάλησεν μετ' ἐμοῦ λέγων Δεῦρο, δείξω σοι τὴν νύμφην [τὴν γυναῖκα τοῦ ἀρνίου] (τοῦ ἀρνίου τὴν γυναῖκα). 10 καὶ ἀπήνεγκέν με ἐν Πνεύματι ἐπὶ ὄρος μέγα καὶ ὑψηλόν, καὶ ἔδειξέν μοι τὴν πόλιν (τὴν μεγάλην) τὴν ἁγίαν Ἰερουσαλὴμ καταβαίνουσαν ἐκ τοῦ οὐρανοῦ ἀπὸ τοῦ Θεοῦ, 11 ἔχουσαν τὴν δόξαν τοῦ Θεοῦ· (καὶ) ὁ φωστὴρ αὐτῆς ὅμοιος λίθῳ τιμιωτάτῳ, ὡς λίθῳ ἰάσπιδι κρυσταλλίζοντι· 12 ἔχουσα (τε) τεῖχος μέγα καὶ ὑψηλόν, ἔχουσα πυλῶνας δώδεκα, καὶ ἐπὶ τοῖς πυλῶσιν ἀγγέλους δώδεκα, καὶ ὀνόματα ἐπιγεγραμμένα, ἅ ἐστιν τῶν δώδεκα φυλῶν υἱῶν Ἰσραήλ. 13 ἀπὸ ἀνατολῆς πυλῶνες τρεῖς, [καὶ] ἀπὸ βορρᾶ πυλῶνες τρεῖς, καὶ ἀπὸ νότου πυλῶνες τρεῖς, [καὶ] ἀπὸ δυσμῶν πυλῶνες τρεῖς.

ΑΠΟΚΑΛΥΨΙΣ ΙΩΑΝΟΥ

14 καὶ τὸ τεῖχος τῆς πόλεως ἔχων θεμελίους δώδεκα, καὶ [ἐπ' αὐτῶν δώδεκα] (ἐν αὐτοῖς) ὀνόματα τῶν δώδεκα ἀποστόλων τοῦ Ἀρνίου. 15 Καὶ ὁ λαλῶν μετ' ἐμοῦ εἶχεν [μέτρον] κάλαμον χρυσοῦν, ἵνα μετρήσῃ τὴν πόλιν καὶ τοὺς πυλῶνας αὐτῆς καὶ τὸ τεῖχος αὐτῆς. 16 καὶ ἡ πόλις τετράγωνος κεῖται, καὶ τὸ μῆκος αὐτῆς (τοσοῦτόν ἐστίν) ὅσον (καὶ) τὸ πλάτος. καὶ ἐμέτρησεν τὴν πόλιν τῷ καλάμῳ ἐπὶ σταδίων δώδεκα χιλιάδων· τὸ μῆκος καὶ τὸ πλάτος καὶ τὸ ὕψος αὐτῆς ἴσα ἐστίν. 17 καὶ ἐμέτρησεν τὸ τεῖχος αὐτῆς ἑκατὸν τεσσεράκοντα τεσσάρων πηχῶν, μέτρον ἀνθρώπου, ὅ ἐστιν ἀγγέλου. 18 καὶ ἡ ἐνδώμησις τοῦ τείχους αὐτῆς ἴασπις, καὶ ἡ πόλις χρυσίον καθαρὸν ὅμοιον ὑάλῳ καθαρῷ. 19 οἱ θεμέλιοι τοῦ τείχους τῆς πόλεως παντὶ λίθῳ τιμίῳ κεκοσμημένοι· ὁ θεμέλιος ὁ πρῶτος ἴασπις, ὁ δεύτερος σάπφειρος, ὁ τρίτος χαλκηδών, ὁ τέταρτος σμάραγδος, 20 ὁ πέμπτος σαρδόνυξ, ὁ ἕκτος σάρδιον, ὁ ἕβδομος χρυσόλιθος, ὁ ὄγδοος βήρυλλος, ὁ ἔνατος τοπάζιον, ὁ δέκατος χρυσόπρασος, ὁ ἑνδέκατος ὑάκινθος, ὁ δωδέκατος ἀμέθυστος. 21 καὶ οἱ δώδεκα πυλῶνες δώδεκα μαργαρῖται· ἀνὰ εἷς ἕκαστος τῶν πυλώνων ἦν ἐξ ἑνὸς μαργαρίτου. καὶ ἡ πλατεῖα τῆς πόλεως χρυσίον καθαρὸν ὡς ὕαλος διαυγής. 22 Καὶ ναὸν οὐκ εἶδον ἐν αὐτῇ· ὁ γὰρ Κύριος ὁ Θεὸς ὁ Παντοκράτωρ ναὸς αὐτῆς ἐστιν, καὶ τὸ Ἀρνίον. 23 καὶ ἡ πόλις οὐ χρείαν ἔχει τοῦ ἡλίου οὐδὲ τῆς σελήνης, ἵνα φαίνωσιν αὐτῇ· ἡ γὰρ δόξα τοῦ Θεοῦ ἐφώτισεν αὐτήν, καὶ ὁ λύχνος αὐτῆς τὸ Ἀρνίον. 24 καὶ [περιπατήσουσιν τὰ ἔθνη διὰ τοῦ φωτὸς αὐτῆς, καὶ οἱ βασιλεῖς τῆς γῆς φέρουσιν τὴν δόξαν] (τὰ ἔθνη τῶν σωζομένων ἐν τῷ φωτὶ αὐτῆς περιπατήσουσιν καὶ οἱ βασιλεῖς τῆς γῆς φέρουσιν τὴν δόξαν καὶ τὴν τιμὴν) αὐτῶν εἰς αὐτήν· 25 καὶ οἱ πυλῶνες αὐτῆς οὐ μὴ κλεισθῶσιν ἡμέρας, νὺξ γὰρ οὐκ ἔσται ἐκεῖ· 26 καὶ οἴσουσιν τὴν δόξαν καὶ τὴν τιμὴν τῶν ἐθνῶν εἰς αὐτήν. 27 καὶ οὐ μὴ εἰσέλθῃ εἰς αὐτὴν πᾶν κοινὸν καὶ ὁ ποιῶν βδέλυγμα καὶ ψεῦδος, εἰ μὴ οἱ γεγραμμένοι ἐν τῷ βιβλίῳ τῆς ζωῆς τοῦ Ἀρνίου.

Revelation 22

The River of Life

1 καὶ ἔδειξέν μοι (καθαρὸν) ποταμὸν ὕδατος ζωῆς λαμπρὸν ὡς κρύσταλλον, ἐκπορευόμενον ἐκ τοῦ θρόνου τοῦ Θεοῦ καὶ τοῦ Ἀρνίου. 2 ἐν μέσῳ τῆς πλατείας αὐτῆς καὶ τοῦ ποταμοῦ ἐντεῦθεν καὶ [ἐκεῖθεν] (ἐντεῦθεν) ξύλον ζωῆς ποιοῦν καρποὺς δώδεκα, κατὰ μῆνα (ἕνα) ἕκαστον ἀποδιδοῦν τὸν καρπὸν αὐτοῦ,

ΑΠΟΚΑΛΥΨΙΣ ΙΩΑΝΟΥ

καὶ τὰ φύλλα τοῦ ξύλου εἰς θεραπείαν τῶν ἐθνῶν. 3 καὶ πᾶν κατάθεμα οὐκ ἔσται ἔτι. καὶ ὁ θρόνος τοῦ Θεοῦ καὶ τοῦ Ἀρνίου ἐν αὐτῇ ἔσται, καὶ οἱ δοῦλοι αὐτοῦ λατρεύσουσιν αὐτῷ, 4 καὶ ὄψονται τὸ πρόσωπον αὐτοῦ, καὶ τὸ ὄνομα αὐτοῦ ἐπὶ τῶν μετώπων αὐτῶν. 5 καὶ νὺξ οὐκ ἔσται [ἔτι] (ἐκει), καὶ [οὐκ ἔχουσιν χρείαν φωτὸς] (χρείαν οὐκ ἔχουσιν) λύχνου καὶ φωτὸς ἡλίου, ὅτι Κύριος ὁ Θεὸς φωτίσει [ἐπ'] αὐτούς, καὶ βασιλεύσουσιν εἰς τοὺς αἰῶνας τῶν αἰώνων.

Concluding Instructions and Certification

6 Καὶ εἶπέν μοι Οὗτοι οἱ λόγοι πιστοὶ καὶ ἀληθινοί, καὶ [ὁ] Κύριος ὁ Θεὸς τῶν [πνευμάτων τῶν] (ἁγίων) προφητῶν ἀπέστειλεν τὸν ἄγγελον αὐτοῦ δεῖξαι τοῖς δούλοις αὐτοῦ ἃ δεῖ γενέσθαι ἐν τάχει. 7 [καὶ] Ἰδοὺ ἔρχομαι ταχύ. μακάριος ὁ τηρῶν τοὺς λόγους τῆς προφητείας τοῦ βιβλίου τούτου. 8 Κἀγὼ Ἰωάνης ὁ [ἀκούων καὶ βλέπων ταῦτα] (βλέπων ταῦτα καὶ ἀκούων). καὶ ὅτε ἤκουσα καὶ ἔβλεψα, ἔπεσα προσκυνῆσαι ἔμπροσθεν τῶν ποδῶν τοῦ ἀγγέλου τοῦ δεικνύοντός μοι ταῦτα. 9 καὶ λέγει μοι Ὅρα μή· σύνδουλός σού (γάρ) εἰμι καὶ τῶν ἀδελφῶν σου τῶν προφητῶν καὶ τῶν τηρούντων τοὺς λόγους τοῦ βιβλίου τούτου· τῷ Θεῷ προσκύνησον. 10 Καὶ λέγει μοι Μὴ σφραγίσῃς τοὺς λόγους τῆς προφητείας τοῦ βιβλίου τούτου· (ὅτι) ὁ καιρὸς [γὰρ] ἐγγύς ἐστιν. 11 ὁ ἀδικῶν ἀδικησάτω ἔτι, καὶ ὁ [ῥυπαρὸς] (ῥυπῶν) ῥυπανθήτω ἔτι, καὶ ὁ δίκαιος [δικαιοσύνην ποιησάτω] (δικαιωθήτω) ἔτι, καὶ ὁ ἅγιος ἁγιασθήτω ἔτι. 12 (καὶ) Ἰδοὺ ἔρχομαι ταχύ, καὶ ὁ μισθός μου μετ' ἐμοῦ, ἀποδοῦναι ἑκάστῳ ὡς τὸ ἔργον [ἐστὶν αὐτοῦ] (αὐτοῦ ἔσται). 13 ἐγὼ (εἰμι) τὸ [Ἄλφα] (Α) καὶ τὸ Ὦ, [ὁ πρῶτος καὶ ὁ ἔσχατος, ἡ ἀρχὴ καὶ τὸ τέλος] (ἀρχὴ καὶ τέλος ὁ πρῶτος καὶ ὁ ἔσχατος). 14 μακάριοι οἱ [πλύνοντες τὰς στολὰς αὐτῶν] (ποιοῦντες τὰς ἐντολὰς αὐτοῦ), ἵνα ἔσται ἡ ἐξουσία αὐτῶν ἐπὶ τὸ ξύλον τῆς ζωῆς καὶ τοῖς πυλῶσιν εἰσέλθωσιν εἰς τὴν πόλιν. 15 ἔξω (δὲ) οἱ κύνες καὶ οἱ φάρμακοι καὶ οἱ πόρνοι καὶ οἱ φονεῖς καὶ οἱ εἰδωλολάτραι καὶ πᾶς φιλῶν καὶ ποιῶν ψεῦδος.

16 Ἐγὼ Ἰησοῦς ἔπεμψα τὸν ἄγγελόν μου μαρτυρῆσαι ὑμῖν ταῦτα ἐπὶ ταῖς ἐκκλησίαις. ἐγώ εἰμι ἡ ῥίζα καὶ τὸ γένος Δαυείδ, ὁ ἀστὴρ ὁ λαμπρός, ὁ πρωϊνός.

17 Καὶ τὸ Πνεῦμα καὶ ἡ νύμφη λέγουσιν [Ἔρχου] (Ἐλθέ). καὶ ὁ ἀκούων εἰπάτω [Ἔρχου] (Ἐλθέ). καὶ ὁ διψῶν [ἐρχέσθω] (ἐλθέτω), (καὶ) ὁ θέλων [λαβέτω] (λαμβανέτω τὸ) ὕδωρ ζωῆς δωρεάν.

ΑΠΟΚΑΛΥΨΙΣ ΙΩΑΝΟΥ

Warnings Against Alterations

18 [Μαρτυρῶ ἐγὼ] (Συμμαρτυροῦμαι γὰρ) παντὶ [τῷ] ἀκούοντι τοὺς λόγους τῆς προφητείας τοῦ βιβλίου τούτου· ἐάν τις [ἐπιθῇ ἐπ' αὐτά] (ἐπιτιθῇ πρὸς ταῦτα), ἐπιθήσει ὁ Θεὸς ἐπ' αὐτὸν τὰς πληγὰς τὰς γεγραμμένας ἐν [τῷ] βιβλίῳ τούτῳ· 19 καὶ ἐάν τις ἀφέλῃ ἀπὸ τῶν λόγων [τοῦ] βιβλίου τῆς προφητείας ταύτης, [ἀφελεῖ] (ἀφαιρήσει) ὁ Θεὸς τὸ μέρος αὐτοῦ ἀπὸ [τοῦ ξύλου] (βίβλου) τῆς ζωῆς καὶ ἐκ τῆς πόλεως τῆς ἁγίας, (καὶ) τῶν γεγραμμένων ἐν [τῷ] βιβλίῳ τούτῳ.

Closing Declaration and Benediction

20 Λέγει ὁ μαρτυρῶν ταῦτα Ναί, ἔρχομαι ταχύ. Ἀμήν, (ναί,) ἔρχου Κύριε Ἰησοῦ.

21 Ἡ χάρις τοῦ Κυρίου (ἡμῶν) Ἰησοῦ (Χριστοῦ) μετὰ πάντων (ὑμῶν). (Ἀμήν.)

Dodson Greek-English Lexicon

By John Jeffrey Dodson

May 19, 2012

Colophon

Copyright © 2010 by John Jeffrey Dodson

This Greek-to-English lexicon was compiled by the copyright holder using the following public-domain sources:

[1] Abbott-Smith, G., A Manual Greek Lexicon of the New Testament, New York: Charles Scribner's Sons, 1922.

[2] Berry, George R., A New Greek-English Lexicon to the New Testament, New York: Hinds & Noble, 1897.

[3] Souter, Alexander, A Pocket Lexicon to the Greek New Testament, Oxford: Clarendon Press, 1917.

[4] Strong, J., Strong's Exhaustive Concordance of the Bible, 1890.

The lexicon is hereby released by the copyright holder into the public domain. As such, it may be used for personal, academic, non-commercial, and/or commercial purposes.

Please report any corrections, suggestions, or improvements to the original copyright holder at: jeffdod|write-the-sign|gmail|dot|com

The typeset for this lexicon has been altered to conform with the body text of this printing of the Greek New Testament, but was originally produced by Ulrik Sandborg-Petersen of Emergence Consult. Emergence Consult provides services and products centering around software processing of text. Please visit our website: http://emergence.dk/

Parts of speech added by Emergence Consult.

Dodson Greek-English Lexicon

Legend

(Comp.)adv.	Adverb (Comparative)
Adj	Adjective
Adj & Adv.	Adjective and Adverb
Adj. & Comp.adv.	Adjective and Adverb, Comparative
Adj. & Indec.num.	Adjective and Indeclinable Numeral
Adj. & n.f. & n.m.	Adjective and Noun, Feminine and Masculine
Adj. & n.m.	Adjective and Noun, Masculine
Adj. & v.	Adjective and Verb
Adv	Adverb
Adv. & Irg.adv.	Adverb and Adverb, Interrogative
Adv. & Prep.	ADVerb and PREPosition
Adv. & v.	Adverb and Verb
Aram.	ARAMaic transliterated word (indeclinable)
Aram. & Heb.	ARAMaic or HEBrew transliterated word (indeclinable)
Article	Definite article
Cj.	CONJunction
Comp.adv.	Adverb, Comparative
Cond.	CONDitional + KAI in crasis
Corr./Irg.pr.	correlative or interrogative pronoun
Corr.adv.	Adverb, Correlative
Corr.pr.	Correlative pronoun
Corr.pr. & Rel.pr.	Correlative pronoun and Relative Pronoun
Dem.pr.	Demonstrative pronoun
Disj.prt.	Particle, disjunctive particle
Hebr.	HEBrew form (indclinable)
Ij.	INterJection
Ij. & n.indcl.	INterJection and Noun, Indeclinable, Other type
Indec.num.	Indeclinable NUmeral (Adjective)
Indef.pr.	Indefinite pronoun
Irg.adv.	Adverb, Interrogative
Irg.pr.	Interrogative pronoun
Irg.prt.	Particle, interrogative
Irg.prt. & Neg.prt.	Particle, interrogative and Particle, Negative
letter	Indeclinable letter (Noun)
n.f.	Noun, Feminine
n.f. & n.m.	Noun, Feminine and Masculine
n.f. & n.n.	Noun, Feminine and Neuter
n.f. & Prop.n.	Noun, Feminine and Proper noun, Indeclinable
n.indcl.	Noun, Indeclinable, Other type
n.m.	Noun, Masculine
n.m. & n.n.	Noun, Masculine and Neuter
n.m. & Prop.n.	Noun, Masculine and Proper noun, Indeclinable
n.n.	Noun, Neuter
Neg.adv.	Adverb, Negative

Dodson Greek-English Lexicon

Neg.cj.	CONJunction, Negative
Neg.prt.	Particle, negative
Pers.pr.	Personal pronoun
Poss.pr.	Possessive pronoun
Prep.	PREPosition
Prop.n.	Proper noun, Indeclinable
Recip.pr.	reCiprocal pronoun
Refl.pr.	Reflexive pronoun
Rel.pr.	Relative pronoun
Sup.adv.	Adverb, Superlative
v.	Verb

άλφα - άγνεία
Alpha

1 ἄλφα letter the first letter of the Greek alphabet
2 Ἀαρών, ὁ Prop.n. Aaron
3 Ἀβαδδών, ὁ Prop.n. Abaddon
4 ἀβαρής, ες Adj not burdensome
5 Ἀββᾶ Prop.n. Father
6 Ἄβελ, ὁ Prop.n. Abel
7 Ἀβιά, ὁ Prop.n. Abijah
8 Ἀβιάθαρ, ὁ Prop.n. Abiathar
9 Ἀβιληνή, ῆς, ἡ n.f. Abilene
10 Ἀβιούδ, ὁ Prop.n. Abiud
11 Ἀβραάμ, ὁ Prop.n. Abraham
12 ἄβυσσος, ου, ἡ n.f. the abyss, the unfathomable depth
13 Ἄγαβος, ου, ὁ n.m. Agabus
14 ἀγαθοεργέω v. I perform good deeds
15 ἀγαθοποιέω v. I do that which is good
16 ἀγαθοποιΐα, ας, ἡ n.f. the doing of that which is good
17 ἀγαθοποιός, οῦ, ὁ Adj a doer of that which is good
18 ἀγαθός, ή, όν Adj good
19 ἀγαθωσύνη, ης, ἡ n.f. goodness
20 ἀγαλλίασις, εως, ἡ n.f. exultation, exhilaration
21 ἀγαλλιάω v. I exult, am full of joy
22 ἄγαμος, οῦ, ὁ, ἡ n.f. & n.m. unmarried
23 ἀγανακτέω v. I am angry, am incensed
24 ἀγανάκτησις, εως, ἡ n.f. indignation
25 ἀγαπάω v. I love
26 ἀγάπη, ης, ἡ n.f. love
27 ἀγαπητός, ή, όν Adj loved, beloved
28 Ἄγαρ, ἡ Prop.n. Hagar
29 ἀγγαρεύω v. I impress, send
30 ἀγγεῖον, ου, τό n.n. a vessel, flask, can
31 ἀγγελία, ας, ἡ n.f. a message
32 ἄγγελος, ου, ὁ n.m. an angel, messenger
34 ἀγέλη, ης, ἡ n.f. a flock, herd
35 ἀγενεαλόγητος, ον Adj of unrecorded genealogy
36 ἀγενής, ές Adj without family, ignoble
37 ἁγιάζω v. I make holy, sanctify
38 ἁγιασμός, οῦ, ὁ n.m. sanctification, holiness
40 ἅγιος, ία, ον Adj set apart, holy, sacred
41 ἁγιότης, ητος, ἡ n.f. holiness
42 ἁγιωσύνη, ης, ἡ n.f. a holy or sanctified state
43 ἀγκάλη, ης, ἡ n.f. an arm
44 ἄγκιστρον, ου, τό n.n. a fish-hook
45 ἄγκυρα, ας, ἡ n.f. an anchor
46 ἄγναφος, ον Adj unshrunken, new
47 ἁγνεία, ας, ἡ n.f. purity, chastity

ἀγνίζω - ἀδικία

48 ἀγνίζω v. I cleanse, purify
49 ἀγνισμός, οῦ, ὁ n.m. purification
50 ἀγνοέω v. I do not know, am ignorant of
51 ἀγνόημα, ατος, τό n.n. an offence committed through ignorance
52 ἄγνοια, ας, ἡ n.f. ignorance
53 ἁγνός, ή, όν Adj pure, chaste
54 ἁγνότης, τητος, ἡ n.f. purity, chastity
55 ἁγνῶς Adv purely, sincerely
56 ἀγνωσία, ας, ἡ n.f. ignorance
57 ἄγνωστος, ον Adj unknown
58 ἀγορά, ᾶς, ἡ n.f. market-place
59 ἀγοράζω v. I buy
60 ἀγοραῖος, ον Adj a lounger in the market-place
61 ἄγρα, ας, ἡ n.f. catching, a catch
62 ἀγράμματος, ον Adj uneducated
63 ἀγραυλέω v. I spend the night in the open
64 ἀγρεύω v. I catch, capture
65 ἀγριέλαιος, ου, ἡ n.f. a wild olive tree
66 ἄγριος, ία, ιον Adj wild, fierce
67 Ἀγρίππας, α, ὁ n.m. Agrippa
68 ἀγρός, οῦ, ὁ n.m. a field, the country
69 ἀγρυπνέω v. I am awake
70 ἀγρυπνία, ας, ἡ n.f. sleeplessness, watching
71 ἄγω v. I lead
72 ἀγωγή, ῆς, ἡ n.f. conduct
73 ἀγών, ῶνος, ὁ n.m. a contest
74 ἀγωνία, ας, ἡ n.f. contest, agony
75 ἀγωνίζομαι v. I strive, contend
76 Ἀδάμ, ὁ Prop.n. Adam
77 ἀδάπανος, ον Adj without expense, free
78 Ἀδδί, ὁ Prop.n. Addi
79 ἀδελφή, ῆς, ἡ n.f. a sister
80 ἀδελφός, οῦ, ὁ n.m. a brother
81 ἀδελφότης, τητος, ἡ n.f. brotherhood
82 ἄδηλος, ον Adj unseen, not obvious
83 ἀδηλότης, τητος, ἡ n.f. uncertainty
84 ἀδήλως Adv out of sight, uncertainly
85 ἀδημονέω v. I am troubled, distressed
86 Ἅδης, ου, ὁ n.m. Hades
87 ἀδιάκριτος, ον Adj unambiguous
88 ἀδιάλειπτος, ον Adj unceasing, unremitting
89 ἀδιαλείπτως Adv unceasingly
90 ἀδιαφθορία, ας, ἡ n.f. incorruptibility, soundness, integrity
91 ἀδικέω v. I act unjustly towards
92 ἀδίκημα, ατος, τό n.n. a crime, misdeed
93 ἀδικία, ας, ἡ n.f. unrighteousness

ἄδικος - αἵρεσις

94 ἄδικος, ον Adj unjust, unrighteous
95 ἀδίκως Adv unjustly
96 ἀδόκιμος, ον Adj failing to pass the test
97 ἄδολος, ον Adj pure
98 Ἀδραμυττηνός, ή, όν Adj belonging to Adramyttium
99 Ἀδρίας, ου, ὁ n.m. the Adriatic Sea
100 ἁδρότης, τητος, ἡ n.f. lavishness
101 ἀδυνατέω v. to be impossible
102 ἀδύνατος, ον Adj incapable, impossible
103 ᾄδω v. I sing
104 ἀεί Adv always
105 ἀετός, οῦ, ὁ n.m. an eagle, bird of prey
106 ἄζυμος, ον Adj unleavened, the paschal feast, uncorrupted
107 Ἀζώρ, ὁ Prop.n. Azor
108 Ἄζωτος, ου, ἡ n.f. Azotus, Ashdod
109 ἀήρ, ἀέρος, ὁ n.m. air
110 ἀθανασία, ας, ἡ n.f. immortality
111 ἀθέμιτος, ον Adj illegal, unlawful
112 ἄθεος, ον Adj godless
113 ἄθεσμος, ον Adj lawless
114 ἀθετέω v. I annul
115 ἀθέτησις, εως, ἡ n.f. nullification, abrogation
116 Ἀθῆναι, ῶν, αἱ n.f. Athens
117 Ἀθηναῖος, α, ον Adj Athenian
118 ἀθλέω v. I compete
119 ἄθλησις, εως, ἡ n.f. a contest
120 ἀθυμέω v. I lose heart
121 ἀθῷος, ον Adj guiltless
122 αἴγειος, α, ον Adj of a goat
123 αἰγιαλός, οῦ, ὁ n.m. sea-coast, beach
124 Αἰγύπτιος, α, ον Adj Egyptian
125 Αἴγυπτος, ου, ἡ n.f. Egypt
126 ἀΐδιος, ον Adj eternal
127 αἰδώς, οῦς, ἡ n.f. shame, modesty
128 Αἰθίοψ, οπος, ὁ n.m. an Ethiopian
129 αἷμα, ατος, τό n.n. blood
130 αἱματεκχυσία, ας, ἡ n.f. a shedding or pouring forth of blood
131 αἱμορροέω v. I suffer from a continual flow (oozing) of blood
132 Αἰνέας, α, ὁ n.m. Aeneas
133 αἴνεσις, εως, ἡ n.f. praise
134 αἰνέω v. I praise
135 αἴνιγμα, ατος, τό n.n. a riddle, an enigma
136 αἶνος, ου, ὁ n.m. praise
137 Αἰνών, ἡ Prop.n. Aenon
138 αἱρέω v. I choose, prefer
139 αἵρεσις, εως, ἡ n.f. a self-chosen opinion, a sect

αἱρετίζω - ἀκμάζω

140 αἱρετίζω v. I choose
141 αἱρετικός, ή, όν Adj factious
142 αἴρω v. I raise, lift up
143 αἰσθάνομαι v. I perceive
144 αἴσθησις, εως, ἡ n.f. perception
145 αἰσθητήριον, ου, τό n.n. perceptive faculty
146 αἰσχροκερδής, ες Adj greedy
147 αἰσχροκερδῶς Adv greedily
148 αἰσχρολογία, ας, ἡ n.f. filthy speech
150 αἰσχρός, ά, όν Adj base, disgraceful
151 αἰσχρότης, τητος, ἡ n.f. obscenity, indecency, baseness
152 αἰσχύνη, ης, ἡ n.f. shame
153 αἰσχύνομαι v. I am ashamed, am put to shame
154 αἰτέω v. I ask, request, beg, petition
155 αἴτημα, ατος, τό n.n. a petition, request
156 αἰτία, ας, ἡ n.f. a cause, reason, charge
157 αἰτίωμα, ατος, τό n.n. a charge, accusation
158 αἴτιον, ου, τό n.n. cause, crime
159 αἴτιος, ου, ὁ Adj the cause of, the originator of
160 αἰφνίδιος, ον Adj unexpected, sudden
161 αἰχμαλωσία, ας, ἡ n.f. captivity
162 αἰχμαλωτεύω v. I take captive
163 αἰχμαλωτίζω v. I take captive, subdue, ensnare
164 αἰχμάλωτος, ου, ὁ n.m. a captive, prisoner
165 αἰών, ῶνος, ὁ n.m. an age, a cycle of time
166 αἰώνιος, ία, ιον Adj eternal, unending
167 ἀκαθαρσία, ας, ἡ n.f. uncleanness, impurity
169 ἀκάθαρτος, ον Adj unclean, impure
170 ἀκαιρέομαι v. I am without a suitable opportunity
171 ἀκαίρως Adv unseasonably
172 ἄκακος, ον Adj innocent, guileless, simple
173 ἄκανθα, ης, ἡ n.f. a thorn-bush
174 ἀκάνθινος, η, ον Adj made of thorns
175 ἄκαρπος, ον Adj unfruitful, barren
176 ἀκατάγνωστος, ον Adj uncondemned, unimpeachable
177 ἀκατακάλυπτος, ον Adj not veiled, unveiled
178 ἀκατάκριτος, ον Adj uncondemned
179 ἀκατάλυτος, ον Adj indissoluble, that cannot be broken up
180 ἀκατάπαυστος, ον Adj not ceasing from, not abandoning
181 ἀκαταστασία, ας, ἡ n.f. disturbance, upheaval, revolution
182 ἀκατάστατος, ον Adj unsettled, unstable
183 ἀκατάσχετος, ον Adj unrestrainable, unruly, untamable
184 Ἀκελδαμά Prop.n. Akeldama
185 ἀκέραιος, ον Adj simple, unsophisticated, innocent
186 ἀκλινής, ες Adj unbent, unyielding, resolute
187 ἀκμάζω v. I reach maturity, become ripe

ἀκμήν - ἀλίσγημα

188 ἀκμήν n.f. even now
189 ἀκοή, ῆς, ἡ n.f. hearing, faculty of hearing, ear
190 ἀκολουθέω v. I accompany, attend, follow
191 ἀκούω v. I hear, listen
192 ἀκρασία, ας, ἡ n.f. incontinence, intemperance, lack of restraint
193 ἀκρατής, ές Adj lacking self-control, inclined to excess
194 ἄκρατος, ον Adj unmixed, undiluted
195 ἀκρίβεια, ας, ἡ n.f. strictness, accuracy
196 ἀκριβέστατος Adj most exact, strict
198 ἀκριβόω v. I examine carefully, inquire strictly
199 ἀκριβῶς (Comp.)adv. carefully, exactly, strictly
200 ἀκρίς, ίδος, ἡ n.f. a locust
201 ἀκροατήριον, ίου, τό n.n. auditorium, recitation hall, court room
202 ἀκροατής, οῦ, ὁ n.m. a hearer of, a listener to
203 ἀκροβυστία, ας, ἡ n.f. foreskin
204 ἀκρογωνιαῖος, α, ον Adj in the corner, cornerstone
205 ἀκροθίνιον, ίου, τό n.n. spoil, treasure
206 ἄκρον, ου, τό n.n. the end, extremity
207 Ἀκύλας, ου, ὁ n.m. Aquila
208 ἀκυρόω v. I annul, make of no effect, cancel
209 ἀκωλύτως Adv freely, without hindrance
210 ἄκων, ἄκουσα, ἄκον Adj unwilling
211 ἀλάβαστρον, ου, τό n.n. an alabaster phial or bottle
212 ἀλαζονεία, ας, ἡ n.f. boasting, show, arrogant display
213 ἀλαζών, όνος, ὁ n.m. a boaster
214 ἀλαλάζω v. I cry aloud, a clanging or clashing cymbal
215 ἀλάλητος, ον Adj unutterable, that baffles words
216 ἄλαλος, ον Adj unable to speak
217 ἅλας, ατος, τό n.n. salt
218 ἀλείφω v. I anoint
219 ἀλεκτοροφωνία, ας, ἡ n.f. cockcrow
220 ἀλέκτωρ, ορος, ὁ n.m. a cock, rooster
221 Ἀλεξανδρεύς, έως, ὁ n.m. an Alexandrian
222 Ἀλεξανδρῖνος, η, ον Adj Alexandrian
223 Ἀλέξανδρος, ου, ὁ n.m. Alexander
224 ἄλευρον, ου, τό n.n. meal, flour
225 ἀλήθεια, ας, ἡ n.f. truth
226 ἀληθεύω v. I say, speak truth, I do truth
227 ἀληθής, ές Adj unconcealed, true
228 ἀληθινός, η, ον Adj true, real, genuine
229 ἀλήθω v. I grind
230 ἀληθῶς Adv truly, really, certainly
231 ἁλιεύς, έως, ὁ n.m. a fisherman
232 ἁλιεύω v. I fish
233 ἁλίζω v. I salt, sprinkle with salt, keep fresh and sound
234 ἀλίσγημα, ατος, τό n.n. pollution, perhaps a polluted thing

235 ἀλλά Cj. but, except
236 ἀλλάσσω v. I change, alter
237 ἀλλαχόθεν Adv from another quarter, by another way
238 ἀλληγορέω v. I speak allegorically
239 Ἁλληλούϊα Hebr. Hallelujah, Praise the Lord
240 ἀλλήλων Recip.pr. one another
241 ἀλλογενής, ες Adj of another nation, a foreigner
242 ἅλλομαι v. I leap, bubble up
243 ἄλλος, η, ον Adj other, another, different
244 ἀλλοτριοεπίσκοπος, ου, ὁ n.m. a prier into other men's affairs
245 ἀλλότριος, ία, ιον Adj belonging to another person, foreign
246 ἀλλόφυλος, ον Adj foreign
247 ἄλλως Adv otherwise
248 ἀλοάω v. I thresh
249 ἄλογος, ον Adj unreasonable, senseless
250 ἀλόη, ης, ἡ n.f. aloes
251 ἅλς, ἁλός, ὁ n.m. salt
252 ἁλυκός, ή, όν Adj salty, saltine, bitter
253 ἄλυπος, ον Adj free from pain, grief, trouble
254 ἅλυσις, εως, ἡ n.f. a light chain
255 ἀλυσιτελής, ές Adj profitless, unprofitable
256 Ἁλφαῖος, ου, ὁ n.m. Alphaeus
257 ἅλων, ωνος, ἡ n.f. a threshing-floor
258 ἀλώπηξ, εκος, ἡ n.f. a fox
259 ἅλωσις, εως, ἡ n.f. capture, capturing
260 ἅμα Adv at the same time, along with
261 ἀμαθής, ές Adj unlearned, ignorant
262 ἀμαράντινος, η, ον Adj unfading, fadeless
263 ἀμάραντος, ον Adj unfading
264 ἁμαρτάνω v. I sin
265 ἁμάρτημα, ατος, τό n.n. a fault, sin, evil deed
266 ἁμαρτία, ας, ἡ n.f. a sin
267 ἀμάρτυρος, ον Adj without witness, untestified to
268 ἁμαρτωλός, ον Adj sinning, sinful, a sinner
269 ἄμαχος, ον Adj not quarrelsome, peaceable
270 ἀμάω v. I mow, reap
271 ἀμέθυστος, ου, ἡ n.f. amethyst
272 ἀμελέω v. I neglect
273 ἄμεμπτος, ον Adj blameless
274 ἀμέμπτως Adv blamelessly
275 ἀμέριμνος, ον Adj free from anxiety
276 ἀμετάθετος, ον Adj unchanged, unchangeable
277 ἀμετακίνητος, ον Adj immovable, firm
278 ἀμεταμέλητος, ον Adj not to be repented of
279 ἀμετανόητος, ον Adj unrepentant
280 ἄμετρος, ον Adj not measurable, immeasurable

ἀμήν - ἀναζάω

281 ἀμήν Hebr. verily, truly, amen, so let it be
282 ἀμήτωρ, ορος Adj whose mother's name is not recorded or known
283 ἀμίαντος, ον Adj undefiled, untainted
284 Ἀμιναδάβ, ὁ Prop.n. Amminadab
285 ἄμμος, ου, ἡ n.f. sand
286 ἀμνός, οῦ, ὁ n.m. a lamb
287 ἀμοιβή, ῆς, ἡ n.f. a change, an exchange
288 ἄμπελος, ου, ἡ n.f. a vine
289 ἀμπελουργός, οῦ, ὁ n.m. a vine-dresser
290 ἀμπελών, ῶνος, ὁ n.m. a vineyard
291 Ἀμπλίας, ου, ὁ n.m. Ampliatus
292 ἀμύνομαι v. I defend
293 ἀμφίβληστρον, ου, τό n.n. a fishing net, drag-net
294 ἀμφιέννυμι v. I put on, clothe
295 Ἀμφίπολις, εως, ἡ n.f. Amphipolis
296 ἄμφοδον, ου, τό n.n. a street, quarter, block
297 ἀμφότεροι, αι, α Adj both of two
298 ἀμώμητος, ον Adj without blame or fault
299 ἄμωμος, ον Adj blameless
300 Ἀμών, ὁ Prop.n. Amon
301 Ἀμώς, ὁ Prop.n. Amos
302 ἄν Disj.prt. an untranslatable word that makes a statement contingent
303 ἀνά Prep. and, apiece, by, each, every, in, through
304 ἀναβαθμός, οῦ, ὁ n.m. a step, a flight of steps
305 ἀναβαίνω v. I go up, mount, ascend
306 ἀναβάλλω v. I postpone, defer
307 ἀναβιβάζω v. I draw up
308 ἀναβλέπω v. I look up, recover my sight
309 ἀνάβλεψις, εως, ἡ n.f. recovery of sight
310 ἀναβοάω v. I shout upwards, cry out, raise my voice
311 ἀναβολή, ῆς, ἡ n.f. postponement, delay, putting off
312 ἀναγγέλλω v. I announce, make known, report
313 ἀναγεννάω v. I beget again, beget into a new life
314 ἀναγινώσκω v. I read
315 ἀναγκάζω v. I force, compel
316 ἀναγκαῖος, α, ον Adj necessary, essential
317 ἀναγκαστῶς Adv by force, necessarily
318 ἀνάγκη, ης, ἡ n.f. necessity, constraint, compulsion
319 ἀναγνωρίζω v. I make known to again, make to be recognized
320 ἀνάγνωσις, εως, ἡ n.f. reading
321 ἀνάγω v. I lead up, put to sea, set sail
322 ἀναδείκνυμι v. I show forth, show clearly, proclaim, appoint
323 ἀνάδειξις, εως, ἡ n.f. the proclamation of an appointment
324 ἀναδέχομαι v. I welcome, receive kindly, undertake
325 ἀναδίδωμι v. I send up, deliver, hand over
326 ἀναζάω v. I come to life again, revive

ἀναζητέω - ἀναπαύω

327 ἀναζητέω v. I seek out, search for
328 ἀναζώννυμι v. I gird up, brace up
329 ἀναζωπυρέω v. I stir up the fire, fan the flame of
330 ἀναθάλλω v. I thrive or flourish again
331 ἀνάθεμα, ατος, τό n.n. a curse, a cursed thing
332 ἀναθεματίζω v. I curse, invoke curses
333 ἀναθεωρέω v. I look at attentively, consider
334 ἀνάθημα, ατος, τό n.n. an offering dedicated by a worshipper
335 ἀναίδεια, ας, ἡ n.f. shamelessness, shameless persistence
336 ἀναίρεσις, εως, ἡ n.f. killing, slaying, murder
337 ἀναιρέω v. I take up, abolish, murder
338 ἀναίτιος, ον Adj guiltless
339 ἀνακαθίζω v. I sit up
340 ἀνακαινίζω v. I renew, restore
341 ἀνακαινόω v. I renew, amend, change
342 ἀνακαίνωσις, εως, ἡ n.f. renewing
343 ἀνακαλύπτω v. I unveil
344 ἀνακάμπτω v. I return
345 ἀνάκειμαι v. I recline, especially at a dinner-table
346 ἀνακεφαλαιόω v. I sum up, summarize, recapitulate, gather up in one
347 ἀνακλίνω v. I make to recline, I recline at a table
349 ἀνακράζω v. I shout aloud
350 ἀνακρίνω v. I examine, inquire into
351 ἀνάκρισις, εως, ἡ n.f. judicial examination, preliminary inquiry
352 ἀνακύπτω v. I raise myself, look up
353 ἀναλαμβάνω v. I take up, raise
354 ἀνάληψις, εως, ἡ n.f. a taking up, lifting up
355 ἀναλίσκω v. I destroy, annihilate
356 ἀναλογία, ας, ἡ n.f. proportion, measure
357 ἀναλογίζομαι v. I think upon, consider attentively
358 ἄναλος, ον Adj saltless, tasteless, flat
359 ἀνάλυσις, εως, ἡ n.f. departing, departure from this life
360 ἀναλύω v. I depart, return
361 ἀναμάρτητος, ον Adj without blame, faultless
362 ἀναμένω v. I await
363 ἀναμιμνήσκω v. I remind, admonish, remember
364 ἀνάμνησις, εως, ἡ n.f. a recalling, remembrance, memory
365 ἀνανεόω v. I renew
366 ἀνανήφω v. I become sober again, recover sound sense
367 Ἀνανίας, α, ὁ n.m. Ananias
368 ἀναντίρρητος, ον Adj indisputable, not to be contradicted
369 ἀναντιρρήτως Adv without contradiction
370 ἀνάξιος, ον Adj unworthy, inadequate
371 ἀναξίως Adv unworthily, in an unworthy manner
372 ἀνάπαυσις, εως, ἡ n.f. rest, cessation from labor, refreshment
373 ἀναπαύω v. I make to rest, give rest to, rest, take my ease

ἀναπείθω - ἀνένδεκτος

374 ἀναπείθω v. I urge by evil persuasion, I tempt
375 ἀναπέμπω v. I send up to a higher tribunal, I send back
376 ἀνάπηρος, ον Adj crippled, maimed
377 ἀναπίπτω v. I lie down, recline, fall back upon
378 ἀναπληρόω v. I fill up, make up, fulfill
379 ἀναπολόγητος, ον Adj indefensible, inexcusable
380 ἀναπτύσσω v. I unroll
381 ἀνάπτω v. I kindle, set on fire
382 ἀναρίθμητος, ον Adj uncountable, innumerable
383 ἀνασείω v. I shake up, stir up, excite
384 ἀνασκευάζω v. I pervert, unsettle, destroy
385 ἀνασπάω v. I drag up, pull up
386 ἀνάστασις, εως, ἡ n.f. a rising again, resurrection
387 ἀναστατόω v. I turn upside down, upset, unsettle
388 ἀνασταυρόω v. I crucify again
389 ἀναστενάζω v. I groan or sigh deeply
390 ἀναστρέφω v. I overturn, turn upside down, return, mid. and pass: I conduct myself, live
391 ἀναστροφή, ῆς, ἡ n.f. behavior, manner of life
392 ἀνατάσσομαι v. I arrange, draw up, compose
393 ἀνατέλλω v. I make to rise, I rise, shine
394 ἀνατίθημι v. I lay a case before, impart, communicate, relate
395 ἀνατολή, ῆς, ἡ n.f. rising of the sun, the East
396 ἀνατρέπω v. I subvert, overturn, overthrow
397 ἀνατρέφω v. I rear, bring up
398 ἀναφαίνω v. I sight, I appear
399 ἀναφέρω v. I carry up, lead up, offer up
400 ἀναφωνέω v. I call out, shout
401 ἀνάχυσις, εως, ἡ n.f. outpouring, excess
402 ἀναχωρέω v. I return, retire, depart, withdraw
403 ἀνάψυξις, εως, ἡ n.f. refreshing, refreshment
404 ἀναψύχω v. I refresh, revive, comfort
405 ἀνδραποδιστής, οῦ, ὁ n.m. an enslaver, a kidnapper
406 Ἀνδρέας, ου, ὁ n.m. Andrew
407 ἀνδρίζομαι v. I act like a man, am brave
408 Ἀνδρόνικος, ου, ὁ n.m. Andronicus
409 ἀνδροφόνος, ου, ὁ n.m. a murderer
410 ἀνέγκλητος, ον Adj irreproachable, blameless
411 ἀνεκδιήγητος, ον Adj indescribable, that cannot be thoroughly related
412 ἀνεκλάλητος, ον Adj unspeakable
413 ἀνέκλειπτος, ον Adj unfailing
414 ἀνεκτός, ή, όν Adj endurable, tolerable
415 ἀνελεήμων, ον Adj without compassion, cruel
416 ἀνεμίζω v. I am blown with the wind
417 ἄνεμος, ου, ὁ n.m. the wind
418 ἀνένδεκτος, ον Adj impossible

ἀνεξερεύνητος - ἀνταγωνίζομαι

419 ἀνεξερεύνητος, ον Adj that cannot be searched into, inscrutable
420 ἀνεξίκακος, ον Adj enduring evil, patient of evil
421 ἀνεξιχνίαστος, ον Adj incomprehensible
422 ἀνεπαίσχυντος, ον Adj having no cause to be ashamed
423 ἀνεπίληπτος, ον Adj irreproachable
424 ἀνέρχομαι v. I come up, go up
425 ἄνεσις, εως, ἡ n.f. relief, remission, indulgence, freedom, rest
426 ἀνετάζω v. I examine judicially
427 ἄνευ Prep. without, without the cooperation or knowledge of
428 ἀνεύθετος, ον Adj unsuitable, inconvenient
429 ἀνευρίσκω v. I find by seeking out
430 ἀνέχομαι v. I endure, bear with
431 ἀνεψιός, οῦ, ὁ n.m. a cousin
432 ἄνηθον, ου, τό n.n. anise, dill
433 ἀνήκω v. is due, becoming, suitable, proper
434 ἀνήμερος, ον Adj not tame, fierce
435 ἀνήρ, ἀνδρός, ὁ n.m. a male human being, a man
436 ἀνθίστημι v. I take a stand against, oppose, resist
437 ἀνθομολογέομαι v. I confess, give thanks to
438 ἄνθος, ους, τό n.n. bloom, flower
439 ἀνθρακιά, ᾶς, ἡ n.f. a heap of burning coals
440 ἄνθραξ, ακος, ὁ n.m. a coal
441 ἀνθρωπάρεσκος, ον Adj desirous of pleasing men
442 ἀνθρώπινος, η, ον Adj belonging to human beings, human
443 ἀνθρωποκτόνος, ου, ὁ Adj a murderer
444 ἄνθρωπος, ου, ὁ n.m. a man, one of the human race
445 ἀνθυπατεύω v. to act as proconsul, be a deputy
446 ἀνθύπατος, ου, ὁ n.m. a proconsul
447 ἀνίημι v. I let go, loosen, release, give up, neglect
448 ἀνέλεος, ον Adj without mercy
449 ἄνιπτος, ον Adj unwashed
450 ἀνίστημι v. I raise up, set up, rise from
451 Ἄννα, ας, ἡ n.f. Anna
452 Ἄννας, α, ὁ n.m. Annas
453 ἀνόητος, ον Adj foolish, thoughtless
454 ἄνοια, ας, ἡ n.f. folly, madness
455 ἀνοίγω v. I open
456 ἀνοικοδομέω v. I rebuild, build up, build
457 ἄνοιξις, εως, ἡ n.f. the act of opening
458 ἀνομία, ας, ἡ n.f. lawlessness, iniquity
459 ἄνομος, ον Adj lawless, sinful, illegal
460 ἀνόμως Adv without law
461 ἀνορθόω v. I make straight again, rear again, restore
462 ἀνόσιος, ον Adj regarding nothing as holy
463 ἀνοχή, ῆς, ἡ n.f. forbearance
464 ἀνταγωνίζομαι v. I resist, strive against

ἀντάλλαγμα - ἀνωτερικός

465 ἀντάλλαγμα, ατος, τό n.n. an exchange, purchasing price
466 ἀνταναπληρόω v. I fill up in place of someone else
467 ἀνταποδίδωμι v. I give in return
468 ἀνταπόδομα, ατος, τό n.n. a gift in return, a return, a recompense
469 ἀνταπόδοσις, εως, ἡ n.f. a reward, recompense
470 ἀνταποκρίνομαι v. I contradict
471 ἀντεῖπον v. I speak or say in opposition, I contradict
472 ἀντέχομαι v. I hold fast to
473 ἀντί Prep. instead of, for
474 ἀντιβάλλω v. I throw at in opposition, exchange words with
475 ἀντιδιατίθεμαι v. I oppose
476 ἀντίδικος, ου, ὁ n.m. an opponent, adversary
477 ἀντίθεσις, εως, ἡ n.f. opposition
478 ἀντικαθίστημι v. I resist
479 ἀντικαλέω v. I invite in return
480 ἀντίκειμαι v. I resist, oppose
481 ἀντικρύ Adv right opposite, over against
482 ἀντιλαμβάνομαι v. I take hold of, help, share in
483 ἀντιλέγω v. I speak or say in opposition, contradict
484 ἀντίληψις, εως, ἡ n.f. help, ministration
485 ἀντιλογία, ας, ἡ n.f. contradiction, contention, rebellion
486 ἀντιλοιδορέω v. I abuse in return, give abuse for abuse
487 ἀντίλυτρον, ου, τό n.n. a ransom
488 ἀντιμετρέω v. I measure in return, give equivalent measure
489 ἀντιμισθία, ας, ἡ n.f. a reward, recompense
490 Ἀντιόχεια, ας, ἡ n.f. Antioch
491 Ἀντιοχεύς, έως, ὁ n.m. an Antiochian
492 ἀντιπαρέρχομαι v. I pass opposite
493 Ἀντίπας, α, ὁ n.m. Antipas
494 Ἀντιπατρίς, ίδος, ἡ n.f. Antipatris
495 ἀντιπέραν Adv on the opposite side or shore
496 ἀντιπίπτω v. I fall foul of, resist, oppose
497 ἀντιστρατεύομαι v. I campaign against, war against
498 ἀντιτάσσομαι v. I set myself against, resist
499 ἀντίτυπος, ον Adj typical of, representing by type or pattern
500 ἀντίχριστος, ου, ὁ n.m. antichrist
501 ἀντλέω v. I draw, draw out
502 ἄντλημα, ατος, τό n.n. a pail
503 ἀντοφθαλμέω v. I face, resist
504 ἄνυδρος, ον Adj without water, dry
505 ἀνυπόκριτος, ον Adj unfeigned, without hypocrisy
506 ἀνυπότακτος, ον Adj unruly
507 ἄνω Adv up, above, things above, heaven
508 ἀνώγεον, ου, τό n.n. an upper room
509 ἄνωθεν Adv from above, from the beginning, again
510 ἀνωτερικός, ή, όν Adj upper, higher-lying

ἀνώτερον - ἀπελεύθερος

511 ἀνώτερον Adj higher, to a more honorable place, previously, above
512 ἀνωφελής, ές Adj useless, unprofitable
513 ἀξίνη, ης, ἡ n.f. an axe
514 ἄξιος, ία, ιον Adj worthy, worthy of, deserving
515 ἀξιόω v. I account or treat as worthy
516 ἀξίως Adv worthily, in a manner worthy of
517 ἀόρατος, ον Adj unseen, invisible
518 ἀπαγγέλλω v. I report, bring a report, announce
519 ἀπάγχω v. I choke, strangle
520 ἀπάγω v. I lead, carry, take away
521 ἀπαίδευτος, ον Adj untrained, uneducated
522 ἀπαίρω v. I take away, remove
523 ἀπαιτέω v. I ask back, ask what is my due
524 ἀπαλγέω v. I am past feeling, cease to care, become callous
525 ἀπαλλάσσω v. I free from
526 ἀπαλλοτριόομαι v. I estrange, alienate
527 ἀπαλός, ή, όν Adj tender
528 ἀπαντάω v. I meet, encounter
529 ἀπάντησις, εως, ἡ n.f. the act of meeting, to meet
530 ἅπαξ Adv once, once for all
531 ἀπαράβατος, ον Adj inviolable, unchangeable
532 ἀπαρασκεύαστος, ον Adj unprepared
533 ἀπαρνέομαι v. I deny, disown, disregard
535 ἀπαρτισμός, οῦ, ὁ n.m. completion, perfection
536 ἀπαρχή, ῆς, ἡ n.f. the first-fruits
537 ἅπας, ασα, αν Adj all, the whole
538 ἀπατάω v. I deceive, lead into error
539 ἀπάτη, ης, ἡ n.f. deceit, deception
540 ἀπάτωρ, ορος, τό Adj without father, of unknown father
541 ἀπαύγασμα, ατος, τό n.n. a light flashing forth, radiation, gleam
543 ἀπείθεια, ας, ἡ n.f. willful unbelief, obstinacy, disobedience
544 ἀπειθέω v. I disobey, rebel, am disloyal
545 ἀπειθής, ές Adj unbelieving, disobedient
546 ἀπειλέω v. I threaten, forbid by threatening
547 ἀπειλή, ῆς, ἡ n.f. a threatening, threat
548 ἄπειμι v. I am absent
549 ἄπειμι v. I go away, depart
550 ἀπεῖπον v. I renounce, disown
551 ἀπείραστος, ον Adj untried, inexperienced, incapable of being tempted
552 ἄπειρος, ον Adj inexperienced, unskillful
553 ἀπεκδέχομαι v. I expect eagerly, wait for eagerly
554 ἀπεκδύομαι v. I strip, divest, renounce
555 ἀπέκδυσις, εως, ἡ n.f. a putting off, casting off
556 ἀπελαύνω v. I drive away
557 ἀπελεγμός, οῦ, ὁ n.m. refutation, rejection, disrepute
558 ἀπελεύθερος, ου, ὁ n.m. a freedman

Ἀπελλῆς - ἀποκατάστασις

559 Ἀπελλῆς, οῦ, ὁ n.m. Apelles
560 ἀπελπίζω v. I despair
561 ἀπέναντι Adv over against, opposite, in view of, in the presence of
562 ἀπέραντος, ον Adj unaccomplished, unending, endless
563 ἀπερισπάστως Adv without distraction, without being distracted
564 ἀπερίτμητος, ον Adj uncircumcised, unclean
565 ἀπέρχομαι v. I come or go away from, depart, return
567 ἀπέχομαι v. I abstain from
568 ἀπέχω v. I have in full, am far, it is enough
569 ἀπιστέω v. I am unfaithful, I disbelieve
570 ἀπιστία, ας, ἡ n.f. unbelief, unfaithfulness, distrust
571 ἄπιστος, ον Adj unbelieving, incredulous, unchristian, unbeliever
572 ἁπλότης, τητος, ἡ n.f. simplicity, sincerity, purity
573 ἁπλοῦς, ῆ, οῦν Adj single, simple, sound
574 ἁπλῶς Adv simply, sincerely
575 ἀπό Prep. from, away from
576 ἀποβαίνω v. I go or come out of, disembark, result
577 ἀποβάλλω v. I throw away from, throw overboard
578 ἀποβλέπω v. I look away from, turn my attention to
579 ἀπόβλητος, ον Adj worthy to be cast away, worthless
580 ἀποβολή, ῆς, ἡ n.f. a casting away, rejection, loss
581 ἀπογίνομαι v. I go out of being, cease to be, die
582 ἀπογραφή, ῆς, ἡ n.f. an enrollment, census-taking, record
583 ἀπογράφω v. I enroll, inscribe in a register
584 ἀποδείκνυμι v. I show by proof, demonstrate, set forth
585 ἀπόδειξις, εως, ἡ n.f. demonstration, proof
586 ἀποδεκατόω v. I take off a tenth part, pay tithe
587 ἀπόδεκτος, ον Adj worthy to be received, acceptable, welcome
588 ἀποδέχομαι v. I receive, welcome, entertain
589 ἀποδημέω v. I go into another country
590 ἀπόδημος, ον Adj away from home
591 ἀποδίδωμι v. I give back, return, sell
592 ἀποδιορίζω v. I make a distinction
593 ἀποδοκιμάζω v. I reject after testing, I disqualify
594 ἀποδοχή, ῆς, ἡ n.f. acceptance, appreciation, approbation
595 ἀπόθεσις, εως, ἡ n.f. a putting off, a laying down
596 ἀποθήκη, ης, ἡ n.f. a repository, granary, barn, storehouse
597 ἀποθησαυρίζω v. I store up, treasure up
598 ἀποθλίβω v. I jostle
599 ἀποθνήσκω v. I am dying, am about to die
600 ἀποκαθίστημι v. I restore, give back
601 ἀποκαλύπτω v. I uncover, bring to light, reveal
602 ἀποκάλυψις, εως, ἡ n.f. an unveiling, uncovering, revealing
603 ἀποκαραδοκία, ας, ἡ n.f. eager expectation
604 ἀποκαταλλάσσω v. I reconcile
605 ἀποκατάστασις, εως, ἡ n.f. restitution, re-establishment, restoration

ἀπόκειμαι - ἀποστολή

606 ἀπόκειμαι v. I have been put away, am stored, am reserved for
607 ἀποκεφαλίζω v. I behead
608 ἀποκλείω v. I shut
609 ἀποκόπτω v. I smite, cut off, emasculate
610 ἀπόκριμα, ατος, τό n.n. an answer, a judicial decision
611 ἀποκρίνομαι v. I answer, reply
612 ἀπόκρισις, εως, ἡ n.f. an answer, reply
613 ἀποκρύπτω v. I hide away, conceal
614 ἀπόκρυφος, ον Adj hidden away, secret
615 ἀποκτείνω v. I put to death, kill
616 ἀποκυέω v. I bring forth, give birth to
617 ἀποκυλίω v. I roll away
618 ἀπολαμβάνω v. I get back, receive back
619 ἀπόλαυσις, εως, ἡ n.f. the faculty or experience of enjoyment
620 ἀπολείπω v. I leave, leave behind, desert, am reserved
621 ἀπολείχω v. I lick off, lick clean
622 ἀπόλλυμι v. I destroy, lose, am perishing
623 Ἀπολλύων, ονος, ὁ n.m. Apollyon, Destroyer
624 Ἀπολλωνία, ας, ἡ n.f. Apollonia
625 Ἀπολλώς, ώ, ὁ n.m. Apollos
626 ἀπολογέομαι v. I give a defense, defend myself
627 ἀπολογία, ας, ἡ n.f. a verbal defense
628 ἀπολούω v. I wash off, wash away
629 ἀπολύτρωσις, εως, ἡ n.f. redemption, deliverance
630 ἀπολύω v. I release, let go, send away, divorce
631 ἀπομάσσω v. I wipe off
632 ἀπονέμω v. I apportion, render as due
633 ἀπονίπτω v. I wash dirt off
634 ἀποπίπτω v. I fall away from, fall off
635 ἀποπλανάω v. I cause to wander astray, have wandered away
636 ἀποπλέω v. I sail away
637 ἀποπλύνω v. I wash, rinse
638 ἀποπνίγω v. I suffocate, choke, drown, stop the growth of
639 ἀπορέω v. I am in difficulties, am at my wits end
640 ἀπορία, ας, ἡ n.f. perplexity, anxiety
641 ἀπορρίπτω v. I throw away from, throw overboard
642 ἀπορφανίζω v. I separate from some one, bereave
643 ἀποσκευάζομαι v. I prepare for a journey, depart
644 ἀποσκίασμα, ατος, τό n.n. a shadow, a faint image or copy
645 ἀποσπάω v. I wrench away from, drag away, withdraw
646 ἀποστασία, ας, ἡ n.f. defection, apostasy
647 ἀποστάσιον, ου, τό n.n. repudiation, divorce
648 ἀποστεγάζω v. I unroof, take the roof off
649 ἀποστέλλω v. I send forth, send, send away, dismiss
650 ἀποστερέω v. I deprive one of something, rob
651 ἀποστολή, ῆς, ἡ n.f. commission, duty of apostle, apostleship

ἀπόστολος - Ἄρειος πάγος

652 ἀπόστολος, ου, ὁ n.m. an apostle, a messenger, an envoy, a delegate
653 ἀποστοματίζω v. I draw out by questioning
654 ἀποστρέφω v. I turn away, restore, reject
655 ἀποστυγέω v. I detest, abhor
656 ἀποσυνάγωγος, ον Adj away from the synagogue, excommunicated
657 ἀποτάσσομαι v. I withdraw from, take leave of, renounce, send away
658 ἀποτελέω v. I complete, accomplish, form fully, perfect
659 ἀποτίθημι v. I lay off or aside, renounce
660 ἀποτινάσσω v. I shake off
661 ἀποτίνω v. I repay, pay what is due
662 ἀποτολμάω v. I assume boldness
663 ἀποτομία, ας, ἡ n.f. harshness, severity
664 ἀποτόμως Adv sharply, severely
665 ἀποτρέπω v. I turn away from, shun
666 ἀπουσία, ας, ἡ n.f. absence
667 ἀποφέρω v. I carry, bear away
668 ἀποφεύγω v. I flee from, escape
669 ἀποφθέγγομαι v. I speak out, declare
670 ἀποφορτίζομαι v. I unload, discharge
671 ἀπόχρησις, εως, ἡ n.f. using up
672 ἀποχωρέω v. I go away, depart
673 ἀποχωρίζω v. I separate from
674 ἀποψύχω v. I faint, breathe out life, die
675 Ἄππιος, ου, ὁ n.m. Appius
676 ἀπρόσιτος, ον Adj unapproachable
677 ἀπρόσκοπος, ον Adj not offending, not causing offence, blameless
678 ἀπροσωπολήπτως Adv impartially
679 ἄπταιστος, ον Adj without stumbling or falling
680 ἅπτομαι v. I touch or handle
681 ἅπτω v. I kindle, light
682 Ἀπφία, ας, ἡ n.f. Apphia
683 ἀπωθέω v. I push or thrust away, reject
684 ἀπώλεια, ας, ἡ n.f. destruction, ruin, loss
685 ἀρά, ᾶς, ἡ n.f. a prayer or prayer for evil, a curse, imprecation
686 ἄρα Disj.prt. then, therefore, since
687 ἆρα Irg.prt. a particle asking a question, expecting a negative response
688 Ἀραβία, ας, ἡ n.f. Arabia
689 Ἀράμ, ὁ Prop.n. Ram
690 Ἄραψ, Ἄραβος, ὁ n.m. an Arabian
691 ἀργέω v. I linger, delay, am idle
692 ἀργός, ή, όν Adj idle, lazy, thoughtless
693 ἀργυροῦς, ᾶ, οῦν Adj made of silver
694 ἀργύριον, ου, τό n.n. silver, a shekel, money in general
695 ἀργυροκόπος, ου, ὁ n.m. a silversmith
696 ἄργυρος, ου, ὁ n.m. silver as a metal
697 Ἄρειος πάγος, ου, ὁ n.m. the Areopagus

Ἀρεοπαγίτης - Ἀρφαξάδ

698 Ἀρεοπαγίτης, ου, ὁ n.m. member of the Council of the Areopagus
699 ἀρέσκεια, ας, ἡ n.f. pleasing, willing service
700 ἀρέσκω v. I please, serve
701 ἀρεστός, ή, όν Adj pleasing, satisfactory, acceptable
702 Ἀρέτας, α, ὁ n.m. Aretas
703 ἀρετή, ῆς, ἡ n.f. virtue, moral excellence, perfection
704 ἀρήν, ἀρνός, ὁ n.m. a lamb
705 ἀριθμέω v. I number, count
706 ἀριθμός, οῦ, ὁ n.m. a number, total
707 Ἀριμαθαία, ας, ἡ n.f. Arimathea
708 Ἀρίσταρχος, ου, ὁ n.m. Aristarchus
709 ἀριστάω v. I breakfast, dine
710 ἀριστερός, ά, όν Adj on the left hand
711 Ἀριστόβουλος, ου, ὁ n.m. Aristobulus
712 ἄριστον, ου, τό n.n. breakfast or a mid-day meal
713 ἀρκετός, ή, όν Adj sufficient
714 ἀρκέω v. I am sufficient, I suffice, am content, satisfied
715 ἄρκος, ου, ὁ, ἡ n.f. a bear
716 ἅρμα, ατος, τό n.n. a chariot
717 Ἁρμαγεδών Prop.n. Armageddon
718 ἁρμόζω v. I fit, join
719 ἁρμός, οῦ, ὁ n.m. a joint of the body
720 ἀρνέομαι v. I deny, repudiate
721 ἀρνίον, ου, τό n.n. a lamb
722 ἀροτριάω v. I plow
723 ἄροτρον, ου, τό n.n. a plow
724 ἁρπαγή, ῆς, ἡ n.f. the act of plundering, plunder, spoil
725 ἁρπαγμός, οῦ, ὁ n.m. spoil, an object of eager desire, a prize
726 ἁρπάζω v. I seize, snatch, obtain by robbery
727 ἅρπαξ, αγος, ὁ Adj rapacious, ravenous, a robber, an extortioner
728 ἀρραβών, ῶνος, ὁ n.m. an earnest, earnest-money
729 ἄραφος, ον Adj not sewed, seamless
730 ἄρσην, ενος, εν Adj male
731 ἄρρητος, ον Adj not to be uttered, secret
732 ἄρρωστος, ον Adj infirm, sick, ill
733 ἀρσενοκοίτης, ου, ὁ n.m. a male engaging in same-gender sexual activity
734 Ἀρτεμᾶς, ᾶ, ὁ n.m. Artemas
735 Ἄρτεμις, ιδος, ἡ n.f. the Persian or Ephesian Artemis
736 ἀρτέμων, ονος, ὁ n.m. a foresail, set on the bow
737 ἄρτι Adv now, just now
738 ἀρτιγέννητος, ον Adj newly begotten, newly born
739 ἄρτιος, ια, ον Adj perfect, complete
740 ἄρτος, ου, ὁ n.m. bread, a loaf, food
741 ἀρτύω v. I season, flavor
742 Ἀρφαξάδ, ὁ Prop.n. Arphaxad

ἀρχάγγελος - ἆσσον

743 ἀρχάγγελος, ου, ὁ n.m. a ruler of angels, a superior angel, an archangel
744 ἀρχαῖος, αία, αῖον Adj original, primitive, ancient
745 Ἀρχέλαος, ου, ὁ n.m. Archelaus
746 ἀρχή, ῆς, ἡ n.f. ruler, beginning
747 ἀρχηγός, οῦ, ὁ n.m. originator, author, founder
748 ἀρχιερατικός, ή, όν Adj high priestly, to which the chief priest belongs
749 ἀρχιερεύς, έως, ὁ n.m. high priest, chief priest
750 ἀρχιποίμην, ενος, ὁ n.m. the chief shepherd
751 Ἄρχιππος, ου, ὁ n.m. Archippus
752 ἀρχισυνάγωγος, ου, ὁ n.m. a leader of the synagogue
753 ἀρχιτέκτων, ονος, ὁ n.m. master-builder
754 ἀρχιτελώνης, ου, ὁ n.m. head of a custom-house, chief tax-gatherer
755 ἀρχιτρίκλινος, ου, ὁ n.m. master of the feast
756 ἄρχομαι v. I begin
757 ἄρχω v. I reign, rule
758 ἄρχων, οντος, ὁ n.m. a ruler, prince, leader
759 ἄρωμα, ατος, τό n.n. spice, perfume
760 Ἀσά, ὁ Prop.n. Asa
761 ἀσάλευτος, ον Adj unshaken, immovable
762 ἄσβεστος, ον Adj inextinguishable, unquenchable
763 ἀσέβεια, ας, ἡ n.f. impiety, irreverence, wickedness
764 ἀσεβέω v. I am impious, irreverent, do impiously
765 ἀσεβής, ές Adj impious, ungodly, wicked
766 ἀσέλγεια, ας, ἡ n.f. wantonness, lewdness
767 ἄσημος, ον Adj undistinguished, obscure
768 Ἀσήρ, ὁ Prop.n. Asher
769 ἀσθένεια, ας, ἡ n.f. want of strength, weakness, illness
770 ἀσθενέω v. I am weak, sick
771 ἀσθένημα, ατος, τό n.n. weakness, infirmity
772 ἀσθενής, ές Adj weak, infirm, sick
773 Ἀσία, ας, ἡ n.f. roughly the western third of Asia Minor
774 Ἀσιανός, οῦ, ὁ n.m. belonging to the Roman province of Asia
775 Ἀσιάρχης, ου, ὁ n.m. an Asiarch
776 ἀσιτία, ας, ἡ n.f. abstinence, a fast
777 ἄσιτος, ον Adj fasting
778 ἀσκέω v. I train, practice, exercise
779 ἀσκός, οῦ, ὁ n.m. a wine-skin
780 ἀσμένως Adv joyfully, with delight
781 ἄσοφος, ον Adj unskilled, unwise, foolish
782 ἀσπάζομαι v. I greet, salute, pay my respects to
783 ἀσπασμός, οῦ, ὁ n.m. a greeting, salutation
784 ἄσπιλος, ον Adj unstained, undefiled
785 ἀσπίς, ίδος, ἡ n.f. an asp
786 ἄσπονδος, ον Adj implacable
787 ἀσσάριον, ίου, τό n.n. a small coin
788 ἆσσον Comp.adv. nearer, close by

Ἄσσος - αὐλητής

789 Ἄσσος, ου, ἡ n.f. Assos
790 ἀστατέω v. I am unsettled, have no fixed abode
791 ἀστεῖος, α, ον Adj elegant, pretty, fair, fine, beautiful
792 ἀστήρ, έρος, ὁ n.m. a star
793 ἀστήρικτος, ον Adj unsteady, unstable
794 ἄστοργος, ον Adj unloving, devoid of affection
795 ἀστοχέω v. I miss the mark, miss my aim, make a false aim
796 ἀστραπή, ῆς, ἡ n.f. a flash of lightning, brightness, luster
797 ἀστράπτω v. I flash, am lustrous
798 ἄστρον, ου, τό n.n. a star
799 Ἀσύγκριτος, ου, ὁ n.m. Asyncritus
800 ἀσύμφωνος, ον Adj dissonant, discordant
801 ἀσύνετος, ον Adj unintelligent, unwise, undiscerning
802 ἀσύνθετος, ον Adj untrue to an agreement, treacherous
803 ἀσφάλεια, ας, ἡ n.f. safety, security, reliability
804 ἀσφαλής, ές Adj safe, reliable, trustworthy
805 ἀσφαλίζω v. I make safe
806 ἀσφαλῶς Adv safely, securely, assuredly
807 ἀσχημονέω v. I act improperly, unseemly
808 ἀσχημοσύνη, ῆς, ἡ n.f. unseemliness, shame, nakedness
809 ἀσχήμων, ον Adj unseemly, indecent
810 ἀσωτία, ας, ἡ n.f. wantonness, profligacy
811 ἀσώτως Adv prodigally, with prodigal living
812 ἀτακτέω v. I behave disorderly
813 ἄτακτος, ον Adj disorderly, slack
814 ἀτάκτως Adv in a disorderly manner
815 ἄτεκνος, ον Adj childless
816 ἀτενίζω v. I direct my gaze, look steadily
817 ἄτερ Prep. apart from, without
818 ἀτιμάζω v. I disgrace, dishonor
819 ἀτιμία, ας, ἡ n.f. disgrace, dishonor
820 ἄτιμος, ον Adj without honor, despised
821 ἀτιμόω v. I dishonor, treat shamefully
822 ἀτμίς, ίδος, ἡ n.f. breath, steam, vapor
823 ἄτομος, ον Adj an indivisible part of time, a moment
824 ἄτοπος, ον Adj improper, unrighteous, perverse
825 Ἀττάλεια, ας, ἡ n.f. Attalia
826 αὐγάζω v. I shine forth
827 αὐγή, ῆς, ἡ n.f. light of day
828 Αὔγουστος, ου, ὁ n.m. Augustus
829 αὐθάδης, ες Adj self-satisfied, arrogant
830 αὐθαίρετος, ον Adj of one's own accord
831 αὐθεντέω v. I domineer over
832 αὐλέω v. I play the flute, pipe
833 αὐλή, ῆς, ἡ n.f. court-yard, fore-court, palace, house
834 αὐλητής, οῦ, ὁ n.m. a flute-player

αὐλίζομαι - Ἄχαζ

835 αὐλίζομαι v. I lodge, pass the night
836 αὐλός, οῦ, ὁ n.m. a flute, pipe
837 αὐξάνω v. I cause to increase, become greater, grow
838 αὔξησις, εως, ἡ n.f. increasing, increase, growth
839 αὔριον Adv tomorrow
840 αὐστηρός, ά, όν Adj grim, severe, strict, exacting
841 αὐτάρκεια, ας, ἡ n.f. self-sufficiency, independence
842 αὐτάρκης, ες Adj self-sufficient, contented, satisfied
843 αὐτοκατάκριτος, ον Adj self-condemned
844 αὐτόματος, η, ον Adj of its own accord
845 αὐτόπτης, ου, ὁ n.m. an eye-witness
846 αὐτός, αὐτή, αὐτό Pers.pr. he, she, it, they, them, same
847 αὐτοῦ Adv here, there
849 αὐτόχειρ, ρος, ὁ Adj with one's own hand
850 αὐχμηρός, ά, όν Adj dingy, dusky, obscure, dark, funereal
851 ἀφαιρέω v. I take away, smite off
852 ἀφανής, ές Adj invisible
853 ἀφανίζω v. I cause to disappear, I hide, remove, disfigure
854 ἀφανισμός, οῦ, ὁ n.m. disappearing, disappearance
855 ἄφαντος, ον Adj disappearing, invisible, hidden
856 ἀφεδρών, ῶνος, ὁ n.m. a drain, latrine
857 ἀφειδία, ας, ἡ n.f. severity
858 ἀφελότης, τητος, ἡ n.f. simplicity, sincerity
859 ἄφεσις, εως, ἡ n.f. deliverance, pardon, complete forgiveness
860 ἀφή, ῆς, ἡ n.f. a band, fastening, a ligament
861 ἀφθαρσία, ας, ἡ n.f. indestructibility, incorruptibility, immortality
862 ἄφθαρτος, ον Adj imperishable, incorruptible
863 ἀφίημι v. I send away, release, remit, forgive, permit
864 ἀφικνέομαι v. I arrive at, reach
865 ἀφιλάγαθος, ον Adj not loving that which is good
866 ἀφιλάργυρος, ον Adj not loving money, not avaricious
867 ἄφιξις, εως, ἡ n.f. arrival, departure
868 ἀφίστημι v. I lead away, seduce, depart, abstain from
869 ἄφνω Adv suddenly
870 ἀφόβως Adv fearlessly
871 ἀφομοιόω v. I assimilate, make like to
872 ἀφοράω v. I look away from
873 ἀφορίζω v. I rail off, separate, place apart
874 ἀφορμή, ῆς, ἡ n.f. an occasion, opportunity
875 ἀφρίζω v. I foam at the mouth
876 ἀφρός, οῦ, ὁ n.m. foam, froth
877 ἀφροσύνη, ῆς, ἡ n.f. want of sense, foolishness
878 ἄφρων, ονος, ον Adj senseless, foolish, inconsiderate
879 ἀφυπνόω v. I fall asleep
880 ἄφωνος, ον Adj soundless, voiceless, speechless, dumb
881 Ἄχαζ, ὁ Prop.n. Ahaz

Ἀχαΐα - βαρύς

882 Ἀχαΐα, ας, ἡ n.f. Achaia
883 Ἀχαϊκός, οῦ, ὁ n.m. Achaicus
884 ἀχάριστος, ον Adj ungrateful
885 Ἀχείμ, ὁ Prop.n. Achim
886 ἀχειροποίητος, ον Adj not made by hand, not handmade
887 ἀχλύς, ύος, ἡ n.f. a mist, dimness
888 ἀχρεῖος, ον Adj unprofitable, useless, unworthy
889 ἀχρειόω v. I am good for nothing
890 ἄχρηστος, ον Adj unprofitable, useless
891 ἄχρι Adv as far as, up to, until
892 ἄχυρον, ου, τό n.n. chaff
893 ἀψευδής, ές Adj not guilty of falsehood, truthful
894 ἄψινθος, οῦ, ὁ n.f. & n.m. wormwood
895 ἄψυχος, ον Adj lifeless

Beta

896 Βάαλ, ὁ Prop.n. Baal
897 Βαβυλών, ῶνος, ἡ n.f. Babylon
898 βαθμός, οῦ, ὁ n.m. a step, a stage, a position
899 βάθος, ους, τό n.n. depth, a depth, a deep
900 βαθύνω v. I deepen
901 βαθύς, εῖα, ύ Adj deep, early, profound
902 βαΐον, ου, τό n.n. a palm branch
903 Βαλαάμ, ὁ Prop.n. Balaam
904 Βαλάκ, ὁ Prop.n. Balak
905 βαλάντιον, ου, τό n.n. a purse, money-bag
906 βάλλω v. I cast, throw, rush, put, place, drop
907 βαπτίζω v. I dip, submerge, baptize
908 βάπτισμα, ατος, τό n.n. the rite or ceremony of baptism
909 βαπτισμός, οῦ, ὁ n.m. dipping, washing
910 βαπτιστής, οῦ, ὁ n.m. the baptizer, the Baptist
911 βάπτω v. I dip, dye
912 Βαραββᾶς, ᾶ, ὁ n.m. Barabbas
913 Βαράκ, ὁ Prop.n. Barak
914 Βαραχίας, ου, ὁ n.m. Barachiah
915 βάρβαρος, ου, ὁ Adj a foreigner who speaks neither Greek nor Latin
916 βαρέω v. I weight, load, burden
917 βαρέως Adv heavily, with difficulty
918 Βαρθολομαῖος, ου, ὁ n.m. Bartholomew
919 Βαρϊησοῦς, οῦ, ὁ n.m. Bar-Jesus
920 Βαριωνᾶς, ᾶ, ὁ Prop.n. Bar-Jonas
921 Βαρνάβας, α, ὁ n.m. Barnabas
922 βάρος, ους, τό n.n. a weight, burden
923 Βαρσαββᾶς, ᾶ, ὁ n.m. Barsabbas
924 Βαρτίμαιος, ου, ὁ n.m. Bartimaeus
926 βαρύς, εῖα, ύ Adj heavy, weighty, burdensome

βαρύτιμος - βιαστής

927 βαρύτιμος, ον Adj of great price
928 βασανίζω v. I torment, torture, buffet
929 βασανισμός, οῦ, ὁ n.m. torture, torment
930 βασανιστής, οῦ, ὁ n.m. one who tortures, a tormentor, jailor
931 βάσανος, ου, ἡ n.f. torture, torment
932 βασιλεία, ας, ἡ n.f. kingship, sovereignty, authority, rule, kingdom
934 βασίλειος, ον Adj courtiers, palaces, a body of kings, royal
935 βασιλεύς, έως, ὁ n.m. a king, ruler, emperor
936 βασιλεύω v. I rule, reign, reign over
937 βασιλικός, ή, όν Adj connected with a king, royal, regal
938 βασίλισσα, ης, ἡ n.f. a queen
939 βάσις, εως, ἡ n.f. the foot
940 βασκαίνω v. I give the evil eye to, fascinate, bewitch, overpower
941 βαστάζω v. I carry, carry away, bear
942 βάτος, ου, ὁ, ἡ n.f. & n.m. a thorn bush or bramble
943 βάτος, ου, ὁ n.m. a bath, a liquid measure between eight and nine gallons
944 βάτραχος, ου, ὁ n.m. a frog
945 βαττολογέω v. I chatter, utter empty words
946 βδέλυγμα, ατος, τό n.n. an abominable thing, an accursed thing
947 βδελυκτός, ή, όν Adj abominable, detestable
948 βδελύσσομαι v. I abhor, detest
949 βέβαιος, α, ον Adj firm, steadfast, enduring
950 βεβαιόω v. I confirm, ratify
951 βεβαίωσις, εως, ἡ n.f. confirmation, ratification, establishment
952 βέβηλος, ον Adj profane, secular, unspiritual, godless, worldly
953 βεβηλόω v. I profane
954 Βεελζεβούλ, ὁ Prop.n. Beelzebul
955 Βελίαρ, ὁ Prop.n. Beliar
956 βέλος, ους, τό n.n. a missile, dart, javelin
957 βελτίων, ον Comp.adv. better
958 Βενιαμίν, ὁ Prop.n. Benjamin
959 Βερνίκη, ης, ἡ n.f. Bernice
960 Βέροια, ας, ἡ n.f. Berea
961 Βεροιαῖος, α, ον Adj belonging to Berea, Berean
963 Βηθανία, ας, ἡ n.f. Bethany
964 Βηθεσδά, ἡ Prop.n. Bethesda
965 Βηθλεέμ, ἡ Prop.n. Bethlehem
966 Βηθσαϊδά, ἡ Prop.n. Bethsaida
967 Βηθφαγή, ἡ Prop.n. Bethphage
968 βῆμα, ατος, τό n.n. the space covered by a step of the foot, a tribunal
969 βήρυλλος, ου, ὁ n.m. a beryl
970 βία, ας, ἡ n.f. force, violence
971 βιάζομαι v. I use force, violence, suffer violence
972 βίαιος, α, ον Adj strong, violent
973 βιαστής, οῦ, ὁ n.m. a forceful, violent man

βιβλιδάριον - βραδυπλοέω

974 βιβλιδάριον, ου, τό n.n. a little papyrus roll
975 βιβλίον, ου, τό n.n. a papyrus roll
976 βίβλος, ου, ἡ n.f. a written book, roll, or volume
977 βιβρώσκω v. I eat
978 βιθυνία, ας, ἡ n.f. Bithynia
979 βίος, ου, ὁ n.m. life, manner of life, livelihood
980 βιόω v. I live, pass my life
981 βίωσις, εως, ἡ n.f. manner of life
982 βιωτικός, ή, όν Adj belonging to ordinary life
983 βλαβερός, ά, όν Adj injurious, hurtful
984 βλάπτω v. I hurt, injure
985 βλαστάνω v. I sprout, cause to sprout, make to grow up
986 Βλάστος, ου, ὁ n.m. Blastus
987 βλασφημέω v. I speak evil against, blaspheme
988 βλασφημία, ας, ἡ n.f. abusive or scurrilous language, blasphemy
989 βλάσφημος, ον Adj slanderous
990 βλέμμα, ατος, τό n.n. look, the faculty of looking
991 βλέπω v. I look, see
992 βλητέος, α, ον Adj that ought to be put
993 Βοανεργές Prop.n. Boanerges
994 βοάω v. I shout, call aloud
995 βοή, ῆς, ἡ n.f. a shout
996 βοήθεια, ας, ἡ n.f. assistance, a help
997 βοηθέω v. I come to the rescue of
998 βοηθός, οῦ, ὁ, ἡ n.m. a helper
999 βόθυνος, ου, ὁ n.m. a pit, ditch
1000 βολή, ῆς, ἡ n.f. a casting, throw
1001 βολίζω v. I cast the line for sounding, I sound
1003 Βοόζ, ὁ Prop.n. Boaz
1004 βόρβορος, ου, ὁ n.m. mud, mire, filth
1005 βορρᾶς, ᾶ, ὁ n.m. the north wind, the North
1006 βόσκω v. I feed
1007 Βοσόρ, ὁ Prop.n. Bosor
1008 βοτάνη, ῆς, ἡ n.f. fodder, food
1009 βότρυς, υος, ὁ n.m. a cluster of grapes
1010 βουλευτής, οῦ, ὁ n.m. a member of a city council, of the Sanhedrin
1011 βουλεύω v. I deliberate, take counsel
1012 βουλή, ῆς, ἡ n.f. counsel, deliberate wisdom
1013 βούλημα, ατος, τό n.n. will, counsel, purpose
1014 βούλομαι v. I will, intend, desire
1015 βουνός, οῦ, ὁ n.m. a hillock, hill
1016 βοῦς, βοός, ὁ n.m. an ox
1017 βραβεῖον, ου, τό n.n. a prize
1018 βραβεύω v. I rule, arbitrate
1019 βραδύνω v. I am slow, I delay
1020 βραδυπλοέω v. I sail slowly

βραδύς - γαστήρ

1021 βραδύς, εῖα, ύ Adj slow
1022 βραδυτής, τῆτος, ἡ n.f. tardiness, slowness
1023 βραχίων, ονος, ὁ n.m. the arm, strength
1024 βραχύς, εῖα, ύ Adj short, little
1025 βρέφος, ους, τό n.n. infant, babe
1026 βρέχω v. I moisten, rain, send rain
1027 βροντή, ῆς, ἡ n.f. thunder
1028 βροχή, ῆς, ἡ n.f. a heavy rain
1029 βρόχος, ου, ὁ n.m. a noose or snare
1030 βρυγμός, οῦ, ὁ n.m. a grinding or gnashing
1031 βρύχω v. I grind or gnash
1032 βρύω v. I cause to gush forth, send forth
1033 βρῶμα, ατος, τό n.n. food of any kind
1034 βρώσιμος, ον Adj eatable, suitable for food
1035 βρῶσις, εως, ἡ n.f. eating, food, a meal, rust
1036 βυθίζω v. I cause to sink, sink
1037 βυθός, οῦ, ὁ n.m. the deep sea
1038 βυρσεύς, έως, ὁ n.m. a tanner
1039 βύσσινος, η, ον Adj of fine linen, cotton
1040 βύσσος, ου, ἡ n.f. fine linen, cotton
1041 βωμός, οῦ, ὁ n.m. an altar

Gamma

1042 Γαββαθᾶ, ἡ Prop.n. Gabbatha
1043 Γαβριήλ, ὁ Prop.n. Gabriel
1044 γάγγραινα, ης, ἡ n.f. gangrene, mortification
1045 Γάδ, ὁ Prop.n. Gad
1046 Γαδαρηνός, ή, όν Adj Gadarene, belonging to Gadara
1047 γάζα, ης, ἡ n.f. treasure
1048 Γάζα, ης, ἡ n.f. Gaza
1049 γαζοφυλάκιον, ου, τό n.n. a treasury
1050 Γάϊος, ου, ὁ n.m. Gaius
1051 γάλα, ακτος, τό n.n. milk
1052 Γαλάτης, ου, ὁ n.m. a Galatian
1053 Γαλατία, ας, ἡ n.f. Galatia
1054 Γαλατικός, ή, όν Adj belonging to the province Galatia
1055 γαλήνη, ης, ἡ n.f. a calm
1056 Γαλιλαία, ας, ἡ n.f. Galilee
1057 Γαλιλαῖος, αία, αῖον n.m. a Galilean
1058 Γαλλίων, ωνος, ὁ n.m. Gallio
1059 Γαμαλιήλ, ὁ Prop.n. Gamaliel
1060 γαμέω v. I marry
1061 γαμίσκω v. I give in marriage
1062 γάμος, ου, ὁ n.m. a marriage, wedding, wedding-feast
1063 γάρ Cj. for
1064 γαστήρ, γαστρός, ἡ n.f. the womb, stomach, to be pregnant

1065 γε Disj.prt. at least, indeed, really
1066 Γεδεών, ὁ Prop.n. Gideon
1067 γέεννα, ης, ἡ n.f. Gehenna
1068 Γεθσημανῆ, ἡ Prop.n. Gethsemane
1069 γείτων, ονος, ὁ, ἡ n.f. & n.m. a neighbor
1070 γελάω v. I laugh
1071 γέλως, ωτος, ὁ n.m. laughter
1072 γεμίζω v. I fill, load
1073 γέμω v. I am full of
1074 γενεά, ᾶς, ἡ n.f. a generation
1075 γενεαλογέω v. I put into a genealogy, reckon my descent
1076 γενεαλογία, ας, ἡ n.f. genealogy
1077 γενέσια, ίων, τά n.n. a birthday celebration
1078 γένεσις, εως, ἡ n.f. birth, lineage
1079 γενετή, ῆς, ἡ n.f. birth
1080 γεννάω v. I beget, bring forth, give birth to
1081 γέννημα, ατος, τό n.n. offspring, child, fruit
1082 Γεννησαρέτ, ἡ Prop.n. Gennesaret
1083 γέννησις, εως, ἡ n.f. nativity, birth
1084 γεννητός, ἡ, όν Adj begotten, born
1085 γένος, ους, τό n.n. offspring, family, race, kind
1086 Γεργεσηνός, ἡ, όν n.m. from Gerasene
1087 γερουσία, ας, ἡ n.f. body of elders
1088 γέρων, οντος, ὁ n.m. an old man
1089 γεύομαι v. I taste, experience
1090 γεωργέω v. I work the soil, cultivate the earth
1091 γεώργιον, ου, τό n.n. a tilled field
1092 γεωργός, οῦ, ὁ n.m. a worker of the soil, husbandman, vine-dresser
1093 γῆ, γῆς, ἡ n.f. the earth, soil, land
1094 γῆρας, ρως, τό n.n. old age
1095 γηράσκω v. I become old, grow old
1096 γίνομαι v. I come into being, am born
1097 γινώσκω v. I come to know, learn, realize
1098 γλεῦκος, ους, τό n.n. sweet wine
1099 γλυκύς, εῖα, ύ Adj sweet
1100 γλῶσσα, ης, ἡ n.f. the tongue, a language, nation
1101 γλωσσόκομον, ου, τό n.n. bag, purse, box, chest
1102 γναφεύς, έως, ὁ n.m. a fuller, cloth-dresser
1103 γνήσιος, α, ον Adj real, true, genuine
1104 γνησίως Adv truly, genuinely, honorably, sincerely
1105 γνόφος, ου, ὁ n.m. darkness, gloom
1106 γνώμη, ης, ἡ n.f. opinion, counsel, judgment, intention
1107 γνωρίζω v. I make known, declare, know
1108 γνῶσις, εως, ἡ n.f. knowledge, doctrine, wisdom
1109 γνώστης, ου, ὁ n.m. one who knows, an expert
1110 γνωστός, ἡ, όν Adj known, an acquaintance

γογγύζω - Δαμασκός

1111 γογγύζω v. I whisper, murmur, grumble
1112 γογγυσμός, οῦ, ὁ n.m. murmuring, grumbling
1113 γογγυστής, οῦ, ὁ n.m. a murmurer, grumbler
1114 γόης, ητος, ὁ n.m. a conjurer, deceiver, imposter
1115 Γολγοθᾶ, ἡ Prop.n. Golgotha
1116 Γόμορρα, ας, ἡ n.f. & n.n. Gomorrah
1117 γόμος, ου, ὁ n.m. a cargo, freight
1118 γονεύς, έως, ὁ n.m. a parent
1119 γόνυ, ατος, τό n.n. a knee
1120 γονυπετέω v. I fall on my knees before, supplicate, entreat
1121 γράμμα, ατος, τό n.n. a letter, writings, learning
1122 γραμματεύς, έως, ὁ n.m. a scribe, town-clerk, man of learning
1123 γραπτός, ή, όν Adj written
1124 γραφή, ῆς, ἡ n.f. a writing, passage of scripture, the scriptures
1125 γράφω v. I write
1126 γραώδης, ες Adj belonging to old women, such as old women tell
1127 γρηγορέω v. I am awake, am vigilant, watch
1128 γυμνάζω v. I train by physical exercise
1129 γυμνασία, ας, ἡ n.f. physical exercise
1130 γυμνητεύω v. I am poorly clad
1131 γυμνός, ή, όν Adj wearing only the under-garment, bare
1132 γυμνότης, ητος, ἡ n.f. nakedness
1133 γυναικάριον, ου, τό n.n. a woman, a poor weak woman
1134 γυναικεῖος, α, ον Adj belonging to woman, of woman
1135 γυνή, αικός, ἡ n.f. a woman, wife, my lady
1136 Γώγ, ὁ Prop.n. Gog
1137 γωνία, ας, ἡ n.f. a corner, a secret place

Delta

1138 Δαυίδ, ὁ Prop.n. David
1139 δαιμονίζομαι v. I am demon-possessed
1140 δαιμόνιον, ου, τό n.n. an evil-spirit, demon
1141 δαιμονιώδης, ες Adj demon-like
1142 δαίμων, ονος, ὁ n.m. an evil-spirit, demon
1143 δάκνω v. I bite, backbite, harm seriously
1144 δάκρυον, ου, τό n.n. a tear
1145 δακρύω v. I shed tears, week
1146 δακτύλιος, ου, ὁ n.m. a finger-ring
1147 δάκτυλος, ου, ὁ n.m. a finger
1148 Δαλμανουθά, ἡ Prop.n. Dalmanutha
1149 Δαλματία, ας, ἡ n.f. Dalmatia
1150 δαμάζω v. I tame, subdue
1151 δάμαλις, εως, ἡ n.f. a heifer
1152 Δάμαρις, ιδος, ἡ n.f. Damaris
1153 Δαμασκηνός, ή, όν Adj an inhabitant of Damascus
1154 Δαμασκός, οῦ, ἡ n.f. Damascus

δανείζω - δεσμοφύλαξ

1155 δανείζω v. I lend, borrow
1156 δάνειον, ου, τό n.n. a loan, debt
1157 δανειστής, οῦ, ὁ n.m. a lender, creditor
1158 Δανιήλ, ὁ Prop.n. Daniel
1159 δαπανάω v. I spend, bear expense, waste
1160 δαπάνη, ης, ἡ n.f. cost, expense
1161 δέ Cj. but, on the other hand, and
1162 δέησις, εως, ἡ n.f. supplication, prayer
1163 δεῖ v. it is necessary, inevitable
1164 δεῖγμα, ατος, τό n.n. an example, type
1165 δειγματίζω v. I hold up as an example
1166 δείκνυμι v. I point out, show
1167 δειλία, ας, ἡ n.f. cowardice
1168 δειλιάω v. I shrink, am fearful
1169 δειλός, ή, όν Adj cowardly, timid
1170 δεῖνα, ὁ, ἡ, τό Adj so and so, such a one
1171 δεινῶς Adv vehemently, terribly
1172 δειπνέω v. I dine
1173 δεῖπνον, ου, τό n.n. a dinner, an afternoon or evening meal
1174 δεισιδαίμων, ον Adj respectful of what is divine, religious
1175 δεισιδαιμονία, ας, ἡ n.f. religion in general, superstition
1176 δέκα Indec.num. ten
1177 δεκαδύο Indec.num. twelve
1178 δεκαπέντε Indec.num. fifteen
1179 Δεκάπολις, εως, ἡ n.f. Decapolis
1180 δεκατέσσαρες, ων Adj fourteen
1181 δεκάτη, ης, ἡ Adj a tenth part, a tithe
1182 δέκατος, η, ον Adj tenth
1183 δεκατόω v. I tithe, collect tithe from
1184 δεκτός, ή, όν Adj acceptable, accepted
1185 δελεάζω v. I allure, entice by a bait
1186 δένδρον, ου, τό n.n. a tree
1187 δεξιόλαβος, ου, ὁ n.m. one posted on the right hand, a spear-man
1188 δεξιός, ά, όν Adj on the right hand, right hand, right
1189 δέομαι v. I request, beg
1190 Δερβαῖος, α, ον Adj belonging to Derbe
1191 Δέρβη, ης, ἡ n.f. Derbe
1192 δέρμα, ατος, τό n.n. a hide, skin
1193 δερμάτινος, η, ον Adj made of hide, leathern
1194 δέρω v. I flay, flog, scourge, beat
1195 δεσμεύω v. I bind, put in chains
1196 δεσμέω v. I bind
1197 δέσμη, ης, ἡ n.f. a bundle
1198 δέσμιος, ου, ὁ n.m. one bound, a prisoner
1199 δεσμός, οῦ, ὁ n.m. & n.n. a bond, chain
1200 δεσμοφύλαξ, ακος, ὁ n.m. a keeper of a prison, a jailer

δεσμωτήριον - διακαθαρίζω

1201 δεσμωτήριον, ου, τό n.n. a prison
1202 δεσμώτης, ου, ὁ n.m. a prisoner, captive
1203 δεσπότης, ου, ὁ n.m. a lord, master, or prince
1204 δεῦρο Adv. & v. come, now, the present
1205 δεῦτε v. come hither, come, hither
1206 δευτεραῖος, αία, αῖον Adj on the second day, on the next day
1207 δευτερόπρωτος, ον Adj second-first
1208 δεύτερος, α, ον Adj & Adv. second, in the second place, for the second time
1209 δέχομαι v. I take, receive, accept, welcome
1210 δέω v. I bind
1211 δή Disj.prt. so, then, indeed, truly
1212 δῆλος, η, ον Adj clear, manifest, evident
1213 δηλόω v. I show, make clear, reveal
1214 Δημᾶς, ᾶ, ὁ n.m. Demas
1215 δημηγορέω v. I make a public speech, address a multitude
1216 Δημήτριος, ου, ὁ n.m. Demetrius
1217 δημιουργός, οῦ, ὁ n.m. an artisan, builder
1218 δῆμος, οῦ, ὁ n.m. the people, multitude, rabble
1219 δημόσιος, α, ον Adj public, publicly
1220 δηνάριον, ου, τό n.n. a denarius
1221 δήποτε Disj.prt. even at that time, whenever
1222 δήπου Adv of course, indeed
1223 διά Prep. through, on account of
1224 διαβαίνω v. I cross, pass through
1225 διαβάλλω v. I slander, complain of, accuse
1226 διαβεβαιόομαι v. I assert emphatically
1227 διαβλέπω v. I see through, see clearly
1228 διάβολος, ον Adj slanderous, the Slanderer, the Devil
1229 διαγγέλλω v. I announce throughout, spread the news of
1230 διαγίνομαι v. I pass, elapse time
1231 διαγινώσκω v. I know accurately, examine, decide
1232 διαγνωρίζω v. I tell abroad, make known
1233 διάγνωσις, εως, ἡ n.f. judicial examination, decision
1234 διαγογγύζω v. I murmur greatly, continue murmuring
1235 διαγρηγορέω v. I awake out of sleep, am thoroughly awake
1236 διάγω v. I spend time, pass time, live
1237 διαδέχομαι v. I receive in my turn
1238 διάδημα, ατος, τό n.n. a head-wreath, crown
1239 διαδίδωμι v. I offer here and there, distribute, divide
1240 διάδοχος, ου, ὁ n.m. a successor
1241 διαζώννυμι v. I gird, tie around
1242 διαθήκη, ης, ἡ n.f. a covenant, will, testament
1243 διαίρεσις, εως, ἡ n.f. division, distribution, difference, distinction
1244 διαιρέω v. I divide, distribute
1245 διακαθαρίζω v. I cleanse thoroughly

διακατελέγχομαι - διάστημα

1246 διακατελέγχομαι v. I utterly refute
1247 διακονέω v. I wait at table, serve
1248 διακονία, ας, ἡ n.f. waiting at table, service, ministration
1249 διάκονος, οῦ, ὁ, ἡ n.f. & n.m. a waiter, servant, administrator
1250 διακόσιοι, αι, α Adj two hundred
1251 διακούω v. I hear throughout, of a judicial hearing
1252 διακρίνω v. I distinguish, discern, doubt, hesitate
1253 διάκρισις, εως, ἡ n.f. distinguishing, deciding, passing sentence on
1254 διακωλύω v. I obstinately prevent, hinder
1255 διαλαλέω v. I converse together, talk of
1256 διαλέγομαι v. I converse, address, preach, lecture
1257 διαλείπω v. I cease, give over, give up
1258 διάλεκτος, ου, ἡ n.f. language, speech
1259 διαλλάσσομαι v. I become reconciled to, reconcile myself with
1260 διαλογίζομαι v. I reason, debate, consider
1261 διαλογισμός, οῦ, ὁ n.m. a calculation, reasoning, thought, plotting
1262 διαλύω v. I break up, disperse
1263 διαμαρτύρομαι v. I give solemn evidence, testify solemnly
1264 διαμάχομαι v. I strive greatly, contend fiercely
1265 διαμένω v. I remain, continue
1266 διαμερίζω v. I divide up into parts, break up, distribute
1267 διαμερισμός, οῦ, ὁ n.m. breaking up, discord, hostility
1268 διανέμω v. I divide into portions, distribute
1269 διανεύω v. I nod continually, beckon
1270 διανόημα, ατος, τό n.n. a reasoning, thought, cogitation
1271 διάνοια, ας, ἡ n.f. understanding, intellect, mind
1272 διανοίγω v. I open fully
1273 διανυκτερεύω v. I spend the whole night
1274 διανύω v. I finish, complete
1276 διαπεράω v. I cross over
1277 διαπλέω v. I sail over
1278 διαπονέομαι v. I am greatly troubled
1279 διαπορεύομαι v. I journey through
1280 διαπορέω v. I am in trouble, doubt, difficulty
1281 διαπραγματεύομαι v. I gain by business
1282 διαπρίω v. I cut to the quick
1283 διαρπάζω v. I plunder, rob thoroughly
1284 διαρρήσσω v. I tear asunder
1285 διασαφέω v. I make clear, explain
1286 διασείω v. I blackmail, extort from
1287 διασκορπίζω v. I scatter, winnow, disperse, waste
1288 διασπάω v. I tear apart, burst
1289 διασπείρω v. I scatter like seed
1290 διασπορά, ᾶς, ἡ n.f. dispersion
1291 διαστέλλομαι v. I give a commission, order
1292 διάστημα, ατος, τό n.n. an interval of time

διαστολή - διΐστημιν

1293 διαστολή, ῆς, ἡ n.f. distinction, difference, separation
1294 διαστρέφω v. I pervert, corrupt, oppose
1295 διασώζω v. I save, bring safely to
1296 διαταγή, ῆς, ἡ n.f. ordaining, ordinance, disposition
1297 διάταγμα, ατος, τό n.n. a mandate, decree
1298 διαταράσσω v. I trouble greatly, agitate
1299 διατάσσω v. I give orders to, prescribe
1300 διατελέω v. I continue
1301 διατηρέω v. I keep safe, hold fast
1303 διατίθεμαι v. I appoint, make
1304 διατρίβω v. I tarry, continue, stay
1305 διατροφή, ῆς, ἡ n.f. nourishment, food
1306 διαυγάζω Adj. & v. I shine through, dawn
1307 διαυγής, ές Adj transparent
1308 διαφέρω v. I carry through, differ, surpass, excel
1309 διαφεύγω v. I escape by flight
1310 διαφημίζω v. I report, publish abroad
1311 διαφθείρω v. I destroy, waste, corrupt
1312 διαφθορά, ας, ἡ n.f. destruction, decay, corruption
1313 διάφορος, ον Adj differing, different, excellent
1314 διαφυλάσσω v. I guard carefully, protect, defend
1315 διαχειρίζομαι v. I lay my hands upon, slay, kill
1316 διαχωρίζομαι v. I separate myself from, part from
1317 διδακτικός, ή, όν Adj able to teach, apt to teach
1318 διδακτός, ή, όν Adj taught, instructed
1319 διδασκαλία, ας, ἡ n.f. instruction, teaching
1320 διδάσκαλος, ου, ὁ n.m. a teacher
1321 διδάσκω v. I teach
1322 διδαχή, ῆς, ἡ n.f. teaching, doctrine
1323 δίδραχμον, ου, τό n.n. a double-drachma, two drachmae
1324 Δίδυμος, ου, ὁ n.m. the Twin, Didymus, Thomas
1325 δίδωμι v. I offer, give
1326 διεγείρω v. I wake out of sleep, I arouse
1327 διέξοδος, ου, ἡ n.f. a public spot in a city
1328 διερμηνευτής, ου, ὁ n.m. an interpreter
1329 διερμηνεύω v. I translate, interpret, explain
1330 διέρχομαι v. I pass through, spread a report
1331 διερωτάω v. I find by inquiry
1332 διετής, ές Adj two years old
1333 διετία, ας, ἡ n.f. two years
1334 διηγέομαι v. I relate in full, describe
1335 διήγησις, εως, ἡ n.f. a narrative
1336 διηνεκής, ές Adj continuous, continually
1337 διθάλασσος, ον Adj between two seas
1338 διϊκνέομαι v. I pass through, pierce
1339 διΐστημιν. I put apart, separate, put some distance between

διϊσχυρίζομαι - δοκός

1340 διϊσχυρίζομαι v. I assert emphatically
1341 δικαιοκρισία, ας, ἡ n.f. just judgment
1342 δίκαιος, ία, ιον Adj just, righteous, impartial
1343 δικαιοσύνη, ης, ἡ n.f. justice, justness, righteousness
1344 δικαιόω v. I make righteous, defend the cause of, justify
1345 δικαίωμα, ατος, τό n.n. a thing pronounced to be just
1346 δικαίως Adv justly, righteously
1347 δικαίωσις, εως, ἡ n.f. acquittal, justification
1348 δικαστής, οῦ, ὁ n.m. a judge
1349 δίκη, ης, ἡ n.f. justice, judicial hearing, punishment
1350 δίκτυον, ου, τό n.n. a fishing-net
1351 δίλογος, ον Adj double-tongued, deceitful
1352 διό Cj. wherefore
1353 διοδεύω v. I journey through, go about
1354 Διονύσιος, ου, ὁ n.m. Dionysius
1355 διόπερ Cj. wherefore
1356 διοπετής, ές Adj fallen from the sky
1357 διόρθωσις, εως, ἡ n.f. improvement, reformation
1358 διορύσσω v. I dig through, break through
1359 Διόσκουροι, ων, οἱ n.m. the Dioscuri, Castor and Pollux
1360 διότι Cj. on this account, because, for
1361 Διοτρεφής, ους, ὁ n.m. Diotrephes
1362 διπλοῦς, ῆ, οῦν Adj double, two-fold
1363 διπλόω v. I double
1364 δίς Adv twice
1365 διστάζω v. I waver, doubt
1366 δίστομος, ον Adj two-edged
1367 δισχίλιοι, αι, α Adj two thousand
1368 διϋλίζω v. I strain, put through a sieve
1369 διχάζω v. I set at variance, make to be hostile
1370 διχοστασία, ας, ἡ n.f. division, dissension
1371 διχοτομέω v. I cut in two, scourge severely
1372 διψάω v. I thirst for, desire earnestly
1373 δίψος, ους, τό n.n. thirst
1374 δίψυχος, ον Adj double-minded, wavering
1375 διωγμός, οῦ, ὁ n.m. persecution
1376 διώκτης, ου, ὁ n.m. a persecutor
1377 διώκω v. I pursue, persecute
1378 δόγμα, ατος, τό n.n. a decree, edict, ordinance
1379 δογματίζω v. I subject to regulations, decree
1380 δοκέω v. I think, seem, appear, it seems
1381 δοκιμάζω v. I put to the test, prove, examine
1382 δοκιμή, ῆς, ἡ n.f. a trial, proof; tried, approved character
1383 δοκίμιον, ου, τό n.n. a test, trial, what is genuine
1384 δόκιμος, ον Adj approved, acceptable
1385 δοκός, οῦ, ἡ n.f. a beam

δόλιος - δῶρον

1386 δόλιος, ία, ιον Adj treacherous, deceitful
1387 δολιόω v. I act deceitfully, deceive
1388 δόλος, ου, ὁ n.m. deceit, guile, treachery
1389 δολόω v. I adulterate, corrupt
1390 δόμα, ατος, τό n.n. a gift
1391 δόξα, ης, ἡ n.f. honor, renown, glory splendor
1392 δοξάζω v. I glorify, honor, bestow glory on
1393 Δορκάς, άδος, ἡ n.f. Dorcas
1394 δόσις, εως, ἡ n.f. a giving, gift
1395 δότης, ου, ὁ n.m. a giver
1396 δουλαγωγέω v. I enslave
1397 δουλεία, ας, ἡ n.f. slavery, bondage
1398 δουλεύω v. I am a slave, am subject to, obey
1399 δούλη, ης, ἡ n.f. a female slave, bonds-maid
1401 δοῦλος, ου, ὁ Adj. & n.m. a male slave
1402 δουλόω v. I enslave
1403 δοχή, ῆς, ἡ n.f. a reception, party
1404 δράκων, οντος, ὁ n.m. a dragon or huge serpent
1405 δράσσομαι v. I take hold of, grasp
1406 δραχμή, ῆς, ἡ n.f. a drachma
1407 δρέπανον, ου, τό n.n. a sickle
1408 δρόμος, ου, ὁ n.m. a running, course, career
1409 Δρούσιλλα, ης, ἡ n.f. Drusilla
1410 δύναμαι v. I am powerful, am able
1411 δύναμις, εως, ἡ n.f. might, power, marvelous works
1412 δυναμόω v. I empower, fill with power
1413 δυνάστης, ου, ὁ n.m. a ruler, potentate
1414 δυνατέω v. I am powerful, able
1415 δυνατός, ή, όν Adj powerful, able, possible
1416 δύνω v. I sink, set
1417 δύο Adj. & Indec.num. two
1419 δυσβάστακτος, ον Adj difficult to carry
1420 δυσεντερία, ας, ἡ n.f. dysentery
1421 δυσερμήνευτος, ον Adj difficult to interpret
1422 δύσκολος, ον Adj difficult
1423 δυσκόλως Adv with difficulty, hardly
1424 δυσμή, ῆς, ἡ n.f. a setting of the sun, the West
1425 δυσνόητος, ον Adj hard to understand
1426 δυσφημία, ας, ἡ n.f. evil report, defamation
1427 δώδεκα Indec.num. twelve
1428 δωδέκατος, η, ον Adj twelfth
1429 δωδεκάφυλον, ου, τό n.n. the Twelve Tribes of Israel
1430 δῶμα, ατος, τό n.n. the top of the house
1431 δωρεά, ᾶς, ἡ n.f. a free gift
1432 δωρεάν Adv as a free gift, without payment, freely
1433 δωρέομαι v. I give, grant, donate
1434 δώρημα, ατος, τό n.n. a gift, bounty
1435 δῶρον, ου, τό n.n. a gift, present

Epsilon

1436 ἔα Ij. an interjection: ho!
1437 ἐάν Cond. if
1438 ἑαυτοῦ, ῆς, οῦ Refl.pr. himself, herself, itself
1439 ἐάω v. I allow, permit, leave
1440 ἑβδομήκοντα Indec.num. seventy
1441 ἑβδομηκοντάκις Adv seventy times
1442 ἕβδομος, η, ον Adj seventh
1443 Ἕβερ, ὁ Prop.n. Eber
1444 Ἑβραϊκός, ή, όν Adj Hebrew
1445 Ἑβραῖος, ου, ὁ Adj a Hebrew
1446 Ἑβραΐς, ΐδος, ἡ n.f. the Hebrew language, Aramaic
1447 Ἑβραϊστί Adv in the Hebrew or Aramaic dialect
1448 ἐγγίζω v. I come near, approach
1449 ἐγγράφω v. I write, inscribe
1450 ἔγγυος, ου, ὁ, ἡ Adj a surety, security
1451 ἐγγύς Adv near
1452 ἐγγύτερον Comp.adv. nearer
1453 ἐγείρω v. I wake, arouse, raise up
1454 ἔγερσις, εως, ἡ n.f. a waking up, resurrection
1455 ἐγκάθετος, ου, ὁ, ἡ Adj a spy
1456 ἐγκαίνια, ίων, τά n.n. a renewal, dedication
1457 ἐγκαινίζω v. I consecrate, dedicate
1458 ἐγκαλέω v. I bring a charge against, accuse
1459 ἐγκαταλείπω v. I abandon, desert
1460 ἐγκατοικέω v. I dwell in, among
1461 ἐγκεντρίζω v. I graft in
1462 ἔγκλημα, ατος, τό n.n. an accusation, charge
1463 ἐγκομβόομαι v. I clothe myself
1464 ἐγκοπή, ῆς, ἡ n.f. an impediment, hindrance
1465 ἐγκόπτω v. I interrupt, hinder
1466 ἐγκράτεια, ας, ἡ n.f. self-mastery, self-control
1467 ἐγκρατεύομαι v. I exercise self-control
1468 ἐγκρατής, ές Adj self-controlled
1469 ἐγκρίνω v. I count among
1470 ἐγκρύπτω v. I hide in, mix with
1471 ἔγκυος, ον n.f. with child, pregnant
1472 ἐγχρίω v. I rub in, anoint
1473 ἐγώ Pers.pr. I
1474 ἐδαφίζω v. I dash to the ground
1475 ἔδαφος, ους, τό n.n. the base, ground
1476 ἑδραῖος, αία, αῖον Adj firm, steadfast
1477 ἑδραίωμα, ατος, τό n.n. a foundation, stay, support
1478 Ἐζεκίας, ου, ὁ n.m. Hezekiah
1479 ἐθελοθρησκεία, ας, ἡ n.f. arbitrary worship
1480 ἐθίζω v. I accustom

1481 ἐθνάρχης, ου, ὁ n.m. an ethnarch, tribal lord
1482 ἐθνικός, ή, όν Adj pagan, heathen, gentile; a Gentile, non-Jew
1483 ἐθνικῶς Adv in the manner of Gentiles
1484 ἔθνος, ους, τό n.n. a race, people, the Gentiles
1485 ἔθος, ους, τό n.n. a custom
1486 εἴωθα v. I am accustomed, custom, what was customary
1487 εἰ Cond. if
1489 εἴγε Cond. if indeed, seeing that, unless
1490 εἰ δὲ μήγε Neg.prt. but if not, else, otherwise
1491 εἶδος, ους, τό n.n. visible form, shape, appearance, kind
1492 οἶδα v. I know, remember
1493 εἰδωλεῖον, ου, τό n.n. a temple for an image
1494 εἰδωλόθυτος, ον Adj sacrificed to an image
1495 εἰδωλολατρεία, ας, ἡ n.f. worship or service of an image
1496 εἰδωλολάτρης, ου, ὁ n.m. a worshipper of an image
1497 εἴδωλον, ου, τό n.n. an idol, false god
1500 εἰκῇ Adv without purpose, in vain
1501 εἴκοσι Indec.num. twenty
1502 εἴκω v. I give way, yield
1503 ἔοικα v. I am like, resemble
1504 εἰκών, όνος, ἡ n.f. an image, likeness, bust
1505 εἰλικρίνεια, ας, ἡ n.f. clearness, sincerity, purity
1506 εἰλικρινής, ές Adj pure, uncontaminated, sincere
1510 εἰμί v. I am, exist
1512 εἴπερ Cond. if indeed, if so
1514 εἰρηνεύω v. I am peaceful, keep the peace, am at peace
1515 εἰρήνη, ης, ἡ n.f. peace, peace of mind
1516 εἰρηνικός, ή, όν Adj peaceable, disposed to peace
1517 εἰρηνοποιέω v. I make peace, reconcile
1518 εἰρηνοποιός, όν Adj pacific, loving peace, a peace-maker
1519 εἰς Prep. into, in, among, till, for
1520 εἷς, μία, ἕν Adj one
1521 εἰσάγω v. I lead in, bring in
1522 εἰσακούω v. I hear, listen to
1523 εἰσδέχομαι v. I welcome in
1524 εἴσειμι v. I go in, enter
1525 εἰσέρχομαι v. I go in, come in, enter
1528 εἰσκαλέομαι v. I call in, invite
1529 εἴσοδος, ου, ἡ n.f. entering, entrance, entry
1530 εἰσπηδάω v. I leap into, rush into
1531 εἰσπορεύομαι v. I journey into, go into
1532 εἰστρέχω v. I run in
1533 εἰσφέρω v. I lead into, bring in
1534 εἶτα Adv then, thereafter, next
1535 εἴτε Cj. and if, whether
1537 ἐκ, ἐξ Prep. from out, out from among, from

ἕκαστος - ἐκλαλέω

1538 ἕκαστος, η, ον Adj each, every one
1539 ἑκάστοτε Adv at every time, always
1540 ἑκατόν Indec.num. one hundred
1541 ἑκατονταέτης, ες Adj a hundred years old
1542 ἑκατονταπλασίων, ον Adj a hundredfold
1543 ἑκατοντάρχης, ου, ὁ n.m. a centurion
1544 ἐκβάλλω v. I throw, cast, put out, banish, bring forth, produce
1545 ἔκβασις, εως, ἡ n.f. a way out, escape, result
1546 ἐκβολή, ῆς, ἡ n.f. a throwing out, a jettisoning
1547 ἐκγαμίζω v. I give in marriage, marry
1548 ἐκγαμίσκω v. I give in marriage
1549 ἔκγονος, ον Adj descended, a descendant
1550 ἐκδαπανάω v. I spend completely
1551 ἐκδέχομαι v. I wait for, expect
1552 ἔκδηλος, ον Adj perfectly evident, manifest
1553 ἐκδημέω v. I go abroad, am absent
1554 ἐκδίδωμι v. I give out, let, let out for my own advantage
1555 ἐκδιηγέομαι v. I narrate at length, declare
1556 ἐκδικέω v. I give justice over, defend, avenge, vindicate
1557 ἐκδίκησις, εως, ἡ n.f. a defense, vengeance, full punishment
1558 ἔκδικος, ον Adj avenging, an avenger
1559 ἐκδιώκω v. I persecute, expel by persecuting
1560 ἔκδοτος, ον Adj given up, delivered up
1561 ἐκδοχή, ῆς, ἡ n.f. a waiting for, expectation
1562 ἐκδύω v. I put off, take off, strip off
1563 ἐκεῖ Adv there, yonder, thither
1564 ἐκεῖθεν Adv thence, from that place
1565 ἐκεῖνος, η, ο Dem.pr. that, that one there, yonder
1566 ἐκεῖσε Adv thither, there
1567 ἐκζητέω v. I seek out, require
1568 ἐκθαμβέομαι v. I am greatly astonished
1569 ἔκθαμβος, ον Adj full of astonishment, amazed
1570 ἔκθετος, ον Adj cast out, exposed
1571 ἐκκαθαίρω v. I clean out, clean thoroughly
1572 ἐκκαίομαι v. I burn with lust
1573 ἐκκακέω v. I am faint, am weary
1574 ἐκκεντέω v. I pierce through, transfix
1575 ἐκκλάω v. I break off
1576 ἐκκλείω v. I shut out, exclude
1577 ἐκκλησία, ας, ἡ n.f. an assembly, congregation, church
1578 ἐκκλίνω v. I fall away from, turn away
1579 ἐκκολυμβάω v. I swim out
1580 ἐκκομίζω v. I carry out
1581 ἐκκόπτω v. I cut out, cut off
1582 ἐκκρεμάννυμι v. I hang out, hang upon
1583 ἐκλαλέω v. I speak out, disclose

ἐκλάμπω - ἐκφοβέω

1584 ἐκλάμπω v. I shine forth
1585 ἐκλανθάνομαι v. I forget entirely
1586 ἐκλέγομαι v. I choose, elect
1587 ἐκλείπω v. I fail utterly, cease, die
1588 ἐκλεκτός, ή, όν Adj chosen, elect, choice, select
1589 ἐκλογή, ῆς, ἡ n.f. a choosing out, selecting, choice by God
1590 ἐκλύω v. I am unstrung, become weak, fail
1591 ἐκμάσσω v. I wipe, wipe off thoroughly
1592 ἐκμυκτηρίζω v. I deride, scoff at, mock greatly
1593 ἐκνεύω v. I retire, withdraw
1594 ἐκνήφω v. I return to soberness of mind
1595 ἑκούσιος, ία, ιον Adj willing, voluntary, spontaneous
1596 ἑκουσίως Adv willingly
1597 ἔκπαλαι Adv from of old, long since
1598 ἐκπειράζω v. I put to the test, make trial of, tempt
1599 ἐκπέμπω v. I send out
1600 ἐκπετάννυμι v. I spread or stretch out
1601 ἐκπίπτω v. I fall out, fall off, fall away, fade away, wither away
1602 ἐκπλέω v. I sail out, sail away
1603 ἐκπληρόω v. I fill completely, fulfill in every particular
1604 ἐκπλήρωσις, εως, ἡ n.f. completion, fulfillment
1605 ἐκπλήσσω v. I am thunderstruck, astounded
1606 ἐκπνέω v. I breathe my last, expire
1607 ἐκπορεύομαι v. I journey out, come forth
1608 ἐκπορνεύω v. I am guilty of fornication
1609 ἐκπτύω v. I spit upon, disdain, reject, loathe
1610 ἐκριζόω v. I root out, root up
1611 ἔκστασις, εως, ἡ n.f. bewilderment, amazement
1612 ἐκστρέφω v. I change for the worse, corrupt, pervert
1613 ἐκταράσσω v. I disturb greatly
1614 ἐκτείνω v. I stretch out, cast forth
1615 ἐκτελέω v. I complete, perform
1616 ἐκτένεια, ας, ἡ n.f. earnestness, strenuousness, intentness
1617 ἐκτενέστερον Adv more earnestly
1618 ἐκτενής, ές Adj intent, constant, strenuous, intense
1619 ἐκτενῶς Adv earnestly, strenuously
1620 ἐκτίθημι v. I put out or expose a child, set forth, explain
1621 ἐκτινάσσω v. I shake off
1622 ἐκτός Adv without, outside, except, the outside, apart from
1623 ἕκτος, η, ον Adj sixth
1624 ἐκτρέπω v. I turn aside, wander, forsake
1625 ἐκτρέφω v. I nourish, nurture, bring up
1626 ἔκτρωμα, ατος, τό n.n. an untimely birth
1627 ἐκφέρω v. I bring out, carry out
1628 ἐκφεύγω v. I flee out, away, I escape
1629 ἐκφοβέω v. I terrify exceedingly

ἔκφοβος - Ἑλληνιστής

1630 ἔκφοβος, ον Adj greatly terrified
1631 ἐκφύω v. I put forth, cause to sprout
1632 ἐκχέω v. I pour out, shed
1633 ἐκχωρέω v. I go out, depart from
1634 ἐκψύχω v. I breathe my last, die, expire
1635 ἑκών, ἑκοῦσα, ἑκόν Adj willing, willingly
1636 ἐλαία, ας, ἡ n.f. an olive tree
1637 ἔλαιον, ου, τό n.n. olive oil
1638 Ἐλαιών, ῶνος, ὁ n.m. Olive-grove, Olive-yard, the mount Olivet
1639 Ἐλαμίτης, ου, ὁ n.m. an Elamite
1640 ἐλάσσων, ον Adj less, smaller, inferior
1641 ἐλαττονέω v. I have less, lack
1642 ἐλαττόω v. I make less, make inferior
1643 ἐλαύνω v. I drive on, propel, row
1644 ἐλαφρία, ας, ἡ n.f. levity, fickleness
1645 ἐλαφρός, ά, όν Adj light, not burdensome
1646 ἐλάχιστος, ίστη, ιστον Adj least, smallest, very little
1647 ἐλαχιστότερος, α, ον Adj the smallest, least important
1648 Ἐλεάζαρ, ὁ Prop.n. Eleazar
1649 ἔλεγξις, εως, ἡ n.f. rebuke, reproof, refutation
1650 ἔλεγχος, ου, ὁ n.m. a proof, persuasion, reproof
1651 ἐλέγχω v. I rebuke, expose
1652 ἐλεεινός, ή, όν Adj merciful, pitiful
1653 ἐλεέω v. I pity, have mercy on
1654 ἐλεημοσύνη, ῆς, ἡ n.f. alms-giving, charity
1655 ἐλεήμων, ον Adj full of pity, merciful
1656 ἔλεος, ους, τό n.m. & n.n. pity, mercy
1657 ἐλευθερία, ας, ἡ n.f. freedom, liberty
1658 ἐλεύθερος, έρα, ερον Adj free, delivered from obligation
1659 ἐλευθερόω v. I free, set free, liberate
1660 ἔλευσις, εως, ἡ n.f. a coming, arrival, advent
1661 ἐλεφάντινος, η, ον Adj made of ivory
1662 Ἐλιακείμ, ὁ Prop.n. Eliakim
1663 Ἐλιέζερ, ὁ Prop.n. Eliezer
1664 Ἐλιούδ, ὁ Prop.n. Eliud
1665 Ἐλισάβετ, ἡ Prop.n. Elisabeth
1666 Ἐλισσαῖος, ου, ὁ n.m. Elisha
1667 ἑλίσσω v. I roll, roll up
1668 ἕλκος, ους, τό n.n. a festering sore
1669 ἑλκόω v. I afflict with sores
1670 ἑλκύω v. I drag, draw, pull, persuade
1671 Ἑλλάς, άδος, ἡ n.f. Hellas, Greece
1672 Ἕλλην, ηνος, ὁ n.m. a Hellene, a Greek
1673 Ἑλληνικός, ή, όν Adj Greek, the Greek language
1674 Ἑλληνίς, ίδος, ἡ n.f. a female Greek
1675 Ἑλληνιστής, οῦ, ὁ n.m. a Hellenist, Grecian Jew

Ἑλληνιστί - ἐνάλιος

1676 Ἑλληνιστί Adv in the Greek language
1677 ἐλλογέω v. I charge to, put to one's account
1678 Ἐλμωδάμ, ὁ Prop.n. Elmadam
1679 ἐλπίζω v. I hope, hope for, expect
1680 ἐλπίς, ίδος, ἡ n.f. hope, expectation
1681 Ἐλύμας, ᾶ, ὁ n.m. Elymas
1682 ἐλωΐ Aram. Aramaic for my God
1683 ἐμαυτοῦ, ῆς, οῦ Refl.pr. of myself
1684 ἐμβαίνω v. I embark
1685 ἐμβάλλω v. I cast in, throw in
1686 ἐμβάπτω v. I dip into
1687 ἐμβατεύω v. I enter, set foot on
1688 ἐμβιβάζω v. I embark, put on board
1689 ἐμβλέπω v. I look into, look upon
1690 ἐμβριμάομαι v. I snort, express indignant displeasure
1692 ἐμέω v. I vomit forth
1693 ἐμμαίνομαι v. I am madly enraged with
1694 Ἐμμανουήλ, ὁ Prop.n. Emmanuel
1695 Ἐμμαούς, ἡ Prop.n. Emmaus
1696 ἐμμένω v. I remain or abide in, abide by, maintain
1697 Ἐμμόρ, ὁ Prop.n. Hamor
1699 ἐμός, ή, όν Poss.pr. mine
1701 ἐμπαιγμός, οῦ, ὁ n.m. mockery
1702 ἐμπαίζω v. I mock
1703 ἐμπαίκτης, ου, ὁ n.m. a mocker
1704 ἐμπεριπατέω v. I walk about in a place
1705 ἐμπίπλημι v. I fill up, satisfy
1706 ἐμπίπτω v. I fall in, am cast in
1707 ἐμπλέκω v. I enfold, entangle
1708 ἐμπλοκή, ῆς, ἡ n.f. a plaiting, braiding
1709 ἐμπνέω v. I breathe, breathe into, inhale
1710 ἐμπορεύομαι v. I travel as a merchant, engage in trade
1711 ἐμπορία, ας, ἡ n.f. trading, trade, trafficking, business
1712 ἐμπόριον, ου, τό n.n. market, market-house
1713 ἔμπορος, ου, ὁ n.m. a merchant, trader
1714 ἐμπρήθω v. I burn, set on fire, suffer inflammation
1715 ἔμπροσθεν Adv. & Prep. in front, before the face
1716 ἐμπτύω v. I spit upon
1717 ἐμφανής, ές Adj manifest, visible
1718 ἐμφανίζω v. I make visible, report against, appear before
1719 ἔμφοβος, ον Adj full of fear, terrified
1720 ἐμφυσάω v. I breathe into, breathe upon
1721 ἔμφυτος, ον Adj inborn, ingrown, congenital, natural
1722 ἐν Prep. in, on, among
1723 ἐναγκαλίζομαι v. I take in my arms
1724 ἐνάλιος, ον Adj living in the sea

1725 ἔναντι Adv before, in the presence of
1726 ἐναντίον Adv before, in the presence of, in the eyes of
1727 ἐναντίος, α, ον Adj opposite, opposed, contrary, the adversary
1728 ἐνάρχομαι v. I begin
1729 ἐνδεής, ές Adj in need, needy
1730 ἔνδειγμα, ατος, τό n.n. a plain token, sign, proof
1731 ἐνδείκνυμι v. I show forth
1732 ἔνδειξις, εως, ἡ n.f. a showing, proof, demonstration, sign
1733 ἕνδεκα, οἱ, αἱ, τά Indec.num. eleven
1734 ἑνδέκατος, η, ον Adj eleventh
1735 ἐνδέχομαι v. I allow, it is possible
1736 ἐνδημέω v. I am at home
1737 ἐνδιδύσκω v. I put on, clothe
1738 ἔνδικος, ον Adj righteous, just
1739 ἐνδόμησις, εως, ἡ n.f. the material of a building, a structure
1740 ἐνδοξάζω v. I glorify
1741 ἔνδοξος, ον Adj highly esteemed, splendid, glorious
1742 ἔνδυμα, ατος, τό n.n. a garment, raiment
1743 ἐνδυναμόω v. I fill with power, strengthen
1744 ἐνδύνω v. I clothe, enter, creep into
1745 ἔνδυσις, εως, ἡ n.f. a putting on of clothing
1746 ἐνδύω v. I put on, clothe
1747 ἐνέδρα, ας, ἡ n.f. an ambush, plot, treachery, fraud
1748 ἐνεδρεύω v. I lie in wait for, seek to entrap, defraud, deceive
1749 ἔνεδρον, ου, τό n.n. ambush
1750 ἐνειλέω v. I wrap up, roll up in something
1751 ἔνειμι v. I am in, within
1752 ἕνεκεν Prep. for the sake of, on account of, wherefore
1753 ἐνέργεια, ας, ἡ n.f. working, activity
1754 ἐνεργέω v. I work, accomplish, am operative
1755 ἐνέργημα, ατος, τό n.n. a working, an effect
1756 ἐνεργής, ές Adj effective
1757 ἐνευλογέω v. I bless
1758 ἐνέχω v. I am angry with, entangle
1759 ἐνθάδε Adv here, in this place
1760 ἐνθυμέομαι v. I meditate upon, reflect upon
1761 ἐνθύμησις, εως, ἡ n.f. inward thought, reflection, thoughts
1762 ἔνι v. there is in, is present
1763 ἐνιαυτός, οῦ, ὁ n.m. a year
1764 ἐνίστημι v. I place in or upon, am at hand, am present, threaten
1765 ἐνισχύω v. I invigorate, strengthen
1766 ἔνατος, η, ον Adj ninth
1767 ἐννέα Indec.num. nine
1768 ἐνενήκοντα Indec.num. ninety
1769 ἐνεός, ά, όν Adj dumb, speechless
1770 ἐννεύω v. I make a sign to by nodding

ἔννοια - ἐξανατέλλω

1771 ἔννοια, ας, ἡ n.f. thought, intention, purpose
1772 ἔννομος, ον Adj legal, obedient to the law
1773 ἔννυχος, ον Adv in the night
1774 ἐνοικέω v. I dwell in, am settled in
1775 ἑνότης, ητος, ἡ n.f. oneness, unity
1776 ἐνοχλέω v. I disturb, cause tumult
1777 ἔνοχος, ον Adj involved in, liable
1778 ἔνταλμα, ατος, τό n.n. an injunction, ordinance, precept
1779 ἐνταφιάζω v. I embalm, prepare for burial
1780 ἐνταφιασμός, οῦ, ὁ n.m. embalming, preparation of a body for burial
1781 ἐντέλλομαι v. I give orders, command
1782 ἐντεῦθεν Adv hence, from this place, on this side and on that
1783 ἔντευξις, εως, ἡ n.f. a petition, prayer, intercession
1784 ἔντιμος, ον Adj precious, honored, honorable
1785 ἐντολή, ῆς, ἡ n.f. an ordinance, injunction, command
1786 ἐντόπιος, ία, ιον Adj belonging to the place, native, resident
1787 ἐντός Adv within, inside, the inside
1788 ἐντρέπω v. I turn to confusion, put to shame, reverence
1789 ἐντρέφω v. I nourish on, am educated in
1790 ἔντρομος, ον Adj trembling through fear
1791 ἐντροπή, ῆς, ἡ n.f. shame
1792 ἐντρυφάω v. I revel in, live luxuriously
1793 ἐντυγχάνω v. I meet, encounter, call upon, make a petition
1794 ἐντυλίσσω v. I wrap up, roll round, envelop
1795 ἐντυπόω v. I engrave
1796 ἐνυβρίζω v. I insult, outrage, treat contemptuously
1797 ἐνυπνιάζομαι v. I dream
1798 ἐνύπνιον, ου, τό n.n. a dream, vision
1799 ἐνώπιον Adv before the face of, in the presence of
1800 Ἐνώς, ὁ Prop.n. Enosh
1801 ἐνωτίζομαι v. I take into my ear, listen to
1802 Ἐνώχ, ὁ Prop.n. Enoch
1803 ἕξ, οἱ, αἱ, τά Indec.num. six
1804 ἐξαγγέλλω v. I announce publicly, proclaim
1805 ἐξαγοράζω v. I ransom, redeem
1806 ἐξάγω v. I lead out
1807 ἐξαιρέω v. I remove, choose, rescue
1808 ἐξαίρω v. I lift up, remove
1809 ἐξαιτέω v. I demand of, ask for
1810 ἐξαίφνης Adv suddenly, unexpectedly
1811 ἐξακολουθέω v. I follow after, imitate
1812 ἐξακόσιοι, αι, α Adj six hundred
1813 ἐξαλείφω v. I wipe away, obliterate
1814 ἐξάλλομαι v. I leap up
1815 ἐξανάστασις, εως, ἡ n.f. a resurrection
1816 ἐξανατέλλω v. I spring up out

ἐξανίστημι - ἐπάγω

1817 ἐξανίστημι v. I raise up, rise up
1818 ἐξαπατάω v. I deceive thoroughly
1819 ἐξάπινα Adv suddenly
1820 ἐξαπορέομαι v. I am utterly without resource, am in despair
1821 ἐξαποστέλλω v. I send forth
1822 ἐξαρτίζω v. I completely furnish, equip, finish
1823 ἐξαστράπτω v. I flash forth like lightning
1824 ἐξαυτῆς Adv immediately, instantly
1825 ἐξεγείρω v. I raise up, arouse
1826 ἔξειμι v. I go out, depart
1828 ἐξέλκω v. I entice
1829 ἐξέραμα, ατος, τό n.n. vomit
1830 ἐξερευνάω v. I search diligently, examine carefully
1831 ἐξέρχομαι v. I go out, come out
1832 ἔξεστιν v. it is permitted, lawful, possible
1833 ἐξετάζω v. I examine, question, search out
1834 ἐξηγέομαι v. I explain, make declaration
1835 ἐξήκοντα, οἱ, αἱ, τά Indec.num. sixty
1836 ἑξῆς Adv next in order, the next day
1837 ἐξηχέω v. I sound out
1838 ἕξις, εως, ἡ n.f. condition, state, habit
1839 ἐξίστημι v. I astonish, am astonished
1840 ἐξισχύω v. I have strength for, am perfectly able
1841 ἔξοδος, ου, ἡ n.f. an exit, departure, death
1842 ἐξολοθρεύω v. I destroy utterly, annihilate
1843 ἐξομολογέω v. I consent fully, confess
1844 ἐξορκίζω v. I adjure, put to oath
1845 ἐξορκιστής, οῦ, ὁ n.m. an exorcist
1846 ἐξορύσσω v. I dig out, gouge
1847 ἐξουδενόω v. I ignore, despise
1848 ἐξουθενέω v. I ignore, despise
1849 ἐξουσία, ας, ἡ n.f. power, authority, weight
1850 ἐξουσιάζω v. I exercise authority
1851 ἐξοχή, ῆς, ἡ n.f. eminence, distinction
1852 ἐξυπνίζω v. I wake out of sleep
1853 ἔξυπνος, ον Adj roused out of sleep
1854 ἔξω Adv without, outside
1855 ἔξωθεν Adv from without, outside
1856 ἐξωθέω v. I drive out, expel, propel
1857 ἐξώτερος, α, ον Adj outmost, outer
1858 ἑορτάζω v. I keep a feast
1859 ἑορτή, ῆς, ἡ n.f. a festival, feast
1860 ἐπαγγελία, ας, ἡ n.f. a promise
1861 ἐπαγγέλλομαι v. I promise, profess
1862 ἐπάγγελμα, ατος, τό n.n. a promise
1863 ἐπάγω v. I bring upon

ἐπαγωνίζομαι - ἐπί

1864 ἐπαγωνίζομαι v. I contend earnestly for
1865 ἐπαθροίζω v. I gather together, crowd upon, press around
1866 Ἐπαίνετος, ου, ὁ n.m. Epaenetus
1867 ἐπαινέω v. I praise, commend
1868 ἔπαινος, ου, ὁ n.m. commendation, praise
1869 ἐπαίρω v. I raise, lift up
1870 ἐπαισχύνομαι v. I am ashamed
1871 ἐπαιτέω v. I beg, ask alms
1872 ἐπακολουθέω v. I follow close after, endorse
1873 ἐπακούω v. I listen to, hear favorably
1874 ἐπακροάομαι v. I listen to, hear
1875 ἐπάν Cj. after, when
1876 ἐπάναγκες Adv necessarily
1877 ἐπανάγω v. I put out, go up
1878 ἐπαναμιμνήσκω v. I remind
1879 ἐπαναπαύομαι v. I rest upon, rely on, trust in
1880 ἐπανέρχομαι v. I return, come back again
1881 ἐπανίστημι v. I rise up against
1882 ἐπανόρθωσις, εως, ἡ n.f. correction, reformation
1883 ἐπάνω Adv on the top, above, superior to
1884 ἐπαρκέω v. I aid, relieve, do service, render help
1885 ἐπαρχία, ας, ἡ n.f. sphere of duty, province
1886 ἔπαυλις, εως, ἡ n.f. a farm, estate, dwelling
1887 ἐπαύριον Adv tomorrow
1888 αὐτόφωρος, ον Adj in the very act
1889 Ἐπαφρᾶς, ᾶ, ὁ n.m. Epaphras
1890 ἐπαφρίζω v. I foam out
1891 Ἐπαφρόδιτος, ου, ὁ n.m. Epaphroditus
1892 ἐπεγείρω v. I arouse, stimulate, excite against
1893 ἐπεί Cj. after, for, since, otherwise
1894 ἐπειδή Cj. when, since
1895 ἐπειδήπερ Cj. since
1896 ἐπεῖδεν v. I looked upon, regarded
1897 ἐπείπερ Cj. since indeed, seeing that
1898 ἐπεισαγωγή, ῆς, ἡ n.f. bringing in, introduction, importation
1899 ἔπειτα Adv then, thereafter, afterwards
1900 ἐπέκεινα Adv beyond
1901 ἐπεκτείνομαι v. I strain after
1902 ἐπενδύομαι v. I put on over
1903 ἐπενδύτης, ου, ὁ n.m. a coat, outer wrap
1904 ἐπέρχομαι v. I approach, overtake, attack
1905 ἐπερωτάω v. I interrogate, question, demand of
1906 ἐπερώτημα, ατος, τό n.n. inquiry, request, appeal
1907 ἐπέχω v. I hold forth, pay attention, note, delay
1908 ἐπηρεάζω v. I insult, treat wrongfully, molest
1909 ἐπί Prep. on, to, against, on the basis of, at

ἐπιβαίνω - ἐπίλυσις

1910 ἐπιβαίνω v. I step on, mount, board
1911 ἐπιβάλλω v. I throw upon, lay, strike upon
1912 ἐπιβαρέω v. I burden
1913 ἐπιβιβάζω v. I place upon
1914 ἐπιβλέπω v. I look with favor on
1915 ἐπίβλημα, ατος, τό n.n. a patch on a garment
1916 ἐπιβοάω v. I cry out to or against
1917 ἐπιβουλή, ῆς, ἡ n.f. a plot, design against
1918 ἐπιγαμβρεύω v. I marry a deceased brother's wife
1919 ἐπίγειος, ον Adj earthly
1920 ἐπιγίνομαι v. I arise, spring up
1921 ἐπιγινώσκω v. I come to know, discern, recognize
1922 ἐπίγνωσις, εως, ἡ n.f. knowledge, discernment, recognition
1923 ἐπιγραφή, ῆς, ἡ n.f. an inscription, title
1924 ἐπιγράφω v. I write upon, inscribe
1925 ἐπιδείκνυμι v. I show, prove
1926 ἐπιδέχομαι v. I accept, admit, welcome
1927 ἐπιδημέω v. I sojourn, am resident
1928 ἐπιδιατάσσομαι v. I furnish with additions
1929 ἐπιδίδωμι v. I hand in, give up, give way
1930 ἐπιδιορθόω v. I put in order
1931 ἐπιδύω v. I sink, set
1932 ἐπιείκεια, ας, ἡ n.f. considerateness, forbearance, fairness
1933 ἐπιεικής, ές Adj gentle, mild, forbearing, fair, reasonable
1934 ἐπιζητέω v. I seek after, desire, search for
1935 ἐπιθανάτιος, ον Adj at the point of death, condemned to death
1936 ἐπίθεσις, εως, ἡ n.f. laying on
1937 ἐπιθυμέω v. I long for, covet, lust after
1938 ἐπιθυμητής, οῦ, ὁ n.m. an eager desirer of
1939 ἐπιθυμία, ας, ἡ n.f. desire, eagerness for, inordinate desire, lust
1940 ἐπικαθίζω v. I sit upon
1941 ἐπικαλέω v. I call by an additional name, appeal to
1942 ἐπικάλυμμα, ατος, τό n.n. a covering, cloak, pretext
1943 ἐπικαλύπτω v. I cover up
1944 ἐπικατάρατος, ον Adj accursed
1945 ἐπίκειμαι v. I lie upon, am insistent
1946 Ἐπικούρειος, ου, ὁ n.m. an Epicurean
1947 ἐπικουρία, ας, ἡ n.f. help, aid
1948 ἐπικρίνω v. I decree, give sentence
1949 ἐπιλαμβάνομαι v. I seize, take hold of
1950 ἐπιλανθάνομαι v. I forget, neglect
1951 ἐπιλέγω v. I call, choose for myself, am named
1952 ἐπιλείπω v. I fail, fall short
1953 ἐπιλησμονή, ῆς, ἡ n.f. forgetfulness
1954 ἐπίλοιπος, ον Adj remaining, that is left over
1955 ἐπίλυσις, εως, ἡ n.f. solution, explanation, interpretation

ἐπιλύω - ἐπισωρεύω

1956 ἐπιλύω v. I explain, interpret, decide
1957 ἐπιμαρτυρέω v. I testify earnestly
1958 ἐπιμέλεια, ας, ἡ n.f. care, attention
1959 ἐπιμελέομαι v. I take care of, attend to
1960 ἐπιμελῶς Adv carefully, diligently
1961 ἐπιμένω v. I remain, tarry, persist in
1962 ἐπινεύω v. I nod to, assent
1963 ἐπίνοια, ας, ἡ n.f. thought, purpose
1964 ἐπιορκέω v. I take an oath, swear falsely
1965 ἐπίορκος, ον Adj perjured
1966 ἐπιοῦσα, ης, ἡ v. the next day
1967 ἐπιούσιος, ον Adj for the morrow, necessary, sufficient
1968 ἐπιπίπτω v. I fall upon, press upon
1969 ἐπιπλήσσω v. I rebuke, chide, reprove
1971 ἐπιποθέω v. I long for, strain after, desire greatly
1972 ἐπιπόθησις, εως, ἡ n.f. eager longing, desire
1973 ἐπιπόθητος, ον Adj longed for, missed
1974 ἐπιποθία, ας, ἡ n.f. longing, eager desire
1975 ἐπιπορεύομαι v. I journey to
1976 ἐπιρράπτω v. I sew on
1977 ἐπιρρίπτω v. I throw upon, cast upon
1978 ἐπίσημος, ον Adj notable, conspicuous
1979 ἐπισιτισμός, οῦ, ὁ n.m. provision, nourishment, food
1980 ἐπισκέπτομαι v. I look upon, visit, look out, select
1981 ἐπισκηνόω v. I raise a tent over, dwell
1982 ἐπισκιάζω v. I overshadow, envelop
1983 ἐπισκοπέω v. I exercise oversight, care for
1984 ἐπισκοπή, ῆς, ἡ n.f. visitation of judgment, oversight
1985 ἐπίσκοπος, ου, ὁ n.m. overseer, supervisor, ruler
1986 ἐπισπάομαι v. I become uncircumcised
1987 ἐπίσταμαι v. I know, understand
1988 ἐπιστάτης, ου, ὁ n.m. master, teacher
1989 ἐπιστέλλω v. I write, send by letter to.
1990 ἐπιστήμων, ον Adj skillful, experienced
1991 ἐπιστηρίζω v. I prop up, uphold, confirm
1992 ἐπιστολή, ῆς, ἡ n.f. a letter, dispatch, epistle
1993 ἐπιστομίζω v. I muzzle, silence
1994 ἐπιστρέφω v. I turn back to
1995 ἐπιστροφή, ῆς, ἡ n.f. a turning to God
1996 ἐπισυνάγω v. I collect, gather together
1997 ἐπισυναγωγή, ῆς, ἡ n.f. a gathering together
1998 ἐπισυντρέχω v. I run together to
1999 ἐπισύστασις, εως, ἡ n.f. a gathering, concourse, tumult
2000 ἐπισφαλής, ές Adj dangerous, likely to fall
2001 ἐπισχύω v. I persist, insist
2002 ἐπισωρεύω v. I heap up, obtain a multitude of

ἐπιταγή - ἐρημόω

2003 ἐπιταγή, ῆς, ἡ n.f. instruction, command, order, authority
2004 ἐπιτάσσω v. I give order, command
2005 ἐπιτελέω v. I complete, accomplish, perfect
2006 ἐπιτήδειος, α, ον Adj necessary
2007 ἐπιτίθημι v. I put, place upon, lay on
2008 ἐπιτιμάω v. I rebuke, chide, admonish, warn
2009 ἐπιτιμία, ας, ἡ n.f. punishment
2010 ἐπιτρέπω v. I allow, permit
2011 ἐπιτροπή, ῆς, ἡ n.f. commission, full power
2012 ἐπίτροπος, ου, ὁ n.m. a steward, guardian
2013 ἐπιτυγχάνω v. I attain, obtain, acquire
2014 ἐπιφαίνω v. I appear, shine upon
2015 ἐπιφάνεια, ας, ἡ n.f. appearing, manifestation
2016 ἐπιφανής, ές Adj manifest, glorious, illustrious
2017 ἐπιφαύω v. I shine upon, give light to
2018 ἐπιφέρω v. I bring forward against
2019 ἐπιφωνέω v. I call out, shout
2020 ἐπιφώσκω v. I dawn, am near commencing
2021 ἐπιχειρέω v. I take in hand, attempt
2022 ἐπιχέω v. I pour upon
2023 ἐπιχορηγέω v. I supply, provide
2024 ἐπιχορηγία, ας, ἡ n.f. supply, provision, equipment
2025 ἐπιχρίω v. I spread on, anoint
2026 ἐποικοδομέω v. I build upon a foundation
2027 ἐποκέλλω v. I force forward, run aground
2028 ἐπονομάζω v. I name, impose a name on
2029 ἐποπτεύω v. I am an eyewitness of, behold
2030 ἐπόπτης, ου, ὁ n.m. an eyewitness
2031 ἔπος, ους, τό n.n. a word, so to speak
2032 ἐπουράνιος, ον Adj heavenly, celestial
2033 ἑπτά, οἱ, αἱ, τά Indec.num. seven
2034 ἑπτάκις Adv seven times
2035 ἑπτακισχίλιοι, αι, α Adj seven thousand
2037 Ἔραστος, ου, ὁ n.m. Erastus
2038 ἐργάζομαι v. I word, trade, do
2039 ἐργασία, ας, ἡ n.f. working, activity, trade, performance
2040 ἐργάτης, ου, ὁ n.m. a field-laborer, workman
2041 ἔργον, ου, τό n.n. work, labor, action, deed
2042 ἐρεθίζω v. I stir up, provoke
2043 ἐρείδω v. I stick fast
2044 ἐρεύγομαι v. I utter, declare
2045 ἐρευνάω v. I search diligently
2046 ἐρέω v. I say, speak
2047 ἐρημία, ας, ἡ n.f. a desert place
2048 ἔρημος, ον Adj deserted, desolate, a desert
2049 ἐρημόω v. I destroy, strip, rob

ἐρήμωσις - εὐαρεστέω

2050 ἐρήμωσις, εως, ἡ n.f. desolation, devastation
2051 ἐρίζω v. I contend, dispute
2052 ἐριθεία, ας, ἡ n.f. ambition, rivalry
2053 ἔριον, ου, τό n.n. wool
2054 ἔρις, ιδος, ἡ n.f. contention, strife
2055 ἐρίφιον, ου, τό n.n. a goat, kid
2056 ἔριφος, ου, ὁ n.m. a goat
2057 Ἑρμᾶς, ᾶ, ὁ n.m. Hermas
2058 ἑρμηνεία, ας, ἡ n.f. translation, interpretation
2059 ἑρμηνεύω v. I translate, interpret
2060 Ἑρμῆς, οῦ, ὁ n.m. Hermes
2061 Ἑρμογένης, ους, ὁ n.m. Hermogenes
2062 ἑρπετόν, οῦ, τό n.n. a creeping creature, reptile
2063 ἐρυθρός, ά, όν Adj red
2064 ἔρχομαι v. I come, go
2065 ἐρωτάω v. I ask, question, request
2066 ἐσθής, ῆτος, ἡ n.f. clothing, raiment
2067 ἔσθησις, εως, ἡ v. clothing, a garment
2068 ἐσθίω v. I eat
2069 Ἐσλί, ὁ Prop.n. Esli
2072 ἔσοπτρον, ου, τό n.n. a mirror
2073 ἑσπέρα, ας, ἡ n.f. evening
2074 Ἑσρώμ, ὁ Prop.n. Hezron
2078 ἔσχατος, η, ον Adj last, at the last, finally
2079 ἐσχάτως Sup.adv. to be at the extremity
2080 ἔσω Adv within, inside
2081 ἔσωθεν Adv from within, inside
2082 ἐσώτερος, α, ον Adj inner
2083 ἑταῖρος, ου, ὁ n.m. a companion, comrade
2084 ἑτερόγλωσσος, ον Adj speaking another language
2085 ἑτεροδιδασκαλέω v. I teach different things
2086 ἑτεροζυγέω v. I am yoked with one different from myself
2087 ἕτερος, α, ον Adj another, different
2088 ἑτέρως Adv otherwise, differently
2089 ἔτι Adv still, yet, even now
2090 ἑτοιμάζω v. I make ready, prepare
2091 ἑτοιμασία, ας, ἡ n.f. preparation, readiness
2092 ἕτοιμος, η, ον Adj ready, prepared
2093 ἑτοίμως Adv readily
2094 ἔτος, ους, τό n.n. a year
2095 εὖ Adv well, well done
2096 Εὕα, ας, ἡ n.f. Eve
2097 εὐαγγελίζω v. I bring good news, preach good tidings
2098 εὐαγγέλιον, ου, τό n.n. the good news, the gospel
2099 εὐαγγελιστής, οῦ, ὁ n.m. an evangelist, bearer of good tidings
2100 εὐαρεστέω v. I please

εὐάρεστος - εὐπροσωπέω

2101 εὐάρεστος, ον Adj acceptable, well-pleasing
2102 εὐαρέστως Adv acceptably
2103 Εὔβουλος, ου, ὁ n.m. Eubulus
2104 εὐγενής, ές Adj of noble birth, noble
2105 εὐδία, ας, ἡ n.f. good weather
2106 εὐδοκέω v. I am resolved, well-pleased
2107 εὐδοκία, ας, ἡ n.f. good-will, favor
2108 εὐεργεσία, ας, ἡ n.f. good action, kind service
2109 εὐεργετέω v. I do good deeds, benefit
2110 εὐεργέτης, ου, ὁ n.m. a benefactor
2111 εὔθετος, ον Adj suitable, fit, useful
2112 εὐθέως Adv immediately, soon
2113 εὐθυδρομέω v. I run a straight course
2114 εὐθυμέω v. I am cheerful
2115 εὔθυμος, ον Adj. & Comp.adv. cheerful, having good courage
2116 εὐθύνω v. I make straight, guide, steer
2117 εὐθύς, εῖα, ύ Adj straight, immediately
2118 εὐθύτης, ητος, ἡ n.f. straightness, uprightness
2119 εὐκαιρέω v. I have a good opportunity, have leisure
2120 εὐκαιρία, ας, ἡ n.f. a convenient time, opportunity
2121 εὔκαιρος, ον Adj timely, suitable
2122 εὐκαίρως Adv in season, conveniently
2123 εὐκοπώτερον Adj easier
2124 εὐλάβεια, ας, ἡ n.f. reverence, piety
2125 εὐλαβέομαι v. I fear, am anxious
2126 εὐλαβής, ές Adj cautious, pious
2127 εὐλογέω v. I bless
2128 εὐλογητός, ή, όν Adj worthy of praise, blessed
2129 εὐλογία, ας, ἡ n.f. adulation, praise, blessing
2130 εὐμετάδοτος, ον Adj willingly sharing, ready to impart
2131 Εὐνίκη, ῆς, ἡ n.f. Eunice
2132 εὐνοέω v. I have good-will
2133 εὔνοια, ας, ἡ n.f. good-will
2134 εὐνουχίζω v. emasculate, castrate
2135 εὐνοῦχος, ου, ὁ n.m. a eunuch, keeper of the bedchamber
2136 Εὐοδία, ας, ἡ n.f. Euodia
2137 εὐοδόω v. I cause to prosper, have a happy journey
2138 εὐπειθής, ές Adj compliant
2139 εὐπερίστατος, ον Adj easily encircling
2140 εὐποιΐα, ας, ἡ n.f. doing of good
2141 εὐπορέω v. I have means, am prosperous
2142 εὐπορία, ας, ἡ n.f. wealth, gain
2143 εὐπρέπεια, ας, ἡ n.f. beauty, gracefulness
2144 εὐπρόσδεκτος, ον Adj well-received, acceptable
2145 εὐπρόσεδρος, ον Adj devoted
2146 εὐπροσωπέω v. I make a fair outward appearance

εὑρίσκω - ἕως

2147 εὑρίσκω v. I find
2148 Εὐροκλύδων, ωνος, ὁ n.m. an east-north-east wind
2149 εὐρύχωρος, ον Adj broad, spacious
2150 εὐσέβεια, ας, ἡ n.f. piety, godliness
2151 εὐσεβέω v. I am dutiful, pious
2152 εὐσεβής, ές Adj pious, God-fearing
2153 εὐσεβῶς Adv piously, religiously
2154 εὔσημος, ον Adj with clear meaning, intelligible
2155 εὔσπλαγχνος, ον Adj tender-hearted, merciful
2156 εὐσχημόνως Adv becomingly, decorously
2157 εὐσχημοσύνη, ῆς, ἡ n.f. decorum, becomingness
2158 εὐσχήμων, ον Adj comely, honorable
2159 εὐτόνως Adv vehemently, powerfully
2160 εὐτραπελία, ας, ἡ n.f. low jesting, ribaldry
2161 Εὔτυχος, ου, ὁ n.m. Eutychus
2162 εὐφημία, ας, ἡ n.f. commendation, good report
2163 εὔφημος, ον Adj well reported of, spoken in a kindly spirit
2164 εὐφορέω v. I bear well, bring a good harvest
2165 εὐφραίνω v. I cheer, am glad, make merry
2166 Εὐφράτης, ου, ὁ n.m. the Euphrates
2167 εὐφροσύνη, ης, ἡ n.f. joy, gladness
2168 εὐχαριστέω v. I thank, give thanks
2169 εὐχαριστία, ας, ἡ n.f. thankfulness, gratitude
2170 εὐχάριστος, ον Adj thankful, grateful
2171 εὐχή, ῆς, ἡ n.f. a prayer, vow
2172 εὔχομαι v. I pray, wish
2173 εὔχρηστος, ον Adj useful, serviceable
2174 εὐψυχέω v. I am of good cheer
2175 εὐωδία, ας, ἡ n.f. a sweet smell
2176 εὐώνυμος, ον Adj on the left-hand side, left
2177 ἐφάλλομαι v. I leap upon
2178 ἐφάπαξ Adv once, once for all
2180 Ἐφέσιος, α, ον Adj Ephesian
2181 Ἔφεσος, ου, ἡ n.f. Ephesus
2182 ἐφευρετής, οῦ, ὁ n.m. an inventor, contriver, discoverer
2183 ἐφημερία, ας, ἡ n.f. a class of priests
2184 ἐφήμερος, ον Adj for the day, daily
2185 ἐφικνέομαι v. I come to, reach as far as
2186 ἐφίστημι v. I stand by, am urgent, befall one, impend
2187 Ἐφραΐμ, ὁ Prop.n. Ephraim
2188 ἐφφαθά Aram. be opened up
2189 ἔχθρα, ας, ἡ n.f. enmity, hostility
2190 ἐχθρός, ά, όν Adj hated, hostile, an enemy
2191 ἔχιδνα, ης, ἡ n.f. a serpent, snake, viper
2192 ἔχω v. I have, hold, possess
2193 ἕως Adv until, as far as

571

Ζαβουλών - ζωοποιέω
Zeta

2194 Ζαβουλών, ὁ Prop.n. Zebulon
2195 Ζακχαῖος, ου, ὁ n.m. Zacchaeus
2196 Ζαρά, ὁ Prop.n. Zerah
2197 Ζαχαρίας, ου, ὁ n.m. Zechariah
2198 ζάω v. I live
2199 Ζεβεδαῖος, ου, ὁ n.m. Zebedee
2200 ζεστός, ή, όν Adj boiling hot
2201 ζεῦγος, ους, τό n.n. a yoke, team, pair
2202 ζευκτηρία, ας, ἡ n.f. a band, fastening
2203 Ζεύς, (Διός, Δία), ὁ n.m. Zeus
2204 ζέω v. I burn in spirit
2205 ζῆλος, ου, ὁ n.m. & n.n. eagerness, zeal, rivalry
2206 ζηλόω v. I am jealous, eager for
2207 ζηλωτής, οῦ, ὁ n.m. a zealot
2209 ζημία, ας, ἡ n.f. damage, loss
2210 ζημιόω v. I inflict loss upon, punish
2211 Ζηνᾶς, ᾶν, ὁ n.m. Zenas
2212 ζητέω v. I seek, search for, desire
2213 ζήτημα, ατος, τό n.n. a question, dispute
2214 ζήτησις, εως, ἡ n.f. a question, debate, controversy
2215 ζιζάνιον, ου, τό n.n. spurious wheat, darnel
2216 Ζοροβάβελ, ὁ Prop.n. Zerubbabel
2217 ζόφος, ου, ὁ n.m. darkness, murkiness
2218 ζυγός, οῦ, ὁ n.m. a yoke, heavy burden, pair of scales
2219 ζύμη, ης, ἡ n.f. leaven, ferment
2220 ζυμόω v. I leaven, ferment
2221 ζωγρέω v. I capture alive
2222 ζωή, ῆς, ἡ n.f. life
2223 ζώνη, ῆς, ἡ n.f. a girdle, belt, purse
2224 ζώννυμι v. I gird
2225 ζωογονέω v. I preserve alive
2226 ζῷον, ου, τό n.n. an animal
2227 ζωοποιέω v. I make to live

ἤ - ἦχος
Eta

2228 ἤ Disj.prt. or, than
2229 ἦ Disj.prt. truly, surely
2230 ἡγεμονεύω v. I govern
2231 ἡγεμονία, ας, ἡ n.f. rule, authority
2232 ἡγεμών, όνος, ὁ n.m. a governor
2233 ἡγέομαι v. I lead, think
2234 ἡδέως Adv gladly, pleasantly
2235 ἤδη Adv now, already
2236 ἥδιστα Sup.adv. most gladly, pleasantly
2237 ἡδονή, ῆς, ἡ n.f. pleasure, lust, strong desire
2238 ἡδύοσμον, ου, τό n.n. mint, peppermint
2239 ἦθος, ους, τό n.n. habit, manner, custom, morals
2240 ἥκω v. I have come, am present
2241 Ἠλί Hebr. Eli
2242 Ἡλί, ὁ Prop.n. Heli
2243 Ἠλίας, ου, ὁ n.m. Elijah
2244 ἡλικία, ας, ἡ n.f. age, stature
2245 ἡλίκος, η, ον Adj of what size, how much
2246 ἥλιος, ου, ὁ n.m. the sun, sunlight
2247 ἧλος, ου, ὁ n.m. a nail
2250 ἡμέρα, ας, ἡ n.f. a day
2251 ἡμέτερος, α, ον Poss.pr. our, our own
2253 ἡμιθανής, ές Adj half-dead
2255 ἥμισυς, εια, υ Adj half
2256 ἡμιώριον, ου, τό n.n. half an hour
2259 ἡνίκα Adv when, whenever
2260 ἤπερ Disj.prt. than
2261 ἤπιος, α, ον Adj placid, gentle
2262 Ἤρ, ὁ Prop.n. Er
2263 ἤρεμος, ον Adj quiet, tranquil
2264 Ἡρῴδης, ου, ὁ n.m. Herod
2265 Ἡρῳδιανοί, ῶν, οἱ n.m. the Herodians, the partisans of Herod Antipas
2266 Ἡρῳδιάς, άδος, ἡ n.f. Herodias
2267 Ἡρῳδίων, ωνος, ὁ n.m. Herodion
2268 Ἠσαΐας, ου, ὁ n.m. Isaiah
2269 Ἠσαῦ, ὁ Prop.n. Esau
2270 ἡσυχάζω v. I rest, am silent, live quietly
2271 ἡσυχία, ας, ἡ n.f. quietness, silence
2272 ἡσύχιος, α, ον Adj quiet, tranquil
2273 ἤτοι Cj. or of course
2274 ἡττάομαι v. I am defeated, made inferior
2275 ἥττημα, ατος, τό n.n. a defeat, failure
2276 ἥττων, ον Adj lesser, inferior, weaker
2278 ἠχέω v. I make a sound, sound when struck
2279 ἦχος, ου, ὁ n.m. a sound, rumor

Theta

2280 Θαδδαῖος, ου, ὁ n.m. Thaddaeus
2281 θάλασσα, ης, ἡ n.f. the sea, lake
2282 θάλπω v. I cherish, nourish
2283 Θάμαρ, ἡ Prop.n. Tamar
2284 θαμβέω v. I amaze
2285 θάμβος, ους, τό n.n. astonishment
2286 θανάσιμος, ον Adj deadly, mortal
2287 θανατηφόρος, ον Adj death-bringing, deadly
2288 θάνατος, ου, ὁ n.m. death
2289 θανατόω v. I put to death, subdue
2290 θάπτω v. I bury
2291 Θάρα, ὁ Prop.n. Terah
2292 θαρρέω v. I am courageous, of good cheer
2293 θαρσέω v. be of good cheer
2294 θάρσος, ους, τό n.n. courage
2295 θαῦμα, ατος, τό n.n. a marvel, wonder
2296 θαυμάζω v. I wonder, admire
2297 θαυμάσιος, α, ον Adj wonderful
2298 θαυμαστός, ή, όν Adj wonderful, marvelous
2299 θεά, ᾶς, ἡ n.f. a goddess
2300 θεάομαι v. I see, behold, contemplate, visit
2301 θεατρίζω v. I make a public show of
2302 θέατρον, ου, τό n.n. a theatre, spectacle
2303 θεῖον, ου, τό n.n. brimstone, sulfur
2304 θεῖος, α, ον Adj divine
2305 θειότης, ητος, ἡ n.f. divinity
2306 θειώδης, ες Adj of brimstone, sulfurous
2307 θέλημα, ατος, τό n.n. will, wish, desire
2308 θέλησις, εως, ἡ n.f. a willing, will
2309 θέλω v. I will, wish, desire
2310 θεμέλιος, ον n.m. & n.n. belonging to the foundation
2311 θεμελιόω v. I found, lay the foundation
2312 θεοδίδακτος, ον Adj taught by God
2313 θεομαχέω v. I fight against God
2314 θεομάχος, ον Adj fighting against God
2315 θεόπνευστος, ον Adj God-breathed, inspired by God
2316 θεός, οῦ, ὁ n.f. & n.m. God, a god
2317 θεοσέβεια, ας, ἡ n.f. reverence for God
2318 θεοσεβής, ές Adj devout, pious
2319 θεοστυγής, ές Adj hating God, hateful to God
2320 θεότης, ητος, ἡ n.f. deity, Godhead
2321 Θεόφιλος, ου, ὁ n.m. Theophilus
2322 θεραπεία, ας, ἡ n.f. care, attention, healing
2323 θεραπεύω v. I care for, attend, serve, heal
2324 θεράπων, οντος, ὁ n.m. a servant, attendant

θερίζω - θυμιάω

2325 θερίζω v. I reap, gather
2326 θερισμός, οῦ, ὁ n.m. reaping, harvest
2327 θεριστής, οῦ, ὁ n.m. a reaper, harvester
2328 θερμαίνω v. I warm
2329 θέρμη, ης, ἡ n.f. heat
2330 θέρος, ους, τό n.n. summer
2331 Θεσσαλονικεύς, έως, ὁ n.m. Thessalonian
2332 Θεσσαλονίκη, ης, ἡ n.f. Thessalonica
2333 Θευδᾶς, ᾶ, ὁ n.m. Theudas
2334 θεωρέω v. I behold, look at, experience
2335 θεωρία, ας, ἡ n.f. a sight, spectacle
2336 θήκη, ῆς, ἡ n.f. a scabbard, sheath, receptacle
2337 θηλάζω v. I give suck, suck
2338 θῆλυς, εια, υ Adj female
2339 θήρα, ας, ἡ n.f. hunting, entrapping
2340 θηρεύω v. I hunt, seek to catch
2341 θηριομαχέω v. I fight with wild beasts
2342 θηρίον, ου, τό n.n. a wild beast, animal
2343 θησαυρίζω v. I store up, treasure up, save
2344 θησαυρός, οῦ, ὁ n.m. a treasure, store
2345 θιγγάνω v. I touch, handle
2346 θλίβω v. I make narrow, persecute, press hard
2347 θλῖψις, εως, ἡ n.f. persecution, affliction, distress
2348 θνήσκω v. I am dying, am dead
2349 θνητός, ή, όν Adj mortal
2350 θορυβέω v. I disturb greatly, terrify, strike with panic
2351 θόρυβος, ου, ὁ n.m. confused noise, riot, disturbance
2352 θραύω v. I crush, break, shatter
2353 θρέμμα, ατος, τό n.n. cattle
2354 θρηνέω v. I wail, lament
2355 θρῆνος, ου, ὁ n.m. wailing, lamentation
2356 θρησκεία, ας, ἡ n.f. ritual worship, religion
2357 θρῆσκος, ον Adj religious
2358 θριαμβεύω v. I lead around, make a spectacle of
2359 θρίξ, τριχός, ἡ n.f. a hair
2360 θροέω v. I disturb, agitate
2361 θρόμβος, ου, ὁ n.m. a clot, large drop
2362 θρόνος, ου, ὁ n.m. a throne, seat
2363 Θυάτειρα, ων, τά n.n. Thyatira
2364 θυγάτηρ, τρός, ἡ n.f. a daughter
2365 θυγάτριον, ου, τό n.n. a little daughter
2366 θύελλα, ης, ἡ n.f. a storm, tempest
2367 θύϊνος, η, ον Adj of the citron tree
2368 θυμίαμα, ατος, τό n.n. incense
2369 θυμιατήριον, ου, τό n.n. altar of incense
2370 θυμιάω v. I burn incense

θυμομαχέω - Ἱεροσόλυμα

2371 θυμομαχέω v. I am furiously angry with
2372 θυμός, οῦ, ὁ n.m. an outburst of passion, wrath
2373 θυμόω v. I provoke to anger, am full of angry passion
2374 θύρα, ας, ἡ n.f. a door, opportunity
2375 θυρεός, οῦ, ὁ n.m. a large shield
2376 θυρίς, ίδος, ἡ n.f. a window-sill
2377 θυρωρός, οῦ, ὁ, ἡ n.f. & n.m. a door-keeper, porter
2378 θυσία, ας, ἡ n.f. a sacrifice
2379 θυσιαστήριον, ου, τό n.n. an altar
2380 θύω v. I sacrifice, kill
2381 Θωμᾶς, ᾶ, ὁ n.m. Thomas
2382 θώραξ, ακός, ὁ n.m. a breast-plate

Iota

2383 Ἰάειρος, ου, ὁ n.m. Jairus
2384 Ἰακώβ, ὁ Prop.n. Jacob
2385 Ἰάκωβος, ου, ὁ n.m. James
2386 ἴαμα, ατος, τό n.n. healing, curing
2387 Ἰαμβρῆς, ου, ὁ n.m. Jambres
2388 Ἰαννά, ὁ Prop.n. Jannai
2389 Ἰαννῆς, ου, ὁ n.m. Jannes
2390 ἰάομαι v. I heal
2391 Ἰαρέδ, ὁ Prop.n. Jared
2392 ἴασις, εως, ἡ n.f. a cure, healing
2393 ἴασπις, ιδος, ἡ n.f. jasper
2394 Ἰάσων, ονος, ὁ n.m. Jason
2395 ἰατρός, οῦ, ὁ n.m. a physician
2396 ἴδε Ij. See! Lo! Behold! Look!
2397 ἰδέα, ας, ἡ n.f. form, outward appearance
2398 ἴδιος, α, ν Adj one's own, private, personal
2399 ἰδιώτης, ου, ὁ n.m. an amateur, layman
2400 ἰδού v. See! Lo! Behold! Look!
2401 Ἰδουμαία, ας, ἡ n.f. Idumea, Edom
2402 ἰδρώς, ῶτος, ὁ n.m. sweat, perspiration
2403 Ἰεζάβελ, ἡ Prop.n. Jezebel
2404 Ἱεράπολις, εως, ἡ n.f. Hierapolis
2405 ἱερατεία, ας, ἡ n.f. the duty of a priest
2406 ἱεράτευμα, ατος, τό n.n. the act or office of priesthood
2407 ἱερατεύω v. I serve as priest
2408 Ἰερεμίας, ου, ὁ n.m. Jeremiah
2409 ἱερεύς, έως, ὁ n.m. a priest
2410 Ἱεριχώ, ἡ Prop.n. Jericho
2411 ἱερόν, οῦ, τό n.n. a temple
2412 ἱεροπρεπής, ές Adj suitable to a sacred character, reverent
2413 ἱερός, ά, όν Adj sacred, holy
2414 Ἱεροσόλυμα, ατος, τά, ἡ n.f. & n.n. Jerusalem

Ἱεροσολυμίτης - ἵππος

2415 Ἱεροσολυμίτης, ου, ὁ n.m. an inhabitant of Jerusalem
2416 ἱεροσυλέω v. I commit sacrilege
2417 ἱερόσυλος, ον Adj robbing temples, sacrilegious
2418 ἱερουργέω v. I minister in holy things
2419 Ἱερουσαλήμ, ἡ Prop.n. Jerusalem
2420 ἱερωσύνη, ης, ἡ n.f. the priestly office
2421 Ἰεσσαί, ὁ Prop.n. Jesse
2422 Ἰεφθάε, ὁ Prop.n. Jephthah
2423 Ἰεχονίας, ου, ὁ n.m. Jechoniah
2424 Ἰησοῦς, οῦ, ὁ n.m. Jesus
2425 ἱκανός, ή, όν Adj sufficient, worthy, many, much
2426 ἱκανότης, ητος, ἡ n.f. sufficiency, ability, power
2427 ἱκανόω v. I make sufficient
2428 ἱκετηρία, ας, ἡ n.f. supplication, entreaty
2429 ἰκμάς, άδος, ἡ n.f. moisture
2430 Ἰκόνιον, ου, τό n.n. Iconium
2431 ἱλαρός, ά, όν Adj joyous, cheerful
2432 ἱλαρότης, ητος, ἡ n.f. cheerfulness
2433 ἱλάσκομαι v. I have mercy on, forgive
2434 ἱλασμός, οῦ, ὁ n.m. a propitiation, atoning sacrifice
2435 ἱλαστήριον, ου, τό n.n. a sin offering, covering
2436 ἵλεως Adj propitious, forgiving
2437 Ἰλλυρικόν, οῦ, τό n.n. Illyricum
2438 ἱμάς, άντος, ὁ n.m. a thong, strap
2439 ἱματίζω v. I clothe
2440 ἱμάτιον, ου, τό n.n. outer garment
2441 ἱματισμός, οῦ, ὁ n.m. raiment, clothing
2442 ὁμείρομαι v. I long for, love fervently
2443 ἵνα Cj. in order that, so that
2445 Ἰόππη, ης, ἡ n.f. Joppa
2446 Ἰορδάνης, ου, ὁ n.m. the Jordan
2447 ἰός, οῦ, ὁ n.m. poison, rust
2448 Ἰούδα, ὁ n.m. Judah, Judas, Jude
2449 Ἰουδαία, ας, ἡ n.f. Judea
2450 Ἰουδαΐζω v. I live as a Jew
2451 Ἰουδαϊκός, ή, όν Adj Jewish, Judaic
2452 Ἰουδαϊκῶς Adv in the manner of Jews
2453 Ἰουδαῖος, αία, αῖον Adj Jewish
2454 Ἰουδαϊσμός, οῦ, ὁ n.m. the Jewish religion, Judaism
2455 Ἰούδας, α, ὁ n.m. Judah, Judas, Jude
2456 Ἰουλία, ας, ἡ n.f. Julia
2457 Ἰούλιος, ου, ὁ n.m. Julius
2458 Ἰουνιᾶς, ᾶ, ὁ n.f. Junia
2459 Ἰοῦστος, ου, ὁ n.m. Justus
2460 ἱππεύς, έως, ὁ n.m. a mounted soldier
2462 ἵππος, ου, ὁ n.m. a horse

ἶρις - ἰῶτα

2463 ἶρις, ιδος, ἡ n.f. a rainbow
2464 Ἰσαάκ, ὁ Prop.n. Isaac
2465 ἰσάγγελος, ον Adj like the angels
2466 Ἰσαχάρ, ὁ Prop.n. Issachar
2469 Ἰσκαριώτης, ου, ὁ n.m. Iscariot, a man of Kerioth
2470 ἴσος, η, ον Adj equal, identical
2471 ἰσότης, ητος, ἡ n.f. equality
2472 ἰσότιμος, ον Adj equally privileged, equal
2473 ἰσόψυχος, ον Adj like-minded
2474 Ἰσραήλ, ὁ Prop.n. Israel
2475 Ἰσραηλίτης, ου, ὁ n.m. an Israelite
2476 ἵστημι v. I cause to stand, stand
2477 ἱστορέω v. I get acquainted with, visit
2478 ἰσχυρός, ά, όν Adj strong, mighty, powerful
2479 ἰσχύς, ύος, ἡ n.f. strength, power
2480 ἰσχύω v. I am strong, able
2481 ἴσως Adv perhaps
2482 Ἰταλία, ας, ἡ n.f. Italy
2483 Ἰταλικός, ή, όν Adj Italian
2484 Ἰτουραῖος, α, ον Adj Ituraean
2485 ἰχθύδιον, ου, τό n.n. a little fish
2486 ἰχθύς, ύος, ὁ n.m. a fish
2487 ἴχνος, ους, τό n.n. a track, footstep
2488 Ἰωάθαμ, ὁ Prop.n. Jotham
2489 Ἰωάννα, ας, ἡ n.f. Joanna
2490 Ἰωανάν, ὁ Prop.n. Joanan
2491 Ἰωάννης, ου, ὁ n.m. John
2492 Ἰώβ, ὁ Prop.n. Job
2493 Ἰωήλ, ὁ Prop.n. Joel
2494 Ἰωνάν, ὁ Prop.n. Jonam
2495 Ἰωνᾶς, ᾶ, ὁ n.m. Jonah
2496 Ἰωράμ, ὁ Prop.n. Joram, Jehoram
2497 Ἰωρείμ, ὁ Prop.n. Jorim
2498 Ἰωσαφάτ, ὁ Prop.n. Jehoshaphat
2499 Ἰωσῆ n.m. gen. of Joses
2500 Ἰωσῆς, ῆτος, ὁ n.m. Joses
2501 Ἰωσήφ, ὁ Prop.n. Joseph
2502 Ἰωσίας, ου, ὁ n.m. Josiah
2503 ἰῶτα, τό Letter - a small letter of the Greek alphabet

Kappa

2504 κἀγώ Pers.pr. I also, I too
2505 καθά Adv as
2506 καθαίρεσις, εως, ἡ n.f. taking down, destroying
2507 καθαιρέω v. I take down, depose, destroy
2508 καθαίρω v. I cleanse, purify, prune
2509 καθάπερ Adv even as
2510 καθάπτω v. I lay hold of, fasten on to
2511 καθαρίζω v. I make clean
2512 καθαρισμός, οῦ, ὁ n.m. cleansing, purifying, purification
2513 καθαρός, ά, όν Adj clean, pure, unstained
2514 καθαρότης, ητος, ἡ n.f. cleanness, purity
2515 καθέδρα, ας, ἡ n.f. a seat, chair
2516 καθέζομαι v. I am sitting, sit, am seated
2517 καθεξῆς Adv in order, just after
2518 καθεύδω v. I sleep, am sleeping
2519 καθηγητής, ου, ὁ n.m. a leader, teacher, guide
2520 καθήκω v. it is fitting
2521 κάθημαι v. I sit, am seated
2522 καθημερινός, ή, όν Adj daily
2523 καθίζω v. I set, make to sit
2524 καθίημι v. I let down
2525 καθίστημι v. I set, establish, appoint, conduct
2526 καθό Adv as, according as
2527 καθόλου Adv entirely, at all
2528 καθοπλίζω v. I arm completely
2529 καθοράω v. I see clearly
2530 καθότι Adv according as, because
2531 καθώς Adv just as, as
2532 καί Cj. and, even, also, namely
2533 Καϊάφας, ᾶ, ὁ n.m. Caiaphas
2535 Κάϊν, ὁ Prop.n. Cain
2536 Καϊνάν, ὁ Prop.n. Cainan
2537 καινός, ή, όν Adj fresh, new
2538 καινότης, ητος, ἡ n.f. freshness, newness
2539 καίπερ Cj. although
2540 καιρός, οῦ, ὁ n.m. fitting season, opportunity, time
2541 Καῖσαρ, αρος, ὁ n.m. Caesar
2542 Καισάρεια, ας, ἡ n.f. Caesarea
2543 καίτοι Cj. and yet, although
2544 καίτοιγε Cj. and yet, although
2545 καίω v. I ignite, light, burn
2546 κἀκεῖ Corr.adv. and there, and yonder
2547 κἀκεῖθεν Corr.adv. and thence, and from there
2548 κἀκεῖνος, η, ο Dem.pr. and he, she, it, and that
2549 κακία, ας, ἡ n.f. evil, wickedness, malice

κακοήθεια - κατά

2550 κακοήθεια, ας, ή n.f. evil-mindedness
2551 κακολογέω v. I speak evil of, curse
2552 κακοπάθεια, ας, ή n.f. suffering
2553 κακοπαθέω v. I suffer evil, endure affliction
2554 κακοποιέω v. I do harm, do wrong
2555 κακοποιός, όν Adj an evil-doer
2556 κακός, ή, όν Adj bad, evil
2557 κακοῦργος, ον Adj a criminal
2558 κακουχέω v. I treat evilly
2559 κακόω v. I treat badly
2560 κακῶς Adv badly, evilly
2561 κάκωσις, εως, ή n.f. affliction, ill-treatment
2562 καλάμη, ῆς, ή n.f. stubble
2563 κάλαμος, ου, ὁ n.m. a reed, reed-pen
2564 καλέω v. I call, invite, name
2565 καλλιέλαιος, οῦ, ή n.f. a cultivated olive tree
2566 κάλλιον Comp.adv. very well
2567 καλοδιδάσκαλος, ου, ὁ, ή Adj a teacher of that which is noble
2569 καλοποιέω v. I act uprightly
2570 καλός, ή, όν Adj beautiful, good, worthy
2571 κάλυμμα, ατος, τό n.n. a veil
2572 καλύπτω v. I veil, hide, conceal, envelop
2573 καλῶς Adv well, nobly, rightly
2574 κάμηλος, ου, ὁ, ή n.f. a camel
2575 κάμινος, ου, ή n.f. a furnace
2576 καμμύω v. I close
2577 κάμνω v. I am weary, ill
2578 κάμπτω v. I bend, bow
2579 κἄν Cond. and if, even if
2580 Κανᾶ, ή Prop.n. Cana
2581 Κανανίτης, ου, ὁ n.m. a Canaanite
2582 Κανδάκη, ης, ή n.f. Candace
2583 κανών, όνος, ὁ n.m. rule, regulation, province
2584 Καπερναούμ, ή Prop.n. Capernaum
2585 καπηλεύω v. I hawk, trade in
2586 καπνός, οῦ, ὁ n.m. smoke
2587 Καππαδοκία, ας, ή n.f. Cappadocia
2588 καρδία, ας, ή n.f. the heart, inner life, intention
2589 καρδιογνώστης, ου, ὁ n.m. a knower of the inner life
2590 καρπός, οῦ, ὁ n.m. fruit, result, gain
2591 Κάρπος, ου, ὁ n.m. Carpus
2592 καρποφορέω v. I bear fruit
2593 καρποφόρος, ον Adj fruitful
2594 καρτερέω v. I persevere, endure
2595 κάρφος, ους, τό n.n. a dry stalk, chip of wood
2596 κατά Prep. down from, against, according to, throughout, during

καταβαίνω - καταλιθάζω

2597 καταβαίνω v. I go down, come down
2598 καταβάλλω v. I cast, lay down
2599 καταβαρέω v. I burden, oppress
2600 κατάβασις, εως, ἡ n.f. descent
2601 καταβιβάζω v. I bring down, cause to go down
2602 καταβολή, ῆς, ἡ n.f. a foundation, depositing, sowing
2603 καταβραβεύω v. I decide against, condemn
2604 καταγγελεύς, έως, ὁ n.m. a reporter, herald
2605 καταγγέλλω v. I declare openly, preach
2606 καταγελάω v. I laugh at, ridicule
2607 καταγινώσκω v. I condemn, blame
2608 κατάγνυμι v. I break in pieces
2609 κατάγω v. I lead down, bring down
2610 καταγωνίζομαι v. I subdue
2611 καταδέω v. I bind up
2612 κατάδηλος, ον Adj quite clear
2613 καταδικάζω v. I condemn
2614 καταδιώκω v. I hunt down, follow closely
2615 καταδουλόω v. I enslave
2616 καταδυναστεύω v. I overpower, quell, treat harshly
2617 καταισχύνω v. I shame, disgrace, put to utter confusion
2618 κατακαίω v. I burn up, consume entirely
2619 κατακαλύπτω v. I veil, cover the head
2620 κατακαυχάομαι v. I boast against
2621 κατάκειμαι v. I recline, am lying ill
2622 κατακλάω v. I break in pieces
2623 κατακλείω v. I shut up, confine
2624 κατακληρονομέω v. I give as an inheritance
2625 κατακλίνω v. I recline, cause to recline
2626 κατακλύζω v. I flood over, overwhelm
2627 κατακλυσμός, οῦ, ὁ n.m. a deluge, flood
2628 κατακολουθέω v. I follow after
2629 κατακόπτω v. I beat, wound
2630 κατακρημνίζω v. I cast down headlong
2631 κατάκριμα, ατος, τό n.n. punishment following condemnation
2632 κατακρίνω v. I condemn
2633 κατάκρισις, εως, ἡ n.f. the act of condemnation
2634 κατακυριεύω v. I exercise authority over, overpower
2635 καταλαλέω v. I speak evil of
2636 καταλαλιά, ας, ἡ n.f. evil-speaking, backbiting, detraction
2637 κατάλαλος, ον Adj slanderous, back-biting
2638 καταλαμβάνω v. I seize tight hold of, overtake, comprehend
2639 καταλέγω v. I enter in a list, register
2640 κατάλειμμα, ατος, τό n.n. a remnant, small residue
2641 καταλείπω v. I leave behind, abandon
2642 καταλιθάζω v. I stone down, stone to death

καταλλαγή - κατάστημα

2643 καταλλαγή, ῆς, ἡ n.f. reconciliation
2644 καταλλάσσω v. I reconcile
2645 κατάλοιπος, ον Adj left behind, the remainder
2646 κατάλυμα, ατος, τό n.n. an inn, lodging-place
2647 καταλύω v. I break up, overthrow, unharness, find a lodging
2648 καταμανθάνω v. I understand, consider carefully
2649 καταμαρτυρέω v. I give evidence against
2650 καταμένω v. I wait, stay, remain, abide
2651 καταμόνας Adv alone, apart, in private
2652 κατάθεμα, ατος, τό n.n. a curse, an accursed thing
2653 καταθεματίζω v. I curse, devote to destruction
2654 καταναλίσκω v. I consume utterly
2655 καταναρκάω v. I burden, encumber
2656 κατανεύω v. I nod, make a sign
2657 κατανοέω v. I understand, perceive, consider
2658 καταντάω v. I come down, arrive at, reach
2659 κατάνυξις, εως, ἡ n.f. deep sleep, stupor
2660 κατανύσσομαι v. I am pierced, stung
2661 καταξιόω v. I deem worthy
2662 καταπατέω v. I trample under foot
2663 κατάπαυσις, εως, ἡ n.f. resting, rest
2664 καταπαύω v. I rest, cause to rest
2665 καταπέτασμα, ατος, τό n.n. a veil, curtain
2666 καταπίνω v. I swallow, devour, destroy
2667 καταπίπτω v. I fall down
2668 καταπλέω v. I sail down
2669 καταπονέω v. I ill-treat
2670 καταποντίζω v. I sink in the sea, am drowned
2671 κατάρα, ας, ἡ n.f. a curse, cursing
2672 καταράομαι v. I curse
2673 καταργέω v. I bring to naught, sever, abolish
2674 καταριθμέω v. I number among
2675 καταρτίζω v. I fit together, prepare
2676 κατάρτισις, εως, ἡ n.f. a perfecting
2677 καταρτισμός, ου, ὁ n.m. a perfecting
2678 κατασείω v. I shake, wave, beckon
2679 κατασκάπτω v. I dig down under, demolish
2680 κατασκευάζω v. I build, prepare, make
2681 κατασκηνόω v. I encamp, tabernacle, dwell
2682 κατασκήνωσις, εως, ἡ n.f. a dwelling-place
2683 κατασκιάζω v. I overshadow
2684 κατασκοπέω v. I spy out, plot against
2685 κατάσκοπος, ου, ὁ n.m. a spy
2686 κατασοφίζομαι v. I circumvent by trickery
2687 καταστέλλω v. I appease, restrain
2688 κατάστημα, ατος, τό n.n. behavior, conduct

καταστολή - κατόρθωμα

2689 καταστολή, ῆς, ἡ n.f. garb, dress, attire
2690 καταστρέφω v. I overturn, overthrow
2691 καταστρηνιάω v. I grow wanton towards
2692 καταστροφή, ῆς, ἡ n.f. overthrow, destruction
2693 καταστρώννυμι v. I scatter on the ground
2694 κατασύρω v. I drag down
2695 κατασφάζω v. I slaughter
2696 κατασφραγίζω v. I seal and thus close
2697 κατάσχεσις, εως, ἡ n.f. a possession
2698 κατατίθημι v. I lay down, deposit
2699 κατατομή, ῆς, ἡ n.f. a mutilation, spoiling
2701 κατατρέχω v. I run down
2702 καταφέρω v. I bring down, oppress
2703 καταφεύγων. I flee for refuge
2704 καταφθείρω v. I destroy, corrupt
2705 καταφιλέω v. I kiss affectionately
2706 καταφρονέω v. I despise, scorn
2707 καταφρονητής, οῦ, ὁ n.m. a despiser
2708 καταχέω v. I pour over
2709 καταχθόνιος, ον Adj under the earth, subterranean
2710 καταχράομαι v. I use up
2711 καταψύχω v. I cool, refresh
2712 κατείδωλος, ον Adj full of images of idols
2713 κατέναντι Adv opposite, in front of
2714 κατενώπιον Adv before the face of
2715 κατεξουσιάζω v. I have power over
2716 κατεργάζομαι v. I work out, produce, accomplish
2718 κατέρχομαι v. I come down
2719 κατεσθίω v. I eat till it is finished
2720 κατευθύνω v. I make straight, direct
2721 κατεφίστημι v. I rush, assault
2722 κατέχω v. I hold fast, bind, restrain
2723 κατηγορέω v. I accuse, charge, prosecute
2724 κατηγορία, ας, ἡ n.f. a charge, accusation
2725 κατήγορος, ου, ὁ n.m. a prosecutor, accuser
2726 κατήφεια, ας, ἡ n.f. a downcast countenance, gloom, dejection
2727 κατηχέω v. I instruct orally
2728 κατιόω v. I rust
2729 κατισχύω v. I prevail against, overpower, am able
2730 κατοικέω v. I dwell in, settle in, inhabit
2731 κατοίκησις, εως, ἡ n.f. dwelling, abode, habitation
2732 κατοικητήριον, ου, τό n.n. a habitation, dwelling place
2733 κατοικία, ας, ἡ n.f. a dwelling, habitation
2734 κατοπτρίζομαι v. I mirror, reflect
2735 κατόρθωμα, ατος, τό n.n. anything happily and successfully accomplished

2736 κάτω Adv down, below, lower, under, less
2737 κατώτερος, α, ον Adj lower
2738 καῦμα, ατος, τό n.n. burning heat, heat
2739 καυματίζω v. I burn, scorch
2740 καῦσις, εως, ἡ n.f. a burning up
2741 καυσόω v. I burn up
2742 καύσων, ῶνος, ὁ n.m. a scorching heat, hot wind
2743 καυτηριάζω v. I cauterize, sear
2744 καυχάομαι v. I boast, glory
2745 καύχημα, ατος, τό n.n. a boasting
2746 καύχησις, εως, ἡ n.f. the act of boasting, exultation
2747 Κεγχρεαί, ας, ἡ n.f. Cenchreae
2748 Κεδρών, ὁ Prop.n. Kidron
2749 κεῖμαι v. I lie, recline, am laid
2750 κειρία, ας, ἡ n.f. a bandage, grave clothes
2751 κείρω v. I shear, cut the hair of
2752 κέλευσμα, ατος, τό n.n. a word of command, a call
2753 κελεύω v. I command, order
2754 κενοδοξία, ας, ἡ n.f. vainglory, empty pride
2755 κενόδοξας, ον Adj vainglorious
2756 κενός, ή, όν Adj empty, vain, hollow
2757 κενοφωνία, ας, ἡ n.f. empty disputing, worthless babble
2758 κενόω v. I empty, deprive of content, make unreal
2759 κέντρον, ου, τό n.n. a sting, goad
2760 κεντυρίων, ῶνος, ὁ n.m. a centurion
2761 κενῶς Adv falsely, in vain
2762 κεραία, ας, ἡ n.f. an apostrophe
2763 κεραμεύς, έως, ὁ n.m. a potter
2764 κεραμικός, ή, όν Adj of clay, made by a potter
2765 κεράμιον, ου, τό n.n. a pitcher, earthen vessel
2766 κέραμος, ου, ὁ n.m. a tile, the roof
2767 κεράννυμι v. I mix, pour out for drinking
2768 κέρας, ατος, τό n.n. a horn
2769 κεράτιον, ου, τό n.n. a husk of the carob
2770 κερδαίνω v. I gain, win, avoid loss
2771 κέρδος, ους, τό n.n. gain, advantage
2772 κέρμα, ατος, τό n.n. a small coin
2773 κερματιστής, οῦ, ὁ n.m. a money-changer
2774 κεφάλαιον, ου, τό n.n. the chief matter, a sum of money
2775 κεφαλαιόω v. I wound in the head
2776 κεφαλή, ῆς, ἡ n.f. the head
2777 κεφαλίς, ίδος, ἡ n.f. a roll, volume
2778 κῆνσος, ου, ὁ n.m. a poll-tax
2779 κῆπος, ου, ὁ n.m. a garden
2780 κηπουρός, οῦ, ὁ n.m. a gardener
2781 κηρίον, ου, τό n.n. a honeycomb

κήρυγμα - κλίνω

2782 κήρυγμα, ατος, τό n.n. a proclamation, preaching
2783 κῆρυξ, υκος, ὁ n.m. a herald, preacher
2784 κηρύσσω v. I proclaim, herald, preach
2785 κῆτος, ους, τό n.n. a sea monster, huge fish
2786 Κηφᾶς, ᾶ, ὁ n.m. Cephas
2787 κιβωτός, οῦ, ἡ n.f. an ark
2788 κιθάρα, ας, ἡ n.f. a harp
2789 κιθαρίζω v. I play on the harp
2790 κιθαρῳδός, ου, ὁ n.m. a harpist
2791 Κιλικία, ας, ἡ n.f. Cilicia
2792 κινάμωμον, ου, τό n.n. cinnamon
2793 κινδυνεύω v. I am in danger
2794 κίνδυνος, ου, ὁ n.m. danger, peril, risk
2795 κινέω v. I move, stir, excite
2796 κίνησις, εως, ἡ n.f. a moving, stirring
2797 Κίς, ὁ Prop.n. Kish
2798 κλάδος, ου, ὁ n.m. a branch
2799 κλαίω v. I weep, weep for, mourn
2800 κλάσις, εως, ἡ n.f. a breaking
2801 κλάσμα, ατος, τό n.n. a fragment
2802 Κλαῦδη, ης, ἡ n.f. Cauda, Clauda
2803 Κλαυδία, ας, ἡ n.f. Claudia
2804 Κλαύδιος, ου, ὁ n.m. Claudius
2805 κλαυθμός, οῦ, ὁ n.m. weeping, lamentation
2806 κλάω v. I break
2807 κλεῖς, κλειδός, ἡ n.f. a key
2808 κλείω v. I shut, shut up
2809 κλέμμα, ατος, τό n.n. a theft
2810 Κλεοπᾶς, ᾶ, ὁ n.m. Cleopas
2811 κλέος, ους, τό n.n. glory, fame, praise
2812 κλέπτης, ου, ὁ n.m. a thief
2813 κλέπτω v. I steal
2814 κλῆμα, ατος, τό n.n. a branch, shoot
2815 Κλήμης, μεντος, ὁ n.m. Clement
2816 κληρονομέω v. I inherit, obtain
2817 κληρονομία, ας, ἡ n.f. an inheritance
2818 κληρονόμος, ου, ὁ n.m. an heir, inheritor
2819 κλῆρος, ου, ὁ n.m. a lot, portion
2820 κληρόω v. I make a heritage
2821 κλῆσις, εως, ἡ n.f. a calling, summons
2822 κλητός, ή, όν Adj called, summoned
2823 κλίβανος, ου, ὁ n.m. an oven, furnace
2824 κλίμα, ατος, τό n.n. a territory
2825 κλίνη, ης, ἡ n.f. a couch, bed, mat, bier
2826 κλινίδιον, ου, τό n.n. a couch or litter
2827 κλίνω v. I rest, recline, make to yield

κλισία - κοπρία

2828 κλισία, ας, ἡ n.f. a dining couch, group of diners
2829 κλοπή, ῆς, ἡ n.f. thieving, theft
2830 κλύδων, ωνος, ὁ n.m. rough water
2831 κλυδωνίζομαι v. I am tossed by waves
2832 Κλωπᾶς, ᾶ, ὁ n.m. Clopas
2833 κνήθω v. I rub, tickle
2834 Κνίδος, ου, ἡ n.f. Cnidus
2835 κοδράντης, ου, ὁ n.m. the smallest Roman copper coin
2836 κοιλία, ας, ἡ n.f. belly, womb, the inner man
2837 κοιμάομαι v. I fall asleep, am asleep
2838 κοίμησις, εως, ἡ n.f. repose, taking rest
2839 κοινός, ή, όν Adj common, shared, unclean
2840 κοινόω v. I make unclean, regard as unclean
2841 κοινωνέω v. I share, communicate, have fellowship with
2842 κοινωνία, ας, ἡ n.f. participation, communion, fellowship
2843 κοινωνικός, ή, όν Adj willing to share
2844 κοινωνός, οῦ, ὁ, ἡ n.m. a sharer, partner
2845 κοίτη, ης, ἡ n.f. a bed, marriage bed
2846 κοιτών, ῶνος, ὁ n.m. a bed-chamber
2847 κόκκινος, η, ον Adj crimson
2848 κόκκος, ου, ὁ n.m. a kernel, grain
2849 κολάζω v. I chastise, punish
2850 κολακεία, ας, ἡ n.f. flattery
2851 κόλασις, εως, ἡ n.f. chastisement, punishment
2852 κολαφίζω v. I strike with the fist, maltreat
2853 κολλάω v. I glue, cleave, keep company with
2854 κολλούριον, ου, τό n.n. eye-salve
2855 κολλυβιστής, οῦ, ὁ n.m. a money-changer
2856 κολοβόω v. I cut short, shorten
2857 Κολοσσαί, ῶν, ἡ n.f. Colossae
2859 κόλπος, ου, ὁ n.m. bosom, bosom of a garment, a bay, gulf
2860 κολυμβάω v. I swim
2861 κολυμβήθρα, ας, ἡ n.f. a pool, swimming-place
2862 κολωνία, ας, ἡ n.f. a colony, garrison city
2863 κομάω v. I wear the hair long
2864 κόμη, ης, ἡ n.f. hair, long hair
2865 κομίζω v. I bring, receive, recover
2866 κομψότερον Comp.adv. in better health
2867 κονιάω v. I whitewash
2868 κονιορτός, οῦ, ὁ n.m. dust
2869 κοπάζω v. I cease, drop
2870 κοπετός, οῦ, ὁ n.m. lamentation
2871 κοπή, ῆς, ἡ n.f. slaughter
2872 κοπιάω v. I grow weary, toil
2873 κόπος, ου, ὁ n.m. trouble, toil, labor
2874 κοπρία, ας, ἡ n.f. & n.n. manure

κόπτω - κρίσις

2875 κόπτω v. I cut off, mourn
2876 κόραξ, ός, ὁ n.m. a raven
2877 κοράσιον, ου, τό n.n. a girl, little girl
2878 κορβᾶν Hebr. a gift, offering
2879 Κορέ, ὁ Prop.n. Korah
2880 κορέννυμι v. I fill, feed full
2881 Κορίνθιος, ου, ὁ Adj Corinthian
2882 Κόρινθος, ου, ἡ n.f. Corinth
2883 Κορνήλιος, ου, ὁ n.m. Cornelius
2884 κόρος, ου, ὁ n.m. a dry measure, 120 gallons
2885 κοσμέω v. I put into order, adorn
2886 κοσμικός, ή, όν Adj earthly, worldly
2887 κόσμιος, ία, ον Adj orderly, virtuous
2888 κοσμοκράτωρ, ορος, ὁ n.m. ruler of this world
2889 κόσμος, ου, ὁ n.m. the world, universe
2890 Κούαρτος, ου, ὁ n.m. Quartus
2891 κοῦμι Aram. arise
2892 κουστωδία, ας, ἡ n.f. a guard
2893 κουφίζω v. I lighten
2894 κόφινος, ου, ὁ n.m. a large basket
2895 κράβαττος, ου, ὁ n.m. a bed, mattress, mat
2896 κράζω v. I cry aloud, shriek
2897 κραιπάλη, ης, ἡ n.f. drunken dissipation
2898 κρανίον, ου, τό n.n. a skull
2899 κράσπεδον, ου, τό n.n. the fringe, edge
2900 κραταιός, ά, όν Adj strong, powerful
2901 κραταιόω v. I strengthen, confirm, grow strong
2902 κρατέω v. I lay hold of, obtain
2903 κράτιστος, η, ον Adj most excellent
2904 κράτος, ους, τό n.n. dominion, strength, power
2905 κραυγάζω v. I cry aloud, shout
2906 κραυγή, ῆς, ἡ n.f. a shout, clamor, outcry
2907 κρέας, έως, τό n.n. flesh, kinds of flesh
2908 κρείσσων, ον Adj stronger, more excellent
2909 κρείττων, ον Adj stronger, more excellent
2910 κρεμάννυμι v. I hang up, suspend
2911 κρημνός, οῦ, ὁ n.m. a crag, precipice
2912 Κρής, ητός, ὁ n.m. a Cretan
2913 Κρήσκης, κεντος, ὁ n.m. Crescens
2914 Κρήτη, ης, ἡ n.f. Crete
2915 κριθή, ῆς, ἡ n.f. barley
2916 κρίθινος, η, ον Adj made of barley
2917 κρίμα, ατος, τό n.n. a judgment, verdict, lawsuit
2918 κρίνον, ου, τό n.n. a lily
2919 κρίνω v. I judge, decide, think good
2920 κρίσις, εως, ἡ n.f. judging, divine judgment

Κρίσπος - κῶλον

2921 Κρίσπος, ου, ὁ n.m. Crispus
2922 κριτήριον, ου, τό n.n. criterion, a law-court
2923 κριτής, ου, ὁ n.m. a judge
2924 κριτικός, ή, όν Adj able to judge
2925 κρούω v. I knock
2926 κρύπτη, ης, ἡ n.f. a cellar, vault
2927 κρυπτός, ή, όν Adj hidden, secret
2928 κρύπτω v. I hide, conceal, lay up
2929 κρυσταλλίζω v. I am clear as crystal
2930 κρύσταλλος, ου, ὁ n.m. crystal
2931 κρυφῇ Adv in secret, secretly
2932 κτάομαι v. I win, get, buy, possess
2933 κτῆμα, ατος, τό n.n. a field, property
2934 κτῆνος, ους, τό n.n. a beast of burden
2935 κτήτωρ, ορος, ὁ n.m. a possessor, owner
2936 κτίζω v. I create, form, shape, make
2937 κτίσις, εως, ἡ n.f. creation, creature, institution
2938 κτίσμα, ατος, τό n.n. a created thing, creature
2939 κτίστης, ου, ὁ n.m. a founder, creator, God
2940 κυβεία, ας, ἡ n.f. trickery, sleight
2941 κυβέρνησις, εως, ἡ n.f. governing, government
2942 κυβερνήτης, ου, ὁ n.m. a steersman, pilot
2943 κυκλόθεν Adv in a circle round
2944 κυκλόω v. I encircle, besiege, surround
2945 κύκλος, ου, ὁ n.m. a circle
2946 κύλισμα, ατος, τό n.n. rolling, wallowing
2947 κυλίω v. I roll
2948 κυλλός, ή, όν Adj crippled, lame
2949 κῦμα, ατος, τό n.n. a wave
2950 κύμβαλον, ου, τό n.n. a cymbal
2951 κύμινον, ου, τό n.n. cumin
2952 κυνάριον, ου, τό n.n. a little dog
2953 Κύπριος, ου, ὁ n.m. a Cypriote, belonging to Cyprus
2954 Κύπρος, ου, ἡ n.f. Cyprus
2955 κύπτω v. I bend, stoop down
2956 Κυρηναῖος, ου, ὁ n.m. belonging to Cyrene, a Cyrenaean
2957 Κυρήνη, ης, ἡ n.f. Cyrene
2958 Κυρήνιος, ου, ὁ n.m. Quirinius
2959 κυρία, ας, ἡ n.f. a lady
2960 κυριακός, ή, όν Adj of the Lord
2961 κυριεύω v. I have authority, rule over
2962 κύριος, ου, ὁ n.m. lord, Lord, master, sir
2963 κυριότης, τητος, ἡ n.f. lordship, domination, dignity
2964 κυρόω v. I ratify, confirm
2965 κύων, κυνός, ὁ, ἡ n.m. a dog
2966 κῶλον, ου, τό n.n. a limb, bodies

κωλύω - λειτουργικός

2967 κωλύω v. I prevent, hinder
2968 κώμη, ης, ἡ n.f. a village
2969 κωμόπολις, εως, ἡ n.f. a large village
2970 κῶμος, ου, ὁ n.m. a feasting, reveling
2971 κώνωψ, ωπος, ὁ n.m. a gnat, mosquito
2972 Κῶς, ῶ, ἡ n.f. Cos
2973 Κωσάμ, ὁ Prop.n. Cosam
2974 κωφός, ή, όν Adj dumb, deaf

Lambda

2975 λαγχάνω v. I obtain by lot, cast lots
2976 Λάζαρος, ου, ὁ n.m. Lazarus, Eliezer
2977 λάθρᾳ Adv secretly
2978 λαῖλαψ, απος, ἡ n.f. a sudden storm, squall
2979 λακτίζω v. I kick
2980 λαλέω v. I speak, say
2981 λαλιά, ας, ἡ n.f. speech, talk, dialect
2982 λιμά Aram. & Heb. why
2983 λαμβάνω v. I receive, take
2984 Λάμεχ, ὁ Prop.n. Lamech
2985 λαμπάς, άδος, ἡ n.f. a torch, lamp, lantern
2986 λαμπρός, ά, όν Adj shining, magnificent, bright
2987 λαμπρότης, τητος, ἡ n.f. splendor, brightness
2988 λαμπρῶς Adv magnificently, sumptuously
2989 λάμπω v. I shine
2990 λανθάνω v. I am hidden, escape notice
2991 λαξευτός, ή, όν Adj hewn out of the rock
2992 λαός, οῦ, ὁ n.m. a people, the crowd
2993 Λαοδικεία, ας, ἡ n.f. Laodicea
2994 Λαοδικεύς, έως, ὁ n.m. a Laodicean
2995 λάρυγξ, υγγος, ὁ n.m. the throat
2996 Λασαία, ας, ἡ n.f. Lasea
2997 λάσκω v. I burst asunder with a loud noise
2998 λατομέω v. I hew stones
2999 λατρεία, ας, ἡ n.f. service, worship
3000 λατρεύω v. I serve, worship
3001 λάχανον, ου, τό n.n. an herb, garden plant
3002 Λεββαῖος, ου, ὁ n.m. Lebbaeus
3003 λεγεών, ῶνος, ἡ n.f. & n.m. a legion, very large number
3004 λέγω v. I say, speak
3005 λεῖμμα, ατος, τό n.n. a remnant, remainder
3006 λεῖος, α, ον Adj smooth, level
3007 λείπω v. I am wanting, am left behind
3008 λειτουργέω v. I minister, serve publicly
3009 λειτουργία, ας, ἡ n.f. a charitable gift, public service
3010 λειτουργικός, ή, όν Adj ministering

λειτουργός - λόγος

3011 λειτουργός, ου, ὁ n.m. a minister, servant
3012 λέντιον, ου, τό n.n. a towel, apron
3013 λεπίς, ίδος, ἡ n.f. a scale, scaly substance
3014 λέπρα, ας, ἡ n.f. leprosy
3015 λεπρός, οῦ, ὁ Adj a leper
3016 λεπτόν, οῦ, τό n.n. a small piece of money
3017 Λευΐ, ὁ Prop.n. Levi
3018 Λευΐς, ὁ n.m. & Prop.n. Levi
3019 Λευΐτης, ου, ὁ n.m. a Levite
3020 Λευϊτικός, ή, όν Adj Levitical
3021 λευκαίνω v. I whiten
3022 λευκός, ή, όν Adj white, bright
3023 λέων, οντος, ὁ n.m. a lion
3024 λήθη, ῆς, ἡ n.f. forgetfulness
3025 ληνός, οῦ, ὁ, ἡ n.f. a winepress
3026 λῆρος, ου, ὁ n.m. folly, nonsense, idle talk
3027 λῃστής, οῦ, ὁ n.m. a robber, brigand, bandit
3028 λῆψις, εως, ἡ n.f. a receiving
3029 λίαν Adv very, very much, exceedingly
3030 λίβανος, ου, ὁ n.m. incense
3031 λιβανωτός, οῦ, ὁ n.m. a censer
3032 Λιβερτῖνος, ου, ὁ n.m. a freedman
3033 Λιβύη, ης, ἡ n.f. Libya, Africa
3034 λιθάζω v. I stone
3035 λίθινος, η, ον Adj made of stone
3036 λιθοβολέω v. I stone, cast stones at
3037 λίθος, ου, ὁ n.m. a stone
3038 λιθόστρωτον, ου, τό Adj a mosaic pavement
3039 λικμάω v. I crush to powder
3040 λιμήν, ένος, ὁ n.m. a harbor, port
3041 λίμνη, ης, ἡ n.f. a lake
3042 λιμός, οῦ, ὁ, ἡ n.m. a famine, hunger
3043 λίνον, ου, τό n.n. flax, linen
3044 Λῖνος, ου, ὁ n.m. Linus
3045 λιπαρός, ά, όν Adj rich, sumptuous
3046 λίτρα, ας, ἡ n.f. a Roman pound
3047 λίψ, λιβός, ὁ n.m. the south-west wind
3048 λογία, ας, ἡ n.f. a collection, collecting
3049 λογίζομαι v. I reckon, count, decide
3050 λογικός, ή, όν Adj reasonable, rational, metaphorical
3051 λόγιον, ου, τό n.n. divine communication
3052 λόγιος, α, ον Adj eloquent
3053 λογισμός, οῦ, ὁ n.m. reasoning, thinking
3054 λογομαχέω v. I contend about words
3055 λογομαχία, ας, ἡ n.f. contention about words
3056 λόγος, ου, ὁ n.m. a word, speech, divine utterance, analogy

λόγχη - μαθητεύω

3057 λόγχη, ης, ἡ n.f. a lance, spear
3058 λοιδορέω v. I revile, abuse
3059 λοιδορία, ας, ἡ n.f. reviling, abuse
3060 λοίδορος, ου, ὁ Adj a railer, reviler, abuser
3061 λοιμός, οῦ, ὁ n.m. a pestilence
3062 λοιπός, ή, όν Adj left, left behind, the remainder
3063 λοιπόν Adj finally, from now on, henceforth, beyond that
3064 λοιποῦ Adj from now on, henceforth, finally
3065 Λουκᾶς, ᾶ, ὁ n.m. Lucas, Luke
3066 Λούκιος, ου, ὁ n.m. Lucius
3067 λουτρόν, οῦ, τό n.n. a bath, washing, baptism
3068 λούω v. I wash, bathe
3069 Λύδδα, Λύδδης, ἡ n.f. Lydda, Diospolis, Lod
3070 Λυδία, ας, ἡ n.f. Lydia
3071 Λυκαονία, ας, ἡ n.f. Lycaonia
3072 Λυκαονιστί Adv in the Lycaonian language
3073 Λυκία, ας, ἡ n.f. Lycia
3074 λύκος, ου, ὁ n.m. a wolf, jackal
3075 λυμαίνομαι v. I ravage, harry, devastate
3076 λυπέω v. I pain, grieve, vex
3077 λύπη, ης, ἡ n.f. pain, grief
3078 Λυσανίας, ου, ὁ n.m. Lysanias
3079 Λυσίας, ου, ὁ n.m. Claudius Lysias
3080 λύσις, εως, ἡ n.f. dissolution, release
3081 λυσιτελέω v. it profits
3082 Λύστρα, ας, ἡ, ων, τά n.f. & n.n. Lystra
3083 λύτρον, ου, τό n.n. a ransom, an offering of expiation
3084 λυτρόω v. I ransom, liberate, deliver
3085 λύτρωσις, εως, ἡ n.f. liberation, deliverance, release
3086 λυτρωτής, οῦ, ὁ n.m. a redeemer, liberator
3087 λυχνία, ας, ἡ n.f. a lamp-stand
3088 λύχνος, ου, ὁ n.m. a lamp
3089 λύω v. I loose, untie, release, destroy
3090 Λωΐς, ΐδος, ἡ n.f. Lois
3091 Λώτ, ὁ Prop.n. Lot

Mu

3092 Μαάθ, ὁ Prop.n. Maath
3093 Μαγδαλά, ἡ Prop.n. Magdala
3094 Μαγδαληνή, ῆς, ἡ n.f. Magdalene
3095 μαγεία, ας, ἡ n.f. magic
3096 μαγεύω v. I practice sorcery or magic
3097 μάγος, ου, ὁ n.m. a sorcerer, magician, wizard
3098 Μαγώγ, ὁ Prop.n. Magog
3099 Μαδιάμ, ἡ Prop.n. Midian
3100 μαθητεύω v. I make disciples, make into disciples

μαθητής - μαστιγόω

3101 μαθητής, οῦ, ὁ n.m. a learner, disciple, pupil
3102 μαθήτρια, ας, ἡ n.f. a female disciple
3103 Μαθουσάλα, ὁ Prop.n. Methuselah
3104 Μαϊνάν, ὁ Prop.n. Menna, Mainan
3105 μαίνομαι v. I am raving mad
3106 μακαρίζω v. I deem happy
3107 μακάριος, α, ον Adj happy, blessed
3108 μακαρισμός, οῦ, ὁ n.m. regarding as happy, blessed, or enviable
3109 Μακεδονία, ας, ἡ n.f. Macedonia
3110 Μακεδών, όνος, ὁ n.m. a Macedonian
3111 μάκελλον, ου, τό n.n. a meat-market
3112 μακράν Adv far away
3113 μακρόθεν Adv from a distance
3114 μακροθυμέω v. I suffer long, have patience, am forbearing
3115 μακροθυμία, ας, ἡ n.f. patience, forbearance
3116 μακροθύμως Adv patiently
3117 μακρός, ά, όν Adj long, distant
3118 μακροχρόνιος, ον Adj long-lived
3119 μαλακία, ας, ἡ n.f. weakness, illness
3120 μαλακός, ή, όν Adj soft, effeminate
3121 Μαλελεήλ, ὁ Prop.n. Mahalaleel, Maleleel
3122 μάλιστα Sup.adv. most of all, especially
3123 μᾶλλον Adv more, rather
3124 Μάλχος, ου, ὁ n.m. Malchus
3125 μάμμη, ης, ἡ n.f. a grandmother
3126 μαμωνᾶς, ᾶ, ὁ n.m. riches, money, possessions
3127 Μαναήν, ὁ Prop.n. Manaen
3128 Μανασσῆς, ῆ, ὁ n.m. Manasseh
3129 μανθάνω v. I learn, ascertain
3130 μανία, ας, ἡ n.f. raving madness
3131 μάννα, τό Hebr. manna
3132 μαντεύομαι v. I practice soothsaying
3133 μαραίνω v. I die, wither
3134 μαρὰν ἀθά Aram. our Lord cometh
3135 μαργαρίτης, ου, ὁ n.m. a pearl
3136 Μάρθα, ας, ἡ n.f. Martha
3137 Μαρία, ας, ἡ n.f. & Prop.n. Mary, Miriam
3138 Μάρκος, ου, ὁ n.m. Mark
3139 μάρμαρος, ου, ὁ, ἡ n.m. marble
3140 μαρτυρέω v. I witness, testify
3141 μαρτυρία, ας, ἡ n.f. witness, evidence, testimony
3142 μαρτύριον, ου, τό n.n. witness, evidence, testimony
3143 μαρτύρομαι v. I call to witness, testify, solemnly charge
3144 μάρτυς, υρος, ὁ n.m. a witness
3145 μασσάομαι v. I bite, gnaw
3146 μαστιγόω v. I flog, scourge

μαστίζω - Μελίτη

3147 μαστίζω v. I flog, scourge
3148 μάστιξ, ιγος, ἡ n.f. a scourge, lash, sufferings
3149 μαστός, οῦ, ὁ n.m. a breast, pap
3150 ματαιολογία, ας, ἡ n.f. foolish talking
3151 ματαιολόγος, ου, ὁ Adj a vain, empty talker
3152 μάταιος, αία, αιον Adj vain, unproductive, godless
3153 ματαιότης, τητος, ἡ n.f. vanity, purposelessness
3154 ματαιόω v. I become vain
3155 μάτην Adv in vain
3156 Ματθαῖος, ου, ὁ n.m. Matthew
3157 Ματθάν, ὁ Prop.n. Matthan
3158 Ματθάτ, ὁ Prop.n. Matthat
3159 Ματθίας, α, ὁ n.m. Matthias
3160 Ματταθά, ὁ Prop.n. Mattatha
3161 Ματταθίας, ου, ὁ n.m. Mattathias
3162 μάχαιρα, ας, ἡ n.f. a sword
3163 μάχη, ης, ἡ n.f. strife, contention, quarrel
3164 μάχομαι v. I engage in battle, fight, strive
3166 μεγαλαυχέω v. I boast, am arrogant, vaunt
3167 μεγαλεῖος, εία, εῖον Adj grand, magnificent
3168 μεγαλειότης, τητος, ἡ n.f. majesty
3169 μεγαλοπρεπής, ές Adj magnificent, superb, transcendent
3170 μεγαλύνω v. I enlarge, magnify, extol
3171 μεγάλως Adv greatly
3172 μεγαλωσύνη, ης, ἡ n.f. majesty
3173 μέγας, μεγάλη, μέγα Adj. & Comp.adv. large, great
3174 μέγεθος, ους, τό n.n. greatness, vastness
3175 μεγιστάν, ᾶνος, ὁ n.m. a great one, a lord
3177 μεθερμηνεύω v. I translate, interpret
3178 μέθη, ης, ἡ n.f. drunkenness
3179 μεθίστημι v. I move out of its place, transfer
3180 μεθοδεία, ας, ἡ n.f. scheming, craftiness
3181 μεθόριον, ου, τό n.n. confine, border
3182 μεθύσκω v. I make drunk
3183 μέθυσος, ου, ὁ n.m. a drunkard
3184 μεθύω v. I am drunk
3185 μεῖζον Comp.adv. greater, greatest
3186 μειζότερος, α, ον Sup.adv. greater
3187 μείζων Adj greater, greatest
3188 μέλαν, ανος, τό Adj ink
3189 μέλας, αινα, αν Adj black
3190 Μελεᾶς, ᾶ, ὁ Prop.n. Melea
3191 μελετάω v. I devise, plan
3192 μέλι, ιτος, τό n.n. honey
3193 μελίσσιος, α, ον Adj coming from bees
3194 Μελίτη, ης, ἡ n.f. Melita, Malta

μέλλω - μετανοέω

3195 μέλλω v. I am about to
3196 μέλος, ους, τό n.n. a limb, member
3197 Μελχί, ὁ Prop.n. Melchi
3198 Μελχισεδέκ, ὁ Prop.n. Melchizedek
3199 μέλει v. it is a care, it concerns
3200 μεμβράνα, ης, ἡ n.f. a parchment leaf
3201 μέμφομαι v. I blame, censure
3202 μεμψίμοιρος, ον Adj discontented, complaining
3303 μέν Disj.prt. truly, indeed
3304 μενοῦνγε Disj.prt. nay rather
3305 μέντοι Cj. indeed, yet, however
3306 μένω v. I remain, abide
3307 μερίζω v. I divide, part, share
3308 μέριμνα, ης, ἡ n.f. care, worry, anxiety
3309 μεριμνάω v. I am anxious, distracted
3310 μερίς, ίδος, ἡ n.f. a part, portion
3311 μερισμός, οῦ, ὁ n.m. a distribution, separation
3312 μεριστής, οῦ, ὁ n.m. a divider, distributor
3313 μέρος, ους, τό n.n. a part, portion
3314 μεσημβρία, ας, ἡ n.f. the South
3315 μεσιτεύω v. I mediate, interpose
3316 μεσίτης, ου, ὁ n.m. a mediator, go-between
3317 μεσονύκτιον, ου, τό n.n. midnight
3318 Μεσοποταμία, ας, ἡ n.f. Mesopotamia
3319 μέσος, η, ον Adj middle, in the middle
3320 μεσότοιχον, ου, τό n.n. a middle wall, partition wall
3321 μεσουράνημα, ατος, τό n.n. the middle of heaven
3322 μεσόω v. I am in the middle
3323 Μεσσίας, ου, ὁ n.m. Messiah
3324 μεστός, ή, όν Adj full
3325 μεστόω v. I fill
3326 μετά Prep. with, after
3327 μεταβαίνω v. I leave, depart, remove, pass over
3328 μεταβάλλω v. I change, change my mind
3329 μετάγω v. I turn about, change the position of
3330 μεταδίδωμι v. I share, impart
3331 μετάθεσις, εως, ἡ n.f. change, transformation, removal
3332 μεταίρω v. I change my position, depart, remove
3333 μετακαλέω v. I send for
3334 μετακινέω v. I move away, dislodge
3335 μεταλαμβάνω v. I share in, partake of
3336 μετάληψις, εως, ἡ n.f. participation, sharing in
3337 μεταλλάσσω v. I change, transform, alter
3338 μεταμέλομαι v. I change my mind
3339 μεταμορφόω v. I change the form, transform
3340 μετανοέω v. I repent, change my mind

μετάνοια - μίασμα

3341 μετάνοια, ας, ἡ n.f. repentance, a change of mind
3342 μεταξύ Adv meanwhile, afterwards, between
3343 μεταπέμπω v. I send for, summon
3344 μεταστρέφω v. I turn, change, corrupt, pervert
3345 μετασχηματίζω v. I change the outward appearance, transfigure, adapt
3346 μετατίθημι v. I transfer, desert, change
3347 μετέπειτα Adv afterwards
3348 μετέχω v. I participate in, share
3349 μετεωρίζομαι v. I am anxious
3350 μετοικεσία, ας, ἡ n.f. change of abode, migration, deportation
3351 μετοικίζω v. I transport, cause to migrate
3352 μετοχή, ῆς, ἡ n.f. sharing, partnership, fellowship
3353 μέτοχος, ου, ὁ Adj a sharer, partner
3354 μετρέω v. I measure, estimate
3355 μετρητής, οῦ, ὁ n.m. a measure, amphora
3356 μετριοπαθέω v. I bear gently with, have compassion
3357 μετρίως Adv moderately, greatly
3358 μέτρον, ου, τό n.n. a measure, measuring rod
3359 μέτωπον, ου, τό n.n. the forehead
3360 μέχρι Adv as far as, until
3361 μή Neg.prt. not, lest
3365 μηδαμῶς Neg.adv. by no means, not at all
3366 μηδέ Neg.cj. and not, not even
3367 μηδείς, μηδεμία, μηδέν Adj no one, nothing
3368 μηδέποτε Neg.adv. not at any time, never
3369 μηδέπω Neg.adv. not yet
3370 Μῆδος, ου, ὁ n.m. a Mede
3371 μηκέτι Neg.adv. no longer
3372 μῆκος, ους, τό n.n. length
3373 μηκύνω v. I lengthen
3374 μηλωτή, ῆς, ἡ n.f. a sheepskin
3375 μήν Disj.prt. certainly
3376 μήν, μηνός, ὁ n.m. a month
3377 μηνύω v. I reveal, inform
3379 μήποτε Neg.adv. lest at any time, lest, perhaps
3380 μήπω Neg.adv. not yet
3381 μήπως Neg.cj. lest in any way, lest perhaps
3382 μηρός, οῦ, ὁ n.m. the thigh
3383 μήτε Neg.cj. nor, neither, not even
3384 μήτηρ, μητρός, ἡ n.f. a mother
3385 μήτι Irg.prt. if not, unless
3388 μήτρα, ας, ἡ n.f. the womb
3389 μητραλῴας, ου, ὁ n.m. a matricide
3392 μιαίνω v. I stain, pollute, defile
3393 μίασμα, ατος, τό n.n. pollution, defilement

μιασμός - μόνον

3394 μιασμός, οῦ, ὁ n.m. the act of pollution, defilement
3395 μίγμα, ατος, τό n.n. a mixture
3396 μίγνυμι v. I mix, mingle
3397 μικρόν, ου, τό n.m. & n.n. a little, little while
3398 μικρός, ά, όν Adj little, small
3399 Μίλητος, ου, ἡ n.f. Miletus
3400 μίλιον, ου, τό n.n. a Roman mile
3401 μιμέομαι v. I imitate
3402 μιμητής, οῦ, ὁ n.m. an imitator
3403 μιμνήσκομαι v. I remember, recall
3404 μισέω v. I hate, detest
3405 μισθαποδοσία, ας, ἡ n.f. reward, due punishment
3406 μισθαποδότης, ου, ὁ n.m. a rewarder
3407 μίσθιος, ου, ὁ Adj a paid worker
3408 μισθός, οῦ, ὁ n.m. wages, reward
3409 μισθόω v. I hire out, hire, engage
3410 μίσθωμα, ατος, τό n.n. a rented house
3411 μισθωτός, οῦ, ὁ n.m. a hired servant
3412 Μιτυλήνη, ης, ἡ n.f. Mitylene
3413 Μιχαήλ, ὁ Prop.n. Michael
3414 μνᾶ, ᾶς, ἡ n.f. a mina
3415 μνάομαι v. I remember, recollect
3416 Μνάσων, ωνος, ὁ n.m. Mnason
3417 μνεία, ας, ἡ n.f. remembrance, recollection
3418 μνῆμα, ατος, τό n.n. a tomb, monument
3419 μνημεῖον, ου, τό n.n. a tomb, sepulcher
3420 μνήμη, ης, ἡ n.f. memory, remembrance, mention
3421 μνημονεύω v. I remember, make mention of
3422 μνημόσυνον, ου, τό n.n. reminder, memorial, remembrance offering
3423 μνηστεύω v. I ask in marriage
3424 μογγιλάλος, ου, ὁ Adj one speaking with difficulty, a stammerer
3425 μόγις Adv with difficulty, scarcely, hardly
3426 μόδιος, ου, ὁ n.m. a dry measure, nearly two English gallons
3428 μοιχαλίς, ίδος, ἡ n.f. an adulteress
3429 μοιχάομαι v. I commit adultery
3430 μοιχεία, ας, ἡ n.f. adultery
3431 μοιχεύω v. I commit adultery
3432 μοιχός, οῦ, ὁ n.m. an adulterer
3433 μόλις Adv with difficulty, hardly
3434 Μολόχ, ὁ Prop.n. Moloch
3435 μολύνω v. I soil, stain, pollute, defile
3436 μολυσμός, οῦ, ὁ n.m. staining, defilement, pollution
3437 μομφή, ῆς, ἡ n.f. a complaint, fault
3438 μονή, ῆς, ἡ n.f. lodging, dwelling-place, room
3439 μονογενής, ές Adj only, only-begotten, unique
3440 μόνον Adv alone, but, only

μόνος - ναός

3441 μόνος, η, ον Adj only, solitary, desolate
3442 μονόφθαλμος, ον Adj one-eyed
3443 μονόω v. I leave alone
3444 μορφή, ῆς, ἡ n.f. form, shape, outward appearance
3445 μορφόω v. I form, fashion, shape
3446 μόρφωσις, εως, ἡ n.f. form, outline
3447 μοσχοποιέω v. I make a model of a calf
3448 μόσχος, ου, ὁ, ἡ n.m. a calf
3449 μόχθος, ου, ὁ n.m. wearisome labor, toil, hardship
3451 μουσικός, ή, όν Adj skilled in music, a musician
3452 μυελός, οῦ, ὁ n.m. marrow
3453 μυέω v. I initiate, instruct
3454 μῦθος, ου, ὁ n.m. an idle tale, fable
3455 μυκάομαι v. I bellow, roar
3456 μυκτηρίζω v. I sneer at, disdain
3457 μυλικός, ή, όν Adj belonging to a mill
3458 μύλος, ου, ὁ n.m. a millstone
3459 μυλών, ῶνος, ὁ n.m. a mill-house
3460 Μύρα, ων, τά n.n. Myra
3461 μυριάς, άδος, ἡ n.f. a myriad, ten thousand
3462 μυρίζω v. I anoint
3463 μυρίοι, ίαι, ία Adj ten thousand, innumerable
3464 μύρον, ου, τό n.n. anointing-oil, ointment
3465 Μυσία, ας, ἡ n.f. Mysia
3466 μυστήριον, ου, τό n.n. anything hidden, a mystery
3467 μυωπάζω v. I blink, see dimly
3468 μώλωψ, ωπος, ὁ n.m. a bruise, stripe
3469 μωμάομαι v. I blame, slander
3470 μῶμος, ου, ὁ n.m. a blemish, disgrace
3471 μωραίνω v. I make foolish, taint, make useless
3472 μωρία, ας, ἡ n.f. folly, absurdity
3473 μωρολογία, ας, ἡ n.f. foolish talking
3474 μωρός, ά, όν Adj stupid, foolish
3475 Μωσῆς, έως, ὁ n.m. Moses

Nu

3476 Ναασσών, ὁ Prop.n. Nahshon
3477 Ναγγαί, ὁ Prop.n. Naggai
3478 Ναζαρέτ, ἡ Prop.n. Nazareth
3479 Ναζαρηνός, ή, όν Adj of Nazareth
3480 Ναζωραῖος, ου, ὁ n.m. Nazarene
3481 Ναθάν, ὁ Prop.n. Nathan
3482 Ναθαναήλ, ὁ Prop.n. Nathanael
3483 ναί Disj.prt. yes, certainly, even so
3484 Ναΐν, ἡ Prop.n. Nain
3485 ναός, οῦ, ὁ n.m. a temple, shrine

Ναούμ - Νικόλαος

3486 Ναούμ, ὁ Prop.n. Nahum
3487 νάρδος, ου, ἡ n.f. spikenard, a perfume
3488 Νάρκισσος, ου, ὁ n.m. Narcissus
3489 ναυαγέω v. I am shipwrecked, ruined
3490 ναύκληρος, ου, ὁ n.m. a master of a ship
3491 ναῦς, νεώς, ἡ n.f. a ship, vessel
3492 ναύτης, ου, ὁ n.m. a sailor
3493 Ναχώρ, ὁ Prop.n. Nahor
3494 νεανίας, ου, ὁ n.m. a young man, youth
3495 νεανίσκος, ου, ὁ n.m. a young man
3496 Νεάπολις, εως, ἡ n.f. Neapolis
3497 Νεεμάν, ὁ Prop.n. Naaman
3498 νεκρός, ά, όν Adj dead, a corpse
3499 νεκρόω v. I put to death, render weak
3500 νέκρωσις, εως, ἡ n.f. putting to death, lifeless condition
3501 νέος, α, ον Adj young, new, fresh
3502 νεοσσός, οῦ, ὁ n.m. a young bird, young one
3503 νεότης, τητος, ἡ n.f. youth, youthfulness
3504 νεόφυτος, ον Adj newly-planted, recent convert
3506 νεύω v. I nod, make a sign
3507 νεφέλη, ης, ἡ n.f. a cloud
3508 Νεφθαλείμ, ὁ Prop.n. Naphtali
3509 νέφος, ους, τό n.n. a cloud, multitude, great company
3510 νεφρός, οῦ, ὁ n.m. a kidney as a general emotional center
3511 νεωκόρος, ου, ὁ, ἡ n.m. temple-warden
3512 νεωτερικός, ή, όν Adj youthful, juvenile
3513 νή Disj.prt. swearing by
3514 νήθω v. I spin
3515 νηπιάζω v. I am childish, infantile
3516 νήπιος, α, ον Adj an infant, child, unlearned
3517 Νηρεύς, έως, ὁ n.m. Nereus
3518 Νηρί, ὁ Prop.n. Neri
3519 νησίον, ου, τό n.n. a little island
3520 νῆσος, ου, ἡ n.f. an island
3521 νηστεία, ας, ἡ n.f. fasting, the day of atonement
3522 νηστεύω v. I fast
3523 νῆστις, ιος, ὁ, ἡ Adj fasting, without food
3524 νηφαλέος, α, ον Adj sober, temperate
3525 νήφω v. I am calm, vigilant, sober
3526 Νίγερ, ὁ Prop.n. Niger
3527 Νικάνωρ, ορος, ὁ n.m. Nicanor
3528 νικάω v. I conquer, overcome
3529 νίκη, ης, ἡ n.f. victory
3530 Νικόδημος, ου, ὁ n.m. Nicodemus
3531 Νικολαΐτης, ου, ὁ n.m. a Nicolaitan
3532 Νικόλαος, ου, ὁ n.m. Nicolaus

Νικόπολις - νῶτος

3533 Νικόπολις, εως, ἡ n.f. Nicopolis
3534 νῖκος, ους, τό n.n. victory
3535 Νινευΐ, ἡ Prop.n. Nineveh
3536 Νινευΐτης, ου, ὁ n.m. a Ninevite
3537 νιπτήρ, ῆρος, ὁ n.m. a basin
3538 νίπτω v. I wash
3539 νοέω v. I understand, consider
3540 νόημα, ατος, τό n.n. a thought, design, the mind
3541 νόθος, η, ον Adj illegitimate, bastard
3542 νομή, ῆς, ἡ n.f. pasturage, growth
3543 νομίζω v. I think, suppose
3544 νομικός, ή, όν Adj about law, one learned in the Law
3545 νομίμως Adv lawfully
3546 νόμισμα, ατος, τό n.n. money, coin
3547 νομοδιδάσκαλος, ου, ὁ n.m. a teacher and interpreter of the Mosaic Law
3548 νομοθεσία, ας, ἡ n.f. lawgiving, legislation
3549 νομοθετέω v. I ordain, enact
3550 νομοθέτης, ου, ὁ n.m. a law-giver, legislator
3551 νόμος, ου, ὁ n.m. a law, the Mosaic Law
3552 νοσέω v. I am diseased
3553 νόσημα, ατος, τό n.n. a trouble, disease
3554 νόσος, ου, ἡ n.f. a disease, malady
3555 νοσσιά, ᾶς, ἡ n.f. a brood of young birds
3556 νοσσίον, ου, τό n.n. a nestling, the young of birds
3557 νοσφίζω v. I rob, purloin
3558 νότος, ου, ὁ n.m. the south wind, the South
3559 νουθεσία, ας, ἡ n.f. a warning, admonition
3560 νουθετέω v. I admonish, warn, counsel
3561 νουμηνία, ας, ἡ n.f. the new moon as a festival
3562 νουνεχῶς Adv wisely, discreetly
3563 νοῦς, νοός, νοΐ, νοῦν, ὁ n.m. the mind, reasoning faculty
3564 Νυμφᾶς, ᾶ, ὁ n.m. Nymphas
3565 νύμφη, ης, ἡ n.f. a bride, daughter-in-law
3566 νυμφίος, ου, ὁ n.m. a bridegroom
3567 νυμφών, ῶνος, ὁ n.m. a bridal chamber
3568 νῦν Adv now, already, at present
3570 νυνί Adv now, already, at present
3571 νύξ, νυκτός, ἡ n.f. the night, night-time
3572 νύσσω v. I prick, pierce, stab
3573 νυστάζω v. I nod in sleep, am drowsy, slumber
3574 νυχθήμερον, ου, τό n.n. twenty-four hours
3575 Νῶε, ὁ Prop.n. Noah
3576 νωθρός, ά, όν Adj dull, sluggish
3577 νῶτος, ου, ὁ n.m. the back of men or animals

ξενία - οἰκονομέω

Xi

3578 ξενία, ας, ἡ n.f. lodging, hospitality
3579 ξενίζω v. I entertain a stranger, I startle
3580 ξενοδοχέω v. I entertain strangers
3581 ξένος, η, ον Adj new, novel, a foreigner
3582 ξέστης, ου, ὁ n.m. a Roman measure, pitcher
3583 ξηραίνω v. I dry up, parch, ripen
3584 ξηρός, ά, όν Adj dry, withered, dry land
3585 ξύλινος, η, ον Adj wooden
3586 ξύλον, ου, τό n.n. a staff, cross, anything made of wood
3587 ξυράω v. I shave

Omicron

3588 ὁ, ἡ, τό Article the
3589 ὀγδοήκοντα Indec.num. eighty
3590 ὄγδοος, η, ον Adj eighth
3591 ὄγκος, ου, ὁ n.m. a weight, burden
3592 ὅδε, ἥδε, τόδε Dem.pr. this here, this
3593 ὁδεύω v. I journey, travel
3594 ὁδηγέω v. I lead, guide
3595 ὁδηγός, οῦ, ὁ n.m. a leader, guide
3596 ὁδοιπορέω v. I travel, pursue a way
3597 ὁδοιπορία, ας, ἡ n.f. a journey, travel
3598 ὁδός, οῦ, ἡ n.f. a way, road, journey
3599 ὀδούς, όντος, ὁ n.m. a tooth
3600 ὀδυνάω v. I torment, pain
3601 ὀδύνη, ης, ἡ n.f. pain, distress
3602 ὀδυρμός, οῦ, ὁ n.m. lamentation, wailing
3604 Ὀζίας, ου, ὁ n.m. Uzziah
3605 ὄζω v. I stink, am offensive
3606 ὅθεν Adv whence, wherefore
3607 ὀθόνη, ης, ἡ n.f. a linen cloth, sheet
3608 ὀθόνιον, ου, τό n.n. a linen bandage
3609 οἰκεῖος, α, ον Adj of one's family, domestic
3610 οἰκέτης, ου, ὁ n.m. a household servant
3611 οἰκέω v. I inhabit, dwell
3612 οἴκημα, ατος, τό n.n. a prison
3613 οἰκητήριον, ου, τό n.n. a dwelling-place, habitation
3614 οἰκία, ας, ἡ n.f. a house, household
3615 οἰκειακός, ή, όν Adj one of a family
3616 οἰκοδεσποτέω v. I manage a household
3617 οἰκοδεσπότης, ου, ὁ n.m. a head of a household
3618 οἰκοδομέω v. I build, build up, edify
3619 οἰκοδομή, ῆς, ἡ n.f. the act of building, a building, edification
3621 οἰκονομέω v. I am a steward

οἰκονομία - ὁμοίως

3622 οἰκονομία, ας, ἡ n.f. stewardship
3623 οἰκονόμος, ου, ὁ n.m. a steward
3624 οἶκος, ου, ὁ n.m. a house, household
3625 οἰκουμένη, ης, ἡ n.f. the inhabited (Roman) world
3626 οὐκουρός, οῦ, ὁ, ἡ Adj a housekeeper
3627 οἰκτείρω v. I pity, have compassion on
3628 οἰκτιρμός, οῦ, ὁ n.m. pity, compassion
3629 οἰκτίρμων, ον Adj compassionate, merciful
3630 οἰνοπότης, ου, ὁ n.m. an excessive wine-drinker
3631 οἶνος, ου, ὁ n.m. wine
3632 οἰνοφλυγία, ας, ἡ n.f. drunkenness
3633 οἴμαι v. I think, suppose
3634 οἷος, α, ον Corr.pr. & Rel.pr. of what kind, such as
3635 ὀκνέω v. I delay, hesitate, am slow
3636 ὀκνηρός, ά, όν Adj slothful, backward
3637 ὀκταήμερος, ον Adj belonging to the eighth day
3638 ὀκτώ Indec.num. eight
3639 ὄλεθρος, ου, ὁ n.m. ruin, doom, destruction
3640 ὀλιγόπιστος, ον Adj of little faith
3641 ὀλίγος, η, ον Adj & Adv. small, brief, few, soon
3642 ὀλιγόψυχος, ον Adj faint-hearted
3643 ὀλιγωρέω v. I despise, make light of
3644 ὀλοθρευτής, οῦ, ὁ n.m. a destroyer
3645 ὀλοθρεύω v. I destroy
3646 ὁλοκαύτωμα, ατος, τό n.n. a whole burnt offering
3647 ὁλοκληρία, ας, ἡ n.f. perfect soundness
3648 ὁλόκληρος, ον Adj complete in every part, sound, perfect
3649 ὀλολύζω v. I howl, lament loudly
3650 ὅλος, η, ον Adj all, the whole, entire
3651 ὁλοτελής, ές Adj perfect, complete
3652 Ὀλυμπᾶς, ᾶ, ὁ n.m. Olympas
3653 ὄλυνθος, ου, ὁ n.m. an unripe fig
3654 ὅλως Adv wholly, altogether, not at all
3655 ὄμβρος, ου, ὁ n.m. a violent rain
3656 ὁμιλέω v. I associate with, talk with
3657 ὁμιλία, ας, ἡ n.f. intercourse, companionship, conversation
3659 ὄμμα, ατος, τό n.n. an eye
3660 ὀμνύω v. I swear, take an oath
3661 ὁμοθυμαδόν Adv with one mind, unanimously
3662 ὁμοιάζω v. I am like, resemble
3663 ὁμοιοπαθής, ές Adj of like feelings
3664 ὅμοιος, οία, οιον Adj like, similar to
3665 ὁμοιότης, τητος, ἡ n.f. likeness, resemblance
3666 ὁμοιόω v. I make like, liken, compare
3667 ὁμοίωμα, ατος, τό n.n. a likeness, form, similitude
3668 ὁμοίως Adv in like manner

ὁμοίωσις - ὀρεινός

3669 ὁμοίωσις, εως, ἡ n.f. making like, likeness
3670 ὁμολογέω v. I confess, profess, acknowledge, praise
3671 ὁμολογία, ας, ἡ n.f. a profession, confession
3672 ὁμολογουμένως Adv admittedly
3673 ὁμότεχνος, ον Adj of the same trade or craft
3674 ὁμοῦ Adv together
3675 ὁμόφρων, ον Adj of one mind
3676 ὅμως Cj. yet, nevertheless
3677 ὄναρ, ατος, τό n.indcl. a dream
3678 ὀνάριον, ου, τό n.n. a young ass
3679 ὀνειδίζω v. I reproach, revile, upbraid
3680 ὀνειδισμός, οῦ, ὁ n.m. reproach, reviling
3681 ὄνειδος, ους, τό n.n. reproach, disgrace
3682 Ὀνήσιμος, ου, ὁ n.m. Onesimus
3683 Ὀνησίφορος, ου, ὁ n.m. Onesiphorus
3684 ὀνικός, ή, όν Adj pertaining to an ass
3685 ὀνίνημι v. I help, profit, have joy of
3686 ὄνομα, ατος, τό n.n. name, character, reputation
3687 ὀνομάζω v. I give a name to, mention
3688 ὄνος, ου, ὁ, ἡ n.f. & n.m. a donkey, an ass
3689 ὄντως Adv really, truly
3690 ὄξος, ους, τό n.n. vinegar, sour wine
3691 ὀξύς, εῖα, ύ Adj sharp, swift, eager
3692 ὀπή, ῆς, ἡ n.f. a crevice, cave
3693 ὄπισθεν Adv from behind, after
3694 ὀπίσω Adv behind, after
3695 ὁπλίζω v. I arm, equip
3696 ὅπλον, ου, τό n.n. an instrument, arms, weapons
3697 ὁποῖος, οία, οῖον Adj of what kind or manner
3698 ὁπότε Adv when
3699 ὅπου Adv where, whither
3700 ὀπτάνομαι v. I appear, am seen
3701 ὀπτασία, ας, ἡ n.f. a vision, supernatural appearance
3702 ὀπτός, ή, όν Adj roasted, broiled
3703 ὀπώρα, ας, ἡ n.f. autumn, autumnal fruits
3704 ὅπως Adv how, in order that, so that
3705 ὅραμα, ατος, τό n.n. a spectacle, vision
3706 ὅρασις, εως, ἡ n.f. a sight, vision, appearance
3707 ὁρατός, ή, όν Adj visible
3708 ὁράω v. I see, look upon, experience
3709 ὀργή, ῆς, ἡ n.f. anger, wrath, passion
3710 ὀργίζω v. I irritate, provoke, am angry
3711 ὀργίλος, η, ον Adj prone to anger
3712 ὀργυιά, ᾶς, ἡ n.f. a fathom, about five or six feet
3713 ὀρέγω v. I stretch forth, long for
3714 ὀρεινός, ή, όν Adj mountainous, hilly

ὄρεξις - οὐδέ

3715 ὄρεξις, εως, ἡ n.f. strong desire, lust
3716 ὀρθοποδέω v. I walk in a straight course, walk uprightly
3717 ὀρθός, ή, όν Adj upright, straight
3718 ὀρθοτομέω v. I cut straight, handle correctly
3719 ὀρθρίζω v. I rise early, come in the morning
3721 ὄρθριος, ία, ιον Adj early in the morning
3722 ὄρθρος, ου, ὁ n.m. early dawn, day-break
3723 ὀρθῶς Adv rightly
3724 ὁρίζω v. I define, determine, appoint, decree
3725 ὅριον, ου, τό n.n. districts, territory
3726 ὁρκίζω v. I adjure by, charge solemnly by
3727 ὅρκος, ου, ὁ n.m. an oath
3728 ὁρκωμοσία, ας, ἡ n.f. the taking of an oath, an oath
3729 ὁρμάω v. I rush
3730 ὁρμή, ῆς, ἡ n.f. a rush, violent assault
3731 ὅρμημα, ατος, τό n.n. a rushing on, impulse
3732 ὄρνεον, ου, τό n.n. a bird
3733 ὄρνις, ιθος, ὁ, ἡ n.f. a bird, fowl, hen
3734 ὁροθεσία, ας, ἡ n.f. a setting of boundaries, definite limit
3735 ὅρος, ους, τό n.n. a mountain
3736 ὀρύσσω v. I dig, dig out
3737 ὀρφανός, ή, όν Adj bereaved, an orphan
3738 ὀρχέομαι v. I dance
3739 ὅς, ἥ, ὅ Rel.pr. who, which, what, that
3740 ὁσάκις Adv as often as
3741 ὅσιος, ία, ιον Adj holy, pious
3742 ὁσιότης, τητος, ἡ n.f. holiness, godliness, piety
3743 ὁσίως Adv piously
3744 ὀσμή, ῆς, ἡ n.f. an odor
3745 ὅσος, η, ον Corr.pr. how much, how great, how many
3746 ὅσπερ, ἥπερ, ὅπερ Rel.pr. the very one who
3747 ὀστέον, ου, τό n.n. a bone
3748 ὅστις, ἥτις, ὅτι Rel.pr. whosoever, whichsoever, whatsoever
3749 ὀστράκινος, η, ον Adj made of earth
3750 ὄσφρησις, εως, ἡ n.f. the sense of smell
3751 ὀσφύς, ύος, ἡ n.f. the loins
3752 ὅταν Cj. when, whensoever
3753 ὅτε Adv when
3754 ὅτι Cj. that, since, because
3755 ὅτου Rel.pr. until
3756 οὐ Neg.prt. no, not
3757 οὗ Adv where, whither, when
3758 οὐά Ij. ah!, aha!
3759 οὐαί Ij. & n.indcl. woe!, alas!
3760 οὐδαμῶς Neg.adv. by no means
3761 οὐδέ Neg.cj. neither, nor, not even

603

οὐδείς - ὀψώνιον

3762 οὐδείς, οὐδεμία, οὐδέν Adj no one, none, nothing
3763 οὐδέποτε Neg.adv. never
3764 οὐδέπω Neg.adv. not yet, never before
3765 οὐκέτι Neg.adv. no longer, no more
3766 οὐκοῦν Neg.adv. not therefore
3767 οὖν Cj. therefore, then
3768 οὔπω Neg.adv. not yet
3769 οὐρά, ᾶς, ἡ n.f. a tail
3770 οὐράνιος, ον Adj heavenly
3771 οὐρανόθεν Adv from heaven
3772 οὐρανός, οῦ, ὁ n.m. the sky, the heaven
3773 Οὐρβανός, οῦ, ὁ n.m. Urbanus
3774 Οὐρίας, ου, ὁ n.m. Uriah
3775 οὖς, ὠτός, τό n.n. the ear
3776 οὐσία, ας, ἡ n.f. property, wealth
3777 οὔτε Neg.cj. and not, neither, nor
3778 οὗτος, αὕτη, τοῦτο Dem.pr. this, he, she, it
3779 οὕτως Adv thus, so, in this manner
3780 οὐχί Irg.prt. & Neg.prt. by no means, not at all
3781 ὀφειλέτης, ου, ὁ n.m. a debtor, sinner
3782 ὀφειλή, ῆς, ἡ n.f. a debt, duty
3783 ὀφείλημα, ατος, τό n.n. a debt, offense, sin
3784 ὀφείλω v. I owe, ought
3785 ὄφελον v. O that! I wish! Would that!
3786 ὄφελος, ους, τό n.n. advantage, gain, profit
3787 ὀφθαλμοδουλεία, ας, ἡ n.f. service rendered only while the master watches
3788 ὀφθαλμός, οῦ, ὁ n.m. the eye
3789 ὄφις, εως, ὁ n.m. a serpent
3790 ὀφρῦς, ύος, ἡ n.f. the brow, a ridge
3791 ὀχλέω v. I trouble, torment, worry
3792 ὀχλοποιέω v. I gather a crowd
3793 ὄχλος, ου, ὁ n.m. a crowd
3794 ὀχύρωμα, ατος, τό n.n. a fortress, strong defense
3795 ὀψάριον, ου, τό n.n. a little fish
3796 ὀψέ Adv late, in the evening
3797 ὄψιμος, ον Adj late in the year
3798 ὄψιος, α, ον Adj late
3799 ὄψις, εως, ἡ n.f. the features, outward appearance
3800 ὀψώνιον, ου, τό n.n. pay, wages

παγιδεύω - παράβασις

Pi

3802 παγιδεύω v. I ensnare, entrap
3803 παγίς, ίδος, ἡ n.f. a snare, trap
3804 πάθημα, ατος, τό n.n. suffering, passion
3805 παθητός, ή, όν Adj destined to suffer
3806 πάθος, ους, τό n.n. suffering, emotion, depraved passion, lust
3807 παιδαγωγός, οῦ, ὁ n.m. a boy's guardian or tutor
3808 παιδάριον, ου, τό n.n. a little boy, lad
3809 παιδεία, ας, ἡ n.f. discipline
3810 παιδευτής, οῦ, ὁ n.m. an instructor
3811 παιδεύω v. I discipline, educate, train, chastise
3812 παιδιόθεν Adv from childhood
3813 παιδίον, ου, τό n.n. a little child, an infant
3814 παιδίσκη, ης, ἡ n.f. a female slave, maidservant, maid
3815 παίζω v. I play, sport
3816 παῖς, παιδός, ὁ, ἡ n.f. & n.m. a boy or girl child
3817 παίω v. I strike, smite
3819 πάλαι Adv of old, long ago
3820 παλαιός, ά, όν Adj old, ancient, worn out
3821 παλαιότης, τητος, ἡ n.f. oldness, obsoleteness
3822 παλαιόω v. I make old, declare obsolete
3823 πάλη, ης, ἡ n.f. a wrestling, struggle
3824 παλιγγενεσία, ας, ἡ n.f. a new birth, regeneration
3825 πάλιν Adv again, further, on the other hand
3826 παμπληθεί Adv all at once, all together
3827 πάμπολυς, παμπόλλη, πάμπολυ Adj very great
3828 Παμφυλία, ας, ἡ n.f. Pamphylia
3829 πανδοχεῖον, ου, τό n.n. an inn
3830 πανδοχεύς, έως, ὁ n.m. an innkeeper
3831 πανήγυρις, εως, ἡ n.f. a festival assembly
3832 πανοικί Adv with one's whole household or family
3833 πανοπλία, ας, ἡ n.f. complete armor
3834 πανουργία, ας, ἡ n.f. cunning, craftiness
3835 πανοῦργος, ον n.m. cunning, crafty
3836 πανταχόθεν Adv from all sides
3837 πανταχοῦ Adv everywhere
3838 παντελής, ές Adj complete, forever, entirely
3839 πάντῃ Adv in every way
3840 πάντοθεν Adv from all sides
3841 παντοκράτωρ, ορος, ὁ n.m. ruler of the universe
3842 πάντοτε Adv always, at all times
3843 πάντως Adv entirely, in every way, certainly
3844 παρά Prep. from, in the presence of
3845 παραβαίνω v. I transgress
3846 παραβάλλω v. I compare, arrive
3847 παράβασις, εως, ἡ n.f. a transgression

605

παραβάτης - παραπικραίνω

3848 παραβάτης, ου, ὁ n.m. a transgressor
3849 παραβιάζομαι v. I urge, constrain by entreaties
3850 παραβολή, ῆς, ἡ n.f. a parable, comparison
3851 παραβουλεύομαι v. I expose myself to danger, am reckless
3852 παραγγελία, ας, ἡ n.f. a command, charge
3853 παραγγέλλω v. I notify, command, charge
3854 παραγίνομαι v. I appear, come, arrive at
3855 παράγω v. I pass by, depart, pass away
3856 παραδειγματίζω v. I put to open shame
3857 παράδεισος, ου, ὁ n.m. Paradise
3858 παραδέχομαι v. I receive, accept, acknowledge
3859 παραδιατριβή, ῆς, ἡ n.f. useless debate
3860 παραδίδωμι v. I hand over, deliver, betray
3861 παράδοξος, ον Adj unexpected, strange, wonderful
3862 παράδοσις, εως, ἡ n.f. an instruction, tradition
3863 παραζηλόω v. I make jealous
3864 παραθαλάσσιος, ία, ιον Adj by the sea
3865 παραθεωρέω v. I overlook, neglect
3866 παραθήκη, ης, ἡ n.f. anything committed to one's charge
3867 παραινέω v. I admonish, advise, exhort
3868 παραιτέομαι v. I make excuse, refuse, reject
3869 παρακαθίζω v. I sit down beside
3870 παρακαλέω v. I summon, entreat, admonish, comfort
3871 παρακαλύπτω v. I hide, conceal, veil
3873 παράκειμαι v. I am present with, rest with
3874 παράκλησις, εως, ἡ n.f. exhortation, entreaty, encouragement, comfort
3875 παράκλητος, ου, ὁ n.m. an advocate, comforter, helper, Paraclete
3876 παρακοή, ῆς, ἡ n.f. disobedience
3877 παρακολουθέω v. I accompany, follow closely, investigate
3878 παρακούω v. I refuse to hear, disobey, disregard
3879 παρακύπτω v. I stoop, peer in, look down
3880 παραλαμβάνω v. I take, receive
3881 παραλέγομαι v. I coast along, sail along
3882 παράλιος, ον Adj on the coast
3883 παραλλαγή, ῆς, ἡ n.f. a change, variation
3884 παραλογίζομαι v. I deceive, beguile
3885 παραλυτικός, ή, όν Adj afflicted with paralysis
3886 παραλύω v. I relax, enfeeble
3887 παραμένω v. I remain by, abide with
3888 παραμυθέομαι v. I encourage, comfort, console
3889 παραμυθία, ας, ἡ n.f. encouragement, comfort
3890 παραμύθιον, ου, τό n.n. comfort, consolation
3891 παρανομέω v. I act contrary to law
3892 παρανομία, ας, ἡ n.f. a transgression
3893 παραπικραίνω v. I embitter, provoke, irritate

παραπικρασμός - παροικέω

3894 παραπικρασμός, οῦ, ὁ n.m. a provocation, irritation
3895 παραπίπτω v. I fall away
3896 παραπλέω v. I sail past
3897 παραπλήσιον Adv near to, nearly
3898 παραπλησίως Adv similarly, in like manner
3899 παραπορεύομαι v. I go past
3900 παράπτωμα, ατος, τό n.n. a falling away, sin
3901 παραρρέω v. I am lost, perish, drift away
3902 παράσημος, ον n.n. marked with
3903 παρασκευάζω v. I prepare
3904 παρασκευή, ῆς, ἡ n.f. the day before the Sabbath
3905 παρατείνω v. I extend, prolong
3906 παρατηρέω v. I watch
3907 παρατήρησις, εως, ἡ n.f. observation
3908 παρατίθημι v. I set before, serve, entrust to
3909 παρατυγχάνω v. I chance to meet
3910 παραυτίκα Adv immediate
3911 παραφέρω v. I turn aside, carry away, remove
3912 παραφρονέω v. I am out of my senses
3913 παραφρονία, ας, ἡ n.f. madness, folly
3914 παραχειμάζω v. I pass the winter
3915 παραχειμασία, ας, ἡ n.f. wintering
3916 παραχρῆμα Adv instantly, immediately
3917 πάρδαλις, εως, ἡ n.f. a leopard, panther
3918 πάρειμι v. I am present, am near
3919 παρεισάγω v. I bring in secretly
3920 παρείσακτος, ον Adj brought in secretly
3921 παρεισδύω v. I enter secretly
3922 παρεισέρχομαι v. I enter secretly
3923 παρεισφέρω v. I contribute besides
3924 παρεκτός Adv besides, outside, without
3925 παρεμβολή, ῆς, ἡ n.f. a camp, barracks, army in battle array
3926 παρενοχλέω v. I trouble
3927 παρεπίδημος, ον Adj residing in a strange country, a stranger
3928 παρέρχομαι v. I pass by
3929 πάρεσις, εως, ἡ n.f. overlooking
3930 παρέχω v. I offer, provide
3931 παρηγορία, ας, ἡ n.f. solace, consolation
3932 παρθενία, ας, ἡ n.f. virginity
3933 παρθένος, ου, ὁ, ἡ n.f. a virgin
3934 Πάρθος, ου, ὁ n.m. a Parthian
3935 παρίημι v. I neglect, omit, slacken
3936 παρίστημι v. I bring, present, come up to and stand by
3937 Παρμενᾶς, ᾶ, ὁ n.m. Parmenas
3938 πάροδος, ου, ἡ n.f. a passing by or through
3939 παροικέω v. I sojourn

3940 παροικία, ας, ἡ n.f. a sojourning
3941 πάροικος, ον Adj a stranger, foreigner
3942 παροιμία, ας, ἡ n.f. an allegory, proverb
3943 πάροινος, ον Adj given to wine, drunken
3944 παροίχομαι v. I pass away time
3945 παρομοιάζω v. I resemble
3946 παρόμοιος, α, ον Adj like, similar
3947 παροξύνω v. I provoke, irritate
3948 παροξυσμός, οῦ, ὁ n.m. incitement, irritation
3949 παροργίζω v. I provoke to anger, exasperate
3950 παροργισμός, οῦ, ὁ n.m. exasperation, wrath
3951 παροτρύνω v. I stir up, incite
3952 παρουσία, ας, ἡ n.f. presence, a coming, arrival, advent
3953 παροψίς, ίδος, ἡ n.f. a bowl, dish, platter
3954 παρρησία, ας, ἡ n.f. freedom, confidence
3955 παρρησιάζομαι v. I speak freely, boldly
3956 πᾶς, πᾶσα, πᾶν Adj all, the whole, every kind of
3957 πάσχα, τό Aram. the feast of Passover, the Passover lamb
3958 πάσχω v. I am acted upon, suffer
3959 Πάταρα, ων, τά n.n. Patara
3960 πατάσσω v. I strike
3961 πατέω v. I tread, trample upon
3962 πατήρ, πατρός, ὁ n.m. father, Father, ancestor
3963 Πάτμος, ου, ἡ n.f. Patmos
3964 πατρολῴας, ου, ὁ n.m. a murderer of his father
3965 πατριά, ᾶς, ἡ n.f. a family, tribe
3966 πατριάρχης, ου, ὁ n.m. a patriarch
3967 πατρικός, ή, όν Adj paternal, ancestral
3968 πατρίς, ίδος, ἡ n.f. fatherland
3969 Πατρόβας, α, ὁ n.m. Patrobas
3970 πατροπαράδοτος, ον Adj inherited
3971 πατρῷος, α, ον Adj hereditary
3972 Παῦλος, ου, ὁ n.m. Paul
3973 παύω v. I cause to cease
3974 Πάφος, ου, ἡ n.f. Paphos
3975 παχύνω v. I fatten
3976 πέδη, ης, ἡ n.f. a shackle
3977 πεδινός, ή, όν Adj level
3978 πεζεύω v. I travel on foot
3979 πεζῇ Adv on foot
3980 πειθαρχέω v. I obey one in authority
3981 πειθός, ή, όν Adj persuasive
3982 πείθω v. I persuade, urge
3983 πεινάω v. I am hungry, needy
3984 πεῖρα, ας, ἡ n.f. a trial, experiment
3985 πειράζω v. I try, tempt, test

πειρασμός - περικρύπτω

3986 πειρασμός, οῦ, ὁ n.m. trial, testing, temptation
3987 πειράω v. I try, attempt
3988 πεισμονή, ῆς, ἡ n.f. persuasion, conviction
3989 πέλαγος, ους, τό n.n. the sea, the deep
3990 πελεκίζω v. I behead
3991 πέμπτος, η, ον Adj the fifth
3992 πέμπω v. I send
3993 πένης, ητος, ὁ n.m. poor
3994 πενθερά, ᾶς, ἡ n.f. a mother-in-law
3995 πενθερός, οῦ, ὁ n.m. a father-in-law
3996 πενθέω v. I mourn, lament
3997 πένθος, ους, τό n.n. mourning, sorrow
3998 πενιχρός, ά, όν Adj poor, needy
3999 πεντάκις Adv five times
4000 πεντακισχίλιοι, αι, α Adj five thousand
4001 πεντακόσιοι, αι, α Adj five hundred
4002 πέντε, οἱ, αἱ, τά Indec.num. five
4003 πεντεκαιδέκατος, η, ον Adj fifteenth
4004 πεντήκοντα, οἱ, αἱ, τά Indec.num. fifty
4005 πεντηκοστή, ῆς, ἡ n.f. Pentecost
4006 πεποίθησις, εως, ἡ n.f. confidence, trust
4008 πέραν Adv over, beyond
4009 πέρας, ατος, τό n.n. a boundary, limit, an end
4010 Πέργαμος, ου, ἡ n.f. Pergamum
4011 Πέργη, ης, ἡ n.f. Perga
4012 περί Prep. about, concerning, around
4013 περιάγω v. I lead about, go about
4014 περιαιρέω v. I strip off, cast off
4015 περιαστράπτω v. I flash around like lightning
4016 περιβάλλω v. I cast around, clothe
4017 περιβλέπομαι v. I look around on, survey
4018 περιβόλαιον, ου, τό n.n. a wrapper, mantle, veil
4019 περιδέω v. I bind around
4020 περιεργάζομαι v. I overdo, am a busybody
4021 περίεργος, ον Adj a busybody, curious, magical
4022 περιέρχομαι v. I move about, make a circuit, tack
4023 περιέχω v. I contain, seize
4024 περιζώννυμι v. I gird round
4025 περίθεσις, εως, ἡ n.f. a putting around
4026 περιΐστημι v. I stand around, avoid, shun
4027 περικάθαρμα, ατος, τό n.n. refuse, filth
4028 περικαλύπτω v. I cover up
4029 περίκειμαι v. I surround, am surrounded with
4030 περικεφαλαία, ας, ἡ n.f. a helmet
4031 περικρατής, ές Adj having full power over, mastering
4032 περικρύπτω v. I conceal, hide

4033 περικυκλόω v. I encircle, surround
4034 περιλάμπω v. I shine around
4035 περιλείπω v. I leave behind
4036 περίλυπος, ον Adj very sorrowful
4037 περιμένω v. I wait for
4038 πέριξ Adv round about
4039 περιοικέω v. I dwell around
4040 περίοικος, ον Adj a neighbor
4041 περιούσιος, ον Adj costly, specially chosen
4042 περιοχή, ῆς, ἡ n.f. a passage of Scripture
4043 περιπατέω v. I walk, conduct my life
4044 περιπείρω v. I pierce through
4045 περιπίπτω v. I fall into the midst of
4046 περιποιέω v. I acquire, purchase
4047 περιποίησις, εως, ἡ n.f. obtaining, possessing, possession
4048 περιρρήγνυμι v. I tear off
4049 περισπάω v. I distract, trouble greatly
4050 περισσεία, ας, ἡ n.f. abundance
4051 περίσσευμα, ατος, τό n.n. abundance
4052 περισσεύω v. I exceed, am left over
4053 περισσός, ή, όν Adj & Adv. abundant, greater, vehemently, advantage
4055 περισσότερος, τέρα, τερον Adj greater, more
4057 περισσῶς (Comp.)adv. greatly, exceedingly
4058 περιστερά, άς, ἡ n.f. a dove
4059 περιτέμνω v. I circumcise
4060 περιτίθημι v. I put around, bestow
4061 περιτομή, ῆς, ἡ n.f. circumcision
4062 περιτρέπω v. I turn, change
4063 περιτρέχω v. I run around
4064 περιφέρω v. I carry around, am driven to and fro
4065 περιφρονέω v. I look down upon, despise
4066 περίχωρος, ον Adj neighboring
4067 περίψημα, ατος, τό n.n. scrapings, offscourings
4068 περπερεύομαι v. I boast
4069 Περσίς, ίδος, ἡ n.f. Persis
4070 πέρυσι Adv last year
4071 πετεινόν, οῦ, τό n.n. a bird
4072 πέτομαι v. I fly
4073 πέτρα, ας, ἡ n.f. rock
4074 Πέτρος, ου, ὁ n.m. Peter
4075 πετρώδης, ες Adj rocky, stony
4076 πήγανον, ου, τό n.n. rue, a plant used for flavoring food
4077 πηγή, ῆς, ἡ n.f. a fountain, spring, well
4078 πήγνυμι v. I pitch a tent
4079 πηδάλιον, ου, τό n.n. the rudder of a ship

πηλίκος - πλευρά

4080 πηλίκος, η, ον Adj how large, how great
4081 πηλός, οῦ, ὁ n.m. clay, mud
4082 πήρα, ας, ἡ n.f. a sack, wallet
4083 πῆχυς, εως, ὁ n.m. a cubit
4084 πιάζω v. I lay hold of
4085 πιέζω v. I press down
4086 πιθανολογία, ας, ἡ n.f. persuasive speech
4087 πικραίνω v. I embitter
4088 πικρία, ας, ἡ n.f. bitterness
4089 πικρός, ά, όν Adj bitter, acrid, malignant
4090 πικρῶς Adv bitterly
4091 Πιλᾶτος, ου, ὁ n.m. Pilate
4092 πίμπρημι v. I am inflamed, I swell
4093 πινακίδιον, ου, τό n.n. a tablet for writing
4094 πίναξ, ακος, ἡ n.m. a plate, platter
4095 πίνω v. I drink, imbibe
4096 πιότης, τητος, ἡ n.f. fatness
4097 πιπράσκω v. I sell
4098 πίπτω v. I fall, fall under
4099 Πισιδία, ας, ἡ n.f. Pisidia
4100 πιστεύω v. I believe, have faith in
4101 πιστικός, ή, όν Adj genuine, pure
4102 πίστις, εως, ἡ n.f. faith, belief, trust
4103 πιστός, ή, όν Adj trustworthy, faithful, believing
4104 πιστόω v. I convince, give assurance to
4105 πλανάω v. I lead astray, deceive
4106 πλάνη, ης, ἡ n.f. a wandering, error
4107 πλανήτης, ου, ὁ n.m. a wanderer
4108 πλάνος, ον Adj misleading, a deceiver
4109 πλάξ, πλακός, ἡ n.f. a tablet, flat surface
4110 πλάσμα, ατος, τό n.n. a thing formed or fashioned
4111 πλάσσω v. I form, mould
4112 πλαστός, ή, όν Adj formed, molded, feigned
4113 πλατεῖα, ας, ἡ n.f. a street
4114 πλάτος, ους, τό n.n. breadth
4115 πλατύνω v. I enlarge
4116 πλατύς, εῖα, ύ Adj broad
4117 πλέγμα, ατος, τό n.n. braided hair, anything interwoven
4118 πλεῖστος, η, ον Adj the greatest, the most
4119 πλείων, εῖον Adj more, greater
4120 πλέκω v. I weave together, plait
4121 πλεονάζω v. I abound, increase
4122 πλεονεκτέω v. I take advantage of
4123 πλεονέκτης, ου, ὁ n.m. a covetous person
4124 πλεονεξία, ας, ἡ n.f. covetousness, avarice
4125 πλευρά, ᾶς, ἡ n.f. the side of the body

πλέω - πόλεμος

4126 πλέω v. I sail
4127 πληγή, ῆς, ἡ n.f. a blow, stripe, wound
4128 πλῆθος, ους, τό n.n. a multitude
4129 πληθύνω v. I increase, multiply
4130 πλήθω v. I fill
4131 πλήκτης, ου, ὁ n.m. a contentious person
4132 πλημμύρα, ας, ἡ n.f. a flood
4133 πλήν Adv however, nevertheless
4134 πλήρης, ες Adj full
4135 πληροφορέω v. I carry out fully, fully convince
4136 πληροφορία, ας, ἡ n.f. full assurance
4137 πληρόω v. I fill, fulfill, complete
4138 πλήρωμα, ατος, τό n.n. fullness, fulfillment, completion
4139 πλησίον Adv near, nearby, a neighbor
4140 πλησμονή, ῆς, ἡ n.f. satisfaction, indulgence
4141 πλήσσω v. I strike, smite
4142 πλοιάριον, ου, τό n.n. a little boat
4143 πλοῖον, ου, τό n.n. a ship, vessel
4144 πλόος, οῦς n.m. a voyage
4145 πλούσιος, α, ον Adj rich
4146 πλουσίως Adv richly, abundantly
4147 πλουτέω v. I become rich
4148 πλουτίζω v. I make rich
4149 πλοῦτος, ου, ὁ n.m. & n.n. riches, wealth
4150 πλύνω v. I wash
4151 πνεῦμα, ατος, τό n.n. wind, breath, spirit
4152 πνευματικός, ή, όν Adj spiritual
4153 πνευματικῶς Adv spiritually
4154 πνέω v. I blow
4155 πνίγω v. I choke, strangle
4156 πνικτός, ή, όν Adj strangled
4157 πνοή, ῆς, ἡ n.f. breath, wind
4158 ποδήρης, ες Adj a long robe
4159 πόθεν Irg.adv. whence
4160 ποιέω v. I do, make
4161 ποίημα, ατος, τό n.n. a thing made
4162 ποίησις, εως, ἡ n.f. a doing
4163 ποιητής, οῦ, ὁ n.m. a doer, performer, poet
4164 ποικίλος, η, ον Adj various, of different colors
4165 ποιμαίνω v. I shepherd, tend
4166 ποιμήν, ένος, ὁ n.m. a shepherd
4167 ποίμνη, ης, ἡ n.f. a flock
4168 ποίμνιον, ου, τό n.n. a little flock
4169 ποῖος, α, ον Irg.pr. of what sort
4170 πολεμέω v. I make war, contend
4171 πόλεμος, ου, ὁ n.m. a war, battle, strife

πόλις - ποταπός

4172 πόλις, εως, ἡ n.f. a city
4173 πολιτάρχης, ου, ὁ n.m. a ruler of a city
4174 πολιτεία, ας, ἡ n.f. citizen body, citizenship
4175 πολίτευμα, ατος, τό n.n. a state, commonwealth
4176 πολιτεύομαι v. I live the life of a citizen
4177 πολίτης, ου, ὁ n.m. a citizen
4178 πολλάκις Adv many times, often
4179 πολλαπλασίων, ον Adj many times more, manifold
4180 πολυλογία, ας, ἡ n.f. much-speaking
4181 πολυμερῶς Adv in many parts
4182 πολυποίκιλος, ον Adj much varied, manifold
4183 πολύς, πολλή, πολύ Adj much, many, often
4184 πολύσπλαγχνος, ον Adj very compassionate
4185 πολυτελής, ές Adj very costly, very precious
4186 πολύτιμος, ον Adj of great value
4187 πολυτρόπως Adv in many ways
4188 πόμα, ατος, τό n.n. drink
4189 πονηρία, ας, ἡ n.f. wickedness, iniquities
4190 πονηρός, ά, όν Adj evil, bad, wicked
4191 πονηρότερα Adj more wicked
4192 πόνος, ου, ὁ n.m. labor, pain
4193 Ποντικός, ή, όν Adj belonging to Pontus
4194 Πόντιος, ου, ὁ n.m. Pontius
4195 Πόντος, ου, ὁ n.m. Pontus
4196 Πόπλιος, ου, ὁ n.m. Publius
4197 πορεία, ας, ἡ n.f. a journey, pursuit, undertaking
4198 πορεύομαι v. I travel, journey, go
4199 πορθέω v. I lay waste, destroy
4200 πορισμός, οῦ, ὁ n.m. a source of gain
4201 Πόρκιος, ου, ὁ n.m. Porcius
4202 πορνεία, ας, ἡ n.f. fornication, idolatry
4203 πορνεύω v. I fornicate, practice idolatry
4204 πόρνη, ης, ἡ n.f. a prostitute
4205 πόρνος, ου, ὁ n.m. a fornicator
4206 πόρρω (Comp.)adv. far, far off
4207 πόρρωθεν Adv from afar, far off
4208 πορρωτέρω v. farther, beyond
4209 πορφύρα, ας, ἡ n.f. a purple garment
4210 πορφυροῦς, ᾶ, οῦν Adj purple
4211 πορφυρόπωλις, ιδος, ἡ n.f. a female seller of purple cloth
4212 ποσάκις Adv how often
4213 πόσις, εως, ἡ n.f. drink
4214 πόσος, η, ον Corr./Irg.pr. how much, how great, how many
4215 ποταμός, οῦ, ὁ n.m. a river, torrent
4216 ποταμοφόρητος, ον Adj carried away by a stream
4217 ποταπός, ή, όν Adj of what kind

ποτέ - προβατικός

4218 ποτέ Disj.prt. at one time or other
4219 πότε Irg.prt. when, at what time
4220 πότερος, α, ον Irg.adv. which of two, whether
4221 ποτήριον, ου, τό n.n. a drinking cup
4222 ποτίζω v. I cause to drink, give to drink
4223 Ποτίολοι, ων, οἱ n.m. Puteoli
4224 πότος, ου, ὁ n.m. a drinking, carousing
4225 πού Adv somewhere
4226 ποῦ Irg.adv. where, whither
4227 Πούδης, δεντος, τό n.m. Pudens
4228 πούς, ποδός, ὁ n.m. the foot
4229 πρᾶγμα, ατος, τό n.n. a thing done, a matter
4230 πραγματεία, ας, ἡ n.f. a business, an occupation
4231 πραγματεύομαι v. I transact business, trade
4232 πραιτώριον, ου, τό n.n. the official residence of the Procurator
4233 πράκτωρ, ορος, ὁ n.m. an officer employed to execute judicial sentences
4234 πρᾶξις, εως, ἡ n.f. an action, deeds, function
4235 πρᾷος, α, ον Adj mild, gentle
4236 πραότης, τητος, ἡ n.f. mildness, gentleness
4237 πρασιά, ᾶς, ἡ n.f. a company formed into divisions
4238 πράσσω v. I do, fare, require
4239 πραΰς, πραεῖα, πραΰ Adj mild, gentle
4240 πραΰτης, τητος, ἡ n.f. mildness, gentleness
4241 πρέπω v. it becomes, is fitting to
4242 πρεσβεία, ας, ἡ n.f. an embassy, delegation
4243 πρεσβεύω v. I am aged, act as an ambassador
4244 πρεσβυτέριον, ου, τό n.n. an assembly of elders
4245 πρεσβύτερος, α, ον Adj elder
4246 πρεσβύτης, ου, ὁ n.m. an old man
4247 πρεσβῦτις, ιδος, ἡ n.f. an old woman
4248 πρηνής, ές Adj falling headlong
4249 πρίζω v. I saw, saw through
4250 πρίν Adv formerly, before
4251 Πρίσκα, ης, ἡ n.f. Prisca, Priscilla
4252 Πρίσκιλλα, ης, ἡ n.f. Prisca, Priscilla
4253 πρό Prep. before
4254 προάγω v. I lead forth, go before
4255 προαιρέω v. I propose, purpose
4256 προαιτιάομαι v. I make a prior accusation
4257 προακούω v. I hear beforehand
4258 προαμαρτάνω v. I sin previously
4259 προαύλιον, ου, τό n.n. a porch
4260 προβαίνω v. I go forward
4261 προβάλλω v. I put forth
4262 προβατικός, ή, όν Adj pertaining to sheep

πρόβατον - προοράω

4263 πρόβατον, ου, τό n.n. a sheep
4264 προβιβάζω v. I urge forward
4265 προβλέπομαι v. I provide, foresee
4266 προγίνομαι v. I happen previously
4267 προγινώσκω v. I know beforehand
4268 πρόγνωσις, εως, ἡ n.f. foreknowledge
4269 πρόγονος, ου, ὁ n.m. an ancestor
4270 προγράφω v. I write previously
4271 πρόδηλος, ον Adj evident
4272 προδίδωμι v. I give before, betray
4273 προδότης, ου, ὁ n.m. a betrayer
4274 πρόδρομος, ου, ὁ, ἡ Adj a precursor, forerunner
4275 προείδω v. I see beforehand
4276 προελπίζω v. I hope before
4277 προέπω v. I say previously, predict
4278 προενάρχομαι v. I begin before
4279 προεπαγγέλλομαι v. I promise beforehand
4280 προερέω v. I say already, predict
4281 προέρχομαι v. I go before, precede
4282 προετοιμάζω v. I prepare beforehand, predestine
4283 προευαγγελίζομαι v. I preach the gospel beforehand
4284 προέχω v. I excel, surpass
4285 προηγέομαι v. I lead onward by example
4286 πρόθεσις, εως, ἡ n.f. theshow-bread, predetermination
4287 προθεσμία, ας, ἡ n.f. appointed before
4288 προθυμία, ας, ἡ n.f. inclination, readiness
4289 πρόθυμος, ον Adj eager, ready, willing
4290 προθύμως Adv readily
4291 προΐστημι v. I rule
4292 προκαλέομαι v. I provoke, stimulate
4293 προκαταγγέλλω v. I announce beforehand, promise
4294 προκαταρτίζω v. I prepare beforehand
4295 πρόκειμαι v. I am set before
4296 προκηρύσσω v. I preach beforehand
4297 προκοπή, ῆς, ἡ n.f. progress, advancement
4298 προκόπτω v. I advance, make progress
4299 πρόκριμα, ατος, τό n.n. a prejudgment, prejudice
4300 προκυρόω v. I establish before
4301 προλαμβάνω v. I take before, anticipate, am overtaken
4302 προλέγω v. I forewarn
4303 προμαρτύρομαι v. I predict
4304 προμελετάω v. I meditate beforehand, prepare
4305 προμεριμνάω v. I am anxious beforehand
4306 προνοέω v. I provide for
4307 πρόνοια, ας, ἡ n.f. forethought, foresight
4308 προοράω v. I foresee

προορίζω - προσλαλέω

4309 προορίζω v. I foreordain, predetermine
4310 προπάσχω v. I suffer previously
4311 προπέμπω v. I send forward, accompany
4312 προπετής, ές Adj impulsive, rash, reckless
4313 προπορεύομαι v. I precede, pass on before
4314 πρός Prep. to, towards, with
4315 προσάββατον, ου, τό n.n. the day before the Sabbath
4316 προσαγορεύω v. I address by name, designate
4317 προσάγω v. I bring near, approach
4318 προσαγωγή, ῆς, ἡ n.f. approach, access
4319 προσαιτέω v. I beg
4320 προσαναβαίνω v. I go up to, come up to
4321 προσαναλίσκω v. I spend in addition
4322 προσαναπληρόω v. I supply
4323 προσανατίθημι v. I consult with
4324 προσαπειλέω v. I utter additional threats
4325 προσδαπανάω v. I spend in addition
4326 προσδέομαι v. I want more
4327 προσδέχομαι v. I expect, welcome, accept
4328 προσδοκάω v. I expect, await
4329 προσδοκία, ας, ἡ n.f. expectation, waiting
4330 προσεάω v. I permit one to approach
4331 προσεγγίζω v. I approach
4332 προσεδρεύω v. I wait upon, minister to
4333 προσεργάζομαι v. I gain
4334 προσέρχομαι v. I come near, consent to
4335 προσευχή, ῆς, ἡ n.f. prayer, a place for prayer
4336 προσεύχομαι v. I pray, pray for
4337 προσέχω v. I pay attention to, devote myself to
4338 προσηλόω v. I nail to
4339 προσήλυτος, ου, ὁ n.m. a proselyte
4340 πρόσκαιρος, ον Adj temporary
4341 προσκαλέω v. I summon
4342 προσκαρτερέω v. I persist
4343 προσκαρτέρησις, εως, ἡ n.f. perseverance
4344 προσκεφάλαιον, ου, τό n.n. a pillow or cushion
4345 προσκληρόω v. I assign by lot, allot
4346 πρόσκλησις, εως, ἡ n.f. partiality
4347 προσκολλάω v. I join closely, cleave to
4348 πρόσκομμα, ατος, τό n.n. a stumbling-block
4349 προσκοπή, ῆς, ἡ n.f. a cause of stumbling
4350 προσκόπτω v. I stumble
4351 προσκυλίω v. I roll to
4352 προσκυνέω v. I worship
4353 προσκυνητής, οῦ, ὁ n.m. a worshipper
4354 προσλαλέω v. I speak to

προσλαμβάνω - προχειροτονέω

4355 προσλαμβάνω v. I take to myself, welcome
4356 πρόσληψις, εως, ἡ n.f. a receiving
4357 προσμένω v. I remain, persist in
4358 προσορμίζω v. I anchor at a place
4359 προσοφείλω v. I owe in addition
4360 προσοχθίζω v. I am displeased with
4361 πρόσπεινος, ον Adj very hungry
4362 προσπήγνυμι v. I fasten to
4363 προσπίπτω v. I fall down before, beat against
4364 προσποιέω v. I pretend, regard
4365 προσπορεύομαι v. I approach
4366 προσρήγνυμι v. I dash against
4367 προστάσσω v. I instruct, command, appoint
4368 προστάτις, ιδος, ἡ n.f. a female guardian, protector
4369 προστίθημι v. I put to, add, do again
4370 προστρέχω v. I run to
4371 προσφάγιον, ου, τό n.n. anything eaten with bread
4372 πρόσφατος, ον Adj recent, new
4373 προσφάτως Adv recently
4374 προσφέρω v. I bring to, offer
4375 προσφιλής, ές Adj pleasing, acceptable
4376 προσφορά, άς, ἡ n.f. an offering, sacrifice
4377 προσφωνέω v. I call to, summon
4378 πρόσχυσις, εως, ἡ n.f. a sprinkling
4379 προσψαύω v. I touch lightly
4380 προσωποληπτέω v. I show partiality
4381 προσωπολήπτης, ου, ὁ n.m. one who shows partiality
4382 προσωποληψία, ας, ἡ n.f. partiality, favoritism
4383 πρόσωπον, ου, τό n.n. the face, countenance, surface
4385 προτείνω v. I stretch out, tie up
4386 πρότερον Adj. & Comp.adv. formerly, before
4387 πρότερος, α, ον Adj former, before
4388 προτίθεμαι v. I purpose, design beforehand
4389 προτρέπω v. I encourage, exhort
4390 προτρέχω v. I outrun
4391 προϋπάρχω v. I have been already
4392 πρόφασις, εως, ἡ n.f. a pretext, an excuse
4393 προφέρω v. I produce
4394 προφητεία, ας, ἡ n.f. prophecy
4395 προφητεύω v. I foretell, prophesy
4396 προφήτης, ου, ὁ n.m. a prophet, poet
4397 προφητικός, ή, όν Adj prophetic
4398 προφῆτις, ιδος, ἡ n.f. a prophetess
4399 προφθάνω v. I anticipate
4400 προχειρίζομαι v. I appoint, choose, elect
4401 προχειροτονέω v. I designate beforehand

Πρόχορος - πύρινος

4402 Πρόχορος, ου, ὁ n.m. Prochorus
4403 πρύμνα, ης, ἡ n.f. the stern of a ship
4404 πρωΐ Adv early in the morning, at dawn
4405 πρωΐα, ας, ἡ n.f. early morning
4406 πρώϊμος, η, ον Adj dawning, early
4407 πρωϊνός, ή, όν Adj belonging to the morning
4408 πρῴρα, ας, ἡ n.f. the prow of a ship
4409 πρωτεύω v. I have preeminence, am chief
4410 πρωτοκαθεδρία, ας, ἡ n.f. a chief seat
4411 πρωτοκλισία, ας, ἡ n.f. the chief place at a banquet
4412 πρῶτον Sup.adv. first, before
4413 πρῶτος, η, ον Adj first, before
4414 πρωτοστάτης, ου, ὁ n.m. a leader, chief
4415 πρωτοτόκια, ων, τά n.n. the birthright
4416 πρωτότοκος, ον Adj first-born
4417 πταίω v. I stumble, fall, sin
4418 πτέρνα, ης, ἡ n.f. the heel
4419 πτερύγιον, ου, τό n.n. an extremity, battlement, parapet
4420 πτέρυξ, υγος, ἡ n.f. a wing
4421 πτηνός, ή, όν Adj winged
4422 πτοέω v. I terrify, scare
4423 πτόησις, εως, ἡ n.f. terror, consternation
4424 Πτολεμαΐς, ΐδος, ἡ n.f. Ptolemais
4425 πτύον, ου, τό n.n. a simple wooden pitchfork
4426 πτύρω v. I frighten, terrify
4427 πτύσμα, ατος, τό n.n. spittle
4428 πτύσσω v. I fold, roll up
4429 πτύω v. I spit
4430 πτῶμα, ατος, τό n.n. a carcass, corpse
4431 πτῶσις, εως, ἡ n.f. a falling, a fall
4432 πτωχεία, ας, ἡ n.f. beggary, poverty
4433 πτωχεύω v. I am in poverty
4434 πτωχός, ή, όν Adj poor, destitute
4435 πυγμή, ῆς, ἡ n.f. the fist
4436 Πύθων, ωνος, ὁ n.m. a divining spirit
4437 πυκνός, ή, όν Adj frequent, often
4438 πυκτεύω v. I box
4439 πύλη, ης, ἡ n.f. a door, gate
4440 πυλών, ῶνος, ὁ n.m. a large gate, a gateway, porch
4441 πυνθάνομαι v. I ask, inquire
4442 πῦρ, πυρός, τό n.n. fire, trials
4443 πυρά, ᾶς, ἡ n.f. a fire
4444 πύργος, ου, ὁ n.m. a tower, fortified structure
4445 πυρέσσω v. I am sick with a fever
4446 πυρετός, οῦ, ὁ n.m. a fever
4447 πύρινος, η, ον Adj fiery, glittering

πυρόω - ῥιπίζω

4448 πυρόω v. I burn, am purified by fire
4449 πυρράζω v. I am red
4450 πυρός, ά, όν Adj red, fire-colored
4451 πύρωσις, εως, ἡ n.f. a burning, trial, fiery test
4453 πωλέω v. I sell
4454 πῶλος, ου, ὁ n.m. a colt, young ass
4455 πώποτε Adv at any time, ever
4456 πωρόω v. I harden, render callous
4457 πώρωσις, εως, ἡ n.f. hardness of heart
4459 πῶς Adv. & Irg.adv. how, in what manner

Rho

4460 Ῥαάβ, ἡ Prop.n. Rahab
4461 ῥαββί Hebr. Rabbi, my master, teacher
4462 ῥαββουνί Aram. Rabbi, my master
4463 ῥαβδίζω v. I beat with rods, scourge
4464 ῥάβδος, ου, ἡ n.f. a rod, staff
4465 ῥαβδοῦχος, ου, ὁ n.m. a lictor, Roman officer
4466 Ῥαγαῦ, ὁ Prop.n. Ragau, Reu
4467 ῥᾳδιούργημα, ατος, τό n.n. an act of villainy
4468 ῥᾳδιουργία, ας, ἡ n.f. craftiness, villainy
4469 ῥακά Aram. empty, foolish
4470 ῥάκος, ους, τό n.n. a piece of cloth
4471 Ῥαμά, ἡ Prop.n. Rama
4472 ῥαντίζω v. I sprinkle
4473 ῥαντισμός, οῦ, ὁ n.m. sprinkling, purification
4474 ῥαπίζω v. I slap, strike
4475 ῥάπισμα, ατος, τό n.n. a slap
4476 ῥαφίς, ίδος, ἡ n.f. a needle
4477 Ῥαχάβ, ἡ Prop.n. Rahab
4478 Ῥαχήλ, ἡ Prop.n. Rachel
4479 Ῥεβέκκα, ας, ἡ n.f. Rebecca
4480 ῥέδα, ης, ἡ n.f. a chariot
4481 Ῥεμφάν, ὁ Prop.n. Rephan, Saturn
4482 ῥέω v. I flow
4484 Ῥήγιον, ου, τό n.n. Rhegium
4485 ῥῆγμα, ατος, τό n.n. a ruin
4486 ῥήγνυμι, ῥήσσω v. I break, break forth
4487 ῥῆμα, ατος, τό n.n. a thing spoken
4488 Ῥησά, ὁ Prop.n. Rhesa
4489 ῥήτωρ, ορος, ὁ n.m. an orator
4490 ῥητῶς Adv in so many words
4491 ῥίζα, ης, ἡ n.f. a root, that which comes from the root
4492 ῥιζόω v. I root, fix by the root
4493 ῥιπή, ῆς, ἡ n.f. a glance, twinkle (of the eye)
4494 ῥιπίζω v. I toss to and fro

ῥιπτέω - Σαλώμη

4495 ῥιπτέω v. I throw away
4496 ῥίπτω v. I throw, cast, toss
4497 Ῥοβοάμ, ὁ Prop.n. Rehoboam
4498 Ῥόδη, ης, ἡ n.f. Rhoda
4499 Ῥόδος, ου, ἡ n.f. Rhodes
4500 ῥοιζηδόν Adv with a great noise
4501 ῥομφαία, ας, ἡ n.f. a sword, piercing grief
4502 Ῥουβίμ, ὁ Prop.n. Reuben
4503 Ῥούθ, ἡ Prop.n. Ruth
4504 Ῥοῦφος, ου, ὁ n.m. Rufus
4505 ῥύμη, ης, ἡ n.f. a street, lane
4506 ῥύομαι v. I rescue
4507 ῥυπαρία, ας, ἡ n.f. filth, pollution
4508 ῥυπαρός, ά, όν Adj filthy, defiled
4509 ῥύπος, ου, ὁ n.m. filth, dirt
4510 ῥυπαρεύομαι v. I am filthy
4511 ῥύσις, εως, ἡ n.f. a flowing, an issue
4512 ῥυτίς, ίδος, ἡ n.f. a wrinkle, spiritual defect
4513 Ῥωμαϊκός, ή, όν Adj Roman, Latin
4514 Ῥωμαῖος, α, ον Adj Roman, a Roman citizen
4515 Ῥωμαϊστί Adv in the Latin language
4516 Ῥώμη, ης, ἡ n.f. Rome
4517 ῥώννυμι v. I strengthen, farewell

Sigma

4518 σαβαχθανί Aram. & Heb. thou hast forsaken me
4519 σαβαώθ Hebr. hosts, armies
4520 σαββατισμός, οῦ, ὁ n.m. a Sabbath rest
4521 σάββατον, ου, τό n.n. the Sabbath, a week
4522 σαγήνη, ης, ἡ n.f. a fishing-net
4523 Σαδδουκαῖος, ου, ὁ n.m. a Sadducee
4524 Σαδώκ, ὁ Prop.n. Zadok
4525 σαίνω v. I move, disturb
4526 σάκκος, ου, ὁ n.m. sack-cloth
4527 Σαλά, ὁ Prop.n. Sala
4528 Σαλαθιήλ, ὁ Prop.n. Salathiel
4529 Σαλαμίς, ῖνος, ἡ n.f. Salamis
4531 σαλεύω v. I shake, excite
4532 Σαλήμ, ἡ Prop.n. Salem
4533 Σαλμών, ὁ Prop.n. Salmon
4534 Σαλμώνη, ης, ἡ n.f. Salmone
4535 σάλος, ου, ὁ n.m. the tossing of the sea in a tempest
4536 σάλπιγξ, ιγγος, ἡ n.f. a trumpet
4537 σαλπίζω v. I sound a trumpet
4538 σαλπιστής, οῦ, ὁ n.m. a trumpeter
4539 Σαλώμη, ης, ἡ n.f. Salome

Σαμάρεια - σεμνότης

4540 Σαμάρεια, ας, ἡ n.f. Samaria
4541 Σαμαρείτης, ου, ὁ n.m. a Samaritan
4542 Σαμαρεῖτις, ιδος, ἡ n.f. a Samaritan woman
4543 Σαμοθράκη, ης, ἡ n.f. Samothrace
4544 Σάμος, ου, ἡ n.f. Samos
4545 Σαμουήλ, ὁ Prop.n. Samuel
4546 Σαμψών, ὁ Prop.n. Samson
4547 σανδάλιον, ου, τό n.n. a sandal
4548 σανίς, ίδος, ἡ n.f. a plank, board
4549 Σαούλ, ὁ Prop.n. Saul
4550 σαπρός, ά, όν Adj rotten, useless, corrupt
4551 Σαπφείρη, ης, ἡ n.f. Sapphira
4552 σάπφειρος, ου, ἡ n.f. a sapphire
4553 σαργάνη, ης, ἡ n.f. a basket
4554 Σάρδεις, εων, αἱ n.f. Sardis
4556 σάρδιον, ου, τό n.n. carnelian
4557 σαρδόνυξ, υχος, ὁ n.m. sardonyx
4558 Σάρεπτα, ων, τά n.n. Zarephath
4559 σαρκικός, ή, όν Adj fleshly, carnal
4560 σάρκινος, η, ον Adj consisting of flesh
4561 σάρξ, σαρκός, ἡ n.f. flesh, body
4562 Σερούχ, ὁ Prop.n. Serug
4563 σαρόω v. I sweep
4564 Σάρρα, ας, ἡ n.f. Sarah
4565 Ασσαρών, ῶνος, ὁ n.m. Sharon
4566 Σατᾶν, ὁ Prop.n. Satan
4567 Σατανᾶς, ᾶ, ὁ n.m. an adversary, Satan
4568 σάτον, ου, τό n.n. nearly three English gallons
4569 Σαῦλος, ου, ὁ n.m. Saul, the apostle
4570 σβέννυμι v. I extinguish, suppress
4572 σεαυτοῦ, ῆς, οῦ Refl.pr. of yourself
4573 σεβάζομαι v. I worship
4574 σέβασμα, ατος, τό n.n. an object of worship
4575 Σεβαστός, ή, όν Adj august, venerated
4576 σέβομαι v. I reverence, worship
4577 σειρά, ᾶς, ἡ n.f. a chain
4578 σεισμός, οῦ, ὁ n.m. an earthquake, storm
4579 σείω v. I shake
4580 Σεκοῦνδος, ου, ὁ n.m. Secundus
4581 Σελεύκεια, ας, ἡ n.f. Seleucia
4582 σελήνη, ης, ἡ n.f. the moon
4583 σεληνιάζομαι v. I am a lunatic
4584 Σεμεΐ, ὁ Prop.n. Semein
4585 σεμίδαλις, εως, ἡ n.f. the finest wheaten flour
4586 σεμνός, ή, όν Adj honorable
4587 σεμνότης, τητος, ἡ n.f. dignity, honor

Σέργιος - σκηνή

4588 Σέργιος, ου, ὁ n.m. Sergius
4589 Σήθ, ὁ Prop.n. Seth
4590 Σήμ, ὁ Prop.n. Shem
4591 σημαίνω v. I signify, indicate
4592 σημεῖον, ου, τό n.n. a sign, miracle, indication
4593 σημειόομαι v. I note
4594 σήμερον Adv today, now
4595 σήπω v. I cause to rot
4596 σηρικός, ή, όν Adj silken
4597 σής, σητός, ὁ n.m. a moth
4598 σητόβρωτος, ον Adj moth-eaten
4599 σθενόω v. I strengthen
4600 σιαγών, όνος, ἡ n.f. the jawbone, cheek
4601 σιγάω v. I keep silent
4602 σιγή, ῆς, ἡ n.f. silence
4603 σιδήρεος, έα, εον Adj made of iron
4604 σίδηρος, ου, ὁ n.m. iron
4605 Σιδών, ῶνος, ἡ n.f. Sidon
4606 Σιδώνιος, ία, ιον Adj Sidonian
4607 σικάριος, ου, ὁ n.m. an assassin, murderer
4608 σίκερα, τό n.indcl. intoxicating drink
4609 Σίλας, ᾶ, ὁ n.m. Silas
4610 Σιλουανός, οῦ, ὁ n.m. Silvanus
4611 Σιλωάμ, ὁ Prop.n. Siloam
4612 σιμικίνθιον, ου, τό n.n. an apron
4613 Σίμων, ωνος, ὁ n.m. Simon
4614 Σινᾶ, τό Prop.n. Sinai
4615 σίναπι, εως, ἡ n.n. mustard
4616 σινδών, όνος, ἡ n.f. a linen cloth
4617 σινιάζω v. I sift, prove by trials
4618 σιτευτός, ή, όν Adj fattened
4619 σιτιστός, ή, όν Adj fattened
4620 σιτομέτριον, ου, τό n.n. a measured portion of grain or food
4621 σῖτος, ου, ὁ n.m. & n.n. wheat, grain
4622 Σιών, ἡ Prop.n. Zion
4623 σιωπάω v. I keep silence
4624 σκανδαλίζω v. I cause to stumble
4625 σκάνδαλον, ου, τό n.n. a snare, stumbling-block
4626 σκάπτω v. I dig
4627 σκάφη, ης, ἡ n.f. a boat
4628 σκέλος, ους, τό n.n. the leg
4629 σκέπασμα, ατος, τό n.n. clothing
4630 Σκευᾶς, ᾶ, ὁ n.m. Sceva
4631 σκευή, ῆς, ἡ n.f. tackle, fittings
4632 σκεῦος, ους, τό n.n. a vessel to contain liquid, utensil, tackle
4633 σκηνή, ῆς, ἡ n.f. a tent, tabernacle

σκηνοπηγία - σπαράσσω

4634 σκηνοπηγία, ας, ή n.f. the feast of tabernacles
4635 σκηνοποιός, οῦ, ὁ n.m. a tent-maker
4636 σκῆνος, ους, τό n.n. a tent
4637 σκηνόω v. I dwell as in a tent, encamp
4638 σκήνωμα, ατος, τό n.n. a dwelling
4639 σκιά, ᾶς, ή n.f. a shadow, thick darkness, an outline
4640 σκιρτάω v. I leap for joy
4641 σκληροκαρδία, ας, ή n.f. hardness of heart
4642 σκληρός, ά, όν Adj hard, violent, harsh, stern
4643 σκληρότης, τητος, ή n.f. hardness of heart
4644 σκληροτράχηλος, ον Adj stubborn
4645 σκληρύνω v. I harden
4646 σκολιός, ά, όν Adj crooked, perverse, unfair
4647 σκόλοψ, οπος, ὁ n.m. a stake or thorn
4648 σκοπέω v. regard attentively, take heed
4649 σκοπός, οῦ, ὁ n.m. a goal
4650 σκορπίζω v. I disperse
4651 σκορπίος, ου, ὁ n.m. a scorpion
4652 σκοτεινός, ή, όν Adj full of darkness, dark
4653 σκοτία, ας, ή n.f. darkness
4654 σκοτίζω v. I darken
4655 σκότος, ους, τό n.m. & n.n. darkness
4656 σκοτόω v. I darken
4657 σκύβαλον, ου, τό n.n. refuse, dregs
4658 Σκύθης, ου, ὁ n.m. a Scythian
4659 σκυθρωπός, ή, όν Adj gloomy, sad-countenanced
4660 σκύλλω v. I flay, trouble, annoy
4661 σκῦλον, ου, τό n.n. spoil taken from a foe
4662 σκωληκόβρωτος, ον Adj eaten by worms
4663 σκώληξ, ηκος, ὁ n.m. a gnawing worm
4664 σμαράγδινος, η, ον Adj made of emerald
4665 σμάραγδος, ου, ὁ n.m. an emerald
4666 σμύρνα, ης, ή n.f. myrrh
4667 Σμύρνα, ης, ή n.f. Smyrna
4669 σμυρνίζω v. I mingle with myrrh
4670 Σόδομα, ων, τά n.f. & n.n. Sodom
4672 Σολομών, ῶνος, ὁ n.m. Solomon
4673 σορός, οῦ, ή n.f. a bier, an open coffin
4674 σός, σή, σόν Poss.pr. yours, thy, thine
4676 σουδάριον, ου, τό n.n. a handkerchief
4677 Σουσάννα, ης, ή n.f. Susannah
4678 σοφία, ας, ή n.f. wisdom
4679 σοφίζω v. I make wise
4680 σοφός, ή, όν Adj wise
4681 Σπανία, ας, ή n.f. Spain
4682 σπαράσσω v. I convulse

σπαργανόω - στενοχωρέω

4683 σπαργανόω v. I wrap in swaddling clothes
4684 σπαταλάω v. I live extravagantly
4685 σπάω v. I draw (as a sword)
4686 σπεῖρα, ης, ἡ n.f. a cohort
4687 σπείρω v. I sow, spread, scatter
4688 σπεκουλάτωρ, ορος, ὁ n.m. a body-guardsman, an executioner
4689 σπένδω v. I pour out as a libation
4690 σπέρμα, ατος, τό n.n. seed, offspring
4691 σπερμολόγος, ου, ὁ Adj a babbler
4692 σπεύδω v. I hasten, desire earnestly
4693 σπήλαιον, ου, τό n.n. a cave, den
4694 σπιλάς, άδος, ἡ n.f. a hidden rock, false teacher
4695 σπιλόω v. I defile, spot
4696 σπῖλος, ου, ὁ n.m. a spot, fault
4697 σπλαγχνίζομαι v. I have pity on
4698 σπλάγχνα, ων, τά n.n. bowels, compassion, pity
4699 σπόγγος, ου, ὁ n.m. a sponge
4700 σποδός, οῦ, ἡ n.f. ashes
4701 σπορά, ᾶς, ἡ n.f. seed
4702 σπόριμος, ον Adj sown, sown fields
4703 σπόρος, ου, ὁ n.m. seed for sowing
4704 σπουδάζω v. I hasten
4705 σπουδαῖος, α, ον Adj diligent, earnest
4706 σπουδαιότερον Comp.adv. more diligently
4708 σπουδαιοτέρως Comp.adv. more earnestly, more carefully
4709 σπουδαίως Adv diligently, earnestly
4710 σπουδή, ῆς, ἡ n.f. haste, diligence
4711 σπυρίς, ίδος, ἡ n.f. a plaited basket
4712 στάδιον, ου, τό n.m. & n.n. one eighth of a Roman mile
4713 στάμνος, ου, ὁ, ἡ n.f. a jar or vase
4714 στάσις, εως, ἡ n.f. standing, place, dissension
4715 στατήρ, ῆρος, ὁ n.m. a Jewish shekel
4716 σταυρός, οῦ, ὁ n.m. a cross
4717 σταυρόω v. I crucify
4718 σταφυλή, ῆς, ἡ n.f. a grape, cluster of grapes
4719 στάχυς, υος, ὁ n.m. a head of grain
4720 Στάχυς, υος, ὁ n.m. Stachys
4721 στέγη, ης, ἡ n.f. a flat roof of a house
4722 στέγω v. I cover, conceal, bear with
4723 στεῖρος, α, ον n.f. barren
4724 στέλλω v. I arrange, take care, withdraw from
4725 στέμμα, ατος, τό n.n. a garland
4726 στεναγμός, οῦ, ὁ n.m. a groaning
4727 στενάζω v. I groan
4728 στενός, ή, όν Adj narrow
4729 στενοχωρέω v. I press upon, cramp, restrain

624

στενοχωρία - συγγνώμη

4730 στενοχωρία, ας, ἡ n.f. a narrow space, great distress
4731 στερεός, ά, όν Adj solid, firm, steadfast
4732 στερεόω v. I strengthen, confirm, establish
4733 στερέωμα, ατος, τό n.n. firmness, steadfastness
4734 Στεφανᾶς, ᾶ, ὁ n.m. Stephanas
4735 στέφανος, ου, ὁ n.m. a crown, garland
4736 Στέφανος, ου, ὁ n.m. Stephen
4737 στεφανόω v. I crown, adorn
4738 στῆθος, ους, τό n.n. the breast
4739 στήκω v. I stand fast, persevere
4740 στηριγμός, οῦ, ὁ n.m. firmness, steadfastness
4741 στηρίζω v. I fix firmly, strengthen
4742 στίγμα, ατος, τό n.n. a mark or brand
4743 στιγμή, ῆς, ἡ n.f. a point of time, an instant
4744 στίλβω v. I shine, glisten, flash
4745 στοά, ᾶς, ἡ n.f. a colonnade, portico
4746 στοιβάς, άδος, ἡ n.f. a bough, branch of a tree
4747 στοιχεῖον, ου, τό n.n. a heavenly body, an element
4748 στοιχέω v. I walk
4749 στολή, ῆς, ἡ n.f. a long robe
4750 στόμα, ατος, τό n.n. the mouth, speech
4751 στόμαχος, ου, ὁ n.m. the stomach
4752 στρατεία, ας, ἡ n.f. warfare, military service
4753 στράτευμα, ατος, τό n.n. an army
4754 στρατεύομαι v. I wage war, fight
4755 στρατηγός, οῦ, ὁ n.m. a general, magistrate, captain of the temple
4756 στρατιά, ᾶς, ἡ n.f. an army, host of angels
4757 στρατιώτης, ου, ὁ n.m. a soldier
4758 στρατολογέω v. I enlist troops
4759 στρατοπεδάρχης, ου, ὁ n.m. commander of the Roman emperor's body-guard
4760 στρατόπεδον, ου, τό n.n. an encamped army
4761 στρεβλόω v. I rack, pervert, twist
4762 στρέφω v. I turn, am converted, change
4763 στρηνιάω v. I live luxuriously
4764 στρῆνος, ους, τό n.n. wantonness, luxury
4765 στρουθίον, ου, τό n.n. a small bird, sparrow
4766 στρωννύω v. I spread, make a bed
4767 στυγητός, ή, όν Adj hateful, detestable
4768 στυγνάζω v. I am gloomy
4769 στῦλος, ου, ὁ n.m. a pillar
4770 Στωϊκός, ή, όν Adj Stoic
4771 σύ, σοῦ, σοί, σέ Pers.pr. you
4772 συγγένεια, ας, ἡ n.f. kindred, family
4773 συγγενής, ές Adj akin, a relative
4774 συγγνώμη, ης, ἡ n.f. permission, indulgence

συγκάθημαι - συμβάλλω

4775 συγκάθημαι v. I sit with
4776 συγκαθίζω v. I cause to sit down with, sit down together
4777 συγκακοπαθέω v. I suffer hardships together with
4778 συγκακουχέω v. I suffer ill-treatment with
4779 συγκαλέω v. I call together
4780 συγκαλύπτω v. I conceal closely, cover up wholly
4781 συγκάμπτω v. I oppress, bend together
4782 συγκαταβαίνω v. I go down with
4783 συγκατάθεσις, εως, ή n.f. assent, agreement
4784 συγκατατίθημι v. I give a vote with, assent to
4785 συγκαταψηφίζω v. I am voted or classed with
4786 συγκεράννυμι v. I mix with, unite
4787 συγκινέω v. I move together, stir up
4788 συγκλείω v. I enclose, shut in
4789 συγκληρονόμος, ου, ὁ, ἡ Adj a joint heir, participant
4790 συγκοινωνέω v. I have fellowship with
4791 συγκοινωνός, ου, ὁ, ἡ n.m. a partaker with, co-partner
4792 συγκομίζω v. I bear away together with
4793 συγκρίνω v. I combine, compare
4794 συγκύπτω v. I am bent double
4795 συγκυρία, ας, ἡ n.f. a coincidence, accident, chance
4796 συγχαίρω v. I rejoice with
4797 συγχέω v. I bewilder, stir up
4798 συγχράομαι v. I have dealings with
4799 σύγχυσις, εως, ἡ n.f. confusion, disturbance
4800 συζάω v. I live together with
4801 συζεύγνυμι v. I unite
4802 συζητέω v. I seek together, discuss, dispute
4803 συζήτησις, εως, ἡ n.f. mutual questioning, disputation
4804 συζητητής, οῦ, ὁ n.m. a disputer
4805 σύζυγος, ου, ὁ Adj a yoke-fellow, colleague
4806 συζωοποιέω v. I make alive together with
4807 συκάμινος, ου, ἡ n.f. a sycamore tree
4808 συκῆ, ῆς, ἡ n.f. a fig-tree
4809 συκομωραία, ας, ἡ n.f. a sycamore tree
4810 σῦκον, ου, τό n.n. a fig
4811 συκοφαντέω v. I accuse falsely, defraud
4812 συλαγωγέω v. I plunder
4813 συλάω v. I rob, plunder
4814 συλλαλέω v. I talk with
4815 συλλαμβάνω v. I seize, apprehend, become pregnant
4816 συλλέγω v. I collect, gather
4817 συλλογίζομαι v. I reason
4818 συλλυπέομαι v. I am grieved
4819 συμβαίνω v. I happen, occur
4820 συμβάλλω v. I ponder, encounter, confer or dispute with

συμβασιλεύω - συναθλέω

4821 συμβασιλεύω v. I reign together with
4822 συμβιβάζω v. I unite, prove, instruct
4823 συμβουλεύω v. I give advice
4824 συμβούλιον, ου, τό n.n. a council, advice
4825 σύμβουλος, ου, ὁ n.m. an adviser, counselor
4826 Συμεών, ὁ Prop.n. Simeon or Simon
4827 συμμαθητής, οῦ, ὁ n.m. a fellow-disciple
4828 συμμαρτυρέω v. I bear witness together with
4829 συμμερίζομαι v. I partake with
4830 συμμέτοχος, ον Adj jointly partaking
4831 συμμιμητής, οῦ, ὁ n.m. a joint imitator
4832 σύμμορφος, ον Adj similar, conformed to
4833 συμμορφόω v. I bring to the same form with, conform
4834 συμπαθέω v. I sympathize with, have compassion on
4835 συμπαθής, ές Adj sympathizing, compassionate
4836 συμπαραγίνομαι v. I come together with, help
4837 συμπαρακαλέω v. I invite, encourage along with others
4838 συμπαραλαμβάνω v. I take along as a companion
4839 συμπαραμένω v. I remain or continue together with
4840 συμπάρειμι v. I am present together with
4841 συμπάσχω v. I suffer together with
4842 συμπέμπω v. I send together with
4843 συμπεριλαμβάνω v. I embrace completely
4844 συμπίνω v. I drink together with
4845 συμπληρόω v. I fill completely
4846 συμπνίγω v. I choke utterly, crowd upon
4847 συμπολίτης, ου, ὁ n.m. a fellow citizen
4848 συμπορεύομαι v. I journey together with, assemble
4849 συμπόσιον, ου, τό n.n. a drinking party, festive company
4850 συμπρεσβύτερος, ου, ὁ n.m. a fellow elder
4851 συμφέρω v. I collect, am profitable to
4852 σύμφημι v. I assent to
4853 συμφυλέτης, ου, ὁ n.m. a fellow country-man
4854 σύμφυτος, ον Adj grown together, united with
4855 συμφύω v. I grow at the same time
4856 συμφωνέω v. I agree with
4857 συμφώνησις, εως, ἡ n.f. harmony, agreement
4858 συμφωνία, ας, ἡ n.f. harmony of instruments, music
4859 σύμφωνος, ον Adj harmonious, agreeing with
4860 συμψηφίζω v. I compute, reckon up
4861 σύμψυχος, ον Adj of one accord
4862 σύν Prep. with
4863 συνάγω v. I gather together
4864 συναγωγή, ῆς, ἡ n.f. an assembly, congregation, synagogue
4865 συναγωνίζομαι v. I struggle in company with
4866 συναθλέω v. I compete together with others

συναθροίζω - συνέχω

4867 συναθροίζω v. I gather together, assemble
4868 συναίρω v. I make a reckoning, settle accounts
4869 συναιχμάλωτος, ου, ὁ Adj a fellow captive
4870 συνακολουθέω v. I accompany
4871 συναλίζομαι v. I am assembled together with
4872 συναναβαίνω v. I go up with
4873 συνανάκειμαι v. I recline at table with
4874 συναναμίγνυμι v. I keep company with
4875 συναναπαύομαι v. I rest along with
4876 συναντάω v. I meet, encounter
4877 συνάντησις, εως, ἡ n.f. a meeting with
4878 συναντιλαμβάνομαι v. I assist, help
4879 συναπάγω v. I lead away with, condescend to
4880 συναποθνήσκω v. I die together with
4881 συναπόλλυμι v. I perish along with
4882 συναποστέλλω v. I send together with
4883 συναρμολογέω v. I fit together
4884 συναρπάζω v. I seize, drag by force
4885 συναυξάνομαι v. I grow together
4886 σύνδεσμος, ου, ὁ n.m. a band, bond
4887 συνδέω v. I bind together
4888 συνδοξάζω v. I glorify together with
4889 σύνδουλος, ου, ὁ n.m. a fellow servant, colleague
4890 συνδρομή, ῆς, ἡ n.f. a running together
4891 συνεγείρω v. I raise along with
4892 συνέδριον, ου, τό n.n. a council, the Sanhedrin
4893 συνείδησις, εως, ἡ n.f. the conscience
4894 σύνοιδα v. I know, consider, am privy to
4895 σύνειμι v. I am with
4896 σύν εἶμι v. I come together
4897 συνεισέρχομαι v. I enter together with
4898 συνέκδημος, ου, ὁ, ἡ n.m. a fellow traveler
4899 συνεκλεκτός, ή, όν Adj fellow-elect
4900 συνελαύνω v. I compel, urge
4901 συνεπιμαρτυρέω v. I unite in bearing witness
4902 συνέπομαι v. I accompany
4903 συνεργέω v. I work together
4904 συνεργός, οῦ, ὁ Adj a fellow worker
4905 συνέρχομαι v. I come or go with, accompany, assemble
4906 συνεσθίω v. I eat with
4907 σύνεσις, εως, ἡ n.f. understanding
4908 συνετός, ή, όν Adj intelligent, prudent, wise
4909 συνευδοκέω v. I consent, agree, am of one mind with
4910 συνευωχέομαι v. I feast sumptuously with
4911 συνεπίστημι v. I rise up together against
4912 συνέχω v. I press together, confine, compel, am afflicted with

συνήδομαι - συστέλλω

4913 συνήδομαι v. I delight inwardly in
4914 συνήθεια, ας, ἡ n.f. a custom, habit
4915 συνηλικιώτης, ου, ὁ n.m. one of the same age
4916 συνθάπτω v. I bury along with
4917 συνθλάω v. I break, break in pieces
4918 συνθλίβω v. I crowd upon
4919 συνθρύπτω v. I break in pieces, crush, thoroughly weaken
4920 συνίημι v. I consider, understand
4921 συνίστημι, συνιστάνω v. I commend, prove, am composed of, cohere
4922 συνοδεύω v. I journey with, accompany
4923 συνοδία, ας, ἡ n.f. a company traveling together, a caravan
4924 συνοικέω v. I dwell with, live in wedlock with
4925 συνοικοδομέω v. I build together with
4926 συνομιλέω v. I talk with
4927 συνομορέω v. I am contiguous with
4928 συνοχή, ῆς, ἡ n.f. distress, anguish
4929 συντάσσω v. I arrange with, direct, appoint
4930 συντέλεια, ας, ἡ n.f. a completion, consummation, end
4931 συντελέω v. I fulfill, accomplish
4932 συντέμνω v. I cut short, bring to swift accomplishment
4933 συντηρέω v. I preserve, keep safe, keep in mind
4934 συντίθημι v. I make an agreement, agree
4935 συντόμως Adv concisely, briefly
4936 συντρέχω v. I run with
4937 συντρίβω v. I break by crushing
4938 σύντριμμα, ατος, τό n.n. crushing, destruction
4939 σύντροφος, ου, ὁ Adj a foster brother
4940 συντυγχάνω v. I meet with, come to
4941 Συντύχη, ῆς, ἡ n.f. Syntyche
4942 συνυποκρίνομαι v. I dissemble with
4943 συνυπουργέω v. I help together
4944 συνωδίνω v. I am in travail together
4945 συνωμοσία, ας, ἡ n.f. a conspiracy, plot
4946 Συράκουσαι, ῶν, αἱ n.f. Syracuse
4947 Συρία, ας, ἡ n.f. Syria
4948 Σύρος, ου, ὁ n.m. Syrian
4949 Συροφοινίκισσα, ης, ἡ n.f. Syrophoenician
4950 Σύρτις, εως, ἡ n.f. Syrtis, quicksand
4951 σύρω v. I draw, drag
4952 συσπαράσσω v. I throw violently on the ground
4953 σύσσημον, ου, τό n.n. a signal agreed upon
4954 σύσσωμος, ον Adj belonging to the same body
4955 συστασιαστής, οῦ, ὁ n.m. a fellow insurgent
4956 συστατικός, ή, όν Adj commendatory
4957 συσταυρόω v. I crucify together with
4958 συστέλλω v. I shorten, swathe

συστενάζω - σώφρων

4959 συστενάζω v. I groan together
4960 συστοιχέω v. I correspond to
4961 συστρατιώτης, ου, ὁ n.m. a fellow soldier
4962 συστρέφω v. I roll or gather together
4963 συστροφή, ῆς, ἡ n.f. a gathering together, riotous concourse
4964 συσχηματίζω v. I conform to
4965 Συχάρ, ἡ Prop.n. Sychar
4966 Συχέμ, ἡ Prop.n. Shechem
4967 σφαγή, ῆς, ἡ n.f. slaughter, sacrifice
4968 σφάγιον, ου, τό n.n. a slaughtered victim
4969 σφάζω v. I slay
4970 σφόδρα Adv exceedingly, greatly
4971 σφοδρῶς Adv exceedingly
4972 σφραγίζω v. I set a seal upon
4973 σφραγίς, ῖδος, ἡ n.f. a signet-ring, impression of a seal, the proof
4974 σφυρόν, οῦ, τό n.n. the ankle bone
4975 σχεδόν Adv nearly, almost
4976 σχῆμα, ατος, τό n.n. fashion, habit, form, appearance
4977 σχίζω v. I rend, divide asunder
4978 σχίσμα, ατος, τό n.n. a rent, division
4979 σχοινίον, ου, τό n.n. a cord, rope
4980 σχολάζω v. I have leisure, stand empty
4981 σχολή, ῆς, ἡ n.f. leisure, a school
4982 σῴζω v. I save, heal
4983 σῶμα, ατος, τό n.n. body, flesh
4984 σωματικός, ή, όν Adj bodily, corporeal
4985 σωματικῶς Adv bodily
4986 Σώπατρος, ου, ὁ n.m. Sopater
4987 σωρεύω v. I heap up, load
4988 Σωσθένης, ου, ὁ n.m. Sosthenes
4989 Σωσίπατρος, ου, ὁ n.m. Sosipater
4990 σωτήρ, ῆρος, ὁ n.m. a savior, deliverer, preserver
4991 σωτηρία, ας, ἡ n.f. deliverance, salvation
4992 σωτήριος, ον Adj saving, bringing salvation, salvation
4993 σωφρονέω v. I am sober-minded, exercise self-control
4994 σωφρονίζω v. I admonish
4995 σωφρονισμός, οῦ, ὁ n.m. self-control, self-discipline
4996 σωφρόνως Adv soberly, with moderation
4997 σωφροσύνη, ης, ἡ n.f. sanity, sobriety
4998 σώφρων, ον Adj self-controlled, temperate

Tau

4999 ταβέρναι, ῶν, αἱ n.f. taverns
5000 Ταβηθά, ἡ Prop.n. Tabitha, antelope
5001 τάγμα, ατος, τό n.n. rank, division
5002 τακτός, ή, όν Adj appointed, arranged, fixed
5003 ταλαιπωρέω v. I am miserable, distressed
5004 ταλαιπωρία, ας, ἡ n.f. hardship, misery
5005 ταλαίπωρος, ον Adj wretched, afflicted, miserable
5006 ταλαντιαῖος, αία, αῖον Adj a talent in weight
5007 τάλαντον, ου, τό n.n. a talent of silver or gold
5008 ταλιθά Aram. little girl
5009 ταμεῖον, ου, τό n.n. a secret chamber
5010 τάξις, εως, ἡ n.f. order, position, rank
5011 ταπεινός, ή, όν Adj humble, lowly
5012 ταπεινοφροσύνη, ης, ἡ n.f. humility
5013 ταπεινόω v. I humble, humiliate
5014 ταπείνωσις, εως, ἡ n.f. abasement, low condition
5015 ταράσσω v. I agitate, stir up, trouble
5016 ταραχή, ῆς, ἡ n.f. a disturbance, tumult, sedition
5017 τάραχος, ου, ὁ n.m. a disturbance, commotion
5018 Ταρσεύς, έως, ὁ n.m. belonging to Tarsus
5019 Ταρσός, οῦ, ἡ n.f. Tarsus
5020 ταρταρόω v. I thrust down to Tartarus
5021 τάσσω v. I assign, arrange
5022 ταῦρος, ου, ὁ n.m. a bull, an ox
5027 ταφή, ῆς, ἡ n.f. a burial
5028 τάφος, ου, ὁ n.m. a tomb, burial-place
5029 τάχα Adv quickly, perhaps
5030 ταχέως Adv soon, quickly, hastily
5031 ταχινός, ή, όν Adj swift, quick
5032 τάχιον Comp.adv. more swiftly
5033 τάχιστα Sup.adv. most swiftly
5034 τάχος, ους, τό n.n. quickness, speed
5035 ταχύ Adv quickly, speedily
5036 ταχύς, εῖα, ύ Adj quick, swift
5037 τέ Disj.prt. and, both
5038 τεῖχος, ους, τό n.n. a wall
5039 τεκμήριον, ου, τό n.n. a sign, certain proof
5040 τεκνίον, ου, τό n.n. a little child
5041 τεκνογονέω v. I bear children
5042 τεκνογονία, ας, ἡ n.f. child bearing
5043 τέκνον, ου, τό n.n. a child, descendent, inhabitant
5044 τεκνοτροφέω v. I bring up children
5045 τέκτων, ονος, ὁ n.m. a carpenter
5046 τέλειος, α, ον Adj perfect, full-grown
5047 τελειότης, τητος, ἡ n.f. perfectness, perfection

τελειόω - τίμιος

5048 τελειόω v. I complete, accomplish, make perfect
5049 τελείως Adv perfectly
5050 τελείωσις, εως, ἡ n.f. completion, fulfillment, perfection
5051 τελειωτής, οῦ, ὁ n.m. a perfecter, completer
5052 τελεσφορέω v. I bring to maturity
5053 τελευτάω v. I end, finish, die
5054 τελευτή, ῆς, ἡ n.f. end of life, death
5055 τελέω v. I end, accomplish, pay
5056 τέλος, ους, τό n.n. an end, purpose, tax
5057 τελώνης, ου, ὁ n.m. a collector of taxes
5058 τελώνιον, ου, τό n.n. a tax-collector's office
5059 τέρας, ατος, τό n.n. a wonder, portent
5060 Τέρτιος, ου, ὁ n.m. Tertius
5061 Τέρτυλλος, ου, ὁ n.m. Tertullus
5062 τεσσαράκοντα Indec.num. forty
5063 τεσσαρακονταετής, ές Adj forty years of age
5064 τέσσαρες, τέσσαρα Adj four
5065 τεσσαρεσκαιδέκατος, η, ον Adj fourteenth
5066 τεταρταῖος, αία, αῖον Adj four days since
5067 τέταρτος, η, ον Adj fourth
5068 τετράγωνος, ον Adj square
5069 τετράδιον, ου, τό n.n. a group of four soldiers
5070 τετρακισχίλιοι, αι, α Adj four thousand
5071 τετρακόσιοι, αι, α Adj four hundred
5072 τετράμηνος, ον Adj of four months
5073 τετραπλοῦς, ῆ, οῦν Adj four-fold
5074 τετράπους, ουν Adj four-footed
5075 τετραρχέω v. I rule over as a tetrarch
5076 τετράρχης, ου, ὁ n.m. a tetrarch
5077 τεφρόω v. I reduce to ashes
5078 τέχνη, ης, ἡ n.f. art, skill, trade
5079 τεχνίτης, ου, ὁ n.m. a craftsman, artisan
5080 τήκω v. I make liquid, melt
5081 τηλαυγῶς Adv clearly, distinctly
5082 τηλικοῦτος, αύτη, οῦτο Dem.pr. so great
5083 τηρέω v. I keep, guard, observe
5084 τήρησις, εως, ἡ n.f. a prison, observance
5085 Τιβεριάς, άδος, ἡ n.f. Tiberias
5086 Τιβέριος, ου, ὁ n.m. Tiberius
5087 τίθημι v. I put, place
5088 τίκτω v. I bear, bring forth, produce
5089 τίλλω v. I pluck, pluck off
5090 Τιμαῖος, ου, ὁ n.m. Timaeus
5091 τιμάω v. I value at a price, honor
5092 τιμή, ῆς, ἡ n.f. a price, honor
5093 τίμιος, α, ον Adj of great price, precious, honored

τιμιότης - τρίζω

5094 τιμιότης, τητος, ἡ n.f. preciousness, costliness
5095 Τιμόθεος, ου, ὁ n.m. Timothy
5096 Τίμων, ωνος, ὁ n.m. Timon
5097 τιμωρέω v. I punish
5098 τιμωρία, ας, ἡ n.f. punishment, penalty
5099 τίνω v. I pay
5100 τις, τι Indef.pr. any one, some one
5101 τίς, τί Irg.pr. who, which, what
5102 τίτλος, ου, ὁ n.m. a title, inscription
5103 Τίτος, ου, ὁ n.m. Titus
5105 τοιγαροῦν Disj.prt. consequently, therefore
5106 τοίνυν Disj.prt. indeed now, therefore
5107 τοιόσδε, τοιάδε, τοιόνδε Dem.pr. of this kind, such
5108 τοιοῦτος, τοιαύτη, τοιοῦτο Dem.pr. of such a kind, such
5109 τοῖχος, ου, ὁ n.m. a wall
5110 τόκος, ου, ὁ n.m. interest, usury
5111 τολμάω v. I dare, endure, am bold
5112 τολμηρότερον Comp.adv. more boldly
5113 τολμητής, οῦ, ὁ n.m. a daring, presumptuous man
5114 τομώτερος Adj sharper, keener
5115 τόξον, ου, τό n.n. a bow
5116 τοπάζιον, ου, τό n.n. topaz
5117 τόπος, ου, ὁ n.m. a place
5118 τοσοῦτος, τοσαύτη, τοσοῦτο Dem.pr. so great
5119 τότε Adv then
5121 τοὐναντίον Corr.adv. on the contrary
5122 τοὔνομα Corr.adv. by name
5131 τράγος, ου, ὁ n.m. a he-goat
5132 τράπεζα, ης, ἡ n.f. a table for food or business
5133 τραπεζίτης, ου, ὁ n.m. a money-changer, banker
5134 τραῦμα, ατος, τό n.n. a wound
5135 τραυματίζω v. I wound
5136 τραχηλίζω v. I am laid bare, laid open
5137 τράχηλος, ου, ὁ n.m. the neck
5138 τραχύς, εῖα, ύ Adj rough
5139 Τραχωνῖτις, ιδος, ἡ n.f. Trachonitis
5140 τρεῖς, τρία Adj three
5141 τρέμω v. I tremble, am afraid
5142 τρέφω v. I feed, rear
5143 τρέχω v. I run, exercise myself
5144 τριάκοντα, οἱ, αἱ, τά Indec.num. thirty
5145 τριακόσιοι, αι, α Adj three hundred
5146 τρίβολος, ου, ὁ n.m. a thistle
5147 τρίβος, ου, ἡ n.f. a worn path, beaten way
5148 τριετία, ας, ἡ n.f. a space of three years
5149 τρίζω v. I grate, gnash

τρίμηνος - Τυχικός

5150 τρίμηνος, ον Adj lasting three months
5151 τρίς Adv three times
5152 τρίστεγος, ον n.n. having three stories, the third story
5153 τρισχίλιοι, αι, α Adj three thousand
5154 τρίτος, η, ον Adj & Adv. third
5155 τρίχινος, η, ον Adj made of hair
5156 τρόμος, ου, ὁ n.m. a trembling
5157 τροπή, ῆς, ἡ n.f. a turning
5158 τρόπος, ου, ὁ n.m. way, manner, character
5159 τροποφορέω v. I endure the ways of
5160 τροφή, ῆς, ἡ n.f. food, nourishment
5161 Τρόφιμος, ου, ὁ n.m. Trophimus
5162 τροφός, οῦ, ἡ n.f. a nurse
5163 τροχιά, ᾶς, ἡ n.f. the track of a wheel, a path
5164 τροχός, οῦ, ὁ n.m. a wheel, course
5165 τρύβλιον, ου, τό n.n. a platter
5166 τρυγάω v. I gather
5167 τρυγών, όνος, ἡ n.f. a turtle-dove
5168 τρυμαλιά, ᾶς, ἡ n.f. the eye of a needle
5169 τρύπημα, ατος, τό n.n. a hole, the eye of a needle
5170 Τρύφαινα, ης, ἡ n.f. Tryphaena
5171 τρυφάω v. I live a luxurious life
5172 τρυφή, ῆς, ἡ n.f. effeminate luxury
5173 Τρυφῶσα, ης, ἡ n.f. Tryphosa
5174 Τρῳάς, άδος, ἡ n.f. Troas
5175 Τρωγύλλιον, ου, τό n.n. Trogyllium
5176 τρώγω v. I eat
5177 τυγχάνω v. I obtain, I happen, perhaps
5178 τυμπανίζω v. I torture, break on the wheel
5179 τύπος, ου, ὁ n.m. a figure, model, type
5180 τύπτω v. I beat, strike, wound, inflict punishment
5181 Τύραννος, ου, ὁ n.m. Tyrannus
5182 τυρβάζω v. I agitate or disturb in mind
5183 Τύριος, ου, ὁ, ἡ n.m. an inhabitant of Tyre
5184 Τύρος, ου, ἡ n.f. Tyre
5185 τυφλός, ή, όν Adj blind
5186 τυφλόω v. I make blind
5187 τυφόω v. I puff up, make haughty
5188 τύφω v. I raise smoke
5189 τυφωνικός, ή, όν Adj violent, tempestuous
5190 Τυχικός, ου, ὁ n.m. Tychicus

ὑακίνθινος - ὑπερεκτείνω

Upsilon

5191 ὑακίνθινος, ίνη, ινον Adj dark purple
5192 ὑάκινθος, ου, ὁ n.m. jacinth
5193 ὑάλινος, η, ον Adj glassy, transparent
5194 ὕαλος, ου, ἡ n.m. glass
5195 ὑβρίζω v. I insult
5196 ὕβρις, εως, ἡ n.f. insult, damage, loss
5197 ὑβριστής, οῦ, ὁ n.m. an insolent, insulting man
5198 ὑγιαίνω v. I am well
5199 ὑγιής, ές Adj sound, whole, wholesome
5200 ὑγρός, ά, όν Adj moist, green, full of sap
5201 ὑδρία, ας, ἡ n.f. a water pot
5202 ὑδροποτέω v. I am a water drinker
5203 ὑδρωπικός, ή, όν Adj afflicted with dropsy
5204 ὕδωρ, ὕδατος, τό n.n. water
5205 ὑετός, οῦ, ὁ n.m. rain
5206 υἱοθεσία, ας, ἡ n.f. adoption
5207 υἱός, οῦ, ὁ n.m. a son, descendent
5208 ὕλη, ης, ἡ n.f. wood, fuel
5211 Ὑμέναιος, ου, ὁ n.m. Hymenaeus
5212 ὑμέτερος, α, ον Poss.pr. your
5214 ὑμνέω v. I sing, sing hymns to
5215 ὕμνος, ου, ὁ n.m. a hymn, sacred song
5217 ὑπάγω v. I go away, depart
5218 ὑπακοή, ῆς, ἡ n.f. obedience
5219 ὑπακούω v. I listen, obey
5220 ὕπανδρος, ον Adj subject to a husband, married
5221 ὑπαντάω v. I meet
5222 ὑπάντησις, εως, ἡ n.f. a meeting
5223 ὕπαρξις, εως, ἡ n.f. goods, substance, property
5224 ὑπάρχοντα n.n. goods, property
5225 ὑπάρχω v. I am, exist, am in possession
5226 ὑπείκω v. I yield
5227 ὑπεναντίος, α, ον Adj opposite to, adverse
5228 ὑπέρ Prep. in behalf of, above
5229 ὑπεραίρω v. I raise beyond, uplift
5230 ὑπέρακμος, ον Adj past the bloom of youth
5231 ὑπεράνω Adv far above
5232 ὑπεραυξάνω v. I increase exceedingly
5233 ὑπερβαίνω v. I transgress, go beyond
5234 ὑπερβαλλόντως Adv beyond measure
5235 ὑπερβάλλω v. I surpass
5236 ὑπερβολή, ῆς, ἡ n.f. surpassing excellence, exceedingly
5237 ὑπερεῖδον v. I overlook
5238 ὑπερέκεινα Adv beyond
5239 ὑπερεκτείνω v. I over-stretch

5240 ὑπερεκχύνω v. I pour out so that it overflows
5241 ὑπερεντυγχάνω v. I intercede for
5242 ὑπερέχω v. I excel, surpass
5243 ὑπερηφανία, ας, ἡ n.f. pride, arrogance
5244 ὑπερήφανος, ον Adj proud, arrogant
5245 ὑπερνικάω v. I am more than conqueror
5246 ὑπέρογκος, ον Adj immoderate, boastful
5247 ὑπεροχή, ῆς, ἡ n.f. superiority, excellence
5248 ὑπερπερισσεύω v. I abound exceedingly, overflow
5249 ὑπερπερισσῶς Adv beyond measure
5250 ὑπερπλεονάζω v. I am exceedingly abundant
5251 ὑπερυψόω v. I highly exalt
5252 ὑπερφρονέω v. I have high notions
5253 ὑπερῷον, ου, τό n.n. an upper room
5254 ὑπέχω v. I submit to, undergo
5255 ὑπήκοος, ον Adj listening to, obedient
5256 ὑπηρετέω v. I minister to, serve
5257 ὑπηρέτης, ου, ὁ n.m. a servant, an attendant
5258 ὕπνος, ου, ὁ n.m. sleep
5259 ὑπό Prep. by, under, about
5260 ὑποβάλλω v. I suborn, instruct privately
5261 ὑπογραμμός, οῦ, ὁ n.m. a writing-copy, an example
5262 ὑπόδειγμα, ατος, τό n.n. a figure, copy, example
5263 ὑποδείκνυμι v. I show plainly, teach, warn
5264 ὑποδέχομαι v. I receive as a guest
5265 ὑποδέω v. I put on my feet
5266 ὑπόδημα, ατος, τό n.n. a sandal
5267 ὑπόδικος, ον Adj answerable to
5268 ὑποζύγιον, ου, τό n.n. a beast of burden, an ass or mule
5269 ὑποζώννυμι v. I under-gird
5270 ὑποκάτω Adv underneath
5271 ὑποκρίνομαι v. I act the part, pretend
5272 ὑπόκρισις, εως, ἡ n.f. hypocrisy, dissembling
5273 ὑποκριτής, οῦ, ὁ n.m. a hypocrite, dissembler
5274 ὑπολαμβάνω v. I take up, receive, answer, suppose, welcome
5275 ὑπολείπω v. I leave behind
5276 ὑπολήνιον, ου, τό n.n. a pit under the wine-press
5277 ὑπολιμπάνω v. I leave behind
5278 ὑπομένω v. I remain behind, endure
5279 ὑπομιμνήσκω v. I remind, remember
5280 ὑπόμνησις, εως, ἡ n.f. remembrance
5281 ὑπομονή, ῆς, ἡ n.f. endurance, steadfastness
5282 ὑπονοέω v. I conjecture, suppose
5283 ὑπόνοια, ας, ἡ n.f. a supposition, suspicion
5284 ὑποπλέω v. I sail under
5285 ὑποπνέω v. I blow gently

ὑποπόδιον - Φαρές

5286 ὑποπόδιον, ου, τό n.n. a footstool
5287 ὑπόστασις, εως, ἡ n.f. assurance, substance, reality
5288 ὑποστέλλω v. I draw back, conceal
5289 ὑποστολή, ἦς, ἡ n.f. a shrinking, drawing back
5290 ὑποστρέφω v. I turn back, return
5291 ὑποστρωννύω v. I spread under
5292 ὑποταγή, ἦς, ἡ n.f. subjection, submission
5293 ὑποτάσσω v. I place under, subject to
5294 ὑποτίθημι v. I lay down, suggest to
5295 ὑποτρέχω v. I run under shelter of
5296 ὑποτύπωσις, εως, ἡ n.f. a pattern, example
5297 ὑποφέρω v. I endure, suffer
5298 ὑποχωρέω v. I withdraw, retire
5299 ὑπωπιάζω v. I bruise, worry, exhaust
5300 ὗς, ὑός, ἡ n.f. a hog, boar, or sow
5301 ὕσσωπος, ου, ἡ n.m. hyssop
5302 ὑστερέω v. I am lacking, fall short, suffer need
5303 ὑστέρημα, ατος, τό n.n. that which is lacking, poverty
5304 ὑστέρησις, εως, ἡ n.f. poverty, want
5305 ὕστερον Adv lastly, afterward
5306 ὕστερος, α, ον Adj later
5307 ὑφαντός, ή, όν Adj woven
5308 ὑψηλός, ή, όν Adj high, lofty
5309 ὑψηλοφρονέω v. I am high-minded, proud
5310 ὕψιστος, η, ον Adj highest, most high, the heights
5311 ὕψος, ους, τό n.n. height, heaven
5312 ὑψόω v. I lift up, exalt
5313 ὕψωμα, ατος, τό n.n. height, barrier, bulwark

Phi

5314 φάγος, ου, ὁ n.m. a glutton
5315 φάγω v. I eat
5316 φαίνω v. I shine, appear, seem
5317 Φάλεκ, ὁ Prop.n. Peleg
5318 φανερός, ά, όν Adj apparent, clear, visible, manifest, clearly
5319 φανερόω v. I make clear, visible, or manifest
5320 φανερῶς Adv clearly, openly
5321 φανέρωσις, εως, ἡ n.f. a manifestation
5322 φανός, οῦ, ὁ n.m. a torch, lantern
5323 Φανουήλ, ὁ Prop.n. Phanuel
5324 φαντάζω v. I cause to appear
5325 φαντασία, ας, ἡ n.f. show, display, pomp
5326 φάντασμα, ατος, τό n.n. an apparition, ghost, spirit
5327 φάραγξ, αγγος, ἡ n.f. a valley, ravine
5328 Φαραώ, ὁ Prop.n. Pharaoh
5329 Φαρές, ὁ Prop.n. Perez

Φαρισαῖος - Φίλιππος

5330 Φαρισαῖος, ου, ὁ n.m. a Pharisee
5331 φαρμακεία, ας, ἡ n.f. magic, sorcery, enchantment
5333 φάρμακος, οῦ, ὁ n.m. a magician, sorcerer
5334 φάσις, εως, ἡ n.f. report, tidings
5335 φάσκω v. I assert, affirm, profess
5336 φάτνη, ης, ἡ n.f. a manger, feeding-trough
5337 φαῦλος, η, ον Adj worthless, wicked, base
5338 φέγγος, ους, τό n.n. brightness, light
5339 φείδομαι v. I spare, abstain
5340 φειδομένως Adv sparingly
5341 φελόνης, ου, ὁ n.m. a mantle, cloak
5342 φέρω v. I carry, bear, bring, lead
5343 φεύγω v. I flee, escape, shun
5344 Φῆλιξ, ικος, ὁ n.m. Felix
5345 φήμη, ης, ἡ n.f. a report, fame
5346 φημί v. I say
5347 Φῆστος, ου, ὁ n.m. Festus
5348 φθάνω v. I anticipate, precede, arrive
5349 φθαρτός, ή, όν Adj corruptible, perishable
5350 φθέγγομαι v. I speak aloud, utter
5351 φθείρω v. I corrupt, spoil, destroy
5352 φθινοπωρινός, ή, όν Adj autumnal
5353 φθόγγος, ου, ὁ n.m. a sound
5354 φθονέω v. I envy
5355 φθόνος, ου, ὁ n.m. envy, a grudge
5356 φθορά, ᾶς, ἡ n.f. corruption, destruction, decay
5357 φιάλη, ης, ἡ n.f. a shallow and flat bowl
5358 φιλάγαθος, ον Adj loving what is good
5359 Φιλαδέλφεια, ας, ἡ n.f. Philadelphia
5360 φιλαδελφία, ας, ἡ n.f. brotherly love
5361 φιλάδελφος, ον Adj loving the brethren
5362 φίλανδρος, ον Adj loving one's husband
5363 φιλανθρωπία, ας, ἡ n.f. loveofmankind, benevolence
5364 φιλανθρώπως Adv humanely, kindly
5365 φιλαργυρία, ας, ἡ n.f. love of money, avarice
5366 φιλάργυρος, ον Adj money-loving, avaricious
5367 φίλαυτος, ον Adj selfish
5368 φιλέω v. I love, kiss
5369 φιλήδονος, ον Adj pleasure-loving
5370 φίλημα, ατος, τό n.n. a kiss
5371 Φιλήμων, ονος, ὁ n.m. Philemon
5372 Φίλητος, ου, ὁ n.m. Philetus
5373 φιλία, ας, ἡ n.f. friendship
5374 Φιλιππήσιος, ου, ὁ n.m. a Philippian
5375 Φίλιπποι, ων, οἱ n.m. Philippi
5376 Φίλιππος, ου, ὁ n.m. Philip

φιλόθεος - φρεναπάτης

5377 φιλόθεος, ον Adj loving God
5378 Φιλόλογος, ου, ὁ n.m. Philologus
5379 φιλονεικία, ας, ἡ n.f. love of dispute, contention
5380 φιλόνεικος, ον Adj strife-loving, contentious
5381 φιλοξενία, ας, ἡ n.f. hospitality
5382 φιλόξενος, ον Adj hospitable
5383 φιλοπρωτεύω v. I desire preeminence
5384 φίλος, η, ον Adj. & n.f. & n.m. friendly, a friend
5385 φιλοσοφία, ας, ἡ n.f. love of wisdom, philosophy
5386 φιλόσοφος, ου, ὁ n.m. a philosopher
5387 φιλόστοργος, ον Adj tenderly loving
5388 φιλότεκνος, ον Adj loving one's children
5389 φιλοτιμέομαι v. I desire very strongly
5390 φιλοφρόνως Adv kindly
5391 φιλόφρων, ον Adj friendly, kindly
5392 φιμόω v. I muzzle, silence
5393 Φλέγων, οντος, ὁ n.m. Phlegon
5394 φλογίζω v. I inflame, fire with passion
5395 φλόξ, φλογός, ἡ n.f. a flame
5396 φλυαρέω v. I gossip against
5397 φλύαρος, ον Adj prating, talking foolishly
5398 φοβερός, ά, όν Adj fearful, dreadful
5399 φοβέομαι v. I fear, am terrified
5400 φόβητρον, ου, τό n.n. a cause of terror
5401 φόβος, ου, ὁ n.m. fear, terror, reverence
5402 Φοίβη, ης, ἡ n.f. Phoebe
5403 Φοινίκη, ης, ἡ n.f. Phoenicia
5404 φοίνιξ, ικός, ὁ n.m. a palm tree, palm branch
5405 Φοῖνιξ, ικός, ἡ n.m. Phoenix
5406 φονεύς, έως, ὁ n.m. a murderer
5407 φονεύω v. I murder
5408 φόνος, ου, ὁ n.m. murder, slaughter
5409 φορέω v. I carry, wear
5410 Φόρον, ου, τό n.n. Forum, Market
5411 φόρος, ου, ὁ n.m. a tax, tribute
5412 φορτίζω v. I load, burden
5413 φορτίον, ου, τό n.n. a burden, freight
5415 Φορτουνάτος, ου, ὁ n.m. Fortunatus
5416 φραγέλλιον, ου, τό n.n. a scourge, lash
5417 φραγελλόω v. I flagellate, scourge
5418 φραγμός, οῦ, ὁ n.m. a hedge, fence, partition
5419 φράζω v. I declare, explain, interpret
5420 φράσσω v. I stop, close up
5421 φρέαρ, φρέατος, τό n.n. a pit, well
5422 φρεναπατάω v. I deceive the mind
5423 φρεναπάτης, ου, ὁ n.m. a mind-deceiver

φρήν - φωτισμός

5424 φρήν, φρενός, ἡ n.f. the mind, intellect
5425 φρίσσω v. I shudder
5426 φρονέω v. I think, judge, observe
5427 φρόνημα, ατος, τό n.n. thought, purpose
5428 φρόνησις, εως, ἡ n.f. understanding
5429 φρόνιμος, ον Adj intelligent, prudent
5430 φρονίμως Adv wisely, sensibly, prudently
5431 φροντίζω v. I am thoughtful, careful
5432 φρουρέω v. I guard, keep
5433 φρυάσσω v. I roar, rage
5434 φρύγανον, ου, τό n.n. a dry stick for burning
5435 Φρυγία, ας, ἡ n.f. Phrygia
5436 Φύγελος, ου, ὁ n.m. Phygelus
5437 φυγή, ῆς, ἡ n.f. flight
5438 φυλακή, ῆς, ἡ n.f. a watching, guard, prison, imprisonment
5439 φυλακίζω v. I imprison
5440 φυλακτήριον, ου, τό n.n. a phylactery, an amulet
5441 φύλαξ, ακός, ὁ n.m. a guard, keeper, sentinel
5442 φυλάσσω v. I keep, guard, observe
5443 φυλή, ῆς, ἡ n.f. a tribe, race
5444 φύλλον, ου, τό n.n. a leaf
5445 φύραμα, ατος, τό n.n. a mass or lump
5446 φυσικός, ή, όν Adj natural, according to nature
5447 φυσικῶς Adv by nature, naturally
5448 φυσιόω v. I inflate, puff up
5449 φύσις, εως, ἡ n.f. nature, inherent nature
5450 φυσίωσις, εως, ἡ n.f. a puffing up, pride
5451 φυτεία, ας, ἡ n.f. a plant
5452 φυτεύω v. I plant
5453 φύω v. I grow, grow up
5454 φωλεός, οῦ, ὁ n.m. a burrow, hole
5455 φωνέω v. I crow, shout, summon
5456 φωνή, ῆς, ἡ n.f. a sound, noise, voice
5457 φῶς, φωτός, τό n.n. light, a source of light
5458 φωστήρ, ῆρος, ὁ n.m. a light, brilliancy
5459 φωσφόρος, ον Adj light-bearing, radiant, the morning-star
5460 φωτεινός, ή, όν Adj bright, luminous, full of light
5461 φωτίζω v. I illuminate, bring to light
5462 φωτισμός, οῦ, ὁ n.m. light, luster, illumination

χαίρω - χιλίαρχος
Chi

5463 χαίρω v. I rejoice, am glad
5464 χάλαζα, ης, ἡ n.f. hail
5465 χαλάω v. I let down, lower
5466 Χαλδαῖος, ου, ὁ n.m. a Chaldean
5467 χαλεπός, ή, όν Adj hard, harsh, fierce
5468 χαλιναγωγέω v. I bridle, curb
5469 χαλινός, οῦ, ὁ n.m. a bridle
5470 χάλκοῦς, ῆ, οῦν Adj made of bronze
5471 χαλκεύς, έως, ὁ n.m. a worker in brass or copper
5472 χαλκηδών, όνος, ὁ n.m. chalcedony
5473 χαλκίον, ου, τό n.n. a bronze vessel
5474 χαλκολίβανον, ου, τό n.n. orichalcum, or frankincense of a yellow color
5475 χαλκός, οῦ, ὁ n.m. copper, brass, money
5476 χαμαί Adv on or to the ground
5477 Χαναάν, ἡ Prop.n. Canaan
5478 Χαναναῖος, αία, αῖον Adj Canaanite
5479 χαρά, ᾶς, ἡ n.f. joy, gladness
5480 χάραγμα, ατος, τό n.n. sculpture, a stamp, sign
5481 χαρακτήρ, ῆρος, ὁ n.m. an exact reproduction
5482 χάραξ, ακός, ὁ n.m. a mound for besieging
5483 χαρίζομαι v. I show favor to, forgive
5484 χάριν Adv on account of
5485 χάρις, ιτος, ἡ n.f. grace, favor, kindness
5486 χάρισμα, ατος, τό n.n. an undeserved favor
5487 χαριτόω v. I favor, bestow freely on
5488 Χαρράν, ἡ Prop.n. Haran
5489 χάρτης, ου, ὁ n.m. papyrus, paper
5490 χάσμα, ατος, τό n.n. a gap, gulf, chasm
5491 χεῖλος, ους, τό n.n. a lip, mouth, shore
5492 χειμάζομαι v. I am storm-tossed
5493 χείμαρρος, ου, ὁ n.m. a winter torrent
5494 χειμών, ῶνος, ὁ n.m. a tempest, the rainy season
5495 χείρ, χειρός, ἡ n.f. a hand
5496 χειραγωγέω v. I lead by the hand
5497 χειραγωγός, οῦ, ὁ n.m. one who leads a helpless person by the hand
5498 χειρόγραφον, ου, τό n.n. a handwriting, bond
5499 χειροποίητος, ον Adj done or made with hands
5500 χειροτονέω v. I choose by vote, appoint
5501 χείρων, ον Adj worse
5502 Χερουβίμ Prop.n. Cherubim
5503 χήρα, ας, ἡ n.f. a widow
5504 χθές Adv yesterday
5505 χιλιάς, άδος, ἡ n.f. a thousand
5506 χιλίαρχος, ου, ὁ n.m. a military tribune

χίλιοι - χρυσίον

5507 χίλιοι, αι, α Adj a thousand
5508 Χίος, ου, ἡ n.f. Chios
5509 χιτών, ῶνος, ὁ n.m. a tunic, garment, undergarment
5510 χιών, όνος, ἡ n.f. snow
5511 χλαμύς, ύδος, ἡ n.f. a short cloak
5512 χλευάζω v. I mock, scoff
5513 χλιαρός, ά, όν Adj lukewarm
5514 Χλόη, ης, ἡ n.f. Chloe
5515 χλωρός, ά, όν Adj green, pale
5517 χοϊκός, ή, όν Adj earthy, made of earth
5518 χοῖνιξ, ικος, ἡ n.f. a Greek dry measure
5519 χοῖρος, ου, ὁ n.m. swine
5520 χολάω v. I am angry with
5521 χολή, ῆς, ἡ n.f. gall, bitter herbs
5522 χοῦς, χοός, ὁ n.m. dust
5523 Χοραζίν, ἡ Prop.n. Chorazin
5524 χορηγέω v. I furnish abundantly
5525 χορός, οῦ, ὁ n.m. a dance, dancing
5526 χορτάζω v. I feed, satisfy
5527 χόρτασμα, ατος, τό n.n. food, sustenance
5528 χόρτος, ου, ὁ n.m. grass, hay
5529 Χουζᾶς, ᾶ, ὁ n.m. Chuza
5530 χράομαι v. I use, make use of, deal with
5531 χράω v. I lend
5532 χρεία, ας, ἡ n.f. need, necessity, business
5533 χρεωφειλέτης, ου, ὁ n.m. a debtor
5534 χρή v. it is necessary, proper
5535 χρῄζω v. I need
5536 χρῆμα, ατος, τό n.n. money, riches
5537 χρηματίζω v. I warn, am publicly called
5538 χρηματισμός, οῦ, ὁ n.m. an oracle
5539 χρήσιμος, η, ον Adj useful, profitable
5540 χρῆσις, εως, ἡ n.f. usage, use
5541 χρηστεύομαι v. I am kind
5542 χρηστολογία, ας, ἡ n.f. a kind address
5543 χρηστός, ή, όν Adj useful, gentle, pleasant, kind
5544 χρηστότης, τητος, ἡ n.f. goodness, benignity, kindness
5545 χρίσμα, ατος, τό n.n. an anointing
5546 Χριστιανός, οῦ, ὁ n.m. a Christian
5547 Χριστός, οῦ, ὁ n.m. anointed, the Messiah, the Christ
5548 χρίω v. I anoint
5549 χρονίζω v. I delay, tarry
5550 χρόνος, ου, ὁ n.m. time, a particular time, season
5551 χρονοτριβέω v. I waste time, spend time
5552 χρυσοῦς, ῆ, οῦν Adj golden
5553 χρυσίον, ου, τό n.n. a golden ornament

χρυσοδακτύλιος - ψώχω

5554 χρυσοδακτύλιος, ον Adj adorned with a gold ring
5555 χρυσόλιθος, ου, ὁ n.m. a topaz
5556 χρυσόπρασος, ου, ὁ n.m. a chrysoprase
5557 χρυσός, οῦ, ὁ n.m. anything made of gold
5558 χρυσόω v. I gild, adorn with gold
5559 χρώς, ωτός, ὁ n.m. the skin
5560 χωλός, ή, όν Adj lame, deprived of a foot
5561 χώρα, ας, ἡ n.f. region, land, fields
5562 χωρέω v. I make room, go, receive
5563 χωρίζω v. I separate, depart
5564 χωρίον, ου, τό n.n. a place, piece of land, field
5565 χωρίς Adv apart from, without
5566 χῶρος, ου, ὁ n.m. the north-west wind

Psi

5567 ψάλλω v. I sing psalms
5568 ψαλμός, οῦ, ὁ n.m. a psalm
5569 ψευδάδελφος, ου, ὁ n.m. a false brother
5570 ψευδαπόστολος, ου, ὁ n.m. a false apostle
5571 ψευδής, ές Adj false, deceitful, lying
5572 ψευδοδιδάσκαλος, ου, ὁ n.m. a false teacher
5573 ψευδολόγος, ον Adj speaking lies
5574 ψεύδομαι v. I lie
5575 ψευδόμαρτυς, υρος, ὁ n.m. a false witness
5576 ψευδομαρτυρέω v. I testify falsely
5577 ψευδομαρτυρία, ας, ἡ n.f. false testimony
5578 ψευδοπροφήτης, ου, ὁ n.m. a false prophet
5579 ψεῦδος, ους, τό n.n. a lie
5580 ψευδόχριστος, ου, ὁ n.m. a false Christ
5581 ψευδώνυμος, ον Adj falsely named
5582 ψεῦσμα, ατος, τό n.n. a falsehood, lie
5583 ψεύστης, ου, ὁ n.m. a liar, deceiver
5584 ψηλαφάω v. I feel, touch, handle, grope for
5585 ψηφίζω v. I reckon, compute
5586 ψῆφος, ου, ἡ n.f. a pebble, a vote
5587 ψιθυρισμός, οῦ, ὁ n.m. a whispering, secret slandering
5588 ψιθυριστής, οῦ, ὁ n.m. a whisperer, secret slanderer
5589 ψιχίον, ου, τό n.n. a crumb
5590 ψυχή, ῆς, ἡ n.f. the soul, life, self
5591 ψυχικός, ή, όν Adj animal, natural, sensuous
5592 ψῦχος, ους, τό n.n. cold
5593 ψυχρός, ά, όν Adj cold, cold-hearted
5594 ψύχω v. I cool, grow cold
5595 ψωμίζω v. I feed, dole out
5596 ψωμίον, ου, τό n.n. a bit, morsel
5597 ψώχω v. I rub, rub to pieces

Ὦ - ὠφέλιμος
Omega

5598 Ὦ letter omega
5599 ὦ Ij. O, an exclamation
5601 Ὠβήδ, ὁ Prop.n. Obed
5602 ὧδε Adv here
5603 ᾠδή, ῆς, ἡ n.f. an ode, song
5604 ὠδίν, ῖνος, ἡ n.f. the pain of childbirth, severe agony
5605 ὠδίνω v. I am in travail, suffer birth-pangs
5606 ὦμος, ου, ὁ n.m. a shoulder
5608 ὠνέομαι v. I buy, purchase
5609 ᾠόν, οῦ, τό n.n. an egg
5610 ὥρα, ας, ἡ n.f. an hour, season
5611 ὡραῖος, αία, αῖον Adj fair, beautiful
5612 ὠρύομαι v. I roar, howl
5613 ὡς Adv as, like as, how, while, so that
5614 ὡσαννά Hebr. hosanna
5615 ὡσαύτως Adv likewise
5616 ὡσεί Adv as if, as it were, like, about
5617 Ὡσηέ, ὁ Prop.n. Hosea
5618 ὥσπερ Adv just as, as
5619 ὡσπερεί Adv just as if, as it were
5620 ὥστε Cj. so that, therefore
5621 ὠτίον, ου, τό n.n. an ear
5622 ὠφέλεια, ας, ἡ n.f. usefulness, profit, advantage
5623 ὠφελέω v. I help, benefit, do good
5624 ὠφέλιμος, ον Adj profitable, beneficial, useful

www.ingramcontent.com/pod-product-compliance
Lightning Source LLC
Chambersburg PA
CBHW020237030426
42336CB00010B/514